U0915416

《上海工会年鉴》（2010年卷）

获得由中国出版工作者协会年鉴工作委员会

主审的第五届全国年鉴编校质量检查

评比一等奖

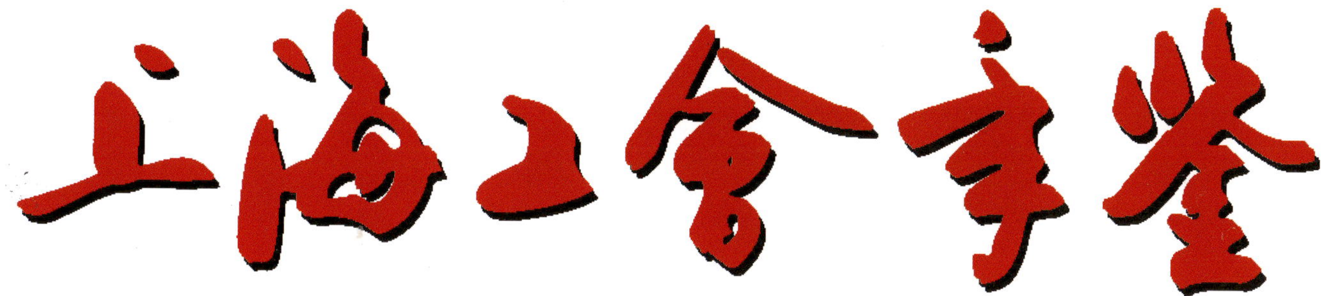

《上海工会年鉴》编纂委员会

THE YEARBOOK OF SHANGHAI TRADE UNIONS

上海社会科学院出版社

《上海工会年鉴（2013）》编纂委员会

《上海工会年鉴》编辑部

1月5日，中共中央政治局委员、中共上海市委书记俞正声亲切会见上海市重大工程立功竞赛金杯公司和建设功臣代表

（吴良荣摄）

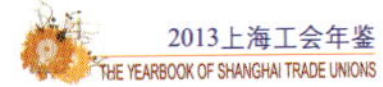

4月28日，中共上海市委副书记、市长韩正与劳模代表亲切握手　（吴良荣摄）

6月20日，上海市人大常委会主任刘云耕在“雪龙”号中国科学考察船视察并慰问　（殷淑荣摄）

8月30日，上海市政协主席冯国勤赴上海师范大学调研并参观上海都市文化中心（申卫星摄）

4月25日，中共上海市委副书记殷一璀向获得全国五一劳动奖状(章)的先进代表授证书（应启跃摄）

1月21日，上海市人大常委会副主任、市总工会主席钟燕群慰问全国劳动模范李斌　（吴良荣摄）

10月20日，上海市副市长沈晓明在上海工会管理职业学院视察调研　（吴良荣摄）

9月7日，上海市总工会党组副书记、副主席肖堃涛赴新疆推进落实上海工会对口援建项目

（吴良荣摄）

11月2日，上海市总工会巡视员杜仁伟向作家王萌萌颁发上海市五一文化奖（劳建平摄）

8月2日，上海市总工会副主席茆荣华慰问市固体废弃物处理中心一线职工（江　宇摄）

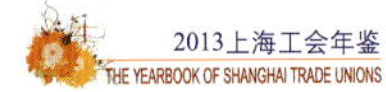

5月30日，上海市总工会副主席周志军为“上海合一企业劳动关系研究中心”揭牌 （卢 锟摄）

11月6日，上海市总工会副主席侯继军视察静安区石门二路社区工会服务点 （吴良荣摄）

11月30日，上海市总工会副主席何惠娟为上海职工红丝带健康行动服务点揭牌 （吴良荣摄）

8月17日，上海市总工会秘书长张立群慰问亨通光电科技有限公司一线职工　（刘颖娜摄）

9月28日，上海市总工会经审会主任杨永平在上海市社区街镇工会经审工作交流会上讲话（吴良荣摄）

5月8日，市总工会召开2012年上海职工队伍状况调查动员部署会　（邹卫民摄）

5月21日，市总工会举行学习宣传实践中国特色社会主义工会发展道路专题报告会　（吴良荣摄）

11月16日，市总工会领导和各级工会干部出席全国工会学习贯彻党的十八大精神电视电话会议　　（吴良荣摄）

12月19日，市总工会举行上海职工学习贯彻党的十八大精神劳模宣讲团成立仪式暨首场报告会　　（吴良荣摄）

上海轻工业工会联合会举办学习宣传贯彻党的十八大精神报告会　　（徐俊彦摄）

市人大常委会副主任、市总工会主席钟燕群赴中远集运“新鉴真轮”调研慰问

（陆　涛摄）

8月2日，市总工会召开“面对面、心贴心、实打实服务职工在基层”活动推进工作座谈会

（徐新康摄）

浦东新区总工会在迪斯尼建设工地举行“面心实”“三送三进”系列活动启动仪式

（陈军华摄）

市化学工会把雨伞和改善生活设施的资金送到基层一线职工手中

（陈观涛摄）

市总工会召开2012年促进区域发展“上海浦东新区”建设全国示范性劳动竞赛推进会　（吴良荣摄）

上海飞机设计研究院工会召开“百日攻坚”立功竞赛表彰会　（方　淳摄）

中建八局举行重点工程劳动竞赛誓师动员暨“百日质量竞赛”总结表彰大会

（高传喜摄）

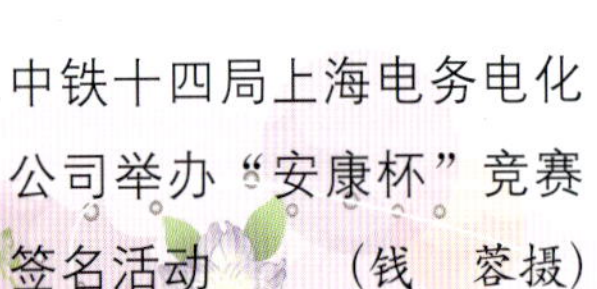

中铁十四局上海电务电化公司举办“安康杯”竞赛签名活动　（钱　蓉摄）

3月6日，市总工会召开“携手保增长，和谐促发展”上海市深化非公企业劳动竞赛黄浦现场推进会

（吕诚陆摄）

5月22日，市总工会召开上海市企业职工创新创效表彰推进大会（吴良荣摄）

上海烟草高扬公司工会召开合理化建议成果交流会

（丁妍能摄）

华能上海石洞口一厂开展“安康杯”竞赛中途检查

（闻　强摄）

11月26日，市总工会召开《劳动最光荣》系列电视节目专题研讨会

（吴良荣摄）

市医药工会召开劳动竞赛总结现场会颁发特别奖

（许大跃摄）

普陀区总工会举行新渡口旧地块房屋征收立功竞赛启动仪式　（许王丽摄）

上海建工集团召开“京西宾馆工程”立功竞赛表彰暨2012年立功竞赛中途推进大会　（缪云明摄）

4月25日，上海市五一劳动奖状(章)表彰大会在上海展览中心举行

(应启跃摄)

10月19日，市总工会在上汽集团召开"劳模创新工作室"现场推进会

(张培新摄)

4月15日，"守护生命——上海市卫生系统劳模专家大型义诊"活动在世纪公园举行　(池朝霞摄)

上海电信全国劳模徐珺参加"3·15"为民咨询服务活动　(朱东亚摄)

8月2日，首批200名上海公安“平安卫士”、劳模代表赴市总工会西山和沙家浜休养院休养，市人大常委会副主任、市总工会主席钟燕群看望首批休养人员　（应启跃摄）

6月13日，市总工会、市劳模协会创办的“劳模讲学堂”开学，著名全国劳动模范包起帆作首场报告　（吴良荣摄）

市级机关领导慰问上海海关审单处全国劳动模范彭非　（王强鹰摄）

市经济和信息化工作系统召开庆祝五一国际劳动节座谈会　（姚晔麒摄）

8月20日，市总工会召开上海工会“两个普遍”工作推进会（吴良荣摄）

市总工会召开2012年上海工会组织工作表彰交流大会（杨　娟摄）

杨浦工会会员服务卡正式发行（曹理仰摄）

嘉定区总工会召开先进职工之家表彰暨“双亮”活动动员大会（张方明摄）

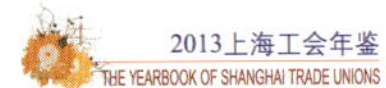

3月13日，全国工会推进建会暨发挥作用工作会议在上海举行　（吴良荣摄）

11月5日，市总工会召开企业经营者政治安排与履行社会责任挂钩工作专题研究会议　（吴良荣摄）

杨浦区总工会发挥有政治身份企业经营者作用，成功组建安莉芳(上海)工会　（曹理仰摄）

虹口区总工会举行《两个普遍实务操作手册》首发式　（徐　洁摄）

2月16日，市总工会召开2012年上海工会法律工作会议　　（冯小龙摄）

长宁区总工会与区人社局联合举办集体协商工作专题培训　　（周　君摄）

长江轮船公司召开工资集体协商会议　（章　伟摄）

7月31日，金山区纺织行业举行三届一次职代会暨工资协议签约仪式

（徐志康摄）

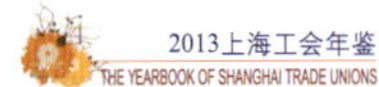

静安区召开劳动关系三方联席会议第十四次会议

（王　颖摄）

上海市容环卫行业举行第二次集体协商

（唐鸿仙摄）

闵行区总工会召开集体协商工作暨莘庄工业区构建和谐劳动关系推进会

（李乘风摄）

举行京东商城华东区总部党支部、工会成立暨集体合同签约仪式（张方明摄）

10月24日，全国第七次、上海市第十次厂务公开民主管理工作调研检查组召开非公企业专场座谈会（吴良荣摄）

8月7日，市人大常委会《上海市职工代表大会条例》执法检查组召开工会干部座谈会（吴良荣摄）

沃尔玛上海企业成立工会联合会并召开职工代表大会（陈军华摄）

良友集团工会组织广大员工观摩学习集团“十二五”发展规划（李建致摄）

3月28日，市总工会召开2012年上海市厂务公开民主管理工作会议 （吴良荣摄）

闸北区召开2012年厂务公开领导小组会议 （王立成摄）

宝山区召开企业反腐倡廉暨厂务公开民主管理工作会议 （胡立伟摄）

徐汇区召开劳动关系和谐企业创建工作推进会

（伏　淼摄）

松江区召开加强和谐劳动关系建设推进会

（夏　晖摄）

青浦区召开加强和谐劳动关系建设工作会议

（马美君摄）

奉贤区举行“创新社会管理，构建和谐劳动关系”专题系列报道开机仪式

（尹　奕摄）

6月13日，市总工会举办《上海市职工代表大会条例》工会干部培训班

（庄若冰摄）

市厂务公开民主管理检查组到航天局811所检查指导工作　（沈　恺摄）

三航局工会在十五届二次职代会上表彰先进

（黄书展摄）

徐家汇物业行业职工代表在二届一次职代会上投票表决　（陈　二摄）

2月29日，市总工会召开2012年上海工会保障工作会议 （吴良荣摄）

市总工会举办2012年上海工会“就业援助月”宝山职介专场活动（吴良荣摄）

普陀区总工会举办元旦春节送温暖专场招聘会

（许王丽摄）

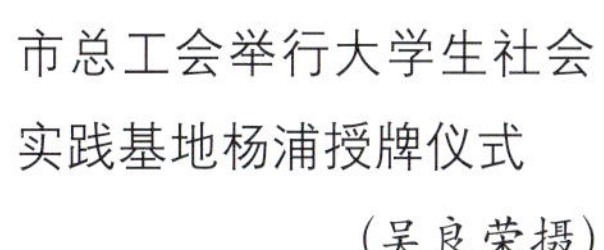

市总工会举行大学生社会实践基地杨浦授牌仪式

（吴良荣摄）

6月29日，市总工会职工援助服务中心揭牌成立 （吴良荣摄）

上海出租车行业召开崇明进城务工人员第六次联席会议 （易建军摄）

上海市公惠医院为静安区交通协管员免费健康体检 （石志伟摄）

宝山区总工会送农民工回家乡过大年 （胡立伟摄）

8月17日，市总工会召开2012年“金秋助学”活动座谈会　　（吴良荣摄）

市交通港口局工会开展金秋助学活动　　（周建荣摄）

上海水产集团工会组织职工献爱心“一日捐”活动　　（韩　毅摄）

5月16日，市职工保障互助会召开四届二次理事会　　（朱正瑜摄）

上港集团召开“8·15”爱心基金2012年第一次理事会　　（张晨琦摄）

市人大常委会副主任、市总工会主席钟燕群会见女职工工作先进集体和先进个人代表 （吴良荣摄）

3月5日，市总工会举行纪念三八国际劳动妇女节102周年大会 （吴良荣摄）

市总工会女职工委员会举办上海工会女干部党的十八大精神学习研修班 （吴良荣摄）

市总工会开展《女职工劳动保护特别规定》咨询活动 （吴良荣摄）

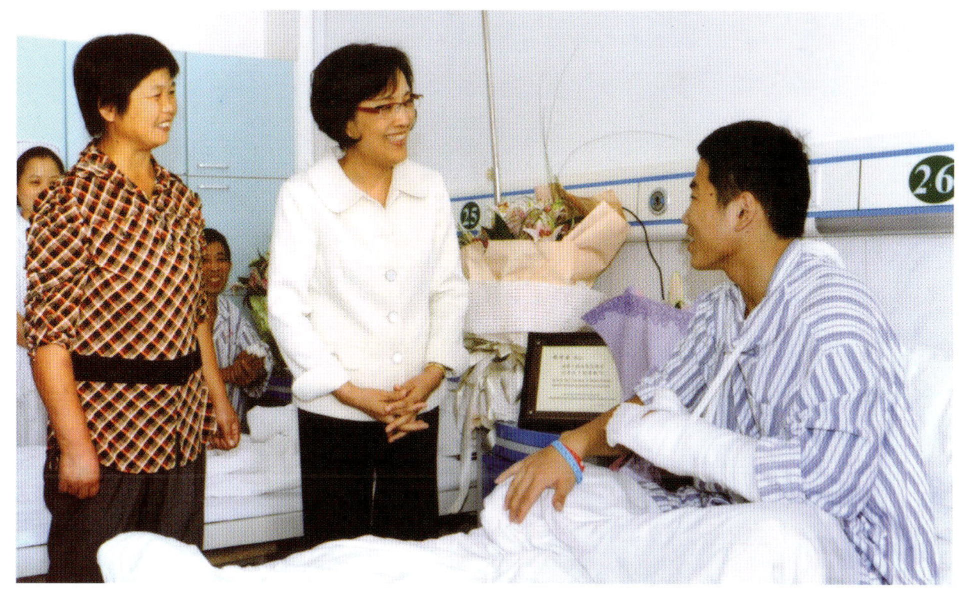

9月7日，市人大常委会副主任、市总工会主席钟燕群看望慰问见义勇为来沪青年职工周传金　　（吴良荣摄）

上海邮政劳模先进在社区开展为民志愿服务活动　（吴良荣摄）

3月20日，南京东路步行街开展学雷锋活动　　（吴良荣摄）

号百“翼游”举行捐赠公益活动　　（权　丽摄）

9月19日，市总工会举行加强职工素质工程推进会

（吴良荣摄）

11月9日，市总工会举行上海市工运研究会2012年年会暨“当前上海职工群体特点”研讨会

（徐新康摄）

上海金融工会在职工中开展“十佳理财之星”、“十佳服务之星”评选活动

（章轶楠摄）

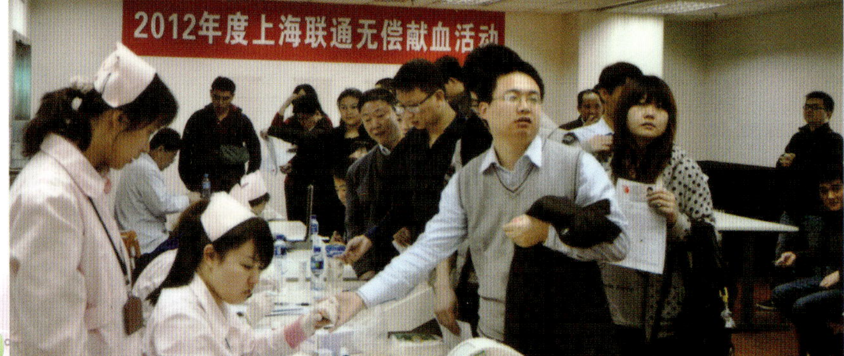

上海联通工会组织职工参加无偿献血活动

（康　迪摄）

4月23日，市总工会举行上海市振兴中华读书活动30周年庆典暨第十四届上海读书节开幕式

（应启跃摄）

上海航道局工会在“新海象”轮上召开读书活动现场交流会 （章小兔摄）

金山区职工选手在读书节论坛上演讲 （谢晨莹摄）

光明集团工会启动新一轮万名职工素质培训工程

（闪向阳摄）

市教育工会举行第二届上海市优秀青年女教师发展论坛 （张 芳摄）

12月6日，市总工会召开上海市班组建设经验交流会　　　　（吴良荣摄）

著名全国劳模李斌向“李斌式模范班组”授牌　　　　（冯克华摄）

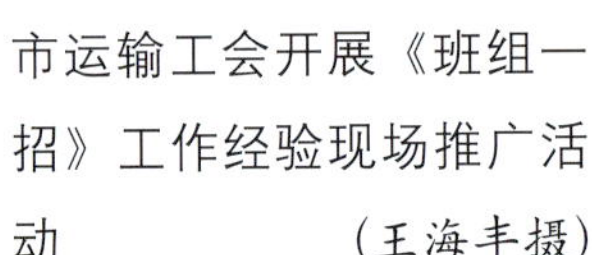

市运输工会开展《班组一招》工作经验现场推广活动　　　　（王海丰摄）

锦江国际劳模班组开展网络学习活动　　（陈　娟摄）

10月11日，市总工会启动2012年上海职工岗位练兵技能比武活动月暨虹口区职业技能大赛（吴良荣摄）

5月24日，闵行区总工会举办职业技能竞赛

（俞龙祥摄）

上海组队参加全国第四届职工职业技能大赛电工决赛获得团体第三名

（秦义强摄）

10月26日，市总工会、市人社局联合召开深化推进“高师带徒”工作座谈会

（吴良荣摄）

11月15日，松江区职工职业技能竞赛开幕

（徐维勇摄）

上海机场举办助航灯光电工技能竞赛　（吴云舟摄）

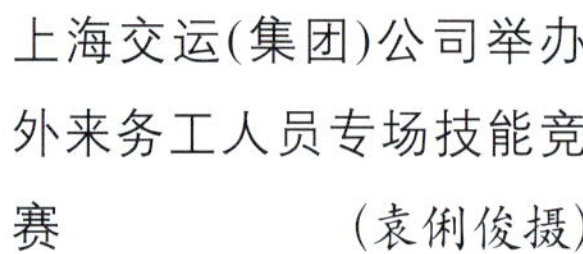

上海交运(集团)公司举办外来务工人员专场技能竞赛　（袁俐俊摄）

上海牛奶集团工会开展裱花蛋糕技术比武

（李　霁摄）

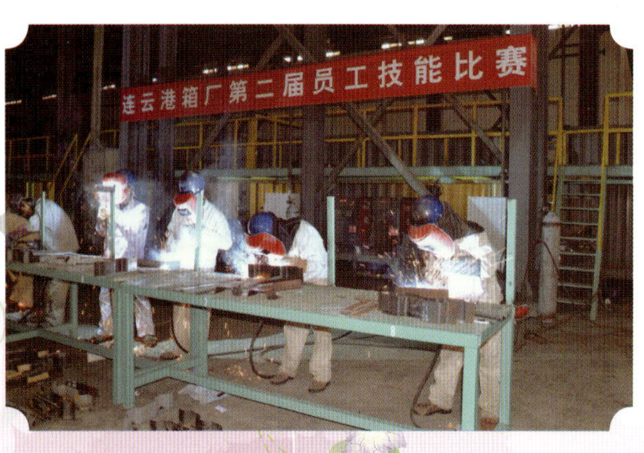

中海投资连云港箱厂工会举行员工技能比赛

（张　进摄）

上海城建集团举办第四届职工艺术节　（王　君摄）

市电力公司工会开展岗位责任格言、诚信故事、散文征集活动　（沈久和摄）

市工人文化宫举办全国职工灯谜大赛　（徐大为摄）

百联集团举行集团合唱团成立五周年音乐会　（吴志明摄）

上海邮政艺术节展览职工艺术作品　　（陆　彬摄）

市民政局工会举行第十一届“民政之花”职工文艺汇演　　（江　浩摄）

宝钢集团举行“祖国颂”职工合唱比赛（刘　杰摄）

上海航天局组队参加上海五一文艺晚会（沈　恺摄）

6月30日，“青浦杯”第二届上海农民工健身大赛开幕　　（应启跃摄）

上海市税务系统举办第一届职工运动会（臧　韬摄）

上海出版界举办2012年职工运动会　　（陈宏华摄）

上海化学工业区举行第三届运动会闭幕式颁奖仪式

（邵晓东摄）

市化学工会举办“华谊杯”职工足球赛 （忻　晓摄）

市监狱局开展第八届乒乓球比赛 （江海群摄）

市城投公司工会举行“原水杯”自行车比赛 （应启跃摄）

8月26日，上海市举行第三十一届庆八一军民长跑活动 （吕诚陆摄）

9月9日，市人大常委会副主任、市总工会主席钟燕群会见来访的意大利米兰总工会代表团

（管一珉摄）

4月30日，市总工会党组副书记、副主席肖堃涛会见来访的乌干达全国工会中央组织代表团

（张国峰摄）

11月8日，以巡视员杜仁伟为团长的上海市总工会代表团拜会加拿大温哥华大区工会联合会
（田福宝摄）

5月21日，市总工会副主席茆荣华会见来访的日本化学能源矿山工会协议会代表团　（管一珉摄）

10月29日，市总工会副主席周志军会见来访的塞舌尔工会联合会代表团　（管一珉摄）

3月22日，市总工会副主席侯继军会见韩国劳动组合总联盟庆尚道南本部第九次友好访华团

（管一珉摄）

1月10日，以秘书长张立群为团长的上海市总工会代表团在西班牙访问时拜会巴塞罗那市政府（张国峰摄）

10月26日，市总工会组织部、法律部等部门负责人与来访的加拿大劳工大会代表团举行工会工作座谈（张国峰摄）

12月5日，美国洛杉矶县劳工联合会代表团参观上海通用汽车有限公司　　（张国峰摄）

4月20日，澳大利亚工会理事会昆士兰州分会代表团参观控江中学　　（张国峰摄）

9月4日，越南胡志明市劳联代表团参观上海电信号码百事通分公司劳模创新工作室　　（张国峰摄）

9月10日，意大利米兰总工会代表团参观上海华谊丙烯酸有限公司　　（张国峰摄）

编辑说明

1. 《上海工会年鉴》是由上海市总工会编纂出版的一部辑录上年度工会工作成果和经验的资料性工具书。编纂出版工会年鉴旨在总结经验，继承创新，开拓发展，对各级工会拓展思路，探索把握新时期工会工作发展规律、特点和方法具有指导和借鉴作用。本年鉴由上海市总工会主办，各区县局(产业)工会及市总工会机关部室、直管单位供稿，《上海工会年鉴》编辑部负责编纂出版，至今已连续编撰出版了18册。

2. 本年鉴框架体例采用分类编排架构，设置栏目、分目、条目三级结构层次。以栏目为基本单元，栏目内设置若干分目，分目以下设条目(包括照片、图表等)为主要信息载体。2013年年鉴共设26个栏目，89个分目，选辑条目1445篇，图照353幅，总字数为 110万字。

3. 年鉴卷首专设宣传彩页，用以概要地记录上海工会上年度重要会议、重要工作和重要活动等信息。正文起首部分设“特载”、“专文”、“专记”等栏目，“特载”选辑党和国家领导和上海市委、全国总工会领导有关工会工作的重要文章(讲话)；“专文”则选辑上海市总工会领导对工会工作所发表的总结性、综合性、指导性的署名文章(讲话)；“专记”则为记录某项重要工作(活动)的署名文章。

4. 各记事栏目之首设“综述”，区县局(产业)工会及市总工会直管单位设“概况”，用以综合记述工会重要工作以及各地区(系统)、部门(单位)的总体工作情况，便于考察比较各年度工作连续性及统计资料的完整性。

5. 各栏目中录用机关部室、区县局(产业)工会、直管单位提供的文字条目，其编排按机关部室、区县局(产业)工会、直管单位的顺序排列。年鉴卷尾设“索引”以便查询。

6. 年鉴编辑部根据上年度工会重点工作的变化情况，对记事栏目及分目在整体框架中的设置作相应调整。

7. 本年鉴录用的市总工会机关部室、区县局(产业)工会、直管单位提供的文章、照片、图表等资料，其记录时间为2012年1月1日至2012年12月31日。

8. “统计”栏目中辑录的统计数据均由上海市总工会统计部门提供，其他栏目中刊用的相关数据由撰稿单位作者提供。

9. “附录”栏目选辑市总工会2011年下发文件和《劳动报》、《工会理论研究》发表的重要新闻、理论文献的目录，目的在于增加年鉴两次文献检索信息量。

10. 本年鉴的目录索引采用主题词分析索引方法，即按条目主题词首字汉语拼音字母顺序排列。

11. 本年鉴的正文内容制作成CD-R电子光盘，附于年鉴封三随年鉴赠送，便于读者检索下载。

特 载

专 文

专 记

大事记

概 况

重要会议・工作・活动・调研

·重要会议·

工会经济事业

友好交往

区县工会概况

局(产业)工会概况

直管单位概况

表　彰

统　计

附　录

索 引

特　载

Special Documents

2013

在庆祝“五一”国际劳动节大会上的讲话

（2012 年 4 月 27 日）

王兆国

同志们：

今天，我们隆重集会，热烈庆祝全世界工人阶级和劳动群众的光辉节日——“五一”国际劳动节。我代表党中央，向全国各族工人、农民、知识分子和其他阶层劳动群众，向人民解放军指战员、武警部队官兵和公安民警，向香港特别行政区同胞、澳门特别行政区同胞、台湾同胞和海外侨胞，致以节日的祝贺！向在改革开放和社会主义现代化建设中作出突出贡献的劳动模范和先进工作者，向荣获全国五一劳动奖状、五一劳动奖章、“工人先锋号”的先进集体和个人，致以崇高的敬意！向广大工会干部和工会积极分子，致以亲切的慰问！向各国工人阶级和劳动群众，致以诚挚的问候！

在中国共产党领导下，中国特色社会主义制度显示出蓬勃生命力和巨大优越性，中国特色社会主义事业取得了举世瞩目的伟大成就。经过 30 多年改革开放，在经济领域，确立了社会主义市场经济体制，形成了全方位对外开放格局，成功应对亚洲金融危机、国际金融危机冲击，实现了国民经济 30 多年持续快速增长，经济总量跃居世界第二；在政治领域，社会主义民主政治健康发展，政治体制改革积极稳妥推进，社会主义政治制度不断完善，人民当家作主权利得到更好保障；在文化领域，社会主义文化更加繁荣，社会主义核心价值体系建设取得积极进展，文化体制改革进一步深化，文化事业和文化产业长足发展，人民日益增长的精神文化需求得到更好满足；在社会领域，人民生活不断改善，教育、就业、社保、医疗、住房等民生工作全面加强，社会管理水平明显提高，社会大局保持稳定。我国发展取得的所有成就，都离不开中国共产党的坚强领导，离不开工人阶级和广大劳动群众的卓越贡献。实践充分证明，中国共产党是中国特色社会主义事业的领导核心，中国工人阶级是社会主义中国当之无愧的领导阶级，是推动我国先进生产力发展和社会全面进步的根本力量，是全面建设小康社会、坚持和发展中国特色社会主义的主力军。

今年是“十二五”时期承上启下的重要一年，我们党将召开第十八次全国代表大会。实现党和国家事业科学发展、稳中求进，工人阶级肩负着光荣的历史使命。全国广大职工务必把思想和行动统一到中央决策部署上来，发扬光荣传统，坚持改革创新，同心协力、团结奋斗，更加自觉地投身社会主义现代化建设实践，为实现全面建设小康社会奋斗目标、推进中国特色社会主义伟大事业作出新的更大贡献。

要做坚持和发展中国特色社会主义的中坚力量。我们党带领人民开辟的中国特色社会主义道路，是实现社会主义现代化、创造人民美好生活的必由之路；形成的中国特色社会主义理论体系，是指导党和人民沿着中国特色社会主义道路实现中华民族伟大复兴的正确理论；确立的中国特色社会主义制度，是当代中国发展进步的根本制度保障。倍加珍惜、长期坚持、不断发展中国特色社会主义道路、理论体系、制度，是全党全国人民的殷切期望和共同意志，是工人阶级的光荣使命和崇高职责。广大职工要充分认识中国特色社会主义事业取得的伟大成就，正确看待发展中面临的困难，勇敢应对新的挑战，坚信我们走的中国特色社会主义道路、坚持的中国特色社会主义理论体系和实行的中国特色社会主义制度，是顺应时代要求，适合中国国情，能够引领国家富强、人民幸福、民族振兴的正确道路、科学理论和制度保障。要自觉用中国特色社会主义理论体系武装头脑，不断巩固团结奋斗的共同思想基础，坚决维护改革发展稳定的良好局面，坚定不移地在党中央领导下，以主人翁的姿态，积极投身社会主义经济建设、政治建设、文化建设、社会建设以及生态文明建设的火热实践，立足本职、创先争优，不断把中国特色社会主义事业推向前进。

要做深化改革开放、推动科学发展、促进社会和谐的行动楷模。进入新世纪新阶段以来，以胡锦涛同志为总书记的党中央，着眼于党和人民事业发展全局，顺应国内外形势发展变化，提出了科学发展观等一系列重大战略思想，要求完善社会主义市场经济体制，加快转变经济发展方式，增强自主创新能力；发展社会主义民主政治，促进社会主义制度的自我完善和发展；建设社会主义核心价值体系，发展繁荣社会主义文化；加快推进社会建设，着力保障和改善民生，加强和创新社会管理，构建社会主义和谐社会等。这些重大战略思想的提出，进一步明确了中国特色社会主义事业总体布局和建设富强民主文明和谐社会主义国家的战略目标，更加清晰地描绘了党和国家事业发展的光明前景，充分反映了全国各族人民的共同愿望。面对世情国情的深刻变化，广大职工要深刻理解我国正处于并将长期处于社会主义初级阶段的基本国情，正确认识我国经济社会发展呈现的新的阶段性特征，为牢牢抓住和用好重要战略机遇期、实现党提出的发展目标贡献智慧和力量。要旗帜鲜明地支持改革开放，主动参与改革开放，为构建充满活力、富有效率、更加开放、有利于科学发展的体制机制作贡献。要紧紧围绕科学发展这个主题和加快转变经济发展方式这条主线，充分焕发劳动热情和创造活力，积极推进经济结构调整和产业优化升级，为建设创新型国家和创新型企业，建设资源节约型、环境友好型社会作贡献。要深刻理解社会和谐是中国特色社会主义的本质特征，社会和谐稳定是实现和发展职工利益的重要前提，正确看待利益关系的调整，依法维护自身权益，理性有序表达利益诉求，坚定不移地促进社会和谐，为维护全体人民各尽所能、各得其所而又和谐相处的良好局面作贡献。

要做勤奋劳动、诚实劳动、创新劳动的突出表率。劳动是人类文明进步的源泉，是推动社会发展进步的主要力量。改革开放30多年取得的成就和进步，主要是靠广大劳动者的辛勤劳动；取得应对国际金融危机冲击的胜利，实现经济平稳较快发展，靠的也是广大劳动者的勤奋劳动；要在新的历史起点上继续推动发展，仍然必须靠广大劳动者的艰苦劳动。"十二五"规划提出了经济社会发展的阶段性目标，中央经济工作会议明确了今年工作稳中求进的总基调，广大职工要大力弘扬"信念坚定、立场鲜明，艰苦奋斗、勇于奉献，胸怀大局、纪律严明，开拓创新、自强不息"的工人阶级伟大品格，充分发扬"爱岗敬业、争创一流，艰苦奋斗、勇于创新，淡泊名利、甘于奉献"的伟大劳模精神，通过勤奋劳动、诚实劳动、创新劳动，为发展壮大我国实体经济作出更大贡献，在推进社会发展进步中创造美好生活、实现人生价值。要主动参加"当好主力军、建功'十二五'"创先争优建功立业劳动竞赛活动，激发自身的创新潜能和创造活力，在竞赛中提高素质、增长才干、提升能力；要树立终身学习的理念，养成自觉学习的习惯，积极参与"创建学习型组织、争做知识型职工"活动，增强学习能力、劳动能力、创造能力；要积极参与岗位练兵、技术比武等活动，争当"金牌工人"、"首席职工"、"创新能手"，努力成为知识型、技术型、创新型职工。

在推进中国特色社会主义伟大事业中，工会肩负着组织职工、引导职工、服务职工、维护职工合法权益的历史重任。要坚决贯彻落实党中央关于工会工作的一系列重要指示精神，始终坚持党的基本理论、基本路线、基本纲领、基本经验，认真贯彻落实党的群众路线，立足群众组织特点，发挥群众组织优势，始终坚持在职工群众工作中的主导地位，充分体现做职工群众工作的主体作用，面对面、心贴心、实打实地做好职工群众工作，听取职工的意见和呼声，解决他们生产生活中的困难和问题，把党的路线、方针、政策转化为职工群众的自觉行动，把广大职工紧密地团结在党和政府周围。要深入学习、广泛宣传、积极实践中国特色社会主义工会发展道路，准确把握这条道路的科学内涵和精神实质，系统掌握这条道路的理论体系，真学真懂、真信真用，坚持用正确的理论指导实践、在实践中不断丰富和发展理论，始终保持工会工作的正确政治方向。要大力发展和谐劳动关系，主动站在协调劳动关系第一线，继续依法推动企业普遍建立工会组织、普遍开展工资集体协商，维护职工队伍团结和工会组织统一，通过协商、协调、沟通的方式化解劳动关系矛盾，努力促进我国劳动关系规范有序、公正合理、互利共赢、和谐稳定，以劳动关系和谐促进社会和谐。要坚持以职工为本、主动依法科学维权，紧紧围绕劳动就业、收入分配、社会保障、劳动安全卫生等职工群众最关心最直接最现实的利益问题，加大维权帮扶工作力度，特别是要推动提高职工收入在国民收入分配中的比重和劳动报酬在初次分配中的比重，推动普通职工收入逐步增长，促进实现体面劳动，使职工群众共享改革发展成果。

劳动模范是亿万职工群众中的杰出代表。党中央一直关心爱护劳模，重视发挥劳动模范和先进人物的示范引领作用。这些年来，各级工会认真贯彻落实中央关于做好劳模工作的重要指示精神，采取各种有力措施，真心关爱劳模，真诚服务劳模，取得了很大成绩，劳模地位显著提高，社会影响力不断扩大，作用进一步发挥，越来越得到全社会的尊重。要进一步推动形成崇尚劳模、学习劳模、争当劳模、关爱劳模的良好氛围，落实好有关劳模待遇的政策，支持劳模提升自身素质，帮助劳模解决生产生活中的实际问题，为劳模发挥聪明才智、建功立业营造更好的环境和条件，引导广大职工以劳模为榜样，使通过劳动创造美好幸福生活成为广大职工特别是青年职工的共同追求。

中央始终强调，党所领导的改革开放和社会主义现代化建设的全部活动与整个进程，都必须全心全意地依靠工人阶级。各级党委和政府要坚决贯彻落实全心全意依靠工人阶级的根本方针，想问题、作决策、办事情，都必须尊重职工群众的意愿，发挥职工群众的首创精神，努力解决职工群众的切身利益问题。要切实加强和改进对工会工作的领导，支持工会依照法律和章程创造性地开展工作，把更多的资源和手段赋予工会组织，及时研究解决工会工作的重大问题和实际困难，为工会组织发挥作用创造更加有利的条件。

和平是包括劳动者在内的各国人民的普遍追求；发展是当代解决世界贫困问题的关键；合作是维护世界和平、促进共同发展的重要途径；工人权益是各国工会追求的共同目标。中国工会应当一如既往地与世界各国工人阶级和劳动群众站在一起，高举和平、发展、合作、工人权益的旗帜，继续加强交流合作，积极发展双边和多边友好关系，增加共识、增进友谊，为推动建立公正合理、民主和谐的国际工运新秩序，建设持久和平、共同繁荣的和谐世界而携手奋斗。

同志们，让我们更加紧密地团结在以胡锦涛同志为总书记的党中央周围，高举中国特色社会主义伟大旗帜，以邓小平理论和"三个代表"重要思想为指导，深入贯彻落实科学发展观，牢牢把握稳中求进的工作总基调，凝心聚力、攻坚克难，奋力夺取全面建设小康社会、加快社会主义现代化建设的新胜利，以优异成绩迎接党的十八大胜利召开！

在中国特色社会主义工会发展道路上阔步前进

——党的十七大以来工会工作的创新发展

中共中华全国总工会党组

党的十七大以来，在以胡锦涛同志为总书记的党中央坚强领导下，各级工会组织和广大工会干部认真贯彻党的十七大和十七届三中、四中、五中、六中全会精神，认真贯彻中国工会十五大精神，高举中国特色社会主义伟大旗帜，坚持中国特色社会主义道路、理论体系、制度，坚定不移地走中国特色社会主义工会发展道路，围绕中心、服务大局，团结动员全国亿万职工群众充分发挥工人阶级主力军作用，为推动科学发展、促进社会和谐作出了新贡献。

一、自觉用马克思主义中国化最新成果武装头脑，始终坚持中国特色社会主义工会发展道路

认真学习党中央关于工人阶级和工会工作的重要指示精神，使工会工作始终保持正确政治方向。党中央始终高度重视工人阶级和工会工作。胡锦涛总书记在“2008’经济全球化与工会”国际论坛开幕式上的致辞、在同全总新一届领导班子成员和中国工会十五大部分代表座谈时的讲话、在全国劳动模范和先进工作者表彰大会上的讲话，吴邦国同志在“2011’经济全球化与工会”国际论坛开幕式上的致辞，习近平同志在中国工会十五大上的祝词、在庆祝五一国际劳动节暨保增长促发展劳动竞赛推进大会上的讲话、在“2010’经济全球化与工会”国际论坛开幕式上的致辞，以及中央书记处的重要指示等，为新形势下工会工作提出新的要求，指明前进方向。各级党委坚持全心全意依靠工人阶级根本方针，每年听取工会工作专题汇报，对创新发展工会工作作出具体指示。5年来，有16个省(区、市)党委召开工作会议，19个省(区、市)党委制定指导文件，切实加强和改进对工会工作的领导，为工会工作创造更加有利的环境，有力地推动了工会工作。各级工会以学习贯彻党中央重要指示精神为首要政治任务，组织广大工会干部和职工群众认真学习贯彻中央领导同志的重要讲话和中央重要文件，认真学习贯彻中央提出的一系列工运新思想、新观点、新论断，始终同党中央在思想上政治上行动上保持高度一致，坚定永远跟党走的信念。全总与中央党校、人民日报联合召开学习胡锦涛总书记重要讲话座谈会，并通过层层召开党组会、全委会、机关干部大会，举办培训班、研讨会，组织宣讲团等，促进学习不断深入。各级工会还通过举办座谈会、报告会、图片展、文艺汇演等多种形式，精心组织纪念改革开放30周年、庆祝新中国成立60周年、庆祝中国共产党成立90周年宣传教育系列活动，积极开展深入学习实践科学发展观活动、党工共建创先争优活动，引导职工群众把智慧和力量凝聚到为夺取全面建设小康社会新胜利而奋斗上来。

坚定不移地走中国特色社会主义工会发展道路，使工会工作始终体现时代性、把握规律性、富于创造性。各级工会认真贯彻中央要求，全面把握中国特色社会主义工会发展道路的科学内涵和精神实质，努力做到在思想上不断有新认识，在理论上不断有新发展，在实践上不断有新探索。全总十五届六次执委会议审议通过了《关于学习宣传实践中国特色社会主义工会发展道路的决议》。各级工会组织和广大工会干部掀起深入学习、广泛宣传、积极实践的热潮，坚持自觉接受党的领导，坚持工会的社会主义性质，坚持发展工人阶级先进性，坚持构建和谐劳动关系，坚持维护职工群众合法权益，坚持完善社会主义劳动法律体系，坚持推动形成国际工运新秩序，坚持以改革创新精神加强自身建设，始终保持思想上的清醒、政治上的坚定，在落实上狠下功夫，在实践中丰富完善，推动新形势下工会工作创新发展，努力使中国特色社会主义工会发展道路越走越宽广。

二、大力弘扬工人阶级伟大品格和劳模精神，组织引导广大职工为推动科学发展、加快转变经济发展方式充分发挥主力军作用

激励广大职工勤奋劳动、诚实劳动、创新劳动，掀起社会主义劳动竞赛热潮。在应对国际金融危机冲击过程中，各级工会把开展以保岗位、保工资、稳员增效为重点的“共同约定行动”与“同舟共济保增长、建功立业促发展”竞赛有机结合起来，引导职工与企业共克时艰，取得良好效果，受到各级党政、企业和职工的普遍赞誉。团结动员广大职工圆满完成载人航天、北京奥运会、上海世博会、广州亚运会、京沪高铁等重大任务，奋勇夺取抗击南方部分地区雨雪冰冻灾害、四川汶川地震、青海玉树地震、甘肃舟曲泥石流等重特大自然灾害斗争的胜利。2011年，全国已建工会企事业劳动竞赛覆盖面75.3%，职工参与率70.1%，职工提出合理化建议978.6万件。深入开展“我为节能减排作贡献”活动，建立职工节能减排义务监督员队伍。广泛开展小革新、小发明、小改造、小设计、小建议活动，与科技部等联合开展职工技术创新工作，评选表彰全国职工优秀技术创新成果，与工信部等联合促进企业班组建设，为推动经济平稳较快发展作出了重要贡献。

发挥工会“大学校”作用，促进职工队伍思想道德、科学文化、技术技能素质全面提升。深入实施全国职工素质建设工程，加强职工思想政治工作，引导职工学习践行社会主义核心价值体系，联合开展全国道德模范评选活动，评选表彰全国职工职业道德建设标兵单位和个人，广泛开展“创建学习型组织、争做知识型职工”活动，不断加强工会报刊、网站、图书、院校、演艺等宣传教育文化阵地建设。

截至2011年9月底，命名全国职工教育培训示范点1600个，建立职工职业技能实训基地554个，建立"职工书屋"24.6万个。广泛开展岗位练兵、技能培训，组织职工职业技能大赛。选树"首席职工"、"金牌工人"、技能带头人，积极培养技能人才。多次成功举办中国职工艺术节，每年举办五一晚会，广泛开展丰富多彩的职工文体活动，有力推动了先进企业文化职工文化建设。

唱响"劳动光荣、工人伟大"主旋律，推动形成崇尚劳模、学习劳模、争当劳模、关爱劳模的浓厚氛围。认真做好全国劳模的评选推荐和学习宣传工作，配合有关部门圆满完成2010年全国劳模表彰大会的筹备工作。开展评选"时代领跑者"活动，组织劳模先进事迹巡回报告，广泛宣传"当代雷锋"郭明义等先进人物。每年五一前夕，集中表彰作出突出贡献的先进集体和个人。连续举办成人高等教育劳模免试免费本科班。5年来，组织劳模国庆观礼、参观游览和疗休养，仅全总就组织1.2万人；协助解决劳模生活困难，争取中央财政下拨全国劳模春节慰问金、生活困难补助金、特殊困难补助金共9.8亿元。

三、推动构建社会主义和谐劳动关系，旗帜鲜明地维护职工群众合法权益

推动劳动法律法规的制定和修改，不断加大源头参与工作力度。5年来，各级工会坚持"组织起来、切实维权"的工作方针，树立"以职工为本、主动依法科学维权"的维权观，落实"促进企业发展、维护职工权益"的企业工会工作原则，努力构建规范有序、公正合理、互利共赢、民主和谐的社会主义新型劳动关系，加强宏观参与，重视源头维护，积极参与《劳动合同法》、《劳动争议调解仲裁法》、《社会保险法》、《安全生产法》、《职业病防治法》、《劳动合同法实施条例》、《工伤保险条例》、《女职工劳动保护特别规定》、《实施〈社会保险法〉若干规定》、《企业民主管理规定》等数十部劳动法律法规的制定修改。2011年，各省、地(市)级地方工会推动制定地方性法规200个，其中涉及职工权益的法规131个；参与制定地方性规范文件624个。截至2011年9月底，有25个省(区、市)出台了32个有关厂务公开民主管理的地方性法规，25个省(区、市)制定了集体合同地方法规或规章，24个省(区、市)党委、政府印发开展工资集体协商的文件。配合全国人大做好《劳动合同法》、《工会法》执法检查工作。开展"五五"和"六五"普法工作。推动健全完善工会与政府联席会议制度、协调劳动关系三方机制，2011年，全国县及县级以上地方工会与同级政府召开联席会议的2173个，全国各级地方及产业工会参与建立协调劳动关系三方机制2万个。

推进"两个普遍"，以劳动关系和谐促进企业和谐、社会和谐。贯彻落实全国构建和谐劳动关系先进表彰暨经验交流会精神，把构建和谐劳动关系作为一项重要而紧迫的政治任务抓实抓好。深入开展和谐劳动关系创建活动，推动企业与职工协商共事、机制共建、效益共创、利益共享。依法推动企业普遍建立工会组织，普遍开展工资集体协商。截至2011年9月底，全国工会会员总数达到2.59亿人，其中农民工会员9656万人，全国基层工会达到232万个，覆盖企业、事业、机关单位526.6万个，企业建会率为69.8%；全国签订集体合同179.3万份，覆盖企业360.9万个，覆盖职工2.23亿人，其中工资专项集体合同92万份，覆盖企业195.1万个，覆盖职工1.17亿人。推动25个省(区、市)将推进工资集体协商纳入"十二五"规划，16个省(区、市)列入党政工作考核体系。总结推广青岛港厂务公开民主管理工作经验，开展厂务公开、职工代表大会建制专项行动和创建厂务公开民主管理示范单位活动。截至2011年9月底，全国建立职代会制度的企事业单位278.1万个，覆盖职工1.7亿人；已建工会的企事业单位中，实行厂务公开的263.2万个，覆盖职工1.63亿人。工会组织覆盖面、工会工作影响力不断提高。

推动解决职工群众最关心最直接最现实的利益问题，把党的关怀和温暖送到职工群众心坎上。工会送温暖和帮扶工作逐步实现了常态化、长效化。全国县及县级以上地方工会已建立困难职工帮扶中心3444个。2011年"两节"期间，筹集送温暖资金36.5亿元，走访困难企业10.5万家，慰问职工778.4万人(次)。深入开展农民工平安返乡行动、金秋助学活动、困难职工家庭高校毕业生阳光就业行动、技能培训促就业行动、家政服务工程、千万农民工援助行动、女职工关爱行动等，推动各地逐步提高最低工资标准。连续多年开展"安康杯"竞赛，组织引导职工群众开展安全生产活动，参加安全生产大检查和特别重大事故及职业危害事件调查处理，推动改善职工劳动安全卫生条件。

四、面对面、心贴心、实打实服务职工群众，积极探索做好新形势下职工群众工作

参与加强和创新社会管理工作，维护职工队伍和社会稳定。推动完善党委领导、政府主导、社会协同、公众参与的社会管理格局，着重在参与引领社会、组织社会、管理社会、服务社会、稳定社会等领域发挥作用。坚持每年调研职工队伍状况，及时掌握职工队伍动态，为党政科学决策、维护职工权益提供依据。做好法律援助工作，加强工会劳动法律监督，健全劳动争议调解组织。2011年，工会法律援助服务机构受理案件6.4万件，提供咨询代书等服务10万件。继续做好涉及职工群体性事件预警、预防、预报工作，对可能引发职工群体性事件的苗头早发现、早报告、早处理。严密防范境内外敌对势力插手我国劳动关系矛盾进行渗透破坏，确保职工队伍团结和工会组织统一。

深入开展服务职工活动，发挥党联系职工群众的桥梁纽带作用。各级工会组织广泛开展"面对面、心贴心、实打实服务职工在基层"活动，广大工会干部深入企业特别是生产经营困难企业，推动解决职工群众反映突出的热点难点问题，进一步密切与职工群众的联系，改进工会干部的工作作风，涌现了一批先进典型，并探索建立了形式多样的联系基层、服务职工的长效机制。截至目前，全总机关各服务职工工作组已深入30个省(区、市)和新疆生产建设兵团的120个地市、270家企业，召开627场座谈会，与9012名一线职工、企业经营者和基层工会干部面对面交流，个案访谈1788人。同时，发放《职工劳动权益手册》近30万册，帮助企业建立152个职工书屋，走访1281户困难职工和160名劳模，投入帮扶资金4287.5万元。各省(区、市)、市(地、州、盟)和县级及以下工会组织通过活动，在帮助职工解决生产生活困难、帮助企业解决生产

经营困难、积极化解劳动关系矛盾等方面取得显著成效，受到了职工、企业的普遍欢迎。

五、加强工会对外交往和港澳台工作，不断扩大中国工会影响

高举和平、发展、合作、工人权益的旗帜，推动形成公正合理、民主和谐的国际工运新秩序。每年举办“经济全球化与工会”国际论坛，规模不断扩大，影响不断提升，2011年第七次举办时有89个国家和地区的146个工会组织、209名工会代表参加，成为开展国际交流交往、展示中国工会形象的重要舞台。中国工会代表在第100届国际劳工大会上当选国际劳工组织理事会正理事，实现自1983年中国恢复参与国际劳工组织活动以来首次突破。举办国际职工体育交流活动，共约800名国外职工代表参与。到2011年底，已与400多个国外工会组织建立了多种形式的友好合作关系。

发挥群众性、民间性优势，积极开展工会港澳台工作。深化同香港、澳门工会组织和劳动界的联系，为保持香港、澳门长期繁荣稳定作出积极贡献。召开学习贯彻胡锦涛总书记在纪念《告台湾同胞书》发表30周年座谈会上重要讲话精神座谈会，为推进两岸关系和平发展献计出力。举办“海峡两岸工会论坛”，自2008年以来共有1700名代表参会，每届论坛紧跟两岸关系发展进程和劳动领域热点问题，增进了两岸工会的相互理解。连续举办“海峡职工论坛”和海峡两岸职工创新成果展，推动两岸职工交流与合作，进一步密切了两岸职工和劳动群众间的感情。

六、以改革创新精神加强自身建设，把工会组织建设成职工群众信赖的“职工之家”

坚持把工作重点放在基层，不断激发基层工会生机活力。加强基层工会规范化建设，从人、财、物等各方面支持基层工会，在基层工会特别是非公有制企业工会开展“工会组织亮牌子、工会主席亮身份”活动。推行“维权上提一级、服务下沉一级”和“上代下”工作模式，健全保护基层工会干部制度，鼓励和支持他们坚定站在维权工作第一线。完善基层工会主席民主产生机制，把那些真正为职工说话办事、职工群众信任的工会工作者选拔到工会领导岗位上来。坚持开展模范职工之家评选工作，推动建设“职工之家”、“职工小家”活动深入发展。

不断提升工会干部能力素质，努力建设一支政治坚定、业务扎实、作风过硬、廉洁自律的工会干部队伍。制定全国工会干部教育培训规划，举办全总新进、新增补、新替补执委和经审会委员培训班，全国省市县级新任工会主席培训班等，加大对工会干部特别是非公有制企业工会干部培训力度。做好干部协管工作，推进按同级党政副职配备工会主席，配强工会领导班子。深化干部人事制度改革，完善工会干部考核评价激励制度。选树表彰优秀工会干部，广泛宣传工会工作的创新经验，教育引导广大工会干部忠诚党的工运事业、奉献职工群众。

全面推进各项工作，努力实现创新发展。支持产业工会立足自身优势，组织动员产业职工建功立业，维护产业职工合法权益。深入实施女职工提升素质建功立业工程，依法维护女职工合法权益和特殊利益。深化工会经费“一改三策”改革，做好税务代收、财政划拨、建会筹备金等工作，提高工会财务管理水平。实施《中国工会审计条例》，推进上审一年、下审一级工作。制定工会企事业发展规划，管好用好工会资产，增强服务职工实力。加快工会信息化建设步伐，建设全国工会网络平台，做好网络舆情分析引导。加强工会组织中党的建设，严格执行党风廉政建设责任制和领导干部廉洁从政准则，充分发挥工会组织内党组织战斗堡垒作用和党员先锋模范作用。

做好新形势下的工会工作，任务艰巨、责任重大、使命光荣。各级工会组织和广大工会干部一定要更加紧密地团结在以胡锦涛同志为总书记的党中央周围，坚定不移地走中国特色社会主义工会发展道路，永远保持谦虚谨慎、不骄不躁、艰苦奋斗的作风，锐意进取，开拓创新，团结动员广大职工为实现“十二五”规划目标任务、夺取全面建设小康社会新胜利作出新的更大贡献，以优异的成绩迎接党的十八大胜利召开！

（《工人日报》2012年7月20日第一版）

专　　文

Monograph

2013

在上海市总工会十二届十一次全委(扩大)会议上的报告

(2012年6月18日)

钟燕群

各位委员、同志们:

今天,我们召开市总工会十二届十一次全委(扩大)会议,深入学习贯彻上海市第十次党代会精神,总结上半年工作,部署下半年任务,团结动员全市广大职工,紧紧围绕上海经济社会发展目标任务,充分发挥工人阶级主力军作用,为创新驱动、转型发展,建设社会主义现代化国际大都市作出新的更大贡献。

今年以来,在市委和全总的领导下,上海工会围绕稳中求进的总基调和创新驱动、转型发展的总方针,认真学习宣传实践中国特色社会主义工会发展道路,以"面对面心贴心实打实服务职工在基层"活动为载体,齐心协力,真抓实干,各项工作取得了新成效。一是加强思想引领,广泛发动职工建功立业。组织系列报告会,举办专题学习班,各级工会掀起学习宣传实践中国特色社会主义工会发展道路热潮。"践行价值取向、当好主力军、喜迎十八大"主题教育实践活动取得积极成果。聚焦示范性劳动竞赛,推进"携手保增长、和谐促发展"非公企业劳动竞赛和促进区域发展上海浦东新区建设全国示范性劳动竞赛,"当好科学发展主力军、打好创新转型攻坚战"主题实践活动取得新进展。举办第14届上海读书节、"劳模风采"地铁巡展、"劳动最光荣"系列电视节目、职工体育健身四季大联赛等活动,职工文化活动精彩纷呈。二是加快推进"两个普遍",促进劳动关系和职工队伍和谐稳定。紧紧抓住开发区、工业园区、现代服务企业等重点领域和农民工、劳务派遣工等重点对象,不断提高企业建会率和职工入会率。目前,本市工会会员836.5万人,建会单位27.6万家。推动乐购、宜家等世界500强企业签订集体合同,推动市容环卫行业开展第二次集体协商,工资协商建制率和质量进一步提高。贯彻市加强和谐劳动关系建设工作会议精神,制定《上海工会推动和谐劳动关系建设行动计划(2012—2013年)》、《关于坚持和完善民主管理制度保障事业单位改革顺利推进的指导意见》等文件,成立市总工会第三届法律顾问团、上海工会职工法律援助维权服务志愿团,健全区县职工法律援助中心建设,构建和谐劳动关系的社会化工作格局进一步巩固。三是加大服务一线职工工作力度,帮助广大职工共享发展成果。源头参与本市职工最低工资标准、工资增长指导线、职工基本医疗保险等民生政策标准的完善和调整。推动各级工会职工援助服务中心规范化建设,为劳务派遣工、老龄驾驶员、外来务工女性等一线职工服务的力度进一步加大。开展"上海工会就业援助月"、"春风行动"、民营企业招聘周等活动,为40万人次提供了就业服务;元旦春节期间慰问困难职工、农民工16万户,资金2.14亿元。四是深入开展"面对面心贴心实打实服务职工在基层"活动,党工共建创先争优进一步深化。各级工会干部在深入基层中接地气、转作风,在联系职工中动真情、增感情,在参与活动中长见识、强本领,在工作实践中受磨炼、展作为,推动了一大批服务职工实事项目的落实,促进了工会各项工作的扎实开展。

同志们,前不久召开的中国共产党上海市第十次代表大会,是在上海创新驱动、转型发展的攻坚阶段和关键时期召开的一次十分重要、意义深远的会议。俞正声同志代表九届市委所作的工作报告,明确了今后五年的总体要求、奋斗目标和主要任务,动员上海全体党员和全市人民,高举中国特色社会主义伟大旗帜,深入贯彻落实科学发展观,继往开来、求真务实、凝心聚力、团结奋进,谱写创新驱动、转型发展的崭新篇章,奋力开创加快推进"四个率先"、加快建设"四个中心"和社会主义现代化国际大都市的新局面。坚持在市委领导下,认真学习、全面领会、深入贯彻市第十次党代会精神,深刻认识工会承担的政治责任和历史使命,把思想和行动统一到大会精神上来,把智慧和力量凝聚到落实会议提出的重大战略部署上来,是当前各级工会的重要任务,是新的发展阶段坚持中国特色社会主义工会发展道路的必然要求。

一、深刻把握转方式调结构、形成新型产业体系的主要目标,充分发挥工人阶级主力军作用

市委报告把转方式、调结构取得重大突破列为今后五年主要目标之首,明确了基本形成以现代服务业为主体、战略性新兴产业为引领、先进制造业为支撑的新型产业体系的目标任务。这是上海创新驱动、转型发展的主攻方向。世界经济发展的历史表明,不少国家在迈入现代化进程后,最初的发展势头都不错,后来却出现停滞甚至发生逆转,关键原因是没有及时对发展方式作出调整。随着国际金融危机的持续发酵,当前全球经济已进入新的调整期,正在酝酿新一轮的需求结构、产业结构、分工模式和贸易要素流动的大调整,依赖于资源、资金、人力等大批量密集投入的粗放式发展方式已不适应新的发展要求。调结构转方式、建设新型产业体系,正是上海把握全球经济分工中的新定位,抢占世界经济发展新的制高点,创造参与国际经济合作和竞争新优势的战略举措。我们要充分认识转型发展的重大意义,积极适应产业结构调整转型带来的深刻变化,在创新驱动、转型发展中找准工会工作的结合点和着力点,有效激发广大职工的发展积极性。

发展新型产业体系对提升劳动者整体素质提出迫切需求，这对工会深化发展职工素质工程提出更高要求。上海建设新型产业体系，一方面要求切实减少经济发展的“四个依赖”，从而使本市就业需求结构发生重要改变，对劳动者素质结构提出相应的需求；同时，要发展高端(战略性新兴产业)、先进(制造业)、现代(服务业)产业，高素质职工队伍是前提和基础。目前，上海高层次人才紧缺、高技能人才出现年龄断层、职工整体素质有待提高等问题仍然突出。我们要深刻认识提高劳动者素质、建设高素质人才对上海转型发展的紧迫性，把职工素质工程建设融入本市实施人才强市战略、构筑人才高地的工作大局，在推动实施上海人才发展“千人计划”上有所作为，积极支持与推进企业及有关方面创新人才薪酬、管理、激励模式，促使人才扎根上海、融入上海、服务上海；在加强知识型、技能型、创新型职工队伍建设上有所作为，落实《关于加强本市企业职工职业培训工作的实施意见》，推动企事业单位健全职业培训制度，帮助职工不断提高技能技术水平和创新能力；在优化职工队伍素质结构上有所作为，在提高一线职工职业能力的基础上，鼓励职工学习新知识、新技能、新理念，努力为产业结构转型、“四个中心”建设提供人力资源保证。

发展新型产业体系意味着新行业、新业态、新企业形式的不断涌现，这对工会创新发展群众性建功立业活动提出更高要求。未来五年，随着新型产业体系建设进程的加快，新的行业、新的业态、新的企业形式和运作模式将随之迅猛发展。随着上海市场经济体制的不断完善和国资国企改革的持续深化，市场开放度将进一步提高，市场主体将日趋多元化、复杂化，其中外资、民营等非公经济也将获得更大的发展，其吸纳就业能力也将不断增强。面对这些新的发展趋势和变化特点，各级工会要深刻认识提高劳动生产率在转型发展中的核心地位，在继续抓好重大工程、实事项目立功竞赛的同时，着力于研究和探索在新的生产模式下，如何增强竞赛项目的个性化与有效性；如何把在传统业态中形成的成功经验与新的产业、行业特点相融合，扩大群众性竞赛活动的覆盖面和影响力；如何把企事业单位发展与职工职业发展更好地融合起来，增强劳动竞赛持续发展的动力和活力，使群众性建功立业活动真正成为激发职工主人翁责任感、展现主力军作用的有效载体和广阔舞台。

发展新型产业体系的过程也是原有产业调整过程，这对工会最大限度地保护和调动职工发展积极性提出更高要求。未来五年，上海将通过政策引导和提高能效、环保标准，引导“三来一补”型的代工企业外迁，由此会导致一批企业进行调整。随着国资国企改革和事业单位改革继续深化，也将涉及大批职工切身利益。上海作为外向型经济特征明显的城市，受世界经济下行和国内发展增速趋缓的影响，部分劳动密集型企业和中小企业的经营困难或将延续。各级工会要高度关注宏观经济形势、产业发展态势、政策调整等因素对职工就业、保障、生活等的影响，一方面，要教育引导职工理解支持改革，顺应产业优化升级、企业调整转型的必然趋势，理性对待改革转制中的利益调整，确保改革顺利进行；另一方面，要积极参与改革方案的制定，依法落实民主程序，努力以公平、合理的制度安排，保护好广大职工参与改革发展的积极性。

二、深刻把握促进人的全面发展这一根本目的，把“以职工为本”的基本要求落到实处

市委报告强调，促进人的全面发展是创新转型的根本目的，要坚持以人为本的方针，把促进人的全面发展作为加强社会建设的核心任务，真正体现科学发展观以人为本的核心要义。人的全面发展是马克思主义的基本观点，是社会主义社会的本质要求。《共产党宣言》指出，未来的理想社会是这样的一个联合体，“在那里，每个人的自由发展是一切人的自由发展的条件”。胡锦涛同志强调：“要以实现人的全面发展为目标，从人民群众的根本利益出发谋发展、促发展，不断满足人民群众日益增长的物质文化需要，切实保障人民群众的经济、政治和文化权益，让发展的成果惠及全体人民。”促进人的全面发展的核心任务，对工会坚持以职工为本，创造有利于职工全面发展的良好环境和条件提出了新的要求。

促进人的全面发展以劳动为前提条件，这对工会大力倡导勤奋劳动、诚实劳动、创新劳动，为发展先进生产力凝聚力量提出新的要求。马克思主义把解放和发展生产力作为人类社会发展的最终决定力量，只有不断推进先进生产力的发展，才能为人的全面发展提供坚实的物质基础。应对国际金融危机，中央强调要牢牢把握发展实体经济这一坚实基础，努力营造脚踏实地、勤劳创业、实业致富的社会氛围。工会在推动形成依靠劳动、尊重劳动、崇尚劳动的社会风尚，促进先进生产力发展中担负着重要责任。我们要加大宣传力度，在全社会唱响“劳动光荣、工人伟大”的主旋律，使通过勤奋劳动、诚实劳动、创新劳动创造美好生活成为人们的共同追求；要引导正确的价值取向，在各行各业劳动者中选树、宣传岗位奉献的劳模先进、恪尽职守的职业道德标兵、勤劳致富的创业带头人等各类先进典型，使劳动创造社会财富、劳动体现自我价值成为广大职工普遍的价值认同；要推动改善劳动条件，保证劳动者在自由、公正、安全、有尊严的条件下工作，提升广大职工的职业自豪感和愉悦感，共同为实现人的全面发展创造雄厚的物质基础。

促进人的全面发展就要切实解决和改善人民群众“三最”问题，实现体面劳动、幸福生活，这对工会切实履行维权职能、更好地服务帮扶职工提出新的要求。体面劳动、幸福生活是人的全面发展的基础和保障。伴随着上海经济社会的快速发展，广大职工的经济条件、社会保障、生活质量得到了很大提升。但同时，劳动报酬在初次分配中占比偏低，收入分配差距依然较大，劳动者权益保障机制仍存在执行不到位问题，体面劳动、幸福生活的实现还面临着不少现实困难。工会作为职工权益的代表者和维护者，在推动职工实现体面劳动、幸福生活中责无旁贷。我们要牢牢抓住源头，积极参与涉及职工切身利益的民生政策的制定实施，并协助党政落实好各项利民惠民政策措施；紧紧围绕提高工资集体协商建制率和质量，增强行业、区域协商的规范性和实效性，积极探索有序、有效进行利益协调的机制和经验；完善服务帮扶职工工作体系，加大为一线职工办实事的力度，进一步实现信息化管理、网络化联动、制度化帮扶、规范化运作，打响、做实富有工会特色和社会影响的帮扶工作品牌，使各类职工群体全面发展的意愿和权利能够获得回应和保障。

促进人的全面发展必须营造有利于身心健康发展的社会环境，这对工会协调劳动关系、促进社会和谐提出新的要求。市委报告指出，要着眼于使社会全体成员的才能得到全面的发展，重视和加强价值引领、社会公平、正义维护、民主法制建设及公共服务完善等，为人的全面发展创造更好的社会环境。劳动关系是现代社会最基本最重要的社会关系，劳动关系是不是和谐以及和谐程度如何，是影响社会环境最重要的因素之一。未来五年，在上海现代化、市场化、国际化向纵深发展的过程中，特别是非公经济占比不断扩大，劳动关系的发展趋势和特点也在不断演化，在资本逐利性增强和职工维权意识增强的背景下，劳动关系矛盾在局部地区可能会有所扩大；职工群体利益差异加剧，协调不同利益诉求难度增大。工会要坚持以构建规范有序、公正合理、互利共赢、和谐稳定的劳动关系为目标，坚持促进企业发展和维护职工权益相统一，大力开展各个层面的劳动关系和谐企业创建活动，推动企业与职工协商共事、效益共创、利益共享；充分发挥工会组织体系健全、联系职工广泛、熟悉基层情况的特点和优势，把劳动争议的调处机制主动融入社会“大调解”格局，在互联、互补、互动的社会管理网络中，进一步发挥好群众组织的协同作用，为推动职工全面发展创造和谐的劳动关系和社会环境。

三、深刻把握增强社会创新创造活力的重要任务，努力激发广大职工创新创造的激情和潜能

市委报告把增强创新创造活力作为上海发展中迫切需要解决的问题之一，要求进一步激发人的创造活力、激发人才创新创业活力、激发社会活力，建设更具活力的创新型城市。这就要使一切有利于社会进步的创造愿望得到尊重，创造活动得到支持，创造才能得到发挥，创造成果得到肯定，从而让一切劳动、知识、技术、管理和资本的活力竞相迸发，让一切创造社会财富的源泉充分涌流，让更多的人投身到创新创造的实践中来。职工群众中蕴藏着无穷的创造潜能，工会要善于发现、引导、激发、保护，为创新型城市建设汇聚智慧和力量。

增强社会创新创造活力就要充分发挥文化作为凝聚力、创造力重要源泉的功能，这对工会发展先进职工文化，激发职工精神活力提出新的要求。文化既具有凝聚功能，又能振奋人的精神、开启人的心智、更新人的观念，是激发人的创造活力的重要源泉。未来五年，上海处在创新驱动的关键阶段，尤为需要文化的提振、支撑和引领。当前，各种社会思潮纷繁复杂，思想文化交流交融交锋频繁，职工思想活动的独立性、选择性、多变性、差异性日益增强，虚拟社会对现实社会影响增大。在这样的背景下，工会组织如何发挥职工宣传思想工作的优势，把广大职工的思想认识凝聚起来，为职工创新创造提供观念引导和精神动力至关重要。我们要认真贯彻市委加快建设国际文化大都市的要求，宣传弘扬社会主义核心价值和城市精神，积极倡导公正、包容、责任、诚信的价值取向，引导广大职工拥有向真、向善、向美的道德情操，激发职工创新创造的“精气神”；赋予上海职工文化以海纳百川、百花齐放、生动活泼等鲜明特征，共同营造鼓励创新、尊重创造的文化氛围，让创新创造的精神深入人心，成为广大职工的自觉意识和共同追求。

增强社会创新创造活力就要把科技创新作为根本途径，这对推动职工科技创新、激发职工创造活力提出新的要求。当今世界，用科技的力量推动经济发展方式转变，是发展的力量所在、后劲所在。这一轮国际金融危机在给世界经济带来重大困难的同时，也将推动全球进入一个创新密集和新兴产业快速发展的时代。而科技的重大突破和创新，将推动经济结构重大调整，提供新的增长引擎，使经济重新恢复平衡并提升到更高水平。因此，我国把大力加强科技创新和科技支撑作为应对国际金融危机冲击一揽子计划的重要组成部分。就上海而言，解决当前发展中的矛盾和问题要靠创新，推进未来转型发展也要靠创新。只有锲而不舍地提高创新能力，掌握核心关键技术，上海才能为转型发展注入源源不断的新动力，为参与国际竞争增创新优势。各级工会要紧紧围绕打造“上海智造”的要求，进一步完善职工岗位创新的工作平台、活动平台和服务平台，努力为职工创新团队、优秀人才的脱颖而出创造更多的机会和更宽松的环境；进一步发挥各级技协“职工创新之家”的作用，加大对一线职工自主创新、岗位创新的激励和支持力度，争取更多资源，扶持、帮助职工把科技创新成果转化为现实生产力；注重培育基层一线职工中科技创新的先进典型，选树更多符合上海产业发展特征的职工“科技明星”，激发广大职工参与创新创造的内在动力。

增强社会创新创造活力就要充分尊重每个人的个性与权利，促使每个人在公平民主的氛围中发挥潜能，这对工会保障职工民主政治权利、推进基层民主提出新的要求。社会实践告诉我们，只有每个社会成员的积极性都能得到充分发挥，每个社会成员的潜能都能得到有效释放，全社会的积极性与创造力才能得到最大程度的激发。推进社会主义民主政治建设，扩大社会主义民主，让人民群众享有当家作主的民主权利，正是实现这一目标的重要保障。工会要在促进基层民主建设上积极作为，完善、规范区域、行业、企事业单位职代会的建制和运作，不断拓展厂务公开民主管理的形式和内容。一方面，引导职工增强民主参与的主体意识，以主人翁责任感履行好对有关公共事务和企事业发展的民主权利；另一方面，引导职工依法、有序地参与民主实践，以和而不同、尊重多数的民主意识，确保基层民主管理制度的有效落实。在切实保障每个职工民主权利的过程中，不断增强社会的整体活力，为创新和完善党委领导、政府负责、社会协同、公众参与的社会管理格局发挥积极作用。

四、深刻把握提高法治化水平的迫切要求，大力推进工会工作法制化、制度化和规范化建设

市委报告要求认真贯彻依法治国基本方略，深入推进依法治市，不断提高各项工作的法治化水平。法治是现代文明国家的重要标志。现代法治国家的形成过程，就是法律功能日益扩展，并且大规模地向社会结构的各个方面和层次渗透的过程。依法履职、依法治会是工会组织和工会工作的基本要求。上海作为改革开放先行地区，劳动关系已基本实现市场化、法制化、契约化。工会要在党的领导下严格按照法律和章程，依法合规地行使职权、开展工作、加强组织建设。

提高法治化水平就要依法治理、严格执法，这对工会参与立法、加强普法、监督执法提出更高要求。提高法治

化水平必须始终坚持有法可依、有法必依、执法必严、违法必究的原则。当前，工会工作在完善有法可依、推动严格执法方面还面临不少课题，在工资集体协商、收入分配、劳务派遣用工等方面，都需要促进完善相关的法律法规和政策规定，并在劳动法律监察方面加大力度。为此，我们要积极推动工资集体协商、劳动合同等法律法规修订，推进形成衔接配套的维护职工权益法律法规体系；广泛开展普法宣传工作，增强劳动关系各方知法守法用法的自觉意识；积极推动和参与重点执法监督和行政监察，坚决纠正、严肃查处侵害劳动者合法权益的行为；加强法律援助，整合社会力量，延展服务阵地，为职工依法维权提供更加有力的帮助。

提高法治化水平就要健全制度、长效运作，这对工会建立健全维权工作的制度机制提出更高要求。依法治理，必须建立一整套规范的制度机制，实现工作的长效推进，保证法律法规落实到位。当前，工会工作在制度机制建设方面仍然存在一些薄弱环节。比如，在贯彻实施职代会条例中，职代会审议表决机制的落实还不尽理想；在企业转改制和完善现代企业制度过程中，职工董事、监事制度的建制情况不容乐观；各级劳动关系三方机制、政府和工会联席会议制度的运作还不尽规范；等等。各级工会必须高度重视制度建设，进一步健全向同级党委汇报制度、与政府及职能部门沟通制度、人大政协社情民意反映制度等，为工会工作推进提供有力的制度保障；切实提升机制建设水平，进一步完善三方协商、工资集体协商等工作的运作机制，不断加强依法维权的机制保障。

提高法治化水平就要按照程序办事、规范操作，这对工会加强规范化建设提出更高要求。程序的公正、合理是法治精神的核心内涵，要做到程序正当，必须按照程序办事，这对推进工会的规范化建设具有非常重要的借鉴和启发意义。随着基层工会的大规模组建和快速发展，加强工会的规范化建设显得尤为重要。我们要进一步规范和落实各种工作制度和考核标准，确保各类工会组织健全、制度完备、基础工作扎实、切实发挥作用；进一步增强程序意识，特别是一些探索性、创新性的工作，如行业、区域工会联合会建设及其职代会、集体协商等工作的推进，基层工会主席直选工作等，要注重程序设计，规范工作流程，形成可以“复制”、推广的规范化工作模式，增强工作实效；进一步发挥会员在基层工会建设中的主体作用，健全会员评“家”、考评工会工作的办法，继续探索工代会常任制和工代会代表任期制的有效形式，通过“开门办会”提高工会自身建设水平。

五、深刻把握“讲责任讲忠诚讲法治讲学习”的重要内涵，切实加强工会自身建设

俞正声同志在十届市委一次全会上，提出了“讲责任、讲忠诚、讲法治、讲学习”的明确要求，语重心长地告诫各级领导干部要不断加强自身建设，切实增强本领能力。各级工会干部要以贯彻“四讲”为动力，始终坚持党建带动工建、工建服务党建，不断加强思想建设、组织建设、作风建设、能力建设，健全完善“面对面心贴心实打实服务职工在基层”活动长效机制，扩大工会工作覆盖面，增强工会组织凝聚力，为夯实党的执政基础、扩大党的群众基础作出积极贡献。

贯彻“四讲”、加强自身建设要求我们始终保持良好的精神状态。毛泽东同志说，“人总是要有点精神的”。邓小平同志指出：“没有一点闯的精神，没有一点‘冒’的精神，没有一股气呀、劲呀，就走不出一条好路，走不出一条新路，就干不出新的事业。”这“劲”、“气”、“精神”，就是好的精神状态。贯彻落实市第十次党代会精神，加快创新驱动、转型发展，建设社会主义现代化国际大都市，有一个好的精神状态极为重要。从工会系统来看，干部队伍总体上精神状态是好的，但部分干部也存在宗旨意识不强、改革创新勇气不足、攻坚克难信心不大等问题。好的精神状态来自于对党的工运事业的忠诚，来自于对职工群众的深厚感情。各级工会干部要切实增强责任意识，尤其当工作中遇到困难和瓶颈时，要敢于担当、迎难而上，不达目标不罢休；要增强机遇意识，紧紧抓住上海新一轮发展中工会工作新的增长点，发扬时不我待、只争朝夕的精神，推动工会工作在融入、服务全局中取得新进步；要增强创新意识，不满足已有的成绩，不安于现成的模式，不囿于原来的经验，发扬与时俱进、敢为人先的精神，推动工会工作不断迈上新的台阶；要增强群众意识，牢固树立群众观点，想职工之所想，忧职工之所忧，急职工之所急，始终保持做好党的群众工作的激情和动力。

贯彻“四讲”、加强自身建设要求我们高度重视能力建设。干好事业，能力是基础和保证。市委报告要求进一步认清上海在全国和全球现代化进程中的历史方位与特点，着力提升四种能力，更好地肩负起推进“四个率先”、建设“四个中心”的历史重任。新形势下，我们要正视自身能力不足的问题。比如，一些工会干部不善于同群众打交道，在职工群众中缺乏感召力和亲和力；一些工会干部知识结构比较单一，尤其在开展工资集体协商、协调劳动争议等工作中，缺乏熟悉法律、懂得政策、精通业务、善于协商的专业人才，进一步提高工会干部队伍整体素质任务紧迫。面对日益复杂的工作形势，我们要加强学习型工会建设，在各级工会干部中形成自觉学习、团队学习、持续学习的良好风气；加强专职工会工作者和工资集体协商指导员队伍建设，提高工会干部队伍的专业化、职业化水平；加强干部教育培训工作，从理论、政策、实务等方面完善工会干部知识结构，不断提高工会干部协调劳动关系、做好群众工作的本领。

贯彻“四讲”、加强自身建设要求我们不断改进工作的方式方法。在长期实践中，各级工会创造了许多群众工作的好方法、好经验，但随着形势变化和时代发展，必须在群众工作方法的改进与创新上下更大功夫。我们要突出需求导向、问题导向，从不同企事业单位职工的实际需求出发，找准工作重点；从职工权益、劳动关系、工会建设中存在的问题入手，找准工作突破口，切实增强工会工作的针对性和吸引力。抓好分层分类的工作对接和落实，对党政工作要求和全总、市总的工作部署，要联系本地区、本系统、本单位实际情况，分解任务、明确责任、扎实推进、落实到位，使一些好的政策、制度、措施在基层工会工作中得到及时的贯彻实施。坚持体制创新与工作创新相结合，积极适应新型产业体系建设和经济转型发展的新趋势，继续探索行业工会、街镇工会的运作模式，不断完善特大型城市工会组织架构；积极推进项目制等新的工作方式，把工会各项工作做实，打造具有社会影响的工作品牌，创造更多

体现上海特色的工作经验。

市第十次党代会为全市工会工作发展指明了方向；下半年，我们将迎来党的十八大胜利召开。各级工会要把学习贯彻十八大精神和市第十次党代会精神放在首位，与学习宣传实践中国特色社会主义工会发展道路紧密结合起来，与开展思想宣传和班组学习活动紧密结合起来，切实将会议精神的传达学习落实到基层组织和一线职工。各级工会要以学习贯彻中央、市委指示精神为动力，认真对照检查年初确定的目标任务，进一步加大工作力度，突出工作重点，全面完成今年的各项工作任务，并认真做好市第十三次工代会的各项筹备工作。这里，我重点强调四项工作。

第一，大力推进“两个普遍”。今年是推进“两个普遍”的第二年，是关系三年任务能否完成的关键之年。在工会组建方面，全总要求上海今年建会企业达到33万多家，目前已建会企业为27.6万家，任务仍很艰巨。各级工会要继续按照“点线面”推进的工作思路，以街镇、工业园区、商务楼宇、居村等非公企业集聚的区域为重点领域，以四大会计师事务所等著名外资企业以及小型非公企业、劳务派遣企业等为重点对象，探索创新建会的有效形式，切实把工会组建工作抓紧抓好。严格执行全总《工会女职工委员会工作条例》，做好企事业单位工会女职工委员会同步组建工作。在工资集体协商方面，全总要求我们在符合协商条件的建会企业中，完成90%建立集体合同制度、70%建立工资集体协商制度和90%世界500强在沪建会企业建立工资集体协商制度的目标，工作量相当大，任务相当繁重。各级工会要充分发扬自我加压、迎难而上的精神，以工资水平较低且增长较慢的企业、劳务派遣工集聚的企业、世界500强在沪企业等为重点，积极主动地开展常态化的集体协商要约行动，及时总结推广行业性、区域性集体协商的成功经验和典型案例，努力在扩大协商覆盖、增强协商实效上取得新突破。要宣传推广奉贤区促进企业经营者政治安排与履行社会责任挂钩的工作经验，借助各方资源，增强工作合力，推动“两个普遍”取得更大进展。

第二，切实加强和谐劳动关系建设。认真贯彻《上海工会推动和谐劳动关系建设行动计划(2012-2013年)》。配合市人大常委会进行《上海市职工代表大会条例》执法检查，深入开展职代会专项建制行动，严格规范企事业单位改革进程中的民主程序，完善区域性、行业性职代会制度的推进思路和方法。继续推进街镇劳动争议调解组织实体化、规范化建设，力争年底70%以上的建会企业、90%百人以上规模企业和集团公司建立劳动争议调解组织，中小企业建立劳动争议信息员制度，进一步做实职工法律援助和维权服务工作。密切关注社会保险政策调整和业务外包、异地派遣等新情况，加强对劳动关系状况的研判，主动参与解决劳动关系领域突发性、群体性事件，维护社会和谐稳定。

第三，努力为职工办实事做好事解难事。加强职工援助服务平台载体建设，进一步完善覆盖地区和产业(集团)的职工援助服务体系。继续健全职工收入分配状况报告制度和监控体系，推动提高公共服务行业一线职工收入。认真做好工会就业援助、互助保障工作，从生活、就业、教育、医疗等方面，积极为困难职工排忧解难。加大对一线职工的关爱力度，在改善职工生产生活条件、法律维权、精神慰藉等方面，努力为广大职工提供多样化、多层次的服务。贯彻落实《女职工劳动保护特别规定》，实施“女职工关爱行动”，推进基层工会女职工工作达标创优，切实维护女职工合法权益。

第四，抓好工会干部队伍建设和基层基础工作。进一步深化“面对面心贴心实打实服务职工在基层”活动，在解决实际问题、办好实事上下功夫，在指导推动基层工会工作上下功夫，在转变工会干部作风上下功夫，在密切联系职工群众、构建服务职工长效机制上下功夫。加强基层工会干部队伍建设，扩大职业化、社会化工会工作者工资分级负担试点，推进基层工会主席直接选举工作，壮大基层工作力量。积极推进工会经费税务代收试点工作，切实加强经审工作的规范化建设。在企业工会特别是非公有制企业工会，深入开展“工会组织亮牌子、工会主席亮身份”活动，发挥企业工会作用，激发企业工会活力，破解企业工会建设难题。深入开展职工队伍状况调查，把调查过程作为全面了解工会工作整体状况、把握工会工作规律的过程，作为工会干部提高认识能力、工作能力、分析解决问题能力的过程，为更好地维护和发展职工各项权益奠定扎实的基础。

处在创新驱动、转型发展的攻坚阶段，上海各级工会组织肩负着光荣的使命和责任。让我们在市委的领导下，凝心聚力，奋发有为，为实现上海经济社会发展的宏伟目标而努力奋斗，以优异成绩迎接党的十八大胜利召开！

在加强职工素质工程暨“践行城市价值取向，深化岗位建功行动”推进会上的讲话

(2012年9月19日)

钟燕群

同志们：

今天，我们在这里召开加强职工素质工程暨“践行城市价值取向，深化岗位建功行动”推进会，回顾总结《上海职工素质工程“十二五”发展规划》颁布实施一年多来的落实情况，部署下一阶段的工作任务，进一步动员全市广大职工和各级工会以学习宣传贯彻党的十八大精神为动力，积

极践行城市价值取向，全面提升职工队伍素质，不断深化岗位建功行动，努力为上海创新驱动、转型发展作出新贡献。

刚才，市委宣传部副部长、市文明办主任燕爽同志作了很好的讲话，对工会组织开展上海职工职业道德和价值取向主题讨论活动给予了肯定，并对进一步深化这项活动，不断提升职工文明和道德素养提出了要求，希望大家认真学习领会，抓好贯彻落实。杜仁伟同志代表市总工会，对前阶段工作及其取得的成效进行了全面总结；市委党校张春美教授从构筑文化自觉的高度，对工会组织践行价值取向、深化职业道德建设给予了理论指导，使我们深受启发；机场、电信、医务工会作了交流发言，他们的做法和经验有特色、有创新、有实效，希望大家相互学习，共同提高；胡蓉同志介绍了她在新西兰救援同胞游客的感人事迹，分享了她在本职岗位上的成长感悟和收获体会，值得我们好好学习宣传。下面，对推进下阶段职工素质工程建设，我再强调三点意见。

一、结合时代特征把握职工素质工程的新要求

上海职工素质工程自本世纪初启动以来，已走过了12年的发展历程，取得了积极成效，积累了宝贵经验。当前，在上海“十二五”发展新阶段，职工素质工程的时代背景、工作对象、工作内容都面临着新的特点和要求。我们要站在上海加快推进“四个率先”、建设“四个中心”和社会主义现代化国际大都市的高度，充分认识新形势下深化职工素质工程的重要意义。

一是要适应产业结构优化升级的新任务。“十二五”时期，转方式、调结构，形成新型产业体系，是上海创新转型的主攻方向。今年，面对世界经济复苏乏力、国内发展增幅趋缓、上海转型压力加大的新形势，市委明确要求把提高劳动生产率放在转型发展的核心地位，加快产业结构调整。要提升产业能级和劳动生产率，就必须提高劳动者素质。近年来，上海就业结构性矛盾一直存在，特别是在发展战略性新兴产业、先进制造业的过程中，高素质、高技能工人短缺以及后继乏人的现象，已在一定程度上制约了产业结构转型和企业技术升级的进程。我们要深刻认识提高劳动者素质、培养高素质人才对上海转型发展的重要性和紧迫性，把职工素质工程融入本市实施人才强市战略、构筑人才高地的工作大局，着力加强知识型、技能型、创新型职工队伍建设，不断优化职工队伍素质结构，在上海加快产业结构转型、加快“四个中心”建设中更好地发挥工人阶级的主力军作用。

二是要应对思想观念多元多样的新挑战。随着经济体制、社会结构、利益格局的大调整大变革，职工群众的价值观念日益呈现多元、多样、多变的复杂局面。市场经济利益为先、效率至上的原则，国内外各种社会思潮的侵扰，对主流意识形态和价值导向造成一定的冲击。道德领域存在的不良现象，比如一些无良企业被频频曝光，黑心棉、毒奶粉、毒胶囊等商业欺诈行为屡禁不止，假冒伪劣产品屡打不绝，一些见危不扶、见死不救的事件经常见诸报端，这些都对职工群众的价值观念和思想认识带来一些负面影响。当前，职工思想观念上的一些新问题应引起我们关注。比如，有些职工诚实劳动、勤奋劳动观念有所减弱，受社会上快速致富、“一夜暴富”思想的影响，不少职工对脚踏实地、勤劳致富产生怀疑，不安心本职工作，看不起体力劳动者，这也在一定程度上助推了基层一线劳动工人和技术工人的短缺；有些职工职业道德和社会责任感有所减弱，过于注重自我价值和利益的实现，认为“挣钱是人生主要目的”，甚至为了金钱不择手段，丧失诚信和道德底线，这也是导致假冒伪劣商品难以杜绝、商业欺诈屡禁不止的主观原因之一；有些职工理性思维有所减弱，面对工作、生活和心理压力，个人发展预期下降，对社会不满情绪滋生，思想趋向极端，诉求表达趋于情绪化，非理性表达愿望诉求的现象有所增多。这都对工会加强职工思想宣传和教育引导工作提出了更高要求。但同时，我们应看到，爱岗敬业、奉献社会、助人为乐，仍是当代职工的主流价值观。近一段时间来，“当代雷锋”郭明义、“最美司机”吴斌、“最美教师”张丽莉等受到社会广泛赞誉；不久前，在上海地铁见义勇为的外来务工青年周传金，以及刚才在会上发言的“最美导游”胡蓉，都以他们的实际行动，诠释着道德良知，展示着文明风尚，彰显着人间大爱。我们要正视新时期职工思想宣传工作面临的新情况新问题，坚持以社会主义核心价值体系教育职工，以先进典型和道德模范引领职工，以马克思主义劳动观凝聚职工，不断巩固职工群众团结奋斗的共同思想基础。

三是要把握信息技术迅猛发展的新特点。当前，信息化发展日新月异，深刻地影响和改变着人们的生产生活和行为方式以及社会交往模式，特别是网络、微博等新兴媒体的迅猛发展，在为广大职工群众提供学习、交流、工作便利及提升工作效率的同时，也由于其不同于传统传播方式的诸多特性，正日益成为舆论传播和信息聚集的重要源头，舆论热点的多发、突发、频发成为常态，对传统的宣传教育和社会动员方式造成冲击。部分职工在维护自身权益过程中利用网络新媒体的现象也不断增多，一些群体性劳资纠纷经网络炒作和放大，产生了较大的社会影响。这对我们在信息时代如何有效地教育引导职工，树立正确的舆论导向提出了新课题。我们要与时俱进地创新和发展信息化条件下的职工素质工程，以信息技术为重要手段，以新兴媒体为重要载体，为职工学习新技能、新知识搭建更多平台；同时，要不断提高运用信息技术和新兴媒体的能力，为增强职工思想工作实效、形成正确舆论导向作出更大努力。

二、突出工会特色推进职工素质工程持续发展

党的十八大即将胜利召开。当前和今后一个阶段，我们要以学习贯彻党的十八大精神为统领，紧紧围绕上海创新驱动、转型发展的工作大局，全面实施《上海职工素质工程“十二五”发展规划》，把工会组织、引导、服务职工的各项工作有机结合起来，进一步体现工会在提升职工队伍综合素质、加强价值取向宣传教育上的独特优势和工作特色。

一要不断深化宣传思想工作和主题教育活动。加强思想引领和理论武装，努力在广大职工中形成统一的指导思想、共同的理想信念、强大的精神支柱，是职工素质工程的首要任务。当前，各级工会要以迎接十八大、学习十八大、贯彻十八大为首要政治任务，广泛开展形式多样的学习宣传教育活动，把职工群众的思想行动统一到十八大确定的目标任务上来。要用马克思主义中国化的最新成果教育引导职工，市总工会将成立十八大劳模代表宣讲团，

通过组织巡回演讲和专场报告会、编写十八大精神职工读本、开展知识竞赛等方式，推动十八大精神在广大职工中入耳入脑入心。要广泛凝聚职工思想共识，市总将以上海职工艺术博览汇为平台，动员职工群众广泛参与以"丹心绘和谐、喜迎十八大"为主题的上海职工文化艺术展和职工文化展演周，展示职工群众的精神风貌和职工文化建设的优秀成果，表达上海职工喜迎盛会、再建新功的坚强信心和拥护党、跟党走的坚定信念；引导职工正确理解党和政府的方针政策和重大部署，正确看待发展中的困难和问题，正确认识和处理各种利益关系，营造心齐气顺、共谋发展的良好氛围。要及时把握职工思想动态，密切关注、及时研究职工思想热点问题，重视对网络、微博等新媒体的舆论引导工作，对影响职工队伍稳定的隐患问题要早发现、早介入、早报告、早化解。当前要重点关注新生代青年职工、外来务工人员、商务楼宇"白领"职工、转改制企业和困难企业职工等群体，把帮助职工解决思想问题和解决实际困难结合起来，引导职工以理性合法方式表达诉求，自觉维护经济发展、社会稳定的大好局面。在近期由"钓鱼岛"引发的涉日事件中，我们要按照中央、市委文件精神，积极引导职工理性爱国、守法爱国，自觉抵制那些以维护国家利益为借口，危害社会治安和他人人身财产的行为，引导职工把高扬的爱国热情化为建设国家、岗位建功的动力。

二要切实加强群众性精神文明创建和职业道德建设。加强职业道德和精神文明建设是职工素质工程的重要工作。我们要坚持以社会主义核心价值体系为引领，广泛深入地开展群众性精神文明创建活动，推动提升职工队伍的道德素质和文明修养。要积极倡导勤奋劳动、诚实劳动、创新劳动，大力弘扬工人阶级伟大品格和劳模精神，努力营造脚踏实地、勤劳创业、实业致富的社会氛围，使通过劳动体现自身价值、创造幸福生活成为广大职工的自觉行动和普遍追求，唱响"劳动光荣、工人伟大"的时代主旋律。要深入推进以责任、诚信为重点的职业道德建设，按照全市大讨论活动要求，继续深化"责任在我心、诚信伴我行"职业道德和价值取向主题讨论，加强对职业道德先进的表彰激励，引导职工增强道德判断力和道德荣誉感，培养职业情感，遵守职业纪律，共同培育和自觉践行爱岗敬业、诚实守信、勤奋工作、服务群众的职业道德规范。要广泛开展"学雷锋"等志愿服务活动，组织动员职工立足本职、服务社会，树立"我为人人、人人为我"的思想，弘扬先人后己、助人为乐的社会风尚。

三要大力提升职工技术技能水平。职业精神最终要体现在岗位实践上，而岗位建功首先要有过硬的本领。我们要充分发挥工会"大学校"的作用和优势，以促进职工全面发展为目的，着力提高各行各业职工的岗位技能，努力培养和造就一大批高素质的一线人才。要进一步提升职工科学文化素质，扎实开展"创建学习型组织、争做知识型职工"活动，扩大初级工商管理培训（EBA）、女职工周末学校、职工书屋等特色工作和载体的覆盖面，持之以恒地推进"振兴中华"读书活动，鼓励职工树立自主学习、终身学习理念，激发、调动职工学习科学知识、优化知识结构的积极性和主动性。要进一步加强职工技术技能培训，以各类工会培训机构为阵地，大力开展岗位技术培训、职业技能培训和技术练兵、技能登高活动，引导职工学习业务、钻研技术，熟练掌握岗位操作技能和专业知识；深化"首席职工"、"首席技师"等的选树活动，推广普及职工中的绝招绝技和先进操作法，促使更多知识技能型、技术技能型和复合技能型人才脱颖而出。要进一步推动职工科技创新，积极开展双增双节（增产增收、节约节支）、双献五小（献计献策，小设计、小发明、小创造、小革新、小改进）等群众性创新创效工作，引导广大职工积极投身创新转型实践；加强劳模创新工作室的创建和管理，带动基层职工岗位创新，争做"创新能手"，把蕴藏在职工群众中的创新创造活力最大限度地激发出来。

四要深入推动岗位建功行动。发动职工参与岗位建功行动，是践行价值取向、展现职业素养、检验素质工程成效的重要载体。我们要继续围绕"当好科学发展主力军、打好创新转型攻坚战"这一主题，大力开展社会主义劳动竞赛，推动经济技术进步、企业效益增长、职工素质提升。要着重深化窗口服务行业岗位建功行动，针对当前服务领域中群众反映强烈的产品质量、食品安全、经营诚信等问题，广泛开展"五比五赛"、对标找差、创先争优，以及争创"工人先锋号"和用户满意服务明星活动，动员广大职工提高服务技能、改进服务质量。要广泛推进"携手保增长、和谐促发展"非公企业劳动竞赛，发动职工围绕企业生产经营中的重点、难点问题，积极参与降本增效、节能降耗、合理化建议、技术革新等活动，齐心协力帮助企业共度难关、共谋发展。要探索把握市场经济条件下群众性劳动竞赛的特点和规律，在现代企业制度框架下，不断改进劳动竞赛的组织发动、过程管理、效果评估、表彰激励等工作机制，把竞赛中形成的好经验、好做法固化成为企事业单位的管理规范、服务标准和经营机制，切实发挥群众性的岗位建功行动在促进企事业单位发展和经济社会发展中的积极作用。

三、聚焦基层一线提升职工素质工程工作成效

职工素质工程各项工作的落实必须依靠基层工会，工作成效的最终体现也反映在基层职工的言行举止和工作业绩上。我们要牢固树立服务基层、服务职工的工作理念，推动各项工作扎扎实实地在基层落地，确保职工素质工程和大讨论活动、岗位建功行动等取得实实在在的成效。

一要加强领导，服务基层。各级工会要进一步加强对职工素质工程的领导，今天下发的《推进职工素质工程实施意见》中，市总工会对职工素质工程领导小组进行了充实和调整，建立了联席会议制度，强化统筹协调、指导监督、考核评估和表彰激励功能。希望各区县局（产业）工会抓紧建立相应机构，并切实加强领导，充分发挥作用。在加强工会内部资源整合的同时，还要积极争取党委、政府及相关委办、社会组织的支持与协助，用好各方赋予的资源和手段，努力形成党委重视、行政支持、工会实施、各方联动、社会协同、职工受益的工作格局。要推进人财物等资源向基层一线倾斜，帮助基层工会加强职工书屋、职工文体设施等的建设和配备，为基层开展工作创造条件、提供支持。要以建立"面对面、心贴心、实打实服务职工在基层"活动长效机制为抓手，定期了解基层一线工作情况，及时掌握职工群众所思所求，努力服务基层需求，活跃

基层工作，激发基层创新。

二要立足班组，夯实基础。班组是企业从事生产经营活动和管理工作最基层的组织单元，也是职工成长成才的摇篮和展示才能的舞台。我们要以学习型、技能型、创新型、管理型、效益型、和谐型“六型班组”建设为目标，把班组作为锻炼人、培养人、教育人的重要课堂，争创更多的优秀班组，发挥好班组在职工素质工程中的基础性作用。要着重抓好班组长素质提升工程，开展班组长岗前培训和在职培训，建立班组长培训制度及培训规划，加强班组长之间的学习交流，不断提高班组长的工作能力和综合素质，为抓好基层基础工作提供人才保障。要扎实推进班组文化建设，结合各类班组的工作特性，创新班组学习的方式方法，增强基层思想政治工作的针对性和感染力；深入开展“建文明单位、创文明班组、做文明职工”活动，培育爱岗敬业、争创一流，团结互助、文明和谐的团队精神，增强各类基层班组的凝聚力、战斗力。

三要加强指导，激发活力。上级工会要加强政策参与和指导，配合相关方面将惠及职工素质提升的各类法律法规、政策措施落到实处，最大限度地让基层企业和一线职工受益。比如，今年市总工会积极参与了人保局《关于运用地方教育附加专项资金开展企业职工职业培训的指导意见》的调研和制定工作，在下阶段《意见》实施过程中，各区县总工会要全程参与，配合政府把好事做实，指导基层工会通过厂务公开、职代会、集体协商等制度，加大对职工培训计划制定、方案落实、资金使用管理等方面的民主监督力度。要注重分类指导和分类推进，针对不同类型基层单位和职工的多元需求，明确素质工程和大讨论活动、主题实践活动的工作侧重点，把各项措施、任务、指标分解到基层，落实到一线，避免上面热热闹闹、下面冷冷清清的局面；尊重基层和职工的首创精神，鼓励基层结合行业、企业实际和职工需求，开展探索实践和创新试点，并及时进行总结推广，促进基层单位创意涌现、活力迸发。

四要树立典型，创新方法。各级工会要善于挖掘和宣传基层一线的先进人物和感人事迹，引导职工学习身边的劳动模范、道德模范和好人好事，用职工喜闻乐见的方式方法，激发职工向上、向善、向美、向真。工会系统的报刊杂志网站微博等宣传平台，要担负起弘扬时代主旋律、建好舆论主阵地的职责，将更多的镜头对准一线职工，更多的版面聚焦基层群众，在全社会营造鞭挞丑恶、弘扬先进、传播文明、共建和谐的良好氛围。要借助多元多样手段增强工作实效，通过岗位格言和诚信故事征集、主题演讲、动漫大赛、电视辩论、网上论坛、岗位承诺、诚信宣誓、微感言、微辩论等丰富多彩的形式，引导职工学、思、议、写、论、辩，进一步增强职工素质工程的感染力、吸引力。特别要继续用好东方卫视《劳动最光荣》专题电视栏目，以劳动者炉火纯青的技能技艺吸引人，以劳动者奋斗拼搏实现梦想的故事感动人，演绎劳动的光荣与自豪，展现普通劳动者的时代风采。

同志们，新的形势和任务对职工素质工程提出了新的更高要求。让我们在市委领导下，在市委宣传部、市文明办等有关部门的指导支持下，充分发挥群众组织的优势和作用，为上海经济社会平稳健康发展凝聚智慧和力量，团结动员全市职工以实际行动和优异成绩向党的十八大献礼！

在2012年上海市工会组织工作表彰交流大会上的讲话

肖堃涛

同志们：

今天，我们在这里召开2012年全市工会组织工作表彰交流大会，学习贯彻党的十八大精神，回顾总结2012年工会组织工作情况，部署2013年工作任务，推动普遍建会三年行动规划的全面落实。首先，我代表市总工会，向今天受到表彰的组建工作先进单位表示热烈的祝贺，向各区县局（产业）、街镇以及基层工会广大工会干部的辛勤努力表示衷心的感谢！

去年以来，全市各级工会积极应对挑战、克服困难，较好地完成了全总下达的年度目标任务，并在实践中形成了许多好的做法和经验。刚才，我们对全市面上工作情况进行了回顾，浦东、杨浦、奉贤、金山、经信委工会等5家单位作了很好的交流发言，另外还有一些单位以书面形式分享了经验体会。这些来自实践、来自一线的经验做法具有很强的针对性和操作性，希望大家结合实际认真学习借鉴。

当前和今后一个阶段，学习宣传贯彻党的十八大精神是各级工会的首要任务。党的十八大报告描绘了全面建成小康社会的宏伟蓝图，是马克思主义中国化的最新成果，是新形势下推进各项工作的行动纲领和工作指南。我们要深入学习领会十八大的一系列新观点、新思想、新论断，特别要深刻领会党对工人阶级和工会组织的重要论述和工作部署，充分认识做好工会组织工作的重要意义，以更清晰的目标、更扎实的措施、更有效的方法，为工会全面履行各项职能、发挥桥梁纽带作用提供更为坚实的组织保障。对今年及下阶段工会组织工作，我着重讲三点意见。

一、进一步健全工会组织工作长效机制

实践证明，整合各方资源、完善共建机制是加强工会组织工作的成功经验。我们要继续坚持、不断巩固、持续丰富党工共建的形式、内容和方法，推动健全党建工建同步计划、同步部署、同步督查、同步考核的工作机制，使工建更好地融入大党建格局，努力形成社会化工作模式，为工会组织工作提供坚强保障。

一要完善领导机制。积极争取各级党政对工会工作的重视支持,完善各级工会与同级党政及有关部门联席会议制度,推动把工会组建等工作纳入党政工作大局。充分发挥工会组建工作联席会议、领导小组作用,明确成员单位职责分工,促进信息共享、资源整合。坚持把工会组织工作作为"一把手"工程来抓,增强工会系统内部齐抓共推的整合效能,努力形成资源共享、多方协助的工会组织工作格局。

二要完善考核督促机制。进一步推动工会组织建设工作目标纳入"大党建"和党政干部工作绩效考核体系,形成上级党组织与下级党组织、上级工会与下级工会对口签约的工作机制。加大工会组织建设目标考核激励的力度,推进目标责任年初签约、年底考核的责任分解机制,确保全年工会组织建设工作目标任务的落实。强化中途督查,开展阶段性工作自查抽查,及时分析和解决遇到的新情况新问题。健全定期通报制度,及时把工会组织建设工作的进展情况以及面临的困难问题通报给区县和街镇党委分管领导,以便加强督促,帮助协调,强化落实。

三要完善协同机制。建立健全多级劳动关系三方协调机制,加强与政府部门、企联、工商联等的经常性沟通,研究分析劳动关系、工会建设中的全局性、普遍性、倾向性问题,联合开展调研、联合下发文件、联合推进工作落实。加强与组织、人保、工商、安监等相关各方的协同配合,共同开展百日建会、集中建会月等行动,形成多部门、多方面联合行动、合力推进的工作格局。加大上级工会和下级工会、地区工会和行业(产业)工会的上下联动、条块联动、横向联动,共同提升工会组织工作合力与整体水平。

二、全力打好普遍建会三年行动计划攻坚战

今年是全面实现企业普遍建会目标任务的最后一年。根据全总要求,2013 年本市的工作目标是企业工会建会率 93%,职工入会率 88%。要实现这一目标,任务非常艰巨。一方面,经过这几年大力推进工会组建工作,好建的、容易建的都已组建工会,剩下的都是一些"硬骨头"和大量的非公小微企业;另一方面,在经济下行压力和产业结构调整的共同影响下,企业关停并转迁情况较为频繁,导致了部分工会组织和会员的流失,再加上新行业、新业态、新的企业形式的不断涌现及其职工队伍的不断发展壮大,使工会组建工作面临着不少新课题、新挑战。各级工会要始终本着"哪里有职工,哪里就要建立工会组织"的原则,集全会之力打好工会组建三年行动计划攻坚战,确保普遍建会任务如期完成,使工会组织建设紧跟经济社会发展步伐、适应职工队伍变化趋势。

一要聚焦建会重点。突破重点难点,进而带动全局工作,往往会达到事半功倍的效果。各级工会要做好打"硬仗"的准备,以一抓到底、狠抓落实的精神,全力攻克企业工会组建中的"老大难"对象。要聚焦规模型企业,对规模大、职工多、社会影响广的企业,特别是长期拒绝建会或拖延建会的企业,要多方联动、集中力量重点突破,力争突破一点,带动一片,今年争取在四大会计师事务所、世界 500 强等跨国公司的建会上有新突破。要聚焦面广量大的小微企业,对数量庞大、情况复杂的注册型、贸易型小微企业,要按照地域相同、行业相近的原则,通过推进区域性、行业性工会联合会和联合工会等行之有效的方式加以有效覆盖。要聚焦重点群体,结合农民工、劳务派遣工就业特点和就业形式,拓展入会渠道、创新入会方式,大幅度提高农民工、劳务派遣工入会率;关注零散就业的家政、护工、促销员等群体的入会和会籍管理问题,积极探索有效的组织形式和活动方式,最大限度地把各类企业、各种职业的职工组织到工会中来。

二要创新建会模式。各级工会要坚持点线面联动的工作思路,结合实际创造性开展建会工作。要推动有政治安排的企业经营者带头支持"两个普遍"、创建和谐劳动关系。认真贯彻中央、市委领导批示精神,加强与各级人大、政协以及组织部、统战部、工商联等的沟通与协作,通过排摸建档、出台实施文件、建立工作平台、形成制度机制等措施,切实推动这一关键群体重视工会工作、善待关爱员工、构建和谐企业、履行社会责任,充分发挥其示范引领和模范带头作用。要积极推进区域性行业工会建设。针对不同地区产业调整与行业分布特点,因地制宜发展各具特色的行业工会联合会,充分发挥其在推动行业发展、维护行业职工权益、开展行业集体协商、确立行业劳动标准、协调行业劳动关系等方面的独特作用。要加强"小三级"工会组织建设。切实抓好工会组织体系中这一承上启下的关键环节,推进街镇、园区、楼宇、小区、村等基层工会的有效运作,充分发挥其推动企业建会、发展各类会员、落实维权维稳工作的基础性作用。

三要提升建会质量。在大力推进工会组建、实现基层工会覆盖单位数大幅增长的同时,各级工会要更加注重企业建会质量,为更有效实现工会工作的全覆盖、推动基层工会实质性运转和作用发挥打牢基础。要激发职工建会的主体意识,着力启发职工特别是新生代青年职工建会的内在动力,把自上而下推动建会与自下而上职工自觉建会统一起来,避免包办、代办职工建会现象,使职工群众真正成为企业建会的推动者,确保工会组织拥有广泛而深厚的群众基础。要进一步规范建会程序,在工会领导班子人选推荐酝酿、民主选举等环节,上级工会要加强服务指导和监督,做到组建工会必须报上一级工会批准,工会领导班子必须选举、选举结果必须报上一级工会审批,防止出现"被建会、被入会"现象。要着力推动单独建会,全面加大 25 人以上企业单独建会力度,积极推进 10 人以上有条件的企业单独建会工作,切实防止"被覆盖"现象的产生,不断提高企业单独建会比例;加强对联合工会建立原则、建立标准、管理幅度的研究,使联合工会的建立主要面向无单独建会条件的小微企业。要做实非公企业法人数据库,做到加强数据库的动态维护与开展好动态建会工作有机结合,努力实现建会工作的科学和可持续发展。

三、切实增强工会组织在职工群众中的凝聚力和影响力

党的十八大报告要求工青妇等人民团体充分发挥桥梁纽带作用,更好反映群众呼声,维护群众合法权益,提高做好新形势下群众工作的能力。各级工会要坚持以党的十八大精神为指导,以改革创新精神加强学习型、服务型、创新型工会建设,不断增强工会组织在职工群众中的凝聚力和影响力,为巩固和扩大党的群众基础作出更大贡献。

一要牢固树立服务职工的理念。工会是党领导的工人阶级群众组织，职工群众是工会组织的力量源泉，服务职工是工会组织的立足之本。我们要深刻认识到党对工会工作是否满意，是建立在广大职工对工会工作是否满意的基础上的。各级工会要牢固树立马克思主义群众观点，坚持践行党的群众路线，推动落实党的全心全意依靠工人阶级方针，站稳群众工作立场，切实履行好党赋予的代表和维护职工合法权益的神圣职责。要认真贯彻中央、全总关于改进工作作风、密切联系群众的有关规定和要求，总结开展"面对面、心贴心、实打实服务职工在基层"活动经验，建立健全工会干部联系基层、服务职工、为职工办实事解难事的长效机制和工作考评制度，实现联系基层、服务职工常态化、长效化。要深入推进建设职工之家活动，今年要以评比全国和上海市模范职工之家为契机，广泛动员职工参与建家活动，广泛开展会员评家活动，探索实践分层建家、联合建家新模式，以会员对工会工作的参与度与满意度来衡量建家的水平与成效，使工会自身建设的基础更为扎实，活力更加充沛，发展更具后劲。

二要切实提高工会干部的能力水平。打铁还需自身硬。要以提高服务职工群众的能力和水平为目标，加强工会干部队伍建设。积极探索工会干部的来源和产生机制，对编制内的工会干部配备，要积极争取党政支持，推动落实市委关于区县、街镇、企事业单位工会干部配备的有关规定，配齐配强工会领导班子和工会工作力量；同时，要进一步加强职业化社会化工会工作者队伍建设。目前，全市已经建立了千余人的职业化社会化工会工作者队伍，其中319名列入了全总和市总工资分级负担试点范围。从工作需要来看，这支队伍无论是数量还是质量都亟需进一步提高。上海是探索工会干部职业化社会化较早的省市工会之一，创造了一些好的经验和做法。如杨浦区为社会化职业化工会干部评定职称等，较好地解决了这部分工会干部的职业发展问题。我们要在现有经验和做法的基础上，进一步扩大职业化社会化工会工作者工资分级负担试点范围，探索实行津贴制度，强化激励机制，指导和规划职业发展前景，建立健全工会干部选拔、培养、激励、保障体系，形成一支来源广、能力强并相对稳定的职业化社会化工会干部队伍。继续抓好工会干部教育培训工作，不断提高工会干部队伍综合素质。当前，要以学习宣传贯彻党的十八大精神为重点，加强对十八大报告中与工会工作密切相关的一系列重要论述的学习领会，做到真学真懂真用；要以提升工会干部推进"两个普遍"、构建和谐劳动关系、维护职工合法权益的能力为培训重点，通过课堂教育、现场观摩、情景模拟、双向互动等灵活多样的培训形式，着重提高工会干部实务操作能力，进一步丰富经济、法律、企业经营管理和劳动关系等专业知识，优化工会干部的知识结构；要加大对乡镇(街道)、村(小区)工会干部及非公企业工会主席培训力度，做到新任工会主席当年上岗当年培训，帮助他们尽快适应岗位要求。

三要大力推进非公企业工会规范化建设。随着上海非公经济的快速发展，非公企业已成为工会组织工作的重要领域。目前，全市非公企业工会会员608.2万人，占全市会员总数的69.8%；覆盖非公单位26.6万家，占全市工会覆盖单位数的86.1%。各级工会要对非公企业工会工作予以更多关注，加强指导和帮助，推动非公企业工会工作上水平。今年，要进一步扩大"双亮"活动在非公企业的覆盖面，通过"双亮"活动，密切工会干部与职工群众的联系，拉近职工群众与工会的距离。去年以来，各级工会按照市总统一部署，全面把握"双亮"工作总体要求、目标任务、活动原则，结合自身实际加强分类指导，对不同组织形式、不同工作基础的企业工会分别提出不同要求，在推进工会组建、创建和谐企业、加强工会制度建设中不断深化"双亮"内容、拓展"双亮"范围，培育了一批"双亮"活动示范点，使"双亮"活动成为破解基层工会建设难题的突破口。但总体而言，"双亮"活动还处于起步阶段，还存在着面不够广、工作不够深入等问题。据不完全统计，目前非公企业工会4.2万家，已实施"双亮"2.19万家，占52%。各级工会要在现有基础上，不断深化"双亮"活动内涵，朝"亮实事、亮品牌"，"亮职责、亮作为"等更高的目标努力，带动非公企业工会实现制度化、规范化运作，把非公企业工会真正建设成为作用明显、工作活跃、维权到位、职工信赖的"职工之家"。

同志们，今年上海工会组织工作任务特别繁重，我们要在市委和全总的领导下，统一思想，振奋精神，求真务实，攻坚克难，紧紧围绕上海当好全国改革开放排头兵和科学发展先行者、加快推进"四个率先"和建设"四个中心"的目标任务，抓住机遇、迎难而上，不断开创工会组织工作新局面，以优异的成绩迎接全国工会十六大和上海工会第十三次代表大会的胜利召开。

在"携手保增长、和谐促发展"上海市深化非公企业劳动竞赛黄浦现场推进会上的讲话

(2012年3月2日)

杜仁伟

同志们：

今天，市总工会、市社会工作党委、市工商联在这里联合召开"携手保增长、和谐促发展"上海市深化非公企业劳动竞赛黄浦现场推进会，目的是针对本市非公经济快速

发展、职工队伍不断壮大的新特点，以及当前经济形势严峻复杂，部分非公企业经营困难的新情况，进一步贯彻落实中央经济工作会议和九届市委十次全会精神，深化推进本市非公企业劳动竞赛活动，团结动员广大职工勤奋劳动、诚实劳动、创新劳动，推动非公企业持续健康发展。

刚才，黄浦区分别从区总、街道和企业等不同角度、不同层面介绍了非公企业劳动竞赛开展情况和做法，很值得大家学习和借鉴。黄浦区是商业和旅游业的集聚区域，集中了大量以现代服务业为主的非公企业。针对非公企业聚集的现状和区域经济发展特点，黄浦区积极探索和推进非公企业劳动竞赛，取得了宝贵经验和积极成效。主要体现在"四个坚持"：一是坚持紧贴实际，服务大局。无论是"一保三稳定"劳动竞赛、还是"平安世博、深化共同约定行动、促进和谐劳动关系"竞赛，黄浦区总工会始终坚持紧贴区域经济社会发展的实际和区委、区政府的中心工作确定竞赛主题，明确竞赛任务，竞赛工作得到了区委区府的大力支持和非公企业的积极响应；二是坚持加强领导，合力推进。在区委的领导下，建立了由区政府领导挂帅的竞赛领导小组，涵盖了区总工会、区社会党工委、区工商联、区外商投资企业协会等部门，有效地整合了各方资源，形成了党委领导、行政支持、工会牵头、各方协同、职工参与、全面推进、党政工齐抓共管的工作格局，有力推动了区域非公企业竞赛活动的开展；三是坚持健全制度，完善机制。区劳动竞赛领导小组制定了《黄浦区劳动竞赛实施办法》，从组织与领导、形式与内容、模式与管理、经费与表彰等方面进行明确和规范，为非公企业劳动竞赛提供了制度和机制保障；四是坚持扎根班组，夯实基础。黄浦区劳动竞赛以班组竞赛为重要抓手和着力点，不断夯实劳动竞赛的基础。通过广泛宣传和发动，竞赛的参与率和覆盖面逐年递增和扩大，形成了同区效应，增强了工会的凝聚力和影响力。

同志们，在今天会议上，市总工会和市社会工作党委、市工商联联合制定下发了《关于深化本市非公企业劳动竞赛的指导意见》，形成共同推进本市非公企业劳动竞赛的工作格局。刚才，市社会工作党委王希俊副书记和市工商联陈平田副主席分别作了重要讲话，对竞赛活动的开展提出了明确要求，希望大家认真学习、深刻领会、积极贯彻。下面，我就进一步深化和推进本市非公企业劳动竞赛再讲三点意见：

一、认清形势、统一思想，进一步增强开展非公企业劳动竞赛的自觉性和坚定性

*开展非公企业劳动竞赛，是工会服务经济社会发展，促进经济发展方式转变的客观要求。*随着社会主义市场经济体制的建立和完善、经济结构战略性调整的加快，非公企业迅猛发展，非公经济已经成为社会主义市场经济的重要组成部分和现代化建设的重要推动力量。目前，上海非公企业的数量和经济总量已在国民经济中占据相当的比重，据统计，本市非公有制经济占国民生产总值的比例已超过49.5%。在已建工会的企业中，非公企业占企业总数的95.3%，非公企业会员占企业会员总数的76.6%。上海创新驱动、转型发展以及"十二五"规划目标任务的实现离不开广大非公企业共同参与，离不开广大非公企业职工的共同奋斗。要发挥工人阶级的主力军作用，推动上海经济转型发展，就必须将劳动竞赛活动向非公企业拓展，将非公企业广大职工纳入全市劳动竞赛的总体格局中。可以说开展非公企业劳动竞赛是时代发展的需要；也是推动企业转型发展的需要。

*开展非公企业劳动竞赛，是企业以人为本、科学发展，共建和谐劳动关系的必然选择。*去年底召开的中央经济工作会议指出：2012年"世界经济形势总体上仍将十分严峻复杂，世界经济复苏的不稳定性和不确定性上升"，同时"国内经济发展中不平衡、不协调、不可持续的矛盾和问题仍很突出，经济增长下行压力和物价上涨压力并存，部分企业生产经营困难，节能减排形势严峻，经济金融等领域也存在一些不容忽视的潜在风险"。就上海而言，面临着GDP增速趋缓、固定资产投资增速下降、对外贸易形势不容乐观等新形势，企业生产资料价格上涨、运营成本上升，出口型、劳动密集型企业受到很大影响，部分劳动密集型企业和中小企业融资困难、经营不佳。针对当前的经济形势，我们要发扬2008年面对国际金融危机开展的"同舟共济保增长、建功立业促发展"劳动竞赛等好的做法和成功经验，以稳增长为总基调，通过开展"携手保增长、和谐促发展"非公企业劳动竞赛，激发职工的工作热情和创造活力，推动企业以人为本、科学发展、共建和谐，使企业家与员工同心同德共渡难关；通过劳动竞赛，打造企业与员工的利益共同体、事业共同体、命运共同体，推动企业增效、员工增收、共建共享、和谐发展。

*开展非公企业劳动竞赛，是坚持走中国特色社会主义工会发展道路的题中应有之义。*坚持党的领导，团结动员广大职工为经济社会发展作贡献与维护职工的合法权益的有机统一是"中国特色社会主义工会发展道路"的基本内涵。非公企业主既是企业资产的所有者，又是社会主义事业的建设者；非公企业员工既是企业的劳动者，又是企业利益的相关者。非公企业工会组织职工开展劳动竞赛活动既是促进企业发展的需要，也是维护职工合法权益的需要。只有国家强大了、社会进步了、企业发展了，职工的权益才能得到更好的保障，社会主义的优越性才能得到更充分的体现；同时，企业只有充分尊重职工的主体地位和首创精神，调动和发挥广大职工的积极性主动性和创造性，实现共建共享，企业才能充满生机和活力。因此，在非公企业开展劳动竞赛是团结动员广大职工参与经济建设的有效载体和重要途径，是践行中国特色社会主义工会发展道路的生动实践。

总之，我们要深刻认识和把握当前上海发展面临的机遇和挑战，深刻认识和把握中国工会的性质和运行方式。充分认识和把握非公企业开展劳动竞赛将有利于凝聚职工的智慧和力量，推动企业发展；有利于强化职工的主人翁意识，增强企业的凝聚力；有利于搭建职工施展才能的舞台，促进职工全面发展；有利于发挥工人阶级主力军作用，推动经济社会和谐发展。

二、突出重点、务求实效，深入推进非公企业劳动竞赛蓬勃开展

*一是要明确竞赛工作的目标。*目前，本市非公企业劳动竞赛工作发展还很不平衡，主要表现在：思想认识还有待于进一步深化，竞赛的参与率和覆盖面还有待进一步拓

展，竞赛工作的整体水平有待进一步提升。相对于国有企业而言，非公企业劳动竞赛起步晚，还存在业主不够重视、职工参赛热情不够高，非公企业工会开展劳动竞赛的经验还不足、基础还比较薄弱等问题。针对非公企业劳动竞赛的现状，为进一步拓展非公企业劳动竞赛的深度和广度，提升全市非公企业劳动竞赛的整体水平，我们提出，到"十二五"期末，本市劳动竞赛覆盖面要达到已建会的规模以上实体实地型非公企业的80%以上，参赛职工要达到已建会的规模以上实体实地型非公企业从业人员的80%以上；推动参赛的非公企业建立"规范有序、公正合理、互利双赢、和谐稳定"的社会主义新型劳动关系；选树"上海市非公企业劳动竞赛示范单位（企业）"100个、"上海市非公企业劳动竞赛先进单位（企业）"400个。要实现以上目标，需要我们精心设计、认真组织，搭建平台、创新载体，开展"党政所需、企业所盼、职工欢迎"的竞赛活动，不断增强竞赛的凝聚力和吸引力。刚才南京东路街道工会介绍的"迎挑战、献建言、促发展，职工365行动"，"迎世博优质服务在窗口"，"岗位建功"、"技能登高"、"团队创先"等主题实践竞赛就很贴近企业经营管理的需求和职工自身发展的需要。

二是要突出竞赛活动的重点。近年来，非公经济一直保持着较高的增长速度，但其发展面临着诸多的难题和瓶颈。除了政策、市场等外部环境因素外，要克服这些难题和瓶颈，增强企业核心竞争力尤为关键。因此，非公企业劳动竞赛一定要牢牢把握"增强企业核心竞争力"这一主旨要求。要围绕企业生产、经营和管理中的重点、难点和瓶颈问题，通过开展增值型、创新型、攻关型、技能型、安全型、节约型、优质型竞赛活动，增强企业在人才、技术、资金、管理、品牌等方面的核心竞争力，以提升企业抵御市场风险的能力和持续健康发展的潜力。像刚才亚龙集团张文荣董事长介绍的，从"打造精品亚龙"的企业发展战略出发，将劳动竞赛融入企业生产经营过程之中，亚龙集团通过组织技术比武、技能培训、技术尖子选拔等专项竞赛活动，为企业可持续发展提供了人才保障和智力支持，同时也促进了企业的跨越式发展。

三是要把握竞赛工作的原则。非公企业劳动竞赛要坚持"促进企业发展、维护职工权益"的原则，坚持注重实际、体现实效的原则，坚持实现双赢、共建和谐的原则。劳动竞赛的根本目的要最大限度地激发创造活力，提高劳动生产率，为企业创造更好的经济和社会效益，实现企业和员工的全面发展。非公企业的劳动竞赛必须从企业生产经营的实际出发，必须在劳动关系比较规范的企业开展，要防止那些劳动关系不规范的企业以开展劳动竞赛为由，给那些不合理的加班加点找借口，更不能以牺牲或损害员工的权益为代价。广大非公企业主要充分认识劳动关系和谐对企业的影响所在，充分认识劳动竞赛对企业的价值所在。要在经济发展的同时，时刻不忘为企业创造价值的广大员工，要用企业长远发展的战略眼光，站在构建和谐劳动关系的高度，努力实现企业与员工共建共享共赢。刚才浦江控股的做法很值得提倡，在经济形势比较严峻的情况下，浦江公司不但"不减员、不减员工收入、不减员工福利"，反而实施了"三增"，即为企业增加岗位、为骨干增加收入、为青年增加培训机会。并且通过集体协商，把员工每年收入增长幅度平均不低于11%写进了集体合同。这些做法极大地增强了员工的归属感，营造了和谐的企业氛围，为竞赛活动打下了坚实的群众基础。

三、加强领导、积极探索，着力提升非公企业劳动竞赛整体水平

一是要加强组织领导。市级层面，市总工会、市社会工作党委、市工商联将建立非公企业劳动竞赛联席会议制度，加大对全市非公企业劳动竞赛的指导推进力度；各区县、各系统、各乡镇（街道）、工业园区和有关单位也要加强对本地区非公企业劳动竞赛的指导，注重整合资源，形成工作合力，建立相应的竞赛协调组织机构，制定实施本地区、本系统、本单位的非公企业劳动竞赛实施办法。非公企业要努力搭建"党委领导、行政负责、工会推动、职工参与、各方支持"的竞赛推进格局。企业行政要积极支持劳动竞赛工作，明确主管部门，提出竞赛要求，给以经费保障，落实激励政策；企业工会要主动承担起竞赛的组织、协调、宣传、推动工作，充分调动广大职工的积极性、主动性和创造性，为企业发展建功立业；非公企业的广大员工应自觉增强主人翁责任感，牢固树立企业利益共同体的意识，大力弘扬工人阶级伟大品格和劳模精神，积极投身社会主义劳动竞赛的伟大实践。

二是要健全工作机制。要切实加强制度建设，不断健全工作机制。要通过建立健全竞赛活动的推进机制、竞赛成效的评估机制、竞赛先进的激励机制和竞赛组织的保障机制等，更好地推动竞赛活动的深入开展。在竞赛考核评估机制的建立上，一定要坚持以是否有利于企业持续健康发展、是否有利于职工根本利益实现、是否有利于劳动关系和谐稳定为衡量标准。刚才，豫园商城工会介绍通过修订《集体合同》、《职代会实施细则》，建立完善《豫园商城职工成才奖励办法》、《劳动竞赛奖励基金》等相关规定，形成了竞赛活动的长效机制，从制度上确保了劳动竞赛活动强大的生命力。同时，在劳动竞赛开展过程中，要着力通过劳动竞赛促进工会组建、民主管理、集体协商、生活保障、素质工程、职工文化、班组建设等工会重点工作的开展，不断增强基层工会组织的吸引力、凝聚力和工作活力。

三是要加大探索实践力度。非公企业劳动竞赛不同于国有企业，我们不仅要吸收国有企业好的传统和做法，更要贴近非公企业的特点，特别是要根据非公企业的不同规模、不同领域、不同业态、不同经营方式、不同企业文化，加强分类指导，积极探索非公企业相对集中的园区、楼宇和行业的竞赛载体和活动方式，不断增强劳动竞赛的针对性和实效性。同时要针对非公企业的实际，找准工作的切入点、结合点，要善于将劳动竞赛活动与创先争优活动、与深化职工素质工程建设、与提高企业经营管理水平、与构建和谐企业文化、与增强基层工会活力相结合，将竞赛工作深入到企业、进班组、到岗位。总之，要善于通过搭建平台、交流信息，总结经验、探索规律，舆论宣传、营造氛围，选树典型、表彰激励等途径，不断拓展非公企业劳动竞赛的覆盖面和影响力，努力形成本地区、本系统非公企业劳动竞赛活动蓬勃开展的生动局面。

同志们，推进非公企业劳动竞赛是新形势下工会组织

的一项重要工作。我们要切实加大工作力度，努力扩大劳动竞赛在非公企业的覆盖面和影响力，形成同城效应，进一步凝聚非公企业职工的智慧和力量，携手保增长、和谐促发展，为上海创新驱动、转型发展，加快推进“四个率先”、加快建设“四个中心”作出新的更大贡献，以优异成绩迎接党的十八大的胜利召开！

在2012年上海工会法律工作会议上的讲话

（2012年2月16日）

茆荣华

同志们：

今天，我们在这里召开2012年上海工会法律工作会议，主要任务是贯彻落实上海市加强和谐劳动关系建设工作会议和市总工会十二届十次全委（扩大）会议精神，总结回顾2011年上海工会法律工作，研究部署今年的重点工作。会上宣读了两个表彰决定，普陀区总工会等12家单位被命名为“全国工会法律援助和维权服务示范单位”，杨浦区总工会等30家单位荣获上海工会2011年集体协商工作先进单位，希望获得表彰的单位再接再厉，再创佳绩。刚才，青浦、黄浦、浦东、市容环卫、上汽工会等五家单位分别从推进集体协商、做实法律援助、加强维权维稳、开展行业集体协商、规范劳务派遣用工等方面作了很好的经验交流，希望全市工会结合自身实际，认真学习借鉴和推广。

一、2011年上海工会法律工作回顾

（一）集体协商机制建设取得重大进展。2011年是集体合同“彩虹计划”实施的关键年，也是工资集体协商“三年规划”的第一年。年初，“推进集体协商，推进企业和行业工资集体协商”正式列入上海“十二五”规划，市政府连续第四年将工资集体协议覆盖劳动者人数纳入区县就业保障工作考核指标，市总工会把集体协商建制情况纳入年度重点工作目标管理考核内容，市劳动关系三方召开专题会议推进贯彻落实市委、市政府办公厅转发文件精神，制订下发了《关于全面推进集体协商制度建设的实施意见》，从四个方面切实加大了集体协商推进力度。

一是夯实集体协商基础数据。年初，各地区、系统工会对集体协商机制建设相关数据做了认真细致的梳理，对具备协商条件的企业数进行了地毯式排摸，形成了定期排摸机制，建立了500强在沪建会企业集体协商建制情况动态管理数据库。工会与劳动部门之间普遍建立起常态化的沟通协调机制，集体协商相关数据逐步趋同。二是开展集体协商要约行动。在市总工会统一部署下，全市各级工会积极组织开展集体协商“要约行动月”活动，采取工资集体协商特别提示函、告知书、二次要约等方式，《劳动报》及时报道了活动的开展情况和收效，形成了良好的社会氛围。据不完全统计，全市各级工会共发出集体协商要约3.5万份，覆盖职工110余万人，已有3.1万家企业签订集体合同。三是勇于突破重点难点。市总工会与百联集团工会共同指导家乐福工会与行政方开展集体协商，成功推动家乐福建立职代会制度、签订集体合同，并在此基础上建立商业大卖场工会工作联席会议制度，引导推进全市各大卖场逐步建立集体协商机制。推动和帮助市容环卫行业工会与市环境行业协会制订了《行业集体协商试行办法》，签订了行业集体协议，推动环卫行业建立了市、区两级集体协商机制，让广大环卫职工真正得到了实惠。指导市出租车行业工会进行了第三轮集体协商，召开第一次行业职代会审议通过集体合同，推进出租车公司在行业集体协议基础上开展二次集体协商。四是建立工资集体协商指导员队伍。去年8月，市总工会直接出资近300万元，面向社会招聘区县工会工资集体协商专职指导员，增强了地区工会推进集体协商机制建设的力量。首批68名指导员上岗工作5个多月来，取得了很好的成绩，得到社会各方的认可。

截至去年底，全市签订集体合同21822份，覆盖企业12.3万余家，覆盖职工486万余人，全年净增3.2万余家企业、60万余人；签订工资专项集体合同15376份，覆盖企业10万余家，覆盖职工335万余人，同比净增5.2万余家企业、90万余人，增幅分别达到108%和37.3%。全市具备协商条件的建会企业集体合同建制率达到91.3%，工资集体协商制度建制率为74.4%。708家500强企业中，已建立集体协商机制的为324家，其中263家签订工资专项合同。

（二）规范劳务派遣用工取得初步成效。劳务派遣用工的无序扩大问题是近年来工会组织始终关注的热点，去年“两会”期间，市总工会在政协大会上提出《关于规范劳务派遣用工行为的建议》，引起市委、市政府和社会各方的高度关注。2—4月，市总工会会同市国资委、市经信委对本市企业劳务派遣用工状况进行深入调研，形成了专题调研报告，得到市委、市政府领导的高度肯定。5月，市劳动关系三方制定下发《关于规范本市劳务派遣用工的指导意见》，市政府召开专题工作会议，明确提出控制派遣规模、逐步降低比例的目标，力争用2到3年时间逐步规范劳务派遣用工。全市国有企业率先垂范，逐步缩小规模、降低比例、建立身份转换机制。截至年底，市国资委系统劳务派遣用工减少了32000人，约有1万多名劳务派遣工转为劳动合同制员工。目前，劳务派遣扩张趋势得到有效遏制，规范劳务派遣用工取得了初步成效。《工人日报》、《劳动报》对本市规范劳务派遣用工的典型经验多次进行专题报道，形成了全社会共同关注劳务派遣用工规范化发展的良好氛围。全国总工会主席王兆国作出重要批示，充分肯定上海规范劳务派遣工的做法和经验。近期，针对《社会保险法》

实施后出现的异地劳务派遣新动向，市总工会积极建言献策，会同劳动关系三方采取有力措施，切实予以规范引导。

（三）*参与劳动争议调解力度加大*。推进企业劳动争议调解工作是工会参与社会管理的重要途径。据统计，全市工会所在单位建立劳动争议调解委员会有32220个，占建会组织数近60%，为工会参与劳动争议调解工作奠定了坚实的组织基础。去年，采取了三项措施推进劳动争议调解工作：一是通过法制宣传帮助职工树立依法理性维权的意识。以制定工会“六五”普法规划、建立领导小组为契机，推进法制宣传“进园区、进企业、进车间、进班组”，提高职工法律素养，为工会参与劳动争议调解营造好的环境。二是扩大工会劳动争议调解组织的社会影响力。市总工会法律部与《劳动报》合作，在“劳权周刊”开辟了“您身边的工会调解员”专栏，全年宣传了36名劳动争议调解员和5个调解组织，既普及了劳动法律法规和争议调解技巧，也扩大了劳动争议调解组织的影响力，进一步引导职工走进调解室，依法理性维权。三是召开企业劳动争议调解工作推进会议。去年8月，市劳动关系三方召开“推进企业劳动争议预防调解工作会议”，联合制定下发《关于推进本市企业劳动争议预防调解示范工作的意见》，市总工会对工会组织推进企业劳动争议调解机制建设提出创新工作方法、创新调解模式、创新制度和机制等要求。

（四）*工会维权维稳工作扎实推进*。2011年，本市劳动关系状况总体呈平稳态势，但劳动争议仍然高发多发，群体性事件时有发生，第四季度发生多起因劳资争议引发的集体性停工事件，其中光明乳业部分配送人员怠工、新华医院护工集体停工、赫比电器搬迁职工集体停工上访等事件引发社会广泛关注。对此，全市各级工会主动作为，切实履行维权维稳职责：一是发挥工会优势与加强工作联动相结合。市总工会会同劳动关系三方制定《关于建立本市处置群体性劳动关系矛盾工作机制的指导意见》，进一步健全劳动关系预警、调处、应急处置机制。各地区、系统工会在维权维稳工作中充分发挥工会组织优势，加强与劳动、企联等部门的横向联动，逐步建立信息互动机制、完善三方联合处置机制、探索群体性矛盾集体协商机制，借助多方力量推进维权维稳工作。二是信息跟踪与主动排摸相结合。各级工会主动加大对不稳定因素的排摸力度，市总工会与宾馆行业工会共同排摸调研了宾馆行业职工劳动权益实施状况，各地区、系统工会也通过建立基层调研点、劳动关系观察点等方式密切关注劳动关系动向。三是协调化解个案和面上指导相结合。去年，市总工会直接跟踪处理了集装箱司机聚集上访、百思买关门歇业、盈城光电中毒女工维权案等群体性事件。结合这些个案，对本市群体性事件的动因、行为表现等有共性特征和协调处理的一般规律进行了分析总结，为指导面上维权维稳工作积累了经验。

二、当前工会法律工作形势分析

2012年是党的十八大和市第十次党代表大会召开之年，做好今年的工会工作特别是推进和谐劳动关系建设工作非常重要。习近平同志在全国构建和谐劳动关系先进表彰暨经验交流会上强调，构建和谐劳动关系是我们当前必须抓好的一项重要而紧迫的政治任务。俞正声书记在上海市加强和谐劳动关系建设工作会议上强调，构建和谐劳动关系，事关社会和谐稳定与进步，本市各级党委和政府一定要坚持依法依规、坚持互利共赢、坚持协商求同、坚持加强领导，全力推动解决劳动关系领域的瓶颈难题，以和谐劳动关系的构建来推动科学发展、促进社会和谐。当前，本市劳动关系状况总体平稳可控，同时也面临一些新情况新问题，需要我们认真研究应对。

一是经济发展呈现下行趋势，协调劳动关系任务加重。去年以来，国际贸易增速回落，国际金融市场剧烈动荡，世界经济形势总体上十分严峻复杂。国内经济总体保持平稳较快发展，但经济发展中长期积累的体制性、结构性矛盾依然突出，经济增长下行压力和物价上涨压力并存。本市也面临GDP增速趋缓、固定资产投资增速下降、对外贸易形势不容乐观等新形势，企业生产资料价格上涨、运营成本上升，出口型、劳动密集型企业受到很大影响，相当一部分劳动密集型企业和中小企业融资困难、经营不佳。此外，在经济转型、产业升级中，一批技术落后、能耗大、污染重的企业将面临淘汰，一些企业“关停并转搬”现象将在所难免。企业经营状况发生变化对职工就业、收入分配、权益保障等产生直接影响，工会组织协调劳动关系的任务更加繁重。

二是职工群体利益趋于多元，劳动争议调处难度加大。据上海“六普”资料显示，全市在业人口1279.22万人，其中外来在业人口达672.9万人，占比达到52.6%。全市职工队伍中非公企业职工比重超过四分之三，“80后”、“90后”新生代职工占到20%，劳务派遣工在部分企业成为主要用工形式，总量已超过130万。由于行业、岗位、文化背景不同，职工群体利益分化和需求差异明显，同一单位内分为本市户籍职工与外省市户籍职工、劳动合同工与劳务派遣工、经营管理者与一线职工等不同群体，群体间利益诉求存在一定差异。这些职工群体队伍结构和利益诉求的新变化将使劳动关系更加复杂，给劳动争议协调化解工作带来更大挑战。与此同时，劳动者维权意识不断增强，维权预期明显提高，保障自身利益最大化要求强烈。如何兼顾不同职工群体的要求和特点，把来源、岗位、行业、收入水平、社会地位等存在差异的职工队伍凝聚起来，对构建和谐劳动关系至关重要。

三是劳动关系矛盾多发易发，工会维稳压力增强。受国际金融危机影响，2008年本市受理劳动争议仲裁案件6.4万件，达到历史高位，2009年、2010年均有所下降，而2011年又快速上升，共受理劳动争议仲裁案件5.38万件，同比上升10.25%，特别是城乡结合地区增幅较大，其中8个区县仲裁机构受理的案件量已超过2008年。全市群体性争议案件亦呈高位运行态势，去年各级劳动争议仲裁机构受理10人以上集体劳动争议379件，涉及劳动者近万人，且出现逐季递增走势。从案件种类看，劳动报酬争议仍为主要争议，劳务派遣争议有所增加，社会保险争议下半年出现激增。一些群体性事件参与规模和社会影响比较大，职工以集体上访、停工怠工的方式争取自身利益，对社会和谐稳定造成负面影响，工会维护职工队伍和社会稳定的任务更加艰巨。

面对劳动关系和职工队伍稳定出现的新情况新问题，全市工会必须自觉、全面地履行各项职能，正确处理好三对关系，在协调劳动关系、平衡利益差异、保持职工队伍稳定中发挥积极作用。

一是处理好共建与共享的关系。共建与共享是互为基础又相互促进的关系。我国是劳动力大国，如果企业办不好，职工就业就会出问题，各项权益维护就无从谈起，所以，促进企业发展是从根本上、长远上维护职工权益。反之，只有职工权益得到保障、劳动关系和谐稳定，企业才能取得平稳、持久发展。要坚持“促进企业发展、维护职工权益”企业工会工作原则，组织引导职工做企业发展的主人，推动企业主动保障职工的合法权益，把企业建设成为企业和职工的利益共同体、事业共同体、命运共同体。维权诉求应符合经济社会发展总体水平和企业生产经营状况，企业发展平稳时，工会要大力推动职工共享改革发展成果；企业经营遇到困难时，工会要注重引导带领职工帮助企业出谋划策，与企业共度难关。目前国内外经济发展形势不容乐观，我们要正视部分企业遇到的经营困难，广泛开展“携手保增长、和谐促发展”劳动竞赛，推动企业增效、职工增收，共建共享、和谐发展。

二是处理好维权与维稳的关系。作为劳动关系的产物，维护职工合法权益是工会的神圣职责，代表和维护职工群众利益是工会一切工作的出发点和落脚点。同时，作为党领导下的群众组织，工会必须坚持党政主导的和谐劳动关系构建格局，主动站在协调劳动关系第一线。在劳动争议多发易发、职工群体利益诉求多元的背景下，工会必须把握好维权和维稳的关系，以维权促进维稳，以维稳保障维权。既要及时反映职工群众的愿望和呼声，又要帮助政府、企业做好相关政策、方案的解释工作；既要主动了解和帮助解决职工的实际困难和问题，又要教育引导职工依法理性表达诉求。坚持把维护广大职工群众根本权益与维护职工群众具体利益结合起来，坚持依照法律通过协商、协调、沟通的办法化解劳动关系矛盾，不采取过激手段解决劳动纠纷。

三是处理好继承与创新的关系。在长期的工作实践中，工会工作积累了很多宝贵经验，如深入基层一线、勇于为职工群众说话办事的工作作风；忠于工会事业、咬定目标不放松的精神状态；夯实工作基础、把矛盾化解在基层和萌芽状态的工作机制等。这些经验和做法，在新时期仍然具有强大的生命力，我们要继承并发扬光大。同时，我们也要根据劳动关系领域发生的新情况、新变化，与时俱进，探索创新。在工作对象上，不能把眼光局限在体制内职工，还要兼顾广大农民工群体和劳务派遣工群体，想方设法把他们纳入到工作范围；在工作机制上，要下移工作重心，人员、经费等要向街镇、工业园区工会倾斜，着力提升街镇、工业园区工会指导开展工作的能力；在工作方法上，要进一步整合资源、优势互补，创新地区工会与系统工会之间条块协同的方式方法，创新与劳动仲裁、法院合力调处劳动争议的渠道、途径，共同应对复杂多变的劳动关系状况。

三、2012年上海工会法律工作主要任务

（一）全力以赴推进集体协商机制建设工作。2012年是实施集体合同“彩虹计划”的最后一年，也是实施工资集体协商“三年规划”的关键年。围绕具备协商条件的建会企业90%建立集体合同制度、70%建立工资集体协商制度和90%世界500强在沪建会企业建立工资集体协商制度的目标，市总工会提出四项工作措施：一是加强集体协商目标管理。市总已会商政府部门将工资集体协议覆盖劳动者人数列入区县考核指标，将集体合同制度覆盖具备协商条件的建会企业数作为市劳动关系三方考核指标，并实行季度通报制度；将集体合同和工资集体协商制度建制目标纳入市总年度工会重点工作目标管理考核内容，完善考核制度，实施有效激励。二是继续开展“集体协商要约行动月”活动。近期以2011年三季度建会企业数为基础，排摸核准各区县具备集体协商条件的建会企业数，年内各区县要以目前尚未建制和新增建会企业为重点，采取多种形式，积极组织开展“集体协商要约行动月”活动，更大程度上扩大制度覆盖面。三是着力推进在沪500强建会企业建制。有世界500强在沪建会企业建制任务的地区、系统工会，要按照“五清”工作要求，建立健全集体协商建制情况动态管理数据库，实行定向跟踪、动态管理。进一步发挥工会组织上下联动、横向互动、条块协动效应，针对尚未建制企业开展专项要约行动。市总工会将总结推广世界500强在沪企业开展集体协商的成功经验，适时评选“最佳案例”，通过《劳动报》、工会网站等媒体广泛宣传报道，营造良好的社会氛围。四是指导推进重点区域和行业集体协商。市总工会将积极会同有关方面，继续指导好出租车、市容环卫行业集体协商工作，探索推进市建筑、绿化、宾馆等行业开展集体协商。各区县总工会今年要有计划地新增2个以上有代表性的行业和若干个区域开展集体协商。

（二）创新做实职工法律援助和维权服务工作。开展职工法律援助和维权服务是工会维权工作的重要抓手，也是全国总工会要求着力做实的一项重点工作。市总工会将从规则优化、横向借力、经费支持等方面入手，大力推进法律援助和维权服务工作，特别要对区县职工法律援助中心建设提出明确要求。一是修改完善《上海市职工法律援助办法》，降低准入“门槛”，扩大援助范围，简化操作程序，提高补贴标准。二是加强与司法行政部门横向联动，充分借助市、区法律援助中心和律师协会力量，在面向职工的法律援助和维权服务项目上形成联动与互补机制。三是做实区县职工法律援助中心，区县工会法律援助服务中心要在对外显著位置挂牌，内设专门法律咨询接待窗口，配备1—2名专职法律援助工作人员，每天至少有1名专业律师坐堂接待，将窗口咨询接待与劳动争议非诉讼调解、代理仲裁和诉讼等法律援助服务功能相衔接，为职工提供一门式服务。四是落实职工法律援助经费保障，市总工会先行核定中央帮扶资金100万作为法律援助专项资金，专门用于劳动争议调解和法律援助工作，并按照1:1比例，核拨100万法律援助工作专项经费支持区县总工会开展法律援助工作。各区县工会要管好、用好专项经费，真正显现工会法律援助工作加大力度的效果。

（三）大力推动解决劳动关系领域突出问题。各级工会要根据去年市劳动关系三方制定的相关文件和近期市政府办公厅将要转发的《关于规范本市劳务派遣用工管理的若干意见（试行）》文件精神，着力推动企业逐步降低使用劳务派遣工的规模和比例，促进建立“择优转性”机制，切实保障好劳务派遣工的经济权益和民主权利。监

督企业为外省市劳务派遣单位派遣员工缴纳上海社会保险；对于外省市劳务派遣公司未在本市注册设立子公司或分公司的，企业应承担用工备案等义务，并先行承担因劳动争议产生的经济责任。希望在各级工会的共同努力下，本市劳务派遣用工制度能够进一步得以规制。此外，针对劳动关系领域存在的其他一些突出问题，市总工会将联合部分地区、系统工会开展调研，重点关注特殊工时制、计件工资制被无序滥用给职工权益带来的损害。继续深入开展调研，推动工资集体协商立法纳入明年人大立法计划。各地区、系统工会要密切关注"综保"、"镇保"向"城保"过渡对劳动合同签订、履行产生的影响。

（四）提升劳动争议预警、预防和调处工作能效。做好劳动争议预警、预防和调处工作是工会参与社会管理的重要途径。各级工会要从拓宽协同渠道、夯实组织基础、加大工作力度着手，切实提升劳动争议协调工作能效。要进一步发挥劳动关系三方机制的作用，推动劳动关系三方机制向街道、乡镇社区延伸，联手调处重大、疑难、突发、群体劳动关系矛盾，及时研究解决劳动关系领域具有全局性、普遍性、倾向性的问题。要进一步推进基层工会劳动争议调解组织建设，按照"有场所、有人员、有经费、有制度、有档案"的"五有"标准，推进街镇劳动争议调解组织实体化、规范化建设，力争到今年年底，70%以上的建会企业、90%百人以上规模企业和集团公司建立劳动争议调解组织。要进一步加大参与社会化大调解的工作力度，积极与劳动争议仲裁部门沟通，推进劳动人事联合调解中心建设，做好劳动争议仲裁立案前先行调解和仲裁立案后委托调解工作；加强与人民法院的联系，大力推广诉讼前置委托调解。要进一步完善工会劳动法律监督网络，发挥工会劳动法律监督作用。继续加强与政府劳动保障监察部门的配合与衔接，配合人大开展劳动法律法规执法检查，坚决纠正侵犯职工合法权益的行为。

（五）深化维护职工队伍稳定工作机制。职工队伍稳定工作是今年工会法律工作的重要内容。各级工会要加强组织领导，进一步发挥好工会维稳工作领导小组的作用，完善工作制度，一级抓一级，代表好、维护好职工群众的合法权益。要打消顾虑，做好信息上报工作，坚持执行重要信息即时报告和每周综合报告、职工队伍稳定情况定期研判、重大事件跟踪调处三项维稳工作制度。要加强沟通协调，逐步与维稳办、公安局、国安局、人力资源社会保障局等部门建立完善维稳工作日常沟通协调机制，加强情况通报和信息共享。要密切关注境外敌对势力挑唆煽动、传播谣言，严防民间"维权"机构和一些别有用心的人插手劳动关系矛盾。要有效利用网络阵地，搜集劳动关系相关重要网络舆情，发现可能引发群体性劳动争议的苗头性、倾向性因素，更好地发挥工会网站、微博的教育引导作用。

（六）加快工会法律工作队伍建设。以"强练内功，巧借外力"为思路，培育好各级工会法律干部，借助好专家学者、律师等社会资源，形成专业化与社会化相结合的工会法律工作队伍。年内，市总工会将组建第三届法律顾问团，调整工会法律人才库成员，健全人才库学习制度和活动规则。适时成立"职工法律援助律师志愿团"，吸纳百名热心于职工法律援助和维权服务工作的社会律师，为他们创造更多的援助服务平台。调整充实工资集体协商专职指导员队伍，组织宣传典型事例和成功经验，开展培训学习、研讨交流、考核激励。推进区县工会依托街镇工会工作者群体，建立千名乡镇街镇工会集体协商专兼职指导员队伍。与人力资源社会保障局共同开展工会劳动保障监督员、劳动争议调解员、集体协商指导员等多项学习培训，全面提升工会法律干部的专业技能和综合素养。

今天会上还下发了上海工会2012年《农民工工作要点》和《法制宣传工作要点》，各级工会要按照两份要点的要求，扎扎实实地围绕农民工维权的重点、难点问题，切实维护好农民工的合法权益；紧密结合各项工会工作开展法制宣传教育，提升工会干部和广大职工的法制素养与维权能力。同时，进一步做好工会法人资格登记工作，对符合条件的新建会企业及时做好登记工作，特别是要抓好25人以上独立建会企业的登记工作。市劳动关系三方近期将下发《关于深入开展劳动关系和谐企业与工业园区活动的实施意见》，市总工会也将制定下发《上海工会推动和谐劳动关系建设行动计划》，希望各级工会认真贯彻执行。

同志们，今年工会法律工作面临繁重的任务和更高的工作要求，各级工会要注重统筹规划，把工会法律工作与工会组建、职代会制度建设等重点工作紧密结合；要增强横向联动，充分借助司法、劳动等部门的优势资源，形成推进合力；要在"面对面、心贴心、实打实服务职工在基层"活动中，切实构建和谐劳动关系。积极进取，奋发有为，努力推动工会法律工作更上新台阶，为和谐劳动关系建设作出更大的贡献。

在《上海工会志》编纂工作转入编写初稿和分纂阶段会议上的讲话

（2012年10月11日）

周志军

同志们：

按照《上海工会志》编纂工作"实施方案"的具体部署，编纂工作自去年7月份正式动员启动以来，先后经过"拟定篇目及其细目"和"收集整理资料和编写资料长编"

两个阶段,从本月开始转入第三阶段,即“编写初稿和分纂”阶段。今天,我们召开转段会议,同时举办业务培训班,主要是回顾小结前一阶段工作的情况,具体部署下一阶段的工作,并对撰写和编纂志稿进行业务培训。

一、收集整理资料和编写资料长编阶段的主要情况

去年10月修志进入收集整理资料和编写资料长编阶段。这一阶段具体分为广泛收集资料、建立电子资料卡片、编写电子资料长编等三个步骤,花了整整一年时间,至今年九月底基本告一段落。这一阶段的主要任务,在大家的共同努力下,应该说是基本完成。

(1) 广泛收集整理资料。在篇目细分至目、子目的基础上,市总工会于去年10月,向各区县局(产业)工会、市总机关各部室、各直管单位下发《关于做好〈上海工会志〉收集整理资料、编写资料长编阶段工作的通知》,并附篇目、代码和责任分工一览表。同时,召开由市总机关各部室、单位分管领导和联络员参加的编纂工作推进会议,具体部署这一阶段的任务。随后,工会志编纂办公室又分批召开主要区县局(产业)工会的联络员会议贯彻落实。去年11月底、今年2月初编纂办公室又先后两次召开各部室、单位联络员会议检查督促收集整理资料的情况,并于2月中下旬分别与各部室、单位分管领导和联络员对收集资料情况进行了详细研究讨论,指出不足,提出建议。

(2) 制作电子资料卡片。今年3月初,举办第二期业务培训班,邀请市地方志办公室的领导专家讲授如何制作电子资料卡片和编写电子资料长编,编纂办公室结合编修工会志的实际讲解答疑,并拟订了制作电子资料卡片和编写电子资料长编的若干要求及其模板。随后,又颁发了“征集大事记的通知”。按照进度要求,编纂办公室于6月上旬抽查了各责任部门制作资料卡片的工作质量,并向各部门作了反馈。6月下旬,召开了编纂工作促进会议,对完成资料卡片和资料长编的进度与数量、质量提出了具体要求。各责任部门在7月底完成了共835万字的资料卡片制作,编纂办公室在8月上中旬审读了各部门上交的全部资料卡片,然后逐一提出反馈意见。

(3) 编写电子资料长编。按照进度质量要求,各责任部门在补充收集资料、制作修改资料卡片的基础上,于9月底基本完成编写资料长编的任务。

在收集整理资料和编写资料长编期间,编纂办公室添购了历年的《上海统计年鉴》、上海历次人口普查资料、有关改革开放30年的图书,在市总机关局域网安装了《解放日报》、《劳动报》新闻报道的资料光盘,供各有关部门查阅;并将各区县局(产业)工会报送的资料分发各责任部门,同时深入一些部室、单位具体指导。

从总体情况看,广泛收集整理资料、制作资料卡片和编写资料长编的工作能按时间节点和质量要求基本完成任务。主要是各责任部门领导重视,有的部门主要负责人亲自抓,认真作好统筹安排、协调督促工作,如事业部、保障部、宣教部、民管部、国际部等;有的部门分管领导既抓统筹协调,又亲自承担资料收集整理、制作资料卡片、编写资料长编的工作任务,并能以身作则,努力起到表率作用,如组织部、法律部等;有的部门起步相对较晚,但能集中时间和精力,奋起直追,迎头赶上,而且基本达到质量要求。各位联络员也都比较认真负责,既能努力做好联络、沟通、协调等工作,又力求将自己承担的修志任务完成好。其他承担修志任务的同志,从整体上看,都工作认真,克服困难,体现出良好的工作态度和精神风貌,他们有的踏踏实实,一丝不苟,认真查阅各种资料;有的积极思考,千方百计查找所需的资料;有的日常工作较忙,但能精心安排,加班加点,努力完成任务,表现出较强的事业心和责任感。办公室负责档案、年鉴工作的同志,认真做好相关服务,为本阶段任务的完成提供了重要的支持。

总之,前一阶段的工作情况总体上是好的,但也存在一些问题与不足,主要的还是所收集的部分资料不够齐全和完整,有的资料来源较为单一,需要我们在下一阶段编写初稿和分纂志稿的过程中不断加以补充和完善。

二、编写初稿和分纂志稿阶段的基本任务、职责分工与进度安排

这一阶段的主要任务,就是完成基本符合数量与质量要求的初稿撰写和志稿篇章的分纂。这一阶段的任务十分重要,因此从一开始就必须严格按照成志的质量要求,坚持志书体例,做到横排门类、纵述史实、述而不论,为下一阶段的总纂志稿奠定坚实基础。

这一阶段的任务,主要由各责任部门承担。按篇章分纂志稿,包括撰写每一篇的无题导言,由各责任部门落实专人负责及统筹。初稿的编写必须建立在熟悉和消化资料的基础之上,应仍由资料收集整理、制作资料卡片、编写资料长编的同志负责。篇章分工有部门交叉的,分纂的具体分工由编纂办公室协调,原则上由承担任务较多的部门负责统筹。在篇章分纂中篇章分工有部门交叉的,分纂的具体分工由编纂办公室协调,原则上由承担任务较多的部门负责统筹。需要补充资料的,继续由承担编写初稿任务的同志负责。

编写初稿和分纂志稿,按规划进度,从今年10月起,计划花一年时间,至明年(2013年)9月底基本完成任务。由于编写志稿与分纂志稿都会有反复修改的过程,因此从今年10月至明年3月底完成初稿编写,其中又分为三个步骤,即10月份,初稿试写;11月至明年1月,正式撰写初稿;明年2月至3月,完成初稿修改。明年4月起至9月底,按篇章完成分纂,其间分成两个步骤,即4月至7月分纂志稿,8月至9月对分纂的志稿进行修改。经验收合格后,交付工会志编纂办公室总纂合成。

三、对做好编写初稿和分纂志稿阶段工作的几点要求

主要是对各责任部门的工作要求,编纂志稿的时间进度和质量、数量要求。

(1) 各责任部门要继续加强领导和统筹协调。这一阶段的工作,时间紧、任务重。说是从10月份开始转段,实际上中秋、国庆长假一过,马上到了10月中旬;年底前的工作特别忙,接下来还有元旦、春节长假,因此各责任部门、单位务必加强领导和统筹协调,确保按时间节点和工作质量完成这一阶段各个环节的任务。要按照《实施方案》关于“统筹规划,分工负责”的原则及部门负责人为第一责任人的要求切实负起责任来;要安排好部门工作,保证每个修志人员有足够的时间与精力从事编纂工作,并与编纂办公室商定由熟悉本部门工作、又有相当文字能力的同

志承担分纂任务。编纂办公室要对各责任部门在这一阶段每个环节、每个步骤的工作,加强督促检查与指导。

(2) 严格按照成志的要求,确保志稿质量。对如何撰写和编纂志稿,今天将由市地方志办公室的领导、专家进行业务辅导培训;为了使培训具有针对性,我们曾要求各责任部门的联络员或指定人员事先仿写一节(目),编纂办公室为大家提供了仿写的参考范本。今天,编纂办公室将对仿写的初稿进行讲评,这实际上是又一种业务培训。接下来,每个编写人员都要试写,经审读基本合格后再正式动手撰写,以免徒劳返工。

一要坚持志书体例,做到横排门类、纵述史实、述而不论。我们按照"横排竖写"的志书体例,设计了《上海工会志》的篇章及其细目,这是编纂工作的总纲。当然,在收集整理资料和编写志稿的过程中,如果责任部门发现确需修改的,可以向编纂办公室反映,研究适当调整的意见,使篇目框架进一步完善。同时,志稿记述事物,不能倒叙、插叙,应当在一个目(或子目)下按时间顺序撰写,做到"纵不断主线"。此外,我们对资料需要概括提炼,但是志稿采用的是记述体,不能像经验交流稿、论文那样提炼观点或主题性标题,而应当坚持"述而不论",寓观点于记述之中。

二要严格遵循"行文规范"编写志稿。《上海工会志》是《上海市志》分志中一部分卷,《〈上海市志(1978-2010)〉编纂行文规范》对用字用词、标点符号、文体语言、引文注释,以及称谓名称、时间、数字、计量单位的运用表述等,都有着统一的行文规范要求。行文规范是一部合格志书的基本要求。因此,我们工会志的每一个编写人员都应当认真学习市方志办公室颁发的"行文规范",从撰写初稿一开始就按照成志的要求,严格执行"行文规范",做到在动手撰写前逐条领会理解"行文规范",遇到疑问查阅"行文规范","吃不准"的可以相互切磋,或向编纂办公室求教,不能"想当然",按以往自己的老习惯随意行文,更不能片面地认为"反正以后要分纂总纂,会有人通稿把关的",将规范行文的要求留给下道工序。

三要继续收集整理和补充修改资料。志书是资料性文献,完整、系统、准确、翔实的资料,是志书质量的生命。资料的收集整理应当贯穿于修志的全过程。转入编写初稿和分纂志稿阶段,发现资料短缺遗漏,记述出现"断线"的,仍需要继续收集、补充和调整资料。我们编纂《上海工会志》实行的是部门负责制,分纂后的志稿,必须经部门负责人审读,认为基本合格后同时送交市总分管领导和编纂办公室审核。即使转入总纂合成志稿阶段,编纂办公室如发现志稿的资料严重残缺的,仍须要求有关责任部门补充修改。

(3) 妥善处理好以下几个关系。一是数量与质量的关系。市地方志办公室估算市志的每部分志分卷约80万字。为此,编纂办公室对各责任部门撰写工会志的字数也作了匡算。修志应当坚持"质量第一"的要求,在数量与质量之间发生矛盾时,数量服从质量,各篇章匡算的字数,应当按成志的质量要求作出相应调整;但是,没有一定的数量就没有质量,各责任部门应当参照匡算的字数编写志稿,必须作出调整的,应及时与编纂办公室沟通协调。

二是线、面、点的关系。所谓"线"就是事物发展变化的纵向脉络,"面"就是概括性的内容,"点"就是典型,三者缺一不可,做到综述与典型相结合。为此,在撰写志稿时要注意合理选用背景资料、概括性资料、典型资料和统计资料,写出事物的"实体"、"活动"和"效应"。撰写事物发生发展的来龙去脉和面上的情况,不能平铺直叙报"流水账",不分主次地罗列材料,而应当有背景铺垫,有概括有提炼;并且在整体性叙述的基础上,运用统计或调查数据,撰写典型事物。各区县局(产业)工会报送的资料,编纂办公室已分送各责任部门。各部门应当充分运用这些资料,并作进一步补充完善。

三是详与略的关系。编纂志稿要坚持详近略远、详独略同、详前略后,做到详略得当。按照"详近略远"的原则,《上海工运志》已经记述的1978-1994年的内容可以略写,但不只是摘录,而需补充勘误;事物的发生、沿革和现状,应当重点记述近期的"现状"。按照"详独略同"的原则,体现上海特色、工会特色,具有重大社会影响的事物应当详写;反之,与其他省市的工会工作大同小异的,各行各业都在做的,以及社会影响不大的事物可以略写。比如上海工会开展的"振兴中华读书活动"在全国产生过重大影响,就应当详写;比如推行"厂务公开"工作,由工会与纪委、组织部、国资委等联手在抓,工会志就应当详写工会如何推动促进"厂务公开"的。要按照"详前略后"的原则,妥善处理好志书内容的交叉,避免机械重复,甚至相互矛盾;同一内容必须在多个条目中记述到的,排在前面的详写,靠后的则略写,甚至一笔带过。

同志们,编写初稿和分纂志稿,是编修志书的一个十分重要的阶段。我们一定要再接再厉,按时保质完成这一阶段的任务,努力将《上海工会志》打造成一部精品佳志。

在2012年上海工会保障工作会议上的讲话

(2012年2月29日)

侯继军

同志们:

今天,我们在这里召开上海工会保障工作会议,主要任务是贯彻落实全国工会送温暖活动开展20周年和困难职工帮扶中心建设10周年纪念大会和市总工会十二届十次全委(扩大)会议精神,回顾总结过去一年全市工会组织保障工作开展的情况,研究、动员、部署2012年的工作目标和重点任务。刚才,市总保障部代表市总工会对2012年保障条线的工作进行了全面布置,市总培训中心、职工保障互助会、公惠医院三家单位也各自就2012年工作打算作了专题通报。下面,我就做好新形势下工会保障工作再讲三点意见:

一、认清形势,围绕大局,切实增强做好新形势下上海工会保障工作的使命感和责任感

2012年是党的十八大和上海市第十次党代会召开之年,是实施"十二五"规划承上启下的重要之年,也是上海深化改革开放、推动经济转型发展的关键之年。各级工会要围绕中心,服务大局,深刻认识和把握工会工作面临的新形势、新任务、新要求,不断推动上海工会保障工作创新发展。

*一要进一步领会市委、全总对工会保障工作的新要求。*九届市委十七次全会明确了加强和创新社会管理,着力改善民生促进和谐的目标任务。全总十五届六次执委会作出了《中华全国总工会关于学习宣传实践中国特色社会主义工会发展道路的决议》,确定了坚持构建和谐劳动关系、维护职工群众合法权益,推动保障和改善民生的总体要求。钟燕群同志在上海工会开展送温暖活动20周年和职工援助服务中心建设10周年纪念大会上指出,要研究分析在加强和创新社会管理、加快推进以改善民生为重点的社会建设、构建和发展和谐劳动关系中,服务职工群众、服务科学发展的工作着力点和结合点。各级工会要深刻领会市委、全总的新精神、新要求,准确把握工会保障工作协助党政服务职工群众的工作定位,切实增强做好工会保障工作的使命感、责任感。

*二要进一步认清当前工会保障工作面临的新任务。*当前,上海创新驱动、转型发展成效显著,但也面临着GDP增速趋缓、固定资产投资增速下降、对外贸易形势不容乐观等新情况,欧债危机、美国经济复苏乏力也使一些出口型、劳动密集型企业受到一定影响。同时,企业生产资料价格上涨、运营成本上升使得一部分中小微企业经营困难。面对经济形势不明朗、部分企业经营困难的情况,工会组织推动职工收入增长、民生持续得到改善等保障工作任务就变得更为艰巨,主要表现在:就业形势依然严峻,就业压力总体上持续增加和结构性用工短缺的矛盾并存,工会组织保职工就业和推动职工充分就业的难度很大;一线职工收入仍然偏低,不同所有制、不同行业、不同岗位职工之间收入的不平衡更加突出,各类职工迫切希望工会组织能代表他们争取更多的劳动经济权益;外来务工人员与本市户籍职工在劳动经济权益和社会保障方面存在一定差异,农民工、劳务派遣工权益保障问题更加突出,希望工会组织能够更多地代表和维护他们的合法权益;相当多的低收入职工群体在医疗、住房、教育等方面还存在许多困难,因重大疾病和意外造成的困难职工仍然较多,工会传统的帮困送温暖工作面临新的要求。各级工会要深入研究工会保障工作在新形势下面临的新情况、新任务,尤其要深入研究职工利益诉求的新特点,使工会服务职工、维护职工合法权益的工作更有针对性、更加有效。

*三要进一步明确工会保障工作是构建和谐劳动关系的新内涵。*工会保障工作直接服务广大职工,是推动解决职工群众在劳动就业、收入分配、社会保障、帮扶救助等方面切身利益的重要抓手和有效平台,也是工会组织凝聚力和向心力的重要体现。做好工会保障工作是构建和谐劳动关系,健全完善职工利益协调、诉求表达、矛盾调处等维权机制的基础。因此,各级工会要认真贯彻上海市加强和谐劳动关系建设工作会议精神,切实增强做好新形势下工会保障工作的自觉性、主动性,进一步提高服务职工群众的意识、能力和水平,坚持促进企业发展和维护职工权益统一,推动建立企业和职工利益共享机制,推动解决职工群众最关心、最直接、最现实的利益问题,为建立规范有序、公正合理、互利共赢、和谐稳定的社会主义新型劳动关系作贡献。

*四要进一步破解工会保障工作面临的新问题。*新形势下,上海工会保障工作面临着一些需要认真研究解决的难点问题。一是在推动解决职工劳动经济权益问题时,仍存在工作针对性不够、实效性不强,开创性、突破性思路与举措缺乏等问题。二是一些工会保障干部在社会建设、劳动保障等政策法规方面学习和掌握不够,思想认识和工作方法跟不上新的形势和任务要求,导致维护职工劳动经济权益的意识不强,工作只简单停留在帮困送温暖的层面,离职工群众的要求有差距;三是工会组织开展工作的途径单一,整合工会组织内部资源,依托社会、政府资源和力量的能力有待提高;四是利用信息化手段的能力亟待提高,困难职工档案的管理、从业人员劳动报酬调查统计等基础性工作的手段都相对落后和薄弱。

二、统筹兼顾,突出重点,全力推进上海工会保障工作再上新台阶

各级工会要紧紧围绕"十二五"经济社会发展目标和上海工会推动和谐劳动关系建设行动计划,积极协助党政做好顺民意、惠民生、解民忧、帮民困的实事,以重点工作、重要活动带动工会保障工作的有效和创新开展。

1. *以推进工会职工援助服务体系建设为重点,不断健全救助、维权、服务"三位一体"的帮扶模式。*加强工会职工援助服务体系建设,对于推动工会帮扶工作常态化、长效化具有十分重要的作用。各级地区工会要以职工援助服务中心建设为主要抓手,在各区县、街镇继续建立和完善职工援助服务中心、分中心的基础上,探索在开发区、工业园区以及职工比较集中的商务楼宇设立援助服务工作站,并努力实现与政府社会管理体制的有效衔接,与社会各方资源的有效整合;市总工会将成立实体型的市总工会职工援助服务中心,进一步加大对全市各级职工援助服务中心的业务指导和工作资源、工作项目在全市范围的统筹,并将建立12351职工援助服务热线、12351职工援助服务网、职工援助服务体系综合管理软件等信息化手段,使各级职工援助服务中心、服务热线、服务网成为上海工会组织在新情况下,直接服务职工的窗口和各项帮扶职工工作项目开展的平台;各产业、集团工会要进一步拓展产业、集团内各级工会组织帮扶服务职工的工作载体和工作项目,着力解决职工工作生活中的实际困难;各级工会要加大帮扶力度,认真贯彻落实市总工会去年12月下发的

《关于进一步深化上海工会组织帮困送温暖工作的实施意见》，以“元旦春节送温暖”、“三定三助”、“金秋助学”等富有工会特色的帮扶活动为载体，从生活、就业、教育、医疗等方面，积极为困难职工排忧解难；基层企业工会要面向广大职工，顺应职工日益增长的物质文化需求，坚持物质帮扶与人文关怀相结合，在改善职工工作条件、生活服务、精神文化、法律维权、健康休养等方面，努力为广大职工提供多样化、多层次的服务。

2. *以实现服务职工就业和促进企业发展有机结合为重点，扎实推进职工就业援助服务工作。*就业是民生之本，千方百计扩大就业是在上海产业结构调整优化的新形势下保障改善民生的头等大事。各级工会要密切关注、深入研究出口型、劳动密集型和中小微型企业经营困难等情况对本市职工、农民工就业的影响，有效整合各级工会职工援助服务中心和职介、培训机构在就业咨询、职业介绍、技能培训、创业指导等方面的工作资源和信息，大力加强工会组织职介服务、技能培训、扶持创业等工作项目的开展；要有效开展“百企千岗进社区”、“百万农民工援助行动”、“工会就业援助月”、“困难职工家庭大学毕业生阳光就业行动”和“家政服务工程”等品牌活动，多措并举地帮助更多困难职工、农民工实现就业；要广泛开展“技能培训促就业”等职工技能培训活动，不断提高职工岗位技能和就业能力；要贯彻落实新一轮“上海市鼓励创业带动就业三年行动计划”，通过帮助落实创业政策、创业指导、资金扶持，进一步形成政策扶持、创业培训、创业援助“三位一体”的工会扶持创业带动就业工作机制。

3. *以推动提高普通一线职工收入水平为重点，积极参与深化收入分配制度改革。*合理的收入分配制度是社会公平正义的重要体现，是确保广大职工共享经济社会发展成果的制度保证，也是工会组织维护职工劳动经济权益的首要和重点。各级工会要高度重视各类职工收入分配状况，分级建立完善职工收入分配状况分析报告机制；要密切关注分配差距扩大问题，特别关注低收入职工群体的收入变化状况，为工资集体协商提供依据和参考；市总工会将充分依托本市劳动关系三方协商平台，继续推动调整最低工资标准、工资增长指导线等各项保障标准，各级工会要督促保障一线职工工资随最低工资标准同向调整，促进一线、普通职工工资水平的提高；要结合实施《上海工会推动和谐劳动关系建设行动计划》，全面推动企业普遍开展工资集体协商，大力推进行业性、区域性工资协商，力争在行业劳动定额、工时工价制定上取得更大突破；各级企业工会要通过集体协商机制，建立和健全职工收入增长机制，落实劳务派遣工同工同酬权利，推动建立职工工资与企业利润、经营者报酬增长的联动机制。市总工会将继续指导推动建立健全环卫、公交等公共服务行业一线职工收入增长机制，从市级层面更好地发挥工会在推动分配公平、维护职工经济权益、发展和谐劳动关系中的重要作用。

4. *以推动落实各项民生保障政策实现“应保尽保”为重点，积极推进本市社会保障体系建设。*加快完善覆盖广大职工和城乡居民的社会保障体系，是当前及今后一段时期上海社会建设的重中之重。各级工会要重点关注和研究职工群众普遍关心的就业、医疗、养老、住房等热点难点问题，分析评估新医改方案实施和柔性延迟领取养老金试点等的实际效应，及时向党委、政府、企业反映职工诉求，推动完善有关政策措施；要督促企业按时足额缴纳社会保险费和住房公积金；要积极协助党委、政府把保障和改善民生的各项政策落到实处；各级工会要切实发挥工会组织的作用，加强对资金收支情况的监督，加强对社会保险、企业年金、住房公积金缴纳、管理、使用情况的监督；要充分发挥工会组织的网络优势和特点，大力宣传职工互助互济保障工作的目的和意义，积极争取企业的资金支持，要从工会经费中安排一定额度，尽可能组织更多的职工参加市总工会互助保障计划，通过全市范围职工的“互助互济”，为广大职工群众提供抵御风险和疾病的基本保障网。

三、扎根基层，真抓实干，面对面、心贴心、实打实地开展服务职工群众工作

工会保障工作涉及面广，政策性强，任务繁重，直接关系到工会服务大局、服务职工的能力、水平和实效，直接关系到工会组织的形象、凝聚力、向心力。各级工会要结合开展“面对面、心贴心、实打实服务职工在基层”活动，切实改进作风，健全工作机制，加强队伍建设，以积极进取的精神和扎实过硬的作风，努力推进工会保障工作再上一个新的水平。

*一要加强作风建设，深入基层一线服务职工群众。*各级工会组织和广大工会干部要牢固树立群众观念，要深入到生产经营困难的企业、劳务派遣工和困难职工多的企业、劳动关系矛盾多的企业、工会工作相对薄弱的企业，在基层了解真实情况、在基层了解职工真实想法，努力实现职工队伍状况在一线掌握、工会维权帮扶在一线实施、构建和谐劳动关系在一线推进、工会工作任务在一线落实、推动解决职工实际困难，促进职工劳动经济权益保障，促进企业和谐发展。

*二要注重学习研究，努力提高工会保障干部的解决问题和服务职工的能力。*各级工会保障干部要不断加强社会管理、劳动保障、政策法规等领域的学习和培训，拓宽工作视野，提高解决和推进工作的意识、能力和水平；要主动了解、调查、研究社会保障和职工劳动经济权益相关的问题，提高工会保障工作的针对性和实效性；要通过定期培训、组织交流等形式和渠道，不断提高保障工作队伍的政策水平和服务能力。

*三要有效整合资源，逐步形成依托社会资源的工作格局。*各级工会要加强内部资源整合，集中工会力量，共同推进保障工作；要加强与政府有关部门的沟通协调，实现保障工作与政府相关领域工作的有机衔接，共同推进劳动就业、收入分配、社会保障和救助工作；要加强与社会各方的联系与合作，动员社会力量，争取各方支持，形成社会化工作格局；要通过媒体、主题活动等，大力宣传党和国家对民生问题的高度重视，充分展示工会保障工作在社会保障体系建设中的地位、作用和贡献，切实增强工会保障工作的影响力。

同志们，中央、市委对加强和创新社会管理提出了明确要求，做好新形势下工会保障工作责任重大、任务艰巨、使命光荣。我们要坚定信心，振奋精神，攻坚克难，真抓实干，推动上海工会保障工作不断取得新成绩，为增进职工福祉、促进社会和谐、服务发展大局，促进“创新驱动、转型发展”贡献力量，以优异的成绩迎接党的十八大和市第十次党代会胜利召开！

在市总工会第五届女职工委员会第五次会议上的讲话

（2012年8月3日）

何惠娟

各位领导、各位委员、同志们：大家好！

首先非常感谢大家对我的信任和支持，能当选市总工会女职工委员会主任，我深感责任重大，我一定勤奋敬业，扎实工作，不辜负组织的信任，不辜负同志们的期望。对各位常委，各位委员对本次大会付出的努力和支持表示感谢！对汪兰洁同志十多年来与时俱进，攻坚克难，真抓实干，在推动上海女职工工作服务全市工作大局中发展，在适应女职工需求中深化，在解决热点难点问题中突破，开创出良好局面和奠定的良好工作基础表示由衷的感谢。在此，我建议让我们把最热烈掌声送给离任的主任、副主任，以表达我们对她们的崇高敬意和衷心的感谢！

作为一名新任主任，对我来讲这既是一种挑战，又是一种责任，更是一种鞭策和鼓舞！我认识到肩任的不单是一个职务，它为我提供的更是一个服务女职工群体和服务女职工事业发展的机会。结合贯彻落实今天会议精神，对做好下阶段工作我想谈几点想法与大家共勉：

一、要始终坚持学习实践，创新发展

走上新的岗位，我感到要尽快进入角色，就必须努力学习。认认真真，踏踏实实向在座的各位领导和同志们学习，加强调查研究，尽快熟悉业务，更好地担负起工作的责任。要把工作学习化，学习工作化纳入到日常工作中。因为有更多的人想超越自我，我们才会不断进步。因为有更多的人要求越来越高，工会需要做的工作也越来越多。女职工工作必须坚持继承与创新的有机结合。

二、要始终坚持维权服务，和谐发展

工会组织是职工利益的代表，女工委代表和维护女职工利益是义不容辞的责任。在新形势下，面对新格局和利益关系，和谐成为社会健康发展的重要保障。工会女职工工作，要以维护女职工合法权益和特殊利益作为基本职责。要始终把各项女职工工作自觉放在党政工作大局和工会工作全局中去思考和定位，特别要紧紧围绕上海“创新驱动、转型发展”的中心任务，团结带领广大女职工为促进经济社会健康平稳发展积极贡献。面对日益多元多样多变的女职工利益诉求和思想动态、针对不同的群体，不同的利益诉求，做到面对面、心贴心、实打实做好服务，要成为女职工信赖的“知心人”和“贴心人”。

三、要始终坚持求真务实，可持续发展

工会工作要紧紧围绕党的中心工作抓落实。把唯实、务实、求实作为工会女职工工作作决策、办实事、抓落实的基本出发点。只有坚持深入基层，倾听心声，才能知道女职工工作推进得怎样，落实了没有；只有与女干部、女职工交心，才知道她们在想什么，在做什么，有什么困难需要解决。只有踏实做事，始终坚持求真务实的作风，干实事、求实效，才能兢兢业业把工作做深做实做好。这也是贯彻胡锦涛总书记在省部级主要领导干部专题研讨班开班仪式上的重要讲话精神的要求。

上半年，上海市第十次党代会成功举行，为全市工会女职工工作发展指明了方向；下半年，我们将迎来党的十八大胜利召开。各级工会女职工委员会要把学习贯彻党的十八大精神和市第十次党代会精神作为当前和今后一个时期的首要政治任务，与学习宣传实践中国特色社会主义工会发展道路紧密结合起来，教育引导女职工坚定信念，增强信心，用心学习，努力工作，全面发展。以建立完善“面对面心贴心实打实服务职工在基层”活动长效机制为抓手，认真对照检查既定的目标任务，进一步加大工作力度，突出工作重点，切实把握好推进落实的方法与途径，在落实、落实、再落实上下功夫，全面完成今年的各项工作任务。

按照全年工作要求，下半年工作要点已发给大家。接下来肖主席还要为我们作重要讲话，提出新的要求。我们要学习好、领会好、贯彻好。下半年工作时间紧任务重，我想再强调五点意见：

第一，加强思想引领和项目引领，充分激发女职工创新创造、建功立业的激情和潜能。我们要充分发挥思想理论优势和组织优势，用马克思主义中国化的最新成果武装头脑；要着眼于激发广大女职工的劳动热情和创造热情，发挥项目引领作用。要着眼于团结凝聚优秀的女性人才，搭建成长成才的平台。聚焦重点项目、重大工程、重点领域，掀起“建功‘十二五’、巾帼绘蓝图”的女职工立功竞赛和科技创新的新高潮，推动广大女职工立足本职，创先争优，建功立业。推动企业与职工共度难关、共谋发展、共促和谐。挖掘和培养女职工中的技术能手、培树典型，不断深入实施女职工提升素质建功立业工程。

第二，切实加大维权力度，推动解决女职工最关心、最直接、最现实的利益问题。要进一步加大源头维权力度，针对女职工权益维护工作的热点难点问题，积极参与相关法律法规的修订完善，加强对女职工权益保护法律政策落实情况的监督检查，抓住推进“两个普遍”的契机，全面推进女职工权益保护专项集体合同签订工作，为全面推进女职工合法权益和特殊利益提供机制保障。要创造各种机会。通过实施各类“女职工关爱行动”，努力为广大女职

工提供多层次、多渠道、多样化的服务。

第三，以宣传贯彻《女职工劳动保护特别规定》为契机，积极营造关爱女职工的良好社会氛围。今年4月28日颁布施行的《特别规定》，充分体现了党和政府对女职工权益保障工作的高度重视，各级工会女职工委员会要进一步整合各方力量，加强与相关部门的联合联动，努力在全社会营造尊重女职工、关爱女职工的良好氛围。要有针对性地对用人单位、工会干部、女职工等不同层面加大开展宣传引导力度，通过咨询、讲座、督查等不同方式和手段，切实提高《特别规定》的知晓率、纳入率和执行率。要加大《特别规定》媒体宣传力度，发挥好《劳动报》等新闻媒体的宣传主渠道作用，探索运用网络等新兴媒体，努力增进社会各方对《特别规定》的了解和理解，提高各方保护女职工权益的自觉性和主动性。

第四，要高度重视维稳工作，促进社会和谐稳定。下半年，大事喜事，重大敏感节点较多，各级工会女职工委员会要主动配合，及时了解女职工队伍思想动态，增强工作的针对性和预见性。配合做好强化劳动争议预警预防、协商调解、应急处置等工作，协同解决好劳动关系领域突发性、群体性事件，千方百计把劳动关系不稳定因素化解在基层和萌芽状态，维护社会和谐稳定，为党的十八大胜利召开营造和谐融洽的社会氛围。

第五，要加强自身建设，努力提高女职工干部队伍的服务能力。工会女职工工作是党的群众工作的重要组成部分，要切实加强能力建设。在其位就要谋其政，尽其责、立其业。努力做到“四个主动”：主动加强学习，善于从实践中学习，从总结与反思中学习，从业务培训中学习，在学习中提升能力；主动改进作风，深入基层，深入群众，勤于观察，善于倾听，乐于助人，保持谦虚、谨慎、务实、诚信的工作作风；主动创新思考，通过思维方式的创新、工作机制的创新和工作载体的创新，在实践中创造性地开展女职工工作；主动突破难点，针对问题、难题寻找工作的突破口，积极推动女职工建功立业项目化运作、女职工关爱实事化推进，女职工权益社会化维护、女职工组织规范化管理。我们要以建一流队伍、创一流业绩、树一流形象为目标，恪尽职守，扎实工作，我们一定能够把上海工会女职工工作推向一个新的发展阶段。

各位委员：潮平岸阔催人进，风正扬帆当有为。

我们要在市总工会的领导下，振奋精神，开拓进取，团结带领全市广大女职工为上海推进“创新驱动、转型发展”、实现“四个率先”、建设“四个中心”作出新的更大的贡献，以优异成绩迎接党的十八大胜利召开！谢谢大家！

保障政策文件选编

关于实施《上海市人民政府贯彻国务院关于开展城镇居民社会养老保险试点指导意见的实施意见》若干问题处理意见的通知

为做好本市城镇居民社会养老保险实施工作，根据《上海市人民政府贯彻国务院关于开展城镇居民社会养老保险试点指导意见的实施意见》（沪府发〔2011〕88号，以下简称《实施意见》）以及《人力资源和社会保障部关于做好城镇居民社会养老保险经办管理服务工作的通知》（人社部发〔2011〕74号），现就有关问题提出以下处理意见：

一、参保登记

（一）年满16周岁，具有本市城镇户籍，不符合职工基本养老保险参保条件的非从业人员（不含在校学生），携带居民身份证和居民户口簿等材料到户籍所在地街道（乡、镇）的社区事务受理中心（以下简称服务中心）办理参保登记手续。

（二）参保人员登记的基本信息发生变化的，应及时办理变更登记手续。

（三）已享受城镇老年居民养老保障待遇的人员直接转入城镇居民社会养老保险，无需办理参保登记手续。

二、个人缴费

（一）参保人员按自然年度自主选择缴费档次进行缴费。参保人员将资金足额存入个人缴费卡，经办机构于每月10日和20日足额扣缴后，记入个人账户。

（二）参保人员在达到养老金领取年龄的当年，可以缴纳当年度的养老保险费。其中，2011年7月1日至12月31日期间达到养老金领取年龄的参保人员，应缴纳2011年度的养老保险费。

（三）参保人员由从业转为非从业的，可以缴纳当年度的养老保险费。

三、缴费资助

（一）其他经济组织、社会组织、个人可以对参保人员当年度缴费给予资助，对每位参保人员的全部缴费资助总额不超过当年缴费标准的最高档次。

（二）其他经济组织、社会组织、个人对参保人员缴费给予资助的，应到服务中心办理缴费手续。

四、养老金领取条件

（一）已享受职工基本养老保险、小城镇社会保险、新型农村社会养老保险和征地养老待遇的人员，不能享受城镇居民社会养老保险待遇。

（二）参保人员年满60周岁，缴费满15年的，可以按月领取养老金。其中，城镇居民社会养老保险制度实施时，参保人员距养老金领取年龄不足15年的，在剩余年限缴足养老保险费的，可以按月领取养老金。

五、补缴

（一）参保人员未满60周岁，可以补缴历年没有缴费年度的养老保险费。

（二）城镇居民社会养老保险制度实施时，距养老金领取年龄不足15年的参保人员，在剩余年限缴足养老保险费的，年满60周岁时，也允许一次性补缴，补缴后累计缴费年限不超过15年。

（三）补缴标准由参保人员按办理补缴费手续时当年的缴费标准自主选择。

（四）补缴费不享受政府补贴。

六、待遇支付

（一）2011年7月1日已年满60周岁，符合领取养老金条件的人员，应携带居民身份证和居民户口簿等材料到服务中心办理养老金申领手续，经区县经办机构审核后，从2011年7月起发放基础养老金。

（二）2011年7月1日及之后年满60周岁，符合领取养老金条件的参保人员，应携带居民身份证和居民户口簿等材料到服务中心办理养老金申领手续，经区县经办机构审核后，自办理养老金申领手续的次月起发放养老金。其中，2011年7月1日至12月31日期间年满60周岁人员，缴纳2011年度的养老保险费后，从年满60周岁的次月起发放养老金。

（三）领取养老金人员被判刑或劳动教养的，停止发放养老金。服刑或劳动教养期满后，本人应携带相关材料到服务中心提出申请，经区县经办机构审核后，自办理申请手续的次月起按判刑或劳动教养前的标准发放养老金。

（四）养老金通过金融机构实行社会化发放。

七、个人账户管理

（一）市社会保险事业基金结算管理中心（以下简称市社保中心）负责管理参保人员的个人账户。个人账户用于计入个人缴费、政府补贴和缴费资助（含对应的利息）。

（二）参保人员个人缴纳的养老保险费记入个人缴费部分；区县政府对参保人员缴费给予的补贴、为缴费困难群体代缴的养老保险费记入政府补贴部分；其他经济组织、社会组织、个人对参保人员缴费给予的资助记入缴费资助部分。

（三）个人账户储存额按照自然年度结息。参保人员当年缴纳的养老保险费从记入个人账户的次月起开始计息；个人账户储存额存满全年的，根据市人民政府批准的个人账户记账利率计算年利息；未存满全年的，根据实际存续的月份数乘以个人账户记账利率的十二分之一计算利息。个人账户储存额计算利息后见分进角。

（四）市社保中心每年向参保人员发放个人权益记录单。参保人员也可以凭本人身份证到服务中心查询本人账户信息。

（五）个人账户储存额只能用于个人账户养老金的支付，个人账户养老金从其个人账户对应项目的储存额余额中相应扣除，除出现城镇居民社会养老保险关系终止情况外，个人账户储存额不得提前支取。

八、转移

（一）参保人员缴费期间户籍所在区县发生变化的，应向原户籍所在地服务中心提出申请，经区县经办机构审核后，将其养老保险关系转移至新户籍所在地，参保人员在新户籍所在区县继续缴费。

（二）参保人员领取养老金期间户籍所在区县发生变化的，其养老保险关系不再转移。

九、复核和注销

（一）区县经办机构要对参保人员缴费和待遇领取资格进行公示，受理举报并对举报情况进行处理。领取养老金人员没有通过资格认证的，区县经办机构暂停发放养老金，待其补办相关手续，通过资格认证后，从停发之月起补发并续发养老金。

（二）参保人员死亡的，法律规定的继承人应持相关证明材料到服务中心办理注销登记手续，终止养老保险关系。

（三）以伪造有关证件或者其他手段多领、冒领养老金的，区县经办机构应及时封存被多领、冒领人员的个人账户，并负责追回被多领、冒领的养老金。

十、经办管理

（一）市社保中心负责本市各级经办机构开展城镇居民社会养老保险经办管理服务工作；负责本市养老保险基金市级管理以及财务统计工作；制定全市统一的养老保险业务、财务、安全和风险管理制度；负责养老保险费的收缴、养老金的社会化发放工作；参与养老保险信息化建设和管理工作。

（二）区县经办机构负责城镇居民社会养老保险的参保登记、个人账户建立、缴费核定、养老金核定、养老保险关系转移接续、档案管理、统计管理、受理咨询查询和举报等工作；对服务中心的经办情况进行指导和监督考核。

（三）服务中心负责对参保人员的参保资格、基本信息、个人缴费、养老金领取资格及个人账户变更等进行初审，录入有关信息；负责受理咨询查询和举报、政策宣传、情况公示等工作。

服务中心要发挥居（村）委会的作用，指导居（村）委会协助办理城镇居民社会养老保险相关事务。

十一、其他

已享受城镇老年居民养老保障待遇的人员，统一纳入城镇居民社会养老保险后，在城镇居民社会养老保险基础养老金标准调整前，原待遇为每月500元的，其待遇不变；原待遇为每月400元的，年满70周岁时，待遇可调整至每月500元，调整待遇增加部分所需资金纳入城镇居民养老保险财政补贴专项资金中，由市和区县两级财政按照1：1比例分担。

本通知自2011年7月1日起施行，有效期至2016年6月30日。

二〇一二年五月三十一日

专　记

Special Reports

2013

上海工会深入开展“面对面、心贴心、实打实服务职工在基层”活动

【市总工会广泛深入开展“面对面、心贴心、实打实服务职工在基层”活动】 1月18日，市总工会制定下发《关于开展“面对面、心贴心、实打实服务职工在基层”活动的通知》、《关于市总机关开展“面对面、心贴心、实打实服务职工在基层”活动的实施方案》。随即成立由市人大常委会副主任、市总工会主席钟燕群担任组长，市总工会党组副书记、副主席肖堃涛任常务副组长的领导小组，负责对各级工会开展活动进行指导、督查和考核。领导小组下设办公室，负责完成由领导小组交办的各项任务。同时，市总工会建立8个工作组，每组由1名市总工会副主席(负责人)带队，走访10—15家企业，在每家企业召开5—10人参加的座谈会。自年初开展“面对面、心贴心、实打实服务职工在基层”活动以来，全市各级工会迅速行动起来，召开动员大会，制定工作方案，发动乡镇街道、行业、开发区等工会参与到活动中来，形成全面服务职工的局面。据统计，全市各级工会成立3400个工作组，走访2万家企业及工会组织，慰问职工45万人；先后召开一线职工、工会干部以及企业经营者座谈会1.1万个，1.8万名企业经营者、工会干部、一线职工参加个案访谈，听取基层意见建议及收集各类问题8800条，已处理3421条，及时解决一批职工“急难愁”问题，并总结提炼一批基层鲜活经验。 (范　瑜)

【市总工会深入上药集团开展“面心实”活动】 3月13—21日，市总工会组成专题调研组，赴上海医药(集团)有限公司开展“面对面、心贴心、实打实服务职工在基层”调研活动。调研组听取上药集团党政工负责人的情况介绍，走访上海医药分销控股有限公司物流中心、上海信宜药厂有限公司、上海新先锋药业有限公司、上海第一生化医药有限公司等4家基层企业，对党政领导、工会主席、管理营销人员、班组长、职工代表、一线普通职工等6类对象进行座谈，共召开座谈会16个(150人出席)，与上药集团有关部门负责人及基层干部、一线职工个别访谈32人次。工作组通过面对面、心贴心地交流，在了解上药集团发展现状和职工思想状况实情的基础上形成调研报告，反映上药集团在经营管理、民主管理、薪酬分配等方面问题，并提出工会的对策建议。

(冯小龙　庄若冰)

3月13日，市总工会、市医药工会召开“面对面、心贴心、实打实服务职工在基层”活动座谈会 (王贤征)

【浦东新区总工会启动“面对面、心贴心、实打实服务职工在基层”活动】 2月9日启动。新区总工会推出“以建立机制的方式，保障活动的组织有力、推进有序；以建立项目的方式，促进活动取得实效、有所作为”工作举措，建立分片承包、逐个调研、定项负责、倒逼问责等工作机制，保证每个困难企业走访到、每个类型职工代表群体调研到、每个合理的需求和合法的诉求有人负责到，一个不少、一个不漏，并明确提出“应该掌握起来的情况但没有掌握的，能够解决的问题但没有解决的，一律实行问责”的硬性规定。对于走访调研中了解掌握的各种合理需求、合法诉求，不搞“一锅煮”，区分实际情况，全部立项上马，分类组织推进；对于可以解决的，采取拉单挂账的方式，限时完成；对于一时难以解决的，以一个一方案的方式，先作出解释，后协调落实；对于该层面无法解决的，以一类一课题的方式，摸清实情、研究对策，主动为区委、区政府和市总工会提供决策参考。

(张真琦)

【浦东新区总工会启动“三送三进”服务活动】 6月20日，新区工会“三送三进”服务活动启动仪式在浦东新区迪斯尼配套房建设工地举行，区人大常委会副主任、区总工会主席姜鸣参加启动仪式。区总工会向高温一线职工表示慰问，要求各级工会始终坚持职工利益至上、服务职工为要原则，完善进开发区、进企业、进工地“三进”服务模式，不断扩大服务职工的广度和深度；以职工需求为导

向，以职工文化建设为抓手，不断拓展服务的内容，为职工做实事、办好事、解难事，使广大一线职工投身浦东建设。新区总工会为建设单位赠送医药箱，为职工代表赠高温慰问品；职工志愿者服务团为职工进行健康检查、理发、拍摄身份证件照、维修小商品、缝补衣服、法律咨询、普及紧急救援知识等服务；职工文化体育协会为工地建设者送上免费电影，惠及职工 2000 人。（陈效宏）

【徐汇区总工会开展“面对面、心贴心、实打实服务职工在基层”活动】 3 月 5 日，区总工会班子成员分四路，走访调研 56 家重点困难企事业单位，了解受访单位生产经营、工会组织活力、职工思想动态等情况。实地察看工地、车间、班组、厨房、职工宿舍、安全生产设施及文化活动场所。与 295 名职工、企业负责人和工会主席座谈，将职工最关心的工资福利水平低、房租负担重、外来务工人员子女入学难等问题和企业面临的急难事项，及时以简报、专报形式向人大、政协及政府职能部门反映。主动协调区商委，帮助恰尔生物有限公司解决“歌佰德抗肿瘤一类新药生产基地”产业化落户，帮助鄂尔多斯羊绒制品有限公司化解涉及 40 多名员工劳资纠纷的集访事件，为东芝泰格信息系统（深圳）有限公司，埃顿公司提供职工心理辅导，推动企业稳妥改善职工薪资福利待遇。（张均敏）

【长宁区总工会赴仙霞街道开展“面对面、心贴心、实打实服务职工在基层”活动】 8 月 16 日，区总工会赴仙霞街道，开展“面对面、心贴心、实打实服务职工在基层”活动。来自木米宽带、万宝至马达、威达高科、太阳市场、仙逸小区、慧谷白猫科技园的工会干部及职工提出意见建议：希望工会多开展政策宣传，让职工全面了解工会的职能，增强维护自身权益的意识；希望工会多开展教育培训，让职工有更多机会提升技能；希望工会多开展文体活动，让职工业余生活更加丰富多彩。区总工会表示，将积极推动工会与企业行政的协调沟通，争取在企业层面解决问题。区总工会将梳理归纳基层工会所面临的问题和困难情况，并研究总结经验做法，为基层工会持续有效开展工作提供对策建议。（沈　婕）

【普陀区工会系统开展组团式联系服务职工工作】 一是立足“三项保障”，进一步夯实服务基础。区总工会成立“面心实”主题活动领导小组，召开专题工作会议，研究部署组团式联系服务职工工作方案。各级工会成立活动领导小组和工作机构，一级抓一级，层层抓落实，将“面心实”活动与工会重点工作统筹安排、共同推进。二是依托“三大渠道”了解职工诉求。每位工会干部联系 3—5 家基层单位，每月抽出时间走访，当企业工会换届选举、开展集体协商或发生劳资纠纷时，及时到企业了解情况，帮助解决实际问题。向职工广泛征集“金点子”，推动企业工会工作开展。三是深化学习调研，掌握社情民意。通过问卷调查、个案访谈、召开职工座谈会等方式，了解职工生产生活状况，合法权益落实情况和制约工会工作发展的重点、难点问题并积极帮助协调解决，共召开 154 场座谈会，发放调查问卷 2313 份，完成 58 篇调查报告。（许王丽）

【普陀区总工会部署开展“面对面、心贴心、实打实服务职工在基层”工会机关能力建设年主题活动】 2 月 29 日，区总工会召开“面对面、心贴心、实打实服务职工在基层”工会机关能力建设年主题活动动员会，区总工会与 9 个街镇总工会主席进行“两个普遍”工作目标责任签约。要求各级工会做到“四个一”，即记好一本活动笔记、联系一组基层单位、解决一个矛盾纠纷、撰写一篇高质量调研报告。做到“五个结合”，即结合制度建设，探索组团式联系服务基层工会和职工群众方式，坚决克服“五多”（会议多、文电多、工作组多、检查评比多、各类活动多）现象；结合学习活动，设立“普工讲坛”，采取“一人讲、大家谈”互动方式，内容延伸到经济发展、社会管理、科技人文等方面；结合调查研究，倾听基层职工意见和建议，掌握实情、研究问题，确保高质量完成调研任务；结合干部培训，坚持“走出去，请进来”，有计划、分批次地组织工会干部到有影响、有亮点的地区考察学习，并借助社会教育资源，邀请专家学者举行专题讲座，提升工会干部能力和水平；结合窗口服务，实行办事公开，简化办事程序，减少办事环节，坚持急事急办、特事特办，不冷落服务对象，推行首问责任制、一次告知制和限时办结制，提高办事效率。（许王丽）

【普陀区国资系统工会开展“1+3+5”服务职工工作】 “1”是一次面对面交流了解情况。工会干部带头下基层，将平日走访和重点走访相结合，帮助解决实际难题。“3”是三件服务实

普陀区总工会召开“面对面、心贴心、实打实服务职工在基层”主题活动动员部署会议（许王丽）

事。建立国资委工会、集团公司工会、基层企业工会劳模信息管理三级网络,制定下发《关于进一步加强劳模管理服务工作的通知》,对劳模日常管理、福利待遇、工作流程等做出具体规定;开展援助帮扶服务,通过政策咨询、就业援助、就医指导、心理疏导等,为职工提供帮助;丰富职工文化生活,结合职工需求开展培训、论坛、讲座、文艺欣赏等,提升职工技能素养。"5"是五项工作,为基层职工服务。开展劳动竞赛,围绕企业发展重点和中心工作,制定落实2012年技能竞赛实施方案;开展职代会规范化建设达标竞赛活动,制定竞赛活动考核指标,明确制度落实、职权落实、组织落实三部分55项指标,确定具体标准和分值,年末评选三星、四星、五星等级;开展职工先进事迹弘扬活动,创办国资系统先进人物和先进集体事迹期刊,下发班组宣传学习;开展工会干部培训,举办工会财务、职工董监事知识、集体协商培训;开展职工体检,为120名女劳模、女职工进行妇科检查。

(许王丽)

【普陀区医务系统工会扎实开展"面心实"活动】 一是成立领导小组。成立以卫生党工委副书记为组长,工会主席为副组长的活动领导小组,加强组织领导。二是倾听职工呼声,解决实际问题。以职代会、座谈会、问卷调查、交流谈心等方式,面对面与职工交流,心贴心倾听职工呼声,共收集职工反映的非在编职工入编、非在编职工福利待遇、人才引进、绩效工资改革、医院硬件设施改造、职工文体活动等六方面60余个问题,及时将职工的合理诉求与工会的建议对策向党政领导汇报,积极推动40余个问题得到解决。三是及时总结回顾,注重权益维护。召开专题会议,听取基层工会"面对面、心贴心、实打实服务职工在基层"活动情况汇报和职工反映的热点问题;重点做好困难职工、劳模先进、在外援建人员家属慰问;掌握困难职工生活情况,做好重大节日送温暖工作;开展安全生产、劳动保护检查和特殊岗位医务人员疗休养工作;做好非在编职工入会工作,推进非在编职工与在编职工同工同酬;开展内容丰富、形式多样的教育培训活动,积极倡导社会主义核心价值体系和"公正、包容、责任、诚信"价值观。

(许王丽)

【普陀区真如镇总工会践行"服务职工在基层"】 一是加强组织领导,把好"五关"、"二评"。成立"面心实"活动领导小组,要求工会干部抓牢"找准问题症结关、分析问题原因关、问题整改措施关、整改结果检查关以及工作成果转化关"等"五关",对工作成果做到"二评",即召开座谈会、职代会开展调查评议和发放《征求意见表》,向基层工会开展问卷评议,确保主题活动效果落到实处。二是结合"双亮工程",召开主题活动责任细化签约仪式,发放《走访企业工会联系表》。镇总工会主席先后带队走访华鼎建筑、东方日化、思尧建筑、永生助剂厂等企业,与负责人、工会主席和职工代表促膝谈心,了解企业职工生产生活状况,听取企业职工对工会工作的要求和建议。镇总工会还拨出3万余元,设计制作76块工会铜牌及100枚工会主席徽章,通过走访,将铜牌和徽章送到基层工会手中。三是协调各方资源,服务职工切身需求。与镇劳动监察大队联合召开"2012年真如镇维护劳动者权益保护研讨会",就进一步整合双方优势、建立信息交换和行动协调机制达成共识。在处理野尻眼镜劳资纠纷案中,镇总工会推进劳资双方对话,配合区国资委工会成功提高劳方工资补偿标准。在走访过程中,镇总工会了解到华鼎装饰公司外来职工住宿困难,经过沟通协调,帮助该公司租借一栋电梯房,解决80多名外来职工的住宿难题。 (许王丽)

【闸北区总工会构建"五个一线"服务基层长效机制】 2月,区总工会以"联系企业促发展,服务职工促和谐"为主题,深入开展"面对面、心贴心、实打实服务职工在基层"活动,全力构建职工建功立业在一线开展、构建和谐劳动关系在一线推进、工会维权帮扶在一线实施、工会干部作风在一线转变、工会重点工作在一线的落实服务基层长效机制。截至6月底,共走访910家企业,召开831场座谈会,个别访谈5532名职工,帮困慰问8479名职工,发放慰问金500余万元。区总工会分成5个联络组,通过进园区、下企业、跑街道、访职工,聚焦物业行业生存困境、"用工荒"现象、职工技能提升需求等问题,整合社会资源,推动问题解决。各级工会积极响应,面对面倾听职工诉求、心贴心感受职工疾苦、实打实解决职工困难。大宁街道总工会组织开展"十、百、千"暖心工程主题活动,"十"即结对帮助10名劳模或特困重病职工;"百"即以"家电维修献爱心,真心助困暖社区"为主题,向社区劳模、支内回沪人员、困难职工等100户家庭发放家电维修爱心联系卡;"千"即为社区1000名女职工进行免费妇科体检。临汾社区工会通过"组团走访"模式,深入调研企业生产经营现状、劳动关系状况、工会工作情况等;北站、芷江西等社区工会建立"两委委员走访"制度,为企业职工排忧解难;区医务工会建立"一周一访"制度,倾听职工关于卫生系统改革、医院经营管理、职工权益维护等方面意见。 (王立成)

【虹口区总工会深入开展"面对面、心贴心、实打实服务职工在基层"活动】 一是成立领导小组,提供组织保障。成立以区人大常委会副主任、区总工会主席包建强为组长,区总工会党组书记梅小平为副组长的活动领导小组。二是制定落实方案,广泛宣传动员。以服务职工活动为载体,完善机关干部与基层工会结对子工作措施。三是集中开展活动,注重长效影响。以劳动密集型企业、困难职工较多的企业、劳动关系矛盾较突出的企业、存在安全隐患的企业等为重点,深入走访一线职工,帮助完善劳动合同、集体合同、职代会、厂务公开民主管理、劳动保护安全生产等相关制度;以商圈、创意园区、楼宇为重点,以园区物业公司、商圈楼宇骨干企业等为核心,建立工会联合会。 (徐 洁)

【虹口区总工会组织学雷锋行动】 3月6日,区总工会以"学雷锋、庆三八"为主题,组织开展"面对面、心贴心、实打实服务职工在基层"上海工会就业援助月虹口专场暨女职工志愿者服务日活动。活动中,区总工会联合区人力与社会保障局、凉城街道,加大对升学、房屋税收政策、经适房、保

传解答。公司工会还将148篇优秀实践案例汇编成案例集,提供基层工会学习借鉴。 (包 翔)

【宝钢化工工会营造企业人文关怀氛围】 一是注重员工需求信息了解和把握。领导与员工定期面对面交流,过程中强调"认真"二字,认真听、认真记、认真落实,做到每个问题都有说法,能解决的当场解决,暂时条件不具备的加以说明,不能解决的要反馈信息。二是帮困送温暖工作得到有效落实。工会全年实现帮困慰问302人,慰问金额22.61万元。三是积极推进员工实事项目。把现场环境整治、改善员工工作环境列为实事项目加以专项推进,投入费用近150万元,项目全部如期完成。四是加大员工现场人文关怀力度。推出系列人文关怀项目,高温期间为职工煲绿豆汤,公司领导下现场慰问,安排接触尘毒岗位职工、献血人员集中疗休养,推出员工健康补充计划,体现企业的人文关怀。 (庄国平)

【市烟草工会以"五助"服务凝聚职工】 一是知识上帮助。举行图书馆信息系统及数字图书开通仪式,正式向集团工商单位员工开放,为基层工会开展职工宣传教育活动提供全新平台;以"话品牌·树理想——读书伴我行"为主题,组织开展"爱我中华"读书活动,引导职工爱读书、读好书。二是健康上扶助。组织开展年度"爱我中华"强身健体活动和学做"第九套广播体操"活动;为行业劳模开展个性化体检工作,做好劳模健康关爱工作;进一步加强"中华"文艺团队规范化建设,制定年度各文艺团队活动方案,成立"中华"民乐队。三是心理上辅助。探索实践辅助员工发展计划,形成"一人一卡一关爱"员工心理关爱方案;100多名班组长进行"班组压力疏导及职业发展"专家培训;为3家基层单位90余名年轻职工开办"关注宝贝心理营养,与孩子一起成长"健康讲座。四是法律上援助。学习贯彻《上海市职工法律援助办法》,加强职工法律援助工作总体规划部署;发起"防治职业病,爱护劳动者"主题《职业病防治法》宣传周活动,组织学习公司《职业卫生管理规定》。全年受理在职死亡职工遗产继承10起,其他法律咨询12起,受理并具体指导、协助相关单位(部门)妥善处置各类信访案5起。五是生活上资助。调整完善涉及住院互助、探望慰问以及困难补助等三项条款的内容,力所能及地为职工提高资助标准;向150名困难职工发放慰问补助款13.43万元,为94名职工发放大病救助、救急济难款69.35万元,为困难职工发放节假日慰问补助款,及时为职工发放大病救助、救急济难款。 (沈光辉)

【铁路局工会"服务职工在基层"活动有成效】 结合"党工共建、创先争优"活动,建立联系和服务基层工会网络,铁路局工会通过进站段、车间、班组、家庭,采取座谈会、家访谈心、跟班作业、日常联系等形式,及时了解掌握一线职工思想动态、实际需求、企业民主管理及劳动争议等情况,加强对基层工会工作指导、对基层职工服务,促进安全生产。全年联系基层单位工会24个、车间工会46个,与车间工会干部结对48个、困难职工结对92个、劳模先进结对40人,为一线职工解决实际问题400多个。 (白 杰)

【中海海运工会多举措做好"面心实"活动】 工会采取多种措施,大力开展"面心实"活动。一是举办船员家属新春团拜会,慰问200位船舶"三长"家属。广州和上海分公司慰问"三长"100多人,慰问船舶300多艘次,慰问劳模和困难船员250多人次。二是每半年组织"三长"和优秀船员与家属休养。建立海嫂联系卡和QQ群;对干部船员家庭采取外地走访和广州、上海市内走访相结合,分10批赴广东、四川、重庆等地以及河北、天津、东北三省走访200户。三是把关键岗位分配和重点船员稳定结合起来,减少干部船员流失。完善干部船员职务补贴制度,按航区给干部船员发放补贴;增设船员考证奖励制度,提高船长、轮机长、大副、大管轮考证通过率;中秋、春节给船舶"三长"家庭送礼品和贺信,投入400万元。四是为96艘船舶安装卫星电视、更新净水器,建立图书馆、健身房,配送图书、影碟和体育器材;举办水手、机工、厨工业务培训班,开展船员远程教育在线学习。 (龚学军)

【上港龙吴分公司工会"四步操作法"落实"面心实"工作要求】 第一步抓好职工关注热点难点问题的收集;第二步抓好热点难点问题的分析;第三步抓好热点难点问题的解答;第四步抓好热点难点问题的督办,确保职工关注的热点、难点问题得到及时妥善地处置解决。2012年,分公司工会协助行政对27项"职工热点难点问题"进行立项督办,督促协调承办部门及时解决职工关注的热点难点问题,特别是关心员工冬季防寒保暖工作,为618名分公司员工及622名劳务承包工发放"保暖衣裤"。 (丁训俊)

【交运集团股份公司工会兑现228件惠民实事】 2012年,集团各级工会开展"面对面、心贴心、实打实服务职工在基层"活动,共确定惠及职工实事项目228件,通过企业报、局域网、厂务公开栏、职工代表巡视、中途考核推进、年终评估验收等方式予以公开,确保实事项目落到实处。轮渡公司工会出资为17条航线所有窗口购置51件御寒棉衣;交运沪北公司工会加强"三基"管理,10%的班组成为星级班组,对获四星级、五星级称号员工分别按每人每季500元、800元标准进行奖励;交运巴士工会为每位职工订阅1份《新民晚报》,特别困难或者生重病大病的职工帮困慰问金每人2000元,高考子女享受200元高考津贴,组织到龄退休职工参加旅游活动,重大节日为长病假、待工、内协保、外协保职工发放关爱金每人530元;资产管理公司工会指导沪北公司、装卸公司、一经部、二经部每年增加一次"助学捐",不让1名困难职工家庭子女因贫辍学;通华公司工会为外来务工人员包工食堂安装吊扇,添置凳子,改善就餐条件,宿舍增加鞋架,为一线员工发放洗衣票、房贴;南站长途工会扩大"职工之家"活动场所面积,增设员工收藏展示场所,丰富职工业余文化生活。 (袁俐俊)

【上海邮政工会扎实开展"面对面、心贴心、实打实服务职工在基层"活动】 一是坚持问题导向,深入调查研究。深入20个支局,重点面向基层一线员

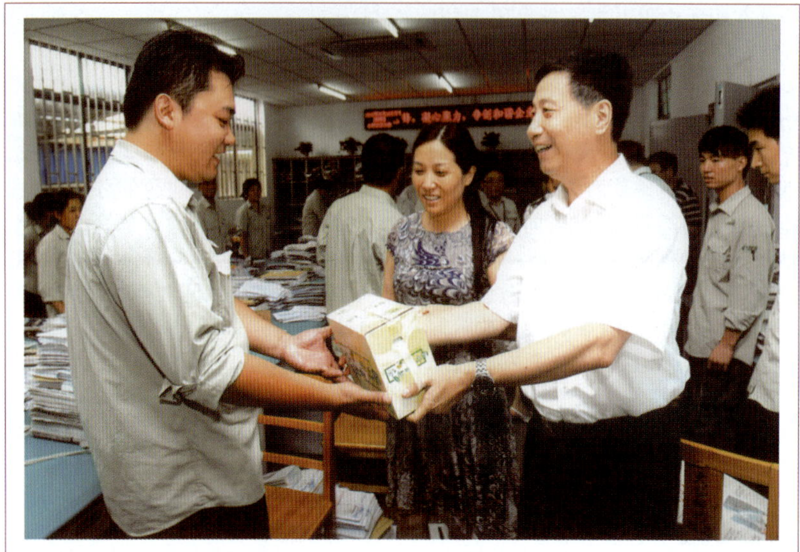
上海邮政工会领导高温季节慰问一线员工 （陆 彬）

工和劳务派遣工，通过员工座谈会、民主恳谈会、实地查看、个案访谈、问卷调查等方式，结合"投递员之家"建设，就员工生产生活条件改善、员工生活设施配置、投递员权益保护、员工健康卫生、免费午餐、收入待遇、投递方式、职工书屋、洗浴休息和环境卫生等调研检查。二是加大《上海邮政员工维权手册》宣传力度，引导员工学法知法守法用法，最大程度把员工利益诉求行为纳入理性合法轨道上。三是坚持典型示范，建设叶其懂劳模创新工作室，营造尊重员工、依靠员工、关心员工和保障员工权益的正确导向，推动形成企业与员工效益共创、利益共享和谐局面。四是妥善解决员工经济权益等职工群众反映比较普遍的突出问题，对18个支局（生产科）2300名一线员工高温慰问，缓解低收入员工在生产生活方面遇到的实际困难。

（陈千涛 张 莉）

【上海移动公司工会"面心实"活动出实效】 公司工会通过"工会主席巡回联系日"将"面对面、心贴心、实打实服务职工在基层"活动落到实处，抓出成效。公司工会与14家单位进行"工会主席巡回联系日"活动，与115名员工代表进行面对面沟通和交流，提出问题和建议63个，当场或提交相关职能部室解决问题42个，解决率为67%，答复率为100%，满意率为100%。一是年初公布计划。二是话题形式不限，由员工自行决定。三是参加对象以一线员工为主。四是坚持推进制度化模式。11月5日推出此项制度后，公司各级工会主席长期坚持在最基层、最一线工作。五是"合理保护"让员工放心。通过解疑释惑和换位思考，起到较好引导效果。 （史 旭）

【上海电信工会服务职工工作突出"三用"】 一是用真情感召员工之心。开展以"责任在我心，诚信伴我行"为主题的"读劳模、论精神、寻民星"员工职业道德教育三步曲系列活动，用劳模精神引领员工。开展"夏日乐享天翼，清凉玩转3G"大型路演活动，慰问在营销一线的前端员工。组队走访基层，为崇明长兴、横沙分局增添乒乓台、康乐球、跑步机等文体设施，丰富海岛员工精神文化生活。二是用实事宽慰员工之心。启动"安居工程"，两年内投入1.38亿元，改造建设人才公寓、青年员工宿舍等企业公租房300套，解决住房困难员工的临时性居住需求。推出实施"双积分、三通道"员工职业发展机制，引导员工以企业发展为基础提升自我能力，畅通员工职业发展晋升通道。加大对外包员工关怀力度，提高外包人员工资性收入，举办外包单位管理人员培训班，建立业务外包品牌工作室，每月在《上海电信》刊出外包人员"你我一家"专版，宣传外包人员事迹和心声。三是用福利凝聚员工之心。公司三届二次职代会通过2012年度集体合同，员工薪资收入与公司业务收入同步增长，员工休养费标准在原有基础上分别提高300元，员工通信费补贴最低标准提高到每月200元，为1万多名在岗员工办理名医导航服务。 （朱东亚）

【上海电信奉贤局实行四结合开展"面心实"活动】 一是与员工思想动态调查相结合。通过问卷、调研、座谈、沟通会等形式，及时了解掌握员工诉求，积极分析研究相应解决办法。二是与创建"五型六好"班组工作相结合。通过班组建设，进一步激发班组活力，夯实班组管理基础，切实改善一线员工生活、学习和工作环境，增强员工凝聚力和向心力。三是与劳动竞赛和岗位练兵相结合。通过专项销售培训，不断提升员工销售、服务和维护技能；围绕企业中心工作，开展各类劳动竞赛，助力企业全业务发展，实现企业与员工共赢得局面。四是与加强工会组织自身建设相结合。通过多形式、多途径，搭建好员工与管理者间的桥梁，让员工敢于面对面，能够心贴心，真正把服务职工在基层、服务员工活动落到实处。 （朱东亚）

【中交上海航道局工会开展"真心服务职工群众，实实在在为职工办事"

上海电信举行"安居工程"奠基仪式 （朱东亚）

活动】 公司工会在两级工会中开展"真心服务职工群众,实实在在为职工办事"活动。中港疏浚公司工会坚持把关怀送到职工退休,在职工临近到达法定退休前,安排一次体检性疗休养,对即将离开岗位的老职工进行1次全面身体检查;东方分公司对90岁高龄、身患重大疾病、个人严重残疾等职工送"电费"上门,送关心到家庭;勘察设研公司为3位职工主持集体婚礼,增强企业凝聚力。(钱文勤)

【中远集运工会扎实推进"面心实"活动】 一是围绕企业中心任务凝心聚力。开展"紧盯效益目标,全员掘金行动",为全体员工搭建展示才华、比拼智慧、争做贡献舞台。二是紧密结合安全生产、和谐稳定的日常工作。与安全生产"双基"建设和"五个一"活动相结合,深入基层、深入船舶、深入车间班组,倾听职工意见和建议,注重解决安全生产各环节中存在的突出问题;每月召开信访例会,加强对不稳定因素排摸和疏解,全面落实稳定工作责任制,妥善处理各类历史遗留问题,及时化解矛盾纠纷。三是落实为职工办实事、做好事的具体工作。组成两个工作组,分别前往各基层单位,通过走访慰问、问卷调查、召开座谈会等方式,倾听职工呼声,反映职工愿望,关心职工疾苦,全年共走访慰问陆地基层单位、网点45家,船舶30艘次,船员及家属300多人,特困职工41人次,发放调查问卷300多份,解决职工困难6起;维护职工疗休养和带薪休假权利,在职工生日、结婚、生子等方面,以组织的名义及时予以关爱,营造职工的企业归属感。四是宣传引导平凡岗位上的感人事例。结合举办"心在中远,感动你我"DV大赛,鼓励各级工会聚焦基层,把日常工作和生活中感人事迹通过拍摄DV短片,多角度发掘生活,让常年坚守一线的优秀职工走到台前,用影像记录感动中远的人和事。(钱 华)

【建工工会深化"五项机制"开展"六个活动"推进"面心实"活动】 建工工会及时成立活动领导小组,制定深入基层调查研究的实施方案、集团工会工作人员联系基层工会制度,通过深化组织保障、调查研究、民意沟通、工资增长、困难帮扶等"五项机制"和推进"双亮"、调研、竞赛、创优、慰问和文体等"六个活动",积极推进"面、心、实"活动。集团工会和基层工会都做到工会组织亮牌子、工会主席亮身份,工会干部深入基层、深入班组、深入职工,面对面地与职工交流,心贴心地做职工思想工作,实打实地为职工和企业服务,取得阶段性成果。(杨钟春)

【建工学校工会开展五项工作落实"面心实"活动】 建立工会委员与各工会小组联系制度。工会委员作为联络员,定期深入到各工会小组,面对面与职工交流,倾听职工呼声,与职工谈心交友,了解实情,增进感情。开展五项工作,一是围绕创建国家教育改革发展示范学校,以及集团转型发展对学校工作要求开展调查研究,了解教职工思想动态,及时做好工作。二是开展宣传教育活动,明确学校发展目标,动员全校教职工积极参与到学校创建工作中来。三是树立先进典型,试点建立名师工作室,通过开展教师教学法评比、管理岗位创先争优等立功竞赛活动,为学校发展提供智力支持和人才保障。四是开展创建"模范职工之家"活动,加强工会自身建设,提高工作水平。五是实施"双亮"工程,营造和谐氛围,在学校网站、宣传橱窗、食堂、职工活动场地等明显位置公布工会办公场所和工会主席联系方式,定期召开会员大会,围绕学校创建工作亮出工会的实事,接受教职工监督。(杨钟春)

【建工南方公司工会"六个要"推进"面心实"活动】 一是要充分重视,开展"访需求、问实情、解难题,工会干部下基层"活动,走访一线职工、困难职工、退休回聘职工和劳动模范。二是要主动出击,解决职工后顾之忧,针对"走出去"职工"家中父母无人照顾、突发状况无法及时回家、子女就学难"等情况,公司工会做出承诺:"但凡家中出现困难或问题,工会就是您的依靠。"三是要注重实效,满足职工合理诉求,对职工关心的健康问题,推行"1+1"模式,即在为职工购买一份综合保险基础上,再购买一份商业保险。四是要全心全意,发扬"老娘舅"精神,工会干部全心全意为职工着想,提高自身素质,成为职工"老娘舅"和"柏阿姨",帮助职工解决烦心事。五是要着眼基础管理,保障职工权益,7月开展"职工战高温,后勤大检查"活动,8月开展"立足岗位比技能,服务职工促和谐"食堂炊事员技能比武活动。六是要保驾护航,关注职工成长,关注职工的职业发展、职称评定及婚姻生活,出台相关实施细则,组织公司领导与职工代表面对面交流,共同协商讨论解决方案。(杨钟春)

【海洋石油局工会扎实开展"面心实"活动】 局工会从强化领导、强化宣传、强化落实入手,扎实开展活动,取得成效。一是成立上海海洋石油工会"面对面、心贴心、实打实服务职工在基层"活动领导小组,由局党委副书记、工会主席任组长,常务副主席、工会副主席任副组长的领导小组,及时召开动员会,对"面心实"工作动员部署,提出工作要求。二是充分利用工会网站、宣传橱窗、电视、报刊媒体,宣传报道"面心实"活动开展情况,全面提升"面心实"在职工群众中的影响。三是工会班子成员分别带队,深入各重点企业走访调研,与职工面对面座谈,心贴心交流,实打实开展职工群众工作,着重了解职工思想状况和涉及职工切身利益问题,了解集体合同履行及职工权益维护情况。四是结合班组长培训,举办青年职工烹饪技能培训班;开通职工服务热线,及时解决职工群众所关心的热点及难点问题;为职工办理互助保障续保;开展职工"一日捐"活动,提升帮困力度。五是开展慰问生产一线职工活动。加强帮扶力度,看望慰问困难职工,协助解决协解职工的生活困难;建立离退休活动中心及筹建商城路基地职工文体活动中心,丰富职工(离退休人员职工)业余文化生活;开展与仁济医院的共建活动,提高职工就医帮扶力度;修订帮困基金章程,进一步缓解困难职工生活压力,切实为广大职工办实事、做好事。(耿卫军)

【中建八局工会领导赴玉树慰问项目援建员工】 5月19日,八局工会领导率局总部党群部门负责人、各参建公司相关领导来到玉树灾后重建项目康巴艺术中心和玉树行政中心项目工地，察看员工食堂、宿舍两个项目，与援建职工“面对面、心贴心”，就项目安全生产、提高高原生活质量等问题进行深入交流，并送上慰问金和慰问品。玉树康巴艺术中心和玉树行政中心均为玉树灾后重建“十大标志性建筑”。八局玉树援建项目自3月底开工以来，援建职工克服气候恶劣、雨雪冰雹频繁等困难，推进工程进度，开工面积已达15万平方米，施工总人数突破4500人，为援建玉树做出贡献。

（王广滨　余　勇）

【新闻出版工会开展“面对面、心贴心、实打实服务职工在基层”活动】 工会制定下发《关于对各集团、基层单位工会2012年度工作进行目标考核的通知》，把服务职工活动纳入工会年度考核，要求各级工会深入基层、深入班组、围绕职工群众最关心、最直接、最现实的利益问题，把党政所需、职工所盼和工会所能结合起来，特别要把职工群众最需解决的“一顿饭、一住宿、一参保”三个一落到实处，扎实推进服务职工活动。活动开展以来，新闻出版系统各级工会干部到基层单位，召开座谈会48场，与805名职工、企业经营者和基层工会干部面对面交流；发放调查问卷157份，个案访谈68人，征集各类意见建议105条，走访慰问困难职工446人，慰问劳模40名，发放帮扶慰问金38.8万元，为职工办实事102件，推动服务职工实事项目落到实处。

（陈宏华）

【光明集团工会赴域外农场开展“面心实”活动】 在开展“面对面、心贴心、实打实服务职工在基层”活动中，光明食品集团工会领导带领工会常委班子成员，分别赶赴位于皖南山区和江苏大丰的5家农场以及位于云南西双版纳州的英茂糖业景真糖厂和光明云南石斛基地，看望和慰问干部职工，送上慰问金和慰问品，并就域外农场和企业发展、民生工作和文化建设等开展实地调研。调研以走向基层、走进职工、走访慰问为主要形式，以民生和文化建设为重点，通过面对面座谈倾听，心贴心沟通交流，实打实慰问帮助，沉下心来更好服务基层职工。在涉及职工切身利益问题时，与相关的公司和农场、企业的领导共同探讨解决问题的办法。集团工会领导还走访社区居民、查看职工宿舍、参观生产现场，实地了解企情民意和职工生产生活状况，为农场和企业出谋划策，促进企业经济发展。

（桑树德）

【锦江国际集团工会开展“面心实”走访活动】 一是组织开展《集体合同》落实情况专项调研。会同人事职能部门，开展《集体合同》、《工资集体协商》实施落实情况专项调查，重点检查合同中涉及职工切身利益的劳动报酬、工作时间、社会保险和福利、职业技能培训等条款。发现问题，主动与企业行政协商，逐一督促整改，切实推进集团《集体合同》、《工资集体协商》中惠及职工条款落地。2012年度集团《集体合同》签约率100%，《工资集体协商》签约率96.3%。二是做好困难职工走访送温暖工作。会同行政召开解决职工“急、难、愁”专题工作会议，制定困难职工走访送温暖工作计划，推出建立500万元职工“重危疾病救急基金”、启动150名特困职工新一轮3年帮困计划，进一步提高帮扶金额标准；每年投入1800万元，为4.1万名在职和退休员工试行“商业补充医疗保险”。集团建立三级帮困网络体系，截至11月底，共救助帮困4413人次，帮困资金总计355.62万元。三是真心实意为员工，解决问题在基层。走访中了解到部分微小企业、远离城区中心企业员工就餐、洗澡存在不便，经过调查核实，工会划拨21万元，帮助17家企业解决“五小”设施，添置冰箱、微波炉和更衣箱，方便员工更衣及自带午餐加热和洗澡。了解保安员工对工作设施简陋上提出的意见，主动与物业公司联系，把两个露天1.2平方米岗亭改建成全砖墙6平方米门卫室，并增添空调等设备，改善保安人员工作环境。

（张祥伟）

【市职保会深入基层开展“面心实”活动】 2月起，市职保会围绕工会重点工作，通过召开座谈会、个案访谈、入户走访慰问困难职工等形式，深入一线，加强互助保障工作服务职工的能力。市职保会分别走访锦江国际（集团）有限公司、国盛（集团）有限公司、绿化和市容管理局、电信上海分公司、嘉定区安亭镇总工会、浦东新区医务工会、电气人力资源公司、上海飞机制造厂以及巴士公交公司等单位，及时了解区县、产业（局）工会及下属基层单位职工对互助保障计划的意见和建议，倾听职工心声，了解职工诉求，在参保覆盖面、服务手段方面明确今后互助保障工作方向，为工会互助保障更好地服务职工打下基础。

（朱正瑜）

纺织工会举行“面对面、心贴心、实打实服务职工在基层”大型援助咨询服务活动

（徐志康）

大　事　记

Chronicle of Events

2013

2012 年大事记

1 月份

13 日　举行"永达携手千名劳模文化巡访系列活动"启动仪式，市总工会副主席、市劳模协会会长杜仁伟出席。

19 日　2012 年上海市劳动模范春节茶话会在上海展览中心举行。市委书记俞正声，市委副书记、市长韩正等市领导与各行业 200 多名全国劳动模范、上海市劳动模范、先进工作者代表和全国"五一"劳动奖章获得者代表，共聚一堂，互致祝贺，共迎龙年新春佳节。市领导刘云耕、冯国勤、吴志明、董君舒、杨晓渡、杨雄、杨振武、李希、丁薛祥、徐麟、沈骏、沈晓明、赵雯、姜平、陈旭等出席茶话会。市人大常委会副主任、市总工会主席钟燕群出席茶话会并致辞。市总工会副主席肖堃涛、汪兰洁、杜仁伟、茆荣华、周志军、侯继军，秘书长张立群出席茶话会。

29 日　市总工会召开机关系统干部大会。市人大常委会副主任、总工会主席钟燕群出席会议并讲话，市总工会副主席肖堃涛传达全总十五届六次执委会、上海"两会"，以及上海市加强和谐劳动关系建设工作会议精神，市总工会副主席汪兰洁传达中央及市纪委有关会议精神，副主席杜仁伟、茆荣华、周志军、侯继军，秘书长张立群出席会议。

2 月份

6 日　市总工会召开十二届十次全委（扩大）会议，市委副书记殷一璀出席会议并讲话。钟燕群代表市总工会常委会作《2011 年工作报告》。市总工会副主席肖堃涛、汪兰洁、杜仁伟、茆荣华、周志军、侯继军，秘书长张立群出席会议。

9 日　市总工会女职工委员会召开五届四次全委（扩大）会议，市总工会副主席、女职工委员会主任汪兰洁出席会议并讲话。

16 日　市总工会召开 2012 年上海工会法律工作会议。市总工会副主席茆荣华出席会议并讲话。

16—17 日　市总工会召开 2012 年上海工会经济部、技协办工作会议。市总工会副主席杜仁伟出席会议并讲话。

25 日　市总工会举行上海工会"就业援助月"宝山职介专场活动，启动 2012 年上海工会"就业援助月"活动。市总工会副主席侯继军出席。

28 日　市总工会召开 2012 年度经审工作会议。市总工会副主席杜仁伟出席会议并讲话。

29 日　举行上海工会学习宣传实践中国特色社会主义发展道路专题报告（第一讲）。市总工会副主席肖堃涛出席。

29 日　市总工会召开 2012 年上海工会保障工作会议。市总工会副主席侯继军出席会议并讲话。

2 月 6 日，市总工会召开十二届十次全委（扩大）会议　（吴良荣）

3 月份

5 日　市总工会举行纪念三八国际劳动妇女节 102 周年大会暨第四届上海市五一巾帼奖颁奖典礼。市人大常委会副主任、市总工会主席钟燕群出席会议并讲话，市妇联主席张丽丽致辞祝贺。市总工会党组副书记、副主席肖堃涛，副主席汪兰洁宣读表彰决定，副主席杜仁伟、茆荣华、周志军，秘书长张立群出席会议。

8 日　市总工会女职工委员会举行庆三八女职工关爱行动暨"外来务工女性健康实事项目"启动仪式。市总工会副主席、女职工委员会主任汪兰洁出席仪式并讲话。

13 日　全国工会推进建会暨发挥作用工作会议在沪召开，全总副主席、书记处书记段敦厚出席会议并讲话。市人大常委会副主任、市总工会主席钟燕群致辞。市总工会副主席肖堃涛，秘书长张立群出席会议。

14 日　市总工会召开 2012 年上海工会宣教文体工作会议，市总工会副主席汪兰洁出席会议并讲话。

26 日　市总工会召开上海虹桥商务区开发建设立功竞赛动员大会。市总工会副主席杜仁伟出席会议。

28 日　2012 年上海市厂务公开民主管理工作会议召开。市委副书记、市厂务公开领导小组组长殷一璀出席会议并讲话。市人大常委会副主任、市总工会主席钟燕群，市总工会副主席茆荣华出席会议。

29 日　2012 年促进区域发展"上海浦东新区"建设全国示范性劳动竞赛推进大会召开。全总党组纪检组组长、书记处书记王瑞生，市政协副主席、浦东新区区委副书记、区长姜樑出席会议。市总工会党组副书记、副主席肖堃涛主持会议，全总经济技术部部长常毅民、市总工会副主席杜仁伟出席会议。

30 日　全国总工会召开"全国工会推进职工法律援助工作视频会议"。市总工会党组副书记、副主席肖堃涛出席上海分会场会议并就进一步做好上海职工法律援助工作提出要求。市总工会副主席茆荣华、侯继军出席上海分会场会议。

31日 市总工会、市经信工作党委、市国资委和市工商联联合举行“2012年上海市班组长岗位培训”开学仪式。市总工会副主席杜仁伟出席。

4月份

10日 市总工会、市安全生产监督管理局联合召开上海市深化“安康杯”竞赛暨创建“安全生产1000班组”活动上海日立现场推进会。市总工会副主席杜仁伟，秘书长张立群出席会议。

15日 2012年上海市职工体育健身四季大联赛暨春季“中智杯”慈善健康跑活动正式拉开帷幕。上海市副市长赵雯，市政府副秘书长薛潮，市体育局党委书记、局长李毓毅，市卫生局局长徐建光，市总工会副主席汪兰洁、杜仁伟、茆荣华、侯继军等参加活动。

23日 上海市振兴中华读书活动30周年暨第十四届上海读书节开幕式举行。市委副书记殷一璀，市委常委、宣传部长杨振武，市人大常委会副主任、市总工会主席钟燕群，市政协副主席周汉民等出席开幕式。

25日 上海市五一劳动奖状(章)表彰暨“当好科学发展主力军、打好创新转型攻坚战”主题实践活动推进会召开，市委副书记殷一璀出席会议并讲话，市人大常委会副主任、市总工会主席钟燕群主持会议。市委副秘书长姚海同、市政府副秘书长翁铁慧等出席会议并颁奖。市总工会党组副书记、副主席肖堃涛宣读表彰名单，副主席杜仁伟作2011年度“当好科学发展主力军、打好创新转型攻坚战”主题实践活动工作总结，副主席汪兰洁、茆荣华、周志军，秘书长张立群等出席会议。

26日 “劳模风采”上海地铁巡展在人民广场地铁站由市总工会主席钟燕群揭幕。展览从4月26日起至5月2日结束。市总工会副主席汪兰洁、杜仁伟出席揭幕仪式 。

28日 上海市庆祝五一国际劳动节文艺晚会在上海文化广场举行。市委副书记、市长韩正，市人大常委会主任刘云耕，市政协主席冯国勤，市委副书记殷一璀等市领导，以及来自各行各业的全国劳模、全国五一劳动奖状和奖章获得者，市劳动模范、市五一劳动奖状和奖章获得者代表欢聚一堂，观看由职工群众出演的文艺节目。市人大常委会副主任、市总工会主席钟燕群致辞。

4月28日，上海市庆祝五一国际劳动节文艺晚会在上海文化广场举行 （吴良荣）

5月份

6日 由市总工会、市交通运输和港口管理局、市城市交通行业工会共同开展的上海公交驾驶员健康行活动正式拉开序幕，3000余名老龄驾驶员将得到专项体检和疗休养。市总工会副主席侯继军、秘书长张立群看望参加疗休养的公交老龄驾驶员。

8日 市总工会召开2012年上海职工队伍状况调查动员部署会议。上海职工队伍状况调查领导小组副组长、市总工会党组副书记、副主席肖堃涛出席会议并讲话，上海职工队伍状况调查领导小组副组长、市总工会副主席周志军就职工队伍状况调查的总体方案、进度安排、问卷抽样调查等各项任务作部署。

10日 市总工会女职工委员会、黄浦区总工会女职工委员会举行《女职工劳动保护特别规定》宣传咨询活动。市总工会副主席、女职工委员会主任汪兰洁到现场与前来咨询的女职工亲切交谈并慰问宣传咨询人员。

12日 上海市总工会女职工委员会举办“青春有约、情谊两牵”——2012年上海职工春季交友活动。

15—16日 全国第七次厂务公开民主管理互检组在沪调研。市总工会副主席茆荣华参加调研。

18日 市总工会、上海国际旅游度假区建设工程指挥部联合召开2012年度立功竞赛工作动员暨2011年度先进表彰会。市总工会副主席杜仁伟出席会议并讲话。

22日 市总工会召开上海市企业职工创新创效表彰推进大会。市总工会副主席杜仁伟出席会议并讲话。

29日 市总工会举行上海市总工会第三届法律顾问团聘任仪式暨上海工会职工法律援助维权服务志愿团成立仪式。市总工会党组副书记、副主席肖堃涛出席会议并讲话，市总工会副主席茆荣华，秘书长张立群出席会议。

30日 上海合一企业劳动关系研究中心正式揭牌成立。全总组织部巡视员杨军日，市总工会副主席周志军为中心揭牌。

6月份

1日 市总工会女职工委员会与市运输工会联合举行以“放飞心情、拥抱快乐”为主题的上海工会庆“六一”五一巾帼集体与女职工子女联谊活动。市总工会副主席、女职工委员会主任汪兰洁，市总党组纪检组组长何惠娟和五一巾帼集体代表向女职工子女送上学习用品。

11日 市总工会举办上海市职工节能减排知识竞赛擂台赛。市总工会副主席杜仁伟出席并讲话。

12日 全国“安康杯”竞赛表彰暨经验交流电视电话会议在京举行。市总工会副主席杜仁伟出席上海分会场会议并讲话，秘书长张立群出席。

13日 由市总工会、市劳模协会

创办的“劳模讲学堂”举行开学典礼。市总工会副主席杜仁伟出席。

13日　市总工会、市发展改革委、市经济信息化委、市国资委联合召开上海市重点用能单位职工节能减排专项立功竞赛推进会。市总工会副主席杜仁伟出席会议。

15日　举行上海职工艺术博览汇开幕式暨上海石化职工文化艺术展。市人大常委会副主任、市总工会主席钟燕群，市总工会副主席汪兰洁、杜仁伟，秘书长张立群观摩艺术展。

18日　市总工会召开十二届十一次全委（扩大）会议，市人大常委会副主任、市总工会主席钟燕群出席会议并作工作报告。

29日　市总工会举行“上海市总工会职工援助服务中心”揭牌仪式。市人大常委会副主任、市总工会主席钟燕群为中心揭牌，副主席茆荣华、侯继军，秘书长张立群出席揭牌仪式。

30日　“青浦杯”第二届上海农民工健身大赛暨青浦区职工趣味运动会开幕。开幕仪式上，市总工会副主席肖堃涛、市体育局副局长李伟听、青浦区委副书记房剑森共同启动运动会，市总工会巡视员杜仁伟向青浦区总工会颁发特别贡献奖。市总工会副主席侯继军等出席开幕式并观摩农民工健身大赛各项目比赛。

7月份

16—20日　市人大常委会副主任、市总工会主席钟燕群率领部分区总工会主席，及市总机关部门负责人赴福建省、浙江省总工会学习考察。市总工会副主席茆荣华、周志军，秘书长张立群等参加学习考察。

8月份

2日　市总工会、市公安局联合举行上海公安“平安卫士”、劳模先进集体代表、个人赴市总工会疗休养基地短期休养活动启动仪式。市人大常委会副主任、市总工会主席钟燕群，市总工会副主席肖堃涛、侯继军出席。

同日　市总工会召开“面对面、心贴心、实打实服务职工在基层”活动推进工作座谈会，总结交流前一阶段活动开展情况，研究部署推进下一阶段的服务职工活动。市总工会党组副书记、副主席肖堃涛出席会议并讲话，浦东、普陀、静安、宝山、化学、运输工会等交流发言。市总工会秘书长张立群出席会议。

3日　市总工会女职工委员会召开五届五次全委（扩大）会议。市总工会党组副书记、副主席肖堃涛出席会议。市总工会副主席何惠娟当选为市总工会女职工委员会主任。

4日　市总工会、澳门工会联合总会共同举办“莲花传情，玉兰飘香”沪澳两地工会文化交流专项演出，市总工会巡视员杜仁伟等出席并观摩演出。

17日　市总工会召开2012年上海工会“金秋助学”活动座谈会。市总工会副主席侯继军出席会议并讲话。

20日　市总工会召开上海工会“两个普遍”工作推进会。市人大常委会副主任、市总工会主席钟燕群出席会议并讲话，市总工会副主席肖堃涛、茆荣华出席会议。

21日　市总工会、市卫生局联合举办2012年全国女职工岗位创新技能大赛上海赛区暨上海市护理技能竞赛。市总工会副主席何惠娟出席。

9月份

3日　市总工会、团市委、《新民晚报》、中智公司联合举办“点亮希望，爱满浦江——我的开学第一课”2012上海国际灯会公益活动。市总工会副主席何惠娟出席活动并致辞。

4日　市人大常委会副主任、市总工会主席钟燕群会见越南胡志明市劳联访华代表团一行。

4日　市总工会举行第二期新疆喀什地区工会干部培训班开班典礼。市总工会副主席肖堃涛出席典礼并讲话。

10日　市人大常委会副主任、市总工会主席钟燕群会见应市总工会邀请，以米兰意总副总书记斯坦皮尼·毛里西奥为团长的意大利米兰总工会代表团一行6人。市总工会副主席周志军参加会见。

11日　市总工会机关系统召开创先争优活动总结暨经验交流会。市总工会副主席肖堃涛出席会议并讲话，秘书长张立群出席会议。

17日　市总工会举行2012年上海市女职工周末学校开学典礼。市总工会副主席何惠娟出席。

19日　市总工会召开上海市加强职工素质工程暨“践行城市价值取向、深化岗位建功行动”推进会。市人大常委会副主任、市总工会主席钟燕群，市委宣传部副部长、市文明办主任燕爽出席并讲话。市总工会巡视员杜仁伟、秘书长张立群出席。

19日　市总工会召开上海工会维稳工作座谈会。市总工会副主席肖堃涛出席会议并讲话，副主席茆荣华主持会议，秘书长张立群传达相关文件精神。

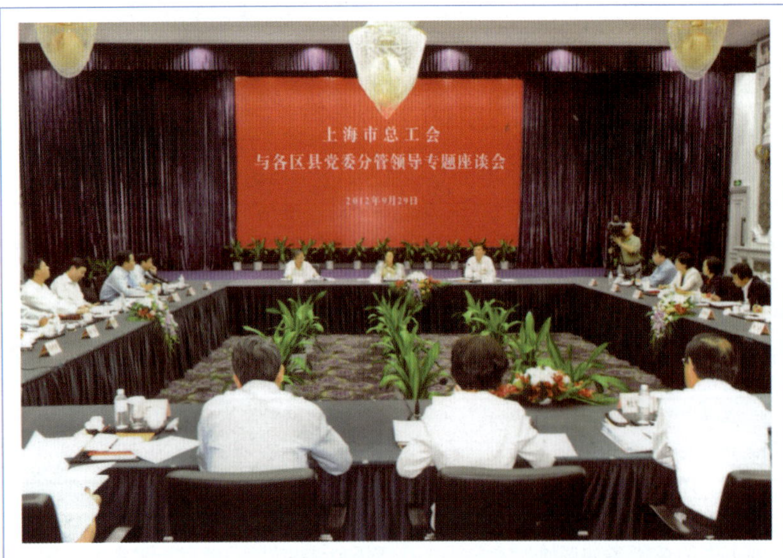

9月29日，市总工会召开与区县党委分管领导专题座谈会（吴良荣）

26日　由市委组织部、市委统战部、市合作交流工作党委、市民宗委、市人社局和市总工会主办，2012年上海市慰问对口支援干部家属和少数民族地区及其他在沪挂职干部中秋联欢会在上海国际会议中心举行。市委常委、组织部部长李希，市人大常委会副主任、市总工会主席钟燕群，上海市副市长姜平，市政协副主席蔡威等与大家喜迎国庆、祝福团圆。李希代表市委、市人大、市政府、市政协致辞。市总工会领导出席。

26日　市总工会举行"困难职工免费专家门诊服务"活动专题座谈会。市人大常委会副主任、市总工会主席钟燕群出席活动并慰问与会医疗专家。市总工会副主席侯继军、何惠娟，秘书长张立群出席会议。

29日　市总工会召开与区县党委分管领导专题座谈会，市委副书记殷一璀出席会议并讲话，市人大常委会副主任、市总工会主席钟燕群主持会议，市总工会副主席肖堃涛通报全市工会工作的有关情况。市总工会巡视员杜仁伟，副主席茆荣华、周志军、侯继军、何惠娟，秘书长张立群出席会议。

10月份

1日　市人大常委会副主任、市总工会主席钟燕群，市总工会副主席肖堃涛，巡视员杜仁伟及秘书长张立群等一行来到新世界城、南京路步行街、人民广场地铁站，代表上海市总工会向节日期间坚守岗位、服务社会的劳模、劳模集体和广大职工致以节日的问候，并送上慰问品。

11日　市总工会召开2012年上海职工岗位练兵技能比武活动月暨虹口区职业技能大赛开幕式。市人大常委会副主任、市总工会主席钟燕群，市总工会巡视员杜仁伟、秘书长张立群出席。

19日　市总工会召开上海市加强"劳模创新工作室"创建上汽现场推进会。市总工会巡视员杜仁伟，秘书长张立群出席。

21日　由市总工会、市体育局、上海城建(集团)公司共同主办的上海职工体育健身四季大联赛"城建杯"上海职工广播操、排舞大赛、工间操展示开幕。市总工会巡视员杜仁伟、副主席何惠娟、秘书长张立群出席开幕式并观摩展示活动。

23日　上海工会管理职业学院嘉定分院揭牌成立。嘉定区人大常委会副主任、区总工会主席陆晞，上海工会管理职业学院党委书记宋钟蓓共同为上海工会管理职业学院嘉定分院揭牌。

23日　由市委宣传部、市总工会联合举办的"上海市五一新闻奖"评选揭晓。评委会主任、市总工会巡视员杜仁伟主持评审会，秘书长张立群出席。

10月23日—11月4日　市总工会举办以"喜迎十八大·颂歌献给党"为主题的第六届上海职工文化展演周。

24日　举行第七次全国厂务公开民主管理调研检查暨第十次上海厂务公开民主管理工作调研检查非公企业民主管理专场座谈会会。市人大常委会副主任、市总工会主席钟燕群，副主席茆荣华出席。

26日　市总工会、市人力资源和社会保障局召开上海市深化推进"高师带徒"工作座谈会。市总工会巡视员杜仁伟出席会议。

29日　正值建校25周年的上海市退休职工大学正式启用新校址黄浦区梦花街234号。市人大常委会副主任、市总工会主席钟燕群出席启动仪式。市总工会副主席肖堃涛、巡视员杜仁伟、副主席侯继军出席。

11月份

1日　市总工会召开即将赴京参加党的十八大的上海基层劳模代表座谈会。市人大常委会副主任、市总工会主席钟燕群出席会议并讲话，市总工会副主席肖堃涛、巡视员杜仁伟、副主席何惠娟出席会议。

5日　市总工会召开企业经营者政治安排与履行社会责任挂钩工作专题研究会议，市人大常委会副主任、市总工会主席钟燕群出席会议并讲话。市总工会副主席肖堃涛，巡视员杜仁伟，副主席茆荣华、周志军、侯继军、何惠娟，秘书长张立群出席会议。

6日　市总工会召开上海工会职工援助服务分中心(站、点)建设推进会。市总工会副主席侯继军出席会议并讲话。

9日　上海市工人运动研究会召开2012年年会暨"当前上海职工群体特点"研讨会。市总工会党组副书记、副主席肖堃涛出席会议并讲话，市总工会副主席、市工运研究会会长周志军作工作报告。

16日　全国工会学习贯彻党的十八大精神电视电话会议在京召开。市人大常委会副主任、市总工会主席钟燕群出席上海分会场会议并讲话，市总工会巡视员杜仁伟，副主席茆荣华、侯继军、何惠娟，秘书长张立群出席会议。

19日　市总工会召开机关系统干

市总工会举行第六届上海职工文化展演周　(吴良荣)

11月19日，市总工会召开机关系统干部大会，传达学习党的十八大会议精神 （吴良荣）

部大会，传达学习党的十八大会议精神。市人大常委会副主任、市总工会主席钟燕群出席会议并讲话，市总工会巡视员杜仁伟，副主席茆荣华、侯继军、何惠娟，秘书长张立群出席会议。

25日　由市总工会、市体育局、团市委共同举办的“金融杯”上海青年职工定向越野·牵手交友活动。市政府副市长赵雯、副秘书长薛潮，市体育局党委书记、局长李毓毅，市总工会巡视员杜仁伟、副主席何惠娟出席活动。

30日　市总工会举行机关青年干部座谈会。市人大常委会副主任、市总工会主席钟燕群讲话，市总工会秘书长张立群出席会议。

30日　市总工会、市疾病预防控制中心联合举行“行动起来，向‘零’艾滋迈进——2012年上海职工红丝带健康行动宣传活动”，市总工会副主席、女职工委员会主任何惠娟出席活动并为中西制药公司“上海职工红丝带健康行动服务点”揭牌。

12月份

3日　市人大常委会副主任、市总工会主席钟燕群会见美国洛杉矶县劳工联合会代表团一行。市总工会副主席周志军参加会见。

5日　市总工会召开2012年上海工会元旦春节帮困送温暖活动动员大会。市总工会副主席侯继军出席会议并讲话。

6—8日　市总工会举办上海工会女干部党的十八大精神学习研修班，市总工会副主席、女职工委员会主任何惠娟出席。

7日　市总工会举行上海职工学习贯彻党的十八大精神劳模宣讲团正式成立并举行首场报告会。市人大常委会副主任、市总工会主席钟燕群，市总工会副主席肖堃涛，巡视员杜仁伟，秘书长张立群出席报告会。

12日　市总工会召开上海市班组建设经验交流会。市总工会巡视员杜仁伟出席会议并讲话。

24日　市总工会召开2013年工作务虚会。市人大常委会副主任、市总工会主席钟燕群，市总工会副主席肖堃涛，巡视员杜仁伟，副主席茆荣华、周志军、侯继军、何惠娟，秘书长张立群出席会议。

26日　市总工会、市文广局、市文联联合举办第六届上海市“五一文化奖”颁奖典礼。市总工会巡视员杜仁伟出席典礼并为获奖者颁奖。

保障政策文件选编

关于对本市企业协保退休人员增加养老金补贴的通知

经研究，从2012年11月起，对本市企业协保退休(职)人员增加养老金补贴。具体事项通知如下：

一、2005年12月31日及以前退休(职)的，每人每月增加10元；2006年1月1日至2007年12月31日退休(职)的，每人每月增加20元；2008年1月1日至2009年12月31日退休(职)的，每人每月增加40元；2010年1月1日至2011年12月31日退休(职)的，每人每月 增加65元；2012年1月1日至2013年12月31日退休(职)的，每人每月增加95元。

二、本通知下发后办理退休(职)手续的协保人员，自发放基本养老金之月起按规定标准增加养老金补贴。

三、按本通知规定增加的养老金补贴，所需费用由本市城镇职工养老保险统筹基金列支。

四、本通知有效期至2013年12月31日。

上海市人力资源和社会保障局
2012年10月31日

概　况

Basic Facts

2013

【概况】 上海市总工会机关设办公室、研究室、组织部、民主管理部、宣教文体部、经济工作部、保障工作部、国际联络部、财务部、女职工部、法律工作部、事业部、经费审查委员会办公室等13个职能部门和机关系统党、纪、工、团组织。市总工会机关核定人员编制141人,截至年底,机关在编人员122人。市总工会下属上海工会管理职业学院、劳动报社、上海海鸥控股(集团)有限公司等23个企事业单位。所辖区、县、局(产业)工会129个,建立工会基层组织55762个,工会组织覆盖单位309020家,工会会员为873万。 (杨伟良)

上海市总工会领导及各部室负责人名单

中共上海市总工会党组名录

党组书记 钟燕群(女)
党组副书记 肖堃涛
党组成员 杜仁伟 茆荣华 周志军 侯继军
何惠娟(女,2012.6任) 张立群
杨永平(2012.8任) 李 鸣(2012.8任)
党组纪检组组长 何惠娟(女,2012.4任)

上海市总工会第十一届委员会主席、副主席、常委名录

主 席 钟燕群(女)
副主席 肖堃涛 杜仁伟(2012.6免,任巡视员)
茆荣华 周志军 侯继军
何惠娟(女,2012.6任)
常 委 (按姓氏笔画为序)
李 鸣 李积荣 杨永平 张立新
张立群 陈必华 陈 欣(女)
俞莉红 姜 鸣 夏玲英(女)

上海市总工会经费审查委员会主任、副主任名录

主 任 杨永平(副局级)
副主任 黄银萍

上海市总工会秘书长、副巡视员等名录

秘书长 张立群
副巡视员 杜乃根(2012.1免)
夏惠珍(女,2012.4免)

上海市总工会各部室负责人名录

办公室
主 任 王厚富(2012.4任)
李 鸣(2012.3免)
副主任 夏 勇 李学兵(2012.6任)
研究室
主 任 桂晓燕(女)
副主任 崔校军(2012.6任)
李学兵(2012.6免)
组织部
部 长 李 鸣(2012.1任)
杜乃根(2012.1免)
副部长 杨伟良(兼) 庄 勤(女)
宣教文体部
部 长 丁 巍(女)
副部长 邵新宇(女,2012.4免)
经济工作部
部 长 李卫军
副部长 钱传东
保障工作部
部 长 陈美琴(女,2012.4任)
宋 震(2012.3免)
副部长 杨 敏(女,2012.6任)
财务部
部 长 夏惠珍(女,2012.6免)
副部长 倪伟琦
民主管理部
部 长 刘卫新
副部长 周永宝
法律工作部
部 长 吴 萌
副部长 黄 琦(女)
女职工部
部 长 邵新宇(女,2012.4任)
宋钟蓓(女,2012.3免)
副部长 张 红(女,2012.2任)
国际联络部
部 长 沈雄德
副部长 竺 敏
事业部
部 长 宫运利
副部长 朱国庆(2012.1免)
经审办
主 任 杨永平(兼)
副主任 黄银萍(女)

上海市总工会直属机关党、纪、工、团负责人名录

直属机关党委
书 记 张立群(兼)
副书记 任新我(2012.1免)
书记助理 刘培顺(2012.5任)
直属机关纪委
书 记 杨伟良
直属机关工会
主 任 任新我(兼,2012.1免)
副主任 卢家平
直属机关团委
书 记 庄 勤(兼,女)

【上海市总工会综述】 至2012年底,上海市总工会(简称市总工会)辖区县局(产业)工会、市直属大型企业集团

工会和直属集团工会129个，工会基层组织5.57万个，涵盖企业单位30.9万个，工会会员873万人，工会女职工组织54150个。年内，市总工会坚定不移地走中国特色社会主义工会发展道路，深入开展"面对面、心贴心、实打实服务职工在基层"活动，"两个普遍"工作取得积极进展，工会各项工作扎实推进。(1)围绕创新驱动、转型发展总方针，调动广大职工发展积极性。一是学习宣传贯彻党的十八大和市第十次党代会精神。深入开展"当好主力军、喜迎十八大"主题实践活动。二是深化社会主义核心价值体系和城市价值取向的宣传引领。深入开展"责任在我心，诚信伴我行"职工职业道德和价值取向大讨论；与东方卫视策划制作《劳动最光荣》电视节目。三是推进群众性立功竞赛和职工科技创新。启动虹桥商务区、国际旅游度假区示范性劳动竞赛，推进"践行城市价值取向、深化岗位建功行动"窗口行业立功竞赛，开展"携手保增长、和谐促发展"非公企业劳动竞赛。四是扩大职工素质工程建设影响力。推动出台《关于运用地方教育附加专项资金支持企业组织开展职工职业培训工作的指导意见》，推进技能培训、技术比武等活动，完善女职工周末学校讲师团工作体系，推进新生代农民工初级工商管理(EBA)培训。开展第六届职工文化展演周、职工文化艺术展、职工艺术博览汇、职工体育健身四季大联赛等活动。(2)聚焦重点攻坚克难，实现"两个普遍"工作新突破。一是力推有政治安排的企业经营者支持工会工作、履行社会责任。总结推广奉贤等区的成功经验，探索推进企业经营者政治安排与履行社会责任挂钩工作，影响和带动一批非公企业重视工会工作、推动"两个普遍"。二是进一步突破"两个普遍"工作瓶颈。重视发挥世界500强等跨国公司以点带面的示范效应，世界500强在沪企业工会组建率达92%、集体协商建制率达86.8%。三是进一步夯实"两个普遍"工作基础。完善"两个普遍"领导小组和工作机构，落实责任分解、指标考核、督促检查等工作制度，形成推进"两个普遍"的工作格局。(3)提升工会维权帮扶成效，促进劳动关系和谐稳定。一是加大劳动法律和民生政策源头参与力度。在修订《劳动合同法》、完善城镇职工基本医疗保险办法等方面充分表达工会意见主张。会同市劳动关系三方制定《关于规范本市劳务派遣用工管理若干意见(试行)》。积极参与最低工资标准、工资增长指导线、公交驾驶员参照相同条件特殊工种办理提前退休手续等政策措施的制定调整。二是加强职代会制度规范化建设。配合市人大开展职代会条例执法检查，牵头制定《关于坚持和完善民主管理制度，保障事业单位改革顺利推进的指导意见》，制定《上海市职工代表大会工作规范》，开展非公企业职代会建制专项行动。全市国有、集体及其控股的企事业单位职代会建制1.03万家，实行厂务公开制度的1.05万家；非公企业职代会独立建制3.45万家，实行厂务公开的3.91万家；建立区域性、行业性职代会5273家，覆盖非公企业15.8万家。三是健全工会帮扶服务体系。制定《关于进一步加强上海工会援助服务体系建设，推动工会帮扶工作常态化、长效化的实施意见》，建立市总工会职工援助服务中心、职工援助服务网、职工援助服务热线(12351)，扎实开展工会帮困工作，元旦春节送温暖活动筹集资金2.14亿元，惠及困难职工16万户、困难企业5146家；"金秋助学"资助困难职工、农民工子女5.16万人，发放助学款6029万元。"四项医疗互助保障计划"向90.33万人次职工支付互助医疗保障金6.02亿元。会同市安监、卫生、人保等部门联合制定推行职业病防治专项集体合同意见，继续推进"安全生产1000班组"创建、"安康杯"劳动竞赛等工作。四是完善劳动关系协调机制。制定下发《上海工会推动和谐劳动关系建设行动计划(2012—2013)》，主动做好劳动关系分析研判和预案完善等工作，会同市司法局制定"加强职工法律援助工作的意见"，修订"上海市职工法律援助办法"，建立"市三方劳动人事争议联合调解中心"，调整市总工会法律顾问团，吸纳100名优秀法律人才和社会热心人士组成上海工会职工法律援助维权服务志愿团。强化重大群体性纠纷的跟踪指导和化解工作，积极参与"事转企"退休职工待遇问题、出租车"双改单"运营等的调查处置工作。(4)密切联系职工群众，增强做好党的群众工作的坚定性和自觉性。一是学习宣传实践中国特色社会主义工会发展道路活动全面实施。认真贯彻全总《关于学习宣传实践中国特色社会主义工会发展道路的决议》，广泛开展宣讲培训活动，充分发挥《劳动报》等工会舆论阵地作用，举办世界500强企业劳动论坛。二是"面对面、心贴心、实打实服务职工在基层"活动扎实推进。成立由市总主要领导任组长的领导小组，制定实施方案，全面深入推进"面心实"活动。三是职工队伍状况调查工作深入开展。根据近五年上海职工队伍发展变化特点和态势设置课题体系，深入开展上海职工队伍状况调查，研究形成了一批调研成果。四是工会基础工作不断巩固。抓好干部教育培训，深入开展"双亮"活动，拓展上海工会对外交往，有序推进税务代收工会经费试点工作，加大对各项经济活动的审查审计监督力度，深化工会资产监管和企事业发展工作，落实上海工会对口援疆工作五年规划，推进20项援疆工作任务，启动巴楚县等4县职工服务中心项目建设。（范　瑜）

【上海市总工会女职工委员会综述】 年内，上海工会女职工工作积极实施女职工提升素质建功立业工程，进一步

3月5日，市总工会领导授予女职工先进集体先进个人上海市五一劳动奖状(章)　（吴良荣）

推进“两个覆盖”，深化女职工“关爱行动”。(1)深化“建功十二五，创新绘蓝图”主题实践活动。一是举行纪念三八国际劳动妇女节102周年大会暨第四届上海市五一巾帼奖颁奖典礼，表彰100个先进个人和100个优秀集体。二是联合市人保局、市卫生局、市妇联组队参加首次举办的全国女职工岗位创新技能大赛，并在全市开展女职工服装设计创新、医疗护理、话务服务、家政服务4场大赛。三是首次举办2012年上海女职工周末学校开学典礼，通过菜单式的服务方式，逐步完善周末学校讲师团的工作体系。(2)聚焦实事服务，不断提升服务的针对性和有效性。与解放军第411医院合作“外来务工女性健康实事项目”，为偏远经济园区、困难企业的女农民工免费筛查1万多人，并联合市工人疗养院推出行业女农民工健康实事项目。与瑞金医院乳腺疾病诊治中心签订协议，为患乳腺疾病的女劳模先进、困难女职工、女农民工、女干部等提供免费手术治疗。将100名困难女职工纳入“关爱行动”重点帮扶对象，并为其子女组织开展迎六一夜游浦江活动和“开学第一课”观灯展活动；举办“青春有约、情谊两牵”3场大型交友活动，组建上海工会交友活动俱乐部联盟；为孕期和哺乳期女职工推广“爱心妈咪小屋”，并联合社会有关机构共同研究起草“爱心妈咪小屋”3年行动计划。(3)抓住契机，不断优化女职工工作环境和生活质量。以宣传贯彻《女职工劳动保护特殊特别规定》为契机，切实提高《特别规定》的知晓率、纳入率和执行率。与法律部联合举办上海工会系统劳动保障法律监督员培训班，举行《特别规定》专场宣传活动，编印万余份《女职工劳动权益和特殊利益宣传手册》，并在“16840999女职工劳动权益(心理)求助热线”上开展专题咨询活动。与市人保局、各区县总工会与劳动监察部门等联合开展保障女职工权益专项检查，共检查498个单位，涉及女职工30298人；联合市总有关部门对企业《特别规定》的执行情况进行宣传和检查。(4)深入调查研究，不断增强女职工组织的规范性和影响力。举办上海工会女干部学习贯彻党的十八大精神研修班，开展制造业和商业女职工队伍调研，形成专题报告和工会内参。组织开展上海工会职业女性发展状况大调研。

10月23日，上海市第25个敬老日大型法律宣传咨询服务和第四届传统节日社区欢乐行在淮海公园举行 (吕诚陆)

制定下发《关于开展街道、乡镇总工会女职工工作达标创优工作的通知》，表彰2011年度工会女职工工作优秀品牌和2011年度女职工创业示范点。 (朱莉颖)

【上海市总工会经审会综述】 2012年，市总经审会学习贯彻党的十八大精神，围绕工会工作大局，认真履行审查审计监督职责，以审查审计为手段，以制度监督为重点，以规范化建设为抓手，以工作创新为动力，进一步完善经审工作制度体系建设。2月，市总经审会第十六次会议审查通过市总本级2011年度经费收支决算和2012年经费收支预算。8月，市总经审会第十七次会议审查并通过市总本级2012年上半年预算执行情况。12月，市总经审会召开专题会议听取并讨论《关于上海工会2012年经费审查工作情况和2013年经费审查工作安排的报告(讨论稿)》；听取40个区县局(产业)工会2011年经费预算执行(决算)及财务收支审计的情况汇报及审计。市总经审办进一步加大审计力度，重点关注审计意见整改落实情况，不断提高基层工会财务管理水平。 (杨永平)

【上海市退休职工管理委员会综述】 2012年，退管会围绕“改革、发展、稳定”大局、贯彻“六个老有”的工作方针，为退休人员办实事做好事。(1)着力增强退管干部的责任意识，开展相关主题教育活动。与上海市退休职工企业协会共同举办“经济形势报告会”。组织部分退管干部参观市爱国主义教育基地——上海福寿园人文纪念馆和新四军纪念广场。(2)围绕日益增长的服务需求，为退休人员做好事和实事。做好退休职工的住院补充医疗互助保障的参保工作，截至年底，全市退休人员参保率达到98%，参保总人数为309.13万，给付79.31万人次，给付金额4.6亿元。加大帮困力度，力求做到全履盖、不遗漏，开展“送清凉”慰问退休人员19.6万人，慰问金额10.9亿元；“送温暖”慰问退休人员21.3万人，慰问金额18.3亿元。组织开展历时1个月的“健康之爱——千名老人送健康”体检活动，共有1000名退休老人参加健康体检。坚持开展双月为老服务活动，全年组织活动476场，受益老人50.2万人，参加志愿者3.03万人，服务项目达68项。年内向全市70岁以上老人发放老年优待征6.98万张，累计发放302万张。(3)开展丰富多彩的文化娱乐活动。举办为期两周的“元祖杯”退休生活摄影比赛优秀作品展；举办主题为“重拾经典、力推新作、唱出精彩国粹”的上海市老年戏曲、民乐交流大赛；举办“上海市第六届老年艺术节”，汇集戏曲、民乐、舞蹈、服饰、书画，摄影和工艺制作等多项文艺样式和艺术作品；举办第六届上海市退休职工“清凉杯”牌类比赛等。(4)增强服务意识，完善和优化工作机制。根据基层退管工作需求，开展人口老龄化与老年人权益维护、退管工作基本情况、退管干部应具备基本素质和退休人员关注热点等培训。坚持定期召开信访窗口和定点单位的工作例会，召开“市退管系统信访工作研讨会”。 (黎 颖)

重要会议·工作·活动·调研

Important Meetings·Work·Investigation And Study

2013

重要会议

【市总工会召开十二届十次全委(扩大)会议】 2月6日召开。市委副书记殷一璀出席会议并讲话。市人大常委会副主任、市总工会主席钟燕群代表市总工会常委会作《2011年工作报告》。大会围绕稳中求进的总基调和创新驱动、转型发展的总方针，按照“五个更加注重”的要求，学习宣传实践中国特色社会主义工会发展道路，深入开展“面对面、心贴心、实打实服务职工在基层”活动，深化群众性立功竞赛，加强职工思想政治工作和职工文化建设，落实“两个普遍”，推动和谐劳动关系建设，扎实做好新形势下职工群众工作，团结动员全市职工为改革发展大局作贡献，以优异成绩迎接党的十八大和市第十次党代表大会召开。会议总结2011年工会工作，全面部署2012年度上海工会的主要任务。会议认为，过去一年，上海各级工会坚持服务大局、服务职工，凝聚广大职工为经济社会发展作出新的贡献，维护职工合法权益取得新的成效，工会各项工作取得了新的进展。会议指出，2012年是党的十八大和上海市第十次党代表大会召开之年，要认真贯彻九届市委十七次全会、全总十五届六次执委会精神，深刻认识经济发展形势，增强服务发展大局的主动性和积极性；深刻认识劳动关系形势，增强做好协调劳动关系和稳定职工队伍工作的紧迫性和责任感。会议明确2012年上海工会5项工作任务：一是加强思想引领，筑牢广大职工共同奋斗的思想基础；二是深化群众性建功立业活动，进一步发挥工人阶级在经济社会发展中的主力军作用；三是完善劳动关系协调机制，大力构建和谐劳动关系；四是做好服务职工工作，积极参与社会管理；五是加强工会自身建设，进一步增强工会组织的影响力和凝聚力。会议强调，各级工会要认真宣传贯彻《中华全国总工会关于学习宣传实践中国特色社会主义工会发展道路的决议》，深入开展“面对面、心贴心、实打实服务职工在基层”活动，大力倡导“公正、包容、责任、诚信”的价值取向，唱响“劳动光荣、工人伟大”的主旋律；深入开展群众性劳动立功竞赛活动，持之以恒地着力提高职工队伍的整体素质，充分发挥劳模的榜样带动作用；积极维护职工合法权益，推进工资集体协商的力度，继续关注劳务派遣工，大力推进和谐劳动关系建设。大会审议了《市总工会常委会2011年工作报告》、《上海工会2011年经费审查工作情况和2012年经费审查工作安排的报告》等。（崔校军）

【市总工会召开十二届十一次全委(扩大)会议】 6月18日召开。市人大常委会副主任、市总工会主席钟燕群作题为《深入学习贯彻市第十次党代会精神，团结动员广大职工为创新驱动转型发展努力奋斗》的工作报告。大会主题：深入学习贯彻上海市第十次党代会精神，团结动员全市广大职工，紧紧围绕上海经济社会发展目标任务，充分发挥工人阶级主力军作用，为创新驱动、转型发展，建设社会主义现代化国际大都市作出新的更大贡献。半年来，上海工会认真学习宣传实践中国特色社会主义工会发展道路，以“面对面、心贴心、实打实服务职工在基层”活动为载体，职工建功立业活动取得新进展；加快推进“两个普遍”，制定下发《关于坚持和完善民主管理制度保障事业单位改革顺利推进的指导意见》等文件，成立上海工会职工法律援助维权服务志愿团，促进劳动关系和职工队伍的和谐稳定；加大服务一线职工工作力度，源头参与上海市职工最低工资标准、工资增长指导线、职工基本医疗保险等民生政策标准的完善和调整，使广大职工共享经济社会发展成果。会议对下半年工作作了部署。要求大力推进“两个普遍”工作，宣传推广奉贤区促进企业经营者政治安排与履行社会责任挂钩的工作经验，借助各方资源，增强工作合力，推动“两个普遍”取得更大进展；切实加强和谐劳动关系建设，配合市人大常委会进行《上海市职工代表大会条例》执法检查，进一步做实职工法律援助和维权服务工作；努力为职工办实事做好事解难事，加强职工援助服务平台载体建设，为广大职工提供多样化、多层次的服务；抓好工会干部队伍建设和基层基础工作，进一步深化“面对面、心贴心、实打实服务职工在基层”活动，在企业工会特别是非公有制企业工会，开展“工会组织亮牌子、工会主席亮身份”活动。大会审议通过有关人事任免事项，补选何惠娟为市总工会第十二届委员会副主席；补选杨永平、李鸣、李积荣、张立新、俞莉红等为市总工会第十二届委员会常委。（崔校军）

6月18日，市总工会召开十二届十一次全委(扩大)会议 （吴良荣）

【市总工会召开与区县党委分管领导专题座谈会】 9月29日召开。市委副书记殷一璀出席会议并讲话。市人大常委会副主任、市总工会主席钟燕群主持会议。殷一璀充分肯定上海各级工会面对不断变化的新形势下出现的新情况，创造性地开展工作，基层工会工作扎实有效、富有影响。她指出，要进一步认识工会工作的重要性，增强责任感和使命感。各区县党委要高度重视工会工作，适应新时期群众工作的新特点，服务职工群众，服务企业发展新需求，贯彻落实好科学发展观。她要求，促进有政治身份企业经营者履行社会责任，引导企业经营者把履行社会责任作为自觉追求，逐步扩大工作试点，着力提高工会组织建设和工作的全面覆盖，推进和谐企业创建。要形成工作推进合力，在新一届市人大、政协换届各区县推荐候选人时，不仅要看其企业规模、经营状况、税收贡献等，更要看其产品质量、社会信誉、环境保护、劳动条件、工会工作、社会公益、劳动关系等状况，对其社会责任履行情况予以综合考量。她强调，要加强职工队伍稳定情况的动态研判，充分发挥工会作为劳动争议调解"第一道防线"的作用，发挥工会的教育引导功能，切实维护职工合法利益，多为职工办实事、做好事、解难事，切实帮助职工解决实际困难。她要求，各级党委要切实加强对工会工作的领导，支持工会发挥更大作用。要高度重视各类园区建会工作，加强街镇工会建设，支持专业化职业化社会化工会工作者队伍建设，在政治安排上体现工会的地位和作用，为工会提供更多的设施阵地和载体，推动工会承接有关工作项目，从制度上实现赋予工会更多的资源和手段，更好地发挥工会在推动发展、服务群众、凝聚人心、促进和谐中的积极作用。市总工会副主席肖堃涛通报了全市工会工作的有关情况。指出年初以来，全市各级工会坚定不移地走中国特色社会主义工会发展道路，深入开展"面对面心贴心实打实服务职工在基层"活动，深化群众性立功竞赛，加强职工思想政治工作和职工文化建设，落实"两个普遍"，推动和谐劳动关系建设，扎实做好新形势下职工群众工作，团结动员全市职工为改革发展大局作出积极贡献。下阶段工作，全市各级工会要紧紧围绕学习领会、贯彻落实十八大精神，在市委和各级党委的领导下，进一步推动有政治身份的企业经营者带头支持工会工作，配合党政做好维稳工作，全力以赴继续做好工会各项工作。奉贤、闵行、浦东、静安、长宁等区县党委分管书记，重点围绕促进有政治安排的企业经营者履行社会责任和劳动关系协调工作，结合实际，分别作交流发言。 （崔校军）

【上海市工运研究会举办2012年年会暨"当前上海职工群体特点"研讨会】 11月9日召开。市总工会党组副书记、副主席肖堃涛出席会议并讲话，市总工会副主席、市工运研究会会长周志军作工作报告。会议肯定工运研究会一年来取得的成绩，特别是充分肯定研究会各成员单位在开展全市职工队伍状况大调查中作出的贡献和取得的成果。指出，做好工运研究工作必须认清当前面临形势和任务，把握经济社会发展的新形势，把握职工队伍和劳动关系建设的新情况，把握工会工作推进中的新课题，增强调研工作的现实性、针对性和实效性。会议强调，当前和今后一个阶段，上海工运研究要以党的十八大精神为指导，深入研究工会的政治使命、社会职能和基本职责，继续深化并用好上海职工队伍状况调查成果，重视研究经济转型期工会组织的功能与作用，不断探索突破工会工作的难题与瓶颈，进一步发挥好工会理论研究和调研工作在党的群众工作和工会全局工作的重要作用。会议要求，各级工会要切实把工运研究工作及其机构建设，放在工会全局工作的重要位置，加强领导，统筹规划，倡导和坚持学习型、研究型、思考型的工作方法，切实提高新时期工会工作水平；要进一步加强工运研究会各项制度建设，加大对调研工作人员的培养、培训、使用、激励力度，以工运理论研究和实践探索的新成果，为上海工会事业发展作出更大贡献。会议在回顾总结工运研究会2012年工作的基础上，提出2013年市工运研究会的目标任务：既深入学习贯彻党的十八大精神，深刻领会、认真贯彻党的理论建设的新发展和新要求，准确把握好新时期工人运动发展、工运理论研究的主题和方向；进一步强化调研成果的转化和运用，着力推动调研成果向工作思路、计划措施、制度政策转化，为2013年上海市第十三次工代会的召开做好理论准备；进一步推进研究会工作的创新发展，从抓好团体会员队伍建设、加强专业学科委员会建设、完善基层调研点网络建设、充分发挥顾问和专家咨询委员会作用等方面着手，不断增强工运研究会的组织基础和工作基础。作为市社联第六届学会学术活动月活动项目之一，会议围绕"当前上海职工群体特点"主题进行研讨，其中，市金融工会工运研究会的"上海金融职工队伍基本状况及主要特点"、杨浦区总工会工运研究会的"上海家政服务从业人员现状及面临的问题"、上海社科院工会理论研究会的"上海文化创意产业园区从业人员的主要特点与诉求"、女职工问

上海市工运研究会举行2012年年会暨"当前上海职工群体特点"研讨会 （徐新康）

题研究学科委员会的“本市传统制造业、商业女职工队伍状况特点”、宝山区总工会工运研究会的“90后新生代外来务工人员的特点与诉求”等作发言交流。会议表彰61篇全国、上海工会理论研究优秀论文和22家市工运研究会优秀团体会员。来自全市工会系统、政府机关和理论研究单位的工运研究会会员、理事和顾问、专家委员共160人与会。（崔校军）

【市总工会召开2012年上海工会组织工作表彰交流大会】 大会回顾总结2012年工会组织工作取得的经验，部署2013年工作任务。市总工会党组副书记、副主席肖堃涛出席会议并讲话。各区县、局（产业）工会主席（分管主席）、组织（社区）部长，部分乡镇（街道）工会主席出席会议。会议指出，普遍建会3年行动计划已经进入倒计时。全市各级工会要全力打好攻坚战，进一步健全工会组织工作长效机制，完善工会与同级党政及有关部门联席会议制度，推动工会组织建设工作纳入党政干部绩效考核体系，建立健全多级劳动关系三方协调机制，形成社会化工作模式。会议强调，要聚焦规模型企业，争取在四大会计师事务所、世界500强等跨国公司的建会上有新突破；聚焦面广量大的小微企业，通过推进区域性、行业性工会联合会和联合工会等行之有效的方式加以有效覆盖；聚焦重点群体，大幅度提高农民工、劳务派遣工入会率，关注零散就业的家政、护工、促销员等群体的入会和会籍管理问题。要进一步创新建会模式，推动有政治安排的企业经营者带头支持“两个普遍”，推进区域性行业性工会建设，加强小三级工会建设。要不断提升建会质量，激发职工建会的主体意识，规范建会程序，着力推动单独建会，同时做实非公企业法人数据库。会议要求，各级工会要切实增强工会组织在职工群众中的凝聚力和影响力，牢固树立服务职工的理念，建立健全工会干部联系基层、服务职工的长效机制和考评制度。要切实提高工会干部的能力水平，积极探索工会干部的来源和产生机制，加强社会化职业化工会干部队伍建设，抓好工会干部教育培训工作。大力推进非公企业工会规范化建设，进一步扩大“工会组织亮牌子，工会主席亮身份”的双亮活动在非公企业的覆盖面，使双亮活动成为破解基层工会建设难题的突破口，把非公企业真正建设成为作用明显、工作活跃、维权到位、职工信赖的“职工之家”。浦东新区总工会等32家单位获“2012年上海市工会组建工作一、二、三等奖”。（杨 娟）

【市总工会召开上海工会“两个普遍”工作推进会】 8月20日召开。市人大常委会副主任、市总工会主席钟燕群出席会议并讲话。会议充分肯定全市各级工会在争取党政支持、各方配合下所形成的工作合力；推进重心下移、服务基层，夯实工作基础；加强探索实践，创新工作模式等方面取得的阶段性工作成果。同时指出，随着“两个普遍”工作进入攻坚阶段，影响“两个普遍”推进力度的思想认识、企业形态及用工方式复杂多元、工会自身建设薄弱环节等难点问题，需要深入研究分析，寻找应对之策。会议要求，各级工会要举全会之力推动“两个普遍”工作深入开展，进一步巩固“两个普遍”社会化工作格局，完善党政主导的考核机制，加强与相关各方的协同配合，把促进有政治身份的企业经营者带头履行社会责任作为争取各方资源手段的有效抓手。进一步形成工会系统推进“两个普遍”工作合力，健全工作责任制，加强工作整合，重视专业队伍建设。会议强调，要聚焦重点领域里的难点问题，积极开展跨国公司“两个普遍”专项行动，进一步在跨国公司、小微企业、劳务派遣工、专项立法等“两个普遍”工作的重点领域和难点问题上寻求新突破。（杨 娟）

市总工会召开加强职工素质工程暨“践行城市价值取向、深化岗位建功行动”推进会（吴良荣）

【市总工会召开加强职工素质工程暨“践行城市价值取向、深化岗位建功行动”推进会】 9月19日召开。会议回顾总结《上海职工素质工程“十二五”发展规划》颁布实施以来的落实情况，制定下发《关于进一步推进上海职工素质工程的实施意见》的文件，对推进上海职工素质工程的发展作出部署。2012年，市总工会深入开展“践行价值取向、当好主力军、喜迎十八大”和“当好科学发展主力军、打好创新转型攻坚战”主题实践活动。各级工会通过开展职工主题教育实践、评选表彰劳模先进、改进职工思想政治工作、深化“创建学习型组织，争做知识型职工”活动、加强职工教育和技能培训等具体工作措施，进一步弘扬工人阶级伟大品格和劳模精神，提升职工思想道德和科学文化素养；通过开展职工技能登高和科技创新活动，推进首席技师千人选拔计划、广泛开展职工岗位练兵技能比武、推进企业职工创新创效等活动，动员职工立足岗位建功立业；通过积极推动民主法制教育培训，开展《上海市职工代表大会条例》培训、实施职工“六五”普法教育、开展集体协商指导员培训等,提升职工民主法律意识。会议部署了下阶段工作,要求在上海“十二五”发展新阶段,深化职工素质工程要主动适应产业结构优化升级、思想观念多元多样、信息技术迅猛发展的新需求。要进一步突出工会特色,不断深化思想宣传工作和主题教育活动,大力提升职工技术技能水平,充分发挥工会“大学校”的作用和优势,深入推动岗位建功行动,要加强领导、服务基层,立足班组、夯实基础,加强指导、激发活力,树立典型、创新方法,推进职工素质工程持续发展。

（陈　洁）

【上海市召开2012年厂务公开民主管理工作会议】 3月28日召开。市厂务公开领导小组组长、市委副书记殷一璀出席会议并讲话。会议由市厂务公开领导小组副组长、市人大常委会副主任、市总工会主席钟燕群主持,市纪委副书记徐文雄宣读表彰决定,市厂务公开领导小组成员以及各地区、系统党政工负责人,有关基层单位负责人400余人出席会议。会议指出,2011年全市厂务公开民主管理工作围绕“十二五”开局之年的目标任务,抓住构建和谐劳动关系重点,以全面贯彻落实职代会条例为契机,制度保障更加有力,工作协同更加有效,重点任务推进更加突出,各项工作取得成效。会议要求,2012年厂务公开民主管理工作要以提高工作质量为重点,以职工的满意度和企事业单位的和谐度为标准,深化创新厂务公开民主管理,提高实效,开展好“公开解难题、民主促发展”活动,发挥厂务公开民主管理的基础性、机制性作用,促进劳动关系和谐稳定。要加强制度建设,推进工作规范化,扩大职代会建制率和覆盖面,完善工作制度,规范运作程序。要强化分类指导,增加工作针对性,对不同所有制、不同规模的企事业单位推进厂务公开民主管理,切实提升工作的针对性和实效性。要探索厂务公开民主管理工作新途径、新方法,拓展工作领域,与党务公开、“创先争优”、“劳动关系和谐企业创建活动”结合起来。会议强调,要加强组织领导,合理推进厂务公开民主管理工作上水平。各级厂务公开领导小组、各相关单位要切实履行责任,完善领导体制,落实工作责任,健全工作机制。要根据各地党委,政府换届和领导班子变动情况,及时调整充实厂务公开领导小组成员,坚持机构规格不变、保障力度不降、工作劲头不松、保证厂务公开工作的有序衔接。会议总结宣传推广了闵行区、上海巴士公交(集团)有限公司、华东理工大学、青浦区香花桥社区(街道)、上海南亚覆铜箔板有限公司等5家单位在践行厂务公开民主管理,促进劳动关系和谐,促进社会稳定方面的先进经验。会议表彰了上海公元建材发展有限公司等117家2010—2011年度上海市劳动关系和谐职工满意企事业单位、陆寅中等104位上海市职工信赖的经营管理者。会议制定下发《2012年上海市厂务公开民主管理工作要点》。

（庄若冰）

【市总工会、市社会工作党委、市工商联联合开展非公企业“携手保增长、和谐促发展”劳动竞赛】 3月6日,市总工会、市社会工作党委、市工商联联合举行“携手保增长,和谐促发展”上海市深化非公企业劳动竞赛黄浦现场推进会。市总工会副主席杜仁伟、市社会工作党委副书记王希俊、市工商联副主席陈平田等出席会议。为推动全市非公企业劳动竞赛深入开展,市总工会、市社会工作党委、市工商联将在“十二五”期间,共同选树100个“上海市非公企业劳动竞赛示范单位(企业)”和400个“上海市非公企业劳动竞赛先进单位(企业)”,在促进非公企业持续健康快速发展的同时,推动非公企业建立“规范有序、公正合理、互利双赢、和谐稳定”的新型社会主义劳动关系。会上,市总工会、市社会工作党委、市工商联还联合下发《关于深化本市非公企业劳动竞赛的指导意见》,黄浦区人大常委会副主任、区总工会主席徐少伯作主题发言,南京东路街道工会、上海豫园旅游商城股份有限公司工会、上海浦江控股有限公司工会和上海亚龙投资(集团)有限公司分别作经验介绍和交流发言。

（李　伟）

【促进区域发展全国示范性劳动竞赛上海交流会在浦东举行】 6月26日,由浦东新区总工会承办的促进区域发展全国示范性劳动竞赛上海交流会在上海综合保税区举行。中华全国总工会党组纪检组组长、书记处书记王瑞生,中共上海市委常委、浦东新区区委书记徐麟,上海市人大常委会副主任、市总工会主席钟燕群,以及全总经济技术部、上海市、天津市、重庆市、浙江省、福建省等总工会领导,上海浦东新区、天津滨海新区、重庆两江新区、浙江舟山群岛新区和福建平潭综合实验区等全国示范性劳动竞赛五大赛区代表,浦东新区劳动竞赛各参赛单位负责人,上海市各区县总工会分管主席,上海市市级示范性劳动竞赛各赛区有关负责人等120余人出席会议。市总工会巡视员、浦东新区建设劳动竞赛组委会主任杜仁伟主持会议,市人大常委会副主任、市总工会主席钟燕群致辞,中华全国总工会党组纪检组组长、书记处书记王瑞生讲话。会上播放了“上海浦东新区”建设劳动竞赛电视短片《浪潮涌·新浦东》。上海浦东新区、天津滨海新区、重庆两江新区、浙江舟山群岛新区和福建平潭综合实验区等全国示范性劳动竞赛五大赛区代表就各自赛区竞赛开展情况作交流发言。

（田福宝）

【市总工会召开2012年上海工会法律工作会议】 2月16日召开。会议总结了2011年上海工会法律工作在集体协商机制建设、规范劳务派遣用工等方面取得的进展和工作成果。市总工会通过联合制定下发《关于全面推进集体协商制度建设的实施意见》、《关于规范本市劳务派遣用工的指导意见》以及《关于建立本市处置群体性劳动关系矛盾工作机制的指导意见》等规范性文件,切实加大工会法律工作的推进力度。各级工会在坚持“促进企业发展、维护职工权益”原则,推动职工共享改革发展成果,坚持正确把握维权与维稳的关系,坚持依照法律途径,通过协商、协调、沟通的办法化解劳动关系矛盾等方面取得积极成果。会议指出,2012年各级工会要加强集体协商目标管理,通过继续开展“集体协商要约行动月”活动,着力推进在沪500强企业建会建制,指导推进重点区域和行业集体协商等四项措施，全力以赴推进集体协商机制建设工作。一要创新做实职工法律援助和维权服务工作，从规则优化、横向借力、经费支持等方面入手，大力推进法律援助和维权服务工作。二要大力推动解决劳动关系领域突出问题，根据市劳动关系三方制定的相关文件和市政府办公厅转发的《关于规范本市劳务派遣用工管理的若干意见（试行）》文件精神，着力推动企业逐步降低使用劳务派遣工的规模和比例，切实保障好劳务派遣工的经济权益和民主权利。三要提升劳动争议预警、预防和调处工作能效，从拓宽协同渠道、夯实组织基础、加大工作力度着手，切实提升劳动争议协调工作能效。四要深化维护职工队伍稳定工作机制，进一步发挥好工会维稳工作领导小组的作用，执行重要信息即时报告和每周综合报告、职工队伍稳定情况定期研判、重大事件跟踪调处三项维稳工作制度。五要加快工会法律工作队伍建设，组建第三届法律顾问团，调整充实工资集体协商专职指导员队伍，开展工会劳动保障监督员、劳动争议调解员、集体协商指导员等多项学习培训。

（冯小龙）

【市总工会女职工委员会召开五届四次全委（扩大）会议】 2月9日召开。市总工会副主席、女职工委员会主任汪兰洁、市妇联副主席翁文磊出席会议并讲话，宋钟蓓代表女职工委员会常委会向大会做工作报告。会上，表彰了工会女职工工作优秀品牌和女职工创业示范点，浦东新区、中国移动上海公司、上海机场集团等3家工会女职工委员会代表交流发言。会议提出，加强工会女职工工作一要加强思想引领，大力推进女职工思想道德和文化建设。二要加强组织动员，深入开展女职工建功立业活动。三要加强素质提升，促进女职工全面发展。四要加强服务帮扶，切实维护女职工的合法权益和特殊利益。五要加强自身建设，不断提升工会女职工组织的凝聚力。会议强调，各级工会要高度重视女职工工作，加大对工会女职工工作的领导，在研究部署工会重点工作时，同步研究、同步推动、同步考核女职工工作。继续加强女职工组织领导班子建设和干部队伍建设，做好女职工组织的机构设置、人员配备和经费保证，加大对女职工干部的教育培养和选拔交流力度，切实关心女职工干部的成长进步。大力支持女职工委员会开展工作和活动，及时解决女职工工作遇到的困难和问题，为工会女职工工作的创新发展提供有利条件。

（朱莉颖）

【市总工会女职工委员会召开五届五次全委（扩大）会议】 8月3日召开。市总工会党组副书记、副主席肖堃涛出席会议并讲话。会议要求，各级工会女职工组织要围绕全市大局，明确工作重点，进一步推动工会女职工工作创新发展。要组织动员女职工为上海实现“创新驱动、转型发展”的目标建功立业，大力开展科技创新、合理化建议等主题活动，加强女性高技能、高层次人才队伍建设。要以女职工周末学校为载体，促进女职工思想道德、科技文化、岗位技能、人文法律、生理心理素质的全面提升。要大力加强女职工维权机制建设，切实维护女职工合法权益和特殊利益，进一步提高女职工权益保护专项集体合同的覆盖率和履约率。要努力服务女职工群体多元需求，提高服务针对性。会议强调，扎实推进工会女职工组织建设，实现工会女职工组织组建全覆盖目标；切实加强女职工工作干部队伍建设，紧密结合“面对面心贴心实打实服务职工在基层”活动，真正当好女职工的“贴心人”和“娘家人”；主动争取党委对工会女职工工作的领导和支持。会议对下半年全市女职工工作进行了部署。一是各级女职工组织要加强思想引领和项目引领，激发女职工创新创造、建功立业的激情和潜能；二是切实加大维权力度，推动解决女职工最关心、最直接、最现实的利益问题；三是以宣传贯彻《女职工劳动保护特别规定》为契机，积极营造关爱女职工的社会氛围；要加强自身建设，加强学习、改进作风、突破难点，努力提高女职工干部队伍的服务能力。市总工会副主席何惠娟当选市总工会女职工委员会主任。

（朱莉颖）

8月3日，市总工会女职工委员会召开五届五次全委（扩大）会议

（吴良荣）

【市总工会举行纪念三八国际劳动妇女节102周年大会暨第四届上海市五一巾帼奖颁奖典礼】 3月5日举行。100位个人和100个集体获得上海市五一巾帼奖，其中成绩突出的10位标兵个人、5个标兵集体被授予上海市五一劳动奖章、奖状。会议还表彰30位“上海市心系女职工好领导”。受表彰的上海市五一巾帼奖，分别代表科研设计人员、一线工人、农民工、医生教师、公务员等群体，来自科教系统、重大工程、社会民生、环境保护等各行各业。市人大常委会副主任、市总工会主席钟燕群讲话。大会希望全市广大女职工以先进为榜样，自觉践行社会主义核心价值观，牢固树立“公正、包容、责任、诚信”的价值取

向，大力弘扬勤奋劳动、诚实劳动、创新劳动的社会风尚；积极参与“建功‘十二五’、创新绘蓝图”女职工建功立业活动，在创新转型的主战场上，充分展现职业女性的时代风采；全面提升自身素质，争当思想先进、知识领先、技术精湛的时代先锋。会议要求全市各级工会女职工组织要以服务和维护女职工权益为已任，进一步扩大女职工工作的覆盖面和影响力，增强女职工组织的凝聚力和吸引力。要以“面对面、心贴心、实打实服务职工在基层”活动为载体，切实增强群众观念和服务意识，深入了解不同女职工群体的所思所想所需，进一步加强工作的针对性和有效性。（朱莉颖）

【市总工会召开2012年上海工会保障工作会议】 2月29日召开。会议回顾总结2011年工会保障工作情况。部署落实2012年工作的主要目标和重点任务。会上，市总工会制定下发《2012年上海工会保障工作推进计划》。明确进一步做好涉及职工劳动就业、收入分配、社会保障和援助服务等方面的17项惠民实事。要求各级工会围绕“十二五”上海经济社会发展目标和上海工会推动和谐劳动关系建设行动计划，深入推进职工援助服务体系建设，扎实开展职工就业援助服务工作，积极参与收入分配制度改革，不断推动社会保障体系建设，深入基层一线，面对面、心贴心、实打实地开展服务职工群众工作。（曹宏亮）

【市总工会联合召开2012年度住房公积金基数调整暨扩覆工作推进会】 6月7日，市总工会会同市公积金中心、建行市分行联合召开2012年度住房公积金基数调整暨扩覆工作推进会。会议明确三方共同建立全市住房公积金扩覆合作工作机制，在明确责任，协同配合，采取措施，检查落实，扎实推进的原则指导下积极推进住房公积金扩覆工作。会议要求全市各级工会，一要认真履行职责，加大宣传力度，增强企业和职工缴交住房公积金的守法意识。二要积极开展集体协商工作，将为职工全员足额缴交住房公积金纳入集体协商的议程，协商成果写入集体合同。三要在全社会弘扬企业合法缴交、履行社会责任的良好风尚，将全员足额缴交住房公积金作为各类先进集体和先进个人的评选条件。（王正园）

【市总经审会召开十二届十六次全体委员会议】 2月23日召开。会议审议市总工会2011年经费收支决算，对预算执行情况表示肯定。2011年，在各级工会组织的大力支持下，市总财务部想方设法，探索经费拨缴新方式，确保工会经费的稳定增长。会议审核并原则同意2012年经费收支预算（草案）。认为2012年度经费收支预算编制坚持服务大局、服务基层、确保重点、量入为出、略有结余的原则，确保重点工作的资金需求。会议指出，工会应进一步加大对专项资金的监管力度，保障专项资金使用的合理、安全、有效。（周 静）

【市总经审会召开十二届十七次全体委员会议】 8月16日召开。会议听取市总财务部关于市总工会2012年上半年预算执行情况的说明。审议市总工会2012年上半年经费收支情况，对预算执行情况表示肯定。会议指出，2012年上半年在全市各级工会的共同努力下，工会经费收缴稳步增长。会议要求认真做好各项各类资金的综合平衡与综合协调工作，确保2012年上半年上海工会重点工作的经费全部落实到位。要始终围绕上海工会工作重点，做到“四个确保”目标，即：确保重点工作，确保经常性工作，确保维权工作，确保事业发展。会议审议并通过市总工会2012年上半年预算追加和调整情况的报告。（周 静）

重要工作

【市总工会学习宣传贯彻党的十八大精神】 市总工会在学习宣传贯彻党的十八大精神中发挥劳模先进的模范带头作用，组建劳模宣讲团。制定下发《关于成立上海职工学习贯彻党的十八大精神劳模宣讲团的通知》，明确组织宣讲活动具体要求，为各级工会面向职工群众开展十八大精神宣传工作提供指导和服务。12月7日，上海职工学习贯彻党的十八大精神劳模宣讲团正式成立并举行首场报告会。先后在市级层面举办工会干部专场、女职工专场、劳模先进专场、班组长专场、公务员专场等示范性宣讲报告会，有2000人参会。全市60家区县局（产业）工会以报告会、座谈会、研讨会的形式开展宣讲达226场，逾4.4万人参会。（陈 洁）

【上海工会学习宣传实践中国特色社会主义工会发展道路】 为贯彻落实《中华全国总工会关于学习宣传实践中国特色社会主义工会发展道路的决议》，市总工会制定下发《上海市总工会关于开展“践行价值取向、当好主力军、喜迎十八大”主题教育实践活

12月7日，市人大常委会副主任、市总工会主席钟燕群向上海职工学习宣传党的十八大精神劳模宣讲团成员颁发证书 （吴良荣）

动的通知》,把学习宣传实践中国特色社会主义工会发展道路与主题教育实践活动相结合,对上海工会学习宣传实践工作进行专题研究和部署。举办中国特色社会主义工会发展道路专题报告会,邀请全总领导江广平、李滨生,中国劳动关系学院院长李德齐,以党组中心组扩大学习的形式向广大工会干部授课,并就各级工会深入学习宣传实践提出具体要求。成立由市总工会领导、机关部室负责人和上海工会管理职业学院教师等24人组成的讲师团,为各级工会开展宣讲工作提供菜单式服务和专业化指导。共为各级工会举办报告会50余场,参会人数逾万名;市级层面共计培训工会领导干部近700人次,培训各级工会干部约5000人。（陈　洁）

【上海工会力推企业经营者政治安排与履行社会责任挂钩工作】 2012年,市总工会对奉贤等区抓住筹备召开市区党代会、"两会"以及工商联等人民团体换届契机,探索推进企业经营者政治安排与履行社会责任挂钩工作的做法进行总结推广。奉贤等区把是否支持工会组建、工资集体协商、企业劳动关系和谐作为推荐企业经营者为党代会代表、人大代表、政协委员、工商联执委等的重要条件,倡导有政治安排的企业经营者模范履行社会责任、带头创建和谐企业。习近平等中央领导以及市委、全总领导对这一做法和经验予以充分肯定,并作出重要批示。市委明确要求在市人大代表、市政协委员换届中全面贯彻此项工作。市总工会积极配合市委组织部、统战部等有关部门,对拟推荐为人大代表、政协委员的企业经营者所在企业工会组建、工资协商等社会责任履行情况进行全面排摸,据此提出相关的意见建议,为做好源头把关工作提供依据和支撑。11月5日,市总工会召开企业经营者政治安排与履行社会责任挂钩工作专题研究会议,市人大常委会副主任、市总工会主席钟燕群出席会议并讲话,就全面推进此项工作作出部署。各区县总工会在党政支持下,成立领导小组,出台政策文件,开展排摸建档,建立部门协作平台,积极推动和发挥有政治安排企业经营者的示范、导向、引领作用,影响和带动一批非公企业重视工会工作、推动"两个普遍",取得良好的社会效应,奉贤、浦东、青浦等区县以区委名义先后成立领导小组或联席会议,制定下发相关文件,召开会议部署推进,取得积极进展。（崔校军）

【上海工会开展《上海市职工代表大会条例》实施情况专项监督检查】 6—9月,市总工会在全市开展《条例》实施情况专项监督检查。市总工会制定下发《关于开展〈上海市职工代表大会条例〉实施情况专项监督检查的通知》,并制定《〈条例〉专项检查整改意见书》和《〈条例〉专项检查处理建议书》;召开专项工作会议,进行动员部署。监督检查采取召开经营管理层座谈会,听取经营管理者对贯彻执行《职代会条例》的情况汇报;进行职工代表问卷测评;查阅职代会建制相关资料等方式进行。并通过召开多层面的企事业单位座谈会等,了解掌握工作进度,加强指导和协调;组织60个区县局(产业)对下属的基层企事业单位的近4000名职工进行《〈条例〉职工满意度》测评,共回收有效问卷3797份。问卷结果显示,职工对基层单位贯彻《条例》的总体满意率为82.79%,基本满意率为16.76%,不满意率为0.45%。（章宁晓）

【市总工会开展第七次上海职工队伍状况调查】 市总工会开展5年1次的全市职工队伍状况调查工作。成立由主要领导牵头的调查领导小组,并组成调查办公室和数据统计室,各相关区县局(产业)也成立相应的组织协调机构,统筹协调推进工作。这次大调查设置"1+5+9"的课题体系,即1个总课题、5个分课题、9个职工群体专题调查。具体包括:总课题"上海职工队伍发展状况的调研",着重研究全市职工队伍总体状况、内部结构、变化特点和发展趋势等;分课题"关于工会组织建设状况的调研"、"关于职工文化建设状况的调研"、"关于工人阶级主力军作用发挥状况的调研"、"关于和谐劳动关系建设状况的调研"、"关于职工体面劳动实现状况的调研",力求全方位反映职工群众权益实现状况和工会组织发挥作用情况;职工群体专题调查"金融业职工队伍状况调查"、"战略性新兴产业(高新技术企业)职工队伍状况调查"、"文化创意产业职工队伍状况调查"、"信息产业职工队伍状况调查"、"新生代农民工队伍状况调查"、"城市运行基础服务系统职工队伍状况调查"、"物业、护工、家政等以分散、个体形式就业的职工群体状况调查"、"制造业、商业女职工队伍状况调查"、"高校青年教职工队伍状况调查"等,则针对当前经济社会中的热点问题和职工队伍的新变化新特点,力求发掘阶段性特点和时代性特征。大调查采取综合性调查方法,在工会系统通过抽样对400家基层单位和4000名职工开展问卷调查;与国家统计局上海调查总队合作,对全市100家不同类型的未建会单位及其1000名职工进行社会问卷调查;结合不同性质单位分布、产业(行业)分布、经济类型分布和规模分布等情况,对10家单位开展典型单位调查;结合"面对面、心贴心、实打实服务职工在基层"活动,召开一线职工、工会干部、企业经营者等不同对象的座谈会,对一批职工进行面对面的访谈,整理形成了100名职工个案访谈资料;同时,还在东方网开展网络问卷调查,查阅分析相关资料和研究成果,通过各种方法相互结合、相互印证、相互补充,确保调查的科学性有效性可靠性。调查形成了丰富的调研成果,总课题、分课题和各个职工群体调查课题都形成调研报告,完成10个典型单位调查报告,整理100份职工个案访谈材料,形成3个职工问卷抽样调查数据库及统计分析资料,撰写一批内参和信息参考资料,先后2次召开全市工会系统的成果交流会议,编辑出版《2012年上海职工队伍状况调查报告集》。（崔校军）

【全国第七次厂务公开调研检查组来沪检查工作】 5月15—16日,由吉林、青海、上海组成的全国第七次厂务公开民主管理工作调研检查第三互检组来沪检查。在沪期间,互检组听取市厂务公开领导小组办公室及建交、医务、纺织、徐汇等4个区县局(产业)工作介绍,实地考察上海建工集团、上海石化、金山区,充分肯定上海厂务公开民主管理工作中取得的成绩，并就进一步深化厂务公开民主管理工作的共性问题进行研讨。10月22—24日，由国家预防腐败局副局长崔海容带队的全国第七次厂务公开民主管理工作调研检查组来沪检查工作。先后听取上海市开展厂务公开民主管理工作的情况汇报，静安区委、上海建工集团股份有限公司、文汇新民联合报业集团做专题汇报，市纪委、市委组织部、市国资委等补充汇报；实地考察宝钢集团有限公司等企业，查阅厂务公开档案资料；召开非公企业专场座谈会，交流上海市社会工作党委和上海永达控股（集团）有限公司等5家单位和企业推进厂务公开民主管理工作的经验和做法。市厂务公开工作领导小组组长、市委副书记殷一璀介绍上海市厂务公开民主管理工作总体情况，市总工会主席钟燕群全面介绍上海开展厂务公开民主管理工作情况。调研检查组充分肯定上海厂务公开民主管理工作指导思想明确、思路清晰、措施得力、制度规范、重点突出、成绩显著，并指出要不断提高厂务公开工作的质量和水平，推动厂务公开民主管理工作实现新突破。

（庄若冰）

5月15日，举行全国第七次厂务公开民主管理工作调研互检汇报会

（吴良荣）

【市总工会开展上海职工职业道德和价值取向大讨论】 市总工会制定下发《关于开展“责任在我心，诚信伴我行”上海职工职业道德和价值取向大讨论的实施意见》。要求以“公正、包容、责任、诚信”的城市价值取向为核心，通过“开展一次面向社会和公众的主题宣传教育或专题讨论，推出一批具有典型性、代表性的岗位格言、体会心得，举办一次职业道德和价值取向辩论赛，推动完善一批行业企业职业道德规范标准，宣传一批弘扬职业道德、践行价值取向、诠释雷锋精神的身边好人好事”等“五个一”活动，发动各行各业职工通过凝练岗位格言、撰写诚信故事、微博互动讨论、辩论演讲座谈等方式参与职业道德实践。开设劳动报宣传专版，每周五设专版展示各级工会大讨论成果，先后刊出23期。近100家区县局（产业）工会、2万余家基层单位、200余万名职工参与其中。

（陈 :琦）

【上海市五一劳动奖状（章）评选揭晓】 在2012年上海市五一劳动奖状（章）评选揭晓名单中，有50个单位（集体）和99名个人获得上海市五一劳动奖状（章），有298个集体获得上海市工人先锋号。这次评选更加注重突出先进性，体现时代性，先进的产生向上海的“两个中心”、科教兴市、支柱产业、先进制造业、现代服务业、战略性新兴产业、社会文化建设等领域适当倾斜；评选更加注重广泛性，兼顾各行各业、各种所有制单位的对象。同时，上海有11个单位和51名个人获得全国五一劳动奖状（章），39个集体获得全国工人先锋号。在全国五一劳动奖章获得者中：一线工人和专业技术人员30人，占58%；农民工5名，占9.8%；科教人员10名（含两院院士2名），占20.4%；企业负责人4名，占7.8%；县处级党政领导干部2名，占3.9%；女职工13人，占25.5%。

（张夏美）

【市总工会推进“劳模创新工作室”成效显著】 市总工会启动“劳模创新工作室”创建工作以来，各级工会全力聚焦劳模，放大劳模效应，积极开展“劳模创新工作室”创建工作。其中有22家单位制定专门管理办法，共有57个区县局（产业）工会创建188个劳模创新工作室，汇聚4300多名技术业务骨干。其中109个属于技术攻关型，35个属于培训服务型，44个属于技能传授型；85%以上工作室做到“有劳模领衔、有创新团队、有攻关项目、有场地经费、有创新成果”。全市“劳模创新工作室”正逐步成为企业的智囊团、岗位的创新源、项目的攻关队、人才的孵化器和团队的方向标。上海大众汽车发动机厂维修工长徐小平的“维修技术工作室”，自行研制“激光可视对焦仪”，获得上海市科技进步二等奖。上海电力检修公司高级技师杨庆华的“输电技术创新工作室”，由40名一线生产技术骨干组成，围绕生产难题开展有生产实用价值和前瞻价值的技术革新和发明创造活动，申请获得国家专利10余项，累计创造经济价值逾亿元。宝钢技能专家、全国劳模孔利明的“机电技术创新工作室”，广泛开展技术交流、技术培训、技术攻关活动，年内完成223项技术创新成果，获国家专利47项。为激励“劳模创新工作室”开展创新工作，市总工会将“劳模创新工作室”创建工作纳入市地方教育经费附加的支持和补贴范围，为“劳模创新工作室”开展团队班组结对、高师带徒、培养技术技能人才创造必要的条件。

（李 伟）

【上海工会深入开展企业职工创新创效活动】 2012年，为进一步深化“当好科学发展主力军、打好创新转型攻坚战”主题实践活动，市总工会开展企业职工创新创效特色工作经验征集活动，通过分类指导、层层发动、专题辅导、总结推选，有57家区县局（产业）工会共推荐特色经验123篇，最终评审出一等奖10项、二等奖20项、三等奖40项。一是结合实际，明确职工创新创效主题。上海航天局第八设计部工会把以“创新、创效、创优”为主题的“三创”活动作为工会组织围绕中心、服务大局的重要载体，为推进“十二五”规划落地、战术型号领域的可持续发展作出突出贡献。二是突出重点，搭建职工创新活动平台。第九城市计算机技术咨询（上海）有限公司工会充分运用公司网络，先后建立网络图书馆、网络员工论坛、网络培训等生动活泼、多层次、广覆盖的网络学习系统，营造创新氛围，鼓励员工投身技术的创新和观念的更新。三是探索实践，凸显职工创新活动成效。东方商厦有限公司注重培养员工走专业人才的发展道路，评选出专业知识和服务技能兼备的“首席营业员”，销售业绩比普通营业员高出30%至50%。

（武吉波）

【上海工会对口援疆代表团赴疆推进落实相关项目】 8月21—29日，市总工会党组副书记、副主席肖堃涛，市总工会巡视员、上海工会对口援疆工作协调小组组长杜仁伟携上海工会援疆代表团一行赴新疆学习考察，推进落实上海工会对口援疆项目。代表团考察期间，走访慰问上海对口援疆工作前方指挥部干部职工，以及喀什地区单亲困难女职工家庭。上海工会代表团此行向受援四县工会各赠送一辆公务用车，解决了他们出行难的问题，并为上海工会援建的巴楚县泰昌棉业公司“职工书屋”揭牌。代表团还参加巴楚县职工服务中心的奠基仪式。该中心由上海工会出资援建，总投资达500万元。项目建成后，将为广大职工提供政策咨询、法律援助、困难帮扶、爱心超市等一站式服务。在疆期间，上海职工技术协会组织两支医疗技术、职业教育小分队前往巴楚医院及职业技术学校交流培训。召开沪疆两地工作座谈会以及上海工会对口援疆工作座谈会。

（李　伟）

【上海工会援建新疆喀什四县工会职工服务中心】 根据《2011年—2015年上海工会对口援疆工作规划》，结合喀什地区及莎车、泽普、叶城、巴楚4县工会实际需求，上海工会在2012年援疆工作中，重点加大受援地区工会服务职工的阵地建设，安排2000万元资金，为对口的莎车、泽普、叶城、巴楚4县工会援建职工服务中心。8月24日，上海工会援疆代表团参加巴楚县工会职工服务中心的开工奠基仪式。由上海工会援建的中心总投资500万元，总建筑面积3000平方米，设有困难职工帮扶中心、职工培训服务中心、多功能中心、职工文化活动中心等，将为当地广大职工提供政策咨询、法律援助、困难帮扶、爱心超市等一站式服务。2012年上海工会进一步加大受援地工会服务职工群众基础设施建设力度，将2011年确定的150万元建设标准，提高到500万元，提升受援4县工会服务职工的基础设施功能和服务各族职工群众的能力和水平。启动建设莎车、泽普、叶城三县工会职工服务中心。

（李　伟）

市总工会举行第三届法律顾问团聘任仪式暨上海工会职工法律援助维权服务志愿团成立仪式　（吴良荣）

【市总工会全面推进职工法律援助工作】 一是修订《上海市职工法律援助办法》。降低职工法律援助准入“门槛”、扩大援助受益范围、简化援助操作程序、明确职工法律援助工作的经费来源。二是制定法律援助工作意见。会同市司法局，制定下发《关于进一步加强职工法律援助工作的意见》，推动完善职工法律援助维权工作网络体系，形成工作长效机制。三是划拨专项工作经费并制定办案补贴标准。决定每年设立100万职工法律援助专项工作资金，支持下级工会开展法律援助工作。为加强经费管理，制定下发《本市职工法律援助办案补贴指导标准》，确定代理案件仲裁、诉讼，参与协商、调解的办案补贴标准。四是调整成立法律顾问团和上海工会职工法律援助维权服务志愿团。聘请20位律师、法律专家为市总工会第三届法律顾问团成员。吸纳100名优秀法律人才和社会热心人士作为工会职工法律援助志愿者。五是推动市职工法律援助中心与职工援助服务中心合署办公。市职工法律援助中心在援助服务中心开设接待窗口，以12351援助服务网、12351咨询热线、服务大厅接待窗口和劳动争议调解室相结合的形式，为职工提供法律援助维权服务。六是组织开展职工法律援助工作检查调研。实地走访17个区县职工法律援助中心和17个工作站。七是扩大职工法律援助的社会知晓度。通过劳动报、上海工会网站向社会公布市、区县职工法律援助中心地址、电话和专业律师接待时间。

（赵　倩）

【市总工会落实全国女职工岗位创新技能大赛上海赛区工作】 6月，由市总工会、市人力资源社会保障局、市卫生局、上海市妇联联合举办2012年全国女职工岗位创新技能大赛上海赛区工作。经过发动、预赛、组队、集训、参加决赛等环节，上海女职工参加了2012年全国女职工岗位创新技能大赛中的家政服务、医疗护理、话务服务、服装设计创新4个类别7个项目的全部比赛，取得育婴项目第四名、养老护理项目第四名、服装设计创新项目第五名、重症监护护理项目第六名的成绩。4位获奖选手被授予“全国五一巾帼标兵”荣誉称号，上海市大赛组委会被授予“优秀组织奖”。（蒋慧勤）

【市总工会开展学习宣传贯彻《女职工劳动保护特别规定》活动】 4月28日，国务院颁布《女职工劳动保护特别规定》后，市总工会抓住有利契机，加强与相关部门联动，通过宣传咨询、贯彻落实、监督检查、总结推广等阶段，采取传统手段和信息手段相结合、个体咨询和集中培训相结合、典型做法和典型案例相结合等方式，提高《特别规定》的知晓率、纳入率和执行率。一是制定《工作方案》。将《特别规定》的学习宣传贯彻作为全年工会女职工工作的重中之重，成立以市总女职工部、法律部、经济工作部等部室为职能部门的《特别规定》工作机构，制定《学习宣传贯彻〈特别规定〉工作方案》。二是开展学习宣传活动。5月10日，在南京路举行“《女职工劳动保护特别规定》宣传咨询活动”，“全国维护职工权益杰出律师”林志祥、市总工会女职工法律志愿者代表、12333劳动保障咨询电话和“16840999女职工劳动权益（心理）求助热线”接线专家以及妇幼保健专家等在现场开展宣传咨询，编印万余份《女职工劳动权益和特殊利益宣传手册》向现场咨询女职工发放。三是积极推动上海制定《特别规定》相关配套文件、法规政策。汇总分析《特别规定》新增条款与上海现行法规之间的差异和造成的问题以及女职工的反映，撰写《贯彻执行〈女职工劳动保护特别规定〉有关问题的汇总和建议》。召开上海女职工权益维护工作专题研讨会，共同探讨流产假时间、高收入女职工生育津贴补差等女职工权益维护中的热点和难点问题，积极反映女职工的呼声和需求。四是推动《特别规定》新增条款纳入女职工专项集体合同。要求区县产业工会对基层企业专项集体合同草案内容把好预审关，主动指导基层单位在新签、续签专项合同时，将产假时间延长、禁忌劳动范围调整、女农民工生育期间的待遇等内容纳入专项集体合同。同时，重点关注女职工较为集中的中小非公企业。编写《女职工权益保护专项集体合同示范文本》，指导基层以增强合同的实效性。（朱莉颖）

【上海工会积极推进职工援助服务体系建设】 2012年，市总工会制定下发《关于进一步加强上海工会援助服务体系建设，推动工会帮扶工作常态化、长效化的实施意见》，在17个区县全部建立职工援助中心的基础上，进一步指导推动职工援助中心建制工作，徐汇、长宁、黄浦等9个区职工援助服务中心成为事业单位；在209个街道（乡镇）全部建立职工援助服务分中心的基础上，总结推广静安凯迪克大厦职工服务站和市北高新技术服务园区职工服务中心的典型经验，在全市46个区属开发区（工业园区）和商务楼宇建立职工援助服务分中心、工作站的基础上，进一步推动商务楼宇、园区、商圈以及规模以上企业建立援助服务工作站点；指导市机电工会、市仪表电子工会和市绿化市容行业工会挂牌建立职工援助服务中心，推动产业（集团）、企业职工援助服务平台载体建设；建立职工援助服务网（www. sh 12351. org）、职工援助服务热线（12351）等服务载体，形成上海工会职工援助服务体系组织构架和工作机制。（卫 敏 汪姣钰）

【市总工会建立123家大学生社会实践基地】 2012年，上海工会结合开展“面对面、心贴心、实打实服务职工在基层”活动推出一项服务职工新举措，在全市17个区县和机电、仪电、化学、纺织、国际港务、建工、新闻出版、光明等8个产业（集团）内选取生产经营规模较大、经济效益较好、劳动关系和谐并有实际用工需求的123家企事业单位挂牌建立大学生社会实践基地，主要涉及机械制造、物流加工、商业地产、管理咨询、旅游会展、餐饮服务、建筑工程和社区服务等10多个行业领域，提供管理类、技术类的社会实践岗位，优先安排社会实践基地所在地区、系统在档困难职工家庭大专院校学生在每年寒暑假期间就近参加社会实践。市总工会为参加社会实践的困难职工家庭大专院校学生提供每人每月500元的补贴（含从业人员意外伤残互助保障计划参保费用），部分大学生社会实践基地及所属区县局（产业）工会也以多种形式为参加社会实践的大专院校学生提供一定的补贴。暑假期间，各级工会共安排近300名在档困难职工家庭子女参加社会实践。（曹宏亮）

【上海推进重点监控企业职业病防治】 2012年，市总工会会同市人保局、市安监局和市卫生局联合下发《关于推行职业病防治专项集体合同的通知》，在全市向安全监管部门申报备案作业场所职业病危害的企业中推行签订《职业病防治专项集体合同》工作，进一步推动全市劳动保护和职业病防治工作。按照“结合实际、循序渐进、有所侧重”的原则，要求各区县局（产业）工会在推进过程中，做到“广泛宣传、营造氛围；多方联动、协调配合；完善机制、强化监管”。把握“摸清底数、制定方案、指导签约、监督履行、总结反馈”5个环节，明确工作重点，制定计划措施，狠抓落实到位，积极推动《职业病防治专项集体合同》的签订和履行。据统计，2012年，全市签订2076份《职业病防治专项集体合同》。（沈兰萍）

【市总工会如期推进《上海工会志》编纂工作】 按照《上海工会志》编纂工作“实施方案”的具体部署，2011年10月—2012年9月为收集整理资料和编写资料长编阶段，2012年10月后进入编写初稿和分纂志稿阶段。根据资料收集和资料长编编写的要求，工会志办公室举办业务培训班，邀请市地方志办公室专家讲授制作资料卡片和资料长编撰写方法，制定下发相关编写要求，采取定期抽查、交流讲评、日常指导等方法，促进资料卡片和长编编写工作的科学规范。市总机关各部门按计划完成资料卡片和长编编写工作，合计文字量达835万字。转入初稿编写和分纂志稿阶段后，明确各部门分纂人，对所有参编人员进行业务培训，开展条目试写及讲评工作，

同时,各部门继续收集整理和补充修改相关资料。（崔校军）

【市总经审办加强对区县局(产业)工会财务收支和专项资金的审计】 2012年,共对40家区县局(产业)工会开展2011年预算执行和财务收支情况的审计,开展70余家基层工会的审计调研。审计结果表明:被审计单位工会经费开支能围绕工会中心工作、保证工会重点工作的开展。除此以外,还对20家区县局产业工会2011年专项资金管理情况进行审计。专项资金主要指市总各类专项拨款(保障部、经济部)、财政和行政专项拨款(用于劳模和困难职工)和工会预算安排用于帮困的经费。从审计情况看:各单位重视专项资金的管理、建立专项资金管理办法,建立受助对象个人档案,配备财务出纳进行会计核算,做到专款专用、及时发放。但也发现在现金签收、资金使用范围上存在问题。（黄银萍）

重要活动

【市总工会完成全总"双亮"工作目标】 根据全国总工会《关于在企业工会实施"工会组织亮牌子、工会主席亮身份"的意见》精神,市总工会在全面把握全总实施"双亮"工作总体要求的基础上,制定下发《关于在本市企业工会开展"工会组织亮牌子、工会主席亮身份的实施意见》。各区县局(产业)工会按照市总"双亮"工作的目标任务、基本内容、活动原则,结合单位的实际情况,对"双亮"工作的基本要求、较高要求和更高要求进行细化,精心组织落实"双亮"工作的各项目标任务,在全会上下共同努力下,完成全总2012年"双亮"覆盖率达到50%目标。据统计,全市有企业工会4.8万家,已实施"双亮"2.7万家,占56%;非公企业工会4.2万家,已实施"双亮"2.19万家,占52%。（余文龙）

【市总工会和东方卫视台联合策划制作《劳动最光荣》系列电视节目】 2012年,市总工会和东方卫视台联合策划制作《劳动最光荣》系列电视节目。自2月1日开播,每周三晚在东方卫视播放,已播出44集。《劳动最光荣》围绕"平凡的工作、非一般的梦想"主题,以先进文化为引领、以平凡劳动为基础、以劳模先进为主体、以技能比武为舞台、以素质提升为核心,通过棚外竞技、棚内交流等方式,展现上海职工的时代风貌,倡导"勤奋劳动、诚实劳动、创新劳动"的社会主义劳动观,演绎"公正、包容、责任、诚信"的上海城市价值取向,唱响"劳动最光荣、劳动者最伟大"的时代主旋律。节目将工会优势和媒体优势有机整合,将工会资源和社会资源有效对接,将主题教育和职工参与有机融合,将经验传承和不断创新紧密结合,以现代传播方式演绎时代主题,为普通劳动者提供展示劳动技能才艺的舞台,体现"平凡岗位不平凡,普通劳动不普通"的价值理念。节目组获得国家广电总局、市文广局多次表扬,并获得全国"创新创优电视和广播栏目"称号及"上海市五一新闻特别奖"。（武吉波）

中远集运工会开展职业技能竞赛（万正清）

【上海开展2012年上海职工岗位练兵技能比武活动月活动】 10月,总工会、市人力资源社会保障局、市国资委和市工商联首次设立"上海职工岗位练兵技能比武活动月"。活动月以"提升技能素质,推动创新转型"为主题,以企业、车间、班组、岗位为主战场,动员组织各行各业职工立足岗位、刻苦钻研,学知识、比技术、创一流、做贡献,鼓励和引导广大职工勤奋劳动、诚实劳动、创新劳动,在上海"创新驱动、转型发展"中充分发挥工人阶级主力军作用。活动月期间,面向全市各行业,重点推动制造业技能大交流、服务业技能大展示、职工岗位技能大练兵,从市、区县局(产业)和基层单位三个层面集中开展内容丰富、形式多样的职工技能提升和技能展示活动。其中,市级层面集中开展"上海市企业职工岗位练兵技能比武活动周"、上海市"劳模创新工作室"上汽现场推进会、"劳动最光荣——职工技能展示擂台赛"、上海市"高师带徒"工作推进会、"第四届全国职工技能大赛参赛总结表彰会"等系列活动。《劳动报》对26个区县局(产业)工会技能比武活动开展情况进行连续报道。据统计,全市67家区县局(产业)工会共举办218项各种类型的岗位练兵技能比武活动。（武吉波）

【市总工会联合表彰全市重点用能单位职工节能减排优秀合理化建议和优秀技术创新成果】 6月13日,由市总工会、市发展改革委、市经济信息化委和市国资委联合召开上海市重点用能单位职工节能减排专项立功竞赛推进会。上海中隆纸业有限公司汪积璜"热电厂汽轮机轴封残余蒸汽与锅炉连续排放水余热利用工程"等150个项目被授予上海市重点用能单位职工节能减排优秀合理化建议一、二、三等奖及优胜奖,华能上海石洞口第一电厂锅炉专业"3#锅炉燃烧贫煤改烟煤工程”等143个项目被授予上海市重点用能单位职工节能减排优秀技术创新成果一、二、三等奖及优胜奖。宝山钢铁股份有限公司炼钢厂吴建明“一种金卤灯的智能稳压节电装置”项目效果显著，经测算，厂房照明的金卤灯的使用寿命由原来的<6000小时，提高到了>1.8万小时，实现节电效果达23%以上；上海联恒异氰酸酯有限公司曹军“MDA单元污水处理节能改造”项目直接减少MDA装置的蒸汽消耗，使蒸汽单耗由0.587吨/吨MDA降低为0.284吨/吨MDA，每年可节约用于购买蒸汽资金787.8万元，节约5993吨标准煤；上海石化比欧西气体有限责任公司生产部“优化控制，降低氧气的放空率”项目使正常时平均氧气放散率降低至<2%，降低3.5%，为公司创造经济效益为每年478.9万元。（武吉波）

【纪念上海市振兴中华读书活动30周年】 4月23日，上海振兴中华读书活动30周年庆典暨第十四届上海读书节开幕式举行。读书节以“弘扬价值取向，共建书香上海”为主题，开展“上海市十大读书明星”等系列评选表彰，面向全市职工、社区居民、学生等群体设立400余项全民阅读活动。12月27日，举行上海市振兴中华读书活动30周年座谈会暨第十四届上海读书节闭幕式，表彰“我的读书故事”征文大赛、“乐读书·读书乐”摄影大赛优秀组织奖、2012年上海市振兴中华读书活动优秀项目奖等。（陈 旖）

【市总工会开展第六届上海市“五一文化奖”评选表彰】 第六届上海市“五一文化奖”由市总工会、市文广局、市文联共同主办，以庆祝党的十八大胜利召开为主题，以宣传社会主义核心价值体系，讴歌工人阶级伟大品格，弘扬劳模精神，在全社会唱响“劳动最光荣、创造最伟大”的时代主旋律为主线。评选以职工群众为参与主体，各级工会主办或参与开展的文化项目、文艺节目和展览展示活动为对象。共有61个区县局（产业）工会上报的114个项目参评，其中文化项目类54项、文艺作品类47项、展览展示类13项。12月26日，第六届上海市“五一文化奖”颁奖典礼在中华艺术宫报告厅举行。上海市“五一文化奖”评选已举办6年，吸引90%以上区县局（产业）工会参与，253个单位或个人获奖，其中部分优秀作品推荐参加由全总牵头主办的第三届中国职工艺术节，分获金奖2个、银奖6个、铜奖2个、优秀组织奖4个。（宋 昶）

临港产业区员工在第六届上海市五一文化奖颁奖典礼上表演沙画（陈 洁）

【市总工会开展厂务公开民主管理案例征集活动】 4月25日，市总工会民主管理部面向区县局（产业）、集团公司及基层企事业单位，广泛开展厂务公开民主管理案例征集活动。活动要求案例重点反映近年来企事业单位民主管理方面的特色工作和经验做法，并能体现创新性、成效性和典型性，对其他单位开展工作具有积极的借鉴意义和推广价值。案例内容主要围绕厂务公开民主管理、职代会制度建设、现代企业制度中的民主管理、发展和谐劳动关系等方面，就职代会职权的履行和各项工作制度建设、职工董监事制度的推进、劳务派遣工民主权利的保障、劳动关系和谐企业的创建、区域性行业性职代会制度的推进等过程中的成功经验和鲜活做法进行总结。8月17日召开部分区县局（产业）、集团公司民管案例征集工作会议，检查、督办案例征集工作的落实情况。12月4日，在徐汇区虹梅街道社区文化活动中心召开厂务公开民主管理案例征集工作研讨会，挑选7篇有代表性的案例进行发布和点评。截至12月底，共征集到案例140余篇。（朱 佳）

【上海工会深入开展“金秋助学”活动和阳光就业行动】 2012年，上海工会以国家助学体系尚未覆盖，或者虽已覆盖但仍需进一步帮扶的困难职工、农民工家庭子女以及困难职工家庭高校毕业生为重点对象，着力做好入学前帮扶和就业前帮扶工作。各级工会共发放助学款6029.16万元，资助5.16万名困难职工子女和农民工子女。开展“千千助学”活动，市级机关各基层党支部通过捐款等形式筹资141.92万元，结对助学824名困难职工子女；在17个区县和8个产业（集团）建立123个上海工会大学生社会实践基地，暑假期间，安排近300名在档困难职工家庭子女参加社会实践；举办专场招聘会665场，动员号召国有大中型企业、劳模企业提供高校毕业生就业岗位1.5万个。（顾 佳）

【上海工会深入开展元旦春节送温暖活动】 一是“两节”期间，各级工会共建立困难职工档案8.47万户，其中，录入全国工会帮扶工作管理系统软件3.82万户；共筹集送温暖资金2.14亿元，慰问困难职工、农民工16万户，走访困难企业5146家。市总主席室和机关各部室组成25个慰问组，深入到72个区县局(产业)系统,走访慰问困难职工和困难劳模73户,走访生产经营困难、劳务派遣工和困难职工多的企业25家,检查、落实送温暖工作。二是举办元旦春节送温暖援助服务日活动,现场共为3.16万人次求助职工提供政策咨询、就业援助、创业扶持、助医助学、生活帮扶、法律援助、健康咨询、心理咨询和便民服务等10多项援助项目;分别在徐汇、长宁、普陀、闸北、虹口、杨浦、黄浦、松江、青浦等9个区举行送温暖职介专场活动,共有300多家用工单位进场设摊招聘,提供近6000个就业岗位,现场接待就业咨询、指导5326人,达成用工意向近1000人。三是动员职工群众和社会各界踊跃参加"爱心一日捐"活动,组织近500万名职工参加"一日捐"捐款活动,共筹集帮扶资金6000多万元。四是开展农民工援助帮扶工作,走访慰问困难农民工近1万户,发放团体医疗卡390张、医药箱60个,为农民工提供健康体检、健康咨询服务6.09万人次,为新生代农民工提供心理疏导服务4000多人次,协助政府有关部门帮助3673名农民工追讨欠薪超过2573.9万元,帮助农民工平安返乡10.65万人次,帮助农民工购买车(船)票5万张。

(顾 佳)

【市总工会等举办"点亮希望,爱满浦江——我的开学第一课"2012上海国际灯会公益活动】 9月3日晚,市总工会、团市委、中智上海经济技术合作公司、新民晚报社在鲁迅公园共同举办"点亮希望,爱满浦江——我的开学第一节课"主题公益活动。活动旨在以"第一课"的形式告诉贫困家庭和外来务工者家庭的孩子们,劳动最光荣和劳动创造新生活的理念,引导社会各界关爱困难家庭的职工子女和外来务工者子女,鼓励来自全国各地的孩子们在上海这个海纳百川的城市里,以自己的双手创造美好未来。活动以游园为主,邀请奥运冠军陶璐娜以及各单位领导与孩子们互动,点亮"心愿灯",许下新学年的美好愿望。来自中智上海白领青年志愿者总队的青年志愿者自动与孩子们结对,帮助孩子们提高学业。

(徐梅瑾)

领导重要调研

【殷一璀、钟燕群、沈晓明视察上海工会管理职业学院】 10月20日,市委副书记殷一璀,市人大常委会副主任、市总工会主席钟燕群,副市长沈晓明来到上海工会管理职业学院视察调研。殷一璀等一行参观学院"上海市公共实训基地"艺术品保护技术实训中心和"上海市社区事务公共实习基地",并听取学院领导有关大力推进职业教育教学改革、不断加强工会干部培训的情况汇报。殷一璀对工会学院适应社会管理创新需要,以工会人才培养为重点,建设以社会工作专业为重点的公共事业类特色专业群和以安全管理专业为龙头的特色专业群表示肯定,并勉励学院继续坚持"服务工会、服务职工、服务社会"的办学定位,实现工会特色专业建设和工会干部教育培训融合支撑、职前和职后教育有效衔接、相互促进的办学格局,在上海市级特色高职院校建设培育中走出新路。

(张海丽)

上海工会学习考察团赴福建省、浙江省总工会学习考察 (杨幼平)

【上海工会学习考察团赴福建省、浙江省总工会学习考察】 7月16—20日,由市人大常委会副主任、市总工会主席钟燕群率领的上海市部分区总工会主席及市总机关部门负责人一行赴福建省、浙江省总工会学习考察。在福建厦门,学习考察团参观厦门市总工会的工人文化宫、进城务工人员服务中心,实地了解来厦员工图书馆、心理咨询站、"周末讲坛"等工作情况,并到民营企业盛辉物流集团、台资企业路达(厦门)工业公司、日资企业NEC东金电子公司等调研考察。代表团认为,福建省各级工会积极争取党政赋予工会更多资源服务职工,加强非公企业规范化建设,全面实施"双亮"工程和"一二三四"工作法,倡导合作共赢的企业工会工作理念,是中国特色社会主义工会发展道路理论在实践中的运用与创新,对上海工会工作发展很有启发。在浙江宁波考察期间,学习考察团听取宁波市总工会"六大工程"工作经验介绍,详细了解宁波市和谐企业创建、企业社会责任评价办法的实施情况,还专程赴江北区洪塘街道工会及刀片行业工会联合会,深入调研区域性行业工会工作流程。在学习座谈时,上海工会学习考察团表示,上海许多区县工会与宁波市工会工作情况相似,都在积极探索如何在小微企业集聚的区域发挥行业工会作用、有效开展工资集体协商、加强职代会制度建设、促进企业和谐发展等,上海要学习借鉴宁波市各级工会创造的经验,在扎实开展"两个普遍"、推动构建和谐劳动关系中取得更大突破。在两地工作交流座谈会上,上海工会学习考察团着重对劳动立法参与、和谐企业创建、工资集体协商、服务职工社会化体系以及区域性、行业性工会组织运作等进行深入交流和探讨。考察团认为,这次学习考察收获很大，特别是两省工会的由党政主导的工会维权机制建设、和谐企业创建工作格局、参与社会建设和管理、非公企业工会工作法等创新举措，特别值得上海工会好好学习和借鉴吸收。在上海加快创新驱动、转型发展的新阶段，上海工会要以更加饱满的工作热情和更加昂扬的精神状态，更加努力积极地解放思想、开拓思路、不断提升各级工会服务大局、服务职工的工作水平和能力，推动工会工作取得更大进展。（张海丽）

【钟燕群主席带队开展全市第十次厂务公开民主管理工作调研抽查】 9月20日，由市人大常委会副主任、市总工会主席、市厂务公开领导小组副组长钟燕群带队的市厂务公开民主管理工作调研检查组，开始全面展开全市第十次厂务公开民主管理工作调研抽查工作。在市第十次厂务公开民主管理工作调研检查——事业单位专场座谈会上，市教卫党委、市卫生局、上海交大、虹口教育局、第一人民医院和杨浦区中心医院等进行交流研讨。钟主席听取交流发言后指出，要深刻认识当前形势下深化事业单位厂务公开民主管理的现实意义，巩固深化事业单位厂务公开民主管理。要重点解决深化厂务公开民主管理工作发展不平衡的问题，加强对不同单位的分类指导，进一步研究总结点上经验提升为面上水平的做法；要在深化厂务公开民主管理工作的内容和形式上不断拓展，在职工关注的难点热点重点问题的有效沟通上、职代会民主评议干部结果的有效运用上、非在编人员和劳务派遣职工民主权利的保障上、涉及职工切身利益重大事项的改革上不断创新，不断拓展。钟主席强调，要进一步强化事业单位改革过程中的民主程序，把握环节，规范程序。重点规范好事业单位的工会和上一级工会源头参与改革方案的制定的参与环节，确保职工的合理意见、诉求通过工会渠道反映到方案中。要根据《条例》的规定，结合事业单位改革调整的实际，着力强化职代会三项职权（审议建议权、审查监督权、审议通过权）的履行，要将由单位内部自行制定的改革调整中涉及职工切身利益的方案，特别是转制改制中与职工切身利益相关的具体事项方案，提交职代会审议通过后实施。要贯彻落实好职代会决议，重点推进职工代表巡视检查制度和职代会质量评估制度，保证职代会决议得到有效的贯彻执行。

（张海丽）

【钟燕群主席调研普陀、奉贤、长宁区工会工作】 6月13日，市人大常委会副主任、市总工会主席钟燕群，市总工会副主席周志军等一行到普陀区，调研普陀行业工会工作。先后听取普陀区总工会、区八大行业工会工作汇报，钟主席对普陀区总工会在行业工会组织管理、机制建设、分类指导、自身建设等工作上的探索和进展给予充分肯定。她指出，行业工会建设仍处在不断探索和完善的进程中，要紧紧围绕区域发展大局定位，在人员、机制等方面加大探索力度，使行业工会运作起到促进经济社会发展、适应区域产业结构调整集聚、推动行业实现科学管理和完善的作用。8月24日，钟主席一行来到奉贤，实地走访上海德惠特种风机有限公司、德朗能动力有限公司并召开座谈会。奉贤区11家有“政治身份”企业经营者、区促进有“政治身份”企业经营者带头重视工会工作联席会议成员单位参加座谈。钟主席对奉贤区积极探索社会管理创新、大力推动企业经营者的政治安排与履行社会责任挂钩的做法给予充分肯定。钟主席指出，一方面要努力让更多的企业能够达成共识，将区委出台的《关于促进有政治身份的企业经营者带头重视工会工作的指导意见》转化为企业的自觉行动，促使企业经营者进一步提升社会责任意识，形成优秀企业作楷模，更多企业跟着学的良好态势；另一方面要进一步探索工会人才的培养机制，储备一批政治素养过硬、工作经验丰富的工会工作人才，为企业开展工会工作提供更好的人力资源支持。8月29日，钟主席一行到长宁区，调研长宁区工会工作。在先后参观红坊创意园区、岛津企业管理有限公司，听取长宁区总工会关于积极推进“两个普遍”，参与社会管理，对接文化“大发展大繁荣”等工作汇报后，钟主席指出，要进一步加强对集体协商工作的重视，使其成为维护职工经济权益的有效手段；要进一步重视街镇总工会作用的发挥，不断加强工会干部力量的配备；要进一步推进和深化“面心实”活动，使这项活动成为各级工会干部、工会组织倡导的基本方法；要进一步明确工会工作的重心和基础在基层，发挥好工会“促进企业发展、维护职工合法权益”的作用。（张海丽）

【钟燕群主席赴上海纺织工会、上海交通港航工会调研】 2月16日，市人大常委会副主任、市总工会主席钟燕群等一行专程到纺织工会现场调研。在参观PROLIVON公司、尚街LOFT园区，听取市纺织工会工作汇报后，钟主席表示，纺织从调整到发展是一次凤凰涅槃的过程，通过艰苦努力，正在向制造、贸易、时尚和高科技服务为主的方向转变。钟主席指出，产业工会的发展，离不开产业发展和行业兴盛，离不开集团公司党政的支持。纺织工会各方面工作都很扎实，成效也很明显，行业工会的探索和实践已经取得积极成果，在处理条块合作关系、指导地区行业工会的方式方法等方面，为全市提供很好的经验。钟主席希望纺织工会要进一步加强与行业协会的联系，发挥地区行业工会的作用，共同制定劳动保护、工资、劳动定额等行业性标准，在推进和谐劳动关系建设、畅通职工合理诉求渠道等方面发挥更大作用。6月8日，钟主席赴市交通港航工会，调研行业工会建设情况。在听取市交通港口局领导的情况介绍以及市交通港航工会领导有关行业工会建设、维权等工作的汇报后，钟主席指出，交通港航工会在交通局党政领导的支持下做了大量扎实有效工作，作为市级行业工会，要不断探索行业工会的运作方式，进一步有所作为，不断为行业改革和健康发展出谋划策。调研中，钟主席充分肯定交通港航工会成立以来，定位清晰，目标明确，工作扎实，发挥了重要作用。在组织建设、会员入会上积极探索，实现了多个行业的组织和职工入会高覆盖率；在维护职工合法权益上主动作为，建立起刚性的行业性指导意见，加大了维权力度；在服务职工上，搭建行业平台，提高了职工整体素质。钟主席希望，交通港航工会进一步探索市级行业工会的运作方式、工作重点，如何

2月16日，市人大常委会副主任、市总工会主席钟燕群到纺织工会调研 （徐志康）

就行业的共性问题进行研究，提出对策和建议；如何搭建平台，推进行业集体协商、签订行业集体合同，制定行业性工资标准等。 （张海丽）

【钟燕群主席赴上海市电力公司、中远集运调研工会工作】 5月16日，市人大常委会副主任、市总工会主席钟燕群带队前往上海市电力公司调研。在参观上海市电力公司“劳模之家”、杨庆华劳模创新工作室，并听取上海市电力公司劳模管理服务工作等汇报后，钟主席指出，上海市电力公司形成的劳模管理良好机制将对企业劳模先进的培养、职工素质普遍提升产生积极推动作用。劳模是全社会、尤其是企业发展的宝贵财富，是广大职工中的佼佼者。上海正处于创新转型关键时期，技能型人才处于普遍缺乏状态，弘扬劳模精神显得尤为重要。通过弘扬劳模爱岗敬业、创新进取的宝贵品质，将对广大职工的基本素质产生有效的推动作用，电力公司创建的杨庆华劳模创新工作室就值得在其他行业进行推广。钟主席指出，各级工会应加强对劳模先进的关心关爱力度。市总工会通过分批组织老劳模疗休养活动等方式，向困难劳模、退休劳模送去关怀，各级工会组织也应加大对劳模的帮扶关爱措施，让劳模先进在经济发展主战场上更好地发挥自身作用。9月21日，钟主席到中远集运工会调研指导工作。在听取中远集运工会工作情况汇报后，钟主席指出，中远集运是大型国企中远集团的重要骨干企业，在参与企业管理、关心关爱职工，以及民主管理制度的建立健全上都有很好的经验。国际航运形势的异常严峻，给航运企业带来很大冲击，在企业运行困难的情况下，工会开展的“紧盯效益目标、全员掘金行动”符合企业发展的需要，给职工提供施展才华的舞台，也让各级工会从中可以更好的发挥自身的作用，是一个很好的抓手。希望中远集运工会准确把握“促进企业发展、维护职工权益”的企业工会工作原则，不断探索企业工会的运作方式，尽可能把职工对企业的积极性、向心力保护好，进一步有所作为，为企业改革和健康发展出谋划策。 （张海丽）

【钟燕群主席赴市邮政速递物流有限公司和邮件分拣转运中心调研慰问】 2011年12月30日，市人大常委会副主任、市总工会主席钟燕群赴市邮政速递物流有限公司和邮件分拣转运中心调研慰问。在听取上海邮政近年来改革发展和职工队伍建设、权益维护等各方面情况汇报后，钟主席要求各级工会组织要“进企业、到班组”，深入到生产经营困难的企业、劳务派遣工和困难职工多的企业，面对面地了解企业生产经营状况，心贴心地了解和职工思想动态，实打实地推动解决职工实际困难，促进企业、职工和谐共发展。调研结束后，钟主席来到承担着国际邮件互换任务、特快邮件处理等业务的分拣转运中心慰问一线职工，详细询问他们的生产生活情况。 （王正园）

【钟燕群主席赴市职工保障互助会、职工技协服务中心调研】 5月14日，市人大常委会副主任、市总工会主席钟燕群一行到市职工保障互助会，先后视察市职工保障互助会营业大厅、信息中心计算机房，了解互助保障参续保、给付手续，听取市职工保障互助会工作汇报。对今后工会职工互助保障工作，钟主席强调，一是要明确上海工会互助保障工作的定位，做好这项工作是党和政府交给工会的职责，是上海医疗保险体制的重要补充，是上海工会服务职工的责任和义务，是帮助职工，尤其是弱势职工群体的有效措施；二是要充分把握工会工作优势，围绕职工需求，把工作做得更好；三是要不断提高服务水平，不断调整服务手段、提高服务质量，细致入微地贴近职工，寻找更大的服务空间；四是要不断加强内部管理，进一步梳理管理环节，健全完善制度设计，以制度来管人办事；五是要做好“退休住院保障计划”缴费调整的宣传工作，把工作做细做实。12月5日，钟主席一行到市职工技协服务中心调研。钟主席先后参观上海职工科技创新成果展示厅，听取技协领导班子的工作汇报。她指出，要认真学习贯彻党的十八大精神，找准定位，用好自己的网络、阵地和平台优势，积极发挥职工技协在服务职工创新、培养职工成才中的独特作用，把职工技协真正办成职工的创新之家；要转变工作方式，增强为基层服务的意识，走出去、沉下去，及时了解基层技协的需求，正确引导基层和职工开展技术创新活动；要加强内部管理，创新完善各项制度，切实加强职工成果信息库和人才资源库的建设，实现创新项目和人才信息资源的共享，推动职工技协工作再上新台阶。 （张海丽）

推进经济建设

Promoting Economic Construction

2013

综 述

2012年,市总工会经济工作部以弘扬工人阶级伟大品格和劳模精神为主线,深入推进"当好科学发展主力军 打好创新转型攻坚战"主题实践活动,不断深化"六大行动",团结动员全市职工创先争优、建功立业。一是以开展市级示范性劳动竞赛为引领,深化岗位建功行动。建立市级示范性劳动竞赛赛区联席会议制度,深入推进市级示范性劳动竞赛。举办促进区域发展全国示范性劳动竞赛上海交流会。组织召开援疆、保障性安居工程建设等立功竞赛总结表彰大会。启动虹桥商务区、国际旅游度假区两大重点建设区域示范性劳动竞赛,推进"践行城市价值取向、深化岗位建功行动"窗口行业立功竞赛。建立93家市非公企业劳动竞赛联系点,下发《关于深化本市非公企业劳动竞赛的指导意见》,开展"携手保增长、和谐促发展"非公企业劳动竞赛。据统计,2012年以来全市共有5.17万家企事业单位(其中非公企业3.50万家)开展了主题实践活动,350.08万名职工(其中非公企业职工168.22万人)参加竞赛活动。二是以提升职工创新创效能力为核心,深化职工创新行动。参与第五批国家创新型试点企业推荐申报、上海市创新型企业评选,并利用该平台推动工会组建。推荐孔利明等9位一线工人的创新项目申报市科技进步奖。召开上海市企业职工创新创效推进会,交流推广企业职工创新创效特色工作经验。据统计,全年共组织职工开展经济技术创新活动8772项,提出合理化建议171.53万条,实施技术攻关、技术革新项目30161项,获得国家专利7755项,总结推广先进操作法2577项,创造经济效益42.75亿元。三是以推进职工岗位练兵技能比武为基础,深化技能登高行动。做好第四届全国职工职业技能大赛的组队集训和参赛工作,电焊和维修电工分别获得工种比赛团体第三名,上海代表队获得团体总分第八名。积极参与地方教育附加专项资金的调研,并会同市人社局、市财政局、市教委联合制定实施《关于区县运用地方教育附加专项资金支持企业组织开展职工职业培训工作的指导意见》,为深化职工素质工程争取政策环境和资金支持。举办"2012年上海职工岗位练兵技能比武活动月"系列活动,借助《劳动报》开展系列宣传,形成同城效应,营造学技术、比贡献、促转型的良好氛围。据统计,全年共组织职工开展各类技术培训(讲座)11414次,81.62万名职工参加培训(讲座);组织开展各类技能比赛7520次,包括1415个工种(项目),其中456个竞赛工种(项目)与职业资格等级鉴定挂钩;参赛职工23.98万人,其中1.12万名职工的技能等级得到晋升。四是以开展重点用能单位专项立功竞赛为重点,深化节能减排行动。召开市重点用能单位职工节能减排专项立功竞赛推进会,征集推广百项优秀合理化建议和百项优秀技术创新成果;运用《劳动报》、上海工会网和上海职工科技创新网等媒体,组织开展上海市职工节能减排知识竞赛,普及节能减排知识,倡导节约环保理念;举办"上海市职工节能减排成果图片展",展示职工节能减排优秀成果和工作实绩。据统计,年内共组织开展职工节能减排普及宣传活动2.08万次;职工开展节能减排技术革新、技术攻关项目8517项;聘任5783名职工节能减排义务监督员,提出节能减排合理化建议9.47万条,采纳5.07万条,实施4.06万条。五是以创建"安全生产1000班组"为载体,深化劳动保护行动。召开上海市深化"安康杯"竞赛暨创建"安全生产1000班组"活动上海日立现场推进会,评选班组安全建设和管理成果,举办《上海市安全生产条例》专题辅导报告会,加强企业安全文化建设。做好"安康杯"竞赛的先进评选和新一轮发动工作,近7000家单位、200万名职工参加2012年市级"安康杯"竞赛活动。与市安监局、市卫生局、市社保局联合印发《关于推行职业病防治专项集体合同的通知》,对1.2万家职业危害重点监控企业进行归口梳理,推行职业病防治专项集体合同工作。据统计,年内共参加"三同时"审查验收项目2235项;建立劳动保护监督检查委员会18172个;督促企业整改危害农民工身心健康和生命安全的事故隐患5155件,涉及农民工17.73万人次;各级工会参加安全生产检查21.29万次,参加处理工伤事故3028件。六是以加强班组建设为关键,深化团队创先行动。召开上海市班组建设经验交流会,命名2012年上海市团队创先特色班组200个,举办十八大精神劳模宣讲团班组长专场报告。编写《上海市班组长岗位培训教程》、《活力班组——上海市团队创先特色班组案例集》,为班组长培训提供教材,与市有关部门联合开展班组长培训工作。全年共举办班组长培训班504期次,培训班组长20455人,其中

6月26日,召开促进区域发展全国示范性劳动竞赛上海交流会

(吴良荣)

纳入市级“班组长培训计划”的92期，取得《上海市班组长岗位资格培训证书》的有8571人。（李卫军）

岗位建功

【市总工会逐步推进市重点用能单位职工节能减排专项立功竞赛】 6月13日，市总工会、市发改委、市经信委、市国资委联合召开市重点用能单位职工节能减排专项立功竞赛推进会。会上，市发改委有关部门负责人作节能减排形势任务报告，一批职工节能减排优秀合理化建议、优秀技术创新成果以及职工节能减排知识竞赛优胜团队等受到表彰。2011年以来，市总工会、市发改委、市经信委和市国资委在全市重点用能单位中开展职工节能减排专项立功竞赛活动，以“我为节能减排做贡献”为主题，动员组织职工以良好习惯自觉节能减排、以岗位创新厉行节能减排、以建言献策推动节能减排、以民主监督促进节能减排、以模范行为引领节能减排，为促进企业节能减排发挥积极作用。2012全国和上海节能宣传周期间，四部门还联合举办上海职工节能减排图片展和职工节能减排知识竞赛等活动。（武吉波）

【上海工会召开上海市五一劳动奖状(章)表彰暨“当好科学发展主力军、打好创新转型攻坚战”主题实践活动推进会】 4月25日召开。市委副书记殷一璀出席会议并讲话。会议由市人大常委会副主任、市总工会主席钟燕群主持。大会表彰2012年获得全国五一劳动奖状、奖章的11个集体和51名个人，39个全国工人先锋号，以及获得上海市五一劳动奖状、奖章的50个集体、99名个人和298个上海工人先锋号。会上，上海市五一劳动奖状代表上海祥明仪表机箱有限公司党支部书记、董事长张开明，全国五一劳动奖章代表速达、胡国林交流发言。（李　伟）

【普陀区总工会开展新渡口旧改地块房屋征收立功竞赛活动】 9月7日，区总工会、区建交委工会、长风社区总工会和区房管局工会联合举办“争创工人先锋号，五比五赛展风采”新渡口旧改地块房屋征收立功竞赛活动启动仪式。劳动竞赛涵盖了参与新渡口旧改地块房屋征收的相关部门和职工，共计20个参赛班组300余名职工参赛。区房管局党委就新渡口旧改地块房屋征收立功竞赛活动作了部署；出席领导向参与立功竞赛活动的班组授“工人先锋号”争创牌；区房管局征收中心、第一房屋征收事务所班组、第二房屋征收事务所班组、长风新村街道社保中心、新渡口小区工会等5家单位分别发言，班组代表宣读了立功竞赛活动倡议书。（许王丽）

【普陀区国资系统工会深入开展劳动竞赛】 一是围绕服务行业，开展优质服务竞赛。在窗口服务性企业中开展普及面广、带动性强、职工喜闻乐见、适合职工参与的服务技能竞赛。中环酒店客房部通过开展“一对一”铺床技能计时赛，提高客房部服务人员的专业技能和服务水平；复美大药房开展以“员工形象优、购物环境优、商品陈列优、安全卫生管理优”为内容的“四优”门店基础管理劳动竞赛，打造良好的门店形象和服务形象。二是围绕专技岗位，开展技能练武比拼。供销社把进城务工人员纳入竞赛范围，开展以副食品、蔬菜、水产的分拣、掂量、加工为主要内容的岗位技能操作比赛；城投公司组织各在建项目组开展工程维修、抢修等各相关环节的技能竞赛，确保工程质量和安全。三是围绕转型创新，开展“金点子”活动。真如副中心对在建项目未来5年产业功能定位和优化企业管理征集职工的建议和思考，汇总后形成报告提交企业经营者，实现项目建设方向、管理程序等各方面的优化；英雄集团金笔厂结合企业场地调整，动员职工在节开源节流方面献计献策，深化节能减排，为企业找寻新的经济增长点。四是围绕素质提升，开展读书征文竞赛。启动系统万名职工岗位成才读书征文活动，向系统企业职工推荐励志类、技能类、修养类、综合类优秀书目共17本，并开展征文竞赛活动。（许王丽）

【闸北区开展旧区改造立功竞赛】 为进一步推动闸北区2012年旧区改造工作，闸北区总工会、区建交委、区旧区改造动拆迁总指挥部联合开展了以“聚焦目标、创新转型，引领群众、确保稳定”为重点的2012年旧区改造工作立功竞赛活动。竞赛按照“由南向北、成片推进”原则，确定完成居民房屋征收4000户，完成旧改基地收尾10个的工作目标。竞赛中，广大参赛人员广泛开展“五比五赛”，即：一比目标责任落实好，赛强化能力完成目标成效率；二比创新机制做的好，赛突破瓶颈加快进度有效率；三比引领群众宣传好，赛政策透明居民配合满意率；四比队伍转型抓得好，赛规范管理整体素质提升率；五比一岗双责推进

杨浦区总工会调动职工岗位建功热情，开展旧区改造立功竞赛活动（曹理仰）

好，赛源头预防矛盾化解成功率。

（倪增强）

【虹口区总工会实地检查各赛区立功竞赛推进情况】 为深入贯彻区委区政府立功竞赛启动仪式暨二次征询动员大会精神，9月27日，区总工会主席、副区长等来到周家嘴路901号地块，实地检查基地开展立功竞赛情况，召开现场座谈会，与一线工作人员面对面交谈。第一征收事务所、嘉兴分指挥部分别就901地块的进展情况、具体做法、下阶段达标计划等作汇报。与会领导充分肯定了现阶段的工作，就做好下一阶段工作提出四方面要求，一要突出维护群众利益，掌握未签约居民信息，针对性地采取措施做好群众工作；二要处理好立功竞赛与旧区改造的关系，注重工作结果，要体现任务达标和群众满意度的有机平衡；三要积累经验，做好阶段性小结，推广好的做法和措施，咬住目标不动摇；四要用好立功竞赛激励机制，在工作安排上不打疲劳战，注意劳逸结合，保持饱满的精神状态。

（徐　洁）

【杨浦区总工会牵头开展旧区改造立功竞赛活动】 8月13日，区总工会、区住房保障和房屋管理局、区旧改指挥部办公室联合召开杨浦区"当好科学发展主力军，打好创新转型攻坚战"旧区改造立功竞赛动员暂师大会。会上，奋战在旧改一线的街道分指挥部、征收事务所工作人员进行承诺表态、倡议及宣誓。2012年，全区旧改征收工作战线上的干部和职工，以旧区改造立功竞赛活动为契机，形成全区征收工作合力，顺利完成"启动征收6000户、完成征收5000户、收尾10个基地"的目标任务。

（曹理仰）

【黄浦区劳动竞赛取得积极成效】 各级工会以创建"工人先锋号"为载体，广泛开展以"当好科学发展主力军、打好创新转型攻击战"为主题的劳动竞赛，形成全方位、多层次、宽领域、有重点的竞赛格局。(1)全区劳动竞赛覆盖面不断扩大，竞赛领域从国有企业向合资、外资、民营等非公企业延伸。仅"携手保增长、和谐促发展"非公企业立功竞赛就有2092家企业主动参与。参赛对象从一线职工向研发、管理、营销人员延伸，竞赛的群众基础和社会影响力不断增强。(2)建立与完善竞赛机制，为竞赛创新发展奠定基础。区总工会修订完善《黄浦区劳动竞赛实施办法》，对竞赛的组织与领导、形式与内容、模式与管理、经费与表彰等规范，区总工会和各区管工会职责更加明确。全年区总工会投入竞赛经费200万元，并要求各级工会以1:1配比投入活动资金。

（吕诚陆）

【静安商务工会积极开展劳动竞赛】 年初，围绕商贸流通业发展能级的提升、创意产业发展质量的提升、区域开放型经济发展质量的提升、社区商业建设成效的提高等重点工作，静安商务工会和各集团工会共同组织实施以"抓提升、促优化"为主题的劳动竞赛活动。10月26日，区商务工会召开劳动竞赛经验交流会，九百家居上南店、雷允上、静工长翎、中企物业等5家基层工会在会上交流发言。会议要求商务系统各级工会要把劳动竞赛活动与班组建设相结合，与培育知识型、技能型、创新型职工队伍相结合，与弘扬和传承劳模精神相结合。

（蒋玉琴）

【宝山区总工会以劳动竞赛服务地区发展】 区总工会以"宝山发展在心中、创新转型建新功"为主题，开展六大赛区劳动竞赛：围绕民生开展保障性安居工程建设管理专项劳动竞赛，为推进住房保障体系建设、完成保障性安居工程建设管理的各项目标和任务提供服务；围绕邮轮经济开展商贸旅游业规范诚信服务专项劳动竞赛，为推动区域商贸旅游业发展，顺利完成60多艘国际邮轮靠港接待服务和办好上海樱花节等重要任务做出贡献；围绕美化环境开展绿化宝山靓化滨江新区专项劳动竞赛，巩固提升"全国绿化模范城区"创建成果，整体提升宝山宜居程度；围绕文明服务开展重点窗口服务行业专项劳动竞赛，为推动窗口行业行风建设、提高人民群众满意度做贡献；围绕转型发展开展科技促发展、技能强素质专项劳动竞赛，促进科研技术人员和职工队伍整体素质进一步提高、创新能力进一步增强；围绕和谐发展开展非公企业保增长促和谐专项劳动竞赛，推动企业增效、职工增收。

（胡立伟）

【宝山区总工会深入推进主题实践活动】 2012年，区总工会开展"宝山发展在心中、创新转型建新功"主题实践活动，全区共有约6300家企事业单位、4万个班组、14.81万名职工积极参与。活动中，共组织职工开展经济技术创新活动427项，提出合理化建议4019条，实施技术攻关、技术革新项目83项，总结先进推广先进操作法206项，创造经济效益1073万元，提出节能减排合理化建议1343条，其中采纳842条，实施842条；全年组织职工开展各类技术培训（讲座）172次，有2.7万名职工参加，组织开展各类技能比赛6次，包括27个工种（项目），其中8个竞赛工种（项目）与职业资格等级鉴定挂钩，参赛技能竞赛的职工0.49万人，其中527名职工技能等级晋升；组织开展职工节能减排普及宣传活动171次，聘任140名职工节能减排义务监督员，组织职工参与全市节能减排知识竞赛答卷活动，1.3万名职工参与答卷，职工开展节能减排技术革新、技术攻关项目72项；组织用户满意服务明星集体代表参加上海市班组长培训，组织区内企业参加区班组长培训，共200名班组长通过考核获得证书。另外，全区有3个项目获得第二十四届上海市优秀发明选拔赛银奖、10个项目获得铜奖，1个项目获得发明产品推广实施金奖。

（胡立伟）

【嘉定职工开展"携手保增长，和谐促发展"劳动竞赛】 5月17日，区总工会在伟创力电子科技（上海）有限公司召开嘉定职工"携手保增长，和谐促发展"劳动竞赛推进会。会议全面部署竞赛活动，要求各街镇从企业的特点出发，结合各街镇的工作重点和特点，在全区重大工程和保障房建设、群众性科技创新、社会管理与服务、安全生产等方面有重点地开展竞赛活动。会上，为嘉定区获"上海市工人先锋号"称号的23个班组颁奖，为"嘉定区王春祥劳模创新工作室"、"职工科技创新李凤娟工作室"和"职工科技创新徐军工作室"揭牌。区总工会和创新工作室所在街镇向每个工作室赠予扶持工作经费2万元。会前，与会人员一起观摩了伟创力公司手焊技能操作比赛现场和劳动竞赛成果展。（徐 浩）

【青浦区举办建筑行业职工劳动竞赛】 6月6日，区"建设'一城两翼'，打造宜居城市"建筑行业职工劳动竞赛启动仪式在新城一站大型社区配套商品房基地举行。竞赛活动由区建设交通委和区总工会联合举办，自6月启动，主要围绕安全生产、工程质量、文明施工、节能降耗、科技创新等内容进行。在活动组委会的组织发动下，共吸引近300家在建工程施工单位（企业）报名参赛。（马美君）

【青浦区总工会召开"服务创新驱动、致力转型发展"立功竞赛现场推进会】 3月30日召开。会议要求各级工会结合实际，有组织、有声势地发动企事业职工参与增值型、攻关型、技能型、安全型、节约型、优质型等"六型"竞赛活动，积极推动岗位建功向班组延伸、劳动竞赛向非公企业拓展，掀起区镇有特色、企业有特点的劳动竞赛热潮。会议表彰2011年度"青浦区工人先锋号"、"青浦区经济技术创新活动先进单位和创新标兵"、"青浦职工合理化建议"、"十佳金点子奖"、"先进操作法优秀成果奖"、"全国安康杯竞赛（青浦赛区）优胜单位、优秀班组、先进个人"；命名"2011年青浦区职工科技创新示范基地、职工创新工作室"。（马美君）

【上海大隆机器厂有限公司扎实推进劳动竞赛】 一是开展调研，制订计划。公司工会牵头组织开展季度劳动竞赛，发动全体员工参与。工会干部到各部门调查研究，分析评估，确定活动重点，制订活动计划。二是围绕目标，设置标准。劳动竞赛活动设置销售、技术、生产、管理、服务明星等评选项目，并围绕公司市场开拓、降本增效、效率提高、管理提升等目标设置量化评选标准。三是明确分工，组织落实。成立劳动竞赛领导和工作小组，召开劳动竞赛专题工作会议，进行动员和布置，分别与相关部门签订《劳动竞赛业绩签约书》。同时以厂报、公司网站、宣传栏等形式大力宣传，推动劳动竞赛蓬勃开展。四是综合考评，评选明星。每季度由班组向各部门工作组推荐申报，审核后上报公司活动工作小组进行综合考评，最后经活动领导小组审批通过。2012年，共有25位员工被授予各类明星荣誉称号并被纳入公司人才培养计划。（周鸿祥）

嘉定区总工会召开嘉定职工"携手保增长，和谐促发展"劳动竞赛推进会（张方明）

【上海电气集优股份有限公司开展"六比六赛"】 一是比精细化管理进班组，赛班组建设好。推进班组工作制度化、规范化、民主化、精细化，不断提高班组的执行力、凝聚力、创造力。二是比全员广泛参与，赛合理化建议好。组织"我为企业'管理创新年'献一计"的合理化建议活动，激发、凝聚职工智慧。三是比QC项目实效性，赛质量管理好。一线操作人员、工程技术人员和业务管理人员依据"客户导向、精心组织、真抓实干、全员参与、提高水平"的方针，广泛开展QC小组创先活动。四是比安全标准化管理，赛安全生产好。组织"我的安全我负责，他的安全我有责"安全文化宣传活动，宣传企业安全文化。五是比作业场地整洁，赛5S管理好。制订规范化、系统化的5S现场管理标准，开展严格的定置管理、标识管理和看板管理。六是比价值工程分析，赛产品效益好。科技人员开展"我为电气发展建功、我为企业发展创新"为主题的立功竞赛，通过优化设计、材料替代、设备高效利用、比价采购等方式，降低产品成本，提高产品的盈利能力。（周 珺）

【上海锅炉厂有限公司开展主题立功竞赛活动】 上锅公司开展以"拓展市场、研发新品、攻克瓶颈、提升质量、强化管理"为主题的全员立功竞赛活动。活动围绕技术准备、物资采购、扩散联营公司、生产制造等诸多环节，采取有效措施，疏通"瓶颈口"；围绕压缩库存、抓好应收账款和平衡现金流量，加强企业综合管理的改进；围绕非火电板块产业发展，大力拓展新业务市场，加大后备人才培养力度；围绕管理改进和管理创新的需求，完善机制，提高管理水平，确保公司可持续发展。一是精心组织、精心安排，发动全体职工积极参与。二是积极加大技术创新投入力度，把增强自主创新能力作为结构调整和发展方式转变的中心环节。三是进一步在全体职工中开展合理化建议活动，动员和引导职工立足本职岗位，结合生产实际在降本增效、创新变革、人才培养、经营管理、和谐发展、节能减排等方面多提合理化建议。四是加强质量责任主体意识，切实将质量改进计划落实分解到班组（室）、工段、岗位员工，强化"产品即人品"。（赵灵敏）

【机电工会五大劳动竞赛推动装备制造业发展】 一是开展全员竞赛。开

上海市机电工会领导与外方总经理为劳动竞赛优胜者授旗
（冯克华）

展“立足岗位我勤奋、再次创业我奉献”系列劳动竞赛，40多家基层企业参赛。参赛单位结合企业工作实际和发展目标，制定竞赛实施规划，竞赛形式多样、成效显著。二是开展重点竞赛。在12家重点发展企业中开展“我为世界级工厂建设添砖加瓦”主题竞赛。在技术攻关、技术创新、技术改造、管理提高、文化建设等方面获得积极成果。三是开展节能降本竞赛。在“重点用能单位开展“节能减排、降本增效”达标竞赛，上海重型机器厂有限公司、上海锅炉厂有限公司、上海电机厂有限公司、上海日立电器有限公司和上海宏钢电站设备铸锻有限公司等5家重点用能大户，签署竞赛协议书，制订全年降耗目标。四是开展海外工程立功竞赛。在海外工程项目中开展“电站设备海外工程项目建设联合立功竞赛”，25家单位参赛。五是在科技人员中开展“我为电气发展建功，我为企业发展创新”竞赛，已实施创新项目1100多项。（朱汉民）

【化学工会围绕中心工作精心组织主题立功竞赛】 年内，化学工会围绕行政确定的“强化两个创新，推进结构转型”主线，扎实推进“当好创新发展主力军，建功华谊十二五”主题立功竞赛。会同行政召开集团主题立功竞赛动员会，制定下发《关于开展2012年“当好创新发展主力军，建功华谊十二五”主题立功竞赛活动的通知》，确定竞赛总体目标，落实18个竞赛子项目，并与参赛单位签订立功竞赛计划协议书。根据竞赛要求，化学工会先后会同集团竞赛办公室对2012年集团重点工程项目进行中途检查，推进重点工程竞赛健康有序开展；会同集团经济运行部开展“关键机组设备创优”活动，参赛设备达标率达到95%，比上年提高3%；会同集团财务部开展“财务基础管理”、“财务降本增效实例分析”活动，共收到实例分析25篇，近150张报表差错率低于5%；会同集团科技部开展重要科技项目竞赛，完成“乙二醇工业化实验装置建设与运行”、“万吨级丙烯酸新工艺工业化侧线试验装置建设与运行”等重要科技项目攻关；开展“岗位创新立新功”合理化建议活动，共收到两级单位推荐的建议300多条，实施后经济效益达4800万元。另外，还配合重点能耗单位参加市总工会、市国资委、市经信委等开展的“上海市节能减排专项竞赛”，获一等奖和组织奖各1个，三等奖4个。
（王有福）

【医药工会举行劳动竞赛结项及立项评审会】 5月22—23日召开。工会坚持开展“争当主力军，建功新上药”劳动竞赛，形成一套完整的年初立项、中途跟踪检查、年终结项的竞赛机制。2011年，上药集团劳动竞赛立项项目共包括7家企业的12个项目，其中，提高产品质量和利润的有8项，降本增效有1项，扩大有效销售的有3项。2012年，有12家直属企业或子公司申报集团立项的劳动竞赛项目有30项。经集团劳动竞赛工作小组初审，确定10家企业20个项目入围2012年劳动竞赛立项评审会。经评审委对各项竞赛所取得的效益和效果反复核实、评审，最终评选出2011年劳动竞赛一等奖项目2个、二等奖项目5个、三等奖项目5个，同时确定14个项目为2012年集团竞赛立项项目。
（李晨海）

【宝钢开展“振奋精神、迎接挑战、攻坚克难、争创最优”劳动竞赛】 集团工会根据公司年度总体工作思路和生产经营目标，全面开展2012年度“振奋精神、迎接挑战、攻坚克难、争创最优”劳动竞赛。其中面上开展跨厂际同工序对标、减亏扭亏和拓展新市场创造新效益等3项专项竞赛。年中，举办“挑战极限、超越自我”劳动竞赛最佳实践交流会，宝钢股份冷轧厂涂镀四分厂设备机电作业区作业长朱超等8名在劳动竞赛中表现突出的实践者代表和团队代表走上讲台，与宝钢职工共同分享最佳实践案例。2012年，宝钢共实施子公司级竞赛项目227项，厂部、车间级项目1590项，降本增效全年共完成65.98亿元，完成目标的114.8%。（李清泉）

【宝钢工程公司工会开展全员劳动竞赛】 竞赛以“提能力、促转型”为主导思想，以“创新、效率、增长”为主题，以实现公司挑战性经营目标为重点，共设立“成本改善、协同共建、提升人力资源效率、新增手持订单、货款回笼、服务钢铁主业最佳实践、职工经济技术创新、争创最佳项目管理实践、现场安全管理”等9个竞赛项目。全年各层面共设立竞赛项目418项，其中降本增效项目完成4812.02万元，达到指标的137%；新增手持订单175.67万元（其中宝钢外市场90.79万元），完成指标的113%；新增应收账款货款回笼率达95%，完成全年计划指标。（许晨光）

【宝钢股份工会开展劳动竞赛推动企业效益提升】 工会策划开展公司层

面“提升制造能力，实现降本增效28.7亿”劳动竞赛。全年开展公司层面劳动竞赛11项，各事业部、子公司及总部各单位层面劳动竞赛129项，分厂层面劳动竞赛596项，共实现效益29.4亿元，完成全年目标的102%。同时，工会牵头组织集团公司范围内跨厂际同工序对标竞赛。通过开展竞赛活动，197个对标达标83个，111个指标优于2011年，有72个指标刷新历史最好记录。

（包　翔）

【宝钢股份技能比武竞赛成绩显著】6月，公司工会开展职工技能选拔赛，共有16家单位的1087名职工参加高炉炼铁（炉前）等16个工种的比赛，选拔724名选手参加集团公司的决赛，其中55名选手获得名次。另外，在中钢协“马钢杯”第六届钢铁行业职业技能竞赛中，股份炼铁厂孙国军、徐荣、赵军3位职工被授予“全国钢铁行业技术能手”称号，其中孙国军被推荐申报“全国技术能手”。

（包　翔）

【宝钢特材公司工会开展“凝聚职工干劲，促进企业发展”主题竞赛活动】2012年，面对“减亏”与“稳定”两大任务，特材公司工会以“凝聚职工干劲，促进企业发展”为主题，开展职工对标找差，全员降本增效劳动竞赛活动。工会建立竞赛组织推进体系，月度和季度分别召开竞赛工作小组和领导小组推进例会，检查竞赛项目开展情况。建立竞赛项目推进跟踪机制，各项目牵头部门定期对项目实施进度进行检查，针对问题及时制定对应措施，确保竞赛按节点进行。建立信息通报机制，竞赛办公室每月汇总竞赛信息，编制竞赛简报。建立竞赛业绩榜，竞赛办公室每月将各项目完成情况以竞赛业绩榜形式在《特材通讯》刊登。建立竞赛评价标准，按照项目效益、成本绩效、组织推进3个方面，评价每季竞赛项目。建立竞赛激励机制，每季按照评价结果，对各参赛部门进行奖励。全年共开展公司级竞赛项目19项，专题竞赛2项。两级部门开展竞赛36项；三级部门开展竞赛57项；作业区开展竞赛14项。参赛作业区138个，参赛班组331个，参赛职工3005人。竞赛实现效益15931万元，完成公司目标的106%。

（马沪宁）

【上海石化开展“增收节支、建功立业”劳动竞赛】围绕公司技术经济指标、生产运行、设备管理、经营销售和HSE管理等主要内容，上海石化工会全面开展“创先争优、建功立业”竞赛活动。公司各下属纷纷开展具有特色的专项竞赛，形成各自竞赛活动品牌。公司工会全年共收到下属单位小指标专项劳动竞赛方案39个，有10个竞赛方案被评为最佳竞赛方案。竞赛中，有13个单位、4套生产装置获得季度流动红旗，有11个单位、11套生产装置获得季度红星。同时，结合日常生产经营管理和班组的具体情况，上海石化工会开展“我为降本增效献一计”活动，共收到建议2684条，推动公司生产经营成本和各项费用有效降低。

（盛立新）

【上海航天局工会开展“我承诺我奉献我创新我超越”主题岗位建功活动】局工会结合“创新提效年”，在全局组织开展“我承诺我奉献我创新我超越”岗位争先活动。一是做好阶段性策划发动。3月下发通知，要求各单位成立专门小组，推动此项工作。7月局工会再次下发通知，要求各单位将“四我”活动和“我为创新提效献一计”活动相结合，确保活动实效。二是做好阶段性经验挖掘。注重挖掘各单位活动亮点，509所工会组织开展班组“1+8”活动，通过规定动作和自选动作组合，抓住关键环节开展献计献策活动；控制所工会开展针对不同群体的不同类别的专项赛，并首次将管理类班组纳入到活动中；动力所工会将“四我”活动与“项目老师”活动相结合，共举办“项目老师技术比武”107场次，近300名职工参与其中，同时成立“劳模创新工作室”；民品企业飞奥公司通过“日常+专项精益”方式，开展精益企业创新提效工作，累计改善课题提案87个，为公司节约成本105万余元，节约工时2322.56小时。三是做好阶段性成果汇总。经统计，全局共开展劳动竞赛252项，13394人参与；开展技术比武活动163场，1865人参与；共征集合理化建议2264条，经成果转化后产生经济效益5963万元；征集职工创新成果611项，2818人参与；举办各类职工技术架桥活动111场，2467人参与。

（沈　恺）

【上海飞机设计研究院工会开展“百日攻坚”劳动竞赛助推型号发展】9月17日起至12月31日，在全院开展以“争分夺秒大干百日，誓保型号研制节点”为主题的“百日攻坚”劳动竞赛。以部门为单位开展的竞赛，以项目竞赛的形式进行申报，共收到各部门申报竞赛项目230项。竞赛活动主要围绕C919大型客机、ARJ21-700新支线飞机、管理提升与能力建设进行，

市总工会举办上海市职工节能减排知识竞赛擂台赛　（吴良荣）

助推企业型号任务的研制发展。（姚雪波）

【白玉兰烟草材料有限公司工会推动竞赛向班组延伸】 2012年，白玉兰烟草材料有限公司工会会同人力资源部门及生产车间，将劳动竞赛活动延伸下移至班组，提出“以班组为抓手，提升专业技能”的目标。活动采取党总支统一领导，企业行政主抓，工会组织推进，各方共同参与的方法，有计划、有步骤地将活动贯穿于整个年度。全年各级工会、班组共组织开展8项各种类型和主题的劳动竞赛。（王雅珍）

【上海烟草储运公司工会开展职工技能竞赛】 公司工会结合“精益物流”建设，围绕储运生产业务，开展“比作风、比专研、比干劲、比安全、比创新”竞赛活动。将竞赛更多地集中在新技能操作的学习和推广上，促进企业整体效益的提升。全年，共有206名员工参与各类技能竞赛活动。在集团公司主办、公司承办的行业叉车技能大赛中，公司员工获得中级工第一、第二、第六名和托盘车第一名的好成绩。（施红梅）

【华东电网举行第三轮技术技能竞赛】 4月启动竞赛。经过全员培训、初赛、实际操作培训等阶段，11月29日，决赛暨总结表彰会在浙江省电力公司培训中心举行。经角逐，浙江省电力公司代表队获得团体一等奖，个人第一名为浙江的王志亮。（施炜伟）

【上海铁路局开展“遵章守纪，按标作业”主题竞赛】 3月1日，铁路局党政工团联合发文，在全局车务、工务、电务、机务、车辆、供电系统开展“遵章守纪，按标作业”主题竞赛活动。竞赛中，局工会组织拍摄28个主要行车工种标准化作业示范片，引导职工学标、执标、达标。通过竞赛，全局职工安全法律意识、风险意识、责任意识明显增强，按标作业成为习惯，“两违”现象得到有效控制，现场作业有序可控，形成主动控制安全风险、争创标准化岗位、争当按标作业职工的浓厚氛围。同时，各工种、各岗位涌现出一批“安全意识好、遵章守纪好、按标作业好、岗位技能好”的先进标兵。（白 杰）

【中海工会开展第15届“中海杯”劳动竞赛】 中海工会开展以“同舟共济克时艰，建功立业促发展”为主题的第15届“中海杯”劳动竞赛。各级工会发挥组织优势，围绕提升职工素质、健全班组建设、加强市场营销、提升企业品牌等方面，开展扎实有效、务实创新的竞赛活动，推动了企业发展。同时，该项竞赛还与“安康杯”劳动竞赛、全国水运系统船舶、班组安全竞赛、中海“百日安全无事故”活动、为民服务创先争优活动、“面心实”活动等结合起来，扩大了工会工作的影响力。（张 洁）

上海交运集团召开立功竞赛动员大会（吴 明）

【上港集团引航管理站工会开展专项立功竞赛活动成效明显】 作为港口服务链的第一环，上港集团引航管理站工会坚持开展以引航安全、优质服务、队伍建设等为重点的专项立功竞赛活动。在引航科、洋山分站、吴淞船队等基层设立分赛区，分别开展引航船、交接中心安全接送5000艘次，汽车队安全行车百万公里，船员水手工艺比武，“扶一把、搀一把”、调度“服务明星”评选等专题、专项竞赛。2012年在航运业普遍不景气的大背景下，全站引航各类中外船舶仍然达到67715艘次的高位，为上海国际航运中心建设作出贡献。（张 新）

【交运集团立功竞赛活动亮点纷呈】 交运汽车零部件制造分公司在职工中组织开展以“比工作业绩、比安全生产、比产品质量，创建工人先锋号”为主要内容的“三比一创”劳动竞赛活动，在公司上下形成了浓厚的“比、学、赶、帮、超”竞赛氛围；交运汽车动力公司强化“金点子”活动，制定出台了合理化建议和技术改进长效机制实施管理办法，调整了合理化建议评审委员会，拨出专项资金用于奖励；英提尔交运公司以“赛安全生产、赛产品质量、赛现场管理、赛降本增效、赛工作业绩、创标杆班组”作为竞赛主要内容，注重强化安全生产、提升产品质量、加强现场管理、实现节能降耗；长途汽车运输有限公司围绕年度经济目标，组织开展以“安全优质铸品牌，开源节流夺奖牌”为主题的立功竞赛活动；联运有限公司通过年度集体协商，确定行政每年出资2万元、工会出资1万元共同设立专项奖励基金，奖励在立功竞赛活动中作出贡献的先进集体和个人。（吴 明）

【中国移动上海公司劳动竞赛实现企业员工双赢】 一是结合规范化、体系化的竞赛模式，使竞赛活动全方位、多层面渗透。二是竞赛以KPI上浮为主线，助力公司KPI总体完成。三是将劳动竞赛、岗位练兵和合理化建议活动有机结合，以竞赛推动技能登高，促员工岗位成才。四是以“每月简报”、“赛中奖励”和“短期疗休养”为激励载体，调动基层单位及员工的参赛热情。劳动竞赛已由活动型向管理型转变，得到集团公司认同。（高诗颖）

【中交上航局工会开展“三抓三提高”竞赛活动】 2012年，中交上航局工会开展以“三抓三提高”为主要内容的立功竞赛活动，竞赛通过“抓创新、促转型、提高企业竞争能力；抓管理、保安全、提高项目盈利能力；抓培训、强素质、提高员工适应能力”，打造科技创新、工程创精、岗位创优、管理创效、文明创佳“五个”竞赛平台。竞赛重点对象是东方分公司、中港股份公司、交通建设公司、勘察设研公司等4家争创上海市立功竞赛“金杯公司”、“优秀公司”单位。年中，公司竞赛办召开争创上海市立功竞赛“优秀公司”推进会。（杨建平）

【锦江航运公司船舶开展争创活动】 公司各船舶以创建“双文明”星级船舶活动为平台，以争创“五星级船舶”为目标，以“安全准班”为抓手，找准竞赛活动的切入点和落脚点，并坚持与船舶开展的安康杯活动相结合，与船舶港口国检查相结合，与节能减排、降低成本相结合，打造“一流船舶”。全年共有15艘次船舶获得季度“五星级船舶”称号，“锦江之光”轮、“恒裕”轮更是创下全年四季度均获得“五星级船舶”的成绩，季度“五星级船舶”的艘次数较之2011年增加87.5%，创下锦江航运开展争创“五星级船舶”以来的最好成绩。（田 冰）

【建工工会深化重大工程“精品杯”立功竞赛】 建工工会以创建“工人先锋号”为载体，以“创一流”为要求，在上海中心、虹桥商务区、世博园区、迪斯尼、轨道交通、保障性住房和医疗板块等市重大工程建设中，深入开展以“安全文明、科技创新、科学管理、又好又快、团队和谐”为主要内容的“精品杯”立功竞赛，促进各项重大工程顺利推进。特别是在京西宾馆维护修缮工程、新疆迎宾馆工程施工过程中，精心策划、开展竞赛活动，激发广大建设者的积极性，促进建设任务顺利完成。（杨钟春）

【建工五建集团工会深化“五优杯”竞赛】 五建集团工会确定“竞赛活动项目化、活动形式标识化、责任落实目标化、检查考评制度化”的竞赛工作思路，加强立功竞赛活动的组织领导，明确“进度达标、质量创优、科技创新、安全文明、团队建设”等“五优”内涵，制订2012年度“五优杯”立功竞赛实施方案，并与积极参与市重大工程建设和集团“精品杯”立功竞赛活动相结合，分类别、分层次、有重点、有针对性地组织开展各类立功竞赛活动。通过竞赛活动，树立和弘扬了一批先进典型、先进事迹，促进了重大工程建设，实现了“出精品、出精英、出精神”的竞赛目标。（杨钟春）

【建工七建集团工会以“三项举措”开展外埠重点项目立功竞赛】 针对北京京西宾馆、谷泉会议中心、天津文化中心商业体等重点工程工期紧、要求高等特点，七建集团工会通过开展立功竞赛活动助推工程建设。一是精心设计竞赛载体，创造催人奋进的竞赛氛围。通过及时召开竞赛动员会、推进会及开展攻关赛、对抗赛、节点赛等多种竞赛形式，调动参赛单位的积极性和创造性。二是突出创新创优，确保工程过程结果精彩。积极开展群众性的科技创新攻关和献计献策活动，扎扎实实地抓好总承包管理和品牌创优建设。其中，北洋园体育中心获得天津市优质工程“海河杯”金奖，京西宾馆一期地下隐蔽防护工程获得军委总参谋部优质工程。三是不断激励、引导、凝聚广大员工在工程建设中建功立业，创先争优。充分利用各种工具和载体进行宣传和思想发动，让广大建设者深刻认识并了解重点工程建设的重要性、特殊性，增强广大参赛职工的责任感和使命感，涌现了一大批优秀集体和个人。七建集团天津文化中心商业体工程总承包项目部和京西宾馆维护修缮工程总承包项目部分别获天津市“五一劳动奖状”和2012年度上海市重大工程立功竞赛“金杯集体”称号。（杨钟春）

【建工二建集团工会发挥团队优势多项并举推进重大工程建设】 一是协助行政加强项目部总承包管控能力。领导班子靠前指挥，增派施工、技术、质量、安全等各条线管理人员驻扎项目，集整个工程公司的力量对项目部支持帮助。二是协助项目部落实管理责任。强化对现场施工的统筹协调，增大劳动力及物资投入，完善细化加班制度，努力加快工程施工进展。三是强化质量意识和安全管理。坚持项目安全质量联合检查、讲评例会制度，坚持落实好项目安全网格化(责任区域)管理制度，确保在赶工阶段安全受控、质量过关。四是加大现场服务保障力度。为施工人员营造良好的工作、生活环境，并增加大型机具操作人员，做好临水、临电、食堂等后勤保障工作。根据需要安排人货梯等大型垂直运输机械操作人员全天候待命，为各专业单位赶工创造条件。五是发挥总包及各参建单位党团员的模范带头作用，加大宣传力度，营造竞赛氛围，确保实现工程又好又快推进。（杨钟春）

【城投总公司立功竞赛活动呈现三个特点】 面对承建重大工程投资建设的新形势和城市安全运行保障的新要求，总公司综合赛区开展以“当好主力军喜迎十八大”为主题的立功竞赛活动。竞赛活动呈现3个特点：一是做到“五个结合”，即：与推进创先争优活动相结合，与深化职工素质工程相结合，与提高企业管理水平相结合，与构建和谐企业文化相结合，与增强基层工会活力相结合。二是竞赛活动由单个项目内部竞赛延伸到项目与项目结对竞赛。三是竞赛活动逐步由公司层面向公司职能部门和一线班组延伸。（茅瑞喆）

【海洋石油局“比学赶帮超”活动见成效】 活动以“创先争优、发展建功”为主题，与“争创红旗岗”、“安康杯”竞赛、创建“工人先锋号”及日常劳动竞赛活动相结合，覆盖局、分公司系统内各平台船舶、生产经营、科研教育、内部管理等所有岗位。活动根据效能建设、作风建设、党风廉政建设等工作实际，针对各单位和班组不同的工作环境和工作要求，分别设立评价指标，务求在实效上面下功夫，营造“见红旗就扛，有第一就争”的竞赛氛围，使全体员工的责任意识得以增强，工作作风得以改进，精神面貌得以改观。年中评选出61个“红旗文明岗”。年末，50人获得局“优秀员工”称号，10人获得局“劳动模范”称号，5个单位获得局“先进集体”称号。（耿卫军）

【中建八局惠南民乐大型居住社区项目启动立功竞赛系列活动】 7月13日，中建八局举行惠南民乐大型居住社区项目立功竞赛、“三号”联创、效能监察创“双优”启动仪式。仪式上，惠南民乐大居项目联合党总支、工会联合会和联合团总支宣布成立，同时发布项目立功竞赛、“三号”联创、效能监察创“双优”实施方案，签订立功竞赛责任书、项目廉政协议书。市总工会、市建设交通党工委、中建八局党委等领导为保障房项目组建的联合党总支、工会联合会揭牌，并把一箱箱衬衣、药品、书籍送到建设者手中。

（王广滨 杨 驰）

【百联集团工会深入推进立功竞赛活动】 年初，围绕全年开展立功竞赛主题活动，集团工会举行立功竞赛交流推进会。会上，8家单位以图文并茂的形式作交流发言，内容包括扩销增效、管理创新、转型发展等方面。根据集团工会要求，各两级公司工会组织开展各具特色的立功竞赛活动，分布市内外的3000多家门店的职工、外来劳务工7万余人参加竞赛，促进企业提升经营销售业绩。（姜 杰）

【市金融工会举办上海金融服务精英赛】 5月起，市金融工会和金融业联合会、“十佳理财之星”评选组委会共同主办以“塑造优质服务品牌 培育金融服务精英”为主题的“2012上海金融服务精英赛暨‘理财之星’、‘融资服务之星’评选活动”，131家金融机构的482个团队、6120名员工报名参赛。历经8个月，产生10名“金融服务精英”、“理财之星”双十佳和十佳“融资服务之星”。精英赛参赛单位有市属金融机构、央企和外省在沪金融机构，还有外资金融机构；参赛选手人数创下理财项目劳动竞赛新纪录；行业分布从银行业、证券业、保险业、基金业扩大到期货业、新型金融业，养老保险公司、期货公司、小贷公司、股交中心等首次参加。同时，精英赛催动各金融单位专项竞赛热潮，浦发银行上海分行年度“理财之星”评选，国泰君安证券公司“首届国泰君安理财之星”评比、“2012年融资融券业务”竞赛和“聚宝盆”资产集聚（系列）竞赛，太平洋保险集团寿险公司“倡优质服务、树诚信典范”竞赛，上海期货同业公会“上海期货专业服务明星赛”等活动取得良好的效果。

（章轶楠）

【中船重工第704研究所工会开展“辽宁舰”专项工程保障服务】 704所科技人员投身“辽宁舰”研制任务过程中，所工会把工会工作放在服务大局中去定位，使工会工作与项目研制的各个阶段相结合，帮助解决职工工作、学习和生活中的实际困难，积极做好相关保障服务工作。所工会参与举办军所双方立功竞赛誓师大会，激发了所科技人员确保专项工程圆满完成的信心和决心；充分挖掘先进人物和典型事迹，营造党员群众比学赶超的良好氛围；在专项工程试验任务的每个重要节点，所工会与党政领导一起奔赴各个试验现场慰问科研人员，送去组织的关心和问候。所工会专门开展专项工程一线科技人员以家庭为单位的疗休养活动和职工家庭周末自助游活动。（钱 华）

【上海市卫生系统举办“医工杯”职工岗位竞赛季活动】 7—9月，上海市卫生局、市医务工会开展卫生系统“医工杯”职工岗位竞赛活动，以“建功十二五，奉献在岗位”为主题，包括卫生监督技能竞赛、护理技能竞赛、消防安全技能竞赛、住院医师英语演讲比赛、全科医生技能竞赛等内容。其中，通过卫生监督技能竞赛选拔出的选手代表上海参加首届全国卫生监督技能竞赛复赛、决赛，并获团体二等奖、3人获综合一等奖、2人获综合二等奖、8人获单项奖、优秀组织奖、生活饮用水检测二等奖等共计16个奖项。（柯 婷）

百联集团工会举行立功竞赛活动展示暨创新创效项目表彰大会

（吴志明）

【光明集团工会开展“百名好员工”评选表彰活动】 2012年，在光明食品集团工会开展的“冲刺900亿，我来作贡献”劳动竞赛中，各行各业涌现出一大批爱岗敬业、乐于奉献，开拓进取、勇于创新的好员工。为表彰他们的突出贡献，进一步激励更多的员工以饱满的创造激情投身于集团新三年的发展，光明食品集团工会在集团系统首次开展“光明食品集团好员工”评选活动，共评选出100位“光明食品集团好员工”。他们中有奋战在农业第一线的种（养）殖员，有奔波在市场前沿的销售员，有来自生产一线的班组长、机修工、送水送奶工以及技术管理人员，也有来自“窗口单位”的出租车驾驶员、柜台服务员、售楼员和护理师等。（桑树德）

【光明集团职工劳动竞赛贴紧发展成果丰硕】 光明食品集团工会2012年度群众性劳动竞赛主题鲜明、成效显著,全年集团所属164家企业、29338名员工参加劳动竞赛,5711人次参与技能竞赛和技术比武,实施技术革新项目165件,职工发明创造项目13件,共提出合理化建议8590件,实施合理化建议650件,直接或间接产生效益2.2亿元。在年初召开的集团二届三次职代会上,围绕集团中心工作和新的战略目标,集团工会向全体职工发出"冲刺900亿,我来作贡献"倡议,并及时下发《关于开展"冲刺900亿,我来作贡献"劳动竞赛活动的通知》,明确指导思想和竞赛要求,强化目标任务和激励措施,对激发职工的创造热情、全面深化集团系统群众性劳动竞赛活动起到了助推作用。各单位工会组织发动,广大职工积极参与,创造"100万吨粮食、100万吨饲料"3年目标两年实现的丰硕成果。 (桑树德)

光明食品集团工会在劳动竞赛活动中召开百名好员工表彰大会

(闪向阳)

【良友集团劳动竞赛显成效】 集团工会根据企业特点,创新竞赛内容,有针对性、个性化地开展不同类型的"创新型、攻关型、技能型、节约型、增值型、服务型"劳动竞赛,发挥群众性建功立业活动在促进企业发展中的积极作用。粮油仓储公司各基层工会以粮食进仓为契机,协同粮食业务部等部门,提升线路作业质量和产量;良友新港工会开展"争当岗位标兵,做强现代物流,打造和谐新港"200天劳动竞赛活动,选树16名职工认可的"岗位标兵";福新面粉工会在市场开拓攻坚、产品结构优化、精细化管理、设备技改项目等方面开展劳动竞赛,对拓市场、增销量、提高经营业绩起到明显成效;良友便利工会开展销售系列竞赛活动,在"奋战一百天,创先争优保增长"为主题的百日劳动竞赛中,销售额比去年同期增长7.2%;金伴药业工会通过开展提高出品率、降低能耗劳动竞赛,电耗较定额降低17.8%,溶耗降低10%。 (张晓娟)

【上海城建置业发展有限公司开展大型居住社区立功竞赛】 城建置业围绕集团大型居住社区立功竞赛"抓管理、促建设、保质量、保安全"主题,不断丰富竞赛模式,依托管理创新、机制创新、联建创新,全面推进大型居住社区建设。在专项立功竞赛平台上,集团各参建单位整合资源,合作共进,面对保障房项目工程大、时间紧、标准高的多重困难与压力,在3年时间里连续承建闵行区浦江镇、青浦区保障性住房项目及嘉定大型居住社区云翔拓展基地经适房项目等三大项共计320万平方米的建设任务,为推进集团重大工程建设,推动上海城市居住水平提高作出贡献。 (戴新芳)

【城建集团公司工会开展专项竞赛推进工程建设】 一是抓好项目经理职业化竞赛。隧道股份轨道交通16号线6标项目部与市政集团轨道交通16号线9标项目部通过对口竞赛,打造项目管理精品化团队,严格执行成本资金受控化管理,切实保障质量进度实效化管理,深入开展安全文明标准化管理,稳步推进项目经理职业化建设。二是深入推进保障房建设专项竞赛。集团立功竞赛保障房建设分赛区积极开展竞赛活动,有效整合开发、设计、施工、监理、配套建设等各方资源,围绕保障房的建设目标和任务要求,开创全产业链联动的良好局面。截至年底,集团承担的闵行浦江、青浦华新以及嘉定云翔等三大保障性住房项目共计320万平方米的建设,已完成开工面积249万平方米,有102.6万平方米已经实现结构封顶。三是组织援疆工程专项竞赛。集团援疆项目部积极开展劳动竞赛,经过300多名城建建设者近15个月的努力,新疆喀什叶城维吾尔医医院于8月30日通过竣工验收,成为上海援疆首个竣工并交付使用的援建项目。四是积极参加轨道交通建设专项竞赛。以树立标化工地、创建无渗漏工程为竞赛重点,加强检查,坚持常态管理,树立对外形象窗口。轨道交通12号线汉中路站被评为市文明标化工地,轨道交通12号线26标工地被评为市民观摩工地。 (耿 伟)

【上海联通工会围绕公司中心工作开展劳动竞赛】 上海联通工会配合相关部门确定2012年劳动竞赛活动主题,即"做大市场规模 强化创新驱动 跨越转型发展",同时围绕市场营销增收入、业务创新抓发展、网络壮大促支撑、服务练兵提水平等四大方面开展系列劳动竞赛,共有29个部门(单位)参与,涉及16项内容。(康 迪)

【上海临港产业区开展"创新服务、打造品牌"劳动竞赛】 在临港产业区工会牵头下,临港产业区各相关企业与上海电气临港基地、上海汽车临港基地以"创新服务、打造品牌"为主题,共同开展竞赛活动。竞赛以"三比"为标准,凸显区域特色,即:比自主创新、技术创新,提升员工创造力;比节能降耗、降本增效,将合理化建议落到实处;比安全生产,维护企业安全发展,实现"赛安全、零事故"的目标。

活动中，临港产业区工会先后组织8期各种不同类型培训班，培训各类工种员工4300人次；开展"献计策、创效益、促发展"合理化建议征集，共征集合理化建议128条，其中采纳75条。同时，通过竞赛，上海汽车乘用车公司临港工厂探索出一种优化的套色车生产工艺流程，上海电气上海第一机床厂有限公司的重点工程百万千瓦红沿河1#核电站堆内构件成功通过验收。
（陈欣堂）

【号百集团工会劳动竞赛有成效】 一是围绕"为民服务创先争优"的主题，历时半年在全国号百条线组织开展"天翼争先"号百客服技能劳动竞赛，组织赛前培训1.2万人次，举办竞赛100余场次。经过角逐4人获"中央企业技术能手"称号，8人获"中国电信集团技术能手"称号。二是紧贴集团"移动流量经营业务"，开展"天翼争先"移动互联网产品流量经营及精品商城交易量提升劳动竞赛活动。经过3个月的竞赛，促进了号百移动业务规模发展与流量经营业务提升。
（沈　匀）

【石洞口一厂开展"迎峰度夏"劳动竞赛取得实效】 7月起，石洞口一厂开展"迎峰度夏"劳动竞赛活动，共有770多名职工参加。经过3个月的竞赛，取得明显成效。运行部通过开展发电量竞赛，小指标竞赛，制粉单耗、飞灰指标竞赛，机组主要参数"压红线"运行竞赛等各项活动，完成各项经济指标；检修部以"加强巡回检查力度，确保设备安全运行"为主题开展竞赛，对运行设备进行周期性检查，发现缺陷并及时处理；燃料部在各运行点检班组中开展"比安全、比卸煤量、比清仓质量、比节能措施、比节能金点子"活动，全体运行职工献计献策，争当节能降耗的排头兵；环保部继续开展小指标控制劳动竞赛，以运行班组为单位，对各班小指标进行统计评比，增强团队协作能力，提高竞争意识；综合服务中心层层落实安全生产责任制，加强节能精细化管理，深化对标工作，促进后勤服务工作再上新台阶。（唐丽青）

【市职保会开展"创星级服务岗"活动】 10月，市职保会在营业部、财务部、给付审核部柜面窗口开展"创星级服务岗"活动，并将此项工作作为市职保会创建文明单位的重要内容之一。为此，市职保会提出进一步增强服务意识、优化服务流程、提高服务水平的总体目标，及仪表仪容、服务礼仪、工作质量、出勤考核等四大类11项星级服务标准，接受各参保单位的监督。
（朱正瑜）

技能登高

【2012年上海市职业技能竞赛取得成效】 2012年，市总工会、市人保局、团市委、市教委、市国资委、市经信委等5家单位联合举办上海市职业技能大赛，共开展数控车、数控铣、CAD机械设计、焊接、美发、网站设计、车身修理、汽车技术、汽车喷漆和信息网络布线等10个项目的竞赛。来自全市12个区县、30家中高职院校及60余家企业647名选手参加比赛，其中21周岁以下的选手达到365人，占总数的56%。共有287名选手获得职业资格等级证书，68人获得各职业工种竞赛的一二三等奖。个人获奖选手中，35周岁以下占78%，大专以上学历占50%，外来人员占60%。竞赛活动一个特点是在竞赛项目、设施设备和比赛内容设置上，接轨世界技能大赛。另外，共有46家单位申报市级二类竞赛，鉴定申报人数3.5万多人。
（田福宝）

2012年徐汇区水电职业技能竞赛正式启动　（伏　淼）

【上海工会深化推进高师带徒工作】 10月26日，市总工会、市人保局在江南造船（集团）有限责任公司召开上海市深化推进高师带徒工作座谈会。会上，市总工会下发《上海市总工会关于深入推进本市高师带徒活动，进一步加强高技能人才培养工作的通知》，提出"十二五"期间上海高师带徒相关工作目标。徐珺等10位劳模高技能人才和工人发明家代表与徒弟进行现场签约。据统计，全市共有2726家企事业单位开展高师带徒活动，共结对11564对，6176人晋升技能等级。
（武吉波）

【上海组队参加全国职工职业技能大赛】 4—8月，中华全国总工会、科学技术部、人力资源和社会保障部、工业和信息化部联合举办第四届全国职工职业技能大赛。上海组织职工参加车工、铣工、钳工、焊工、维修电工、数控机床装调维修工、计算机程序设计员等7个工种的全部比赛。上海电气集团、上海汽车集团、中冶宝钢技术服务有限公司、申通地铁集团、信息投资公司等单位分别承担各工种组队、集训和参赛工作。最终，上海获得团体总分第八名，其中焊工和维修电工分别获得单项团体总分第三名，计算机程序设计员获得单项团体总分第九名，铣工获得单项团体总分第十名，另有8名选手进入各单项的前二十名。
（田福宝）

【徐汇区举办物业水电工技能培训和

比武竞赛】 5月16日,区总工会与区物业行业工会联合举办“徐汇区物业行业第二期水电工岗位培训班”。来自区内13个街道(镇)物业公司的50名学员,接受为期3个月的专业技能培训,同时经考试合格都获得专业岗位证书。11月9日,区总工会联合区人社局、团区委、区国资委共同举办“2012年徐汇区水电工职业技能比武竞赛”。区域内多家物业公司的144名水电工报名参加电器线路、卫生洁具维修、上下水管道疏通等项目的技能比武,作为军地两用人才培养的上海警备区第四干休所战士也首次参与竞赛。 (王红星)

【普陀区长征镇总工会举办第二届汽车行业职工技能比武大赛】 11月23日,长征镇总工会、长征工业区工会联合会在上海中升丰田汽车销售服务有限公司联合举办长征镇第二届汽车行业职工技能比武大赛。此次技能比武大赛得到金沙江路周边各类中高档品牌汽车企业的大力支持和积极响应,通过前期的企业内部技能比武,选送40名业务精、技术强的职工参加比赛,企业还为比赛提供赛事用车。 (许王丽)

【普陀区卫生系统举办职工技能竞赛活动】 11月,普陀区卫生局、区医务工会在系统内开展“建功十二五,奉献在岗位”职工技能竞赛活动。竞赛共设“医疗护理技能竞赛”、“临床主治医师技能竞赛”、“家庭医生临床技能竞赛”3个项目,来自全区17家医疗单位共92名医护人员参加比赛。 (许王丽)

【闸北区总工会为技能竞赛搭舞台】 7—11月,区总工会联合区人社局、区绿化市容局举办绿化市容系统职工汽车驾驶中级工技能竞赛。经过近5个月的培训、练兵、比武活动,23名职工获得汽车驾驶中级工证书。区总工会还对在竞赛中表现突出的7名职工颁发“闸北区职工技术能手”证书。 (倪增强)

【虹口区总工会积极推进职工技能提升】 11月5日,区总工会在市高级职业学校举办2012年职工技能大赛。大赛涉及21个职业、23个工种,近2000人参加。区总工会建立区级、街道行业、基层工会三级网络,与区人社局、团区委等部门多渠道多层次推进职工技能提升。3年来有30205人参加技能培训,其中中高层次培训15134人,高级以上培训4692人;2424人获得国家职业资格证书,117人晋升高一级职业等级。 (徐 洁)

【华安美容美发有限公司“名师带教”有成效】 3月,华安美容美发有限公司举行“学徒拜师会”,在公司行政和工会的安排下,国家级行业评委、美发大师胡天祥、朱兰英,技师栾华庭、朱怀海等人分别与6位助理美发师、艺徒结对带教。通过带教活动的开展,一批员工和艺徒成为公司技艺水准的新亮点。由“中华第一棒”胡天祥带教的江晓晖,在“亚洲发型大赛”中获总冠军;谭平、吕月勇等年轻艺徒在“北京美发大赛”中捧回金奖。 (陈斯翔)

【闵行区举行2012年职业技能竞赛开幕式暨建筑类职业竞赛专场】 5月24日,2012年闵行区职业技能竞赛开幕式暨建筑类职业竞赛专场在上海市建筑工程学校举行。来自全区22家单位、72名选手参加木工、砌筑工的比赛。对承办、协办市级二类竞赛的6家单位进行授牌。 (俞龙祥)

【闵行区绿化行业职工切磋职业技能】 7月,由区总工会、区人社局共同举办的2012年职业技能竞赛暨绿化工高级竞赛在上海市群益职业技术学校举行。79名绿化工参加比赛。竞赛持续2天,分为应知和应会两个部分。应知部分主要考察参赛选手对绿化理论知识的掌握;应会部分则分为大树移栽、花灌木修剪、施工放样、绿地调整、仪器使用等5个部分。 (俞龙祥)

【闵行区总工会组队参加第七届国际发明展览会】 11月9—12日,在昆山国际会展中心举办的第七届国际发明展览会上,由闵行区总工会组织区内30家企业选送的6大类、49个参展项目,通过专家评审,获金奖10项,银奖12项和铜奖15项。此次展会以“创新驱动,开放合作”为主题,以“改善民生,可持续发展”为重点,由中国发明协会、中国教育装备行业协会、发明者协会国际联合会(IFIA)、江苏省科技厅、苏州市人民政府共同主办。来自40多个国家的3000多个项目参展。 (俞龙祥)

【闵行区总工会推动职工岗位创新技能登高】 一是建立激励机制。建立由申报、评审、表彰为一体的评价体系和奖励机制,将职工技术创新融入企业生产经营管理工作,融入企业人力资源开发体系,成为企业重点立功竞赛和员工素质工程总体规划的重要组

普陀区桃浦镇总工会举办2012年餐饮行业职工岗位技能大赛
(许王丽)

上海电气李斌技师学院举行建院十周年纪念大会暨2012年上海电气“李斌杯”职工技能大赛开幕式 （吴良荣）

成部分。二是搭建创新平台。以闵行区职工技术创新基金、职工创新发明研修班、闵行职工科技节为抓手，有效激发职工的创造潜能。三是创设有效载体。以“创建学习型企业，争当知识型职工”活动，节能减排合理化建议征集活动，职工技术大比武、大练兵活动为载体，不断增强职工技术创新的影响力，扩大活动覆盖面。

（俞龙祥）

【青浦区举办职业技能竞赛】 2012年青浦区职业技能竞赛活动以“争学技术、提升技能、培育人才、服务经济”为主题，7月22日正式启动，由区总工会和区人保局联合举办。活动呈现出项目多样化、层次高端化、考核严格化等特点，共涉及5个职业项目，涵盖机电制造、纺织服装、生活服务和信息服务等领域，具体为数控车工、服装制版师、服装设计定制工、育婴师、办公应用软件操作员。竞赛吸引全区268名职工报名参赛，共有119位选手获得中级职业资格证书，80位选手获得高级职业资格证书，还有7位选手获得技师职业资格证书。

（马美君）

【青浦区评选出2011年度首席技师】 经过对全区企业(包括区属公司)技能人才情况全面调查摸底、实地走访和政策宣传，在企业申报基础上，根据《关于组织实施青浦区首席技师培养选拔工作的通知》精神，经区首席技师培养选拔工作小组审核，由上海康大泵业制造有限公司、上海大观园园林绿化工程有限公司、日立海立汽车部件(上海)有限公司、上海青浦汽车检测修理中心有限公司4家单位申报的陈小弟、陈中兴、吴滨、王海军4人符合青浦区首席技师条件，成为2011年度青浦区首席技师。9月26日，区人社局、区总工会联合召开2012青浦区首席技师培养选拔工作会议。根据计划，2012年度将选拔青浦区首席技师8名。 （马美君）

【奉贤区纺织行业工会联合会举行职工技能竞赛】 5月5日，奉贤区纺织行业工会联合会举办以“争当生产技术能手、展示服装行业风采”为主题的2012年度奉贤区纺织行业职工技能竞赛。全区16支服装企业代表队参赛。上海佑诚服饰有限公司、上海凯托（集团）有限公司2支代表队同获竞赛特等奖，上海瀛夏纺织制衣有限公司和上海伟凤针织品有限公司获得竞赛一等奖，上海元邑服饰有限公司等12支参赛代表队分别获得二、三等奖和鼓励奖。 （姚 明）

【崇明县总工会举办职业技能竞赛】 11月3日，由崇明县总工会联合县相关部门共同主办的2012年崇明县职业技能竞赛拉开帷幕。竞赛内容紧贴崇明绿色生态、旅游发展的人才需求，设置家政服务员、中式面点师、餐厅服务员、保育员和绿化工5个项目，共吸引270余名来自各行各业的技术能手参赛。各项目一等奖获得者、且年龄在35岁以下的，被授予“崇明县青年岗位能手”称号；成绩优秀者按规定晋升高一等级的职业资格。

（易建军）

【机电工会举办2012年“李斌杯”技能大赛】 2012年上海电气“李斌杯”技能大赛逐步向制度化、规范化发展，同时呈现出3个特点：一是比赛工种多，参赛者众，共涵盖16个工种、28个技能等级，1200名职工报名参赛；二是首次增设数车、数铣、电焊等3个工种的等级精英赛，竞赛项目更加贴近企业实际发展需求；三是将参赛人员延伸到科技人员和劳务工，形成了蓝领、白领、劳务工同场竞技、共同发展的良好局面。 （朱汉民）

【飞乐股份工会注重加强职工技能教育培训】 2010年以来，飞乐公司工会为旗下沪工汽车电器公司、元一电子公司、上飞汽控公司等企业连续组织开办《仪器仪表装调工》和《电子设备装接工》上岗证班、《飞乐公司汽车电子专业工种》初级班、《电子设备装接工》(五级)初级工、《仪器仪表装调工》中高级工等技能培训班。培训班充分借助信息学院职工培训基地平台，采用量身定制课程、企业现场授课的办学模式，取得良好效果。据统计，自办班以来共有450人参加培训，其中312人取得上岗证书，67人取得初级工证书，19人取得中级工证书，8人取得高级工证书。 （薛 敏）

【上工申贝集团有限公司工会开展“职工携手、蝴蝶放飞”系列活动】 一是开设“蝴蝶”DIY时尚布艺周末教室，向社会讲述“蝴蝶”老品牌的故事。以创意为出发点，引入时下流行的DIY理念，将缝纫机的功能从原先的缝缝补补拓展为缝纫DIY拼布制作。全年共授课58次，培训429人次。二是宣传品牌，举办“蝴蝶杯”布艺缝纫创新作品大赛。主动约请中国美院等高校师生参加“蝴蝶杯”布艺缝纫创新作品大赛。大赛收到社会各界布艺爱好者102人提交的创意作品

139件，并成为浦东新区认定的技能比武项目。三是走进社区、校园，打响“蝴蝶”知名度。“蝴蝶”周末教室派老师到校园、开发区、社区街道传授“蝴蝶”DIY缝纫制作方法。全年走进社区活动20次，开展培训461人次。活动期间“蝴蝶牌”缝纫机销量达到2万台。（徐俊彦）

【上海民族乐器一厂大力开展职工技能培训】为传承和发展民族乐器，上海民族乐器一厂重视开展对职工技能的培训并做到标准化、制度化。率先在行业内开展应知、应会中、高级工种的培训、考核，制定民族乐器制造专业的培训教学计划、教学大纲、考核项目、考核标准，上海轻工特有工种鉴定站也把企业列入职业教育试点单位。至年底，累计培训民族乐器中级工100余名、高级工50余名、技师10名、高级技师5名，企业中级以上等级技术工人从原来占一线职工的4%现已上升到56%。（徐俊彦）

【纺织工会开展信息化建设“五个一”活动】纺织工会联合集团信息技术部、集团团委，在全公司开展信息化宣传推广“五个一”系列活动，其中包括举办一次信息化知识讲座，开展一次电子商务主题研讨，完成一项信息化应用专题调研，举行一场信息化岗位技能劳动竞赛，组织一次信息化青年沙龙集体活动。其中，在四级/中级电子商务师技能竞赛中，41名职工通过市职业技能鉴定中心考试，获得国家四级/中级电子商务师职业资格证书。（杜伟钧）

【上海纺织职工参加全国技能大赛获奖】12月27—29日，全国纺织行业“龙星杯”横机工职业技能竞赛决赛在江苏常熟举行，来自12个省、市、自治区共77名选手参加比赛。上海纺织工会、服装协会联合奉贤、青浦、松江区纺织行业工会联合会组队派出8位选手参赛。经过角逐，上海文珍针织制衣有限公司孟凡成、上海京清蓉服饰有限公司曾明委、上海塔汇针织厂陶善菊分别获得大赛第一、二、五名。同时，在上海选派的8位参赛选手中，2位晋升技师、4位晋升高级工、1位晋升中级工。上海市代表队还获得大赛优秀组织奖，上海纺织工会获得团体优胜奖第一名。（杜伟钧）

【医药工会举行职工技能大赛】11月9—11日，医药工会、上药集团综合办、上海医药人力资源部和上药团委联合举办2012年职工技能大赛决赛在新亚药业、中西三维、医药学校、信谊药厂4地同时举行。竞赛设有固体制剂、液体制剂、药物分析等9个项目。自2005年起，上药集团已连续举办8届技能大赛，参赛人数达1919人，其中，共有172人晋升为中级工，409人晋升为高级工，299人晋升为技师，技能竞赛已成为医药职工快速成长的绿色通道。（李晨海）

【上海电力建筑工程公司老挝项目工会开展职工素质工程建设】公司老挝项目工会以海外工程建设为契机，开展职工技能竞赛活动。竞赛内容分两个部分：一是工程管理。含安全、质量、进度、文明施工、台账。二是专业英语。含工程、材料、机械、合同。项目工会根据技能竞赛的难易，运用立功竞赛激励机制，制定考核和奖励办法。项目工程开工后，立功竞赛同步跟上，涵盖所有分包队伍。围绕冷水塔环梁混凝土浇筑，先将工程节点公示，过程中分包竞赛单位按此工程节点的考核要求进行自评打分，然后请监理、业主在《质量回访情况》表上对安全、质量、进度情况作综合评价，并汇总至项目，最后项目各有关部门按考核要求进行对标检查并打分，对不达标的进行整改，整改后再按考核分计奖。专业英语竞赛采用边学习、边培训方式，每周两次，除专业授课外，在工余休息、用餐时候，倡导青年员工用英语交流，营造交流、沟通的语言环境，最终以开展作业指导书中译英比赛的形式检验培训成果。（庒　民）

【宝钢举办第五届职工技能大赛】通过广泛动员和周密部署，集团公司所属单位因地制宜地开展技能比赛。技能大赛首次将营销模拟、多媒体制作等列入比赛项目。共有5951位职工参加各层次的岗位比武和技能大赛，结合生产现场实际设计的比赛项目达96项，决赛参赛人数992人。经过历时近半年的技能大赛，共有69名选手获得决赛名次，并被授予“宝钢岗位能手”称号；有53名35周岁以下的获奖选手同时由集团公司团委授予“宝钢青年岗位能手”称号；共有30名选手晋升为技师，有29名选手晋升为高级工。（李清泉）

【宝钢发展工会搭建技能大赛擂台】一是以赛带考，推优选拔参加集团公司项目。举办“汽车维修工、钢铁产品包装工、酸洗工、营销模拟、多媒体制作”等5项赛事，并从参赛的210人中，选拔77名选手参加集团大赛，其中17名选手通过比赛晋升一个等级的职业资格，4名选手获“集团公司岗位能手”称号。二是以赛带育，增设“中式烹调、维修电工、大型货车驾驶员”等3个公司级赛事。“大型货车驾驶员赛事”委托专业技能鉴定机构培训、出题和监考。下属各单位通过班组大赛选拔310名选手参加决赛，26名选手在比赛中获“公司技能操作能手”称号。三是以赛带练，万名职工比武活动务求实效。结合“班组大赛”，采取部门级、公司级双向推进技能比武活动，共组织比武工种239项，参赛职工10790人。（朱　宏）

【上海石化职工技能竞赛有突破】按照“需、练、赛”的要求，上海石化工会抓好“立项申请、项目审定、组织落实、评选表彰”4个环节，开展职工技能竞赛，同时加强氛围营造和组织协调，强化赛前辅导和培训，取得良好效果。全年共举办公司级技能竞赛4项，有964人参加，涌现4名公司技术能手；选拔16名选手参加集团公司聚丙烯装置操作工、硫磺回收装置操作工2个工种的技能竞赛，1人获得银奖，2人获得铜奖；组织开展“职工先进操作法”评选活动，共收到“职工先进操作法”44项，有10项被评为公司“职工先进操作法”。（盛立新）

【国药试剂开展员工劳动技能竞赛】4月，国药试剂举行“物流中心员工劳动技能竞赛”活动，竞赛项目为商品验收和复核操作。赛前进行相关业务知识的培训。通过竞赛活动，提高精细化管理水平和员工操作技能，确保公司物流的高效运行和效益的提升。（丁　懿）

【鲁中矿业公司工会开展职工技术比武活动】 公司工会开展维修电工、钳工、焊工、凿岩爆破工4个工种的技术比武和女职工白案厨艺比试活动，共有300余名职工参加。通过比武，25名职工实现技能晋级，其中11人晋升为技师，5人晋升为高级技师。另外，为加强高技能人才的交流、管理和服务，公司还成立有125人参加的公司技师协会。 （杨庆荣）

【商飞公司试飞中心积极探索推进模块化培训】 在开展员工技能培训过程中，中国商飞试飞中心坚持实用性、有效性、针对性原则，探索推进模块化培训建设。培训分为航空专业英语、航空专业基础理论、航空专业课、上岗技能培训等4个基本模块。同时，中心通过不断理顺与完善公司培训组织体制与流程，建立具有试飞中心特色的全员培训机制。 （刘 鑫）

【上海王宝和大酒店有限公司开展全员技能考核竞赛】 2012年，公司技能考核竞赛全面展开。竞赛由工会和人力资源部共同主办，以“实干王宝和，创新争一流”为主题，历时两个月，活动横跨沪京两地，涵盖公司本部、上海大酒店、王宝和大酒店、王宝和1744、王宝和酒家等5个单位、18个部门、78个项目。活动呈现四大亮点：一是引入职工代表全程参与的机制，每场考核均设一名职工代表为观察员，对考核标准和评比过程进行监督。二是由公司内资深人员和外聘专业人士组成联合评委小组，确保评审的权威和专业。三是融入现场点评的手段，由评委对员工的现场表现做出点评，并给予合理的建议。四是运用应知与应会相结合的考核办法，使考核内容更为全面，考核成绩更为精准。 （方晓燕）

【上汽集团举行职业技能竞赛】 竞赛以“培育符合行业转型发展要求的高素质职工队伍”为主题，共设“计算机辅助汽车设计竞赛”、“安全生产知识竞赛”、“发动机装调工职业技能竞赛”、“模具工职业技能竞赛”、“上汽服务品牌知识竞赛”等5大项目。其中“发动机装调工职业技能竞赛”主要面向上汽下属企业从事发动机装调、检验、返修、调试的工作人员；“模具工职业技能竞赛”主要面向上汽下属企业从事模具加工、装配、调试和维修的人员；“上汽服务品牌知识竞赛”主要面向新大学生、青年骨干、团干部等35岁以下青年。 （陶牡丹）

【上港集团工会组织“龙吴杯”职工餐饮厨艺比赛】 作为集团首届职工文化节系列活动之一，比赛得到集团所属各单位的积极响应，来自20家基层单位的38名选手报名参赛。比赛分为专业与业余两个组别暨切配造型、热菜烹饪及点心制作等3个项目。经评委们按口味与质感、工艺与火候、色泽与形态、创新与难度、营养与卫生等要求进行打分，评出专业最佳厨艺、最佳美点、完美切配奖；评出业余精湛厨艺奖9名、才艺展示奖2名。 （王 辰）

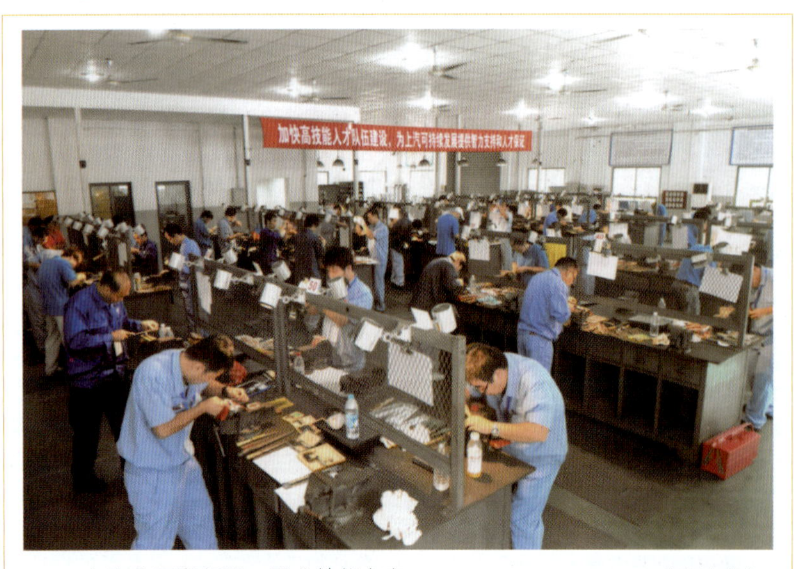

上汽集团举行职工职业技能竞赛 （张培新）

【运输工会扎实推进技能竞赛】 运输工会开展12项技能比赛，其中包括“人力资源管理、外来务工人员厢式车驾驶、女职工职场礼仪、工程技术人员三维制图设计、交流电工”等5项新领域比赛，涉及一线职工主体工种的项目有9项。为调动职工的参赛积极性，比赛继续实行工资薪酬激励机制，第一名按10%晋升，第二名按7%晋升，第三名按5%晋升，执行期限为12个月，按月发放。据统计，共有3000余名职工参加初赛，363名选手参加决赛，其中有81名优胜者获得工资晋级（35岁以下年青选手有47名）。 （袁俐俊）

【中交上航局深入开展航道职工技能登高活动】 中交上航局工会与人力资源部制订《中交上海航道局有限公司职工岗位技能培训（三年）规划》，公司生产一线绝大多数岗位职工将在3年内普遍接受技能培训。同时，局工会各下属单位积极开展技能培训和比武活动，推进职工技能提升，其中，中港疏浚公司共组织5期船舶厨工培训班和炊事员技能比武；东方分公司开展包括机工、机匠长、水手、水手长、厨工、管线、电机员，船舶驾驶、船舶轮机等9个工种的技术比武，共有98人参加；达华测绘公司已连续3年组织测量工技术比武，为广大测量工搭建技能交流、展现技能的平台。 （杨建平）

【中交三航局有限公司工会组织开展第十五届职工技术操作运动会】 9月27日，中交三航局有限公司第十五届职工技术操作运动会顺利闭幕。职工技术操作运动会历时两天，分设电工、电焊工2个项目，吸引局有限公司下属8家单位的28名职工参加。来自船舶公司的张磊和宁波分公司的薛俊鹤分获电工比武和电焊工比武第一名。 （黄书展）

【中远集运下属单证公司工会举办“金手指杯”业务知识技能大赛】 9

月26日，单证公司工会组织举办了第六届“金手指杯”业务知识技能大赛。本次大赛在环节设置、比赛内容、组队方式上较以往又有新的改进，内容上更加贴近实际业务，确保比赛的专业性，流程上增加了实操环节，而跨部门的组队方式不但加强了公司内部各部门之间的交流，更有助于提升员工的综合业务水平。共有6支代表队18名队员参与角逐。（居琴媛）

【上海洋山港海事处工会以技能练兵比武提升职工履职能力】 上海洋山港海事处工会通过开展各类实用性岗位练兵、技能比武活动，切实提高职工的岗位实际操作技能。先后举行了模拟船舶碰撞导致船舶破损并引发溢油的综合应急反应演习和海上生命大营救反应演习，通过演练提高了职工对应急事件的反应和处置能力。同时，年内举办了船员技能比武活动，囊括了航行计划、动力设备、消防员装备穿戴、消防设备的使用、抛投器的使用等与船员日常工作紧密相连的内容。通过技能比武找出差距，在此基础上又组织2期船舶安全设备基本知识及应急处置能力培训。（朱卫平）

【上海机场“状元你我他”职工技能大赛闭幕】 10月25日，上海机场“状元你我他”职工技能大赛在浦东华美达大酒店落下帷幕。大赛共设63个综合类项目，近万名员工参加选拔。其中，在“助航灯光电工”项目中夺得一等奖的虹桥机场飞行区管理部杜杰和浦东机场飞行区管理部陈燕青，被授予“全国民航技术能手”称号。（陆敏峰）

【市政养护公司举办养护巡视员技能操作竞赛】 5月18日，市政养护公司工会举办养护巡视员技能操作竞赛，公司所属12家分、子公司全部派员参赛。比赛分为应知和应会两部分，既注重理论知识考核又考验选手的实际巡视能力。应知考试的主要内容为《养护巡视工作相关规定与要求》，实际巡视比赛路段为外环线二标、三标的部分路段，巡视内容包括保洁情况、路面病害情况、附属设施缺损情况、安全作业情况四大项。（钱 蓉）

上海建工集团开展职工技术比武（缪云明）

【建工工会推动职工技能提升】 建工工会开展2012年职工技术比武活动，进行测量技术和信息技术两项比赛，有26个单位，143名选手参加决赛。各级工会通过建立完善职工成才奖励基金、职工技能晋级绿色通道和组织各类技术培训、技术比武、岗位练兵、科技攻关活动，以及开展岗位立功、班组升级、“巾帼建功”等竞赛，进一步激发广大职工学知识、练技能的热情和积极性。（杨钟春）

【建工安装公司工会开展“岗位创佳绩，建功十二五”技能比武】 工会围绕公司转型发展过程中面临的突出问题，制定“岗位创佳绩，建功十二五”职工技能比武计划，开展企业经营标书制作、模拟答标、施工预算编制、财务管理课题答辩和危险源识别等技能比武活动，并以职工岗位练兵、师徒帮带、技术攻关、技能培训等群众性创新实践活动为载体，加强组织建设，完善考核评比，强化职工项目成本意识，提高施工员预算编制能力，取得较好成效。（杨钟春）

【建工七建集团工会开展职工技能比武和专业能手评比工作】 工会牵头开展职工技能比武大赛，设市场经营人员、定额员、安装施工质量管理人员、合同法务管理人员、钢筋翻样等比武项目。经培训、笔试、考核等环节，综合评定产生一、二、三等奖。同时，以此次比武结果作为职级评聘、评优考核的重要依据，开展专业能手的评比，共评选出8大条线22个岗位的58名专业能手。（杨钟春）

【建工工会多渠道培训一线职工和农民工】 建工工会通过举办各类职业技能培训班、女职工周末学校和农民工夜校，提升一线职工和农民工的思想道德水平和职业技术技能水平。全年共培训高级技师、技师、高级工、中级工和初级工2000余人；农民工管理人员、班组长1600余人。同时通过100余个工地农民工学校对近8万人次农民工进行劳动保护、安全生产培训。集团被评为“上海市高技能人才培养基地”。（杨钟春）

【申通地铁集团公司获得第四届全国职工职业技能大赛维修电工工种团体第三名】 2012年，上海申通地铁集团有限公司代表上海市参加第四届全国职工职业技能大赛维修电工工种比赛，获得团体第三的成绩。申通地铁集团公司成立参赛组委会，并由工会牵头、组织人事部参与，培训中心具体负责参赛选手集训组织等工作。备战期间，多次召开工作会议推进集训进展，公司领导多次深入集训现场，关心了解参赛选手训练生活情况。通过层层考试筛选和严格训练，最终从11名选手中选拔出3位选手正式参赛。（姜 雪）

【市绿化市容管理局获“2011上海市

职业技能竞赛活动”优秀组织奖称号】 4月20日，上海市绿化和市容管理局被市总工会等六单位授予“2011上海上海市职业技能竞赛活动”优秀组织奖称号。2011年中，市绿化市容局工会、市市容环境卫生行业协会、市园林绿化行业协会、市绿化管理指导站共同组织上海绿化市容行业职业技能大赛，按照“培训、练兵、比武、晋级”四位一体育人机制，开展“万名职工大培训，千名职工大比武，百名职工晋等级，优秀名次评能手”活动。据统计，全行业组织培训职工2.8万人次，参加岗位练兵的职工1.34万人次，参加各级各类技能比武的有6463人。通过竞赛，608名职工晋升技术等级，18名职工被授予技术能手。 （唐鸿仙）

【大屯公司以技奥会为平台推进职工队伍建设】 8月7日，公司下发举办第七届职工技奥会的通知文件，各单位以此为契机，开展群众性“大学习、大培训、大练兵、大比武”活动，并制定各种奖励政策和激励措施。据统计，各基层单位组织的技术比武工种达100多个，参加岗位培训、练兵的职工达1.8万人，参加技术比武的职工总数达到9000余人。经过各单位预赛选拔，80个工种的1132名优秀选手进入公司技奥会决赛，其中244名选手获奖。另外，公司工会还深入开展名师带徒、首席技师选树、技能“大拿”讲课等活动，为职工技能素质的快速提升创造条件。 （王安友）

【百联集团工会围绕经营实际提升职工专业岗位技能】 百联集团工会发挥职工技术协会和技能实训基地的作用，围绕经营工作重点，开展一系列技能大赛，引导职工积极投身一线，练好岗位技能。集团工会结合节日重点营销活动、重点推进项目、现代服务运营实务，先后组织开展“五一黄金周”、“上海购物节”、“十一黄金周”创新营销大赛，“安全生产达标”大赛，“结算点钞”收银技能大赛，全年共有2000多位职工参加比赛。 （姜 杰）

【水产集团工会举行职工电动叉车比赛】 水产集团工会在龙门营销中心冷库前广场举行“2012年电动叉车技能比赛”活动。参赛选手经过出车前准备、前进走直角、定点起物、重车前行绕桩、定点放物、倒车绕桩、定点停车等项目角逐，按照操作技术和完成项目的时间评分，陈金生获得第一名，于希勤、徐德义获得第二名，王玉超、张建、傅根永获得第三名。 （韩 毅）

【新闻出版工会全面提升职工技术能级】 新闻出版工会举办“2012上海印刷、发行行业职业技能竞赛”。1060人参加印前制作员、平版制版工、出版物发行员、印品整饰工、平版制版工等5个工种的竞赛。根据竞赛规定，参赛选手须进行100课时的培训方可参赛。通过竞赛，16名职工晋升为技师，525名职工晋升为高级工，116名职工取得中级工职称。同时，14名职工获“上海市技术能手”称号，13名职工分别被授予“上海印刷技术能手”、“上海发行技术能手”称号。 （陈宏华）

举办上海发行行业职工技能竞赛 （陈宏华）

【上海良友新港储运有限公司创建技能实训平台】 年初，公司创新培养模式，整合优质资源，精心构建“技能实训室”。“技能实训室”借助国际先进的EDA计算机模拟软件，自主研发、自购元件、成功搭建具备仿真模拟特点的机电一体化实训平台，并聚焦主要操作岗位的实用技能与必备知识，自主开发模拟实训模块。在该平台上，装卸船机、机电维修等岗位员工能便捷有效地学习相应操作技能、机械结构、工艺流程、工作原理等核心内容；还可以直观模拟演示公司主要机电设备系统的常见故障，并实施故障诊断和排除的实战演练。 （夏小文）

【良友集团工会多元化培养高技能人才】 一是启动“劳模创新工作室”创建。制定《上海良友（集团）有限公司劳模创新工作室管理办法》，命名两家分别以劳模万国良、翟保海名字命名的“上海良友集团劳模创新工作室”，并下拨专项资金扶持“劳模创新工作室”的创建。二是选树领军人物。在搭建“技能直训室”和“技师工作室”基础上，指导仓储公司培育选树良友集团第二位首席技师，进一步发挥高技能人才在企业创新发展和技能人才培养中的骨干带头作用。三是开展班组长培训。对便利公司以外的所有班组长共计188名进行“六型班组”的创建培训，所有班组长均取得合格证书。四是积极参加首届“上海市职工技能展示月”活动。开展一线岗位主体工种的各类岗位练兵、技能比武、高师带徒、培训展示等活动，提升一线生产职工的岗位技能。集团工会配合人力资源部门选拔优秀选手参加全国粮食行业职业技能大赛。 （张晓娟）

【市监狱局工会开展岗位练兵】 监狱局各级工会结合单位特点开展各种岗位练兵活动。其中，局工会配合局装备处举办夏季交通安全百日竞赛活动;新收犯监狱以监区为单位开展岗位实务练兵活动;监狱总医院对医务人员开展业务技能练兵活动。据统计,全年各级工会共开展各类岗位司法文书制作、抄监、AB门管理、体能训练、餐饮管理等岗位练兵42次。

(江海群)

【锦江集团工会开展"锦江杯"职业技能大赛】 竞赛工作小组由行业技能大师领衔,负责制定比赛规则方案等工作,确立了"中式烹调"和"中餐服务"为竞赛内容,突出了锦江国际的行业特性和工作重点。此次大赛组织有序,从主题设计、物品准备、原料采购到训练保障都体现了较高的组织协调能力和密切配合的团队精神。各企业纷纷派出精兵强将,展出的每个作品都是传承与创新的结晶。

(张祥伟)

【市职工技协推荐职工创新项目获市科技进步奖】 2012年,市职工技协首次从市优秀发明选拔赛获奖项目和市职工优秀技术创新成果中遴选9项由一线职工发明创造的技术成果,推荐参加2012年度上海市科技进步奖"工人农民技术创新组"的项目评审。经项目受理推荐、形式审查、公示和专家评审,宝山钢铁股份有限公司运输部孔利明的"带式输送机钢丝输送带消磁技术"、宝山钢铁股份有限公司热轧厂王军的"高成材率节能环保热轧层流冷却成套技术装备研发"等2个项目获得市科技进步二等奖,上海市电力公司超高压输配电公司杨庆华的"220kv输电线路铁塔易地升高改造带电施工技术"项目获得市科技进步三等奖。

(王小龙)

【上海116项职工发明成果在第七届中国国际发明展上获奖】 11月9—12日,市职工科技中心、市职工技协办公室组织149个职工发明成果参加在昆山国际会展中心举行的第七届中国国际发明展。展览会围绕"创新驱动,开放合作"主题,以"改善民生,可持续发展"为重点,来自30多个国家和地区的4000多个发明项目参展,吸引数万观众,成为近年来规模最大的一次发明专利成果及教学装备国际展示交易活动。经展会评委专家评审,上海组织的149个职工发明成果中有116个获奖,获奖率达78%,其中上海迅茂实业有限公司"新型高强度多功能防腐合金塑料电缆桥架"等31个项目获得金奖,复旦大学附属华山医院"一种新型定量测量MRI伪影的体模"等36个项目获得银奖,宝钢股份有限公司运输部"轮胎信息采集装置和集中管理方法"等49个项目获得铜奖。宝钢集团公司3个项目还获得"中科招商"专项奖。

(王小龙)

【上海职工在APEC青年技能夏令营闭营式上展示绝技绝活】 8月15日,市总工会组织6名一线职工,在亚太经合组织(APEC)"技能放飞梦想"青年技能夏令营闭营式上,展示食品雕刻、糖艺、豆腐雕刻、汽车修复、丝巾装饰、龙凤旗袍手工制作等绝技绝活,引得来自俄、美、加等17个经济体的近百名青年齐声赞叹。在促进APEC技能交流与合作的同时,宣传上海在职业培训和青年技能开发方面的成果。

(王小龙)

团队创先

【市总工会全面启动上海市班组长岗位培训】 市总工会、市经信工作党委、市国资委、市工商联成立领导小组,全面规划和统筹班组长岗位培训工作。各区县局(产业)工会建立联络员制度,形成上下联动、点面结合、整体推进、分步实施的班组长岗位培训工作格局。为使班组长培训做到规范、有序,确保培训质量,培训工作实施统一管理,做到"五个统一",即"统一培训大纲,统一培训教材,统一收费标准,统一师资认可,统一考试颁证"。同时采用设置教学培训示范点、市级先进班组集中办学、区县(局)产业自行办学等3种方式,扎实推进班组长培训工作。2012年全市各级工会共举办班组长培训班504期次,培训班组长20455人,其中纳入市级"班组长培训计划"的92期,取得《上海市班组长岗位资格培训证书》的8571人。

(田福宝)

【市总工会联合召开上海市班组建设经验交流会】 12月12日,市总工会、市经信工作党委、市国资委、市工商联召开班组建设经验交流会,市总工会巡视员杜仁伟出席并讲话。会上,普陀区总工会、上海电信工会、延锋伟世通汽车饰件系统有限公司工会、上海高桥捷派克石化工程建设有限公司工会、上海交运大件物流有限公司运务部大件运输组分别交流发言。命名上海养和堂药业连锁经营有限公司张桥店等210个"2012年上海市团队创先特色班组"。在210个特色班组中,学习型班组有37个、技能型班组有34个、创新型班组有49个、管理型班组有44个、效益型班组有21个、和谐型班组有25个。

(李 伟)

3月31日,市总工会全面启动上海市班组长岗位培训 (吴良荣)

【杨浦区五角场镇总工会引导企业班组长岗位成才】 8月，杨浦区五角场镇总工会以创建“学习型、技能型、创新型、管理型、效益型、和谐型”六型班组为主题，联手五角场集团公司工会，组织殷腾实业、大桥出租、天城拍卖行、集团物业、繁江酒楼、芭堤雅假日酒店等多家企业的30名班组长，开展为期两天的“如何成为一名出色的班组长”专题培训。培训分为专业老师传授方法、企业老板分享经验、优秀班组长交流心得3个板块，帮助企业班组长从掌握专业管理技巧和方法、体会管理要领和管理流程、尝试调整心态和把握机遇等方面提升自身综合素质。（曹理仰）

【静安商务工会开展“六型”班组建设】 11月14日，静安区商务委党、政、工、团联合举办“贯彻十八大精神，建功立业争先锋”2012商务系统“六型”班组创建活动总结暨青年岗位建功主题演讲比赛。总结2012年度商务工会“六型”班组创建工作，展示青年职工岗位建功风采。静安商务工会根据商务系统特点，寻找适合在非公企业和不同行业间共同推进的工作载体，组织开展创建“学习型、技能型、创新型、管理型、效益型、和谐型”班组建设活动，并把创建“六型”班组活动作为工会参与民主管理、凝聚职工群众、提升队伍素质的有效抓手，促进企业发展和社会和谐。（蒋玉琴）

【宝山区总工会举办党的十八大精神进班组暨上海市班组长岗位培训宝山专场活动】 12月7日，区总工会在区业余大学举办党的十八大精神进班组暨上海市班组长岗位培训宝山专场活动。围绕创建“学习型、技能型、创新型、管理型、效益型、和谐型”六型班组要求，邀请区党的十八大精神宣讲团成员、市工会管理学院教授、市质量教育培训中心教师，就学习贯彻党的十八大精神，新形势下班组建设的主要任务、目标和要求，优秀班组长经验案例和职工代表大会实务等开展辅导和培训。来自区机关事业单位、国有企业、外商投资企业和民营企业的一线班组长220人参加培训。

（胡立伟）

【医药工会开展创建星级班组评比】 为进一步加强企业班组建设，提升班组管理水平，医药工会制定下发《上药集团星级班组评比意见》，对创建申报评比星级班组的10项基本条件进行规定。同时，医药工会开展上药集团三星级班组的评比活动，于7月23日命名首批63个上药集团三星级班组。（李晨海）

【电力公司工会开展“班组文化最佳实践库”案例征集评选活动】 公司工会开展“班组文化最佳实践库”案例征集评选活动，征集到20多家基层单位的100余篇案例。工会从中精选出20个优秀案例召开《班组文化最佳实践库》发布会，市区公司九龙营业厅的《和谐班组四步曲》等获十佳案例奖。另外，为更好地推广这些优秀案例，公司工会还精选出50个优秀案例，编辑成《2011上海电力班组文化最佳实践库50例》，发至公司各个班组，供各班组选用借鉴。（钱幼树）

【上海电力安装第一工程公司工会强化班组建设活动】 一是完善班组制度，夯实基础建设。全面落实班组安全生产责任制，建立健全《班前会制度》《安全质量标准化管理制度》等班组管理制度，形成有标准、有落实、有考核、有奖罚的班组“四有”管理模式。二是抓好日常教育，营造安全氛围。坚持开展班组民主管理会、“班组安全论坛”等活动。汽机本体班“班组安全论坛活动”，获市总工会“班组安全建设和成果展示”一等奖。三是加强技能培训，提升综合能力。开办班组长培训班，组织57个班组长通过视频、光盘及现场授课等形式开展培训，培训覆盖率达到100%。四是开展中途调研，推进班组建设。深入现场进行调研和座谈，并向各职能部门和职工发放调查问卷，为进一步加强班组建设工作提供素材和依据。

（王成冬）

【宝钢发展工会举办“发展杯”班组大赛】 2012年，宝钢发展工会组织“发展杯”班组大赛活动。通过开展“五看”（看学习、看安全、看创新、看团结、看活力）系列活动，把安全生产、结对维稳、行为养成、技术创新和思想政治工作预警等五方面工作在班组终端验证成效。整个大赛共组织开展108项活动，参与班组2521个，参与职工24367人。（朱　宏）

【宝冶工会开展“六型班组”创建】 2012年，宝冶工会根据市总工会有关要求，制定下发《上海宝冶“六型班组”创建评比办法》，开展新一轮班组建设工作。其中推荐5名班组长参加国资委和清华大学联合举办的班组长远程教育培训，选拔41名班组长参加上海市班组长岗位培训，有效促进企业班组长管理水平的提升。

（毛一新）

【上海石化“六型班组”创建取得实效】 根据市总工会要求并结合公司实际，上海石化工会大力推进“学习型、技能型、创新型、管理型、效益型、和谐型”等“六型班组”的创建活动，实现“六型班组”创建与“智能型、学习型”班组的有序衔接。全年公司共有111个班组参加“六型班组”的创建活动，其中30个班组被评为公司“六型班组”。同时，上海石化工会以班组长联谊会为平台，组织开展以“班组优秀工作法、班组安全文化”等为主要内容的“横班四季大联赛”，切实提高班组管理水平，共收到班组管理优秀工作法45项，其中10项被评为“十佳班组优秀工作法”。

（盛立新）

【鲁中矿业扎实推进班组建设】 一是积极开展“安全型、效益型、质量型、技能型、学习型、和谐型”等“六型”班组创建活动。以加强“无三违”班组建设为重点，全面实施班组规范化管理，着力提高职工队伍整体素质，班组团队作用得到提升。二是加强班组长队伍建设。举办4期优秀班组长培训班，120名班组长参加培训；组织4次优秀班组长联谊活动，70余人次参加学习交流。同时主题班会、每周一题、班组长联谊会等工作也常抓不懈。三是加强班组达标升级竞赛管理。落实领导干部与基层班组联系制度，开展红旗标兵班组评先选优活动，形成了班组创先争优的长效工作机制。（杨庆荣）

【上海航天局工会开展班组工程建设】 一是深化精细化管理。会同质量部门以试点方式推进班组岗位依据目录建立，为不同类型的班组提供编制样板，并通过奖牌班组向全院班组推广；组织开展以精细化、6S管理、安全生产和专业建设为内容的年中检查和不定期“飞行检查”，加强过程管理，注重实效。二是注重典型引路。培育打造中国航天科技集团公司“金牌班组”和“六好班组”；组织唐建平班组开展命名10周年纪念活动；挖掘树立一批专业建设有成效的先进班组，树立以国家“千人计划”引进人才汤卫平博士领军的811所锂电池技术研发班组。三是加强文化引领。组织班组参加中国航天科技集团公司班组文化理念征集活动，共征集1000多条班组文化理念，局工会获得“优秀组织奖”；开展班组文化案例征集，征得156条，10条被评为优秀案例；组织班组质量管理文化提炼特色案例征集，征得102条，7条被评为优秀案例。四是开展军民品单位班组结对共建活动。选定3家军民单位和3家民品单位的6个班组组成3对结对班组，并签署共建协议。 （沈 恺）

【上海航天局800所举办唐建平班组命名十周年系列活动】 局800所工会联合所党工处，共同策划、开展纪念唐建平班组命名十周年“十个一”系列活动，即：组织一次“我与班组共成长”老组员座谈会、完善唐建平班组对外交流宣传片、开展一次班组结对活动、进行一次班组建设经验交流讲课、承办一次技师协会交流活动、开展一次向唐建平和唐建平班组学习活动、举办一次向唐建平和唐建平班组学习征文活动、组织一次唐建平班组部分组员和金银牌班组长赴外地兄弟单位学习交流活动、编写《航天热土孕育我“家”》唐建平班组文化建设宣传册、举行一次“感恩航天·畅想未来”班组命名10周年纪念大会。

（沈 恺）

【上海卫星工程研究所工会开展班组“1+8”工作】 作为所工会2012年特色工作，其中的“1”，即规定动作，指企业文化建设，要求班组将企业文化纳入班组日常工作，作为班组建设重要内容，推进企业文化落实。“8”即自选动作，要求班组在以下8项工作中任选1—2项重点工作：(1)制定一套班组《航天型号精细化质量管理要求》实施细则，(2)参与完成一部分设计参考手册编写任务，(3)参与一个实验室建设项目，(4)提出（参与）一个优化型号研制流程合理化建议，(5)参与完成一部分自动化设计或测试任务，(6)参与一个产品化推进任务，(7)参与开展一部分员工上岗能力确认工作，(8)申报一个降本增效案例。 （沈 恺）

上海航天局工会举办班组长创新沙龙成员交流活动 （沈 恺）

【上海飞机客户服务有限公司工会坚持班组建设“五抓五推动”】 一是抓结合，推动公司中心工作顺利开展。坚持围绕公司中心任务开展班组建设工作，深入开展以“赶超”和“创新”为主要内容的班组活动。二是抓关键，推动班组长培训工作取得实效。组织开展各类班组长培训、学习、考察活动，为班组长订阅报刊图书。三是抓基础，推动班组建设长效机制的建设。初步建立班组建设制度管理体系，逐步将公司班组建设工作纳入规范化、标准化、制度化和科学化轨道。四是抓创新，推动建立适应客服体系建设发展需要的新机制。加强对标学习，引入国际先进管理理念、先进管理方法、先进信息技术，配合质量管理部认真推行全面质量管理、精益管理、6S管理等先进管理方法和手段。五是抓典型，推动培育公司先进班组品牌。坚持典型引路，评选表彰客服公司“十好”班组15个，5个班组获商飞公司金、银、铜牌表彰。 （周 静）

【上飞公司工会举办班组建设成果展示活动】 公司工会在“干线研制我创优，支线交付我争先”主题实践和管理提升活动中，注重推进班组建设工作，着力打造“十好”班组。为推动以点带面，上飞公司工会首次举办以“总结经验、提升管理”为主题的班组建设成果展示活动。共有168个班组长走上讲台，总结班组建设的成功经验，畅谈提升管理工作的体会，充分展现上飞公司班组建设的成果和上飞人的精神风貌。 （沈 祎）

【上飞院工会深入推进“十好”班组创建活动】 一是牵头组织成立上飞院“十好”班组创建领导小组，形成党委领导、工会牵头、部门主抓、全员参与，齐抓共管的创建局面。同时完善并细化“十好”班组的考核指标，加强班组建设的评估与考核。二是鼓励班组及职工立足型号，开展岗位练兵、技能比武、设计优化、技术革新、集智攻关活动。三是深入班组一线，开展班组建设管理工作研讨与座谈，对部门班组建设中的难题与障碍进行诊断分析，查清问题，明确思路。四是开拓班组长的管理思路和方法，提升班组长的管理能力。组织优秀班组长考察学习，同时对标上海航天局金牌班组。2012年，全院有3个班组获中国商飞公司金牌班组称号，5个班组获银牌班组称号，4个班组获铜牌班组称号。

（姚雪波）

中国商飞公司工会组织优秀班组长赴境外企业学习考察 （季玉进）

【烟草工会找准3个突破点推进班组创建】 一是申报推荐突出“宽进严出”。强化内部竞争机制，适当放低门槛，让更多班组，尤其是一线生产班组参与创建“工人先锋号”、“50强班组”活动，但同时坚持评价标准，严格分级考核。二是评价标准突出“两个落地”。结合“文化落地、制度落地”进班组要求，烟草工会修订完善了班组创建评价标准，使创建评价更系统、更健全。三是班组建设突出科技创新。引导基层班组围绕企业发展目标，积极开展创新攻关活动，使新一轮的班组创建活动方向更明确、目标更清晰。 （沈光辉）

【烟草工会开展创建“文化落地、制度落地”最佳实践班组活动】 工会紧扣“文化落地、制度落地”进班组的年度重点工作，将创建“最佳实践班组”活动作为推进“两个落地”的实践载体。“最佳实践班组”创建分为最佳班组、优胜班组、达标班组3个层级，根据不同等级，在创建的要求和评价指标上有所区别，突出量化指标。创建活动共分为调查分析、制定方案、中途推进、成果发布、经验推广、创建评选和整改完善7个阶段。 （邹允文）

【上海烟草储运公司工会推进“文化和制度”双落地进班组】 公司工会运用“塑型和对标”方法，不断推进“文化和制度”双落地进班组。一是通过“塑型”彰显文化特色，推进“文化落地”进班组。运用“塑型”方法，将班组打造成团结和谐氛围好、参与建设成效好、科学管理方法好、工作一流业绩好、现场规范秩序好以及管理创新能力强、文化培育能力强的先锋队、生力军。二是通过“对标”提升管理水平，推进“制度落地”进班组。积极推广与指标“对标”、与制度“对标”、与先进“对标”的方法，扎实班组基础，使制度落地有声。 （施红梅）

【延锋伟世通着力打造“三园”班组】 延锋伟世通形成以党委领导、行政主导、工会推进、各方参与、职工主体的班组建设格局，工作中坚持战略引领、夯实基础、激发活力，着力打造“家园、校园、乐园”三园班组。同时通过不断提升班组团队的执行力、创新力和凝聚力，努力推进管理到位、战略落地、文化生根的班组建设实践，使班组在促进企业文化建设、跨地跨国经营及快速发展中发挥积极作用，也为上汽集团生产制造领域的企业深化推进班组建设提供宝贵经验。 （陶牡丹）

【华东电力工会举办优秀班组长培训班】 8月20—24日、9月2—6日，华东电力工委分别举办第十三期、十四期华东电网系统优秀班组长培训班，来自华东四省一市电力公司、华东分部机关等单位的百名优秀班组长参加培训。两期培训，既有专题讲课、又有经验交流；既有工作探讨，又有参观学习，围绕班组长角色定位、价值观念、能力素质、地位作用等方面精心设计相关课程，使参加培训的班组长进一步了解所需掌握的现代班组管理理念、技巧和方法，学习借鉴其他单位班组管理的经验，增强班组长的角色意识。 （施炜伟）

【浦东国际集装箱码头有限公司工会建立总经理与一线班组长恳谈长效机制】 2012年，公司工会在《深入推进公司班组建设的工作安排》中把强化班组长队伍建设放在突出位置，在安排班组长培训，召开班组建设推进会，以及司庆等活动中，坚持安排总经理与班组长互动和交流沟通，既让总经理了解班组长的所思、所想、所愿，又让班组长站在公司层面思考问题、落实工作。安排总经理与一线班组长恳谈，已经成为公司司庆活动的必备项目和长效机制。 （王祖国）

【运输工会推广“班组一招”工作经验】 2012年，运输工会采集集团系统近50个基层班组在班组管理工作中的“高招、新招、奇招”实例，组织编辑《班组一招》一书。同时在南站长途公司举行“《班组一招》进班组、到岗位——客运服务班组工作经验现场推广活动”，推广南站长途公司“阳光岛”服务台班组、长途客运东站“温馨港”服务班组的“每日心情”看板、建立服务公关小组等“班组一招”。 （吴　明）

【上海邮政工会深入开展“投递员之家”创建活动】 邮政工会按照投递员之家的建设目标，以“投递员之家”建设“五好”（维护权益好、后勤保障好、基础管理好、服务质量好和队伍素质好）标准为要求，按计划、分步骤、有重点地抓好“投递员之家”建设。全年全市投递局所“投递员之家”建家率100%、达标率达到82%。所有投递局所基本解决投递人员的如厕、饮水、洗浴的难题。全市每个投递网点也因地制宜，开辟专门的更衣场地，解决员工无更衣休息场地的困难。同时，为积极创造一个“清洁、整齐、优美”的投递作业环境，结合“投递员之家”建设，工会还开展为期一年投递工种“洁、齐、美”环境卫生劳动竞赛活动，并于6—7月间，对18个支局投递作业场所就车辆定点停放、作业场地环境卫生、员工仪容仪表、生产生活设施等方面进行抽查和调研，巩固“投递员之家”的建设成果。

（陈千涛　张　莉）

【中国移动上海公司拓展班组建设“三大品牌”】　2012年，公司班组建设与管理工作以班组基础管理、经济创新、服务员工、标杆示范、素质提升为抓手，拓展班组建设“一班一品”、树“标杆班组”和搭“班组论坛”等“三大品牌”，倡导无缝、无限沟通模式，提升班组基础力、创新力、战斗力和凝聚力，助推公司超常规发展取得成效。“三大品牌”通过工会管理系统平台进行认证、评选和展示，获得广大员工的认可。　（高诗颖）

【上海机场集团公司举办现场团队管理研修班】　6月18—22日，集团公司工会、人力资源部依托复旦大学管理学院举办“上海机场现场团队管理研修班”，来自生产运行一线的60名优秀班组长参加培训。课程以“如何成为一名优秀的管理者”为主题，开设管理学精要、优质服务与精细化管理、员工激励与高效执行力、行为心理与员工管理、跨部门沟通与冲突管理等课程，以丰富的案例、充分的互动从理论和实践两方面向学员传授现场管理和团队管理的知识。　（陆敏峰）

【上海地铁劳模“畅畅点评团”为推进班组建设建言献策】　4月11日，上海地铁劳模“畅畅点评团”10余名成员，对1号线徐家汇抢修组、9号线宜山路站、10号线新天地等3个一线班组进行实地调研、巡视班组建设情况。点评团成员深入了解班组开展师徒带教、技术比武、文化建设等方面的情况，充分肯定1、9、10号线创建“职工之家”、设置“照片墙”等实际做法。同时，劳模代表们还结合自己的岗位实际和工作经验，向一线班组长和职工传授、交流如何提高班组执行力和凝聚力，如何调整心态，如何与同事、乘客沟通等工作方式方法。

（姜　雪）

宝钢集团工会举办第七届班组活力才艺大赛　（刘　杰）

【城投总公司工会开展班组长岗位培训】　9—11月，城投总公司工会设立两个专场，分三批集中培训300名班组长，并选送34名获得市级荣誉的班组长参加市总工会开设的班组长培训班。培训班每期两天，重点就“如何当好班长和班组长”、“创建六型班组”、“城投系统五星六型班组创建”等内容进行专题讲座，并组织参加培训的班组长观看城投成立20周年纪录片和城投成立20周年总结大会实况录像。　（茅瑞喆）

【大屯公司工会提炼“8655”班组管理法】　大屯公司工会加强班组基础建设，总结、提炼出具有特色、可操作性强的大屯公司“8655”班组管理法，夯实企业管理基础。一是班组管理要加强“8”项基础建设，即：基础建设、安全建设、技能建设、创新建设、民主建设、思想建设、文化建设和班组长队伍建设。二是班组管理落实之道要推行“6”抓工作法，即：抓准入制、学习、培训、考核、现场、活动。三是班组长管理方法推行“5”字诀。这5个字是：“严、细、精、强、和”。“严”是第一责任，“细”是第一要求，“精”是第一标准，“强”是第一方法，“和”是第一目标。四是班组管理工作做到“5”个结合，即与企业管理相结合，与现场管理相结合，与质量标准化工作相结合，与企业经济效益相结合，与企业安全文化建设相结合。　（王安友）

【百联集团工会开展“工人先锋号”创建活动】　百联集团工会扎实推进“工人先锋号”创建活动，通过完善长效机制，推广领导负责制、号长推选制、首席聘任制、成员报名制、专家顾问制等工作法，提升集团班组建设的质量和水平。世纪联华体育场店、友谊百货烟酒柜、物贸生资物流有限公司装卸机械班组等9个集体获2012年“上海市工人先锋号”称号。

（姜　杰）

【上海良友新港储运有限公司工会组建“技师工作室”】　公司工会创新人才培养机制，组建“技师工作室”，全力构筑高技能人才创新发展平台。“技师工作室”主要围绕5个方面开展工作：开展技术革新、技术攻关，促进创新研发、工艺设施设备改进；实施小改小革、加快合理化建议的成果转化；不断优化生产工艺、提高生产效率，推动节能降耗；加强技术交流，推广新技术、新工艺、先进工作法与操作法，促进高技能员工整体提升专业技术水平；深化高师带徒效果，加强企业知识管理，促进优秀员工知识、经验、技能的高效传承。经过探索实践，“技师工作室”出色完成10多项小改小革，高效完成10多项合理化建议成果转化，在保障安全生产、提高生产效率、改进生产工器具、节能降耗增效方面作出贡献。　（夏小文）

【锦江集团工会开展“团队创先行动”】　集团工会围绕企业文化建设，

秉承“服务职工、服务企业”理念，广泛深入开展“团队创先行动”，扎实推进创建“六型”班组工作。一是抓班组长素质提升。在“十二五”期间实施班组长岗位培训计划，选派先进班组、优秀班组长参培训。二是建立班组长培养、选拔、任用机制，选择好合格的班组长。三是营造温馨和谐的班组氛围。办好“职工之家”、“职工书屋”，开设“网络学习天地”，丰富职工业余文化生活，拓宽职工学习娱乐渠道。（张祥伟）

【上海城建市政机施分公司工会创建“五型班组”】 一是创建“和谐型班组”，增强企业凝聚力。通过“职工主题聚餐会”、“季度职工集体生日”，构造其乐融融的氛围，增强班组的凝聚力和向心力。二是创建“活力型班组”，增强企业战斗力。通过开展文娱活动，打造班组活力文化，丰富班组职工业余文化生活。三是创建“创新型班组”，增强企业创造力。利用“机施大讲坛”，不断宣讲新观念、新知识、新工艺，使职工始终保持“吐故纳新”的状态。四是创建“管理型班组”，增强企业执行力。通过“班务会议周周开”、“管理台账月月查”等活动加强督导力度，从安全质量、文明施工、环境保护、卫生防疫、消防保卫、综合治理等方面，全面加强企业基础管理。五是创建“竞争型班组”，增强企业竞争力。通过各种竞赛促进生产、促进班组建设。除积极参加集团公司和甲方单位开展的各种竞赛外，公司还根据自身特点开展“比和谐、比活力、比创新、比管理、比竞争”的“五比”立功竞赛。（孙　群）

【华能上海电力检修公司工会班组建设落到实处】 针对华能上海电力检修公司常年驻外检修，班组管理困难问题，从2008年起公司工会制定出台适应检修特色的班组建设导则和台账，并从实践中不断加以完善。公司成立专家检查小组，对64个班组进行定期检查评比，并同奖励机制挂钩。公司尤其注重班组学习，将每月班组学习内容挂在公司内部网站，每周二定为“班组学习日”。同时在年初开展“创建学习型班组、争做知识型员工”活动，鼓励员工通过自学和班组共学的方式不断提高自身素质和业务水平。（徐莉娟）

【华能上海电力检修公司加强班组长培训工作】 2012年受上级公司委托，华能上海分公司系统电力检修公司承办5期班组长培训班，其中3期为现场培训，2期为远程视频培训。共有396位班组长参加现场培训，2492位班组长参加远程视频培训。培训班每期周期为两周，培训内容包括班组长岗位职责、班组管理定位和特点、班组质量管理等，培训方式为授课、交流和研讨。（徐莉娟）

杨浦区总工会举办环同济知识经济圈创新创业论坛暨创新成果展示
（曹理仰）

职工创新

【上海一线工人获上海市科技进步奖（工人农民组）奖项】 3月30日，在上海市科学技术奖励大会上，由市总工会推荐的上海大众汽车有限公司徐小平“激光可视对焦技术”项目以及宝钢不锈钢有限公司储滨“基于料面综合判断方法的高炉节能技术”项目获得上海市科技进步奖（工人农民组）二等奖。经与相关部门协调，上海市科技进步奖设立工人农民创新组项目的评选，并明确由市总工会作为主渠道负责推荐职工的岗位创新项目。市总工会以此为契机，积极拓展申报途径、创新推荐方式，深入挖掘一线工人的优秀技术创新项目，推动市优秀发明选拔赛优秀项目与市科技进步奖工人组评审项目的对接，不断深化职工群众性科技创新活动。（武吉波）

【杨浦区总工会举办环同济知识经济圈创新创业论坛暨创新成果展示】 11月13日，由区总工会、四平路社区（街道）党工委、办事处、上海同济科技园有限公司共同举办的“彰显才华、成就梦想——2012环同济知识经济圈创新创业论坛暨创新成果展示活动”在同济大学逸夫楼礼堂举行。环同济知识经济圈是杨浦国家创新型试点城区五大功能区之一，以创意设计、国际工程咨询、环保科技3个产业为主的集群已具雏形，2011年总产出达到177.6亿元。同济大学科技园内企业及大学生创业者、四平辖区内部分企业职工、各地区总工会干部、非公企业创业者代表等200余人参加活动。（曹理仰）

【宝山区卫生系统召开五小创新成果推介会】 2月22日，区卫生系统“五小创新”推介会假华山宝山医院召开，“促进母乳喂养吸吮装置”、“改良式雾化吸入器”、“骨科钻孔瞄准器”等10个项目的主创人员以PPT的形式展示自己的创新成果。区医务工会鼓励基层一线职工立足岗位进行“小发明、小创造、小革新、小设计、小建议”，并对其中优秀“五小”项目进行评选表彰，取得良好成效。（胡立伟）

【市电力公司工会群众性经济技术创新活动取得成果】 公司工会围绕“科技兴企、人才强企”的科技发展战略，以“岗位学习、岗位创新、岗位成才、岗位奉献”为主题，以“劳模创新工作室”为平台，深入开展形式多样的群众性科技创新活动取得成果：市电力公司检修公司工会获市总工会创新创效特色工作一等奖；电科院彭伟获上海市优秀发明选拔赛金奖；青浦供电公司沈晓峰获上海市职工合理化建议优秀成果奖；电科院袁志文的发明成果《大型变压器动态安全保护监控技术研究》等10项成果获第二十四届上海市优秀发明选拔赛优秀发明银奖；检修公司杨庆华输电技术创新工作室的发明成果《220千伏输电线路铁塔易地升高改造带电施工技术研究》等10项成果获第二十四届上海市优秀发明选拔赛优秀发明铜奖。 （金佳毅）

【宝钢不锈钢公司工会打造职工技术创新雁式团队】 一是四轮驱动，形成推进合力。形成党委组织部、技术质量部、工会、团委等负责人组成的责任体系；两级部门党委、工会负责人、相关部门主管和专业管理人员组成的组织体系；以及两级部门行政、工会联络员、青年科技志愿者组成的运行体系。二是搭好平台，培育雁式团队。一头抓创新“领头雁”，发挥技术创新工作室（小组）的领头、孵化、助推作用；另一头重心下移抓基础，注重职工合理化建议、自主管理的参与率和产生的经济效益。三是持续创新，发挥带头作用。注重通过自主创新、持续创新，发挥领头雁在技术创新中的带头带动作用。四是责任明确，强化过程推进。通过实施两级部门推进排行榜、职工技术创新积分榜等系列制度和措施，使创新活动成为公司管理者和广大职工共同关注的重点。五是3级联动，3种激励并举。公司把技术创新工作与各两级单位党政工年度绩效评价、“创先争优”活动、技术创新领头雁创新效果评价相结合，从3个层面完善评价体系。同时在激励手段上采取荣誉激励、培训激励、物质激励3种激励方式。 （潘 彦）

【宝钢工程集团工会开展首届“员工创意大赛”】 为引导员工积极提出可以拓展市场的新产品、新技术、新服务模式的创意，为公司转型发展献计献策，宝钢工程集团工会开展首届“员工创意大赛”。累计有1020名员工为公司转型发展贡献创意180项，上报至工程集团40项，其中，《蒽油加氢改质生产清洁燃料项目》、《企业大数据分析平台及BI云服务软件产品》等6个创意项目入围决赛。 （许晨光）

【宝钢股份工会以创新工作室带动群众创新】 股份工会围绕“现场改善实践、岗位创新与本职工作”的主题，以创新工作室为抓手，聚焦职工素质工程，持续推进群众创新活动。全年新增创新工作室19个，通过创新工作室发动业务骨干参加现场改善课题招标揭榜活动，解决生产现场实际问题。形成的宝钢职工创新成果在国内外发明展上多次获得奖项：在第111届巴黎国际发明展、第七届中国国际发明展、海峡两岸创新成果展上获得金奖18项、银奖16项、铜奖20项。 （包 翔）

【宝钢集团人才开发院工会开展“创新大篷车”巡展】 2012年，宝钢集团人才开发院工会实施以“创新薪火、传承技艺”为主旨的“创新大篷车”巡展活动。通过“创新入门、创新互动、创新分享、创新引领”4个模块为现场职工传授创新知识，传递创新文化，传承创新技艺。此次巡展活动走车间、进食堂，共巡展20多个单位，让更多的员工感受到公司对职工创新工作的支持，了解学习到必备的创新基础知识，激发更多的员工投入到创新中来。 （邱丽琳）

【宝钢集团以制度促“蓝领创新”】 宝钢工会制定出台《职工经济技术创新活动管理办法》和《宝钢职工创新工作室规范化建设实施意见》等职工岗位创新的基础性制度文件，规范宝钢职工经济技术创新的组织架构、主要载体、职能分工与职责等内容，明确职工创新工作室的定位与功能、条件与保障、运行与评价、申报与评审、资助与激励等五方面的内容。在制度保证下，集团职工创新取得新进展：全年集团员工共提出合理化建议32万条，实施合理化建议22万条，合理化建议创造效益26亿元。建立职工经济技术创新小组1660个，职工创新工作室119个，岗位创新活动中产生专利申请1530件，形成技术秘密1822项。 （李清泉）

【上海航天局职工科技创新项目取得成果】 局工会深化职工创新工作取得主要成绩：第八设计部工会《用“五抓”促“三创”》获得上海市企业职工创新创效特色工作经验一等奖，802所工会《融入中心抓重点，创新创效见成效》获二等奖，航天机电工会《组织开展创新提效活动，助推实现一保一降目标》获三等奖；811所第四研究室氢镍组《提高铂金属法电池盖制造合格率》获2011年度上海市职工合理化建议优秀成果奖；811所黄旭《采用模块化工装来提高元器件弯脚工序合格率的方法》获2011年度上海市职工先进操作法优秀成果奖；控制所《卫星控制仿真3D显示验证系统》项目获得第二十四届上海市优秀发明选拔赛职工技术创新成果金奖、802所《频谱分析仪自动化测试系统》、控制所《反作用飞轮单项节流保压阀》两个项目分获银奖。 （沈 恺）

【烟草集团高扬公司合理化建议活动有成效】 公司工会积极推进以“职业自觉、现场主动”岗位践行为重点的员工合理化建议活动，形成建议征集以日常性部门提交为主体，阶段性条线征集为补充，建议评审以阶段性职能反馈为基础，半年度推优、现场验证为保障的良性循环。据统计，2012年公司员工共提出合理化建议1064条，达到人均2.76条，其中采纳率为86%。同时在专项合理化建议活动中，“安全月”专题合理化建议共收到258条，“节能周”专题合理化建议共收到154条，“质量月”专题合理化建议共收到365条。 （丁妍能）

【上海海烟物流发展有限公司员工为企业发展献计献策】 公司工会围绕“促进企业员工双发展”的目标，坚持“工会组织、行政推进、员工主体”的活动格局，有效开展2012年度员工合理化建议活动。全年策划开展各类主

申通地铁工会成立熊熊“3D”服务创新工作室 （秦义强）

题性合理化建议征集活动7项，共征集到各类建议1046条，采纳率为76.4%，实施率达到37.3%。公司员工人均提出1.45条建议。（蔡 杰）

【运输工会以科技创新推进企业降本增效】 工会动员职工积极投身集团“建功立业十二五、创新转型当先锋，科学发展作贡献”主题竞赛活动，并通过组织开展“科技创新优胜杯”等专项竞赛，以科技创新推进企业降本增效。这次竞赛主要内容是降本增效、节能减排、合理化建议等。其中交运集团下属单位交运汽车零部件制造分公司工会通过创新活动实现降本增效近850万元以上。（吴 明）

【上海电信浦东局成立员工创新俱乐部】 浦东局工会成立创新体验、新技能创新、创新读书3个俱乐部。创新体验俱乐部，主要承接区局前、后端热点产品、新业务的创新体验、经验总结及推广工作；创新技能俱乐部，主要通过培训与交流，对青年员工的DV、PPT、绘图、电子刊物制作等创新工作能力进行提升；创新读书俱乐部主要通过组织和鼓励青年员工使用各类新媒体，宣传公司的各项创新产品和创新服务。青年员工踊跃参加，俱乐部参与覆盖面达到100%。（朱东亚）

【建工工会深化“双献五小”合理化建议活动】 集团工会围绕增强技术创新推动力，转变经济发展方式，提高经济运行质量的要求，进一步深化“当好科学发展主力军、打好创新转型攻坚战”主题实践活动。通过开展“岗位作贡献、建功十二五”、“我为企业十二五发展献一计”、设立“技师工作室”和“创新小家”等活动载体，动员广大职工为企业经济转型发展和提高经济效益献计献策。全年共收集合理化建议442件，实施244件，产生经济效益3901万元。（杨钟春）

【市交通港口局工会开展“我为交通港航献一计”活动】 局工会会同直属单位党委发起“我为交通港航献一计”活动，共征集建议330条。局系统单位以各种形式积极参与，港政中心开展“我为港政发展献一计”金点子征集活动；执法总队开展“我为总队发展计策”活动等。（陈 健）

【申通地铁集团工会深入推进职工岗位创新】 集团工会在职工岗位创新方面，采用以点带面方式，通过“3+X”模式，激发职工的岗位创新热情。所谓“3”就是代表技术技能类的“李鹏伟首席技师工作室”、代表窗口服务类的“熊熊3D服务创新工作室”、代表管理类的“林宏工作室”。“X”即：围绕企业工作重点，有针对性地开展活动。在建设板块组织开展以“质量创佳、安全创优、文明施工、科技创新、节点达标”目标的劳动竞赛。开展“3+X”的活动取得积极成效。集团推出的列车故障自动检测模块、热敏客流自动计数系统、集群式通用桌面模拟驾驶台等6项由职工岗位创新发明成果在第四届上海市职工科技节、职工科技创新成果展上进行展示并分获奖项；在2012年上海市科技奖励大会上，集团职工有10项研究成果获奖；还培育出“上海市杰出人物”宋博、“上海市十大工人发明家”李鹏伟、“上海市职工科技创新标兵”褚祺晟、“上海市优秀创新团队”维保监护部等创新人物和团队。（姜 雪）

【百联集团工会开展创新创效优秀项目奖评比表彰活动】 6月12日起，集团工会开展为期一个月的创新创效优秀项目奖评比表彰活动。经评审，

建工集团举办职工工程设计成果展 （缪云明）

联华浙江公司萧山南环路连锁店“超市设备设施综合节能增效”、东方商厦旗舰店“VIP专属客服经理服务”、物贸生资物流公司“打造金属物流基地”等9个项目被评为“2011—2012年百联集团创新创效优秀项目奖”；百联又一城“‘4A’营销工作法”等7个项目被评为“2011—2012年百联集团创新创效优秀项目提名奖”；集团审计中心“百联预付卡管控排摸法”等3个项目被评为“2011—2012年百联集团创新创效优秀项目入围奖”。（姜 杰）

【上海职工技术创新基金资助职工创新实践活动】 2012年，上海市职工技术创新基金着力发挥“种子效应”，共出资100万元支持职工创新实践，扶持职工创新项目：出资40万元资助市总工会命名的40家“上海市劳模创新工作室”，支持其开展创新活动；出资4万元奖励“市职工科技创新新人奖”；出资40多万元支持建设“上海职工创新成果展示厅”。上海三菱电梯有限公司的“应用于电梯的能量回馈装置”项目获得5万元的职工创新基金资助后，对现有的没有能量回馈功能的电梯进行批量改造，使电梯的节能效果最高达到30%；上海市血液中心的“基于多重聚合酶链反应技术的稀有血型基因检测”利用资助资金完善现有的多重聚合酶链式反应体系，构建各待检测抗原重组质粒对照品，解决引物设计造成的假阳性或假阴性结果等问题。（王奇峰）

【市优秀发明选拔赛获得市科普教育创新奖三等奖】 市总工会会同市知识产权局、团市委、市科协、上海发明协会等单位联合举办的上海市优秀发明选拔赛获2012年度上海市科普教育创新奖三等奖。上海市优秀发明选拔赛创办于1987年，已持续举办24届，共有14715个项目报名参赛，其中非职务发明项目4962个，参赛人数达4.5万人次，共评出获奖项目7854项，有1万多人(次)获奖。（王小龙）

【市总工会推进2012年上海科技周活动】 2012年上海科技活动周期间，市总工会以“弘扬先进，岗位创新”为主题，在市级层面组织开展了3项职工创新活动：一是召开“上海市企业职工创新创效推进会”，发布交流70项上海市企业职工创新创效特色工作经验，表彰559项获奖项目和20个合理化建议优秀成果和职工先进操作法优秀成果。二是开展上海市工人发明家沙龙活动，组织50多名工人发明家参观上海电信信息生活体验馆，拓展工人发明家的知识视野。三是开展科普教育活动，组织职工科普讲师团成员进企业、学校作16场有关岗位创新、职业健康、食品安全、节能降耗、环境保护等方面报告。（王小龙）

节能减排

【上海召开重点用能单位职工节能减排专项立功竞赛推进会】 6月13日，由市总工会、市发展改革委、市经济信息化委、市国资委等部门联合召开上海市重点用能单位职工节能减排专项立功竞赛推进会。会议旨在深化“当好科学发展主力军，打好创新转型攻坚战”主题实践活动，动员全市职工为推动节能减排和上海创新驱动、转型发展做贡献。活动开展以来，以“我为节能减排做贡献”为主题，动员组织职工以良好习惯自觉节能减排、以岗位创新厉行节能减排、以建言献策推动节能减排、以民主监督促进节能减排、以模范行为引领节能减排，为促进企业节能减排发挥积极作用。在2012全国和上海节能宣传周期间，四部门还联合举办上海职工节能减排图片展和职工节能减排知识竞赛等活动。会上，市发展改革委有关部门负责人作全市节能减排形势任务报告；表彰职工节能减排优秀合理化建议、优秀技术创新成果以及职工节能减排知识竞赛优胜团队。（武吉波）

【市总工会开展上海市职工节能减排知识竞赛】 5月，市总工会启动上海市职工节能减排知识竞赛活动。活动分有奖知识竞赛和擂台赛两阶段进行。有奖知识竞赛的题目内容涵盖《节约能源法》、《环境保护法》等国家、地方相关法律法规，《“十二五”节能减排综合性工作方案》、《上海市节能和应对气候变化“十二五”规划》等国家、地方相关规定以及全总、市总工会关于职工节能减排工作的相关规定和要求，并将题目刊登在《劳动报》。市总工会在上海工会网站、上海职工科技创新网设立答题专区，进行在线答题。活动期间，共收到84853份答题卡。竞赛组委会办公室对答题卡进行汇总整理及抽奖，共产生一等奖10名、二等奖20名、三等奖30名、优胜奖100名及优秀组织奖13名。在6月11日的比赛中，上海申通地铁集团有限公司代表队等10支代表队分获金、银、铜奖及优胜奖。（武吉波）

【杨浦区四平地区建筑设计行业开展节能环保活动】 4月5日，杨浦区四平地区总工会面向建筑设计行业启动“我为节能环保献一计”合理化建议征集活动。活动由基层非公企业职工自愿填报《合理化建议申报表》，地区总工会根据建议的先进性、可行性和效益性决定是否采纳。在汇总各企业的合理化建议后，评选出最具经济效益的合理化建议项目，并表彰活动开展过程中的先进单位和优秀工会组织者。（曹理仰）

【上海宝冶工会建立职工合理化建议排行榜制度】 工会围绕企业降本增效、节能减排工作目标，建立《职工合理化建议排行榜制度》，促进职工合理化建议活动深入开展，在职工中树立节约、创新、奉献意识。据统计，企业职工全年提出合理化建议1049条，实施建议569条，实现降本增效4500万元。工会与技术中心联合开展2012年度优秀合理化建议评选，从基层申报的71篇优秀合理化建议中评出一等奖1项，二等奖3项，三等奖6项，优秀奖14项。（毛一新）

【上海铁路局工会增收节支提效合建活动有成效】 局工会全年共征集各类合理化建议3000多条，产生10万元以上经济效益成果的有140项，完成优秀成果转化的有14项，累计创造经济效益超3亿元。其中2个项目分别获上海市“安全生产金点子”和“上海市职工节能减排优秀合理化建议”一等奖，5项成果获第二十四届上海市优秀发明选拔赛银奖，路局科研所获上海市职工科技创新示范基地称号。（白 杰）

【上港集团振东分公司工会推进节约型企业创建工作】 上港集团振东分公司工会以上港集团工会组织开展的“海港职工节约行动”为载体，以提升员工技能和素质为目标，通过开展岗位技能比武和练兵等活动，动员职工立足岗位节能减排、创新增效，推进创建节约型企业活动取得成效；上港集团振东分公司“轮胎吊电气房温烟报警装置”项目获得集团“绿十字”二等奖；在11月举行的第七届国际发明展览会上，振东分公司参展的2个科技项目收获一金一铜。公司另有4个科技项目分获2011—2012年度集团科学进步奖的二、三等奖。（董 雪）

【建工一建集团工会“双献五小”推节能】 建工一建集团工会以“人人献计献策、个个节能降耗”为目标，开展群众性“双献五小”合理化建议活动，动员职工立足岗位，从自己做起，从身边做起，围绕企业在超高层、深基础等施工中的技术难点，做到绿色施工、节约施工，为开发和推广先进适用技术贡献聪明才智。全年共征集“双献五小”合理化建议成果104项，上报成果39项，评出优秀成果13项。一建集团工会还将近年的60个优秀成果汇编成《双献五小成果集》，发至公司各项目部供职工学习运用。（杨钟春）

【市交通港口局工会组织公交行业驾驶员节能培训】 市交通港航工会会同公交行业协会全年分4期，共对410名公交驾驶员开展节能培训。在节能理论培训基础上，培训教师通过集中培训和线路带教方式在车辆发动、起步操作、路口停车、转弯变道、进出车站、预见性判断等9个方面开展节能驾驶操作培训。通过培训力争使公交驾驶员在节能减排理论上有所提高，并能运用理论知识指导实践，在实际工作中发挥节能减排骨干作用，起到以一带十、以点带面的作用，把节能减排工作变为每个公交驾驶员的自觉行为。（周建荣）

【中建八局举行商务策划降本增效优秀案例评选】 11月13—14日，中建八局在济南召开第二届商务策划降本增效优秀案例交流与评选会议。评选活动过程主要包括各公司初评、申报、局评审3个阶段，历时3个月时间。活动旨在宣传推广降本增效优秀案例，深化“商务管理”主题。经过案例演示、评委提问与打分3个评审环节，从347个案例中推选出35个案例进行表彰奖励。（王小东）

【良有集团工会节能减排助推企业发展】 工会深入开展以“比节能意识、赛行为文明，比技术创新、赛岗位贡献，比献计献策、赛实施成效，比规范达标、赛创先争优，比履职能力、赛监督作用”的“五比五赛”合理化建议、节能减排活动。通过开展宣传教育、岗位建功和义务监督3项行动，充分发挥班组职工了解生产过程，熟悉生产工艺的特点，组织动员职工结合“身边物、身边事”，大力开展以“小发明、小设计、小革新、小攻关、小改进”为内容的“五小”活动，引导职工为企业改革、发展和稳定献计献策。全年共收到723条合理化建议，采纳的有126条，有33项建议分获集团“节能减排小窍门”活动一、二、三等奖及鼓励奖。（张晓娟）

市交通港口局工会组织公交行业驾驶员开展节能大赛 （杨松敏）

【华能上海电力检修公司工会积极开展节能宣传活动】 6月，公司工会开展企业节能宣传周活动。一是开展“低碳社区日”活动，征集“绿色生活从我做起——生活中的节能经验”，征集日常生活中的节能小知识、小窍门。将具备推广价值的内容在公司网站上发布，在职工日常生活中普及。二是推进“青少年实践日”活动，组织部分职工子女前往共青森林公园参与绿色植树活动。三是“绿色城市日”活动，倡导公司私家车驾驶员乘坐企业班车上下班，倡导职工在日常生活中尽可能多地乘坐公共交通工具或骑自行车出行。四是“低碳办公日”活动，根据天气情况，将各办公室和班组停开空调一天并停开公共场所（如门厅、走廊、卫生间等）照明一天。五是“绿色消费日”活动。由公司工会牵头，购置一批节能灯管和电池，在公司食堂为职工提供废旧电池及灯管以旧换新服务。六是“节能服务日”活动，公司工会组织部分青年志愿者于当日前往所在地共建单位——盛桥三居委，配合居委支部的节能宣传活动。（徐莉娟）

【华能上海石洞口第一电厂开展节能减排专项立功竞赛】 华能上海石洞口第一电厂工会以“推动节能减排，促进转型发展”为主题，开展节能减排专项立功竞赛。竞赛活动结合企业中心工作，鼓励广大职工立足岗位献计策，为实现全年生产经营目标做出积极的贡献。在活动中，各级工会在职工中积极开展节能减排宣传教育，增强职工的节能意识，营造了节约用能人人有责的良好氛围，同时注重发挥组织优势，加强管理，严格考核，通过开展“五比五赛”等竞赛活动，全厂共有6个部门683名职工参加竞赛。各部门根据实际制定竞赛实施细则，管理部门建立健全能耗统计制度，通过竞赛完善各级能耗指标台账，及时修订各类标准；生产部门开展发电量竞赛和精细化管理，努力增发电量，完成各项经济指标；后勤服务部门围绕安全生产、节能降耗、控制4项费用开展竞赛。运行人员树立整体节能意识，争取抢发、多发电量，完成发电量211570万千瓦时，同时通过优化机组运行工况，有效降低厂用电率和发电能耗；检修部在竞赛活动中通过锅炉贫改烟项目，推广节能降耗新技术、新工艺，节能减排效果；燃料部减少现场积煤、积灰的程度，在确保输煤系统的安全生产的同时减少浪费；综合服务中心、实业公司精心消缺，合理调度，节水节电取得实效。（唐丽青）

【绿地集团三措并举促节能减排落实处】 集团大力实施绿色低碳战略，落实节能减排目标。主要通过三大措施使节能减排工作落到实处：一是自觉建设节约型企业，落实各项节能节材措施。二是在开发项目中广泛应用绿色节能技术，树立企业良好形象，为建设节约型社会做贡献。三是将绿色节能技术创新运用于保障房建设，进一步服务百姓安居。绿地集团现有有65个项目共计1127.65万平米按照绿色低碳战略实施，全年减排二氧化碳达13.5万吨。全年组织绿地南翔威廉公馆、南京紫峰公馆、济南中央广场、郑州卢浮公馆等14个项目完成绿色建筑认证。（王洋洋）

劳动保护

【上海生产安全（工矿商贸）事故情况】 2012年，上海地域内工矿商贸企业发生生产安全死亡事故231起、死亡248人，同比分别下降7.23%、4.98%。发生4起较大生产安全事故，未发生重特大生产安全事故。全市17个区县中，长宁、崇明、虹口、嘉定、金山、静安、浦东、松江、杨浦、闸北10个区工矿商贸企业死亡人数同比下降，其中长宁、虹口、静安、杨浦、闸北5个区同比下降幅度超过20%。主要特点：一是按事故发生单位的经济类型分析，外商投资企业和外省市在沪企业事故下降明显。外商投资企业发生死亡事故12起，死亡13人，同比分别下降20%和18.75%。外省市在沪企业发生死亡事故27起，死亡29人，同比分别下降12.90%和12.12%。国有企业死亡人数上升幅度较大，国有企业发生死亡事故19起，死亡25人，同比死亡起数下降9.52%，死亡人数上升13.64%。私营企业事故略有下降，但依然高发。私营企业发生死亡事故171起，死亡179人，同比分别下降2.29%和2.19%。私营企业事故死亡人数占总人数的72.18%。二是按事故发生的行业分析，服务业死亡人数有所下降。其中租赁和商贸服务业发生死亡事故31起，死亡32人，同比分别下降6.06%和3.03%。居民和其他服务业发生死亡事故15起，死亡15人，同比分别下降31.82%和37.5%。制造业死亡人数不降反升，制造业发生死亡事故112起，死亡121人，同比分别上升12%和16.35%。三是按事故发生的类型分析，物体打击和车辆伤害死亡事故同比下降幅度较大。发生物体打击死亡事故26起，死亡27人，同比分别下降31.58%和28.95%。发生车辆伤害死亡事故12起，死亡13人，同比分别下降29.41%和23.53%。坍塌和机械伤害事故死亡人数同比上升明显。发生坍塌死亡事故13起，死亡19人，同比死亡起数下降7.14%，死亡人数上升26.67%。发生机械伤害死亡事故36起，死亡36人，同比均上升16.13%。四是按事故企业的规模分析，小企业死亡事故持续下降。小企业发生死亡事故155起、死亡162人，同比分别下降5.49%、6.36%。五是按多人伤亡事故分析，多人死亡事故大幅上升，共发生多人死亡事故10起，死亡27人，同比分别上升11.11%和28.57%。较大事故频发密发，共发生较大死亡事故4起，死亡15人，同比分别上升100%和114.29%。（沈兰萍）

【市总工会继续深化“安康杯”竞赛活动】 市总工会组织上海各企事业单位开展“安康杯”竞赛活动，坚持“预防为主、群防群治、群专结合、依法监督”的原则，围绕“弘扬企业安全文化，加强班组安全管理”竞赛主题，以竞赛活动促进劳动保护，大力开展劳动保护群防群治行动。市总工会以安全生产重点领域、非公企业和农民工为重点，以创建“安全生产1000班组”为抓手，结合全市安全生产实际和特点，有序推进“安康杯”竞赛工作。年内，上海共有7000余家企事业单位参加市级“安康杯”竞赛，覆盖职工200万名。（邬明亮）

【市“安康杯”竞赛办公室开展“班组安全建设与成果展示”】 市“安康杯”竞赛办公室开展“班组安全建设与成果展示”活动，得到各区县局“安康杯”竞赛分赛区办公室和各参赛单位的支持和响应。通过初选，共有85

4月10日，召开上海市深化“安康杯”竞赛暨创建“安全生产1000班组”活动上海日立现场推进会（吴良荣）

个参赛成果上报到市“安康杯”竞赛办公室。经专家评审，宝钢股份热轧厂二热轧分厂粗精轧甲班《“照”出问题，“镜”化行为》等22个参赛成果分别荣获特等奖，一、二、三等奖和优胜奖。（邬明亮）

【市总工会对“安康杯”竞赛成绩突出的优胜单位即时授予“上海市五一劳动奖状”】 2012年，全市各级工会和广大企事业单位围绕城市运行安全和企业生产安全，动员组织职工开展“安康杯”竞赛活动，为上海安全生产形势持续稳定好转发挥积极作用。市总工会对在“安康杯”竞赛活动中成绩突出、获得全国“安康杯”竞赛优胜单位五连冠及以上的上海电力安装第一工程公司、上海万安企业总公司、上海长宁教育企业总公司等3家单位即时授予“上海市五一劳动奖状”。（邬明亮）

【市总工会、市安监局联合召开深化“安康杯”竞赛暨创建“安全生产1000班组”活动上海日立现场推进会】 4月10日召开。会上，市机电工会副主席谢同伦，上海日立电器有限公司党委副书记、工会主席姚恒新，上海日立电器有限公司副总经理李海滨分别交流发言，上海日立电器有限公司班组长代表宣读《创建“安全生产1000班组”，筑牢企业安全生产基础防线》倡议书。（邬明亮）

【市总工会联合开展职工食堂、工地食堂食品安全检查】 7月，市总工会会同市食品药品监督管理局联合开展企事业单位职工食堂及工地食堂食品安全检查。检查期间，共对全市7674户企事业职工食堂及工地食堂的9713名负责人和食品卫生管理员进行食品卫生安全知识培训，共发放《企事业单位职工食堂、工地食堂食品安全告知书》7946份，出动监督检查人员8956人次，检查企事业单位职工食堂5507户次，工地食堂734户次，共立案查处食堂160户。（俞嘉毅）

【浦东新区总工会开展一线职工高温慰活动】 新区总工会结合“面对面、心贴心、实打实服务职工在基层”活动，新区总工会领导班子在夏季高温期间慰问坚持工作在一线的公交司售人员、交通干警、协管员以及中国商飞建设工地等重大工程的建设者们。新区总工会班子成员还与一线职工、工程单位负责人进行座谈，征求一线职工、管理人员和工会干部的意见。新区各级工会共筹集高温慰问资金1126.91万元，走访企业和工地3270家，慰问职工33万人次，其中农民工14.8万人次。（张真琦）

【浦东新区总工会继续深入开展“安康杯”竞赛活动】 全年共有42个直属工会的1409家企业参加（浦东赛区）的“安康杯”竞赛活动，参赛班组9334个，参赛职工达213035人，其中：34个直属工会的296家企业参加（上海赛区）的“安康杯”竞赛活动，参赛班组4527个，参赛职工129452人，均比上年显著提高。12月5日，新区总工会举办“安康杯”竞赛活动表彰、交流会，表彰“安康杯”优胜单位、优秀班组、优秀组织者和先进个人。（朱　雁）

【长宁区总工会慰问一线职工】 8月14日，区总工会领导班子走访慰问新光中学改造工程工地，为在高温一线的职工们送上毛巾、风油精、香皂等防暑降温用品，并嘱咐职工在高温作业要时刻注意生产安全，做到工作、健康两不误；同时要求工程单位合理安排职工的作息时间，避开烈日高温时段。（周　君）

【普陀区总工会积极落实劳动保护与防暑降温工作】 区总工会重视劳动保护与防暑降温工作的具体做法：一是结合企业生产实际，积极争取党政支持，投入专项资金，落实各项夏季安全和防暑降温措施。全区各级工会共筹集慰问资金及实物157万元，深入一线慰问企业和工地315家，职工人数达20723人次，其中农民工3419人次。二是深入下属一线班组，开展联合检查和职工代表安全巡查。会同行政联合开展专项检查308次，查实并督促整改问题160个。长征、桃浦、宜川工会会同劳动监察等行政部门开展劳动保护检查工作，督促企业牢固树立“安全第一、预防为主”的思想，做好设施设备更新和职工劳防用品发放。三是开展对基层工会干部、劳模先进和困难职工的高温慰问。区医务工会、甘泉工会对基层单位的工会干部和先进班组进行慰问；长风、石泉工会为街道内的老劳模送上高温慰问品；长寿、曹杨工会结合慰问活动，深入小区、企业，了解困难职工的生活情况。四是及时做好职工体检和高温津贴发放。全年组织职工进行健康体检8895人次，其中农民工3174人次，累计发放高温津贴1161.12万元。（许王丽）

【虹口区总工会关爱职工送清凉】 区总工会突出重点区域、重点行业，走访慰问一线职工。区总领导带队前往区重点企业、动拆迁指挥部、公安、非公企业、街道工会等基层单位开展走访慰问，惠及职工近2000人。在开展防暑降温“送清凉”工作的同时，区总工会要求各单位加强现场安全生产监督检查，进一步营造以人为本、关爱员工、注重安全的良好工作氛围。（徐　洁）

【杨浦区新江湾城地区总工会举办建筑行业消防安全知识竞赛】 6月20日，杨浦区新江湾城地区总工会在合生江湾国际公寓安全体验中心举办建筑行业消防安全知识竞赛，旨在普及消防知识，巩固安全生产工作。辖区内15家建筑企业工会的30位安全负责人参加活动。赛后，新江湾城地区总工会还组织参赛人员参观安全体验中心。（曹理仰）

【静安区总工会举办静安区工会劳动保护干部培训班】 3月12日，区总工会举办“2012年静安区工会劳动保护干部培训班”，邀请区安监局有关同志就安全生产及劳动保护为广大学员作专题培训。区总工会领导出席培训并作开班动员，来自各级工会的130名劳动保护干部参加培训。培训班主要内容为新颁布实施的《上海市安全生产条例》以及相关安全消防知识。区总工会还组织参训学员就安全生产形势下如何做好安全生产工作进行讨论交流。（姚　磬）

【宝山区持续深入开展“安康杯”竞赛

活动】 区总工会以“安康杯”为抓手，切实维护广大职工群众的生命安全和身体健康。宝山区共有533个企业报名参加2012年全国“安康杯”竞赛上海赛区活动，同比净增9.45%；参赛班组3806个，参赛职工54766人，参赛覆盖面大幅度增长。上海宝世威石油管道制造有限公司防腐分厂检验二班获得2011年度“安康杯”竞赛活动全国优秀班组称号；上海祥明仪表机箱有限公司等7个单位被授予上海赛区优胜单位；上海红星美凯龙家居市场经营管理有限公司物业部等4个集体被授予上海赛区优秀班组称号；上海东方泵业（集团）有限公司办公室副主任魏继亭等3人被授予先进个人称号；区总工会、罗店镇总工会被市安康杯竞赛组委会授予优秀组织单位称号。 （胡立伟）

青浦区总工会举行安全生产法律法规知识竞赛复赛 （马美君）

【松江区建设和交通委员会工会“四送”做好安全生产工作】 所谓“四送”：即一是“送法律”。会同松江区公路管理署工会开展“文明在路上，我们在行动”交通法规宣传活动；联合上海市凯达公路工程公司工会举办“建设工程车文明交通知识”专题讲座，邀请交警授课；协同区建筑建材管理署工会开展法律进工地活动，不断提高从业人员的法律意识和安全生产意识。二是“送安全”。各级工会积极参与由区建筑建材管理署、区燃气管埋所等政府部门开展的安全隐患排查治理工作，防范建筑、燃气安全生产事故的发生；以“安全生产月”为契机，宣传安全生产法律法规和安全生产生活常识，营造良好的安全生产社会氛围。三是“送清凉”。同党政领导一起到佘山北大型社区配套工程顾泾路工地、辰塔路工地、泗泾大型社区配套工程工地等施工现场慰问职工，送上夏季防暑用品，了解现场施工人员的需求，并提醒做好安全施工防范事项。四是“送电影”。会同建筑业工会联合会、凯达公司工会，开展送电影到工地活动，使一线职工在观看电影和安全生产教育宣传片的过程中接受教育，增强岗位操作安全和自我保护意识。 （朱志华）

【青浦区工会开展高温“送清凉”活动】 夏季，区内各级工会开展高温“送清凉”活动。香花桥街道总工会前往动迁户安置房施工现场，送上饮料、毛巾等防暑用品，慰问高温下工作的一线农民工。白鹤镇总工会走访辖区内94家重点企业，督促各企业落实高温津贴发放工作，确保高温季节职工“零中暑”、食堂饮食卫生“零中毒”、安全生产“零伤亡”。华新镇总工会以“送清凉、送安全、送服务”“三送”为主题，基层工会结合单位实际和安全生产特点，落实各项高温季节劳动保护的措施和制度，确保职工安全度夏。练塘镇总工会深入企业发放夏季清凉物品，并向企业和职工宣传高温作业下的劳动防护知识等。 （马美君）

【化学工会开展“安康杯”竞赛大巡检活动】 化学工会组织集团所属生产型企业参加2012年全国“安康杯”（上海赛区）竞赛，并将“安康杯”竞赛活动纳入HSE考核。同时，工会还以全员参与安全大巡检为抓手，开展万名员工安全大巡检活动。在大巡检活动中，两级工会劳动保护委员和职工代表开展企业间对口检查，共提出整改建议700余条。在2012年全国“安康杯”（上海赛区）竞赛活动中，参赛单位共获得优胜单位5个、优秀班组3个、先进个人2名，华谊集团竞赛办公室被推荐为优秀组织单位。 （王有福）

【化学工会扎实推进职工安全文化建设】 工会开展对氯碱、焦化、吴泾、三爱富等重点危险化工企业进行反“低、老、坏”专项督查活动，共提出整改建议100条；组织开展“反三违、查隐患”为主题的“纠正低标准、老毛病、坏习惯——万名员工安全环保万里行”系列活动，活动共征集职工“企业身边事”照片1400张、安全征文55篇、合理化建议2870条，其中有10条获优秀合理化建议；组织150名安全生产、劳动保护干部参加HSE知识读本师资培训。通过培训宣传安全法规，传播安全知识，提高职工安全意识。 （王有福）

【上海印钞有限公司工会开展劳动安全主题竞赛】 一是制定竞赛活动方案。公司工会以“一号文”发布竞赛活动实施意见，对组织领导、活动内容、时间安排、推进措施、责任考核等提出明确要求，并分解落实到各部门、班组、每个职工。同时在竞赛评比考核标准中，产品安全、数字安全、质量安全、人身安全、设备安全等涉及安全事项实行一票否决制。二是提高竞赛活动质量，坚持做到宣传教育到位、技能培训到位、监督检查到位。三是丰富竞赛活动内容。工会开展有针对性的竞赛活动，开展“高温季节百日安全无事故”劳动竞赛；设备、设施及岗位操作安全生产无事故劳动竞赛；《安全须知手册》知识竞赛等。 （徐俊彦）

上电二公司开展老港项目"科学发展、安全发展"安全月主题活动
（朱 坚）

【纺织工会动员职工学《条例》讲安全】 5月，纺织工会和纺织集团公司举办纺织集团《上海市安全生产条例》知识竞赛。此次竞赛分初赛、决赛两个阶段进行。初赛以书面答题的形式进行，共有23家子公司和直属单位的69名职工参加。参赛选手中年龄最大的58岁，最小的22岁，35岁以下占60%。参赛对象有工会和安全干部、管理人员、一线工人以及外来务工人员。经过团体赛选拔，3名选手代表纺织集团参加由上海市安全生产监督管理局和市总工会组织的《上海市安全生产条例》知识竞赛。集团工会和安全管理部门还联合开展职工《上海市安全生产条例》知识竞赛书面答题活动，参加答题活动的职工达2000人。（杜伟钧）

【医药工会开展安康杯活动】 医药工会全年以保障员工安全与促进员工身体健康为目标，积极开展各项活动来关爱职工安全和身体健康。夏天关心职工防暑降温、汛期关心企业生产安全、雨雪天关心职工上下班交通安全。积极动员下属企业参加全国"安康杯"（上海赛区）的竞赛活动，共计有32家企业、921个班组、12452名员工参加全国"安康杯"（上海赛区）的竞赛活动，参赛单位和员工数量创历年新高。各参赛单位在自查基础上，将32家参赛单位分6个组开展中途检查和年终考评，结合评分和安全生产现场巡检等环节，推荐优胜单位和优秀班组。（方 蔚）

【上海电力安装第二工程公司工会开展"飞信传书"安全提示活动】 工会针对公司施工点多面广、人员分散的特点，鼓励各施工项目组创新学习教育方式，开展每日班前会"一日一题"学习活动。具体做法：每班或每组安排专人，利用现代通讯方式创建飞信平台，将班组职工设为飞信好友，把平时学习的"一日一题"、安全知识、技能知识等有关内容编辑成短信发送到职工手机上进行学习，并要求把答案回复过来。公司各级工会对组织较好的班组和个人给予奖励，"飞信传书"安全提示活动，得到一线班组长和职工的积极响应，为提升职工安全意识工作创造新的经验。（张 钧）

【上海电力建筑工程公司工会开展"源头把关发挥安全哨兵作用"活动】 工会根据公司外地及海外项目多，施工安全风险大的实际，积极推行"外来务工人员班组劳动保护辅导员"制度。具体做法：一是工会下发文件，明确在外来务工人员班组中设立劳动保护辅导员，做到责任明确、落实到人。二是在安全生产月和群防群治月期间，召开中途推进会，在项目工地举行外来务工人员班组劳动保护辅导员授章仪式，并对外来务工人员宣传班组劳动保护辅导员的相关内容。三是制作《正确使用劳防用品提示卡》，将1000张卡片发外来务工人员学习。同时为提升能力，组织外来务工人员参加劳动保护检查员岗位培训。四是由班组劳动保护辅导员采用安全学习日、安全交底会、网络活动、劳动保护检查等形式向班组职工宣传安全知识，督促安全生产施工，并对每一个交过底的施工人员签字入档，发挥"安全哨兵"作用。（邝 民）

【宝钢工程工会积极实践员工劳动安全保护工作】 工程工会把维护员工劳动安全保护权作为维权工作的重要内容，主要做法：一是对以生产制造、现场服务为主的单位开展《上海市安全生产条例》、《中华人民共和国职业病防治法》落实情况的专项调研检查，掌握公司安全管理及工会劳动保护工作的基本情况，整理公司相关单位职业危害因素总体分布信息，并对企业接触制造板块有害岗位1889名从业人员分类研究，针对发现问题撰写相关报告提交公司行政领导。二是出台《关于进一步加强基层工会组织安全监督管理工作的意见》，明确各级员工安全代表的职责，建立全员参加的职工劳动安全保护监督体系。三是通过加强劳动安全保护三级网络建设、开展安全督查行动等活动加强劳动保护监督工作。在安全"100"督查专项行动中，共查找各类问题421条，其中管理履职类96条，效能监督类60条，违章违纪类96条，安全隐患类169条，年终全部得到整改。（许晨光）

【宝钢股份工会组织开展劳动保护监督检查工作】 工会贯彻落实"群防、基础、监督"和"保障劳动安全、监督管理作为"的工作要求，加强劳动保护三级网络建设，主要做法：一是通过开展创建安全"100"班组和安全"100"督查活动，发挥员工安全代表作用，参与对管理者安全履职评价。二是组织公司3930名员工安全代表接受培训，参与率为100%。三是鼓励公司员工积极提交安全信息，全年共提交各类安全信息38334条，其中37973条已得到整改，整改率达99.05%。四是对涉及高温、噪音、粉尘岗位的员工进行职业健康体检，覆

盖面达到100%，并将36名职业禁忌症职工调离原岗位。（包 翔）

【宝钢化工工会用“三级网络”和“两个轮子”保安全】 公司工会把推进“三级网络”（化工工会为第一级，分子公司及分厂工会为第二级，班组工会大组及协力班组工会大组为第三级）建设作为积极履行工会劳动保护监督职能的切入点，以“两个轮子”（“100”班组建设和员工健康安全代表）为抓手，做好劳动保护工作。工会将年度工作分解到月，并制订考核细则，深入班组开展检查考核，实施现场讲评，列出整改事项，跟踪整改，定期开展以“八条标准”为主要内容的“100”班组建设状况评估，对不达标的班组重点跟踪整改，下发整改通知。工会还对健康安全代表实施培训和退出机制，组织对安全代表的现场抽查，提高安全代表的素养，激励和促进安全代表的工作。通过“三级网络”和“两个轮子”的运作，全年共发现各类安全隐患1336条，整改1329条，整改率达99.47%。（庄国平）

【宝钢特材公司工会开展“消除安全隐患劳动保护立项攻关”活动】 公司工会坚持“群防、监督、基础”的工作方针，以消除生产现场安全隐患和为员工创造安全良好工作环境为目标，积极发动基层班组员工开展劳动保护立项攻关活动，有效地激发基层员工参与工会劳动保护的积极性和主动性。公司工会在立项攻关活动中始终严格坚持“自我组队实施、履行登记手续、紧扣攻关主题”的三项工作原则，通过“规范操作流程、严把立项审核、强化中途管理、项目验收评审”等方式，全年共收到基层推荐申报立项50项，经立项审核通过，检修、设备、现场、作业等安全类项目共35项。经过各级工会和34个攻关小组184名员工的共同努力，安全类项目实施完成率97%，其成果100%纳入合理化建议序列，94%纳入自主管理课题，其中申报和产生专利2项、修改和纳入岗位规程（作业标准）12项，提升企业现场安全管理水平。（马沪宁）

【上海飞机制造有限公司工会开展“安康杯”竞赛】 工会以“安全伴我行”为主题开展全国“安康杯”竞赛，具体做法：一是制订安全生产计划。工会要求以班组为基本单位，制定班组安全生产计划，开展班组自查，联合相关部门进行重点检查，确保人身安全和设备安全。二是实施安全知识培训。会同有关职能部门聘请专业培训机构对全公司260名班组长和车间安全员开展脱产安全培训，重点内容为《上海市安全生产条例》、《安全生产法》、典型事故案例分析和劳防用品穿戴及维护等知识，并通过班组长对班组成员进行两级培训，做到员工年度安全培训全覆盖。三是题写安全知识试卷。根据全总“安康杯”知识竞赛内容，结合公司特点，编制上飞公司“安康杯”劳动竞赛试题，组织班组长及车间安全员进行答题竞赛。四是组织摄影书画展示。8月，工会在全公司开展“安全伴我行”职工书画摄影展示活动，共收到150幅书画、摄影作品，并组织2000职工参观评选。五是开展劳动保护巡视。组织部分职工代表、分工会主席以及相关业务部门开展劳动保护和食品健康巡视，对职工集中反映的情况进行重点了解，督促相关职能部门定期整改。这些措施促进了企业生产安全，实现全年死亡、重伤事故为零、千人轻伤事故小于千分之四、职业病患病人数为零，从而顺利通过ISO14001（环境管理体系）和ISO18001（职业健康安全管理体系）双体系外审复查工作。（朱逸欣）

【中海国际上海分公司工会开展船员心理健康测试】 工会安排30名船员到华东师范大学参加公司和海事大学联合开展船员心理健康测试。开展海员心理援助对提高海员心理健康有重要帮助。测试项目有，明尼苏达多项人格问卷（MMPI）、症状自评量表（SCL-90）测试等，并采用功能磁共振成相技术进行心理健康测试分析。这些测试将克服调查问卷覆盖面狭窄、受周围环境干扰大而导致不能真正反映海员心理问题的缺点，能够较为全面的反映海上作业8个月工作对海员的影响，能为船员的心理健康提出指导意见。（严雄伟）

【上港集团工会组织开展劳动保护“群防群治”月活动】 5月23日，集团工会印发《关于开展2012年工会劳动保护“群防群治”月活动的通知》，并在6月开展主题为“安全生产，从我做起，关爱生命，人人尽责”工会劳动保护“群防群治月”活动，结合“安康杯”竞赛活动要求，举办形式多样的安全生产征文、演讲、漫画、摄影、知识竞赛等活动，营造安全文化氛围。通过各级基层工会的组织发动，共有19家基层工会上报68条安全合理化建议。8月，经集团评审小组评审，对明东集装箱码头公司《防止维修保养时司机操作失误的报警装置》等36个安全合理化建议以及在活动中表现出色的5家基层工会进行表彰奖励。（林碧娅）

【上海港务工程公司工会开展“安康杯”竞赛】 工会以切实保障职工生命安全为目标，通过“安康杯”竞赛扎实推进工会劳动保护工作，主要做法：一是以OA、《上海港工》报、《班组建设安全卫生知识》普及教材等宣传载体，多渠道普及安全生产知识，营造活动氛围。二是组织职工参加全国《2012年班组建设安全卫生知识》试卷答题活动，帮助职工掌握安全卫生相关常识。三是在安全生产月中，集中组织20个部门职工观看集团煤炭分公司的防火演练录像，提高职工应急处置能力。四是拓展“安康杯”竞赛活动方式，举办安全知识现场擂台赛，以“安全知识问答+现场实战操作”形式，有效地强化职工的安全生产知识和安全生产意识。五是组织开展“职工代表基层巡检”活动，针对部门夏季劳动保护、防暑降温以及集体合同履行情况进行检查，提出3条整改意见，并督查整改落实。（夏 怡）

【长江轮船公司工会抓“安康杯”竞赛出实效】 公司工会把“安康杯”竞赛与企业加快发展结合起来。建立公司“安康杯”竞赛的4项平台，分别是：考核竞赛效果，赛全员发动拓广深度；赛安全责任落实；赛“打非治违”力度；赛基层现场、船舶班组安全零事故。公司工会通过开展全员安全教育，强化安全意识，和行政部门一起对安全设施、设备，生产场所进行全面安全检查，排查隐患，落实整改，提升“安康杯”竞赛水平。公司将“安康杯”

华谊集团工会举行“安全知识竞赛” （忻 晓）

竞赛分两个赛区:公司10个与安全关联度较大的单位参加市级赛区,其他单位参加公司级赛区,做到竞赛全覆盖。两个赛区都分别组织开展有特色的安全文化建设活动,有职工代表安全巡查、“一封安全家书”、“职工安全警句”、“妻儿安全寄语”征集等活动。在职工代表巡查中公司工会到所在单位听汇报、开座谈、查资料、看现场等,并提交安全巡查整改意见通知书,推进安全管理和“安康杯”竞赛。积极开展班组安全建设成果展示评选活动,制作班组安全建设成果多媒体幻灯片,其中船长3号班组《推进班组安全建设,保障游船安全运营》获得上海市“班组安全建设和成果展示”三等奖。 （章 伟 孙建春）

【长江轮船公司旅游事业部工会开展安全文化理念用语征集】 旅游事业部工会开展的安全文化理念用语征集活动,得到基层员工的积极响应,有178人参加,上报安全文化理念用语1487条,评选出创意新颖、时代感强、寓意深刻的用语19条。活动体现出“以人为本、安全发展”的原则,围绕旅游事业部安全愿景、安全使命、安全核心理念、安全责任观、安全价值观、安全生产观、安全道德观、安全行为观、安全教育观和其他理念等9个项目展开。工会从中挑选19条创意新颖、时代感强、寓意深刻的标语进行表彰,游船中心职工提出的“一点小疏忽、一场大事故”,“横眉冷对违章者、俯首甘为安全员”,船长酒店职工提出的“规范动作懒一步、靠近事故一大步”,“班前讲安全、思想添根弦,班中讲安全、操作保安全,班后讲安全、警钟鸣不断”等都受到职工好评。 （李 哲）

【闵南船厂工会劳动保护取得新进展】 船厂工会首次代表职工与行政签订《闵南船厂劳动保护安全专项集体合同》,明确工会依法维护职工的生命权、健康权、卫生权,并定为工会维护职工合法权益的首要任务。一是建立安全生产小组,充分发挥职工代表作用,召开安全生产小组巡查动员会,明确巡查意义、内容和方式。每周进行1—2次巡查活动,深入车间、码头、船舶,每次巡查时间不少于1小时。5月召开安全生产巡查小组中途碰头会,深入探讨安全巡查的方式和效果,并对厂安全生产状况进行分析,提出建议。并会同公司其他部门开展每天1小时巡查活动,将工会参与安全生产管理使制度化、常态化。二是船厂工会在全厂各班组、外包工程队和职工中组织开展“三无(无三违、无人身伤亡、无火灾)”百日安全竞赛活动,举办安全知识竞赛,119消防演练,组织发动职工撰写安全学习心得体会350篇,并选送2篇文章上报公司和长航集团。三是船厂工会组织开展班组长轮训工作,80余名班长、工会小组长参加连续3周滚动式6小时集中学习,主要内容是听取安全事故案例分析,听取厂领导厂情通报,观看《怎样当好班组长》电教片,学习先进单位班组管理经验材料等。（沈 彪）

【运输工会“安康杯”竞赛活动取得实效】 运输工会会同交运集团安保部通过召开2012年“安康杯”竞赛总结评审会,增强全体职工安全意识。一是客轮公司工会巩固安全平稳态势,提升职工安全文化素养,优化企业安全管理,实现公益性企业转型发展,公司连续4年获全国“安康杯”竞赛活动优胜单位称号。二是交运沪北公司工会营造安全生产氛围,发动职工家属开展“一封安全家书”活动征文;同时开展“十佳贤内助”评选活动,稳定职工的情绪,安心本职工作。三是汽修公司扩大“安康杯”竞赛活动范围,安全管理工作提前介入,做到企业安全组织机构同步建立,安全管理人员配齐同步上岗,安全设施设备同步到位,各层各岗位的安全生产责任制度同步落实,并把“安康杯”竞赛活动覆盖到所有4S店。四是交运巴士公司做到“安康杯”竞赛10化,即安全预防网络化、设施配备规范化、执行制度长效化、竞赛活动经常化、安全管理智能化、劳动场所空调化、职工培训制度化、群防群治独特化、班组建设常态化、关心职工人性化并获2012年度全国“安康杯”优胜单位。 （王 勤）

【上海邮政工会切实做好夏季劳动保护防暑降温工作】 上海邮政工会向各基层工会下发《关于做好上海邮政2012年夏季劳动保护、防暑降温工作的通知》,要求各级工会高度关心关注员工生产生活情况。工会积极采取有效措施,通过加大现场管理、提供充足的含盐菜汤和清凉饮料、修建员工休息室和浴室等方法改善夏季员工生产生活条件。同时邮政工会干部深入基层,到20个邮政支局(生产科)对防暑降温、员工劳动保护、安全措施落实和食堂食品卫生管理等进行实地检查。工会干部对一线战高温员工进行高温慰问,共计发放慰问金14万元。 （陈千涛 张 莉）

【中交三航局江苏分公司工会“安全家书”筑起安全亲情防线】 分公司工会在“安全生产月”活动中组织开

展主题为“一人安危系全家，全家幸福系一人”的《安全家书》千字文竞赛，得到广大职工及家属的积极响应。分公司工会从90余封安全家书中筛选出25封家书编印成册，印发职工，并组织职工学习和交流。并在12月11日举行“安全家书”首发仪式，旨在通过“安全家书”将安全管理从工地延伸到家庭生活，变安全管理为文化引导，用亲情为安全“护航”。（黄书展）

【中远集运工会深入开展安全主题活动】 中远集运工会以“弘扬企业安全文化，加强班组安全管理”主题为目标，以“安康杯”竞赛活动、“船舶、班组安全竞赛”活动和“安全生产月”活动为载体，广泛深入开展安全生产劳动保护行动，积极组织实施群众性安康工程。主要做法：一是工会会同安全技术管理部组织开展安全知识竞赛，组成联合检查组前往部分船舶、基层单位进行劳动保护专项检查，着力解决安全生产中存在的突出问题，确保各项劳动安全防范措施落实到位，消除安全监管盲区，杜绝“三违”现象，确保公司安全生产的平稳态势。二是会同上远公司工会举办劳动保护监督检查员培训，发挥三级工会劳动保护网络作用。三是工会落实资金拍摄“让安全保驾护航”短片，宣传推广“天福河轮”安全管理的经验和做法。四是针对夏季安全生产与劳动保护工作的特点，工会开展高温走访慰问活动和食堂安全卫生检查，做好防暑降温工作，保障职工在夏季劳动生产过程中的安全健康。（钱 华）

【中铁二十四局上海电务电化公司开展“安康杯”竞赛】 公司工会以开展“安康杯”竞赛活动为契机，以安全与质量工作为目标，促进企业和谐发展。活动中，公司工会着力深化“三项行动”（安全生产执法行动、治理行动、宣传教育行动）和“三项建设”（安全生产法制体制机制建设、安全生产保障能力建设、安全生产监管监察队伍建设），组织实施群众性安康工程，提高职工的安全健康意识和素质。公司工会结合全国“安全生产月”、“交通安全日”、“11·9消防日”等，有针对性地组织开展“安康杯”竞赛的“八个一”和“十个一”活动。同时采用安全生产征文、演讲、漫画、摄影、知识竞赛等各种形式，进一步提升“安康杯”竞赛活动的影响力。在活动中创建的“安全工作三大纪律、八项注意”、“安全生产八安八险”、“安全检查九落实”、“安全生产十二忌”等提升了企业安全生产理念，增强了企业员工的安全意识和安全责任感。（钱 蓉）

【建工集团工会多样活动保安全】 集团工会始终把避免生产安全事故的发生，维护一线职工生命安全视为工作的核心要素，确保职工劳动保护工作下基层、落实处，主要做法：一是5月17日，上海一建集团工会联合安全管理者社团、团委、施工生产部举办“2012年上海一建安全生产知识竞赛”，共计有9支一线职工组成的队伍参加比赛。二是建工安装公司工会组织职工参加“安全月”各项活动，发动职工积极参与市建设工程安全质量监督总站开展的“我为安全献一计”金点子活动，其中来自一线职工的3项金点子晋级入围，与其他单位的“金点子”提案先后在上海市安全质量监督总站、上海市建安进修学院及有关企业、工地等进行巡回展示。经相关企业代表、专家、群众现场投票和网络评选，安装公司申报的“标准化登高设施”、“标准化三盘一罩”2项金点子提案分别获一等奖和三等奖。三是建工四建集团工会组织年度劳动保护专题培训班。各基层工会主席、项目部工会劳动保护监督员70余人参加培训。重点内容为安全管理理念、安全生产管理体系、劳动保护工作重点以及施工用电注意事项等。（杨钟春）

【申通地铁集团工会关注高温季节职工劳动保护】 主要做法：一是由集团工会牵头，制定下发《关于加强高温季节劳动保护工作和开展专项检查的通知》，要求各单位严格遵守国家工时和休息休假规定，杜绝出现人身伤亡事故和恶性中暑事件的发生。二是开展夏季安全生产大检查。6月底，集团工会分3批组织劳模畅畅点评团开展专项巡查，通过听取汇报、随机访谈、实地检查、约谈等方式，重点检查职工作业环境、生活环境、作息时间、高温津贴发放以及女职工劳动保护等情况。对在检查中发现的防暑降温安全生产措施落实不到位的车站、场段、班组等，督促及时落实整改。三是严格落实防暑降温的保护措施。集团各级工会督促单位严格按照国家标准及要求，并结合轨道交通特点，确保防暑降温的基本设施和设备的安全和正常使用，确保职工在高温天气下安全作业。同时督促企业进行作息时间调整，避免职工长时间在高温时段、高温场所持续作业，并及时配置发放必要的防暑降温用品。（姜 雪）

【大屯公司女工协管安全活动富有特色】 大屯公司发挥女工协管安全的积极作用，主要做法：一是坚持“冬送

建工集团工会举办工会干部劳动保护培训班 （缪云明）

温暖、夏送清凉、安全叮嘱"活动不断线。组织女工协管安全员在元旦、春节、元宵、中秋、国庆等节日深入到区队、班组、井口开展"送祝福、嘱安全"、送新年安全贺卡等活动,为一线职工送上牛奶、鸡蛋、苹果和橘子、缝补衣物,服务职工、叮嘱安全;同时结合"警示三月行"和"安全生产月"活动主题,组织女工协管安全员安全演讲、安全文艺巡演等活动。二是开展"万对夫妻协管安全签约"活动。倡导"安全第一、生命至尊"的安全理念,围绕"吹好安全枕边风、妻贤夫安万事兴"主题,通过亲情呼唤安全、感召安全;工会组织200余名采掘一线职工家属参加"走千米巷道、知亲人辛苦"活动。三是开展送《矿山伤病急救知识》下基层活动,把万本手册送到生产单位一线职工手中,普及井下常见创伤急救知识,促进安全生产。(王安友)

【上海水产集团安全合理化建议获市总工会优胜奖】 集团工会积极开展职工安全生产合理化建议的征集活动,共收到136条建议。工会对征集到的建议进行逐条分析和归类,基层单位收到反馈后采纳近80%的建议。活动期间,集团向市总工会选送2条安全生产合理化建议,其中:上海军工路投资发展有限公司邓杰提出的"开展人人轮做岗位安全员活动"建议,获上海市总工会优胜奖。(韩 毅)

【上海水产集团举办职工"安康杯"知识竞赛】 集团工会与集团"安康杯"领导小组办公室组织系统内500名职工参加"2012年全国职工安全健康知识竞赛"答题活动。6月29日,集团工会举行2012年职工"安康杯"安全知识竞赛擂台赛,来自15家单位选派的一线职工、安全员和工会干部等53名选手组成的18支参赛队开展角逐。(韩 毅)

【市监狱局工会加大劳动保护监督力度】 局工会通过深入各单位开展抓隐患、纠违章、严防火灾等手段加大劳动保护监督力度。主要做法:一是积极投入安全生产月活动,到基层进行安全生产大检查,发现隐患及时要求相关部门整改。二是开展形式多样的安全生产教育宣传活动,如黑板报评比、演讲征文比赛、知识竞赛、安全讲评、案例分析、专题培训等,提高全员安全意识。三是高温期间,对基层单位的防暑降温工作进行重点检查,并前往局属各基层单位进行高温慰问,发放慰问金额达50万元。(江海群)

【锦江国际工会关心职工安全生产】 集团工会关心职工安全生产,落实多项工作保障职工安全,主要做法:一是会同行政进行安全生产大检查,发挥工会监督作用,维护职工安全健康权益;组织各级基层工会依据企业行业的特点,开展劳动保护监督检查,落实高温岗位防暑降温,保证职工安全和健康。各级基层工会全年配合行政开展安全生产防暑降温专项检查269次,查实问题196个,督促整改196个,开展工会劳动保护监督检查活动186次,职工代表安全巡查活动134次。二是结合"安康杯"竞赛和"安全生产1000班组"创建活动,积极发动职工立足岗位,开展劳动保护行动,查找治理身边隐患,使隐患排查整治活动落实到每个班组、每个工作岗位,消除和防范各类事故发生。三是集团工会牵头开展高温慰问,全年慰问基层企业8家,发放慰问金额9.2万元;各基层工会走访慰问职工48204人次,发放防暑降温用品212.5万元,发放高温津贴1687.4万元。(张祥伟)

【中国联通上海分公司工会开展健康关怀下基层活动】 分公司工会根据员工需要,开展"健康关怀下基层"活动,其内容包括"四个一",即"一月一份电子期刊、一月一条健康短信、一月一次现场服务和两月一次讲座"。此项工作开展后,全年分公司工会编辑发布10期健康电子期刊,在《上海联通报》刊登10期健康知识;面向全体员工每月发送4400人次的节气健康短信提醒;每月还选派一支全科医生队伍到远郊基层单位开展医疗咨询服务,包括健康咨询、现场测量血压、体检报告结果解读等。(康 迪)

【临港产业区工会开展"安康杯"安全检查活动】 7月18日,临港产业区工会、临港集团安全监察部、浦东新区安全生产检查大队组成联合检查组,在上海临港益流物流有限公司、上海瓦锡兰齐耀柴油机有限公司、上海华仪风能电气有限公司开展"安康杯"安全检查。检查后就各单位存在的安全生产薄弱环节向企业负责人提出整改意见。产业区工会在梳理检查中发现问题后,将共性的安全问题刊发于工会简报上,为产业区各单位提供借鉴。(陈 浩)

【国盛集团工会抓好"安康杯"竞赛】 11月9日,集团工会联合安全管理办公室在蔬菜集团江杨农产品批发市场举办119消防运动会暨应急预案演练,活动设消防水带连接比赛,二氧化碳灭火器(长瓶)灭火比赛等5个比赛项目。集团8家直属单位以及集团本部组成的9支队伍参加上述5个项目的比赛。演练旨在以"119消防周"宣传活动和"安康杯"竞赛为契机,推动集团系统广大员工关心重视消防工作,增强消防安全意识,普及消防安全法律法规和应急救援知识,营造集团重视安全工作的良好氛围。除此之外,集团工会组织开展了《上海市安全生产条例》知识竞赛,设必答题、抢答题、情景模拟题3个环节,经过角逐,建材集团获竞赛一等奖、蔬菜集团获竞赛二等奖、国盛资产获竞赛三等奖、国盛科教获竞赛优胜奖。(陈 洪)

【华能工会主动发挥"绿十字"作用】 华能工会以"绿十字"基层劳动保护网络为依托,成立一支由20名来自不同部门或岗位的职工所组成的检查队伍。检查小组4人一组,每天坚持深入生产一线,保证检查横向到边。"绿十字"网络坚持多年来保持的"四结合"的工作方法,即一般检查与重点检查相结合;现场安全设施与专项设施检查相结合;监督与教育相结合;问题反馈与督促反馈相结合。检查小组对发现的安全隐患,及时向有关部门反馈,要求落实整改,并对整改情况进行跟踪。为加强"绿十字"成员对劳动保护知识的了解,"绿十字"检查组组长积极参加上级工会组织的劳动保护知识培训,为做好"绿十字"检查工作提供理论支撑。"绿十字"网络全年共查出设备隐患、人员违章、文明生产156条,整改率达到100%。

(唐丽青)

劳　　　模

Model Workers

2013

综　述

市总工会大力弘扬工人阶级伟大品格和劳模时代精神，切实做好劳模管理和服务工作。一是评选劳模先进。把握原则、坚持程序，做好2012年度全国和上海市五一劳动奖状（章）、工人先锋号的推荐评选工作，并召开上海市五一劳动奖状（章）表彰暨“当好科学发展主力军、打好创新转型攻坚战”主题实践活动推进会。全年共有11个集体和51名个人获得全国五一劳动奖状（章），有39个集体获得全国工人先锋号称号；50个集体和99名个人获得市五一劳动奖状（章），298个集体获得市工人先锋号称号。二是做好劳模“三金”发放工作。通过各级工会排摸、仔细核实劳模的收入状况、家庭困难情况等，制订劳模“三金”发放方案，全年发放全国劳模“三金”1359万元、市劳模“三金”2102.4万元；召开劳模“三金”发放专题工作会议，与工商银行上海市分行沟通协调，为劳模办理“三金”发放VIP劳模卡，举办“三金”发放专题培训班，确保规范、准确、准时把“三金”发到劳模手中。三是搭建劳模交流展示平台。与市总工会宣教部、东方电视台联合策划制作每周一期的“劳动最光荣”系列节目，以平凡劳动为基础、以劳模先进为主体、以技能比武为舞台、以先进文化为引领、以素质提升为核心，倡导勤奋劳动、诚实劳动、创新劳动，全年播出44期；创办《劳模》杂志，以社会主义核心价值体系为引领，以平凡人写平凡事，贴近劳模生活，讲述劳模故事，展示劳模风采，弘扬劳模精神，激励引导广大职工学习劳模、争当劳模；并举办“劳模讲学堂”，成立上海市劳模合唱团。四是劳模疗休养。组织千名劳模赴市总工会沙家浜、西山休养院休养，落实全国劳模休养和体检，安排40名市劳模赴外地疗休养；以“传承先进文化、弘扬劳模精神”为主题，开展“永达携手千名劳模文化巡访系列活动”，组织千名劳模参观上海世博会纪念展、月亮船和中华艺术宫等。五是创建劳模创新工作室。评审命名第二批市劳模创新工作室，制定《上海市“劳模创新工作室”创建工作管理办法（试行）》，召开劳模创新工作室创建工作上汽推进会。按照“有劳模领衔、有创新团队、有攻关项目、有创新成果、有场所经费”的要求，将劳模创新工作室建设成为企业的智囊团、岗位的创新源、项目的攻关队、人才的孵化器和团队的方向标。据统计，已有57个区县局（产业）工会创建188个劳模创新工作室，其中22个区县局（产业）制订相关制度。（李卫军）

学习宣传劳模

【市总工会举办“劳模风采”上海地铁巡展】 4月26日，在人民广场地铁站举行“劳模风采”上海地铁巡展揭幕暨《劳模》杂志创刊首发仪式，80余名劳模先进、职工代表出席。4月26日—5月2日，市总工会与申通地铁集团公司共同开展“劳模风采”上海地铁巡展，为百名劳模先进制作形象宣传画，并在人民广场地铁站内人流量最大、乘客最为密集的长廊内布置公益宣传画廊。进一步在全社会形成学习劳模、崇尚劳模、争当劳模、关爱劳模的良好氛围。（陈　旖）

市总工会举办“劳模风采”上海地铁巡展　（应启跃）

【市总工会开通一批全国知名劳模微博】 根据全国总工会开展“百名劳模开微博”活动要求，市总工会邀请徐小平、周文波、吴尔愉、唐建平、徐珺、李惠麟等10名在沪全国劳模，在新浪网开通实名认证微博，利用网络新媒体、新平台弘扬工人阶级伟大品格和劳模精神，体现当代劳模的价值追求和积极作为。（陈　旖）

【徐汇区总工会举办迎接党的十八大徐汇劳模风采展】 11月8日，区总工会在区工人文体中心举办“敬业奉献的楷模、时代精神的典范——迎接党的十八大徐汇区劳模风采展”。展览会以文字、照片等形式，展出徐汇区5位全国劳模、11位市劳模和4个劳模集体的先进事迹，宣传劳模们爱岗敬业、争创一流、艰苦奋斗、勇于创新、淡泊名利、甘于奉献的精神。来自全区各行各业的200多名班组长及工会干部出席仪式并参观首场展览。（沈蓓华）

【徐汇区新路达集团借力劳模智慧推进立功竞赛活动】 区新路达集团工会在宣传、关爱劳模的同时，充分发挥劳模的示范、引领作用，促进企业发展。工会组织开展的“鼓干劲、建强店、促发展”立功竞赛活动中，工会借力劳模智慧，有效推进竞赛活动，主要内容：一是成立学劳模服务组。在集团旗下的好美家门店等成立学劳模服务组，请劳模不定期为营业员讲课，传授商品知识与服务技能，进行交流示范，通过“传帮带”来提高门店经营服务水准，培养一批新的“准劳模”。二是组织劳模巡视竞赛活动。发挥劳模“业务精、技能高、作风好”的特长，组织劳模巡视督导13家重点门店的立功竞赛活动。通过听汇报、看现场、查

问题、提建议等，指导和推动基层门店的立功竞赛活动取得实效。（孟韵怡）

【宝山区总工会大力弘扬新时期劳模精神】　区总工会大力弘扬新时期劳模精神，做好劳模服务工作。主要做法：一是4月26日，召开大型五一表彰暨劳模座谈会，表彰全国五一劳动奖章1人、市五一劳动奖章1人、市五一劳动奖状1个、市工人先锋号3个、区五一劳动奖状32个、区五一劳动奖章36人、区工人先锋号49个，首次命名张洁华、郝春燕、丁真、刘卫伟、张连东等5个劳模创新工作室，并配套制定出台《宝山区劳模创新工作室管理办法》。二是通过《劳动报》专题报道、宝山电视台新闻扫描与“劳模风采”专栏、《宝山报》五一专版与“劳模之光”专栏等多种形式宣传劳模事迹，弘扬劳模精神，歌颂劳动者业绩，3名劳模入选“感动宝山”人物。三是以劳模协会和劳模之家为平台，走访帮扶困难劳模，激励培育先进典型，不断深化做实劳模先进管理和服务工作，让劳模们共享经济社会发展成果；建立宝山区劳模“三金”和体检休养制度，全年共发放劳模新春贺卡363份；为劳模办理工商银行劳模VIP银行卡，组织走访慰问区属劳模，发放各类劳模帮困金、慰问金、抚恤金等合计全国劳模、市劳模三金及高龄、农口支内回沪劳模慰问金，共计487人次，合计62万余元。四是区总工会不断推进区镇两级“劳模之家”建设，提升劳模服务水平，组织劳模参加市区两级文化巡访活动、体检休养活动。同时在全市率先建立劳模信息管理系统，推动劳模管理电子化平台建设，梳理全区劳模状况，把劳模管理服务工作做实做深。（胡立伟）

【市机电工会深入推进学习李斌活动】　一是开展立体化、多媒体宣传。创作大型多媒体报告剧《知识工人有力量》，《报告剧》于9月在上海宛平剧院集中上演5场，近5000名职工观看。二是建立“李斌展示厅”，开展阵地宣传。工会在上海临港重型装备机械制造基地建设1800平方米的“李斌展示厅”，为展示李斌精神提供综合性场所，成为对广大职工开展思想教育、职业道德教育、社会主义核心价值体系教育的基地。三是丰富内容深入宣传。工会牵头专门组织“李斌调研组”，到李斌所在企业，多侧面多角度采访李斌先进事迹，撰写李斌故事新编，计1.7万字，整理采访录约3.7万字。四是进行形象宣传。由上海电气职工画家创作“李斌画像”，在《工人日报》、《新民晚报》、《劳动报》刊出，宣传李斌刻苦学习、勇于创新的精神风貌。（冯克华）

【电力工会弘扬劳模精神做到“三到位”】　一是载体建设到位。根据实际情况，公司投入资金对“劳模之家”进行调整充实；结合优质服务示范区建设，创建“徐爱蓉工作室”和“杨庆华创新工作室”。二是管理机制到位。公司不断完善劳模选树、培养和评选机制，建立健全先进人物档案库，进一步落实好公司劳模评比管理办法，做到从政治上爱护劳模、工作上支持劳模、生活上关心劳模。三是宣传形式到位。工会制作劳模事迹展版，在公司系统巡回展示；在《劳动报》、《上海电力报》集中宣传公司的劳模个人和劳模集体，并利用各种媒体对光荣当选党的十八大代表的全国五一劳动奖章获得者徐爱蓉优质服务品牌进行宣传。（余传毅）

【上海铁路局工会开展学习劳模宣传活动】　局工会全年积极向铁总和省市总工会汇报劳模先进典型事迹，评选推荐并获得7个集体和个人获全国五一劳动奖状（章）和工人先锋号，4人获安徽省劳模，18个集体和个人获省部级五一奖状（章）。同时，局工会开展“劳模风采”系列宣传活动，分四个阶段重点宣传全局31名各系统代表性劳模，共在中央、省市媒体刊发各类报道210篇，形成学习劳模、创先争优的热潮。（白　杰）

【中海上海海运工会开展劳模先进与团员青年联谊活动】　4月26日，上海海运工会和团委组织劳模、先进团员青年共20人开展联谊活动，主要内容为参观张闻天故居和孙桥现代农业园区。活动中，劳模和先进团员青年观看张闻天生平录相资料，参观张闻天生平陈列馆，通过图片、文字、实物等资料了解张闻天奋斗不息的一生，缅怀学习他无私奉献、坚持真理的优秀品质和敢于斗争的革命精神。这次联谊活动是上海海运工会开展“面心实、服务职工在基层”活动的重要内容之一。活动使劳模和团员青年们重温革命历史，了解现代农业科技，也为劳模先进和团员青年搭建了交流沟通的平台。（李　静）

【建工工会加大学习宣传劳模精神力度】　工会重视劳模精神的弘扬，采用多样化的形式对职工进行宣传教育，主要做法：一是在《劳动报》开辟专栏，展示集团劳模先进。二是运用拍摄劳模先进人物短片、成立“劳模创新工作室”、举行劳模“高师带徒”仪式、推进“劳模进校园”活动和召开“建功十二五，巾帼添风采”女职工先进代表座谈会等方式，营造学习劳模、弘扬劳模精神的良好风尚。三是通过组织劳模先进开展“红色之旅”以及“立足岗位、创先争优，履职格言征集”等活动，传递劳模精神在推进社会主义核心价值体系建设和工人阶级伟大品格中的正能量。（杨钟春）

【建峰学院工会举行“劳动者之歌”劳模事迹专访和报告会】　建峰学院工会邀请全国劳模陆凯忠和市劳模张雄伟向建峰学院师生作事迹专访和报告。劳模们用真挚朴实的语言，讲述他们从一名普通的技校生和农民工成为高级技师的成长历程。激励同学们树立爱岗敬业、奋发向上的职业理想，鼓励学生通过“学习改变命运，知识改变命运，技能改变命运”。报告会为广大学生树立“平凡中见伟大”的榜样，树立“技能成才”的信念。

（杨钟春）

【申通地铁集团工会召开风采人物颁奖典礼】　1月18日，由申通地铁集团工会牵头召开的上海申通地铁集团2011年度风采人物颁奖典礼举行。申通地铁工会宣传和弘扬地铁“社会责任第一、团结协作第一、安全质量第一”的核心价值观和“敬业、奉献、求实、创新”的企业精神。会上对“点子达人”——维保中心车辆大修厂制动班班长、上海市“十大工人发明家”李[illegible]伟等9名当选上海申通地铁集团年

上海地铁举行2012年度风采人物颁奖典礼 （秦义强）

度风采人物进行表彰。本着"开门办地铁"的原则，工会将风采人物的评选由企业舞台延展到社会舞台，尝试将支持地铁事业的社会人士纳入评选范围，成立风采人物特别奖。人民广场的轨道交通民警张跃成和播音员金蕾获奖。 （姜　雪）

【上海申通地铁集团工会请劳模"走"进地铁】 工会承办由市总工会主办的"劳模风采"地铁巡展活动。主要活动：一是灯箱集中展示。4月29日"劳模风采五一首次巡展于地铁人民广场、徐家汇、中山公园等14个车站的广告灯箱。4月底，"劳模风采"上海地铁巡展在客流量最为集中的换乘枢纽车站人民广场站布展，40多张劳模形象宣传画组成公益宣传画廊，为人民广场车站添置一道新风景。二是配合发行票卡。申通地铁集团专门设计、制作、发行庆五一地铁单程票卡20万张，在上海地铁人民广场站等客流密集车站公开对外发售。三是建立劳模微博互动。申通地铁集团鼓励在职劳模先进、服务明星通过开设微博与网民互动，分享生活乐事，畅谈工作感悟，让社会公众了解劳模形象。劳模鲍鹤群、熊熊的个人微博成为上海地铁宣传劳模精神、展示劳模形象的重要窗口。 （姜　雪）

【市绿化市容行业举行庆五一劳模座谈会】 4月26日，举行庆五一暨"当好科学发展主力军、打好创新转型攻坚战"主题实践活动劳模先进代表座谈会。各级工会明确下一步工作要求：一是继承传统，弘扬先进。以劳模为核心，形成企事业智囊团、项目攻关层、人才孵化器、团队风向标。启动劳模走访慰问、劳模生活保障、劳模特殊帮扶、劳模责任教育、劳模动态管理等"五项机制"，使劳模的政治、经济待遇落到实处。二要岗位创新、示范引领。深化"当好科学发展主力军、打好创新转型攻坚战"主题实践活动，推动实现职工队伍整体素质明显增强、职工职业能力明显增强、职工创新意识明显增强、职工创造活力明显增强、职工主力军作用明显增强。三要胸怀大局、着眼长远，在构建和谐稳定劳动关系、深化劳动竞赛、创新班组建设、关爱服务劳模等方面创造新经验，以适应发展形势。 （张慧萍）

【市监狱局工会大力弘扬红烛精神】 局工会宣传弘扬红烛精神，发扬劳模示范作用，主要做法：一是召开"弘扬先进主旋律、践行核心价值观"五一劳动奖状（章）颁奖大会。对获得全国五一劳动奖章的徐海洪等先进个人和集体进行表彰。二是通过监狱局工会的《知心》杂志和工会网页宣传先进集体和个人事迹，共发表35篇。《知心》杂志选取其中17份篇，特发《知心》增刊。三是要求各级工会运用宣传阵地，大力宣传报道"红烛精神"。 （江海群）

【工会学院请劳模导师培育大学生职业精神】 9月13日，34位劳模走进课堂，与上海工会职业管理学院新生交流，用自己的职业追求和成功经验教育感染同学们。工会学院劳模育人基地，作为市总工会、市教委特色德育基地，经过10年探索，已日臻完善，包含50多人的劳模导师团、包含生平事迹影像的劳模育人教材、融入专业的劳模育人课程体系、劳模导师育人手册、劳模风采展示馆、劳模精神教育研究会和一批校外劳模育人实践基地，以培养"爱岗敬业"职业精神为核心的劳模育人机制已初步形成。 （卢　锟）

培育提高劳模

【市总工会在上汽集团召开现场推进会命名第二批20个上海市"劳模创新工作室"】 继2011年以全国劳模、宝钢股份公司运输部技能专家孔利明，全国劳模、上海大众汽车发动机厂维修工长徐小平等20位劳模被命名建立"劳模创新工作室"后，10月19日，市总工会在上汽集团召开现场推进会，再次命名包括上海航天劳模唐建平数控技术创新工作室、老凤祥张心一珠宝首饰设计创新工作室、上海电信徐珺"城市光网"创新工作室等在内的第二批20个上海市"劳模创新工作室"，并向"劳模创新工作室"颁发工作资金。会上，上汽集团工会主席、上海大众汽车有限公司工会主席、上海大众汽车有限公司发动机厂维修科经理徐小平专题发言，向全市介绍了上汽集团开展职工科技创新活动和徐小平劳模创新工作室的创建成果和经验。上汽集团工会还与东航集团工会、申通工会在会上分别签约，将与2家单位在开展职工合理化建议工作方面进行深度联系和合作。 （李　伟）

【杨浦区总工会第八期劳模讲师团开班授课】 3月2日，区第八期特困家庭优秀子女高三、初三学生免费升学辅导班拉开帷幕。区总工会聘请11名以劳模为骨干的优秀教师志愿者执教，招收学生210名，由区教育工会、东宫进修学校负责前期教材准备、师资队伍宣传、组织管理服务、制订培训计划等工作。区总工会在授课过程中

与教师、学生积极保持联系，掌握教师和学生需求，并及时向家长反馈学生学习情况。（曹理仰）

【松江区总工会为首家“劳模创新工作室”授牌】 12月19日，区首家劳模创新工作室——“骆春骆氏中医妇科工作室”授牌仪式在方塔中医院举行，区总工会为“骆春骆氏中医妇科工作室”授牌并颁发工作资金，区卫生局号召卫生系统的广大医务工作者向劳模骆春学习，为不断提高松江区医疗水平作出更大贡献，并要求卫生主管部门和医院给予劳模创新工作团队更多关心，促进健康发展。

（徐维勇）

松江区首家“劳模创新工作室”——骆氏中医妇科工作室挂牌成立

（夏 晖）

【崇明县总工会命名两家“劳模工作室”】 县总工会命名农委系统劳模沈寅寅、房管系统劳模陆纯飞2个工作室为崇明县“劳动模范工作室”。10月30日，县总工会为沈寅寅“劳模工作室”授牌。沈寅寅是2007—2009年度上海市劳模，担任县农业技术推广中心主任职务。长期以来，沈寅寅带领农业科技人员在全县粮油作物的病虫害监测防治、新技术推广应用、农业科研信息等方面做了大量的工作，为崇明粮油生产丰收作出了突出的贡献。县总工会希望沈寅寅以“劳动模范工作室”为新的起点，加强人才培养和科技创新，发挥劳模的引领作用，在推进崇明农业发展和科技进步上取得新的成绩。（易建军）

【华谊集团工会命名劳模工作室】 发挥劳模在职业技能上的传帮带作用，化学工会会同华谊集团人力资源部共同做好劳模技师工作室的评选命名工作，评选上海市技能大师工作室一个、首席技师工作室7个（其中有5个是由全国劳模、全国五一劳动奖章、上海市劳模获得者领军的工作室）。

（王有福）

【纺织工会推进创建劳模工作室】 工会结合集团现有在职劳动模范实际，在《上海纺织职工素质工程“十二五”发展规划》中明确提出在“十二五”期间，建立10个劳模创新工作室的工作目标，同时制定《上海纺织劳模创新工作室实施细则》予以配套。集团下属上海德福伦化纤有限公司建立冯忠耀劳模创新工作室、申达股份外贸事业部建立由丁建中、薛伟民2位劳动模范领衔的劳模创新工作室。纺织工会旨在通过推进创建劳模创新工作室工作更好地引领职工投入科技创新实践活动。（杜伟钧）

上海医药集团股份有限公司首个全国劳模朱阳药物工艺创新工作室挂牌成立

（徐 炜）

【上海医药集团首个“劳模创新工作室”挂牌】 10月24日，全国劳模朱阳药物工艺创新工作室接受上海市“劳模创新工作室”的奖牌，并获得市总工会及医药工会配套的创新基金，用于支持其开展药物工艺创新活动。全国劳模、中央研究院高级工程师朱阳是药物合成课题组长，先后主持或作为主要骨干参与完成多个新药及高难度医药中间体的合成工艺研究，特别是在集团重大项目“达菲”的研制和产业化工作中，为抗击流感病毒作出突出贡献。全国劳模朱阳药物工艺创新工作室主要任务是发挥劳模业务专长和技术优势，围绕集团和下属企业医药生产工艺中的重点、难点问题，开展技术创新活动，推动企业增强核心竞争力，发挥劳模“传帮带”作用。

（李晨海）

【上海电力安装第二工程公司工会深化“劳模讲堂”活动】 2012年，公司工会继续加大“劳模讲堂”的师承效应，深入开展“劳模讲堂”视频讲座系列活动，进一步推动核心工种人才梯队建设。在原有“劳模讲堂”授课的基础上，拓展到由劳模先进、领军人物等高技能人才的徒弟进行授课，并要求这些高徒也能带教出一批徒弟，培养对象重点放在肯学会干的派遣制员工中。同时，公司工会将编入公司专家库的一线员工和管理人员请进“劳模讲堂”，由他们专题传授土建工艺、风电安装、建筑施工英语会话等基础知识，为企业转型发展培养出更多的复合型人才。（龚洁庆）

【宝钢工程工业技术服务公司杜国华工作室被授予“上海市技能大师工作室”称号】 9月，授予宝钢工程工业技术服务公司“杜国华技能大师工作室”为“上海市技能大师工作室”称号。一是自主研制轧辊机载自动多通道超声波检测设备，产品打破国外对中国机载检测技术的封锁和价格垄断。工作室成员通过对实践知识积累和检测经验的梳理、再创新，使其成为国内外首台集自动检测、判定、分析报告功能于一体的检测设备。二是自主研制智能检测小车装置使操作者通过视屏，实现直径800毫米直焊缝钢管内壁的自动荧光检测，改变人工趴伏管内检测的操作工艺。三是将宝钢股份价值百万美元的多通道探伤仪起死回生。探伤仪因故障闲置8年，工作室成员仅用几十万元的低廉代价，使设备硬件达到国内外先进水平，软件技术完全自主，为钢铁主业创造了边际价值。同时该工作室独创的厚板16通道自动探伤仪、高精度涡流自动探伤仪、薄板内欠仪探头保护装置、连铸坯图像检测系统、棒材轧机自动检测集成系统等专利技术的应用已遍布国内大部分钢厂以及汽车制造等上下游厂商。（黄宙凯）

【烟草机械“黄留展技术交流培训中心”成为技能人才培育摇篮】 10月，“黄留展技术交流培训中心”获“上海市职工技能实训基地”称号。“黄留展技术交流培训中心”建立以技能培训为主，多元化培训兼顾的培训体系，根据烟草专卖局职业技能鉴定中心教育大纲和内容，结合自编教材，并根据教育大纲配备相应的师资力量，进行技术等级的培训，为公司内技术工人技能提高提供服务。“黄留展技术交流培训中心”还采用劳模上讲台授课交流，体现了新时代劳模的奉献精神。中心已为烟厂承办14期技师班，共1049人参加；6期高级技师班，共229人参加，职业技能鉴定总体合格率80%左右。毕业学员分别回到各自的工作岗位，发挥积极的作用，有的学员已成为省级和全国劳模。（孙　莉）

【上海卷烟厂工会以劳模工作室为平台提升全体员工综合素质】 一是结合劳模创新工作室平台，强化劳模先进个人和群体的选树和培育。通过劳模创新工作室活动，为劳模培育对象顺利成长创造条件，为其展示各项成果提供机会。通过提要求、交任务、压担子，使劳模培育对象在生产、管理、技改等过程中脱颖而出，显示劳模工作室的辐射效应和品牌作用，为技术创新提供有力支撑。二是借助劳模创新工作室平台，以争创“劳模示范点”活动为载体，围绕企业生产任务，提升职工的技术技能能力和水平。结合生产实际，组建和开展劳模创新团队活动，倡导员工“职业自觉、现场主动”的职业精神，劳模通过“传帮带教”提高员工的技术技能和水平，为保障企业各项生产任务顺利完成储备了技术技能的后备人才。三是弘扬劳模精神，传承企业文化，打造一支高素质、高技能的员工队伍。结合学习型班组及岗位“对标、塑型”活动，在劳模精神的感召和影响下，营造工厂尊重劳动、尊重知识、尊重人才、尊重创造的良好氛围，促进全体员工在“学劳模、赶先进、传文化、作贡献、展形象、创佳绩”等方面有更好的表现，提升员工的岗位工作业绩和其自身综合素质。（丁长胜）

【上汽集团确定首批6个劳模创新工作室】 6月29日，上汽集团创新工作室座谈会暨授牌仪式在泛亚技术中心举行，以上海大众徐小平、上汽变速器周巍、申雅密封件陆恩斌、赛科利模具岑根生、东华公司于成发和泛亚技术中心发动机团队等首批6个劳模创新工作室正式挂牌成立。上汽集团工会为劳模创新工作室授牌。上汽集团工会为规范劳模创新工作室管理，制订印发《上汽集团劳模创新工作室管理办法》，确保各工作室做到5个“有”，即“有领军人物、有保证创新活动开展的固定场地和设施或手段、有明确的攻关课题、有创新成果、有创新活动所需的经费”；规定还明确各工作室由所在单位进行年度复审，复审情况书面报上汽集团工会，上汽工会将不定期组织专门工作小组开展督查。（陶牡丹）

【城乡建设工会“全国劳模吴尔愉带教示范岗”在崇启通道上海段收费窗口揭牌】 4月24日，G40沪陕高速（上海段）举行“全国劳模吴尔愉带教示范岗”总结推广会暨崇启通道上海段“吴尔愉带教示范岗”揭牌仪式。全国劳动模范吴尔愉、部分社会义务监督员参加揭牌。在仪式上，以“微笑服务”闻名的全国劳模、上海航空公司培训部主任吴尔愉与G40沪陕高速沪苏收费站双胞胎收费员黄金花、黄银花姐妹签订“拜师学技协议”。工会旨在通过活动，在交通窗口服务行业推行服务标准，规范服务管理，加强队伍建设，强化窗口服务行业的意识。（钱　蓉）

【建工工会为11家“劳模创新工作室”授牌并提供创新基金】 4月19日，建工工会召开“劳模创新工作室”现场推进会，为“陆凯忠工作室”等11家“劳模创新工作室”授牌并提供创新基金。各级工会进一步发挥劳模先进在深化群众性科技创新和“双献五小”合理化建议活动中的引领示范作用，为打造高技能职工队伍继续努力奋斗。会后，11家“劳模创新工作室”的所在单位工会先后举行揭牌仪式，旨在进一步发挥劳模先进在推动企业创新驱动，转型发展和打造高技能职工队伍中的引领辐射作用。（杨钟春）

【建工安装公司工会请农民工劳模为农民工兄弟讲课】 为促进上海中心大厦机电安装工程的群众性建功立业活动，激发建设者的参赛热情，建工安装工会邀请上海市劳动模范、优秀农民工代表张雄伟到上海中心大厦项目民工学校，为来自上海中心大厦项目施工现场的60多名农民工代表讲课。张雄伟以他亲身经历，讲述了从一名普通农民工，几十年如一日始终坚守在焊工的岗位上，通过自身的不断努力，潜心钻研，掌握精湛的焊工技能，并在安装公司入党、评为上海市劳动模范的成长过程。（杨钟春）

【申通地铁集团维护保障中心工务公司鲍欣杰“首席技师工作室”正式揭牌】 8月21日，维保中心工务公司鲍欣杰“首席技师工作室”正式揭牌。建立工务公司鲍欣杰“首席技师工作室”是在维保中心召开专题推进大会后正式启动的。在运作过程中，工作室将秉承“党政工团齐抓共管，工会组织牵头实施，分管副总专业把关，职能部门鼎力配合”的工作方针，严格按照“规范化、制度化、个性化”的工作理念进行研发，使鲍欣杰“首席技师工作室”成为核心前沿技术的催化器和培养专业技术人员的孵化器，为上海地铁运营安全作出贡献。（姜　雪）

【城投总公司劳模先进引领推进班组建设】 11月26日，召开城投总公司班组建设推进会暨劳模先进创新工作室揭牌仪式。大会表彰命名12个劳模先进创新工作室、22个“安全生产1000班组”创建点、77个“五星六型”班组和28个“工人先锋号”。置地集团胡剑虹绿色建筑信息化创新工作室、上水闵行尹金龙小修服务创新工作室、固处中心生产运营部电仪班组等6个先进班组代表分别作了班组建设成果交流。（茅瑞喆）

【百联集团工会着力建好劳模梯队】 集团工会结合经营发展的需求，制定实施劳模先进队伍培养规划，着力培养人才，把选优推优工作特色化、常态化。为培育先进，集团工会优化梯队，成立第一八佰伴“劳模工作室”，工作内容涵盖劳模信息网、劳模大讲堂、劳模服务台、劳模带教、劳模共建、劳模智囊团、劳模加油站和劳模竞技赛等八大项目，力争通过“劳模工作室”，把劳模先进队伍打造成一支高技能、高素质、讲奉献的一线骨干队伍。（姜　杰）

【市总工会向“钱友林劳模创新工作室”授牌】 10月19日，上海开创远洋渔业有限公司的“钱友林劳模创新工作室”等20个劳模工作室在上海市“劳模创新工作室”上汽现场推进会上被命名并授牌。“钱友林劳模创新工作室”结合自身的特点，在抓好创建的基础上，进行规范化的运作，持之以恒的管理，并开展技术培训、业务交流、名师带徒等活动，为水产集团培养远洋渔业事业知识型、技能型、创新型职工做出贡献。（韩　毅）

【市教育工会组织劳模特级教师赴西双版纳义务讲学】 5月中旬，市教育工会组织全市普教系统部分劳模和特级教师赴云南省勐海县义务讲学。义务讲学团还代表市教育工会向勐海县教育系统捐赠相关教学设备和教学图书参考资料。（张渭明）

【市医务工会在世纪公园举行“守护生命——上海市卫生系统劳模专家大型义诊”活动】 4月15日，由市卫生局、市医务工会举办的“守护生命——上海市卫生系统劳模专家大型义诊”活动在世纪公园启动。此次义诊聚集沪上中山、瑞金、华东、曙光、东方等25家知名医院及公共卫生机构的近百名副高职称以上的劳模专家。在3个小时的义诊咨询活动中，劳模专家们共为2000多人提供服务。（池朝霞）

【上海市医务工会参与上海劳模专家在宁夏开展沪宁携手义诊活动】 8月24日，“沪宁携手走基层送健康”大型公益活动在宁夏回族自治区吴忠市红寺堡区举行。上海市卫生局、上海市医务工会组织华东医院、复旦大学附属妇产科医院、复旦大学附属儿科医院和上海中医药大学附属岳阳中西医结合医院的12名劳模专家在中国最大的生态移民集中区红寺堡区开展了大型联合义诊，为当地移民群众排忧解难、答疑解惑。来自上海的劳模专家还结合个例对当地红寺堡人民医院的医生、护士进行业务指导。（金邓凯）

【城建系统成立“刘伟杰道路与交通工程创新工作室”】 5月，以“刘伟杰”名字命名的上海市首批创新劳模工作室——“刘伟杰道路与交通工程创新工作室”正式成立。工作室不断以技术创新为切入点，依托“一个领军者带动一个团队创新、一个团队引领整个企业创新”的创新模式，大胆突破传统领域，开拓新兴交叉学科。内容涉及城市有轨电车、智能交通、城市地下空间、绿色交通等多方面的丰硕创新成果。先后在上海、天津等大中城市成功应用，为有效推进城市建设向着科学、环保方向发展作出贡献。工作室已累计参与编制国家标准3项；申报国家和上海市规范6项；开展科研22项；授权专利8项，正在申请

刘伟杰道路与交通工程创新工作室团队成员讨论中新城越江隧道规划设计方案（张　涛）

专利13项。正在推进的《城市客运交通枢纽设计规范》(国标)、智能交通规划编制标准(国标)、城市现代有轨电车工程技术标准(国标)等规范编制均具首创性,对持续巩固、推动设计院从技术创新者向行业领军者转型发展具有意义。(饶进国)

关心服务劳模

【市总工会认真做好劳模"三金"发放工作】 在上海各级工会全面调查、核实基础上,市总工会认真做好2012年全国劳模、市劳模"三金"的发放工作,确保把帮扶金准确、及时发至确实困难、应得到补助和帮扶的劳模手中。2012年共计发放全国劳模"三金"1240万元,发放市劳模"三金"2612万元。(张夏美)

【市总工会为劳模办理工商银行VIP劳模卡】 随着劳模"三金"发放金额不断增加,为确保资金安全,防止在发放过程中发生违规现象,2012年市总工会为劳模办理工商银行VIP劳模卡。VIP劳模卡是市总工会为劳模发放"三金"(春节慰问金、低收入补助金、特殊困难帮扶金)的专属用卡,同时劳模可凭借VIP劳模卡,到工行网点办理业务时享受贵宾服务通道和提供银行理财和融资咨询服务。上海在完成VIP劳模卡办理工作后,全国劳模春节慰问金、低收入补助金、特困帮扶金,以及市劳模春节慰问金和特困帮扶金都将直接划拨到VIP劳模卡中。(张夏美)

【新疆喀什地区18名劳模来沪疗休养】 6月21—27日,上海对口援助的新疆喀什地区叶城、莎车、泽普和巴楚4县以及地直单位的18名劳动模范受上海市总工会的邀请到沪疗休养。在沪期间,喀什劳模们参观上海城市规划展览馆、东方明珠电视塔等,并分别到市总工会西山、沙家浜等地休养。6月26日,召开两地工会和劳模座谈会,两地劳模倾心交流,互相学习。进入"十二五",沪疆两地都面临新一轮发展的机遇和挑战,两地劳模要共同携手,为新疆繁荣安定和上海创新驱动、转型发展继续作出新贡献。(李　伟)

【普陀区国资系统工会推进劳模管理服务工作】 一是建立劳模管理制度,制定下发文件,对劳模日常管理、福利待遇、接待流程等做出全面具体规定。二是及时为劳模送上细心周到的关爱服务。指导基层工会做好一年一度的"三金"和区民营企业感恩行动帮困申报工作。在职劳模享受每年一次的体检和两年一次的疗休养,离退休劳模享受两年一次体检。开展"以真心温暖系统劳模,以爱心探望住院劳模,以热心帮扶困难劳模,以细心关爱高龄劳模"活动,通过召开座谈会、上门走访慰问等方式,表达对劳模的尊敬与关心。节假日期间,国资委领导走访慰问徐虎、朱雪芹等8位劳模;系统工会上门慰问困难劳模47户,发放款物16.73万元;基层企业工会慰问劳模109名,实现走访全覆盖。遇到劳模生活困难、生病住院或去世等情况,第一时间上门慰问。三是弘扬劳模事迹,发挥引领示范效应。工会举办"展现巾帼风采,服务国资发展"论坛,邀请来自各行各业的女劳模先进畅谈工作、生活感受。编辑系统先进人物事迹电子期刊,将劳模的感人事迹通过信息网络传递给职工。(许王丽)

普陀区领导慰问陈扣娣劳模班组　(许王丽)

【普陀区教育工会加强劳模服务管理工作】 一是建立区教育系统劳模数据库。进一步完备在职劳模、退休劳模以及劳模家庭、单位情况,获得荣誉,身体生活状况等多方面数据库内容。二是定期慰问劳模。以灵活多样的形式关心劳模,使劳模们始终感到教育系统工会的温暖。三是开展各类主题活动。通过组织劳模参与各类学习、文体等活动,陶冶情操、充实生活。5月28日,普陀区教育工会联合教育团工委组织30位劳模与青年教师游览古镇同里活动。(许王丽)

【普陀区总工会"四个加强"做好劳模服务管理工作】 区总工会以"四个加强"为抓手,做好劳模服务管理工作。一是加强劳模信息完善。指定专人负责底数排模和信息核对,健全劳模档案,做到"三个确保":确保"劳模人数不遗漏",使全区每位劳模得到500元的春节慰问金;确保"劳模身份证零误差",使低收入劳模取得社保划转的补助金;确保"劳模联系地址无差错",全区340余名劳模全部收到市总的春节贺年卡,感受到党和政府关心。二是加强劳模精神宣传。以纪念中国共产党成立90周年为契机,举办普陀工会纪念建党90周年"五个一"红色系列活动,组织全区劳模先进唱响红色歌曲、共忆红色历史。三是加强劳模活动组织。区四套班子领导在春节、五一、高温和国庆期间分别走访慰问劳动模范代表;区委书记亲自带队,组织30名在职劳模代表参加疗休养;组织全区35名支内返沪劳模和无上级主管单位劳模进行体检;与工商联共同举办民营企业家与劳模座谈会。各系统、街镇工会也通过劳模座谈会、劳模报告会等形式，组织所属劳模进行学习交流，形成上下联动、丰富多彩的劳模活动格局。四是加强困难劳模帮扶。工会及时做好2011年度劳模“三金”申报工作，全区340名劳模共获得“三金”帮扶款76万元。

（许王丽）

【闸北区总工会加强劳模服务和管理工作】 一是建立健全劳模数据库，做好劳模情况排摸工作，掌握劳模生产、生活情况，做到“清、全、明”。二是建立劳模成长培养激励机制，建立劳模先进创新工作室管理制度，引导帮助劳动模范政治上进步、技能上提高、岗位上成才；大力推进劳模先进创新工作室建设工作，充分发挥劳模的示范效应。三是建立劳模节日慰问探望制度，对特殊困难劳模开展走访慰问，对去世劳模家属进行慰问。四是做好劳模“三金”发放工作，开展劳模困难信息排摸上报，做好劳模VIP银行卡办理工作，确保劳模“三金”及时放到困难劳模手中。五是开展劳模活动。春节期间召开劳模迎春团拜会；组织“红五月劳模先进走进社区为民服务活动”并做好劳模体检和疗休养工作。

（倪增强）

【杨浦区平凉地区为退休劳模免费体检】 4月23日，杨浦区平凉地区总工会组织社区内26名退休劳模进行免费健康体检。自2008年起，平凉社区的退休劳模每年都会收到地区总工会送上的“体检套餐”，5年来，受惠退休劳模达135人次。平凉地区总工会还积极发挥社区党团员志愿者队伍的作用，每月为社区劳模提供一次上门免费测量血压服务，同时为行动不便的劳模，开设家庭病床，提供看病、送药等服务。

（曹理仰）

【静安区总工会组织劳模参观上海世博会纪念展】 2月9日，区总工会组织区内20余名劳模参观上海世博会纪念展和月亮船（原沙特馆）。月亮船中四维立体电影为劳模们呈上与众不同的视听享受；劳模们驻足观看世博会纪念展中展出的《清明上河图》和《万国风采耀浦江》。劳模们表示将从自身做起，积极践行“公正、包容、责任、诚信”和“友善、包容、诚信、守法”的价值取向，为“建设国际静安、构建和谐家园”作出新贡献。

（姚　磬）

【宝山区总工会贯彻落实“五项机制”提高劳模管理服务质量】 一是切实提高劳模待遇。通过1∶1配套，实行劳模抚恤慰问制度，凡区属劳模身故，各级工会组织及时上门慰问并按全总和市总标准1∶1配套发放抚恤慰问金；同时与区民政协调，减免过世劳模殡葬费用。二是健全劳模生活保障机制。依据宝山低收入农口劳模多、征地养老劳模多的特殊情况，制定《提高宝山区城镇退休、农口劳模待遇的实施方案》，向符合政策的农村人口征地养老劳模发放征地养老补差金，对农村低收入劳模实行托底保障。三是健全劳模特困帮扶机制。按照“事实清楚、依据充分、突出重点、热情关心”的原则，下发《建立宝山区劳模帮困和救助制度实施意见的通知》，重点加大对患大病、重病住院等医疗费用支出较大以及家庭、家属突发困难劳模的帮扶，并对患重大疾病劳模自负医疗费用部分的80%比例予以补助。四是健全劳模宣传教育机制。编制出版《楷模——宝山劳模集锦》画册，拍摄劳模宣传片，举办劳模座谈会。五是健全劳模动态管理机制。制定《宝山区劳模管理机制》，运用宝山区劳模信息管理系统，实现区劳模个人、集体信息采集、管理、统计、分析、政策查询等在线查询功能，实现劳模5项机制落实情况记录、提醒、检查和“区总工会—直属工会—企业”三级数据实时交换。

（胡立伟）

【闵行区总工会做好劳模管理服务工作】 一是注重劳模信息掌握。为及时了解和掌握劳模有关信息，工会在日常工作中逐步形成完整的劳模管理信息库，整理采集历届劳模信息，使服务劳模工作做到全方位、制度化、规范化。二是注重劳模动态管理。根据劳模工作关系变化，及时转入、转出劳模信息，采集转入劳模的有关信息，将转出的劳模有关情况通报接受地，及时更新劳模联系方式，使服务工作更及时、更全面、更周到。三是注重关心劳模工作生活。定期召开劳模座谈会，了解劳模的工作、学习、生活情况；春节、元旦、五一和教师节前夕开展劳模慰问活动，每年组织退休劳模体检，做到不漏不误。

（俞龙祥）

【嘉定区劳模协会组织28名劳模参加pet-ct检查】 12月11—18日，区劳模协会组织28名劳模分批前往上海455医院pet-ct高端体检中心进行体检。参加检查的有全国劳模1名、2012年退休的市劳模17名、经健康体检后需进一步复查确症的退休市劳模10人。区总工会、区劳模协会统一派车，组织劳模分5批前往上海455医院，并有工作人员全程陪同，确保体检工作的顺利开展。12月26日，区总工会和区劳模协会专门邀请上海455医院的专家，对参加体检的劳模进行“一对一”回访，详细讲解劳模的pet-ct体检报告。

（徐　浩）

【松江区总工会做好劳模服务管理工作】 一是完善劳模评选机制，弘扬劳模先进事迹。开展区领导为劳模创新工作室《骆春骆氏创新工作室》授牌仪式，并制定“劳模创新工作室”管理办法。积极发挥劳模“传帮带”作用；利用多媒体介绍劳模事迹，集中宣扬劳模先进事迹和弘扬劳模精神；摄制劳模风采专题电视片，搭建劳模学习、交流等活动平台，在《松江报》和《松江工会信息》上开辟劳动模范专栏，刊登劳模先进事迹。二是完善劳模帮困机制，营造关爱劳模氛围。在区领导带领下慰问特困劳模、支内回沪劳模，走访全国劳模，并发放慰问金。安排基层工会对全体劳模进行慰问。全年共走访慰问劳模（包括困难劳模）及生病住院和病故劳模家属近100人次；建立劳模信息数据库，实现劳模管理服务工作制度化、规范化、程序化。三是完善劳模服务机制，关爱劳模身心健康。组织劳模赴江、浙学习参观考察；关心劳模政治生活，组织召开劳模迎春茶话会，参加区委、区政府召开的迎春团拜会；组织150多位劳模体检休养，举办退休劳模健康讲座专场；召开劳模座谈会，及时掌握劳模的工作生活等情况；关心劳模学习生活，为每位劳模征订《劳动报》、《中外健康文摘》、《劳模》杂志。

（林丽华）

【青浦区落实劳模管理“五项”机制】 一是坚持劳模慰问机制。区镇两级劳模协会切实做到重大节日、突发困难、思想波动、生病住院“四个必访”；春节期间，共发放春节慰问金65.8万元。二是落实困难劳模帮扶机制。实施特困劳模帮扶制度，对劳模患大病、重病及家庭生活特别困难的给予一定补助，全年发放补助金10500元；实施劳模抚恤慰问制度，及时上门慰问并发放劳模身故家属抚恤慰问金9000元。三是完善劳模体检疗休养机制。组织8名全国劳模赴上海市工人疗养院参加体检活动，组织11名区劳模理事会理事赴广东潮州汕头开展休养活动。四是强化劳模宣传教育机制。运用工会与电视台合作的“劳动者之歌”栏目加大对劳模先进事迹的宣传力度，在电视台“青浦新闻”中开设系列报道，集中宣传新时期劳模精神；设立两个“劳模创新工作室”。五是完善劳模动态管理机制。加强12个劳模协会分会的劳模信息数据库工作，及时、准确、全面反映劳模新增、调出、退休、去世、撤销荣誉称号以及家庭地址、联系方式变更等动态情况。

（马美君）

【奉贤区劳模协会慰问“与共和国同龄劳模”】 9月27日，区总工会、区劳模协会慰问“与共和国同龄劳模”。区总工会领导带队先后走访钱光辉、程春影等13位市级劳模，并听取劳模对工会工作的意见。区总工会还将通过劳模工作室、劳模事迹宣讲、劳模座谈会、上门慰问、结对帮扶等形式，展现劳模风采，引领广大职工践行劳模精神，在全区形成“敬劳模、学劳模、帮劳模”的良好氛围。（尹　奕）

【崇明县总工会为全县劳模体检】 9月3—7日，县总工会投入专项资金20万元，为全县388名全国劳模、上海市劳模分批到县中心医院体检中心开展每两年一次的身体健康检查。检查内容包括内科、外科、心血管、胸片等10余种项目。对家住离县城距离较远的乡镇和农村劳模，各基层工会安排专车接送，并由工会干部全程做好陪同服务。（易建军）

【仪电工会关注劳模身体健康】 工会以“命运、责任、荣誉、利益共同体”核心价值观为导向，通过节日慰问、健康体检等多种形式关爱劳模。工会做好全国劳模体检工作的后勤服务，体检前晚安排集中住宿，并由家属陪同；体检结束后，征求劳模意见。工会还向系统内市劳模、部劳模发送健康体检卡，全年共有332名劳模免费健康体检。（邵秀根）

【化学工会提升劳模管理服务水平】 一是做好劳模服务工作。工会组织集团党政领导与历届全国劳模、在职市（部）劳模团拜迎春；召开在职劳模先进座谈会；开展劳模情况专题摸底调研，并根据调研摸底，初步建立集团劳模情况信息库；通过收集集团劳模的困难信息，将87万劳模“三金”通过春节慰问、特困帮扶、低收入补助等送到劳模手中。二是加强制度建设，工会与行政联合印发“关于进一步加强集团劳模管理服务工作的意见”，推进集团劳模管理服务的制度化、规范化和程序化。三是主动关心劳模生活。组织16名“全国劳模”参加市评模办集中体检，12名退休劳模参加免费疗休养工作。四是在系统内做好评选2012年全国总工会、能源化学工会、全国石化行业、上海市等各类先进的评选推荐工作，华谊集团有1人获全国五一劳动奖章、5人获评全国石化劳模、1人获上海市五一劳动奖章。

（王有福）

【上海航天局多渠道关爱劳模】 一是组织开展和参与五一系列活动。召开局庆五一劳模先进座谈会，表彰劳模先进，营造学习氛围；组织劳模参加上海市五一文艺演出，表演反映上海航天工作者的专题节目；协调劳动报社，在5月15日《劳动报》上全版宣传新一届劳模先进集体和先进个人事迹。二是做好劳模慰问和劳模“三金”发放工作。继续开展各类劳模慰问活动，2012年局工会共划拨专款13.68万元，节日慰问全局168名全国和省部级劳模；做好市总劳模“三金”发放工作，及时为168名劳模新办理工行VIP劳模卡。三是做好劳模体检工作。7名全国劳模参加由市总工会统一组织的体检；省部级劳模参加局统一组织的体检。四是指导基层设立劳模创新工作室。指导局所属动力技术研究所成立首个“劳模创新工作室暨首席技师工作室”，并协调与唐建平班组开展学习交流活动。

（沈　恺）

【百联集团举行庆五一劳模先进茶话会】 4月20日，百联集团在浦东滨江海鸥舫隆重举行庆五一劳模先进茶话会，市总工会领导，集团领导班子成员，各公司、中心党政负责人及工会主席，以及历届劳模、先进代表等400多人参加。会上集团总裁宣布《百联集团关于进一步做好关心劳模工作的意见》。《意见》明确追加退休劳模特殊困难帮扶资金20万元。（姜　杰）

【市总工会举行第五批医务志愿者为劳模医疗保健咨询服务结对座谈会】 12月6日，由市总工会、市卫生局联合举办的第五批医务志愿者为劳模医疗保健咨询服务结对座谈会在海鸥饭店举行。这项活动参与医院73家，医生678名，为1400多名全国劳模、全国五一劳动奖章获得者和市劳模提供健康咨询服务。活动通过医院成立工作小组，建立劳模与志愿者联系册，实行挂号、检查、配药一站式服务等方式，为劳模就诊服务。（池朝霞）

【锦江国际工会做好劳模管理服务】 一是建立健全劳模工作管理机制，通过落实制度把关心爱护劳模的身心健康工作做到实处。工会安排集团全体劳模到“上海市劳模健康体检基地”进行健康体检，在疗养院建立劳模健康档案，提供健康咨询和跟踪随访服务；工会安排专项经费预算，用于开展帮困送温暖活动，组织安排劳模疗休养活动。二是运用“劳模创新工作室”推动集团人才培养基地建设，成立郭予文劳模创新工作室，充分发挥其劳模示范引领作用，扩大劳模先进影响力，通过劳模言传身教培养中青年人才，开展技术攻关和技术创新。三是宣扬劳动模范和先进班组的先进事迹。形成宣传劳模、学习劳模、关爱劳模、争当劳模的良好氛围，让劳模典型立得住、叫得响，以此来提高集团核心竞争力，完成“十二五”发展目标任务。

（张祥伟）

工会组织建设

Union Organizations Building

2013

综　述

2012年是全面贯彻落实“两个普遍”工作要求，推动企业实现普遍建会3年规划目标的关键之年。市总工会抓住开发区、工业园区、现代服务企业等重点领域和农民工、劳务派遣工等重点对象，以党工共建、创先争优为动力，坚持组建工作长效工作机制，通过双月例会、双月通报等方式加强跟踪督查，不断提高企业建会率和职工入会率，全面完成工会组建目标任务。截至9月底，全市工会会员总数873.6万人，建会单位总数30.9万个。一是认真分析研判形势，合理制订目标计划。市总工会在对上海组建工作开展摸底调查、与各区县进行充分沟通及深入分析上海工会组建工作面临的新情况新问题的基础上，制定下发《关于下达2012年上海市工会组建目标任务的通知》。二是创新思路，破解组建工作难题。市总工会以“面对面、心贴心、实打实服务职工在基层”活动为契机，深入基层开展调研，积极创新工作思路，通过探索对企业经营者的政治安排与其履行社会责任挂钩等办法，整合社会资源推进工会组建，多渠道破解建会工作难题。三是注重建会质量。制定下发《关于在本市企业工会开展“工会组织亮牌子、工会主席亮身份”活动的实施意见》，进一步规范基层工会组织建设。工会在大力推进企业依法普遍建会的同时，注重以“双亮”活动为契机，不断提升建会质量。四是进一步做实做好工会组建数据库信息维护，加强区县和乡镇街道、开发区、经济园区工会组建数据管理软件培训，建立更为详尽的台账与全总数据库预置企业信息对接互补，开展好数据库维护的自查和抽查工作，及时整改数据填报存在的规范性和准确性问题。五是以职业化、社会化工会工作者队伍建设为着力点，推进工会工作者队伍建设，加大经费预算和投入，将社会化职业化工会工作者工资分级负担的试点范围扩大到宝山和金山等6个区。至年底，全市职业化、社会化工会工作者总人数达1200名。六是为进一步提升上海工会组织建设工作水平，解决工会组织建设面临的难点问题，深入基层开展调查研究，形成《上海工会组织建设状况的调查2008—2012年》的调研报告，并指导完成《信息行业职工队伍状况的调查》等课题。

（杨伟良）

工会组建

【上海工会大力推动企业普遍建会】 2012年，全市各级工会围绕“两个普遍”工作要求和组建工作3年规划目标，在深化“领导负责、目标分解、中途督查、情况通报、考核评比”组建工作长效机制的基础上，抓住重点领域和重点对象实施持续性攻坚克难，并以推动具有政治身份的企业经营者带头建会为抓手，推动面上企业的整体建会和职工入会工作，完成全总下达的建会工作年度目标任务。至9月底，全市建会单位30.9万家，工会会员873.65万名。其中，企业建会单位27.98万家，企业工会会员779.49万名。与上年年报相比，净增建会单位4.28万家，净增会员48.95万名。其中，净增企业建会单位4.13万家，净增企业工会会员49.61万名。

（杨　娟）

8月20日，市总工会召开“两个普遍”工作推进会　（杨　娟）

【上海工会加强组建数据库建设】 一是全面加强数据库管理培训工作。市总工会举办5期区县和乡镇街道、开发区、经济园区等各级工会干部组建数据管理软件培训班，受训人员300人次。对部分单位数据库操作员中途岗位调整的，市总要求做好新老人员传、接、带工作，通过上门指导或电话沟通，确保工作不断线。二是明确归属，理顺数据库内企业关系。对数据库内一批区域划分与实际不符的企业，市总、区总加强区域和街镇之间的协调沟通，集中力量定期开展企业隶属关系的划转工作，使企业归属情况更准确，组建工作责任区更清晰，避免工作推委现象发生。三是加强领导，落实专人负责数据库管理。进一步明确由分管领导负责、组织部长主抓、数据库操作人员具体落实的工作责任制，做到专人负责、专人管理、专人维护，最大限度确保信息及时、准确、有效。四是动态管理，完善数据库信息。通过实地上门、电话抽检以及与职能部门信息比对等方式，摸清企业地址、具体名称、经营状况、隶属关系、已建会和未建会企业数量等基本情况。建立更为详尽的台账资料，与数据库预置的企业信息对接互补，实现动态管理。五是利用数据，促进工会组建工作。根据数据库内预置的企业信息及调查摸底情况，掌握一批未建会企业名单，使推进建会更有针对性。

（杨　娟）

【上海工会组建以点上攻克带动面上突破】 2012年，多年被列为重点攻克对象的会计师事务所建会工作取得重要进展，11月1日，市注册会计师、资产评估行业工会联合会筹备组成立。上海会计师事务所一直是全总、市总重点关注的建会对象。早在2008年，上海工会在开展世界500强等跨国公司集中建会行动中，市总工会专门召集相关区总工会及会计事务所负责人召开组建工会工作座谈会。之后，市、区、街道三级工会坚持与其沟通建会，但会计师事务所一直采取拖延战术、抱团抵制建会。为此，《劳动报》曾以《内参》形式对他们迟迟不建会的原因作深入剖析，在《劳动报》头版头条作连续专题报道。2011年5月，市总工会主动与负责全市会计师事务所审核管理的市注册会计师协会（评估师协会）取得联系，双方就推进建会达成共识，并以协会的名义召开会计师事务所有关负责人座谈会，明确组建工会的要求。其间，他们态度有所转变，但最终因事务所陆续面临“转改制”而使建会工作搁置。自全国总工会联合财政部下发《关于加强注册会计师行业基层工会建设的通知》后，市总工会与市注册会计师行业党委抓住契机，按照“党建带工建，工建服务党建”的工作要求，推动注册会计师、资产评估师行业建立工会。与此同时，推动美国友邦保险、古驰（中国）、台积电、安莉芳等一批知名企业年内建会。（杨　娟）

崇明县总工会召开“两个普遍”百日行动推进会议　（易建军）

【上海工会组建面上推进有新进展】 至9月底，全市农民工（劳务派遣工）会员总数为326.7万名。一是统一思想认识，明确工作重点。根据“组织起来，切实维权”和“两个普遍”工作要求，将发展农民工入会列为重点工作，并在工会组建指标体系中单列考核。在工会组建工作双月例会及情况通报中，及时跟踪督查和反映农民工会员发展动态。二是加强宣传，增强工会组织吸引力。通过举办工会知识讲座、印发工会组建宣传资料等形式，提高农民工群体的认知度、接受度，激发农民工入会的主动性、积极性。三是抓住契机，加强源头建会和入会。采取在劳务中介机构建会、直接用人单位建会相结合的方法，开展“工会组建月”、“劳务派遣企业建会、劳务工入会集中行动”，从源头抓起，促进农民工入会工作。四是强化进城务工人员（农民工）会员的会籍管理。按照全总《关于切实做好农民工会员会籍管理的紧急通知》、《关于组织劳务派遣工工会的规定》等文件要求，加强农民工会籍管理，注重劳务派遣公司和用工单位的接转手续，确保流动有序、管理不乱、数据准确。五是加强包括农民工在内的劳务派遣工入会数据库建设。工会增加投入、落实专人，加强数据库信息维护。市总工会及时跟踪数据信息维护的准确，并在每次组建工作例会时公布，确保数据库的准确性。（杨　娟）

【上海推进区域性行业性工会联合会建设】 上海各区县、街镇工会根据非公企业特点，按照“条块结合、交叉覆盖”的要求，探索创新、不断完善区域性行业工会联合会建会模式，破解大量聚集在街镇、小区和开发区的小微企业建会难的问题。至年底，全市已建区域性行业性工会联合会2964个。一是上下联动，促进产业工会与地方工会相结合。发挥产业工会优势，推动纺织、教育、环卫、医务等产业工会加强与地区工会工作联动，自下而上推动建立区域性行业工会联合会。市纺织工会指导纺织业较集中的8个区县和部分街镇分别建立区县纺织行业工会联合会、街镇纺织行业工会分会。二是行业联合，健全行业工会建在地区上模式。加强街镇总工会建设，探索建在地区的行业工会建设模式，实现行业组织覆盖。杨浦区总工会按照行业相同（相近）原则，在街镇层面建立56个隶属于地区的行业工会，在地区形成总工会、行业工会、企业工会三级工会管理体制。三是两级联建，构建行业工会两级平台三级网络。针对一些行业就业分散、职工利益诉求机制不够健全、职工队伍稳定性较弱等特点，根据不同区域的不同发展需求，按照轻重缓急，通过在区、街镇层面分别设置专门机构、落实专门人员等措施，逐步推进行业工会建设。普陀区总工会设立区、街镇行业工作部，构建行业工会工作的两级平台。同时在街镇成立餐饮、物流等行业工会分会，形成区、街镇、基层工会的行业工会三级网络。（杨　娟）

【沃尔玛上海企业工会联合会成立】 5月28日，沃尔玛上海企业工会联合会召开成立大会，选举产生沃尔玛上海企业工会联合会两委委员及工会主席、经审主任。沃尔玛上海企业工会联合会隶属于浦东新区直管企业工会联合会，共覆盖沃尔玛在沪11家门店、3200多名会员。联合会成立后，即代表职工与企业方成功签订工资集体协议，并同步启动11家门店工会的亮诺、亮牌、亮身份的“三亮”行动。工会主席挂名牌、工会办公室挂牌、十项承诺上墙等方式公开工会信息，使工会真正成为职工看得见、找得到，实打实服务职工的组织。（陈　维）

【普陀区桃浦镇总工会扎实推进“两个普遍”工作】 一是领导重视、责任明确。将推进“两个普遍”工作作为镇总工会和镇政府联席会议的重要议题，从人力、物力、财力上给予大力支持，成立推进工作领导小组。二是大力宣传、落实到位。镇总工会与镇工商所及时沟通，在工商所内放置“告企业书”，设置“两个普遍”工作临时窗口，以工商年检为契机，宣传推进“两个普遍”工作的必要性和重要性，指导企业组建工会和开展工资集体协商，取得企业经营管理者和职工的认可和支持。三是强化督查、确保实效。桃浦镇总工会联合各相关部门上下联动，加强协调，定期通报各村、公司、园区“两个普遍”工作进展情况，开展季度工作评比，对在“两个普遍”工作中作出突出成绩的人员给予奖励，确保“两个普遍”工作取得实效。

（许王丽）

【普陀区总工会推进基层工会组织建设】 一是建立组建工作长效机制，提升攻坚克难能力。建立领导联系制度，实行分片包干；建立联动制度，整合相关部门资源共同推进；建立源头保障制度，招商之前明确建会和协商要求。二是扩大工会组织覆盖率，提升组建工作质量。将工作重心和资源向独立工会组建倾斜，向重点、难点领域倾斜，向农民工、劳务派遣工及非在编人员入会工作倾斜，不断提高工会组建率和职工入会率。三是健全统计信息管理制度，加大投入、培训、指导，进一步做好工会组建信息数据库的动态管理，夯实组建的基础性工作，使数据库信息更真实反映组建工作实际。四是深入开展“活力三三五”达标创优活动，指导各系统、街镇工会层面的“职工之家”创建活动，培育好区先进职工之家、市模范职工之家，提高基层工会活力。进一步规范工会主席选举，加强对工会换届、委员调整的指导与督促。开展“亮工会主席身份、亮工会组织牌子”活动，提升基层工会组织的影响力。五是坚持多层面、分对象的培训制度，重点提高工会干部业务能力和为职工服务的水平。通过不断拓展培训形式、丰富授课内容、优化培训师资，使培训更贴近工会工作实际，符合工会干部实际需求。

（许王丽）

【普陀区总工会扎实推进“两个普遍”工作】 一是依法推进企业普遍建立工会组织。与各街道、镇总工会签订建会工作目标责任书，制定实施考核激励办法。发挥党工共建机制作用，推进长风生态商务区工会与党组织同步组建；推进具有党代表、人大代表、政协委员、工商联执委等政治身份的企业经营者重视工会工作。继续加强与人社、工商等相关部门的联动合作，聘请各街镇劳动保障协管员为“工会组建指导员”，由区工商分局在企业注册、年检时发放“工会组建告知书”。全年新增建会单位2164家，新增会员2.38万人，其中农民工会员1.35万人。二是依法推进企业普遍开展工资集体协商。加强集体协商工作考核督导，建立情况季报、工作例会、奖励激励等制度。开展集体协商要约集中行动，通过发出倡议书、协商要约书、特别提示函等形式向3000余家企业发出要约，推动一批企业建制。着力突破重点企业，推动全球三大零售商之一的特易购集团建立集体协商和职代会制度，成为市总推进世界500强企业开展集体协商的新典型。全区具备协商条件的建会企业7706家签订集体合同，6840家签订工资专项协议。三是发挥行业工会组织优势。区纺织行业工会研究制订的10个服装品种近千道工序的劳动定额标准被全总采纳，作为全国纺织行业劳动定额指导标准予以推广；区纺织、化工、市容环境等行业工会分别开展工资集体协商，提高行业职工收入。

（许王丽）

【普陀区长寿社区总工会大力推进企业普遍建会工作】 一是融入党建格局，加强组织领导。制定《关于进一步做好“两个普遍”工作的实施方案》，成立由街道党工委书记和街道办事处主任为组长的长寿社区推进“两个普遍”工作领导小组，街道总工会主席及分管经济与社保的两位副主任担任副组长。在长寿社区劳动关系三方协商会议上，街道党工委书记明确指出要将工会“两个普遍”工作放在区域性大党建工作格局中加以推进。7月12日，长寿路街区党建共同体正式成立，共同体以区域经济和社区发展互利共生为目标，以聚合区域共建合力为着力点，全面推行社区内单位之间的联建、联动、联系，“党建带动工建，工建服务党建”在一个更大的平台上运作。二是整合各方资源，明确责任分工。推动街道财经科、综合党委、就业援助、劳动监察等部门科室通力合作，资源共享，共同推进社区工会组建工作。结合各部门实际情况，将社区内31幢商务楼宇以“分楼包干”的形式划分到各参与部门，做到责任到科室、到小区、到楼宇、到个人。社区总工会工作人员每人至少负责一幢商务楼宇，每个工作日抽半天时间在楼宇中推进工会组建；经济科负责联络近两年来税收落地在社区的、职工人数在25人以上的企业；就业援助员队伍按照劳保所的分块规定，同时在商务楼宇中推进“两个普遍”工作。各相关科室部门坚持每周召开一次碰头例会，通报工作进度。领导小组每月召开一次总结推进会，确保组建任务落到实处。三是突破工作难点，力求组建实效。着力推进独立工会组建；着力推进有政治身份的企业负责人所在企业组建工会；着力推进属地化管理的外资企业组建工会。坚持在每周召开的组建情况通报会上沟通组建难点企业，加强舆论宣传，提高企业自觉组建工会的积极性。

（许王丽）

【闸北区总工会强化服务外包工源头入会工作】 闸北区总工会为推进“两个普遍”工作，积极整合行业资源，大力推进劳务派遣工、服务外包工等特殊群体源头入会工作，最大限度地将广大职工群众吸纳到工会组织中来。一是条块联手，分步推进。为推动中国电信上海分公司的服务外包企业上海龙力通讯设备安装工程有限公司组建工会，区总工会联合中国电信上海分公司工会及南、北区局工会召开服务外包企业工会组建工作沟通会，理顺服务外包企业的工会隶属关系，共同上门约谈企业经营者，为工会组建工作的顺利推进奠定基础。第二步是联合电信工会，对企业工会筹备、工会主席选举整个过程进行跟踪指导，确保该企业按照工会主席直选要求圆满完成建会工作。第三步是联合企业所在地的彭浦新村社区总工会，多次到企业工会进行业务指导，推动企业建立健全职代会制度、平等协商集体合同制度，并联合开展以“咱们工人有力量”为主题的社区职工歌咏比赛等活动。7月6日，区总工会和中国电信上海公司工会共同为该企业工会揭牌，500多名职工加入工会。二是突破一家，带动一片。8月16日，注册于闸北区彭浦镇的上海电信公司另一家服务外包企业上海宁富通信设备安装有限公司正式成立工会。闸北区整合行业资源，推进服务外包工等特殊群体源头入会取得阶段性成果。三是挖掘潜力，乘势推进。2012年底，区总工会充分挖掘央企、市属企业和市、区委办局资源，依托“党工共建”工作平台，有效推进中国上海人力资源服务产业园区内劳务派遣、人才派遣、服务外包等60余家企业的工会组建工作。（王立成）

【杨浦区定海地区总工会创新党工共建“四同”机制】 一是组织设置同建。对有3名以上正式党员、各方面条件成熟的非公企业及时建立党组织；对条件不成熟的非公企业，采取工会党建联络员担任党建指导员的方式，从生产一线职工、业务骨干和中层以上管理人员中培养党员，纳入行业党组织。同时，密切跟踪成长性企业，对达到规模以上的非公企业，条件成熟的，帮助建立党组织。如定海地区平凉路南北物业园区入驻28家小企业，职工435人，其中9名党员。在地区总工会以服务党建为先导、建立联合党支部的建议下，街道党工委高度重视，南北物业园区联合党支部很快成立并由区域工会指导员担任支部书记，园区工会也因此顺利组建。二是队伍建设同抓。配合街道综合党委开展系列培训活动，提高“两新”组织党员、从业人员综合素质和业务能力。如开展各类技能培训讲座、赴外区先进单位考察活动等。地区总工会与上海万吉机械施工工程有限公司党支部联手试点开办的EBA课程，至今已有近百名农民工参与培训。三是重要活动同办。参与街道综合党委专职党群工作者和工会党建联络员的联席会议，每月定期互通、共享“两新”组织党建、工建信息。积极指导建立党组织、工会和企业“三方沟通协调机制”，切实维护党员、职工权益。至年底，定海地区工会组建率、职工入会率均超过95%，工资集体协商、集体合同、女职工特殊利益专项合同签约率也达95%以上。四是宣传服务同进。与街道党组织定期举办“联动服务”下基层活动，主动帮助“两新”组织排忧解难、开展各项党组织活动。上海永驻仓储有限公司工会主席、行业工会联合党支部党员，在得知两名职工因工资待遇与业主产生激烈矛盾的情况后，及时引导职工通过正常途径反映合理诉求，成功将劳资矛盾化解在萌芽状态。（曹理仰）

【杨浦区总工会成功组建安莉芳上海公司工会】 9月20日，坐落于杨浦区大连路现代服务业集聚区的中国纺织服装百强企业安莉芳集团上海公司召开工会成立大会，选举产生第一届工会委员会和经费审查委员会。2009年安莉芳入驻杨浦区，是一家拥有1000多名职工的著名港资企业集团。杨浦工会干部们多次上门宣传及协商组建工会事宜，但该企业对成立工会有顾虑，建会工作始终未能突破。2012年，区总工会加大推进“两个普遍”力度，通过排摸全区60家重点企业建会情况，将安莉芳列为年度“直接指导，定向突破”重点企业之一。殷行地区总工会借助该企业6月成立党支部之际，以党建带工建，多次上门做思想工作，邀请企业参加地区工会活动。在该企业党政领导的支持配合和该企业内人大代表的共同努力下，区总工会和殷行地区总工会全程帮助企业完成会员代表推选、选票印制、选举程序培训等工作，确保先期筹建工作的顺利完成。（曹理仰）

【杨浦区总工会成立小南国集团海之源餐饮管理有限公司工会】 11月6日，上海知名餐饮休闲连锁品牌小南国集团海之源餐饮管理有限公司第一届工会委员会正式揭牌成立。该集团总部10月落户五角场镇后，镇总工会积极与该企业洽谈组建工会事宜，得到企业的理解和支持，并达成企业集团总部先行组建工会，旗下品牌分部以分工会形式各自成立工会组织的共识。（曹理仰）

【静安区总工会全面推进“两个普遍”】 静安区总工会认真贯彻落实工会组建和工资集体协商3年规划，采取有力措施，大力推进企业普遍建立工会组织、普遍开展工资集体协商，进一步扩大工会组织覆盖面，增强了工会组织凝聚力。一是工会组建工作取得新进展。借助区域化大党建工作格局，采取目标分解、责任落实、定期通报、明确考核奖励办法等措施，大力推进工会组建工作。全年全区净增工会会员1.02万名，净增工会组织31家，新增覆盖单位411家，新建楼宇工会联合会1个，行业工会联合会4个。二是工资集体协商取得新成效。充分发挥区工资集体协商专职指导员队伍的作用，指导、帮助基层工会开展工资集体协商，推动了职工特别是一线职工工资收入水平的提高和福利待遇的改善。全区集体合同、工资集体协商覆盖企业5100余家，职工8.5万余人。世界500强在静安企业均建立工资集体协商制度。（张欣）

【静安区行业工会组建工作取得新突破】 区总工会积极探索行业工会联合会建制，年内新成立静安寺街道餐饮行业工会联合会、曹家渡街道计算机维护行业工会联合会、曹家渡街道广告行业工会联合会、南京西路街道吴江路休闲街工会联合会等。至年底，全区各街道总工会累计成立14个行业工会联合会。行业工会联合会的成立，为进一步集聚资源优势，拓宽职工业务交流和技术练兵渠道、提高职工队伍素质、完善企业民主管理工作、推动构建和谐劳动关系发挥积极作用。（沈诗贤）

【宝山区工会推进工会组建工作】 宝山区总工会根据区委要求，以“固本强基、服务发展”为着力点，不断加强工会组建工作，特别是独立工会的组建，切实增强和扩大党的执政基础、群众基础。年初，区总工会整合劳动监察、工商、统计、全总等企业数据情况，建立宝山工会企业数据库，并梳理1.1万余家落地企业工会组织状况。在此基础上，区总工会进一步梳理50人以上规模企业、三资企业、世界500强企业、已建党组织未建会企业及具有党代表、人大代表、政协委员、工商联执委、青联委员、企联理事等政治身份企业名单，并据此制订年度组建指

宝山区总工会与直属工会签约推进工会组建工作 （胡立伟）

标任务。具体工作中做到“六个注重”：一是注重强化组织领导，二是注重形成组建合力，三是注重加强专职工会干部队伍建设，四是注重落实工作责任，五是注重完善信息沟通制度，六是注重完善考核激励机制，积极推进这些企业单独组建工会。2012年，宝山区工会组织数2285个，覆盖单位数1.68万家，会员38.06万人。其中，新增独立工会338家，覆盖单位3057家，新增会员4.23万人。 （胡立伟）

【宝山区杨行镇总工会推进工会组织建设】 一是以抓工会组织队伍建设为突破口，完善各基层工会组织。根据区总要求，对镇域内1000多家企业开展企业工会建设情况的摸底调查，为下一步基层工会组建工作奠定基础。全年共组建独立工会21家，覆盖企业260家，会员5673人。二是强化工会工作机制，推进工会工作规范化、制度化。针对企业工会干部流动性大特点，及时督促和指导企业做好工会改选配备工作，按民主程序选配新的工会干部；根据区总下达任务，细化工作目标、任务和要求，做到年初有计划、年终有检查总结；及时召开镇总工会工作总结部署会议，每季度召开一次例会汇报工作。三是加强工会干部的教育培训，组织基层工会主席参与区总举办的各类培训3场，开展工资协商、工会形势报告等专题讲座4场。 （胡立伟）

【闵行区新虹社区（街道）总工会稳步推进非公企业法人数据库录入工作】 新虹社区（街道）总工会把做好非公企业法人数据库录入工作、推进企业普遍建立工会组织作为创先争优活动的重要内容。一是数据库录入工作做到专人负责，确保数据库录入的连续性、准确性。二是制作《非公企业法人数据库企业情况表》，做到“四个摸清”：即摸清企业所在地，摸清企业数量和具体单位名称，摸清企业职工人数，摸清企业未建会情况。三是定期展开检查、督导，并将录入情况列入工作考核。截至年底，非公企业法人数据库企业入会率已从13%上升至76%。 （叶 林）

【闵行区工会会员数突破60万】 闵行区总工会按照“两个普遍”的要求，大力推动企业普遍建会。至10月底，全区基层工会组织数6100个，覆盖企业2.11万家，会员数61.28万名。一是以党建带工建，始终把工会组建放在突出位置。夯实工会组织基础，重点突破区内纳税重点大户、具有政治身份经营者所在企业和世界500强企业建会，大力推动行业性、区域性工会联合会建设，实现对更多中小型非公企业的组织覆盖。二是规范数据库管理，加强对基层建会的服务和指导。重点梳理基层非公企业建会情况，对区属工会关停并转的企业进行统计、分类，比对劳动监察企业建会名单，明确各镇、街道和莘庄工业区的建会任务。三是整合资源，结合重点工作促建会。在闵行区创建劳动关系和谐企业活动中，实行工会组建“一票否决”，并给企业整改机会，增强了工会组建的动力。 （兰 奇）

【嘉定区酒类企业工会联合会成立】 嘉定区总工会联合区酒类专卖管理局、区酒类企业协会，共同推进酒类企业工会组建工作。区酒类专卖管理局对全区酒类企业进行调查摸底，掌握企业的分布和从业人员情况；区总工会与相关街镇总工会比对确认，掌握酒类企业工会组建情况；在区酒类企业协会换届大会上，区酒类专卖管理局专门就成立嘉定区酒类企业工会联合会作了宣传和说明，并对出席会议的未建会企业经营管理者发放组建工会意向书。至9月底，全区42家未建会酒类企业有意向成立工会，为区酒类企业工会联合会的成立奠定组织基础。10月22日，嘉定区酒类企业工会联合会成立暨第一次代表大会在区委党校召开。区总工会、区酒类专卖管理局有关负责人出席会议。会上，44名酒类企业代表选举产生嘉定区酒类企业工会联合会第一届委员会，汪守财当选为工会主席。 （徐 浩）

【金山区总工会开展工会工作指导员签约活动】 8月7日，金山区总工会在吕巷镇举行工会工作指导员签约仪式，区总工会有关负责人出席会议并讲话。会上，金山区总工会与11名镇、街道、工业区工会工作的指导员签订劳务协议。这些工会工作指导员承担的主要职责是依托“党工共建”工作平台，不断推进基层工会的组织建设和规范化建设，切实让工会建起来、转起来、活起来。区总工会每年在听取各镇、街道、工业区工会意见的基础上，以工作实绩为主，结合日常工作表现实施综合考核激励，考核结果与是否续聘挂钩。 （钱海东）

【松江区成立物业行业工会联合会】 3月16日，松江区物业行业工会联合会召开成立大会，选举产生工会委员会委员11人，选举工会主席1人、副主席2人。同步组建经审委员会和女职工委员会。松江区物业行业工会联合会是继区建筑行业、区纺织行业、区环卫行业工会联合会成立以来的第4家行业工会联合会,共覆盖96个物业公司、1.5万多名职工。市总工会和松江区房管局有关负责人共同为松江区物业行业工会联合会揭牌。物业行业工会联合会成立后,着重加强3个方面工作:一是始终坚持行业工会"经费收缴渠道不变,会籍关系不变,领导关系不变"的原则。二是加强对工作对象、工作主体的研究,了解职工队伍中不同群体的需求,结合行业特点及职工权益维护的重点,创新思路,拓展载体,为物业行业的发展增添动力,为松江区行业工会工作的发展提供经验借鉴。三是加强工会组织规范化建设。加大工会组建力度,对没有组建工会的基层单位加强督促、指导和服务工作,努力实现工会组织全覆盖。贯彻落实好《企业工会工作条例》,加强基层工会规范化建设,全面提升行业工会整体工作水平,不断开创行业工会工作新局面。

(沈君子)

【松江区总工会扎实推进工会组建工作】 松江区总工会贯彻落实"组织起来、切实维权"工作方针,按照推动企业普遍建立工会组织3年行动计划要求,锁定目标,抓住重点、突破难点,从基层基础着力,进一步组织人员、加大投入、反复开展宣传发动,坚持解释说服工作,扎实推进工会组建工作。为推动台积电等知名企业正式建会,区总主席室领导多次带队直接深入台积电等企业实地督促,使双方逐步在工会"促进企业发展,维护职工权益"工作原则和公司"以人为本"理念的一致性上取得共识。经过努力,台积电公司工会筹备组、天马高尔夫俱乐部工会筹备组在年内相继完成召开工会第一次代表大会的前期筹备工作。截至年底,全区累计建会单位3.21万家,会员74万人。经市总工会组建工作年底考核,区总工会获得"2012年上海市工会组建工作二等奖(区县组)"。

(沈君子)

【青浦区落实"四个借力"持续推进工会组织建设】 一是借力青浦工会系统开展的"走基层、优服务、促发展、创和谐"活动,广泛普查,排摸底数,切实做到"四个清",即未建会企业数量清、所在区位清、未建会原因清和推进建会情况清。二是借力《上海市职工代表大会条例》的贯彻落实,抓住"职代会制度建设3年专项检查活动"的开展,加大"两个普遍"工作的宣传培训力度。三是借力"党工共建创先争优活动",主动争取党委对工会工作的领导和支持,推动建立党群联建机制。四是借力政府职能部门,形成建会工作合力。以区镇两级工会组建工作联席会议、创建劳动关系和谐企业联席会议平台,协调联动街镇党员服务中心、经贸、安监、劳动监察、经济开发小区等部门和单位力量,深入企业宣传建会,促进职业病危害企业的工会组建率从58%提高到了81%。至9月底,全年新增非公企业工会组织数256家,新增会员1.75万人。

(马美君)

【奉贤区突出"五个重点"全面推进工会组建】 一是重点推进实地实业型企业工会组建工作,做到开业一个组建一个。二是加快商贸型小微企业工会组建。依托街镇(社区),组建居委门店联合工会、商务楼工会联合会和联合工会,拓展工会组织的覆盖面。三是继续做好注册型企业建会工作。利用工商年检等契机,以经济园区、村工会联合会为平台,吸纳更多的注册型企业建会。四是大力发展地区行业工会。发挥行业工会联合会对暂不具备单独建会条件的小企业的覆盖功能,实现工会组建工作的"条块结合,交叉覆盖"。五是切实提高农民工和劳务派遣工入会率。加强对劳务派遣公司建会的指导,结合农民工、劳务派遣工就业特点和就业形式,拓展入会渠道、创新入会方式,不断提高农民工、劳务派遣工的组织化程度。

(沈永明)

【华鑫物业工会推进基层企业建会和直选工会主席】 上海华鑫物业管理顾问有限公司工会贯彻"两个普遍"要求,指导和帮助基层企业开展建会和会员发展工作。一是提高认识,明确目标。召集各部门分工会、基层企业工会干部学习仪电工会关于工会组建和发展会员工作的要求,做到任务明确,要求明确,考核标准明确。二是落实计划,积极指导。指导3个基层工会筹备组制订建会计划,酝酿工会委员、主席候选人,保障广大会员的民主权利。三是制订选举办法,充分履行民主程序。按照工会章程的规定,指导3个基层企业制定选举办法。经过努力,下属广电物业、广伟物业、怡能置业先后召开会员大会,采用无记名选举方法选举产生工会委员会。其中,广电物业经直选产生工会主席。在完成工会组建工作的基础上,华鑫物业抓紧抓好会员发展工作,督促广电物业工会发展农民工会员14名。至年底,华鑫物业及旗下新怡物业、广电物业、广伟物业、怡能置业工会组建

奉贤区举办第一期非公企业党群工作者培训班,首批51名党务工作者、基层工会干部、工会工作指导员参加培训 (姚 明)

率和职工入会率均达到100%。

（宋　德）

【上海邮政工会着力推进劳务派遣工入会工作】 上海邮政工会贯彻落实“两个普遍”工作要求，大力加强工会组建工作和劳务派遣工权益维护工作。一是强化会员发展，制订综合考核评价标准。将包括劳务工在内的职工入会率作为重要考核指标，明确劳务工入会率达到90%以上是评选合格“职工之家”的必要条件。根据考核标准，下属工会普遍成立推进劳务工入会工作小组，制定劳务工入会工作方案，有计划、有步骤地推进。至年底，系统内职工入会率达到了93.14%。其中劳务工入会率为91.5%。二是开展“进一步做好劳务工权益维护工作”专题调研，分别到21个支局（生产科）与劳务工进行沟通座谈，倾听劳务工的所思所想，了解劳务工最需要解决的问题及对个人职业发展的期望。调研情况为健全完善广大劳务工在政治、经济和精神文化等方面的政策制度提供了重要参考。

（陈千涛　张　莉）

【上海海事局工会推进联合工会建设】 上海海事局长江口海事联合工会覆盖海事局驻横沙岛上海航标处、海测大队、崇明海事处、海岸电台和服务中心的5个下属派出机构、49名会员。联合工会成立后，坚持“你和我，一家人”理念，明确“关系在单位、活动在区域、奉献在岗位”的定位，抓住服务当地社会经济建设、服务当地民生事业的工作机制的两项重点工作，推动“五处融合、联动共建”工作走出一条新路。联合工会通过建立工会工作联席会议、定期工作通报和责任分工等一系列制度，使各单位的资源在同一组织体内得到有效整合、优化配置。

（朱卫平）

【上海机场成立上海波音航空改装维修公司工会】 上海波音航空改装维修工程有限公司工会于年内正式成立，54名会员代表选举产生工会委员会和经费审查委员会，选举产生工会主席和经审主任。上海波音维修公司于2006年由美国波音公司、上海机场集团公司、上海航空公司（后为东方航空公司）共同投资成立，共有员工600多人。为推动企业组建工会，上海机场集团工会与上海波音维修公司外方高层多次沟通中国工会的理念和做法，得到波音公司的理解和支持。在公司人力资源部多次咨询了解中国企业工会组建和运作模式的基础上，2011年美国波音公司总部专门派员与上海波音公司外方最高领导到机场集团工会座谈研究组建工会的目的意义、任务要求。为加快组建步伐，市总工会副主席肖堃涛专门到上海波音维修公司与外方高层积极沟通。经过反复沟通，公司各方股东对工会组织认识逐渐趋于统一，公司董事长多次询问成立工会的筹建进展情况。机场工会在指导上海波音维修公司工会组建工作中，根据公司体制和员工队伍实际情况，指导筹备组积极稳妥地做好各项筹备工作，确保大会顺利召开。至年底，上海波音维修公司员工入会率已达85%以上。

（陆敏峰）

市运输工会开展加强劳务派遣工入会工作研讨　（袁俐俊）

【市交港局水上客货运行业工会工作取得新进展】 市交港局工会依托上海市邮轮游船游艇业行业协会，成立覆盖轮渡、三岛水路客运、浦江游览和客运码头等水上旅游客运企业的水上旅游客运行业分会。市城市交通工会水上旅游客运行业分会成立后，推动建立市船运企业工会联席会议制度，着重研究海员关心的热点难点问题，并对建立上海海上劳动关系三方协调机制和制《船员劳动合同书（范本）》提出建议。在5月份召开的第二届全国海员大会上，市城市交通工会水上旅游客运行业分会代表与上海海事局、上海船东协会共同签订上海市海上劳动关系三方协调机制协议书。

（方蔚萍）

【上海市卫生系统大力推进“两个普遍”工作】 为大力推进“两个普遍”工作，有效破解医院工会在加强组织建设和工资集体协商工作中面临的难点问题，市卫生系统工会组织区县医务工会、企业职工医院、民营医疗机构工会主席和有关民营医部机构支部书记召开推进“两个普遍”工作交流会，介绍静安区医务工会、上海国宾医疗中心、上海西郊骨科医院工会在推进“两个普遍”工作中的经验做法，全面分析推进公立医院、民营医院在加强工会工作中遇到的难点问题，共同商讨医院工会组建、推进工资集体协商方面的对策举措，以典型引领全行业的“两个普遍”工作。

（池朝霞）

【新闻出版工会加强工会组织机制建设】 一是指导14家基层工会按期换届改选。二是组建上海印刷集团国际贸易有限公司、中国福利会信息与研究中心、上海《租售情报》杂志社有限公司3家工会组织。三是加强农民工入会工作。全年有511名农民工加入工会。至年底，新闻出版工会系统有66家基层工会组织，会员9064名。四是提升工会干部业务能力和工作水平。全年完成5位上岗的工会主席的专题培训，举办基层单位工会主席、女职工干部《女职工劳动保护特别规定》培训班，组织38名经审干部参加市总工会经审工作培训和岗位资格培训考试，组织22名经审干部参加“2012年上海市内部审计人员岗位资格培训考试”。（陈宏华）

创新工作机制

【上海3个项目获全国工会基层组织建设创新成果奖】 2012年，上海工会贯彻落实科学发展观，坚持走中国特色社会主义工会发展道路，贯彻"组织起来，切实维权”的工会工作方针，以改革的思维、创新的思路、务实的举措，破解工会基层组织建设面临的新情况新问题，推动工会组建重点工作持续、稳步发展。杨浦区工会“以建设职业化社会化工会工作者队伍为抓手，探索‘行业工会建在地区上’新模式”获2012年度全国工会基层组织建设创新成果一等奖，奉贤区工会“促进有政治身份的企业经营者带头重视工会工作”获2012年度全国工会基层组织建设创新成果二等奖，闸北区工会“整合行业资源，强化服务外包工源头入会”获2012年度全国工会基层组织建设创新成果三等奖。（杨　娟）

【徐汇区总工会创新服务职工群众新模式】 区总工会主动参与社会管理服务，创新工会服务模式，对原职工援助服务中心进行硬件改造和功能完善，升级为集“就业、维权、心理、帮困援助”四位一体的“一门式”职工服务中心，使工会服务职工从被动式援助转变为主动式全方位服务。6月21日，区总工会举行职工服务中心升级启用剪彩暨职工法律援助中心揭牌仪式。区职工服务中心运行以来，秉承“职工为本、服务为先”的宗旨，坚持规范服务、依法维权，共提供就业援助3677人次、法律维权咨询6000人次，心理援助1353人次，帮困援助2355人次。（朱伟峰）

【普陀区“行业工会‘3.3.3’维权机制”进入“2012上海社会建设十大创新项目”候选名单】 区总工会申报的“建立行业工会‘3.3.3’维权机制，以行业规范促社会管理”的项目，经角逐成为全市工会系统唯一入围“喜迎十八大——2012上海社会建设十大创新项目”50个候选名单项目。“行业工会‘3.3.3’维权机制”是区总工会探索工会参与社会管理、构建和谐劳动关系实践过程中形成的有效工作经验。主要指以行业岗位工资标准、劳动定额标准、工资增长标准为核心，以行业集体协商机制、职代会制度、劳动法律联合监督检查制度为载体，以行业集体合同、工资专项集体合同、女职工特殊权益保护专项集体合同为抓手的行业工会维权机制，旨在发挥行业工会优势，提高工会维权工作的针对性和实效性。（许王丽）

【杨浦工会会员服务卡惠及全区所有工会会员】 由区总工会与上海农商银行历经半年研制、合作发行的全市首批区级工会会员服务卡杨浦工会会员服务卡首发仪式于3月23日在沪东工人文化宫举行。杨浦工会会员服务卡集“会员身份卡”、“银行卡”、“会员特惠卡”3卡一体，不仅体现工会会员身份，也是工会组织给会员提供一系列服务的载体。根据规定，持卡会员享受的待遇有：上海市职工保障互助会工会会员团体基本保障计划（大病、意外伤残、意外死亡）的保障、杨浦区总工会职工援助服务中心及12个地区（镇）分中心提供的免费职业介绍、政策咨询及法律援助等服务；市总工会、杨浦区总工会所属服务职工场所刷卡消费优惠，包含教育培训、文化娱乐、旅游疗休养等项目；特约商户刷卡消费享受打折优惠，包含农工商、好德、可的、五缘、永琪美容美发、益丰大药房等全市连锁店；上海农商银行金融理财服务等。（曹理仰）

【杨浦区总工会首次实行职业化工会干部职称评定】 2012年，区总工会探索创新推进工会干部职业化社会化发展之路，率先试行基层工会干部职业提升新方法，由区总工会对区内工会工作指导员进行职称评定，规划指导员职业发展。根据评定结果，对被聘为初级、中级、高级职称的工会工作指导员分别增加月津贴300元、500元和1000元。评审条件除政治素养、工作年限等外，还规定须发表论文、5年内考核获得优秀等刚性条件。10月11日，区总工会、市总工会组织部、上海工会管理职业学院、杨浦区委党校派出专家学者组成评审团，对申报中级职称的工会工作指导员进行综合评审。10月15日，区总工会进行工会工作指导员初级职称评定。11月2日，区总工会对获得23名初级职称和获得16名中级职称的工会工作指导员颁发证书。（曹理仰）

【黄浦区南京东路社区总工会创新小区工会管理模式】 面对小区工会受人力、物力条件限制，开展工作难的实

杨浦工会“会员服务卡”正式发行，惠及全区所有工会会员（曹理仰）

际,南京东路社区总工会尝试以"块"为主,重新调整社区工会组织管理架构,将辖区内工会分为以小区企业为载体的"平面式"和以商务楼宇为载体的"立体式"两块,再与小区联合工会共同成立小区工会联合会。至年底,南京东路社区总工会选择的4个居民小区试点工作已取得成效。小区工会活力逐步增强,工作相对规范的企业工会带动工作一般的企业工会;工会组建速度明显加快,区域内参与工资集体协商的企业不断增多;区域性职代会制度逐步规范,小区工会网络维权维稳的预警作用得到强化,社区工会的基本职能得到落实。

（钱培坚）

【静安区总工会全面实施"双亮工程"】 区总工会在全区范围内大力推进以非公企业为重点的"双亮工程"。一是成立区总工会"双亮工程"领导小组,研究制定"双亮工程"实施方案,结合楼宇、小区、园区、行业、企业工会实际情况,加强非公企业开展"双亮工程"的指导。二是建立"双亮工程"专项资金,由区总工会出资统一为楼宇、小区、园区、行业制作工会组织铜牌和工会主席身份牌,为"双亮工程"提供充足的资金保证。三是以静安寺街道总工会为示范点,召开"双亮工程"现场推进会。至年底,全区楼宇、小区、园区、行业工会联合会实现"双亮"全覆盖,全区5个街道辖区内1282家非公企业工会"双亮工程"的参与率为21%。（沈诗贤）

【宝山区总工会以"双亮"为载体加强基层工会组织规范化建设】 一是提出目标,加强工作结合。制定下发《关于在全区企业工会实施"工会组织亮牌子、工会主席亮身份"的意见》,要求将"双亮"工作与企业工会规范化建设相结合,与转变基层工会干部作风相结合,与发挥好企业工会作用相结合。二是摸底调查,明确工作重点。面向所属2000余家单独建会企业发放《宝山区基层工会"双亮"情况调查表》,对基层工会开展"双亮"情况进行全面摸底,通过调查,确定一批开展"双亮"工程的重点单位。三是精心组织,逐步推进。明确由各街镇、园区统一制作基层工会牌匾、工会主席桌牌、工会工作职责和工会主席工作职责,积极推进企业工会"双亮"工作。四是总结经验,宣传推广。对实施"双亮"工程的企业工会开展一次集中走访检查,利用信息简报等宣传载体,总结推广"双亮"工程实施的成效和经验。至年底,全区企业工会参与"双亮"活动覆盖面达到60%。其中独立工会达到80%,区域联合工会达到50%。（胡立伟）

【闵行区吴泾镇企业工会开展"双亮活动"】 镇总工会以"工会组织亮牌子,工会主席亮身份;工会组织比规范,工会干部比作风;推进'两个普遍'和推进创建劳动关系和谐企业"为主要内容,在企业工会中开展"双亮、双比和双推"活动,加强基层企业工会规范化建设。活动覆盖区域内的130家企业,镇环卫公司因工会组织牌匾醒目、工会班子成员职责及信息公开到位、工会工作内容展板明确成为活动示范单位。"双亮、双比和双推"活动的全面推进,有效激发企业工会的活力,增强了企业工会的凝聚力和号召力。（陈士良）

【闵行区"双亮"活动走进世界500强企业】 9月28日,坐落在紫竹高新区内的世界500强企业英特尔亚太研发有限公司率先以挂告示牌的形式将工会主席及相关工会委员的照片、姓名、手机号码进行公开,成为闵行区首家开展"工会组织亮牌子、工会主席亮身份"活动的世界500强企业示范单位。紫竹高新区内的其余9家企业也先后成为首批"双亮"活动示范单位。（许向东）

【闵行区总工会开展"企业进社区,百姓得实惠"活动】 区总工会开创公共服务新载体,拓展工会服务功能,针对部分企业产品缺乏销售渠道、社区居民缺乏产品信息等情况,组织开展"企业进社区,百姓得实惠"活动。活动中,近80家企业"走入"各社区,开展商品进社区、岗位招聘进社区、义卖活动进社区等主题活动。同时将法律知识、心理咨询、家庭教育、妇科咨询、理发推拿、禁毒宣传、外来人口管理宣传等服务项目一同送入社区,受惠居民1.1万人次。（洪 梅）

【闵行区总工会开展"双亮、双比、双推"活动】 4月,区总工会结合闵行实际,制定《关于在闵行区企业工会开展"双亮、双比、双推"活动的实施意见》,在全区企业工会开展"工会组织亮牌子、工会主席亮身份;工会组织比规范、工会干部比作风;推进'两个普遍'、推进创建劳动关系和谐企业"的"双亮、双比、双推"活动。一是召开"双亮"活动动员会,分析企业工会工作面临的实际问题,统一对"双亮"活动重要性和必要性的认识。二是在区内选树21家企业,作为"双亮、双比、双推"活动的示范企业。三是组织召开"双亮"活动工作交流会,2家示范点企业介绍工作经验和成效。至12月底,全区4000余家企业参与此项活动,非公企业活动的参与率达到61%,国有、集体企业工会参与率82%。（兰 奇）

【闵行区推进有政治身份企业经营者带头履行社会责任工作】 一是形成坚强的领导格局。明确把党代表、人大代表和政协委员等有政治身份企业经营者有关维护职工合法权益内容纳入党政工作目标考核,形成对企业经营者履行社会责任的监督约束。建立群团组织定期沟通合作机制,召开群团组织与街镇分管书记的双月工作例会,沟通企业经营者在履行社会责任方面的推进情况。二是建立评优评先沟通机制。参加区文明单位等评选活动,企业是否参加劳动关系和谐企业创建作为一票否决条件;企业经营者参加劳动模范等各类荣誉评选,履行社会责任情况作为一票否决条件。三是建立联系、跟踪、服务机制。区总工会会同相关部门召开座谈会,引导企业经营者进一步支持工会工作、维护职工合法权益。摸清企业和工会运作情况,跟踪指导工会组织建设、职代会建设、集体协商等工作。（洪 梅）

【嘉定区总工会推进基层工会"双亮"】 一是对基层工会开展"双亮"进行专题部署,8月24日召开"双亮"动员会。二是明确实施对象。"双亮"活动在全区各地区、系统范围内的企业独立工会,区域性、行业性工会联合会,联合工会,职工500人以上的企业工会所属工会分会、工会小组中开展。三是明确目标任务。2012年全区非公企业工会“双亮”覆盖面达到60%以上,国有、集体企业工会达到80%以上。四是明确工作要求。开展“双亮”与职工之家创建和企业职工(代表)大会“一报告两评议”相结合,使“双亮”成为推进基层工会规范化建设的切入点和突破口。

(徐 浩)

【金山区总工会推进“双亮”工作】 区总工会以工会组织亮牌子、工会主席亮身份的“双亮”活动为载体,“三步走”推进基层工会组织“建起来、转起来、活起来”。一是以“亮牌子”、“亮身份”为基础,迈出工会活力建设第一步。由区总工会、直属工会和基层工会三级负担工作经费,区总工会统一设计、制作工会主席胸卡并完成配发;各直属工会制作、配发工会组织的牌匾;各基层工会自行制作完成宣传橱窗、联系卡等。至年底,全区独立工会、工会联合会、联合工会亮牌子达85%,全区工会主席、副主席亮身份达100%,“亮牌子”活动与“活力工会”建设在金山区同步推进。二是以“亮实事”、“亮职责”为内容,迈实工会组织活力建设的第二步。根据不同的工会组织类型,制定非公企业工会工作标准,推广联合工会和工会联合会运行机制和运行模式,明确相应的工作职责,推动工会组织亮出工作实绩。三是以“亮品牌”、“亮作为”为目标,走稳工会组织活力建设的第三步。在全区9镇1街道1个工业区,建立上海亨井联接件有限公司等11家“活力工会”示范点,作为基层工会组织学习、培训、体验的基地和规范化样板。

(马琳联)

【青浦区总工会注重加强基层工会规范化建设】 区总工会从基础建设、职能建设和阵地建设入手,一是规范基层“职工之家”建设,实现建会建制建家三措并举,进一步激发基层工会的活力,提升基层工会工作的满意度。二是继续开展《企业工会工作条例》达标活动,全年达标企业125家。三是开展工会组织“双亮”活动,制定下发《关于在全区企业工会开展“工会组织亮牌子、工会主席亮身份”活动的实施意见》,全年企业工会“双亮”活动的参与覆盖面达到50%。

(马美君)

【奉贤区推动具有政治身份企业经营者带头重视工会工作】 一是聚焦重点,探索创新工会参与社会管理的渠道。5月份,区总工会对区域内有政治身份的企业经营者发出“五个带头”的号召,即带头建立工会组织,带头开展集体协商,带头实行民主管理,带头创建和谐企业,带头加强职工教育。二是争取区委支持,为工会工作营造良好的社会环境。7月份,区委下发《关于促进有政治身份的企业经营者带头重视工会工作的指导意见》,明确5个100%的创建目标:到2013年底,有“政治身份”的企业要100%建立工会组织;100%建立集体协商制度;100%建立职代会制度;百人以上实业型企业中,100%创建劳动关系和谐企业;100%设立职工教学点。三是抓住契机,加强宣传。根据区委文件精神,区总工会及时制定实施意见,细化目标责任和工作要求。同时通过工作会议、座谈会、基层调研等,对该项工作进行宣传,得到各级党政领导的高度重视和各界人士的积极响应。《解放日报》、《工人日报》、《劳动报》、《上海工运》等媒体相继报道。至年底,区域内373家有政治身份企业的“五个带头”市现率均达到93%。

(尹 奕)

【市机电工会加强合资企业工会建设】 一是提高非控股合资企业工会主席能力水平。面向系统内56家非控股合资企业工会干部举办“工资集体协商”、“集团经济形势和战略发展”、“职工代表权利与义务”、“法律政策与法规”等专题讲座和培训;举办19名新任工会干部上岗资格培训;选派5名工会干部参加中国机械冶金建材工会培训。二是抓好工资集体协商签订工作,提出2012年系统内工资集体协议6%—12%、最高不超过18%的增资目标为参考,并对合资企业工资集体协议的履行情况开展督查。至年底,上海电气合资企业工资集体协议签订率为91%,执行率为85%。三是抓工会规范化建设。深入开展建家活动,及时召开职工之家工作会议,对创建工作提出要求;推动合资企业工会开展“双亮”活动,树立典型,发挥示范引领作用。上海电气阿尔斯通宝山变压器有限公司在醒目位置放置工会组织标示并悬挂牌匾,工会主席佩戴胸卡,工会工作内容进宣传橱窗,成为基层企业工会学习借鉴的典型。

(冯克华)

【化学工会“走出去”探索企业工会组织管理模式】 2012年,化学工会根据集团“一个华谊,全国业务”的发展模式要求,“走出去”探索企业工会组织管理模式,专题到安徽华谊产业园区开展工会组织管理模式调研,在与

上海市化学工会在安徽华谊产业园区召开职工生活及工会组建调研会

(龚 惠)

园区企业沟通交流基础上，初步形成安徽华谊产业园区工会联席会议制度的构想。经过努力，安徽华谊产业园区工会联席会议在年内正式建立，为推动园区工会组织建设发挥了积极作用。（王有福）

【上海电力安装第一工程公司工会以《基层工会工作手册》夯实工会基础工作】 为规范基层工会工作，公司工会编印推行《基层工会工作手册》。《手册》主要有两大内容：一是年度工会工作计划和要点，有厂务公开民主管理实施意见、劳动保护工作实施意见、立功竞赛活动实施意见、女工工作安排等。二是工会工作的台账，基层工会基本信息、各类会议记录、计划总结、表式等。《手册》全面记录基层工会全年各项工作，公司工会以此作为考核的主要载体。《手册》制度的实施，实现工会工作“规定动作不走样，特色工作有创新”的目标。（丁伟荣）

【宝钢集团工会开展工会组织最佳实践 TOP-TEN 评选】 集团公司工会制定《宝钢二级单位工会工作评价办法》，并按照实效性、创新性、可推广性原则，对各单位工会申报的最佳实践案例组织评审。在各单位工会互评、集团公司工会常委和部室负责人推荐排名的基础上，经集团公司工会主席办公会审定，宝钢股份工会的《探索弹性福利，实施员工健康保障计划补充方案》等10个项目被评为“2012年度工会最佳实践案例 Top-Ten”；宝钢股份工会的《对最佳实践者活动的审视及优化》等8个项目被评为“2012年度工会最佳实践案例 Top-Ten 提名”。（徐 卫）

【市运输工会推进工会主席直选】 一是加强组织领导，实施组织建设计划。成立直选工作领导小组，由运输工会主席挂帅，工会组织部门负责实施推进。明确直选范围，将基层新建企业、到期换届工会列入实行工会主席直接选举工作的重点单位，提出每年实施直选的企业工会覆盖面达到30%的目标。二是上下共学，统一思想认识。以开展贯彻落实“两个普遍”，加强工会组织建设的重点工作调研课题为载体开展上下共学活动，统一对加强工会组织建设新任务的思想认识。三是制订年度目标，确定推进时间节点。工会组织部门通过排摸疏理，与直属企业工会沟通协调，确定30家直属、基层工会开展工会主席直选，明确召开会员（代表）大会的具体日期，并按时间节点做好筹备工作。四是加强工作指导，规范直选工作程序。召开直选工作专题会议，总结试点经验并开展业务培训。要求直选中突出把握民主程序，会员代表通过“二上二下”推荐选举产生；主席、副主席、经审主任（经审员）候选人均实行会员推荐、组织推荐、个人推荐的“三推荐”方式；强调党管干部原则，必须坚持同级党组织领导，做到召开会员（代表）大会必须向同级党组织报请，主席、副主席、经审主任（经审员）候选人“二上二下”民主推荐结果必须向同级党组织汇报；会员（代表）大会必须听取党组织意见；充分尊重选情民意，做到代表按选区分配名额，由选区民主推荐选举；不预设主席候选人，代表及各类候选人按规定进行公示，广泛接受职工监督。五是中途推进，确保计划目标实现。在三季度召开直选工作中途汇报推进会，确保直选工作按照计划时间节点推进。实行简报通报制度，完成直选工作的单位情况编入运输工会工作信息。（陈敢敏）

【建工工会进一步加强工会主席直选工作】 根据市总工会《关于进一步推进基层工会主席直接选举工作的意见》，建工工会全面实行基层工会到期换届直选产生工会主席，在此基础上进一步加强新加盟企业和重组企业工会主席直选工作。年内，指导新加盟企业上海久创建设管理有限公司工会和重组企业上海市政建设有限公司工会直选产生工会主席、副主席。（杨钟春）

【建工二建集团工会开展工会干部展牌上墙活动】 根据集团工会对“面对面、心贴心、实打实开展服务职工在基层”和“双亮”活动的部署，建工二建工会成立活动领导小组、制定活动实施计划，推进工会组织亮牌子、工会主席亮身份工作，开展以“为员工谋幸福、助企业创和谐”为主题的工会干部展牌上墙活动。将工会委员以上的专兼职干部的照片、姓名、工作部门、所任职务和联系方式制成展牌，摆放在通道、食堂等显著位置的橱窗里。进一步增强工会干部主动联系职工、服务职工的责任意识。（杨钟春）

【城投总公司工会开展创新创特色工作征集评比】 一季度，总公司工会动员部署开展创新创特色工作征集评比活动。各级工会积极申报参加征集评比活动，四季度共收到申报推荐成果46项。其中，直属单位工会申报成果13项，基层单位工会申报成果33项。经各单位工会民主评定，共评选出2012年度城投系统工会工作创新创特色成果20项。其中，一等奖3项，二等奖6项，三等奖11项。在征集评比基础上，总公司工会将涉及职工技能培训、安康文化引领、工资集体协商、班组人文关怀等27篇经验材料汇编成《城投工会·创新特色（2012）》，进一步提升工会理论研究工作水准，不断推动工会创新发展。（朱文慧）

职工之家

【上海两家乡镇（街道）工会获得“全国百家示范乡镇（街道）工会”称号】 根据全总《关于推荐2012年度“全国百家示范乡镇（街道）工会”的通知》精神，经相关区（县）总工会推荐，市总各部（室）审核、主席办公会议审定，松江区永丰街道总工会、嘉定区江桥镇总工会被评为2012年度“全国百家示范乡镇（街道）工会”。（余文龙）

【上海大隆机器厂有限公司工会创建模范职工之家】 一是围绕“再次创业”服务公司经济工作。以班组学习、宣传栏、企业报等多种形式开展形势任务教育，动员组织广大职工参加再次创业；组织开展“当好主力军，建功‘十二五’，奋斗‘再次创业’”主题劳动竞赛、“学李斌争创明星”工人先锋号劳动竞赛、“迎接开门红——春雷行动”、“奋战一百天，誓夺双过半”劳动竞赛等活动；组织一线职工开展“产品质量提高，加工效率提高，安全事故减少，废品率减少”的“两提高、两减少”合理化建议活动，组织管理人员开展“工作创新、方法改进、服务优质”的合理化建议活动。二是构筑和谐劳动关系。强化企业民主管理，推动厂情公开，及时解决职工关注的难点、热点问题。推动企业健全职工收入协商共决机制、正常增长机制和支付保障机制。加大工会劳动保护和安全生产督查力度。加大对困难职工的帮困力度，至年底，累计帮困238人次，家访探望慰问67人次。推进为职工多办实事工程，注重对外来劳务工群体的关怀，每年为女劳务工进行专项体检。三是加大培训力度，提高职工技能。大力开展各项培训，使一线操作工等级水平逐年上升。创造人才集聚平台，建立人才集聚基地，组建了公司“大螺杆技师工作室”。创建“工人先锋号”，全年共评定一星级班组19个，二星级班组16个，三星级班组4个。（刘芳骅）

【市机电工会创建模范职工之家实行三个结合，落实四条要求】 市机电工会开展模范职工之家创建注重“三个结合”，即与开展“面对面、心贴心、实打实服务职工在基层”活动相结合，与创先争优，落实党建带动工建相结合，与工会工作的创新发展相结合。同时提出落实“四条要求”，即以为职工服务为核心，突出职代会、集体协商、法律援助等创建重点内容，创新创建方法，强化基础建设、推进规范化运作。“三个结合”、“四条要求”进一步完善和改进机电工会建家工作的激励和约束机制，有效提升整体工作水平。（冯克华）

【化学工会开展“职工之家”建设活动有成效】 化学工会深入开展系统内基层工会的建家活动取得新成效。经建家工作的验收评比，有31个先进职工之家、41个先进职工小家、24位优秀工会工作者、112位优秀工会积极分子，2个“全国能源化学系统先进工会”，4名“全国能源化学系统优秀工会干部”，2个“全国能源化学系统工人先锋号”在化学工会年度先进职工之家表彰大会上分别受表彰。（王有福）

【纺织工会制定新三年建家规划】 纺织工会围绕公司“转型驱动、创新发展”建设科技与时尚产业的目标，制定2012—2014年建家规划。新一轮建家活动突出“三个加强”：加强基层工会基础工作规范化管理；加强创建工作过程化管理；加强工会特色工作创新培育。提出为基层工会创建活动做好三项服务：提供完善基层工会制度建设的指导服务；提供基层工会创新工作的指导和跟踪服务；将创建工作标准提供给各区纺织行业工会联合会，共同推进行业性职工之家建设和劳动关系和谐企业创建。（林裕良）

【上汽工会深化建家工作】 上汽工会根据形势任务和要求不断健全建家标准，夯实建家基础，形成组织建设、民主管理、企业发展、凝聚职工4大建家标准和16个专项基础工作考核内容，并根据阶段性工作重点增加工会主席直选、劳务工入会率、沪外企业工会工作延伸、合理化建议实施效果、改善环境“六室一厅”建设及“先锋号帮扶中心”实施标准等方面的考核指标。对分（公司）厂、车间（科室）创建先进职工小家提出7个专项考评标准。同时还增加凡获评先进超过5年的职工之家和职工小家必须参加复评的条件。经书面申报、初步审核、成果发布等程序，2012年共有10家单位申报评选为上汽集团先进职工之家，49家单位申报评选为上汽集团先进职工小家。（陶牡丹）

【上海邮政工会开展建家活动考评】 按照《上海邮政工会创建先进“职工之家”考核标准》，以自评与民主评选相结合，现场检查和员工座谈会相结合的方式对16个区县局的上海邮政先进职工之家建设进行考评。内容是民主管理、局务公开、职代会制度建设和职权落实情况、（生产科）局务公开实施率，特别是员工工资性收入上墙率。在权益保障方面，重点考评开展平等协商、签订集体合同、帮困救助机制和劳动预警组织建设等实施情况。在推进职工素质工程方面，重点考评开展员工业务技术大练兵活动、劳动竞赛活动和开展“争创学习型组织，争做知识型职工”等工作情况。在加强工会自身建设方面，重点考评工会组织建设，特别是员工入会率和劳务工入会率情况。职工之家建设的考评工作确保了职工之家的常建常新，有效激发基层工会组织的活力。（陈千涛　张　莉）

【中远集运工会建设联系船员家属两个信息平台】 2012年，中远集运下属上远公司工会成立56个船员家属工作站，分布在全国12个省、3个直辖市的55个县市（区），覆盖70%的船员家庭。同时，顺应网络信息化的快速发展，建立“上远海夫人QQ群”，并发展成为公司联系船员家属的崭新平台。该QQ群以“快乐聊天，团结互助，排忧解难，支持丈夫，充实自我”为办群宗旨，充分利用现代网络的优势，“连线海嫂友情，营造温馨港湾”，支持丈夫在船安心工作。现“QQ群”已经扩容至500多人规模，拥有300多名正式会员。（钱　华）

【上海海事局工会创建职工之家“一会一品牌、一家一特色”】 局工会按照做优“职工之家”、做强“职工小家”、做实建家管理的工作思路，选树品牌职工之家，形成基层工会建家活动“一会一品牌、一家一特色”。上海航标处工会形成以党建带工建，工建服务党建，党工共建创先争优特色。外高桥海事处工会抓住劳模“陈维创新工作室”示范引领、辐射带动作用，激励职工爱岗敬业。洋山港海事处工会结合洋山港地理位置及服务上海国际航运中心建设重任，实现军事化管理，获上海市模范职工之家。吴泾海事处以“网络直通车”为平台，畅通民意沟通渠道；以“吴泾频道”为平台，增强职工归属感；以“职工发展课堂”为平台，提高职工综合素质；以“我们身边的榜样”活动为平台，激励职工“志在吴泾、服务吴泾”奉献精神创先争优。金山海事处工会以抓安全生产，创建安全稳定型单位；抓环境改造，创建环境友好型单位；抓身心健康，创建聚心和谐型单位；抓青蓝工程，创建学习型单位；抓青亮工程，创建文化上墙、落地、入心。海测大队结合海上测量船工作特点，建“流动职工小家”；崇明海事处结合服务海岛特色建“开拓型先锋队小家”；洋山港海事处结合海巡艇技术含量高、辖区海巡艇数量多，建“半军事化管理职工小家”；海图印制中心制版组结合设计创意特点，建“乐创工坊”小家；吴泾海事处闵行趸船政务中心和指挥分中心等小家也都各有创建特色。对这些建家工作的品牌特色，海事局工会及时召开经验交流会，编印创建特色小册子，打响上海海事职工之家建设的大品牌。（朱卫平）

【建工装饰公司工会着力夯实建家基础】 为将公司两级工会建设成为组织健全、维权到位、工作活跃、作用明显、职工信赖的职工之家，公司工会从夯实建家工作基础做起，制订《基层工会季度工作考核评比办法》，要求各基层工会每季度召开1次基层工会主席例会，并在填写《基层工会季度工作考核评比表》的基础上，汇报交流主要工作内容。公司工会根据考核评分和交流情况作出评定，按季度评出3家先进基层工会并颁发流动奖杯。基层工会季度工作考核评比实施以来，基层工会主席的工作积极性得到提高，工会各项工作得到改进，工会组织活力明显增强，创建职工之家的基础得到夯实。（杨钟春）

【大屯公司工会为职工送上“一碗心灵鸡汤”】 公司工会关心职工心理健康，由工会牵头中心医院负责为职工送上“一碗心灵鸡汤”，创建“中煤大屯公司职工心灵驿站”，聘请有资质的心理医生为职工服务，通过QQ聊天、面对面心理疏导、电话咨询等形式为百余人提供咨询服务，帮助职工解疑释惑、缓解心理压力起到积极作用，举办10期“呵护心灵”辅导讲座，1800多名职工参与。（王安友）

【市监狱局工会促进“职工之家”创建工作发展】 局工会不断创新建设职工之家形式，规范职工之家考评工作，修订职工之家考核内容，全面提升建家活动。根据现代警务机制考核和工会自身建设要求，局工会通过定期考核和平时考核相结合的办法，经常性下基层了解情况，听取基层党委和群众意见建议。上半年，以问卷形式测评基层群众对工会的满意度为92.92%，比上年上升1.68%。下半年，局工会通过听取基层工会工作汇报、基层党委对工会评价、召开会员座谈会、查看工会各类台账等形式进行“职工之家”考评。经评选考核，共有6家单位被局工会评为优秀职工之家。（江海群）

保障政策文件选编

关于在沪施工企业外来从业人员参加本市城镇职工基本社会保险若干问题的通知

依据《社会保险法》，经市政府同意，现就在沪施工企业外来从业人员参加本市城镇职工基本社会保险若干问题通知如下：

一、与注册在本市的在沪施工企业建立劳动关系的外来从业人员，应当参加本市城镇职工基本社会保险。其中，具有外省市城镇户籍的外来从业人员，应当同时参加基本养老保险、基本医疗保险、工伤保险、生育保险和失业保险；具有外省市非城镇户籍的外来从业人员，应当同时参加基本养老保险、基本医疗保险、工伤保险。

二、与注册在外省市的在沪施工企业建立劳动关系的外来从业人员，原则上应在用人单位注册地参加城镇职工基本社会保险。未在用人单位注册地参加城镇职工基本社会保险的，经用人单位提出申请，可以参照本通知第一条有关注册在本市的在沪施工企业外来从业人员的规定，参加本市城镇职工基本社会保险。

三、在沪施工企业外来从业人员参加本市城镇职工基本社会保险，用人单位和个人的缴费基数和比例，按本市有关规定执行。其中，非城镇户籍的外来从业人员参加基本社会保险，缴费基数实行过渡办法，缴费基数和比例按《上海市人民政府关于外来从业人员参加本市城镇职工基本养老保险有关问题的通知》（沪府发〔2011〕26号）、《上海市人民政府关于外来从业人员参加本市城镇职工基本医疗保险若干问题的通知》（沪府发〔2011〕27号）、《上海市人民政府关于外来从业人员参加本市工伤保险若干问题的通知》（沪府发〔2011〕28号）规定执行。

四、在沪施工企业外来从业人员参加本市城镇职工基本社会保险享有的待遇，按本市现有规定执行。其中，2011年7月1日以后被认定为工伤的外来从业人员的工伤保险待遇，按《上海市人民政府关于外来从业人员参加本市工伤保险若干问题的通知》（沪府发〔2011〕28号）执行。

五、市人力资源和社会保障局牵头，市城乡建设和交通委员会配合做好在沪施工企业外来从业人员参加本市城镇职工基本社会保险的组织实施工作，并实现部门信息共享和执法联动。市社会保险经办部门负责做好具体参保工作，市建筑建材业受理服务部门协同做好参保企业基础信息比对工作。在建设工程招投标中，市建设管理部门要对相关企业参保情况进行核对。

六、与注册在外省市的在沪施工企业建立劳动关系的本市户籍人员，可参照本通知第二条规定执行。

七、本通知从2012年4月1日起执行，有效期自实施之日起5年。在沪施工企业外来从业人员同时停止参加本市外来从业人员综合保险。

二〇一二年三月二十二日

职工素质工程

Building up Workers' Capacity

2013

综　述

2012年,市总工会宣教文体部工作以深入学习十七届六中全会精神为指导,以建设社会主义核心价值体系、弘扬雷锋精神和中国工人阶级伟大品格为主线,以工会干部"面对面、心贴心、实打实服务职工在基层"活动为契机,以实施《上海职工素质工程"十二五"发展规划》为重点,不断提高职工队伍整体素质。一是加大社会主义核心价值体系建设力度,巩固职工群众团结奋斗的思想道德基础。开展上海职工主题教育实践活动。切实把广大职工的思想和行动统一到中央、市委决策部署上来,把智慧和力量凝聚到立足岗位建功立业的各项工作中来。开展上海职工职业道德和价值取向大讨论。通过凝练岗位格言、撰写诚信故事、微博互动讨论、辩论演讲座谈等方式参与职业道德实践,近100家区县局(产业)工会、2万余家单位、200余万职工参与。推进中国特色社会主义工会发展道路教育实践。制定下发文件,举办中国特色社会主义工会发展道路专题报告会,成立讲师团,为各级工会开展宣讲工作提供菜单式服务和专业化指导。市级层面培训工会领导干部近700人次;各级工会举办报告会50余场,培训工会干部约5000人,参会人数逾万名。召开上海市加强职工素质工程暨"践行城市价值取向、深化岗位建功行动"推进会。回顾总结《上海职工素质工程"十二五"发展规划》颁布实施以来的落实情况,下发《关于进一步推进上海职工素质工程的实施意见》,对推进上海职工素质工程提出新要求。启动党的十八大精神宣传教育。召开即将赴京参加党的十八大的上海基层劳模代表座谈会,成立党的十八大精神劳模代表宣讲团,面向全市工会干部和职工群众开展巡回宣讲。开展职业道德建设专项调研。以窗口服务行业为重点,选择部分机关、企事业单位和职业道德示范基地开展职工职业道德建设专项调研。二是加大劳模先进社会宣传力度,弘扬工人阶级伟大品格。策划制作《劳动最光荣》系列电视节目。自2月1日开播以来已播出40余期,先后展示搬场工、点心师、出租车驾驶员等近60个行业、工种一线职工劳动形象,节目获"全国创新创优电视栏目"称号和上海市五一新闻特别奖。召开《劳动最光荣》系列电视节目专题研讨会。举办"劳模风采"上海地铁巡展。五一期间,为百名劳模先进制作形象宣传画,在人民广场地铁站布置公益宣传画廊。制作拍摄劳模风采电视宣传片。选择新中国成立以来具有代表性、感召力和影响力的61名全国劳模,已完成杨怀远、吴佩芳、马人俊等13位劳模宣传片的拍摄工作,另有15位劳模的宣传片完成80%拍摄。开通一批全国知名劳模微博。邀请徐小平、周文波、吴尔愉等10名全国劳模开通实名认证微博,利用网络新媒体、新平台弘扬工人阶级伟大品格和劳模精神。三是加大职工教育培训力度,提升职工科学文化素质。开展振兴中华读书活动。举办第十四届上海读书节,开展"上海市十大读书明星"等系列评选表彰,面向全市职工、社区居民、学生等群体设立400余项全民阅读活动。推进新生代农民工教育培训。与市慈善基金会、上海电视大学继续推进新生代农民工初级工商管理(EBA)培训,已向2000名新生代农民工提供免费培训。举办2012年春、秋季(21、22期)EBA培训,推出EBA培训拓展版课程,11年来共培训职工9万余名,实现90%以上的培训合格率和60%的大专接读率。推进职工书屋建设。向示范点配送价值40万元的书籍、电视机和DVD等,并协调东方宣教中心配送价值12万元的各类书籍。投资72万元,帮助新疆喀什援建9家职工书屋。至今已有180个示范点按照标准建成并投入正常运转,自建点2800余家。建设"职工手机书屋",逾15万名职工注册。深化学习型企事业单位创建。开展2011—2012年度上海市学习型企事业单位创建评估,近200家企事业单位参评。四是加大职工文化建设力度,丰富职工精神文化生活。开展第六届上海市五一文化奖评选。以十佳职工文化项目、十佳职工展览展示为内容开展评选。吸引90%以上区县局(产业)工会参与,253个单位或个人获奖,其中部分优秀作品推荐参加由全总牵头主办的第三届中国职工艺术节,分获金奖2个、银奖6个、铜奖2个、优秀组织奖4个。开展"当好主力军,喜迎十八大"职工文化活动。举行中国上海国际艺术节第六届职工文化展演周,举办6场广场演出。举办上海市劳动模范春节茶话会、上海市庆祝"五一"国际劳动节文艺晚会和上海市慰问对口支援干部家属和少数民族地区挂职干部中秋联欢会。举办上海职工艺术博览汇。石化、机场、申通地铁、化工、黄浦等区和行业先后参展,展出各类作品近2000件,吸引3万余名职工观展。举办上海职工文化艺术展。以"丹心绘和谐、喜迎十八大"为主题,共有73个区县局(产业)工会、万余幅作品参与申报,从中遴选630幅作品在东方网、市总工会网站上展评,经公众投票和专家评审,评出109幅优秀作品并在《新民晚报》、《劳动报》、《工人日报》上刊登展示。开展上海农民工假日免费电影专场放映活动。春节、五一、国庆期间,由市总工会、市文广局牵头,在80家具备放映条件且周边农民工集聚的区县工人文化宫(俱乐部)、社区职工文化活动中心为农民工免费放映电影。起草上海工会职工文化建设实施意见。贯彻落实《中华全国总工会关于加强新形势下职工文化建设的实施意见》,下发《实施意见》并征求意见,为职工文化健康持续发展提供工作指导和政策引领。五是加大职工体育工作力度,提升职工身心健康素质。举办2012年上海职工体育健身四季大联赛。开展春季"中智杯"上海职工慈善健康跑,夏季"青浦杯"第二届农民工健身大赛,秋季"金融杯"上海职工定向越野赛暨白领健身季,冬季"城建杯"上海职工第九套广播操、排舞健身操比赛,职工参与各类体育健身活动。参与市第一届市民运动会。践行"天天运动、人人健康"的全民健身365行动计划,组织55支代表队、40余万人次职工参与市第一届市民运动会。

（丁　巍）

创争活动

【市总工会举办江浙沪工会宣教工作研讨会】 12月12—15日,江浙沪工会宣教工作研讨会在崇明举行。会议以学习宣传贯彻十八大精神为主题,交流2012年工会宣教工作的经验和

2013年工作思路，探讨新形势下工会宣教工作的创新发展。由江浙沪工会轮流主办的工会宣教工作会议已连续举办九届。（程友谨）

【市总工会推进学习型企事业单位创建】 市总工会贯彻实施《上海市终身教育促进条例》，推进学习型企事业单位创建工作。一是完善上海市学习型企事业单位、学习型团队创建标准。二是开展2011—2012年度上海市学习型企事业单位创建评估，近200家企事业单位参评。（陈 旖）

【市总工会召开上海工会宣教文体工作会议】 3月14日，上海工会宣教文体工作会议在上海图书馆举行。会议以"建设社会主义核心价值体系，推进职工素质工程"为主题，传达2012年全国宣传部长和上海宣传思想文化工作会议精神，总结2011年上海工会宣教文体工作，对做好2012年宣教文体工作和提升工会宣教文体干部整体素质提出具体要求。会上表彰45家上海职工素质工程先进单位，长宁、闵行、奉贤、市绿化市容、电信、电力等工会就深化主题教育、构建和谐企业文化、加强职工书屋建设、开展读书活动和职工心理援助等工作进行交流。各区县局（产业）工会主席、分管主席、宣教部长及区县文化宫（俱乐部）主任170余人参加。（陈 旖）

市总工会举办2012年江浙沪工会宣教工作研讨会（赵瑞章）

【市总工会机关系统召开创先争优活动总结暨经验交流会】 9月11日，市总工会召开机关系统创先争优活动总结暨经验交流会，回顾总结创先争优活动取得的经验和成效，对加强机关系统党的建设进行部署。会议肯定两年来市总工会机关系统创建争优活动在推进工会重点工作开展、推进机关系统党组织建设、推进机关工作作风转变中发挥的重要作用。要求市总机关系统各级党组织把创先争优作为机关党建的永恒主题，推进创先争优活动常态化、长效化建设，巩固发展创先争优活动的成果，进一步加强机关系统的党建工作；始终坚持围绕中心，充分发挥机关系统党组织在服务大局中的作用，坚持高标准严要求，努力建设高素质的机关党员干部队伍；切实转变机关作风，在联系和服务职工群众上展示新作为；健全服务职工长效机制，推动创先争优活动的深入开展。（马艳芳）

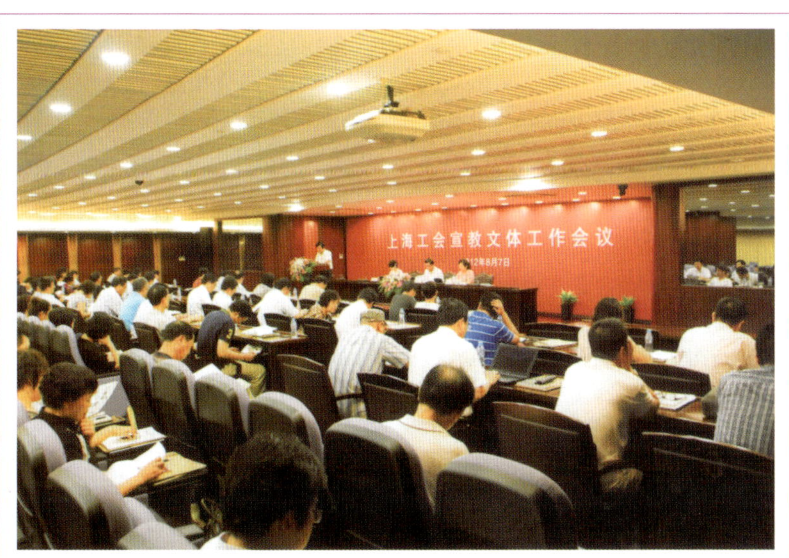

市总工会召开上海工会宣教文体工作会议（吴良荣）

【宝钢不锈工会开展班组情绪管理工作】 宝钢不锈工会开展班组"情绪管理"工作，并形成班组情绪管理"三部曲"：即"晒情绪、读情绪、解情绪"。一是"晒情绪"，主要方式有"看板晒"，设立班组情绪看板，让员工情绪"可视化"；"语言晒"，通过班前会了解职工情绪；"'妹儿'晒"，设立了情感E-mail信箱，让职工说悄悄话。基层班组通过职工情绪"天天读"，使管理者能及时得到员工的"情绪信息"。二是"读情绪"，主要方式为"读表情"，观察职工喜怒哀乐；"读语气"，是埋怨还是满意，是牢骚还是感激，均会在话语中展现；"读状态"，观察员工工作状态和行为的一贯性，了解职工内在情绪。通过班组长解读职工情绪，及时了解职工身心变化和产生情绪的原因，以便开展心理疏导工作。三是"解情绪"，主要方式为"沟通解忧虑"，通过耐心倾听职工讲心里话，排解职工的疑惑忧愁；"帮助解难事"，各级工会从职工生活、工作实际困难出发，力所能及地给予及时帮助，为职工解难事、办好事；"活动解压力"，精心组织各类喜闻乐见的文化、体育和团队活动，主动帮助职工缓解压力、培养生活兴趣，增强团队意识。（潘 彦）

【上海石化推进“创建学习型组织,争做知识型职工”活动】 公司工会以提高职工思想道德素质、劳动技能素质、科学文化素质、身心健康素质、社会文明素质和民主法制素质为重点,以“创建学习型企业、建设高素质职工队伍”为目标,推进“创争”活动,通过加强组织领导、深化品牌建设、发挥整体合力,完善选才、育才、用才、聚才工作机制,并对先进集体和个人予以表彰。 （盛立新）

【中国移动上海公司推进“创争”活动落在实处】 移动工会从“加强领导、统筹部署;把握实质、注重实效;有机结合、综合推进;培育典型、示范先行”入手,结合企业实际,突出个性,将创争工作与员工教育培训工作相结合,与经济创新工作相结合,与班组建设工作相结合,与读书活动相结合,通过不断探索、实践、反思、再实践,将“创争”活动落在实处。主要做法:一是引导员工积极践行“公正、包容、责任、诚信”的上海城市价值取向和职工职业道德规范。二是以先进单位评选营造企业创建氛围,引导员工树立创建“学习型组织”的个人和团队愿景,打造学习型组织的领军人物和学习品牌的培养。三是以创建活动带动企业创新机制培育,把学习力转化为生产力、执行力、凝聚力和创新力。 （高诗颖）

【上海电信工会创建学习型企业成果获奖】 上海电信工会围绕企业发展战略,通过上海电信网上大学、工会会员学校、女职工周末学校“三校”活动,推进学习型企业创建,激发员工岗位学习热情。7月24日,电信工会申报的《“三校”助员工成长》项目被评为2007—2011年上海市推进学习型社会建设与终身教育创新项目,电信工会被评为上海市推进学习型社会建设与终身教育先进单位,在上海市学习型社会建设与终身教育推进大会上受表彰。 （朱东亚）

【上海电信松江局工会强化“为民服务、创先争优”活动】 一是强化典型引路,在坚持优质服务上创先争优。通过选树营业、机线、督导、客户经理等部门及个人先进事例,典型引路,教育引导职工树立优质服务第一的理念。二是强化行为规范,在履行工作职责上创先争优。组织机线、营业服务、客户经理等岗位人员开展各类学习培训活动,明确岗位责任和权利,做到人人有专责,操作有标准,行为有规范,确保各项工作任务落实。三是强化公开承诺,在创造工作业绩上创先争优。抓好机线装维“五个一”,即一块抹布、一块垫布、一张工号牌、一双鞋套和一张用户监督表,做好3次预约工作抽查;落实营业员六项服务公开承诺制度。四是强化岗位练兵,在提升职工素质上创先争优。开展“岗位练兵、岗位成才、岗位奉献”活动;加强营业员间的“一对一”练、互相练、角色练、师徒练等形式;加强机线班组岗位练兵,不断提升新装移机预约履约率、障碍修复及时率和用户满意率。五是强化评选表彰,在构建和谐企业上创先争优。开展五大人才,即企业精英、十佳员工、优秀员工和机线、营业优秀服务明星评选表彰。 （朱东亚）

【建工工会深化“创建学习型组织,争做知识型职工”活动】 集团工会坚持把企业发展与职工发展的需求结合起来,面向基层、面向班组、面向一线职工,深入开展“创争”活动。通过建立创建学习型企事业单位规划、评估标准,开展职工读书活动和组织读书知识竞赛、读书心得交流、读书征文评比、出版读书征文书籍,由职工自己当老师的“职工讲堂”等活动,在全集团倡导“爱读书、读好书、善读书”的学习风尚,激励职工提高科学文化知识和专业水平,提升职工队伍文明素质和企业文明程度。集团5家基层企业被评为“上海市创建学习型组织”。 （杨钟春）

【中建八局举行创先争优表彰暨玉树援建先进事迹报告会】 6月29日,中建八局举行创先争优表彰暨玉树援建先进事迹报告会,为局玉树灾后重建前线指挥部党委等先进集体和个人颁奖。2010年,八局代表中国建筑工程总公司承担青海玉树援建任务,至2012年,已在所有援建单位当众实现交付入住时间第一、交付入住套数第一、结构封顶率第一、施工速度第一,展示八局职工勇克难关、开拓进取、更高更强、追求卓越的风采。 （王广滨　陶　鹏）

【中电科技集团公司第三十二所推进“建学习型组织,做知识型员工”活动】 工会以职工读书活动为载体,围绕研究所发展战略与科技创新,开展“职工读书月”、“读书感悟评比”、“科技讲坛”等系列活动。一是注重营造学习氛围,先后向员工推荐、发放《云计算》等500册各类图书,引导员工通过所内网、部门的学习园地等载体,展开学习讨论。二是注重学习成果转化,开设“科技讲坛”,聘请所内外专家、学者为员工讲解“云计算”的相关知识与未来发展趋势,开阔员工思路,打破行政部门、专业领域之间的壁垒,做到“学习工作化,工作学习化”。 （陶　薇）

【市医务工会召开庆祝“5·12”国际护士节大会】 5月11日,“2012年上海市庆祝‘5·12’国际护士节暨表彰大会”在华东医院举行。会上对入选“2011—2012年上海市优质护理服务先进医院、病房及个人”的10家医院、20个病房和50名个人进行表彰,并为护龄30年的护士代表颁发荣誉证书和证章。市卫生局、市护理学会、市护理质量控制中心领导及市三级医院、部分二级医院、社区卫生服务中心、民办医疗机构分管院长和护理部主任近450人与会。 （童秀妹　赵　静）

【新闻出版工会推进“创建学习型企业,争当知识型员工”活动】 工会围绕新闻出版业中心工作,创新活动载体,丰富活动形式。一是举办“读书,让生活更精彩”职工读书交流会,激发职工“创争”热情。期间上海新华传媒连锁有限公司工会建立职工读书俱乐部,培养自觉读书意识,提升职工业务素质;上海中华商务联合印刷有限公司工会以班组建设为中心,开展“六个一”读书活动,提升班组凝聚力和职工思想文化素养。二是加强舆论宣传,通过《劳动报》等媒体,宣传上海朵云轩“木版水印”技艺、印刷企业“职工海报创意设计大赛”、发行单位“堆书达人”等事例、人物,倡导行业

职工"学知识、学技术"。（陈宏华）

【上海公路桥梁集团有限公司工会打造"路桥知音"品牌创建学习型组织】 11月30日，公司工会举行主题为"家"的"路桥知音"沙龙活动，各基层单位党政工及职工代表70余人参与"路桥知音"LOGO评选、企业核心价值观分组问答、"开心团团转"等环节。"路桥知音"活动作为城建路桥创建学习型企业的品牌活动和重要载体之一，致力于搭建职工和企业决策者之间无障碍、零距离的沟通平台，获上海职工素质工程"十佳"品牌称号。（杜 炫）

职业道德

【徐汇区总工会组织开展职业道德主题教育活动】 区总工会组织各级工会开展"立足岗位建功立业，迎接党的十八大"职工职业道德主题教育活动。主要内容：一是开展职业道德大讨论和格言征集，要求岗位特色鲜明、文字精炼、通俗易记，收到基层选送优秀格言124条，并在全区职工中宣传推广。二是会同区商务委、工商徐汇分局、团区委，区商联会、徐家汇商城集团举办"诚信倡议"大型主题活动，向社会承诺"践行诚信服务，完善监督自律机制，争做诚信经商楷模"。三是举行职业道德、行业规范辩论赛，天平社区物业行业工会组织8家物业管理公司展开辩论，加深职工对物业行业职业道德与行业规范的理解与把握。四是举办职业道德演讲展示会，区教育、建设、公安、税务等工会组织职工以身边人和事为题材，宣传展示不同岗位职工职业道德先进事迹。（余燕萍）

【徐家汇商圈开展"诚信倡议"大型主题活动】 9月30日，由区总工会、区商务委、工商徐汇分局、团区委主办，徐家汇商城集团、区商联会承办的"诚信倡议"大型主题活动在徐家汇商圈六百广场举行启动仪式。东方商厦、太平洋百货、美罗城、上海六百、汇联商厦、太平洋数码、港汇恒隆广场等商家作"诚信倡议"5项承诺：承诺保证经营、销售质量合格、正规安全的产品，重合同，守信用；承诺坚决抵制经营、销售假冒伪劣产品，一旦发现及时向有关部门举报；承诺诚信经营，文明服务，维护消费者合法权益；承诺自觉接受社会、群众、新闻舆论的监督；承诺积极参加徐汇区企业信用体系建设，自觉维护徐家汇商圈诚信经营的良好形象。（张德智）

【普陀区总工会推进职工职业道德建设】 一是在活动载体和内容上做到"五个结合"，即与职业价值取向、职业精神大讨论活动相结合，与弘扬劳模精神、培育选树典型活动相结合，与普及职工培训、班组建设、提升职工素质活动相结合，与开展劳动竞赛，职工岗位创新活动相结合，与丰富职工群众生活，塑造正确的职工文化舆论导向相结合。二是在活动组织和形式上突出"四个注重"，即注重广泛性，在全区各级工会和企事业单位中广泛开展职业道德演讲讨论、岗位格言征集、学历提升培训、职工文体活动等主题活动；注重区域特点、行业特征，发挥劳模先进大区优势，聚焦各行各业职工职业道德典型个人和优秀事迹，开展职工职业道德十佳标兵和先进个人命名活动；注重形式新颖和活动实效，采取主题论坛形式，邀请职业道德先进代表和职工代表围绕社会关心的职业道德、行风建设等热点话题开展互动讨论；注重衍伸效应，通过报纸、杂志、互联网等宣传载体，通过职工培训、班组建设等长效机制，通过基层工会组织的各项主题活动，将职工职业道德建设和价值取向大讨论贯穿全年、覆盖全区。（许王丽）

【普陀区总工会举办2012年职工职业道德和价值取向论坛主题活动】 6月6日，2012年普陀职工职业道德和价值取向论坛主题活动举行。来自区各行业的职业道德先进代表围绕"公正、包容、责任、诚信"，阐述对新时期职业道德建设、岗位创先争优、弘扬劳模精神的见解。同时表彰普陀职工职业道德十佳标兵和先进个人。（许王丽）

【闸北区总工会开设职业道德讲堂】 8月，区总工会举办《闸北职业道德讲堂》——区职工职业道德讲师团成立暨首场报告会，全国道德模范李影、全国特级优秀人民警察王登海、全国卫生系统先进个人严正、全国劳模杨怀远在会上作主题报告。区职工职业道德讲师团由各行业劳模先进组成，通过走进企业、走进社区、走进学校、走进医院的方式，向职工群众讲述成长历程和感人故事，倡导"责任在我心，诚信伴我行"的闸北职工职业道德和价值取向。（陆 非）

【静安区总工会开展职工职业道德和价值取向大讨论】 区总工会围绕静安人"友善、包容、诚信、守法"的价值取向，结合区情特点，组织开展静安职工职业道德和价值取向大讨论。各级工会以座谈会、研讨会、演讲比赛、微

闸北区总工会开设职业道德讲堂（陆 非）

博互动、网络讨论等形式参与活动。4月24日，举行“静安区职工职业道德和价值取向”演讲比赛决赛，区教育工会选送的朱莉敏夺冠，各大口、基层工会主席、工会干部、职工代表140余人观赛。（姚　馨）

【闵行区总工会创新工作方式开展职业道德和价值取向大讨论】 区总工会以工会主席大讲坛、座谈会、研讨会、主题讲座、班组学习为主要形式，以企事业内部报刊、微博、局域网为载体，以“崇尚正义、维护公平的公正理念，互相尊重、和睦友善的包容态度，履职尽责、勇于担当的责任意识，诚实待人、守信互信的诚信品德”为重点内容，开展闵行职工职业道德和价值取向大讨论“五个一”活动，即开展一次面向社会和公众的主题宣传教育或专题讨论；推出一批具有典型性、代表性的岗位格言、体会心得；举办一次职业道德和价值取向辩论赛；推动完善一批行业企业职业道德规范标准；宣传一批弘扬职业道德、践行价值取向、诠释雷锋精神的身边好人好事。同时组织“企业精神”征集并编辑《扬起风帆——闵行区百家“企业精神”集锦》。（俞龙祥）

【青浦区香花桥街道举办潍柴“三高”试验队先进事迹报告会】 6月4日，区香花桥街道总工会、综合党委、团工委、妇联、上海和达汽车配件有限公司联合举办潍柴“三高”试验队先进事迹报告会，把在高温、高原、高寒条件下坚持工作的“三高”精神作为向广大员工尤其是青年员工进行思想信念和职业道德教育的生动教材，引导员工结合岗位找差距、立标杆。约300名职工代表参加。（马美君）

【青浦区总工会开展职工志愿者进社区服务活动】 3月4日，区总工会在盈浦街道盈中居委会开展“雷锋在我身边”职工志愿者进社区服务活动。活动以“关爱空巢老人、残疾人和困难家庭”为主题，来自电力公司、煤气所、医务工会的志愿者分别上门为居委会的20余户高龄空巢老人、残疾人和困难家庭提供电力检查、煤气检测、健康体检等服务，并与孤老谈心，帮助他们解决生活难题。（马美君）

【市电力公司工会举办“岗位责任格言”和“诚信服务故事”征集活动】 公司工会以“责任·诚信”为主题举办“岗位责任格言”和“诚信服务故事”征集活动，共收到岗位格言1000条、诚信故事300篇，从中选取100条优秀格言、50篇精彩故事，编辑《责任在我心，诚信伴我行》岗位格言、诚信故事优秀征文选，并举行表彰诵读会，表彰发布十佳岗位责任格言和十佳诚信服务故事。（钱幼树）

【上海宝冶工会开展“责任、诚信”主题活动】 工会系统开展为期两个月的“责任、诚信”主题大讨论和员工岗位格言征集活动，通过召开座谈会、讨论会、举办网上论坛等，组织员工参与活动。共收到领导干部、劳模先进、管理人员、技术人员、作业人员等撰写的岗位格言900余条，最终评出一、二、三等奖及优秀奖。（毛一新）

【上海邮政工会开展劳模先进进社区为民志愿服务活动】 五一期间，邮政工会开展“我为社会出份力”劳模先进志愿服务活动。通过宣传邮政业务（邮政寄递业务、报刊发行、金融保险、集邮知识、防假币知识等）、敬老助残（为孤老上门打扫、办理邮政特需服务、为养老院老人捶背按摩等）、便民服务（修自行车、理发、修钟表、修电脑、量血压、健康知识宣传、医疗咨询等）、社会公益（协助交通疏导、保洁整放自行车、清洁社区街道）等活动，弘扬雷锋精神和劳模精神。志愿服务共设立79个项目，服务次数183次，712名各条线劳模先进参与。（陈千涛　张　莉）

【上海电信工会举行“新时期职业道德”辩论赛】 9月18日，“新时期职业道德”员工辩论赛在邮电俱乐部剧场举行。比赛采用“头脑风暴”方式，围绕企业诚信经营、职业道德素养等6个辩题展开，通过“天翼视讯”进行全程直播，并开通短信平台便于职工参与即时评论，收到100条短信。共有31家基层单位组队参赛，市场联合、上海号百、浦东局获特等奖。（朱东亚）

【建工装饰公司工会开展“提高客户满意度大讨论”】 2—9月，公司工会以“谁是我的客户”、“我的客户期望什么”、“我怎样提高客户满意度”为重点开展课题大讨论，并举办征文活动，把征集的交流稿、论文、岗位格言、服务守则、工作案例、图表等汇编成集，展示活动成果和员工风采，使“用心服务、用心改变”成为职工的自觉行动。（杨钟春）

【上海地铁第三运营有限公司加强职业道德建设】 一是思想引路，立标树德。利用每月2次班组政治学习和班组建设园地等载体，开展职业道德教育和形势任务教育；不定期召开线路职工座谈会，定期召开组建乘务、客服和设施3个板块一线职工联络员座谈会；每季度开展1次职工思想动态分析；联合组织人事部门举办班组长培训班；开展“读一本好书”、“地铁安全大家谈”等征文活动；以7号线客运分工会为试点，开展职业道德及普法教育课程，实现“人人讲道德、事事讲规范、时时讲法制”。二是典型示范、以文养德。组织刘连锁市劳模服务团队，发挥劳模辐射带动作用；组织劳模先进宣讲团走进停车场、车站，与一线职工交流探讨；在《运营信息》专刊进行候选人事迹宣传；召开班组建设台账评比交流会，开展巾帼班组评比、交流座谈会。三是立足岗位，德业结合。开展岗位练兵、技术比武、拜师学艺、合理化建议等活动。相继开展“四比一保”、“三无”、“三化”、“四好”劳动竞赛。四是丰富活动，寓教于乐。开展三八节女职工系列活动、春节联欢、篮球足球比赛等各类文体活动，成立摄影兴趣小组；在条件成熟的基层工会开设职工之家6个，开辟阅览角、篮球场、羽毛球场、乒乓台、台球桌、健身房等活动场所。公司先后获得上海市班组建设示范企业、上海轨道交通推进“人性化服务、精细化管理、标准化建设”工作专项竞赛优秀集体。（熊　枫）

【上海申通地铁集团推动新媒体平台建设】 一是设立微栏目。以服务信息为重点，通过“地铁早高峰”、“地铁运营信息”、“运营突发情况”等实时发布网络运营实况、客流拥挤度、运营措施、服务信息与安全文明乘车提示、重要服务建议反馈等。二是建设微博群。形成企业内部4个层面微博群落,多层面、多角度、多方位服务乘客。三是发布微案例。通过"微反馈"、"微改进"、"微辟谣"、"微帮忙"等环节,主动与乘客沟通交流,提高工作效率。四是加强微公关。实现"第一时间说,连续不断说,以我为主说",争取理解配合,降低负面影响,化解舆情危机。五是开展微活动。举办"畅畅快跑"、"见证700万——客流竞猜"、"征集地铁拟人漫画"等活动,与新浪网、东方网、新民网合作开展地铁安全宣传周、寻找地铁达人、票卡设计大赛等公益活动,培养积极正面的地铁文化。至7月,官方微博粉丝数逾226万人,累计发帖2.1万条,转帖169万条,评论46万条,在新浪政务微博影响力排行榜中屡次拔得头筹,排名全国前三甲,上海地铁微博团队首度获得由市外宣办颁发的"银鸽奖"二等奖。 (姜 雪)

【上海绿化市容行业开展"责任在我心、诚信伴我行"大讨论】 大讨论活动共吸引14个区县、19个直属单位、16个行业单位参与,形成具有单位特色的核心价值观或核心价值理念。组织发动行业单位职工根据岗位特点和工作实际进行思考并撰写心得体会文章,收到75篇心得体会。 (鲍 斌)

【金融工会举行"理财之星社区行"服务日活动】 6月21日,2012上海金融服务精英赛"理财之星社区行"服务日活动在杨浦区五角场街道社区服务中心主会场启动,全市15个区县、98个东方信息苑同时展开。活动以"丰富金融知识,提升理财能力"为目的,通过社区讲堂形式宣传普及社区金融理财基本知识,提升社区居民理财专业能力。包括银行、证券、保险、期货、基金等在内的33家金融机构、300名理财之星和理财骨干分别为3557名社区居民提供服务。《理财周刊》、东方网、中国经济网、《上海金融报》、《劳动报》等媒体分别报道。

(丁 宁)

【上海市医务工会举行职工医德医风建设辩论赛总决赛】 9月4日,"责任在我心,诚信伴我行——上海市医务职工医德医风建设辩论赛"在上海教育电视台举行总决赛。辩论赛历时近4个月。作为市卫生系统"责任在我心,诚信伴我行"主题实践重要活动之一,旨在通过辩论,进一步加强职业道德和价值取向宣传教育,引导医务职工践行职业道德规范、职场行为准则、文明创建标准。各基层单位以班组(科室)为单位,聚焦社会关注的热点问题、医改进程中的难点和医疗卫生服务中的突出问题,通过座谈会、研讨会、网络论坛、班组学习等方式,组织开展职业道德和价值取向大讨论,共选拔48支队伍、192名职工参赛。 (柯 婷)

上海市医务职工医德医风建设辩论赛在上海教育电视台举行

(柯 婷)

【锦江国际集团以"最美领队"为标杆加强职业道德建设】 7月5日,上海国旅旅行团胡蓉在新西兰组织上海游客救援侧翻旅游车上的乘客的事迹经国内外报道后,市旅游局号召全市旅游行业开展学习"最美领队"胡蓉先进事迹活动。集团工会加大社会宣传力度,在《劳动报》刊登"以最美领队为标杆,弘扬锦江职业风尚"锦江国际集团职工职业道德和价值取向大讨论专版,并召开集团职业道德座谈会,加强职业道德教育,规范行业服务标准。 (张祥伟)

【工会学院开展践行社会主义核心价值体系活动】 工会学院党委通过至少组织一次专题学习、集中进行两次讨论、切实开展三项行动,践行社会主义核心价值体系,加强学习型校园建设,推动工作作风转变,增强师生爱岗敬业、忠于职守的责任感和使命感,并将内在责任意识外化为推进学院中心工作的成果。 (卢 锟)

职工培训

【市总工会推进初级工商管理(EBA)培训】 市总工会先后举办2012年春、秋季(21、22期)EBA培训,推出EBA培训拓展版课程。11年来共培训职工9万名,实现90%以上的培训合格率和60%的大专接读率。与市慈善基金会、上海电视大学继续推进新生代农民工初级工商管理(EBA)培训,已向2000名新生代农民工提供免费培训。 (陈 祷)

【市总工会积极推动出台企业职工职业培训政策措施】 市总工会每年在参与政府补贴培训目录和补贴标准制定基础上,着力推动健全职业培训制度,及时深入基层了解掌握企业及工会干部、广大职工的培训需求并积极建言献策。4月1日起,全市实施《关于加强本市企业职工职业培训工作的实施意见》及相关操作办法。《实施意见》扩大了政府补贴培训的政策惠及面,健全个性化培训制度,明确培训经费补贴渠道。工会所提出的政策惠及面扩展到全市所有具有职工培训需求的企业、培训对象涵盖凡在企业工作的上海户籍劳动者和外省市来沪从业人员和企业职工,以个人名义参加社会化培训的补贴等级范围,从中级以上扩展到补贴目录内包括初级和针对单项技术的专项职业能力在内的所有项目等建议均被采纳。《实施意见》出台后,各级工会职工援助服务中心、分中心(站点)第一时间通过窗口服务和设摊咨询等形式,主动服务,积极宣传政府推进职业技能培训工作的政策举措,帮助职工落实相关政策,帮助企业制定培训规划。（曹宏亮）

【普陀区第四期农民工初级工商管理(EBA)培训班开班】 4月8日,区总工会、桃浦镇总工会、上海电视大学西区分校联合在桃浦镇社区学校开办普陀区第四期农民工初级工商管理(EBA)培训班,并举行开班仪式。（许王丽）

【黄浦区教育工会推出戏剧汇演辅导讲座】 6月28日,戏剧汇演辅导讲座在七色花小学举行,由上海戏剧学院戏剧戏曲学硕士朱光担任主讲,就戏剧发源、演变及中西方戏剧差别等进行阐述。各基层工会文艺委员和文艺骨干教师120人参加。（李　敏）

【闵行区总工会启动首批班组长培训】 7月10日,区首期班组长岗位培训班在上海交通大学农学院分院开班,来自全区各行各业的74名优秀班组长参加。培训围绕创建“学习型、技能型、创新型、管理型、效益型、和谐型”六型班组展开,同时建立闵行区班组长数据库,为全面了解和掌握班组长职业生涯发展和队伍建设情况提供依据,也为有序推进班组长岗位培训工作积累经验。（俞龙祥）

【金山区初级物业管理员培训班结业】 由区总工会、区住房保障和房屋管理局主办,市总工会培训中心协办的金山区初级物业管理员培训班,于2011年11月18日开班,2012年4月17日结业。结业典礼上,表彰5名优秀学员。共有34名学员完成培训并取得结业证书。（戴美娟）

【青浦区总工会举办班组长培训班】 8月28—29日,区总工会结合创建“学习型、技能型、创新型、管理型、效益型、和谐型”六型班组要求,举办2012年度班组长培训班,由区社区学院教师就新形势下班组长建设的主要任务、目标、要求和如何当好班长和班组长、创建六型班组、深化班组争先创优等内容作专题讲课。来自各镇、街道、委、局、区级公司下属的107位企业班组长参加培训及书面检测。（马美君）

【青浦区适应转型发展需要加强职工技能培训】 一是会同区人保局加强职工技能培训,组织发动15331名职工参加45个项目的技能培训,3630人获初级证书、2970人获中级证书、173人获高级证书、51人获技师证书。二是依托电大等教育资源,组织新生代农民工EBA培训610人、大中专学历教育610人、“万名职工计算机培训”4050人、新知识新理念培训近1.2万人。三是加强班组建设,组织班组长岗位培训107人。（马美君）

【奉贤区建立职工教育联席会议制度】 3月,建立区职工教育工作联席会议制度。区委宣传部、总工会、教育局、文化局等相关部门纳入联席会议成员单位,定期召开工作会议,制定《奉贤区职工学院章程》、《教务处工作职责》,完善职工学校(职工教学点)《办学管理手册》,加强评估检查和总结评比,形成“资源共享、活动共办、信息互通、工作互助”的工作机制。（袁正花）

【上海电气李斌技师学院建院10年铺就技能工人成才之路】 一是把李斌技师学院办成核心价值观教育场所。将“敬业、创新、钻研、奉献”的李斌精神贯穿于教学全过程,聘包起帆、徐虎、刘海珊、唐建平等7位全国劳模为特聘教师;设立“劳模讲座”,开设“职业道德”、“转变观念”、“科学创新”等课程;设立“李斌精神墙”、“李斌事迹宣传廊”,营造“弘扬李斌精神,尊重技术工人”的校区氛围。二是把李斌技师学院办成技能工人成才的阶梯。学院承办9届上海电气“李斌杯”职工技能大赛,参赛职工逾万名,50%以上选手通过比赛晋升技能等级,其中10位优秀选手获全国、上海市五一劳动奖章,35人次在全国、上海市职业技能大赛中获前三名,26人次获全国、上海市技术能手称号。三是把李斌技师学院办成技能工人培训基地。学院以“订单式”培训为主,向企业员工提供岗位技能培训、职业资格证书培训、职工继续教育等各类培训途径,先后培养技能人才4.1万人;有计划地开展现代装备制造业发展所需的特种设备、特种作业人员培训,1万名相关作业人员参加培训和考试。四是把李斌技师学院办成培育“新上海人”的学校。开设农民工岗位培训班,提供职业素质、岗位技能、技能等级、安全生产四大类培训;根据企业农民工工作班次,采取交错、分班式培训,并对地处郊县的企业采取送教上门。已培训1.8万名外来务工人员。五是把李斌技师学院办成创新培训模式的试验田。探索上海电气“3+3+3”技术工人培养模式(即选拔培养有3年工作经历、基础好、素质高的技术工人;提供3年半工半读学习机会,培养为高级工;再用3年时间深造,培养为技师、高级技师),已开设培训班9期,共培训338名学员,其中劳务工60名。首届“3+3+3”数控高级工班的袁革平向国家知识产权局提出3项专利申请,其中1项已被授予实用新型专利权。六是把李斌技师学院办成建设首席技师工作室平台。先后建立李斌数控技术工作室、金德华电工技术工作室、赵黎明焊接技术工作室、李治国大型数控操作技术工作室和李斌数控技术工作室临港基地工作站。（冯克华）

【上海重型机器厂有限公司启动全员培训】 3—11月,上海重型机器厂开展全员培训。培训针对公司员工结构、产品质量与管理现状,设计职业道德与职业素养、质量意识与案例分析、安全生产与事故分析3个模块,1000名员工陆续参加。（秦引昌）

【上海市化学工会开展形势任务教育】 一是发挥宣传媒体作用。联手党委宣传部,先后两次通过《华谊报》等,开辟形势任务宣传专版,并通过网络下发集团2012年形势任务教育(统发)材料,向职工宣传集团目标和任务、困难和机遇、挑战和机会等。二是发挥平台阵地作用。引导基层工会运用黑板报、橱窗、广播、网络等阵地开展形势任务教育，通过搭建工会班子专题学习会、聘请专家专题讲座、组织开展职工大讨论、形势任务目标宣讲和知识竞答、编制形势任务教育展版巡展等载体，统一认识，明确任务。三是发挥目标引领作用。通过工会组织网络，细化年度工作任务并下发，引导基层工会结合实际，逐级制定实施方案，自觉把工会工作融入集团改革、发展、调整、稳定大局。（王有福）

【上海市纺织工会开展集团“十二五”规划网络答题活动】 9月，纺织工会启动学习《上海纺织“十二五”发展规划100问》网络答题活动。3个月内，各级基层单位组织职工开展形式多样的班组学习，共有23家单位的4503名职工参与答题，提高职工对集团“十二五”发展规划的知晓率和理解度。（俞进艺）

【上海市纺织工会推进职工素质工程】 2012年是上海纺织职工素质工程“十二五”发展规划进入具体实施阶段的起步之年，工会结合各级基层单位实际情况，制定并组织实施《上海纺织职工素质工程2012年实施方案》，明确37项目标任务，其中14项为量化目标，涵盖职工教育培训、劳动竞赛、典型培育、科技创新、普法宣传和文体活动等方面工作。（张世军）

【宝钢集团工会开展最佳实践者活动建设自主型员工队伍】 宝钢集团工会围绕公司中心任务，聚焦职工岗位实践，立足最佳实践者活动，推进自主型员工队伍建设。把培育安全自主型员工和开展对标找差活动作为工作重点，利用现场持续改善、合理化建议活动、群众性经济技术创新、自主管理活动、劳动竞赛、员工技能健身活动等载体，聚焦员工队伍能力提升的目标要求，培养自主型员工“五自”（即自我教育、自我改善、自主创新、自动协同、自我监督）能力，培育先进典型人物，总结典型示范案例。（赵关林）

【上海石化公司工会举办职工周末学校】 石化职工周末学校共开设四期20个瑜伽班，学员490人；举办各类心理健康、保健知识等讲座7场，1674人次女职工参加；新设硬笔书法班，举办两期培训班，70名职工参加。周末学校分会场举办培训班13个，参加人数959人；举办陶艺、健康、DIY等讲座8场，参加人数520人。（傅红星）

【上海寰球石油化学工程有限公司加强员工岗位培训】 一是注重树立终身教育理念，制定《员工培训管理制度》，建立以岗位培训为基础、职业培训为重点、自我学习为补充的培训制度，创造培训条件，丰富培训方式，拓宽培训渠道。二是注重员工专业技能和管理能力培训，确立“差异人才区别培养，重点人才重点培养，优秀人才优先培养，紧缺人才加紧培养”的工作方针。三是注重员工职业导航，探索实践“员工职业生涯规划”，制订实施《青年员工培养工作实施办法》和《员工职业生涯规划和管理实施办法》，加强工作、学习能力培养。四是注重全员参与，实行按需施教，每年开展培训需求调查并以此为依据制订员工培训计划，定期组织科技知识和专业业务知识学习，员工参与率达100%。五是注重岗位示范带教，坚持“导师带徒”制度，实施“员工培养计划”，由专业带头人、技术骨干承担带教任务，带动青年员工快速成长成才，提升员工队伍整体工作能力。2012年，公司8位员工晋升为高级工程师，25名员工晋升为工程师。（张　俊）

【国药大学获评“全国职工教育培训示范点”】 国药大学于2011年5月成立揭牌。以“支撑战略、提升绩效、做有影响力的推动者”为行动纲领，围绕“融合、致知、创新”的办学理念，通过“标杆学习法”，开展一系列常规性与创新性工作，推动公司管理决策模式革新、全员绩效管理实施、管理沟通机制创设等。2012年，国药大学被中华全国总工会命名为“全国职工教育培训示范点”。（高　民）

【建工构件公司工会开办“职工讲堂”】 职工讲堂以“让职工自己想、自己做、自己讲”为理念，通过课前策划，课中互动，课后讨论，做到职工自选讲题、自备讲课提纲和PPT、自己授课示范。参加对象为全体班组长、生产骨干、相关管理部门负责人，已举办五讲。（杨钟春）

【上海轨道交通培训中心获评“全国职工教育培训优秀示范点”】 根据《全国职工素质建设工程五年规划（2010—2014年）》提出的关于“命名4000个基层职工教育培训示范点，重点扶持其中500个优秀示范点建设”要求，上海申通地铁集团推进职工教育培训示范点建设，将上海轨道交通培训中心作为重点扶持单位。2012年，上海轨道交通培训中心被中华全国总工会命名为“全国职工教育培训优秀示范点”。（姜　雪）

【上海市绿化市容行业工会开展班组长岗位培训】 市绿化市容行业工会在制订班组建设3年行动规划基础上，举办两期行业班组长岗位知识培训暨创建“六型班组”活动脱产培训班，200余名班组长参加。通过班组长培训，达成3个共识：一是认清形势，尽快进入班长新角色。围绕班组发展愿景和目标，带领班组成员“勤奋劳动、创新劳动、诚实劳动”。二是学用结合，学用相长。坚持学习与思考问题相结合、学习与岗位管理相结合、学习与创新转型相结合，加快高技能人才和复合型人才队伍培养。三是勇于创新，打开班组工作新局面，提升班组核心竞争力。（张慧萍）

【中建八局天津分公司开办“专升本”班】 天津公司人力资源部探索职工再教育和学历提升新路，与长春工程学院土木学院联合举办“专升本”班。讲授内容与施工实际、企业需要相结合。按照校方学籍、学位管理办法，通过考核的人员即可取得本科毕业和学位证书。1月14日，中建八局天津分公司2012年“专升本”班开课，来自公司各下属单位的110余人参加培训。（李双凤）

【光明集团工会启动新一轮万名职工素质培训工程】 3月，集团工会下发《光明食品集团职工素质培训工程实施方案》并成立领导小组。培训以科学理论、光明精神、文化素养、法律意识、创新技法、身心健康和家庭伦理等内容为主，每年分春秋两季招生，通过送教上门、分批轮训、学考结合的办法，计划每年培训2000人，5年组织集团万名职工培训。2012年实际培训职工数为2032人。（桑树德）

【上海煤气第二管线工程有限公司办好项目经理学校】 第二管线开展“项目经理学校”工程，旨在提高项目经理施工管理能力，实现现场管理经验共享，培养适应企业和市场发展需求的高素质施工管理人才。学校以具有相关施工经验的在职项目经理及新进大学生为主要培训对象，自聘与外聘教师相结合，设置基础课、专业课和施工实践3个环节，采取课堂授课、视野拓展、经验交流、现场实践等教学方法，最终实现学以致用。至2012年，项目经理学校举办7期培训班，培训学员数百人。这一项目获市总工会“上海市职工素质工程品牌”称号及市企业职工创新创效特色工作三等奖。（朱为良）

读书活动

【市总工会推进职工书屋建设】 一是对全市180家全国职工书屋示范点进行抽查，构建以全市职工书屋示范点为核心，企事业单位职工书屋自建点为基础的职工文化服务阵地。二是向示范点配送价值40万元的书籍、电视机和DVD等，并协调东方宣教中心向示范点配送价值12万元的各类书籍。三是投资72万元，帮助新疆喀什援建9家职工书屋。(4)建设“职工手机书屋”，逾15万名职工注册。至今已有180个示范点按照标准建成并投入正常运转，自建点2800余家。（陈 踦）

【徐汇区总工会职工书屋送书到基层】 3月，区总工会启动“职工书屋送书到基层”活动。从区职工文体协会100多家会员单位中选择职工读书活动开展较好、有一定管理基础的部分企事业单位工会，定期上门送新书并将所送书籍进行轮换。启动仪式上，区总工会职工书屋将300册图书送至市电信科学技术第一研究所工会。2012年共送出图书1140册。区工人文体中心、区职工文体协会结合送书到基层活动，借助区总工会官方微博平台，组织企事业单位职工开展“徐汇职工书屋百字评书”活动，推进职工读书活动深入开展。（朱雅云）

【南京东路社区建立第15座职工书屋】 南东社区总工会与上海申泰物业管理有限公司在美欣大厦共同建立职工书屋，成为南东社区第15座职工书屋。书屋用房面积30余平方米，首批500册图书由黄浦区图书馆无偿提供，为丰富职工精神文化生活创造有利条件。（倪守正）

【闵行区颛桥镇总工会借助微博加强宣传开展读书活动】 1月，颛桥镇总工会微博“颛桥印象”成功申请新浪政务微博官方认证，先后对首届“高诚杯”两新企业羽毛球邀请赛、首届“亿力杯”企业职工“扑克80分”团体赛、万人就业从业人员迎春团拜会、“企居联动在社区，颛桥百姓得实惠”等活动进行宣传展示，旨在通过微博平台发布重大工作信息，直播各类文化活动，加强与职工的互动交流，了解职工特别是青年职工关注热点，吸引更多职工参与工会活动。镇总工会还开通“书香小木屋”项目微博，通过读书微博互动平台互荐好书、发表感悟，搭建以书会友的平台。（任燕飞）

【金山区总工会举办区职工第七届读书节】 4月上旬，区总工会组织开展“书香人生、建功成才”园丁杯·金山区职工第七届读书节。读书节有3项主题活动：一是“园丁杯·读书感悟人生”主题征文比赛，收到征文稿件172篇。二是“园丁杯·读书改变人生”主题摄影比赛，通过照片讲述职工读书故事，收到作品145幅。三是“园丁杯·读书品味人生”主题论坛和专家讲坛，邀请著名作家叶辛主讲。11月2日，举行“书香人生、建功成才”、“读书品味人生”主题论坛决赛、名家讲坛暨“园丁杯·金山区职工第七届读书节”总结表彰大会。（曹 冠）

【松江区总工会加强职工书屋建设】 一是加强宣传发动，建立网络。把职工书屋建设放入工会重要议事日程，整合资源，统一部署，建立“职工书屋”三级网络。全区创建区级“职工书屋”41家，统一挂牌，每家每年配送书籍5000元，基层工会创建“职工书屋”60家。二是加强日常管理，有序推进。召开现场交流会，交流成功做法和经验，解决创建中的薄弱环节；注重书屋管理制度建设，配备专(兼)职图书管理员，完善相应配套设施，结合实际建立健全图书管理制度；整合原有文化阵地资源，依托社区职工活动中心，扶持企业职工之家、阅览室等文化阵地，发挥各镇、街道总工会、工业区及大型企业工会作用，建立区、街镇、企业三级“职工书屋”阵地。三是积极组织活动，搭建平台。发挥展示功能，提高职工文化素养；发挥培训功能，根据职工需求开展各类读书活动；发挥娱乐功能，为职工开展各类文化娱乐活动提供条件；发挥辐射功能，利用现代信息技术，推广职工手机书屋。（毛联群）

【上海航天局工会举办第五届职工读书节】 4月22日，“提升职业素养争当创新先锋”局第五届职工读书节开幕。读书节主要特色：一是创新活动载体。发布首期《上海航天职工读书活动白皮书》，首次引入辩论模式，举办“航天职工读书日”专题辩论表演赛。二是丰富活动内涵。结合班组建设，举办班组质量管理文化提炼及评比、学技术、学标准、学规范“三学”体会征集、“百万图书进班组”调研活动，结合职工文化建设，组织开展十大推荐书目征集、班组理念征集评比、班组文化案例征集评比、十大推荐书目读后感征文比赛等。三是扩大活动覆盖面，全局1300个班组参与，覆盖率达100%；累计有16763名职工参与，参与率为92.2%。四是取得活动新成果。产生以八部一室武器系统总体组“狼文化”、811所锂电池技术研发班组(汤卫平班组)“‘锂’想文化”为代表的优秀班组文化，以唐建平班组“把三关、走四步”、八部七室红外制导仿真班组“四查、四清、三全”为代表的优秀班组质量管理文化成果，涌现一批优秀书评和学技术、学标准、学规范优秀征文。唐建平获第四届上海市十大读书明星称号，航天机电上海神舟新能源电池片工艺组获上海市振兴中华读书活动30周年十佳读书团

队提名奖，第五届上海航天职工读书节被评为上海读书节优秀项目。（沈　恺）

上海航天举行第五届职工读书节开幕式（沈　恺）

【上海电信工会开展员工读书活动】 一是加强主题引领。以“责任在我心，诚信伴我行”为主题，开展“读劳模、论精神、寻民星”三步曲系列活动，向员工发布好书推荐表；举办“楷模的力量、心灵的激荡”全员读书日活动及上海新老劳模报告会；开展新时期职业道德微感言/岗位格言征集活动，开通部分电信劳模微博。二是加强阵地服务。打造全新员工俱乐部，做到周周有讲座（天翼员工讲堂）、月月有演出、季季有比赛、年度有展示，先后开展“世界阅读日，我们阅读吧”、经典老电影回顾展映等活动；推出书法、声乐、斯诺克等文体兴趣班，优化公司合唱团、文学社结构，丰富员工精神文化生活；创新《班组园地》电子版，建设职工书屋网络版，以网络阅读、电子阅读、手机阅读等新型阅读载体吸引员工。三是加强品牌打造。把“全员读书日”、“全员健身日”、“一季一赛”作为精神文化品牌；建立群众文体团队品牌二级培育机制，建立文体人才的引进计划、培养方式、激励机制。（朱东亚）

【上海电信莘闵局开展“荐书、品书、思书、用书”读书日系列活动】 局工会以“读书，让我们更多的沟通”为主题，开展“荐书、品书、思书、用书”系列活动。一是“荐书”。通过征集员工阅读建议，发布《宽心的智慧》、《中国人应知的国学常识》等5本推荐书目。二是“品书”。开展读后感征集，共收到50篇作品；区局“爱莘文学社”启动微博竞猜与交流活动。三是“思书”。由读书引发思考，搭建思想交流平台。四是“用书”。在说、读、写、辩上下功夫，将读书与工作、学习、生活相结合。（朱东亚）

【中交上航局工会举办航道职工读书演讲活动】 由局工会、团委共同举办的“我阅读、我快乐、我成长”航道职工读书演讲活动，主要内容：一是召开施工船舶现场交流会，了解一线职工对于岗位学习、岗位成才的需求和想法，把“在工作中学习、在学习中工作”的理念带给职工。二是联合《航道报》社开展读书征文活动，共收到12家基层单位报送的近300余篇读书心得，并将优秀征文汇编成册，作为班组学习材料下发至一线施工船舶、班组。三是举办航道青年读书演讲比赛，来自11个基层公司的17名青年员工参赛，其中包括6名派遣员工。活动累计下发纸质书籍10大类1000余册（本），被列为第十四届上海读书节优秀项目。（王荣丽）

上海电信举行员工读书日启动仪式（朱东亚）

【上海海事局海测大队船队开展各类职工读书活动】 一是建立船上阅览室，提升船员文化素养。二是建立学习园地，以问答形式开展政治和业务学习。三是开展“四个一”学习，即每日读一篇文章，每月进行一次交流，每季度提一条好的工作建议，每半年读一本好书。四是搭建职工讲坛，通过理论讲解和现场演示相结合，提升船员职业技能和安全意识。五是开办流动课堂，通过“传帮带”，培养船员设备自修能力和实际操作水平。B21轮轮机部QC小组发表的《降低空气压缩机的故障率》课题成果获大队QC评审一等奖，由船员撰写的《测量船的操纵与避碰》、《船舶事故中的人为因素》等论文在专业杂志《航测技术》上发表。（朱卫平）

【市政养护公司申嘉湖职工书屋建成

开放】 申嘉湖公司把党团活动室作为职工书屋基地,配备书籍1000册,订购各类报刊杂志,购置书架、报夹、阅览座椅等设施,并制订“职工书屋”管理制度和书籍借阅制度,配备职工书屋管理人员,对职工书屋进行规范化管理。1月19日,申嘉湖“职工书屋”作为全国工会职工书屋自建点揭牌开放。 (钱 蓉)

【建工材料公司工会开展“三个一”职工读书活动】 工会通过建立读书角、读书沙龙、书友会,向职工提供读书交流平台,开展“读一本好书、说一句感悟、写一篇心得”的“三个一”职工读书活动,共收到读书心得近50篇。公司所属浦升公司工会开展“读书,让员工与企业同发展”、“书香四季”主题活动,获第十四届上海读书节暨2012振兴中华读书活动优秀项目奖。 (杨钟春)

【建工一建集团晨风书友会与社区阳光书屋结对】 7月27日,获市“十佳读书活动团队”称号的一建集团晨风书友会与浦东新区陆家嘴街道设在建工大厦的阳光书屋举行结对仪式。仪式上,双方签订共建协议,并开展社团活动和图书漂流。阳光书屋共有图书2000余册。 (杨钟春)

【市交通港口局工会指导基层单位创新读书活动】 一是港政中心与党建联建单位共同开展读书活动,编印出版“知识灯塔,引航交通——2011年港政中心职工读书活动汇编文集”,收集读书心得体会60篇,中心“书海扬帆”读书沙龙获上海市振兴中华读书活动30周年十佳读书活动团队称号。二是运管处以读书兴趣小组为核心,每月确定读书主题,营造读书氛围。三是码头中心开展“码头中心文化核心价值理念大讨论”活动,编制《中心职工文化发展文化纲要》和《职工手册》。四是指挥中心组织职工开展“2012年我选读的一本书”读书签名仪式。五是局机关开展读书感悟、新知系列活动,为每个工会小组发放一套200册推荐图书,征集70余篇体会。局机关工会获上海市2012年读书活动优秀组织奖。 (方蔚萍)

【百联集团工会推进职工书屋建设】 集团工会以建设职工“想进、想看、想思、想谈、想写”的书屋为目标,把职工书屋作为丰富职工精神文化生活的重要阵地。2012年,各级工会分别为现有职工书屋添置图书、影像设备等,不断完善书屋日常管理;开展读书体会、主题演讲、好书导读等活动75次;采取上级拨一点、行政撑一点、工会拿一点、职工捐一点的“四个一点”筹建模式,在晶通化学公司建立职工书屋。 (姜 杰)

【全国总工会向金优公司斐济代表处“职工书屋”赠送书籍用品】 10月30日,全国总工会、市总工会分别向金优公司斐济项目代表处赠送1200余册书籍及彩电、DVD等文化用品,以丰富海外船员“职工书屋”活动。金优公司斐济项目代表处作为2012年全国工会“职工书屋”示范点所在单位,根据船员和陆地员工多层次、多样性的精神文化需求,探索“职工书屋”建设新途径,营造班组文化氛围,激发员工创新活力。 (韩 毅)

【市教育工会举办“校训指引我成长”主题征文演讲比赛】 4月初,市教育工会启动教育系统“校训指引我成长”主题征文与演讲活动。各高校、区县共报送征文90篇,从中评出一等奖9篇、二等奖13篇、三等奖19篇。9月11日,由上海市教育工会主办、上海师范大学承办的“校训指引我成长”演讲比赛在上海师范大学举行,决出一等奖3名、二等奖6名、三等奖11名。 (沈 瑶)

【市监狱局工会开展读书活动】 市监狱局工会坚持开展“振兴中华”读书活动。一是在18家基层单位中,建立15家职工书屋,基层单位藏书总量达23.66万册,先后开展向会员推荐书籍、写读书体会、分享读书心得等活动。二是召开“读书让我(们)更精彩”读书活动交流会,交流心得体会。三是组织380名会员参观“书香中国”上海书展。 (江海群)

【上海城建投资发展有限公司工会以读书活动促职工学习】 公司工会倡导“在工作中学习、在学习中工作”,开展各类读书活动。一是组织开展“读一本书”活动。要求每位职工每年阅读一本道德修养、政治理论、专业知识、科学文化、科学管理、企业文化等方面的书籍。二是把读书活动与公司人才培养机制相结合,在师徒带教计划内增加对读书的要求,读书小组覆盖面达60%。三是开展新知识、新理念、新技能培训,覆盖率达50%以上。 (傅 元)

群众文化

【市总工会举办第六届上海职工文化展演周】 10月23日—11月4日,第十四届中国上海国际艺术节期间,市总工会举办以“喜迎十八大·颂歌献给党”为主题的第六届上海职工文化展演周,来自市区工人文化宫、浦东新区、绿化、大众交通、纺织、号百公司职工以文艺表演形式唱响共产党好、社会主义好、改革开放好的主旋律,展现上海职工奋发向上、拼搏奉献、建功立业的时代风采。 (宋 昶)

【市总工会举办庆祝五一国际劳动节文艺晚会】 4月28日,2012年上海市庆祝五一国际劳动节文艺晚会在上海大剧院举行。晚会以“当好主力军,喜迎十八大”为主题,以“劳动礼赞”为主线,以热烈、喜庆、鼓劲为基调,通过劳模代表登台亮相、歌曲联唱、舞蹈、报告诗并配以大屏幕VTR演示等形式反映上海建设的喜人成就,讴歌广大职工群众在创新驱动、转型发展中的主力军作用,展示上海职工文化建设成果和职工群众的精神风貌。 (宋 昶)

【市总工会举办上海职工文化艺术展】 展览以“丹心绘和谐、喜迎十八大”为主题,分为挥毫书感言、妙笔绘劳模、影像聚班组、巧手赞和谐、繁花颂盛世等5个板块,73个区县局(产业)工会参与申报,报送各类作品万余件。从中遴选出630幅作品在东方网、市总工会网站上展评,经公众投票和专家评审,评出109幅优秀作品在《新民晚报》、《劳动报》、《工人日报》上刊登展示。 (宋 昶)

【市总工会举办上海职工艺术博览

汇】 艺术博览汇以"劳动创造幸福，艺术陶冶情操"为主题，通过展览展示职工文化成果，艺术再现职工践行价值取向、实现岗位建功的生动形象和先进事迹。6月15日，上海职工艺术博览汇开幕式暨上海石化职工文化艺术展举行。石化、机场、申通地铁、化工、黄浦等区和行业先后参展，展览展示各类作品近2000件，吸引3万余名职工观展。（陈　旖）

6月15日，上海职工艺术博览汇暨上海石化职工文化艺术展开幕

（应启跃）

【市总工会主办2012年上海市慰问对口支援干部家属和少数民族地区挂职干部中秋联欢会】 9月26日，上海市中秋慰问援边干部家属和少数民族地区挂职干部联欢会由市委组织部、市委统战部、市政府合作交流办公室、市总工会等单位共同举办，通过歌舞、情景讲述、短信互动、两地视频连线等形式，演绎"中华一家亲，喜迎十八大"主题，体现各级领导和社会各界对援边干部家属的关心，对他们致以节日问候和崇高敬意，对少数民族地区挂职干部表达良好的祝愿。

（宋　昶）

【市总工会组织参加第三届中国职工艺术节】 4月开幕的第三届中国职工艺术节由全总、中国文联、中央文明办、中央电视台联合举办。市总工会先后组织申报16个区县局（产业）工会的96个优秀职工文艺作品，参加包括器乐、声乐、舞蹈、书法美术、摄影、戏剧戏曲和曲艺小品等全部7个门类的单项比赛。市工人文化宫选送的民乐合奏《敦煌新语》等9个优秀职工文艺作品获得涵盖全部7个门类单项比赛的前三等奖项，市总工会获书法美术、声乐和舞蹈等3个单项比赛优秀组织奖。虹口区总工会选送的小品《回家过年》成为参演12月9日在北京中国剧院举行的第三届中国职工艺术节闭幕式晚会的唯一一个语言类节目。（郁晓昕）

【浦东新区总工会举办浦东职工"喜迎十八大、建设新浦东"专场演出】 10月24日，新区总工会在南京路世纪广场举办第十四届中国上海国际艺术节"天天演"——浦东职工"喜迎十八大、建设新浦东"专场演出。演出前表彰第二届浦东新区"十佳职工职业道德先进单位"、"十佳职工职业道德模范"，因勇斗窃贼负伤而被上海市民誉为"正气男"的浦东职工周传金被授予首位"浦东新区职工社会风尚奖"。新区劳模、工会干部、职工代表等400余人观看演出。（陈效宏）

【浦东新区举办第二届浦东职工才艺擂台赛】 10月28日，由新区文化广播影视管理局、新区总工会联合举办"南腔北调大比拼——第二届浦东职工才艺擂台赛"决赛。擂台赛共吸引各级工会选拔的300余个节目参赛，经初赛、半决赛、决赛，来自周家渡社区文化中心李娜的独唱《节日欢歌》获一等奖，新场镇总工会的锣鼓书表演唱《浦东大佬馆》等获二等奖，星杰幼儿园王俊妮的舞蹈《葡萄园里》获三等奖，高行镇总工会等6家单位获优秀组织奖。（陈效宏）

【徐汇区总工会举办上海工会发展历程展览会】 7月27日，由区总工会主办，区职工文化艺术联合会、区工人文体中心承办的"历史回眸——上海工会发展历程"展览会揭幕。通过展出不同历史时期上海工人运动图片、报章史料、各年代的先进奖状、劳模奖章、工会会员证、入会志愿表、纪念册等实物，再现上海工人运动历史场景，回顾上海工会组织在党的正确领导下发展壮大的历程。（余燕萍）

【长宁区总工会举办长宁区第二届白领艺术节】 10月中旬，"活力长宁、精彩白领"区第二届白领艺术节先后开展声乐、戏曲、器乐、小品、舞蹈等5场文化艺术展演比赛，吸引180余名白领职工参与。11月29日，艺术节闭幕。（白　敌）

【沪西工人文化宫举办"欢乐西宫"周周演活动】 7月1日，沪西工人文化宫"欢乐西宫"周周演活动在西宫曹杨路外广场开幕，表演歌舞、朗诵、杂技表演等节目。"欢乐西宫"周周演从7月持续至9月，每周五至周日间演出1场，共演出10场，为有文艺特长的职工、社区群众及由西宫培育的艺术人才和学生搭建展示平台。（许王丽）

【杨浦区总工会开展百名画家画杨浦、百名作家写杨浦活动】 区总工会开展"双百活动"，即邀请百名画家深入基层采风，创作《巨变》等画作，于五一国际劳动节前推出《融合中的变迁——百名画家画杨浦画册》；邀请百名作家深入企业机关、创新园区、国际社区、地区总工会等地采访，创作《融合中的变迁——百名作家写杨浦作品集》，再现杨浦区"三区融合，转型发展"的历史进程，于9月28日举行首发式。（曹理仰）

【杨浦区总工会举办沪澳两地工会文化交流专项演出】 8月4日，"莲花

沪澳两地工会举行文艺交流舞蹈演出 (李君俊)

传情,玉兰飘香”沪澳两地工会文化交流专场演出暨第十届新东宫广场“周周演”澳门工联舞蹈团专场演出在新东宫广场举行,节目样式包括古典舞、风土舞、流行舞、越剧、京剧等。12月1日,“情牵两地展彩虹”沪澳两地舞蹈·艺交流演出在澳门何黎婉华庇道演艺剧院举行。市工人文化宫茉莉花艺术团、上海申通地铁职工舞蹈团、杨浦职工舞蹈团与澳门工联舞蹈团同台演出。 (曹理仰)

【上海小蝌蚪音乐园加强职工文化建设】 小蝌蚪音乐园创办于1995年3月。是以音乐为特色的民办艺术幼儿园,通过每年向职工推荐5本优秀书籍、5首优秀歌曲、5部优秀传统教育影片,定期组织职工欣赏剧院高雅艺术演出、开展文明礼仪培训等方式加强职工文化建设。5月19日,音乐园教工合唱团成立暨首场合唱音乐会在东方艺术中心演奏厅举行。

(曹理仰)

【黄浦区总工会举办职工书画摄影艺术展】 9月12—18日,由区总工会主办,区书法家协会协办,区工人文化宫、俱乐部承办的黄浦区职工书画、摄影艺术展在市工人文化宫举行。全区41家区管工会参与,淮海商业(集团)有限公司工会、区机关工会、区教育工会、新世界(集团)有限公司工会、豫园旅游商城股份有限公司工会等30余家单位、团体选送作品逾百件,从中选出书画作品82幅、摄影作品50幅参展,参观人数近千人,其中社会观众逾半数。 (郑国洪)

【瑞金二路社区总工会以文体活动凝聚企业职工】 社区总工会通过举办羽毛球比赛、“好歌献给党”卡拉OK大赛等,打造职工文体活动品牌,加深不同企业职工间的沟通交流。

(吕诚陆)

【静安区总工会开展静安职工喜迎“十八大”文化系列主题活动】 “唱响主旋律、建功‘十二五’”——静安职工喜迎“十八大”文化系列主题活动,紧扣静安楼宇经济特色和文化内涵,由感动时分、欢腾五一、光影抒怀、歌声飘扬、相约静安、书香楼宇等专题组成,先后举办文艺演出、歌咏比赛、摄影展览、多媒体作品制作演绎、楼宇职工运动会等群众性文体活动,覆盖全区26个大口,3万余名职工参与。活动获上海市五一文化特色项目奖。

(姚 磬)

【静安区总工会举办慰问外来务工人员文艺演出】 9月16日,区总工会主办“相约静安”慰问外来务工人员文艺演出活动,来自全区各街道,区商务系统、建交系统以及置业、地产、环建等企业的近600名外来务工人员观看演出。 (向 虹)

【宝山区区级机关工会开展“激情工作、精彩生活”文化系列活动】 5月至10月,区级机关工会以“激情工作、精彩生活”为主题开展文化系列活动。一是“好书大家读”每月荐书活动,由区级机关所属各工会轮流荐书,并组织开展“最受欢迎的年度好书”网上评选活动。二是“颂歌献给党”职工歌曲演唱赛,展示区级机关干部精神风貌。三是“魅力宝山”职工摄影展,艺术展现宝山新面貌、新变化。四是“活力机关”职工书画、篆刻艺术展,展示区级机关文化建设成果。

(胡立伟)

【宝山区总工会推进职工文化建设“五个一”举措】 一是围绕一个核心。以学习践行中国特色社会主义工会道路为核心,组织开展直属工会主席研修班、基层工会主席轮训班等培训;开展“践行价值取向,当好主力军,喜迎十八大”主题教育实践活动;组织各界女职工、10万职工子女、退休职工代表等参与“喜看宝山新变化”文化寻访系列活动。二是制定一份计划。根据2012年宝山工会宣教文体工作要点,确定目标任务、时间节点。三是树立一批品牌。在实践中打造百场电影进工地、职工书屋、读书活动、EBA培训、职工运动会、“英港杯”体育舞蹈比赛等系列文化活动品牌项目。四是培育一支队伍。开展职工艺术之星评选活动,从中聘请部分优秀人才组建宝山职工文体活动兼职指导员队伍;将区总聘用的专职工会工作者纳入职工文化建设者队伍,形成“上有计划保障、中有队伍引导,下有活动载体”的工作格局。五是抓好一块阵地。发挥宝山工人文化活动中心阵地作用,用好第三工人俱乐部、流动影院、职工书屋等文化场所,完善职工文体俱乐部、区域工会联谊会等组织作用,将文化活动送到职工身边。

(胡立伟)

【嘉定工会举办“相约七夕·梦圆嘉定”青年交友活动】 8月23日(农历七月初七),由区总工会主办,嘉定影剧院和嘉定人民广播电台《吃喝玩乐百事通》节目组协办的“相约七夕·梦圆嘉定”嘉定工会青年交友活动在嘉定影剧院举行。来自全区各行各业近200名青年职工参加。通过肚皮舞

体验、观看爱情喜剧电影《HOLD住爱》、交友派对等环节，帮助解决交友难、婚恋难问题。（徐　浩）

【金山区教育工会举办民族音乐校园行活动】 4月10日，金山区教育工会与上海民族乐团联合主办的"感悟民乐魅力，提升人文素养"民族音乐校园行活动举行开幕演出。演奏《十面埋伏》、《茉莉花》、《高山流水》等作品，来自上师大二附中、华师大三附中的师生代表及区教育系统工会代表等440余人参加。4月9—20日，先后在海棠小学、第二实验小学、石化工业学校等学校和单位演出10场，根据观众群体不同，分为小学生、中学生和教师专场，同时开展中国民乐历史、乐器、乐曲等知识宣讲。（黄文超）

【松江区总工会成立青年文化沙龙】 5月4日，区总工会青年文化沙龙成立。青年文化沙龙活动以"月月有活动、月月有主题"为原则，以"立足本职、凝心聚力，做松江区总工会未来发展的中坚力量"为奋斗目标，旨在成为青年人思想和友谊交流的平台，丰富知识、开拓眼界的平台，提高能力、展示才干的平台，助推工作、实现理想的平台。同时开通松江工会官方微博。（张谢琰）

【松江区总工会找准4个着力点推进企业文化建设】 一是弘扬工人伟大品格，用心建设劳模文化。选树一批富有时代特征、彰显企业形象的先进典型和劳动模范，以劳模文化推进企业文化建设；弘扬劳模精神，大力宣传劳模的先进事迹；营造学习劳模先进、争创一流业绩的企业氛围。二是发展和谐劳动关系，着力建设和谐文化。对全区劳动关系和谐企业创建情况进行抽样调查和课题调研；开展以创建"工人先锋号"为载体的立功竞赛活动，推进企业和职工共同发展；健全区、街镇两级劳动关系协调联席会议制度，形成职工工资协商与单位效益挂钩机制，推动企业健全职工工资共商机制、正常增长机制和支付保障机制。三是围绕发展方式转变，着重建设创新文化。以岗位学习、岗位创新、岗位成才、岗位奉献为主题，深入开展职工科技创新活动；深化小革新、小改进、小设计、小建议、小发明等"五小"活动；会同区人保局联合开展区职业技能竞赛，组织职工进行职业技能培训，邀请专家组成科技创新评审小组，树立创新典型。四是立足职工生命安全，致力建设安全文化。与区安监局联合开展"安康杯"竞赛活动；开展"我与安全"大讨论、"安全金点子"征集和安全隐患排查整治活动。（许星奎）

【青浦区总工会开展首届五一文化奖评选】 区总工会开设青浦区"五一文化奖"，将每三年组织一次评选表彰活动，对在全区职工文化活动中涌现出的优秀团队及先进个人予以表彰。3月，启动区首届五一文化奖评选推荐，各级工会上报文化项目百余个。经评审委员会审议，遴选出优秀职工文化团队16个、职工文化特色项目（活动）17个、职工文化优秀节目（作品）8个、职工文化建设优秀组织者29名、职工文化建设热心参与者21名，在青浦职工庆祝五一国际劳动节晚会上予以表彰。（马美君）

【青浦区总工会组织文体赛事进企业活动】 2012年，区总工会组织"同一片蓝天"为外来建设者送知识、送法律、送文艺活动12场，送电影进企业（社区）240场，开设农民工假日影院20场；新建全国"职工书屋"示范点1家，"流动书库"进企业48家，运用区图书馆资源开展"流动书架进企业"30家；评选"企业职工文体活动中心示范点"20家，举办体育擂台赛进企业，参与职工逾1.2万人。（马美君）

【崇明县总工会举办职工优秀摄影作品展】 4月23日，崇明职工优秀摄影作品展在崇明工人文化宫开幕。大赛有两个主题：一是"你镜中的他（她）"，反映全县各行业职工爱岗敬业、投身现代化生态岛建设、参与文化生活的精神风貌。二是"他（她）眼中的世界"，展现崇明乃至全国各地经济社会发展中的新景新貌。比赛共收到业余摄影作品近500幅，从中选出107幅优秀摄影作品在文化宫、新海镇、长兴镇、堡镇、陈家镇等地巡回展出。（易建军）

【上海市机电工会举行职工书法绘画摄影展评】 12月1日，电气职工书画摄影展在闵行体育馆展出。展评由专家和职工投票评选相结合，邀请市美术家协会、市摄影家协会、市书法家协会专家担任评委，现场有578名职工投票。其中书法类作品126幅，1人获金奖，2人获银奖，5人获铜奖，12人获优秀奖；绘画类作品73幅，1人获金奖，2人获银奖，3人获铜奖，11人获优秀奖；摄影类作品1078幅，3人获金奖，6人获银奖，9人获铜奖，15人获优秀奖。（周　珺）

青浦区总工会开展"同一片蓝天"为外来建设者送文化、送法律、送健康咨询活动（马美君）

【上海市机电工会排演大型多媒体报告剧《知识工人有力量》】 《知识工人有力量》是根据全国劳模、全国优秀共产党员、国家科技进步二等奖获得者、当代工人专家李斌的事迹创排而成,运用视频、歌舞、歌队、朗诵、话剧等多种艺术形式,艺术再现李斌的成长道路和“爱岗敬业、刻苦钻研、勇于创新、无私奉献”的劳模精神,部分演员由上海机电集团股份有限公司职工担任。9月26日,报告剧在宛平剧场演出,上海电气1000名职工观看。报告剧被评为第六届上海市五一文化奖十佳职工文化项目。 (冯克华)

【上海市机电工会推动职工文化体育活动】 一是将发展主题融入文化活动。举行上海电气庆祝党的十八大召开、发展高端装备制造业“我们的力量·发展篇”文艺晚会。二是将“我运动,我快乐,我健康”的宗旨融入职工文体。组织5100名职工参与第一届上海市市民运动会,获上海“民生杯”金奖;组织91支队伍、800余名职工参加第一届“上海电气杯”职工乒乓球、羽毛球、篮球比赛;举办上海电气职工绘画、书法、摄影作品展,1078幅作品参加摄影展,126幅作品参加书法展,73幅作品参加绘画展。

(周 珺)

【上海化学工会推进职工文化建设】 一是举办职工摄影专题讲座,10次讲座吸引160余位摄影爱好者。二是举办集邮纪念展、集邮专题讲座等系列活动,普及集邮知识。三是先后举办华谊职工文艺荟萃展演、集团职工文化艺术汇报演出、“在灿烂的阳光下”纪念建党91周年职工文艺演出,节目多来自基层一线。四是组织近百位华谊职工合唱团团员赴安徽华谊产业园区,到食堂、操作室、施工现场和码头等一线岗位为职工慰问演出。五是组织“华谊——我心中的美”职工书画艺术展,14家子公司的159名职工作者创作331件作品,近3000人次职工群众观展。六是组织七人制足球赛,15家两级子公司、直管单位的168名职工足球爱好者参赛。 (王有福)

【上海轻工业工会联合会举办“我的班组,我的生活”主题摄影比赛】 36个企业工会选送816幅职工作品参与主题摄影比赛,经初选,100幅作品入围展示和评选,部分优秀作品参加第七届长三角地区部分轻工企业职工摄影作品交流。 (徐俊彦)

【上海纺织博物馆以节兴馆传播文化】 5月28日—6月3日,纺织博物馆举办“六一亲子”活动周,设置DIY手工扎染、徒手编织中国结、互动式科普讲座等体验式互动活动,并通过介绍纺织新材料、新面料在各个领域的不同运用,普及纺织文化,吸引逾500名儿童及家长参加。 (王慎微)

上海轻工业工会联合会举行“我的班组,我的生活”主题摄影比赛

(徐俊彦)

【上海纺织举行“天天演”职工文艺专场演出】 10月27日,“成就无限科技梦想、编织多彩时尚生活”上海纺织职工文艺演出作为第十四届中国上海国际艺术节“天天演”专场之一,在南京路世纪广场举行,300余名来自集团各级基层单位的职工代表观摩演出。演出获第六届上海市五一文化奖优秀职工文化项目提名奖,节目海派时尚旗袍秀《时空穿越霓裳美》获颁十佳职工文艺节目奖。 (俞进艺)

【上海纺织职工文化活动基地实现周周有活动】 3月27日,上海纺织职工文化活动基地在上海纺织博物馆成立,为纺织职工提供固定的文化活动场所。活动基地开展市集邮节纺织分会场活动,展出11部邮集40框作品,其中2部邮集9框作品为“纺织专题”邮集;上海纺织京剧团入驻博物馆京昆戏服馆,每周日下午举行“跟我学京剧”活动;自4月起,上海纺织爱乐合唱团每2周进行一次声乐训练;6月,纺织职工摄影家协会“拍什么、怎么拍——用好手中的照相机摄影技巧”系列讲座开讲;7月,举行集团领导干部摄影作品征集展示;8月,举办纺织文学创作会会员、上海作家协会会员王卫国影视文学作品研讨会;9月,开设“弘扬国粹”京剧艺术推介讲座;12月,举办中国书画艺术鉴赏讲座。全年参与职工逾3千人次,实现“周周有活动,月月有精彩”的目标。 (俞进艺)

【上海纺织组建爱乐合唱团】 4月24日,上海纺织爱乐合唱团正式成立。首批团员由62名职工组成,来自近50家基层单位,其中大学以上学历占75.6%,平均年龄43.5岁,80、90后青年员工占27.4%。合唱团常设排练场地为纺织博物馆,聘请专业艺术指导和钢琴伴奏,坚持每2周一次声乐训练。 (俞进艺)

【上海市电力公司举办第五届上海电力职工镜头中的世界暨上海电力十人摄影精品展】 作为2012年上海职工艺术博览汇首批参展单位,上海市电力公司于11月29日—12月3日在上海市工人文化宫举办“光之魂”第五届上海电力职工镜头中的世界暨上海

电力十人摄影精品展，展出200余幅职工摄影作品。12月3日举行摄影展闭幕式暨颁奖典礼，向获得“上海电力摄影特别贡献奖”的10位员工颁发证书。摄影展被评为第六届上海市五一文化奖十佳文化展项。

（钱幼树）

【上海市电力公司工会开展上海电力文艺人才选拔】 “阳光·舞台”上海电力文艺人才选拔活动由公司工会、文体协会主办，公司演艺协会、东捷集团公司、浦东供电公司承办。5月11日、12日举行初赛，近300名职工参加器乐、声乐、舞蹈、语言等4个类别的初选。6月16日，60余位晋级职工进行决赛和汇报演出，分别评出“十佳”文艺人才奖（10名）、优秀文艺人才奖（20名）和文艺人才奖（40名）。

（钱幼树）

【宝钢金属公司工会试点“第三空间”建设】 公司工会在下属宝钢包装、宝钢精密钢丝、宝钢金属总部等公司试点建设“第三空间”，即在工作（“第一空间”）、生活（“第二空间”）之外建立的另一个员工活动空间，集学习、游戏、休息等功能于一体，可以举行小组讨论会，也可以提供给音乐、书法、摄影爱好者作为学习展览场所。公司还为每位员工设定“创造性时间”，除了业余时间外，允许每月绩效考核评价好的员工在工作时间去“第三空间”进行创造力开发。宝钢包装的“第三空间”已建成并投入使用，先后举办员工自主管理发布会、周末放映室等活动。宝钢精密钢丝、宝钢金属总部及其他各单位的“第三空间”也在建设中。

（夏剑虹）

【宝钢举办第七届班组活力才艺大赛】 5月30日，“精彩员工”宝钢第七届班组活力才艺大赛在宝钢体育馆开幕。来自宝钢股份等12家单位的37个班组参赛，经团队合作、才艺展示、知识问答等三轮角逐，宝钢特材、梅钢（梅山）公司、宝钢工程的5个班组获“精彩班组奖”，另有18个班组分获“最佳创意”、“最佳才艺”、“最佳活力”单项奖。

（宋漪）

【宝钢开展“文化之旅”下基层系列活动】 2012年，宝钢开展以“精彩宝钢，活力员工”为主题，以“文艺创作到基层、文艺作品到基层、文艺知识到基层”为主要内容的“文化之旅”下基层活动。主要内容：举办集书法、美术、摄影、硬笔书法、刻字等为一体的宝钢职工大型艺术成果展；组织上海著名艺术家到基层、进班组进行采风，为职工画像、赠书，为班组题词；组织宝钢书法家到基层为职工书写扇面；举办“城市人文摄影”、《近代书画收藏与收藏》、《艺术品古玩收藏知识介绍与投资》、《中国传统山水画与现代山水画欣赏》、《西方芭蕾艺术欣赏与解读》、《张大千绘画艺术风格》等系列讲座，吸引数百名职工参加；举办宝钢职工硬笔书法大赛、宝钢女职工书画摄影展并到基层巡展；举办职工主持人、舞蹈、声乐、太极拳广场系列大赛。

（宋漪）

【宝钢特材开展“清凉一夏”室内文体系列活动】 室内文体系列活动主要面向住宿青年员工，共策划实施“我们的竞技场”桌游棋牌大赛、“我们的世界杯”实况足球电子竞技赛、“我们的大师赛”黑八桌球争霸赛、“我们的大舞台”团队竞赛等4个专场，满足青年员工群体精神文化需求。

（陈美坤）

【上海石化组织开展纪念建厂40周年系列文化活动】 一是举办“我心中的上海石化”征文短信寄语和“我眼中的上海石化”摄影大赛，收到征文307篇，短信寄语1018条，摄影作品和老照片566幅。二是与团委共同组织开展“感动石化”——先进事迹和典型故事巡讲、“爱我石化，共建家园”厂史知识竞赛。三是举办厂庆40周年文艺晚会，1200余名职工参加。四是举办上海市第一届职工艺博汇暨上海石化职工文化艺术展，展示300余幅职工书画摄影作品，2000余件集邮、手工艺品、微雕、麦秆画等作品，近5000名职工和市民观展。

（盛立新）

【鲁中矿业举办第五届职工文化艺术节】 艺术节于9月17—19日举行。展出职工创作的书法、美术、摄影、巧手制作作品394件，奇石、根雕、盆景、观赏鸟等收藏品215件；举办“我的班组我的家”班组才艺展示赛、“欢乐家园”歌唱赛、“健康工作、快乐生活”健身赛等3场展演，小官庄铁矿获一等奖，张家洼铁矿、公司机关获二等奖，教育培训中心、选矿厂、物业管理中心获三等奖。

（杨庆荣）

【鲁中矿业加强职工文化建设】 一是坚持月月有活动。举办元宵节焰火晚会、“十大孝星”颁奖晚会及以10项展览、3场演出为主要内容的第五届职工文化艺术节。二是加强对外文化交流。参与中国五矿职工文化展演，选送132件作品参加“五矿广场杯”职工书画、手工艺品展览，17幅作品分获一、二、三等奖；业余合唱团在“五矿地产杯”中国五矿集团公司第二届合唱比赛中获铜奖。三是发展群众文化团体。书法、美术、摄影、声乐等团队、协会不定期开展活动。

（杨庆荣）

【中国商飞公司试飞中心开展喜迎十八大系列文体活动】 一是“健儿争先”运动选拔赛，10个部门、88名职工参加，优秀选手参加中国商飞公司第二届职工运动会。二是“我心唱响”歌唱选拔赛，由各部门选送职工歌手参赛。三是选送34幅职工作品参加由中国商飞公司举办的“喜迎十八大”职工书画摄影比赛，获二等奖1项，优胜奖3项。

（沈佳骅）

【上海市烟草工会开展集团文化日员工主题体验活动】 烟草工会以“集团文化日”主题体验活动为载体，发挥组织优势。一是“点”上劳模示范，以弘扬劳模精神、挖掘劳模文化、创建劳模工作室为主要内容，用劳模小格言、小故事带动职工，通过创建“劳模示范点”、“劳模创新工作室”，打造科技创新、管理创新、服务创新、技能创新的特色品牌。二是“线”上主题展演，围绕“展示与企业文化相匹配的员工队伍形象”的主题，以情景剧形式演绎员工文化故事。三是“面”上全员发动。组织成立文化“落地”巡展宣讲团，面向集团所有工商基层单位展示优秀班组文化建设的做法经验，36个基层班组的案例展板在10家单位展出，并向行业1338个班组下

上海洋山港海事处工会组建职工管乐队 （李云皓）

发文化“落地”宣传册，向30家基层单位，2412名基层班组长进行宣讲。 （沈光辉）

【上汽集团举办第十届职工艺术展】 10月18—25日，“人与车·和谐之美”上汽集团第十届职工艺术作品展在上海图书馆举行。职工艺术作品展作为上海职工艺术博览汇组成之一，分为“亲切关怀”、“事业精彩”、“生活多彩”、“笔墨华彩”4个篇章，展出摄影作品800余幅、书画作品近200幅，集团企业领导、管理人员、工程师、一线工人和外籍专家分别创作作品参展。 （陶牡丹）

【上海铁路局工会开展职工文化系列活动】 一是举办“秀出才艺，展示风采”职工才艺大赛，26个单位、78名选手创作的6大类41个节目入围路局决赛。二是选拔创编7个节目参加全路职工才艺大赛汇演，分获一、二、三等奖，11人获全路“职工才艺之星”称号，路局工会获优秀组织奖。三是举办“职工文化大讲堂”培训，90余名职工文艺骨干和爱好者参加。四是邀请中铁文工团，与路局文艺小分队一同深入基层站段，开展“安全是天”巡回慰问演出。五是组织“上铁力量”DV大赛等，集中展示上铁文化和职工风采。路局职工文化艺术节获第六届上海市五一文化奖提名奖。 （白　杰）

【中海工会组织海嫂与船员共迎中秋国庆】 中海工会组织百余名海嫂，分别于9月18日登上油船“遵义潭”轮，20日登上散运船“嘉禾航运2”轮，21日登上集装箱船“新漳州”轮，慰问航运一线船员，与船员共迎中秋国庆。 （顾惠根）

【中海集团工会举办“乌兰牧骑”流动邮展】 9月22日，“乌兰牧骑”流动邮展在场中路海运小区开展。展出由20个展版、320页贴片组成，其中专题邮集《毛泽东》、《船》和促进类邮集《驰骋深蓝》曾分获全国集邮展览铜奖。邮展进社区作为企业文化与社区文化共建的有益尝试，吸引200余名社区居民观展。 （冯桂芳）

【上港集团工会开展为一线班组送书画活动】 作为上港集团首届职工文化节项目之一，5月16日、6月20日、7月19日、8月29日、11月21日，集团工会先后前往外轮理货公司、罗泾矿石码头公司、罗泾分公司、海华轮船公司、海勃软件公司和浦东集装箱码头公司等基层单位，开展为一线班组送书画活动，向基层部门和班组赠送由集团书法、美术协会成员创作的381幅书画作品。 （王　辰）

【上港集团职工合唱团举行专场音乐会】 为申请加入上海音乐协会合唱专业委员会，6月21日，上港集团职工合唱团举行专场音乐会，表演大合唱、男声合唱、女声合唱、女声小合唱、男声四重唱和男声独唱等多种演唱形式。音乐会后，合唱团成员还与市音乐协会专家进行座谈交流。 （张晨琦）

【上海邮政举办第六届员工文化艺术节】 “展绿艺风采、创和谐邮政”第六届员工文化艺术节4月中旬开幕，10月上旬闭幕，先后开展摄影、书法、美术、插花、工艺品、卡拉OK、“绿衣风采”文艺创作展示等活动。30个单位选送的40个节目参加文艺展示，闸北区邮政局车技表演《金色邮路》、邮区中心局表演唱《唱唱我伲中心局》、速递物流舞蹈《盛世欢歌》等节目获

闸北邮政车技队表演《金色的邮路》 （陆　彬）

优秀展示奖。工会组织合唱团参与由中宣部、中央文明办主办，中央电视台录制的“激情广场”爱国歌曲大家唱——上海徐汇篇及上海市庆祝五一国际劳动节文艺晚会演出。 （陈千涛 张 莉）

【中国移动上海公司举办第四届文化艺术节】 “为员工喝彩，为企业歌唱，为发展加油”第四届文化艺术节历时半年，实现3个首次，即各项活动首次向员工家属、VIP客户及合作伙伴开放，首次开辟手机视频现场直播，首次将员工业务技能与文化艺术节活动项目结合。三大活动板块：“凝·静——文化艺术展”板块，700余名员工参与艺术创作，经评选集中展示365件优秀作品；“思·行——文化大讲堂”板块，共开设7场讲座，内容涵盖摄影、表演、音乐、绘画、企业文化等，场内外听讲参与的员工、VIP客户、合作伙伴近万人；“灵·动——‘我行我能’移动达人秀”板块，与劳动竞赛、岗位练兵相结合，以综艺达人秀方式展示员工风采，1500余名员工参与。 （史 旭）

【上海电信工会开展基层原创文艺节目展评】 11月17日，上海电信工会举行基层原创文艺节目展评活动，来自各基层单位的37支参赛职工队伍自编、自创、自演形式多样的文艺节目。节目包括上海号百分公司小品《号百攻战计》、上海通服情景朗诵《聚水奔腾的回响》、北区局情景剧《家信》、机动局上海话表演《机动Style》、长途无线部音乐剧《翼动青春》、莘闵局扁鼓舞《奋进》等。 （朱东亚）

【中远集运工会组织开展“心在中远 感动你我”DV大赛】 中远集运工会将DV拍摄与“面对面、心贴心、实打实服务职工在基层”主题活动结合，坚持“原生态、低成本”理念，紧扣“感动”主题，把一线职工作为宣传拍摄重点，引导鼓励职工创作《QQ群缘》、《坚守，一个人的码头》、《一个都不落下》、《一个中远集装箱的日记》、《靠港》、《心系远洋一辈子，服务船员十五年》、《“保航人”阿兵》等DV作品。 （钱 华）

【上海机场工会举行职工电影《缘点》首映式】 3月23日，上海机场职工电影梦系列《我的机场我的梦》（第二季）微电影《缘点》在上海影城举行首映式。作为职工电影梦系列第二部作品，《缘点》以“爱的选择”为主题，筹备拍摄历时4个月，近120名演职人员多数来自机场的各条战线，其中部分职工演员经工会官方微博招募。职工电影梦系列第三季筹备拍摄工作已于下半年启动，镜头将对准机场消防战士，展现新时期农民工励志成长故事。 （张雯倩）

【建工构件公司工会举办第四届“劳动者之歌”演讲比赛】 5月11日，举行“劳动者之歌”演讲比赛决赛，18位选手参赛，近百名职工现场观摩。比赛特点：一是演讲内容更注重原创，从身边人、身边事出发；二是参赛选手以初次参赛的青年职工为主，风格多样。 （杨钟春）

【建工机施公司工会成立影友俱乐部】 3月22日，机施工会召开影友俱乐部成立大会，发展会员61名。俱乐部成立后，举办“春意盎然”主题摄影比赛，征集作品280幅，经评审，40幅作品入围，制成展板由大众评审。8月上旬，颁发各类奖项。 （杨钟春）

【上海申通地铁集团工会举办职工文化艺术节和艺术展】 5—10月举办。有卡拉OK大赛、摄影大赛、主持人大赛、诗歌征集大赛、书法绘画篆刻大赛、原创文艺作品大赛、礼仪大赛、健美操大赛等8项活动，近万名职工参与，136个参赛选手个人和集体获得表彰。10月18—24日，上海地铁职工文化艺术展在市工人文化宫举行。展出由“艺术迸发的天地”书画展、“上海发展的见证”磁卡展、“人文写实的记录”摄影展三大板块组成，共展出296幅书画、篆刻、摄影作品和4大系列地铁纪念磁卡，其中70%作品来源于职工文化艺术节。集团工会同时选送优秀作品参加上海职工文化艺术展，由陈纪仁创作的《全国劳模——马珏》、蒋巍创作的《全国劳模——鲍鹤群》被评为“妙笔绘劳模”优秀绘画作品，丁琦海拍摄的《都市地下守护者》被评为“影像聚班组”优秀摄影作品，包怀民创作的《定风波》被评为“挥毫书感言”优秀书法作品，集团工会获优秀组织奖。 （姜 雪）

【城投职工举行庆贺公司成立20周年文艺演出】 7月10日，作为“改革发展，服务民生”上海城投成立20周年总结大会组成部分之一，城投职工庆贺公司成立20周年文艺演出在上海文化广场举行。节目形式主要有舞龙舞狮、歌表演、舞蹈、演唱、太极表演、团体操、欢庆锣鼓、大合唱等。演出获颁第六届上海市五一文化奖十佳职工文化项目；文艺节目歌表演《市民看城投》获优秀职工文艺节目提名奖。 （朱文慧）

【上海绿化市容行业工会举办“天天演”专场演出】 10月25日，第十四届中国上海国际艺术节“天天演”上海绿化市容行业专场演出在上海南京路世纪广场举行，集中展现绿化市容行业职工的艺术才华和精神风貌。 （鲍 斌）

【大屯公司推进职工文化建设】 一是开展多项文艺活动。举办公司第十八届“姚桥杯”职工声乐比赛；春节组织职工自编、自导、自演3场文艺演出；举办三八女职工舞蹈大赛、庆五一文艺晚会；举办大合唱指挥培训班，34名学员参加；以第二期声乐舞蹈培训班学员为主，排演“庆国庆迎中秋”汇报文艺演出；举办“安全、发展、民生”职工主题书画展。二是丰富职工业余生活。投资85万元，完成对公司俱乐部3D数字影院改造，播放高清数字电影30余场；打造纳凉晚会品牌，7月至8月，由公司工会、企业文化部、公司团委共同举办安全、发展、民生“和”文化纳凉晚会6场，参演职工500余人，观众近2万人次。 （王安友）

【百联集团工会参与上海职工文化艺术展】 集团工会依托集团职工文体协会和各级工会，举办“喜迎十八大”百联员工扇面书画展并出版专辑，在此基础上选送优秀作品参加上海职工文化艺术展。书法作品《沁园春·喜迎十八大》、大头针画作《扬帆起航》

获优胜奖，集团工会获优秀组织单位称号。（姜 杰）

【上海水产集团工会组织开展职工摄影展评活动】“建功集团十二五、喜迎党的十八大”摄影展评收到参赛作品388件，其中113张照片入选集团职工摄影展，分为“奋发之歌”、“心灵之曲”、“艺术之韵”等11个板块展出。（韩 毅）

【上海科技馆举办第二届职工文化艺术节】9—12月，上海科技馆工会举办第二届“振兴杯”职工文化艺术节，先后开展摄影大赛、手工制作、风采展示、科学表演等4项活动。300余名职工提交500幅摄影、手工作品进行展出和评比。各工会小组组织职工观摩“风采展示”并投票选出优秀作品。展教一线职工通过“科学表演”展示科普创作成果。（陶 薇）

【上海市摄影家协会医务分会会员摄影作品展举行】10月11—17日，作为“2012上海国际摄影艺术节”系列展览活动组成部分之一的摄影作品展在静安区文化馆举行。市摄影家协会医务分会、市医务职工摄影协会50余名会员投稿近400幅作品，其中90幅作品入围参展。（吴嘉民 金邓凯）

【新闻出版工会举办上海出版界职工“我为美丽而舞动”系列活动】一是举办舞蹈比赛。来自上海出版界15家单位、16支参赛队、100余名选手参赛，上海烟草包装印刷有限公司、上海人民美术出版社有限公司、上海音乐出版社有限公司分获群舞类、独舞类一等奖。二是举办“手指间的璀璨”上海出版界女编辑、女职工手工艺作品展，43家单位、139名女职工选送185幅手工艺作品参展，其中45幅作品获奖。三是与女编辑工作委员会、市出版青年工作委员会联合举办“轻舞飞扬·相约你我”上海出版界职工大型交谊舞会，吸引150名职工参加。（方宏国）

【光明集团工会举办首届职工摄影大赛】6月19日，“美好生活，和谐快乐”首届光明食品集团万名职工游鲜花港摄影大赛举行作品评审会，从主题内涵、视觉效果、创意拍摄等角度，对92幅入围作品进行评审，评出各奖项。（桑树德）

【上海市民政局工会举办第十一届“民政之花”文艺汇演】9月25日，“谱民生新曲，奏和谐乐章”上海市民政系统第十一届“民政之花”文艺汇演在上海第二军医大学会堂举行。汇演由“多彩生活”、“使命责任”、“阳光路上”3个篇章组成。（胡绩伟）

【市监狱局工会加强企业文化建设】局工会结合各单位实际，建立健全基层读书、棋牌、球类、书画、钓鱼等文体协会组织，推进监区文化建设。提篮桥监狱举办“篮桥好声音”卡拉OK比赛；宝山监狱、新收犯监狱建立多个文体协会，活动丰富；南汇建立多个文化分社；白茅岭监狱坚持在五一、七一、十一等重大节庆日举行广场晚会，每月编写《工会之声》。（江海群）

上海市市级机关举行喜迎十八大文艺汇演（陈 德）

【市监狱局工会开展“我心中的上海监狱人民警察”征文比赛活动】局工会与局政治部、局团委共同开展主题征文比赛活动，收到各基层工会会员报送的83篇文章、24首诗歌，从中评选出一、二、三等奖及鼓励奖。（江海群）

【市级机关工会举办周末歌剧沙龙】市级机关工会在上海大剧院工会支持下，每两月举办一次“周末歌剧沙龙”。由上海歌剧院将话剧《茶花女》、《雷雨》改编为歌剧进行展演，演出前对歌剧内容、艺术背景等进行介绍，旨在提高工会干部和公务员群体的艺术修养。（王强鹰）

【市级机关创作《国门家门》获第三届中国职工艺术节声乐比赛二等奖】《国门家门》是由市级机关以质检、海关、工商等领域国门卫士的事迹和形象为蓝本创作编排的歌曲，作为上海职工优秀创作节目代表，参加上海市领导2012年春节慰问驻沪部队和武警官兵演出。2012年，获第三届中国职工艺术节声乐比赛民族组二等奖，被授予第六届上海市五一文化奖。（王强鹰）

【市级机关工会举办第九套广播操比赛】6月27日，“我参与、我运动、我健康”市级机关第九套广播操比赛举行。来自市委、市人大、市政府、市政协、市纪委、市高级法院、市检察院、市总工会、团市委、市妇联等53个机关、企事业单位的1113名公务员、干部职工参赛。（王强鹰）

【市级机关举行喜迎十八大文艺汇演】10月12日，由市级机关工作党委主办、市级机关工会承办的喜迎十八大文艺汇演在上海城市剧院举行。

整场演出由机关系统文艺骨干自编自演，由歌舞、合唱、独唱、小品等节目构成，市人大、市政府、市政协及市有关部委办局领导、机关党委书记、工会主席等近千人观摩。文艺汇演被评为第六届上海市五一文化奖十佳职工文化项目。（王强鹰）

【上海隧道工程股份有限公司重视职工文化建设】 一是重在载体创新，满足职工文化需求。注重建立长效性职工文化活动机制，针对企业施工特点，创造性地将立功竞赛与党建联建相结合，将职工文化活动与党建活动相结合，丰富“党建带工建，工建服务党建”内涵。先后举办“和谐为本，平安是源，幸福唯美”立功竞赛、党建联建推进会暨消防安全文艺晚会、全国劳模杨磊“你的故事我的歌”栏目五一专题访谈、《我的故事，我的歌》学习型党组织建设主题文艺活动，参与“劳动最光荣”节目演出录制等。二是重在“素质提升”，激发职工工作热情。注重提升各在建项目一线班组综合素质，以班组文化论坛等系列活动为主，增强班组长安全意识、责任意识和文化意识。注重发挥女职工作用，开展“身为巾帼让我自豪、投身工作增我美丽”座谈会、“扬转型发展之帆、展隧道巾帼之采”三八节活动、美丽人生征文比赛活动等。三是重在“人文关怀”，丰富职工文化内涵。注重营造工地“亲情文化”氛围，将关爱农民工纳入职工文化建设范畴。通过调研走访，首创“五个一”，即开展一次农民工、分包队伍老板、公司领导恳谈会；成立一批农民工业余学校；参办一次建筑业职业技能竞赛（集团赛区）；开展一次百日安全教育活动，向农民工赠送学习光盘材料；选送一批农民工参加新生代农民工初级工商管理（EBA）培训。（王放伟）

【号百公司举办天天演“114”专场活动】 11月4日，借助广场文化活动职工专场的平台，举行号百公司第十四届中国上海国际艺术节“天天演”——“情牵‘114’便捷享服务”专场文艺演出。此次演出中还把公司瑜伽兴趣小组成员的瑜伽表演搬上舞台，创新节目形式。（沈 匀）

【市工人文化宫举办上海东方书画院画师精品展】 10月27日，上海职工艺术博览汇活动之一，由上海市工人文化宫、上海东方书画院主办的“丹青神韵”——“三鼎杯”上海东方书画院书画作品展在市宫揭幕，展出作品180余件并将汇编成集。上海东方书画院成立于1997年2月，共有画师200余名，15年来培养了中国书法家协会、中国美术家协会等国家级协会会员40余人，30余名画师获国家文化部颁发的群文奖、全国总工会颁发的五一文化奖等国家级奖项，作品曾数十次参加国际、国内书画展并获奖。（王超颖）

【市工人文化宫承办上海职工艺术博览汇开幕式】 6月15日，上海职工艺术博览汇开幕式暨上海石化职工文化艺术展在市宫举行。开幕式上，揭晓上海职工艺术博览汇徽标，“汇”字寓意上海职工文化建设成果的汇总、职工文化艺术人才的汇聚、职工文化艺术作品的汇合，徽标由英语字母s、w和a组成，s代表上海，w代表工人，a代表艺术，组合成一只蝴蝶，又像一朵盛开的白玉兰，寓意新时期上海职工文化建设绚丽多姿，象征上海国际文化大都市建设欣欣向荣。（王超颖）

【市工人文化宫承办上海职工春季联谊活动】 5月12日，由市总工会女职工委员会主办、市工人文化宫承办的“青春有约·情谊两牵”2012年上海职工春季联谊活动在市宫举行，继续为单身职工提供交流平台，拓展交友空间。来自华东空管、信息委、上海机场、上海海关、上海商飞等企事业单位的160余名青年职工参加活动，通过“闪亮登场”、“爱情面对面”、“午茶小憩”等环节交流沟通。（王超颖）

【市工人文化宫举办全国职工灯谜大赛】 2月3日，由市工人文化宫、市职工爱好者组织联合会主办，市职工灯谜协会承办的“龙腾虎跃闹元宵”2012年全国职工灯谜大赛在市宫开幕。除传统的挂谜和民间文化表演外，还举行长三角职工灯谜团体邀请赛、全国职工灯谜精英赛、班组职工灯谜擂台赛等3场灯谜竞赛。（王超颖）

【市总工会组织参加第三届中国职工艺术节】 4月开幕的第三届中国职工艺术节由全总、中国文联、中央文明办、中央电视台联合举办。市总工会先后组织申报16个区县局（产业）工会的96个优秀职工文艺作品，参加包括器乐、声乐、舞蹈、书法美术、摄影、戏剧戏曲和曲艺小品等全部7个门类的单项比赛。市工人文化宫选送的民乐合奏《敦煌新语》等9个优秀职工文艺作品获得涵盖全部7个门类单项比赛的前三等奖项，市总工会获书法美术、声乐和舞蹈等3个单项比赛优秀组织奖。虹口区总工会选送的小品《回家过年》成为参演12月9日在北京中国剧院举行的第三届中国职工艺术节闭幕式晚会的唯一一个语言类节目。（郁晓昕）

职工体育

【市总工会参与第一届市民运动会】 市总工会作为首届市民运动会主办方之一，运用工会网站、劳动报、企业报刊、手机短信等各种工会宣传阵地和媒体，在职工中宣传市民运动会报名参赛、开幕式以及赛事开展等各项工作；建立工会系统体育活动预报制度，及时掌握各级工会各阶段开展文体活动的动态，践行“天天运动、人人健康”的全民健身365行动计划。组织发动55支代表队、40余万人次职工参与第一届市民运动会。各类职工群体利用双休日、节假日参加社区举办的三级赛事、区县举办的二级和一级赛事。据统计，第一届市民运动会参与总人次630万，其中职工252万人次，占总人次40%。（余洪海）

【市总工会举办职工体育健身四季大联赛】 市总工会、市体育局以“我参与、我健康、我快乐”为主题联合举办上海职工体育健身四季大联赛。开展春季“中智杯”上海职工慈善健康跑，夏季“青浦杯”第二届农民工健身大赛，秋季“金融杯”上海职工定向越野赛暨白领健身季，冬季“城建杯”上海职工第九套广播操、排舞健身操比赛，92个区县局（产业）工会、205支队伍、

举办"城建杯"上海职工第九套广播操、排舞大赛、工间操展示
（吴良荣）

近7000名职工先后参加各项赛事。（余洪海）

【浦东新区举办践行社会主义核心价值观宣誓暨第二届环滴水湖健康跑】 5月12日，由新区总工会、临港新城管理委员会、申港街道办事处、上海港城开发（集团）有限公司联合举办"责任在我心，诚信伴我行"浦东职工践行社会主义核心价值观宣誓暨浦东新区第二届环滴水湖健康跑活动。来自全区各区属企业、社区、镇、开发区工会所属企业的78支代表队、3500名职工承诺"坚定理想信念，爱岗履职尽责；诚信做人做事，勇于担当使命。践行创先争优，投身二次创业；弘扬劳模精神，奉献转型发展"，并在开幕式后参加环湖8.3公里健身跑。男子前60名、女子前40名获奖金和荣誉证书。（陈效宏）

【徐汇区职工文体活动蓬勃开展】 一是组织动员全区万名职工参加上海首届市民运动会各项赛事。二是举办"贺龙杯"中国业余篮球公开赛徐汇赛区比赛、"虹梅杯"春季职工长跑赛等传统赛事。三是举办"徐家汇杯"职工业余游泳赛、"枫林杯"职工乒乓球赛、"漕河泾杯"职工羽毛球赛等徐汇职工体育四季联赛。四是组队参加第二届农民工健身大赛、上海职工才艺博览汇、上海青年职工定向越野牵手交友、职工健身操、广播操比赛等。五是推出"职工文化家园项目"，组织区工人文体中心、职工文艺联合会、职工艺术团合唱团，送文化进企业、进工地、进楼宇、进社区，共演出21场，观众5600人次。六是指导各社区、镇、系统、集团公司及直属工会因地制宜举办"企业杯"运动会、弄堂运动会，球类、牌类、踢毽子、跳绳、拔河等比赛，以及读书征文、书法、绘画、摄影、花艺等赛事或展示。（施伟革）

【普陀区总工会举办职工广播操、健身舞展示活动】 10月12日，上海市第一届市民运动会普陀职工专场——普陀职工广播操、健身舞展示活动在曹杨职校体育馆内举行。来自全区各系统、街镇的14支职工代表队、500余名劳模先进和职工代表进行第九套广播体操会操，并分别开展长绳表演、木兰扇、工间操等各类健身舞展示。（许王丽）

【闸北区总工会举办职工乒乓球大赛】 比赛设男女混合团体、男子单打、女子单打、家庭双人赛4个竞赛项目，其中团体赛依据选手年龄、单打赛按技术水平分为不同组别进行比赛。全区职工乒乓球爱好者200余人报名参赛。（陆　非）

【闸北区总工会举行闸北职工三人篮球赛】 4月29日—5月底，"大宁集团杯"闸北职工3人篮球选拔赛在大宁灵石公园公共运动场举行。比赛由区总工会、区体育总会、大宁资产经营（集团）有限公司联合主办，作为首届市民运动会闸北赛区比赛项目之一，吸引来自区机关和企事业单位工会的近50支代表队报名参赛。（陆　非）

【黄浦区举行第三十八届南京路马路运动会】 11月15日，区总工会、区体育局共同举办第三十八届南京路马路运动会，主要包括"喜庆仪式"（开幕式）、"九九归一"（第九套广播操会操展示）、"激流奔腾"（健身跑）、"巾帼风情"（社区健身团队荟萃）、"擂台争霸"（快乐员工擂台赛）、"木兰飘香"（木兰拳表演）、"魅力瞬间"（即时摄影）和"五光十色"（商家门前活动）等8个部分。步行街沿线企事业单位职工、社区体育健身团队、特邀表演团队、体育爱好者等2500人参加。（郑国洪）

【黄浦区总工会组织庆八一军民长跑活动】 上海市第三十一届庆八一军民长跑活动由市总工会、市体育局、上海警备区、上海市双拥办、黄浦区人民政府主办，区总工会、区体育局、区人民武装部、区双拥办承办，上海市益民商业集团股份有限公司冠名协办，被列为上海市首届市民运动会驻沪部队"健身系列赛"项目和黄浦区首届市民运动会"主题日"活动项目。7月28日清晨，庆八一军民长跑开跑，17个区县局的87支队伍参加，其中包括由驻沪陆、海、空和武警部队所组成的人民子弟兵600人，上海世博会博物馆代表队、益民集团200人方阵，多家民营企业的新上海人和外籍员工，以及连续31年参加的78岁老运动员张顺祥。在长跑队伍经过上海世博会纪念馆、原世博会城市最佳实践区、中国船舶馆绿地广场等地，由南京东路、淮海中路、外滩、五里桥等街道组织的文体团队分别进行展示。（郑国洪）

【静安区总工会举办静安楼宇职工运动会】 7月14日，由区总工会、区体育局、区社建办等部门联合举办的"我参与、我健康、我快乐"静安区楼宇职工运动会在区体育馆开幕，来自各街道楼宇的200余名职工参加开幕式。运动会共设置乒乓球、游泳、小足球射门等10余个比赛项目，至10月

闭幕,400 余人次职工参赛。(姚　馨)

【闵行区举行“扬和谐文化、展企业风采”第二届职工龙舟大赛】 5 月 19 日,“扬和谐文化、展企业风采”闵行区第二届职工龙舟赛在青浦淀山湖水上运动中心水域举行,参加闵行区劳动关系和谐企业创建的 38 支队伍、近 800 名职工参赛。(俞龙祥)

闵行区举行第二届职工龙舟大赛 (吴良荣)

【嘉定区举办千队万人广播体操总决赛】 10 月 14 日,上海市第一届市民运动会“990”第九套广播体操大赛市级决赛(嘉定赛区)暨“西上海杯”嘉定区千队万人广播体操总决赛在嘉定体育场举行。比赛由市体育局、市总工会、市体育总会主办,由市社会体育管理中心、嘉定区体育局、区总工会、市人民广播电视台承办,设村居委组、企业组和机关事业组 3 个组别,采用大会操和分组比赛形式,由社区居民、机关、企事业单位职工组成的 104 个代表队、近 2000 名参赛者现场集中展示,经 2 轮比赛,华亭联一、大众经济城、区教育局等 10 家单位获优秀奖。(徐　浩)

【松江区总工会举办职工第二届体育健身节】 6 月 2 日—11 月 10 日,区总工会举办职工第二届体育健身节。设羽毛球、乒乓球、消防负重接力、拔河、长绳等 12 个比赛项目,44 个街镇、委办局、直属单位的 319 支队伍、逾 9000 人次参赛,比赛规模和参赛人数均超首届。(季誉超)

【青浦区举办第二届上海市农民工健身大赛暨青浦职工趣味运动会】 6 月 30 日,上海职工体育健身四季大联赛夏季“青浦杯”第二届上海市农民工健身大赛暨青浦职工趣味运动会在青浦区体育中心举行。比赛以“我参与、我快乐、我健康”为主题,以农民工为主要参赛对象,设消防演练趣味接力、拔河、龙舟、趣味活动擂台赛,来自 36 个区县局(产业)的 45 支代表队、近 2000 名农民工参赛。最终青浦工会 1 队获团体总分第三名,河村电器代表队获消防演练赛第二名,新大洲本田代表队获拔河比赛第二名,朱家角龙舟队、沪工电焊龙舟队、华新龙舟队包揽龙舟比赛前三名。(马美君)

举行 2012 仪电控股文化体育节 (鲁守华)

【青浦区举行职工体育擂台赛】 7 月份,区总工会、区体育局联合举办青浦区职工体育擂台赛,设定点投篮、跳绳、飞镖 3 个项目,利用企业内小型公共运动场设置擂台点,由企业工会组织职工参赛;每家企业再选派各项目的前三名选手,参加 8 月 26 日进行的总决赛。先后在新大洲本田、佳吉快运、旭统精密电子、熊猫机械等 20 余家较大规模企业中陆续开展,参赛职工 1 万余人。(马美君)

【上海市机电工会举行乒乓球、羽毛球、篮球比赛】 8 月 10 日—12 月 1 日,上海电气职工“电气杯”乒乓球、羽毛球、篮球比赛在闵行体育馆举行。共有 91 支队伍、800 名职工运动员参赛。上海电气电站集团有限公司上海汽轮机厂代表队、上海电机学院代表队、上海太平洋(机电)有限公司代表队分获乒乓球赛冠亚季军;上海电气输配电集团代表队、上海天安轴承厂代表队、上海锅炉厂有限公司代表队分获羽毛球赛冠亚季军;上海重型机器厂有限公司代表队、上海电气电站集团有限公司上海汽轮机厂代表队、上海电气集团上海电机厂代表队分获篮球赛冠亚季军。(冯克华)

【仪电控股举行文化体育节】 7—12 月,2012 年仪电控股举行文化体育节。先后开展保龄球、飞镖、扑克牌80分、乒乓球、羽毛球等项目比赛。12月2日，文化体育节闭幕式在华东师范大学体育馆举行，各个项目的决赛和文艺节目表演穿插进行，近1500名员工参与比赛和观摩。（生 青）

【上海纺织工会推广第九套广播体操】 推广活动分两阶段进行：一是宣传培训阶段。3月22日举办第九套广播体操师资培训班，来自24家基层单位的52名宣传员参加，成为广播体操的推广者和示范员。二是推进提高阶段。各单位利用工间开展广播操健身活动，先后建立“125”制度（即每一天做2次，各5分钟广播操）。5月16日，纺织工会举行上海纺织职工第九套广播体操比赛，18支参赛队、400余名职工运动员参赛。（俞进艺）

【上药集团获第一届市民运动会“民生奖”金杯】 市医药工会组织下属信谊药厂、医药分销公司、药材公司、中华药业公司、新亚药业公司等工会，分别参加第一届市民运动会乒乓球、台球、保龄球等11个项目的比赛。由医药分销工会组成的上药二队在“上海坐标”城市定向越野挑战赛上，获红组第七名；新先锋四药厂代表队在“青浦杯”第二届上海农民工健身大赛中获消防演练趣味接力赛第四名；由信谊药厂、新亚药业、中华药业等单位组成的保龄球代表队，在“真如杯”保龄球比赛中获男女组团体赛第三名、男子组单人赛第二名；思富药业代表队参加市民运动会“飞镖”项目比赛，获女子组个人第一名，团体第五名；雷允上药业总厂和华宇药业联合组成上药代表队，参加“990”第九套广播体操大赛总决赛获二等奖。上海医药（集团）有限公司获第一届市民运动会“民生奖”金杯和民众奖牌。（李晨海）

【电力系统城市足球邀请赛获评优秀职工体育十佳品牌项目】 “电友杯”电力系统城市足球邀请赛以“搭建桥梁、以球会友、健身强体、增进友谊”为宗旨，吸引上海、广州、北京、厦门、成都、武汉等地电力系统职工参赛。2012年，获上海市优秀职工体育十佳品牌项目称号。（钱幼树）

【宝钢工程工会发挥职工文体协会作用】 公司工会出台《关于进一步做好文体协会工作的意见》、《职工文体协会管理暂行办法》、《职工参加文体活动的奖励办法》，为群众性文体活动规范管理提供有力支撑。其中摄影协会、宝信软件足球协会、宝信文化月先后被宝钢集团评为“职工优秀文体协会”和“职工优秀文体活动”项目。工会以“月月有活动”为目标，先后组织迎春桥牌、读书征文、第九套广播操并附加亲子活动、羽毛球、“三国杀”、大怪路子、镭射、书画摄影展、篮球等多项比赛活动；组队参加宝钢集团举办的职工“团队手拉手”系列活动、“精彩员工”宝钢第七届班组活力才艺大赛、“夏之韵”宝钢职工系列赛、“祖国颂”宝钢职工合唱比赛；参加宝山航运经济开发区举办的乒乓球友谊赛、上海市第一届市民运动会等体育赛事，均取得较好成绩。（胡 晟）

【宝钢股份工会设立健康活动日】 宝钢股份工会举办以“快乐家庭、快乐生活、快乐工作”为主旨的健康活动日，为公司职工及家属设置8项适合家庭、团队共同参与的大众趣味活动，邀请8家健康保障计划供应商现场提供预约和咨询服务，全体工会干部作为志愿者参加各项组织工作，逾5000人次参加活动。2012年，各级工会组织各类文体活动、赛事129场，1.3万余人次参加；全年开设各类文体培训班23类，9000余人次参加。（包 翔）

【上海化学工业区工会举办第三届运动会】 8月17日—10月12日，第三届运动会先后开展广播操、拔河、消防接力、跳绳、乒乓球、牌类、羽毛球、中国象棋、网球、游泳、篮球等11个大项比赛，36支代表团、37家单位、1600人次职工参与。（张 俊）

【国药控股组队参加中国医药集团总公司运动会】 5月20日，中国医药集团举行“龙腾跃、铸辉煌”2012年度职工运动会，国药控股组队参赛，在15项比赛中赢得20块奖牌。（成 倩）

【上汽举行第五届职工健身运动会开幕式暨广播体操比赛】 5月26日，上汽集团第五届职工健身运动会开幕式暨广播体操比赛在闵行体育馆举行，集团所属44家企业组队参赛，参赛职工逾1800人。（陶牡丹）

【华东电网公司组队参加上海市首届市民运动会】 10月，华东电网代表队分别参加桥牌组、羽毛球组、网球组比赛，累计参赛职工达4756人次，获集体民生奖金杯、集体民众奖杯及个人民生奖杯、民乐奖杯各2个，在全部产业工会代表队中列第20位。（施炜伟）

【华东电网公司举办第十届“团结杯”网球赛】 5月18日，第十届华东电网“团结杯”网球友谊赛在嘉兴市举行，来自上海、江苏、浙江、安徽、福建省（市）电力公司等9支代表队的60余名职工运动员参加比赛。（施炜伟）

【上海铁路局工会开展职工体育活动】 一是举办铁路局第八届运动会，采取站段初赛、地区分赛、路局决赛形式，开展8大项、49小项赛事，近3万名职工参赛，近10万名职工参与其中。二是组队参加全国铁路第12届职工运动会，获金牌3枚、银牌1枚、铜牌4枚，单项团体一等奖2个、二、三等奖各2个。（白 杰）

【中海集团工会坚持开展职工体育传统赛事】 集团在上海地区职工中开展“中海杯”职工游泳、足球、乒乓球、羽毛球等4项传统比赛，覆盖上海地区全部基层单位，80后、90后职工占参赛职工总数65%。集团获上海全民健身优秀组织奖；集团工会“海上健康工程”获上海市优秀职工体育十佳品牌项目称号。（顾惠根）

【上港集团工会开展职工系列体育比赛】 4月26日，举行“张华浜杯”乒乓球比赛，集团总部机关及29家基层单位的224名乒乓球爱好者参赛，复兴船务公司获混合团体比赛冠军。5月22日，举行“沪东杯”男子篮球赛，17支代表队、200余名职工运动员参赛；6月5日举行决赛，沪东集装箱公司、上港物流公司分获冠亚军。6月

29日，举行职工广播体操展示，包括集团总部机关在内的33家基层单位的28支代表队参加，海港公安局等12支代表队分别获动作规范、配合默契、最具活力、最佳形象等奖项。8月30日，举行“明东杯”斯诺克比赛，100余名选手参赛。9月4日、6日，举行“强港杯”羽毛球比赛，205名职工参赛。10月23日，举行“罗泾杯”拔河赛，18家基层单位的180名选手参与，复兴、明东和张华浜分获比赛前三名。（张晨琦）

【上港集团工会举办首届职工文化节】 4月15日，“我的上港、我的家园”上港集团首届职工文化节开幕式暨海港职工健身跑活动在浦东滨江大道举行，千余名职工群众参与活动。9月28日，在国际客运中心码头举行文艺汇演，包括武汉港务集团、九江港务公司在内的集团所属22家基层单位的职工演出歌舞、合唱、器乐演奏、小品、快板、情景剧等节目，劳模代表，职工群众2000余人观看演出。首届职工文化节历时7个月，参与职工数达16421人次，其中各基层单位自行组织活动242项，逾8千人次职工参与。（张晨琦）

【上海邮政报名参加市民运动会项目比赛】 工会组建代表团参加上海市第一届市民运动会，2000余名员工参赛。其中羽毛球队进入混合团体赛32强；黄浦区局施敏怡获50米蛙泳女子组亚军，速递物流汪立华、章峥嵘分获50米蛙泳男子组季军和自由泳第七名，3人获业余一级运动员称号；邮政广播操队入围市民运动会990广播操大赛市级总决赛，获二等奖，并参加市民运动会闭幕式展示；10人（全市28万人参赛）打入“晓游杯”三打一公开赛市级总决赛，邮政代表队获团体总分第五名，女子团体第二名，男子团体第九名，徐汇区局陈雪莉获总决赛女子排位赛第六名及业务八段证书。邮政工会获民生奖章、民生奖金杯、上海市企事业单位全民健身活动优秀组织奖，“绿色健身288项目”被评为上海市体育十佳品牌。（陈千涛　张　莉）

【中交上航局职工发动职工参与首届市民运动会】 公司工会针对企业点多面广、流动分散的特点，结合企业生产和员工实际，明确以各单位工会自主开展（三级）赛事，公司工会组织（二级）赛事的工作方式，发动2000余人次员工参与广播操、羽毛球、乒乓球、牌类、足球、篮球等赛事。上航房产公司杨经慈获男子56—75岁组50米仰游第二名（一等奖）；桥牌双人赛获市级总决赛三等奖；公司获上海市第一届市民运动会民生奖银杯和民众奖杯，各有2人获民生、民乐奖章。（王荣丽）

【中远集运工会开展在沪单位职工欢乐健康日活动】 5月18日，来自上海地区总部机关、泛亚公司、上远公司、资讯公司、单证公司、中国部上海分部等6家单位的13支参赛队、130名职工运动员，参加中远集运“健康运动，欢乐掘金”职工欢乐健康日活动，体验“迈向成功”、“鼓舞士气”、“蛟龙出海”、“坚韧中远”、“卓越圈”等一系列拓展项目，感受“责任、协作、自信”的团队精神。（钱　华）

【上海机场集团举行城市沙滩嘉年华暨职工水上运动会】 6月4日，由集团公司工会、团委联合举办的职工欢乐健身节系列活动之一——上海机场城市沙滩嘉年华暨职工水上运动会在金山城市沙滩举行。职工水上运动会设沙滩排球、沙滩拔河、皮划艇、帆船、龙舟等5大项、6小项的比赛，30余个基层单位、600名职工参赛。（张雯倩）

【建工工会举办职工健身系列运动会】 5月5日，举行2012年职工健身行动启动仪式暨羽毛球大赛开幕式。来自集团26家单位约360名选手参加比赛，近80人次获奖。团体赛中，市政总院、七建集团、二建集团分获团体赛冠、亚、季军。还举办游泳和第九套广播操比赛，并组队参加上海市职工体育健身四季大联赛健康长跑、农民工拔河赛、广播操，上海市第一届市民运动会羽毛球、游泳项目比赛及中国建筑业协会第二届篮球赛。集团获上海市职工体育活动先进单位称号。（杨钟春）

【市交通港口局工会举办交通港口系统职工健身系列活动】 “交通港航杯”职工健身系列比赛由局工会主办，公用事业学校、航务处、执法总队、运管处、局机关工会共同承办，历时2个月，设置篮球、乒乓、羽毛球、广播操、跳绳、踢毽子、电子竞技游戏等，近600人次职工参与。活动后，交港局组队参加上海市首届市民运动会广播操、篮球、乒乓球、羽毛球、跳绳等比赛项目。（方蔚萍）

【城投总公司举办第四届职工运动会】 4—5月，举行以“喜庆城投二十华诞·龙腾虎跃再创辉煌”为主题的城投公司2012年第四届职工运动会。

衡山集团工会举办第一届青年达人赛　（毕纪根）

运动会组织工作遵循城投总公司工会主办与相关直属单位承办相结合原则，先后开展“青草沙水库”自行车赛、乒乓球赛、羽毛球赛、太极拳赛、长跑赛等项目，近2400名城投职工参与，700余名选手直接参加五项赛事，产生奖项90余个，获奖人次300余人。以城投总公司成立20周年为契机，结合“城投人看城投”主题活动，在由城投负责建设的青草沙水库工程上游堤坝举办运动会开幕式，千名职工参加。（朱文慧）

【上海金融工会举行青年职工定向越野系列活动】 5月，由金融工会主办，金融青工委和中国电信上海分公司工会协办的2012上海金融系统“金融添翼”青年定向越野活动在苏州树山“欢乐谷”拓展基地举行，来自系统37家单位及上海电信的102名青年职工参加。活动主要运用iPhone4s智能手机进行现场定向定位，采取二维码识别、即时抢答、拍摄地标图片、传送微博留言等现代通讯方式进行。11月25日，上海市第十七届全民健身节开幕式暨“金融杯”上海青年职工定向越野·牵手交友活动在共青森林公园举行。活动由市总工会、市体育局、团市委主办，市金融工会等承办，来自49个区县局产业工会的180支代表队，近1300名青年职工参加，其中上海银行、城建集团、沪东中华造船公司等12支小队的84名青年取得优胜，获“印象遂昌、情牵南尖岩”三日游奖励。（丁宁 霍井轶）

上海金融工会举行“金融添翼”青年定向越野活动（丁宁）

【金融系统举办社会体育指导员暨第九套广播体操培训班】 6月26—28日，由市总工会宣教部、上海金融工会共同举办的上海金融系统社会体育指导员暨第九套广播体操培训班在市工人文化宫举行。培训班系统讲解《全民健身条例》、社会体育基础理论知识、职工体育活动组织等，对第九套广播体操培训和工间操编排等进行专项培训。来自上海银监局、上海证交所、上海期交所、银行、证券、保险等23家金融机构的66名学员参加培训并通过考核，获颁国家体育总局“社会体育指导员”三级证书。（丁宁）

【上海市税务系统代表团参加首届市民运动会】 经税务系统内部比赛，选拔职工组成市税务系统代表团参加首届市民运动会及乒乓球、羽毛球、桥牌、第九套广播体操、排舞等项目比赛。市税务工会获民生奖金杯，代表团获民众奖杯。10月21日，市税务工会举办第一届职工运动会，30支代表队、1500余名职工分别展示太极拳、第九套广播体操和排舞，并进行拔河、足球射门、跳绳等趣味比赛及篮球对抗表演赛，1万余名职工观摩。（臧韬）

【上海市教育工会举办第七届教工运动会】 5月27日—10月12日，市教卫党委、市教委、市教育工会共同举办上海市第七届教工运动会，开展网球、围棋、象棋、桥牌、乒乓球、羽毛球等一系列体育比赛，并指导带动各单位组织开展小型多样的群众体育活动，60%以上单位举办职工运动会。（沈瑶）

【上海市卫生系统举办第十届职工运动会】 4月21日—11月24日，市卫生系统举办第十届职工运动会。先后开展团体操、棋牌、田径、球类、水上、趣味等6大类、12大项、32小项比赛，全市17个区县卫生系统、50家市级医疗卫生单位、7家企业职工医院和民营医院的近6000名医务职工参赛，成为上海卫生系统运动会历史上规模最大、项目最多、范围最广的一届职工运动会。其间，选拔优秀职工运动员组队参加上海市第一届市民运动会，获桥牌团体赛第一名，乒乓球赛男子单打第一名、女子单打第三名、混合团体第五、七名，第九套广播操比赛二等奖。参赛人数在全市教科文卫系统中列第一，获民生奖金杯。（钱菊敏 吴嘉民 全邓凯）

【上海新闻出版工会举办上海出版界职工运动会】 7—11月，举办“健康、和谐、快乐”2012年上海出版界职工运动会。运动会坚持利用双休日和工作日相结合、竞技类和趣味性相结合，采用网上报名、人员可调、电话确认、赛前核实等方式组织发动职工参赛，形成举办跨行业、跨所有制形式的大型活动运作机制。来自下属各集团、基层单位，世纪出版集团所属出版社、大学出版社、社会印刷厂等近70家单位的4000名职工分别参加长跑、乒乓球、羽毛球、保龄球、台球、象棋、五子棋、游泳、跳绳、踢毽子、自行车慢骑、飞镖、定点投篮、游泳等14个项目角逐。共颁发170个奖项，13家单位获优秀组织奖、积极参与奖和特别贡献奖。（陈宏华）

【光明食品集团开展各类职工体育健身活动】 一是举办“快乐健身、活力光明”集团第三届职工运动会，集团工会与部分子公司工会联手举办钓鱼、拔河、保龄球、篮球、八十分、桥牌、消防接力、第九套广播操等赛事。二是组队参加上海市第一届市民运动会、上海职工体育健身四季大联赛、第二届上海农民工健身大赛等活动，选派两支代表队参加市民运动会第九套广播操决赛，均获二等奖。2012年，参与市级和集团各项体育赛事的员工逾万人，集团工会先后获市民运动会民生奖金杯、民众奖牌和上海市职工体育健身四季大联赛优秀组织奖。（桑树德）

【上海市民政局组队参加首届市民运动会】 市民政局代表团先后参加市民运动会的14项比赛，获乒乓球团体第八名、龙舟赛第八名、男子组680公斤拔河比赛第八名等成绩，市民政局获民生杯银奖，市民政局代表团获民众奖，市殡葬服务中心贾晓彤等6名组织者、运动员分获民生奖章、民乐奖章。（胡绩伟）

【市民政局工会举办第二届龙华杯职工乒乓球邀请赛】 11月29日，市民政系统第二届“龙华杯”职工乒乓球邀请赛在市儿童福利院举行，来自20个区县民政局和局直属单位的23个代表队、150余名运动员分别参加混合团体、男子单打、女子单打比赛。市社会福利中心一队、市殡葬服务中心二队、嘉定区民政局代表队分获混合团体对抗赛冠、亚、季军，市殡葬服务中心陈晓霄、市社会福利中心夏娟分获男单、女单冠军。（胡绩伟）

【市监狱局工会开展各类职工体育活动】 一是举办监狱局第十二届“两棋两牌”比赛。即围棋、中国象棋、桥牌和八十分比赛，全局180余名选手参赛。二是开展监狱局第八届乒乓球比赛，来自17个基层单位的80余名职工运动员参赛；局工会组团参加中国监狱工作协会第一届乒乓球赛，获得冠军。三是与局团委共同举办“蓝盾杯”篮球比赛，120余名选手参赛。四是举办监狱局第一届排舞比赛，来自基层的9支排舞代表队参赛，其中宝山监狱代表队在市民运动会排舞比赛中获规定套路三等奖，女子监狱代表队获青少年组第六名，未管所、北新泾监狱代表队在上海职工体育健身四季大联赛“城建杯”上海职工排舞大赛中分获五、六名。（江海群）

【衡山集团工会举办2012年职工运动会】 11月10日，由集团工会、团委主办的2012年职工运动会在衡山度假村举行。来自集团所属企业的14支参赛代表队、近260名运动员、裁判员和工作人员分别参加花式跳绳、迷你足球、弈棋耍大牌、水带接龙、乒乓球和羽毛球等6项比赛。（王蓓丽）

【市级机关工会承办第一届市民运动会公务员乒乓球比赛】 10月7日，由市委组织部、市级机关工委、市人力资源和社会保障局、市公务员局、市体育局主办，市级机关工会参与承办的第一届市民运动会公务员乒乓球比赛在东方体育中心举行。比赛设领导干部组、市级机关公务员组、区县公务员组3个组别，市级机关共有48支队伍、近500名运动员和教练员参赛。（王强鹰）

【上海城建（集团）公司工会倡导健康生活打造动感城建】 一是利用篮球、足球、羽毛球、舞蹈、瑜伽、太极、桥牌、钓鱼等8家集团职工健身俱乐部开展职工体育健身活动，先后举办篮球争霸赛、羽毛球交流赛，与平安集团联合举办足球友谊赛，与市污水处理厂共同举办钓鱼比赛。二是与市总工会、市体育局共同主办上海职工体育健身四季大联赛“城建杯”上海职工广播操、排舞大赛、工间操展示活动，60个区县局（产业）的66支代表队，近2000名职工参加。三是组队参加上海市第一届市民运动会，逾3.4万人次职工分别参与足球、篮球、乒乓球、羽毛球、广播操等12项赛事；从15家子公司、近1.2万名职工中选拔30位“广播操达人”，经重新组队编排和集中训练，在广播体操总决赛中获一等奖。集团被授予民生金奖和民众奖。（高　婷）

【上海联通开展系列职工体育赛事】 一是举办“沃篮球，我快乐”上海联通2012年职工男子篮球比赛，来自18个基层工会的20支队伍参赛，由集团客户事业部、行业应用中心、IDC运营中心和6个事业部组成的代表队夺冠。二是举办上海联通2012年乒乓球个人挑战赛和羽毛球个人挑战赛，分为男子单打20—35岁组、男子单打36—45岁组、男子单打46—60岁组、女子单打20—35岁组和女子单打36—55岁组5个组别，近200名员工报名参赛。（康　迪）

【上海临港产业区工会建立职工俱乐部】 工会坚持开展各项职工文体活动，在整合职工兴趣小组基础上，成立职工俱乐部，编制《职工俱乐部工作指导手册》。182名职工报名，分设7个兴趣小组，按照“自我组织、自我管理、自主活动、自我服务”的原则分别开展活动。足球兴趣小组每周二下班后进行训练；篮球兴趣小组成立1个月已两次与入驻企业职工进行交流；乒乓兴趣小组开辟训练场地，供职工午休时间锻炼。工会与地方社区文化

4月15日，上海职工体育健身四季大联赛举行开幕式暨“中智杯”慈善健康跑（吴良荣）

中心联系并建立合作关系，为各兴趣小组开展活动提供便利。单位被国家体育总局授予“全民健身活动先进单位”称号。（陈欣堂）

【上海临港产业区举办临港“上海电气杯”乒乓球比赛】 6月1日，临港“上海电气杯”乒乓球比赛在海事大学体育馆开幕。比赛由上海临港产业区管理委员会、上海临港经济发展（集团）有限公司主办，上海电气临港重装备制造基地、上海海事大学协办，共吸引36支队伍，近300名运动员参加，较往年规模扩大、参赛人数增加，竞技水平提高。最终上海电气临港基地队、海事大学队分获冠亚军。（陈欣堂）

【号百公司举行第四届全员健身日活动】 8月25日，号百公司第四届“全员健身日”活动在虹口体育馆举行，设团队拔河、乒乓球、广播操等传统项目，新增瑜伽表演，员工参与率逾九成。（沈 匀）

【国盛集团工会开展职工体育健身活动】 一是举办首届职工运动会，成为集团系统内规模最大、覆盖面最广、参与职工最多的一次群众性体育活动。二是组团参加上海市第一届市民运动会，获民生奖金杯，代表团获民众奖杯，沈松龄、陈洪获民乐奖章，胡立强、姚黄平获民生奖章。（陈 洪）

【石洞口一厂开展传统体育健身项目】 一是举办迎新春冬锻比赛，分设长绳、接力跑、夹球接力赛、拔河4个项目。二是作为宝山区乒乓球协会会员单位，发挥在乒乓球项目上的传统优势，获2012年华能集团公司职工乒乓球赛总决赛女子团体第二名；获上海市第一届市民运动会暨第六届“敏之杯”社区乒乓球赛第八名。（唐丽青）

保障政策文件选编

关于2012年对本市企业退休的高级专家、市级以上劳动模范等人员“专加”养老金的通知

经市人民政府同意，现对本市企业退休的高级专家、市级以上劳动模范等人员“专加”养老金的有关规定通知如下：

一、2011年当年内按城镇养老保险规定办理退休（职）手续的高级专业技术人员（含高级政工师，下同）、高级技师和市级以上劳模，可按照《关于对本市企业具有高级职称的退休科技人员等特殊对象“专加”养老金的通知》（沪劳保养发〔2006〕44号）、《关于对本市企业退休的市级以上劳动模范“专加”养老金的通知》（沪劳保养发〔2007〕8号）规定的标准和办理程序“专加”养老金。

二、2011年当年内到达70周岁（1941年1月1日至1941年12月31日期间出生）且已按照沪劳保养发〔2006〕44号、沪劳保养发〔2007〕8号等相关文件规定“专加”养老金的高级专业技术人员、高级技师和市级以上劳动模范，每人每月再按以下标准增加养老金：

具有（比照）正高级职称的增加500元；具有（比照）副高级职称的增加300元；高级技师增加200元；市级以上劳动模范增加200元。上述人员同时符合多种“专加”养老金条件的，“专加”养老金标准就高执行，不重复享受。

三、2011年年底按城镇养老保险规定办理退休（职）手续，且已按照沪劳保养发〔2006〕44号、沪劳保养发〔2007〕8号等相关文件及本通知第一条规定“专加”的高级专业技术人员、高级技师和市级以上劳动模范，每人每月再按以下标准增加养老金：

具有（比照）正高级职称的增加500元；具有（比照）副高级职称的增加300元；高级技师增加200元；市级以上劳动模范增加200元。上述人员同时符合多种“专加”养老金条件的，“专加”养老金标准就高执行，不重复享受。

四、按本通知规定增加养老金所需费用由本市城镇养老保险统筹基金列支。

五、本通知自2012年1月1日起执行。

二〇一二年一月十日

协调劳动关系

Coordinating Labour Relations

2013

综　述

2012年，上海工会法律工作部进一步强化对劳动关系领域突出问题的调查研究，全面推进集体协商机制建设，加强三方机制建设，工会法律工作取得新进展。一是全面推进集体协商机制建设。与市人保局有关部门协调沟通，推动市政府连续第五年将工资集体协议覆盖劳动者人数纳入区县就业保障工作考核指标。组织召开上海工会“两个普遍”工作推进会，进一步巩固“两个普遍”社会化工作格局，在跨国公司、小微企业、劳务派遣工、专项立法等重点领域和难点问题上寻求突破；继续在全市范围内开展集体协商“要约行动月”活动，明确重点要约对象，督促企业普遍开展集体协商；继续加大世界500强在沪企业开展工资集体协商的推进力度；继续推进工资集体协商专项立法进程。二是做实职工法律援助维权服务工作。借助专业力量，调整成立法律顾问团和上海工会职工法律援助维权服务志愿团；加强工作指导，联合下发《关于贯彻执行人力资源和社会保障部〈企业劳动争议协商调解规定〉的实施意见》；以典型引路，组织推荐全国职工法律援助示范单位；推进实体运作，联合成立“市三方劳动人事争议联合调解中心”，参与案件调解、仲裁工作；强化队伍建设，会同市劳动关系三方，共同举办街道、乡镇劳动争议调解员年度业务培训班，组织67名基层工会劳动争议调解员参加培训。三是有效发挥三方机制作用。明确全市规划深化创建活动的工作计划措施和目标任务，推动市劳动关系三方共同制定《关于加强和谐劳动关系建设的意见》；密切关注异地劳务派遣等劳动关系领域出现的新情况、新问题；进一步建立健全三方维稳工作机制。四是加大研判力度，维护劳动关系稳定。与市总工会组织部联合召开上海工会维稳工作座谈会；继续指导区县局（产业）工会配合地方党委政府化解群体性劳资纠纷，强化重大群体性纠纷的跟踪指导和化解工作，全年处置60余起群体性劳资纠纷；共同举办工会系统劳动保障法律监督员培训班，向考核合格的152名学员颁发《劳动保障法律监督员证》；会同市劳动监察大队，在元旦春节期间开展农民工工资支付专项检查，确保农民工及时返乡；开展编辑《农民工学法用法读本》等一系列关爱服务农民工法制、文化活动。

（冯小龙）

参与法制建设

【上海工会积极参与“区县如何运用地方教育附加专项资金开展企业职工职业培训”相关政策制定】 4—8月，市总工会和市人力资源社会保障局、市财政局、市教委联合开展调研，走访听取区县相关部门、企业及培训机构的意见和建议。在调研走访过程中，市总工会针对调研过程中发现的问题及全市职工技能提升的实际情况，就专项资金定位、使用范围、审核机制及发挥工会监督作用等提出意见建议，得到普遍认可。在前期调研基础上，市人力资源社会保障局、市财政局、市教委和市总工会联合出台《关于区县运用地方教育附加专项资金支持企业组织开展职工职业培训工作的指导意见》，以加快全市产业发展和技能人才队伍建设。

（武吉波）

【市总工会积极配合做好《劳动合同法》修订工作】 市总工会先后制定下发《关于贯彻中华全国总工会〈关于配合做好劳动合同法修正案（草案）公开征求意见工作的通知〉精神的通知》和补充通知，发动区县总工会组织30家企业，局（产业）工会组织10家企业，每家企业选取10名以上职工代表进行网络投票和意见征集。据统计，修正案公开征求意见工作上海共有7716人提29588条意见，其中工会系统组织人数为6187名，占80%以上。此外，市总工会组织召开3次专题座谈会，分别听取专家学者、企业人事干部、工会干部等不同群体对《劳动合同法》修改的意见和建议。在多方听取意见基础上，市总工会撰写关于修改《劳动合同法》的书面意见报全国人大和市人大。其中，关于提高劳务派遣公司设立门槛、明确同工同酬权利等方面的建议得到充分采纳。

（赵　倩）

【市总工会积极推动工资集体协商立法进程】 2012年两会期间，市总工会在充分调研论证基础上，发动工会系统人大代表、政协委员提出《关于制定〈上海市工资集体协商条例〉的建议》的议案和提案，得到人大积极响应。两会结束后，市总工会、市人保局按照市人大要求，围绕完善工资集体协商立法开展详尽调研，完成《〈上海市集体合同条例〉实施情况评估——以推进工资集体协商制度为重点》课题报告。市总工会积极提出工会主张，建议将《上海市工资集体协商条例》（或修改《上海市集体合同条例》）列入下一个五年立法规划的建议，得到课题组肯定。同时，市总工会

上海船研所举行工资集体协商协议签字仪式　（钱　蓉）

积极申报立法计划，推动市人大将制定《上海市工资集体协商条例》成功列入2013年市立法预备项目，为加快立法进程奠定良好基础。

（邱晨鹤）

【市总工会积极参与《基本医疗保险条例》制定工作】 为积极配合做好国务院《基本医疗保险条例》制定工作，2012年2月，市总工会通过进行基层调研和举行专题座谈会等形式，开展专题研究，并代表上海工会提出仍由社会保险经办机构提供社会保障服务和将基本医疗保险缴费年限设定为15年并建立缴费激励机制等建议。

（王正园）

【市总工会积极参与《上海市工伤保险实施办法》修订工作】 2012年，上海市政府拟修订2004年施行的《上海市工伤保险实施办法》，修改的主要内容包括适用范围、支付范围、认定范围和部分待遇的计发基数和标准等。市政府法制办和市人社局专门就修订工作专门征求市总工会意见。市总工会积极响应，组织干部深入基层一线，充分听取企业工会干部和职工意见，在此基础上归纳总结、分析研究，提出工会的建议，得到充分采纳。

（俞嘉毅）

【市总工会积极参与居民阶梯电价听证工作】 5月，市发改委组织开展上海居民生活用电试行阶梯电价听证工作。市总工会积极参与，通过召开专题座谈会和职工个案访谈等形式，倾听收集职工群众特别是低收入困难职工的诉求，代表工会提出按原谷平时段电价比例继续推行居民分时电价、按家庭常住人口数量确定阶梯电量基数和采取多种方式鼓励居民节约用电等建议，均被政府相关部门采纳。

（杨　驹）

"普法"宣传教育

【市总工会全面推进落实"六五"普法规划】 一是开展重点法律法规的宣传工作。宣传《上海市职工代表大会条例》，全年上海工会系统共完成500名基层工会主席和20万名职工代表培训；宣传新修订颁布的《上海市安全生产条例》，举办专题辅导报告会，会同市安全监管局等单位联合组织开展知识竞赛；宣传新修订的《女职工劳动保护特别规定》，于5月份举行《特别规定》专场宣传活动，编印万余份《女职工劳动权益和特殊利益宣传手册》，并在"16840999女职工劳动权益（心理）求助热线"开展为期一周的专题咨询活动；宣传《节约能源法》、《环境保护法》，组织开展上海市职工节能减排知识竞赛活动。二是面向不同对象开展有针对性的普法工作。开展工会干部教育培训，依托工会学院载体，组织法律宣传教育培训讲座，授课164次，共培训7661人次；开展班组长培训工作，编写《上海市班组长岗位培训教程》，培训班组长8500多名；面向农民工群体开展法制宣传，开展农民工法宣图书"进职工法律援助中心、进工会法制宣传基地、进重大项目工程、进农民工书屋"活动，送出《农民工学法用法读本》4760册；开展"学法、尊法、守法、用法"农民工"法律讲堂"，第一堂课题为"农民工法律援助与权益维护"。三是积极创新工会普法宣传载体和形式。6月，市总工会职工援助服务中心正式挂牌成立，配套建立12351职工援助服务网、12351咨询热线、市总工会职工援助服务中心大厅、劳动争议调解室，形成"网、线、厅、室"模式的"网上网下"职工维权立体空间；劳动报社力促传统媒体与新兴媒介齐头并进，以劳动报网站、微博、APP等载体推出"劳动维权"、"劳权周刊"、"职场树洞"等普法教育专栏；丰富上海工会网站的法制宣传功能，收录涉及职工切身利益的《劳动合同法》、《上海市职工代表大会条例》中英文版、《上海市集体合同条例》中英日文版等100多个法规政策，开设"网上调查"栏目。

（赵　倩）

【长宁区开展农民工"法律讲堂"、"道德讲堂"进工地活动】 11月20日，长宁区法宣办、总工会、建交委、司法局联合举办农民工"法律讲堂"、"道德讲堂"进工地活动。活动邀请长宁区食品药品监督管理分局胡丽君老师讲授食品安全法制课程，80余名来自上海城三期建筑工地的农民工参加讲座。现场普法志愿者还为农民工提供权益保护、身心健康、婚姻家庭、劳动保护、交通安全等方面的法律咨询。

（王亚文）

【普陀区总工会积极开展法制宣传咨询活动】 4月26日，区总工会联合区人社局，组织工会干部、律师、法律专家，在沪西工人文化宫开展《工伤保险条例》、《上海市职工代表大会条例》等法律法规的现场宣传咨询活动，取得良好社会实效。此外，区总工会还联合区安监局、卫生局在金沙江工业园区开展《职业病防治法》专题法制宣传咨询活动。（许王丽）

【杨浦区江浦地区总工会为来沪职工普及劳动合同法知识】 针对杨浦区江浦地区来沪职工日益增多、职工因缺乏法律知识导致劳动纠纷增多的趋势，江浦地区总工会先后与街道司法所及2家律师事务所行成共建，由专业法律工作者与企业和居民小区进行"一对一"结对，通过法律讲堂、现场咨询、发放法律宣传手册、公益广告等形式，为地区职工群众提供便捷有效的法律服务。2月16日，杨浦区江浦地区总工会联手街道司法所、劳动争议调解办公室，为地区基层企事业单位的来沪职工举办一场"维护您的权益——请慎重签订劳动合同"专题法律讲座，吸引近50名职工前来听讲。讲座从订立劳动合同的重要性、合同条款细节的注意事项、如何维护自身合法权益等多个方面进行详细讲授。

（曹理仰）

【上海市航天局工会开展"12·4"法制宣传日系列活动】 12月3—5日，由航天局工会牵头、相关部门配合，组织开展职工普法书画文化展、职工法律咨询团现场志愿咨询服务等活动。咨询团成员为近百名职工答疑解惑，并发放日常普法维权书籍。此外，航天局系统各基层单位积极响应，开展形式多样的法制宣传活动。航天局149厂工会邀请上海新闵律师事务所知名律师，进厂为广大职工现场提供免费法律咨询服务，服务范围包括财产、婚姻、继承等；航天局802所工会不仅为职工举行现场法律咨询活动，还邀请上海工会学院专家为职工专题授课，结合典型案例讲解《婚姻法》的

上海卫星装备研究所工会举办职工“法律讲堂” （沈 恺）

基本理论及相关配套司法解释。

（沈 恺）

【上海市卫生系统开展“六五”普法知识竞赛】 12月25日，上海市卫生局、上海市医务工会在上海健康职业技术学院联合举办上海市卫生系统“六五”普法知识竞赛，来自全市32家市级医疗卫生单位共96名选手参赛。经过近3小时的初赛、决赛比拼之后，上海市儿童医学中心最终获得知识竞赛第一名。

（童秀妹 赵 静）

三方协调机制

【市总工会积极推进劳动关系三方机制建设】 一是进一步加强和谐劳动关系创建活动。认真贯彻落实“全国构建和谐劳动关系先进表彰暨经验交流会”精神，三方联手报请市委、市政府，在年初召开“上海市加强和谐劳动关系建设工作会议”，市主要领导出席作重要讲话。会后，三方共同制定下发《关于深入开展创建劳动关系和谐企业与工业园区活动的实施意见》，指导各区县深入开展创建工作。截至年底，全市各区（县）三方均开展创建活动，和谐企业与工业园区创建工作取得阶段性成果，共有32家企业（园区）被评为全国模范劳动关系和谐企业和工业园区，38家单位被授予“上海市和谐劳动关系创建活动示范单位”称号。二是进一步规范劳务派遣用工。市三方密切关注劳动关系领域的热点问题，特别是社会保险法实施后，上海市劳务派遣用工中出现的新问题，三方共同分析异地劳务工派遣的新走势，及时报请市政府，联合制定出台《关于规范本市劳务派遣用工管理的若干意见（试行）》，有效规范上海异地劳务派遣的企业行为。三是积极推进劳动合同制度建设。2012年，按照国家协调劳动关系联席会议《关于印发全面推进小企业劳动合同制度实施专项行动计划的通知》要求，市三方明确分工：市人保局负责实施行动计划的组织协调、政策指导、咨询服务和监督检查工作；市总工会通过加强普法宣传，发动小企业职工积极参与行动计划，各级工会组织积极履行职责，帮助指导职工订立劳动合同，引导劳动者理性维权；企业代表组织主动教育小企业依法建立和规范劳动合同制度，大力加强劳动合同基础管理。通过三方共同努力，全市小企业员工对推进劳动合同制度、构建和谐劳动关系有进一步的理解。四是联合开展专题调研。年初，市总工会向市人大提交议案，以完善工资集体协商相关内容、强化有关程序为重点，推动工资集体协商单独立法。为此，市人大组织市劳动关系三方联合开展以完善工资集体协商立法为重点的课题调研。三方共同下基层，多次召开企业经营者和工会干部、职工座谈会，共同形成课题调研报告报市人大，推动市人大将“工资集体协商条例”列为2013年的立法预备项目。五是进一步构筑维稳工作机制建设。市三方认真贯彻《关于建立本市处置群体性劳动关系矛盾工作机制的指导意见》，进一步加强全市维稳工作机制建设，督导区县局及相关（产业）集团及时调整充实维稳工作领导小组成员，健全重要信息即时报告和每周综合报告、职工队伍稳定情况定期研判、重大事件跟踪调处等三项工作制度，共同组织街道、乡镇劳动争议调解员开展年度业务培训。

（黄 琦）

【静安区劳动关系三方联席会议推动和谐劳动关系创建】 9月12日，区劳动关系协调联席会议召开以“努力

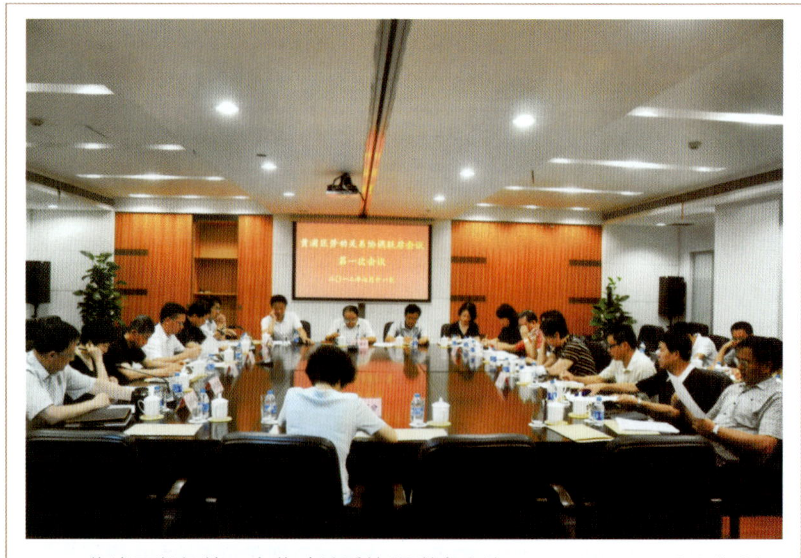

黄浦区举行第一次劳动关系协调联席会议 （吕诚陆）

构建和谐劳动关系,全面推进集体协商机制”为主题的第十四次会议。会议回顾总结深入开展劳动关系和谐单位创建活动的情况,并就进一步推动创建和谐劳动关系作了部署。2012年,在静安区劳动关系三方精心组织、广泛发动、通力合作下,静安区4000余家企事业单位参加劳动关系和谐单位申报,参与率达70%。会上宣读“关于表彰2011—2012年静安区劳动关系和谐示范单位决定”,授予沪港国际咨询集团有限公司等128家单位“2011—2012年静安区五星级劳动关系和谐单位”,授予上海九百股份有限公司等215家单位“2011—2012年静安区四星级劳动关系和谐单位”,授予上海帆顺餐饮有限公司等356家单位“2011—2012年静安区三星级劳动关系和谐单位”,并现场颁发奖牌。

（陆　蕾）

【宝山区劳动关系三方共促和谐劳动关系建设】 一是加强组织建设。召开劳动关系协调联席(扩大)会议,正式启动第三届劳动关系和谐企业创建评选活动。以推进集体协商机制建设为抓手,推动劳资双方就工资福利等内容开展平等协商,完善处置机制。制定《宝山区进一步完善群体性劳资纠纷三方联合处置机制的实施意见》,明确三方在处理群体性劳资纠纷中的职责,完善三方协调配合的工作机制。二是妥善处置纠纷。建立群体性劳资纠纷的常态化处置机制及定期通报制度,着力从源头上预防和减少突发性、群体性劳资矛盾,确保劳资矛盾发生后及时得到妥善处置。截至12月底,共妥善处理上海新格有色金属、上海瀛赛拉磁性器材、上海交运集装箱发展等群体性劳资纠纷重大事件122起,涉及劳动者5843人。三是完善监察机制。开展“送法进企业、维权促和谐”专题宣讲活动,深入贯彻实施《劳动合同法》、《社会保险法》,坚持执法与服务结合、监察与预防结合、处罚与教育结合的“三结合”原则,积极打造“维权365”监察执法品牌,采用日常监察、专项监察的方式,运用网络化和网格化联动监察手段,不断加强劳动保障监察工作力度,推进劳动保障监察由被动反应式监察向主动预防式监察转变。四是切实加强劳动力市场监管。截至12月底,共监察用人单位1039户,其中处理举报投诉709件。

（黄　栋）

集体协商机制

【市总工会推动企业普遍建立集体合同制度】 2012年,全市共签订集体合同2.9万份,覆盖企业16.8万家,覆盖职工583万人。其中签订工资专项集体合同2.3万份,覆盖企业15.5万家,覆盖职工447万人。市总工会持续加大工作推进力度,多措并举推动企业普遍建立集体合同制度。一是推动将集体协商工作纳入政府考核。与市人保局有关部门协调沟通,推动市政府连续第五年将工资集体协议覆盖劳动者人数纳入区县就业保障工作考核指标。二是联合确定工作目标。会同市人保局,共同排摸确定全市各区县具备协商条件的企业数,夯实工作基础。会同市人保局、市企联,联合制定下发《关于进一步推进工资集体协商工作的通知》,明确今年工资集体协商覆盖227万人的目标任务,要求各区县工资专项集体合同签订情况实行月报制。三是组织召开“两个普遍”工作推进会。市总工会要求全市各级工会举全会之力推动“两个普遍”工作深入开展,进一步巩固“两个普遍”社会化工作格局,进一步在跨国公司、小微企业、劳务派遣工、专项立法等“两个普遍”工作的重点领域和难点问题上寻求突破。四是开展集体协商要约行动。进一步明确以尚未建制企业、新增建会企业、集体合同已经或即将到期企业为重点要约对象,有针对性地发出要约共3.6万份,回函率达99.7%。回函企业中有95.6%的企业已签订集体合同或已开展协商。五是加大世界500强在沪企业建制的推动力度。抓住跨国公司总部重点突破,成功敦促乐购将沿用两年多的“伙伴关系协议”转换为集体合同并签订工资协议,适用范围覆盖到全国各门店。辉瑞、欧莱雅、易初莲花等知名跨国公司也陆续签订集体合同。制定英文版和日文版的工资集体协议示范文本,为推动世界500强等外资企业建制创造条件。六是推动集体协商扩覆提质。推动建立环卫行业两级集体协商机制并签订第二轮集体协议。积极推动区县新增2个以上有代表性的行业和若干个区域开展集体协商。七是积极推动国有企业开展工资协商。会同市国资委就市属国有企业工资集体协商建制、存在问题和解决措施情况等进行对比分析,推动市属国有企业带头开展工资集体协商。八是完善人才队伍建设。制定工资集体协商专职指导员考核办法,并组织开展年中和年度考核,不断规范区县工会工资集体协商专职指导员队伍管理。进一步调整、充实、配齐工资集体协商专职指导员队伍。

（邱晨鹤）

【浦东新区总工会推动全国首家国家级开发区金桥开发区签订区域性集体合同】 11月9日,新区总工会召开“浦东新区推进集体协商机制建设金桥开发区区域性集体合同签约仪式暨先进表彰大会”,总结金桥开发区区域性集体协商工作经验。来自浦东新区各街镇、各开发区工会主席、金桥开发区基层企业工会主席、外资企业高层管理者、人事经理、民主管理示范企业代表等300余人参加会议。在签约仪式上,金桥工会联合会主席作为职工方首席代表,上海成乐企业管理咨询有限总经理作为行政方首席代表,分别在“金桥开发区区域性集体合同”、“金桥开发区区域性工资集体协议”、“金桥开发区区域性女职工特殊权益保护专项集体合同”上签字。

（张淑君）

【浦东新区总工会积极推进世界500强企业集体协商机制建设】 6月6日,新区总工会召开浦东新区世界500强企业集体协商机制建设推进会。与会人员汇报了各辖区内世界500强企业集体协商机制建设进展情况、主要经验和存在困难和问题,并对下一步推进工作进行交流和探讨。会议充分肯定各单位在推进世界500强企业集体协商机制建设中所做的工作。会议要求:一是要巩固成绩,扩大成果。要求去年已签订的工资专项集体合同,2012年到期后要及时续签。去年只签订集体合同但未签订工资专项集体合同的,2012年要抓紧开展工资集体协商和签订工资专项集体合同。去年未签订集体合同和工资专项合同的,要加紧推进落实,确保完成

浦东新区总工会为企业经营者颁发"最佳工会合作伙伴"奖牌
（陈军华）

2012年目标和任务。二是既要保证集体协商工作质量，也要注重签订集体合同数量，做到质量和数量的有机统一。三是要抓住重点和难点。对于有影响的企业，要集中力量进行突破，发挥示范引领、以点带面的作用，并善于总结经验，及时指导和推动面上工作的全面开展。（鞠林革）

【徐汇区总工会扎实推进基层工会工资集体协商工作】 一是加强宣传教育。通过工会主席例会、专项工作会议及研讨会、座谈会、发放宣传资料等，宣传工资集体协商重要意义，增强各级工会干部责任感。二是加强指导员队伍建设。为各社区、镇总工会配备工资集体协商指导员，明确岗位责任、管理方式和工作流程，建立工作例会、年度考核等制度。三是加强协商业务培训。为600多名非公企业工会干部、协商代表进行协商谈判技巧、合同订立等实务培训；选送6批专职工会干部和工资集体协商指导员参加市总工会举办的集体协商指导员培训。四是加强典型培育和分类指导。总结推广天平社区以社区职代会为平台，推动实现专项集体合同覆盖企业90%以上；徐家汇社区发挥网格工会指导站作用，推动扩大区域性集体合同覆盖面；推动慧谷商务楼集体协商；推动宜家家居签订集体合同等成功经验，分类指导面上工作。五是加强资源整合和机制建设。与徐汇区人社局等有关部门建立定期沟通、合力推进机制，促进工资集体协商工作常态化、规范化。截至年底，徐汇区共签订集体合同545份，覆盖单位1.1万家，覆盖职工245人，工资集体协商建制率达88%。（王正望）

【长宁区总工会举办集体协商专题培训】 3月21日，区总工会联合长宁区人社局共同组织召开2012年长宁区工会集体协商工作培训推进会，明确以公益性企业、职工收入低但自身效益好的企业、劳务派遣职工较多的企业和世界500强等规模型企业为重点关注单位，通过平等协商，督促企业与职工共享发展成果。长宁各系统、集团（公司）、街道（镇、园区）、直属企业、建会世界500强企业的工会主席、工会干部共120多人参加培训推进会。区人社局工资集体协商工作负责人从开展工资集体协商工作意义和签订《2012版工资专项集体合同》的实务操作两方面，对工会干部进行深入的培训指导。（印敏峰）

【普陀区化工行业签订行业集体合同】 4月9日，区化工行业工会召开第四次工资集体协商会议，协商通过行业工资专项协议和劳动安全生产、职业病防治专项集体合同草案。（许王丽）

【普陀区总工会推动世界500强企业TESCO乐购签订首份集体合同】 在市总工会、区总工会和区大卖场行业工会三级工会的共同努力下，2月27日，全球三大零售商之一、世界500强企业TESCO在华投资的TESCO乐购举行集体合同签约仪式，正式签订首份集体合同。合同约定企业要建立与消费价格指数、企业利润状况、行业工资水平同步提高的工资正常增长机制，每年定期开展1次工资集体协商，保障员工共享企业发展成果等内容。合同覆盖TESCO乐购全国109家门店、14家便利店和6个物流中心的近3万名职工。（许王丽）

【闸北区总工会推动集体协商工作】 5月，区总工会以尚未开展协商的企业和世界500强在沪企业为重点，在全区范围内广泛开展"集体协商要约行动月"活动。迅达（中国）电梯有限公司是一家世界500强在沪投资企业，为了尽快推动该企业开展集体协商、签订集体合同，区总工会以书面形式向企业发出要约，要求尽快启动协商程序。经过多轮协商，迅达公司在上海地区的三家企业成功签订集体合同。据统计，区内各级工会发出的集体协商要约书共送达企业1241家，涉及职工17564人。其中，回函承诺协商企业1226家，涉及职工16737人；2012年内完成签订集体合同和工资协议的企业928家，涉及职工9388人。（徐梅生）

【虹口区总工会组织开展"集体协商要约行动月"活动】 2012年，区总工会制定下发《虹口区关于开展2012年工资集体协商要约行动的意见》，在4月份集中开展"集体协商要约行动月"活动。活动在虹口区内的8个社区街道全面开展，通过进社区、进园区、进企业的"三进"形式进行集中宣传发动，并以上门服务的方式加强对基层、企业工会工作的指导帮助和服务力度，增强基层、企业工会工作能力和服务水平，切实推进两个普遍工作的落实。（徐　洁）

【杨浦区五角场镇总工会坚持集体协商工作"三个突出"】 一是突出协商重点，加强对不同规模、经营状况企业的分类指导。对生产经营情况较好的企业，重点就科学合理地确定职工的工资水平、补贴和福利等进行协商；对生产经营比较困难或亏损严重的企业，以保障职工基本劳动报酬支付方式、确定最低工资标准以及离岗职工的生活费等为协商重点。二是突出协商实效，推动企业单独开展协商。在具备单独协商条件的企业内，通过指导企业工会代表职工参与确定劳动定额、工资标准、工时休假、福利待遇等，做到协商标准更高、条款更为细化、职工受益更多。2012年，五角场镇总工会共推动18家企业单独签订集体合同。其中，和为科技公司确定每年提取利润超额部分10%用于职工奖励；欧艾斯鸿润将“13薪”写入合同；欧尚超市将职工等级晋升、职工持股以及为职工购买医保外商业保险等条款写入合同。三是突出作用发挥，强化监督检查。对无正当理由未完成集体协商工作考核目标的企业，取消其2012年度工会系统各项评优资格。同时，积极组织开展企业集体合同履行情况监督检查，建立健全合同履约监督机制，提高合同履约率，增强工资集体协商工作的实效性。 （曹理仰）

【上海东鑫电力公司工会通过集体协商引导职工与企业共度发展难关】 3月31日，上海东鑫电力工程安装有限公司举行2012年度工资集体协商会议，杨浦区长白地区总工会作为见证方列席会议。以董事长为首席代表的行政方和以工会主席为首席代表的职工方围绕2012年度企业职工增资幅度、福利待遇和互助保障计划等问题进行平等协商。经协商一致，确定企业职工最低工资高于全市最低工资标准、为部分工资相对较低的职工增加工资及职工福利待遇基本保持不变等方案。企业行政方与工会方商定，既要维护职工合法权益，又要保持企业发展动力。工会方在协商时提出三个“引导”：一是引导职工相信企业遇到的困难是暂时的；二是引导职工坚守岗位与企业经营者共度难关；三是引导职工树立与企业共同走出困境的信心。集体协商的各项决定，经企业职代会通过并执行。 （曹理仰）

【上海群英机械有限公司通过集体协商让职工共享企业利润】 2月13日，上海群英机械有限公司召开2012年工资集体协商会议，决定从1月起，为全体职工增加10%工资，在“普加”基础上，再拿出企业利润的5%，分配给一线生产骨干、技术骨干和重要管理岗位人员。在福利待遇方面：一是实行职工公休制度，在职职工为15天，返聘人员为4天。二是发放高温津贴，高温季节每人每月补贴300元，其中超过35度的工作日，一线生产工人每人每天再补贴10元。三是为职工统一购买住院保险。集体协商会议的各项决定，经企业职工大会通过并执行。 （曹理仰）

【宝山区总工会通过集体协商保障职工合法权益】 一是联合制定下发《2012年宝山区劳动关系协调工作要点》。确定集体协商属地管理原则，明确工作目标，细化工作流程，强调各项工作的措施要求，奠定区内推进集体协商机制建设的基础。二是组织开展“要约行动”。4—5月，在全区范围内集中开展集体协商“要约行动”，推动企业建立集体协商制度。三是积极开展教育培训。将集体协商培训纳入年度基层工会主席轮训班的课程内容，提高集体协商工作的能力和水平。同时，对宝山区集体协商指导员和辅导员进行每月1次业务培训。截至年底，宝山区集体协商机制覆盖企业7700家，覆盖职工30.5万人；工资集体协商覆盖职工16万人。 （胡立伟）

【宝山区国资委工会组织集体协商业务培训班】 3月30日举办。培训班邀请上海市工资集体协商指导员围绕工资集体协商制度面临的形势与任务、建立工资集体协商制度的重要性和必要性、推进工资协商制度具有的良好机遇、推进工资集体协商制度应注意的具体问题等内容进行有针对性的授课。区国资系统16家直属集团企业及部分两级公司的工会主席、人事干部近40人参加培训。 （胡立伟）

【闵行区进城务工人员随迁子女小学签订行业性集体合同】 2012年，区教育工会在区内15所进城务工人员随迁子女小学试点开展行业性集体协商工作，取得实效。10月19日，闵行区举行进城务工人员随迁子女小学第一届行业性教代会暨行业性集体合同签订仪式。在听取《闵行区进城务工人员随迁子女小学行业性教代会代表资格审查报告》、《闵行区进城务工人员子女小学发展情况报告》、《闵行区进城务工人员随迁子女小学行业性集体合同签订情况说明》后，由集体协商代表审议通过《闵行区进城务工人员随迁子女小学行业性教代会实施办法》、《闵行区进城务工人员随迁子女小学行业性集体合同》、《闵行区进城务工人员随迁子女小学行业性工资专项集体合同》、《闵行区进城务工人员随迁子女小学行业性女职工专项集体合同》四项草案，双方首席代表现场

上海东鑫电力公司工会通过集体协商引导职工与企业共度发展难关 （曹理仰）

签字。（曹新高）

【闵行区总工会签订职业病防治专项集体合同】 区总工会多措并举，稳步推进“职业病防治专项集体合同”签订工作。一是确定协商重点。把劳动关系和谐企业、申报创建劳动关系和谐企业、作业场所职业危害涉及职工人数15人以上的单位作为协商重点。二是梳理名单。会同区安监局，制作各区属工会下辖重点单位一览表，确定各区属工会签订目标任务数。三是培训先行。邀请区安监局工作人员就《职业病防治专项集体合同》中的条款进行讲解和辅导。四是年度考核。将《职业病防治专项集体合同》签订工作纳入全年重点工作，实行量化考核评比，表彰奖励先进单位。（俞龙祥）

【松江区总工会积极开展工资集体协商】 一是摸清底数、分解指标、下达任务。年初，明确2012年松江区内各镇、街道、工业区集体合同签订率达到90%以上、工资专项协议签订率达90%以上、500强企业建制率80%以上的工作目标，并建立月报制度。二是召开专题会议。召开松江区“两个普遍”工作推进会议，对集体协商“要约行动”等重点工作进行部署，并提出具体工作要求。三是集中开展集体协商“要约行动”。4—5月，松江区从区、镇两个层面同时开展集体协商“要约行动”，区镇两级工会共发出要约函5944份，收到4997家企业回函。四是组织骨干培训。会同区人保局于4月24—25日在区委党校举办工资协商指导员、劳动争议调解员、劳动关系协调员培训班。各镇、街道总工会，工业区工会和直属公司工会等24家单位的100多名工会干部参加培训。五是规范合同内容。与区人保局联合推出《集体合同》、《工资专项协议》示范文本，进一步规范集体协商内容，提升合同文本质量。六是评选示范单位。9—10月，与区人保局联合开展工资协商示范单位评选，总结和推广开展工资集体协商工作的经验，进一步推动工资集体协商工作持续发展。七是依托三方平台。7月，区总工会、人保局、工商联联合下发《关于深入开展创建2011—2012年度松江区劳动关系和谐企业与工业园区活动的通知》，强调劳动关系示范企业必须同步开展集体协商、签订工资专项合同等内容。截至年底，区内企业共签订工资专项协议1472份，覆盖企业1.99万家，覆盖职工35万人，建会企业签订率达97%；世界500强企业工资专项协议签订率达85%，覆盖职工7.3万人。（毛联群）

【青浦区总工会工资集体协商工作取得新突破】 2012年，区总工会加强工作力度，积极推动工资协商纳入各级党政工作目标和考核内容，并通过“点线面”结合，推进各类企业建立健全集体协商机制。点上，发挥工资集体协商指导员队伍作用，加强分类指导，引导各类企业建立职工工资协商共决机制、正常增长机制和支付保障机制；线上，积极推动行业工资集体协商工作，全区7大行业工会三项合同实现全覆盖；面上，召开区工资集体协商推进大会，表彰4家街镇先进集体和26名先进个人，选树推广28家示范单位先进经验，提升工资集体协商的整体水平。截至年底，区工资集体协商覆盖职工27.2万人，完成年初考核指标数的104.8%；签订集体合同完成年初考核指标数的103%。（马美君）

【奉贤区总工会深入推进集体协商工作】 一是加强目标考核。将集体合同和工资集体协商制度纳入重点工作目标管理考核内容，规定符合协商条件的建会企业90%建立集体合同制度、80%建立工资协商制度，世界500强企业、有政治身份企业100%建立工资集体协商制度等内容。同时，实行激励机制，开展先进评比，增加基层工会工作热情。二是联合开展要约。会同区人保局联合制定下发关于开展集体协商要约行动的相关指导意见，以工资水平较低且增长较慢的企业、劳务派遣工集聚的企业、世界500强在沪企业等为重点，积极主动地开展常态化集体协商要约行动。同时，积极争取工商联等企业组织的支持，对不响应要约、拖延协商以及因企业方原因协商失败的企业进行协调处理，增强工作推进力度。三是加强建制覆盖。发挥区、镇两级工资集体协商专兼职指导员队伍作用，加强企业工会协商能力建设，继续推进区域性、行业性集体协商，探索注册型、商贸型企业集体协商覆盖模式，推行工会组建与集体协商同步开展。（张　匀）

【崇明县总工会举办集体协商指导员培训班】 10月17日，县总工会在县中华职校举办集体协商指导员培训班。培训班为期两天，由市总工会法律部专家主讲，内容主要包括集体协商基本理论和相关法律政策及背景知识讲解。县内各基层企业的工会主席和工会干部共80余人参加培训。（易建军）

【上海市机电工会积极采取有效措施推进工资集体协商工作】 一是集团层面工资集体签订协议。与上海电气（集团）总公司共同开展集体协商，签订2012年总公司层面的工资集体协议。协议明确2012年集团工资增长幅度为6%—12%、最高不超过18%的目标，为各单位开展工资集体协商提供参考依据。二是首次在总公司工资集体协议中设置报批程序。对于不能达到总公司工资集体协议确定的职工工资增长幅度的企业，必须协议确定按报批程序报总公司干部人事部和上海机电工会审核同意。三是推进规范化建设。通过问卷调查、实地走访等，分阶段对集团内企业工资集体协议的履行情况进行监督检查，重点检查签订程序、工资增幅、工作机制等，督促履行工资集体协议。截至年底，上海电气集团国有及国有控股企业工资集体协商率达到100%，覆盖集团全部职工；合资企业工资集体协议签订率为91%，比去年上升5个百分点。（沈剑宏）

【鲁中矿业工会通过集体协商源头维护职工权益】 2012年，针对集体合同即将于年底到期的具体情况，鲁中矿业工会自9月份开始，积极组织职代会、集体合同及劳动法律法规民管会成员，分三路深入12家下属单位，广泛听取基层、一线职工意见，就近3年企业《集体合同》及《女职工权益保护专项集体合同》贯彻执行情况开展调研。在此基础上，鲁中矿业工会起草企业《集体合同》和《女职工权益保护专项集体合同》草案。12月下旬，工会组织职工代表与公司行政进行集体协商,确定在原有合同基础上增加为女职工提供每年1次乳腺病普查机会和每月20元特殊劳动保护及卫生用品费用等具体内容,并签订《集体合同》和《女职工权益保护专项集体合同》。（杨庆荣）

临港集团工会与行政双方签订工资专项集体合同（要 武）

【上港集团工会积极推动集团层面签订集体合同】 2012年,上港集团工会贯彻落实市总工会、市国资委关于开展集体协商工作的工作要求,结合集团实际,在充分听取市总工会及市国资委意见的基础上,于6月份初步形成集团开展集体协商工作的规范以及一个集体合同草案(包括3个附件:工资集体协议、女职工特殊权益保护协议和职工劳动保护协议)。此后,工会多次会同集团人事组织部,对集团集体协商的工作规范和集团集体合同初稿进行全面细致的修改,最终形成较为成熟的《上港集团集体合同》及3个附件的草案,并提交集团职工方代表与行政方代表进行正式集体协商。（张晨琦）

【长江轮船公司工会工资集体协商工作取得新进展】 2012年,上海长江轮船公司工会推动企业开展工资集体协商、签订工资集体合同。年初,工会代表职工与企业方就签订工资集体合同召开首次工资集体协商会议并进行首轮集体协商。此后,在充分听取公司行政与职工意见基础上,长江轮船公司工会提出《上海长江轮船公司2012年度工资集体合同》草案,并由职代会审议通过。（章 伟）

【中交上航局有限公司工会推动签订新一轮集体合同】 年初,中交上航局有限公司工会代表职工与企业方就签订新一轮的集体合同开展集体协商,形成集体合同草案,并提交职代会审议通过。集体合同对女职工产假期限和怀孕女工工作防护作出新约定,增加工作接触电脑的怀孕女工购买辐射防护用品一次性报销500元费用及职业健康和专项劳动保护等涉及职工切身利益的内容,受到企业广大职工欢迎。（钱文勤）

上海市容环卫行业第二次集体签约仪式（唐鸿仙）

【建工五建集团集体合同注重体现和发挥职工主人翁作用】 2012年,建工五建集团公司工会组织召开十四届八次职代会,以投票表决方式审议通过2012—2013年度新一轮集体合同、女职工特殊利益专项集体合同以及2012年度工资专项集体合同。公司新一轮集体合同和专项合同在维护职工合法权益、提高职工技能素质、关心职工心理健康、组织职工开展建功立业活动、推进学习型组织建设等方面进行了约定。（杨钟春）

【上海市环卫行业举行第二次集体协商会议】 4月12日,市市容环境行业工会与上海市环境卫生行业协会举行第二次上海环卫行业工资集体协商会议。会议就上海环卫行业最低工资标准、建立职工收入正常增长机制、建立职工互助互济保障工作机制、环卫企业经营者收入和依法签订集体合同等内容进行充分协商,于4月15日签订《上海环卫行业第二次集体协商协议》。同时,市市容环境行业工会和市环卫行业协会还联合印发《关于确定2012年上海环卫职工最低工资标准和建立环卫职工工资正常增长机制等相关事项的指导意见》。（鲍 斌）

【上海水产集团签订新一轮《集体合同》和《工资集体协议书》】 集团工会加大推进"两个普遍"工作力度,自2011年第四季度起,着手起草新一轮集团《集体合同》和《工资集体协议书》(2012 年)的文本工作。同时,依据《上海市集体合同条例》等有关规定,上海水产集团工会与企业分别推选代表,共同组成集体协商小组。集体协商小组先后召开两次协商会议,形成集团《集体合同(草案)》和《工资集体协议书(草案)》,并在 1 月 18 日集团召开的第四届第八次职工代表大会上审议通过。(韩　毅)

【新闻出版工会完善维权机制建设】 一是加强集体协商、集体合同制度建设。举办由系统工会主席、人事干部以及新闻出版工会协调劳动关系工作室人员参加的工资集体协商指导员培训班。70 人获得工资集体协商指导员资格。推动基层单位"三项合同"的签订工作。2012 年,新增 5 家单位签订集体合同、女职工专项集体合同,签订总数为 37 家;新增 5 家单位签订工资专项集体合同。二是注重调查研究,创新维权机制。发挥新闻出版工会协调劳动关系工作室作用,围绕劳资矛盾热点问题进行交流和研讨,对行业内一些引起劳动纠纷的典型案例举一反三,促进企业劳动关系和谐。(陈宏华)

【市总工会培训中心开设集体协商指导员培训班】 4 月 11 日,举办上海工会集体协商指导员培训班。培训班以集体协商程序为重点内容,详细介绍集体协商基本理论知识和集体协商相关法律、法规、政策。来自全市各级工会的 70 名学员参加培训。(汤建敏)

劳动争议调解

【市总工会积极推进劳动争议调解工作】 2012 年,市总工会围绕完善组织机制建设,进一步推进劳动争议调解工作。3 月份,市劳动人事争议仲裁院、市总工会、市企业联合会(市企业家联合会)、市工商业联合会共同成立"市三方劳动人事争议联合调解中心"。调解中心全年共受理案件 102 件,成功化解 51 件。6 月份,为促进劳动争议积案妥善化解,市总工会成立 9 名化解积案调解员队伍深入闵行区劳动争议仲裁院帮助化解积案,至年底共成功处理案件 340 件。9 月,市劳动关系三方联合下发《关于贯彻执行人力资源和社会保障部〈企业劳动争议协商调解规定〉的实施意见》,提出在"十二五"末,300 人以上的企业和已建工会的企业全面建立劳动争议调解委员会。截至 9 月底,各级工会所在单位建立劳动争议调解委员会 32121 个,占独立基层工会数的 64.3%。(赵　倩)

【徐汇区总工会整合调解资源探索诉调对接提高调解成效】 3 月 23 日,区总工会与区法院、区人社局联合召开劳动争议调解协议司法确认工作研讨会,探索建立工会、行政和司法调解三者衔接、统一协调的工作机制。会议针对职工劳动争议调解工作中的疑难问题,就工会调解与劳动监察、司法确认等相关法律程序如何有效对接,形成调解合力、建立联调机制、提高调解成效等进行交流和研讨。会议达成 3 个共识,一是维权关口前移。对劳动监察中发现具备调解条件的纠纷,由监察部门引导调解,工会及时介入,调解成功后同步指导当事人向法院申请司法确认。二是选择试点先行。适当选择一些金额较小、案情较简单的劳动争议个案进行试点工作,以取得经验,逐步实现全面推行。三是建立相关制度。与会各方确定各自联系部门和联络人,并健全完善联系协调、信息共享、交流沟通等制度。建立诉调对接机制,进一步提高区总工会参与劳动争议调解的实效,全年共成功调解劳动争议案 30 起,其中群体性劳动争议案 20 起。(朱伟峰)

宝山区总工会成立职工法律援助团　(胡立伟)

【黄浦区总工会建立"组团式"劳动争议处置联动机制】 2012 年,区总工会联手区法院、区司法局、区人保局、区信访办、区工商联、企联等有关方面,建立"组团式"劳动争议处置联动机制,积极做好劳动关系预警和群体性突发性事件处置工作。一是联合召开会议。联合有关部门,分别召开劳动关系维稳联席会议、群体性劳动争议联动处置工作会议和区劳动关系协调三方办公室成员会议,专题分析和研判区域劳动关系情况,总结联动处置劳动纠纷和群体性突发性事件经验。二是与劳动监察等部门建立联动执法和沟通协调机制,确保快速及时处置集体案件。三是健全基层劳动争议联动调解组织。坚持预防与调解相结合,进一步夯实劳动争议基层调解工作基础,完善街道调解组织和企事业调解组织建设。四是建立群体性案件联动调处跟踪回访机制。参与处置群体性案件时,积极加强与仲裁院、法院等的沟通协调,落实定期跟踪回访制度,防止争议复发。(杜　琴)

【宝山区总工会"诉调对接模式"开启职工维权新篇章】 2012 年,区总工会联合区司法局、区法院和区人社局等单位,成立宝山区职工法律援助中心和职工咨询调解室,由区工会系统专职工会干部、区总工会聘请的专职律师开展职工法律援助和劳动争议调处工作。同时,启动“诉调对接模式”,通过诉讼前、仲裁前的委托调解,实现诉讼、仲裁与工会调解工作对接。全年区职工法援中心和职工咨询调解室共接待职工来访、咨询60余起,全部给予平稳处理。（胡立伟）

【青浦区总工会加强劳动争议调解组织建设】 2012年,区总工会通过建立健全劳动关系预防预警、职工信访、劳动争议调处、职工法律援助等维权服务机制,发挥企业内劳动关系调解员、劳动法律监督员等作用,畅通职工诉求表达渠道,维护劳动关系和谐稳定。全年区镇两级工会共接到职工来信来访600件(起),法律咨询755人次,主动参与调处各类群访事件近60起,涉及职工5900人。在处理劳动争议过程中,区总工会积极推进劳动争议调解关口前移,建立健全区、镇(街道)、村(企业)三级工会劳动争议调解组织网络。截至年底,区镇两级调解组织建制率达100%;100人以上企业建立调解组织达93%、100人以下企业设劳动争议调解员达98%。（马美君）

【奉贤区总工会成立维权工作讲师团】 年初,奉贤区成立由区总工会、区人保局业务科室、劳动争议仲裁员联合组成的维权工作讲师团。讲师团围绕劳动争议常用法律法规、预防和化解劳资纠纷、调解组织规范化建设三大主题,在区内各个乡镇、开发区开展面向基层工会主席、工会干部和企业劳动争议调解员的维权工作培训,全年培训超过1000人。（叶 兰）

【上海市机电工会注重源头参与预防化解劳动争议】 一是通过积极参与33家企业改制方案的评审,对人员安置方案等涉及职工切身利益的事项依据法律法规提出建议,维护职工的合法权益。二是主动提供法律服务。2012年工会共受理非诉类案件50起,处理来信来访20起,群体性争议5起,非诉调解5起,受理诉讼类案件4起。三是积极开展法律宣传培训。组织企业职工参与《劳动合同法》(草案)修改意见的征集活动;组织部分企业工会干部参加工会管理干部学院开展的劳动争议调解员培训;编撰8期网络版的新劳动法规政策介绍。（沈剑宏）

【宝钢股份举办各类培训班提升工会干部职业化素养】 公司工会与市总工会培训中心联合策划首次开办劳动关系协调员培训班。工会干部踊跃参加,利用业余时间学习,110名学员中有100名通过考试,通过率高达90.9%,获得国家职业资格证书,其中6名工会干部被评为优秀学员。（包 翔）

【市总工会培训中心与宝钢工会合作开设《劳动关系协调员》培训班】 2012年,市总工会培训中心围绕“服务全局、创建和谐”的工作目标,积极探索在工会干部中开展以构建和谐劳动关系为宗旨的培训项目。在宝钢股份工会的协助下,首期高级劳动关系协调员培训班顺利开班,来自宝钢股份工会系统的100余名工会干部参加了培训。（汤建敏）

劳动法律监督

【市总工会举办2012年度工会系统劳动保障法律监督员培训班】 2月13—15日,市总工会法律工作部、女职工部会同市劳动和社会保障局劳动监察管理处,在市总工会沙家浜度假村联合举办工会系统劳动保障法律监督员培训班。来自全市工会系统的150名法律干部、女职工干部参加为期3天的培训,学习《劳动合同法》、《社会保险法》、《上海市实施〈妇女权益保障法〉办法》等法律法规以及劳动合同、社会保险、劳动保障监察等有关制度政策,经培训考核合格获得由市劳动和社会保障局颁发的《劳动保障法律监督员证》。劳动法律监督是工会维护职工合法权益以及女职工特殊利益的重要手段,持有此证书的工会干部有权对用人单位执行劳动法律、法规的情况进行监督检查,对发现用人单位存在违法现象的可以要求政府劳动监察部门处理。（甘党生）

【市总工会加强工会劳动法律监督工作】 截至年底,上海工会已经建立起由全市15个区县、42个产业(局)工会、173个集团公司、73个街道乡镇、970个联合工会(含村工会、社区工会、工业园区工会)及9384个基层工会组成的工会劳动法律监督组织网络,全市有工会劳动法律监督员2.55万名。元旦春节期间,为确保农民工按时足额拿到应得的劳动报酬并及时平安返乡,市总工会转发《中华全国总工会办公厅关于进一步加大职工法律援助等维权服务力度促进解决农民工工资拖欠问题的通知》,要求全市各级工会结合实际,开展职工法律援助等维权服务,积极配合劳动保障行政部门开展农民工工资支付情况专项检查,妥善处理农民工劳动争议。同时,市总工会会同市人社局、市建交委、市公安局、市国资委、市工商局联合开展农民工工资支付情况专项检查。市总工会劳动法律监督委员会选派6名工会劳动保障法律监督员参与市劳动保障监察总队组织的6个监察监督检查小组,分别到松江、闵行、宝山、虹口、静安、杨浦、普陀、黄浦、浦东新区等9个区34家用人单位进行为期一周的监察监督检查。全市各级联合执法小组共检查用人单位6229户,涉及职工53.84万人,其中农民工38.53万人,占职工总数的71.5%。检查中发现:存在拖欠工资行为的用人单位501户,涉及职工2.66万人(其中农民工2.02万人),拖欠工资金额13802.85万元(其中拖欠农民工工资9255.94万元)。经各级劳动监察部门处理,2.28万员工(其中农民工1.73万人)拿到7529.97万工资。（甘党生）

【闸北区总工会深化法律监督工作】 2012年,区总工会与区有关部门密切配合,开展劳动法律法规的专项检查。一是关心农民工,开展农民工工资支付专项检查。春节前夕,区总工会与区人保局等联合在全区范围内开展以农民工工资支付情况为重点的劳动者权益保护专项检查,共检查单位326户,涉及职工2.46万人。发现拖欠工资单位17户,涉及职工400人,涉案金额273.96万元。对检查中发现的违法情况,检查组现场责令涉案单位予以及时补发。二是开展女职工用工情况专项检查。国际妇女节来临前夕,区总工会与区人保局、区妇联联合开展女职工用工情况检查。检查以非公企业为主要对象,以女职工产假、妇科体检等女职工特殊保护内容为重点,对20余家企业开展检查。(徐梅生)

【宝山区总工会开展农民工工资支付专项检查】 元旦春节期间,区总工会会同区劳动监察大队,以及辖区内街道、镇总工会会同同级劳动、工商、派出所、综治办、计生办等相关单位,在全区范围内同步开展农民工工资支付专项检查。共检查用人单位423户,涉及农民工近万名。对发现存在不与农民工签订劳动合同、不按规定为农民工缴纳社会保险金、不按规定支付工资等违法行为的60余家企业、商户予以当场指出,并责令限期整改。(黄　栋)

【金山区总工会合力清欠显成效】 11月,区总工会会同区政法委、综治委、信访办、人保局、建交委、工商联等7部门对各街镇(工业区)内企业、工地为重点,组织开展为期1个月的拖欠农民工工资专项排查。专项排查共查处有欠薪企业、工地150家。其中,存在欠薪情况的企业123家,涉及职工6666人,涉及金额1400万元;存在欠薪情况的工地27家,涉及金额1.3亿元。通过这次排查,150家欠薪企业、工地中共有141家已经完成清欠,清欠率达94%。(沈勇军)

【青浦区总工会开展农民工工资支付情况专项检查】 12月5日,区总工会会同区人保局、建交委、公安局青浦分局、国资委和工商分局6个职能部门,召开农民工工资支付情况专项检查联席会议。会议决定,6部门于11月26日—2013年1月31日,在全区范围内开展农民工工资支付情况专项检查。检查主要对象为:辖区内各用人单位,重点是使用农民工较多的建筑业、制造业、餐饮服务业等中小型劳动密集型企业等。检查内容:用人单位按照工资支付有关规定支付农民工工资的情况、遵守最低工资规定的情况及依法支付加班工资的情况;企业经营者拖欠工资后逃匿的情况;用人单位与农民工签订劳动合同等遵守劳动保障法律法规的情况等。(马美君)

职工法律援助

【全国工会职工法律援助工作调研检查组来沪检查】 9月,全国总工会法律部和上海、贵州、福建三省市组成检查组,开展为期两周的职工法律援助工作专项调研检查。检查组在沪期间,先后听取市总工会、黄浦区总工会、奉贤区总工会、机电工会、杨浦区总工会、徐汇区总工会、崇明县总工会、天平社区总工会、杨浦区控江地区总工会等9家单位的职工法律援助工作情况汇报,并实地考察上述工会职工法律援助中心。检查组认为上海工会职工法律援助工作起步早、起点高、工作实、效果好,充分体现了领导重视、机构健全、制度完善、保障有力、创新有为、服务到位的特点。(赵　倩)

【上海市各级工会职工法律援助工作取得新进展】 一是逐步建立全覆盖、多维度的职工法律援助组织网络。在逐步健全市、区县局(产业)、街道(乡镇、工业园区)三级职工法律援助机构的同时,借助司法行政、法院、劳动争议仲裁、综合治理等平台优势,拓展服务空间,形成“横向协作模式”。全市共建立1个市职工法律援助中心,41个区县、产业职工法律援助中心和372个职工法律援助工作站。各地区探索适应自身特点的模式,浦东新区总工会在金桥、张江等7个工业园区建立职工法律援助分中心,形成浦东“1+7”模式;嘉定区总工会在区劳动争议仲裁院设立“工会法律援助工作站”。二是逐步建立起社会化、专业化职工法律援助骨干队伍。以工会法律人才库、法律顾问团、法律援助维权服务志愿团为载体,逐步形成“工会干部为骨干,社会力量为依托,志愿者为补充”的职工维权服务队伍。各区县总工会积极探索多元化购买服务方式,均通过签约1—2家律师事务所或聘请志愿者形式为职工提供法律服务,保证每周有律师坐堂接待。杨浦区总工会特邀10名劳动法律专家和《劳动报》资深记者,与职工进行网上互动;徐汇区总工会与两个沪上知名的劳动法专业律师事务所建立长期合作关系。三是形成上级工会补贴与本级工会预算经费投入相结合模式。5月,市总工会决定每年设立100万职工法律援助专项工作资金,按照5-7万元标准划拨至17个区县。同时,各区县总工会按照1:1比例投入区县工会经费预算。黄浦、嘉定、松江等8个地区的区级工会预算超过10万元。其中,虹口每年向下属8个街道职工法律援助工作站各补贴1.5万元,浦东每年向7个职工法律援助分中心各补贴1万元。全年,职工法律援助中心为职工提供法律服务44775人次,其中非诉讼调解9052件,代理仲裁、诉讼3079件,处理来信1080件,代写法律文书512件,接待咨询27780人次,调处3人以上群体性争

浦东新区总工会举行职工法律援助中心及分中心启动揭牌仪式
(陈军华)

议433件,涉及职工14342人。

（赵　倩）

【浦东新区总工会举行职工法律援助中心及分中心启动揭牌仪式】 4月17日,新区总工会在张江集团公司举行浦东新区职工法律援助中心启动揭牌仪式,同时启动张江工会联合会职工法律援助分中心等7家分中心,通报《浦东新区职工法律援助中心建设方案》。新区"1+7"职工法律援助中心组织构架,充分考虑新区区域广、职工多、体制特的情况,在企业内部劳动争议调解、街镇、开发区劳动争议调解和区层面劳动争议调解、仲裁及诉讼的基础上,构建起源头性、专业性的调解支撑体系,贴近职工、贴近基层,更好地为职工开展法律援助。（张淑君）

【闸北区职工法律援助中心进一步做实法律援助】 2012年,区职工法律援助中心通过引入专业力量、提高服务质量,将职工法律援助工作提上新台阶,被全国总工会授予"全国工会职工法律援助维权服务示范单位"的称号。一是区总工会为中心配备4名专兼职工作人员,实现"一人受理,团队服务"。中心通过聘用20名来自上海蓝白律师事务专门从事劳动关系方面工作的律师轮流坐堂,为职工提供无偿法律服务。全年,中心共接待咨询280余人次,受理调解45件;其中5—12月,律师坐堂接待76人次,受理调解16件。二是推动职工法律援助中心与职工援助服务中心合署办公,正式挂牌"闸北区职工法律援助中心",区总工会设立法律援助专项经费预算,用于中心建设。（徐梅生）

【全国总工会法律部检查指导杨浦工会法律援助工作】 9月3日,全国工会职工法律援助维权服务工作检查组来到杨浦区检查指导工会法律援助工作。检查组先后视察区总工会职工援助服务中心、法律援助中心、控江地区总工会职工法律援助工作站,听取区总工会关于职工法律援助维权服务的汇报,并查阅工作制度、接访记录、案卷档案等材料。主要特色:一是完善协调联动机制,密切关注群体性劳资矛盾。上半年,共化解劳资纠纷67件。二是推进厂务公开民主管理,构建和谐劳动关系。评选命名72家劳动关系和谐企业及2个劳动关系和谐园区。三是健全劳动争议调解组织,做好劳动争议调解工作。上半年,杨浦区已建立行业劳动争议调解委员会56个,基层调解组织1521个;接受法院委托工会调解案件113件,调解成功40件;劳动(人事)争议仲裁院工会接待窗口化解纠纷53件,有效维护劳动关系和谐稳定。（曹理仰）

【静安区总工会成立职工法律援助中心】 3月,区总工会制定下发《关于加强静安区职工法律援助中心建设的方案》。经过3个多月筹备协调,在区司法局和庄正权律师事务所的支持下,静安区职工法律援助中心于6月上旬正式挂牌成立,为职工、工会工作者和工会组织无偿提供法律咨询、代写法律文书、仲裁诉讼代理等法律援助工作。区法律援助中心的挂牌成立,切实增强职工法律援助维权服务的实效。（陆　蕾）

【宝山区顾村镇总工会被中华总工会授予首批"职工法律援助维权服务示范单位"称号】 顾村镇总工会通过建立健全职工法律服务中心,向地区内广大职工群众提供(再)就业、劳动保障、劳动合同签订、劳资关系协调、集体协商等咨询服务工作,化解多起劳动纠纷,取得良好社会实效。此外,顾村镇还行成以独立工会为"点"、区域工会为"圈"、行业工会为"链"和社区工会为"面"的2+X职工源头维权机制,以及"三位一体"的救济维权机制,通过源头预防和事后救济相结合,在维护职工合法权益、促进劳动关系和谐稳定中发挥了积极作用。2012年,宝山区顾村镇总工会被中华总工会授予首批"职工法律援助等维权服务示范单位"称号。（胡立伟）

【松江区总工会举行职工法律援助中心揭牌仪式】 区总工会结合松江创新驱动、转型发展实际,成立松江区总工会职工法律援助中心。11月28日,区总工会举行职工法律援助中心揭牌仪式,并向首批15位"松江工会职工法律援助维权服务志愿者"授聘书。中心成立之后,坚持"一门式服务",切实提高工会法律援助工作水平,扩大职工法律援助工作的社会影响力。（季誉超）

【奉贤区总工会完善法律援助和劳动争议调解服务】 一是推进奉贤区职工法律援助服务中心实体化建设。与奉贤区法律援助服务中心、沈国英律师事务所签约,为困难职工免费提供法律援助服务。全年,区职工法律援助服务中心共受理职工法律援助案件386件,涉及金额425万元。二是加强调解组织规范化建设。对全区企业劳动争议调解组织进行梳理,研究制定《关于加强企业劳动争议调解组织建设的实施意见》。截至年底,区、镇两级工会劳动争议调解组织共受理劳

松江区总工会举行职工法律援助中心揭牌仪式　　（夏　晖）

动争议1237件，涉及金额1242万元，调解成功率达98%。三是加大普法宣传力度。牵头开展“法律进企业”活动，组织5万人次的工会干部、职工参加法律知识竞赛和法律知识讲座。

（张　匀）

【市教育工会为全市教职工提供义务法律援助服务】 9月8—10日，由市教育工会主办、华东政法大学工会、同济大学工会、华东理工大学工会承办，面向全市教育系统职工义务法律咨询活动在华东政法大学教师法律援助中心、同济大学工会礼堂和华东理工大学工会举行。12名专家、律师进行现场咨询服务。同时，9月8—14日，在华东政法大学松江校区设专用电话进行电话咨询和网上咨询。咨询所涉内容包括劳动合同、婚姻法、交通事故损害赔偿、房屋纠纷、人身侵害赔偿、财产继承等。各咨询点现场共接待来访者近40人，网上、电话接待14人次。

（周宝宏）

保障政策文件选编

上海市人民政府
关于调整本市城镇职工基本医疗保险门诊急诊医疗费用支付办法若干事项的通知

为进一步提高本市城镇职工基本医疗保险参保人员的医疗待遇，经研究，市政府决定自2012年4月1日起，调整本市城镇职工基本医疗保险门诊急诊医疗费用支付办法，现就若干事项作如下通知：

一、门诊急诊医疗费用支付办法

（一）在职职工一年内门诊急诊就医或者到定点零售药店配药所发生的符合本市城镇职工基本医疗保险规定的费用，由其个人医疗账户当年计入资金支付。不足部分 由个人支付至门急诊自负段标准（1500元），超过部分按下列规定支付（不含到定点零售药店配药所发生的费用）：

1. 44岁以下人员，在一级医疗机构门诊急诊的，由地方附加医疗保险基金（以下简称“附加基金”）支付65%；在二级医疗机构门诊急诊的，由附加基金支付60%；在三级医疗机构门诊急诊的，由附加基金支付50%。

2. 45岁以上人员，在一级医疗机构门诊急诊的，由附加基金支付75%；在二级医疗机构门诊急诊的，由附加基金支付70%；在三级医疗机构门诊急诊的，由附加基金支付60%。

（二）退休人员一年内门诊急诊就医或者到定点零售药店配药所发生的符合本市城镇职工基本医疗保险规定的费用，由其个人医疗账户当年计入资金支付。不足部分由个人支付至门急诊自负段标准（700元），超过部分按下列规定支付（不含到定点零售药店配药所发生的费用）：

1. 69岁以下人员，在一级医疗机构门诊急诊的，由附加基金支付80%；在二级医疗机构门诊急诊的，由附加基金支付75%；在三级医疗机构门诊急诊的，由附加基金支付70%。

2. 70岁以上人员，在一级医疗机构门诊急诊的，由附加基金支付85%；在二级医疗机构门诊急诊的，由附加基金支付80%；在三级医疗机构门诊急诊的，由附加基金支付75%。

二、对原“退休老人”和原“中一”人员的门诊急诊医疗费用支付，采用以下过渡办法：

（一）2000年12月31日前已办理退休手续的人员（原“退休老人”），门急诊自负段标准为300元，超过门急诊自负段标准部分的医疗费用按照原规定执行，即：在一级医疗机构门诊急诊的，由附加基金支付90%；在二级医疗机构门诊急诊的，由附加基金支付85%；在三级医疗机构门诊急诊的，由附加基金支付80%。

（二）1955年12月31日前出生、2000年12月31日前参加工作并于2001年1月1日后办理退休手续的人员（原退休“中一”人员），门急诊自负段标准为700元，超过门急诊自负段标准部分的医疗费用按照原规定执行，即：在一级医疗机构门诊急诊的，由附加基金支付85%；在二级医疗机构门诊急诊的，由附加基金支付80%；在三级医疗机构门诊急诊的，由附加基金支付75%。

（三）1955年12月31日前出生、2000年12月31日前参加工作的在职职工（原在职“中一”人员），门急诊自负段标准为1500元，超过门急诊自负段标准部分的医疗费用，在一级医疗机构门诊急诊的，由附加基金支付75%；在二级、三级医疗机构门诊急诊的，按照原规定执行，即由附加基金支付70%。

三、在职职工和退休人员发生的门急诊自负段医疗费用以及由附加基金支付后其余部分的医疗费用，如个人医疗账户有历年结余资金的，先由历年结余资金支付，不足部分由在职职工和退休人员自负。

四、在职职工和退休人员到定点零售药店配药所发生的费用，可由个人医疗账户历年结余资金支付。

二〇一二年三月三十一日

维护民主权利

Safeguarding Democratic Rights

2013

综 述

2012年，上海工会民主管理工作以推动构建和谐劳动关系为主线，着力推进以职工代表大会为主要形式的厂务公开民主管理工作制度机制建设，保障职工民主权利，促进上海经济社会持续发展。一是大力推进厂务公开职代会制度建设。开展以在沪世界500强为重点的已建工会未建制企业的调研和建制专项行动，大力推进企事业单位单独建制和区域性、行业性职代会建设。指导帮助一些长期不建制、职工反映大、劳资矛盾突出的非公企业建立职代会。全市建制率比上年有明显提高。根据《上海市职工代表大会条例》规定，修订《上海市职工代表大会工作规范》，进一步规范职代会运作。市厂务公开工作领导小组制定下发《关于坚持和完善民主管理制度，保障事业单位改革顺利推进的指导意见》，推动企事业单位在改革中坚持完善民主程序。全年举办三期共500名基层工会主席参加的《条例》培训班。全市完成20万职工代表的《条例》培训任务。二是积极配合市人大常委会开展《条例》执法检查，广泛组织开展工会专项监督检查。积极推动将《条例》列入市人大常委会年度执法检查项目，并作为年度工作重点与市第十次厂务公开民主管理工作调研检查相结合。根据《条例》赋予的权利，市总工会下发《关于开展〈上海市职工代表大会条例〉实施情况专项监督检查的通知》，发动各级工会广泛开展监督检查。按照市人大常委会的要求，完成市总工会贯彻《条例》的专题报告。三是做好厂务公开工作。召开市厂务公开民主管理工作会议，总结闵行区、华东理工大学、巴士集团、青浦区香花桥街道和南亚覆铜板有限公司等单位开展厂务公开民主管理、构建和谐劳动关系的经验做法。表彰上海公元建材发展有限公司等117家单位为“2010—2011年度上海市劳动关系和谐职工满意企事业单位”称号；陆寅中等104名为“2010—2011年度上海市职工信赖的经营管理者”称号。接受全国厂务公开协调小组和由吉林、青海、上海组成的全国第七次厂务公开民主管理工作调研检查第三互检组的检查。开展市第十次厂务公开民主管理工作调研检查，举行非公企业和事业单位民主管理工作两场专题研讨会。开展“2011—2012年度上海市厂务公开民主管理先进单位”评选活动，并首次将此项评选与市“五一劳动奖状”评选相结合。四是推进和谐劳动关系建设。按照“全国构建和谐劳动关系先进表彰暨经验交流会”精神，推动召开“上海市加强和谐劳动关系建设工作会议”，草拟由市委、市政府下发相关文件的征求意见稿；制定下发《上海工会推动和谐劳动关系建设行动计划〈2012—2013〉》。年内对嘉定、铁路等16个区县局（产业）工会工作开展情况组织2次中途督查和工作研讨；以徐汇区为试点，探索制定不同所有制企业和区域性、行业性和谐劳动关系标准；及时通报和交流工作信息，全年编写5期《上海工会推进和谐劳动关系建设专刊》。五是认真参与“面心实”活动。按照市总工会统一部署，深入上海医药集团开展专题调研，参与处理和化解职工群体性劳资矛盾事件，并趁势推进企业建立健全民主管理制度。

（刘卫新）

3月28日，市总工会召开2012年上海市厂务公开民主管理工作会议 （吴良荣）

职工代表大会

【上海市职工代表大会制度建设取得成效】 一是职代会建制率明显增长。截至9月底，全市公有制企事业单位职代会建制10270家，同比去年增加354家；非公企业职代会独立建制34472家，同比增加9861家；已建区域性、行业性职代会5273家，覆盖小微企业157994家，同比增幅30%。二是职代会制度运作质量明显提高。在职代会建制面不断扩大的同时，已建制基层企事业单位对照《条例》要求，制定和完善各自的职代会制度实施细则。职代会规范化、制度化建设得到加强，法定职权逐步落实到位，议事规则更趋规范，工作制度日益完善，内涵深度不断拓展，热点难点逐步突破。三是职代会维权、维稳作用明显体现。各级工会发挥职代会在维权、维稳中的制度性作用，坚持企事业单位改革调整、关停并转迁等重大事项必须通过职代会，让职工知情参与和审议表决涉及职工切身利益的事项；坚持从企事业单位的实际出发，强化职工参与企事业单位的科学管理和对干部的民主监督；坚持发挥职代会调节器、稳定剂的作用，将工资调整、福利待遇、安全生产、教育培训等重大方案通过职代会制度平台让职工广泛参与，协商共决；坚持将职代会制度作为企事业单位文化建设的基础性工作抓好抓实，推进企事业单位与职工共建共享，共同发展。市总工会民管部在参与处理和化解职工群体性劳资矛盾过程中，指导帮助上海市达益物业有限公司、中英海底系统有限公司、上海松下等离子显示器有限公司等建立职代会制度。四是推进职代会制度的社会环境明显优化。越来越多的企事业单位将职代会制度纳入单位管理流程中，最大限度发挥其“聚人心、保稳定、促和谐”的作用。不少外企、民企的经营管理者和人事干部积极参与《条例》培训。广大职工对《条例》的关注度也不断提升。（周永宝）

【上海工会开展贯彻《上海市职工代表大会条例》干部培训】 市总工会于6月、10月、11月举办3批贯彻实施《上海市职工代表大会条例》干部培训班。培训围绕《条例》内涵和立法本意，结合相关文件以及基层操作实务，分6个专题为学员进行《条例》解读。来自各基层企事业单位、社区行业工会的500余名工会干部参加培训。具体内容：一是强化建制，推进职代会、厂务公开专项建制行动的有效落实。重点推进在沪世界500强企业、知名民营企业等职代会制度建设。二是规范运作，落实职权。将职工最关心、最直接、最现实的利益问题纳入到职代会的议题，加强职代会“三项刚性制度”建设，不断健全完善职代会的6项工作制度。三是整合机制，加强联动。坚持职工民主管理程序维权与保障职工具体权益的实体维权相结合，把平等协商集体合同制度和职代会制度作为工会维权的两项重要抓手。四是借势借力，合力推进。以《条例》专项执法检查和第十次厂务公开检查为契机，开展自查互查抽查，总结先进经验，查找薄弱环节。（章宁晓）

【市总工会修订《上海市职工代表大会工作规范》】 市总工会在遵循《条例》基本原则和主要规定的基础上，结合2000年制订的《上海市职工（代表）大会工作规范》和2007年制订的《上海市非公有制企业职工（代表）大会工作规范》，修订《上海市职工代表大会工作规范》。修订后的《工作规范》共分总则、职工代表、职权、会议的召开、组织机构、工作制度和附则7部分。《工作规范》明确职代会与厂务公开的关系以及企事业单位党政工组织的职责；对集团职代会以及上下级单位职代会的关系作明确界定；对职工代表的资格、构成以及产生、撤免、补选和职代会职权的履行程序、权限等作相应规定；对召开职代会的基本规则、程序要求以及职代会主席团、联席会议等作补充性规定；并对职代会的民主管理专门小组（委员会）和职代会的工作制度作具体规定。在《工作规范》的修订过程中，注重通过细化程序确保《条例》规定的事项落到实处；将《条例》无法穷尽、但实践中又确实需要解决的问题予以明确；指导基层进一步发挥职代会制度作用。（周永宝）

【浦东新区贯彻落实《上海市职工代表大会条例》】 一是提高思想认识，加大工作力度。认清落实《上海市职工代表大会条例》的重要性、必要性和紧迫性，加大工作力度，提高工作实效。新区职代会建制率明显提高，在外民私企独立建制率同比提高12%，覆盖建制率同比提高25%以上。二是突出工作重点，狠抓工作推进。重点加强《条例》宣传，营造良好氛围，通过多种形式和载体，贴近企业经营者，宣传建立职代会对和谐劳动关系和促进企业发展的积极作用，推动企业经营者自觉建立职代会。对有一定规模的企业推进独立建立职代会，对小微企业推进区域性行业性职代会。（张真琦）

【浦东新区总工会开展街道、镇《上海市职代会条例》专项执法检查】 7月下旬—8月上旬，新区总工会联合市人大执法检查和市厂务公开领导小组开展新区街道、镇《上海市职代会条例》专项执法检查。检查采取听取基层企事业单位职代会建制情况汇报，听取委、局、集团公司、社区、镇总体汇报和查阅相关单位职代会档案材料的方式进行。具体分为4个阶段，即：7月31日，为召开国企座谈会，检查新区所属14家集团公司职代会建制情况阶段；8月3日，为召开新区事业单位座谈会，检查9家相关委、局所属事业单位职代会建制情况阶段；8月7日，为召开社区、镇座谈会，检查新区12个社区、1个街道、24个镇职代会建制情况阶段；8月10日，为召开开发区座谈会，检查4家开发区和6家园区职代会推进情况阶段。从执法检查情况看，浦东国有及国有控股企业的职代会建制率和厂务公开建制率都达到95%以上，集体企业的职代会建制率也达到90%，厂务公开率达到95%；事业单位的职代会建制率和厂务公开率达到98%以上；非公企业在“2+X”民主管理模式下，较好地解决非公企业厂务公开民主管理推进的形式问题，非公企业的职代会建制率达到80%。（鞠林革）

【市人大常委会执法检查组现场观摩徐家汇社区物业行业职代会】 7月31日，徐家汇社区物业行业召开二届一次职工代表大会。市人大常委会

7月31日，市人大常委会《上海市职工代表大会条例》执法检查组现场观摩徐家汇社区物业二届一次职工代表大会（陈　二）

《上海市职工代表大会条例》执法检查组现场观摩职代会。会上，与会代表无记名投票审议通过《徐家汇社区物业行业职工代表大会实施办法》、《徐家汇社区物业行业集体合同》、《创建和谐劳动关系公约》等13项议案；选举产生职工代表大会提案评估、协商巡视两个民管小组。会议将区域经济社会发展、行业劳动关系建设、职工民主管理进展等情况纳入到职代会报告内容，将企业用工规则、创建和谐劳动关系公约、职工教育培训、劳动竞赛等内容纳入到职代会审议事项。

（徐飒爽）

【长宁区开展《上海市职工代表大会条例》实施情况非公企业专场执法检查】 8月10日，由区人大、区总工会、区纪委和区人社局等相关部门组成的联合检查组，赴华阳路街道开展《上海市职工代表大会条例》实施情况非公企业专场执法检查。检查分为3个部分，一是由来自华阳路社区（街道）、天山路街道三村居民区、上海象王洗衣有限公司以及上海大华装饰有限公司等4家单位的党、政、工负责人围绕《条例》落实情况进行专题汇报。二是由检查组与华阳路社区（街道）所属非公有制企业及小区的部分职工代表进行专题座谈。三是现场检查相关工作资料。通过执法检查，为《条例》贯彻营造良好氛围，有利于探索创新、突破难点，推动区内企业单位建立健全职代会制度。

（陈琳杰）

【闸北区总工会通过“四个着力”加强职代会制度建设】 一是着力推动职代会全面建制。继续通过“三同步”机制、目标考核机制和区域性、行业性职代会制度建设，扩大职代会建制的覆盖面。2012年，全区公有制企事业单位职代会制度、厂务公开制度基本实现全覆盖；6872家非公企业建立职代会，建制率为82.1%；6702家非公企业实施厂务公开，实施率为80.1%。其中区域性、行业性职代会建制263个，覆盖企事业单位6141家。二是着力推进职代会制度规范化建设。组织100多名基层工会干部，开展《2012年闸北区职代会制度规范化建设培训会》，提高广大工会干部加强职代会制度规范化建设的意识和能力。制定下发《关于进一步规范职工代表大会制度建设的通知》，推动基层企事业单位建立健全职代会日常工作制度，坚持完善职代会召开后向上一级工会组织报告制度。三是着力推动职代会职权的有效落实。督促指导基层企事业单位，规范涉及职工切身利益事项的议事规则，着重把握审议通过权的内容和无记名投票表决程序；贯彻落实中纪委等六部委、市纪委等四部门联合下发的有关文件精神，有序推进民主评议领导干部工作，规范领导干部述职述廉的程序，将职代会民主评议结果与领导干部考核奖惩任免相挂钩。四是着力发挥职代会制度的协调作用。引导企事业单位，通过合理化建议等活动载体，让职工知厂情、管厂事、献厂策、促厂兴，实现企业与员工的互利共赢。

（王立成）

【静安区总工会举办《上海市职工代表大会条例》专题培训】 5月16日，区总工会组织全区企事业单位工会工作人员开展《上海市职工代表大会条例》专项培训，共180人参加培训。培训从《条例》的立法背景和意义思考、企事业单位和工会的影响以及如何在工作中贯彻落实《条例》等三方面进行阐述、分析和指导。为各级工会贯彻《条例》规定，推进企事业单位民主管理，规范职代会制度，保障职工民主权利提供理论支持和实务指导。

（姚蓓蓓）

【上海通略驾校依靠职代会制度规范企业民主管理】 4月，上海通略机动车驾驶员培训有限公司召开二届一次职工代表大会，65名职工代表出席会议，充分行使代表权利，审议表决企业工资集体协议和新修订的职工手册。将职工工资平均增幅15%、两年一次职工体检、购买职工互助保障计划等条款均写入协议。企业严格按照《劳动合同法》等法律规定，经职代会审议通过驾校《规章制度》，做到赏罚有据，合法合理。会议通报表彰企业获2011年度全国文明诚信驾校、上海市A级驾校称号、行业大比武先进集体和个人。

（曹理仰）

【静安区区域性职代会提案工作取得进展】 年初，区总工会制订工会重点工作目标考核，确立全年完成区域性职代会提案制度建制率85%的工作目标。同时，区总工会还对区域性职代会提案制度的实效性进行重点关注，进一步规范提案的征集程序和内容，以提高征集提案的质量；并要求进一步提高提案的办结率，帮助解决职工实际困难。

（沈诗贤）

【闵行区总工会加强职代会制度规范化建设】 一是组织编印《闵行区职代会实务操作指南》手册，提供操作流程、参考样张、工作制度等方面指导。区教育工会制定《闵行区学校教职工代表大会操作指南》等规范性文件，用于指导学校教职工代表大会建设。二是注重加强非公有制企业职代会建设指导。借助劳动关系和谐企业创建工作的契机，以规模以上的非公有制企业尤其是世界500强企业为重点，通过举行专题讲座、民主管理工作沙龙等多种形式，切实加强对非公有制企业职代会建设的专项指导和培训服务。三是探索推进区域性、行业性职代会建设。以颛桥镇集体村、教育系统农民工子弟学校行业、古美街道龙茗路十尚坊餐饮企业为试点，探索区域性、行业性职代会制度建设，发挥职代会制度在促进地区建设和行业发展中的积极作用。

（刘　芳）

【松江区总工会配合区人大常委会开展《上海市职工代表大会条例》执法检查】 松江区作为《上海市职工代表大会条例》专项执法检查的5个区县之一，区总工会主动将厂务公开调研检查和《条例》执行情况专项自查、抽查纳入区人大常委会《条例》专项执法检查的大局中整体谋划和推进。自7月下旬开始，采取听（听汇报）、看（实地查看）、查（查档案资料）、议（职工代表座谈会）、测（职工满意率测评）等形式，对全区贯彻《条例》情况进行自查抽查。先后抽查20家不同所有制的企事业单位。从自查抽查情况看，松江区各级领导对《条例》贯彻高度重视，形成齐抓共管局面。全区符合推行厂务公开条件的335家国有集体企事业单位，职代会建制率、公开率在动态中均保持100%；非公企业实行职代会制度有1661家，建制率达83.5%。8月30日,区执法检查组分别到永丰街道下属的上海飞航电线电缆有限公司和上海纳格西斯商标有限公司,检查企业职工集体合同、女职工权益保护专项集体合同、企业工会福利发放记录等材料,了解企业职工工资、奖金、保险福利实施情况。 (沈君子)

【青浦工业园区集团公司工会组织职工代表开展巡视检查】 11月27日,青浦工业园区发展(集团)有限公司工会组织职工代表开展巡视检查。巡视检查的主题为集团公司二届三次职代会通过的有关重点工作:清河湾动迁房基地项目和淀山湖总部基地项目。38位职工代表深入项目现场,实地察看清河湾动迁房基地建设情况和淀山湖总部基地地块情况,听取浦西房产公司和高新公司关于这两个项目工作推进情况的汇报。各位职工代表发表了各自对项目建设的意见和建议。 (马美君)

【奉贤区职代会建设聚焦"三个抓"】 一是抓建制。结合2012职代会制度建设规范年和市人大对《上海市职工代表大会条例》贯彻实施专项检查,通过签订责任书、《条例》培训、下基层企业指导、现场观摩会等有效举措,不断提高非公企业职代会建制率。全区独立建职代会制度的企事业单位2289家、占基层工会组织数的82.9%,其中区域性、行业性联合职代会205个、覆盖企业4315家,职代会制度覆盖建会小企业14125家、建制覆盖率达到71.3%。二是抓指导。下发3000本《职代会工作规范》,统一职代会操作流程、记录台账和材料归档。开展第十次厂务公开民主管理工作调研检查,职能部室深入基层工会指导职代会规范化运作。全区实施厂务公开民主管理的企事业单位达到2027家,占工会组织总数的73.4%。三是抓"双亮"。制定《奉贤区非公企业工会工作达标实施意见》,基层工会广泛开展"六个有"创建。进一步深化"双亮"活动,全区实施"双亮"的企事业单位达到2015家,占工会组织总数的73%。 (尹 奕)

【医药工会组织开展贯彻《上海市职工代表大会条例》情况监督检查】 6月20日—7月13日开展贯彻执行《上海市职工代表大会条例》情况检查。绝大多数企业对职工代表进行《条例》的专题培训,并能根据《条例》要求,逐步规范做法。存在问题有:一是集团层面的职代会因股东更换,没有坚持实行;二是个别外资企业由于外方意见,尚未建立职代会制度;三是一部分召开职工大会的小企业,召开职工大会不规范。针对上述问题,医药工会向集团党政领导专题汇报。集团领导明确提出恢复集团职代会制度,并要求医药工会加大推进外资企业职代会建制力度。医药工会根据《条例》内容,制定下发《职工大会实施细则》(范本),要求凡是召开职工大会的企业,必须制定单位职工大会实施细则,否则在工作检查考评时视作未建职代会。检查工作促进医药系统职代会工作规范有序推进,截至9月底,医药系统职代会建制率为97.8%,职代会制度正常规范运行的企业在85%以上。 (赵一鸣)

【上海电力机械厂工会以规范程序参与企业改革】 上海电力机械厂在优化结构、转变经营方式的改革过程中,厂工会充分发挥职代会作用,维护职工合法利益,支持企业稳步推进改革。一方面通过各种渠道,做好正面宣传引导工作;另一方面积极参与企业改革《实施方案》和职工切身利益方面相关文件的拟订。在企业制订改革方案措施和规范履行民主程序中提出具体要求,做到前期介入。工会通过组织广大干部职工学习领会《实施方案》等文件,分层次组织干部、职工代表、管理人员、班组骨干和普通群众,通过召开多次座谈会和个别访谈等形式,面对面倾听大家的意见和建议,采用无记名"问卷调查"方式,让职工道出心里话,通过多种渠道有效解决职工平时"不愿说"、"不敢说"、"不会说"的问题。工会在汇总职工的意见和建议后,还组织答疑会,行政方代表一一作答,消除职工的后顾之忧。最终,改革《实施方案》等相关文件,在职代会上一次通过,企业改革得以有序进行。 (姚金彪)

【宝钢股份工会加强职工民主管理】 2012年,宝钢股份工会修改完善《宝山钢铁股份有限公司厂务公开工作责任制》、《宝钢股份公司劳动争议调解委员会工作细则》、《宝钢股份公司职工代表大会制度》等文件。公司于10月启动职代会换届工作,成立换届筹备和代表资格审查小组,加强对各基层单位的工作指导。经职工推荐选举,产生350名公司第四届职代会代表。同时,建立职代会综合民主管理委员会,民主选举产生19名成员。公司工会组织涉及职工切身利益的事项规范履行职代会民主程序;组织职工完成168名公司直管领导干部的民主评议和安全履职评价;组织公司全体职工代表,对7名公司领导人员进行网上无记名测评。公司工会还加强对基层单位职代会工作的组织管理和指导把关,对湛江钢铁首届"双代会"各项筹备工作、宝日汽车板公司筹建首届职代会进行指导和帮助,实现基层单位职代会建制的全覆盖。 (包 翔)

【宝信软件探索实践职代会提案工作】 2011年1月,通过《宝信软件职代会提案审理委员会工作细则》。《细则》明确职代会提案征集、审理、处理、反馈的主要流程以及接受检查和监督的有关内容。2012年是宝信软件具体实施《细则》的第一年。1—3月,宝信软件四届一次职代会召开前共收集到职工代表提案8件。内容涉及员工薪酬福利、职业发展、青年创新、工作环境等多个方面。在公司多方努力下,6月底,8件提案已全部得到落实或反馈,并经提案人签字确认。 (计海红)

【上海石化公司召开五届八次职代会】 2月7—8日,上海石化公司召开五届八次职代会,264名职工代表参加。会议听取并审议《公司行政工作报告》和《公司2011年福利费使用情况及2012年预算初步安排的报告》;书面审议《公司2009—2012年集体合同2011年度履行情况报告》、《公司五届五次至七次职代会巡视评估情况报告》、《公司2011年职工教育经费使用情况报告》、《公司2012年职工培训计划的编制说明》、《公司2011年业务招待费使用情况报告》、

《公司2011年职工帮困互助基金使用情况报告》和《公司五届五次职代会提案审理情况报告》；听取公司党政领导班子成员述职、述学、述廉报告，民主评议公司领导班子和公司领导；开展公司选人用人工作满意度测评；民主推荐公司领导班子后备人员；综合考核测评公司领导班子和领导人员；表彰公司优秀职工代表、优秀巡视评估员、职代会先进专门委员会、提案落实工作先进部门等。

（张　敏）

【上海石化开展职代会提案落实巡视评估工作】 2012年，上海石化对42件职代会重点提案进行跟踪落实，开展巡视评估。根据提案征集、预审工作流程和巡视评估工作流程，形成专门委员会、巡视评估员以及职能部室对口提案落实表。45名巡视评估员以实地考察和个人督办形式，每人对口1—2件提案的巡视评估，形成提案落实情况表42份。截至12月，职代会专门委员会组织22名巡视评估员和81名提案人，对13个提案落实部门及单位进行满意度测评，满意率为84.15%。（张　敏）

【上海航天局工会围绕“创新提效”主题开展职工代表巡视】 航天局工会组织基层各单位中的职工代表近40人组成巡视组，对系统内2家民品单位开展巡视，重点了解局“创新提效年”各项要求落实情况，以及企业在面临严峻经济形势下的发展情况。巡视的主要内容为企业生产经营状况、创新提效举措、企业发展取得的成效、职工权益保障情况等方面。巡视主要通过听取企业行政及工会负责人作情况介绍、职工代表现场提问、实地巡查生产现场等方法。（沈　恺）

【上海航天局召开二届五次职工代表大会】 7月24日，局召开二届五次职代会，292名职工代表参加会议。与会代表对《行政工作报告》、《局二届四次职代会提案办理和二届五次职代会提案征集情况报告》等进行审议。会议还审议通过《上海航天局民主管理办法》，发出“人人献计献策，个个创新提效——我为创新提效献一计”合理化建议活动倡议。会后首次开展职代会运行质量评估，评估满意率为98.85%。（沈　恺）

【上海航天局工会开展职代会提案工作】 航天局工会专题召开提案工作委员会会议，对2011年局二届四次职代会征集的47份提案（草案）处理情况作具体说明，对7份立案提案办理情况进行通报，现已落实全部7份提案的处理工作。局提案工作委员会对2012年局二届五次职代会征集、汇总的38份提案（草案）逐条进行讨论并作出立案、建议及退回的意见，最终确定6份提案的立案建议，并在局二届五次职代会上确定为正式提案。

（沈　恺）

花园饭店职代会投票表决外商行政工作报告、《工资集体协商协议》（草案）（郭思纹）

【上海飞机制造有限公司工会重视职代会提案办理工作】 一是将职工代表提案作为职工参政议政、提高企业经营管理水平的重要载体。坚持每次召开职代会之前，广泛征集职工代表提案，听取各方的意见和呼声。年初，职代会共收到代表提案17件，立案13件。提案大多来自生产第一线，内容涉及生产保障、后勤保障、综合管理、关爱职工等方面。二是加大提案的督办工作力度。公司工会对提案办理工作进行专题研究，不断规范办理程序，督促有关部门加快办理进程，并将办理意见向职工代表反馈。在立案的13件职工代表提案中，有12件得到落实。职工代表对提案办理结果表示满意和基本满意的占90%。

（竺海华）

【华东电网公司修订职代会实施细则】 公司工会召开分工会主席会议，对修订《华东电网有限公司职工代表大会实施细则》提出意见和建议。由各分工会组织落实职工代表对细则修订意见的汇总。经过修改完善和相关民主程序后，公司下发《关于印发〈华东电网有限公司职工代表大会实施细则〉及其相关3个制度的通知》。（施炜伟）

【上海铁路局工会开展职工代表视察活动】 职代会闭会期间，路局工会组织职工代表开展视察活动，以主题竞赛、职代会实事项目、厂务公开、民主管理为重点，深入24个基层站段和非运输企业进行实地调研和座谈交流，形成视察报告。（白　杰）

【中海集运工会组织职工代表上船安全巡查】 4月起，中海集运工会组织职工代表巡视船舶安全工作，检查进港船舶10多艘次。每次巡视活动有6位职工代表参加。职工代表在船舶机舱、驾驶室、舱机舱、物料仓库巡视过程中，采用看、听、摸、问等方法和船员现场交流做好船舶安全生产的重要性，向被检查的船舶负责人提出存在安全隐患、促进船舶安全生产内容14项。（钟文庭）

【上港集团工会注重发挥职代会民主管理主渠道作用】 一是开展好职代会质量评估活动。在集团二届三次职工代表大会闭幕后,请职工代表对职代会的议程安排等5个方面进行评价。经工会整理统计的评估结果为:民主程序满意率100%,会务工作满意率98.3%,议程安排、报告质量和表决形式的满意率全部为97.9%,5方面评价的满意率均比2011年有所提高。二是落实好职工代表提案处理。2月14日召开集团职代会提案审理委员会会议,对二届三次职代会征集的22件提案进行研究,确定16件提案立案,并要求及时给予提案人书面答复并征求意见。提案人对此普遍表示满意。（焦小涵）

上海联通召开一届四次职代会（康　迪）

【上港集团引航管理站工会加强民主管理工作】 一是领导深入一线,倾听职工心声。站主要领导定期深入长江口南、北槽引航船一线,与引航员、船员同吃同住,倾听职工群众心声,开展鼓劲引导。二是坚持职代会制度。在职代会召开前调研梳理职工反映的热点难点问题,对照检查集体合同履行情况,并落实职代会后续职权。三是抓好合理化建议活动。从企业管理、安全生产、生活福利、文明建设、引航作业、节约能源等10个主题组织引导职工参与。2012年收到书面建议329份,占全体职工人数的近一半。已采纳的建议有21份,认为合理,准备采纳的建议有139份,占职工建议总数的48.6%,其中“引航组合梯安全放置”的建议在引航生产中发挥实效。（张　新）

【中交上航局工会开展职代会质量评估】 中交上航局十九届六次职工代表大会筹备组就会议的表决形式、议程安排、报告质量、民主气氛、民主程序、会务工作等6个方面,向职工代表发放质量评估表,进行无记名评估。评估结果显示,报告质量、民主气氛、民主程序、会务工作等4个方面,代表满意率在98%以上;表决形式、议程安排两个方面满意率在95%至98%之间;与会职工代表对职代会总体质量满意率为96.1%;两级职代会召开率、领导干部“述职、述学、述廉”报告率、提案制度回复率、重要事项报告等内容满意率均达到100%。（刘昌明）

【中交三航局工会组织职工代表检查提案落实情况】 1月10日,中交三航局有限公司工会组织部分职工代表对局十五届一次职代会决议以及提案执行、落实情况进行检查。职工代表们听取公司负责人关于局有限公司十五届一次职代会《行政工作报告》决议执行情况的报告,同时听取相关部室负责人对十五届一次职代会提案的落实情况汇报。职工代表们对公司各部室重视提案落实工作表示满意。（黄书展）

【中远集运工会推进企业民主管理工作】 中远集运工会修订完善《全心全意依靠职工办企业的规定》、《职工代表大会工作实施细则》,建立健全职工代表大会联席会议制度和职工代表巡视检查等一批规章制度。坚持和完善集体协商、集体合同制度,代表职工与行政领导进行平等协商,签订新一轮集体合同,集体合同签约率达100%。组织召开中远集运九届一次职工代表大会,民主评议公司领导班子成员及集体,推荐公司领导岗位后备人选。征集处理职工代表提案25件,内容涉及经营管理、行政管理、节能减排、人力资源管理、薪酬制度、船员管理、教育培训等诸多方面。职代会闭会期间,组织职工代表巡视检查,集中听取职能部门就公司生产经营情况、安全生产状况、节能减排活动情况及效果、人力资源开发及管理情况、经营纪律检查、惩防体系建设及职代会提案征集及处理情况的汇报。组织开展《上海市职工代表大会条例》情况检查,把贯彻《条例》与创建劳动关系和谐企业相结合,指导基层通过职代会制度进行有效的劳资沟通。（钱　华）

【锦江航运工会贯彻《上海市职工代表大会条例》】 2012年,锦江航运工会以贯彻《上海市职工代表大会条例》为契机,以落实工会监督检查《条例》贯彻情况为突破口,布置企业贯彻落实《条例》的自查工作。总部、船舶以及各直属公司都在召开职代会前,对照《条例》查找差距,逐一整改落实,保证职代会规范召开。涉及职工群众切身利益的薪酬、效益工资分配、员工住房公积金、企业年金、职工带薪年休假以及帮困基金使用情况等文件均在职代会上进行审议表决。公司下属各子公司在职代会换届工作中也都全面执行《条例》,以新的工作流程和要求,巩固深化民主管理工作。（田　冰）

【建工集团工会开展落实《上海市职工代表大会条例》情况调研】 建工集团各级工会开展学习宣传贯彻《条例》活动,并根据《条例》和《规范》的要求,重新修订企业职代会章程。特别是针对集团整体上市后的新情况,开展落实职代会五项职权、正确把握和处理好职代会与法人治理机构权限关系以及发挥职工董事、职工监事作用的思考与研究。并对坚持三级民主管理制度,加强分公司民主管理制度建设,保障基层一线职工群众知情权、参与权、表达权和监督权的执行情况做专题调研,提出进一步加强职代会制度建设的意见。（杨钟春）

【中建八局召开四届一次职代会】 11月27—28日,中建八局召开四届一次职工代表大会。会上审议通过行政工作报告以及《职工培训》、《职工社会保险金缴纳》等一系列文件,并现场签订《集体合同》、《工资专项集体合同》和《女职工权益保护专项集体合同》。（陶 鹏 王广滨）

【上海卫生系统首次评选“优秀职工代表”和“优秀职代会提案”】 4—9月,市医务工会在卫生系统开展首批“优秀职工代表”和“优秀职代会提案”评选工作。“双优”评选得到基层单位和职工代表的积极响应,共收到50家单位上报的96位优秀职工代表申报材料以及78份优秀职代会提案申报材料。经过评审,评出优秀职工代表20名,优秀职工代表提名29名;评出优秀职代会提案20件,优秀职代会提案提名22件。（池朝霞）

【光明集团工会组织职工代表开展职工增收工作巡视】 集团工会组织职工代表赴上海方信包装公司所属的浙江平湖汇城通用印务有限公司,通过“走走、看看、听听”的方式对推进食品包装集团内部协同、集团所属企业集体合同和工资协商协议签约、履约以及企业员工增资情况等进行实地巡视检查。巡视检查中,集团职工代表分别就所在企业的集体合同、工资集体协商协议的签约和履约情况、企业在岗职工工资收入增长情况、特别是一线职工收入增长情况、企业民生工程建设情况等作汇报。职工代表实地考察汇城通用印务有限公司的生产车间、职工食堂,检查上海方信包装材料有限公司和汇城通用印务有限公司的集体合同、工资集体协商协议、员工手册等台账。（桑树德）

【良友集团召开三届十一次职代会】 7月24日,良友集团召开三届十一次职工代表大会。会上,集团人力资源部负责人作《上海良友(集团)有限公司工资集体协商协议书》执行情况报告,并对2012年《上海良友(集团)有限公司工资集体协商协议书》(草案)作说明。与会职工代表审议2012年《上海良友(集团)有限公司工资集体协商协议书》(草案),并以无记名投票方式全票通过协议书。会议选举产生2名上海良友(集团)有限公司职工监事。（李建致）

【号百公司深化职代会提案工作】 5月初,号百公司工会汇总并初审完成公司一届三次职代会提案统计工作,并按提案处理流程规定,经向公司领导及综合性民主管理小组汇报后分送相关部门处理。据统计,此次职代会共有46名职工代表递交53份提案,提交率占职工代表总数的80%以上。与以往相比,此次职代会提案与员工利益更加贴合,对号百公司发展和管理的思考也更深入,不仅有建议想法,也有实施方案,内容涉及企业经营发展、内部管理、员工福利、文化建设等方面。（沈 匀）

全国第七次、上海市第十次厂务公开民主管理工作调研组召开非公企业专场座谈会（吴良荣）

厂务公开

【上海市启动“2011—2012年度上海市厂务公开民主管理工作先进单位”评选活动】 市厂务公开工作领导小组办公室于10月启动2011—2012年度上海市厂务公开民主管理工作先进单位评选活动。此次评选共设“2011—2012年度上海市推动厂务公开民主管理工作先进单位”、“2011—2012年度上海市厂务公开民主管理工作先进单位”、“2011—2012年度上海市十佳厂务公开民主管理工作先进单位”3个奖项。其中,“十佳”奖项是根据全国厂务公开协调小组办公室要求各地开展“示范单位”评选而设立,并首次将“十佳”同“上海市五一劳动奖状”相挂钩。（庄若冰）

【全市厂务公开民主管理工作稳步推进】 年初,市总工会根据全国厂务公开协调小组的要求对全市未建立厂务公开制度的企事业单位进行情况汇总分析,部署开展职代会、厂务公开建制专项行动,重点推进非公企业,特别是在沪世界500强和规模以上非公企业的建制。经过1年努力,截至年底,全市实行厂务公开的单位有46533家,同比增加14309家,同比增幅44%,并涵盖基层企事业单位247505家。各地区、系统和基层企事业单位积极探索厂务公开制度建设和规范程序运作的新方法、新途径,进一步推进厂务公开民主管理与健全完善现代企业制度、构建和谐劳动关系、促进企事业单位改革发展等有机结合。（周永宝）

【虹口区以贯彻《上海市职工代表大会条例》为重点开展厂务公开工作】 8月，区总工会对《上海市职工代表大会条例》实施情况进行专项监督检查，并与第十次厂务公开检查同步进行。截至7月，全区国有和集体企业职代会建制率达100%，各类民营企业职代会建制率达85%。检查工作由虹口区、各社区(街道)、行业厂务公开工作领导小组分别组织实施，总体显现国有和集体企业职代会工作规范化，民营企业职代会建制率呈上升趋势两大特点。全区以贯彻《上海市职工代表大会条例》为重点开展厂务公开工作。一是通过职代会形式，以"六公开"为重点，切实维护非公企业职工的基本权益。通过公开涉及职工权益的事项，从源头上防止和减少劳动争议的发生，长远集团改制，工会从开始研究方案就提前介入。二是积极探索区域性、行业性民主管理方法。以凉城社区商圈为代表，通过健全机构，完善制度，规范运作，探索区域性职代会建设与社会管理、群众自治等制度的衔接联系，将厂务公开民主管理融入到企业管理和社区建设之中。三是探索与拓宽职代会建设的形式及职工参与的渠道。总结教育职代会质量评估制度、凉城社区商圈职工代表巡视检查制度、富大集团职工代表提案制度等经验做法。四是整合力量，发挥各级厂务公开领导小组的联动作用。工作上相互借鉴，相互促进，形成共同推进职代会建设的工作格局，特别是能够结合各单位的实际，突出职代会主题，为有效推进职代会制度建设奠定基础。 (徐 洁)

【杨浦区开展第十次厂务公开民主管理工作调研检查】 6—8月，杨浦区厂务公开工作领导小组办公室部署开展全区第十次厂务公开民主管理工作调研检查。全区共有8106家单位开展自查，其中国有企事业单位251家，非公有制企业7855家。经汇总自查情况，251家国有企事业单位中厂务公开建制率、职代会建制率、职代会民主评议领导干部率均达到100%；职工社会保险金缴纳情况公开达到100%；涉及职工切身利益重大方案表决制达到96%。7855家非公企业中，厂务公开、职代会建制率均达到93%，比2011年提高4个百分点。 (曹理仰)

普陀区召开厂务公开领导小组第十八次会议 (许王丽)

【静安区开展第十次厂务公开民主管理工作调研检查】 由静安区厂务公开工作领导小组办公室牵头，区委组织部、区纪委、区国资委、区总工会组织实施，于8月底在全区范围内开展第十次厂务公开民主管理抽查工作。抽查对象为九百集团、众恒信息有限公司、配套公司和南京西路社区卫生服务中心。抽查内容为职代会工作制度进展情况及工作成效、企业职工董事、监事设置与履职情况以及年度厂务公开重点工作公开情况及工作成效，其中，对国有企业着重了解企业领导人员收入公开情况等。检查过程中，检查小组听取被检查单位关于开展厂务公开民主管理工作情况的汇报，查阅被查单位历年来与厂务公开民主管理工作相关的文件资料，对被查单位开展厂务公开民主管理工作，维护职工合法权益，推动基层民主建设的做法予以肯定，并对进一步做好厂务公开民主管理工作有针对性地提出意见建议。 (姚蓓蓓)

【闵行区采取"五大措施"做好第十次厂务公开民主管理工作调研检查】 一是突出以职代会建设为重点检查内容。区将第十次厂务公开调研检查与《上海市职工代表大会条例》实施情况监督检查相结合，要求各地区、系统工会在调研检查工作中以规模型外商投资企业为重点对象，以职代会建设为重点内容，全面推进全区企事业单位职代会建制覆盖面。二是加大区厂务公开工作领导小组抽查力度。专门制定《闵行区厂务公开民主管理工作调研抽查工作流程》，组织区厂务公开工作领导小组成员对35家基层企事业单位进行抽查，采取问卷调研、职工座谈等多种形式全面了解企事业单位职代会建设运作整体情况。三是组织开展"和谐2012"专项执法检查。区总工会联合区人力资源和社会保障局等相关单位对13家企业开展专项执法行动，其中对9家企业发出整改意见书，要求企业遵守《上海市职工代表大会条例》规定尽快整改建立职代会制度。四是培育总结职代会制度建设典型经验。注重总结上海赛博电器有限公司等一批外资企业职代会建设典型，并通过外商投资企业座谈交流会等形式加以推广。探索推进颛桥镇集体村、教育系统农民工子弟学校职代会建设。五是迎接市人大执法检查组来闵行区检查工作。向市人大执法检查组汇报闵行区贯彻执行《上海市职工代表大会条例》的相关情况，并组织6家基层单位参加调研座谈，提出相关意见建议。 (刘 芳)

【松江区总工会以"3+1"模式深化厂务公开民主管理工作】 (1)突出3项工作重点，深化厂务公开民主管理工作。一是拓展民主渠道，加强职代会制度建设。召开专题会议，部署学习宣传贯彻《上海市职工代表大会条例》工作。组织培训，组成《条例》讲师团。发动职工，参加《条例》知识竞赛。二是实行分类指导，深化厂务公开工作。对国有集体及其控股企事业单位，坚持抓好职代会的建制率和正常运作率。对改制企业，主要公开改制方案、资产评估、债权债务和涉及职工切身利益的事项，防止国有集体资产的流失和侵犯职工合法权益等现象发生。对非公企业，坚持实施“2+X”模式的民主管理制度，完善职代会和平等协商集体合同这两项制度，并辅之以厂务公开栏、民主议事会、劳资恳谈会、厂长信箱、企业网站等形式。三是建立三项机制，保障职工民主政治权益。(2)完善保障体系，确保厂务公开落到实处。一是健全三级网络，强化组织保障。健全区、镇、企业三级厂务公开体系，成立各级厂务公开领导小组，落实各自职责。发挥成员单位作用，强化合力推进。二是健全考核评估制度，提升厂务公开工作质量。每年定期开展厂务公开工作专项检查考核。实行厂务公开工作民主评估制度，制订下发《松江区厂务公开工作评估制度的实施意见》。三是健全责任制和责任追究制，确保厂务公开工作实效。（沈君子）

【医药工会推进厂务公开民主管理工作】 医药工会在开展厂务公开民主管理工作时，注重制度建设，强调可操作性，确保厂务公开民主管理工作顺利推进。一是下发文件，明确企业开展厂务公开民主管理工作的重要性，要求适时充实企业因领导人员调整而缺额的厂务公开工作领导小组成员。二是加强制度规范。要求各单位制定工作制度，明确厂务公开的内容、形式、审批权限、职能部门以及责任追究等具体内容，具有可操作性。三是加强指导与检查。及时帮助基层解决实际问题，并在“职工之家”的考核条款里明确厂务公开工作标准。四是通过“走出去、请进来”的办法，学习推广先进经验，使医药系统厂务公开民主管理工作水平在相互学习借鉴中不断提高。（赵一鸣）

【宝钢集团五钢公司工会实行互动式厂情通报制度】 五钢公司工会将每季度1次的厂情通报会由原来的单向传递式改为员工和领导的互动式。工会在召开厂情通报会前，先深入基层，通过多种途径了解和收集职工的所想所求，并归纳整理为具有共性的通报议题，反馈企业行政。企业领导或有关部门负责人根据工会提供的议题，向与会人员通报有关工作或解答有关问题。与会职工可随时对通报或解答的有关情况进行提问，并要求作进一步解答。工会将行政通报或解答的情况整理成书面材料，下发部门或班组，并要求与会职工代表或班组长负责传达。2012年，五钢工会向职工通报“三最问题”整改、公司厂部长研讨会精神、职工需求问题落实等情况。（陈延民）

【上海烟草工会从五方面加强企业民主管理工作】 一是提升职代会运行质量。严格执行职代会组织制度，落实好职代会职权，并逐步健全职代会闭会期间的巡视督查工作。二是加大办事公开民主管理工作力度。不断完善“三项业务”、“三重一大”事项、生产经营与专卖管理、以及其他涉及职工切身利益事项的公开工作，全力推行办事公开网上运行。三是完善集体合同制度。规范集体协商制度，深化干部民主评议监督、职工恳谈、基层民管访谈等活动，推动民主管理工作制度化和规范化。四是持续开展职代会提案工作。引导职工聚焦集团新一轮发展目标，发挥职工在“文化落地、制度落地”中的主角作用。五是以“五助、两护”为抓手。继续开展和谐劳动关系企业创建活动，不断提升职工满意度以及职工对企业的认同感和归属感。（沈光辉）

【上汽集团开展厂务公开调研检查和《上海市职工代表大会条例》实施情况监督检查】 2012年，上汽集团厂务公开工作领导小组对下属8家单位开展第十次厂务公开民主管理工作调研检查和《上海市职工代表大会条例》实施情况监督检查。调研检查中，小组成员听取各单位的专项汇报，查阅日常开展工作的相关资料，抽取职工代表进行问卷调查，并就共同关注的重点热点问题展开探讨交流。检查结束后，小组成员就检查情况对各单位提出针对性的整改意见和建议，促进各单位进一步提升工作质量，逐步形成各自工作特色。8月15日，市人大常委会《上海市职工代表大会条例》执法检查组到上汽集团检查工作。检查组肯定上汽集团在贯彻《条例》、积极推进职代会制度建设方面所取得的成绩。（陶牡丹）

【上海铁路局加强厂务公开民主管理工作】 一是围绕运输安全、经营管理、职工生活等企业发展的热点问题，组织召开30名一线职工代表与路局领导的民主恳谈会，激发职工代表参政议政的积极性。二是加强民主管理监督员队伍建设，制定相关管理办法。路局层面聘请16名民主管理监督员，52家基层单位选聘331名民主管理监督员。三是坚持平等协商和集体合同制度。路局行政与工会协商制定第六轮《上海铁路局集体合同》和《工资专项协议》。四是将厂务公开民主管理纳入“创建学习型领导班子”考核检查内容。路局工会配合党委对73个基层单位和非运输企业进行专项调研检查，推动厂务公开民主管理工作。（白 杰）

【中海集运“新南沙”轮开展船务公开】 “新南沙”轮围绕伙食管理透明开展船务公开工作，形成党支部、工会、伙食团、团支部齐抓共管格局。该轮建立“党群联系会”、“伙食团会议”制度，共同开展伙食满意测评。在采购食品前先听取伙食团成员意见，商讨采购种类和数量；采购的详细清单经政委、工会委员、伙食团成员、船员代表共同审核，在船务公开栏上公示，接受每一位船员监督。每个月底由多方人员盘点库存物品，每笔费用支出都让船员看得明白。（李政文）

【上港物流工会在外来务工人员劳务承包队中试点开展队务公开】 2012年，上港集团物流有限公司工会在部分劳务承包队中开展外来务工人员参与承包队民主管理的试点。下属运输分公司出台《车队民主管理办法》，试点开展队务公开。涉及外来务工人员切身利益的事项，如劳动报酬、工作时间、休息休假、保险福利、劳动安全等方面的内容，在酝酿阶段就要进行充分调研，在实施之前要征求外来务工人员的意见，并且在实施过程中及时听取各方反馈。同时，试点承包队也将外来务工人员关心的规章制度、考核内容、奖惩内容通过各种形式对每位务工人员公开。（张凌云）

【上海港务工程公司工会注重在企业改制过程中深化民主管理】 一是走访上级工会征询改制工作的民主程序，严格按照企业改制过程中相关民主程序要求，切实保障职工的合法权益。二是积极引导职工理解、支持并参与企业改制的各项工作。借助企业"三栏"载体，即党务厂务公开栏、宣传栏、阅报栏，以及责任区领导下部门、班组等多种渠道，做好形势任务教育宣传。三是召开企业改制厂情共商会。组织基层党支部书记、党员代表、职工代表共同讨论企业的改制合资方案，实现职工知晓率和参与率的双百分百。四是召开公司四届六次职代会，专题审议并以举手表决方式高票通过《上海港工改制合资方案》，为顺利推进公司改制合资奠定坚实基础。（夏　怡）

【上海邮政工会做好局务公开民主管理工作】 2012 年，上海邮政各级工会组织员工通过职代会依法参与企业民主管理，支持企业合法的生产经营和管理活动，特别是企业制订、修改、决定直接涉及员工切身利益的规章制度或重大事项时，有关方案必须提交职代会审议，并以无记名投票方式表决通过，切实维护员工的合法权益。上海邮政工会在一届二次职代会召开期间，组织各职工代表组开展提案征集工作，共受理提案 64 件。同时，为增强企业透明度，维护员工合法权益，工会开展局务公开民主管理调研活动，了解基层单位局务公开民主管理情况，并在此基础上，制定《进一步推进深化局务公开民主管理指导意见》。《意见》规定支局局务公开栏设置统一标准，和涉及员工切身利益的事项公开率要达到 100%，让员工充分参与和监督企业的经营发展。（陈千涛　张　莉）

【中远集运公司扎实推进企务公开民主管理工作】 年初，公司党委制定下发《2012 年中远集运企务公开民主管理工作意见》，着力推进职工"三最"问题的解决，保障职工民主权利。公司工会会同纪委对"香河"轮、上海分部市中公司的企务公开工作进行检查调研，将检查范围拓展到船舶和网点，总结船舶和网点在加强基层民主政治建设、维护职工合法权益、促进企业健康发展方面的做法和成效，查找存在的问题，提出相应的对策和建议。根据船舶工作的实际情况，参照公司企务公开要求，结合船舶特点，对涉及船员利益的事项，包括船员入党和晋升、船舶劳务费分配、招待费及伙食费管理等都坚持程序规范化、过程透明化、结果公开化，并形成各项规章制度，做到"公平、公正、公开"。（钱　华）

【机场集团开展厂务公开民主管理工作调研检查】 7 月中旬，机场集团工会会同集团公司厂务公开领导小组、厂务公开监督检查小组、职代会民主管理小组针对《上海市职工代表大会条例》实施情况以及厂务公开民主管理工作开展调研检查。随机抽查 12 家单位，听取汇报，检查台账，对各单位工作进行点评。12 家受检单位全部建立厂务公开相关领导机构和工作机制，同时结合工作实际，展现各自工作特色，如将合理化建议、劳动保护工作纳入厂务公开范畴以及通过内部公务网等多种形式进行厂务公开。（陆敏峰）

【建工集团编制《企业职工参与民主管理指引》】 根据《工会法》和《上海市职工代表大会条例》等法律法规，建工集团编制《企业职工参与民主管理指引》，并列入集团企业管理制度规范。《指引》规定职工代表大会制度的地位、职权以及民主管理专门委员会的任务；规定集体协商和工资集体协商的原则、内容和程序；规定职代会质量评估的原则、内容以及结果处理等。（杨钟春）

【申通地铁劳模"畅畅点评团"成为民主监督新渠道】 集团工会注重发挥劳模的榜样引领作用，首次在企业政策执行中引入劳模团体监督概念，组建由 23 人组成的上海地铁劳模"畅畅点评团"。点评团以在职劳模为主体，引用上海地铁吉祥物"畅畅"为活动标志，工会为劳模成员发放聘书，佩戴畅畅胸卡正式上岗。在活动形式上，由集团工会根据工作重点，确定巡访检查内容。通过召开座谈会、个别访谈以及现场调查等方式，组织开展工作。检查结束后形成巡查报告，提交集团党政或有关部门。对政策执行不到位的情况督促整改落实，对巡查中发现好的做法予以建议推广，并作为企业下一步决策和政策制定的依据。劳模"畅畅点评团"先后开展地铁列车驾驶员权益保障、企业民主管理和班组建设，以及 2012 年高温一线运营岗位职工劳动保护等多项巡访检

9 月 20 日，市人大常委会副主任、市总工会主席钟燕群带队开展市第十次厂务公开民主管理工作调研检查（吴良荣）

查,相继形成《职工劳动保护设施设备基本标准》、《运营一线职工收入情况调查报告》等。（姜 雪）

【上海粮油仓储有限公司深化厂务公开工作】 公司着力深化厂务公开工作。在公开内容的选择上,通过公开企业生产经营管理中的重点、涉及职工切身利益的焦点和党风廉政建设的热点问题,切实保障员工的知情权和监督权。在公开形式上,通过职代会、座谈会、厂务公开栏、局域网、电子触摸屏、内刊、群众性大讨论等媒介和活动为载体,体现公开形式的新颖性和针对性。在公开时机上,通过把握不同公开内容的特点和要求,正确处理好定期公开和随时公开的关系,体现厂务公开的时效性和敏感性。在公开效果上,通过抓好公开后的信息反馈,开展满意度测评等措施,提升员工对厂务公开的参与度和满意度。

（吴小平）

【市监狱局稳步推进厂务公开工作】 一是加强领导,健全组织,建立厂务公开工作长效机制。明确党委是第一责任人、行政是第一执行人、工会是主要推动者,形成三方合力推进厂务公开工作。二是组织开展厂务公开检查。在企业单位自查基础上,对5家局属企业单位进行调研检查。三是以职代会为抓手,按照厂务公开"六个化"的民主程序和涉及职工切身利益"六公开"的要求,落实职工群众知情权、表达权和监督权。四是在深化监狱体制改革过程中,配合5家企业单位,根据厂务公开民主管理工作要求,把涉及职工切身利益和企业发展等重大问题,提交职代会审议和讨论,规范厂务公开工作。（江海群）

【锦江国际坚持和完善厂务公开民主管理制度】 锦江国际集团坚持和完善以职代会为基本形式的厂务公开民主管理制度,从源头维护和保障职工群众的合法权益,促进企业劳动关系和谐,重点突出三方面工作:一是提前介入,严格把关。在外资宾馆筹建期间,便将组建党群部门作为一项重要条款写入合同。保证在宾馆开张的同时建立工会组织与职代会制度。各事业部坚持将涉及职工重大利益调整、重要干部任用、资产重组等重要事项向企业职代会报告,听取职工代表的意见与建议。各级工会坚持在与企业行政签订《集体合同》的同时签订《女职工专项合同》。二是完善制度,保障权利。强化企业在改革改制过程中,坚持职代会民主程序。强化领导干部在职代会上定期述职述廉,并以无记名测评结果作为干部选拔、任免、奖惩的重要依据。在工资集体协商工作的先行和试点单位,坚持通过职代会民主选举协商代表,坚持将增资方案和集体合同草案提交职代会审议,并以无记名投票方式表决。三是机制结合,拓展领域。将厂务公开民主管理工作与集团"党务公开"、"创先争优"、"劳动关系和谐企业创建活动"相结合,在下属企业特别是非公有制企业中开展"工会组织亮牌子、工会主席亮身份"活动,健全完善"面对面、心贴心、实打实服务职工在基层"活动长效机制。（张祥伟）

【上海联通定期召开企务发布会】 2012年,上海联通面向各基层工会的一线职工代表,每季度召开1次企务发布会。公司主要负责人亲自发布企务信息,内容涉及企业经营业绩情况、招投标情况、投资情况以及与员工切身利益相关的问题。全年有24位职工代表在发布会上进行现场提问,问题涉及固定资产清理、行业应用推广宣传、解决外地员工上海户籍、员工帮助计划、在网用户维系和激励政策、营业厅建设和产能考核匹配等方面。公司主要负责人及相关职能部门进行现场解答,并由相关职能部门负责解决和落实有关问题。（康 迪）

【号百公司组织职工代表为优化公司组织架构献计献策】 11月1日,号百公司就总部组织架构优化事宜组织基层工会主席、部分职工代表和员工代表等召开职工代表组长扩大会议,听取各方意见建议。相关职能部门作方案介绍及有关说明后,与会8位职工代表从不同角度对公司组织架构优化提出10条建设性意见建议。经过双向沟通交流后,相关职能部门表示会认真思考、吸收职工代表所提的意见建议,进一步完善方案。

（沈 匀）

职工董监事制度

【上海推进职工董监事制度建设】 2012年,上海各基层单位贯彻落实《企业民主管理规定》、《上海市职工代表大会条例》和《关于本市国有企业深入推行职工董监事制度的通知》,推进职工董职工监事制度建设,将职工董监事制度作为建立现代企业制度,完善公司法人治理结构的重要内容。部分单位对下属企业进行排摸,了解职工董监事建制情况,推动职工董监事制度向下属企业延伸。部分基层单位在深入开展调查研究的基础上,进一步规范职工董监事制度,将职工董监事制度与职代会制度相结合,建立健全职代会对职工董监事的民主选举、民主评议制度,促进职工董监事工作健康发展。部分基层单位加大对职工董监事的能力培训,定期组织学习培训、专题调研、交流座谈等活动,以提升职工董监事的履职能力,发挥职工董监事作用。（朱 佳）

【东方国际集团工会积极发挥职工董监事作用】 2010年3月,经东方国际集团二届五次职工代表大会民主选举,产生1名职工董事和2名职工监事。工会充分发挥职工董监事的作用,会议之前,职工董监事仔细阅读相关文件,了解出资人意图和职工意见,及时客观地向董监事会反映,促进出资人、公司、职工利益的一致;对涉及投资项目或资产运作事项的表决议案,通过现场实地考察,正确评判市场风险;在审议中,独立思考,积极发言,提出意见和建议。职工董监事重视征求职工代表意见,依托民主管理平台,将职工代表意见建议整理后,提交董监事会讨论;同时,将董监事会的决定,及时向职工代表反馈。两年多来,集团职工董监事参与审议报告165项,参加123个议题审议讨论,听取报告42个,形成决议117项。

（朱 佳）

【普陀区国资委系统工会推进职工董监事制度】 区国资委系统有15家公司制企业,其中12家企业建立职工董监事制度,共有职工董事12名、职工监事17名。为推进这项工作,区国资委以快乐集团和中环集团为试点，积极推行职工董监事向职代会述职制度。规定职工董监事向职工代表大会每年进行1次述职，汇报全年履职、培训和下一步履职工作思考，并在述职的基础上开展职工董监事的民主评议，所有职工代表以无记名投票方式进行评议，规定称职率不满70%即为不合格，因此，形成有效监督。

（朱　佳）

和谐劳动关系建设

【市总工会成立上海工会推进和谐劳动关系建设领导小组】 组长由市人大常委会副主任、市总工会主席钟燕群担任，副组长由市总工会党组副书记、副主席肖堃涛、副主席茆荣华、秘书长张立群担任，成员由市总工会组织部、宣教部、经济部、保障部、民管部、法律部、财务部等相关负责人组成；领导小组下设办公室，主任由茆荣华兼任，办公室日常工作由民管部承担。领导小组定期研究工作，协调推进和谐劳动关系建设工作。在民管部的牵头下，广泛听取区县局（产业）工会意见后，市总工会于3月1日制定下发《上海工会推动和谐劳动关系建设行动计划（2012—2013年）》。《行动计划》分指导思想、工作目标、主要措施、工作要求、组织保障等5个部分，重点突出工会组建、劳动关系协调制度建设、为职工办实事、劳动关系调处预防和化解、促进职工全面发展等与劳动关系相对密切的工作内容。6月1日，市总工会召开部分区县局（产业）工会推动和谐劳动关系建设行动计划座谈会，听取有关单位贯彻落实文件的情况汇报，嘉定、浦东、静安、闵行、航天、烟草、汽车、城市交通等工会分管主席作专题汇报。12月12日，市总工会再次召开座谈会，听取黄浦、长宁、青浦、铁路、机电、电信、中建八局、城投等单位贯彻落实文件的情况汇报。（王珍宝）

【上海各级工会推进和谐劳动关系建设】 一是争取党政领导重视，推动和谐劳动关系建设。各区县局（产业）和街道、乡镇工会主动联合各级政府和行政，普遍建立构建和谐劳动关系领导小组，形成机制联动的工作格局。嘉定区将创建和谐劳动关系纳入区委区政府对街镇的绩效考核评价体系；闵行区通过调整领导小组，将区厂务公开工作领导小组合并充实到区和谐企业创建工作领导小组中，以加强对和谐劳动关系建设工作的领导，并开展和谐企业创建活动“三年回头看”工作，推动和谐劳动关系创建工作。二是整合各方资源，合力推进创建工作。市总工会推动集体协商制度纳入劳动关系三方考核指标，继续将工资集体协商制度覆盖职工数列入区县就业保障工作考核指标。各基层工会也整合资源，浦东新区总工会联手区人社局，共同分析影响劳动关系和谐的因素，采取措施推进和谐劳动关系建设。三是加强制度建设，形成长效工作机制。嘉定区制定下发《关于嘉定区深入开展和谐劳动关系创建活动的实施意见（2012—2016）》，提出要建立多层次、广覆盖的和谐劳动关系创建体系。静安、闵行等区县重点加大世界500强在沪企业工会组建、工资集体协商、职代会建制、劳动争议调解工作力度，推进劳动关系协调机制建设。市城市交通工会针对出租车行业开展和谐劳动关系创建活动，重点以行业集体协商、签订集体合同为抓手，维护行业稳定。四是注重维权与维稳相结合，共同提升企业和谐度与职工满意度。各级工会通过“两个普遍”工作开展，推动企业劳动关系的和谐稳定；通过职代会制度建设引导企业关注职工满意度，提高企业的凝聚力和向心力。许多区县局工会参与劳资矛盾调解，处理有关突发事件，强化预警、预防和排摸工作，推进劳动关系的和谐稳定。（王珍宝）

【浦东新区总工会搭建平台促进直管企业和谐发展】 2012年，新区总工会先后举办法律法规知识宣传展览、企业文化欣赏、“激情浦东—青年相约”、光影祖国摄影大赛、创先特色班组评比等系列活动，促进56家直管企业、工会和职工思想上的交流、感情上的沟通、关系上的理解，营造企业领导关心支持工会工作、工会主动服务企业职工、职工主动为企业建功立业的良好氛围。已有54家直管企业建立平等协商机制，集体合同签约率达到92%。（张真琦）

【徐汇区建立劳动关系和谐企业“四位一体”测评标准体系】 区劳动关系协调工作指导委员会针对劳动关系领域存在的突出问题，建立健全与经济社会发展要求相适应的劳动关系和谐企业（楼宇、小区、园区）“四位一体”测评标准体系，包括基层单位自我评价、职工满意度评价、政府职能部门依法评价、社会各方综合评价等四方面评价标准和评审流程。截至7月，徐汇区共建成321家区劳动关系和谐企业（楼宇、小区）、582家区创建达标单位，建会企业参与创建的比例

11月15日，中华全国总工会企业和谐劳动关系建设研究课题组到嘉定区总工会调研指导工作（张方明）

达到50%以上。（徐飒爽）

【普陀区推进和谐企业与工业园区创建活动】 9月，普陀区制定下发《关于进一步深入开展普陀区创建劳动关系和谐企业与工业园区活动的实施意见》，推进和谐企业与工业园区创建活动。《意见》明确创建活动的指导思想和工作目标，提出创建活动达标单位和工业园区的创建标准以及评审机制和激励制约措施。同时下发《关于开展2011—2012年度普陀区劳动关系和谐企业与工业园区评选活动的通知》。（许王丽）

【杨浦区合力推进劳动关系和谐企业创建活动】 区总工会联手区人保局、区企业联合会（企业家协会）、区工商联，共同推进劳动关系和谐企业创建活动。一是预防为主，从源头减少和化解矛盾纠纷。继续推进和谐企业和园区建设，着力构建和谐劳动关系的大调解格局。二是突出重点，以点带面，整体推进创建工作。推进以工资集体协商为重点的集体协商制度建设，规范劳务派遣用工，加强监察和仲裁，推进中小企业劳动合同制度落实。三是创新机制，形成协同配合的长效管理。发挥三方协商机制和欠薪保障机制作用，有效应对欠薪纠纷，健全处置群体性突发事件的应急机制。（曹理仰）

【黄浦区扎实推进创建劳动关系和谐企业活动】 一是领导重视，机构完善。黄浦区坚持将推进创建劳动关系和谐企业活动，作为区加强和创新社会管理的工作重点。区委书记办公会议、区委常委会、区政府常务会议等多次专题研究创建活动工作事项，区委主要领导分别召开构建和谐劳动关系座谈会和专题研讨会。成立区创建劳动关系和谐企业活动领导小组，确立由区委副书记为组长，7个部门为成员单位的创建活动领导组织机构，明确要求承担办公室职能的区总工会，负责抓好全区的创建活动日常工作。二是制定规划，明确目标。在充分论证、广泛听取各方意见和统筹规划的基础上，制定《黄浦区深入开展创建劳动关系和谐企业活动行动计划（2012—2015年）》和《2012年黄浦区开展创建劳动关系和谐企业活动实施方案》，从创建目标、范围、标准、步骤、评价体系、命名表彰和工作要求等7个方面，提出明确规定和具体要求，使基层单位的创建工作有目标、有方向、可操作。三是注重机制建设和社会力量整合。区委将集体协商机制建设列为重点督查项目，区政府继续将工资集体协商机制建设列入区政府实事项目，并通过成立区企业联合会、建立区劳动关系协调联席会议制度、加强街道劳动关系三方协调机制建设等措施，确保创建和谐劳动关系工作的开展。此外，还通过区厂务公开领导小组和区非公企业单位工会组建联席会议制度，建立由区法院、司法局、人社局、信访办、总工会等相关部门组成的“组团式”的劳动争议处置联席会议制度，定期专题研究和及时处置工作中出现的新情况和新问题。（杜　琴）

【黄浦区老码头商圈成立和谐劳动关系咨询室】 在老码头商圈管理者和经营者支持下，小东门社区总工会会同街道劳动科就业科和老码头工会联合会，于4月26日，成立“老码头和谐劳动关系咨询室”。通过“四定一延伸”工作制度，社区总工会会同街道劳动监察协管队定时间、定场地、定人员、定服务方式，到约定企业蹲点，提供宣传、服务、咨询、协调等服务，提高企业规范用工意识，推进工资协商机制建设。截至12月，咨询室共接待咨询19次，提供劳动保障法律法规咨询服务81人次，指导劳动用工单位117家，成功化解劳资纠纷5起，涉案金额16万元。咨询室成立后，商圈内劳动合同签订率由60%提高到95%，企业与员工劳资纠纷显著减少，企业工会组织逐渐扩大，已建立35家基层工会。（吕诚陆　吴敏娴）

【宝山区强化创建和谐劳动关系机制建设】 区总工会与各街镇、园区之间不断推进信息沟通机制，及时上报有关情况，形成快速处置群体性劳资纠纷的合力和有效机制。宝山区还建立区劳动关系和谐企业创建和考评机制，并通过开展2011—2012年度劳动关系和谐企业创建评选工作，提高企业自觉参与创建活动的积极性，进一步扩大创建活动覆盖面，推动区内企业劳动关系和谐稳定。（胡立伟）

【闵行区总工会推进和谐劳动关系建设】 一是做好媒体宣传和典型报道。《劳动报》专题报道闵行区劳动关系和谐企业创建工作，对3年来闵行区劳动关系和谐企业创建经验做法进行全面总结；同时，《解放日报》、《工人日报》、《新民晚报》、新浪网、中国经济网等多家媒体报道闵行区劳动关系和谐企业创建工作和典型案例。二是加强顶层设计和调查研究。闵行区在国内率先完成区域性劳动关系和谐企业创建的顶层设计方案，对创建全过程进行全面科学规划，对创建模块、创建动力机制和创建流程、日程、任务等进行精准设计。在顶层设计方案基础上，区创建领导小组运用劳动关系和谐企业管理软件平台，实现对创建全过程的科学管理。三是做好创建专项资金审计整改。区总工会联合区人保局，通过社会招投标，委托会计师事务所，完成区劳动关系和谐企业创建专项资金审计工作，并出台《关于闵行区和谐劳动关系专项资金使用管理的解释说明》，对有关企业提出整改要求，并跟踪做好整改服务工作。截至年底，闵行区已有1457家企业参加劳动关系和谐企业创建，已创建成功企业1001家，覆盖职工22万余人，超过全区职工人数的四分之一。（黄润青）

【闵行区创建劳动关系和谐企业实现从“评比”到“创建”】 闵行区在创建劳动关系和谐企业过程中，坚持“在服务中创建，在创建中建设，在建设中形成机制，用机制来建设品牌”的工作目标，一改以往自下而上推荐优秀，再自上而下逐级评比先进的做法，克服单位“为评比而评比”的现象，在国内率先提出“创建—首次评估—整改—再评估—认定”的评估模式。在运用第三方社会评估公司的专业力量和现代信息化管理技术的基础上，将该模式付诸实践。（黄润青）

【金山区总工会组织现场观摩活动推进和谐劳动关系建设】 11月21日，区总工会组织区直属工会党委分管领导、工会负责人以及区总机关全体工作人员，邀请区内具有政治身份企业经营者代表等，通过阅览展板和《亭林月览〈亭井专刊〉》，观摩了解上海亭井联接件有限公司创建劳动关系和谐企业，凝聚力量促进企业发展的做法和实效。现场参观亭井公司为员工提供生活便利的健康热线电话亭、手机充电站、职工网吧、小超市、医务室等8个场所，对亭井公司关怀职工、为职工着想的企业文化有了最直观的体验，共同推动区内企业加快创建劳动关系和谐企业。（钱海东）

金山区总工会召开推进“两个普遍”、和谐劳动关系建设现场会

（包　辉）

【松江区总工会把握4项工作发展和谐劳动关系】（1）推进企业普遍组建工会。一是明确三个重点。以街道、镇、工业区等非公企业集聚区域为建会重点领域；以外资企业、小型非公企业为建会重点企业；以农民工、劳务派遣工、非在编人员为入会重点对象。二是实行点线面联动。点上突破，扩大世界500强在松企业、台资等规模型非公企业建会工作成果；线上推进，抓住农民工、劳务派遣工入会工作；面上覆盖，对就业分散、流动性大、具有一定规模的行业建立工会联合会进行覆盖。三是打好建会“组合拳”。加强与人保、安监、经委、税务、工商联、台办等部门沟通协调，整合社会力量共同推进工会组建。（2）普遍开展工资集体协商。一是明确目标任务，开展“要约行动”。共发出书面要约5866份，并进行跟踪推进。二是联合办班培训，规范合同内容。与区人保局联合举办工资集体协商指导员培训班，并联合推出《集体合同》、《工资专项协议》示范文本。三是实行分类指导，增强协商效果。对生产经营正常的效益性规模企业，重点协商职工年度工资水平、工资总收入、工资增长幅度。对计件制企业，重点协商计件标准、工时工价的调整。对劳动密集型企业集聚区域，重点商协区域最低工资标准、工资调整最低幅度。（3）深化厂务公开民主管理。一是强化职代会制度建设。二是突出厂务公开重点内容。三是注重区域性、行业性民主管理工作。（4）加强劳动争议预警调处。一是加强组织领导，健全三级劳动争议调解组织。二是加强劳动争议队伍建设。三是做好企业维稳工作。协助调解工业区普茨迈斯特公司、新桥镇上海凯士电子有限公司等多起劳资纠纷，把劳动关系矛盾化解在基层和萌芽状态。（许星奎）

【上海航天局工会注重推进民管维权机制建设】　一是推进职代会制度建设。制定下发《上海航天局民主管理办法》，坚持开好局职代会，组织职工代表以“创新提效”为主题开展巡视、提案活动；首次组织局职代会质量评估，满意率达98.85%；督促指导基层单位以职代会为基本形式的厂务公开民主管理工作有序开展。二是推进集体协商、签订集体合同工作。召开专题会议，明确目标要求，建立指导员队伍，组织专题培训，加强指导协调；组织先行单位开展试点工作，已有5家单位签订工资集体协商协议；重视职工法律援助工作，建立职工法律咨询团，开展咨询活动。三是推进实事工程建设。落实关爱职工措施，牵头组织局实事工程建设方案；完善红娘协会体系，丰富活动形式，帮助100多对青年成功牵手；开展职工心理健康专员培训，将心理压力管理延伸到基层一线；落实职工互助保障计划，续保人数15963人次，保险金额达410万。

（沈　恺）

【中海油运工会关心船员建设和谐船舶】　一是创建“海上俱乐部”。为27艘船舶送图书1500册，向42艘船舶增配DVD影碟片800余部。二是组织船员疗休养。船舶“三长”和20年工龄的船员两年1次休养费3500元，20年以下工龄的船员两年1次休养费2500元。三是关心慰问船员和帮扶困难船员。推出“船员生日祝贺制”，已有2400多名船员享受生日贺卡和100元礼金；慰问船舶60多艘次，船员1500余人；加大海嫂活动资金投入，坚持节日慰问海嫂活动；为424名困难船员发放帮困金27.9万多元；为1700多名油轮库船员办理特种重病团体互助医疗保障计划和住院互助保障。（刘　枫）

【建工一建集团工会开展“六个一”活动，关心“走出去”职工】　一是在职工“走出去”之前，开展1次谈话，进行1次家访，在职工“走出去”之后，经常性探望慰问其家属。二是给“走出去”职工及其家属制作1张“应急联系卡”，如遇突发情况由专人负责帮助解决。三是开通“24小时热线电话”，全天候倾听“走出去”职工及其家属诉求。四是建立外埠项目管理人员及家属信息管理系统，内容包含“走出去”职工及其配偶、父母、子女的姓名、手机、固定电话、住址等详细信息。五是每月与“走出去”职工通1次电话，询问身体及生活状况。六是每季度与“走出去”职工家属通1次电话，询问需要什么帮助。“六个一”活动开展以来，得到“走出去”职工及家属广泛好评，“走出去”职工队伍思

想稳定。（杨钟春）

【建工材料公司工会建立“职工有呼、工会有应”长效机制】 一是实施分析职工思想动态的布置和落实检查制度，要求各级工会每季根据公司工会下达的重点课题，结合各自单位实际情况，做好职工思想动态的收集分析工作。二是建立“职工有呼、工会有应”工作台账和工会干部联系职工工作日志，激励工会干部深入一线，倾听和记录职工的合理诉求，并及时反映职工呼声。三是采取措施回应解决或协助解决职工提出的意见建议和诉求，做到件件有回应，件件有着落。全年共收集职工呼声124件，落实121件，内容涉及福利待遇、劳动保护、生活困难、工作环境、民主诉求、文化生活等方面。（杨钟春）

【市交通港航工会推进出租汽车行业创建和谐劳动关系】 工会会同市出租汽车行业工会和行业协会，制定《上海市出租汽车行业开展创建和谐劳动关系达标活动计划》，提出健全组织和制度为重点的创建目标，推动上海出租汽车企业普遍达到创建和谐劳动关系标准。《计划》内容包括扩大工会组织覆盖面，完善驾驶员会员管理；规范劳动用工，签订劳动合同；健全职代会、厂务公开等民主管理制度；落实行业集体合同，开展平等协商；建立调解机制，协调劳动关系等。截至年底，全市已有69%的出租汽车企业达到创建和谐劳动关系标准。（方蔚萍）

【城建集团工会关心关爱员工创建和谐之家】 一是多渠道做好职工安全生产工作。在高温季节，集团工会结合高温慰问，组织工代会代表巡视工地安全生产，共巡视67个工地，650人次参加巡视；在材料公司试推《劳动安全卫生专项集体合同书》；组织工会干部和安全管理人员观看安全生产电影《生命监管》。二是加大帮困送温暖工作力度。集团工会修订《上海城建（集团）公司工会帮扶关爱实施办法》，明确帮扶关爱对象，扩大帮扶关爱范围，提高帮扶关爱标准，规范帮扶关爱程序。完善劳模、困难职工、女职工等各类职工群体的关爱工作，做到关爱工作全覆盖。集团工会全年开展助医、助困帮扶316人次，帮扶金额19.49万元，开展助学帮扶87人次，帮扶金额7.85万元。各级工会分别为在职职工、退休职工购买市职保会推出的住院、综合、特种重病、女职工重病等互助保障计划，参保金额达283.5万元。三是进一步做好关爱农民工工作。集团工会对农民工生存状况进行调研。通过对集团内10家子公司的100名农民工的问卷调查及走访调研，掌握第一手材料，为企业进一步关爱农民工，承担社会责任创造条件。（耿　伟）

保障政策文件选编

上海市人民政府办公厅
关于做好2013年本市城镇居民基本医疗保险工作的通知

沪府办发〔2012〕71号

为进一步完善本市城镇居民基本医疗保险（以下简称“居民医保”）制度，促进居民医保可持续发展，经市政府同意，现就做好2013年本市居民医保工作通知如下：

一、关于筹资标准和个人缴费标准

（一）2013年居民医保基金的筹资标准作如下调整：60周岁及以上人员，筹资标准从每人每年3000元调整为3300元；超过18周岁、不满60周岁人员，筹资标准从每人每年1500元调整为1700元；中小学生和婴幼儿，筹资标准从每人每年680元调整为750元。

（二）2013年居民医保的个人缴费标准作如下调整：70周岁以上人员，缴费标准从每人每年310元调整为340元；60-69周岁人员，缴费标准从每人每年460元调整为500元；超过18周岁、不满60周岁人员，缴费标准从每人每年620元调整为680元；中小学生和婴幼儿，缴费标准从每人每年80元调整为90元。

二、关于医保待遇

2013年居民医保待遇保持不变。

三、关于其他事项

（一）2013年本市各类高等院校、科研院所中接受普通高等学历教育的全日制本科学生、高职高专学生以及非在职研究生的个人缴费标准，随居民医保中小学生个人缴费标准同步调整。

（二）2013年选择参加镇保医保门急诊统筹的筹资标准和个人缴费标准，按照《上海市人民政府办公厅关于本市试行小城镇基本医疗保险门急诊统筹搞好被征地人员门急诊医疗保障的通知》（沪府办发〔2012〕45号），参照2013年居民医保的50%执行。

（三）2013年度居民医保的登记缴费截止日期为2013年2月28日。

本通知自2013年1月1日起施行。

2012年12月20日

保障经济权益

Guaranteeing Economic Rights and Interests

2013

综　述

2012年，上海工会保障工作围绕中心，服务大局，建立和拓宽服务职工的有效载体，不断推出服务职工的创新举措，积极协助政府推动保障和改善民生。一是深化工会职工援助服务体系建设。制定下发《关于进一步加强上海工会援助服务体系建设，推动各级工会建立健全覆盖地区和产业（集团）的职工援助服务体系，整合创新工会援助服务工作项目和工作方法；建立市总工会职工援助服务中心，整合工会援助服务机构和工作资源；推动职工援助中心建制工作，徐汇、长宁、黄浦等9个区职工援助服务中心成为事业单位；推动46个区属开发区（工业园区）和商务楼宇建立职工援助服务分中心、工作站；推动市机电工会、市仪表电子工会和市绿化市容行业工会挂牌建立职工援助服务中心；建立职工援助服务网（www.sh 12351.org）、职工援助服务热线（12351）等服务载体，不断提升信息化水平和服务效能。二是组织实施就业援助主题活动。组织开展“上海工会就业援助月”活动，相继在宝山、徐汇、虹口和黄浦举办职介专场活动，提供7500个就业岗位；会同政府部门开展“春风行动”和民营企业招聘周等活动；在17个区县和8个产业（集团）建立123个上海工会大学生社会实践基地，共安排近300名在档困难职工家庭子女在暑假期间参加社会实践；开展“技能培训促就业行动”，各级工会共筹集就业培训资金554.69万元，实施就业技能培训6.66万人，成功职介3万人就业。三是推动提高广大职工特别是一线职工的收入水平。推动全市从4月1日起调整最低工资和公益性岗位从业人员收入标准，参与制定出台企业工资增长指导线；推动开展环卫行业第二次集体协商，提高环卫一线职工收入水平，建立环卫行业职工互助保障工作机制；会同政府部门开展建立社会公益性服务行业一线职工工资正常增长机制的调研，了解轨交、物业及其他社会公益性服务行业的企业生产经营状况、从业人员工资水平，提出建立一线职工工资正常增长机制的对策建议；参与居民阶梯电价听证工作。四是源头参与民生政策标准的完善和调整。推动城镇低保及失业保险金标准、就业补助、工伤保险待遇和非因工死亡职工遗属生活困难补助费等标准的合理调整；推动完善城镇职工基本医疗保险办法；推动制定出台《关于加强本市企业职工职业培训工作的实施意见》及2012年补贴培训和补贴标准；推动做好上海老工伤人员纳入工伤保险统筹管理工作，共惠及老工伤人员1.85万人；推动公交线路车在岗55岁以上驾驶员参照相同条件特殊工种，办理提前退休手续；推动支内退休（职）回沪定居人员帮困补助政策的调整，做好一次性特困补助工作；联合开展第四届住房公积金百佳诚信缴交企业的评选。五是深入开展帮困送温暖活动。共筹集送温暖资金2.14亿元，慰问困难职工、农民工16万户，走访困难企业5146家；举行2012年元旦春节送温暖援助服务日活动，现场共为3.16万人次求助职工提供援助服务；深化“金秋助学”活动，以“三定三助”、“四送三进”和“农民工援助行动”等为工作载体，共资助困难职工、农民工子女5.16万人，发放助学款6029.16万元，共帮助困难职工家庭高校毕业生实现就业1220人次；开展困难职工免费专家门诊服务活动，共惠及困难职工6938人次。六是推进职工互助互济和健康服务工作。做好四项医疗互助保障计划的参保、给付工作，截至年底，四项医疗互助保障计划累计给付868.85万人次，给付保障金50.85亿元；调整完善“退休职工住院补充医疗互助保障计划”；启动实施上海公安“平安卫士”、劳模先进集体和个人代表休养活动，分批安排1500名公安干警赴市总休养院所参加休养；启动实施新一轮公交企业老驾驶员体检、疗休养和环卫系统一线职工休养活动；对赴市总工会疗（休）养院休养的职工享受补贴政策进行宣传推广，通过各级工会组织有毒有害一线职工参加休养；会同政府部门联合开展集体食堂、工地食堂食品安全专项检查工作。

（曹宏亮）

3月14日，市总工会在黄浦区老西门生活服务中心举办“上海工会就业援助月”活动黄浦职介专场　（吕诚陆）

就业援助

【上海工会开展“就业援助月”活动】 2月16日—3月15日，市总工会组织开展“上海工会就业援助月”活动。活动期间，相继在宝山、徐汇、虹口和黄浦举办职介专场，共有近400家用工企业进场招聘，提供就业岗位7500多个，有1.1万名求职者进场，达成用工意向1161人；共举办专场招聘会127场，发放就业宣传资料12.74万份，提供免费就业服务8.17万人，成功帮助1.36万人实现就业；共组织参加职业技能培训1.27万人（其中享受培训补贴1.08万人），组织家政服务培训近1700人；共组织创业培训3142人，帮助179人实现成功自主创

业。（曹宏亮）

【上海工会深入开展技能培训促就业行动】 2012年，上海工会以下岗失业人员、农民工和困难职工家庭高校毕业生等群体为重点对象，开展“技能培训促就业行动”。各级工会共筹集就业培训资金554.69万元，实施就业技能培训6.66万人(其中获得劳动部门颁发的职业技能证书有3.37万人，获得其他部门颁发证书的有2.3万人，获得中高级职业证书的有2万人)，共帮助3万多人实现就业(其中签订1年以上劳动合同的有2.73万人)，全面完成全总下达的全年完成3.7万名下岗失业人员、农民工和困难职工家庭高校毕业生等劳动者的就业技能培训，成功介绍1.5万名各类求职人员实现就业并签订1年以上劳动合同的目标和任务。（曹宏亮）

【市总工会联合举办“春风行动”】 2—3月，市总工会会同市人力资源社会保障局、市妇联联合举行以“搭建劳务对接平台，帮您尽早实现就业”为主题的2012年“春风行动”，集中为来沪务工人员提供就业援助服务。活动期间，各级工会主办或协办专场招聘会477场，提供免费就业服务34.86万人，提供维权服务和法律援助5.24万人，发放春风卡等宣传资料30万份。（曹宏亮）

【市总工会联合举办民营企业招聘周活动】 4月，市总工会会同市人力资源社会保障局、市工商联等部门联合开展2012年民营企业招聘周活动。活动期间，全市共组织1920家民营企业参加招聘活动，提供就业岗位1.89万个，达成就业意向4600多人。全市公共就业服务机构和各级工会职工援助服务中心、分中心(站点)共受理各类就业咨询3000多人次，发放宣传资料近9万份。（曹宏亮）

【市总工会制定下发《上海工会职工劳动经济权益维护保障机制建设实施意见》】 12月，市总工会制定下发《上海工会职工劳动经济权益维护保障机制建设实施意见》。《实施意见》明确工会职工劳动经济权益保障机制建设的目标任务，即在现有各级工会保障组织体系和维权工作基础上，整合资源、上下联动，提升市、区(县)、局(产业)等工会组织源头参与、指导监督，以及一定区域、一定行业尤其是基层企事业单位等工会组织宣传推动、协商落实、监督维权等工作实效，维护好、实现好和发展好广大职工的劳动就业权、劳动报酬权、社会保障权、劳动保护权。《实施意见》还逐一对各级工会在劳动就业、收入分配、社会保险和福利待遇、劳动保护等涉及职工劳动经济权益方面的工作职责和分工予以明确，并要求各级工会通过加强源头参与和三方协商机制、推动落实职代会和集体协商制度，以及探索推行工会“上代下”制度等途径，加强和完善工会职工劳动经济权益保障机制建设。（王正园）

【市总工会组织用工企业赴西安参加“全国工会就业援助月”活动】 2月15—17日，全国总工会在西安举行“全国工会就业援助月”活动启动仪式和大型招聘洽谈活动，并安排北京、天津、上海、山东、江苏、浙江、福建、广东8个省(直辖市)工会职业中介机构和用工企业到西安开展招聘洽谈活动。市总工会组织上海大众联合发展车身配件有限公司、上海罗奇金属制品有限公司、上海迪亚天天零售有限公司3家用工企业赴当地参加招聘活动，共提供就业岗位325个，涉及超市营业员、电焊工、维修工和操作工等10多个工种。活动期间，用工企业共接待求职咨询1000多人次，达成初步用工意向200多人。（曹宏亮）

【徐汇区总工会推出“月月职场”招聘会】 徐汇工会自7月份起推出“月月职场”招聘活动，每月举办1场专场招聘会，为区内下岗失业人员及外来务工人员搭建就业服务平台。全年，区总工会及区职工服务中心整合市总工会培训中心、区职业介绍所及社区、镇劳动服务所、就业援助服务社等资源，共举办6场“月月职场”和6场社区专场招聘活动，累计有362家企事业单位入场招聘，提供5430个就业岗位，吸引3677名求职者前来应聘，达成就业意向1181人。（聂　磊）

【普陀区总工会举办送温暖职介专场】 12月28日，区总工会举办送温暖职业介绍专场，为求职职工实现就业牵线搭桥。现场共有近40家用工单位进场招聘，提供300多个就业岗位，涉及营销、行政、商贸、餐饮、美容等行业。同时，区总工会职工援助服务中心及下属分中心通过设摊服务形式，为职工提供医疗保健、就业指导、技能培训、法律援助、职工医疗互助参保等服务。（许王丽）

【普陀工会联合开展“春风行动”】 2—3月，区总工会与区人社局、区妇联在沪西工人文化宫“天天职场”联合开展为期两个月的“春风行动”。活动期间，先后举办“百企送千岗”和

虹口区总工会开展2012元旦春节送温暖援助服务日活动（徐　洁）

三八节等招聘专场，共组织226家用人单位进场招聘，提供8134个就业岗位，1.08万人进场求职，现场提供就业指导3774人次，达成用工意向1617人。活动现场还专门组织政策咨询和宣传，为求职人员提供便捷的就业服务。（许王丽）

【虹口区总工会联合开展“春风行动”】 2月11日，区总工会联合区人力资源社会保障局在东宝百货开展“春风行动——搭建劳务平台，为您尽早实现就业”政策宣传便民服务活动。活动以“搭建劳务对接平台，帮您尽早实现就业”为主题，为来沪务工的农村劳动者以及各类有招聘用人需求的用人单位提供服务。2—3月期间，根据市总工会和市人力资源社会保障局的统一部署和要求，区总工会会同区人力资源社会保障局开展多种形式的宣传和专场招聘活动。（徐　洁）

【黄浦区打浦桥社区举办工会就业援助专场招聘会】 3月，黄浦区打浦桥社区总工会会同政府部门联合开展“爱心手拉手，帮扶心连心”专场招聘会。共有40家企业进场设摊招聘，提供就业岗位1000多个，涉及零售、金融、餐饮、娱乐、物业管理、创意产业、信息技术等行业，提供服务类、管理类、财会类、IT类、摄影类等岗位，切实为企业招工和职工就业搭建供需平台。（郑晓辉）

【黄浦区总工会举办“上海工会就业援助月”活动黄浦职介专场】 3月14日，区总工会在老西门生活服务中心举办“上海工会就业援助月”活动黄浦职介专场。活动期间，共有23家劳动关系和谐、用工规范诚信的用工企业进场设摊招聘，提供就业岗位402个，涉及制造、金融、管理等十多个行业、工种，近600余名下岗、失业人员进场求职，达成用工意向104人，同时，黄浦工会在10个街道（社区）职工援助服务分中心集中开展就业援助活动。（曹宏亮　杨志芳）

【宝山城市工业园区工会举办首届春季招聘会】 2月18日，宝山城市工业园区工会在祁连山路沃尔玛超市广场举办园区落户企业春季招聘会。招聘会汇集园区新材料、新能源、物料、印刷、汽车等28家企业10余种行业，提供包括普工、电工、钳工以及管理人员近400个用工岗位，其中不乏申和热磁、复兴制药、西德科座椅、丹爱法等中外知名企业参加。现场共吸引包括返乡农民工、未就业院校毕业生、城镇失业待业人员、就业困难对象1000多人前来求职，达成初步就业意向500多人。（胡立伟）

【宝山区总工会组织开展春、秋季就业援助招聘活动】 2月25日和11月25日，区总工会分别在顾村镇和月浦镇举办就业援助主题招聘活动。两场招聘活动共吸引400多家用工单位进场设摊招聘，提供就业岗位8600个，机械操作、服装生产、宾馆餐饮服和文化广告等10多个行业（工种），1.28万人次进场求职，达成用工意向近1500人。（胡立伟）

2月25日，市总工会举行2012年上海工会就业援助活动（宝山职介专场）（吴良荣）

【宝山区张庙街道总工会举办就业困难人员招聘专场】 2月15日，宝山区张庙街道总工会会同街道妇联，在张庙全民健身中心联合举办张庙街道就业困难人员“春风行动”招聘会暨白玉兰关爱行动——张庙外来妇女招聘会。活动现场共组织16家用人单位进场招聘，提供就业岗位100多个，360多名就业困难人员参加进场求职，近80人达成初步就业意向。现场还发放《求职指南》、《劳动合同法》等宣传资料，为职工提供咨询服务。（胡立伟）

【青浦区总工会扎实开展职工就业援助系列招聘活动】 2012年，区总工会联合区人保局、团区委、妇联等部门举办招聘活动。4月7日，以“实现就业、稳定就业、构建和谐”为主题举办“2012年青浦区春季大型联合招聘会”，共组织70家企业参加，提供就业岗位2000多个。5月12日，举办以“民企就业大有可为，助青年就业成功‘启航’”为主题的民营企业专场招聘会，共组织18家企业参加，提供就业岗位172个。8月18日，举办“2012年青浦区高校毕业生就业服务专场招聘活动”，共组织25家企业参加，提供就业岗位296个。（马美君）

收入分配

【市总工会联合开展公共服务行业一线职工收入状况调研】 市总工会会同市发改委、市财政局、市人保局共同组成联合调研组，对全市道路养护、供排水、水上客运、轨道交通、物业管理、绿化养护等行业开展一线职工收入状况开展调研。各行业分别撰写课题分报告，课题组将分报告汇总成《本市建设交通系统提供公共服务一线职工工资收入情况联合调查总报告》。（胡　敏）

【市总工会推动调整最低工资标准和工资增长指导线】 市总工会充分依托市劳动关系三方协调机制平台，会同市人社局、市企联推动全市月最低工资标准由1280元提高到1450元，增幅为13.3%，非全日制小时最低工资标准由11元提高到12.5元，并推动全市公共服务类就业项目、社会协管类万人就业项目和社区“四保”公益性岗位从业人员提高收入水平。同时，参与制定全市企业工资增长指导线，具体为：下线5%，中线12%，上线16%。（胡 敏）

【建工集团七建工会推动行政调整在岗职工最低工资标准】 8月13日，七建工会召开2012年集体协商会议，就集团在岗职工每月最低工资标准的议题进行协商。根据市人力资源社会保障局文件精神，自4月1日起，全市最低工资标准从1280元/月调整为1450元/月，建工集团在全市月最低工资标准的基础上提高10%，为1595元。经协商明确，七建职工在岗月最低工资标准在建工集团月最低工资标准的基础上再提高10%，即1760元/月。（杨钟春）

困难帮扶

【市职工帮困基金会调整帮扶项目标准】 2012年，市职工帮困基金会调整帮扶项目标准，加大对困难职工的帮扶力度。具体为：大病定向帮困标准从原每人每次500元提高到每人每次800元；单亲定向帮困标准从原每人每次400元，提高到每人每次500元；助学定向和结对助学帮困标准从原每学年小学600元/人、初中800元/人、高中1200元/人、大学1500元/人提高到每学年小学800元/人、初中1000元/人、高中1500元/人、大学2000元/人；赈灾帮困金标准从原2000元提高到2000—4000元；走访慰问帮困金标准从原500元/人—1500元/人提高到500元/人—2000元/人。（顾 佳）

【市职工帮困基金会召开第五届理事会第二次会议】 4月24日，市职工帮困基金会召开第五届理事会第二次会议。会议审议通过《上海市职工帮困基金会2011年工作报告》、《上海市职工帮困基金会2011年审计报告及注册资金变更的报告》和《上海市职工帮困基金会2012年经费预算》，并对《上海市职工帮困基金会帮困实施办法》中有关帮困项目标准进行调整。会议提出4点要求：一是要切实加大宣传力度，扎实推进劝募平台和募款机制建设。二是要全力配合工会开展帮扶工作，利用公惠医院资源拓展医疗帮扶工作。三是要着力加强制度建设，切实提高基金会社会公信度。四是要注重创新帮扶模式，推动基金会长效帮扶机制建设。（顾 佳）

6月7日，市总工会会同市公积金中心、建行市分行联合召开2012年度住房公积金基数调整暨扩覆工作推进会（王正园）

【市总工会夯实4项举措推进职工物价监督工作】 一是制定《2012年区县职工物价监督工作目标任务书》，落实各区县分站工作经费累计124.8万元。二是组织各区县分站166名扎根基层一线的职工物价监督员，抓住元旦、春节、五一、国庆等节假日，协助政府部门开展职工物价监督累计87次，维护节日市场物价秩序。三是通过每周三采集分布在全市17个区县36个超市、集贸市场粮油、肉、禽、蛋、水产、鲜菜、豆制品等主副食品29个品种的市场零售成交价格。市总站及时统计分析，确保政府部门第一时间掌握主副食品市场价格动态。四是参加上海居民生活用电试行阶梯电价的听证。（杨 驷）

【市总工会举行职工援助服务中心揭牌仪式】 6月29日，市总工会举行职工援助服务中心揭牌仪式。揭牌仪式上，市总工会副主席侯继军作市总工会职工援助服务中心的筹建情况介绍，市人大常委会副主任、市总工会主席钟燕群为市职工援助服务中心揭牌。各区县总工会主席和市总工会各机关部室、部分直管单位主要负责人参加揭牌仪式。仪式后，与会人员视察参观市总工会职工援助服务中心接待大厅以及“12351职工援助服务网”、“12351职工援助服务热线”等工作运行平台。（曹宏亮）

【市总工会在杨浦区试点推广“工会会员服务卡”】 市总工会整合社会资源，借助市场手段，在杨浦区试点推广“工会会员服务卡”，为职工提供实惠便利。“杨浦工会会员服务卡”集会员身份、会员服务、商品特惠等功能于一体。杨浦区建档困难职工帮困金通过会员服务卡统一发放。此外，凡持卡会员均可享受以下服务：一是获赠1份市职工保障互助会工会会员团体基本保障计划（大病、意外伤残、意外死亡）。二是享受杨浦区总工会职工援助服务中心及各地区（镇）分中心提供的免费职业介绍、政策咨询及法律援助等服务。三是享受市总、区总所属服务职工场所刷卡消费优惠（包含教育培训、文化娱乐、旅游疗休养等）。四是享受特约商户刷卡消费

打折优惠。五是享受上海农商银行金融理财服务。（汪姣钰）

【市总工会召开上海工会职工援助服务分中心（站、点）建设推进会】 11月6日，市总工会举行上海工会职工援助服务分中心（站、点）建设推进会。会前，与会人员现场参观静安区凯迪克大厦工会服务站和市北高新技术服务业园区职工服务中心。凯迪克大厦、市北园区、黄浦区南京东路社区（街道）总工会、宝山区顾村镇总工会作交流发言。各区县总工会、部分局（产业）产业工会分管主席和保障部长、部分街道（乡镇）总工会主席参加会议。（汪姣钰）

【市总工会制定下发《关于进一步加强上海工会援助服务体系建设，推动工会帮扶工作常态化、长效化的实施意见》】 6月，市总工会制定下发《关于进一步加强上海工会援助服务体系建设，推动工会帮扶工作常态化、长效化的实施意见》。《实施意见》明确工会援助服务体系建设的目标任务，建立完善由市总工会职工援助服务中心构成的覆盖地区的工会援助服务体系；建立完善由局（产业、集团）工会和下属企业工会构成的覆盖产业的职工援助服务体系；建立"12351职工援助服务网"（www.sh12351.org）、"12351职工援助服务热线"，开发上海工会职工援助服务体系综合管理软件等援助服务工作平台，力争用2—3年建立完善"全面覆盖、分级负责、上下联动、条块整合"的工会援助服务体系。（曹宏亮）

【徐汇区总工会建立心理咨询中心开展职工心理援助】 1月12日，区总工会举行职工心理咨询中心揭牌仪式。中心通过专业心理咨询师接待咨询，举办心理讲座、沙龙，心理俱乐部，演出心理剧等形式，针对职工心理健康、心理减压、职业生涯成长、工作生活平衡艺术、婚姻与子女关系等心理问题，定期开展团体、个案辅导、跟踪咨询、上门疏导、心理热线"一对一"服务等职工心理援助活动。截至年底，共举办团体培训40次，个案咨询244人次，服务职工达1353人次。（宋抒音）

【徐汇工会扎实开展金秋助学活动】 区总工会以"帮助一个困难学生等于帮助一个困难家庭建立希望"为主题，多措并举开展"金秋助学"活动，提高工会助学帮扶工作的实效性。一是依托区职工援助服务中心形成区、系统（街镇）、单位三级助学格局。二是健全助学帮扶长效机制，建立助学档案，做到"一个不漏"。三是制订助学方案，分解落实资助责任，动员社会各方筹集助学资金。四是选择4家企业为区首批挂牌的大学生社会实践基地，为困难职工家庭的大学生子女提供社会实践机会。五是建立跟踪回访制度，通过定期电话回访、入户走访、召开座谈会等形式，及时了解受助学生的学习生活情况。全年，区各级工会共助学帮扶1734人次，发放助学款总计162.04万元。（宋抒音）

徐汇区总工会开展2013年元旦春节送温暖援助服务日活动

（伏　森）

【长宁区总工会举行送温暖援助服务日活动】 1月6日，区总工会举行"心系职工情，温暖进万家"元旦春节送温暖援助服务日活动。期间，共组织30多家用工单位参与活动，为协保、下岗人员及外来务工者提供700多个就业岗位，现场达成用工意向91人。同时，现场还组织相关部门提供开业指导、劳动监察、法律咨询、互助保障等便民服务，并通过设立求职登记服务台为求职群体牵线搭桥。（沈　婕）

【普陀区总工会启动春节帮困送温暖推进月活动】 1月6日—2月初，区总工会启动实施"心系职工情、温暖进万家"——2012春节帮困送温暖推进月活动，依托全区职工援助服务网络平台，面向全区劳模先进、在职困难职工，单亲（孤寡）困难职工、困难职工家庭子女、患重病职工和留沪农民工等5类对象开展帮扶服务活动。期间，区总工会会同区各部门联合开展以帮扶慰问、医疗保健、职介培训、文化帮扶4大类总计18个项目为主要内容的帮困送温暖活动。（许王丽）

【闸北工会大力开展医疗帮扶活动】 区总工会通过3种方式开展医疗服务：一是与区卫生局、公惠医院开展定向医疗帮扶，共为1139名环卫系统农民工提供医疗服务，并赠送卡内预存金额200元的医疗帮困卡；为大宁集团520名离岗职工提供每人价值300元的医疗帮困卡。二是借助社会医疗资源开展体检服务。公惠医院为区内物业和保安行业1000名职工赠送价值350元的医疗体检；海军411医院进入社区、进入企业、进入社区为2400多名女职工进行免费妇科体检。三是与区绿化市容局联手开展"送健康"服务。共为2790名市容环卫行业职工包括农民工赠送互助保障计划和健康器材。（徐梅生）

【虹口区总工会组织困难职工家庭大

专院校学生参加社会实践】 虹口工会分别在优族173创意产业园区、新景程国际物流有限公司、好帮手公益服务社、运泽化工物流有限公司等5家单位挂牌建立大学生社会实践基地，提供10个管理类、技术类社会实践岗位，首批10位在档困难职工家庭大专院校学生与相关单位签约进行暑期社会实践。区总工会为参加实践的困难职工家庭大专院校学生提供每人每月500元补贴，并为每位大学生购买市职工互助保障会《从业人员意外伤残互助保障计划》，同时，区总工会推动各基地建立招生工作机制、日常管理和带教工作机制、规章制度和台账工作机制，确保工作规范、有序推进。 （徐 洁）

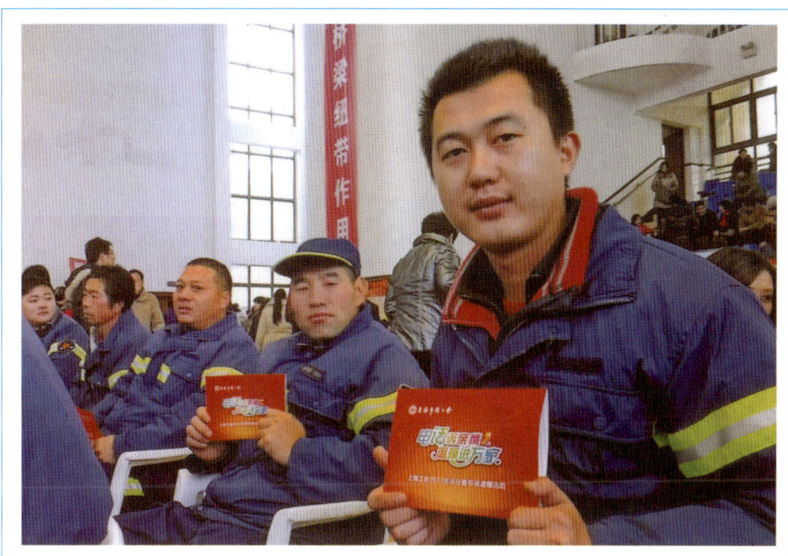

杨浦区总工会举行2013年元旦春节帮困送温暖暨援助服务日活动 （曹理仰）

【杨浦区总工会举行"金秋助学"暨百名学生帮扶启动仪式】 8月3日，区总工会在沪东工人文化宫举行"放飞心情，拥抱阳光，健康成长"——杨浦工会"金秋助学"暨百名学生帮扶启动仪式。启动仪式上，杨浦工会"1+1群"创业者联合会向结对帮扶学生赠送学习用品，并向部分受助学生代表发放助学帮困款。同时，杨浦工会对100名助学对象实行"滚动式助学"，助学帮扶直至其大学毕业。（曹理仰）

【黄浦工会开展"心系职工情、温暖进万家"援助服务日活动】 12月28日，区总工会举行2013年元旦春节送温暖援助服务日活动启动仪式。启动仪式上，区总工会向在档困难职工帮困金，向留沪农民工赠送电话卡。同时，现场还设置就业援助、政策咨询、法律咨询、医保咨询、社保咨询、便民服务等10个服务项目。区总工会职介所和部分企事业单位现场提供222个岗位，达成就业意向36人，当场录用14人。 （吕诚陆 周建国）

【静安工会积极组织开展元旦春节送温暖活动】 "两节"期间，区总工会深化元旦春节送温暖活动。全区各级工会筹集帮扶款物总计344万元，共向372名困难职工发放帮困金39.92万元，向111名困难职工家庭子女发放助学金13.23万元；向215名劳模发放慰问金46.66万元，共为1.24万人次提供政策咨询，累计为职工提供心理咨询疏导、文化活动、医疗体检、健康咨询等各类服务1.46万人次；帮助410人次农民工平安返乡。会同区人保局、区建交委深入基层企业、工地对劳动保护、工资支付等情况进行专项检查。 （陆 蕾）

【宝山工会元旦春节期间夯实5项工作帮扶服务职工】 一是实施帮扶暖人心。区总工会领导分多路慰问困难职工和困难劳模，全区各级工会慰问困难企业56家，慰问困难职工家庭3691户，慰问款物总计440.44万元。二是热情服务送关爱。开展农民工返乡服务工作，共计为区域内50多家企业的3800多名农民工开具购买火车票证明；为农民工争取返乡经济补贴90万元；会同区文明办将成都、武汉、郑州、合肥等方向的33名农民工免费送回家。三是落实助医送健康。共向全区3033名困难职工赠送公惠医院助医卡。四是加强沟通爱劳模，重点走访困难劳模，组织劳模迎春茶话会，为劳模寄送新春贺卡，开通劳模服务热线。五是"两节"期间抓维权，会同有关部门解决金亭汽车线束有限公司、赢赛拉磁性器材有限公司群体性劳资纠纷，协助政府有关部门帮助171名职工追讨欠薪90.5万元。 （胡立伟）

【宝山工会开展关爱困难职工家庭子女系列活动】 六一节期间，区总工会组织以困难职工家庭子女和外来务工人员子女为主要对象的关爱系列活动。一是组织1000多名师生在民工子弟学校申华小学开展庆六一节赠送图书等活动。二是组织在宝虹小学免费放映《胡桃匣子》、《魔境冒险》等电影。三是组织宝山实验学校100名学生参观"上海玻璃博物馆"和青少年爱国主义教育基地长江河口科技馆。四是走访慰问困难职工家庭子女10人，慰问金总计5000元。五是向20名即将参加中考和高考的困难职工家庭子女赠送300张牛奶票；组织区内困难家庭职工子女参加浦江游览。 （胡立伟）

【嘉定区总工会做实中秋、国庆节前慰问帮扶工作】 中秋、国庆节到来前夕，区总工会出资27.87万元，向534户困难职工家庭发放帮困金。同时，区总工会向104名身患大病困难职工、65名定向帮困对象和230名区总工会节日帮困对象，每户发放帮困金500元；另新增帮扶资金10万元，用于200名因职工本人大病或供养直系亲属大病等9种原因致困职工的一次性帮困。机关工作人员分7路走访慰问28户困难职工家庭，送上慰问品和帮困金。 （徐 浩）

【松江工会夯实"三完善"举措加大帮扶力度】 一是完善帮扶基础。对困难职工、困难企业进行全面调查摸底，做到"五个清",即家庭收入情况清、困难原因清、解困所求清、思想状况清、家庭住址清;按照困难职工分级帮扶和分级建档原则,建立和完善困难职工信息档案,掌握困难职工数量、困难程度、致困原因、职工所求等,确定帮困重点;采取"三个一点"筹资方法,壮大帮困基金实力。二是完善帮扶网络。建立"1+15"职工援助服务体系,整合服务功能;制定《关于建立松江区总工会帮困送温暖工作长效机制的实施意见》,明确帮扶对象、帮扶原则、帮扶标准、资金管理和使用等规定。三是完善服务体系。与职工互助保障工作相结合,组织职工参加各类保障计划,特别是对患大病职工、下岗、失业、协保困难职工,采取"送保障"形式,架起第二道保障线;与技能培训和就业援助相结合,依托区镇两级工会组织、人保局职业介绍平台、职业培训中心和成人学校做好职工技能培训和就业援助工作;与政策帮扶相结合,向广大职工宣传政府在就业、创业、医疗、社保、教育等方面的各项保障和改善民生的政策措施;与实施农民工人文关怀相结合,组织近万名农民工参加技能培训,配合有关部门开展农民工工资清欠工作,向万名农民工赠送意外伤害互助保障计划。

(俞龙珍)

【青浦区总工会做实困难职工帮扶工作】 2012年,区总工会坚持"以职工为本"的理念,扩大帮扶服务覆盖面、丰富服务内容方式。全年,青浦区镇两级工会共向3272名困难职工发放帮困金211.46万元;向多名因遭受大病和意外伤害导致的困难职工给予医疗和意外伤害补助;向困难企业职工、农民工赠送意外保险1.5万份,赠送"女职工特种重病互助保障计划"1000份,向1500名职工赠送体检服务,向500名女职工赠送妇科体检服务;向51名支援外地建设退休(职)回沪定居人员发放一次性特困补助2.55万元。

(马美君)

【奉贤工会落实帮扶服务职工3项措施】 一是开展"就业援助月月帮、服务企业在基层"活动。年内开展6次招聘会,组织150多家企业进场招聘,提供就业岗位1500多个。创建4个困难职工家庭大学生见习基地。二是做好帮困送温暖工作。建立帮困职工档案,通过助困、助学、助医、助业、助老等活动,帮扶困难职工、工伤职工、受灾职工、劳模和困难职工家庭子女等3万多人次,帮扶款总计1000多万元。为438名劳模办理劳模VIP银行卡,为2家经营困难企业的50名困难职工安排2.5万元专项帮扶款。三是做好互助保障计划参保工作,全年参保市职保会互助保障计划和区救急济难互助会的职工达到15.61万人次、参保金额979.91万元,给付1.06万人次、给付金额总计524.28万元。

(尹 奕)

奉贤区总工会开展"行业牵手情暖工地"送温暖活动 (姜林新)

【崇明县总工会举办元旦春节送温暖援助服务日活动】 1月6日,县总工会在陈家镇社区文化活动中心广场举行"心系职工情、温暖进万家"——2012年元旦春节送温暖援助服务日活动。活动现场,县总工会向陈家镇、中兴镇的困难职工代表发放"爱心卡"、帮困款及慰问品。同时,县总工会联合县人力资源社会保障局、县司法局等单位开展劳动保障政策、法律法规、工会互助保障等咨询活动,并为当地职工演出文艺节目。2012年"两节"期间,县各级工会共走访慰问困难职工3769人,发放帮扶款总计224.58万元。

(易建军)

【市机电工会做实3项举措构建长效帮扶机制】 一是开展"爱心一日捐"活动。共有86家企业、2.86万名职工参与活动,募款金额总计819.5万元。二是开展走访慰问。"两节"期间,各级工会共对1.9万户困难职工家庭进行慰问,慰问金额达947.5万元;机电工会拨出175万元对所属19个困难企业发放慰问款,慰问职工3798人次;拨出224.75万元对4432名困难职工、农民工进行帮扶。三是开展分类帮扶服务。拨出150.85万元对1110名困难职工以及农民工子女实施助学帮扶;出资5万元,为系统内1000多名离岗职工、特困农民工提供健康体检;为100名女农民工提供免费妇科体检;对83名职工进行大病和赈灾帮扶,帮扶金额16.6万元;系统内995名困难职工家庭得到全总、市总及市级机关大病、助学帮扶,帮扶金额达60.93万元;安排367名接触尘毒岗位的职工参加脱岗休养。

(张宝霞)

【市机电工会明确9项措施关心帮扶海外工作人员】 2012年,工会制定出台《关于加强对海外工作人员管理和关心的意见》。《意见》明确:一是建立海外人员联系制度。企业应有专人联系海外工作人员,建立家访制度。二是建立海外人员回国休假制度。一般每年回国休假2次,家属(一般指夫妻、子女、父母)可前往探望1次。三是建立海外人员轮岗换岗制度。企业可根据海外工程的工作性质、工程要求、时间进度及其工作条件,实施员工轮换岗。四是建立海外人员体检制度。海外员工体检至少应一年两次。五是建立海外人员慰问制度。每年有计划的前往工程、项目所在地进行慰问和送温暖,并从饮食、住宿、出行、通讯等方面改善员工工作和生活条件。六是建立海外人员困难帮扶制度。对其生活困难、孩子上学、疾病治疗、房屋维修、恋爱结婚生子等方面的诉求,及时给予帮助和解决。七是建立海外人员信息卡制度。建立详细的一人一卡制度,全面了解海外工作人员的家庭情况。八是建立海外人员建家制度。工程立项时应将建立"职工之家"列入重点考虑的内容之一,往海外工作的员工应加入所在企业的工会组织。九是加强对海外人员教育。对派往海外工作的人员,进行外事纪律教育。 (冯克华)

【上海德科电子仪表有限公司职工踊跃参加帮困募捐活动】 上海德科电子仪表有限公司举行第八届爱心帮困活动总结大会,与会领导和员工代表为爱心帮困活动捐款。帮困募捐活动以"至爱于行、携手帮抚"为主题,通过管理人员义务回收废品、全员献爱心活动、供应商联合体成员单位捐款、"9S"清理和自愿者便民服务等5项举措,募款金额总计达16.51万元。 (李平培)

【市化学工会切实做好元旦春节帮困送温暖工作】 "两节"期间,市化学工会制定元旦春节帮困送温暖工作计划,向22个两级子公司、直管企业核拨帮扶资金105万元;向8家实施"走出去"战略,参建安徽华谊化工产业园区的1120名员工送上22万元大礼包,并向节日期间放弃与家人团聚,坚守安徽华谊生产岗位的550多名职工送上礼包;精心组织开展困难劳模和困难职工家庭走访慰问活动,共对600名集团定向帮困、医疗帮困、大病帮困、助学帮困对象开展走访慰问活动。 (王有福)

【市纺织工会多措并举做好帮扶工作】 2012年,市纺织工会坚持开展"一日捐"、"元旦春节送温暖"、"双百结对帮扶"和"金秋助学"等帮扶项目,实施职工援助服务"爱心驿站"达标创优办法,培育命名2家"爱心驿站"示范点,通过政策帮困、就业援助、帮扶救助、互助保障、心理咨询等帮扶服务,共帮助78人落实"低保"政策,帮助117人落实医疗减负政策,帮助34人落实减免学杂费政策,帮助43人落实廉租房和房租减免政策,帮助112人因丧失劳动能力办理退休或退职手续,帮助1534名协保人员办理"失保"手续,帮助18位困难职工享受就业补贴培训政策,帮助29位困难职工实现就业。全年,共帮扶6110人次,帮扶金额总计308.48万元,经帮扶后脱贫167人。 (汪叶慧)

【市医药工会开展常态化、长效化帮困送温暖活动】 一是开展2012年"爱心一日捐"活动,2.15万名的干部职工总计捐款114万元。二是通过对困难职工的动态调查,采用"三定"帮困形式,形成多层次帮扶工作机制,当年共向2106名困难职工家庭发放帮扶款127万元。三是集团、企业党政工领导与困难职工"一对一"结对帮扶,定期或不定期地为困难职工家庭送去帮困金或慰问品。四是市医药工会要求各级工会组织对捐款上缴及使用、帮困金发放的具体人次和金额进行公示。五是在开展帮困送温暖活动的同时,做好困难职工的建档工作,及时将临帮、结对、大病等帮困对象和帮扶信息资料录入工会帮扶工作管理系统。 (方 蔚)

【市电力工会多形式多渠道开展帮扶工作】 一是制定《关于建立多层次帮困送温暖机制的若干意见》、《关于做好多层次帮困送温暖工作的实施办法》和《上海市电力公司职工困难补助管理办法》等文件,各基层单位工会制定相应的帮扶工作制度和健全工作目标责任。二是组织参加市职保会四项医疗互助保障计划。三是通过企业、职工和其他捐助渠道建立企业帮困基金和职工帮困基金,不断扩大帮困资金规模。四是通过研究新形势下帮扶工作的特点和规律,全面掌握困难职工生产生活状况。 (余传毅)

【宝钢股份工会积极开展帮困送温暖工作】 2012年,宝钢股份工会修改完善《特殊情况及特殊人员帮困补助管理制度》,加大对患重大病职工的关心力度,扩大重大病帮扶范围和标准,着力缓解患重大病职工医疗费用支出较大的困难。全年,共实施困难帮扶4.18万人次,帮扶总金额达2041.2万元。同时,积极推动提高人力资源中心托管离岗职工待遇,协调解决5起各类历史遗留难题,资助宝山区月浦镇9名困难学生就学。 (包 翔)

【宝钢工会启动实施宝钢青年过渡惠租房工作】 2012年,在开展青年职工住房问题调研,并提出《关于建立宝钢青年过渡惠租房的可行性报告》基础上,宝钢集团工会牵头启动青年过渡惠租房试点工作。各试点单位结合实际,分别采用青年职工租房货币补助、利用集体宿舍改建青年过渡惠租房、利用存量土地新建青年过渡惠租房等方式,为35岁以下婚后无住房的青年职工提供过渡惠租房。宝钢特材公司工会会同企业行政投入1300多万元对原海滨幼儿园和泰和路宿舍进行综合改造。两期工程共计安排房源近120套,以面积为30—60平方米的一室户、两室户为主要户型,在青年职工中征集确定楼名为"希望楼"。 (赵关林 马沪宁)

【上海石化工会开展领导干部与困难职工结对帮扶工作】 2012年,工会推动建立领导干部对口联系困难职工制度,共结对帮扶162对。节日期间,公司各级党政领导共走访慰问困难职工1069人次,走访劳模先进2432人次,公司帮困基金累计发放慰问金、慰问品及助学金109.05万元。 (傅红星)

【鲁中矿业工会重视做好职工生活保障工作】 一是组织元旦春节帮困送温暖活动。共走访慰问困难职工523人,发放慰问金20.18万元;帮扶困难职工179人,发放帮扶款14.13万元;为58户符合条件的困难职工家庭发放特困证,在子女上学、房屋租赁、水电电视收费等方面给予政策扶持和优惠。二是开展金秋助学活动。共向81名困难职工家庭子女发放助学金近8万元。三是关心帮扶劳模先进。走访慰问生活困难劳模,为14名省

(部)级以上劳模进行健康体检,组织劳模先进及生产骨干100多人赴江西婺源、河北北戴河等地休养。

（杨庆荣）

【中国商飞上海飞机客服公司工会开展爱心公益活动】 一是组织年轻职工参加“悦行浦东”公益徒步活动。通过完成定向越野任务,为山区的孩子们募捐体育用品。二是组织开展“乐淘公益市集义卖”活动,选取部分职工摄影比赛中的优秀作品和山区孩子的手绘作品,将其制作成卡贴、卡套、水杯、明信片和手机壳义卖,义卖收入全部捐赠给“放飞美的希望——2012爱共线村小师训”项目。三是组织来自四川、贵州、湖南、广西、西藏等地的29名山区优秀教师,参观中共“一大”会址、豫园、东方明珠和鲁迅故居等景点。四是接待香港国泰航空夏令营到客服公司参观访问。五是公司工会与紫竹高新区工会联合举办工会干部子女暑期“走近紫竹、了解企业”活动。

（陈佳颖）

【上海铁路局工会开展送温暖帮扶活动】 2012年,局工会健全完善常态化帮扶机制,调整帮扶标准和方式,坚持日常帮扶与集中帮扶相结合,做好困难职工帮扶工作。全年,累计生活帮扶4.94万人次,帮扶款总计2020万元;医疗帮扶4.36万人,帮扶款总计4032万元;助学帮扶565人,帮扶款总计152万元;职工大病一次性帮扶221人,帮扶款总计66.3万元;下拨帮扶款114.26万元,做好元旦春节和五一、十一两节专项慰问。

（白　杰）

【中海集团大力开展金秋助学活动】 2012年,中海工会筹集“金秋助学”资金96万元,发放对象覆盖整个集团。小学19万元,高中和中技29万元,大专以上48万元;资助困难职工和农民工子女1520人,其中小学、初中503人,高中和中职482人,大专以上539人,资助单亲女职工子女117人,助学金6.5万元。中海油运工会到市郊农村,向定点帮困对象和集体送“金秋助学”帮困金;中海国际工会将“金秋助学”活动覆盖沪、粤、连3个地区;上海海运工会多渠道筹集资金做好“金秋助学”帮扶工作;上海船研所工会把助学金送到学生家长手中;中海工业工会将开展“金秋助学”与度中秋、迎国庆、送温暖活动相结合。

（张　洁）

【中海集运工会开展对口云南省永德县教育帮扶交流】 2012年,中海工会组织云南省永德县25名师生代表前往天津,参加为期4天的交流活动。来自明信坝、牛火塘、尖山完小学等9所学校的教师接受“儿童阳光心理构建”教学专题培训。天津大学教学心里专家传授新型心里构筑模式、留守儿童心理建设、儿童心里疏导等知识,并向师生捐赠图书、文具和体育用品。中海的客户代表主动加入到爱心捐赠队伍,英利集团工会向永德小学捐赠太阳能光伏取暖设备,厦门森威物流公司捐赠1400双新鞋子与袜子。

（刘清卿）

“全国工人先锋号”上海澳星照明电器制造有限公司工程队将所获奖金捐助给社区贫困家庭　（徐俊彦）

【上港集团工会推进第十六次“8·15”爱心捐献活动】 2012年,工会动员职工参加第16次“8·15”爱心捐献活动,集团所属37家单位共有1.87万名职工和1.28万名劳务工参加爱心捐献,共募集爱心捐款377.66万元,捐款人数和金额都创历史新高。在捐献活动结束后,集团工会做好职工爱心捐款的使用规划工作,并主动拨出40万元爱心捐款援助贵州省荔波、同笋两所希望小学。（张晨琦）

【市运输工会扎实开展元旦春节送温暖活动】 元旦春节期间,市交运集团领导分八路走访慰问集团系统困难退休劳模、困难职工。工会动员1.19万名职工参加“爱心一日捐”活动,捐款金额达48.01万元;落实慰问金达100万元,帮扶3000多名困难职工;发放全国劳模、市劳模“三金”达39.8万余元、困难职工补助金5万元。

（沈荣林）

【上海邮政工会做好帮扶服务工作】 2012年,工会着力完善公司、基层两级帮扶工作体系,开展帮扶工作。一是着重开展调研,了解困难员工生活状况和致困原因,健全481名困难职工档案。二是在元旦春节期间,通过上门走访慰问等形式开展帮扶活动,帮扶款总计150.51万元。动员广大干部员工参加“献爱心一日捐”募捐活动,共有2.86万名员工踊跃参加,募款153.4万元。三是开展“金秋助学”活动。共帮扶困难职工家庭子女119人,助学款9.86万元。四是对受“海葵”台风影响的12名受灾职工给予一次性帮扶,帮扶金额1.8万元。

（陈千涛　张　莉）

【上海电信网运部工会推出外包人员“五心”关怀计划】 一是岗位实践,鼓舞人心。开展岗位培训力争全覆盖,举办新入职人员技术比武,开展

"安康杯"劳动保护竞赛,继续推进职业晋升工作,实施岗位竞聘选拔。二是榜样激励,增添信心。以"为民服务创先争优"活动为契机,组织"张慧英劳模工作室"师徒成员进行现场示范演示,编撰先进操作法,并在"112"受理员中推广应用;举办先进员工家属座谈会,通过荣誉展示、现场参观、座谈交流,提升业务外包人员的荣誉感和自豪感。三是民主管理,凝聚人心。建立外包人员党工团信息库,实施动态管理,并以职代会为载体,拓宽业务外包人员的民主参与渠道。四是生活福利,温暖人心。每逢生日发送温馨祝福短信,赠送生日蛋糕;分批组织短期休养,为外包人员实施两年1次体检,为适龄女职工提供妇科专项检查。五是文化娱乐,愉悦身心。抓住节假日时间节点,开展系列活动,设立舒缓减压"安心角",组织外包人员及家属电影慰问专场。 (朱东亚)

上海电信长病假员工感谢前来家访慰问的领导 (朱东亚)

【中远集运扎实推进帮困送温暖工作】 "两节"期间,中远集运工会组织工会干部深入基层,排摸困难职工生活情况和困难企业的实际需求,做到"主动帮、全覆盖、不遗漏、求实效"。元旦春节期间,共走访慰问困难职工1110人次,帮扶金额总计430.23万元。在组织开展"爱心一日捐"活动中,公司在沪6003名职工共捐善款47.74万元,所筹款项全部用于充实各单位帮困基金。 (钱 华)

【上海机场集团工会开展送温暖集体行动】 元旦春节期间,集团工会开展送温暖集体行动,由4支志愿者服务队(党员先锋队、工人先锋队、巾帼先锋队、青年先锋队)组织实施,共慰问困难员工101人,送上慰问金及慰问品总计37.5万元。同时,集团党委委托集团工会和艺术团于1月10日、11日集中开展两场慰问演出。 (陆敏峰)

【市交通港航工会切实做好职工服务工作】 一是开展2012年元旦春节走访慰问行业困难职工活动,并举办交通港航困难职工春节团拜会和交通港航劳务工春节茶话会。二是做好定向帮困工作,全年帮扶33名系统内困难职工,助学帮扶40名困难职工家庭子女。三是在交通港航开展夏季高温慰问活动,并为公交、轮渡、三岛客运站点配置光波炉。四是夯实后勤保障工作,为局洋山办、执法总队、码头中心、航务处等一线管理、执法站点配置洗衣机、冰箱、彩电、乒乓桌,台球桌等体育及生活设施,改善职工生产生活条件。 (周建荣)

【上海地铁第三运营有限公司工会开展帮扶工作】 一是落实帮扶资金,建立帮困基金。上海地铁第三运营有限公司工会开展"爱心一日捐"活动,动员职工参加捐款活动,并对募款金额进行公示。二是落实家访制度,做好日常慰问。根据公司困难补助、家访慰问补助管理办法规定,公司工会将帮困工作细化成定期帮困、即时家访和特殊补助。三是建立帮困档案,健全帮困措施。对各项致困因素予以归类,建档立卡,实行动态管理。 (许 蕾)

【城投总公司工会举行2012年"金秋助学"牵手仪式】 8月28日,城投总公司工会举行城投总公司2012年"金秋助学"牵手仪式。仪式上,举行《听我的家长讲城投》受助学生演讲比赛。公司工会结合"城投人看城投"主题活动,安排受助学生及其家长参观杨树浦水厂科技展示馆和水厂。 (朱文慧)

【市新闻出版工会深化"金秋助学"活动】 2012年,工会以"情暖我心,放飞梦想"为主题深化"金秋助学"活动取得实效。一是召开优秀助学学生座谈会。二是开展受助学生征文活动,11篇征文获得优秀奖。三是崇尚人文关怀,组织受助学生参观上海书展、上海动漫博物馆,并向高位截肢助学学生赠送"助力残疾电动车"。四是开展不同受助学生间、在读大学生与在读中学生间和已就业受助学生与在读学生间结对助学活动。完成都江堰在沪大学生卢筱的助学帮扶工作。结对助学期间,工会出资为其购买手提电脑供学习使用,赠送学习书籍、生活用品和年度期刊杂志,邀请其参加"第八届EMECS流域河口环境可持性发展国际大会"志愿者活动、"迎世博、印刷子弟喜看上海新貌"等活动。4年资助款和各类实物总计约1.2万元。 (陈宏华)

【光明集团工会做好元旦春节送温暖工作】 2012年,集团工会不断完善帮扶和服务职工工作机制,开展元旦春节送温暖活动,切实为困难职工排忧解难。两节期间,各级工会共走访慰问困难家庭7432户,发放慰问款物1023.81万元。工会还为5628人次困难职工提供生活帮扶,为838名困难职工办理助医卡,为159人次困难职工提供医疗帮扶,为313人次困难职工子女提供助学帮扶。 (桑树德)

**【良友集团工会推动帮扶长效机制建

设】 工会着力对下属企业困难职工情况进行调研，重点排摸集团系统内由于低收入、患病、子女就学等原因导致生活困难职工是生产生活状况，并在分类整理的基础上，进一步完善《上海良友集团工会帮困送温暖工作长效机制的办法》和《上海良友集团职工医疗互助救助计划》，相应提高帮扶标准，扩大帮扶覆盖面。全年，集团各级工会共帮扶慰问3076人次，帮扶金额总计129万元。 （张晓娟）

【市民政局工会开展“两节”送温暖活动】 一是市民政局工会从职工帮困基金中出资50万元下拨基层单位用于开展节日专项帮困送温暖活动。二是发动干部职工开展爱心“一日捐”活动，共募集资金18万元。三是通过市职工帮困基金会、恒生银行和系统内单位等渠道向民政（集团）公司残疾职工定向募集善款60万元。四是广泛开展走访慰问活动。 （胡积伟）

【市监狱局工会着力开展帮扶服务工作】 一是“两节”期间，局工会配合局领导对84户患重大疾病的民警、职工开展慰问，慰问款总计16.8万元。高温季节，局工会分9路前往局属各基层单位慰问高温下坚守岗位的一线干警、职工及驻监武警部队，慰问金总计达50多万元。二是助学帮扶246名困难干警职工子女，发放助学金26.18万元。三是出资20万元，对社区和企业生活困难的退休职工开展“送温暖”和“送清凉”活动。四是全局民警、工勤和职工全部参加市职保会互助保障计划，参保金额达173.9万元，给付互助保障金总计134.42万元。五是全年共帮扶2746人次困难民警职工，帮扶总金额为172.2万元。 （江海群）

【锦江国际集团工会夯实3项举措做好帮困送温暖工作】 一是建立本金为500万元的“职工重危疾病救急基金”。二是启动150名特困职工新一轮3年帮困计划，患大病重病职工帮扶标准由5000元提高到8000元；困难职工家庭帮扶标准由3000元提高到5000元。三是集团每年投入1800万元，为4.1万名在职和退休职工参保商业补充医疗保险。 （张祥伟）

【号百公司工会开展困难帮扶工作】 1月5日，号百公司工会举行“捐一日工资，献一份爱心”捐款活动。共有498名职工参加，所得善款6.9万元全部用于充实公司帮困基金。元旦春节期间，号百公司分公司工会积极组织走访慰问活动，共走访慰问14名困难职工，其中，退休中1人、非沪籍职工2人。 （沈 匀）

【市公惠医院开展各类医疗帮扶工作显成效】 一是开展困难职工免费专家门诊活动，邀请三级医院专家教授在医院开设专家门诊，并免受挂号费、诊疗费。二是开展为老服务优秀志愿者免费体检活动，为其中28例白内障患者进行免费复明手术。三是为静安区4050工程500名交通协管员、为市政养护公司300名一线工人、电气集团1000名离岗职工和黄浦区1000名特困职工提供免费体检服务。 （宋 赟）

上海市公惠医院为纺织系统千名困难职工免费健康体验

（徐志康）

互助保障

【市总工会联合开展第四届住房公积金诚信缴交企业评选活动】 2012年，市总工会、市公积金管理中心联合开展“建行杯”第四届上海市住房公积金“百佳诚信缴交企业”评选活动。活动自7月启动后，各住房公积金缴交单位踊跃申报参评，共有1984家单位申报“诚信缴交单位”，1515家单位申报“百佳诚信缴交企业”。经各区县初审、提名及网上职工投票，终评选出130家市级“百佳诚信缴交企业”、968家区级“百佳诚信缴交企业”以及1653家“诚信缴交企业”。松江区总工会、黄浦区总工会、杨浦区总工会、长宁区总工会、徐汇区总工会、浦东新区总工会、普陀区总工会、市医药工会获活动“优秀组织奖”。 （王正国）

【市总工会推动提高城镇职工基本医疗保险门诊保障水平】 2012年，市总工会参加由市人大、市政协、市法制办、市发改委、市人力资源社会保障局等部门组成的专题调研组，通过参与调整方案讨论、召开职工座谈会等途径，积极建言献策，推动出台《关于调整本市城镇职工基本医疗保险门诊急诊医疗费用支付办法有关事项的通知》。《通知》明确，从2012年4月1日起，对城镇职工基本医疗保险的门诊医保支付政策作适当调整，参保人员的保障水平有所提高。调整主要内容包括：一是归并参保人群分类，将原先“老人、中人、新人”共9档人群分类调整为在职44岁以下、45岁至退休、退休至69岁以及70岁以上共4档，随着年龄增长以及在职与退休状态的改变，门诊医保报销比例逐步提高，并按照“保基本、强基层、建机制”的要求，全面拉开不同级别医疗机构的门诊报销比例，参保人员到基层医疗机构就医报销比例最高。二是调整个人医疗账户使用办法，规定个人医疗账户有历年结余资金的，可抵充门诊“自负段”和“共付段”中的个人自负费用，减轻这部分参保人员的现金负担。（王正园）

【市总工会组织开展困难职工免费专家门诊服务活动】 2012年，市总工会依托公惠医院实物医疗帮扶资源，开展“困难职工免费专家门诊服务”，邀请沪上知名三级医院具有丰富临床经验的主任专家到公惠医院定期开设专家门诊，为困难职工提供质优价廉的医疗服务。全年共为6938名困难职工提供免费专家门诊服务。（顾　佳）

【松江区总工会做好互助保障计划散户参保工作】 一是提前部署，做好前期宣传工作。从5月中旬开始，针对散户参保“广、散”特点，将印有六项保障计划一览表、参保时间段和工会窗口联系电话等内容宣传资料下发街道、镇事务受理中心，并要求在每个居民小区门口及楼道张贴。二是真心服务，做好退休互助保障计划费率调整的释疑工作。三是热情接待，做好参保受理工作。窗口工作人员借助专线网查询优势，为职工提供方便。截至6月底，共受理1741名在职和退休职工参保，同比增加30%。（周迎晨）

【青浦工会稳步推进职工互助保障工作】 2012年，区总工会把职工互助保障工作纳入全年目标管理体系，逐级分解任务，加大互助保障工作力度，切实增强职工抵御风险的能力。全年共组织20万人次参保，给付保障金838万元，受益4397人次。同时，区总工会以劳动关系和谐企业、创业示范点等为重点，加大宣传力度，采取“一企一策”分类指导方式，全年新增8家非公企业参保“在职住院”和“综合”两项互助保障计划。（马美君）

【上海石化工会积极做好互助保障工作】 2012年，上海石化工会组织2.11万人次参保市职保会“综合补充医疗、意外（工伤）互助（B类）保障计划”，1.79万人次参保“住院补贴（A、B类）保障计划”，352人次参保“综合补充医疗、意外（工伤）互助（D类）保障计划”。全年，共帮助1766人次获得给付金总计251.96万元。（傅红星）

【上海邮政工会开展重病医疗互助工作】 2012年，上海邮政职工重病医疗互助保障会和住院医疗互助保障会，为患重病或入院医疗的职工排忧解难。2010—2012年，共有2.77万名职工参加重病医疗互助保障会，2012年有2.51万名职工参加住院医疗互助保障会。重病医疗互助保障会共对66名患重病职工及在职死亡职工家属给付互助保障金总计79.2万元，住院医疗互助保障会共为660人次给付互助保障金135.31万元。（陈千涛、张　莉）

【申通集团工会建立职工互助互济保障机制】 2012年，申通集团工会制定出台《上海申通地铁集团有限公司职工大病医疗互助实施办法》，并按照1∶1∶1组成职工大病医疗互助资金，自愿参加职工大病医疗互助会的职工和退休职工每年缴纳职工大病医疗互助金50元。参保职工在患9类重大疾病时，将获得自负医疗费部分的适当补助。全年，共有2.43万名参加集团医疗互助计划。（姜　雪）

【市职保会开展互助保障考核达标工作】 2012年，市职保会贯彻落实《关于进一步加强2012年上海工会职工互助保障工作的通知》，进一步明确工作目标和任务。为推动职工互助保障工作取得更大进展，经综合评定，授予浦东新区总工会、市机电工会等64家单位为上海职工互助保障工作考核优胜工作委员会，授予普陀区总工会、市医药工会等16家单位为上海职工互助保障工作考核达标工作委员会。（朱正瑜）

【市职保会开展互助保障考核达标工作】 2012年，市职保会贯彻落实《关于进一步加强2012年上海工会职工互助保障工作的通知》，进一步明确工作目标和任务。为推动职工互助保障工作取得更大进展，经综合评定，授予浦东新区总工会、市机电工会等64家单位为上海职工互助保障工作考核优胜工作委员会，授予普陀区总工会、市医药工会等16家单位为上海职工互助保障工作考核达标工作委员会。（朱正瑜）

【市职保会积极推进非公企业、外资企业职工参保互助保障计划】 2012年，市职保会延续对非公企业组织职工参加“在职住院保障计划”进行补贴。其中，上海来伊份食品连锁经营有限公司为实施对非公企业参保进行资金补贴以来参保人数最多的一家非公民营企业，参保人数达2892人。全年，市职保会累计为9617名非公企业

市职工保障互助会在柜面窗口开展“创星级服务岗”活动（朱正瑜）

职工提供19.23万元的参保补贴。 （朱正瑜）

【市职保会扎实做好社区参保对象的参保工作】 6月，市职保会在全市17个区县的160多个街道（镇）工会服务处（点）集中办理“社区参保对象”参保工作。办理期间，市职保会采取4项新举措服务职工参保：一是集中对各区县街道（镇）工会服务处（点）相关工作人员进行业务培训；二是缩短数据整理时间，提高工作效率；三是通过计算机程序核对，提高信息的准确率；四是采用机打发票取代人工开票，规范操作流程。全年，参加6项互助保障计划的“社区参保对象”达24.81万人次。其中，参加“退休住院保障计划”达20.09万人。（朱正瑜）

【市职保会扩大部分在职职工保障计划的保障范围和力度】 经市职保会常务理事会审议通过，从10月1日起，调整特种重病团体医疗互助保障计划、女职工团体互助医疗特种保障计划、综合保障计划等互助保障计划。调整后扩大特种重病、女职工、综合保障计划保障对象的范围，将属于“城保”范围内女性超过55周岁、男性超过60周岁的在职职工纳入保障范围。同时，“综合保障计划”中的“意外伤害保障”每份的保障金最高给付额从1万元提高到1.5万元；“意外伤残保障”每份的保障金最高给付额从3万元提高到4.5万元。 （朱正瑜）

【市职保会调整住院保障计划给付条款】 12月，市职保会对职工住院（包括“在职住院保障计划”、“退休住院保障计划”、“综合保障计划”）条款进行修订。修订后的门诊大病治疗补充医疗保障金的给付标准为分类自负的医疗费用、统筹基金和附加基金支付范围之内属于个人自负部分的门诊大病医疗费用按该费用的50%给付补充医疗保障金。 （朱正瑜）

【市职保会加强互助保障网络信息平台建设】 2012年，市职保会改建计算机中心机房，对多台服务器进行升级更新改造，使网上业务系统运行速度得到提升。一是设立多重防火墙，更好地保护职保会数据及专线网的安全；二是建立杨浦会员信息采录制卡联网系统，方便工会会员援助服务系统数据的统计；三是对街道（镇）互助保障窗口工作提出新要求，探索与开拓“专线联网给付平台”的延伸功能。 （朱正瑜）

【市职保会配合做好在档困难职工家庭大专院校学生参加社会实践的参保工作】 市职保会配合在大学生社会实践基地所属区县局（产业）工会为参加社会实践的400多名困难职工家庭子女参保“职工团体意外伤害互助保障计划”，计划每份10元，在1年保障期限内向参保人员提供最高1万元的意外伤残互助保障金。 （朱正瑜）

女职工权益

【市总工会女职工委员会举行庆三八女职工关爱行动暨外来务工女性健康实事项目启动仪式】 3月8日，市总工会女职工委员会会同解放军411医院联合举行女职工关爱行动暨外来务工女性健康实事项目启动仪式。启动仪式上，外来务工女性代表领取“免费妇科检查表”，首批100名外来务工女性接受妇科综合体检。全年，共为1万名外来务工女性进行免费妇科体检，同时，还将妇科检查服务送到地处偏远的经济园区，使更多困难企业女职工和女农民工得到关爱。 （徐梅瑾）

【市总工会女职工委员会举办女职工周末学校大讲堂】 4月28日，市总工会女职工委员会、全国心系系列活动组委会在市工人文化宫联合举办上海市女职工周末学校大讲堂——“中医养生保健知识”讲座，邀请北京奥运会中医国际形象大使、北京中医养生专家李智授课。全市基层女工干部、女职工代表200余人参加讲座。同时，为进一步落实“面对面、心贴心、实打实服务职工在基层”活动，市总工会主动送课下基层，为中建八局的女工程师、女技师们组织专场讲座。 （蒋慧勤）

【市总工会开展庆六一“五一巾帼集体”与女职工子女联谊活动】 6月1日，市总工会女职工委员会与市运输工会联合举行以“放飞心情，拥抱快乐”为主题的上海工会庆六一“五一巾帼集体”与女职工子女联谊活动，全市10个区县局（产业）工会组织100名女职工及其子女参加活动。活动期间，“五一巾帼集体”代表向女职工子女赠送学习用品，女职工子女表演了文艺节目。 （徐梅瑾）

【市总工会女职工委员会举办职工交友活动】 5月12日，市总工会女职工委员会举办“青春有约、情谊两牵”——2012年上海职工春季交友活动，来自市经信委、机场集团、市级机关、金融、上海商用飞机公司、华东空管局、机电等行业以及虹口、徐汇、宝山、闸北等区县的160位青年职工相聚市工人文化宫，通过集体亮相、才艺展示、倾心面对面等环节，结识有缘人。 （徐梅瑾）

【市总工会举行2012年女职工周末学校开学典礼】 9月17日，市总工会、市妇联和市文明办联合在上海市图书馆举行2012年上海市女职工周末学校开学典礼。开学典礼上，结合新学期开学工作，成立女职工周末学校健康专家讲师团，介绍新的课程安排以及2012年上海市女职工学校的教学计划。同时，200多名来自全市各区县产业局女职工委员会主任、女工干部和女职工周末学校负责人聆听了著名健康教育专家、原中山医院院长杨秉辉教授等3位健康专家的“生活方式与慢性病管理”、“女性五期与健康生命指标”、“冬令进补与自我保健”等健康讲座。 （蒋慧勤）

【市总工会召开工会女职工委员会“三同步”工作现场观摩会】 11月28日，全市各区县工会女职工工作分管领导组成观摩团，现场观摩学习闵行区总工会女职工委员会与区总工会委员会和经费审查委员会同步换届、同步选举工作以及区总工会女职工委员会主任选举工作。市总工会要求各区县工会贯彻落实《中华全国总工会办公厅关于加强加强工会女职工组织规范化建设的意见》，结合区域实际情况，学习闵行经验，切实做好换届选举“三同步”工作。 （朱莉颖）

【市总工会开展上海职工红丝带健康行动宣传活动】 11月30日，市总工会、市疾病预防控制中心联合嘉定区总工会、嘉定区人口计生委、嘉定区卫生局在上海中西制药有限公司举行“行动起来，向‘零’艾滋迈进—2012年上海职工红丝带健康行动”宣传活动。活动期间，先后向上海中西制药有限公司、外冈工业园区赠书并发放预防艾滋病宣传资料和光盘；开展医疗咨询，举行预防艾滋病知识竞猜活动；在上海台安工程实业有限公司、上海龙里柏时装有限公司等10家企业设立上海职工红丝带健康行动服务点。 （蒋慧勤）

【市总工会举行上海职业女性乳腺健康关爱行动】 12月28日，市总工会女职工委员会与瑞金医院乳腺中心联合举行“幸福有你，关爱有我——上海职业女性乳腺健康关爱行动”签约仪式。作为市总工会女职工委员会推出的“七色花”系列关爱项目之一，关爱行动为困难女职工提供优先乳腺癌救助基金诊治，为女职工干部提供优质医疗服务和乳腺疾病防治教育。 （徐梅瑾）

【长宁区举办第二十三届三八姐妹运动会】 3月2日，由区总工会、区体育局主办，区工人文化宫、区职工文体协会承办的“龙姿风采，飒爽巾帼”——长宁区第二十三届三八姐妹运动会在上海国际体操中心举行。运动会设置“龙腾虎跃”、“龙行虎步”、“神龙运宝”和“蟠龙飞天”四个兼具趣味性、竞技性、娱乐性的体育项目，组织全区各行业117支参赛队的1200多名女职工参加。上海昊安物业管理有限公司等10支代表队获奖。 （王亚文）

【闸北区总工会女职工委员会举办女职工免费妇科体检活动】 4月5—25日，区总工会女职工委员在沪大润发门店开展以“关爱女职工，服务女职工”为主题的女职工免费妇科体检活动，为907名女职工进行妇科体检，并为女职工提供现场健康咨询。7月9—13日，彭浦镇镇域内的招商企业、“非公小区”联合工会的私营业主、农贸市场和餐饮行业联合工会的女性外来务工者近400名参加免费妇科体检。同时，区总工会全年共为区内两新组织、困难企业以及困难下岗女职工提供免费妇科病、乳腺病筛查，完成妇科筛查2262人。 （阎 如）

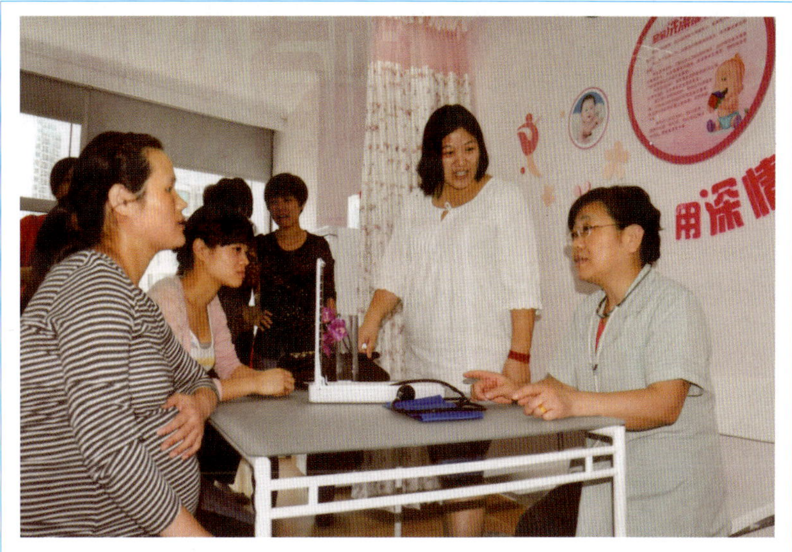

地处南京东路街道的美欣大厦“妈咪小屋”工作人员正在为孕期女职工提供咨询和保健服务 （吕诚陆）

【杨浦区总工会开展单身青年交友活动】 6月8-9日，由区总工会与世纪佳缘婚恋网站联合举办的“相约五月天，缘聚松江城”杨浦白领单身青年交友活动在松江青青旅游世界举行，40位男女嘉宾参与。通过8分钟交友、传情达意、真爱告白和休闲游戏等环节，5对男女嘉宾当场牵手成功。 （曹理仰）

【环同济科技园区联合工会联手建立环同济新医联女职工妇科免费体检中心】 8月8日，环同济科技园区联合工会会同同济科技园孵化器公司、上海新医联门诊部联合建立环同济新医联女职工妇科免费体检中心。新医联门诊部安排资深妇科医生免费为地区内的非公企业女职工进行妇科检查，受到企业和职工欢迎。作为工会及园区的常态化服务点，体检中心成立后每月开展两次免费妇科体检。 （曹理仰）

【黄浦区美欣大厦楼宇工会建立女职工“妈咪小屋”】 9月18日，区总工会在美欣大厦举行“妈咪小屋”揭牌仪式，进一步方便白领女性哺乳。区总工会向美欣大厦“妈咪小屋”赠送储奶专用冰箱，向索尼公司“妈咪小屋”赠送专用净水机。 （吕诚陆）

【静安区总工会举行迎三八节女职工芭蕾舞剧欣赏会】 3月5日，区总工会举行“清雅舞姿 淡泊心灵”2012年静安区女职工芭蕾舞剧欣赏会。欣赏会上，上海芭蕾舞团先后表演经典之作《天鹅之死》、《白毛女》、《四小天鹅》和《花之圆舞曲》等经典剧目，引领女职工们走进艺术的殿堂。同时现场还为获得上海市女职工创业示范点、上海工会女职工工作优秀品牌项目、上海市五一巾帼奖等荣誉的个人和集体颁发证书和奖牌。 （沈诗贤）

【闵行区总工会着力推进女职工素质工程建设】 一是开办闵行区女职工周末学校，依托市总工会女职工周末学校讲师团资源，把课程送入基层。截至年底，共举办培训393场，覆盖女职工3.73万人，学校被授予“全国女职工周末学校示范学校”和“上海市女职工周末学校师范学校”称号。二是提高女职工权益保护专项集体合同的签订率。全年共签订女职工专项集体合同2195份，覆盖企业9843家，覆盖女职工16.86万人。三是开展女职工维权服务活动。在闵行区七宝地区开展“春风行动”专场咨询，共接待女职工728人次；在全区范围对餐饮、服装等女职工较为集中的行业开展女职工特殊劳动保护、妇科体检、女职工专项集体合同履约情况的专项检查，涉及单位119家，覆盖女职工2.41万人。三是组织实施“关爱女职工健康行动”，全年共走访慰问困难女职工6059人，先后为2618名困难企业女职工进行免费上门妇科体检；组织全区9.19万名女职工参保女职工团体互助医疗特种保障计划，投保金额达211万元。闵行区“关爱女职工健康行动”被评为“上海市总工会女职工品牌工作”。 （杭梅娟）

【金山区总工会举行庆三八暨“金山万名女职工健康”主题教育启动仪式】 3月5日，区总工会庆三八暨“金山万名女职工健康”主题教育启动仪式在金山社区学院举行。启动仪式上，分别向镇（街道）、工业区以及大口党委等15个女职工周末学校（分校）进行授牌，还邀请上海市仁济医院护理部主任、硕士生导师赵爱平作题为“女性保健缘起养心”的专题讲座。 （陈 文）

【松江区总工会组织开展女职工劳动权益专项检查】 3月9日，区总工会会同区人保局、区妇联组成联合执法小组，对新桥、叶榭镇女职工相对集中的服装、针织、电子等行业的16家企业进行女职工劳动权益专项检查。检查期间，通过上门询问、下发调查问卷等形式，对工会组建、签订劳动合同、签订女职工特殊权益保护专项集体合同、社保缴纳和妇科病普查等有关女职工切身利益等事项进行专项检查，并向企业宣传维护女职工权益的有关法律、法规以及政策。 （俞龙珍）

【青浦工会成立女职工周末学校街镇分校】 10月12日，区总工会在青浦区社区学院举行女职工周末学校开班仪式，向11个街镇授牌成立女职工周末学校街镇分校。开班仪式上，区总工会女职工委员会要求各分校和教学站按照“有领导、有制度、有内容、有场所、有资金”的工作要求，规范和完善教学运作，进一步强化师资力量、拓展办学形式、落实保障措施，从而有效提高女职工周末学校的办学质量，扩大社会影响，推动女职工周末学校的良性发展。 （马美君）

【青浦工会启动实施“绽放美好人生”女职工关爱行动】 3月7日，“绽放美好人生”——青浦工会女职工关爱行动启动仪式在青浦工业园区举行。关爱行动主要通过推进健康讲座、妇科筛查、心理调节等4项健康实事项目和落实劳动保护、女职工专项合同、技能培训等6项服务保障项目，切实加强对广大女职工的关爱和帮扶工作。启动仪式后，全体女工干部和企业女职工代表现场聆听心理学专家郭铁军的心理讲座。 （马美君）

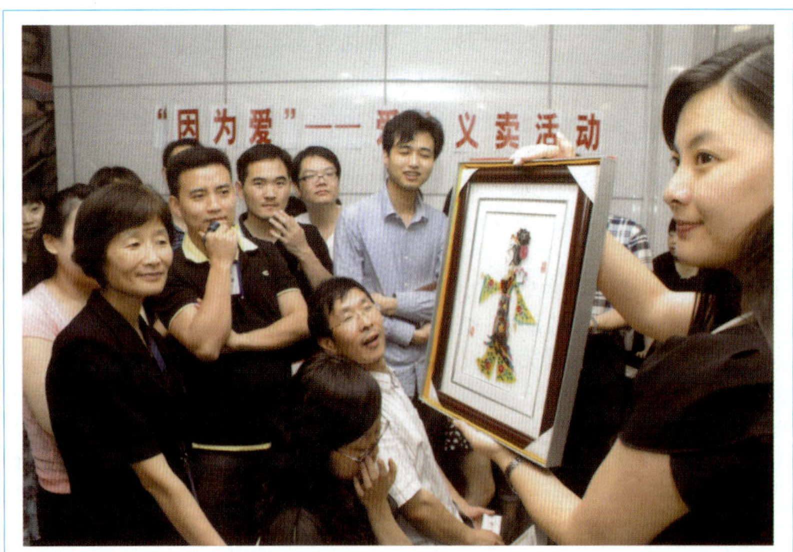

上海现代建筑装饰环境设计院有限公司工会举行“因为爱”义卖活动 （徐俊彦）

【市纺织工会组队参加女职工岗位创新技能大赛获殊荣】 在2012年全国女职工岗位创新技能大赛上海赛区时装设计师三级（高级）职业技能竞赛中，市纺织系统13名女设计师参赛，并以“专业时尚、装点生活”为主题，分别为家庭护理装、家庭保洁装、护士工作装、公务/商务会谈装作创新设计。在大赛中，新联纺选手翟文言获全国女职工岗位创新技能大赛提名奖，龙头公司田玲、廉慧君、新联纺翟文言获上海市五一巾帼奖，同时，龙头公司田玲获上海时装设计师三级（高级）职业技能竞赛第一名，并申报“上海市技术能手“称号，市纺织工会获优秀组织奖。 （汪叶慧）

【市医药工会着力推动女职工培训工作】 2012年，市医药工会女职工委员会把依托女职工周末学校开展培训作为女职工工作的一项重要内容抓实抓好。一是在开展正常培训的同时，强化具有女工特性的培训。组织“绽放你的美，让魅力同行”个人形象建设培训，上药集团近60名女工干部参加活动。二是把健身和时尚结合起来。组织广大女职工学习健身舞蹈《最炫民族风》。三是将活动计划事先通告。第一时间将2012年女职工工作计划和活动安排告知基层工会，便于工会干部和职工作出安排。 （陈 蓉）

【市电力工会组织开展“巾帼建功”活动】 3月，公司成立巾帼文明岗联谊会，“全国五一巾帼标兵岗”客服中心95598热线的代表向公司全体女职工发出“素质提升、巾帼建功、岗位奉献”的倡议。公司连续两年组织12家基层单位的窗口服务人员开展公司级“服务之星”评选，先后有52人次被评为公司季度“服务之星”，在10月举行的国家电网公司第四届供电“服务之星”劳动竞赛中，上海电力选手徐爱蓉、冯宇红分别获得“十佳服务之星”和“优秀服务之星”称号。 （王曙华）

【上海电建公司工会开展“巾帼智慧”主题活动】 一是推进女职工岗位成才，提升女职工职业素养。以公司技能竞赛为契机，针对上海电建转型发展的新要求，组织广大女职工参与技术培训、技术比赛、技术交流和岗位练兵活动，提升女职工建功立业的综合能力。二是开展文化体育活动，陶冶女职工情操。开展形式多样的文化体育活动，为女职工提供展示才能的平台，提升培养女职工的审美情趣。三是维护女职工权益，提升女职工自我保护能力。通过组织学习《女职工劳动保护规定》等相关法律知识，提高女职工自我维权的意识。四是关心女职工生活，把温暖送到女职工心坎上。结合开展“凝聚新的力量”主题实践活动，开展以“传递温暖”为主题的关爱活动，加强对低收入女职工、患病女职工和单亲特困女职工家庭的帮扶和慰问。五是健全女工组织，加强女工委自身建设。进一步完善女职工工作体系，牢固树立服务女职工的理念。

（章美芳）

【宝钢工会注重挖掘宣传女职工岗位创新最佳实践】 4月，宝钢工会会同人才开发院共同组织开展女职工岗位创新工作专题培训，并邀请部分女职工创新带头人和女职工干部就推进女职工创新工作进行专题研讨。12月9日，宝钢工会女职工委员会组织47名女职工创新工作带头人和女职工干部参观第七届国际发明展，学习体验岗位创新。14位女职工的15个项目参加第七届国际发明展评审，获得3项金奖，2项银奖，7项铜奖。各级工会女职工委员会通过积极发现、培育、宣传女职工岗位创新最佳实践案例和典型，开展女性创新小组与知名创新工作室“手拉手结盟攻关”、“手拉手后援支撑”结对帮扶，通过搭建平台，举办女职工创新沙龙等活动，进一步提升女职工的创新意识和创新能力，培养一批岗位创新的女职工带头人，促进自主型女职工队伍建设。

（徐 卫）

【上海化学工业区工会深化“5+X”工作要求提升女职工工作水平】 一是以女职工工作目标管理为抓手，针对化工区开发建设特点，探索女职工工作的方式方法，对不同规模、不同所有制、不同情况的单位，提出差异化的工作要求，指导基层工会女职工组织开展工作，女职工组织同步组建率达到100%，女职工特殊权益专项合同占集体合同的比例达100%。二是深化“建功十二五、创新绘蓝图”女职工建功立业主题活动。围绕“立足岗位比贡献，齐心协力谋发展”创先争优，激励女职工立足本职岗位、争创一流业绩，发挥好女职工的积极性和创造性，在化工区“两个基地”建设中展示巾帼风采。三是维护女职工合法权益。深入学习《女职工劳动保护特别规定》，优化女职工发展环境、增强女职工幸福感，落实女职工健康实事工作，重点做好女职工妇科体检，组织婚育龄青年员工孕前优生健康检查，扩大女职工医疗保险覆盖面，为女职工身心健康提供更多保障。四是组织“三八”节纪念活动。召开纪念“三八”国际劳动妇女节表彰大会，表彰化工区工会巾帼先进集体和巾帼先进个人，举办座谈会、专题讲座、风采展示、联谊活动等，展示职业女性的时代风采。

（张 俊）

【鲁中矿业工会举办女职工白案厨艺比武活动】 11月11日，矿业工会举办女职工厨艺比武（白案）活动，13家单位的52名女职工参加比赛。比武活动中，参赛选手们在擀面皮、包饺子等项目中展开角逐。最终，医院、选矿厂和莱新铁矿等代表队获奖。

（杨庆荣）

【上海航天局工会组织开展迎三八节系列活动】 3月，局工会召开以“创新提效、巾帼建功”为主题的“纪念三八国际劳动妇女节102周年座谈会”，邀请基层各单位女先进、女领导、女老总和女班组长等代表以及各单位工会女工干部参加。149厂工会举办女职工座谈会，开展先进女职工事迹展，为全厂女职工赠送一份节日礼品；技术基础所工会组织开展“千灯古镇游”活动；509所工会组织女职工前往浦江召稼楼古镇游览；802所工会和电子所工会组织开展女职工插花培训评比活动；811所工会举办“女性形象设计讲座”。

（沈 恺）

【中国商飞上飞公司工会女职工委员会建立“爱心妈咪小屋”】 2012年，公司工会针对企业处在育龄期女职工多等情况，为满足孕期、哺乳期女职工的工间休息和哺乳的特殊需求，出资20万元，在女职工相对集中的4个车间（部门）建立“爱心妈咪小屋”。4个“爱心妈咪小屋”占地面积约90平方米，按功能划分为哺乳区、休息区和交流区。小屋配备电视、冰箱、微波炉、高温蒸汽奶瓶消毒器、饮水机、保健指导图书及环保桌椅、沙发等家具。

（陈 敏）

【市运输工会推动女职工工作取得新成效】 （1）培育典型，抓试点促示范。自集团第一份保障女职工特殊权益的集体合同签订之后，集团直属企

上海老凤祥公司工会组织一线女职工钻研贵金属首饰制作技能

（孟山东）

业工会主动争取企业党政领导的支持，加强与企业相关部门的沟通联系，形成工作合力机制。(2)全面推进，抓细化促深化。一是关注女职工身心健康。把女职工两年1次妇科检查改为一年1次，增加检查项目，提高相应费用。部分企业工会对女职工三八节的礼品、六一节职工子女的礼品、女职工劳动保护用品的金额标准都作相应的提高。二是增强女职工抗风险能力。直属各企业工会全都为女职工办理《上海市女职工团体特种保障计划》和商业保险。三是关注女职工成才发展。在组织开始2007—2009年市劳模评选中，集团9位市劳模中有4位是女劳模。四是建立关爱单亲女职工双结对长效机制。集团女职工委员会组织开展单位与单亲困难女职工结对和爱心拍卖结对单亲女职工活动。五是关心帮扶困难女职工。(3)监督执行，抓规范促实效。一是通过问卷调查，座谈会等形式倾听来自生产一线女职工的呼声，注重调研成果的应用和转化。二是开展专项调研。三是建立市运输工会女职工委员会季度例会制和基层女职工干部工作例会制。 (王　勤)

【上海邮政工会不断丰富女职工工作内涵】 2012年，工会女职工委员会以开展"三八"节纪念活动为契机，为女职工搭建学习、创新、锻炼的平台。同时，深入基层、倾听了解一线女职工的诉求，切实帮助解决女职工"三最"利益问题。一是开展打字、点钞等技能操作比赛，以提高女职工的业务素质。二是通过开展赏梅、踏青、联谊、卡拉OK等娱乐活动，组织学习参观和电影观摩，座谈会、黑板报、宣传栏、班组园地等有效的宣传教育形式和途径，对女性先进典型进行宣传和表彰，增强女职工对邮政企业的归属感和认同感。三是组织女职工参加健康体检和妇科检查，走访慰问患大病重病女职工和单亲困难女职工；并为女职工购买《市职工保障会女职工团体互助医疗特种保障计划》。

(陈干涛　张　莉)

【上海移动女职工官方微博获职工青睐】 2012年，自上海移动女职工官方微博开通以来，通过开设特色互动、文化特色、亲子话题和实时播报全员参与的重大公益活动等栏目，进一步展现出移动文化和移动女职工的精神风貌。截至年底，微博粉丝已达4923人，发送微博5398条。 (高诗颖)

【上海电信松江局女职工委员会落实"五抓"提高女职工素质】 一抓基础。定期开展"五大人才"(即企业精英、十佳人才、优秀员工、优秀营业人员、优秀机线人员)评选系列活动，弘扬先进女职工事迹，营造"学先进、赶先进、超先进"氛围。二抓素质。开展以文化教育、核心能力和关键技术为主要内容的女职工素质教育，鼓励女职工通过继续教育、职业培训、在职自修、函授、电大、网上学校、女职工周末学校、QC课题活动、职工"双奖"征集等途径学习和更新知识。三抓维权。深化"关爱行动"，组织女职工免费检查身体，并为每一个女职工建立健康档案，同时，经常深入基层、深入女职工，与女职工谈心交朋友，进一步优化女职工发展环境、增强幸福感。四抓典型。以"巾帼建功"活动为突破口，开展劳动竞赛、岗位练兵、技能比武活动，帮助女职工树立竞争意识、风险意识，激发女职工的劳动热情和聪明才智。五抓特色。开办"女工沙龙"，组织时尚话题讨论，并在职工书屋平台，专门为女职工配备各类时尚杂志、报刊等。 (朱东亚)

【中交三航五公司女职工委员会评选"红娘奖"】 2012年三八节期间，中交三航五公司女职工委员会表彰公司9位"红娘"，每位"红娘"获得400元奖励。为解决公司大龄青年的婚姻问题，特设"红娘奖"，凡为公司员工27岁以上男青年、25岁以上女青年牵线成功，内部牵线成功一对奖励200元，每增加一对奖励增加100元；外部牵线搭桥成功一对奖励400元，每增加一对奖励增加200元。同时，公司工会还通过组织开展与外单位的联谊、春游等各种活动，给大龄青年创造更多交友机会。 (黄书展)

【市城建学校工会举办女职工编织手工艺品展示活动】 3月8日，工会女职工委员会组织开展"花儿为什么这样红——我的才艺我的风采"女职工编织手工艺品展示活动。学校女职工利用业余时间制作手工艺品。推出各类作品百余件，包括各式时装、毛衣、围巾、手套、女包等，作品形式多样、创意独特。 (钱　蓉)

【建工装饰公司工会开展关爱女职工系列行动】 一是重视提高女职工自身素质。邀请华师大女性心理学教授林华女士作《寻找幸福的密码——绽放的快乐》心理讲座。二是鼓励女职工投身公司"提高客户满意度"活动，弘扬自信、自强、自立的新时代女性精神，在"树形象、赛服务"上取得实效。三是组织工会女工干部和女职工学习相关法规法律，切实维护女职工合法权益。四是开展关爱女职工行动，组织开展健康体检和妇女病普查，开展"四探望"、"二祝贺"活动。五是深化"巾帼建功"活动，激励女职工岗位成才。同时，培育女职工先进典型，开展形式多样的女职工技能竞赛、岗位练兵、技术比武、合理化建议等活动。

(杨钟春)

【城投集团工会开展巾帼志愿服务活动】 2012年三八节期间，集团工会深入开展以"弘扬城投志愿者精神，彰显城投女职工风采"为主题的巾帼志愿服务活动，集团下属各级工会组织和广大女积极响应。上水市北供水热线的女话务员参加地铁人民广场站换乘大厅便民志愿服务活动；环境实业东飞公司虹桥机场候机楼巾帼保洁班组在虹桥机场1号航站楼6号门外开展垃圾分类宣传志愿服务；上水闵行公司管线管理所巾帼服务队进入闵行区沧源小区开展金龙小修"、"亚军施工"品牌宣传活动；上水奉贤公司工会组织女工会干部、受表彰的巾帼先进集体代表和个人近20多人组成志愿者服务队到结对共建的庙泾村困难女职工家庭送温暖；上水市南营业所英姿表务队在蓬莱公园、长桥社区、长寿路达安小区、青东杨巷小区等居民区，设摊提供用水咨询、水费回收、上门收费等便民服务。 (朱文慧)

【市绿化市容行业工会为行业女农民工送健康】 2012年，市总工会会同市绿化市容行业工会联合开展"上海女职工关爱"行动——上海绿化市容行业女农民工健康实事项目“两病”筛查活动，数千名环卫女农民工得到免费妇科体检服务。同时，主办方通过开设健康讲座，宣传女性生理知识和防病治病的方法，进一步体现健康关怀。（宋丽娜）

【中建八局工会成立“女职工周末学校”】 3月8日，局工会举行“女职工周末学校”揭牌暨女职工座谈会。学校由局工会联合中建管理学院上海分院主办，学校依托局现有的教育网络平台，整合各方师资力量，以讲座、论坛、沙龙、竞赛等多种形式，广泛开展思想、文化、业务、礼仪、保健等综合培训。座谈会上，局工会向女职工代表赠送《幸福女人魅力全集》和《中建巾帼演讲录》等学习书籍。（李现花）

【百联集团工会建立女店长（经理）沙龙】 8月29日，集团工会举行百联集团女店长（经理）沙龙成立仪式暨女职工专题讲座。成立仪式上，对集团三八红旗手协会理事会及协会章程进行调整修改，为集团沙龙及联华股份、友谊股份两个沙龙分会揭牌，余惕君教授为大家作《管理者的自我修炼》专题讲座。（姜 杰）

【市教育工会举行纪念三八国际劳动妇女节102周年主题活动】 3月6日，市教育工会、教育系统妇工委举行“上海市教育系统纪念三八国际劳动妇女节102周年暨第八届比翼双飞模范佳侣表彰大会”，来自全市教育系统的先进女教师代表和各级党委、工会、妇女组织的代表参加活动。会上对获得“上海市教育系统比翼双飞模范佳侣”和市教育系统巾帼文明岗等先进集体和个人进行表彰。同时，举行市教育系统“妇女之家”授牌仪式，复旦大学等22个单位通过创建、验收获得“妇女之家”称号。（张 芳）

【市医务工会组织百名高级女医师为市民义诊】 3月24日，市医务工会、市女医师协会联合举行“海上女医师倾情为市民”百名高级女医师大型义诊。开诊仪式上，市总工会、市医务工会为“上海职工健康文化驿站”揭牌。来自全市三级甲等医院的百名内科、外科、中医科、儿科、妇产科、皮肤科、口腔科、五官科、心理科、肿瘤科等方面的女专家参加大型义诊活动，近2000名市民参加。活动还安排《高血压的防治》及《中老年人常见病防治》等方面的科普讲座。（童秀妹）

【市新闻出版工会举办“女职工劳动保护特别规定”专题培训】 2012年，工会举办“女职工劳动保护特别规定”专题培训，邀请市第二中级人民法院劳动争议审判庭审判长、国家四级高级法官乔蓓华就《女职工劳动保护特别规定》和《婚姻法》司法解读进行专题培训。来自系统各集团、各基层单位工会主席、工会干部和女职工委员，新闻出版工会协调劳动关系工作室成员以及世纪出版集团、社会大学出版社的部分单位工会干部近100人参加培训。（陈宏华）

【市民政局工会举办纪念三八国际妇女节活动】 3月6日，市民政局工会开展以“最亮窗口展风采，和谐民政促发展”为主题的纪念三八国际劳动妇女节102周年活动。活动期间，获第四届“上海市五一巾帼奖”、“上海市巾帼文明岗”和局“女职工最亮服务窗口”的先进集体和个人受到表彰，7个“女职工最亮服务窗口”的女职工们以情景表演和歌舞形式展示风采。（胡积伟）

【市监狱局工会夯实五项举措加强女职工工作】 一是维护女干警女职工合法权益。积极宣传贯彻《妇保法》，对108名困难女职工进行定向、助学和节日帮困，帮扶金额达7.9万元；开展女职工休养和妇科体检工作，“女职工团体特种保障计划”参保率达100%。二是提高女职工素质。组织岗位练兵、建功立业等活动，开展女工干部培训班，邀请有关专家开展“做最好的自己——职业女性应具备的礼仪修养”讲座。三是抓好女职工组织自身建设。实现同步组建女职工组织100%，坚持女工干部例会制度。四是开展适合监狱局女性特点的三八节活动。五是开展“监狱局女工工作目标管理考核”，根据女职工工作目标管理要求，对各基层工会女职工工作进行量化考核，共评选出优秀基层女职工委员会6个。（江海群）

【锦江国际集团工会做实女职工工作】 一是集团各级工会开展女职工“关爱行动”，对在职女劳模和女先进工作者及单亲大病困难女职工进行结对慰问。二是举行女职工环保春游、女职工消防演习、客房铺床技能比赛，女性健康及防治两癌知识专题讲座等活动，全年为集团困难女职工、女农民工提供免费妇科体检435人次。三是组织报送市国资委征集优秀女性班组先进事迹材料和市总工会征集基层女职工调查问卷、开展女职工特殊劳动保护条例培训班。（陈 怡）

上海市教育系统举行纪念三八国际劳动妇女节102周年暨第八届比翼双飞模范佳侣表彰大会（张 芳）

【上海联通工会举办六一儿童节家庭日活动】 5月27日，联通工会在静安体育馆举办主题为"六一让孩子运动健康快乐起来"的家庭日活动。活动共设捐赠图书、益智游戏、心里讲座等环节，共有540名职工及其子女参加活动。 （康 迪）

【上海联通工会举行"女职工身心健康每一天"健康主题活动】 2月28日，上海联通工会举行"女职工身心健康每一天"健康主题活动，先后开展"轻松生活，快乐工作"心理健康辅导、"饮食与健康"茶艺展示和插花培训。市公司各基层工会以及历年来获得市级以上劳模、三八红旗手、巾帼建功标兵等称号及三八红旗集体、巾帼文明岗等女性先进集体代表等60多人参加活动。 （康 迪）

【号百公司工会开展女职工志愿者服务特殊儿童秋游活动】 10月25日，公司工会女职工委员会组织开展"做一日义工，献一份爱心"活动，由各部门工会选派部分女职工代表作为志愿者陪同虹口区儿童福利院听障儿童赴松江辰山植物园开展秋游活动。 （沈 匀）

【绿地集团工会开展迎三八国际妇女节主题活动】 三八节期间，绿地集团各级工会开展迎三八主题活动。事业二部工会组织女员工游览天目湖景区；南昌事业部工会、西北事业部工会组织女员工踏青、赏景、泡温泉等活动；中原事业部工会邀请芳香能量治疗师为女员工们传授减压秘籍；苏南事业部工会组织"三八节烘焙DIY"活动；西南事业部工会开展真人CS体验；事业三部、科瑞、济南泉景等工会组织女员工观影；事业四部工会举办"日式艺术插花"讲座，提升女性员工内在艺术修养；山东事业部工会组织女员工参观孔繁森纪念馆、云峰集团工会发放《在岗位上成长》读本，在向孔繁森同志学习和自我修炼中不断提升内在美。 （王洋洋）

农民工权益

【上海工会加大农民工关爱和权益维护力度】 一是加大吸纳农民工入会工作力度。在全市各级工会的共同努力下，农民工会员总数继续稳步增长，截至9月底，全市工会会员总数为873.65万名，其中，进城务工人员会员326.75万名，比去年净增13.7万名。二是深化农民工就业援助工作。实施"上海工会就业援助月"活动，各级工会举办专场招聘会127场，为包括农民工在内的职工提供免费就业服务8.17万人，成功帮助1.4万人实现就业。举办民营企业招聘周活动，共组织1920家民营企业参加招聘活动，提供就业岗位1.89万个，达成就业意向4600多人。组织对口劳务协作，安排3家用工企业赴西安参加全总举办的大型招聘活动，提供就业岗位325个，达成初步用工意向200多人。三是维护农民工合法权益。积极推动调整全市最低工资和公益性岗位从业人员收入标准，参与制定出台企业工资增长指导线；指导开展环卫行业第二次集体协商，推动提高环卫一线职工收入水平；开展农民工工资支付专项检查；积极推动基层单位建立健全劳务派遣公司与用工单位共同参与的劳务派遣工民主参与机制。四是全面关爱农民工。开展为农民工送温暖活动。各级工会元旦春节期间走访慰问困难农民工6756户，发放帮扶款物855.76万元。协助政府部门为农民工追讨欠薪2697.95万元。为17.3万人次农民工提供生活服务、心理咨询、健康体检和送文化等各项服务。在"金秋助学"活动期间，资助困难农民工子女6555人，发放助学款557.45万元。开展农民工团体医疗帮扶工作，发放农民工医药箱300个，团体医疗卡420张，帮扶金额总计27万元。关爱女农民工身体健康。开展免费宫颈癌、乳腺癌两病筛查1万余人，其中女农民工占80%。五是提高农民工综合素质。组织农民工参加第四届全国职工职业技能大赛、"2012年上海职工岗位练兵技能比武活动月"、"企业职工岗位练兵技能比武活动周"、"高师带徒"等系列活动，着力提高农民工的技能素质。推行职业病防治专项集体合同工作，组织开展高温慰问，加强监督检查。督促企业整改危害农民工身心健康和生命安全的事故隐患4763件，涉及农民工176653人。继续推进农民工EBA培训，为2000名农民工提供免费培训。满足农民工精神文化需求。市、区县两级总工会深入企业、工地为农民工送文化、送法律、送健康60余场。在春节、五一、国庆等假日，组织80家工人文化宫、俱乐部和社区文化活动中心为农民工免费放映专场电影240余场。六是加大农民工典型选树力度。在劳模先进的评选中，有5名农民工获得全国五一劳动奖章，8名农民工获得上海市五一劳动奖章。举办每周1期"劳动最光荣"电视系列节目，在已播出44期节目中，拉面王、电焊小霸王、花艺冠军等技能高手都是农民工。

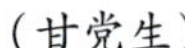（甘党生）

上海城建集团安排包车送农民工回家过年 （张金桥）

【市总工会开展上海农民工假日免费电影专场放映活动】 市总工会、市文广局牵头于春节、五一、国庆期间，在80家具备放映条件且周边农民工集聚的区县工人文化宫(俱乐部)、社区职工文化活动中心，开展“同在阳光下”为农民工免费放映电影活动。活动开展以来，共放映电影2500余场(次)，惠及农民工9万余人，形成良好的依托工会资源、借助社会力量为农民工送文化的工作机制。 (宋 昶)

【徐房集团多管齐下加强外来务工人员队伍建设】 一是政治上关心。将品行优、技能精、作风硬的业务骨干纳入入党积极分子培养范围，落实教育培养和考察措施。截至年底，已有7名优秀外来务工人员加入党组织。二是生活上关怀。工会、团组织通过走访谈心，了解掌握外来务工人员思想动态，主动帮助他们提高岗位技能、改善生活质量、提供劳动保障、解决子女学业辅导等。三是活动中凝聚。集团工会积极组织外来务工人员观看“同在阳光下”上海农民工假日免费电影、参加“2012年徐汇区外来务工者摄影大赛”等活动，建立全年免费开放的流动图书室，丰富外来务工人员精神文化生活，增强外来务工人员对企业的归属感和凝聚力。截至年底，徐房集团外来务工人员中已经涌现出全国优秀农民工1名，上海市劳动模范1名，上海市优秀农民工2名，上海市农民工先进个人3名。 (刘芳琼)

【杨浦区总工会为春节留沪职工送上免费3D电影】 1月23日，区总工会联手沪东工人文化宫开设新春专场，为125名春节期间留沪外来职工免费播放3D影片《龙门飞甲》。100名市容环卫一线职工，春节期间仍坚守岗位，保持城区清洁卫生。新春电影专场让留沪职工体验3D科技，感受到社会和工会组织的关爱。 (曹理仰)

【打浦桥社区总工会春节期间开展为农民工送温暖活动】 一是走访慰问农民工。了解企业农民工工资按时足额发放、综合保险、生活保障等社会保障政策执行开展情况，加强对“两新”组织的农民工工资清欠工作的排查监控，关注可能关闭、停产等容易发生群体性欠薪的企业情况，及时落实有效预防措施。走访慰问期间，打浦桥社区总工会共排查“两新”企业28家，涉及职工2880人，其中农民工1980人；发放慰问金3.5万元，电话磁卡和充值卡20张，新春大礼包200份，帮困人数228人次。二是开展各类活动丰富农民工精神文化生活。社区总工会在走访慰问、调查排摸的基础上，协调社区文化中心开放公共文化设施，保障活动中心在新春期间全面开放，组织农民工开展新春联欢会、卡拉OK、棋类、乒乓球、电影、健身等文化活动。 (郑晓辉)

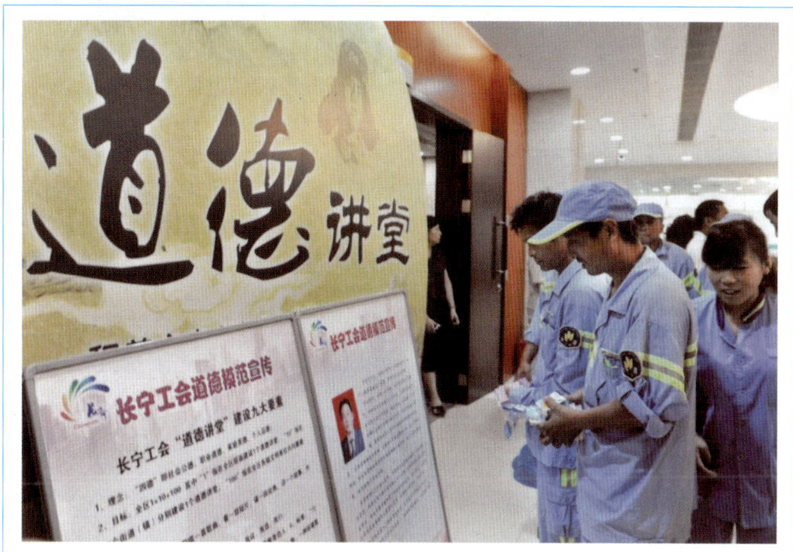

长宁区总工会开展农民工“法律讲坛”“道德讲坛”进工地活动 (周 君)

【静安区总工会建立农民工长效帮困机制】 2012年，区总工会针对一线农民工群体面临着生活困难、经济压力大等现实问题，区总工会专题研究，制定一线困难农民工帮扶工作方案，于2012年五一节前夕向环建系统、梅龙镇集团、开开集团、建交系统、置业集团等24名困难农民工发放共计1.2万元的帮困金。同时，区总工会制定下发《关于做好困难农民工定向帮困、助学工作的通知》，要求加大对系统内农民工群体的关心力度，对其工作、生活状况进行全面、细致排摸，切实将“身患重病、家庭低收入、支付子女在沪学费困难”等符合帮困条件的困难农民工通过工会系统逐级上报，建立健全农民工帮困服务体系，形成长效帮扶机制。 (陆 蕾)

【静安区总工会积极开展农民工培训工作】 2012年，区总工会关注并探索农民工培训的社会化运作模式，即由各级工会组织有培训需求的农民工，由区总工会统一委托上海申伦职业技能培训中心根据农民工的技能培训要求，开设相关课程，落实培训工作。5月28日，区总工会举行2012年农民工技能基础培训结业典礼，农民工学员、代表近百人参加。会议现场向向优秀农民工学员和代表颁发结业证书。截至年底，静安区推进农民工就业技能培训累计培训农民工2216余人，帮组农民工实现持证上岗及晋升技术技能等级等。 (陆 蕾)

【闵行区七宝镇总工会积极维护新生代农民工权益】 2012年，镇总工会结合新生代农民工特点，一是有针对性地开展新生代农民工教育培训，增强新生代农民工依法维权、理性维权意识。二是定期召开座谈会，掌握新生代农民工思想动态，加强相互沟通，及时开展思想教育和心理疏导工作，帮助新生代农民工尽快融入企业。三是积极组织新生代农民工参与为企业献计献策活动，增强对企业的归属感。四是广泛开展文体活动，丰富新生代农民工的业余生活，增强新生代农民工的思想文化素质。五是加强新生代农民工技能培训，切实提高农民工的

业务水平和工作能力，帮助适应企业发展和城市发展需要。（施汉荣）

【松江区建筑业联合工会多措并举关心服务农民工】 11月8日成立松江区建筑业联合工会委员会。工会成立以来，共吸纳60家建筑业企业加入工会，农民工会员达6.3万人。2012年，联合工会坚持从五个方面全方位关心服务农民工。一是注重维权。对用人单位欠薪引发的劳动争议，及时依法处置，增强农民工对企业的归属感。二是注重培训。通过岗前培训、技能培训、安全生产和法律知识培训、举办技能比武等形式，切实提高农民工职业技能素质和文化素质。三是注重保障。通过评选文明工地，落实农民工的住宿、食堂、饮水、厕所、洗浴等基本生活设施和必要的劳动保护设备及用品。四是注重参保。在建设工程项目领取施工许可证时，要求工程建设单位适时足额为农民工办理社会保险手续，从源头上保障建筑农民工社会保险费用的资金来源。五是注重服务。每年组织1次文艺进工地活动。与建设和交通委员会工会联合成立春运工作小组，通过上门采集、网上公布、书信通知和电话传真等形式统计外地农民工返乡人数，帮助农民工购买春节期间的返乡火车票和汽车票。（朱志华）

【上海海鸥公司工会保障农民工合法权益】 公司工会积极探索农民工入会新途径。在发展工会会员时，坚持做到农民工来一个、发展一个，确保入会工作不遗漏、全覆盖；加大维护农民工合法权益力度，指导帮助农民工签订规范的劳动合同，实施岗位生产安全三级教育，帮助农民工办理参加社会保险手续，督促企业执行最低工资标准、按规定及时、足额发放加班费和中、夜班津贴费；为全体职工每人投保一份"意外伤害"保险，对因病致贫、困难家庭的农民工开展帮困送温暖活动；持续加大对农民工的教育力度，丰富农民工文体活动，有效调动农民工生产积极性，增强企业凝聚力。截至年底，公司农民工入会率达到95%以上。（吴　平）

【奉贤区工会开展"温暖返乡送一程"关爱活动】 1月15日，区总工会、区文明办联合开展"温暖返乡送一程"农民工关爱活动发车仪式。活动现场，百余名在奉贤区务工的农民工登上发往河南、湖北、四川、安徽等地的农民工返乡专用长途客车，启程返乡。活动现场，区总工会向返乡农民工发放春联等节日礼品。（叶　兰）

【崇明县3.5万出租车驾驶员状况引发社会关注】 12月17日，《劳动报》"新闻调查"栏目发表调查报告《渡江谋生的背后》并配发"劳动时评"，关注上海出租车行业从业的3.5万崇明"的哥"的生存状态。报社记者深入一线，走访崇明"的哥"的工作单位、居住地、崇明老家，以及相关政府部门和行业主管部门，全面反映崇明"的哥"的工作、收入、住房、子女教育、社会保障等多方面情况，引起社会的广泛关注。市委宣传部新闻阅评督查组把该内容作为《"走转改"评点专报》第87期的主题，进行新闻评点，并报市主要领导参阅。崇明县领导分别批示，对报道中反映的崇明"的哥"租房价格等问题，要求县相关部门加强调查研究，制定工作方案，切实为市区崇明籍出租车驾驶员解决生活困难，做好岛外就业队伍稳定工作。（易建军）

上海港务工程公司举行民工学校开学典礼　（夏　怡）

【上海轻工业工会联合会首次评选"上海轻工行业新生代优秀产业工人"】 在新生代产业工人中首次评选"上海轻工行业新生代优秀产业工人"，营造"劳动光荣、创造伟大"的氛围。经过推荐、公示等程序后，有65名新生代职工被评为"2012年度上海轻工行业新生代优秀产业工人"。当选的65名优秀产业工人普遍文化程度较高，大专以上学历有27人；普遍对企业归属感强，在企业工作10年以上的有36人，来自生产一线的职工有61人。（陈建国）

【上海明凯照明有限公司工会为农民工追求"理想"搭建舞台】 一是打破职工户籍界限。公司内部实行"同工同酬、同等劳动保障、同等教育培训、同等先进评比"，一视同仁发高温费、过节费、参加体检、旅游等其他福利待遇，所有员工都为劳动合同制。二是推进外来务工人员入会。把外来员工联谊会会员全部转入企业工会组织，并明确外来会员与上海籍的会员拥有同样的选举权和被选举权。在企业新一届职代会职工代表和工资集体协商小组中，外来务工人员占了相应比例。三是帮助提高外来务工人员职业技能。与上海金融大学联合设立"外青学校"，根据员工不同岗位，定期组织开展分类培训。四是帮助解决外来务工人员子女入学问题。企业工会想方设法帮助联系学校，妥善解决外来务工人员子女的入学问题，让外来务工人员感受到工会的温暖。（徐俊彦）

**【中海工业工会开展农民工技能培

训】 2012年，中海工业工会积极开展职工素质教育培训，全年开展各类技能、法制教育培训49次，参加职工达200多人。江苏公司、立新船厂、长兴船厂工会针对农民工的技能水平和文化程度较低、年龄偏大的现状，开展有针对性的各类专业技能培训，全年共培训农民工619人。 （方引虹）

【交运集团工会开展厢式车驾驶员技能操作比赛】 2012年，运输工会与集团行政举行第十一次集体协商，确定12项职工技能比赛项目，其中一项就是外来务工人员专场比赛。4月下旬，集团公司在交运日红下属的浦运公司举行厢式车驾驶员（外来务工人员专场）技能操作比赛，来自基层单位的7支参赛队、19名选手，以及各参赛单位的分管领导、工会主席共50余人参加开幕式并观摩比赛。外来驾驶员进行法律法规、日常维护和驾驶技术、节油手册等相关知识的应知考试，以及车辆日常维护、八字绕桩、单边桥定位、倒车等4个应会项目比赛。经过角逐，来自浦运公司的杨云廷获得第一名、交运沪北公司的李勇、化运公司的唐来宝获得第二名、长途公司的黄惠东、城配事业部的王祥运、浦运公司的蔡成通获得第三名。

（袁俐俊）

【中交三航宁波分公司优秀劳务工乘免费飞机返乡】 1月12—13日，中交三航局宁波分公司在宁波市总工会支持下，为10名优秀外来劳务工提供免费返乡的飞机票，让辛苦工作1年的外来务工人员感受到企业的肯定和工会组织的关怀。 （黄书展）

【建工集团华建公司工会积极营造农民工之家】 华建公司工会除做好对农民工生活上关心帮助，工作上培训带教外，还积极开展各种文体娱乐活动，丰富农民工的业余生活。连续3年组织农民工参加“上海市东丽杯国际马拉松健康跑”；组织农民工参加浦东新区“高行园区杯运动会”并取得拔河比赛第一名；每年组织农民工参加公司工会举办的跳绳、跳远、踢毽子、乒乓球、自行车、拔河、篮球等冬锻比赛。 （杨钟春）

上海建工工会开展工地“三送”活动丰富农民工业余生活 （缪云明）

【市交通港航工会关心崇明籍出租车驾驶员】 截至年底，全市范围内共有3.5万名崇明籍驾驶员，占全市出租车驾驶员总数三分之一。2012年，在市交通港航工会的推动下，市出租车行业工会与崇明县总工会共同梳理崇明籍驾驶员最关心的问题，通过与相关企业协商，召开上海出租车行业崇明进城务工人员第六次联席会议。就新形势下进一步维护广大崇明籍出租车驾驶员合法权益，形成《关于改善崇明出租车驾驶员工作生活条件的相关措施》。《措施》主要内容包括：崇明驾驶员享受业企同等福利待遇；企业严格按照现行社保规定，按时足额缴纳社保金；企业和工会要根据崇明驾驶员数量比例安排职代会代表名额；建立健全崇明驾驶员反映诉求渠道；完善崇明驾驶员入会管理；为崇明驾驶员顶班提供方便；帮助协调解决崇明驾驶员子女入学等问题。

（方蔚萍）

【城投公司中秋、国庆前夕组织露天观影慰问一线外来务工人员】 中秋、国庆节期间，城投公司工会、团委联合组织节日期间坚守运营岗位、施工一线的外来务工人员在置地集团新江湾城科技园建设项目现场、老港开发公司再生能源中西项目现场、排水公司白龙港南线东段项目现场、越江投资公司虹梅南路隧道工地现场等观看露天电影，并送上节日慰问品，感谢外来务工人员为上海城市建设和发展作出的贡献。 （朱文慧）

【中建八局工会在工地为暑期探亲农民工子女建立儿童活动中心】 随着暑假的到来，不少农民工子女来到项目工地与父母一起生活。为了保护农民工子女生活安全，给孩子们提供丰富的暑假生活，8月13日，中建八局广州公司番禺万达广场项目的工人生活区里，为暑期探亲的农民工子女建立的儿童活动中心正式揭牌。儿童活动中心内，幼儿活动器械、智力开发玩具和幼儿专用课桌等物资一应俱全，室内还配备项目管理人员，轮流负责照看孩子们，并陪孩子们讲故事做游戏。 （冼俊岳）

【光明集团工会依法维护非上海户籍劳动者合法权益】 非上海市户籍的非全日制送奶工不能参加上海社会保险已经成为长期困扰劳动者和企业的突出问题。光明食品集团工会会同集团人力资源部门，就该问题与市人保局等部门反映沟通。2012年5月，市人保局对光明食品集团提交的《关于建议对本市非全日制用工中外来从业如何参加和缴纳社会保险作出明文规定的请示》复函，同意先行试点光明乳业股份有限公司非上海市户籍的非全日制送奶工参加上海市工伤保险。此外，非上海市户籍的非全日制送奶工参加上海市养老、医疗保险等社会保险的相关具体规定也被纳入市政府政策法规的制订议程。 （桑树德）

退休职工权益

【规范事业单位退休人员补贴工作】 2012年，根据《关于规范本市事业单位退休人员补贴的试行意见》和相关工作部署，市总工会按照“加强指导，精心组织，平稳实施”的工作要求，认真细致做好信息录入和核对、补贴发放和清算，全面完成22家直管事业单位的退休人员规范补贴工作。（邵丽倩）

【市总工会参与调整支援外地建设退休(职)回沪定居人员生活困难补助标准】 2012年，市总工会会同市人力资源社会保障局、市民政局、市财政局联合下发《关于调整本市支援外地建设退休(职)回沪定居人员帮困补助标准的通知》。《通知》明确，自2月1日起，调整支援外地建设退休(职)回沪定居人员帮困困难补助标准：每月生活补助标准维持原标准不变；“春节”节日补助原每人每次300元，现调整为每人每次500元；五一劳动节、国庆节节日补助原每人每次100元，现调整为每人每次200元；分档帮困补助标准调整为月养老待遇低于1000元的，每月补足到1000元后再补助70元；1001—1500元的，每月补助20—60元。（杨　驷）

【杨浦区举行庆祝市第25个敬老节大型便民服务活动】 10月16日，由杨浦区老龄办、区老年基金分会、区慈善基金分会、区退管办联合举办的杨浦区庆祝上海市第25个敬老节大型便民服务活动在杨浦公园举行。活动现场，50名志愿者设摊提供医疗保健、法律维权、户籍咨询、社保政策、房地产咨询、老龄问题等咨询服务。同时，现场还提供名医义诊、理发、测量血压、修鞋、修锁配钥匙、修伞、修小家电、修钟表、磨刀等服务项目，为社区居民带来形式多样的便民服务。“96890”社区服务热线、金色年华养老服务网等单位和机构也加入志愿者队伍，为社区老人和居民提供服务。（曹理仰）

【静安区举办庆祝敬老节表彰大会暨文艺演出】 9月20日，静安区退休职工管理委员会在中国福利会少年宫小伙伴剧场举办2012年静安区退休职工庆祝敬老节表彰大会暨文艺演出。文艺演出围绕“璀璨人生　夕阳最美”的主题，展示静安区退管工作崭新的面貌和静安区退休职工热爱生活、积极向上的精神风貌。（施碧云）

【宝山区总工会开展“喜看宝山新变化”活动】 10月12日，区总工会组织区属退管系统百余名退休职工开展“喜看宝山新变化活动”。活动期间，先后参观NBA篮球馆和宝山国际民间艺术馆并游览顾村公园。（胡立伟）

【松江区退管办把握四个环节推进退管工作】 一是争取领导重视，健全退管工作三级网络。定期向区领导汇报退管工作，将“老有所养”列为区府改善民生的内容之一，逐年提高退休职工帮困经费；建立健全区退管会全委会议、各系统退管工作季度例会和退管块组长三级会议制度，推进退管工作有序开展。二是突出服务重点，提高退休职工生活质量。加大对特困、高龄、患病等退休职工走访慰问力度；组织退休职工参加“银发无忧”爱心工程；深化双月为老服务，不断扩大服务覆盖面。三是注重人文关怀，化解矛盾促进社会稳定。通过多渠道呼吁，不断完善企业退休职工养老金保障机制；重视退休职工的来信来访来电工作；定期召开退管干部、退休人员、支内回沪退休人员座谈会，了解和掌握情况，及时化解矛盾。四是深化系列活动，丰富退休职工文化生活。每月组织一次退休职工扑克、钓鱼或投球等“六个一”文娱活动。（陆亚华）

市公惠医院免费为特困白内障患者进行复明手术　（石志伟）

【崇明县总工会组织实施“白内障复明工程”】 3月16日，县总工会联合上海爱尔眼科医院为全县退休职工进行眼科检查和白内障患者筛查，检查点分别设在崇明工人文化宫和堡镇文化活动中心，全天累计有近500名退休职工接受检查，其中140多名退休职工初步符合白内障复明手术条件。2012年，共为崇明90名退休职工实施124台(次)白内障复明手术。（易建军）

【中海上海海运退管会开展为退休职工服务工作】 2012年，退管会将温暖送到7000多名退休职工身上。一是开展走访慰问活动，制作企业共享费单据；二是操办近150名病故退休职工悼念活动；三是为船员退休代办户口迁移、身份证换证、遗属困补、开具相关证明等。（顾惠根）

【中交三航船舶公司工会开展退休职工“送清凉”活动】 高温期间，中交三航船舶公司工会组织开展一年一度向困难退休职工“送清凉”活动。在调查摸底基础上，确定22名慰问对象，由公司领导亲自带队上门进行高温慰问，为他们送上防暑物品和慰

问金。（黄书展）

【市职保会做好退休住院保障计划缴费调整工作】 经市政府同意、市职保会四届二次常务理事会议审议通过，从4月1日起"退休住院保障计划"团体参保缴费标准调整为每人每年170元；未参加"在职住院保障计划"单位的团体缴费标准和通过社区参保的退休人员按每人每年185元标准缴费参保。为保证缴费额度调整的顺利进行，不仅对单位在过渡期间办理续保、申领互助保障金有明确规定，还通过召开会议加以推进。全年，"退休住院保障计划"参保315.18万人，同比增加6.72万人，增幅为2.2%。（朱正瑜）

【市退官办联合举办老年戏曲、民乐交流大赛】 9月，由上海市老龄工作委员会办公室、上海市老年基金会、上海市退休职工管理委员会办公室共同举办以"重拾经典、力推新作、唱出精彩国粹"为主题的"板声弦韵奏繁荣——上海市老年戏曲、民乐交流大赛"。大赛以戏曲、民乐为载体，从老有所学、老有所乐的目标出发，为老年戏曲民乐爱好者提供交流艺术、展示才艺的舞台。活动共有70多个单位报名，经过基层筛选，80支队伍的150个节目参与交流演出，评选出15个优秀奖。（黎　颖）

【市总工会退休职工嘉定公寓完成整修工程】 为提高老人居住环境的舒适度，2011年7月，由市总工会拨出专项资金对退休职工嘉定公寓的所有楼宇进行整修。先后完成屋顶翻新、外墙粉刷、房间功能改善、电视机更新、柏油马路铺设、配电和综合活动楼等工程，2012年10月，整体工程顺利竣工。（邬时中）

【市退管办联合开展第六届老年文化艺术节及优秀作品展演活动】 10月，市退管会办公室会同市老龄办、市老年基金会在大宁剧院联合举办"上海市第六届老年艺术节"。艺术节汇集戏曲、民乐、舞蹈、服饰、书画，摄影和工艺制作等多项文艺样式和艺术作品。（黎　颖）

市退管会在复兴公园举行重阳节大型宣传咨询和为老服务活动（魏润华）

【市退休职工大学新校舍正式启用】 市退休职工大学新校舍（黄浦区梦花街234号）于7月装修竣工完毕，并于8月完成搬迁。10月29日，市退休职工大学举行新校舍启用揭牌暨庆祝建校25周年教育成果展开幕仪式，市人大常委会副主任、市总工会主席钟燕群为新校舍揭牌，同时，学校还展出部分优秀学员的书画、摄影、编织作品。（黎　颖）

【市退管办联合举办"重阳节"大型为老服务咨询活动】 2012年"重阳节"，市退管会办公室会同市老龄委办公室、市老年基金会、市慈善基金会等单位联合在黄浦区复兴公园开展"庆祝上海市第25个敬老日大型宣传咨询为老服务活动"。来自市退管系统、市法院、市公安局、市司法局、市法律援助中心的志愿者现场设摊，为老年人提供法律、社会保障、医疗保险、房产、老年婚介等咨询服务。同时，活动现场还设立老年保健推拿、家电维修、量血压、理发、裁剪、测试血糖、扎拖把、修电话、修钟表、修眼镜、修雨伞等为老服务项目和文艺演出。全天，共有235名志愿者参加志愿服务活动，服务项目达51项，服务老人总计1.15万人次。（邬时中）

职工疗休养

【市总工会启动上海公安"平安卫士"、劳模先进集体和个人代表疗休养活动】 2012年，市总工会会同市公安局联合开展上海公安"平安卫士"、劳模先进集体和个人代表疗休养活动，共安排1500名公安干警分批赴市总工会西山休养院和沙家浜休养院参加休养。8月2日，首批200名公安干警前往休养院所休养。市人大常委会副主任、市总工会主席钟燕群，副市长、市公安局局长张学兵出席活动启动仪式。（俞嘉毅）

【市总工会扎实做好职工疗休养工作】 2012年，市总工会进一步加强一线职工疗休养的协调和服务工作，全年共安排组织近1.5万人赴市总工会沙家浜、西山、黄山等休养院所参加休养，发放休养补贴近300万元，覆盖环卫、公交、公安、金融、医药、铁路、汽车等行业。（俞嘉毅）

【市总工会组织公交老龄驾驶员参加休养活动】 2012年，市总工会积极推动公交企业对男性55周岁以上、女性48周岁以上在岗驾驶员每年安排体检、休养，并建立健康档案。作为落实市委、市政府对公交一线老龄驾驶员关怀实事项目之一，5月6日，由市总工会、市交通运输和港口管理局和市城市交通行业工会联合开展的上海公交驾驶员健康行活动，全年共安排2980名公交老龄驾驶员赴市总工会西山休养院休养。（俞嘉毅）

【松江区总工会组织优秀工会主席、班组长和职工参加疗养体检活动】 6月8—13日，区总工会分两批组织安排110名2011年度松江区优秀工会主席、优秀班组长和优秀职工赴无锡太工疗养院参加体检和疗休养活动。（徐维勇）

【宝钢发展工会多形式多渠道关爱职工身心健康】 一是走访一线基层岗位，摸清岗位工作特性、岗位环境、工作负荷，将治理20个苦脏累险孤岗位纳入年度安全重点工作。二是拍摄《平凡的坚守者》，宣传弘扬20个艰苦岗位职工爱岗敬业的奉献精神。三是实施“2012年接害岗位职工疗休养计划”，共组织20批、1035名职工进行为期4天的疗休养活动。四是为女职工新增TCT专项妇科普查项目，增加体检费用56万元，同时，组织4次女性健康知识巡讲。（滕玉燕）

【宝钢股份工会出台员工健康保障计划方案】 2012年，宝钢股份工会制定出台《员工健康保障计划补充方案》。方案充分考虑职工需求，设置“体育健身、艺术欣赏、健康保健、休假疗养”四大内容，在公司职代会投票表决全票通过。方案实施以来，全年受益21万人次，投入资金1185万元。（包 翔）

长江轮船公司工会组织职工赴庐山休养　（章 伟）

【上海航天局工会发布员工心理健康白皮书和职工体检白皮书】 2012年，局工会从职工体检和心理测评两方面入手，强调“身心健康”理念。在2011年开展心理测评工作基础上，邀请心融公司专家进行专业测评分析，围绕航天系统员工压力来源分析、人口统计学差异分析、心理健康各维度分析、员工心理健康概况、心理健康相关知识、员工心理保健措施等6个方面，发布员工心理健康白皮书。负责体检工作的局738疗养院根据2011年职工体检情况，通报全局职工体检各项数据，发布职工体检白皮书。（沈 恺）

【上港集团工会做好第三轮全员职工疗休养工作】 集团工会积极筹划第三轮职工疗休养职工的休养安排，在集团工会条线工作会议上，对职工疗休养工作做出具体部署。3月上旬启动，截至11月底，第三轮职工疗休养共安排15798名职工参加。作为集团提出为职工办实事的“三加一工程”一项重要内容，由上港集团工会负责实施，开展每两年一轮的职工全员疗休养活动，至今已历时6年，共组织3轮全员职工疗休养活动。（张晨琦）

保障政策文件选编

关于调整提高本市城镇低保家庭中有劳动收入人员就业补贴标准的通知

为进一步鼓励低保家庭中有劳动能力的人员积极就业，从政策上加大引导失无业人员就业意识的力度，经市政府同意，决定从2012年4月1日起，调整本市城镇低保家庭中有劳动收入人员的“就业补贴标准”。现将有关事项通知如下：

一、范围和标准

本市城镇居民最低生活保障家庭中，有实际就业行为、月劳动收入（包括计时制劳动收入等）不低于或等于本市企业职工月最低工资标准的人员，其本人的“就业补贴标准”，从每人每月522元调整到每人每月595元。

二、具体要求

（一）“就业补贴标准”应先从其本人的实际收入中，按照上述标准予以免除，其余部分计入家庭收入。

（二）对新申请城镇居民最低生活保障的家庭，按照上述规定执行。

（三）对已经享受城镇居民最低生活保障的家庭，按照上述规定，相应调整低保补差金。

特此通知。

上海市民政局
上海市财政局
二〇一二年三月三十日

加强自身建设

Strengthening Union Building

2013

综 述

2012年，市总组织部扎实推进工会组织建设各项任务，加强自身建设，夯实工会组织基础。一是扎实开展“面对面、心贴心、实打实服务职工在基层”活动。在市总机关系统党员干部中继续开展“讲党性、重品行、作表率”主题教育活动，按照“保持党的纯洁性，永葆共产党政治本色的要求”，不断增强自我净化、自我完善、自我革新、自我提高的能力，提升工作满意度。二是按照“两个普遍”要求，推进工会组建工作，不断扩大工会组织覆盖面和会员队伍，全面完成全总下达的目标任务。三是以提高工会干部综合素质为目标，推进工会干部教育工作。举办市总工会委员培训、世界500强在沪企业工会主席培训、乡镇街道工会主席培训、喀什地区工会干部培训班等。同时完成市委党校的相关培训、领导干部双休日选学、机关干部在线学习、公务员职业道德素质网上培训、公务员科级干部MPA培训及全总培训任务。发挥工会学院干部培训中心主渠道作用，举办新上岗工会主席、非公企业工会主席培训班，培训工会干部1.8万人次，举办各类讲座232场。四是抓工会干部协管，健全完善工会组织体制。履行工会干部协管职责，坚持工会干部配备要求和标准，积极主动与有关党委、干部部门沟通，配齐配强工会领导班子。指导杨浦、电信等17家单位换届选举，松江、上汽集团等31家单位届中调整，共调整工会领导班子成员88人次。五是加强市总机关系统干部人事管理工作。按照《关于规范本市事业单位退休人员补贴的试行意见》，全面实现市总直管事业单位退休人员补贴工作的平稳进行。根据《上海市其它事业单位实施绩效工资的指导意见和若干具体问题处理办法》的通知，指导市总直管事业单位制定绩效工资发放办法。按照市委组织部和市人保局要求，在市总直管事业单位开展公开招聘专项检查工作，完成自查报告和事业单位公开招聘实施办法初稿。根据事业单位清理规范工作要求，与市编办协调，制定市总直管事业单位清理规范工作方案。组织年度市总机关公务员招录、选调和军转干部安置工作，共招录、选调6名机关工作人员。做好市总系统干部管理工作，完成3名部长、1名副部长的推选考察，以及市总机关11名科级干部正常晋升工作。加强市总工会直管单位班子建设，充实调整退管办、职工国旅、工会学院、职工保障互助会领导班子。配合基层党组织换届改选，对4家直管单位的6名党组织、纪检组织负责人职务提出任免建议。配合协助机关党委完成市总工会出席市第十次党代会代表的考察选举工作。六是做好机关系统离退休人员工作。贯彻中组部《关于进一步加强离退休干部工作的意见》，落实离退休干部阅读文件、开会活动场所。组织老同志参加重要会议、活动及市级机关的系列讲座、报告会和参观活动。及时调整、补发一次性抚恤金及遗属生活补贴等。完成退休支部的换届改选。（杨伟良）

长宁区召开区工会第五次代表大会 （周 君）

组织体制

【长宁区总工会召开工会第五次代表大会】 6月27日召开。大会审议通过由区人大副主任、区总工会主席余小雄代表区总工会第四届委员会所作的工作报告，审议通过区总工会第四届委员会财务工作报告、经费审查工作报告。大会号召全区广大工会干部和职工群众：一要发挥工人阶级主力军作用，推动长宁转型发展；二要积极构建和谐劳动关系，主动服务社会建设管理；三要践行核心价值体系，推进职工文化建设；四要加强自身建设，增强工会组织凝聚力战斗力。大会选举产生区总工会第五届委员会和经费审查委员会。余小雄当选为主席，顾健、贾跃能、赵永康、李双珑当选为副主席，徐雍安当选为经审主任。区委、区人大、区政府、区政协四套班子及市总工会有关领导出席会议并讲话。（周 君）

【普陀区总工会召开第五次代表大会】 4月24日召开。大会听取审议区总工会第四届委员会所作的工作报告，书面审议财务工作报告和经费审查委员会工作报告。大会选举产生区总工会第五届委员会委员、经费审查委员会委员。欧阳萍当选区总工会第五届委员会主席，林超、吴俊、沈丽萍、仇安涛当选为区总工会第五届委员会副主席，吴俊当选为区总工会第五届经费审查委员会主任。大会号召全区各级工会着眼服务大局，在建设上海西部新兴商贸科技区中全面展现工会风采；着眼维护权益，在构建和谐劳动关系中不断彰显工会作为；着眼创先争优，在加强和创新社会管理中积极发挥工会作用。区委、区人大、区政府、区政协四套班子领导及市总工会有关领导等到会祝贺。（许王丽）

【静安区总工会召开第五次代表大会】 11月23日召开。大会审议通过周文芳代表第四届委员会向大会作的工作报告，书面审议通过财务工作报告和经费审查委员会工作报告。大会选举产生第五届工会委员会和经费审查委员会，叶坚华当选第五届工会委员会主席，瞿乃栋、王玉光、刘培兰当选副主席，张伟当选经费审查委员会主任。大会回顾总结过去五年静安区工会工作所取得的成果，明确了今后五年工会工作的指导思想和主要任务。静安区委、区人大、区政府、区政协领导及市总工会领导，应邀参加会议。（王舒芳）

【宝山工会召开第六次代表大会】 8月22日召开。市人大常委会副主任、市总工会主席钟燕群、区委书记斯福民出席会议并讲话。大会审议并通过杨卫国代表区总工会第五届委员会所作的工作报告，书面审议并通过财务工作报告和经费审查委员会工作报告。大会回顾总结过去五年工作，对未来五年工会工作作出部署。大会要求各级工会按照“建设全市加快经济发展方式转变的示范区、推动城市转型发展的最佳实践区，率先基本实现城乡一体化”的总体目标，大力弘扬工人阶级伟大品格和新时期劳模精神，努力把宝山工会建设成为学习型、创新型、规范型、服务型、活力型工会，为宝山经济社会发展作出贡献。大会以无记名投票方式选举产生区总工会第六届委员会委员35名和经费审查委员会委员7名。选举产生区总工会第六届常务委员会委员13名，杨卫国当选主席，李友钟当选常务副主席，曲国莉当选副主席，闪勇当选副主席兼经费审查委员会主任。（胡立伟）

【闵行区总工会召开第五次代表大会】 11月28日召开。大会审议并通过俞莉红代表闵行区总工会第四届委员会所作的工作报告，审议通过财务工作报告、经费审查工作报告和女职工委员会工作报告。大会选举产生区总工会第五届委员会委员35名、经费审查委员会委员7名和女职工委员会委员11名。俞莉红当选为闵行区总工会第五届委员会主席，朱瑛、陈红铭、何爱群当选为副主席，张斗起当选为闵行区总工会第五届经费审查委员会主任，何爱群当选为闵行区总工会第五届女职工委员会主任。（张蓓）

【闵行区总工会推动基层工会“三委”同步换届选举】 区总工会为加强对基层工会组织规范化建设，制定下发《关于各镇、社区（街道）召开工会代表大会工作的若干意见》，明确街镇工会换届选举同时选举工会委员会、经费审查委员会和女职工委员会，实现工会“三委”同步选举、同步换届。至年底，浦江镇总工会等8个镇、古美路社区（街道）总工会、莘庄工业区工会完成同步换届选举工作。（兰奇）

【嘉定区总工会召开第五次代表大会】 4月16日召开。中共嘉定区委书记金建忠，市总工会党组副书记、副主席肖堃涛出席会议并讲话。大会听取、审议并通过陆晞代表区总工会第四届委员会所作的工作报告，审议并通过区总工会第四届委员会财务工作报告和第四届经费审查委员会工作报告。大会回顾总结过去五年的工会工作，并就今后五年全区工会工作进行部署。5年内，力争创建“工人先锋号”班组1000个；培育创新基地250家、创新团队60个、创新人才600名，提升3000名职工的职业技能等级，全区职工培训教育参与率达到90%以上；力争建会企业集体协商建制率达到95%，工资专项集体合同签订率达到90%以上；在地规模企业和谐劳动关系创建参与面达到100%、达标率90%以上，中小企业创建参与面达到80%以上、达标率60%以上，创建劳动关系和谐示范工业园区（村）达标率30%以上，实现劳动争议纠纷持续下降；力争实地实体企业工会组建率、职工入会率动态保持在95%以上；职工（代表）大会运作质量不断提高，基层工会开展“一报告两评议”工作达到70%以上。大会差额选举产生区总工会第五届委员会委员45名和经费审查委员会委员7名。陆晞当选为区总工会第五届委员会主席，金伟荣、刘勤、龚英、杨炳康当选为区总工会第五届委员会副主席，胡素丰当选为区总工会第五届经费审查委员会主任。（徐浩）

【金山区纺织行业工会联合会召开第三次代表大会】 7月31日召开。区总工会、市纺织工会、区纺织服装协会领导到会祝贺。会议明确，今后五年区纺织行业工会工作要团结凝聚广大职工在推动纺织服装行业科学发展、和谐发展和创新发展发挥主力军作用；以创建劳动关系和谐企业为主线，切实维护职工队伍和社会的稳定；以落实“两个普遍”工作为重点，不断增强基层工会活力；以参与改善民生为落脚点，努力为职工群众做好事办实事；以加强和改进工会自身建设为着力点，进一步提高工会干部的能力和水平，努力开创新形势下金山纺织行

上海市水务局（上海市海洋局）工会召开第三次代表大会 （田杰）

业工会工作新局面。会议审议通过李援朝代表区纺织行业工会联合会第二届委员会所作的工作报告。会议选举产生区纺织行业工会联合会第三届委员会，李援朝当选为主席，孙芯、沈华英、闻毅敏当选为副主席。（李援朝）

【松江区完成街镇总工会换届选举工作】 7月中旬完成。产生各街镇总工会新一届委员会和经费审查委员会、工会女职工委员会。一是专题研究推进。区委专门转发有关通知，区委组织部和区总工会共同研究街镇总工会换届选举工作。二是加强指导服务。区总工会加强对街镇总工会换届工作的服务和指导工作，确保换届选举规范有序开展；对各街镇总工会上报的换届选举工作方案和街镇总工会主席、副主席及有关人选，按照有关文件精神集体研究、严格把关。三是成立筹备工作组。各街镇党（工）委专门召开党委会议研究工会换届选举工作，成立由党（工）委副书记任组长的换届选举工作领导小组，加强对换届工作领导。在各街镇召开工代会期间，区总工会主要领导和街镇党政主要领导都参加换届选举大会，确保换届选举大会顺利召开，圆满完成换届选举工作任务。据统计，通过换届选举，产生新一届街镇总工会委员会委员168人，其中新任委员81人，占48.2%；女委员62人，占36.9%；委员平均年龄由换届前的47.2岁，下降到44.8岁；街镇总工会主席均具大专以上学历。（沈君子）

【松江区总工会召开三届九次全委会】 2月8日召开。表决通过《关于免去吴红星松江区总工会第三届委员会委员、常委、主席的决议》和《关于免去王远明、孔繁强、孙瑞辉、杨净、陈金弟、陈燕荣、俞斌等七位同志松江区总工会第三届委员会委员的决议》，替补、增补丁汀、冯萍、林丽华、郁风光、施治平、费薇、虞玲等7人为松江区总工会第三届委员会委员。会议选举冯萍为松江区总工会第三届委员会主席，增补包德龙、邵琼等两人为松江区总工会第三届委员会常委。（张谢瑛）

【奉贤区总工会召开第三次代表大会】 6月25日召开。市总工会副主席肖堃涛和区委书记时光辉，区委副书记、区长庄少勤等区四套班子领导应邀出席大会。大会审议并通过奉贤区总工会第二届委员会工作报告、财务工作报告和经费审查委员会工作报告。选举产生奉贤区总工会第三届委员会和经费审查委员会。周龙华当选为区总工会第三届委员会主席，王森龙、吴永强、薛冬梅、高国弟当选为副主席。卫晓江、王森龙、叶妮、刘德、何亦乐、吴永强、沈永明、周龙华、赵彩芹、秦时云、陶杰、高国弟、薛冬梅当选为常务委员会委员。（尹　奕）

【崇明县总工会召开第十二次代表大会】 5月14日召开。市总工会副主席肖堃涛，县四套班子领导周卫杰、赵奇等出席会议。会上，张荣代表县总工会第十一届委员会作工作报告。大会选举产生县总工会第十二届委员会和经费审查委员会，。张荣当选为县总工会第十二届委员会主席，姚美琴、龚波当选为县总工会第十二届委员会副主席。龚波当选为县总工会第十二届经费审查委员会主任。团县委代表全县各群团组织向大会致贺词。（易建军）

【上海市仪表电子工会召开第六次代表大会】 12月21日召开。出席大会的正式代表124名，列席代表9名，特邀代表7名。市总工会领导、仪电控股党政领导出席大会并讲话。大会听取审议并通过田原代表仪电工会第五届委员会所作的工作报告，审议并通过财务工作报告和经费审查委员会工作报告，选举产生仪电工会第六届委员会和经费审查委员会。大会对今后5年工作提出：一是以党的十八大精神为引领，将学习宣传实践中国特色社会主义工会发展道路的活动引向深入；二是充分发挥工人阶级主力军作用，为促进企业发展贡献力量；三是进一步完善劳动关系协调机制，保证企业和职工队伍的和谐稳定；四是以“共同体”核心价值观凝聚职工，推动落实仪电新一轮企业文化建设总体规划；五是进一步加强自身建设，努力使工会组织成为广大职工信赖的“职工之家”。（生　青）

【中国海运（集团）总公司工会召开第二次会员代表大会】 1月16日召开。中国海员建设工会、市总工会领导到会祝贺。大会听取审议中国海运（集团）总公司工会第一届委员会工作报告和今后五年工作构想，选举产生第二届工会委员会。徐文荣当选中国海运（集团）总公司工会第二届委员会主席。大会号召各级工会一要扎实工作、加强调研、发扬民主，虚心向基层学习、向职工群众学习，不辜负广大职工期待。二要坚持围绕中心，服务大局，扎实推进民主管理、大力提高职工队伍素质、广泛开展各类群体性活动，激发广大职工的凝聚力和工作热情，为企业改革发展稳定提供强有力保障。三要坚持以人为本，热忱关心关爱员工，切实维护职工合法权益，把党和工会的温暖传递给每一位职工。四要加强工会自身建设，不断提升各级工会的服务水平，切实为企业发展、维护职工的合法权益作出贡献。（张　洁）

【上海邮政工会加强工会组织建设】 一是指导基层工会选举产生领导班子。根据《工会法》、《中国工会章程》和工会组建工作等有关规定，上海邮政工会及时向优化重组的邮区中心局提出指导性意见，帮助其同步完成工会组建和召开会员代表大会等各项工作，选举产生邮区中心局工会第一届委员会。二是做好邮政工会领导班子的选举工作。针对上海邮政工会第二届委员会副主席岗位空缺情况，经上级工会同意，在上海邮政工会二届五次、六次全委会上以无记名投票分别选举谷亦敏、徐同庆为上海邮政工会第二届委员会委员、常委、副主席。三是下发指导意见，规范工会组织建设。下发《关于做好上海邮政基层工会组建工作和部分工会主席补选工作的通知》，提出指导性意见，帮助重组和新建两级单位同步完成工会组织组建等各项工作。四是落实换届工作要求。根据《工会基层组织选举工作暂行条例》中“基层工会主席在任职届期内应按规定完成岗位任职资格培训任务”的有关规定，组织邮政机构体制改革中新上岗的13

名工会主席参加市总工会分期举办的岗位资格培训班，提升工会干部的管理能力和业务水平。

（陈千涛　张　莉）

【中国电信上海市工会召开第三次代表大会】 12月15日召开。市人大常委会副主任、市总工会主席钟燕群及中国国防邮电工会、中国电信集团有关领导应邀出席会议。会议要求上海电信各级工会在上海创新驱动、转型发展的关键阶段，切实担负起维护职工合法权益的职责，教育引导广大职工依法理性表达利益诉求。培养更多一线岗位的高技能、创新型、复合型人才，努力造就一支素质优良、全面发展的职工队伍，团结动员广大职工为智慧城市建设贡献力量。进一步提升工会建设科学化水平，着眼于组织体制、工作机制、活动方式的不断创新，探索完善现代企业制度下大型国有企业工会有效运作的新模式。会议选举产生中国电信集团工会上海市第三届委员会和经费审查委员会，顾国忠当选为第三届委员会主席，徐伟当选为第三届经费审查委员会主任。

（朱东亚）

中国电信上海市工会第三次工代会召开　（朱东亚）

【上海市水务局（上海市海洋局）工会召开第三次代表大会】 12月8日召开。上海市水务局（上海市海洋局）、市总工会、全国农林水利工会有关领导到会祝贺。市水务局（市海洋局）党政领导，局机关各处室、局直属单位党组织主要负责人及相关单位负责人应邀出席大会。大会听取并通过局工会第二届委员会工作报告、财务工作报告和经审工作报告，选举产生市水务局（上海市海洋局）工会第三届委员会委员和经费审查委员会委员。大会号召各级工会要进一步增强做好新形势下工会工作的责任感和使命感；围绕中心、突出重点，充分发挥工会服务大局、服务职工的作用；以更高的劳动热情、更大的创造活力，推动工会各项工作取得新进展。

（王佐仕）

【衡山集团饭店管理公司成立工会】 1月21日，衡山集团饭店管理公司召开第一次工会会员（职工）大会暨第一届工会委员会选举大会。21名来自管理公司本部和外管项目的工会会员参加会议。会议根据《中华人民共和国工会法》、《中国工会章程（修正案）》有关规定，通过无记名投票方式，选举产生公司第一届工会委员会委员5名，公司总经理助理、党总支副书记杨熠当选工会主席。

（胡已倩）

【衡山集团工会召开第四次代表大会暨第四届职代会第一次会议】 11月22日召开。市总工会领导应邀出席会议。会议听取并审议通过集团第三届工会委员会工作报告、工会经审工作报告、财务工作报告；选举产生集团第四届工会委员会和经费审查委员会；通过女职工委员会及民主管理委员会建议名单。集团党委副书记王磊当选新一届工会主席。大会要求新一届集团工会委员会一要始终坚持党的领导，自觉服从和服务于集团工作大局。二要切实增强组织凝聚力，动员和带领广大员工在集团新一轮发展中发挥主力军作用。三要全心全意服务员工，落实构建和谐企业的基本任务。四要大力强化自身建设，努力提高工会工作水平，充分履行工会各项职能，在服务职工和维护职工利益中赢得职工信赖。

（王蓓丽）

干部管理

【市总工会加强干部协管工作】 年内，市总工会加强区县局（产业）工会换届选举中的干部协管工作。全年共完成杨浦、电信等17家单位换届选举工作，完成松江、上汽集团等31家单位届中调整的协管工作，共涉及调整工会领导班子成员88人次。在各区县局（产业）工会换届调整过程中，市总组织部认真履行工会干部协管职责，坚持工会干部配备的要求和标准，加强与各区县局（产业）党委、干部人事部门的联系沟通，积极提出工会的意见和建议，配齐配强区县局（产业）工会领导班子。

（杨伟良）

【市总工会加强干部任免使用和培养工作】 一是严格按照《党政领导干部选拔任用工作条例》的有关规定，经民主推荐、考察、公示等程序，提拔10名处级领导干部，并做好22名处级干部的岗位调整、转正和退休免职等工作。二是加强市总年轻干部的锻炼和培养，共安排7名干部内部轮岗交流，并对任现职3年以上、综合表现较好的18名干部，经民主测评、部门推荐和提任前公示等程序，分2批做好科级干部的职位晋升。三是进一步了解干部队伍现状，在市总机关各部室中开展干部需求意向征询，完成两轮共3名公务员的招录和2名公务员的公开选调工作。

（凌　颖）

【上海着力加强工会工作者队伍建设】 2012年，市总工会继续以职业化、社会化工会工作者队伍建设为着力点推进工会工作者队伍建设，在杨浦、浦东、虹口、嘉定区职业化、社会化工会工作者工资分级负担的试点工作的基础上，进一步加大资金投入，新增宝山、金山2个区为试点单位。至年底，全市职业化、社会化工会工作者总人数超过1200名。（杨 娟）

【市总工会完成十二届市政协工会界别委员提名推荐工作】 9—12月，市总工会按照市委统战部的部署和要求，提名和推荐十二届市政协工会界别委员会候选人。经有关单位工会推荐、征求单位党组织及上级党组织意见、提交市总工会党组会议审议同意、公示等环节，共推荐十二届市政协工会界别委员会候选人25人，其中：中共党员17名，党外8名；常委会组成人员1名（党外）。（钱 婷）

【市总工会完成机关事业单位编制实名制核查】 根据市编办《关于本市开展机构编制核查工作的通知》的有关要求，一是做好市总机关事业单位机构编制核查工作，着重对在编、编外和借用人员情况进行排摸。二是按照程序和各阶段要求，对机关在编人员情况进行信息维护。三是通过纸质张贴和内网发布等方式进行公示，协助指导事业单位开展此项工作。四是专题研究机构编制管理中存在的主要问题，分析原因、提出建议，形成《市总工会系统机构编制核查工作总结报告》。（凌 颖）

【市总工会开展事业单位公开招聘专项检查工作】 按照市人社局《关于开展事业单位公开招聘专项检查的通知》要求，市总工会对直管事业单位的公开招聘工作进行专项检查。2010年至2012年，市总23家直管事业单位（编制3367人）共招录94名新进人员（其中公开招聘83人，事业单位人员流动11人）均按《上海市事业单位公开招聘人员暂行办法》的有关要求实行公开招聘。为进一步规范事业单位选人用人行为，结合专项检查情况，市总工会制定下发《市总工会事业单位公开招聘人员实施办法》，确保事业单位公开招聘制度进一步得到落实，真正做到信息公开、过程公开、结果公开。（邵丽倩）

【普陀区长寿社区总工会探索楼宇联合工会主席培养机制】 长寿社区（街道）总工会结合社区商务楼宇集聚的特点，从楼宇联合工会主席的选拔、培养入手，以物贸大厦、文化商务信息港大楼为试点，探索建立指导扶持及考核激励机制，推动形成一支政治素质过硬、组织协调能力强的社会化楼宇联合工会主席队伍。一是选拔机制。从商务楼宇物业管理公司、社区综合党委党建指导员、小区联合工会主席、街道相关科室联络员、楼宇内具有较大影响力的企业工会主席、街道总工会工作人员等6类人中选拔楼宇联合工会主席。二是培养机制。对楼宇联合工会主席开展集中培训，重点讲解与工会相关的法律法规和政策，提高工会主席的履职能力。三是考核激励机制。每季度就楼宇联合工会主席的工作情况进行考核，并争取区总工会及街道党工委办事处的支持，给予楼宇联合工会主席专项补贴，提高工会主席工作积极性。

（许王丽）

杨浦区五角场镇总工会依托"四心工程"细化工会主席责任目标
（曹理仰）

【虹口区总工会注重青年干部培养】 区总工会创新模式，从工作理念、方式方法等方面入手，推进青年干部培养机制，一是建立完善选拔培养机制，树立正确的用人导向，坚持德才兼备、以德为先的用人标准，按照民主、公正、竞争、择优原则，真正把那些政治素质好、业务能力强、群众评价高的优秀人才选拔上来。二是进一步完善监督约束机制，形成严谨细致的工作作风。结合单位实际，不断完善干部管理制度，坚持用制度管人、靠制度办事。注重培养青年干部严谨端正的工作作风。加强对青年干部的培训，不断提高其政治素养和理论水平。三是进一步完善激励保障机制，营造和谐的机关文化氛围。大力提倡"务实·开拓·诚信"的虹口工会精神，营造健康和谐的内部环境。区总主要领导召开机关青年干部座谈会，了解青年干部的思想工作动态，听取他们对工会工作的意见建议，并对青年干部提出加强党性锻炼、提升自身修养的希望。

（徐 洁）

【杨浦区五角场镇总工会依托"四心工程"细化工会主席责任目标】 一是镇总工会于7月23日举行"四心工程"启动仪式暨"双亮双促"活动推进会，要求基层工会主席凝聚人心，尽心工作，与职工心连心，把爱心送到职工的心坎上。在"双亮"时，必须同步做到亮实事、亮职责。亮实事，即每个行业、企业工会主席，都要公开工会准备开展的实事内容、开展时间、项目进程，以接受职工群众检查和监督。欧尚超市工会把为职工购买医保外的商业医疗保险作为实事项目，通过集体协商得以落实，受益职工2000余人，职工家属同时受益。亮职责，即工会主席、副主席走基层不仅要佩戴胸卡、还要在企业宣传橱窗、党务公开栏、食堂、职工宿舍等处公布联系方式，同时，把工会职责一并公布上墙。镇商贸行业工会把全年开展群众性立功竞赛方案、职工文化活动内容张贴在行业内显眼处。二是细化基层工会目标责任制，提出“双十”目标，即十项职责、十项实事的目标和考核方法，与镇6家行业工会、53家企业工会签约。

（曹理仰）

【嘉定区总工会机关青年干部开展下基层学习锻炼活动】 7月3日，区总工会机关青年干部下基层学习锻炼活动在江桥镇太平村工会联合会启动。这次下基层学习锻炼的对象为区总工会机关副科级以下的青年干部，首批选派机关13名青年干部分别到江桥镇太平村职工服务社、外冈镇泉泾村工会联合会、嘉定工业区高科技园区工会联合会和菊园新区“帮侬忙”维权工作室等4个基地学习锻炼半年。作为嘉定区总工会推进“面对面、心贴心、实打实服务职工在基层”活动的重要内容，机关青年干部下基层学习锻炼将作为今后锻炼工会青年干部的一项长期化、制度化的活动。启动仪式上，区总工会和江桥镇党委共同为区总机关青年干部学习锻炼基地揭牌；区总工会向学习锻炼基地赠送工作经费。区总工会机关全体工作人员、各街镇总工会主席、区总机关青年干部学习锻炼基地党政领导和带教老师等近60人参加启动仪式。

（徐　浩）

【绿地集团工会开展工会干部考评】 为加强绿地集团基层工会干部队伍建设，引导和培养一支政治素质高、业务能力强、工作作风好的工会干部队伍，绿地集团工会会同集团各直属党组织联合开展2012年度工会干部考评工作。考评从保障发展、关心员工、自身建设、工作作风等方面，在工会主席自评基础上，由集团工会主席、所在单位党政主要负责人、所在单位员工共同对被考评人进行考评。集团29名直属工会干部中，有5人获“绿地集团2012年度优秀党群干部”称号，并在2012年集团党群工作年度会议上受表彰。

（王洋洋）

教育培训

【市总工会加强工会干部教育培训】 根据《2011—2015年全国工会干部教育培训规划》和《“十二五”期间上海工会干部教育培训规划》的要求，制定2012年上海工会干部教育培训计划并组织实施。全年完成市总委员培训班、世界500强在沪企业工会主席培训班、乡镇街道工会主席培训班、喀什地区工会干部培训班等主体培训。完成市委党校主体班、领导干部双休日选学、机关干部在线学习、公务员职业道德网上培训、科级干部MPA培训等任务。同时发挥工会管理职业学院教育培训主阵地作用，组织开展新上岗主席培训班、非公企业工会主席培训班，全年共组织各类培训232场，培训工会干部1.8万人次。

（庄　勤）

【喀什工会干部培训班在沪举办】 9月4—18日，第二期喀什地区工会干部培训班在沪举行。市总工会党组副书记、副主席肖堃涛出席开班仪式并讲话。作为上海工会人才援疆的重要内容，上海工会积极组织落实好培训班的各项有关适宜，在喀什工会干部为期15天的培训中，共安排10多场专题辅导报告，组织受援四县工会与上海四区工会开展对口交流，并安排参观考察活动。

（庄　勤）

【市总工会举办第10期市总工会委员培训班】 5月21—25日，市总工会在市委党校举办第10期市总委员培训班。市总工会党组副书记、副主席肖堃涛出席培训班开班典礼并作动员讲话。他要求学员把学习培训与学习市第十次党代会精神，自觉学习宣传实践中国特色社会主义工会发展道路结合起来；与创新思路，推动工作结合起来；与增强学习自觉性、主动性结合起来，珍惜学习机会，注重理论结合实际，力求培训工作取得实效。在5天培训中，学员们听取由市委党校、工会学院教授以及市总工会经审会领导所作的辅导报告，并进行小组讨论和大组交流。

（庄　勤）

【市总工会举办乡镇街道工会主席培训班】 为进一步提升乡镇街道工会主席的业务能力和水平，市总工会与上海工会管理职业学院于4月11—13日，11月21—23日，分两期对80名乡镇街道工会主席进行培训。培训安排坚持中国特色社会主义工会发展道路、乡镇街道工会主席工作实务、工会工作面临的形势任务、加强工会经审工作等辅导报告，并就如何做好新形势下乡镇街道工会工作进行研讨。

（庄　勤）

【云南省工会干部来沪挂职培训】 8月，市总工会组织安排由云南省总工会选派的“十二五”期间第三批5名工会干部来沪挂职培训，挂职时间

召开2012年绿地集团党群工作年度会议　（梅洁琼）

32 天。根据挂职人员所在单位性质和工作内容，这次挂职单位分别为徐汇区总工会、虹口区总工会、杨浦区总工会和市教育工会。挂职培训注重突出促进两地工会交流与合作。（钱　婷）

【上海工会举行女干部党的十八大精神学习研修班】 12 月 6—8 日举办。近 120 名区县局（产业）工会女职工工作分管主席、女职工部负责人参加。市总工会副主席、女职工委员会主任何惠娟出席研修班并讲话。研修班围绕上海工会女职工工作学习贯彻党的十八大精神主题，精心安排课程，邀请市委党校教授周敬青做十八大精神解读辅导报告，邀请朱慧慧、杨荣、陈峥、陆静等 4 位十八大女劳模代表宣讲党的十八大精神，邀请市总工会组织、经济、保障、法律等有关部门负责人做工会工作实务专题讲座。学习班要求：一要继续做好党的十八大精神学习和宣传。找准工作的着力点和落脚点，真正把十八大精神转化成推动各项工会女职工工作的强大思想武器。二要将学习成果转化为不断增强自身履职尽责能力的动力。三要用创新的意识不断探索和破解工作中的新问题，创造性地解决工作难点、焦点和瓶颈问题。（朱莉颖）

【市总工会举办全总帮扶系统软件培训】 10 月，市总工会举办全总帮扶系统软件培训班，主要就困难职工建档，帮扶资金录入及中央财政帮扶信息汇总等内容进行培训。各区县总工会和使用中央财政专项帮扶资金的 51 个局（产业）工会相关工作人员共 83 人参加培训。至年底，录入全总帮扶系统软件的困难职工达 7.25 万户，涉及家庭人口 18.08 万人，录入帮扶信息 22.02 万人次，帮扶金额 1.12 亿元。（顾　佳）

【浦东新区总工会对首批职业化、社会化工会工作者进行培训】 1 月 9 日，浦东新区总工会举办浦东新区职业化、社会化工会工作者培训班。新区总工会 2011 年首次招聘 68 名职业化、社会化工会工作者接受工会相关法律法规及业务知识的培训。部分开发区专职工会工作者以及区总机关新进公务员一同参加培训。（程燕姝）

【浦东新区总工会举办社区、镇、开发区工会主席专题培训班】 7 月 16—18 日举办。区委按副处实职配备的 36 名社区、镇工会主席与开发区工会主席等 40 余人参加培训。区人大副主任、区总工会主席姜鸣作《坚持中国特色社会主义工会发展道路 做好新时期基层工会工作》的首场讲座。此次培训班既注重时事政治的教育，安排国际政治形势新格局新特点的报告、市委第十次党代会精神的学习、推进浦东创新驱动转型发展情况的介绍。同时又注重工会实务的掌握，安排依法维权与民主管理、工会组织工作与规范化建设、职工素质工程、经费审查审计、职工互助保障等方面研讨。更注重操作能力提高，安排“如何当好工会主席”专题讨论、案例剖析等内容。此外，区总还带领培训班学员到全国百家示范乡镇街道总工会宝山区顾村镇总工会和松江中山街道总工会进行考察观摩，学习兄弟区县基层工会的经验。（艾遥遥）

【徐汇区总工会开设工会干部大讲堂】 3 月 30 日，区总工会在徐家汇社区文化活动中心报告厅举行“工会干部大讲堂”开班仪式暨首场讲座，邀请市委党校徐根兴教授作“当前经济热点问题解读”的辅导报告。各社区、镇总工会，系统、集团公司及直属工会主席和专职副主席、徐家汇社区部分非公企业工会干部等 300 人参加培训。“工会干部大讲堂”是由区总工会主办、各基层工会协办的一个讲坛，以区内企事业单位工会干部为培训对象，以时事政治、经济形势、人文艺术、工会工作热点难点为主题，通过定期邀请知名专家学者作专题报告、现场互动交流、答疑解惑等，帮助工会干部正确把握形势，开阔视野，提高素质，推动工会工作发展。2012 年，徐汇“工会干部大讲堂”举办 4 期，培训工会干部 740 人次，成为区总工会干部教育培训常态化的有效举措。（徐飒爽）

【普陀区总工会部署学习宣传贯彻党的十八大精神】 11 月 25 日，区总工会制定下发《普陀区总工会关于认真学习宣传贯彻党的十八大精神的实施意见》，就宣传贯彻十八大精神工作做出部署。《意见》要求，要强化“七个领会”，深刻学习把握党的十八大精神实质；要聚焦“五大重点”，切实将党的十八大精神落实到工会各项工作中；要大力弘扬劳模精神，组织凝聚职工建功立业；着力推动“两个普遍”，维护职工队伍稳定和谐；积极推进民主管理，切实保障职工群众民主权利；坚持发展职工文化，不断提升职工队伍整体素质；扎实开展援助帮扶，持续推动保障和改善民生。要落实“三项要求”，加强领导，统一部署，创新形式，将学习宣传贯彻党的十八大精神引向深入。（许王丽）

【普陀区总工会深入学习贯彻市第十次党代会精神】 一是领导带头学习。区总工会党组召开党组中心组会议，学习和传达市第十次党代会精神，并要求领导干部要自觉带头学习宣传大会精神，在学深、学透上下功夫、做表率，把党代会精神及时传达给党员和干部群众。二是明确学习要求。以专题学习会、部室工作例会、文件传阅等形式，要求各级工会干部学习领会党代会精神，并将加强会议精神的学习作为工会干部政治理论学习的第一项任务，分专题、有重点地组织学习和讨论。做到学习有计划、学习有目标、学习有体会。三是丰富学习形式。组织机关党员干部参观“城市新印象（2007—2012）大型主题展览”，感受上海在政治、经济、文化、社会等领域取得的成就。四是联系岗位实际。以党代会精神为指导，开展“面对面、心贴心、实打实服务职工在基层”主题实践活动，深入基层、深入企业，把党代会精神传达给职工群众，团结凝聚广大职工群众为建设“上海西部新兴商贸科技区”建功立业。（许王丽）

【杨浦区总工会与区委党校联合举办工会干部主题培训班】 6 月 19 日，由区总工会与区委党校联合举办的杨浦工会干部“融入转型发展，服务职工群众”主题培训班正式开班。此次培训班安排 3 天时间，深入学习市第十次党代会精神，设有工会工作形势任务和难点热点问题主题报告、工会工作理论及业务知识、新时期群众工作方法、社会建设管理、杨浦国家创新型试点城区建设等课程内容。培训班还组织学员学习考察青浦区总工会的工作经验、参观大型民营物流企业工会对职工文化生活建设情况等。

（曹理仰）

杨浦区总工会与区委党校联合举办工会干部主题培训班 （曹理仰）

【宝山区总工会举办学习党的十八大精神报告会】 12月14日，区总工会举办工会系统学习党的十八大精神报告会。报告会邀请十八大代表谭金凤宣讲参加十八大的感受和见闻，邀请市委党校朱明毅教授专题讲解“十八大与工会工作”。会议明确：一是抓好工会干部的学习。按照区总机关及各级工会干部先学一步、学深一步的要求，集中导读十八大报告和党章原文，开展中心组联组学习；举办工会系统内的学习宣传十八大精神专题辅导报告；举办工会干部专题培训班，将十八大精神学习贯彻列入各级工会干部培训内容。二是抓好职工群众学习。在全区工会系统开展“贯彻十八大、建功滨江城、争创新业绩、全面促转型”活动，组织职工艺术骨干、专业讲解员，以职工喜闻乐见的形式将十八大精神送进企业、工地和班组；为职工书屋、企业班组赠送十八大精神读本，在工会组织和职工中营造良好的学习氛围；举办基层班组学习贯彻十八大精神培训班；举办十八大知识竞赛，提升学习宣传质量。三是抓好贯彻落实。系统梳理十八大对工会和工人阶级的系列论述，结合工会工作实际，细化成工作项目和工作举措，抓好推进落实。报告会为区总工会群众宣讲员颁发聘书。

（胡立伟）

【宝山区教育系统举办“十二五”期间工会主席培训班】 宝山区教育系统“十二五”期间第一期工会主席培训班于3月29日开班。来自全区中、小、幼学校的44位新任工会主席参加培训。培训立足宝山教育实际，结合工会工作要求，采用专题讲座、案例教学、观摩学习、小组研讨等形式，按需施训，内容涉及“干部素养”、“政策法规”、“岗位实务”3个专题。

（胡立伟）

嘉定区总工会启动机关青年干部下基层学习锻炼活动 （张方明）

【闵行区总工会着力提升村级工会干部队伍素质】 4月，区总工会在区委党校举办2012年村级工会主席培训班，162名村级工会主席（干部）参加培训。上海工会管理职业学院的教师围绕工会组织工作与规范建设，民主政治建设中的工会工作、社会管理格局中的工会位置、实践科学发展观的工会目标，以及工会组织架构、制度建设、干部队伍建设、工会阵地建设等内容进行辅导。

（兰　奇）

【嘉定工会举办学习宣传实践中国特色社会主义工会发展道路报告会】 5月28日，区总工会在区综合办公大楼举办嘉定工会学习宣传实践中国特色社会主义发展道路报告会。区总工会第五届委员会委员、经审会委员，区总直属工会主席，部分村（园区）、企事业单位工会主席共500余人参加报告会。报告会邀请上海工会管理职业学院教授围绕坚持走中国特色社会主义工会发展道路的重大意义，中国特色社会主义工会发展道路理论形成的历史背景、科学内涵、精神实质和理论体系等方面对中国特色社会主义工会发展道路进行全面透彻的阐述和深入浅出的解读，并有针对性的提出当前坚持工会发展道路需要着重把握好的若干具体问题。

（徐　浩）

【松江区各级工会干部专题学习党的十八大会议精神】 11月27日，区总工会召开党组中心组学习（扩大）会议,专题学习党的十八大会议精神。会议传达全国总工会党组书记、副主席王玉普在全国工会学习贯彻党的十八大精神电视电话会议上的讲话精神,传达市总和区委关于学习宣传贯彻党的十八大精神的有关要求,传达学习区委书记在党的十八大会议期间在人民大会堂上海厅对中外媒体开放的全团审议时的发言。会议强调,要结合松江工会工作实际,深刻领会党的十八大报告对指导松江工会工作的现实意义,牢牢把握报告对工会组织建设带来的机遇。各镇、街道总工会,工业区工会主席、专职副主席,各委、局及直属公司工会主席,区总工会党总支、各支部全体党员、机关干部,劳模代表等近100人参加会议。（张谢琰）

【松江区总工会举办街镇工会干部培训班】 9月19日举办。培训班内容为转型期的工会工作、构建和谐劳动关系和相关法律法规解析等,分别由上海工会管理职业学院干部培训中心讲师、中共上海市委党校教授和上海工会管理职业学院教授授课。培训要求:街镇工会干部要切实提高对培训学习重要性的认识,加强工会自身建设;实现培训的两个预期目标,强化使命感,增强主动性,提升学习能力;勤于吸取、善于思考、勇于实践,全面提升工会工作。各街镇总工会新一届委员会全体委员、工业区工会新一届委员会全体委员、区总工会全体机关工作人员及区文化宫班子成员近190人参加培训。（潘晓晓）

【奉贤区总工会干部实现"多元化培训、梯队式储备"】 区总工会将工会干部培训纳入全区职工素质教育的重要内容,根据不同层面的工会组织的职能特点,开展多元化培训,加大企业工会干部梯队培养、人才储备力度。一是依托系列培训,加强基层工会干部队伍建设。以"学习上领先,工作上率先,业绩上争先"为主题,通过中心组学习、报告会、辅导讲座、专题讨论、主题演讲、知识竞赛等形式,培训基层工会干部676人次。建立工会指导员工作室,成立48名工会指导员队伍,推进工会工作队伍的社会化、专业化和职业化。二是依托党群共建,加强非公企业工会干部储备。与区委组织部联办第一期非公企业党群工作者培训班,共有51名党务工作者、企业工会干部参加。（尹 奕）

【化学工会强化工会干部培训】 化学工会分3个层面做好培训工作:一是与集团党校联手策划举办一期115名工会委员业务知识培训班。二是选送45名新上任的基层工会主席参加上海工会管理职业学院组织的工会主席上岗培训,帮助新上岗的工会主席尽快熟悉业务。三是会同华谊党校举办80名化学工会委员、子公司工会主席的专题培训。（王有福）

【医药工会举办学习宣传实践中国特色社会主义工会发展道路专题培训班】 5月29日举办。医药工会委员、下属各企业工会主席、工会干部及员工学校分校相关教员等160余人参加培训。培训班上,市总工会副主席周志军作《学习宣传贯彻中国特色社会主义工会发展道路》报告,上海工会管理职业学院干部培训中心张建新作《国际工运与中国工会》的报告。培训要求:一是各级工会干部要深刻领会中国特色社会主义工会发展道路是中国特色社会主义道路的重要组成部分,了解掌握中国特色社会主义工会发展道路的精神实质,不断提高贯彻执行中国特色社会主义工会发展道路的自觉性。二是要充分利用员工学校平台,向广大员工宣传中国特色社会主义工会发展道路的主要内容,争做中国特色社会主义发展道路的传播者和实践者。三是要坚持全心全意依靠工人阶级的根本方针,履行中国工会"促进企业发展,维护职工权益"的职责,组织开展群众性经济技术创新活动,大力开展以工资集体协商为重点的平等协商集体合同工作,进一步强化职代会制度建设,提升厂务公开民主管理水平,加强班组建设,努力构建和谐企业。（赵一鸣）

【上海电力安装第一工程公司工会开展情景模拟活动】 为切实提高工会干部的工作能力,公司工会开办工会干部工作情景模拟课培训班。情景模拟以工会工作经常触及的"行政交涉"、"职工队伍稳定工作"等四大场景为练习背景,工会干部扮演不同角色进入预设情景开展工作。情景模拟训练展示工会干部的智慧,增进互相理解、互相学习和自我反省,提升综合业务工作能力。情景模拟训练搭建了一个工会干部交流业务心得的平台,成为公司各级工会干部自我加压、自我提升的一条路径。（王戌冬）

【石化工会举办第八期工会干部培训班】 7—8月,上海石化公司工会举办第八期工会干部培训班,203名下属单位工会主席、装置和直属车间工会主席参加培训。培训班邀请上海市委党校、上海工会管理职业学院教授及石化工会相关部室人员授课,内容包括时政热点、工运理论、法律法规、业务知识、心理学等方面。其中,5家基层单位在班上做工作案例交流。在培训班对培训效果的考核检验中,所有学员获得合格证书。（张 敏）

【上海航天局工会开展中国特色社会主义发展道路专题培训】 局工会从坚持自觉接受党的领导、坚持工会的社会主义性质、坚持发展工人阶级先进性、坚持构建和谐劳动关系、坚持维护职工合法权益、坚持完善社会主义劳动法律体系、坚持推动形成国际工运新秩序、坚持以改革创新精神加强工会自身建设等8个方面,向参加培训的工会干部解读《中国特色社会主义发展道路学习读本》。局系统各单位工会主席、副主席参加培训。（沈 恺）

【中海工会举办基层工会主席培训班】 9月24日举办。来自中海上海、广州、大连、海南、深圳地区的直属公司工会主席,上海地区的二级公司工会主席和部分办公室主任共48人参加培训。培训班开设《中央企业工会工作的主要内容和方法》、《工会工作形势与任务》、《如何做好企业工会工作》、《工会财务知识与经费管理》、《工会公文写作》等内容。通过培训,围绕提高企业的核心竞争力,发挥工会在密切联系群众、民主管理和监督及和谐企业建设过程中的积极作用,把群众的利益诉求与集团的改革发展结合起来,加强工会组织自身建设和能力建设。要求各级工会干部要善于

学习，把培训的成果转化为工作的能力，学以致用，取得培训实效。（张 洁）

【中海工会举办女工干部培训班】 10月18日举办。44名来自中海上海、广州、大连地区直属各单位和上海地区二级单位的女工干部参加培训。培训班开设“一切为了上海职业女性的幸福”、“女干部能力和素质提升”、“女性健康金指标”等课程。培训班要求各级工会女工干部牢固树立责任感和使命感，通过学习，不断提升自身素质和能力，更好地发挥女职工委员会作用，组织动员广大女职工为企业改革发展作贡献。（张 洁）

【中交上航局工会举办坚持中国特色社会主义工会发展道路讲座】 公司工会在居家桥会议中心邀请上海工会管理职业学院教授作主题为《中国特色社会主义工会发展道路决议的解读与践行》讲座。公司所属单位工会主席、工会委员、职工代表等近70人参加。讲座围绕新形势下在中国特色社会主义工会发展道路中工会如何朝着规范有序、公正合理、互利共赢、和谐稳定的工作目标开展工会工作进行深刻的分析和阐述。（王荣丽）

【上海机场集团工会举办学习党的十八大精神专题培训】 11月28日，集团工会在虹港大酒店举办“助上海机场大发展，做上海机场好员工”工会干部学习十八大精神专题培训班。集团工会委员会委员、经费审查委员会委员、女职工委员会委员，及各单位工会主席、副主席、工会干事等100多人参加培训。集团党委副书记、纪委书记、工会主席蔡军出席开班仪式并作动员。上海工会管理职业学院教授做党的十八大精神辅导报告，解读十八大报告中全心全意依靠工人阶级、加强和改进群众工作等有关工人阶级和工会工作的重要论述，提高机场工会干部的理论知识水平，坚定做好工会工作的信心。（朱媛萍）

【中铁24局工会举办第一届女工干部培训班】 3月5—7日，中铁二十四局集团公司工会举办第一期女职工干部培训班。集团公司所属子公司、分公司工会女工委主任、副主任、女工工作负责人、女工委员，集团公司机关女工主任共40余人参加培训。培训班针对企业女职工关注的热点、工作中的难点和敏感话题，邀请安徽省总工会干部学校高级讲师、安徽省劳动争议仲裁兼职仲裁员张玉梅副教授，农工党合肥市委会驻会副主委、合肥市政协常委、国家二级心理咨询师林莉副教授，安徽建工技师学院法学副教授、律师朱晓玲3位专家授课。培训课程有《女职工权益保障法》、《关于女职工劳动保护规定》、《女性心理健康》和《职业女性文明礼仪》等内容。培训班还安排学员交流学习心得和体会。（钱 蓉）

【建工工会举办工会干部文艺培训班】 9—11月，建工工会与上海戏剧学院合作举办工会干部文艺培训班，旨在为集团群众性文化艺术发展注入新的活力。培训分为策划编导、活动主持、表演艺术（主持）、舞台美术、灯光控制、毕业设计等内容。来自21家单位的33名学员利用业余时间参加培训。经对11月7日举行的结业汇演进行评选，《建工，城市的摇篮——集团创立六十周年庆典晚会策划方案》获“最佳策划方案奖”，小品《友谊地久天长》获“最佳表演奖”，情景音乐剧《在你身边》获“最佳编剧奖”。（杨钟春）

【建工工会开展工会干部系列培训】 一是在年初召开的工会工作会议上，请集团党委书记蒋志权就当前集团面临的形势任务、建设学习型组织的重要性以及工会干部能力建设的重点，对工会干部进行辅导。二是于7月31日举办工会干部培训班。培训班专门编印学习资料，邀请市总工会副主席茆荣华、原集团工会主席肖长松等多位领导、专家就“学习宣传实践中国特色社会主义工会发展道路”、“加强党性锻炼和能力建设，密切联系群众，做群众贴心人”等课题作培训辅导。建工集团工会委员、经审委员和各单位工会正副主席、工会专兼职干部等280余人参加培训。（杨钟春）

【市教育工会举办教育系统工会干部培训班】 3月29日—4月1日，市教育工会集中举办一期教育系统工会干部培训班。高校工会专职正副主席、经审会主任、女工委（妇委会）主任，区县教育工会正副主席、女工委（妇委会）主任，直属单位工会主席及市教育工会机关干部160人参加7个单元的学习培训。市教育工会主席作开班动员和培训班小结。培训班邀请市教委主任薛明扬和市总工会副主席茆荣华、周志军，全国政协委员、全总执委吉永华教授及央视百家讲坛主讲鲍鹏山教授、资深工运研究学者王连祥教授等有关专家学者授课。培训主要内容有中国特色社会主义工会发展道路理论与实践，全国“两会”精神和民生问题，中长期教育改革与发展规划纲要介绍，上海市职工代表大会条例解读分析以及2012年工会工作的切入点，中国传统道德、制度与社会和谐等。其间宋光明、赵玲、袁继鼎、王祥兴、龚小凤等5位全国、上海市工会先进工作者、教育系统优秀工会工作者标兵围绕“怎样当好工会干部”进行专题交流。（周宝宏）

【良友集团工会选送部分工会主席（副主席）参加市总培训班】 集团工会在对系统工会主席（副主席）进行调研分析的基础上，选送9名工会主席（副主席）参加市总工会干部培训中心举办的工会主席培训班学习。培训内容主要有“工会主席应该具备的基本素质与能力”、“民主管理与《上海市职工代表大会条例》”、“平等协商与集体合同的具体运作”、“新形势下工会的理性维权与维稳”等相关知识。（张晓娟）

【上海工会管理职业学院“工会干部工作坊”全面启动】 学院积极创新工会干部培训形式，将社会工作服务方法和理念引入工会干部培训，开发出“工会干部工作坊”培训项目。项目依托上海星惠社工师事务所平台，主要以团体聚会的方式，采用游戏互动、案例分享、角色体验等形式，提供交流、分享和沟通的平台，将通常培训中被动的受众地位改为主动的探究主体地位。2月，在闵行区局委办机关工会主席例会上，学院为40多位机关工会主席开展“女职工的特殊关爱”主

上海工会管理职业学院举行劳模导师聘任仪式　（卢　锟）

题工作坊。3月，与莘庄工业区工会签订该项目服务协议，包括女职工相关法规、女职工集体合同签订以及女职工关爱活动组织等。　（卢　锟）

【上海工会管理职业学院学习宣传实践中国特色社会主义工会发展道路】 为更好地贯彻《中华全国总工会关于学习宣传实践中国特色社会主义工会发展道路的决议》精神，学院结合专业特长和上海工会工作现状，推出系列课程，开展宣讲工作。在进行集体备课后，深入基层企事业单位、班组开展宣讲活动，为各级工会提供服务，发挥学院上海工会干部教育培训的主阵地作用。在市总工会学习宣传实践"中国特色社会主义工会发展道路"活动中，工会学院老师全程参与宣讲提纲的制定、讲师团队伍的组成等环节。　（卢　锟）

【上海工会管理职业学院开展"服务基层、送教上门"工会干部教育培训活动】 9月12日，工会学院"服务基层，送教上门"工会干部教育培训活动在上海经济和信息化工作系统工会主席培训班上正式启动。活动为该系统工会下辖企事业单位工会主席送去"定制化"、"个性化"培训。"服务基层，送教上门"是工会学院开展"面对面、心贴心、实打实服务职工在基层"活动的一项重要内容，旨在学院发挥干部培训主阵地作用，服务工会工作全局，加大各级工会干部培训力度，提升基层工会干部队伍整体素质。在送教内容、送教形式和送教资源等方面均有突破和创新。一是送教内容更具针对性，为各基层工会设计提供"定制化"、"个性化"培训方案，送教时间完全配合基层需求。二是送教形式更具多样化，不仅有传统的讲座式，更有案例讨论、情境模拟、经验交流、现场观摩、团队活动等多种形式。三是送教资源更具广泛性，不仅有学院专职从事工会干部教育培训的师资，开设诸工会专业业务课程，更有学院学历教育方面的专业师资团队提供素养类课程，还有具有丰富实践经验的工会主席传授实际工作经验伍。学院网站还开辟互动留言板，供工会干部交流。　（卢　锟）

【上海工会管理职业学院劳动关系协调员职业资格培训班开班】 8月31日开班。培训班针对新时期大量新型劳动关系不断涌现、劳动违法案件和劳动争议案件数量持续增长的新情况、新问题，大力加强实际工作指导、提升劳动关系协调能力，完善劳动关系协调体系、建立劳动关系协调的专业化队伍。此次培训班为期八周，共有来自基层企事业单位的工会、人事部门干部73人参加，培训内容囊括劳动协调工作的理论知识和协调技巧。　（卢　锟）

【上海工会管理职业学院录制"全国工会干部教育培训网"视频课程】 按照中华全国总工会组织部的要求，工会学院承担"全国工会干部教育培训网"视频课程"上海工会工作专家谈工会"的录制工作。录制工作由上海合一企业劳动关系研究中心5位工会工作导师承担，干部培训中心5位教师互相配合共同完成。采用教育培训网络课堂的方式是对传统工会教育培训的创新。　（卢　锟）

【市总工会举办第三期世界500强在沪企业工会主席培训班】 9月20—21日，由市总工会举办、上海工会管理职业学院承办的"第三期'世界500强在沪企业'工会主席培训班"在中共上海市委党校举办。培训班根据500强企业工会主席实际情况和需求，内容力求精干务实，氛围力求生动活泼，既有工会工作面临形势任务总体介绍，也有开展具体工作经验方法；既有教师知识传授，也有现场考察学员互动。培训班为世界500强企业工会主席做好新形势下非公企业工会工作提供互相学习借鉴的交流平台，加强彼此的联系和交流，增强新的历史条件下做好非公企业工会工作的信心。　（卢　锟）

机关自身建设

【市总工会召开学习贯彻十八大精神机关系统党组织书记会议】 11月8—9日，市总工会及时召开机关系统党组织书记会议，学习领会贯彻十八大精神，加强党组织书记履职培训，进一步推动市总机关系统党建工作。市总工会秘书长、机关党委书记张立群对市总机关系统学习贯彻十八大精神，把握基层党建工作规律，做好基层党建工作提出要求。强调思想教育工作要常抓不懈，要认真做好党建的基础性工作，重视党风廉政建设，进一步建立关心人、帮助人、凝聚人、培养人的工作机制，推动机关系统党的工作更好地服务于中心任务的完成。　（马艳芳）

【南京东路社区总工会推进区域性工会规范化建设】 一是完善工作制度，建立网络管理平台。明确小区工会工作职责和服务规范、工作例会制、工作报表制、年中讲评和年终考核制等。依托街道办事处的公务网和外网电子邮箱的两大平台，做到工作传递准确、信息反馈及时，构筑起对区域性工会的网络化、效率化管理。二是实行项目化运作，建立量化考核制度。推出以"组织建设、民主管理、宣传教育、权益保障、工会经费、基础工作"等6大类25项计划，鼓励区域工会开展特色工作、创新工作。通过《创建特色（专项）工作申报表》，实现创新立项、计划落实、经费预算、预期效果、验收指标等指标的量化。对20个小区工会开展工作考核，以工会主席述职、自评、互评、最终审定相结合的形式，有效提高工作水平。三是建立月度申报制，工会组建动态管理。规定20个小区工会每月将《工会组建月报表》、《工会组织动态管理月报表》及附表上报社区（街道）总工会，并列入年度考核。2012年，社区（街道）总工会完成工会组建626家、吸纳会员6300人，完成建会目标任务114%。四是建立走基层制度，实施工会工作分类指导。建立"一企一表"和"走企业、访职工、送服务"的台账。区域性工会联合会建立与企业双向沟通联动机制，以工会联合会主席为责任人，每次走访、沟通、交流均有书面记录，及时动态掌握企业工会运作的主要情况，更新"一企一表"信息，做到企业工会组织不散、不乱、不断。

（吕诚陆　王威廉）

【松江区总工会机关开展"展风采、树形象、迎七一"系列活动】 区总工会机关在七一前夕，在全体党员中组织开展"展风采、树形象、迎七一"系列活动。具体内容为：一是开展征文演讲比赛。以"平凡岗位写忠诚，一片丹心铸党魂"为主题，在区总机关开展"党在我心中"征文演讲比赛活动。二是进行革命传统教育。去革命圣地红色之旅，接受革命传统教育。三是上好党课。由区总工会党组书记为全体党员上党课。四是认真阅读一本书，并撰写读后感，开展读后感交流活动。五是参加党员社区活动。各党员向所在社区报到，参加社区组织的活动，并记录在《中国共产党党员活动证》上。通过宣传身边共产党员的先进事迹，激励党员解放思想，与时俱进，更好地发挥先锋模范作用。（潘晓晓）

9月11日，市总工会机关系统召开创先争优活动总结交流会

（徐新康）

【市机电工会加强工会自身建设】 一是推动基层工会主席直选。按照"坚持党的领导、坚持民主原则、坚持德才兼备、坚持职工意愿"的原则，所属基层工会中到期换届的23家企业工会主席全部直选产生，其中合资企业工会15家。二是新任工会干部全部进行岗位培训。举办87名新任工会干部上岗资格培训班，同时选派9名工会干部参加中国机械冶金建材工会培训。举办"工资集体协商"、"集团经济形势和战略发展"、"新时期工会经审工作"、"新时期心理健康"、"生活保障政策"、"职工代表权利与义务"、"法律政策与法规"、"信息写作"、"财务会计规范化"等专题讲座和培训。三是加强工会管理基础工作。修订《上海市机电工会工作职责》，对各部的工作职责作了明确的界定和要求；制定《机电工会会议管理制度》，规范各项会议管理；制定《机电工会内部季度考核实施办法》，从服务职工、服务基层、工作协作和工作质量等方面进行考核；按照新修订的《工会预算管理办法》，加强工会经费的预算管理，实行预算执行控制，提高各项资金合规有效使用；通过严格预算、强化审核、监督执行、有效控制等手段，不断提高财务管理工作水平。

（冯克华）

【宝钢工程工会加强工会自身建设】 以建设正规化、职业化的工会为目标，采取6项措施，大力加强自身建设。一是加强常委会和全委会建设。制定《宝钢工程工会常务委员会议事规则》，规定常委会和工会主席的权限。坚持每季召开常委会，报告、研究相关工作，发挥集体领导作用。建立常委会集体学习制度。坚持每年召开两次全委会的工作制度。二是规范工会经费管理。制定《工会预算管理办法》、《工会经费收支管理办法》、《工会经费使用额度及财务报销管理办法》、《工会固定资产管理办法》、《工会财务内部管理办法》等5项财务管理制度，保证工会经费管理的规范性。同时，工会经费审查委员会出台《工会经费审查委员会工作制度》。三是出台《职工参加文体活动的奖励办法》，明确公司员工参加文体活动的奖励。四是将平衡计分卡考核机制引入工会工作评价体系，加强对两级单位评价考核。五是组织工会委员、经审委员及各单位工会主席等40余人参加工会干部专题研修"中国特色社会主义工会发展道路"和"基层工会维权实务"。六是每月编发《工会工作交流》，及时反映集团公司工会和宝钢工程工会的工作。（胡　晟）

【市监狱局工会加强工会自身建设】 一是完善各类会议制度。坚持局工会例会制度，每年召开两次全委会、4次季度主席例会，建立健全办公会议制度。二是依法加强工会领导班子建设。局工会分别在四届八次和四届九次委员会会议上，履行民主程序调整充实局工会班子成员。三是举办2012年工会干部培训班，传达学习贯彻全国监狱系统工会工作经验交流会会议精神，邀请专家就工会面临的新形势新任务进行讲课，提高工会干部素质。四是抓好换届改选，加强分类指导。全年完成8家基层工会的换届选举工作。（江海群）

【上海城建(集团)公司工会加强工会自身建设】 一是规范组织建设。推动工会按期换届改选，召开集团工会第四次工代会，选举产生集团工会新一届"两委"班子，同步组建集团女职工委员会。推动下属5家子公司按期换届选举工作，对换届选举工作程序的规范化进行指导。加大工会干部教育培训力度，组织30余名工会主席参加工会管理职业学院培训，组织230人次的工会干部参加集团工会开展的女工、保障、组织、财务、经审等各类培训。二是加强作风建设。开展"面对面、心贴心、实打实服务职工在基层"活动，集团工会新一届领导班子带队到6家子公司工会调研，集团工会常委、专职工会干部先后18次到14家子公司面对面恳谈，了解掌握各级工会工作开展情况。三是完善制度建设。进一步建立民主议事制度，制订上海城建(集团)公司工会委员会全体会议制度(试行)、上海城建(集团)公司工会常务委员会会议制度(试行)、《上海城建(集团)公司工会常务委员和专职干部联系基层制度》(试行)。四是加强财务管理和审查监督工作。加大工会经费收缴力度，完成全年经费收缴任务。全面推行两级工会预算管理，加强预算执行监督。修订集团工会财务会计工作考核制度，开展工会财务工作考核评比。检查各子公司工会会计规范化和专项资金发放工作，规范工会会计行为。开展工会经费税务代征试点工作。集团经审会开展集团工会和机关工会的财务收支状况及预算执行情况审计、集团工会换届改选五年财务状况审查、3家子公司工会换届改选财务状况审查，以及路桥集团改制后工会资产重组审计。（耿　伟）

保障政策文件选编

上海市民政局
关于本市城乡低保申请家庭经济状况核对工作若干问题处理意见的通知

沪民救发〔2012〕62号

为了进一步完善本市城乡居民最低生活保障制度，规范本市城乡居民最低生活保障申请家庭经济状况核对工作，根据《上海市城乡居民最低生活保障申请家庭经济状况认定标准(试行)》(沪府办发〔2012〕32号)和《上海市城乡居民最低生活保障申请家庭经济状况核对实施细则(试行)》(沪民救发〔2012〕42号)，结合实际，现就核对工作中若干问题的处理意见通知如下：

一、关于家庭收入的认定

(一) 申请家庭中，非本市户籍人员有实际就业行为或本市农业户籍人员从事非农就业的，月劳动收入达到或超过本市职工最低工资标准的，可以享受民政部门的就业补贴政策。

(二) 申请家庭中，自由职业者缴纳社会保险费人员因大重病实际未就业的，须提交有关证明，收入按实认定。

(三) 协保人员和大龄失业人员自谋职业者，领取本市劳动部门就业(岗位)补贴的，申请低保时不再享受民政部门的就业补贴政策，收入按实认定，但一般不低于最低生活保障标准。

(四) 申请家庭中，在阳光职业康复援助基地、精神病人社区康复日间照料机构("阳光心园")、"阳光之家"、"阳光工场"的残疾人员，其获得的交通、伙食、劳动补贴及津贴等，不计入家庭收入。阳光职业康复援助基地、"阳光工场"以及部分在残疾人服务社的特定残疾人员缴纳城镇职工社会保险的，收入按实认定。

二、关于家庭财产的认定

(五) 申请家庭中，重残无业人员等特殊救济对象名下的财产，计入申请家庭的财产。

(六) 申请家庭原住房被征收(拆迁)，且家庭成员名下无住房的，其获得的原住房征收(拆迁)货币安置补偿款暂不计入家庭财产；购买住房后的余款一般计入家庭财产。

(七) 对申请家庭成员单独或共同拥有的房产，计入家庭的住房套数；申请家庭成员与非家庭成员的共有住房，该住房被其他共有权人居住的，不计入申请家庭的住房套数。经济适用住房(共有产权房)不计入申请家庭住房套数和面积。

(八) 申请家庭有2套以上住房，但人均建筑面积低于本市统计部门公布的上年度本市人均住房建筑面积的，视作住房套数未超过认定标准。

(九) 2人户及以上申请家庭因动迁而拥有2套住房，人均建筑面积超过本市统计部门公布的上年度本市人均住房建筑面积的，视作住房面积未超过认定标准。

三、关于不诚信行为的处理

(十) 对出具虚假低保证明材料的单位和个人，按照有关法律法规规定处理，并计入相关征信系统；低保(申请)家庭有虚报、隐瞒、转移资产等不诚信行为，情节恶劣的，管理审批机关可根据第271号国务院令的规定处冒领金额1-3倍的罚款。

2012年8月14日

理论与调研

Theory and Research

2013

综　述

2012年，上海工会调查研究工作以第七次上海职工队伍状况调查为重点，通过市总工会和区县局（产业）工会调研力量的整合，开展全市职工队伍状况的全面调查，深刻反映上海职工队伍发展变化的特点与规律，全面把握职工群众劳动经济、民主政治、精神文化、社会保障等各项权益的实现状况，梳理分析发展和谐劳动关系、推动构建和谐社会的现状及存在的问题，推动新时期新阶段上海工会工作创新发展。一是开展近五年上海职工队伍发展状况调查。在市总工会调查领导小组的总体部署下，各级工会开展广泛深入的理论政策研究和调查研究，取得了一批调研成果。形成一个总报告、五个分报告以及九个专题报告条列，为增强工会工作的针对性和有效性提供依据。二是开展企业经营者政治安排与履行社会责任挂钩工作调研。积极配合全总研究室，对奉贤等区力推有政治安排的企业经营者履行社会责任工作开展调查研究，总结上海在企业经营者政治安排与履行社会责任挂钩方面的做法与经验，探寻进一步推广、完善这一工作的意见与建议，调研成果得到中央、市委、全总领导的高度重视和充分肯定。三是围绕劳动关系领域民生热点问题开展专题调研。市总工会有关部门分别从职工劳动经济、民主政治权益等方面展开调查，关注职工就业、分配状况新变化，开展“当前影响本市户籍职工就业的因素分析及有关建议”、“当前本市国企收入分配中的几个突出问题及相关建议”的调研；关注职代会条例实施情况，开展“《上海市职工代表大会条例》贯彻实施中的主要问题及对策建议”的调研；关注《劳动合同法》修订，开展“关于《劳动合同法修正案（草案）》修改意见建议”的研究；关注女职工特殊权益保护工作，开展“本市女职工从事禁忌劳动情况的调查与思考”的调研。四是针对工会工作新情况新问题开展探索研究。关注增强基层工会活力建设，深入开展“关于微博在扩大工会工作影响力中的作用”调研、“推进工会组织内部管理制度规范化建设”、“轻工非公企业职工文化建设的现实状况”调查等课题调研。在年度优秀调研报告、论文的评选中，各级工会上报调查报告、论文218篇。经专家评选，10篇获一等奖、12篇获二等奖、15篇获三等奖、20篇获优秀奖。同时，在全国工会系统优秀调查报告和论文评选中取得优异成绩。市工运研究会获市社联第五届“学会活动月”优秀组织奖，“工会工作课题调研活动”获市社联2009—2011年度“三优一特一品牌”学会特色活动奖。（邹卫民）

6月13日，市人大常委会副主任、市总工会主席钟燕群调研普陀行业工会（许王丽）

工运研究会

【上海工会参评论文在全国工会理论研究优秀论文评选中获奖】 在2011年度全国工会系统理论研究优秀论文和调研报告评选中，上海工会4篇参评论文获奖，在各省、自治区、直辖市总工会中是获奖论文数量最多的单位。其中，市总工会法律工作部、研究室撰写的《关于规范上海企业劳务派遣用工的调研报告》获一等奖第一名，市总工会保障工作部《关于上海贯彻实施〈社会保险法〉保障职工合法权益重点问题的研究》、市总工会经济工作部《关于上海企业班组建设的调查报告》获二等奖，市总工会宣教文体部《关于上海职工文化建设的调研报告》获优秀奖。（邹卫民）

【普陀区基层工会工作研究会以研究成果促工作创新】 一是开辟成果发布阵地。研究会成员单位调研课题涉及民主管理、法律维护、职工素质工程、职工援助帮扶、农民工权益维护、沪西工人文化宫改造多个方面，研究会创办编发《“面心实”专刊》，及时发布调研工作动态和研究成果。二是积极争取各方支持。将调查研究中梳理汇总的工会工作难点、需整合社会力量解决的难题，通过区“两会”提案发言、政府与工会联席会议等形式，向政府和社会发布，争取各方支持，取得积极成效。三是推进工会工作创新发展。不断加大理论指导实践的力度，探索工会参与社会管理、促进劳动关系和谐的方法和途径，“行业工会构建‘333’维权机制”研究，入选“2012上海社会建设十大创新项目”候选名单；推动区劳动关系三方共同下发《关于进一步深化开展普陀区创建劳动关系和谐企业与工业园区活动的实施意见》，使调研成果成为基层工会工作创新发展的动力。（邹卫民）

【虹口区总工会工运研究会突出重点深化调查研究】 一是针对非公企业工会组建存在的难点问题，开展专题调研，形成《非公企业工会组建的难点及对策》调查报告。二是围绕区域经济发展重点，开展“区域性劳动竞赛的思考”研讨。三是结合“面对面、心贴心、实打实服务职工在基层”活动，研究如何深入基层、服务职工，形成《职工所呼工会有所应，职工有求工会有所为》等调查报告。同时，研究会建立完善调研激励表彰机制，针对每年的调研成果，设立一、二、三等奖和金点子奖，对调研工作开展较好的单位予以表彰，调动基层工会开展调研工作的积极性和主动性。

（邹卫民）

【宝山区总工会工运研究会全面推进各项工作】 一是完善组织架构。明确研究会组织结构，完善组织领导体制，设定4个研究小组，除直属工会外，还邀请13家基层单位参与研究会，反映一线企业工会声音，聘请4位顾问，建立特约信息员队伍，帮助做好研究会工作。二是调整研究模式。采取直属工会、基层工会分散调研与区总工会集中调研相结合的方式开展调研工作，5月份下发调研通知、参考调研题目，明确调研重点，每个研究会成员单位至少承担一项调研课题，于10月份前完成调研报告，并将调研成果转化成下一年的工作思路。三是严格考核奖励。下发文件，明确将工运研究工作列入年度创先争优表彰，作为各直属工会年度考核的重要内容。四是丰富信息载体。将原先每月一期《宝山工会通讯》改版为半月一期《宝山工会简讯》，减少篇幅，提升时效；开设《工会专报》，送区领导和市总工会。五是做好重点课题。重点完成两项重要课题，一要完成区政协关于职工公共文化服务体系建设课题；二要在市总工会职工队伍状况调查的群体课题调查中，牵头负责新生代农民工队伍调查，调查1400位新生代农民工，完成《本市新生代外来务工人员调研报告》。六是开展学习研究。先后举办直属工会主席学习研讨班、工会形势大型报告会、宝山工会论坛等活动，邀请专家学者作专题报告，强化研究会理论学习和内部交流，促进工作能力提升。 （邹卫民）

【闵行工会工作研究会加强研究会阵地建设】 一是完善研究会工作制度。年初，制订下发年度调研选题方向文件，从选题、申报、结题等环节对调查研究工作进行规范。年终，组织系统工会干部、机关工会领导和有关专家对征集的论文进行联合评审，编印形成调研论文成果集。二是健全基层调研网络。调整整合研究会各级调研力量，形成区、镇（街道、莘庄工业区）、村（居）委、企业四级调研网络。三是注重运用理论研究和调研成果推动实际工作。开展闵行区女职工队伍状况调查、环卫职工状况调查、完善劳动关系预警调解机制调查、跨文化企业工会作用价值研究，并形成《闵行区职代会建设操作指南》、《关于进一步加强群体性劳资纠纷调处的实施意见》，出台完善劳动争议调解组织建设和劳资纠纷报告制度等相关文件。

（邹卫民）

【纺织工运研究会深入基层推进调查研究】 一是深入一线，了解职工思想动态。结合“面对面、心贴心、实打实服务职工在基层”活动要求，进企业、走班组、访职工，先后召开各种形式座谈会10场，访谈职工100多人，掌握职工所思所想、了解基层所需所盼，每季度整理编写一份职工思想动态调研报告。二是组织理论培训，指导基层开展调研。先后举办“中国特色社会主义工会发展道路”、“劳动法解读”专题讲座，举办纺织女职工周末流动课堂，指导龙头股份、时尚产业、上实国贸、新联纺、德福伦等基层工会开展白领员工心理健康、素质工程等专题调研。三是强化学会建设，健全研究队伍。成立上海纺织职工思想工作研究员队伍，由36名基层工运研究者组成，不定期地组织学习研讨与沟通交流，形成上下联动、相互促进的研究机制。 （邹卫民）

【电信工会工运研究会围绕大局开展调查研究】 一是针对电信产业超常规发展给职工带来的压力，开展“上海电信地面局员工面对超常规发展压力的心态”调研，提出加强文化建设、完善薪酬分配与激励制度、强化对员工心理素养、思维素养关怀等对策建议。二是围绕社会主义核心价值体系建设，开展“深入推进企业职业道德建设”调查，以调查提出的对策建议为指导，推出《上海电信员工职业道德建设指导意见》。三是结合行业特点，开展“移动互联网时代产品片员工队伍结构优化研究”，提出分类科学指导，提升整体战斗力；创新考核导向，变硬性指标为弹性激励；加强人力资源规划，优化员工队伍结构等策略思考。全年，电信工会工运研究会共形成调查报告和论文88篇。

（邹卫民）

【上港集团工运研究会以“三个落实”强化组织管理】 （1）落实调研、研讨主题。一是根据2012年上海职工队伍状况调查的部署要求，对集团新生代务工人员开展全面调研，形成《关于上港集团新生代外来务工人员现状的调查报告》。二是围绕集团建设“上港和谐家园”目标，开展“工会组织如何在构建‘上港和谐家园’中发挥独特作用”专题工运论文征集活动，并进行论文发布。三是围绕推进工资集体协商和贯彻落实《上海市职工代表大会条例》工作，开展工作调研活动。（2）落实调研人员与经费保障。将工运研究经费列入工会年度经费预算，要求研究会成员单位积极参与各项调研工作，并广泛发动研究会特约研究员、基层工会主席、信息员及基层单位党政领导共同参与调研活动。（3）落实调研成果的宣传与转化。一方面发挥工会各类宣传载体作用，及时将调研报告、研究论文刊登在研究会刊物《工会之声》，并下发至基层工会；另一方面注重调研成果的转化工作，积极梳理调研形成的对策建议，推进工会工作创新发展。

（邹卫民）

【号百信息服务有限公司工会研究践行“面、心、实”工作】 一是在调研的落实上，抓好“四明确”、“三结合”。即明确课题、明确重点、明确完成时限、明确责任目标；做到机关与基层相结合、重点课题与一般课题相结合、点上调研与面上调研相结合。二是在机制建设上，注重持久有效。完善资源共享机制，与市经信委工会合作，实现资源与成果共享；完善典型引路制度，将基层研讨经验进行总结推广，推动工会理论研究纵深发展；完善队伍建设制度，把《电信号百》报通讯员、工会信息员与工会兼职理论研究员队伍合二为一，建立工会调研人才库，集中培训，合理使用，为工运理论研讨提供人才保障。三是在成果转化上，重在解决实际问题。梳理调研形成《实现员工全面发展，建立关爱员工长效机制》、《打造号百"特种部队"文化，提升企业文化力》等课题成果，把对策建议转化为关爱职工、推进工会创新发展的具体举措。 （邹卫民）

【上海航天局工会研究会重视调查研究出成果】 局工会研究会结合全总"面对面、心贴心、实打实——服务职工在基层"要求，实地走访、调研23家基层工会，分组分片开展定点联系活动，积极开展调查研究。全年共完成《上海航天改革改制有关情况调研报告》、《上海航天职工文化建设》、《以科研人员为主体的企业劳动竞赛方法研究》等3篇课题论文；牵头完成市总工会《上海战略性新兴产业（高新技术企业）职工队伍调研报告》。局工会工运研究会被评为"上海市工运研究会2011—2012年度优秀团体会员"；《进一步发挥航天班组建设作用的研究》一文被评为"上海市工运研究会2011年度优秀调研论文三等奖"；《以科研人员为主体的企业劳动竞赛方法研究》一文在《上海工运研究》刊用。 （沈 恺）

理论与调研

【全总企业和谐劳动关系建设课题组来沪调研】 11月12—16日，由中国工运研究所副所长王舟波带队的全总企业和谐劳动关系建设课题组来沪调研。调研期间，全总课题组深入米其林回力轮胎有限公司、森马集团有限公司、天灵开关厂和豪门印刷有限公司进行实地考察调研，了解企业经营发展和职工生产生活情况，与一线职工和企业行政人员访谈，全面研究考察企业发展和谐劳动关系取得的经验和存在的问题。课题组分别召开市总工会和闵行、嘉定两区由工会、法院、发改委、人社局、劳动争议仲裁院、工商联、企联和部分行业协会等相关单位负责人参加的座谈会，听取市、区两级工会推动构建和谐劳动关系的情况汇报，就当前劳动关系发展的特点和趋势、工会的应对举措等进行深入交流。课题组对市总工会以及闵行区、嘉定区等各级工会主动作为、发展和谐劳动关系、促进企业健康发展、推动职工共建共享的做法和经验给予肯定，并提出建设性意见。 （邹卫民）

【上海职工队伍发展状况调研报告】 该课题系上海职工队伍状况调查的总课题。课题组在对抽样问卷、个案访谈、调查典型单位、座谈会、网络调查等调研资料分析归纳的基础上，对五年来经济社会发展背景下上海职工队伍发展的阶段性特点作如下判断：一是职工队伍规模扩大，来源更多元多样。外省市来沪务工人员比重超过上海户籍从业人员，来源地更为广泛；高校毕业生新增劳动力规模大，非上海生源就业人数增加；高层次人才数量不断增加，外籍职工有所增长。二是新生代职工渐成主体，年轻化、知识化、技能化特性更显著。在年龄方面，35岁以下职工占比近50%；在文化学历方面，大专以上职工近30%；在技能素质方面，高技能人才占比大幅提高。三是职工分布结构深刻变化，职业流动更趋市场化。第三产业职工占比上升，第一产业职工占比降低；非公经济吸纳职工就业比例上升，国有、集体企业职工比例降低；战略性新兴产业、先进制造业就业人数上升，传统制造业就业人数下降。四是就业稳定性增强，职工收入增长更快。5年中，上海每年登记失业率均控制在4.3%以内，新增就业岗位每年保持在60万个左右，职工流动性较前几年有所降低，工作稳定性有所增强。五是社会保障机制不断健全，职工生活质量更优化，多层次、广覆盖的社会保障体系基本形成，职工生活不断改善。六是职工发展积极性高涨，对城市发展和未来生活更充满信心。七是职工权益法律保障进一步加强，劳动关系协调机制更健全，劳动关系总体和谐稳定。八是职工组织化程度提高，工会工作参与面更广，广大职工对工会工作的认可度、对参与工会活动的积极性也在不断提高。调查同时表明，当前职工队伍建设仍面临一些需要关注的突出问题，包括：招工难与就业难问题并存，就业结构性矛盾进一步凸显；不同职工群体收入差距较大，行业间、不同所有制单位间、经营管理层与一线职工间的收入差距较大；职工思想呈现利益诉求、价值观念、精神追求多元化、复杂化、个性化，凝聚职工思想共识难度增大；受户籍制度、社保政策、用工方式等的限制，职工队伍中的农民工与城镇户籍职工、正式职工与劳务派遣工之间，仍存在较为明显的二元结构；引发劳资纠纷的因素增多，劳动关系矛盾呈现多发易发群发态势；职工民主参与的渠道还有待进一步畅通，制度保障还需进一步加强。据此，报告提出建议：(1)要围绕上海创新驱动、转型发展的目标任务，加快建设知识型、技能型、创新型职工队伍，进一步完善上海职工队伍素质结构。(2)要顺应职工实现体面劳动的新期

5月8日，市总工会召开2012年上海职工队伍状况调查动员部署会议 （邹卫民）

待，从就业质量、劳动安全卫生、收入分配、社会保障等职工群众普遍关心的切身利益问题着手，进一步提升职工工作生活的质量与水平。(3)要弘扬社会主义核心价值观，倡导“劳动光荣、创造伟大”的时代主旋律，发展先进职工文化，壮大主流思想舆论，进一步丰富职工精神世界。(4)要按照加强和创新社会管理要求，进一步构建规范有序、公正合理、互利共赢、和谐稳定的劳动关系。(5)要促进劳动用工市场一体化，切实规范劳动用工制度，加强对劳务派遣用工的监管，有序推进外来务工人员的社会融入，进一步实现职工队伍协调发展。(6)要发挥职工推动工会建设的主体作用，完善特大型城市工会组织架构，进一步增强职工群众工作的影响力和凝聚力。 （邹卫民）

【工人阶级主力军作用发挥状况调研报告】 由市总工会经济工作部承担调研并撰写报告，是上海职工队伍状况调查的分课题之一。该课题采取问卷调查、案例分析、座谈访问、文献检索等方式，对过去五年上海工人阶级主力军作用发挥状况进行分析，总结上海工人阶级在推动经济发展、城市建设、创新创效、安全生产、节能减排、引领价值取向等方面发挥的作用。同时，课题梳理当前影响工人阶级主力军作用发挥的四方面因素：一是社会上“重脑力、轻体力”、“重白领、轻蓝领”的思想在一定程度上存在，普通一线职工的社会地位较低，对工人阶级整体作用的发挥起了负面作用。二是职工技能人才的数量和技能水平难以适应发展需要。三是职工技能人才的创新能力需要进一步加强。四是普通职工接受再教育培训的时间较少、职工教育培训经费使用情况民主监督程序履行不够到位。对此，课题提出对策建议：(1)正确处理好工人阶级内部群体间的利益关系。建议各级党委和政府进一步采取措施，调节各阶层的利益关系，努力控制、减小工人阶级内部地区间、行业间各群体间的收入差距和社会保障待遇差距，进一步增强工人阶级的凝集力和战斗力。(2)大力营造“劳动光荣、创造伟大”的社会氛围。建议各级工会组织充分利用工会宣传阵地，借助主流媒体等社会资源加大对工人阶级尤其是普通一线工人的宣传，营造尊重劳动、尊重知识、尊重人才、尊重创造的氛围。(3)进一步推动职工职业技能提升。发挥工会“大学校”作用，深化职工素质工程，聚焦先进制造业、现代服务业和高新技术产业，推广“首席技师制”、技能人才工作室等做法，完善“培训、练兵、比武、晋级”四位一体的职工职业技能发展模式，为职工成长成才开辟快速通道。(4)进一步激发广大职工的创新潜能和创造活力。深入开展科普知识讲座，深化科普教育活动，增强广大职工群众的科学素质和创新意识。尊重并激发职工的首创精神，积极营造“宽容失败”的氛围，以职工科技节、优秀发明选拔赛、职工“五小”创新活动为平台，鼓励职工投身自主创新实践。 （邹卫民）

【上海职工精神文化权益实现状况调研报告】 由市总工会宣教文体部承担调研并撰写报告，是上海职工队伍状况调查的分课题之一。课题归纳上海职工精神文化需求的六大特点，分析现阶段上海职工精神文化需求的发展趋势：在多元发展的同时，呈现价值观积极向上的趋势；在多层次发展的同时，呈现更加关注个性发展、品质发展、平衡发展、全面发展的趋势；在需求快速增长的同时，呈现更加务实、实际的态势；在消费自觉性增强的同时，呈现消费转型升级、支出逐年增长的趋势。报告认为，当前制约职工精神文化权益实现的问题主要有：对维护职工精神文化权益重要性的认识有待于进一步提高和深化；工会服务职工精神文化的能力有待于进一步增强；职工精神文化消费成本偏高，部分职工工作量大，无暇休息、休闲；职工精神文化权益实现保障机制有待于进一步加强和完善。为此，课题提出6条思考建议：(1) 建议制定《上海职工文化建设实施意见》，建立职工精神文化需求实现评考核评价办法。(2)提高调查研究能力、分类指导能力、服务基层能力，增强服务职工精神文化需求的科学性。(3) 探索和创新职工思想教育载体、职工素质提升载体、职工文体活动载体和职工人文关怀载体，形成职工精神文化需求实现途径的多样性。(4)面向不同人群搭建各类学习提升平台和文体活动平台，提高职工精神文化权益实现的普遍性。(5)多方共同努力推动职工文化建设，促成服务职工精神文化需求的便利性。建设党委重视、行政支持、工会实施、各方联手、社会协同、职工受益的职工精神文化建设格局。建议将工人文化宫(俱乐部)、体育场馆等纳入公共文化服务体系；联手文广、体育等部门，共同推进文化体育场馆免费和公益开放，推进专业文艺团体和体育赛事的公益性演出和优惠票价服务。(6)加强组织领导、法律保障、经费投入等机制建设，促进维护职工精神文化权益的长效性。 （邹卫民）

【上海市和谐劳动关系状况调研报告】 由市总工会法律工作部牵头、市总工会民主管理部参与调研，是上海职工队伍状况调查的分课题之一。报告认为，五年来上海劳动关系呈现以下基本特点：一是与《劳动合同法》颁布实施相对应，劳动关系普遍契约化；二是用工主体以非公企业为主，近八成职工在非公企业就业；三是劳动者年龄更趋年轻化；四是劳动关系矛盾的表现形式仍显扩大化、复杂化，群体性矛盾的组织性、关联性、敏感性增强，权利诉求和利益诉求交织、社会矛盾和劳动关系问题叠加，劳动仲裁案件高位运行。针对上述特点，上海各级工会在发展和谐劳动关系建设中不断探索实践，劳动合同制度全面推进，平等协商、集体合同制度覆盖面逐步扩大，职代会条例的社会影响力逐步扩大，基层民主管理制度建设向纵深发展，劳动争议调解组织、劳动法律援助机构得到实体化推进，和谐劳动关系企业(园区)创建活动全面铺开。报告指出，5年中上海劳动关系领域出现了一些新情况、新问题：一是体制外用工过多及规制失范，使争议矛盾难以平易，特别是新生代农民工、劳务派遣工权益维护成为焦点。二是结构调整、经济下行趋势，使群体矛盾时有发生，特别是国企改革改制、企业搬迁引发的纠纷成为焦点。三是收入分配不公、差距扩大态势，使利益矛盾逐渐增多。四是推进协调劳动关系制度建设仍遇难题，使争议矛盾难以源头预防。报告提出对策建议：(1)进一步营造尊重劳动的社会氛围，构筑发展

11月28日，由劳动报社主办的世界500强企业劳动论坛在上海举行，市总工会党组副书记、副主席肖堃涛出席并致词 （应启跃）

和谐劳动关系建设的社会基础。培育尊重劳动、保障劳动者利益的舆论氛围；高度重视企业文化建设，充分体现人文关爱；切实增强劳动关系双方互利共赢的和谐理念。(2)加强劳动关系三方协调机制建设，积极推进劳动关系和谐企业的创建活动。(3)进一步完善劳动关系协调机制建设。全面推进工资协商机制建设，实现共建共享；深化创新企业民主管理制度，搭建劳资沟通平台；健全劳动争议预防、预警、调处工作机制，妥善调处劳动关系矛盾。 （邹卫民）

【上海职工体面劳动实现状况调研报告】 由市总工会保障工作部承担调研并撰写报告，是上海职工队伍状况调查的分课题之一。报告归纳5年来上海市职工实现体面劳动的主要特征：一是经济增长拉动就业规模不断扩大，职工就业形势总体保持稳定；二是职工就业结构分布进一步优化，第三产业、非公经济和中小微企业成为吸纳职工就业的主体；三是职工行业分布结构日益适应产业结构调整的需求，职工就业向重点行业、重点经济领域流动的趋势明显；四是职工就业技能水平不断提升，与产业结构调整相适应的职业培训机制逐步形成；五是职工整体收入和福利待遇水平不断提高，职工劳动保护及带薪年休假等权益福利基本得到落实；六是职工社会保障待遇水平不断提高，社会保障体系逐步健全完善；七是职工社会救助覆盖面不断扩大，政府主导、社会参与的社会救助体系衔接更加紧密；八是职工就业流动性趋于稳定，对体面劳动实现状况普遍认同。在此基础上，报告分析全市职工实现体面劳动过程中仍存在的突出问题：就业总量矛盾依旧突出；经济下行压力、产业结构调整和商务成本高企等因素叠加，对就业形势的影响将进一步显现；职工就业结构性矛盾和摩擦性矛盾依然突出，职工就业难、企业招工难的复杂局面短期内难以缓解；职工培训体系建设尚难满足先进制造业、现代服务业和高新技术产业的实际需求；不同行业、所有制单位和岗位类别之间职工收入差距仍然较大，低收入职工比例仍然较高；企业工资正常增长机制建设有待健全，企业内部收入分配制度亟需进一步规范；与《社会保险法》相衔接的社会保障配套政策亟待制定完善；职工住房保障覆盖面有待进一步扩大，住房保障体系建设仍需健全完善；工会开展互助互济、困难帮扶和疗休养等服务职工项目尚需加大力度，服务职工的载体和途径有待进一步拓展。为此，报告提出对策建议：(1)坚持企业经济效益与社会责任相结合，充分发挥企业在推动职工实现体面劳动中的主体作用。(2)坚持政府主导与社会参与相结合，健全完善涉及职工体面劳动的民生政策体系。(3)坚持源头维护与机制建设相结合，推动广大职工实现体面劳动。 （邹卫民）

【上海工会组织建设状况调研报告】 由市总工会组织部承担调研并撰写报告，是上海职工队伍状况调查的分课题之一。报告对2008—2012年上海工会组织的变化发展、面临的挑战与问题进行汇总分析，并提出对策建议。报告认为，5年来上海工会组织建设取得了积极的变化与发展，一是工会组建工作取得新进展，工会组织覆盖面不断扩大，建会难点企业相继突破，带动一大批外资企业的建会工作。二是特大型城市工会组织格局健全完善，形成以条为主的街镇总工会—区域行业工会联合会—企业工会三级管理模式，作为与以块为主的街镇总工会—工会联合会(楼宇、村居、开发区)—企业工会并行的体制模式。三是农民工、劳务工成为工会工作的新对象，农民工会员数呈稳步增长态势，达326.7万人。四是工会干部队伍力量进一步增强，现有基层工会干部近22万人，专职干部1.6万余人。五是基层工会民主化进程不断向前推进，基层工会主席直选取得明显进展。截至2011年6月，全市由直选产生工会主席的基层工会占31%，全市乡镇街道工会主席直选率为42%。在此基础上，报告分析工会组织建设面临的挑战及问题：在街镇工会方面，由于未纳入街镇党政机关序列，其人员编制、干部职级没能根本上得到解决；在行业工会方面，干部靠“共享”、经费靠“补贴”的运转模式很难长久为继；在干部队伍建设方面，“量”与“质”上没能同步协调发展；在国有改制企业方面，工会组织“缩编”情况时有发生。针对这些问题，报告提出对策建议：(1)高度重视工会组织的基础性作用，持之不懈地推进工会组建工作。充分发挥好“党工共建”的互动作用，把促进有政治身份的企业经营者履行社会责任作为推进工会组建的有效载体，继续推进跨国公司、小微企业等建会工作，注重工会组织的网络形象建设。(2)以制度建设为依托，进一步推进工会组织体制创新。加强街镇总工会规范化建设，充分发挥好传统产业工会的作用，进一步理顺行业工会体制，杜绝在国资国企改革中工会组织流失现象。(3)以现代信息技术为手段，建立全市统一会员信息库平台和工会的农民工会员“大数据库”。(4)构建支撑工会组织发展的人力资源体系。加大工会干部选拔、交流、培养、挂职锻炼的力度，健全完善工会干部与其他党政干部的交流轮岗制度；加强职业化社会化工会工作者队伍建设。（邹卫民）

【市总工会开展金融业职工队伍状况调查】 该课题系上海职工队伍状况调查的群体课题之一。由市金融工会牵头，浦东新区总工会、黄浦区总工会、上海工会管理职业学院组成联合课题组。报告指出，金融职工人数五年间增长63.9%，呈现出持续快速扩张态势；整体素质显著提高，具有年轻化、高学历、专业化的特征；金融企业薪酬福利待遇得到提高和完善，金融职工生活工作状况得到较大改善；用工形式和管理方式日益多样，不少金融机构除签订劳动合同制外，还采用劳务派遣、劳务协议、人事代理等多种用工形式。调研反映，金融系统着力推进职代会制度建设，深化企务公开民主管理，积极推进金融职工文化建设，和谐良好的劳动关系正在逐步得以确立，但在金融行业高速扩张、非公经济成分比重日益提高、利益和社会价值取向日趋多元的背景下，金融职工队伍建设面临不少问题：一是从业人员需求缺口将长期存在，职工权益保障不容忽视。二是舒缓职工精神压力、保持身心健康的需求逐渐突出。三是改进教育培训、满足职工职业发展需求日益迫切。四是金融工会组织建设和工作效能有待改进。在此基础上，报告对下一步金融行业职工队伍建设给出了相应的对策建设，同时也对工会组织在这一过程中的新定位、新功能和新抓手提出若干建设性意见。（张海丽）

【市总工会开展战略性新兴产业（高新技术企业）职工队伍状况调查】 该课题系上海职工队伍状况调查的群体课题之一。由上海航天局工会牵头，上汽集团、船舶集团、商飞公司工会和嘉定、松江、张江、闵行开发区工会联合会组成调研组。报告认为，战略性新兴产业具有“技术密集、知识密集、资本密集、风险度高、研发人员集中”的特点，职工队伍的构成呈现年轻化、高学历、技术人员与技术工人并存、外来人才比例攀升、产业认同感强烈、自我价值实现目标明确、学习愿望和文化需求突出、民主参与和维权意识彰显等特征。报告分析了职工队伍存在的问题及原因，一是用工形式的复杂化与职工主体作用的发挥还不相互协调。二是人力资源管理的滞后与年轻职工的职业发展要求还不相适应。三是职工队伍的断层化与产业的加速发展要求还不相匹配。四是职工维权需求的多样化与工会维权手段还存在差距。对此，报告指出，进一步提高职工队伍整体素质，适应战略性新兴产业的发展需求，发挥职工的主体作用。一是加强顶层保障，从政策层面推动企业重视职工队伍的建设。二是加强机制保障，从制度层面激发职工的积极性和主动性、创造性。三是加强动力保障，从工会组织层面激发职工的内在动力。四是加强维权保障，在具体工作层面满足职工群众需求和愿望。（张海丽）

【市总工会开展文化创意产业职工队伍状况调查】 该课题系上海职工队伍状况调查的群体课题之一。由上海社科院工会牵头，市经信委工会、市纺织工会、虹口、静安、长宁总工会等6家单位合作进行。报告认为，在上海文化创意产业中，文化创意园区是个充满活力与发展潜力的组成部分。截至2011年底，上海已拥有114家市级文化创意产业园区，入驻企业8200家左右。文化创意核心产业的就业人数超过15.5万人，主要由一批较高学历的年轻人组成，组成结构多元、内部差异明显，具有创新创业意识强、艺术时尚特性鲜明、组织化程度和社会融入程度不够高等特点，在创意创业的保护扶持、公共服务的完善配套、交流交往平台的提供、生活成本的降低减负等方面有着较高的诉求。报告建议有关部门要进一步加大文化创意产业和创意人才的宣传力度，在全社会营造鼓励创新、支持创造的浓厚氛围；切实加强对文化创意企业的政策扶持和对创意创造产品的保护，保护好、引导好他们的发展积极性；增强公共服务的针对性和有效性，满足文化创意产业从业人员基本需求，为其创意工作、快乐生活搞好基础性服务；积极搭建交流交融平台，帮助园区从业人员更好地融入上海、服务上海；深化党群共建机制，把党群组织和党群工作覆盖到文化创意产业职工队伍中去，不断提高党群组织对他们的吸引力和凝聚力。（张海丽）

【市总工会开展信息产业职工队伍状况调查】 该课题系上海职工队伍状况调查的群体课题之一。由上海电信工会牵头，由上海信息化系统、上海电信、上海移动、上海联通、号百集团、上海市北高新区、上海紫竹国家高新区工会组成调查组。报告认为，上海信息产业职工队伍呈现爱岗敬业意识、民主维权意识较强，文化技能素质、对和谐劳动关系的认可度、对生活状况改善的满意度、对工会组织的关心期望值进一步提高的“二强四高”特征。39岁及以下青壮年占到74.5%，这些群体思想活跃，需求多元，诉求直接，着眼自身发展，看重个人价值的实现。占25.5%的40岁以上职工，对企业忠诚度较高，珍惜现有岗位，踏实干好本职，但也不乏对收入和职业发展产生意见，一些倾向性问题值得引起高度重视。一线职工普遍反映工资收入低，工作、生活压力和身心疲劳感日益加大，危机和浮躁心态凸显。为此，报告提出如下建议：一是贯彻科学发展，拓展沟通渠道，夯实班组民主建设，提升职工价值，优化企业和谐劳动关系的发展环境。二是抓好教育培训，把职工思想统一到十八大精神上来，抓好职业道德教育，倡导“培训是职工最大福利”的理念，把培训作为工会维权的重点加以推进，建立职工教育培训工作协同推进机制。三是突出工会作为，了解不同群体、不同岗位、不同年龄段职工的心理诉求，主动上门服务；关注职工个体性需求，在做好普遍服务的同时，加强对职工个体的心理关怀；健全职工心理援助机制，加大一线管理者的心理知识培训，将职工心理关怀融入日常管理中。

（张海丽）

【市总工会开展新生代农民工队伍状况调查】 该课题系上海职工队伍状况调查的群体课题之一。由宝山区总工会牵头，由普陀、奉贤、崇明及仪电、城建、建工、上港等单位工会组成课题组。报告指出，新生代外来务工人员主要指1980年以后出生、具有外省市户籍、在上海务工的人员，90后约占1/5，农村户口约占4/5。具有以下特征：文化层次明显提升，学习培训意识强烈；就业领域分布广泛，行业岗位发生调整；职业选择较为盲目，岗位流动较为频繁；关心个人权益保护，注重身心健康；网络技术影响深入，获取信息渠道多元；维权意识较强，维权方式较为激进；自身期望值相对较高，工作生活满意率相对偏低。报告分析，新生代农民工群体面临以下困难：一是薪酬收入偏低，生活压力大。二是权益维护不够到位，同工同酬呼声强烈。三是业余生活比较单调，精神压力较大。四是“市民化”遥不可及，边缘化漂泊感强烈。调报告指出，新生代外来务工人员已成为上海城市建设、管理与服务不可或缺的重要组成部分，他们身上已深深打下社会发展、时代变迁的重要烙印，其特点与其自身生理发展的阶段密切相关，其所思所盼反映社会建设管理中需要引起关注的问题。因此建议：(1)围绕上海经济社会发展目标，做好新生代外来务工人员管理服务工作的顶层设计。(2)完善公共服务政策体系，促进新生代外来务工人员享受同城待遇。(3)加大教育培训工作力度，提升新生代外来务工人员素质能力。(4)全面落实劳动法律法规，维护新生代外来务工人员合法权益。(5)丰富业余文化生活，促进新生代外来务工人员精神健康。 （张海丽）

【市总工会开展城市运行基础服务系统职工队伍状况调查】 该课题系上海职工队伍状况调查的群体课题之一。由市建设交通工会牵头，市交通运输和港口管理局、市绿化和市容管理局、申通地铁集团、久事公司等四家单位工会共同组成调查小组。报告发现：一是行业职工队伍技能水平低于全市平均水平，直接影响行业服务水平的提高和行业的发展。二是职工劳动强度大收入基数低增长缓慢，近年来大多数职工虽然每年都有一定的收入增长，但其中包含超额劳动报酬。三是同工不同酬情况严重，身份不同收入不同。四是职工对行业缺乏认同感和归属感，福利待遇与行业地位、劳动强度不相匹配，很大程度上影响了职工的工作满意度和工作热情。报告对提高一线职工收入、推动行业持续稳定发展提出建议：(1)不断加大对公共服务行业的财政投入力度。完善政府扶持政策和购买公共服务的机制。科学制定定额及相应的标准规范。对照定额标准，逐年有所增加，分步落实到位。(2)建立和完善工资集体协商制度，探索覆盖劳务派遣工的集体协商模式；建立市区两级集体协商机制，推动企业参照行业的指导意见，结合企业实际情况开展集体协商，并签订工资专项集体合同。(3)实现经营者与职工收入联动。根据公共服务行业特点和相关政策规定，确定经营者与职工收入的比例。在一线职工收入达不到预定目标的情况下，经营者的收入要受到限制。建立经营者收入考核办法，并将考核办法和考核结果通过职代会等形式公开。(4)扩大公共服务行业各工种人工成本信息发布。指导市场规范用工，合理控制项目的人工成本，为一线职工收入提供资金保证。 （张海丽）

市委副书记殷一璀、市人大常委会副主任、市总工会主席钟燕群视察工会学院 （卢 锟）

【市总工会开展制造业、商业女职工队伍状况调查】 该课题系上海职工队伍状况调查的群体课题之一。报告认为，上海制造业和商业女职工队伍稳定，劳资关系较为和谐，基本权利得到维护，发展前景较为乐观。但在产业升级的过程中，传统制造业逐步萎缩，商业行业竞争日益激烈，部分身处一线的女职工对企业的发展和自身的前途较为茫然，她们收入偏低、职业能力较弱、自信心缺乏，与男职工比较，存在整体工资收入偏低、岗位技能等级偏低、对本职岗位认同度低、特殊关爱度低、对现状满意率较低的现象，亟需关注和关心。对此，报告建议：(1)加快政策研究制定，逐步提高女职工工资收入，夯实体面劳动、体面生活的物质基础。(2)加大教育培训力度，确保用于女职工教育培训的费用与单位女职工人数占比相适应，提高女职工的职业竞争能力和综合素养。工会女职工周末学校要根据女职工群体的职业特点、生理特点、需求内容，开展有针对性的教育培训。(3)加大工会女职工委员会建设力度，夯实工作基础，拓展工作领域，探寻工作特色，为女职工群体提供个性化服务。 （张海丽）

【市总工会开展上海市高校青年教职工队伍状况调查】 该课题系上海职工队伍状况调查的群体课题之一。由上海大学工会牵头，对复旦大学、华东师范大学、上海交通大学、上海大学、上海海事大学、上海工程技术大学、上海第二工业大学和上海医科高等专科学校等8所高校、45岁以下的244名青年教职工进行了问卷调查和座谈访问。调查发现，市青年教师队伍的整体构成情况基本良好，学历层次较高，各岗位学历结构分配比较合理。教学科研岗位主要以博士研究生学历者为主，管理岗位则以硕士研究生为主。超过75%的高校青年教师已经获得了中高级职称。调查反映，近九成的青年教师感受到来自生活方面的压力，近60%的青年教师将经济压力作为生活压力的主要来源，住房状况成为影响青年教师生活满意度的最主要因素。52.5%的青年教师对工作不满意的原因是岗位收入少、上升空间小。94.7%的人表示自己有工作压力，主要是科研课题压力。制约青年教师发展的主要瓶颈是专业技术职务晋升困难、没有学术带头人指导、科研项目申请困难和考核机制不够合理。报告提出以下建议：(1)切实提高青年教师的待遇福利，通过制定更加科学合理的薪酬制度和住房补贴制度，缓解经济压力和焦虑感。(2)重视教学在人才培养中的核心地位，合理设置教学科研岗位，创造宽松的学术环境，构建科学的考核评价体系。(3)努力提升教师队伍的国际化水平，积极引进海外高层次人次，选拔和资助优秀青年教师到国外开展科研合作和学术交流。(4)发挥工会组织、协调的优势，帮助青年教师成长成才，解除青年教师的后顾之忧。（张海丽）

【上海市物业管理一线职工收入状况调研报告】 该课题系上海职工队伍状况调查中“物业、护工、家政等以分散、个体形式就业的职工”群体课题的子课题之一，由上海市住房保障和房屋管理局工会承担。报告显示，物业服务企业整体运营情况主要呈现出人力成本占比大、部分住宅小区经营入不敷出、企业整体盈利水平比较低的特点；一线员工结构则呈现大部分员工年龄偏大、专业技能证书持有率低、部分职位外来人员占比较高的特点。报告发现，物业服务企业一线职工薪酬平均水平偏低，一线作业层与小区经理层薪酬差距较大，薪酬结构缺乏激励效应。报告分析造成物业管理一线职工收入问题的主要原因：上海住宅小区的物业服务收费标准长期未作调整，无力提高员工工资水平；物业服务企业的维修设备种类不全、专业化程度低，又未与专业维修机构建立合作关系导致一线职工薪资水平提不高等。为此，报告建议：(1)加快调整物业服务收费价格机制。按照“按质论价、质价相符”原则对住宅小区物业服务收费标准进行适度调整，探索建立物业服务收费联动调价机制。(2)定期发布行业一线职工工资指导价。确保一线职工的工资水平不低于全市职工最低工资标准，职工工资增幅不低于上海职工工资平均增长水平。(3)整合行业资源，加强职工队伍建设。要定期开展物业行业职业技能大比武，组织开展有针对性的职业技能培训，提升职工综合素质；建立留住高技能人才的机制。(4)加大宣传力度，取得社会各界支持。（陆新超）

【上海市医疗机构护工现状及有关问题的调研】 该课题系上海职工队伍状况调查中“物业、护工、家政等以分散、个体形式就业的职工”群体课题的子课题之一，由上海市医务工会承担。报告反映，上海综合性医疗机构中护工群体人员构成以外地来沪人员为主，绝大多数为女性，文化水平不高；工作及工作地点较为稳定；劳动时间长，部分群体的劳动强度大；护工的专业技术职称水平整体较低，培训工作还待加强；劳动合同签订率不高；月收入基本稳定在3000元左右；福利保障水平得到提升；生活压力源和工作压力源不同；护工对现状的总体满意度达到48.94%。报告发现，护工最期望得到改善的是工资收入，普遍希望提高养老保障水平，个别受访者希望医院能为其生活和工作提供相应的便利。为此，报告提出对策建议：按照“市场为主、规范管理、理顺关系、维护权益”的基本思路，政府、企业、社会和医疗机构提高责任意识，加强联动形成合力，共同为护工群体的权益保护以及护工行业发展贡献力量。首先，要组建上海市家政护理行业协会，统一规范和指导护工行业的发展。行业协会要加大对家政公司的规范管理，制定行业规范，审定行业企业资格；同时做好护工的培训工作。其次，要成立上海市家政护理行业工会，维护护工权益。再次，卫生行业管理部门加强对护工培训工作的指导和协调，医疗机构加强对家政公司的筛选，改善护工工作环境。（陆新超）

【上海市家政服务员职工群体状况的调查报告】 该课题系上海职工队伍状况调查中“物业、护工、家政等以分散、个体形式就业的职工”群体课题的子课题之一，由杨浦区总工会、闸北区总工会联合调查组承担。调查表明，近年来上海家政服务行业获得较快发展，从业人员已具备一定的规模。调查发现，家政服务员职工群体面临6个主要问题，一是普遍没有建立劳动关系。二是基本未参加社会保险，只有少数上海户籍人员按规定享受社保补贴。三是工作时间、休息普遍无保障。四是从业人员要求政府加大扶持力度。五是人员流动过于频繁，家政服务员目前平均工作年限为3年，其中3—5年占34%，5年以上18%，家政服务员平均年流动率达到25%以上。六是技能素质总体不高。调查显示，家政服务员参加过家务操作、医疗护理等技能培训的只有38.2%。为此，报告建议：(1)完善法律法规体系。明确家政服务员的法定劳动者身份，同时出台参加社会保险的办法，切实保障其合法权益。(2)推动行业发展和监管。健全完善家政行业协会，促进行业健康发展；加大政府支持扶持力度，关爱家政从业人员；加强市场监管，推动形成成熟的竞争市场。(3)提升家政服务员总体素质。加强职业技能培训，深化职业道德建设，提升社会认可度。（陆新超）

【市总工会出版《新起点新举措——2011'上海工会工作创新案例汇编》一书】 由市总工会研究室牵头，广泛征集全市各级工会团结带领职工参与劳动竞赛、合理化建议、技术创新等活动的有益经验，总结推进工会组建、工资集体协商、民主管理、厂务公开、职工代表大会建设、发挥大学校作用、推进职工素质工程建设、围绕职工“三最”问题加强维权与帮扶等的成功做法，发动各级工会总结、采写、上报创新工作案例，推动基层单位将案例采写的过程变为总结推广经验的有利契机。市总工会研究室会同《劳动报》进行筛选和编辑，归纳为“服务发展大局”、“推进‘两个普遍’”、“维护职工权益”、“提高职工素质”、“服务帮扶职工”、“加强自身建设”六大部分，对每一个入选的案例进行点评，总结基层工作的创新亮点，提炼出可供借鉴的工作模式。汇编出版14万字的《上海工会工作创新案例汇编》一书，与《劳动报》合作开展宣传工作，扩大基层工会创新案例的影响，在促进基层工会工作创新发展中发挥示范导向作用。（张海丽）

【市总工会开展“当前本市国企收入分配中的几个突出问题及相关建议”调研】 针对网络媒体发布《2011年中国央企工资报告》，市总工会通过查阅历年资料，多方收集情况，并结合上海职工队伍状况调查，对上海市国企收入分配问题进行分析。研究表明，央企职工平均工资确实高于其他单位，但实际差距要小于上述报告的数据 。就上海而言，国企与其他单位职工收入之间同样存在一定差距，且从近年来的情况看，呈现逐步扩大的趋势。另一方面，国企内部收入分配又存在结构失衡的现象，突出表现在不同类型国企之间、企业内不同岗位职工之间、正式职工与“非正式”职工之间收入差异较为明显，部分占有优势地位、拥有优质资源的国企职工平均收入偏高，管理层与一线职工收入差距较大。报告提出，完善国企收入分配工作，一要研究完善利润调节机制，逐步缩小不同行业、不同所有制单位之间的盈利差距，着力营造公平竞争的环境，使各类市场主体拥有平等的机会，加快垄断型行业现代企业制度建设进程。二要研究完善分配机制，把以按劳分配为主体的原则真正落到实处。提高劳动者特别是普通劳动者收入在初次分配中的比重，着力提高低收入者收入水平，科学界定不同类型企业中管理要素的贡献收益。三要研究完善规制管控机制，加强对国企收入分配的监督。建立健全国有企业工资集体协商机制，进一步形成经营者收入与职工收入增长的联动机制；完善以职代会制度为核心的厂务公开民主管理制度，落实好广大职工的知情权、发言权。四要研究完善国企收益分享机制，加大对困难职工和社会弱势群体的扶助力度。推动国企积极履行社会责任，逐步提高国企利润上缴比例，并重点用于民生项目，探索利用国企利润设立专项困难职工帮扶资金。五要研究完善用工机制，推动国企在规范劳务用工上发挥示范引领作用，改变国企收入分配的“二元结构”。（张海丽）

【市总工会开展“当前影响本市户籍职工就业的因素分析及有关建议”课题调研】 调研表明，上海市户籍职工就业情况与非户籍人员就业状况之间没有显著差异，且随着社保接轨等措施的完善，不少企业招用上海户籍人员的积极性进一步增强；上海市户籍人员就业形势受总体经济形势的影响，但产业结构调整、企业成本快速上升等因素不容忽视；上海市户籍人员就业虽总体平稳，但随着中小企业在经济下行压力下减员增多，仍存在趋于严峻的态势。报告建议，解决就业问题，要把扩大就业与调整产业结构、促进经济发展紧密结合起来，增强促进就业工作的前瞻性、预见性和针对性。一是加强研判，关注国际金融危机蔓延、国内经济增长放缓、上海产业结构调整及户籍人员就业变动等动态，做好政策储备工作。二是积极扶持中小企业，推动就业稳定增长。从政策、技术、资金等方面研究制定扶持、激励措施，支持中小企业发展新兴产业，提高吸纳就业能力，改善就业结构和质量。对新增户籍就业达到一定比例的小微企业，适当加大社保补贴比例。三是加强对社会组织促进就业作用的研究。四是完善制度设计，针对淘宝卖家、居家办公、家庭作坊等个体、分散、灵活就业形式，探索制定符合其特点和需求的社会保险政策，建立统计、监测、监管、维权为一体的管理体系，促进新型就业形式的健康发展。同时加强就业关联政策研究，改善促进就业的整体环境。（张海丽）

【上海工会女职工组织机制建设情况调研】 调研显示，工会女职工委员会组建情况不够均衡，区县、委办局层面工会女职工委员会组建率近100%，所属二级、三级单位的组建情况不均衡。各区县机关、事业单位组建工会女工委的组建率较高；区属商务楼宇和工业园区组建工会女工委空白点较多；委办局所属的基层单位组建未能达到全覆盖。报告指出，上海工会女职工组织建设存在工会女工委和妇委会工作之间存在工作职能有重叠、工作多头布置、工作运作不顺等问题。女职工委员会自身建设也存在领导重视不够、人员和经费不足、职级待遇偏低等问题。据此，报告建议：(1)注重源头参与，加强工会女工组织机制建设的科学化和规范化，提高工会女工委的影响力和吸引力。(2)完善工作机制，加大与妇联沟通协作的力度。建议工会女工委和妇联组织的领导相互兼职，建立联席会议、共同表彰、联合项目、信息报送制度等。（张　红）

【市总工会深入开展深化医药卫生体制改革情况调研】 6月，市总工会开展上海深化医药卫生体制改革情况调研。调研期间，深入长宁、虹口、仪电等基层企业，发放职工调查问卷500份，召开在职和退休职工、基层企业工会干部、相关政府部门、医疗机构医务人员和工会干部、药品生产企业人士座谈会5场，收集、汇总并掌握医改3年总体情况、职工群众对医改的评价及对各项改革措施的意见和建议，形成有针对性的阶段性总结，充分反映一线职工对医改的诉求和建议。（王正园）

【上海市机电工会开展工运研究】 (1)积极开展调查研究。一是开展调研李斌活动，组成李斌调研采访小组，采写李斌小故事，丰富学习李斌的内容，召开学习李斌专题研讨会。二是开展现代化班组管理调研，由机电工会主席、副主席带队深入企业，召开7次一线生产班组长座谈会，为推进班组现代化管理打好基础。三是开展上海电气工资集体协商的调研，推进全系统工资集体协商工作。(2)开展征集贯彻实践中国特色社会主义工会发展道路征文，共征集到论文54篇，评出一等奖2篇，二等奖5篇，三等奖10篇。(3)举办非控股合资企业工会主席研讨会、创建模范职工之家专题报告会以及工会主席业务培训、新任工会干部上岗培训、机电工会办公室主任信息工作培训班

等专题培训班。 （冯克华）

【纺织工会开展把握职工群体思想动态的调查研究】 2012年，市纺织工会主席室带队走访调研多家基层单位，先后召开各种形式座谈会10多场，面对面访谈职工200多人，收集职工意见建议近100条，形成职工思想动态专题报告3份，主体工种低收入职工情况调研报告1份。调研中，在集团所属外贸企业职工发放调查问卷200份，形成《上海纺织外贸企业职工心理状况调查分析报告》。职工思想动态调研工作得到集团党政领导的高度重视，8月，集团党委书记会专门听取纺织工会对职工思想动态研究的汇报，并提出一系列工作要求和指导意见。 （俞洪艺）

【宝钢股份工会持续开展工会理论研究工作】 2012年，公司工会成立两大课题组，开展"职工岗位创新与实践"、"服务职工工作机制"课题研究。各单位工会全年共上报课题50篇，10篇论文在集团公司及刊物上发表。举办2012年度工会工作理论发布会，组织20篇论文进行发布，10篇优秀论文获奖。公司工会获"2011—2012年度上海市总工会工运理论研究会优秀团体单位"。 （包 翔）

【上海石化工会切实加强调研工作】 2012年，石化工会关注职工"三最"问题和工作开展过程中遇到的难点问题，研究确定《职业病防治工作情况调查与对策分析》、《关于上海石化基层工会组织建设的实践和思考》、《关于职工生活福利待遇的现状和对策分析》等3个调研课题，深入基层、深入一线开展调查研究，形成较高质量的调研报告并转化成实际工作思路，特别是《职业病防治工作情况调查与对策分析》的调研，为签订第一期《职业病防治专项集体合同》文本奠定基础。 （施东亮）

【上海交运集团股份有限公司开展深化"十个有"工作制度专项调研】 9月，运输工会开展"十个有"工作制度落实情况的专项调研，调研集团系统物流运输、工业制造、窗口服务等不同业态的21家基层企业，组织412名职工代表、班组长、一般管理人员等职工参与问卷调查。调研显示，广大职工群众对"十个有"工作的知晓率、认同感和满意度较高，集团企业基本实现畅通民情民意有渠道、构建企业和谐有机制、职工收入增长有盼头、保障安全生产有载体、职工技能提升有平台、员工职业发展有标杆、落实实事工程有实惠、完善帮扶机制有措施、职工补充医保有保障、实施"夕阳工程"有亲情。 （陈敢敏）

市交通港口局工会承办华东片区公交工会工作研讨会 （杨松敏）

【中交上航局工会以"融入、服务、推动"理念加强课题调研】 年初，下发2012年度中交上海航道局有限公司工会调研课题条目，年底举办工会调研论文发布会，发布7篇论文。其中，天津南港项目部陈金陵发布的"浅谈当前职工最关切、最期盼的问题是什么"等文章受到好评。公司工会撰写的《建立劳务派遣员工思想预警机制的探索与思考》被《上海工运研究》、《工会理论研究》刊用；《上航局实行劳务派遣员工会籍协管托管的模式》被收录《新起点、新举措，2011'上海工会工作创新案例汇编》一书。公司工会研究会获2011—2012年度上海市工运研究会优秀团体会员的称号。 （刘昌明）

【建工工会深入基层调研，推进分公司工会组织建设】 5月9—30日，集团工会主席带领集团工会干部深入基层调查研究，通过听汇报、查资料、座谈交流等形式，对各单位工会组织建设、职工素质工程建设、职工思想动态、特色工作和树立先进典型的做法与经验等内容进行深入了解，广泛听取基层工会干部的意见和建议。调研期间共召开26个座谈会，与300多名基层工会干部座谈，了解基层工会特别是分公司工会开展各项工作的情况，并就如何做好新时期工会工作的方式方法等，广泛听取基层工会的意见和建议。调研结束后，集团工会及时汇总调研情况，形成《基层工会组织和工会干部状况调查》和《当前职工思想动态调查》、《"走出去"职工情况调查》等调研报告。 （杨钟春）

【市监狱局工会开展工会论文评选工作】 局工会组织开展2012年群众论文评选活动。提出工会和监狱工作课题范围，发动群众结合职工岗位研究思考工作。要求基层工会重点研究工会组织如何通过以文化建设为抓手依法落实维权，如何在新形势下深化岗位练兵活动，如何发挥工会预警等作用，为稳定大局服务。各基层工会积极参与，立足岗位，积极参与论文交流评选。共收到论文91篇，经专家评委评选，有41篇群众论文获奖，其中论文一等奖4篇，二等奖8篇，三等奖13篇，鼓励奖16篇。 （江海群）

优秀论文选介

【关于进一步完善工会帮扶机制的调

研报告】 市总工会保障工作部撰写。报告指出，工会帮扶工作是社会公共服务体系的重要组成部分，是实行国家帮扶制度、推动保障和改善民生的重要举措，是工会参与社会管理、协助党政做好新形势下职工群众工作、促进构建和谐劳动关系的重要途径。上海各级工会以推动完善社会保障体系和社会救助体系为目标，以实现工会帮扶工作常态化、长效化和可持续发展为主线，深入开展就业援助、职业培训、生活帮扶、助学帮扶、互助互济等帮扶项目，工会帮扶工作取得长足发展和进步。但同时，存在工会帮扶资金筹措渠道有待拓宽、地区和产业工会帮扶工作发展不均衡、条块帮扶资源结合不到位、帮扶项目和形式有待创新、各级帮扶中心的规范化建设有待完善、帮扶工作队伍建设有待加强等问题。报告建议，各级工会要探索研究工会帮扶工作的具体定位、工作载体、手段途径和运作模式的新变化，不断在拓展帮扶范围上有新进展、在完善帮扶方式上有新举措、在提高帮扶水平上有新突破、在工作作风上有新转变，推进工会帮扶工作的可持续发展。(1)明确目标，推进上海援助服务体系规范化、网络化、立体化建设。建立完善“全面覆盖、分级负责、上下联动、条块整合”的工会援助服务体系。(2)丰富内涵，着力为职工提供多元化、多样化、多层次的帮扶服务。(3)完善机制，夯实帮扶资金基础，拓展社会化筹资渠道，加强审计监督和社会监督，确保管好用好帮扶资金。(4)引进社会力量，使帮扶工作融入公共服务体系。健全完善与民政、人保、教育、卫生等部门的协调、沟通、会商、转办机制，实现与政府社会管理体制的有效衔接，与社会各方资源的有效整合。(5)加强帮扶工作人员队伍建设，建立帮扶工作绩效评估机制。 （陈婉婉）

【关于全市贯彻执行《上海市职工代表大会条例》情况的调研报告】 市总工会民主管理部撰写。报告指出，市总工会把握《条例》颁布实施的有利时机，及时制定配套文件，突出贯彻《条例》的工作重点，营造《条例》实施的良好社会环境，取得了积极成效。但也存在以下困难和问题：一是非公企业职代会建制缺口较大，推进工作任重道远。二是部分企事业单位的职代会职权落实不到位，较易引发劳动关系矛盾。三是劳务派遣工参加职代会行使民主权利进程缓慢，需从用工体制和基层实践两方面整体推进。四是整体推进的工作格局尚未完全形成，需进一步提高共识、凝聚合力。五是《条例》的相关内容存有一定局限性，需进一步规范和深化。报告建议：(1)强化宣传培训，营造良好的社会环境。推动《条例》尽快进入各级党校、人大政协、政府(行政)、以及企业组织的培训机构。(2)强化责任考核，扩大职代会的建制率。建议把职代会建制列入对各级政府的年度工作考核体系；把职代会建制同各级工会推进“两个普遍”结合起来，实现建立工会组织、集体协商制度和职代会制度的“三同步”。(3)强化监督检查，提高职代会运作质量。(4)强化实践力度，保障劳务派遣工民主权利。(5)强化研究力度，推进职代会制度与时俱进、创新发展。 （陈婉婉）

【关于进一步完善工资集体协商立法的调研报告】 市总工会法律工作部撰写。报告提出，全市劳动关系三方通过强化对工资集体协商工作的指导督导，不断完善推进工资集体协商的手段，积极推动世界500强在沪企业建制，深入开展行业性区域性工资集体协商，重视建立工资集体协商人才队伍，扎实推进工资集体协商工作。但与一般的集体协商相比，工资集体协商面临着一些特殊问题：工资集体协商的建制率仍显不足；工资集体协商启动较为困难；工资集体协商的质量亟须提高；工资集体协商机制尚不完善；工资集体协商的法律责任规定不够明确。报告建议将《上海市工资集体协商条例》列入下一个五年立法规划，尽快对工资集体协商开展深入的立法调研，学习兄弟省市特别是天津、重庆、北京3个直辖市的立法及实施的经验，研究完善工资集体协商立法的路径选择以及重点内容，适时启动立法程序。报告还建议：(1)强化工资集体协商的法律规范。明确规定可以拒绝工资集体协商的“正当理由”，规定不得拒绝工资集体协商的条件。(2)细化工资集体协商的具体内容，包括界定劳动报酬范围，明确协商参考依据，明确信息披露义务等。(3)规范工资集体协商的谈判程序。对协商代表来源和协商结果适用范围、工会的代表地位予以明确，确保协商地位平等。(4)完善工资集体协商的促成机制。以第三方力量介入协调处理，确立劳动行政部门为主导，劳动关系三方共同参与的协调处理方式；设置合理的调处期限，避免久调不决；对调处结果以书面形式进行固定。(5)严格工资集体协商的法律责任，界定企业、职工和工会负责人、行政主管部门的法律责任。 （陈婉婉）

【浦东新区农民工权益维护调查报告】 浦东新区总工会撰写。报告指出，浦东新区农民工群体呈现年轻化的年龄结构、趋同性的职业选择、流动性的工作状态、封闭性的社会生活等特征。针对这些特征，浦东新区各级工会通过建立三属地管理机制、薪资保障制度、法律援助制度、扶助关爱制度等，农民工权益保障的力度得到提升。但也存在一些问题：一是劳动合同的签订率提升，但内容有不够完善之处。二是工作劳动时间较长，但职工“愿意”加班。三是工资收入逐步增长，但也存在支付不规范现象。四是社会保障的参保意识大幅提升，但存在未参保的状况。五是技能培训起步，但家庭问题忧心，教育等公共服务未能跟进。六是工会入会率大幅提升，但组织凝聚力需加强。报告建议：浦东新区未来的发展需要积极稳妥地将大部分农民工由普工转为技工，实现农民工群体的市民化。在素质提升方面，通过培训让农民工变成劳动力市场稀缺的技术工人；在组织协同方面，拓展农民工建会领域，畅通农民工入会渠道，使农民工队伍由无序化向有序化发展；在社区关怀方面，逐步放宽农民进城落户条件，促进农民工城市融入。 （陈婉婉）

【关于政务微博在扩大工会工作影响力方面的作用初探】 徐汇区总工会撰写。报告指出，在中国5亿多网民和3亿多微博用户中，各行业职工达2.12亿，占网民总数的41%，是工会组织不可忽视的一个庞大网络群体。微博对于工会工作的创新发展具有重要作用。(1)政务微博是工会应对网络时代新挑战的有力举措。开通政务微博,有助于在网上构筑工会工作的新阵地,提高运用信息技术和新兴媒体维护职工合法权益的能力,形成正确的舆论导向,不断增强职工思想工作的实效。(2)政务微博是工会实行"会务公开"的网络新平台。(3)政务微博是工会发挥"帮困送温暖"优势的网络新渠道。将职工服务中心的就业推荐、帮困援助、心理疏导、调解维权、爱心捐赠等各类信息及时发布在微博上,便于更多职工能够知晓工会的工作,并时时接受群众的监督。报告认为,办好工会微博需要敢于创新、勇于担当的胆识和魄力,需要有政治素质和专业能力兼备的管理人员,需要建立网上网下资源整合、有效互动的工作机制,对工会的政策解读水平、应对沟通技巧以及处理突发事件的能力提出更高要求。报告建议,工会微博需要在以下方面进行改进和提升:一要加大政务微博的"推销"力度,不断提高其在职工中的知晓度。二要提高政务微博的运营能力,不仅要注重网络宣传和疏导,还应不断强化议政问政的功能。三要优化政务微博的应用方式,注重开发微博多视角、多维度的应用方式。建立一支线下快速反应队伍,满足群众多层次、多样化的需求,使工会微博真正成为职工群众的"网上家园"。 (陈姣姣)

【关于长宁区总工会职工援助服务中心建设的调研报告】 长宁区总工会撰写。报告指出,长宁区工会职工援助服务中心在场地建设、硬件设施、人员配置、信息化程度、管理服务等方面离职工群众的需求和上级工会的要求还存在较大差距,一是中心面积不达标,也未达到落地的要求,无接待大厅和规范的接待窗口。二是缺乏劳动争议调解、心理咨询等拓展性服务功能,无固定的法律援助窗口。三是信息化功能较弱,信息公开的手段还比较落后。四是接待方式还十分传统,人员编制混杂,职责不够明确。报告建议,长宁区应加快建立一个场地独立、功能齐全、服务便捷、环境优美、管理规范的职工援助服务中心,增强工会组织在参与社会管理创新中的服务功能。将工会所有的对外事务,包括原有的帮困救助、职业介绍、法律援助、互助保障、政策咨询、信访接待等基本服务项目统一纳入中心服务平台,为广大职工提供面对面接待服务、电话咨询服务、网上平台在线服务等多样便捷的服务。 (陈姣姣)

【新形势下普陀区非公中小企业发展现状及职工权益维护情况的调查研究】 普陀区总工会撰写。报告指出,普陀区非公中小企业呈现总量大、分布广,科技含量不断增加,社会贡献逐步加大的特征,但也存在以下问题:一是中小企业的生存发展压力增大,政府的优惠、扶持政策对于处在产业价值链低端、技术创新能力弱的中小企业效果不显著。二是税费偏高、土地供应紧张、用工成本增加、通胀预期强化等因素,造成企业运营成本加大,廉价劳动力优势逐渐消失。三是职工非理性维权和跳槽现象突出,队伍流动性较大。四是职工技能培训力度不足,中高级专业技术人才紧缺。五是职工权益维护工作遭遇瓶颈,实效性有待增强。报告建议:(1)发挥政府职能作用,完善中小企业服务体系。加大对中小企业的扶持培育力度,就中小企业发展中面临的融资困难突出、财政支持力度不够、技术进步与转型升级缺乏支撑和社会服务不到位等问题,建立有效工作机制,切实落实扶持措施。(2)深化工会组建,夯实非公企业工会工作的组织基础。实现工会组建与不断变化发展的非公企业状况相适应,会员发展与不断壮大的职工队伍相统一,工会组织体制的延伸与不断加快的工业化、城镇化进程相协调。(3)优化收入分配环境,用合理薪酬留人。建立以共决制为标志的工资集体协商制度,实现职工工资收入合理增长。(4)建立健全职工利益协调机制、诉求表达机制、矛盾调处机制和权益保障机制,积极参与涉及职工切身利益的相关政策的制定和修改,拓展和畅通职工表达诉求的渠道,从源头上协调劳动关系。(5)提升职工队伍综合素质,推进企业和职工双赢。(6)建立企情信息通报制度,加强劳动争议预警预防,对影响职工生产生活的问题做到及早发现、及早介入、及早报告,使工会成为党和政府把握企情和职工队伍情况的重要渠道。 (陈姣姣)

【非公企业工会组建的难点与对策分析】 虹口区总工会撰写。区总工会坚持服务为先、以人为本的理念,抓住党工共建、创先争优的契机,推进区内非公企业工会组建,但存在以下几方面问题:一是工会组织本身的问题,主要有组织体制不健全、工作机制不完善、工会经费缺乏、基层力量配备薄弱。二是社会对工会组织存在认识误区。企业经营者没有正确认识和处理好企业发展与工会组建的关系;企业职工对企业组建工会的热情和支持力度各有差异,组建工作得不到职工的强烈支持;基层工会干部对工会工作不熟悉,对工会的认识仍然停留在"福利院"的层面。三是当前经济形势对工会组建带来不利影响。报告建议:(1)主动争取党政领导的支持,扎实推进工会工作的落实。继续加强小区、园区、商圈及行业等工会联合会的组建,重点推进物业管理行业和建筑行业工会联合会的组建,完善工建工作联系会议制度,与人保、工商、税务、科委、工商联等部门形成联动机制。(2)正确处理好维护职工合法权益与促进企业发展的关系,切实增强工会组织的凝聚力。(3)加大宣传力度,注重培育、宣传先进典型,不断提高工会组织的影响力。开展"双亮"活动,督促非公企业工会组织履行工会职能,推动非公企业工会组织规范化建设。(4)加强指导服务,充分调动工会干部的积极性和创造性。建立健全"面对面、心贴心、实打实服务职工在基层"长效工作机制,加强对基层工会的指导和服务,提升基层工会服务企业、维护职工的能力。(5)要进一步健全帮扶机制,不断扩大职工群众的受惠面。强化工会援助服务平台载体建设,深化工会帮扶品牌项目。

(陈姣姣)

【杨浦区高技能人才队伍建设调研报告】 杨浦区总工会撰写。报告指出,随着贯穿高技能人才不同成长阶段的政策体系的初步建立、高技能人才成长环境的逐步优化、首席技师评选逐步开展、技师工作室激励机制的成效初显、全区高技能人才评价制度的初步建立,存在着社会对技能人才重要性认识不到位、企业职工对于高技能人才发展政策了解不多、各类培训主体对职工培训的作用发挥不到位、用人单位对技能人才的使用待遇政策执行不到位等问题。对此，报告建议：(1)发挥企业主体和院校基础作用，加大高技能人才培养力度。加强企业在职职工培训，加快建立高技能人才培训基地和实训基地，加大首席技师培养和技师工作室建设力度，发挥技工院校培养技能人才的基础性作用。(2)加强高技能人才的交流与引进，完善高技能人才使用激励机制。(3)积极开展选拔表彰活动，建立健全职业技能竞赛制度、高技能人才评选表彰制度、首席技师选拔制度，优化高技能人才成长环境。(4)强化高技能人才工作的保障机制。建立统筹协调的工作体制和多渠道资金投入机制，营造良好的社会舆论氛围。

（陈姣姣）

【关于增强基层工会组织活力的探索与思考】 黄浦区总工会撰写。报告指出，黄浦区基层工会在覆盖面日益扩大，工会组织作用日渐彰显的同时，也依然存在着组建难、运作难、作用发挥难的问题。基层工会活力不足，基层工会组织体制有待进一步理顺，工作制度和机制有待进一步建立和健全，工会干部结构和工作水平有待进一步优化和提高，社区（街道）总工会建设有待进一步加强。报告建议：(1)完善组织体系，探索工会组织管理新模式。加强区域和楼宇等工会联合会建设，探索发展行业工会组织，创新规模企业工会管理模式。(2)以深化职工之家建设为抓手，建立健全基层工会组织制度，完善工会基础工作，强化基层工会维权机制。(3)加强干部队伍建设，提高干部能力与素质，完善工会干部的激励和保障机制，加强工会干部教育培训工作。(4)强化基础建设，提高社区（街道）总工会运作实效性，加强社区（街道）总工会社会化、职业化工会干部队伍建设，加大区域、楼宇工会建设力度。(5)改进工作作风，创新服务基层工会的工作方法。加强上级工会的指导服务功能的发挥，建立与基层工会更为有效的沟通联络机制。

（陈姣姣）

【关于静安职工队伍结构和需求状况的调研报告】 静安区总工会撰写。报告指出，静安职工呈现以下需求特点：一是职工对收入增长和改善民生的期待最为迫切。一线职工收入水平依然偏低，工资收入增速低于经济发展和劳动生产率提高的速度。二是职工的精神文化需求越来越多元，表现在业余消遣和社会交往方式的选择、自我价值实现层级以及价值观的多元化，并带来社会主流价值观消解、职工队伍归属感缺失等消极影响。三是职工的民主参与需求越来越强烈，表达利益诉求的愿望较强，但对民主参与的有效性评价不高，对民主权利实现状况的满意度不高。此外，部分职工对工会组织的归属需求还不强，农民工和劳务派遣工等特殊群体的利益诉求有待进一步关注。报告建议：(1)从深化思想认识入手，提高服务职工群众的使命感责任感，牢固树立群众观点坚持群体路线。(2)从完善体制机制入手，通过进一步完善工作组织体制、劳动关系协调机制、调查研究机制等，提高工会工作的凝聚力影响力，扩大服务职工的覆盖面。(3)从创新方式方法入手，通过创新社会主义核心价值体系教育形式、思想政治工作理念和方法、深化和拓展职工素质工程，提高工会工作的丰富性多样性，拓展服务职工的功能。(4)从深化内容入手，通过关注一线职工的收入分配问题，满足职工民主参与需求、拓展工会服务领域，提高工会工作的针对性有效性。

（陈姣姣）

宝山区总工会举办2012年直属工会主席研讨班 （胡立伟）

【推进工会在劳资纠纷预警预防调解工作规范化、制度化、科学化建设】 闵行区总工会撰写。报告指出，劳资纠纷预警预防调解工作主要存在五个问题：部分单位不建立职代会的情形依然存在；部分单位职代会运作机制尚欠规范；劳务工加入职代会工作进程较为缓慢；部分企业在签订集体合同时程序存在不规范的情况；企业劳动争议调解组织力量较为薄弱。报告建议：(1)顶层设计，在劳资纠纷预警预防调解体系构建上体现科学化。确立"源头预防、预警预案、调解调处"三位一体的工作模式，形成"源头预防为重、预警预案为先、调解调处为要"的工作主线。(2)坚持源头预防为重，切实发挥职代会的重要制度作用、集体协商的基础作用、职工法宣工作的引导作用。(3)坚持预警预案为先，完善诉求排摸制度、信息预警报送制度和预案联合会审制度。(4)坚持调解调处为要，推进劳动争议调解组织的有效运作、群体性劳资纠纷的有效化解、加强劳资纠纷调处的社会化力量参与力度。

（陈姣姣）

【在创新驱动转型发展中充分发挥工会组织维权职能】 嘉定区总工会撰写。报告认为，由于受到宏观经济形势、产业结构调整、社会保险政策调整等诸多因素的叠加影响，嘉定区的劳动争议呈现出群体性劳动争议有所增加、涉案人数有扩大趋势、利益争议更为突出等新的特点。报告建议，要建立双层的劳动争议调处体系，在化解劳动争议的具体应对措施和预防劳动争议发生概率的制度构建上下功夫。一方面，要采取有效措施化解劳动争议。健全人民调解的针对性，实现多样化劳动争议调解组织形式、多渠道劳动争议调解业务受理、多元化劳动争议调解工作机制；完善法律援助的实效性，在区人社局设立以工会法律援助服务中心为基础，劳动、司法部门相互衔接配合的职工法律援助服务工作站，形成法律援助服务的横向“衔接联动”。另一方面，要建立预防预警机制。借助劳动关系和谐企业创建活动这一工作平台，建立多层次、广覆盖的和谐劳动关系创建体系。强化服务，加大集体协商的力度，弱化职工“泄愤”心态的积聚，减少劳动争议发生的频率。（陈姣姣）

全国总工会向上海市机电工会捐助30万元帮扶金（冯克华）

【青浦区集体协商机制建设调研报告】 青浦区总工会撰写。报告指出，青浦区在大力开展行业性、区域性集体协商，不断提高平等协商集体合同的覆盖面，集体协商工作不断取得成效的同时，也存在一些问题：一是认识不到位。二是协商层次较低。三是依法推进协商机制建设的各方面保障不到位。报告建议：（1）加强宣传，营造多方参与集体协商的浓厚氛围。（2）加强力量，健全完善劳动关系三方协商机制，推进集体协商机制建设工作有序开展。（3）抓住重点，推动有政治身份的企业经营者带头守法履职，承担社会责任。（4）因地制宜，坚持分类指导，规范协商程序，加大“上代下”工作力度，着力提升集体协商的质量和进度。（陈姣姣）

【宝钢职工创新工作室规范化建设探索与研究】 宝钢集团人才开发院工会撰写。报告指出，宝钢集团已初步建立由“宝钢工人发明家创新工作室”及分布于各生产单元的职工创新工作室组成的宝钢职工创新工作室网络，初步形成体系运作、分层实施的职工创新工作室运行机制。80个创新工作室各具特色，在技术攻关、解决生产难题方面发挥了很好的作用。但也存在部分创新工作室设施零散、投入不足、人员局限、帮带有限、缺乏公司层面的工作室建设规范等问题。报告认为，职工创新工作室是链接员工创新活动基地、现场职工创新活动小组之间的桥梁与纽带，是发挥技术领军人物、劳动模范和高技能人才示范引领作用、开展技术革新、技术攻关、名师带徒和技术交流的重要平台。报告建议：（1）制定创新工作室规范化建设实施意见，建立创新工作室品牌。（2）建立创新工作室运行支撑机制，发挥工作室协同效应。行政、工会要高效协同，在合力推进、物资保障、舆论宣传、督察考核、激励导向等方面不断完善机制。（3）开展创新工作室工作研修，提升工作室团队创新能力。（4）关注业务链创新工作室建设，促进宝钢“智造”。（5）启动创新工作室建设行动计划，深化“蓝领创新”品牌。（陈姣姣）

【浅论“面心实”活动与工会工作方式转变】 市纺织工会撰写。文章结合上海纺织工会参与“面对面、心贴心、实打实服务职工在基层”活动的实践，阐述“面心实”活动对于工会活动方式转变的现实意义。一是“面心实”活动有利于工会工作重心下移，是工会服务基层和职工的有效载体。二是“面心实”活动有利于提升工会干部服务能力，是工会在新形势下履行维权职能的有效探索。市纺织工会通过“三个加大”措施，加大调查研究、倾听呼声的力度，加大深入基层、进门服务的力度，加大服务职工、办好实事的力度，帮助工会干部提升服务基层和职工的能力，切实履行维权职能。三是“面心实”活动有利于形成长效机制，是工会展示作为树立形象的有效途径。市纺织工会通过完善学习培训的支撑机制，满足员工岗位发展的需求；完善集体协商机制，满足员工体面劳动的需求；完善沟通交流机制，满足员工表达诉求的需求，把“面心实”活动的成果转化为工会联系职工、服务职工的长效机制。（陈姣姣）

【论班组建设中的文化自觉】 中国电信上海市工会撰写。文章认为，班组文化建设的核心是提高人的素质，班组建设要充分体现以人为本的理念，营造有利于员工学习、成长和进步的文化环境。在从传统电信运营商向现代综合信息服务提供商转型过程中，中国电信上海公司工会将班组作为企业战略转型的基点、企业各项制度落地的基础，加强阵地意识，积极探索提高员工队伍整体素质的新形式和新方法，将文化娱乐功能与思想教育功能、科技文化知识普及功能有机结合起来，不断开启和激发员工的精神动力，实现班组建设的三个转变：变“控制人”、“监督人”为“激励人”、“开发人”，变“硬管理”为“软引领”，变“由上而下的推动”为“由下而上的能动”。文章强调，班组文化建设能够带来经济价值。文化与经济、政治相互交融的程度不断加深，经济的文化含量日益提高，文化的经济功能越来越强。当文化表现出比物质和货币资本更强大的时候，当经济、产业和产品体现出文化品格的时候，经济才能进入更高的发展阶段，才能具有可持续发展和持续创造财富的能力。文章指出，班组文化具有导向功能、约束功能、凝聚功能、激励功能和辐射功能，进一步增强班组建设的文化自觉，必须切实增强社会主义核心价值体系建设，巩固共同思想道德基础；必须大力开展创建学习型组织、争做知识型员工活动；必须积极建设和谐文化，推动形成良好的人文环境和文化生态。

（陈姣姣）

【探索精神福利体系提升女员工幸福感】 中国移动上海公司史旭、顾晨撰写。文章认为，员工幸福感是企业运行状况和员工在工作和生活中的"晴雨表"，也是企业发展和员工工作积极性的"风向标"。中国移动上海公司从事一线服务的女工员占到职工数的65%，她们在工作中的幸福感体验关乎社会用户对企业的满意度，关乎公司的长期发展。文章指出，广义的员工福利除量化的薪酬福利、保险、股票期权、医疗保障等客观的物质福利外，还包括员工的心态、成就感、压力程度、团队合作等主观精神福利。建设员工精神福利体系能够排除员工心理健康隐患、激发员工潜能、提高企业绩效。企业要提升员工的幸福感，需从提高员工各种福利开始。文章通过组织问卷调查，深入班组了解女员工的心理状况、对精神福利的认识以及职业规划等，对女员工的工作满意度、精神需求等进行系统调查，在此基础上，提出构建企业女员工精神福利体系，包括员工心理辅助体系、职业发展规划体系、精神激励体系、关爱体系等四个方面。通过开展员工心理支持行动、推出"六大"关爱举措、注重精神激励、提升女员工综合素质、落实女员工民主权利、在生活和工作上关爱女员工等途径，探索构建适合大型通信企业女员工的精神福利体系。

（陈姣姣）

【上海水上客运行业一线职工工资收入情况调查报告】 上海市交通港航工会撰写。上海市交通港航工会会同上海交运（集团）公司、上海崇明客运轮船有限公司，对水上客运行业一线职工工资收入情况进行全面调查，针对存在的主要问题提出对策建议。随着水上客运市场低迷，运营逐年下降，水上客运公司连年亏损，企业资金严重匮乏，一线职工工资收入增长乏力，存在以下问题：一是行业职工平均收入低于全市平均水平。市轮渡公司职工2011年人均收入为48774元，比全市平均水平低6.2%；崇明客运轮船公司职工年均收入比全市人均水平低12.1%。二是技术船员与非技术船员收入差距较大，上海市客运轮船公司船长、轮机长等技术船员人均年收入102230元，而水手、服务员等非技术船员人均年收入仅48982元。三是行业不同企业间存在收入差距，市轮渡公司技术船员比市客运轮船公司、崇明客运轮船公司平均收入分别低41.5%、14.4%。四是职工收入增长趋缓，如市客运轮船公司2010年和2011年两年的职工平均收入增长幅度分别为0和6%，明显低于全市平均增长速度。报告建议，（1）通过指导企业制定职工年度工资增长计划、规范工资分配制度、完善经营者收入管理及全面推进工资协商制度等措施，推动建立水上客运行业职工工资增长机制。（2）进一步完善扶持政策和购买公共服务的机制，以"核定亏损，每季预拨，年终结算"的方式，建立对水上客运行业的财政预拨机制，落实资金保障。（3）在现有补贴政策基础上，建立健全水上客运行业职工工资补贴机制。（4）结合当前的通货膨胀率、物价消费指数（CPI）、全市人均收入增长速度等指标，制定出台水上客运行业一线职工收入指导线。（5）适当调整轮渡基本票价，将调整所产生的营运增收部分用于提高职工收入。

（陈姣姣）

【当前职工思想动态调研与建议】 上海建工集团股份有限公司工会撰写。报告认为，伴随市场经济体制的不断完善和集团的转型发展，建工集团职工队伍整体价值取向更加健康理性，对集团改革发展充满信心，利益诉求趋向多元化，体现出主流倾向明显、需求多元化、诉求迫切化等特征。职工思想动态主要表现在以下几个方面：一是关注国家大事，希望用实际行动迎接党的十八大胜利召开。二是关心集团发展，希望企业规模、速度和效益不断迈上新台阶。三是支持"走出去"战略，希望企业切实帮助解决实际困难。四是渴望自身发展，希望实现企业与个人的"双赢"。五是认同企业文化，希望企业氛围更加和谐温馨。六是重视工资福利，希望发展成果更多惠及职工。报告建议，加强职工思想动态建设必须在以下3个方面着力：（1）提升"两种能力"、推进"两个拓展"，进一步转变经济发展方式，提高经济运行质量，促进企业又好又快发展。（2）以"面对面、心贴心、实打实，服务职工在基层"活动为载体，倾听解决"走出去"职工的真实想法和迫切需要，重视对青年职工群体的研究、引导、规划和培训，不断提高职工队伍整体素质。（3）开展创建职工满意企业活动，落实"在共建中共享，在共享中共建"原则，坚持"改革责任共担，改革成果共享"理念，进一步推进和谐企业建设。

（陈姣姣）

【如何在工会组织建设中进一步加强劳务派遣工入会工作】 运输工会撰写。文章指出，无论是已经建立工会组织的劳务派遣公司，还是尚未建立工会组织的劳务派遣公司，组织劳务派遣工入会的认识已逐步趋同，关心劳务派遣工权益的行为已有所体现，会籍关系委托管理逐渐实施。文章认为，保障劳务派遣工基本权益符合三方根本利益，会籍委托管理构想具备面上实施推进的条件，劳务派遣工权益保障费用突破瓶颈仍需努力。加强劳务派遣工入会工作，要正确处理劳动关系与入会工作分离的问题，解决劳务派遣工会员授权委托管理问题，把握劳务派遣工享有同等权益保障的问题，突破劳务派遣工基本权益保障费用瓶颈问题。为此，文章建议：建立劳务派遣用工准入机制、劳务派遣用工激励导向机制，提交集团集体协商会议协商通过；实行会籍委托管理为主的管理模式，实行劳务派遣工权益保障费用差别化。

（陆新超）

【建立集体协商制度维护行业职工合法权益】 上海市绿化市容行业工会徐文发撰写。文章指出，随着上海环卫综合改革不断推进，环卫职工收入得不到正常增长，已严重制约城市环境卫生保障水平的提高。行业集体协商是是维护行业职工合法权益的有效途径。首先，在酝酿和实施过程中需要把握维护企业整体利益与维护职工具体利益相统一的原则、依法依规与合情合理相结合的原则、职工工资增长幅度与上海经济社会发展相适应的原则。其次，必须提高集体协商的科学性和规范性。要形成行业集体协商的《指导意见》；规定行业集体协商的核心问题，即环卫行业最低工资标准、沪籍环卫职工收入正常增长机制、职工互助互济保障工作机制、严格执行劳动法规制度、企业职工最低工资规定、环卫企业经营者收入、依法签订集体合同等问题。最后，需要积极推进、确保有效落实环卫行业工资集体协商的机制。 （陆新超）

【上海航天改革改制有关情况调研】 上海航天局工会吴海中撰写。文章指出，上海航天在航天科技工业新体系建设战略的推动下，进行产业布局和专业整合，企事业单位组织体制发生较大重组调整，由此引发工会组织和职工队伍不断变化。上海航天为适应战略部署，提高整体能力，大力推进企业改革改制。一是强化专业建设。二是调整产业结构。在改革改制过程中，航天局坚持依法规范和保障职工合法权益的原则，合理、合法、有效地处置劳动关系的转移、解除和薪酬制度的改革，确保改革发展稳定的大局。局工会高度重视工会组织建设，积极探索依法建会前提下工会组织的有效运行和日常工作的开展。在组织建设方面，坚持服务改革发展大局，研究不同改革重组情况下工会组织设立、健全、完善的方式，加强与基层单位工会的沟通；明确重组后职工劳动关系接续在哪个单位；对处于整合过渡期的单位提出“三个有利于”原则；坚持有职工就有工会的原则，在新注册成立的新企业及时组建工会。在工作开展方面，工会组织始终坚持“促进企业发展，维护职工权益”的基本原则，做到队伍不散、工作不断、发挥作用。在规范运行方面，局工会加强对重组调整单位的工会工作，加强工会组织的民主化、规范化建设。推行工会主席公推直选；加大对有关工会和民主管理法律、法规的宣传力度，开展各项学习培训活动，加强工会干部队伍的建设。 （陆新超）

【推动上海市电力公司农电工会组织建设的调研与思考】 上海市电力公司工会撰写。市电力公司工会在全市各供电企业和农电工队伍中，就如何创新推动农电工工会组织建设进行了深入调研。调研发现，上海的农电工队伍年龄普遍不大，超过一半以上受过高等教育，但高级技术、技能人才严重缺乏，人才比例明显偏低，员工队伍素质和能力都亟待提升。农电工的身份造成与其他用工的隔阂，在管理上存在亟待解决的问题，如农电工定位不科学，工资、待遇相对偏低，管理方式简单粗放，考核制度不够科学等。在工会组织方面，工会工作与农电工队伍建设不相适应，不能满足农电工队伍的利益诉求，工会组织建设乏力。市电力公司工会积极探索农电工工会组织建设，明确组建方式和管理模式、时间节点、相关职责等，初步回答了在农电工队伍中“建设什么样的工会，怎样建设工会”，在此基础上，报告对创新推动公司农电工会组织建设提出建议：(1)提高思想认识，确立农电工工会工作的重心和地位。(2)坚持不断创新，切实解决农电工的权益维护问题。(3)推进教育培训机制建设，打造高素质农电工队伍。(4)加强自身建设，探索适合农电工会组织建设的新路子。 （陆新超）

【关于上港集团新生代外来务工人员现状的调查报告】 上海国际港务(集团)股份有限公司工会撰写。调研发现，集团外来务工人员以80后为主，占外来务工人员总数的45%。新生代外来务工人员较他们的父辈具有不同的思想观念、个性特征和工作态度：文化程度有所提高，思想较为活跃；工作情绪不够稳定，吃苦耐劳精神较缺乏；从事工种趋向多样化，提升自身技能文化素质愿望较强。针对这些特点，集团把新生代务工人员的群体思想动态、利益诉求列入重要的工作议事日程，及时掌握青年职工的利益诉求，主动维护他们的民主权利，营造良好的工作环境，但同时，集团新生代外来务工人员依然存在技能等级偏低、同工不同酬、与劳务公司存在矛盾等问题。为此，报告建议：(1)强化关注力度，开展专题研究。(2)采取提高收入待遇、鼓励岗位成才、签订制约协议等举措，稳定职工骨干队伍。(3)充分发挥集团教育培训中心的作用，挖掘和完善各用工单位现有教育培训力量的潜力，把提升新生代外来务工人员的素质纳入素质工程建设，开辟多种渠道提升新生代外来务工人员的整体素质。(4)发挥工会优势，主动关心维护，增强新生代外来务工人员对企业的归属感。 （陆新超）

【上海申通地铁集团职工队伍状况调研报告】 上海申通地铁集团工会撰写。报告指出，上海地铁在建设发展过程中，运营管理的体制机制不断调整和变化，职工队伍结构也发生了相应变化。职工整体受教育程度有所提高，学历结构更加优化；技术类岗位职工结构逐步优化；技能类岗位职工比例有所上升。调研发现，网络媒体推动信息加速传播，职工思想动态掌控难度加大；受区域CPI等因素影响，职工工资收入难及预期；民主法制、参与意识加强，对工会作用发挥有更高期待；岗位荣誉感下降，对工人社会地位的评价不容乐观。报告提出对策：(1)要推动企业网络文化阵地的全面发展，“办文化”更“促文化”，强化和深化文化软认同的建设。(2)要建立工资合理增长机制，给予一定政策倾斜。要研究落实公益性企业经营机制，并突出社会属性；职工工资水平确定合理参照线，并落实配套机制；工资增长幅度要结合区域CPI，并考虑增长基数。(3)要正确引导职工依法科学维权，完善劳动关系协调机制，推动和谐劳动关系建设。(4)要让职工在劳动中实现价值，在企业中感受温暖。 （陆新超）

【深入推进企业职业道德建设的思考】 上海电信郊区课题组撰写。电信工会思研分会郊区课题组配合电信工会开展的职业道德建设主题活动，就“深入推进企业职业道德建设”课题展开问卷调查。调查显示，上海电信员工职业道德现状呈现“四高”特征，即员工对本职岗位操作规范了解

锦江国际集团工会召开职工职业道德座谈会 （葛祖强）

程度高，员工履行职业道德自觉性高，员工遵纪守法程度高，员工岗位奉献精神高。但也存在一些偏向，不少职工表示看到违纪现象“与己无关”，不会去劝导或向上级反映；14.2%的员工认为在竞争中“如果诱惑足够，可以考虑不择手段”。对此，文章给出建议：(1)企业职业道德建设要从倡导“诚信”抓起。(2)从弘扬中华传统美德做起，注重“仁爱”、“正义”教育，深入开展学雷锋活动。(3)从加强企业管理入手，管理层要有清醒意识和常抓不懈的意愿，善于根据各个不同群体、不同阶段的要求，创新职业道德建设载体、方法，开展形式多样、丰富多彩的职业道德建设活动，扩大声势力，提高影响力，体现生命力。

（陆新超）

【职工互惠利他行为的培养与和谐机构建设研究】 上海市检测中心工会撰写。文章总结检测中心工会在倡导互惠利他行为、加强道德行为引导方面的实践：在教育引导方面，引导职工学习道德模范，加强移情行为的培养；在活动推动方面，开展凝聚力活动，深化结对帮扶，开展以利他为主题的实践活动；在环境创设方面，组织文化讲座、各类型的互动交流活动等。与此同时，利他文化建设依然存在问题：道德教育流于空泛，缺乏有效抓手，缺乏实践利他的资源和渠道，使道德教育仅仅停留在认知过程，无法将职工自身的发展和他人的行为相联系。为此，文章建议：(1)要提升道德认同和自觉，在与其他机构的交往中体现出保持合作、在合作中保持互惠的指导思想并付诸实施。(2)要实现自我和谐与机构和谐，既要满足职工需求又要体现公平。(3)要构筑共同的心理契约，倡导组织使命和核心价值观，引导职工将奉献社会、奉献机构和自我实现需求协调统一。 （陆新超）

【研究型大学工会工作创新思考】 上海大学工会薛志良撰写。文章探讨工会工作如何服务服从于研究型大学的中心工作，从思想观念的角度考虑，研究型大学工会应该由单纯经验型向经验与科学并重型转变。工会工作应在坚决按照工会章程和有关法律法规以及自觉接受党的领导前提下，独立自主开展工作，把传统经验与科学发展结合起来，不断推动工会工作迈向新的台阶。从工作方式的角度考虑，工会组织应由单向说教型向双向互动型转变，建立高校工会工作的反馈系统是可行的方式之一。从组织管理的角度考虑，工会组织应由独立运转型向协商研究型转变，通过协商方式，可以使具有不同利益诉求的教职工的意愿得以充分体现。从信息传递的角度考虑，工会组织信息传递应由垂直型向扁平型转变。逐级垂直传递由于信息传递的中间环节多，过程长，信息时效性和保真性差。在迈向研究型大学的进程中，无线和有线网络在校园中实现全覆盖，可以便捷地实现工会信息传递的扁平化。从服务维权的角度考虑，工会组织应由面上平推型服务到个性化服务转变。从工会职能角度考虑，工会组织应由“福利型”向学习型、事业型职能转变。 （陆新超）

【上海市工资集体协商机制生态链建设研究】 华东师范大学石云撰写。文章认为，上海市工资集体协商经过12年发展，在取得成绩的同时，也存在着工资集体合同覆盖面小、形式化等瓶颈制约。一方面，工资集体协商主体活力不足，企业不愿谈、工会不敢谈、职工不会谈；另一方面，工资集体协商机制供给不足，缺乏法律保障机制、政策激励和约束机制、匹配的运行机制和质量控制机制。工资集体协商主体活力不足与工资集体协商机制供给不足，反映出工资集体协商生态不良。对此，文章提出构建机制生态链以破解工资集体协商的发展困境。(1)提供工资集体协商能源供给链，即法律保障机制。通过强制性的地方法规，对工资集体协商主体的权利与义务，以及工资集体协商的内容与程序、机制与模式、审查与监督、争议处理、法律责任等作出专门规定，为工资集体协商机制提供有效的能源供给链。(2)盘活工资集体协商组织运行链，即运行机制。推动工资集体协商以企业为主、行业为辅的现有模式转变为以行业为主、企业为辅的新型模式。(3)健全工资集体协商质量控制链，即质量控制机制。增加工资集体合同上级工会预审和第三方评估以夯实工资集体协商质量控制机制，以此健全本市工资集体协商的质量控制链。(4)尽快健全相应的外部配套政策，通过外部激励和约束机制，完善工资集体协商的利益捆绑链。（陆新超）

【试论我国集体协商代表权制度的构建】 上海工会管理职业学院朱懂理撰写。文章认为，集体协商代表权的行使存在诸多困境：一是在企业层面的集体协商中，企业工会缺乏独立性导致工会的代表权缺乏基础，工会对非工会会员行使代表权又导致工会会员对工会吸引力的减损以及非工会会员的质疑。二是在区域性、行业性集体协商中，企业方主体缺失，不管是中企联、还是工商联或者行业商会，其代表性都有不足。三是在集体协商代表权纠纷处理中，未涉及如何处理集体协商代表权的合法性问题。文章指出，协商主体的代表权问题是集体协商的基础性问题，急需建立完善集体协商主体代表权确定程序，以期通过法律制度确认集体协商主体利益的代表。文章建议：(1)完善工会代表权制度。建立明确的选举机制以解决代表权产生的合理性与合法性问题，修正集体合同对非工会会员或未参加选举集体协商代表的企业效力问题，通过立法的形式明确职工代表的产生机制。(2)推进雇主代表权制度。厘清雇主组织的职能，强化其独立性，推进雇主组织多元化建设。(3)构建代表权确认与异议制度。建议专门建立一个行政或司法机构及相关的确认程序，以评判代表权的归属以及决定集体合同效力的扩张。（陈姣姣）

【高技能人才培养的实践与思考】 宝钢股份公司硅钢部工会撰写。文章总结宝钢股份硅钢部工会培育具备职业素养、岗位技能和创新能力"三高"的"新蓝领"实践，提炼培养高技能人才的工作机制和有效做法。一是以"三步推进"促进行为养成，增强一线员工职业素养。通过建立"检、示、评"三到位的联动机制，开展班组长"提升四会能力"、"感知协同拓展训练"等主题活动，推广"一熟知、二查看、三到位"班前准备行为、"四关注"精准质检行为、"六要诀"研发行为、"九要领"用户服务行为、"十要十不要"设备点检行为等五大示范行为，将"苛求、精准、协同、高效"的硅钢核心价值观，落实到安全、设备、质量、成本等各项日常工作中。二是以"四位一体"提升岗位技能，培育一线的能工巧匠。硅钢部工会围绕一线员工技能短板，以机组小课堂、全线通跑道、技能健身房、比武大篷车"四位一体"平台，发挥"比、练、带、传"作用，开展岗位技能提升活动。通过"四位一体"的岗位技能提升平台，2012年高级技师、技师与高级工人数同比增长8.7%。三是以"五项举措"激发创新活力，打造硅钢高技能人才。硅钢部工会通过班组双百活动、创新一线揭榜、创新联赛积分榜、创新工作室与创新易通道等五项举措，促进一线员工积极开展现场改善活动，为员工岗位创新注入活力。硅钢一线员工创新成果占比已达60%。四是探索"新蓝领"培养的"黄金发现"机制，依托"345"推进模式，带动更多的一线员工更快成长为"新蓝领"，促进员工与硅钢共同发展。（陈姣姣）

【关于金山卫镇创建和谐劳动关系的实践与探索】 金山卫镇总工会撰写。文章分析影响当前劳动关系和谐稳定的因素：一是就业形势依然严峻，劳动力市场供大于求给劳动关系带来冲击。二是维权任务依旧繁重，侵犯劳动者合法权益时有发生。三是部分劳动者综合素质不高，缺乏主人翁意识和维权意识。四是企业工会组织不健全，员工的民主权利得不到有效保护。对此，文章建议：(1)加大政府主导、政策倾斜力度，从严执法，妥善解决影响劳动关系的突出矛盾。加大政策宣传力度、监督执法力度，加强劳动保障监察队伍建设，落实好劳动纠纷预警机制。(2)巩固和扩大就业，健全城乡规范统一的劳动力市场和公平竞争的就业制度。(3)加强工会宣传、维权、组织"三大功能"建设，充分发挥三方协调机制作用，建立完善社会化维权体系。(4)加强劳动关系源头治理，发挥好企业、劳动者的主体作用。（陆新超）

【合资企业维权维稳实践的探索与思考】 上海电气输配电集团工会撰写。文章指出，伴随输配电企业周期性调整的加剧，合资企业维权维稳工作面临前所未有的困难和挑战。一是中方缺少改革调整的"话语权"，但同时却要承担维稳的首要责任和压力。二是企业信访稳定工作缺少必要的人力，一线力量薄弱。三是中外方认识、文化、理念有差异，沟通有困难。四是外方对稳定工作的能力、经验和准备不足。五是职工改革的观念滞后，缺少危机意识。基于以上认识，输配电集团工会指导合资企业工会积极开展维权维稳的实践：增强捕捉舆情的敏感度，找准切入点，促进维权维稳的更有针对性；强化各方协同的力度，找准工作突破点，促进维权维稳工作的作用力更大；挖掘调解矛盾的深度，找准工作着力点，促进维权维稳的实效性更高。通过这些实践，文章认为，维权是手段，维稳是方向，工会要在定位上主动维权，在工作中依法维权，在操作中科学维权。文章最后提出下一阶段需要解决的难题，包括如何破解信访稳定工作的责权利严重不均衡、中外方理念差异带来的碰撞、维稳工作管理机制的缺陷等问题。（陆新超）

【劳动关系隐性侵权面面观及其治理对策研究】 贝尔公司工会撰写。文章认为，劳动关系隐性侵权现象有多种表现形式，包括制度性劳务派遣用工产生的隐性侵权，由于劳动定额管理的缺失、滥用不定时工作制度、肆意扩大客观情况变化范围、滥用企业自身考核制度、滥用外包业务、无限制的末位淘汰制、不合理的工作时间管理、不合理的休假制度安排产生的隐性侵权，以及国际化公司时差产生的隐性侵权等。文章指出，隐性侵权带有普遍性和群体性，制度性模糊地带是隐性侵权的前提；隐性侵权与立法精神背道而驰；资本的逐利本性是隐性侵权的外在动力；企业家社会责任淡漠是隐性侵权的内在诱因。基于以上分析，文章建议：在思想和宣传上，提倡树立企业家社会责任意识。在法律体系建设上，消除法律模糊地带，以减少隐性侵权产生的基础。在政府职能监管上，转变政府职能，树立监管权威。在遵守立法精神上，树立既要遵守法律条款、更要遵守立法精神的理念。要加大违法处罚力度，提高违法企业的违法成本。工会系统应着重加强集体协商维权，从员工和工会角度消除隐性侵权行为。除基础性治理对策外，根本性的治理对策是要从立法精神的顶层设计上检讨存在的问题，提出新的思路。（陆新超）

【加强工程项目工会工作促进项目管理水平的提高】 中建八局青岛公司工会撰写。文章认为，加强项目工会工作是发挥项目工会作用的基础，是项目党建工作的基本要求，是加强项目管理的内在需求，是弘扬优秀企业文化的需要，也是企业人才队伍建设的需要。因此，一是要加强组织领导，提高工程项目工会工作水平。将项目工会工作列入项目考核和承包兑现的内容，把项目管理和工会工作有机结合。二是工会负责人由项目党支部书记兼任,并把工会工作纳入党支部书记的选拔和培训,提高项目工会主席的综合素质,增强做好工会工作的积极性。三是深入扎实地开展项目工会工作。要做好宣传思想政治工作,围绕创建"优秀项目经理部、优秀项目经理"活动开展工会工作。四是本着加强沟通、实现共赢的原则,将队伍纳入项目工会工作的范畴。要正确看待和处理与劳务队伍之间的关系,切实关心一线操作工人的工作和生活,重视对施工分包队伍的劳务人员入场培训工作。 (陆新超)

【以"两力四型"推进基层企业的班组建设】 上海烟草储运公司工会撰写。文章结合烟草储运公司工会多年工作实际,就如何加强班组建设提出看法。认为,首先要正确认识班组在基层企业中的地位和作用,确立"两力"工作目标。班组建设要有"合力",把员工组织起来、完成企业发展的目标任务;同时要有"活力",激发员工的积极性、创造性、主动性。文章指出,班组建设中存在的一些问题,如班组工作任务繁重,目标不明确、重点不突出;班组管理的方法手段传统,缺乏和谐氛围;职能部门对班组工作的重视关心不够等。基于以上分析,文章提出加强基层企业四型班组建设的具体举措:以提升班组的活力和合力为目标,创建生产性、生活型、学习型、创新型的班组,使班组成为"生产基地"、"温馨小家"、"人才摇篮"、"发展园地"。 (陆新超)

【关于促进有"政治身份"的企业经营者带头重视工会工作的调研与思考】 奉贤区总工会王森龙撰写。报告总结了奉贤区开展促进有"政治身份"的企业经营者带头重视工会工作的主要做法和启示,查找存在的问题并提出下阶段工作思路。报告认为,促进有"政治身份"的企业经营者带头重视工会工作是推动科学发展的重要举措、是提升企业经营者政治觉悟的有效途径,具备广泛深厚的群众基础,对构建和谐社会大有裨益。奉贤区总工会通过成立联席会议、下发《指导意见》、制定《实施意见》,分片对企业进行指导服务、定点督导,建立健全目标责任制、反馈督查制、综合评价制,加大对外宣传力度,积极推动有"政治身份"的企业经营者带头重视工会工作,带来社会共识逐步深化、劳动关系更加和谐、示范效应逐步扩大的良好效果,但也存在对象范围相对有限、思想认识有待提高、政策法规需要完善等问题。报告指出,做好此项工作具有如下创新启示:把握新形势,聚焦新重点,让工会在工作创新中有抓手;整合资源,构建联动机制,让工会在社会管理中有阵地;主动发挥作用,争取党政支持,让工会在党工共建中有作为。报告最后提出奉贤工会下阶段推进此项工作的工作思路。 (陈姣姣)

【加强人文关怀和心理疏导的思考】 上海二纺机股份有限公司杨敏撰写。文章分析了国企职工中普遍存有的矛盾心态:既感到企业前途暗淡,又不愿离开企业自谋生路;既认为现有机制需要改革,但又怕改革使自己利益受损;既抱怨收入低、福利待遇不好,又感觉在国有企业较为稳当、有依靠;既埋怨领导干部无能,自己又拿不出办法和措施,行为上不主动配合;既想保住自己的岗位,又不珍惜岗位,出工不出力。针对以上问题,文章提出:(1)要突出职工的主体意识,真正体现职工的主人翁地位。企业领导要在言行上尊重和关心职工,在工作上理解和信任职工,通过在班组设立"职工建议箱"、在公司内部局域网开辟"职工论谈"栏目、召开班组长对话、定期深入车间班组进行调研等途径,畅通职工建议和意见的反映渠道,及时解决职工思想、生活、工作中的实际问题。在制定各项规章制度、考核办法、待遇分配方案等要事先征求职工意见和建议。同时还要创造公平竞争的工作环境,调动职工的积极性和创造力。(2)要把人文关怀和心理疏导的思想政治工作与生产经营紧密结合起来,将尊重人格、关注人的精神需求、激发人的创造性作为企业文化建设的重点。(3)要做到企业的生产经营每一个环节都有职工参与,每一项政策出台必须得到广大职工认可,在企业形成全员参与、企业与职工共同发展的局面。 (冯克华)

保障政策文件选编

上海市人力资源和社会保障局
关于调整本市最低工资标准的通知

沪人社综发〔2012〕18号

经市政府同意,从2012年4月1日起,本市调整最低工资标准。现就有关问题通知如下:

一、月最低工资标准从1280元调整为1450元。下列项目不作为月最低工资的组成部分,单位应按规定另行支付:

(一) 延长法定工作时间的工资。

(二) 中班、夜班、高温、低温、井下、有毒有害等特殊工作环境、条件下的津贴。

(三) 个人依法缴纳的社会保险费和住房公积金。

(四) 伙食补贴(饭贴)、上下班交通费补贴、住房补贴。

二、小时最低工资标准从11元调整为12.5元。小时最低工资不包括个人和单位依法缴纳的社会保险费,相关社会保险费由单位按规定另行支付。

三、月最低工资标准适用于全日制就业劳动者,小时最低工资标准适用于非全日制就业劳动者。

二〇一二年三月十四日

信息与信访

Information and Letters and Calls

2013

信息综述

年内，市总工会信息工作围绕全总、市委工作大局和市总各项工作重点，编发《工会简报》72 期，《专报》37 期，网站刊登信息 1300 余条，《舆情专报》6 期，上报全总信息 55 篇，被全总采用 16 篇，其中，向市委报送的《上海工会“面对面、心贴心、实打实服务职工在基层”活动取得阶段性成果》得到市委书记俞正声批示。一是充分发挥信息载体作用。注重加强信息规划、信息研判和信息调研，提升《工会简报》、《专报》质量水平。围绕“面对面、心贴心、实打实服务职工在基层”活动，编发专刊 21 期。聚焦劳动关系和谐企业建设，编发上海工会推进和谐劳动关系建设专刊。增设《舆情专报》。二是重点反映劳动关系领域的突出矛盾以及突发性的劳资纠纷。注重职工群体性事件研判信息，编发《关于当前上海市群体性劳动关系突出问题的情况分析》，被全总信息刊物采用；编发《上海科尔本施密特活塞公司工会协助企业实现平稳和谐搬迁》、《宝山工会协助党政成功调处上海新格有色金属公司群体劳资纠纷》等信息，市总工会主席钟燕群批示。三是突出工会重点工作，加强信息采编。编发上海《关于坚持和完善民主管理制度保障事业单位改革顺利推进的指导意见》，《本市职工代表大会制度建设取得明显成效》，《上海市总工会打造“四位一体”大文化格局努力推进上海国际化大都市职工文化繁荣发展》，《市总工会源头参与企业职工职业培训政策的制订并积极推动各项政策的实施》，《上海市总工会推动环卫行业职工共享改革发展成果》等。四是加强信息网络组建设。恢复区县局(产业)工会办公室主任例会制度，明确小组召集人主要职责，调整充实市总特约信息员队伍，推动信息交流和情况沟通的机制化、经常化。设立信息直联点，以 17 个区县总工会推荐的 21 家有政治安排的企业经营者所在企业为重点，定期总结反映其带头人重视工会工作、履行社会责任的经验做法。注重提高信息质量，主动约稿，加强指导，开展好信息评奖工作。

(范　瑜)

信　息

【市总工会办公室建立经营者有“政治身份”的企业信息直联点】 市总工会办公室在全市 17 个区县选取 21 家企业作为信息直联点。这些企业在区域内有一定规模，在行业中有一定影响力；企业经营者对工会工作比较重视；企业已建立工会组织，平等协商集体合同制度运作规范，工会各项工作基础扎实。11 月 28 日，召开经营者有“政治身份”的企业信息直联点会议，正式建立信息直联点。(范　瑜)

【市总工会办公室开展好信息评选】 办公室开展 2012 年度好信息评选工作。评选范围为 1 月 1 日—12 月 31 日期间，在市总信息刊物《工会简报》、《上海工会内参》、《专报》、《上报全总信息》、上海工会网站刊载的信息。评选标准：客观、真实、及时、准确，具有较高决策参考价值；坚持正确政治方向，从政治的角度观察、认识和分析问题；着眼改革发展稳定大局，体现工会基本职责，紧扣工会重点工作，具有全局性、典型性、超前性；主题鲜明，条理清楚，语言凝练。共评出一等奖 10 篇，二等奖 15 篇，三等奖 20 篇，鼓励奖 30 篇。(范　瑜)

【闵行区总工会推行三项制度强化信息员队伍建设】 一是健全工会信息报送和录用制度。立足工会职能，结合工作实际，制定《闵行区工会信息报送和录用制度》和《闵行区总工会信息员工作职责》，细化信息报送方式，明确信息报送重点。二是健全信息员初步审核和统一报送机制。由街、镇、委、局工会和机关各部室明确一名信息员，负责信息收集、整理和初步审核工作。三是健全信息季度通报和考核激励机制。每季度对各街、镇、委、局工会和区总机关各部室录用信息情况进行通报，年终对全年信息报送和录用情况进行计分考核，对考核结果为先进的单位和个人进行表彰奖励。(洪　梅)

【松江区总工会信息工作注重“五坚持”】 一是坚持服务大局，营造良好工作环境。围绕松江中心工作，面向基层挖掘信息，反映各级工会“以人为本”，服务大局、服务企业、服务职工，共创双赢，组织动员广大职工为建设现代化松江建功立业。二是坚持建章立制，增加信息来稿数量。建立一支 50 人组成的工会信息员队伍，坚持为《松江工会通讯》和《工会网》撰写信息稿。实施双月评稿制度，由基层工会信息员各带 1—2 篇稿件，相互评稿。完善信息约稿制度，深入基层走访，联合采写信息。年终对评为优秀稿件的信息员表彰和奖励，从录用稿中挑选质量高的稿件，汇编成《实践与探索》。三是坚持深入一线，报送实用有效信息。深入基层，为一线信息员培训，提高信息质量。激励信息

宝山区总工会召开研究与信息工作会议　(胡立伟)

员之间相互学习、相互促进。在搜集信息基础上,经过加工成为有序的、有系统的、综合性信息。四是坚持精心筛选,发挥信息作用。把工会信息定位在"联系党和群众的桥梁和纽带、工会的喉舌、职工的代言人",推进信息工作"快、全、深、精",即信息反馈快、信息稿反映全面、来稿有深度、文章多精品,使信息稿反映情况客观、及时、准确。五是坚持树立典型,不断提升工作质量。注重针对各单位工作实际,及时采写信息,反映工会工作特色。年终结合稿件数量、质量,评出优秀信息员和稿件一、二、三等奖,激励信息员增强工作责任感,做到动态类信息有亮点,经验类信息有特色,调研类信息有深度。（姚德达）

【宝钢工程工会实施职工"三最"问题信息周报制度】 一是由基层工会通过员工提出或向员工了解方式收集员工"三最"需求。二是能够由基层工会协调解决的由基层工会解决,并将情况上报宝钢工程工会。三是需要宝钢工程解决的由基层工会上报到宝钢工程工会,宝钢工程工会根据具体问题协调有关部门答复、解决,并报公司党政领导。四是做到对员工"三最"问题月有报告、季有分析、年有检查总结;五是年度综合报告向全体职工代表报告,得到员工代表高度认同。六是引导员工发现管理问题,发挥员工参与管理作用,为企业发展注入动力。（蔡兴目）

【上海邮政成立维护员工权益推进协调发展工作小组】 12月成立。小组由工会、监察室、人力资源部、计财部、审计部、质监部、市场部、办公室等8个公司职能部室人员组成,基层两级单位和支局(生产科)也相应成立工作小组,形成纵向处理员工诉求工作链。小组职责:加强宣传教育,重点强化各级干部自觉维护员工权益意识,加大《上海市职工代表大会条例》宣传力度,加强职代会制度建设,落实以职代会形式审议通过涉及员工切身利益的营销激励措施、劳动竞赛方案等。进一步宣传《上海邮政员工维权手册》,引导员工走规范合理渠道进行诉求。落实《上海邮政基层工会员工思想动态信息反馈制度》,发挥工会小组作用,主动收集反馈员工诉求情况和信息,及时为员工排忧解难,畅通员工诉求表达平台。加强支局(生产科)局务公开透明度,员工工资性收入100%公开,保障员工知情权和参与权。实行工作重心下移,深入生产一线倾听员工意愿和需求。定期召开小组联席会议,分析研判员工诉求情况,在核查取证基础上,提出损害员工权益事项所涉及单位和相关负责人的处理意见,并作为干部考核依据。定期编印处理员工诉求《工作简报》,通报实际工作情况,发挥工作小组维权作用,推进企业科学发展。（陈千涛）

【上海水产集团进一步完善"工情"制度】 9月14日,集团工会召开"工情"工作会议。会议就加强工会"工情"信息报送工作进行部署,明确各级基层工会主席是工会"工情"信息报送工作第一责任人,集团工会将完善工会"工情"制度,充实调整信息员网络,实行定期月报送和考核评比等制度,以确保工会"工情"工作持续有效开展。要求基层工会把"工情"工作落到实处,增强责任意识、服务和全局意识,既要做"工情"信息传递员,又要做职工群众思想工作疏导员,更要做合规合法的职工群众维权员;基层工会要配合集团加强"工情"信息工作制度建设,对"工情"信息按照"轻重缓急"分门别类进行上报,集团工会对共性问题和重大信息,经分析调研后,及时报集团领导或有关部门。（韩　毅）

督　查

年内,市总工会督查工作围绕中央、市委、市府和全总工作重点,创新方法,开展督促检查,全年编报17篇督查报告。一是抓重点工作督促检查。年初,根据市总全委(扩大)会议精神,以各项重点工作作为督查工作重点,督促围绕创新驱动、转型发展总方针,调动广大职工发展积极性;督促聚焦重点,攻坚克难,实现"两个普遍"工作新突破;督促提升工会维权帮扶成效,促进劳动关系和谐稳定;督促密切联系职工群众,增强做好党的群众工作坚定性和自觉性。二是抓领导批示督促检查。贯彻落实韩正市长2月到市总工会调研,就发挥工会在加强和创新社会管理中的积极作用、做好新形势下工会工作的重要指示,切实把有关工作要求落到实处。贯彻落实俞正声书记、韩正市长、殷一璀副书记6月底在《关于退休职工住院补充医疗互助保障计划了解情况的汇报》上批示精神,广泛征求区县局(产业)工会、退管会组织和街道(镇)职工互助保障工作服务点以及退休职工意见和建议,分别与市发改委、市人保局(市医保办)、市财政局等协调沟通,就退休职工住院补充医疗互助保障计划的可持续发展问题制定切实可行对策措施。贯彻落实习近平、俞正声、王兆国等中央、市委以及全总领导关于上海工会力推企业经营者政治安排与履行社会责任挂钩工作一系列批示、指示和讲话精神,先后4次召开专题会议,研究探讨推进工作步骤、安排和推进过程中遇到的问题及措施,组织引导有政治身份的企业经营者在履行社会责任方面发挥示范引领作用。三是抓重要会议贯彻情况督促检查。学习贯彻市委九届十八次、十届一次、十届二次、十届三次全会精神,部署完成各项工作。传达学习贯彻中央领导讲话和中国工会十五大精神,进一步把思想统一到中央领导和工会十五大精神上来,全面推动工会工作新发展,及时将上海工会贯彻情况上报全总办公厅。四是做好人大书面意见、政协委员提案督办以及提案办理回访调研和市委市政府督查考核工作,全年共督办人大书面意见、政协委员提案24件。（朱　军）

五一新闻奖

【市委宣传部、市总工会联合开展2011年度"上海市五一新闻奖"评选】 3月16日,市委宣传部、市总工会联合启动2011年度"上海市五一新闻奖"评选。共收到来自上海及中央新闻媒体推荐的参评作品36件,其中消息11篇,通讯16篇,评论1篇,系列报道2则,专题片5个,图片作品1件。10月23日,召开评选会。经评审,解放日报关于反映上海工会开展《上海市职工代表大会条例》学习宣传和贯彻实施工作,推进构建和谐劳动关系建设等方面先进经验的报道

《职代会角色将有哪些新变化》,文汇报关于反映宝钢工会如何推动职工创新创造,使一线岗位成为工人发明家“摇篮”的报道《高玉强创新孵化室帮51名职工圆创新梦》,新民晚报关于反映欧尚超市在构建和谐劳动关系方面卓有成效举措的报道《95%中高层管理人员来自一线职工》,劳动报关于反映农民工生存与发展的系列调查《兄弟》,上海广播电视台关于反映新一代蓝领技师的报道《李治国:蓝领的力量》等5篇报道获得一等奖;新华社《蓝领创新,唱响“咱们工人有力量”》等8篇作品获得二等奖;人民日报《上海家乐福建立工资集体协商制》等10篇作品获得三等奖。评委会还增设“上海市五一新闻特别奖”,对各新闻媒体策划刊登(播放)并产生重大社会影响的,有关宣传工人阶级、劳模先进和工会重点工作的年度专栏作品及集体进行奖励。东方卫视《劳动最光荣》栏目获得特别奖。11月1日,市委宣传部与市总工会联合下发《关于表彰201年度“上海市五一新闻奖”的决定》,表彰获奖者及其作品。 (范小雨)

信息化建设

【市总工会完成公务员管理信息系统维护更新工作】 根据市委组织部、市人保局、市公务员局《关于加强本市公务员管理信息系统建设和维护工作的通知》要求,经过2个月的时间,做好组织和思想“两项准备”、采取信息采集到人和核对到档案“两种方式”、补充信息系统已有和新增“两类信息”,重点对在编人员职务职级、个人简历子集、近3年考核和家庭情况等子集进行补充录入;按照数据录入说明,对模板生成121人的10项信息全部进行填报,尤其是入党时间、公务员登记时间和担任职务层次时间等重要信息项均录入完成;撰写《上海市总工会公务员管理信息系统建设和维护工作自查报告》,对开展此项工作主要做法和基本情况进行总结,提出改进措施,报市公务员局。(凌 颖)

【市总工会开展职工援助服务体系综合管理软件试点工作】 年内,市总工会开发上海工会职工援助服务体系综合管理软件,在长宁区新华街道、黄浦区南京东路街道和打浦桥街道、宝山区顾村镇、嘉定区菊园新区及市机电工会启动试点工作,推进职工援助服务信息化平台建设。管理软件实现对会员信息、建会信息、帮扶信息、就业服务等动态管理,各试点单位安排办公场地,设置网络专线,配备专职人员并开展专项培训,确保试点工作顺利进行。 (汪妓钰)

【松江区医务工会工作管理软件应用系统获市总工会“2011年度工会创新工作”奖】 工会自行开发的工会工作计算机管理平台“松江区卫生系统工会工作管理系统”,将区卫生系统工会管理工作设置成“会员个人电子档案、组织建设、职代会、院务公开、维权保障、宣传教育、班组创建、财务经审、女职工工作、退管工作、特色工作、理论研究、职工之家、职工技协、劳模服务”等15个大项,涵盖130个工会日常管理工作“子项目”。系统按卫生局党政领导、医务工会主席、医务工会委员、医务工会财务经审、基层单位工会主席和基层单位其他工会干部等,分6个管理级别用户,通过5个层面,各自掌握信息。一是党政领导掌握和了解工会情况、知晓职工队伍状况。二是医务工会实施“无纸化办公”,将各类信息以短信方式及时发到工会干部手机上。三是基层工会掌握会员个人详细电子档案,实时更新、完成查询统计等工作。四是医务工会委员、经审委员通过特设考评账号,在全面浏览审议各单位工会工作后,作出各自客观评分,经费审计也通过系统实施。五是全体职工了解工会工作开展情况和有关活动信息,参与由医务工会或单位工会开展工作等活动。 (邵 琼)

【宝钢特材公司工会建立信息处理网络平台】 2012年,特钢工会建立职工需求信息处理网络平台,在协同网开辟工会网页,共有4个模块(政策法规、工会活动、服务窗口、职工需求信息),同时建立处理职工需求信息工作团队,由办公室、人力资源部、安全环保部等9部门组成,各职能部门配备专人负责协调处理、解决、流转、回复职工需求信息。3月份以来,通过职工需求信息处理网络平台协调协调处理、上传60条需求信息,内容涉及劳动保护、生活后勤、人力资源管理、健身卡管理、其他等6个方面,实行信息处理常态化、公开化。 (马沪宁)

【建工基础公司工会建立健全职工思想动态信息报送网络】 报送网络由项目部工会、分公司工会和公司工会组成。项目部工会、分公司工会定期收集职工思想动态,重点关注涉及职工切身利益、涉及影响职工队伍稳定的问题以及职工生产生活及社会热点等5个方面内容。通过三级网络管理,及时了解职工日常工作生活情况,掌握职工“三最”问题。各级工会干部利用项目检查考核等机会,直接听取一线职工意见。公司工会将收集情况归纳汇总,把职工中最关心、最直接、最现实的问题分类整理,形成专题报告,报送集团工会,报送公司党政领导,使职工意见反映渠道保持通畅,完善职工利益诉求表达机制。 (杨钟春)

【大屯公司积极推进班组信息化建设】 公司积极推行计算机管理班组台账。结合实际,研发“中煤大屯公司班组数字网络综合管理系统”,使班组管理工作内容、安全生产、经营管理、检查考核、各项活动等通过网络平台,及时录入班组现场活动情况,实现班组管理科学化、信息数据化、反应快速化目标,开创全国煤矿系统班组管理先河。 (王安友)

【市监狱局工会运用“工会网站”推动工会工作】 一是网站设有工会动态、工会文件、图片新闻、工会俱乐部、政策法规、工会论坛和摄影作品等7大板块、13个链接栏,反映工会工作特色,宣传党的方针和政策,弘扬会员群众先进事迹。网站由工会办公室人员每周2次定期更新,有重要信息及时更新。二是制定《工会网站目标管理要求》,开展工会网站考核评比,年内进行2次评比考核,促进基层工会网页建设,14个基层工会在局域网上建立工会网页。三是以“上海监狱信息网”上线为契机,开辟“工会工作”网页,宣传报道各级工会信息,并列入职工之家考核。2012 年,工会网站报道工会动态 218 条,基层工会各类信息 302 条,图片新闻 100 多条,“工会工作”网页版面刊登工会信息 600 多条。(江海群)

【市总工会召开上海工会职工援助服务体系综合管理系统软件试点单位工作例会】 10 月 17 日召开。市总工会作试点动员,从“新情况、新定位、新项目、新手段”四个方面介绍市区两级职工援助服务中心具体情况,阐述运用软件改变工会传统工作方式以适应新时代工作要求的必要性。会议专题演示上海工会职工援助服务体系综合管理系统软件,参观 12351 热线和网络以及接待大厅,明确综合管理系统软件各项试点工作时间节点,各单位要保持联系,加强沟通,进一步做好推广应用工作。(李 俊)

信访综述

2012 年,市总工会信访办受理、办理职工群众信访 10045 件(次)(含 12351 热线电话受理数),同比上升 13.43%。其中来信 1063 件,同比下降 20.73%;来访 708 批 1486 人次,同比批次下降 15.21%,人次下降 18.40%;来电 7496 个,同比上升 12.22%。分析发现,职工群众反映的主要问题及原因有:一是互助医保问题。2609 件(次),占信访总量 25.97%,主要原因是首次实行差异化缴费标准,在退休人员中引起较大反响。二是劳动保障问题,1383 件(次),占信访总量 13.77%,由于实行规范事业单位退休人员养老津贴制度,引起企业及事业单位转制为企业的退休人员攀比和不满,信访反映较多。三是历史遗留问题,903 件(次),该群体要求增加养老金和医保属地化呼声日趋强烈。2012 年,市总信访办完善和强化一系列工作制度,落实信访工作责任制和工作要求。一是完善信访规制。制定下发《关于在全市工会系统深入推进领导干部接待职工群众来访的通知》,对各级工会领导干部接待职工群众工作方式、工作要求提出具体意见。制定下发《上海市工会信访事项交办制度》,明确工会信访事项交办范围、办结报告的行文内容及要求。加强对区县局(产业)工会信访转办件督办、跟踪、反馈力度,疑难信访件和领导批阅件报送市总工会有关职能部门的同时抄送信访办备案。二是强化制度做法。每季度收集分析职工群众信访情况,整理形成书面材料,为领导及有关部门知情决策提供依据。每季度举办各区县局(产业)信访例会,通报市总信访工作情况和信访矛盾特点,分析信访矛盾趋势,提出下阶段工作要点和重点。及时梳理职工群众信访问题,对需协调处理解决的疑难信访事项,会同市总工会职能部门进行专题研究分析,提出化解方案,为提升工会工作实效性,增强工会组织凝聚力、影响力发挥作用。(陈 蓓)

信 访

【市总工会领导阅批职工群众来信占来信总数三成】 2012 年,市总工会信访办共受理职工群众来信 1063 件,其中经市总工会领导阅批 291 件,占市总信访办受理来信总数 27.38%。在市总工会领导阅批信件中,钟燕群主席阅批来信 185 件,占领导阅批信件总数 63.57%。按来信对象分,在职职工 108 件、退休人员 63 件、劳模 45 件、其他人员 47 件。从类别分,综合类、感谢类、举报类、生活困难类、互助医保类来信较多,突出表现在对退休职工住院医疗互助保障计划参保费用实行差别化缴费不满,反映干部个人生活作风与工作作风问题、工会组建(选举)方面不规范、企事业单位改制期间提前退休人员养老金过低以及有些企业多年不加工资等。市总工会领导阅批职工群众来信,相关职能部门落实领导批示要求,参与矛盾调查和处理,促使一批疑难信访矛盾化解。(陈 蓓)

【市总工会建立工会系统领导干部接待职工群众来访制度】 4 月,市总工会办公室制定下发《关于在全市工会系统深入推进工会领导干部接待职工群众来访的通知》(沪工总办〔2012〕113 号)。《通知》明确推进工会领导干部接待职工群众来访的指导思想、工作方式、工作要求,强调要加强组织领导,推进工作开展,并对领导干部接待职工群众来访作具体规定,明确接访时间、地点、形式。市总工会一般每月至少安排 1 天领导干部接访,区县、局(产业)工会一般每月至少安排 2 天领导干部接访,乡镇(街道)工会领导干部要随时接待职工群众来访。接访形式以定点接访为主,也可以重点约访、专题接访、带案下访。(陈 蓓)

【徐汇区总工会处理信访件件有回音事事有着落】 2012 年,区总工会共受理接待职工来信来访 498 件,同比增加 136%,其中涉及劳动合同 205 件,占 41.2%;劳动报酬 117 件,占 23.5%;工伤和社保纠纷 87 件,占 17.5%;其他 89 件,占 17.8%。区总工会对职工群众反映的问题做到件件有回音,事事有着落。一是领导重视,完善信访处理程序。形成“领导班子成员分工负责、办公室专人经办、各部配合、信访干部抓落实”的工作格局,明确所有来信均由主要或分管领导阅批,信访干部督促、配合责任部室落实解决,凡集访或复杂信访均由分管领导牵头组成协调小组研究解决。二是创新工作机制,畅通信访信息渠道。建立劳动关系预警、群体性劳动争议、企业裁员等信息上报制度,以及劳动争议诉调对接、多方协调化解等工作机制。三是整合资源,形成合力,提高工作时效。整合区人社局、区企联、工商联资源,建立职工权益纠纷调解委员会,职工法律援助中心,维权援助窗口和劳动争议调解室,聘请法律顾问团和志愿团开通维权热线,工会微博等形成合力,及时处理信访案件。四是特事特办,提前介入,依法维权维稳。对突发性、群体性、易激化纠纷,区总工会特事特办、提前介入,主动协调相关政府部门积极调处。与区劳动监察、街道综治等部门成功调处重大劳动争议案 30 起,包括 19 起群体性案件。(顾宝英)

【普陀区总工会加强劳动关系维权维稳工作】 一是健全工会预警预报维稳工作网络。构建多级工会劳动争议预警“十必报”制度工作网络,成立三级企业群体性劳资矛盾化解指导小组,通过“十必报”、“周周报”、“即时报”联动制度,预警劳动争议信息,调处劳资矛盾。加强劳动争议调解组织、工会职工法律援助组织实体建设，形成劳动争议“预警—调处—援助”无缝衔接。二是建立区三方处置群体性劳动关系矛盾工作机制。出台《关于建立普陀区三方处置群体性劳动关系矛盾工作机制的意见》，成立区三方处置群体性劳动关系矛盾工作联络组，健全街镇三方处置网络，每月定期通报情况，遇突发情况实行“一事一报”。一经获悉群体性劳动关系矛盾发生信息，三方分工处置，动态跟踪事态发展，最快时间将矛盾引入劳动监察与劳动争议仲裁调解处置法定程序或者纳入集体协商轨道，平稳解决矛盾。年内，各级工会参与调处21起群体劳动争议，妥善解决天光化工厂、野尻眼镜等企业劳动关系矛盾。（许王丽）

【普陀区长征镇总工会强化劳动争议预警预报】 一是抓组织建设，强化责任意识。成立以分管副书记任主任、工会、劳动、司法、信访等部门为成员的劳动争议调解委员会，形成各负其责、密切配合、齐抓共管的工作机制。普遍建立园区劳动争议调解委员会，负责园区企业劳动争议调解工作，在有一定规模的企业中建立调委会，初步形成三级劳动争议调解组织网络。二是抓制度建设，加强源头预防。依托劳动关系三方协商机制，共同讨论劳动关系共性问题，研究解决劳动关系难点热点问题；积极发挥“镇劳动争议预警、应急、调解机制”作用，开展劳资状况排摸工作，重点排查易诱发群体性事件的不稳定因素，把矛盾和问题解决在企业，化解在萌芽状态。各园区建立健全信息通报制度、联席会议制度和台帐管理制度等，及时掌握劳资动态。三是抓防范措施，开通服务热线。将8条“为你服务热线”号码、“十必报”内容等信息以告知书形式向企业员工广泛派发，在园区宣传栏内张贴，引导企业员工遇到自身权益受到损害时及时通过园区热线电话找到工会组织，工会全方位掌握企业劳动争议信息。（许王丽）

【杨浦区总工会“三个坚持”化解信访矛盾】 一是坚持信访接待、批阅制度。每周四上午主席室安排1名领导到职工援助中心信访接待，与信访职工面对面，现场答疑解决问题。区总主席室批阅每封来信，责成相关部门及时处理解决，做到件件有落实，事事有回音，反馈率和办结率均为100%。二是坚持主动约谈制度。对待每一封来信，与信访人约谈沟通，根据信访人实际情况，切实做好帮困救助工作，促使矛盾化解。三是坚持维权机制创新。聘请“全国维护职工权益杰出律师”朱素宝等10名成为首批特邀调解员，每年根据人员变化进行增补，经常组织专题培训，每年拨出12万元经费保障信访调解办案。开展职工网上谈心，每周六安排1名律师与职工网上交流，帮助职工解除心理问题、缓解心理压力，职工援助中心配备1名人员，工作日8小时接待职工信访法律咨询，各街道总工会建立职工援助分中心，聘请专业人员，开展窗口服务、电话咨询和心理疏导，着力化解信访矛盾。（陈狄根）

【宝山工会上下互通及时掌握劳动关系信息】 建立健全“预警、预报、预审、预防、调处”五位一体工作格局，探索形成“信息直通”工作模式，各基层企业工会主席发挥“第一知情人、第一报告人、第一协调人”作用，及时了解劳动关系动态，并将有关信息及时上报至上级工会组织；各街镇、园区工会及国资委工会加强与劳动保障协管沟通，及时了解、掌握相关情况，并及时上报区总工会。区总编辑《职工劳动关系情况专报》，及时向区委及有关领导反映当前职工劳动关系状况、劳资纠纷处理情况和职工对一些敏感事件的反应，专报刊出3期，起到较好效果。（胡立伟）

【嘉定区总工会“三化”并举促进信访矛盾化解】 一是构建劳资矛盾预警调处机制建设新格局。加大对重点区域、重点行业、重点人群的关注，对可能引发群体性事件的问题进行研判，及时发现不稳定因素。做好职工队伍稳定情况分析，提前制定应对预案。做好突发性群体劳动争议应急调处工作，第一时间赶赴现场协助党政妥善处理，防止矛盾激化升级。二是促进劳动争议调解建设新发展。建立完善以劳动争议调解委员会为主要形式的劳动争议调解体系，构筑多层次、广覆盖劳动争议调处网络，妥善处理企业各类劳动争议，最大限度将劳动争议解决在基层。推进基层劳动争议调解组织实体化建设，将劳动争议处理关口前移、重心下移，实现多样化劳动争议调解组织形式，多渠道劳动争议调解业务受理，多元化劳动争议调解工作机制。加大培训力度，实行“请进来、带回去”工作方式，安排基层工会负责劳动争议处理协调员参与调解工作。三是进一步加强职工援助服务体系建设。6月，在区人社局设立职工法律援助工作站，推行“窗口受理对接后续援助”服务，将窗口咨询接待与劳动争议非诉讼调解、代书、代理仲裁和诉讼等法律援助服务功能相衔接，着力引导当事人采取调解、和解等非仲裁、诉讼方式化解劳动关系矛盾纠纷。区总工会信访办参与群体性劳动争议纠纷调处39件，劳动争议案件调解458件，劳动争议信访受理740件，涉及职工873名。通过“预警调处联动化、案件调解规范化、法律援助系统化”一体化工作格局，为职工追诉合法权益290.9万元。（张方明）

【金山区总工会推行“四个开展”探索工会信访工作新方法】 2012年，区总工会通过“四个开展”，探索工会信访工作新机制、新方法，不断为工会信访工作注入新活力。一是开展“面心实”活动。开展“面对面、心贴心、实打实服务职工在基层”活动，建立服务职工工作组928个，走访基层单位1490家，召开座谈交流会1049次，协调解决突出问题149件。全总、市总服务职工工作组给予充分肯定。二是开展“六访”疏导。通过“定期接访、重点约访、侵权联访、带案下访、咨询代访、聚集领访”等“六访”方式，引导职工以理性合法方式表达利益诉求，有效避免多起因劳资纠纷而引发群体性上访案件发生。三是开展职工听证。在区纺织服装行业探索建立工资集体协商前置听证会制度，对行业平均工资水平、最低工资标准、夏季高温补贴等涉及职工利益的事项做出规定，覆盖156家纺织服装企业3万多名职工，形成“先听证、后协商、再签约”模式，《工人日报》、《解放日报》、《劳动报》、《工会理论研究》等刊物先后进行报道。四是开展救助服务。聘请9名资深律师，每周四在区职工援助服务中心轮流接待来访职工群众，开通"57323460职工法律援助热线"，为职工提供法律咨询和法律援助。近两年筹措资金1483.35万元，对27745名困难职工进行帮困慰问。举办9次专场招聘会，为1251名职工提供就业或再就业工作岗位。（李援朝）

【松江区总工会信访工作"三到位"、"两突出"】 2012年，区总工会突出抓职工群众重点群访，确保信访工作做到"三到位"、"两突出"。"三到位"即时限要求到位。职工上访反映的问题，承办人在1周之内反馈处理结果，如问题复杂，一时难以解决的，须在1月内与上访职工取得联系，并告之处理情况。制度制订到位。加强制度建设，增强工作透明度，提高工作效率。监督执行到位。严格信访调查监督力度，落实工作责任制，真正做到信访工作有人抓，问题有人办，矛盾有人处理。"两突出"即在处理解决群众来信来访工作中突出一个"情"字，主要领导落实领导接访制度，带头接访，带着感情做好职工上访接待工作，决不回避矛盾，推诿扯皮；在化解调处各类矛盾中突出一个"稳"字，处理职工上访问题时，通过耐心细致工作，扩宽沟通渠道，应对上访问题，稳妥解决实际困难。（孙爱华）

【青浦区白鹤镇建立企业工会"三必报"制度】 镇总工会建立企业工会"三必报"制度，即发生劳资纠纷必报、发生安全生产事故必报、企业工会主席人事变动必报，确保上级工会第一时间客观、准确掌握基层信息。建立相关工作制度，明确企业工会主席和劳动争议调解组长为企业信息联络员，承担第一知情人、第一报告人职责，确保信息报送渠道畅通；明确企业报送重要信息范围，镇总工会及时做好信息接收、处置、跟踪和督查等工作，及时向相关领导和上级工会报告事件进展情况，确保重要工作、重大事件不漏报、不瞒报、不误报、不缓报；结合企业信息情况，在镇党委领导下，发挥工会组织自身优势，提出科学、合理、有针对性的处置意见和建议，协同有关部门，把劳资矛盾、群体性事件化解在基层、化解在萌芽状态。（马美君）

【奉贤区依托"四项制度"推进工会信访工作】 一是源头预防，建立"劳资矛盾排摸周报告"和"接访零报告"制度，一旦发现不稳定因素，工会第一时间知情、报告、参与协调。二是过程管理，建立信访接待和劳动争议协调首问责任制，落实谁接待、谁处理、谁负责，确保职能不缺位、责任不推诿、服务不打折，将信访工作、预防职工群体上访列入各级工会工作目标考核重要内容。三是平台前伸，实行"领导接待日"，工会领导轮流到工会信访接待窗口值班，直接听取职工群众诉求，在大型居住区工程建设工地设立动迁职工经济补偿协调小组和职工信访接待室，协调解决争议纠纷30多起，防止可能越级上访事件5起，为大型居住区动迁工作的顺利进行起到积极作用。四是制度保障，加强职工职代会制度和工资集体协商制度建设，改善企业民主管理，减少和预防劳资矛盾发生，促进劳动关系和谐。（尹　奕）

【上海邮政工会注重发挥员工诉求渠道作用】 邮政工会建立"员工维权热线"、"民主恳谈会"、"思想动态信息反馈制度"、"局务公开栏"等4个员工诉求渠道，保障员工合理诉求表达。各基层工会设立员工维权热线，有四分之三的单位做到定期召开民主恳谈会，倾听员工意愿和需求，加强与员工沟通，保障员工知情权和参与权。积极运用《上海邮政工会职工思想动态信息反馈制度》，收集员工所思所想、合理需求和困难求决等动态信息48条。员工通过工会信访渠道进行合理诉求表达36件次，办结率98%，协调解决5起因劳动关系、劳动合同和收入分配等引起的劳动争议。按照"谁主管，谁负责"信访工作原则，坚持工会信访工作目标管理责任考核，着力实施《上海邮政工会限期处理、解决重大信访问题承诺制》，强化责任落实，实行工会信访工作重心下移，关口前移。定期开展信访情况分析研判，制定处理意见和措施，提高处理信访问题办结率，促进企业劳动关系和谐。积极运用多种宣传途径，加大对《上海邮政员工维权手册》宣传力度，正确引导员工依法科学维权。（陈千涛　张　莉）

【中远集运工会层层做好信访工作】 坚持每月召开信访例会，分析预测不稳定因素，重点关注涉及职工切身利益的热点难点问题。根据公司实际情况，处理各类历史遗留问题。对供应公司房屋租赁合同纠纷进行重点研究，提出处置预案，切实解决实际问题。作为信访重点单位的上远公司，信访办坚持24小时值班制，选派有信访经验的干部作接待员，坚持"耐心、热心、诚心"工作方法，确保第一时间到现场，不推诿、不回避，通力协作，共同研究，在情、理、法基础上，探索解决办法，把问题解决在萌芽。（钱　华）

纺织职工龚明强感谢毛麻退管会为其母解决工伤医疗费用问题（徐志康）

【市交通港口局工会做好出租车行业的稳定工作】 上海交通港航工会、上海出租汽车行业工会和行业协会联合制定上海市出租汽车行业开展创建和谐劳动关系达标活动计划，提出创建目标，共同推进创建出租汽车行业和谐劳动关系活动，推动出租汽车企业在2年内达到构建和谐劳动关系标准。重点排查企业在构建和谐劳动关系活动中可能出现的不和谐、不稳定因素，提出扩大工会组织覆盖面，完善驾驶员会员管理；规范劳动用工，签订劳动合同；健全职代会、厂务公开民主管理制度；落实行业集体合同，开展平等协商；建立调解机制，协调劳动关系等多项举措。针对崇明县籍驾驶员占全市出租驾驶员三分之一现状，交通港航工会会同崇明县总工会开展崇明出租车驾驶员现状调研，出台关于改善崇明出租车驾驶员工作生活条件相关措施，排忧解难，积极维护出租行业队伍稳定与劳动关系和谐。（陈　健）

【市监狱局工会健全完善两级预测、预警、预报机制】 健全和完善以各级工会信息为载体的预测、预警、预报机制，根据《上海市监狱管理局工会预警报告制度》，要求基层工会每月25日前把基层群众关心的热点和党政领导关注的难点问题报局工会，局工会经整理通过《热点反映》专刊向局党委报告，报告基本分成“对国内外时事和政策的反映”、“对局主要工作的反映”、“对本单位开展工作的反映”、“其他反映”及“建议”等五个方面，上报《热点反映》10期，反映情况182条。（江海群）

【市监狱局工会抓住4个环节做好信访工作】 一是落实责任制，加强领导。健全和完善两级工会信访管理网络，明确工会主席为信访工作第一责任人，对每起来信来访认真调查核实，会同有关部门和基层分类解决，做到“事事有回音，件件有落实”，做好劳动关系、历史遗留等信访件。二是推进文化建设，凝聚会员群众。开展群众论文、征文等比赛活动，组团参加市第一届市民运动会篮球等9个项目比赛，凝聚会员群众，营造心齐气顺氛围，信访同比有所下降。三是正确处理改革、发展、稳定关系，发挥桥梁纽带作用。本着“群众利益无小事”原则，在信访工作做到“热情、依法、负责、奉献”，坚持预警报告制度，在涉及干警职工切身利益的企业产业结构调整、工资调整等问题上，源头参与政策制定。四是与行政齐抓共管，在构建和谐社会中发挥作用。配合局信访部门，春节前夕对15名生活较为困难的上访人员进行上门慰问，做好思想工作，维护监狱局稳定。（江海群）

【市职保会建立机制，满足职工参保需求】 5月，市职保会制定《关于解决退休人员信访参保诉求的操作办法》，进一步完善互助保障参保机制，畅通各类退休人员参保渠道，维护社会和谐与稳定。在遵循“大数法则”、并防止“逆选择”大前提下，就市职保会、区县工会处理互助保障信访参保诉求明确具体操作办法、流程、备案表等，切实解决部分无单位、无工会、无退管会组织，或劳动关系隶属劳动服务公司的职工提出参保诉求，全年处理信访150件。（朱正瑜）

保障政策文件选编

上海市人力资源和社会保障局　上海市总工会
上海市企业联合会/企业家协会　上海市工商业联合会
关于2012年本市企业工资增长指导线的通知

沪人社综发〔2012〕31号

现就2012年本市企业工资增长指导线有关问题提出如下意见：

一、企业工资增长指导线

经综合考虑本市经济发展、居民消费价格、劳动就业、工资水平等情况，2012年本市企业工资增长指导线为：

（一）平均线为12%。生产经营正常、经济效益增长的企业，可参照平均线确定工资增长水平。其中，上年平均工资水平为全市职工平均工资二倍以上的，可参照平均线以下水平增长工资。

（二）上线为16%。生产经营正常、经济效益较好，并且上年平均工资水平低于全市职工平均工资60%的企业，可参照上线增长工资。

（三）下线为5%。经济效益较差的企业，可参照下线增长工资。生产经营困难、亏损的企业，经职工代表大会（或全体职工大会）讨论通过后，也可以零增长。

二、实施意见

（一）企业应当建立职工工资与劳动生产率同步提高的增长机制，通过工资集体协商，合理确定本企业的工资增长水平，以及不同岗位人员的工资调整幅度。

（二）企业在确定工资增长时，应当着力提高工资水平偏低的生产服务一线岗位人员工资水平，一线职工工资增长幅度应当不低于本企业职工工资的平均增长幅度。

（三）应当妥善处理好经营者与普通职工的工资分配关系，普通职工工资不增长的，企业经营者和中高层管理人员的工资也不宜增长。

（四）本市各级人力资源和社会保障部门、工会、企业联合会/企业家协会、工商业联合会，以及各有关委、办、局，各控股（集团）公司、企业（集团）公司，应加强对本地区或所属企业工资分配的指导，推动企业与职工通过开展工资集体协商，合理确定工资增长幅度和工资分配方案，既促进企业的发展，又保障职工的合法权益，维护劳动关系的和谐稳定。

二〇一二年五月二十一日

财务与经审

Finance and Audit

2013

财务综述

2012年，上海工会财务工作围绕工会重点工作，立足实际，各项工作有序推进。(1)1月1日起，将财政全额拨款事业单位纳入到财政统一划拨工会经费范围，市、区财政统一划拨工会经费大幅提高。经市政府同意，11月在嘉定区、崇明县平稳启动工会经费税务代收试点工作。(2)对124家区县局(产业)工会2010、2011年财政专项资金发放情况、工会经费收入专用收据和行政事业单位资金往来结算票据使用、管理情况及2011年工会经费收缴情况开展全面清查。加强直管单位财务管理，召开财政预算编制专题会议，请财政局专家讲解财政资金立项申报、使用管理等内容；举办直管单位资金管理专项培训，聘请银行专家讲解票据管理和公务卡管理要素，帮助财务人员更新知识，提高资金安全意识。加强财务人员培训，对基层工会新进人员举办工会会计制度和通用财务软件培训班，14期培训1110人次；与市地税局联合举办税务代收试点单位和区县局(产业)工会相关人员政策宣传和实务操作培训，培训人数近400人。(3)优化支出结构，坚持经费使用正确方向，确保困难职工、困难劳模、职工法律援助、基层工会组建、老龄驾驶员等疗休养、工会干部培训等重点工作经费使用；做好上海工会对口援疆工作，支付巴楚职工援助中心、喀什职工书屋、金秋助学等援疆项目款共计300多万元。(4)积极与市财政沟通，争取财政资金支持。对17个区县218个街镇(含8个开发区)工会2011年度经费情况进行汇总分析，落实主席室关于"面心实"工作统一部署和要求。(5)加强预决算管理，市总本级结合2013年重点工作，统筹平衡，确保重点工作资金；区县局(产业)工会分块召开2012年决算和2013年预算编制会议，强调"统筹兼顾，保证重点，量入为出，收支平衡，真实合法，精细高效"预算编制原则。加强机关行政财务管理，规范物业费标准和支付方式，有据可依，利益公平，程序透明；学习借鉴其他社团组织和政府职能部门预算管理的有效做法，强化机关财务管理；加强直管单位财务内控管理，对支票、贷记凭证、有价证券等加强管理，强化本级财务内控；根据市财政局银行账户年检工作要求，对已开立银行账户进行梳理，按要求归并撤销相应账户。　(倪伟琦)

闸北区总工会召开2012年度财务、经审工作会议　(方　岚)

财　务

【市总工会平稳启动工会经费税务代收试点工作】　根据市委有关文件精神，经市政府同意，11月正式启动嘉定区、崇明县税务代收试点工作。一是市总工会、市财政局、市税务局、人民银行上海分行联合下发《关于印发〈上海市工会经费(筹备金)税务机关代收工作暂行办法〉的通知》和《关于印发〈上海市工会经费(筹备金)税务机关代收工作业务规程〉(试行)的通知》，作为税务代收试点工作指导性文件和实施细则。二是对基层工会进行信息登记，与税务局注册地为嘉定、崇明的近30万单位进行信息比对匹配，结合试点覆盖的54家区县局(产业)工会情况，确定部分基层单位作为首批试点。三是按规定竞价和政府采购完成硬件设施采购、安装和软件系统开发调试。四是市总工会和市地税局联合组织对试点单位、基层工会进行代收试点工作业务培训。五是设立邮箱、电话热线，对试点工作开始以来各方面的反馈快速反应，及时与缴费单位、基层工会、区县局(产业)工会、税务局、软件公司、银行等沟通协调。六是试点工作平稳运行，取得初步成效。各缴费单位正常申报缴费，申报率从70%上升到76%，呈现逐月增长的良好态势；代收经费数明显上升，回拨经费在次月初收到国库退库经费5个工作日内回拨；回拨流程设计采用同步回拨各区县局(产业)工会、街道乡镇工会、基层工会，保证回拨及时性，保证各级工会工作的开展。(徐冬梅)

【市总工会全面完成财务会计管理规范化建设】　一是突出工作重点。突出财政资金管理重点，贯彻落实财政部、全总和市财政局文件精神，对全市124家区县局(产业)工会2010、2011年中央财政、市财政资金使用发放情况进行检查；突出财政票据管理重点，按照财政部票据管理要求，对《工会经费收入专用收据》和《行政事业单位资金往来结算票据》管理、使用情况进行检查；突出工会经费收缴工作重点，对2011年工会经费计提拨交情况进行检查。二是细化工作内容。对全国劳模三金、市劳模三金、全国五一劳动奖章奖励、困难职工帮扶金、困难企业帮扶金等财政资金进行全口径检查，主要核对市总下拨和区县局(产业)工会收到款项是否相符，发放环节是否按要求签收到位；对票据检查实行源头对账，查看领用登记是否与市总发出相符，并抽查部分票据，查看是否按规定开具；对经费计提拨交进行清查，查看是否存在少计提、少拨交、少上缴情况。三是对检查中发现的突出问题,提出整改意见,并在工作会议上重点强调,要求各级工会按财政部、全总、市财政局和市总工会文件要求,对照单位内规范化情况,严格管理,确保资金、票据规范使用,确保工会经费足额收缴。（徐冬梅）

【闸北区总工会"六看六查"推进工会财务规范化建设工作】 一看凭证,查凭证与原始附件是否一致,确保原始会计资料的规范及合法。二看账簿,查账簿是否及时全面登记。三看报表,查报表与账簿数据是否一致,报表印鉴是否完整。四看制度,查单位内部控制制度是否齐备。五看手续,查经费报销是否规范流程,是否工会主席"一支笔"审批。六看经费,查行政是否及时拨缴经费,工会经费是否用于职工活动和维权。通过"六看六查"工作,有效提高工会财务规范化管理,提高工会经费服务职工、服务工会重点工作效率。（方　岚）

【闸北区组织开展职工财务知识竞赛】 区总工会、区建交委和区会计结算中心联合举办闸北区职工财务知识竞赛。竞赛活动分预赛和决赛两个阶段,经过预赛选拔,共有8组16名选手晋级决赛。决赛通过财务基础知识题和财务综合知识必答考核以及抢答阶段紧张激烈角逐,共产生一等奖1个,二等奖2个,三等奖3个,优胜奖2个,上海大宁资产经营(集团)有限公司工会夺得竞赛一等奖。（方　岚）

【闸北区总工会建章立制、科学管理,发挥专项资金使用效能】 区总工会建章立制、科学管理,在资金发放和管理上,严格规范,确保资金发到需要救助的困难群众身上。一是明确职责,明确专项资金使用和管理部门,明确各自职责。二是建章立制,建立一系列专项资金管理配套制度。三是科学管理,统一管理核算帮扶资金,科学设置账务。四是以审促管,加强对下拨基层工会专项资金使用情况的审计。四项举措进一步规范专项资金的管理,使专项资金使用方向更加合理,充分发挥专项资金使用效能。（方　岚）

【闵行区总工会三项举措保持工会经费稳定增长】 一是加强宣传引导,拓宽经费收缴渠道。采取多种形式学习宣传《工会法》,增强各单位拨缴工会经费法律意识,加强转改制企业经费收缴力度。二是完善考核机制,增强经费收缴力度。建立健全以"经费收缴率为核心、经费增长率为重点"考核机制,对工会经费收缴实行回拨奖励制度,不断加大回拨力度,调动基层工会收缴工会经费积极性。积极配合经审会,开展工会经费计拨审计。三是优化工作方法,增强经费收缴实效。按照"统一领导,分级管理"要求,建立区总、街镇(委局)、基层三级经费收缴体系,明确各自职责与权利,加强对收缴经费督察和业务指导力度。坚持源头参与经费划拨。机关事业单位工会经费由财政一次性拨款到总工会账户,实现工会经费收缴"范围全覆盖、标准全统一、划拨齐同步",有效提高工会经费收缴实效,做到工会经费收缴不流失、不断层,保持工会经费稳定增长。（朱荣锋）

【青浦区徐泾镇积极推进工会财务管理规范化建设】 镇总工会在聘请专职审计人员,定期下基层查看账本、组织培训、实地审计基础上,分批次对162家基层单位工会财务工作者进行业务指导和培训。镇总工会邀请镇政府财务专职人员围绕新会计制度解读和财务年报相关工作,通过条文讲解、案例分析等方式,加强对基层单位财会人员工会财务工作业务指导。（马美君）

【上海化学工业区工会"四项措施"推进财务工作规范化】 一是组织开展业务培训。分期分批对基层工会财务人员开展专业培训、继续教育培训和工会会计制度培训,深入基层工会开展面对面业务指导,为做好工会财务管理规范化工作奠定基础。二是重视工会经费预决算工作。开展工会经费预决算集中审核,审查26家基层工会年度经费预决算报表,对发现的问题进行销项管理,规范基层工会预决算工作,增强工会干部对工会经费预决算管理意识和能力。三是开展财务工作规范化建设考核评比,印发《上海化学工业区基层工会财务规范化建设考评办法》,以《上海市总工会会计基础工作规范化考核标准》为依据,对26家基层工会开展会计基础工作规范化检查考核,促进基层工会会计基础工作再上台阶。四是加大工会经费收缴力度,强调"经费拨缴六联单"使用和管理,规范基层工会拨缴流程,超额完成经费收缴任务,确保工会各项工作顺利开展。（张　俊）

【市交通港口局工会做好财务工作】 局工会执行财务管理制度程序,完善工会财务管理,各项财务工作符合工会财务制度规定,及时完成会计资料的装订归档工作。督促局属单位工会及时足额上交工会会费,完成2012年全年工会会费收缴工作。9月份组织局属单位工会财务人员参加市总财务培训和会计电算化培训,12月份组织事业单位工会财务人员开始2012年工会财务决算和2013年财务预算工作编制工作。（陈　健）

【市职保会统一使用上海市职工互助保障收入专用收据】 10月1日起,市职保会在受理全市机关企事业单位参加职工互助保障计划时统一使用"上海市职工互助保障收入专用收据"(以下简称"保障专用收据")。"保障专用收据"是市职保会在开展各项互助保障时开具的收入凭证,是全市各机关、企事业单位参加互助保障计划会计核算的原始凭证,也是工会、财政、税务、审计监察等部门进行监督监察的依据。全市机关、企事业单位在组织职工参加职工互助保障计划时,须通过银行划账,即通过贷记凭证或单位网上银行形式缴纳参保互助金,凭银行结算凭证和"保障专用收据"入账,进一步规范会计制度,保证资金安全。（朱正瑜）

经审综述

2012年,上海工会经审工作不断增强工作责任感和使命感,发挥经审监督作用,确保经济活动规范运作。一是认真履行监督职责,强化工会经审监督工作。开展对同级工会经费预算执行情况审计,加强预算管理。联合4家会计师事务所,对10家直管单位年度财务经营成果真实性、全面性、完整性，财务状况真实性、合法性、有效性和经营考核指标进行审计认证，为资产管理委员会提供依据。对市总工会系统10个固定资产投资项目竣工决算审计。首次尝试对屏风山疗养院改造工程公开招标，动态跟踪审计。深入30家区县局（产业）工会，开展市总工会审计整改意见落实情况跟踪回访，提出审计意见179条，落实整改172条，整改率96.09%。对40个区县局（产业）工会及下属80个基层工会预算执行情况及财务收支情况进行审计，对黄浦区总工会、卢湾区总工会合并的资产鉴证审计。抽审20家区县局（产业）工会，对各单位专项资金使用和管理情况进行审计，强调专项资金规范使用的重要性。二是深入基层开展调查研究，推进经审工作纵深发展。抽调徐汇、杨浦、普陀、闸北4个区总工会经审会主任和经审干部组成编写小组，深入基层，集中座谈、个别访谈、小组讨论，完成全总经审会对《工会经审干部培训教材》第一章起草、修改、论证、审定工作。组织开展2012年上海市工会优秀审计项目评选会，18家单位参评，邀请市审计局领导、市内审协会、专家教授，综合评选出优秀审计项目等次，对进一步规范审计程序、降低审计风险、提高审计质量起有效示范推动作用。开展推荐、评选、表彰上海工会经审工作先进集体和优秀干部活动，激励爱岗敬业，勤勉尽责。三是加强规范化检查考核，推进经审组织自身建设。开展2011年区县局（产业）工会经审会经审工作规范化考核，全面提升工会经审监督水平。举办4期《上海工会通讯》经审专刊，展示各级工会经审工作成果。召开上海市社区街镇工会经审工作经验交流会，贯彻落实全国县级工会经审工作经验交流会议精神，总结、交流和推广社区街镇工会经审工作先进经验，全面推进社区街镇工会经审工作发展。举办新上任基层工会主席、经审干部审计业务培训20期，2016人参加；举办4期软件使用培训班，110人参加，对46个区县局（产业）工会免费升级软件，对80个区县局（产业）工会免费推广使用。

（杨永平）

经　审

【市总工会经审会举办工会经审人员岗位培训】 2012年，全市工会经审共组织举办20期新上任基层工会主席、经审干部审计业务培训，2016人参加。为全面提升工会经审工作信息化水平，联合软件公司举办4期110人参加的软件使用培训班，对46个区县局（产业）工会进行软件免费升级，对80个区县局（产业）工会免费推广使用。根据国家审计署有关内审工作发展规划和市内审协会内审人员培训计划，由市审计局审计培训中心主办，市总工会经审办协助，共有244人接受内部审计人员岗位资格证书继续教育培训。（卢能飞）

召开2012年上海工会优秀审计项目评选会表彰获奖单位（吴良荣）

【市总工会召开上海工会经审工作年度会议】 2月28日召开。会议总结市总经审办2011年工作，部署2012年工作；通报2011年上海工会经审工作规范化建设标准考核结果。会议还宣布《市总工会经审会关于聘请2012年度"上海市总工会经审会特邀经审员"的决定》、《关于2012年上海工会经审论文评比获奖的通报》和《上海工会优秀审计项目评选结果的通知》。会议提出，2012年上海各级工会要进一步加强经审工作制度体系建设，大力推进经审工作的科学化规范化，大力加强经审组织建设，努力提高审查审计监督质量和水平。市总经审会要发挥经审"免疫系统"功能，重点关注对预算执行情况监督，对下级工会财务收支监督和对专项资金使用情况审计，各级工会经审会要坚持"七必审"制度，确保工会经费和资产完整、安全、效益。工会经审工会要建立与工会全局工作发展相适应的工会经费审查审计监督机制，以规范化的机制、工作，树立工会经审信誉。

（周　杰）

【市总工会经审办开展对市总工会本级工会经费收支预算执行情况审计】 4月31日，对市总工会财务部2011年度本级核算的相关账户财务收支和财务管理情况进行审计。审计市总工会工会财务部经费户、基金会、资产户、疗休户、房款户、社会帮困基金会、职工救急济难基金户、职工帮困基金会、社会帮困基金会安民办、职工帮困基金会安民办、职工互助保险基金会保值增值中心、会计学会（筹）、行政户、女职工周末学校、职工物价监督总站、退休职工管理研究会、工会俱乐部工作协会、工人运动研究会、退休职工企业协会、职工疗休养协会、市劳模协会、振兴中华读书指导委员会等财务部管理核算账户共19个。结果表明，市总工会财务部会计核算遵循相关会计准则和会计制度规定，会计报表反映审计期间内财务状况和经营成果，与财务管理相关内控制度基本健全有效，核算规范、内容清晰、附件完整、手续齐全、收据管理规范。（黄银萍）

【市总工会经审办开展对市总工会直

管单位审计】 2012年，市总工会经审办对实行经营业绩目标考核的直属单位（工会管理职业学院、市工人文化宫、劳动报社、科技中心、幼儿园、培训中心、公惠医院、保障互助会、退休职工活动中心和海鸥集团）等10家单位采取市总工会经审办和社会审计机构联合审计的方式进行年度经营业绩考核完成情况审计。对不纳入目标考核的单位采取市总工会经审办和市总“特邀经审员”共同实施的形式进行财务收支审计。通过审计对各单位年度财务经营成果真实性、全面性、完整性，财务状况真实性、合法性和有效性进行审计认证。2012年经审办对市总工会系统10个固定资产投资项目进行竣工决算审计，送审价1823万元，审定价为1619万元，核减额203万元，核减率11%；对屏风山疗养院改造工程实施全过程跟踪审计。

（黄银萍）

【市总工会经审会开展工会优秀审计项目评选】 市总工会经审会开展上海市工会优秀审计项目评选。评选得到各级工会共同参与和大力支持，最后评选出一等奖5个审计项目：上海良友（集团）有限公司工会经审会《良友集团医疗救助计划专项资金审计》、上海汽车集团股份有限公司工会经审会《2011年上汽销售公司工会财务收支审计》、上海市徐汇区总工会经审会《上海市徐汇区司法局工会2009—2010年财务收支、资产情况审计》、上海文化广播影视集团工会经审会《上海广播电视台工会原主席陈金友任期经济责任审计》和杨浦区总工会经审会《上海中原护理院原院长黄长富离任经济责任审计》；上海市建工集团股份有限公司工会经审会等6家单位获二等奖；上海市嘉定区总工会经审会等7家单位获三等奖。

（周　杰）

【市总工会经审办开展经审工作理论研究】 为加强经审工作理论研究，市总工会经审办积极鼓励内审干部参与经审工作理论研究，共收到论文60多篇，多篇论文在相关刊物上刊载。市总工会巡视员杜仁伟《要努力创造经审工作新业绩》、市总工会副主席何惠娟《进一步探索开展社区街镇工会经审工作的新途径》、市总工会经审会主任杨永平《上海市总工会高度重视审计监督》等文章发表在全总经审会《工会经审工作》期刊上。

（周　杰）

召开上海工会经审工作会议　（毛一新）

【市总工会公开进行屏风山疗养院改造工程招投标工作】 2012年，市总工会经审会首次尝试对市总直管单位工程项目委托审计单位实施公开招标，动态跟踪审计。试点项目为屏风山疗养院改造工程，招标随机抽取上海市审计局政府投资建设项目委托审计受托资格中标单位中的3家单位作为投标人，评标小组成员为市总工会第十二届经审会5名委员，由市审计局办公室主任担任评标小组组长。评标小组根据招标文件评标标准和要求，对各投标单位投标文件进行详细评审，综合评分情况，评出中标单位。相关会计师事务所对屏风山疗养院改造工程跟踪审计，市总经审办定期与其保持密切联系，及时沟通信息。

（柴丽琼）

【市总工会经审会召开社区街镇工会经审工作经验交流会】 9月28日召开。徐汇区虹梅社区总工会经审会、黄浦区南京东路社区（街道）总工会经审会、嘉定区工业区总工会经审会和松江区岳阳街道总工会经审会4家单位分别作经验交流，17家社区街镇工会经审会作书面经验交流；会议要求各级工会认真贯彻、领会和落实全总两个会议精神，在加强和推动社区街镇工会经审工会方面统一思想认识、健全工作机制、加强支持力度，推动社区街镇工会经审工作上新台阶。

（柴丽琼）

【市总工会经审会实行审计结果公告】 2012年，市总工会经审会发布审计结果公告第1号，对上海东海新计联合公司工会审计结果进行公告，有效发挥审计监督作用。市人大常委会副主任、市总工会主席钟燕群批示：“可将此案例作为反面教材，在经审和相关人员中进一步加强教育，防微杜渐，引起警示”；市总工会副主席肖堃涛批示：“此案例告诫我们要加强对基层工会的制度建设，特别是要对财会人员加强遵纪守法意识的教育培训”。要求建立风险点管控机制，加强教育和培训力度，保证工会资金安全完整，保证工会干部廉洁自律。

（黄银萍）

【闸北区总工会做好工会主席离任审计】 区总工会做好工会主席离任经济责任审计工作，进一步规范工会经审监督职能。一是开展对本级工会主席离任审计，为基层工会起到示范作用。区总工会经审会严格按照审计规定和程序，组成审计小组，确定审计范围，开展对原区总工会主席离任经济责任审计。审计小组审计有关报表、账簿、合同、协议，抽查部分会计凭证，盘点部分资金、资产，听取述职报告，进行相关人员个别访谈等，实施必要审计程序，出具审计报告，客观真实反映原区总工会主席在任期间，区总工会财务工作取得成绩和经验。二是做好对直管工会主席离任审计，规范工会经审监督职能。根据规定做好工会主席离任审计工作，制定实施“235”审计计划，即直管工会主席任期在3年以上的，必须单独开展离任审计；任期不满3年的，可以视情况，结合2年一个轮次审计，开展离任审计，真正做到应审必审。三是指导直管工会开展离任审计，提升工会经审工作整体水平。区总经审会参与审计小组，提供审计资料，要求教育工会、建设工会经审会开展对本级主席离任开展审计工作，2个系统工会经审会在区总经审会指导下，顺利完成离任审计工作。

（方　岚）

【杨浦区总工会举办基层工会经审、财务干部业务培训班】 5月29日，2012年杨浦区工会经审、财务干部业务培训班举行。培训涵盖工会经审、财务工作规范化建设，工会财务电算化实务上机操作，实际案例解析等。120名基层工会经审、财务干部参加培训。（曹理仰）

【闵行区总工会组织经费审查审计工作】 一是强化培训，提升水平。针对基层工会经审干部流动大，专业知识相对缺乏现状，运用“专业培训、以会代训、以审代训”形式，帮助经审干部树立经审工作理念，学习掌握现代审计理论，不断提高业务技能和水平，组织经审干部参加市总培训班10期，培训480人次；会同区属工会组织联合办班62期培训1670人次。二是严密程序，完善建制。在工会换届和组建工会时，按照“三同时”要求，选举产生经费审查委员会。坚持把业务娴熟、德才兼备的同志充实到经审队伍中来。探索建立“特邀经审员”制度，形成一支专、兼职相结合的工会经审干部队伍。（张斗起）

【松江医务工会落实五项制度做好经审工作】 一是坚持工作例会制度，履行经审职责。每月召开工会执委、经审人员工作例会，对本级工会财务预算、决算、各项重大事项、较大经费支出等进行讨论研究，强化财务管理监督制约机制，保证工会各项经费得到规范合理使用。二是坚持规范经审培训制度，夯实经审工作基础。加强对基层工会主席、工会经审人员培训有关财经、审计政策法规、《工会经审文件制度汇编》和经审专业刊物、有关经审工作方法，保证经审工作合法、规范开展。三是坚持预决算制度，保障经费合理使用。四是坚持加强财务监督，落实工作考核。在工会会计基础工作方面主要考核基层是否配备专（兼）职会计、出纳人员，工会财务工作人员有从业资格证书，工会财务人员变动时，及时办好交接手续。督促行政按职工工资总额2%及时足额计提拨交工会经费，基层工会按规定比例上解工会经费，正确使用和保管收付凭证。工会经费重点用于维护职工权益、开展职工培训教育和职工群众活动方面，做到“用得合理、群众满意”。五是坚持检查评比制度，促进经审业务建设。对基层工会财务经审工作进行规范化建设标准检查考评，及时告知基层工会结果，有针对性地解决存在的问题。奖励考核评比中成绩突出的单位。（邵　琼）

【青浦区总工会举办经审干部培训班】 10月15日，区总工会在区委党校举办基层工会经审干部培训班，提高各级工会经审工作规范化建设水平，使经审工作更好围绕工会中心工作，服务大局，服务基层。培训班邀请市总工会经审委就新时期工会经审工作要求、基层工会如何开展经费审查工作等内容进行讲解和指导。各镇、街道总工会，各委、局、区级公司工会经审干部、财务主管共计70余人参加培训。（马美君）

【宝钢股份工会强化审计监督】 宝钢股份工会修订完善工会10项财务工作制度，接受宝钢集团公司、宝钢股份公司特殊资金（资产）专项审计，接受宝钢集团审计部和宝钢集团工会经审委联合审计，获得通过。加强对基层单位工作指导，对梅钢公司、钢管条钢事业部、能源环保部、厚板部工会开展定期综合审计。指导宝钢国际、原料采购中心完成工会主席离任审计。（包　翔）

【上海化学工业区工会强化工会经审会监督职能】 一是以实务审计为重点，强化工会经审会监督职能。组织开展“下审一级”工作，分别对12家基层工会开展工会经费拨缴情况、预算执行情况和财务收支情况审查审计，组织对3家基层工会主席离任经济责任审计，加大督促整改力度，对被审计单位开展整改落实情况回访。强化基层工会经审会监督职能，坚持“审计工作重心前移”工作理念，规范审查审计工作方法和程序，开展“本级审”和日常监督。二是以规范化建设为重点，开展经审工作规范化建设考核评比。强化实务审计的规范化，从“经审组织建设”、“制度建设”和“实务审计”三个方面18个观测点开展基层工会经审规范化建设考核评比。三是以工会经费支出绩效评价为重点，组织开展经审课题调研。结合化工区工会实际，组织开展《基层工会经费支出绩效评价指标体系建设》课题调研，编制化工区基层工会经费支出绩效评价指标体系。（张　俊）

【鲁中矿业工会强化经审监督作用】 一是提升全员素质。坚持每季例会制度，集中学习，部署工作，及时传达市总经审会会议精神，组织委员学习全总《工会专项资金审计暂行办法》、《工会审计整改督查暂行办法》和《关于规范工会票据审计工作的规定》等文件和上级领导讲话精神，在提升素质中强化审计监督能力。二是做好同级工会审计监督。每年定期审议财务预算，做好对上年度预决算和半年度决算情况审计监督，合理用好工会经费，保证重点工作落实。三是加强下审一级工作，坚持两年一次普查，对7个单位开展工会经费预算执行情况及财务收支审查监督，提出审计建议20余条，及时做好审计回访，督促基层落实整改，为工会开展工作提供坚实保障。四是积极做好专项资金和离任工会主席审计。开展劳动竞赛专项费用审计，对小官庄铁矿、张家洼铁矿、选矿厂3个单位上年度公司下拨劳动竞赛费用进行审查监督，对不合理发放及未能专款专用现象提出整改意见；组织基层对离任工会主席开展审计活动，不断增强工会审计监督实效。

（杨庆荣）

【中海工会经审坚持航运工会特色】 中海工会经审会围绕中海"两保三争"工作目标,指导各级经费审查组织依法履行审计监督职责,开展具有航运工会特色的经审组织建设、制度建设、审查审计等工作。各级经审会把好船舶工会经费预算审查关,保证船舶工会活动经费和活动设备,各船舶公司工会在经费预算使用上向运输船舶工会倾斜;定时检查船舶工会经费账目,加强对经费使用情况监督;对增配给船舶的各项工会资产实行监管;检查船公司工会对公休船员的关怀和经费使用情况等,更好为船舶工会经费、资产使用保驾护航。(林升良)

上海邮政工会召开财务经审工作会议 (陆 彬)

【中海工会举办工会经审干部培训班】 7月19日,中海集团工会举办2012年度工会经审干部培训班。来自上海、广州、大连、海南、深圳等地区工会经审干部近40人参加培训。培训班采用"请进来指导"和"自己人讲课"相结合的方法,邀请市总工会经审会作"中国工会审计条例讲解",解读《中国工会审计条例》八章60条内容,穿插个案进行分析。邀请市总工会经审办讲解工会经审工作规范化操作,中海油运工会作《营运船舶工会经费使用和管理》讲解,特约经审员作《集团工会经费审查实务讲解》。培训班要求各级经审干部树立大局意识,按照"围绕中心、服务大局、全面审计、突出重点"原则,把工会所有经济活动纳入经审监督范围;树立责任意识,履行好职责,行使好权利,提高经审工作权威性。(柴淮生)

【申通地铁集团工会经审会获市总经审规范化考核特等奖】 2月28日,市总工会召开2011年年度市总经审工作总结会议,申通地铁集团工会经审会获得"2011年上海市工会经审工作规范化建设标准考核特等奖",集团工会经审会"第二运营公司2010年审计项目"获得"上海市总工会优秀经审项目二等奖"。集团工会经审会主任作"建立完善经审制度,促进规范经审工作"发言。(姜 雪)

【市教育工会召开八届五次经审全体会议】 2月27日,市教育工会召开八届五次经审全体会议,对预决算方案(草案)进行讨论,认为决算方案符合工会工作实际;预算方案编制指导思想明确,突出全年工会工作重点内容。会议审查并通过2011年经费决算方案和2012年工会经费预算方案,审议通过《上海市教育工会经审会2012年经费审查工作要点》。会议要求各级工会经审组织贯彻落实党的十七届六中全会以及中央经济工作会议精神,按照上级工会和市教育工会工作部署和要求,履行经审会职责。以落实《中国工会审计条例》为契机,以审查审计为手段,以制度监督为重点,以规范化建设为抓手,以工作创新为动力,加强经审组织和制度建设。(张渭明)

【良友集团工会经审会《医疗救助计划专项资金审计》项目获上海工会优秀审计项目一等奖】 11月9日,在2012年上海工会优秀审计项目评选会上,良友集团工会经审会《医疗救助计划专项资金审计》项目以第一名的成绩,获2012年上海工会优秀审计项目一等奖。评审组认为,集团《医疗救助计划专项资金审计》项目操作规范、方法创新、成效明显、资料齐全,对于做好工会经审工作具有一定示范作用。(柯 勇)

【锦江国际集团工会财务检查规范化】 集团工会、经审会联合事业部工会、经审会,对事业部层面7家工会和19家基层工会进行审计和财务规范化检查,对检查中发现的问题进行指出纠正,督导个别工会经费收缴不规范行为及时整改。组织32人次参加工会制度培训和会计电算化培训,下发《上海市基层工会经审工作规范化建设标准》,强调经审"七必审"制度和18项工会经费开支范围。帮助事业部层面进行财务工作、经审工作建章立制,加强财务规范化、经审规范化工作。(陈 怡)

保障政策文件选编

上海市城乡居民最低生活保障申请家庭经济状况认定标准(试行)

根据《民政部关于进一步加强城市低保对象认定工作的通知》(民函〔2010〕140号)的规定,结合实际,制订上海市城乡居民最低生活保障申请家庭经济状况认定标准如下:

一、认定标准

同时符合下列标准的本市城乡居民家庭,可申请最低生活保障:

(一)申请家庭月人均收入低于本市同期城乡居民最低生活保障标准。

(二)3人户及以上家庭人均货币财产低于3万元(含3万元),2人户及以下家庭人均货币财产低于3.3万元(含3.3万元),并随本市经济社会发展适时适度调整。

(三)申请家庭成员名下无生活用机动车辆(残疾人用于功能性补偿代步的机动车辆除外)。

(四)申请家庭成员名下无非居住类房屋(如商铺、办公楼、厂房、酒店式公寓等),但有“居改非”房屋且兼作家庭唯一居住场所的除外。

(五)城镇居民申请家庭成员名下仅有1套住房或无房,或者有2套住房但人均建筑面积低于统计部门公布的上年度本市人均住房建筑面积。上述住房包括商品住房、售后公房、老式私房、实行公有住房租金标准计租的承租住房、宅基地住房。

农村居民申请家庭除宅基地住房、统一规划的农民新村住房外,家庭成员名下无其他商品房。

二、认定方法

申请家庭经济状况认定内容包括家庭成员的可支配收入、财产。可支配收入包括工资性收入、经营性净收入、财产性收入、转移性收入等,财产包括实物财产、货币财产等。

可支配收入和财产的具体内容,由市民政局会同有关部门按照国家和本市有关规定另行制定。

下列内容不计入申请家庭的可支配收入或财产:

(一)省级政府、国务院部委和中国人民解放军军以上单位颁发的科技、教育、技术、文化、卫生、体育、环境保护等方面的奖金,政府给予见义勇为人员及对国家、社会和人民作出突出贡献者的一次性奖励金,省级以上劳动模范退休后享受的荣誉津贴;

(二)优抚对象按照国家规定享受的一次性抚恤金、烈士褒扬金、伤残抚恤金、伤残护理费、定期抚恤金、定期定量补助、烈属抚慰金、差额补助、生活补助、优待金、临时补助、医疗补助和丧葬补助费;

(三)军队发放的转业费,退役士兵离开部队时领取的路费、伙食费及津贴费、异地安置的安家费;

(四)在校学生获得的助学金、困难补助金、奖学金;

(五)因公(工)负伤职工的工伤赔偿金、工伤保险费、护理费;

(六)人身损害赔偿金中的医疗费、护理费、交通费、住宿费、住院伙食补助费、营养费、残疾辅助器具费、康复费、后续治疗费、丧葬费;

(七)其他抚恤金、丧葬抚恤金;

(八)各级政府、社会各界给予的临时性救助帮困款物;

(九)民政部门发放的医疗救助金和各级工会发放的医疗补助金;

(十)计划生育奖励金、生育医疗费补贴、独生子女意外伤残或死亡一次性补助和其他有关计划生育的补助金;

(十一)高龄老人长寿津贴;

(十二)儿童托费补贴、牛奶补贴、书报费、洗理费;

(十三)协保人员就业补贴、协保人员生活费补贴、低收入农户专项就业补贴、大龄失业人员自谋职业就业岗位补贴;

(十四)有劳动收入人员中按照有关规定免于计入家庭收入的部分;

(十五)退休人员中按照有关规定免于计入家庭收入的部分;

(十六)政策性农业补贴,如农资综合补贴、水稻种植补贴等;

(十七)原住房被征收(拆迁),且无他处住房,其获得的原住房征收(拆迁)货币安置补偿款;

(十八)其他符合规定的不计入申请家庭可支配收入或财产的内容。

三、试行日期及其他

以上标准,自2012年5月1日起试行,有效期至2014年3月31日。

对已享受最低生活保障的家庭,按照以上标准实施定期核查。

上海市民政局
上海市发展和改革委员会
上海市财政局
上海市住房保障和房屋管理局
上海市统计局
上海市农业委员会
二〇一二年五月八日

工会经济事业

Cause of Union Economy

2013

综　述

2012年，市总工会资产监督和企事业发展工作围绕工会工作中心，加强调查研究，完善制度建设，严格监督检查，夯实管理基础，努力实现工会资产保值增值。截至12月31日，全市工会企事业单位共有250家，比上年减少32家；资产总额达136.16亿元，比上年增加18.75亿元；净资产66.71亿元，比上年增加11.56亿元；负债总额69.45亿元，负债率51%；总收入计70.43亿元；利税总计12.99亿元；从业人员8,027人。(1)加强调研统计，夯实工会资产监管工作基础。一是对工会系统的文化宫、疗养院的基本情况进行了梳理，为向韩正市长汇报材料的准备提供素材；二是开展职工疗休养事业发展情况专题调研，探讨推动疗休养院可持续发展的对策；三是加强产权管理，继续推进不动产产证办理工作，并会同海鸥集团完成世纪海鸥房产的办证工作；四是完成全市工会资产统计上报工作。(2)加强监督检查，不断规范工会资产监管工作。一是开展工会企事业资产监督管理督查，检查本市区县总工会制度建设与执行、资产处置、资产统计以及产权登记等情况；二是严把直管单位固定资产核销关，先后对职工科技中心等16家单位20批次的需核销固定资产进行实地核查，履行审批程序；三是严把工会企业转改制(股权转让)资产处置关，严格审批浦东新区总工会、市人力资源和社会保障局工会等单位分别投资的11家工会企业股权转让事宜；四是会同有关职能部门，完成了2011年度直管单位主要负责人业绩考核工作。(3)加强整合发展，推进工会资产保值增值。一是指导协助市总直管单位做好整合发展和工程建设工作，主要有：退休职工嘉定公寓整修，退休职工大学新址装修搬迁，职工技协新办公楼购置、装修、搬迁，市总工会幼儿园三号楼、食堂改造和道路整修，海鸥饭店会议中心及客房装修，西山疗养院功能布局调整，屏风山休养院改造等；二是指导区县文体场馆做好整修改造工作，拟制了沪东工人文化宫通北路分部总体改造方案，并协助做好嘉定区工人文化活动中心和黄浦区工人体育馆建设等工作；三是妥善处理益民地块历史遗留问题，做好住宅合作社产权交易相关准备工作。（陈依岚）

企事业发展

【市总工会开展工会疗休养院发展状况调研】 7月，市总工会事业部会同海鸥集团对工会系统疗休养院进行调研，实地走访市总工会直属疗休养院和局(产业)工会所属纺织职工马山疗养院、纺织职工淀山湖疗养院和交运休养院等。调研建议，一是加强疗休养工作宣传力度，出台相关政策支持职工疗休养，动员越来越多行业组织职工疗休养，充分发挥疗休养院服务职工、服务社会的作用；二是进一步整合疗休养资源，将海鸥集团对市总工会下属疗休养院的集约化管理，辐射到局(产业)工会疗休养院，探索与外省市工会疗休养院间建立资源共享、客源互通机制，实现工会资源利用效益最大化；三是建立后备人才培养机制，加强疗休养院干部队伍建设，坚持以人为本，用环境凝聚人才，用制度保障人才，为年轻员工创造锻炼平台，使他们尽快积累经验，增长才干，提高业务管理能力；四是多渠道筹措资金投资改建，谋求共同发展，积极争取政府帮助支持工会拓展疗休养院网点，对疗休养院未发挥效益的资产，借助社会力量进行投资改建，盘活存量资产。（陈依岚）

【市总工会开展工会企事业资产监督管理督查】 根据全总资产监督管理部要求，对2005年8月—2011年12月期间县以上工会企事业资产监管工作进行督查，主要包括制度建设与执行、资产处置、资产统计以及产权登记等。督查发现有单位对工会资产管理工作还不够重视，产权意识不强，资产管理基础工作薄弱；工会资产监督管理体系还不够完善，导致资产监管工作上下脱节，一些资产管理制度得不到有效落实。督查报告建议，一是进一步完善工会资产监管组织和制度体系，努力形成上下对应、运转有序、管理有效组织体系；二是进一步加强产权管理，加大产权登记工作力度，加强资产处置管理，重点加强土地、房屋等不动产处置事项管理，严格履行审批手续；三是进一步加强检查监管，切实掌握各单位工会资产管理工作真实情况，防止在不动产改建、置换、转改制中工会资产流失。（陈依岚）

【市总工会完成退休职工嘉定公寓整修】 上海市退休职工嘉定公寓开办于1991年，因年久失修，房屋建筑老化，影响老人居住安全。为消除安全隐患，改善老人居住环境，2011年7月市总工会投入专项资金，对嘉定公寓所有公寓楼进行整修。在住寓老人配合下，在公寓全体员工共同努力下，经过15个月精心施工，整修工程于2012年10月竣工，屋顶翻新、外墙粉刷、房间功能改善、电器设备更新、柏油马路铺设、新配电所建造、综合活动楼建成等使公寓面貌一新，进一步提高公寓安全性和舒适性。（黎　颖）

【市总工会召开上海工会企事业资产管理与统计工作会议】 12月26—27日，上海工会企事业资产管理与统计工作会议在市总工会洞庭西山休养院召开。会议传达11月28—29日全国工会企事业资产监督管理工作座谈会议精神，要求各级工会进一步健全组织体系、完善制度体系、强化产权管理，加强工会企事业资产监督管理工作，推动工会企事业健康持续发展。会议部署2012年度上海工会企事业资产统计工作，要求不断提高资产统计准确性和时效性，以统计软件为平台，进一步推进统计信息化建设，真正发挥统计工作决策参考和监督检查作用。会议还布置“鹰潭工运杯”全国工会企事业发展改革和资产监督管理工作论文征集事宜。（陈依岚）

【浦东新区总工会成立上海工会管理职业学院浦东分院】 1月12日，浦东新区总工会举办“上海工会管理职业学院浦东分院”成立仪式，市总工会党组副书记、副主席肖堃涛为分院揭牌。会上，肖堃涛肯定了工会学院与区总工会合作模式，他指出，分院的成立是区总工会与上海工会管理职业学院进行的一次有益探索，必将对浦东工会干部队伍建设、特别是非公企业工会干部队伍素质提升产生重大而深远的影响。他希望，新区工会要进一步加强工会工作者队伍建设，为工运事业持续发展提供组织保证；要继续深化工会干部培训体制和方式方法创新，为工运事业持续发展提供人才支撑；要全面提高工会业务等综合素质，为服务中心、服务职工提供能力保证。希望“分院”能够以充满活力的、旺盛的进取精神，不断总结经验，拓展培训领域、优化培训内容、丰富培训手段，创造适应新形势、新变化培训新格局。区人大常委会副主任、区总工会主席姜鸣主持会议。上海工会管理职业学院浦东分院党委副书记、副院长陈必华，区总工会副主席胡亚平签署分院建立协议。（程燕妹　卢　锟）

浦东新区总工会、上海工会管理职业学院共同成立浦东分院
（陈军华）

【沪东工人文化宫影剧院全面升级坚持惠民亲民路线】 1月11日，沪东工人文化宫影剧院以崭新面貌迎接四方宾客。上海沪东地区观众，特别是住在杨浦东南部老城区的居民，能在家门口观赏到国内外最新电影大片。改建后的东宫影剧院，集数字化、3D化和网络化为一体，引进3套数码放映设备、千余副3D眼镜和网络售票系统，在空间格局、服务设施等方面都进行全面升级。设置在剧场外的27平米超大LED屏幕，可以让观众直观欣赏到电影花絮和精彩片段。新开业的东宫影剧院加盟联合院线，与全国同步上映中外影片。东宫影剧院奉行公益为民经营理念，始终坚持文化惠民、文化亲民，关注弱势群体，不断推出各类公益场电影，让贫困、低保家庭也能享受文化娱乐。影院还在“农民工星期天剧场”基础上，成立全市首个“农民工影视之家”。东宫影剧院不改“惠民”初衷，坚持走电影票低价路线。（曹理仰）

【上海中原护理院改扩建工程竣工提升为老服务品质】 6月15日，上海中原护理院改扩建工程竣工庆典举行。该院成立于1995年5月，是杨浦区总工会所属事业单位，为老年患者提供医疗、护理服务，也是第一批进入医保的定点医疗机构，核定床位98张，实际开放床位135张；设有内科、外科、中医科、康复科、临终关怀科、医学检验科、医学影像科（超声诊断专业、心电诊断专业、脑电及脑血流图诊断专业），曾获全国爱心护理工程示范基地等荣誉称号。2011年初，区总工会研究决定对护理院医护大楼进行改扩建，彻底解决由于房屋年久失修、配套设备老化和市场化竞争带来的安全和经营问题。改扩建后的护理院在经营规模、功能布局、硬件设施、住院环境等方面都有较大程度提升，为护理院可持续发展奠定基础。全院职工发扬“敢于攻坚、善于协同、精于服务、成于团结”工作精神，于2011年8月初完成病区搬迁，2011年9月底开始全面动工，经过8个多月的紧张施工，圆满完成各项改扩建任务。重新开张后，护理院继续推进软环境建设，发挥护理优势，提供亲情式护理，为临终老人实施“临终关怀服务”。（曹理仰）

【上海工会管理职业学院嘉定分院揭牌成立】 10月23日，上海工会管理职业学院嘉定分院在区内160多位新任工会干部的掌声中正式成立。区人大常委会副主任、区总工会主席陆晞，上海工会管理职业学院党委书记宋钟蓓出席仪式并为上海工会管理职业学院嘉定分院揭牌。近年来，嘉定区工会组织建设取得重大进展，组织体系不断完善，覆盖面不断扩大，如何提升工会干部综合素质和业务能力成为队伍建设重中之重。陆晞指出，上海工会管理职业学院嘉定分院的成立，将有助于提高区内工会干部教育培训工作层次和水平，进一步推动实现“两个普遍”。宋钟蓓对嘉定分院的揭牌表示祝贺，指出分院将针对嘉定工会干部具体情况开展培训，全面提高工会干部思想政治素质和业务素质，增强工会干部在新形势下的综合工作能力。揭牌仪式后，来自嘉定区各园区、创意园、楼宇、行业工会联合会和委、局、公司工会的新任工会干部们投入嘉定分院首期培训班中，聆听上海工会管理职业学院教授、讲师作《当前工会工作面临的新形势新任务》《职工民主管理与职代会运作》《当前劳动争议的热点问题分析》和《工会干部的沟通艺术》等精彩讲课。（徐　浩　卢　锟）

【奉贤职工疗休养中心成立】 3月31日，力泉体检暨奉贤区总工会职工疗休养中心举行揭牌仪式。区人大常委会党组副书记、副主任，区总工会主席季伯明致辞。该体检中心符合三甲医院标准，地处海湾旅游区海浪路39号，能同时容纳100至150人。（叶　兰）

【上海工会教育培训综合保税区基地正式揭牌】 4月26日，由工会学院与上海综合保税区工会合作的“上海工会教育培训综合保税区基地”正式揭牌成立，首批五名“工会工作导师”聘任到位。市总工会党组副书记、副主席肖堃涛作重要讲话，副主席汪兰洁为基地揭牌。建立工会教育培训基地，是上海工会管理职业学院履行“服务工会、服务职工、服务社会”职能的新探索。基地主要有3项职能，

一是工会干部教育培训，依托综合保税区作为上海建设“四个中心”前沿阵地和突破口的丰富资源，利用保税区世界500强云集、工会工作先行先试的宝贵经验，形成为全市工会干部培训的现场教学基地；二是职工职业发展教育培训，发挥学院专业优势，开发实施与职工教育培训需求有效对接的各类职业教育；三是工会工作人才培养，由综合保税区提供工会实践岗位，学院定期选拔输送优秀大学生，积极探索职业化社会化工会工作者培养路径。首次聘任的五位工会工作导师，都是实践经验丰富的资深工会工作者，分别对企业工会干部给予直接工作指导，使培训从课堂讲解延伸到基层工会一线指导。会后举行“坚定走中国特色社会主义工会发展道路”非公企业专场宣讲报告会。（卢 锟）

【上海合一企业劳动关系研究中心揭牌成立】 5月30日，由工会学院与上海综合保税区工会合作的“上海合一企业劳动关系研究中心”正式成立，全国总工会组织部巡视员杨军日、上海市总工会副主席周志军为中心揭牌。杨军日和周志军充分肯定研究中心成立的重要现实意义，希望研究中心以中国特色社会主义工会发展道路理论为指导，适应当前经济社会的新变化、劳动关系的新变化、工会工作环境的新变化，针对工会在建设和谐劳动关系方面碰到的新情况新问题，积极开展创新性研究；努力为工会参政议政、科学决策、推动工作提供更直接、更有效的服务，为维护职工合法权益提供更切实、更可靠的理论政策保障，把工会理论研究工作不断引向深入。来自上海大学、上海社科院的专家学者以及上海综合保税区工会的代表，就非公企业践行中国特色社会主义工会发展道路的理论与实践进行交流研讨。“上海合一企业劳动关系研究中心”作为学院深化校企合作、服务工会的新平台，将发挥学院自身工会理论研究优势和综合保税区工会工作创新实践优势，开展非公企业工资集体协商机制、非公企业和谐劳动关系建设等专题研究，探索非公企业工会工作理论创新和机制创新，为全市非公企业工会工作实践发挥示范引领作用。（卢 锟）

【劳动报社印务中心引进全球配置最高小高速印刷机】 4月28日，劳动报社新购印刷机投产仪式在报社印务中心举行。市总工会副主席汪兰洁，经审会主任杨永平，上海电气印刷包装机械集团总裁郑锦荣出席。中心引进的Magnum4II型高速轮转印刷机，是高斯（中国）公司设计生产的具有国际先进水平的最新机型，是全球配置最高的小高速印刷设备，该系统配置自动套准系统，可在印刷运行中进行精确套印，大大降低开机废报率，有效缩短出报时效，每个独立的印刷塔机印刷出报实际运转速度可达每小时4.5万张，4个独立印刷塔机印刷出报实际运转速度可达到每小时18万张。新印刷机的启用不仅可以满足报纸特殊版数印刷需求，大幅度提高印刷质量和时效，还减少纸张和油墨浪费，降低工人劳动强度。（顾亦雄）

【上海市退休职工大学迁入新校舍】 上海市退休职工大学创办于1987年，是上海市总工会、上海市退管会所属多学科、多层次、综合性老年大学，下设复旦、浦东、静安等5所分校、1个教学点，学员近万人，为市四所市级老年大学之一。因常德路校舍动迁，上海市退休职工大学迁入黄浦区梦花街234号新校舍。10月29日，举行新校舍启用揭牌暨庆祝建校25周年教育成果展开幕仪式，市人大常委会副主任、市总工会主席钟燕群为新校舍揭牌。市总工会、市教委、市退管会、市老年教育协会、及黄浦区总工会、各市级老年大学领导和来宾近百人参加仪式。（黎 颖）

技协合作

【青浦区举办企业职工技协业务培训班】 8月23—24日，青浦区职工技协在上海电信实业（集团）有限公司举办非公企业职工技协业务培训班。各镇、街道工会分管副主席、技协工作负责人、非公企业职工技协主任共计60人参加培训。培训班特邀市技协老师围绕深化职工技协认识、深化技协工作思路、加强职工技协组织建设、职工技协有关政策解读等主题作专题讲座。培训有效深化各级技协干部对非公企业技协认识，提高基层技协干部管理水平，坚定办好企业技协组织信心。（马美君）

【市技协开展与新疆、云南对口技术协作】 2012年，市技协根据市总工会五年援疆规划，组建由5名上海专家组成的医疗技协小分队，到喀什地区开展医院质量管理、心血管、麻醉、皮肤等学科技术交流与培训，共培训医务人员约200人次；组建教育技协小分队，在巴楚县职业技能培训学校，开展职业技术学校运行机制、师资队伍建设、学生管理等内容交流和培训，共培训教职人员40人次。市技协与云南省职工技协签订5年协作协议，拟从人才、技术、资金等方面对口开展技术协作和帮扶活动。按照沪滇两地技协协作方案，2012年，市技协组织云南普洱市、昆明市、大理州、红河州、迪庆州和文山州等地区32名医疗骨干来沪，分别到华山、中山、市一、市六等医院进行免费进修培训，有效提升当地医疗水平。（陆卫超）

【市总工会印发《关于进一步规范本市职工技协开展“四技”服务活动的通知》】 2月13日，市总工会印发《关于进一步规范本市职工技协开展“四技”服务活动的通知》，明确规定职工技协必须在《上海市职工技术协会章程》规定范围内开展“四技”服务活动，严格遵守国家法律法规，并按规定进行工商和税务登记，照章纳税，主动接受工商、税务、审计等政府相关部门监督和管理；严格执行财经纪律和财务制度，严格按照《关于推动本市职工技协组织开展群众性科技创新活动的若干政策意见》中有关规定列支成本费用，加强资金管理；凡涉及行政性审批、行政性收费、行政性执法等公权力性质的项目和与财政性资金存在关联的项目不得作为职工技协“四技”服务项目；严禁将本单位行政事业性收入和其他收入转为职工技协项目收入；凡政府机关职工技协不得开展“四技”服务活动。《通知》要求各级工会、职工技协充分认识规范“四技”服务是职工技协健康发展的内在要求，是职工技协实现转型发展的重要基础，要加强对职工技协“四技”服务工作领导，进一步推动职工技协健康发展。（王小龙）

友好交往

Friendly Intercourse

2013

综　述

2012年，上海工会学习贯彻党的十七届六中全会及市十届党代会精神，坚持走中国特色社会主义工会发展道路，坚持"独立自主、互相尊重、求同存异、加强合作、增进友谊"的对外工作方针，有序开展工会对外交往。围绕全总外事工作"妥善处理与国际和区域工会、发达国家工会的关系，保持与发展中国家工会互利互信关系，建立和新兴国家工会的沟通协调机制"的目标任务，巩固和发展与国(境)外工会组织的友好关系，并通过工会对外交流活动宣传上海"创新驱动、转型发展"的新理念，介绍上海加快实现"四个率先"、加快建设"四个中心"、建设社会主义现代化国际大都市的新进展，为上海"十二五"发展营造有利的国际舆论环境，开创上海工会国际工作新局面。上海工会国际工作以服务大局、服务基层为宗旨。本着"围绕中心、服务全局、与时俱进、求真务实"的指导思想，为宣传上海、拉近同世界各国工会的距离，为造就一支了解国际工会运动情况、善于吸收创新、能够与时俱进的上海工会干部队伍服务。通过对外交流，宣传中国，宣传上海，宣传中国工会，宣传上海工会。组织上海部分区县局(产业)工会干部赴德国进行为期3周的工会集体协商业务培训。与加拿大等国的工会组织举行工会工作研讨会，就工会组建、工人权益维护等问题进行研讨。协同全总在沪举办"亚太区域工会工作研讨会"。与澳门工会联合总会在沪共同举办"莲花传情，玉兰飘香"沪澳两地工会文化交流专场演出，上海工会文化艺术交流团还赴澳门进行"情牵两地展彩虹"的访问演出。上海工会在继续加强与国(境)外已建立友好交流关系的工会组织交往的同时，积极拓展新的交流渠道，扩大国际影响，进一步扩大上海工会的影响。在对外交流中，积极宣传中国改革发展所取得的成果，展示上海改革开放30年以来的城市和经济新貌。上海工会全年共接待来自世界各国和地区的35个工会代表团，344人次。在做好请进来交流的同时，还注重走出去交流。全年共组织出访15批团组，109人次，分别赴美国、加拿大、德国、日本、韩国、澳大利亚、越南、西班牙等国进行交流访问。积极组织市区县产业工会赴台湾进行工会业务交流。共组织赴台工会业务交流团17批，213人次。　(沈雄德)

2012年上海工会与外国和台港澳工会主要交往简表

团　　名	时　间	交　往	人　数
市总工会访问西班牙、日本代表团	1.8—17	出访	6
澳大利亚昆士兰州工会理事会访华团	4.19—28	来访	4
市总工会访问英国、香港代表团	7.2—11	出访	6
澳门工会联合总会职工舞蹈艺术团来沪交流	8.4	来访	44
市总工会访问韩国、日本代表团	8.9—18	出访	6
市总工会赴德国培训团	8.20—9.9	出访	20
越南胡志明市劳联访华团	9.3—8	来访	6
意大利米兰总工会访华团	9.9—17	来访	6
韩国釜山劳总访华团	10.31—11.4	来访	6
市总工会访问加拿大、澳门代表团	11.6—15	出访	6
市总工会访问越南、澳大利亚代表团	11.12—21	出访	6
市总工会职工舞蹈艺术团赴港澳交流	12.1—5	出访	25
美国洛杉矶县劳工联合会访华团	12.2—8	来访	9
市总工会访问意大利、香港代表团	12.13—22	出访	6
挪威奥斯陆市总、挪威市政和普通雇员工会访华团	12.13—16	来访	6

(张国峰)

上海工会出访

【上海市总工会代表团访问西班牙和日本】 1月8—13日，以秘书长张立群为团长的市总工会代表团一行6人应西班牙工人总联盟加泰罗尼亚大区分会(以下简称加泰罗尼亚工联)和日本横滨市劳动组合联盟(以下简称横滨市劳联)的邀请对西班牙和日本进行了访问。访西期间，代表团拜访加泰罗尼亚工联，与何塞·玛丽亚·阿尔瓦雷斯总书记等进行正式会谈；分别同副总书记迪戈·马丁内斯和工业工会书记戴维·阿隆索等共进工作晚餐；走访位于首都马德里的西班牙工人总联盟总部，与政治事务书记(曾任加泰罗尼亚工联副总书记)弗雷德里克·莫内尔·利和国际书记曼努埃尔·邦马蒂等进行会晤；参观西班牙规模最大的科洛纽香槟酒酿造厂及其30公里长的储藏地窖和设备先进的西亚特汽车制造厂，并与工会干部进行座谈。中方代表团向西班牙工会同行介绍中国经济社会发展情况和工会在维护职工权益、服务帮助职工和协调劳动关系、促进企业发展等方面所做的工作。代表团还应邀到巴塞罗那市政厅拜会市长顾问、市议员霍尔蒂·马蒂·加尔维斯、国际交流部部长和副部长及政府雇员工会负责人，并与之进行友好交流。14—17日，代表团访问日本，出席由横滨市劳联委员长二阶堂健男、书记长铃木康司等工会领导主持的欢迎宴会。之后，参观和平祈念公园等处。 (张国峰)

【上海市总工会代表团出访英国和香港】 应英国职工大会(TUC)西北地区分会以及香港工会联合会邀请，由上海市总工会副主席茆荣华率领的上海工会代表团一行6人，7月2—11日访问英国和香港。7月2—8日访英期间，上海工会代表团专程拜访设在伦敦的TUC总部和设在上海友城利物浦的TUC西北地区分会，分别与TUC欧盟和国际关系部政策官员、国际劳工组织理事会成员萨姆·格尼，TUC西北地区分会主席、公共和商业服务工会(PCS)全国官员史蒂夫·法莱、PCS西北地区分会书记彼得、主席马丁、团结工会(英国最大的公共与私营部门人员工会)西北地区分会书记保罗·菲尼根、副书记米克·惠特利等进行正式会谈，并参观考察PCS西北地区分会和团结工会西北地区分会的办公场所和相关设施。在与TUC的会谈中，英方详细介绍英国工会的组织机构、会员队伍、主要任务、工作特点等；中方介绍上海经济社会发展情况、上海工会推进工会组建、开展工资协商、组织劳动竞赛、关心服务职工等情况。双方还就共同关心的问题进行坦诚交流。代表团对英国工会在金融危机形势下克服各种困难拓展会员发展渠道、维护会员权益、关心会员生活、影响政府决策等工作留下深刻印象。7月9—11日访港期间，代表团与香港工会联合会荣誉会长郑耀棠、副会长梁富华等进行会晤。上海市总工会与香港工联会交往较为密切，会晤中双方就加强联系和合作进行交流，达成共识。 (程友谨)

【上海市总工会代表团赴韩日友好访问】 应韩国丽水市政府、韩国劳总釜山地域本部(以下简称釜山劳总)以及日本横滨市劳动组合联盟(以下简称横滨市劳联)邀请，由上海市人大常委会副主任、上海市总工会主席钟燕群率领代表团一行6人，于8月9—18日赴韩国和日本进行为期10天的友好访问。8月10日，应韩国丽水市政府邀请，钟燕群主席代表韩正市长率领上海代表团出席在丽水召开的世界博览会东道主协会(AVE)第五届全体大会。8月11—12日，应釜山劳总邀请，代表团访问釜山。其间，代表团拜会釜山劳总本部。以黄大善代理议长为首的各部门负责人接待了代表团并举行会谈。向代表团重点介绍釜山劳总的组织机构情况和碰到的头疼问题以及应对措施。8月12—18日，应横滨市劳联邀请，代表团访问日本。代表团抵达日本之际，大阪市劳联和横滨市劳联的主要领导人都到场接待，然后进行交流。代表团拜会横滨市政府。副市长大场茂美会见代表团并介绍横滨市的经济现状和为纪念2013年上海横滨结好40周年、两港结好30周年所做的准备情况，中方介绍上海的经济情况和上海市政府为明年的两市结好纪念活动所开展的一系列工作情况。 (崔春吉)

【上海工会代表团赴德国培训】 8月19日—9月8日，由市总机关职能部门和区县产业局工会干部组成的上海工会代表团一行20人，赴德国进行为期3周的工资集体协商业务培训。培训期间，代表团先后听取德国工会、企业、政府主管部门从不同角度就集体谈判所作的10场讲座，拜会德国工会联合会北威州分会、北威州劳动和社会保障部、汉斯布吕克基金会、德国服务行业工会、雇主协会、马格堡医疗系统工会、德意志五金行业工会柏林分会等工会、企业组织和政府主管部门，

8月13日，由市人大常委会副主任、市总工会主席钟燕群率领的上海市总工会访日代表团拜会大阪市劳联并座谈 (崔春吉供)

实地考察DEUTZ股份公司的运作和工会工作情况。代表团还深入了解德国工会工作的基本原则、组织结构、社会保险和劳动保障的有关规定，集体谈判的内容、过程、争议调处机制，政府和企业组织对待集体谈判的态度等。代表团对警察、公务员、医疗卫生、五金工业等系统的工会保障劳动者权益，特别是工资收入的情况等内容给予特别关注。认为应该推动各个层面共同形成和确立通过工资集体协商解决群体性劳动纠纷的理念，继续推动完善工资集体协商的立法。

（管一珉）

【上海市总工会代表团访问加拿大、澳门】 11月6—15日，应加拿大温哥华大区工会联合会和澳门工会联合总会邀请，以市总工会巡视员杜仁伟为团长的上海工会代表团一行6人，赴加拿大和澳门进行为期10天的交流访问。在加拿大温哥华期间，代表团受到温哥华大区工会联合会的接待。该会主席乔伊·哈特曼女士等工会领导会见代表团一行，并与代表团进行座谈交流。温哥华大区工会联合会顾问、原加拿大汽车工会职业健康与安全部主任王慧中女士向代表团成员专题介绍加拿大工会开展集体协商、集体谈判工作的有关情况。在加拿大多伦多访问期间，代表团拜会加拿大汽车工人联合会总部，与该会主席肯·卢恩扎先生、主席助理德比·安·特韦特女士、国际部长安妮·洛鲍伊女士等工会干部就工资集体协商和集体谈判议题进行探讨和交流。中方向加拿大工会同行介绍了上海经济社会发展情况，中国工会、上海工会的组织架构和上海工会在开展职工培训、劳动竞赛、安全生产、维护职工权益、协调劳动关系等方面所做的工作，并回答了他们提出的问题。此外，代表团还访问加拿大首都渥太华和蒙特利尔市，参观了加拿大国家议会大厦等。在澳门访问期间，澳门特别行政区立法会议员、澳门工会联合总会副会长关翠杏，澳门工会联合总会副会长张文宽，澳门特别行政区立法会议员、澳门工会联合总会副理事长林香生等澳工联工会同仁与代表团进行会谈，双方交流各自的近期工作，并就加强上海与澳门工会之间的交流与合作，特别是加强两地职工文化交流合作等方面进行深入探讨。在澳门期间，代表团还参观葡韵博物馆、大三巴等澳门地标性建筑，增进和加深对澳门近现代历史的了解。（竺　敏）

【上海市总工会代表团访问越南和澳大利亚】 应胡志明市劳动者联合会和昆士兰州工会理事会邀请，以上海市总工会副主席周志军为团长的市总工会代表团一行6人于11月12—15日访问越南，11月16—21日访问澳大利亚。访越期间，市总代表团分别与胡志明市劳联主席阮辉近和顺化省劳联主席阮南进等领导进行会谈，参观统一会场、胡志明博物馆和孙德胜博物馆。在澳期间，代表团与昆士兰州工会理事会主席巴坦斯、总书记莫纳汉及所辖部分工会如教师工会、独立教育工会、建设工会、警察工会等负责人进行交流座谈，参观图文巴市工会理事会和昆士兰州教师工会医疗保健中心。访问期间，代表团着重了解两国工会在推进立法、工资协商、服务职工等方面的主要做法及经验。中方也向两国工会同行介绍上海工会在维护职工权益以及促进企业发展等方面所做的工作。通过互通信息、友好交流，上海市总工会增进与胡志明市劳联和昆士兰州工会理事会的友谊；上海建工集团公司工会与昆士兰州建设、林业、矿业和能源工会达成定期交往的意向。（司　静）

【上海工会文化交流团赴港澳访问】 12月1—5日，应澳门工会联合总会和香港工会联合会邀请，以市总工会宣教部部长丁巍为团长的上海工会赴港澳文化交流访问团一行赴澳门和香港进行为期5天的交流访问。主要任务是参加由市总工会和澳门工联会共同主办的"情牵两地展彩虹"沪澳舞蹈交流演出晚会。来自市工人文化宫茉莉花艺术团、上海申通地铁集团有限公司工会职工舞蹈团、杨浦区总工会职工舞蹈团的演员们与澳门工联舞蹈团的团员联袂登台，为澳门职工和市民文艺演出。在澳期间，访问团拜会澳门工联会，与澳门工联会理事长郑仲锡、副会长刘润辉，澳门工联会文化委员会主任张德培、副主任杜艳芬、谭明光、关文辉等工会同仁进行座谈交流，并参观澳门的大三巴、妈祖阁、渔人码头和香港的会展中心、金紫荆广场和星光大道等港澳地标性建筑。

（竺　敏）

【上海市总工会代表团访问意大利】 应意大利米兰市总工会的邀请，以上海国际港务（集团）股份有限公司工会主席王晓华为团长的上海市总工会访意代表团一行6人，于12月13—19日对意大利进行为期6天的友好访问。意大利总工会是意大利最大的工会组织，成立于1906年，1991年加入国际自由工联，工会每4年换届一次，委员会一般为14人组成，其中女性占一定比例，现任的意大利总工会总书记是位女性。意大利的集体谈判主要体现在4个层面：一是全国性的集体谈判，二是各行业的集体谈判，三是地方工会与雇主组织的集体谈判，四是企业内的劳资集体谈判。集体谈判的内容既有涉及职工工时工资和企业福利、休息休假、录用安置与解雇、劳动安全卫生等事项，也有涉及企业为工会开展工作需要提供的必备条件等内容。集体谈判已被全社会所认同，其谈判结果对职工劳动条件的决定具有很大影响力。针对国外大量移民来意大利谋求工作、某些不良企业以可乘之机规避法律使黑工现象有所抬头的实际，米兰总工会主动将这部分人群的利益纳入到集体谈判的内容中去。意大利的集体劳动争议主要是靠劳资集体协商自主解决，因此，集体谈判对于化解集体劳动关系问题尤为重要。一旦集体劳动争议问题难以通过集体协商解决，或者集体协商事项难以达成一致意见时，工会则会通过罢工的手段向资方施加压力。代表团访问期间拜访米兰市总工会、意大利全国总工会，就经济下行和欧债危机下的意大利工会组织状况、集体协商机制建设等问题作细致的了解。意大利工会同仁则迫切想了解中国经济问题专家和工会干部对造成国际金融危机和欧债危机原因的看法，以及破解这些危机的意见建议；同时，还对外资企业在中国建立工会组织、发展会员、开展集体谈判，以及上海职工年平均工资增幅情况等表示高度关切。中方介绍上海工会组织状况，以及上海工会通过市人大推进《上海市职工代表大会条例》颁布实施、开展工资集体协商立法调研、组织职工投身经济社会建设等方面的情况；代表团还就意方工会同仁所关心的上海职工的工资增幅、职业教育培训、职工民主管理、集体协商和劳资矛盾处理，以及上海职工队伍状况和职工技术技能培训、职业发展等现状作了全面的介绍，并就相关问题进行深入的研讨。

（周永宝　施雅南）

【上海市医务工会组团考察台湾医院】　6月13—20日，市医务工会组织各直属基层工会的19位工会干部赴台湾台北医学大学附属医院、长庚医院等医疗卫生单位考察学习。考察期间，工会干部们就医院职工状况、文化建设、管理理念与实务等与台湾医院负责人座谈交流；对上海和台湾医务行业同样面临的医务职工工作量、压力过大状况及部分岗位人员流失严重等问题共谋对策；还就工会对医院职工执业安全、心理健康等进行探讨。工会干部们参观台湾各大医院的门诊大厅、各类病房、输血室、化验室等部门。台湾医院人性化氛围浓厚、信息化应用程度高、注重服务细节，给赴台考察的工会干部们留下印象。

（柯　婷）

友好团体来访

【澳大利亚昆士兰州工会理事会代表团访华】　应上海市总工会邀请，由约翰·查尔斯·巴坦斯主席率领澳大利亚工会理事会昆士兰州分会访华代表团一行4人于4月19—28日访问中国。在4月20日的正式会见中，市总工会副主席周志军向澳大利亚工会客人介绍上海经济、社会和工会工作情况，并希望上海建工集团工会与昆士兰州建筑工会恢复友好交流关系。巴坦斯表示，会在上海工会代表团回访时专门安排谈这件事。他说，中国是个大国，能把各民族团结起来、保持社会稳定实属不易。中国GDP增长近8%；澳大利亚约3%，比大多数西方发达国家要高。莫纳汉总书记反映，澳大利亚、欧洲和美国的失业率较高，澳大利亚有40%是临时工，工资低。媒体仇视工会，一直攻击工会，而中国工会得到政府的支持。在沪期间，代表团参观控江中学，并与市教育工会主席夏玲英、中学行政和工会领导交流座谈。

（张国峰）

9月4日，市人大常委会副主任、市总工会主席钟燕群、市总工会副主席周志军会见应邀来访的由阮氏碧水副主席率领的越南胡志明市劳联代表团　（张国峰）

【越南胡志明市劳联代表团访华】由副主席阮氏碧水女士率领的越南胡志明市劳动者联合会代表团一行6人应上海市总工会的邀请于9月3—8日访问中国。9月4日，市总工会主席钟燕群、副主席周志军会见代表团。钟主席向越南客人介绍上海经济社会的近况和上海工会的主要任务及市总所属工会学院、公惠医院的概况。阮氏碧水说，一踏进上海就受到热情接待，代表团成员都很感动。胡志明市劳联有近100万会员，其中52%为女性，分布在1.5万个基层组织。70%的非公企业建有工会，500人以上的企业必须成立工会。现来自农村和外地的外来务工人员占胡志明市劳动力的60%，维护他们的合法权益也是劳联的一项重要工作。宾主双方还就共同关心的话题进行深入广泛的交流。通过市总工会女职工部和市电信集团公司工会的安排，代表团参观上海电信号码百事通分公司徐倩雯劳模创新工作室，并进行交流座谈。（张国峰）

【意大利米兰总工会第15次组派代表团访华】　应上海市总工会邀请，由米兰意总副总书记斯坦皮尼·毛里西奥率领的意大利米兰总工会代表团一行6人于9月9—17日访问上海、杭州、西安和北京。9月10日，市总工会主席钟燕群和副主席周志军会见意大利工会客人。钟燕群向代表团介绍上海经济社会的发展情况和上海工会在组建、培训、帮困以及促进就业等方面所做的工作。毛里西奥等说，虽然两国体制不同，但不会影响两个工会交流。在70—80年代，工会为会员争取许多权益，所以老职工对工会是有感情的。80年代后企业减少了一半，剩余的规模又较小，故而工会会员数锐减。意大利已连续4年经济不景气，失业率升到10%-11%，而青年人的失业率则高达30%。米兰好些，失业率为8%-8.5%，年轻人则低于30%。对此工会有许多工作要做。工会呼吁政府给退休人员增加退休金和福利，同时希望退休者多参加社会活动，不只是呆在家中。在沪期间，代表团在市化学工会的安排下参观上海华谊丙烯酸有限公司。

（张国峰）

【加拿大劳工大会代表团与市总有关部门举行座谈】　10月25日，市总组织部、法律工作部、工会管理职业学院有关专家与以司库哈桑·尤素福为团长的加拿大劳工大会代表团就工会组建、集体协商等问题进行座谈交流。中方就工会如何开展组建工作、怎样通过集体协商签订集体合同作专题发言。尤素福说，中国现为世界经济发展的引擎。是最大的商品出口国，在国际经济舞台上将发挥越来越重要的作用。加中两国工会在应对跨国公司方面面临同样的挑战。和世界上其它工会一样，劳工大会与跨国公司进行集体谈判在加拿大也很困难。传统岗位流失，新增的大多是临时性、非正规性的，因而工会组织职工入会很困难，造成入会率持续下降，现只有30%多。工会认为，与会员的紧密关系是工会力量的源泉和成功的保证。除了竭诚为会员服务外，工会还在社会领域展开社会谈判，形成社会契约，如医保等。（张国峰）

【韩国劳总釜山地域本部代表团访华】 应上海市总工会的邀请，以议长李海守为团长的韩国劳总釜山地域本部（以下简称釜山劳总）友好访华代表团一行6人，于10月31日—11月4日访问上海、无锡、扬州等地。釜山是韩国最大的港口城市和第二大工业城市，面积529平方公里，人口350万，其中职工60万（不包括政府公务员、自由职业者和5人以下的小型企业职工）。釜山劳总成立于1963年，是自治型群众团体，下属有20个产业工会，650个基层组织，12万工会会员。上海市总工会和釜山劳总于1993年建立友好关系以来，除隔年互访外，釜山劳总还多次组派釜山地区工会干部访华考察团。上海工会曾组派访韩考察团，对韩国老龄化社会的现状及其对策等问题进行了解。通过双方交流，两地工会之间的友好关系逐年健康发展。此次来访，双方主要围绕后金融危机时期两国经济社会的发展情况和工会所面临的新课题、新情况及对策进行广泛交流。在沪期间，代表团还参观洋山深水港，上海国际港运（集团）股份有限公司工会接待该代表团并详细介绍上海航运概况和港务工会情况。（崔春吉）

【美国洛杉矶县劳工联合会代表团访华】 应上海市总工会邀请，以主席里克·伊卡扎为团长的美国洛杉矶县劳工联合会代表团一行9人于12月2—8日访问中国。3日晚，市总工会主席钟燕群，副主席周志军与美国工会同行举行会晤。钟主席向客人介绍上海的总体情况和上海工会通过立法、集体协商和各种救助措施来保障职工权益的做法，并与美方就政治、经济和社会等领域的问题进行深入广泛的交流。在上海国际港务（集团）股份公司工会、上海汽车工业（集团）公司工会和光明食品（集团）有限公司工会的安排下，代表团分别参观洋山深水港、上海通用汽车有限公司和上海光明乳业股份有限公司。代表团还到上海工会管理职业学院进行座谈，参观上海城市规划馆，赴苏州与苏州市总工会交流及参观工业园区等。（张国峰）

12月3日，市人大常委会副主任、市总工会主席钟燕群、副主席周志军会见以主席里克·伊卡扎为团长的美国洛杉矶县劳工联合会代表团（张国峰）

【挪威奥斯陆市总工会、挪威市政和普通雇员工会代表团联合访华】 应上海市总工会邀请，以扬·大卫森·拉主席为团长的挪威奥斯陆市总工会、挪威市政和普通雇员工会联合代表团一行6人于12月13—16日访问上海。14日晚，市总工会副主席周志军会见挪威工会客人，向客人介绍上海工会基本情况。大卫森·拉说，中国工会的组织结构很好，各地方、产业工会在全总的领导下按其特点开展工作。工会鼓励会员为企业献计献策；而挪威企业方往往只靠专家、顾问出主意，忽视职工的要求和建议。代表团还与上海久事公司工会及其下属工会领导进行工会工作座谈。在听介绍后，大卫森·拉说，中方的公交运行模式比挪威的好，在上海这样一个大都市，既能照顾到公益性，又能市场化运作，并通过工会努力，使职工收入和福利不断增加，切身利益得到保护。挪威是个老龄化国家，政策鼓励职工晚退。公交司机年龄大了难以胜任，政府和工会便为他们提供职业发展平台和机会，帮助他们转岗。挪威市政和普通雇员工会隶属于挪威总工会，有近33万会员，其中75%以上为女性，会员来自地方公共事业单位、医疗卫生机构、公交系统等100多个职业群体。根据挪威总工会的建议，挪威市政和普通雇员工会现与奥斯陆市总工会一起与上海市总工会开展互访交流。此次系奥斯陆市总工会与挪威市政和普通雇员工会首次携手派团访沪。（张国峰）

【上港集团工会与日、韩港口工会开展友好交流活动】 8月3日，上海港务集团工会主席王晓华在上港集团总部29楼会议室与以佐野祥和议长为首的日本大阪港湾劳动组合协议会访华团成员进行工作交流，并陪同参观集团的展示厅，向客人们介绍集团的发展历史和现状。大阪港湾工会访华团，对上港集团在改革发展中所取得的巨大变化表示祝贺，并希望通过深化两港工会的交流，进一步增进两港工会的了解和友谊。为此，在前期两港工会进行协商一致的基础上，王晓华与佐野祥和还分别代表两港工会签署面向2020年的新一轮两港工会友好交流协议书。8月10日，王晓华主席到机场欢送大阪港湾工会访华团。11月10—15日，以集团工会副主席胡庭亮为团长的上港集团工会访韩代表团，赴韩国釜山港进行为期6天的友好访问。访问团成员与韩国釜山港运工会进行交流，并进行参观和考察，增进上海港工会与韩国釜山港工会之间的相互了解和友谊。（张晨琦）

【上海第二工业大学举行中澳教育工会论坛】 9月23日，由上海市教育工会、澳大利亚昆士兰州教师工会、昆士兰州独立教育工会主办、上海第二工业大学工会承办的2012中澳教育工会论坛在二工大图文中心201会议室举行。澳大利亚昆士兰州教师工会、州独立教育工会官员约翰等一行6人前来参加论坛。30余位上海市部分学校、区教育工会的工会主席和教师代表、二工大中澳教师代表参加论坛。2012中澳教育工会论坛的主题是“教育改革与创新”。论坛上，有6位嘉宾围绕五个主题发言，发言结合各自对教育改革、教育管理和教学实践的探索，引发对教育改革与创新进行更深的思考。现场互动阶段就工会如何在激励教师、尊重教师、提高教师综合素质等方面发挥积极作用等问题进行沟通交流。最后，澳大利亚昆士兰州工会委员会主席约翰·查尔斯·巴特姆斯先生讲话；市教育工会主席夏玲英表示上海教育将抓紧机遇，直面挑战，实现健康快速发展。市政府大幅度增加教育投入，不断推进教育体制机制的改革与创新，努力实现教育公平。上海市教育工会和昆士兰州教育工会持续长达10年的交流，说明双方在承担工会责任上有着许多共同点，显示出“共同的关注、共同的责任”理念。（周宝宏）

【美国工会代表团访问市医务工会】 7月9日，美国变革谋胜利工会联合会代表团一行13人，由工会联合会组织部长、美国服务雇员工会副主席托马斯·伍德拉夫领队访问上海市医务工会。上海市医务工会常务副主席张浩出席并主持活动。上午，美国工会代表团在中华全国总工会国际部副部长朱斌及上海市总工会有关领导的陪同下，与上海市医务工会领导交流座谈。下午，美国客人来到上海中医药

举办2012中澳教育工会论坛 （严治俊）

大学附属曙光医院参观访问。代表团一行还参观曙光东院，体验“神奇”的针灸疗法。（柯　婷）

国际友好工会

【摩洛哥公用事业工会】 成立于1955年的摩洛哥公用事业工会，系摩洛哥劳工联合会下辖的24个产业和地方总工会中最有实力的工会之一，共有1.7万多名会员，主要来自自来水、电力、排水3个行业的18家公司。经埃及公用事业工会的牵线，摩洛哥公用事业工会自2009年起与上海市总工会保持联络。经协商，双方同意开展友好交流。2010年8月2—9日，由阿布德斯兰副主席率领的摩洛哥公用事业工会代表团一行5人应上海工会邀请首次对中国进行访问，并签订缔结友好交流关系协议书。2011年9月5—11日，以组织部长杜乃根为团长的上海市总工会代表团一行6人应摩洛哥公用事业工会的邀请对摩洛哥进行首次访问。访摩期间，代表团拜访位于卡萨布兰卡的摩洛哥劳工联合会总部，与总书记穆哈拉克、副总书记兼全国银行工会联合会主席哈义尔、司库兼摩洛哥公用事业工会主席哈利利等主要领导进行正式会谈；走访公用事业工会办公大楼，与哈利利主席等进行友好交流；到卡萨布兰卡市政厅拜见副市长；在摩洛哥劳联马拉喀什市分会办公室与米亚尔主席会面；分别参观公用事业工会在卡萨布兰卡和马拉喀什的俱乐部。摩洛哥公用事业工会的目标是改善和提高公用事业部门职工的工作环境和生活水准。主要通过协商、谈判等一切法律手段来协调劳动关系，为会员签订集体合同，保证其会员在经济、政治、社会等领域的各项权益；该会通过建立雇主和雇员相互尊重的伙伴关系，使全体会员获得就业保障，因而至今从未组织过罢工；该会注意倾听职工呼声，努力维护摩洛哥劳工联合会的团结，通过工会间的合作来保持和提高职工的福利。摩洛哥公用事业工会认为，职工创造一个繁荣、平等和安全的社会的努力值得承认、尊重和奖励。该会注重为会员及其家属和退休人员服务。开展俱乐部活动是其服务工作的一个内容。该会在各大城市有9家俱乐部。卡萨布兰卡俱乐部共有70名工作人员，月工资为250—400多美元（摩洛哥最低工资为250美元）。俱乐部不以赢利为目的，无需交税，日常收支基本平衡，18家公用事业公司、企业适当赞助。俱乐部内有游泳池、足球场、篮球场、网球场、健身房、餐厅等等。除对会员及其家属开放外，俱乐部兼顾向合作单位的职工开放。（张国峰）

国际工运动态

【西班牙债务危机与工会对策】 西班牙是欧债危机的重灾区，社会各界对此忧心忡忡。工会同行介绍说，欧

债危机来势汹汹,较之以往有根本区别。过去企业或公司少雇员工就行,而今银行等金融部门收紧信贷,提高放款利息,甚至不给贷款,有的企业和公司因借钱成本上升而经营困难,有的则因资金周转困难而只能关门。受此影响,2011年西班牙的GDP增幅从原先的3.5%降至0.7%,近3年来加泰罗尼亚的失业率从6%上升到19.5%,而整个西班牙已逾24%,其中青年失业率近50%。加泰罗尼亚的失业人数达到50多万,全国则超过500万。失业率最高的是工业部门,许多人失业在两年以上,且再就业希望渺茫。公务员虽然能保住岗位,但已开始减薪。社会养老金受到失业率上升的威胁。在此情形下,原先的福利、经济补助的标准都降低,社会公益、医疗、教育等方面的费用削减,社会服务减少,通货膨胀严重,生活水准下降。有学历的年轻人跑到德国等寻找出路,造成人才流失。西班牙银行还在同长达10年的房地产泡沫作斗争。随着4年前泡沫的破裂,银行损失惨重。现政府要求银行增加500亿欧元来处理不良房地资产,银行感到前所未有的压力,而赢利能力却越来越弱,10年期国债的收益率已升至6%以上。1750亿公共债务的负担和经济的不断衰退压得西班牙喘不过气来。尽管西班牙等国失业率很高,但德国仍要求其削减政府开支,减少公共财政赤字。于是,西班牙人民党内阁上台仅一周就宣布要削减150亿欧元的开支,从2011年12月起增加个人所得税,通过加强对企业监管和限制用现金作某些交易来打击偷税漏税,以期增加60多亿欧元的税收。除各级政府雇员冻结工资外,政府通过减少研发投资来节省400亿欧元的2012年预算。政府将考虑把90%的连锁旅馆私有化,甚至机场也计划实行私有化。加泰罗尼亚大区政府为减赤字,意欲大幅削减公共支出,甚至在教育、医疗等方面采取紧缩措施。面对经济危机,工会与政府的认识并不一致。工会认为,经济危机是福利危机,而福利危机的根源是富人的税越交越少,政府财政入不敷出。这次危机受害最重的是中低层收入者,他们不仅面临失业的现实威胁,还面临着在卫生、教育、社会保障、集体协议等方面所享有的权利被剥夺或削弱。工会对收入分配不公、贫富差距拉大、失业率上升以及政府债台高筑之后的紧缩措施等颇感不满。政府则认为解决经济危机的出路就是降低财政支出,减少养老金、失业金及各种社会福利。由于认识不一致,所以劳资矛盾和争议也愈演愈烈。工会正在研究,一方面加大与政府协商谈判的力度,另一方面则酝酿通过罢工对政府施加压力。第一,政府应增加投资,刺激经济增长。第二,应多征收富人税,反对过度削减公共服务开支,以避免使弱势群体的生活越发艰难。第三,反对减薪、裁员和以削减预算的名义减少失业救济金和养老金。指出解决经济危机不能以牺牲工人利益为代价。第四,反对片面紧缩政策。认为仅靠财政紧缩措施无法化解眼前危机,只会加重衰退。西班牙工会抱怨政府将经济复苏的担子压在工人、养老金领取者和中下阶层的肩上,认为提高所得税没有道理,因西班牙的所得税和营业税已经较高,而增值税相对较低。2012年1月,工人总联盟总书记坎迪多·德斯联同西班牙工人委员会与西班牙最大的雇主协会CEOE的负责人试图就工资适度增长、集体谈判以应对直线上升的失业率等问题达成相同意见,但谈判无法弥合主要分歧。如在工资方面,资方想在两年内予以冻结,2014年若经济好转才能略为增加;而劳方希冀每年都加,哪怕低于通货膨胀率也行,期望工人于2014年恢复购买力。至此劳资双方按照政府要求于1月13日前达成协议已不可能,加泰罗尼亚工联于1月28日举行示威活动,抗议大区政府削减社会福利,要求创造就业机会,释放流动性,防止信贷过紧,反对削减工人工资、失业福利及降低劳动保护标准等。

(张国峰)

【日本《护理保险法》及其存在的问题】 日本于1997年开始酝酿设立全新的社会保险项目《护理保险法》。2000年4月正式颁布实施,主旨是基于社会高龄化程度的加剧,社会养老设施的严重不足以及提供24小时家务服务助理的短缺等因素,以全社会的力量来支撑并援助需要护理的高龄者,缓解社会对养老护理院的需求,推进以居家养老为主体的社会保障机制。(1)加入与利用《护理保险法》的条件及其经费。自2000年4月起,《护理保险法》强制性地在全国推出。该法规定凡在日本持有国民待遇的40岁以上者均须参加,为今后享受公共护理服务而每月缴纳保险费。该法规定依据被保人的身体及自理能力状况而决定提供相应等级的医疗保健和社会福利服务。帮助被保人利用者以居家安度晚年。以市、町、村为单位,65岁以上者为第一类被保险人;40岁—65岁为第二类被保险人。被保人必须通过申请、审批、认定等程序,获得接受保险给付资格;保险给付包括居家护理服务费、护理和康复用品添置费、住宅改造费等。《护理保险法》按高龄者日常生活与活动内容设定74项调查项目,由电脑排序将全部内容重新分类为7个阶段。其中需要支援为1—2阶段、需要护理为1—5阶段,然后由专家委员会研究后最后定夺。每个阶段所提供服务的上限额度为每月在5万日圆—36万日圆之间,在接受不同阶段护理服务过程中,被保人利用者必须支付护理费中10%的费用。(2)护理服务类型及其为推进社会发展与和谐发挥的作用。提供护理服务的机构有:地方自治体、非赢利团体、医院、赢利企业等。具体形式有:居家护理、短期(一周)入托养老院护理、日托护理以及养老护理院等。上述提供护理服务机构必须接受市、区、町、村以及都道府县的资格认可与监督。各机构服务的费用标准由中央政府统一设定,每3年作一次修改。据统计,该法自2000年实施至2011年,已有500多万被保人利用者在《护理保险法》的保障下接受护理援助。其中,接受居家护理以及地区养老设施服务的对象在10年中增加203%,有6.5%的65岁以上的高龄者通过日托护理在养老院安度晚年,有140万被保人利用者接受家务助理的帮助、190万被保人利用者在上述各类社会公共福利设施中获得援助。(3)《护理保险法》在实施过程中面临的问题。《护理保险法》实施10多年来,尽管从事福利护理员在经过专门培训与学习后获得毕业证书,并由社会认定资质的福利护理员从2.4万增加到13.4万、家务护理员从21万上升到90万。然而还存在服务与被服务者之间双方难以沟通，需要家务助理者希望24小时得到帮助却难以兑现，以及处于中、高收入与低收入家庭之间的次低收入家庭受限于10%的利用费而无法利用社会护理保险等问题。其中家务助理员短缺问题尤为突出。（李　庆）

【日本工会为劳务派遣工提出“均等待遇”要求】　日本从1975年起开始启动劳务派遣业，1985年《劳务派遣法》得以颁布并于1986年实施。该法限定劳务派遣的适用对象——为专业性较强的16种工种，且被派遣人员须拥有从事专项业务资格的等级证书。1996年该法经修改派遣种类由16种增加到26种，还规定劳务派遣不得涉及港湾运输业务、建设业务、警备业务、广告设计、售后服务技术等业务。1999年日本国会通过“扩大禁止劳务派遣的服务领域，将适用对象业务更加自由化”的修改案。2003年《劳务派遣法》再度修改，取消对制造业现场工作禁止使用劳务派遣工的规定。2007年将劳务派遣的期限从原来的1年改至3年，超过3年者，劳务雇佣公司须同劳务派遣工签订雇佣合同。2010年该法再度作禁止制造业除“常用型”雇佣以外的劳务派遣的规定。(1)日本劳务派遣工的现状及其亟待解决的问题。劳务派遣工的基本现状。据日本劳动力情况统计：至2011年12月底日本在职职工总数为5500万，劳务派遣工及其它就业形态在内的非正规就业者为1700万，占职工总数的1/3，并且今后劳务派遣工人数还将会进一步增多。据“日本经团联”介绍，“广场协议”直接导致日元汇率升值以及日本制造业在国际市场上惨遭挫折，使日本经济经历漫长的“失去与郁闷的10年”。加之2011年3月11日遭遇有史以来最大的灾害，把刚有回稳态势的经济指数又重新送回底部。日本在职职工的平均年收入在500万日元，但有1000万职工（包括劳务派遣工及其他非正规就业者）的年收入在200万日元以下。“日本总联合”认为年平均收入在200万以下的职工数特别是年轻人逐年增加，是影响社会稳定的隐患之一。(2)“日本总联合”提出“均等待遇”对策。认为：“均等待遇”是当下解决劳务派遣工合法权益的核心问题。为此，该会首先在全国建立“非正规就业者中心”网络，以此为平台听取当事人的心声与诉求，并通过网络信息发布与媒体宣传引起社会舆论高度关注。其次，要求企业工会围绕实现“同一岗位的均等待遇”目标开展活动。包括：举办学习会与研讨会，强调“均等待遇”同企业可持续发展与稳定社会的关系、“均等待遇”是社会对劳动价值重新思考的必然要求，呼吁所有工会会员以及正规就业者理解并接受“都是劳动者，应建立平等的工作伙伴关系”的观点。此外，“均等待遇”应体现在年龄以及持续工作年限、从事工作的内容、工作能力以及业绩等方面。最后，通过网络信息化管理，为接受劳务派遣工的劳动咨询、团体交涉援助等提供服务。（李　庆）

【澳大利亚工会医疗保健中心】　澳大利亚的工人医疗基金规模较大、种类繁多，在国内职工医保体系中地位突出，共有35个医疗保健方面的工会互助保险性质的基金。昆士兰州教师工会医疗保健中心，就是1972年由昆士兰州教师工会建立的，是专属昆士兰州教师工会和昆士兰独立教育工会以及其他符合条件的工会成员医疗保健基金。其宗旨是以会员为中心，以合理的价格和一流的客户服务来提供高品质的医疗保险保障。医疗保健中心现有会员25890人，大多居住在昆士兰州。在过去的两年中会员人数每年以4%—6%的速度持续增长；每年约接诊4.6万次。如果会员们愿意多交保费，其家人可享受工会医疗基金提供的服务。在服务项目方面，工会实施政府免费医疗方面的拾遗补缺。澳大利亚政府虽然向国民提供免费公立医疗服务，但不包括牙科、针灸理疗等，而这些服务在私立医院的价格十分昂贵。于是昆士兰州的教师工会卫生保健中心于1984年开设牙科中心，发展至今已有12个牙科诊间及附属牙科实验室，并与76家特约牙医诊所签订服务协议，为会员提供优惠的牙科和口腔卫生服务。1986年，中心开设视力保健中心，除治疗眼疾外，还以相当于市价三成的折扣提供配镜服务。1998年后，中心进一步扩大相关的医疗服务，项目包括物理治疗、普拉提斯、治疗按摩、针灸、足部治疗以及营养学等。在运营模式方面，通过成立公司董事会实行运作管理。董事会由昆士兰州教师工会和昆士兰州独立教育工会的代表以及4名独立董事所组成。经费来源于会员缴纳的保险年费；年费缴纳数额则根据不同保障水平大小不等。中心每年收到保险年费约1亿澳元，其中8500万元用于会员医疗服务，1000万元用于运行费用，500万元利润用于投资。中心累计用于投资的资产已经达到7000万元，所获得的投资收益最终用于提

10月24日，市总工会副主席茆荣华会见加拿大劳工大会代表团

（管一珉）

高服务水平。（司　静）

【英国工会主要任务和工作特点】英国职工大会（TUC）工作任务主要有3项：第一，加快发展工会会员。针对现状，工会采取措施拓展会员发展渠道，派工会干部深入企业、社区、学校宣传工会的主张和入会的好处，尤其是向学生宣传工会，让这些潜在的会员对工会有所知晓和了解。第二，组织会员与政府斗争。尽管经济危机对英国打击较大，但TUC认为，现行政府提出的减少投入、采取紧缩政策是错误的，因为这会导致企业大量裁员，员工的薪酬和福利水平大幅下降，必然影响到普通员工的就业稳定和实际生活。因此，工会要团结起来，对政府制定和修改相关政策施加影响，与政府的"紧缩政策"进行抗衡。组织行业工会等举行全国性的抗议游行和示威活动。第三，提升会员生活工作质量。TUC始终把维护员工和会员权益放在重要位置，采取措施增加员工收入，提高员工技能，关心员工家属，让员工愉快工作。同时还注重平等对待不同员工群体，如对妇女、残疾人、少数民族等员工在就业保障中予以同等关心，给予同等待遇，不歧视他们。TUC重视与国际工会组织的交流，积极参加国际相关会议，与中华全国总工会和上海市总工会都有交流，对中国工会开展集体协商、工资谈判，建立职工董事职工监事制度表示赞赏。TUC还关注英跨国企业员工的权益问题，督促在华企业遵守中国法律，保障员工权益。英国工会的工作可归纳为3个特点：一是突出工作重点。TUC把影响政府政策、扩大会员队伍、维护员工权益作为三大工作重点，体现英国工会在经济全球化下的适应性和务实性，也是对工会基本职能的有效发挥。二是参与社会活动。TUC重视履行工会的社会职能，积极参与社会活动，在英国筹办2012年伦敦奥运会期间，工会与奥运会组委会达成合作协议，对涉及奥运企业和部门员工的安全、工资、培训等方面予以全覆盖，如通过谈判对建筑业、餐饮业、保安业等员工要求资方提供生活工资而非最低工资，对参与奥运项目相关的员工都需经过技能培训等。三是加强员工服务。工会在工作策略上采取两手，既坚持斗争，又服务员工，如PCS的标语口号是"使未来变得更好"；团结工会不仅在企业有针对性地开展工会工作，而且把触角伸向社区、学校和家庭，发展失业人员成为工会会员，保留退休员工的会藉，以增强工会组织力量。不仅为员工提供服务，而且为其家属提供服务，如为员工家属提供法律援助、低息贷款、旅游优惠等，使员工及家属得到实惠，真切感受到入会的好处，以服务员工和家属来扩大工会组织的社会效应。（程友谨）

【英国工会的特色工作】工会学习计划是英国工会的特色工作，闻名于国际工运界。在同英国公共和商业服务工会西北地区分会座谈时，该会书记彼得认为，英国工党执政时支持工会在鼓励会员参与进修方面所作的努力，并每年拨6000万英镑专款设立工会学习计划基金，用于职工的教育培训。通过工会学习计划基金的资助，工会成功地为其会员提供新世纪所需技能的学习机会，并创立不同的学习模式。学习计划迄今已使74万多人参加学习和培训。在英国筹办伦敦奥运会期间，工会与奥运会组委会达成合作协议，对与奥运项目相关的员工都需经过技能培训才能上岗。工会还与学院合作，向工会会员、员工和社区居民推广成年人、家庭和社区学习计划，鼓励人们养成终身学习习惯。签约学院将向每一个通过全国英语、数学、快速阅读技巧等水平考试的人颁发终身学习者的技能证书，并付给每人50英镑的费用，用以开设更多的科目。工会还帮助人们寻找工作、进行职业规划。有些青年人不参加传统招聘会。于是工会推出"快速上网"形式。工会主张获得培训的机会须公开、合理和公平。无论年龄、种族、性别、阶层、是否残疾或持有什么护照，每个人都应该平等地得到培训和当学徒的机会，享受在工作岗位上提升技能、更新知识的公平待遇，反对任何歧视、损害工人权益和不公平的做法。但现实中工会却面临着某些结构上、事实上的障碍，大部分发展机会给了那些已经有较高技能的高薪者和管理人员，许多普通人失去机遇，特别是那些需要照顾的非全日制女工、长期没有得到学习机会的老工人；而移民工被剥夺英语培训的机会，残疾人在工作中受到有偏见的对待，临时工和劳务派遣工没有被纳入学习培训的视野之中。对此，工会依据《平等法》据理力争，始终把学习和技能培训机会的合理分配作为人人平等之根本法则。同时，工会还关注妇女、残疾人、少数民族等弱势群体的就业保障问题，要求给予同等待遇。残疾人接受培训的机会是正常人的三分之一。在过去的3年中，他们进入学徒制的比例从11%下降到8%，6个人中的1个在得到工作后一年内即被解雇；即使用着，他们也往往被雇主忽视，无法得到升迁，结果他们的技能水平下降，入学资格便不复存在。由于受国际金融危机影响，现保守党政府修改福利政策，削减各类开支，为此残疾人受到很大打击。130万残疾人中不到47%有工作，而正常人的就业率为75%；残疾人平均每小时的收入为11.08英镑，而健康者则是12.30英镑。工会感到支持他们比任何时候都重要。努力说服雇主聘用残疾人，不解雇并培养他们。工会终身学习计划中就包含着给每个残疾人提供信息、给予指点以及上指导课，在工会学习中心为他们提供基础和中级电脑等课程，还与学院合作为他们提供更多的特别课程，给他们足够的时间来完成自选的培训，使其学成后能在劳动力市场找到铲车驾驶员、食品卫生检验员、客户服务、教师等职位。工会通过与企业签订学习协议和学徒制协议来创造更多的工作岗位，减少年轻人的失业率，使更多的人有机会发展其潜力。工会学习代表和厂方都认为学徒制能为企业提供新的可用之才，学徒制的成功必须依靠工会、企业管理层和员工之间的合作。工会希望这一体制能提供有质量的培训和平等进入的机会，但眼下还是有不尽如人意之处。占同龄人14%的黑人和少数民族年轻人只有8%当了学徒，而黑人青年的失业率却是其他人的两倍。有的企业公然藐视最低工资法，学徒实习期间少付甚至不付工资的情况时有发生，对此工会坚决予以揭露和斗争。（张国峰）

区县工会概况

Brief Introduction of District and County Unions

2013

概　况

浦东新区总工会

主　席
姜　鸣

【概　况】 新区总工会辖直属工会78个，其中系统工会15个、区属企业工会15个、社区总工会13个、镇总工会25个、开发区工会联合会10个；直管企业工会联合会1个，包括中央部委办局、兄弟省市和部分世界500强外资企业等58个；工会组织9955个，建会单位3.71万个，工会会员115.39万人。(1)引领职工建功立业。一是深入开展劳动竞赛。吸引9000余家企业近100万职工参加。二是加强职工素质建设。开展浦东职工践行社会主义核心价值观主题活动，落实100万专项资金，评选表彰职业道德“双十佳”，培育文明班组、文明岗位、文明职工1.08万个；开展科技创新评比，累计收到发明专利、实用新型专利163件；与区人保局联手开展技能、管理、法律等各类培训；分类开展中高级绿化工、物业等行业比武；发动职工参加“安康杯”竞赛。三是抓好农民工培训和服务。联合区人保局举办大型农民工现场咨询；建立农民工书屋、农民工教育示范点各10个；推行农民工初级工商管理课程(EBA)等培训；落实“浦东新区总工会关爱外来建设者行动计划”，协助政府相关部门为农民工追讨欠薪497万余元。(2)加强工会组织建设。一是以开发区为重点区域、劳务派遣企业为重点单位，通过区总，街镇、开发区工会和村居、园区工会三级联动，全年新增工会1080个，新建企业单位9797家，发展会员20.85万人。二是依法指导直属工会换届，督促各直属工会完成企业工会换届，换届率达94%，直选率达98%；制定下发《浦东新区社区、镇、开发区工会规范化建设实施意见》，探索开展“双亮”工程，首批实施“工会组织亮牌子、工会主席亮身份”的直属和企业工会达5817家；创建先进职工之家1378家，合格职工之家5782家。三是按照民主程序，依法完成27个街镇总工会主席按同级副职配备；制定下发《浦东新区社会化、职业化工会工作者管理办法》，按分级、分类原则开展工会干部培训1.07万人次。(3)推动构建和谐劳动关系。一是集中精力推动世界500强和规模企业工资集体协商；推进金桥开发区率先试点国家级开发区区域性集体协商和街道、镇小区普遍性集体协商。二是分片检查新区各类企业职代会建制情况，职代会建制率达84%。三是调整健全工会劳动关系观察点；加强重大群体性争议处置指导，基本保证群体性劳动争议不出“三区”；搭建职工法律援助网络，定期对重大群体性劳动争议案件进行分析研判；定点开展区总职工援助服务。（林之皓）

徐汇区总工会

主　席
袁建村

【概　况】 区总工会辖13个社区、镇总工会，18个系统及直属工会，8个集团公司工会，工会组织2173个，涵盖单位1.99万个，工会会员35.68万人；设组织民管部、生产宣教部、权益保障部、财务经审部、事业管理部、办公室、研究室；直管单位2个。(1)扎实开展主题活动。在“面心实”活动中，区总工会分4路走访调研56个重点、困难单位，与295名职工、企业负责人和工会主席座谈，及时向人大、政协及政府职能部门反映职工最关心的问题和企业面临的急难事项；帮助怡尔生物公司协调产业化落户问题，帮助鄂尔多斯羊绒制品公司化解群体性劳动争议。(2)加强干部队伍建设。通过举办专题研讨班、岗位培训班、业务培训和工会干部大讲堂等，共培训干部3700人次；组织干部参观遵义会议原址、瞻仰中共一大会址、祭扫龙华烈士陵园等。(3)大力推进“两个普遍”。采取分解指标、分类指导、跟踪服务、考核激励、完善保障等措施，工会组织净增70家，涵盖单位净增2537家，会员净增2.45万人。签订集体合同545份，工资集体协商建制率达88%。(4)深化民主管理。开展万名职工代表培训活动；召开厂务公开领导小组会议，全面检查推进厂务公开工作；召开创建劳动关系和谐企业推进会，确定年内创建目标；召开徐家汇社区物业行业二届一次职代会暨《上海市职代会条例》专项执法检查现场观摩会，全区职代会建制率达89.34%，非公企业建制率达89.13%，世界500强企业建制率达97%。(5)创新模式健全机制。对原职工援助服务中心进行硬件改造和功能完善，升级为集就业、维权、心理、帮困援助为一体的“一门式”职工服务中心，提供就业援助3677人次、法律维权咨询6000人次、心理援助1553人次、帮困援助2355人次；设立维权援助窗口和劳动争议调解室，成立专兼职调解员队伍和法律顾问团、志愿团，建立诉调对接机制和维权维稳信息上报制度，开通维权热线和微博，成功调解劳动争议案30起。(6)完善帮扶长效机制。推出“月月职场”和社区专场招聘等就业援助活动，提供5430个就业岗位，吸引3677名求职者应聘，有1181人与招聘企业达成就职意向；帮扶困难职工2355人次，送达帮困金153万元。(7)推进职工素质工程。举办有500名外来人员参加的水电维修、家政服务、母婴护理、中西烹饪等技能培训，200名班组长岗位培训，150名餐饮服务员及智能楼宇管理师培训；在徐家汇商圈开展“践行城市价值取向，深化岗位建功行动”和“诚信倡议”活动；组织物业、旅游宾馆业普遍开展技能比武，推荐7个项目参加上海市优秀发明选拔赛；举办“贺龙杯”、“虹梅杯”、“徐家汇杯”、“枫林杯”、“漕河泾杯”等球类比赛；举办徐汇劳模风采展，培育2个市劳模创新工作室。（张均敏）

长宁区总工会

主　席
余小雄

【概　况】 区总工会辖基层工会2021个，涵盖企业1.32万家。(1)推进职工素质工程。开展“爱岗敬业做标兵、文明城区我先行”活动，提高职工政治思想素养；通过技能培训、“安康杯”劳动保护竞赛等提高职工技能素质；通过举办白领海峡交谊舞会、越剧、洞箫、“象王杯”斯诺克团体赛、“白领艺术节”等，提高职工文化素养。(2)推行“两个普遍”。制定下发《关于在长宁区工会开展“工会组织亮牌子、工会主席亮身份”活动的通知》，新建工会35个，净增企业3039家、会员4.06万人；与区人社局定期召开工资集体协商推进会，开展“要约行动月”和续签告知，签订集体合同8272个(其中15家为已建工会世界500强企业)，覆盖职工15.82万人，签订工资专项集体合同6665个，覆盖职工10.88万人，签订女职工专项协议8255个，覆盖女职工6.49万人。(3)构建和谐劳动关系。建立职工援助服务中心，邀请专业律师坐堂；定期召开维稳工作会议，及时排摸职工思想动态、意愿诉求，落实信息跟踪上报制度，接待职工咨询612人，工会参与调解纠纷129件，联合开展农民工工资支付情况专项检查，为146名农民工追索工资117.34万元；配合区人大开展职代会条例落实情况专项检查。(4)完善帮扶救助体系。推行“社区一门受理”模式；走访困难职工2414名，发放慰问金113.2万元；开展“双百助学”活动，组织179家企业资助603名学生，助学金达81.9万元；开展困难职工“助医”行动，发放医疗帮困卡300张，金额12.5万元，为83名大病职工发放一次性补贴8.3万元，受理互助保险3.5万人次，理赔3213万元；实施“打造创业城区、助推青年就业”609人，为74名困难大学生提供社会实践帮助。

(周　君)

普陀区总工会

主　席
欧阳萍

【概　况】 区总工会辖9个街镇总工会、16个系统工会、8个行业工会，工会组织3150个，覆盖单位1.21万家，其中独立工会2849个，联合工会301个其覆盖单位9227家，工会会员25.63万人，其中农民工5.68万人；直管企事业单位和直属社团8家。(1)凝聚引领职工群众。开展新渡口旧改地块房屋征收立功竞赛，组织基层开展“创先争优团队”、“职工岗位能手”、“节能减排项目”劳动竞赛。加强职工职业道德建设，命名表彰“十佳标兵”和先进个人；发挥职工教育培训平台作用，开展读书、技能培训、法制宣传等活动；加强劳模服务管理，宣传于井子、杨兆顺等劳模先进事迹。(2)推进“两个普遍”工作。发挥党工共建机制作用，推进长风生态商务区工会与党委同步组建，加强与人社、工商等相关部门的联动合作，积极推进具有党代表、人大代表、政协委员、工商联执委等政治身份的企业经营者开展工会工作，全年新增建会单位2164家，新增会员2.38万人；纺织、化工、市容环境等行业工会开展工资集体协商，推动全球三大零售商之一的特易购集团建立集体协商和职代会制度，全区具备协商条件的建会企业7706家签订集体合同，6840家签订工资专项协议；推广区纺织行业工会研究制定的10个服装品种近千道工序劳动定额标准作为全国纺织行业劳动定额标准；区行业工会“3·3·3”维权机制入围上海社会建设十大创新项目候选单位。(3)构建和谐劳资关系。开展职代会建制专项行动，深入开展厂务公开民主管理工作调研检查，推动人大将《上海市职代会条例》贯彻情况纳入巡视检查范围；加强劳动关系预警、调处、应急处置机制建设，工会先后参与调处21起劳资纠纷；组织开展“元旦春节送温暖”、困难职工“三定帮扶”等各类援助帮扶活动。(4)加强工会自身建设。召开区第五次工代会，选举产生新一届工会领导班子；落实基层工会直选制度，新建独立工会全部开展主席直选；强化事业单位干部管理和人才培育，成立人事、财务、资产等三大管理中心；加强工会干部培训，全年共开展各类培训班91期，覆盖5260余人次；加强信息和调研工作，评选培育调研精品和创新工作案例；围绕“面心实”主题活动，深入开展“进百访千”组团式联系服务职工工作。

(许王丽)

闸北区总工会

主　席
宋　震

【概　况】 区总工会辖社区(街道)总工会8个、镇总工会1个、系统工会15个、区管重点企业工会6个、直属单位工会14个、基层工会组织2068个涵盖单位8926家，工会会员18.08万人，其中女会员6.49万人、农民工会员5.33万人。(1)以“十万职工在行动、崛起跨越立新功”为主题，开展旧区改造工作立功竞赛和争做招商引资“最佳实践者”活动，表彰先进个人142名、先进班组8个。推进“创建学习型组织、争做知识型职工”活动，申报上海市学习型企事业单位5家；新建职工书屋10家，推荐申报市级职工书屋示范点1家；举办绿化市容系统汽车驾驶中级工技能竞赛培训班、医务系统住院医师技能竞赛；开设《闸北职工职业道德讲堂》进机关、企业、医院、学校等；开展技术创新立功竞赛，制定《闸北区“劳模先进创新工作室”管理办法》，新建区中心医院妇产科创新工作室和闸环环境卫生运输有限公司工程机械维修创新工作室。(2)加快推进“两个普遍”，年内净增工会覆盖单位1338家，净增工会会员1.69万名，职工入会率达93.4%；开展“集体协商要约行动月”活动，推进强生大厦、市北园区86-88号办公楼等楼宇集体协商；推动世界500强迅达(中国)电梯有限公司、央企华侨城置业有限公司签订集体合同；会同区法院、区人社局建立区劳动争议纠纷处理联席会议制度，实现职工法律援助中心与援助服务中心合署办公；推动劳动争议调解组织与工会组织同步建立、建制率达70%。共接待咨询925件，涉及职工941人；受理案件105件，参与化解突发事件和农民工欠薪事件20余件。(3)加强作风建设。慰问帮困职工8479名，发放慰问金500余万元；开展“走访千个家庭救助千名职工”、“温暖二十载援助千人心”及元旦、春节帮困送温暖活动；开展“春风行动”就业援助工作，举办3场送温暖职介专场；通过签订助学结对协议、建立大学生社会实践基地等方式为困难学生提供综合帮扶，总计发放帮扶金563.29万元，帮扶职工1.01万人次。(4)推进基层工会主席直选。加强工会干部、专职工会工作者和工资集体协商指导员队伍建设，举办实务培训和上岗培训；开展“工会组织亮牌子、工会主席亮身份”活动。评选30家最具活力工会组织、先进职工之家和30名职工最信赖工会干部。 (黄　欢)

虹口区总工会

主　席
包建强

【概　况】 区总工会辖产业(局)街道、镇、集团公司工会40个，基层工会2079个，涵盖企业9101家、职工18.18万人，其中会员17.67万人、女会员6.66万人、女职工6.79万人。(1)加强工会组织建设。完善机关联系基层等7大类16项工作制度，通过走访、调研、座谈等形式，形成《非公企业工会组建的难点与对策》、《职工所呼工会有所应，职工有求工会有所为》等调研报告；组建园区、商圈、楼宇、行业、小区工会联合会，新增建会单位2400家、会员2.1万人、覆盖企业337家；成立嘉兴、四川北、凉城社区(街道)物业管理行业工会，覆盖企业90家；成立沪铁保安服务有限公司工会，覆盖劳务派遣工1000余名。推进“双亮”和“五有四为”(有组织、有牌子、有活动、有作为、有影响，为业主分忧、为员工解难、为企业增效、为和谐增彩)活动，已有288家工会组织亮身份、明职责。(2)发挥职工主体作用。通过开展岗位建功、科技创新、节能减排、劳动保护、创先争优等竞赛活动，2000多名职工参加技能大赛，涌现七浦路市场、正方建筑装饰有限公司等先进典型，上海三吉电子工程有限公司工会被授予“上海市企业职工创新创效特色工作”奖。开展“喜迎十八大”、红五月“红色经典”京剧演唱会及职工戏剧、评弹、小品、集邮等活动，市劳模俞志清领衔创作演出的小品《回家过年》获得第三届中国职工艺术节小品大赛金奖。(3)推进职工帮扶。开展金秋助学、冬送温暖、夏送清凉活动，发放慰问品475万余元，慰问一线职工近1万人次；参保职工12.8万人次(新增1.19万人次)，投保金额381.13万元，理赔2221人次，理赔金额299.14万元；投入20万元为百名困难职工和农民工提供就业援助，通过窗口、网络等平台及“心系职工情、温暖进万家”、“春风岗位送行动”等，提供3000多个岗位，达成录用意向879人，建立5个工会大学生社会实践基地，优先安排困难职工家庭大学毕业生参加实习。(4)健全工作机制。编写《“两个普遍”实务操作手册》，推广富大胶带公司提案制度、三吉电子公司重大事项职代会审议制度、凉城社区商圈职代会议事规则等先进典型；开展工资集体协商要约行动，建立集体协商制度5014家，签订工资集体协商专项合同4716家，覆盖职工12万余名；建立职工法律援助三级联动机制，参与受理调解劳动争议423件，涉及职工423人，案值金额274.5万元。 (徐　洁)

杨浦区总工会

主　席
麦碧莲

【概　况】 区总工会辖行业、地区和直属工会组织33个，基层工会2066个，涵盖单位1.13万家、职工20.92万人、工会会员20.36万人，其中农民工会员10.17万人；设办公室(经审办)、组织人事部、民管法律部、保障工作部、宣教经济部、财务管理部，事业单位3家。(1)开展主题实践活动。以“融合中的变迁”为主题，汇编出版《百名画家画杨浦优秀作品选》、《百名作家写杨浦作品集》。开展旧改立功竞赛和科技企业职工立功竞赛，筹建“劳模三室”(劳模荣誉室、劳模活动室、劳模工作室)，组织180名农民工参加5期EBA培训班；组织130家高危行业重点企业参与“安康杯”竞赛和“安全生产月”活动；参与承办区市民运动会等体育健身活动。(2)坚持推进“两个普遍”。建立工会组建情况双月报告制度，全面排摸区内有政治身份企业经营者所在企业建会情况，成立安莉芳集团上海公司工会。重点推进科技园区、经济园区、楼宇和劳务派遣企业工会组建工作。全区签订集体合同、工资集体协议286份，覆盖企业6868家，覆盖职工13.8万人，集体协商覆盖企业占建会企业96%。(3)坚持构建和谐劳动关系。建立行业劳动争议调解委员会56个，基层调解组织1674个。加强法院委托工会调解劳动争议案件工作，全年成功调解65件。合署建立区职工援助服务中心、职工法律援助中心，专设法律援助窗口；开展区第十次厂务公开民主管理工作调查。开展劳动法律法规宣讲和咨询服务活动；联合区劳动监察大队开展农民工工资支付情况专项监督检查。(4)持续推动改善民生。已向6.4万名职工发行杨浦工会会员服务卡，举办22场就业招聘会，提供岗位1.6万个，帮助2399人成功就业。举办环同济知识经济圈创新创业论坛活动，开办20期技能培训班，共培训职工1498名，428人获职业技能证书。37.68万人次参加在职、退休职工互助保障计划，投保金额3208万元，办理给付8.7万人次，给付金额6058万元。筹集1000万元做好中原护理院改扩建工程，提升服务退休职工实力。(5)不断加强自身建设。开展"大走访、大调解、大服务"活动，共走访基层企事业单位2985家，与企业经营者、工会主席座谈5957人次，访谈一线职工1.6万人次，收集意见建议近5.6万条次。开展机关干部联系基层活动，加强调查研究，对关系大局和职工切身利益的问题通过各种渠道及时向党政报送，使调研成果切实转化为领导决策、工作思路、工作举措。组织基层工会财务干部培训学习，连续7年被全总评为"市级工会财务工作先进单位"。

(曹理仰)

黄浦区总工会

主　席
徐少伯

【概　况】　区总工会辖11个产业(局)工会、10个街道总工会、19个区管企业集团(公司)工会，基层工会3401个，涵盖单位1.43万家、职工34.37万人，其中农民工6.77万人、女职工13.15万人、工会会员33.52万人；设党务部、办公室、财务部、组织部、民管法律部、宣教部、经济部、保障部、经审办、女工部、社区部，直管事业单位5家。(1)融合提升、创新发展。10个街道和11个需"撤二建一"委办局工会召开工代会产生新领导班子，促进原两区工会和干部思想、感情、工作融合；集团工会开展"跨界"技能比武；宣传"融合传经典、创新铸精品"的黄浦精神。(2)推进职工素质工程。开展职工社会主义核心价值体系教育、职工职业道德讨论、"展职工风采，绘黄浦新景"等活动，举办八一军民长跑和南京路职工马路运动会，建立区女职工周末学校，职工摄影书画艺术展获市第6届五一文化奖。制定下发《黄浦区劳动竞赛实施办法》；组织2000家非公企业职工开展"携手保增长、和谐促发展"立功竞赛；开展旧区改造(房屋征收)立功竞赛，参与职工达10万人；培训农民工1.20万人、班组长320人。(3)推进"两个普遍"。加强社区(街道)总工会基础建设，净增企业建会1821家、会员2.18万人；建立71个楼宇联合工会、9个楼宇工会联合会，覆盖188个小区。加强集体协商和企业民主管理。开展集体协商要约行动月、《市集体合同条例》实施情况调查等活动，签订集体合同2057份，覆盖1.15万家企业和18万名职工，签订工资集体协议1770份，覆盖1.09万家企业和16.9万名职工。举办职代会条例培训达1600人次；配合市人大检查区《上海市职工代表大会条例》实施情况；协同完成17个企业集团领导班子和成员民主评议。推动建立区劳动关系协调联席会议制度，7个街道建立劳动关系三方机制；有900家企业申报创建达标单位、140家企业争创示范单位。(4)扎实帮困帮扶。开展区总机关"走百家企业、访千名职工"，全区工会共走访企业1200家、慰问职工4万人；"一日捐"募集资金476.58万元，直接帮扶因病致贫职工620人次、协保离岗困难职工220人次、特困退休劳模161人次，高温期间慰问一线职工2万人次。联合人保、司法、信访、法院等开展劳动争议调解，6个街道社区建立劳动争议调解工作室，基层企业建立劳动争议调解委员会；坚持"第一责任人"值班和每周零报告制度；开展农民工工资检查，追发欠薪60万元；为1600名职工提供法律服务，预警调处8起群体性事件。

(吕诚陆)

静安区总工会

主　席
叶坚华

【概　况】　区总工会辖街道总工会5个，系统、集团公司工会21个，基层工会1589个，覆盖企事业单位6174家，会员13.90万人，其中女会员5.86万人；事业单位2家。(1)建功"十二五"。开展喜迎十八大文化系列主题活动，举办文艺演出、歌咏比赛、摄影展览、多媒体作品制作与演绎、楼宇职工运动会等活动；组织发动255家单位参加"安康杯"竞赛活动；组织"静安区职工职业道德和价值取向演讲比赛"；开展"创建学习型组织，争做知识型职工"活动。(2)推进"两个普遍"。召开组建工作推进会，确定"重点突出、难点突破、点线面联动、全方位推进"的组建思路，净增工会组织31家、工会会员1.02万名，新增覆盖单位411家。召开工资集体协商动员会、推进会；集体合同、工资集体协商覆盖企业5100家、职工8.5万人，17家世界500强企业实现全面建制。(3)构建和谐劳动关系。推进"劳动关系和谐单位"创建活动，全区4000余家企事业单位参与创建，参与率70%，命名表彰劳动关系和谐单位699家。加强劳动争议调解组织建设，召开工会信息信访工作会议，落实工会领导干部接访制度；推动召开区厂务公开领导小组工作会议，协助区人大、政府做好《职代会条例》各项检查；指导全区107幢楼宇、67个小区、13个园区、12个行业建立区域性或行业性职代会制度，703家企事业单位实现独立建制，职代会制度覆盖企事业单位6000余家，职工9万余人，区域性职代会提案制度建制率超过85%。(4)突出职能服务职工。强化区、街道两级职工援助服务中心和工会职介所职能，累计服务职工1.46万人次，接受求职登记 2073 人，帮助910 余人实现就业；成立“静安区总工会职工法律援助中心”，累计接受各类法律咨询服务 69 件；发动 8 万余名职工参加“一日捐”，捐款总额 486 万余元，累计帮困、助学 1203 人次金额 113.76 万余元；在职、退休职工参加各类互助保障计划 18.47 万人次，办理理赔给付手续 1.6 万余人次，金额 1407.8 万余元；开展农民工技能培训 2200 余人，举办“相约静安”慰问农民工文艺演出。(5)强化自身建设。举办各类业务培训 12 期，培训工会干部 800 余人次；制定下发《关于在全区工会系统开展“面对面、心贴心、实打实服务职工在基层”活动的通知》，成立 5 个调研组，1500 名余名工会干部参与活动，召开座谈会 260 余场，制定各项改进措施 200 条，撰写一批调研报告。 （王舒芳）

宝山区总工会

主　席
杨卫国

【概　况】 区总工会辖直属工会 43 个，基层工会 2285 个，涵盖单位 1.68 万家，职工 41.30 万人，会员 38.06 万人，直属事业单位 2 家。(1)建功立业展现作为。开展保障性安居工程、商贸旅游、绿化市容、窗口服务、科技创新、非公企业保发展等六大专题立功竞赛活动；开展经济技术创新活动 427 项，提出合理化建议 4019 条，实施技术攻关、技术革新 83 项，总结推广先进操作法 206 项。开展“职业道德和价值取向大讨论”，实施班组长培训、职工技术培训。首批命名 5 个劳模创新工作室，推荐劳模陈秀娟当选“感动宝山”十大人物。(2)“十送”实事取得成效。共向 481 家企业推荐上岗 2350 人次、录用 731 人；帮扶职工 3691 人次，发放慰问金 440.42 万元；为 2792 名困难职工送“团体意外保障计划”，为 1282 名困难女职工送“团体女职工特种重病保障计划”；为 2930 名困难企业女职工开展免费妇科体检；组织 533 家企业参加“安康杯”竞赛；开展首届“职工艺术之星”评选活动，为建筑工地和企业送电影 108 场；开展高温走访慰问，投入资金 454.2 万元，慰问职工 17.4 万人次；聘请 12 名律师为职工提供法律援助，发放职工法律读本 1530 册；完善区镇两级职工援助服务中心，提供一站式、多方位便捷服务；向新会员送“连心卡”。(3)“两个普遍”实现新突破。开展“工会组建普查月活动”；重点推进外资企业、具有“政治身份”经营者所在企业、已建党组织企业和规模以上企业单独建会工作，新增建会 338 个、覆盖单位 3057 家、会员 4.23 万人；开展“集体协商要约月”活动，庙行镇、友谊路街道总工会成功推进“易买得”总部建会和集体协商工作；建会企业建立集体协商机制 8000 余家，覆盖职工 26 万人，工资协商覆盖职工 16 万人。(4)参与社会管理。成立区职工法律援助中心和职工咨询调解室，工会兼职仲裁员参与劳动仲裁办案 1726 件，调解劳动争议 700 余件，参与化解疏导群体性劳资矛盾 18 起；开展区第十次厂务公开民主管理调研检查，全区已建工会的非公企业职代会建制率和厂务公开实施率均超 75%。(5)自身建设迈上新台阶。召开区第六次工代会，选举产生六届“两委”领导班子；举办基层工会主席轮训班、新任工会主席培训班及双月工会讲坛，累计培训工会干部 6000 余人次。 （胡立伟）

闵行区总工会

主　席
俞莉红

【概　况】 区总工会辖镇、社区(街道)总工会，莘庄工业区及委、局工会共 35 个，基层工会 6274 个，覆盖单位 2.11 万家、职工 64.83 万人、工会会员 61.28 万人(其中女会员 28.14 万人、农民工会员 39.07 万人)；设办公室、组织保障部、法律民管部、经济宣教部；事业单位 3 家。(1)推进建功立业，增强创新创造活力。举行献礼闵行建区 20 周年活动暨五一庆祝大会、劳模带徒及劳模创新工作室活动；全区获全国“五一”劳动奖章 1 人，全国工人先锋号 1 个，上海市“五一”劳动奖章 1 人，上海市“五一”劳动奖状一个，上海市“工人先锋号”3 个。选送 49 个项目参加第七届国际发明展览会；组织各类技术培训 225 场、培训职工 4.87 万人，举行技能比赛 95 场、参赛职工 672 人；开展创建“学习型、创新型、环保型、效益型、和谐型、安康型”班组活动，组织 208 名班组长进行岗位培训，组织 250 余名职工参加 EBA 培训；举办职工心理健康知识讲座 205 场。(2)推进“两个普遍”。召开区总工会第五次代表大会，选举产生新一届工会领导班子；完成 8 个镇、社区(街道)总工会，莘庄工业区工会及 2 个委(局)工会换届；推进职代会建制，企事业单位建立职工代表大会制度 5092 个，建立区域性、行业性职工代表大会制度 252 个；开展两次集体协商要约行动，新签集体合同覆盖企业 3233 家，续签集体合同覆盖企业 874 家，有效集体合同覆盖企业总数 1.08 万家，覆盖职工 35.41 万人，工资专项集体合同覆盖职工 23.04 万人；参与调处群体性劳动争议纠纷 26 起、涉及职工 3827 人；组织律师志愿团直接为职工提供法律咨询与援助，累计接待职工法律咨询 2283 人。(3)推进“面对面、心贴心、实打实”活动。开展“走千家企业，访万名职工，做百件实事”系列活动，走访企业 2742 家，慰问职工 2.40 万人，帮扶困难职工 6262 人次，发放帮困资金 230.93 万元；组织在职、退休职工参加市职工保障会住院医疗互助保障计划 29.76 万人次，参保金额 1899.88 万元；办理在职、退休职工住院理赔 4.23 万人次，理赔金额 2769.18 万元，为 1550 名建档，并发放公惠医院助医卡；推荐工会见习基地见习大学生就业 65 人。 （徐天弥）

嘉定区总工会

主　席
陆　晞

【概　况】 区总工会辖街镇、委局、企业(公司)、行业等直属工会60个;村(经济园区)工会联合会135个;基层工会3430个、建会单位2.64万个、覆盖职工62.51万名、会员59.51万名。直属企事业单位2家。(1)推进建功立业活动。召开"在和谐的阳光下"五一庆祝大会,举办"责任在我心,诚信伴我行"外来务工青年征文及巡讲;召开"携手保增长、和谐促发展"劳动竞赛推进会,表彰"工人先锋号"班组,成立"职工创新工作室"。(2)构建和谐劳动关系。发出"工资集体协商特别提示函"、"续签通知书";签订集体合同928份、女职工专项集体合同908份、职业病防治专项集体合同170份;独立建会企业新签工资专项集体合同393份、续签887份;参与调处群体性劳动争议突发事件39件,涉及职工1.14万名;参与调解劳动争议案件698件,成功调解538件,帮助职工追回经济损失967.3万元;设立职工法律援助工作站;全年受理职工来信来访2619件。(3)做好服务帮扶。成立"面心实"工作组113个,走访基层企事业单位、街镇、系统和固定联系点717家,召开座谈会81次,下发问卷300份;加强"职工书屋"建设,举办"区千队万人广播操总决赛";筹集帮困基金131.8万元,帮助困难职工、农民工1143人次,为21家困难企事业单位和6187名职工投保,参加互助保障计划职工16.29万人次、参保金额1537.06万元、受理理赔1.76万人次、支付金额1119.15万元。(4)加强工会组织建设。召开第五次代表大会,选举产生第五届委员会和经审委员会;以"区与街镇,街镇与村(园区)层层签约、分级负责"方式推进工会组建,新增企业独立工会198家、区域性行业性工会26家、覆盖企业数1101家、工会会员3.76万名;2200多家基层工会开展"企业工会亮牌子,工会干部亮身份"活动;建立上海工会管理职业学院嘉定分院;探索建立区总工会网络管理系统;推行"一报告两评议"制度单位909家,厂务公开职代会制度独立建制单位2418家、区域性行业性建制单位194家;评选12家市级模范和42家区三星级"职工之家"。 (徐　浩)

金山区总工会

主　席
刘跃俊

【概　况】 区总工会辖镇、街道总工会10个,工业区、局、委工会19个,区属公司工会5个,联合工会380个,基层工会1776个,涵盖单位2.33万个,工会会员43.71万人(其中农民工会员21.72万人)。(1)学习贯彻十八大精神,坚定区工运事业和工会工作建设发展自信。(2)开展建功"十二五"活动。召开推进创新转型、建功"十二五"现场交流会,观摩上海蓝滨石化设备有限责任公司三期工地电焊工技能比武;开展"园丁杯"区职工第七届读书节活动;925个企事业单位、3392个班组开展建功立业主题实践活动,涉及项目293个,参赛职工7.30万人,4个班组获"上海市工人先锋号";558个单位参加市、区组织的"安康杯"竞赛,督促企业整改安全事故隐患201起;4个工作室获"劳模创新工作室"。(3)推进"两个普遍"。召开推进"两个普遍"和谐劳动关系建设现场交流会;净增工会组织237个、会员6.58万人。建立工资集体协商制度企业5101家,建立集体合同制度企业5554家;实施第十次区厂务公开民主管理工作调研检查和厂务公开民主管理"三个层次达标"验收认定工作,培训1.34万人次职工代表,推动企事业单位建立职代会制度8020家,区域性行业性职代会覆盖企业6913家;联合司法局推进企业调解组织建设,建立企业调解(劳动争议)委员会228个、劳动争议调解组织1232个,化解劳动纠纷622起。(5)深化"面心实"活动。成立4个小组深入基层调研,建立服务职工工作组928个,走访基层单位1490家,慰问职工24293人,召开座谈交流会1049次,处理意见建议636条,协调解决突出问题149件;完成在职参保和退休参保14.02万人次,参保金额3493万余元,为1.07万名农民工赠送意外保险5.33万元,累计实施理赔3.64万人次共1032万元;金秋助学等帮扶慰问职工1391人次,送达慰问金162.75万元。 (钱海东)

松江区总工会

主　席
冯　萍

【概　况】 区总工会辖镇、街道总工会15个,工业区工会1个,委、局工会28个,直属公司工会5个,行业工会4个,基层工会2322个,涵盖单位2.92万个,工会会员61.10万人;设办公室、财务部、组织(民管)部、法律(宣教)工作部、保障(女工)工作部、经济(事业)工作部、经审办和退管办;直属事业单位1个。(1)提升职工综合素质。组织工会干部和广大职工学习践行党的十八大精神;新建"职工书屋"10家,为40多家"职工书屋"配书近1万册。(2)推进"两个普遍"。排摸有政治身份企业经营者履行社会责任情况;推进世界500强企业、规模以上非公企业工会组建和工资集体协商,有38家世界500强企业建立工会组织,组建台资企业工会筹备小组,成立物业行业工会联合会;新组建企业工会2437家(其中组建独立工会171

家)，发展会员7.85万人，签订集体合同、工资专项协议1369份，覆盖企业1.88万家、职工34.5万人。(3)参与社会管理，促进劳动关系和谐稳定。召开区加强和谐劳动关系建设推进会；挂牌成立松江区职工法律援助中心，建立4个区职工法制教育基地和15个职工援助分中心；完善"三定三助"帮扶救助工作机制，为1010名职工提供大病、助学和生活一次性救助，发放补助金120.98万元；组织8.20万名职工参加"一日捐"活动，捐款291.3万元；组织19.23万人次参加各类在职职工保障计划，为2318人次职工办理给付金239万元；建立4个大学生社会实践基地；开展各类技能培训2622人次；配合有关部门为1093名农民工清欠工资164.17万元、追缴综合保险费4.59万元。(4)加强自身建设。做好街镇总工会换届选举指导和服务，举办新一届街镇工会干部及非公企业新任工会干部各类专题培训班；开展全区街镇及大口委局工会工作现状调研；借助区"两报两台两网"平台宣传工会工作，成立年轻工会干部文化沙龙；持续开展"面对面、心贴心、实打实服务职工在基层"活动；创建区合格职工之家205家、市模范职工之家9家、市模范职工小家6家。 (孙爱华)

青浦区总工会

主　席
张海珍

【概　况】 区总工会辖镇、街道总工会11个，委、局工会33个，区级公司工会12个，行业工会7个，基层工会2727个，涵盖单位3.09万家，会员45.31万人，其中独立企业工会2413个、会员23.25万人；设办公室、基层组织部、法律宣教部、经济工作部和生活保障部；事业单位1家。(1)带领职工投身转型发展主战场。以"服务创新驱动、致力转型发展"为主题，以创建"工人先锋号"为载体，推动岗位建功向班组延伸，劳动竞赛向非公企业拓展。2160家企业共开展各类劳动竞赛3240项，参赛职工近16万人；举办青浦职工技能培训竞赛、建筑行业职工劳动竞赛；开展"我为节能减排作贡献"，组织职工开展献计献策和小窍门、小建议、小改进、小革新、小发明技术创新等活动，共提合理化建议3.5万条，企业采纳1万条；评选区经济技术创新活动先进单位38家、创新标兵37名；命名区职工科技创新示范基地10个、职工创新工作室10个；评选区首席技师4名。(2)构建和谐劳动关系。推动企业建立健全集体协商机制，工资协商覆盖职工数27.2万人；签订集体合同、工资专项和女职工特殊权益三项合同分别完成年初考核指标103%、125%和114%；开展职代会制度建设专项检查行动，创建66家劳动关系和谐企业；建立"青浦区促进企业经营者履行社会责任联席会议"。(3)帮扶服务职工。健全三级工会劳动争议调解组织网络，健全劳动关系预防预警、职工信访、职工法律援助等维权服务机制，全年参与调处各类劳动争议群访事件60起；区镇两级工会共为3272名困难职工发放帮困金211.46万元，推进职工互助保障工作，参保职工20万人次，实现给付金额838万余元；举办春季大型联合招聘会、高校毕业生就业服务专场招聘活动、民营企业专场招聘会等；评选青浦区五一文化奖，命名20家"企业职工文体活动中心示范点"，组织48家"流动书库"及职工文体活动进企业，举办"同一片蓝天"12场，送电影240场，开设农民工假日影院20场；承办上海市第一届市民运动会、2012年上海职工体育健身四季大联赛、"青浦杯"第二届上海农民工体育健身大赛暨青浦职工趣味运动会等。(4)加强工会自身建设。举办新上岗工会干部、工资集体协商指导员、工会财务经审培训班等，培训工会干部250余人次；开展"工会组织亮牌子、工会主席亮身份"工程，125家实现"企业工会工作条例达标"；区镇两级工会共走访企业1800家，征集意见建议700条，实际解决和采纳300条。 (马美君)

奉贤区总工会

主　席
周龙华

【概　况】 区总工会辖委局镇(开发区)工会、工贸集团公司工会、行业工会64个，基层工会2765个，覆盖单位2.01万个，职工47.96万人，工会会员42.74万人，其中女职工13.32万人、农民工22.90万人；事业单位1个。(1)推进素质工程。建立职工学校46所、职工教学点1003个，培训职工15.8万人次；开展技术创新1.07万次，参与职工62.6万余人次，提出合理化建议5804条，实施技术攻关、技术革新项目473项，总结先进操作法198项，获得专利159项，创经济效益1.02亿元；创建"特色班组"3个，命名市级首席技师2名；3150名职工参加技能竞赛，87家企事业单位开展"高师带徒"活动，晋升技能等级1680人次；举办庆五一"劳动最光荣"演讲会、"工会杯"桥牌赛、球类联赛、知识竞赛、读书、格言征集活动，参与职工10万人次。(2)推进工会组织建设。完成区第三次工代会、8个镇第二次工代会及部分直属工会、基层企事业单位工会换届选举，2235个企事业单位实行工会主席直选，成立48名工会指导员队伍，举办第一期非公企业党群工作者培训班；新建工会267个，覆盖企业5808家，新增会员3.12万名；集体协商机制覆盖企业1.14万家、覆盖职工30.80万人，签订工资集体协议1.03万家，覆盖职工26.60万人，纺织、建筑、物业、商贸、餐饮五大行业均推行集体协商，世界500强建会企业集体协商覆盖率达87.5%；独立建会职代会制度企事业单位2289家，占基层工会数82.9%，其中区域性、行业性联合职代会205个，覆盖企业4315家，小企业1.41万家；实施民主管理企事业单位达2027家，实施"双亮”企事业单位达2015家。(3)构建和谐劳动关系。创建和谐企业362家;区、镇两级工会共受理劳动争议1237件,涉及金额1242万元,调解成功率达98%;参加市互助保障计划和区救急济难互助会职工达15.62万人次,走访困难职工3万人次,发放慰问金1000多万元,签订职业病防治专项集体合同122份;创建4个困难家庭大学生见习基地;784家企业、3953个班组参加“安康杯”竞赛,培训员工5.5万人次。(4)探索工会创新管理。探索促进有政治身份企业经营者带头重视工会工作,373家有政治身份企业经营者工会组建率、集体协商率、职代会建制率均超93%;179家百人以上企业和谐企业创建率和职工学校教学点创建率均达98.3%。(尹 奕)

崇明县总工会

主 席
张 荣

【概 况】 县总工会辖乡、镇总工会18个,委、局及县管公司、经济开发区工会23个,直属工会40个,基层工会1056个,涵盖企业3623家,工会会员14.35万名;设办公室、组织民管部、宣教生产部、法律保障部及职工技协办、劳模协会、退管办、职保处;直属事业单位2家。(1)开展“面心实”活动。成立5个工作组深入非公企业、生产经营困难企业和劳动密集型企业,累计走访企业100多家,为5家困难企业发放帮扶金10万元,高温慰问和困难职工慰问1.11万人,发放慰问金和帮困金243.60万元,组织328名劳模体检,发放劳模“三金”103万元,为205名困难劳模申请全国和市级困难补助;加强就业培训和职介帮困工作,积极发挥崇明进城务工人员服务站的职能作用。举办家政服务员、保育员等职业培训班16期,培训下岗职工和农村转移劳动力2468人,通过工会职介平台,推荐就业1255人。崇明进城务工人员服务站先后为崇明“的哥”及其家属举办多媒体运用、超市收银、手工艺编织等培训班9期,推荐上岗413人,免费组织116名“的哥”家属进行体检。加大宣传和组织力度,积极推进互助医疗保障和退管服务工作。2012年参保职工69493人,参保金额1195.85万元;给付人数12520人,给付金额1236.8万元。组织对500余名退休职工进行了白内障检查,为90名退休职工实施了124台(次)白内障复明手术。开展向退休职工夏季送清凉活动,共慰问退休职工970人,金额10万元。重阳节期间组织对全县100名特困退休职工进行慰问,先后为退休职工提供各类便民服务6000余人次。展办职工优秀摄影作品107幅,组织42支队伍225名职工乒乓球赛,改建崇明进城务工人员服务站。聘请劳动法律专业人员进行日常接待和维权服务。(2)动员职工建设生态崇明。举办“责任在我心、诚信伴我行”崇明职工演讲大赛;新建“职工书屋”29家,选树县学习型企事业先进23家,开展150家非公企业劳动竞赛和职业技能竞赛,命名两个劳模工作室。(3)构建和谐劳动关系。安排工资协商指导员上门指导,签订工资专项合同覆盖企业1645家、职工8.20万人;宣传《上海市职工代表大会条例》,培训职工代表9000多人次,367家国有、集体企事业单位建立职代会制度,对32家乡镇、委局、园区单位进行厂务公开专项检查;指导128家企业签订《职业病防治专项集体合同》;推动解决市区崇明籍出租车司机子女托费补贴等问题。(4)加强基层组织建设。直接选举产生490家基层企事业单位工会主席,占全县基层工会组织数47%,新增建会数1046家、会员1.25万名,新增工会组织119个;726家企业工会亮出牌子,703家企业工会主席亮出身份,占全县工会组织数69%、67%;培训各级工会干部3000人次,安排新上岗工会主席赴上海工会干部学院培训。(易建军)

区县总工会主席、副主席名录

单位名称	主席	副主席	经审主任
浦东新区总工会	姜 鸣	胡亚平 成丕贤 陈 英(女) 殷珏娟(女)	殷珏娟(女)
徐汇区总工会	袁建村	汤学科 孙小林 徐 艳(女)	诸文彬
长宁区总工会	余小雄(女)	顾 健 贾跃能 赵永康 李双珑(女)	徐雍安
普陀区总工会	欧阳萍(女)	林 超 吴 俊 沈丽萍(女) 仇安涛	吴 俊
闸北区总工会	宋 震	陆慧华(女) 谢树勤 司 静(女)	司 静(女)
虹口区总工会	包建强	梅小平(党组书记) 许金森 常和平 祝国强	常和平
杨浦区总工会	麦碧莲(女)	王建芳(女) 范本国	王 岚(女)
黄浦区总工会	徐少伯	宣铭祥 马忠荣 但汉春 张 珏 李 昉 刘德祥 柏茜雯(女)	李 昉
静安区总工会	叶坚华	瞿乃栋 王玉光 刘培兰(女)	张 伟
宝山区总工会	杨卫国	李友钟 唐励良 曲国莉(女) 闪 勇	闪 勇
闵行区总工会	俞莉红(女)	朱 瑛 陈红铭 何爱群(女)	张斗起
嘉定区总工会	陆 晞	金伟荣 刘 勤(女) 龚 英(女) 杨炳康	胡素丰(女)

续 表

单位名称	主 席	副 主 席	经审主任
金山区总工会	刘跃俊	张希泽 黄 政 张秀英(女)	张希泽
松江区总工会	冯 萍(女)	陈军康 高兴欢 潘 瑛(女) 顾 彬	潘 瑛(女)
青浦区总工会	张海珍(女)	朱俊华 倪 健(女) 许 峰 冯永新	
奉贤区总工会	周龙华	王森龙 吴永强 薛冬梅(女) 高国弟	薛冬梅(女)
崇明县总工会	张 荣	姚美琴(女) 龚 波	龚 波

说明：1. 任职名单以2012年12月底为准。

2. 上述人员职务以市总工会批复为准。

(市总工会组织部)

保障政策文件选编

上海市住房公积金管理委员会关于2012年度上海市调整住房公积金缴存基数和月缴存额上下限的通知

按照国务院《住房公积金管理条例》和《上海市住房公积金管理若干规定》的有关规定，经市住房公积金管理委员会第34次全体会议审议通过，现就2012年度(2012年7月1日至2013年6月30日)本市调整住房公积金缴存基数和月缴存额上下限等有关事项通知如下：

一、住房公积金缴存基数及其计算口径

各单位应按照上海市统计局计算职工月平均工资的口径计算职工月平均工资，并以职工月平均工资作为该职工住房公积金缴存基数核定住房公积金月缴存额。各单位应在核定职工住房公积金月缴存额后一个月内，将核定情况告知职工本人，以维护职工的合法权益。

自2012年7月1日起，本市职工住房公积金的缴存基数由2010年月平均工资调整为2011年月平均工资。

2012年1月1日起新参加工作的职工，应以该职工参加工作的第二个月的当月工资收入或以其新参加工作以来实际发放的月平均工资作为其住房公积金缴存基数。

2012年1月1日起新调入的职工，以调入后发放的当月工资收入或以其实际发放的月平均工资作为其住房公积金缴存基数。

二、住房公积金缴存比例

2012年度职工本人和单位住房公积金、补充住房公积金缴存比例与2011年度相同。即，住房公积金缴存比例仍为各7%；补充住房公积金缴存比例仍为各1%至8%，具体比例由各单位根据实际情况确定。

三、住房公积金月缴存额及上下限

住房公积金月缴存额=职工本人上一年度月平均工资乘以职工住房公积金缴存比例+职工本人上一年度月平均工资乘以单位住房公积金缴存比例。补充住房公积金月缴存额计算方法同上。

2012年度住房公积金月缴存额上限为1820元，城镇个体工商户及其雇用人员、自由职业者的住房公积金月缴存额上限为3118元。

2012年度住房公积金月缴存额下限为180元。城镇个体工商户及其雇用人员、自由职业者的住房公积金月缴存额下限参照此标准。

四、住房公积金的缴存范围和对象

国家机关、国有企业、城镇集体企业、外商投资企业、城镇私营企业及其他城镇企业、事业单位、民办非企业单位、社会团体应依法为与其建立劳动关系的本市及外省市城镇户口职工缴存住房公积金。

劳务型公司应为与其建立劳动关系的本市及外省市城镇户口的劳务人员缴存住房公积金；各单位还应为与其建立劳动关系的本市及外省市城镇户口的非在编(册)人员缴存住房公积金。

此外，单位可以为本单位农业户口的在职职工缴存住房公积金。

五、缴存情况核查

市公积金管理中心将在每年度基数调整期间对各缴存单位的缴存情况进行核查。各缴存单位应准备好职工用工名册、社会保险费缴纳通知书、工资核定表等资料以备市公积金管理中心核查；单位须配合完成确定应缴存人数、实际缴存人数及提出整改措施等核查工作后，方可办理年度基数调整业务。全市各缴存住房公积金(补充住房公积金)的单位应按时、足额为所有在职职工缴存住房公积金。如果单位只为部分在职职工缴存住房公积金(补充住房公积金)或不缴存住房公积金的，市公积金管理中心将依照《住房公积金管理条例》、《上海市住房公积金管理若干规定》和《上海市住房公积金行政执法管理办法》等法规规定，依法维护职工的合法权益。

此外，为进一步方便单位办理缴存住房公积金业务，市公积金管理中心将推出多种缴存模式。除原有支票托收缴存方式以外，各单位还可根据本单位实际情况，选择委托建设银行网上银行缴存方式或委托扣款方式(具体办法请见网点通知)。本市还将增设单位缴存核定的网点，为缴存单位和职工提供便捷服务。

特此通知，请遵照执行。

二〇一二年六月十三日

东华大学工会

上海市委副书记、市长韩正来校视察调研

东华大学是国家教育部直属的全国重点大学，国家“211工程”重点建设学校，是首批具有博士、硕士、学士三级学位授予权的大学之一，创建于1951年，前身是华东纺织工学院，1985年更名为中国纺织大学，1999年更名为东华大学。

东华大学工会在上海市教育工会及学校党委的领导下，加强工会自身建设，坚持参与民主管理，维护教工合法权益，关注青年教工成长，提升妇女工作品牌，发挥好桥梁和纽带作用；注重协调各方关系，发挥群众组织的优势，开展丰富多彩的活动，全面提高教职工素质，促进和谐校园的建设；2012年成功承办上海市第七届教工运动会开幕式及游泳比赛，为全市25万教职员工相互了解、增进友谊、加强团结、促进身心健康搭建了竞技平台。

承办上海市第七届教工运动会开幕式

参加上海市第七届教工运动会

承办上海市第七届教工运动会游泳比赛

举行东华大学教工喜迎十八大歌咏比赛

组织工会干部参观秋收起义纪念馆

东华大学教授为“女红协会”会员上缎带绣课

中国电信上海市工会

2002年10月8日，韩正、杨雄等市领导视察“12345”市民服务热线

市人大常委会副主任、市总工会主席钟燕群参观上海电信城市光网培训基地

2012年，中国电信上海市工会围绕“助力企业发展、创建特色品牌、营造和谐氛围、展示员工风采”的年度要求，积极开展各项工作，取得五项成效。一是全员劳动竞赛呈现参与面广、技能提升快、上下联动好的工作局面。二是“面心实”活动取得“三心”实效：一心想着一线员工，为1万多名在岗员工办理114名医导航会员服务；一心想着困难员工，提高补助标准；一心想着困难员工子女，为困难员工子女实行助学帮困。三是走好创新“三步棋”，即夯实创新基础、鼓励创新实践、激发创新活力。四是“三引领”提升员工素质，即价值观引领，提升员工道德素质；阵地服务引领，提升员工文化素养；品牌活动引领，提升员工精神素养。五是打好“三张牌”，不断深化民主管理，即打好以职代会为基本形式的民主管理牌，打好以工资协商为重要内容的平等协商牌，打好以“双月沟通”为主要载体的上下沟通牌。

上海电信荣获第一届市民运动会广播操总决赛一等奖

中国电信上海公司党委书记慰问“夏日路演”活动员工

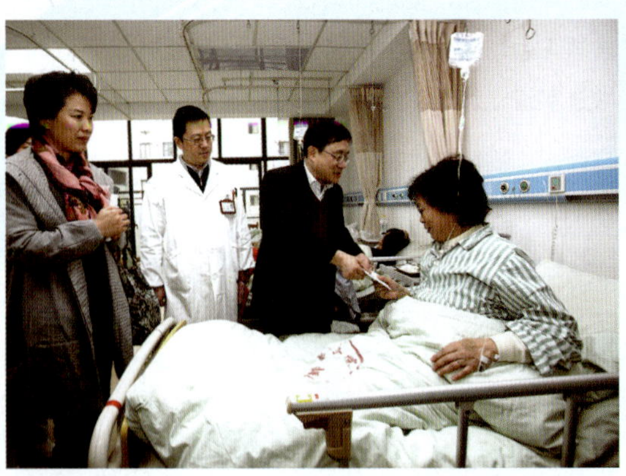

中国电信上海市工会主席慰问住院员工

上海地产(集团)有限公司工会

市领导到集团调研

上海地产(集团)有限公司成立于2002年11月18日。2009年，经市国资委批准，调整为国有独资企业集团。

集团成立10年来，在市委、市政府的正确领导下，紧紧围绕“土地储备主渠道、旧区改造主力军、土地占补平衡指标主要来源、保障性住房建设的主要骨干和示范、国有房地产企业的引领和主导、国家级开发区建设管理”的六项定位目标，弘扬“履行使命、勇担责任、诚信务实、贴心为民”集团企业精神，充分发挥国有企业集团的优势，全面完成市委、市政府下达的各项工作任务，努力做好服务社会和发展自身两篇文章。

集团工会在集团党委和市总工会的领导下，紧密围绕中心工作，服务大局，积极开展职工素质工程和文明创建活动，扎实推进厂务公开民主管理，落实维权方针，建设和谐企业，为集团的改革发展发挥桥梁和纽带作用。

集团召开第二次工代会

中华企业召开职代会讨论职工关心的重要问题

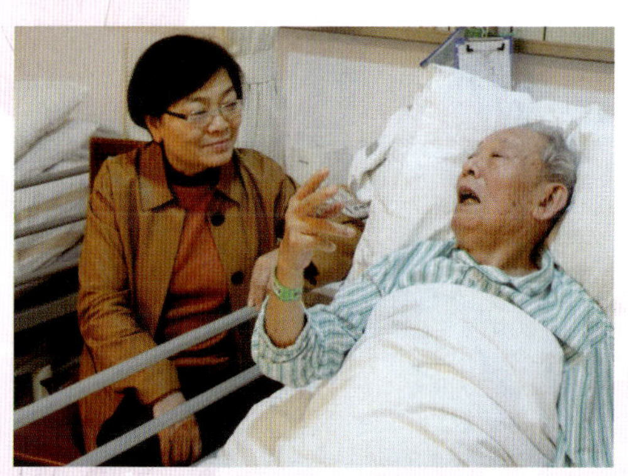

集团领导看望离休干部

集团领导高温慰问一线职工

上海社会科学院工会

召开院第二届职代会第五次会议

2012年,上海社会科学院工会以科学发展观为指导，发挥工会组织、引导、服务和维权四大职能，团结全院职工为“智库建设与学科发展”努力奋斗，召开二届五次职代会，健全民主管理机制；举办迎“十八大”“三人行职工书画展”，展出张建敏、陈晓声、席云官书画作品80余幅；组织职工疗休养，关心关爱困难职工；联合经信委、纺织工会和静安、虹口、长宁区工会，完成了《上海市文化创意园区产业职工队伍的调研》课题；积极开展篮球、足球等文体赛事，既丰富职工的文化生活，又凝聚人心，进而有效促进了科研工作及各项事业的发展。

市委领导观看“三人行书画展”

市总工会领导来院视察工会工作

右一：院党政工领导与足球队员合影
右二：与群众艺术馆举办篮球友谊赛
右三：院工会组织职工赴河北承德疗休养

上海石油化工股份有限公司

2012年，在上海市总工会和公司党委的领导下，上海石化工会深入学习领会、全面贯彻落实党的十七届六中全会和十八大会议精神，以邓小平理论、“三个代表”重要思想和科学发展观为指导，以建厂40周年为契机，以建设“国内领先、世界一流”炼化企业为目标，在围绕打造一流公司进程中，真抓实干服务企业，真心实意服务职工，进一步发挥职工群众主力军作用，进一步巩固发展以职代会为基本形式的厂务公开民主管理制度，进一步增强工会组织的创造力、战斗力和凝聚力，整体推进工会工作，在公司改革、发展、稳定大局中发挥重要作用。

市总工会领导观看公司职工文化艺术展

公司党政工领导深入高温一线慰问职工群众

召开“五一”先进表彰会

举行“三八”节纪念活动

举办新年起步仪式

举办庆祝建厂40周年文艺晚会

召开工人先锋号事迹发布会

举行班组安全成果展示

组织职工参加市民运动会

申能(集团)有限公司工会

申能(集团)有限公司工会团结动员广大职工紧紧围绕集团“十二五”规划及“三年行动规划”目标，以深入开展“面对面、心贴心、实打实服务职工在基层”活动为抓手，在“党政所需、职工所盼、工会所能”的有机结合中，组织开展群众性劳动竞赛活动，稳步实施党工共建、创先争优与业务竞赛，广泛动员职工岗位建功立业，深入推进厂务公开民主管理，普遍开展工资集体协商，拓展完善帮扶工作体系，大力加强职工文化建设，为各项工作顺利推进作出了积极贡献。2012年集团系统所属天然气管网公司获全国“安康杯”劳动竞赛优胜单位、外高桥第三发电公司冯伟忠获全国五一劳动奖章等荣誉。

副市长赵雯看望慰问浦煤制气公司一线女职工及妇科重症患者

申能集团劳模事迹报告会

集团领导慰问退休困难劳模

集团领导高温慰问生产一线工作人员

左一：举办劳模事迹报告会
左二：召开集团工会第三次女职工代表大会
左三：“申飞扬，能无限”——举办集团职工文化建设展示季启动仪式

上海大屯能源股份有限公司工会在公司党委、上级工会的领导下，以党的十八大精神为指导，深入贯彻科学发展观，紧贴中心工作，服务发展大局，坚持稳中求进不懈怠、实中求效不折腾，紧紧围绕公司“12531”发展目标和全年工作部署，发挥工会组织党联系职工群众的桥梁纽带作用，突出维护，加强监督，积极参与，深入扎实地抓好群众安全、群众经济、群众文化、班组管理、疗养慰问、民主管理等工作，凝聚全体职工的智慧和力量，保安全、促发展、惠民生，有力地促进公司科学发展、安全发展、和谐发展。2012年，大屯公司被上海市总工会授予“上海市五一劳动奖状”；被国资委授予“职工技能竞赛先进单位”、“全国‘讲理想、比贡献’先进集体”；被煤矿体协授予“全民健身活动先进单位”；公司工会被中国能源化学工会授予“先进工会”称号。

市总工会领导到大屯公司慰问

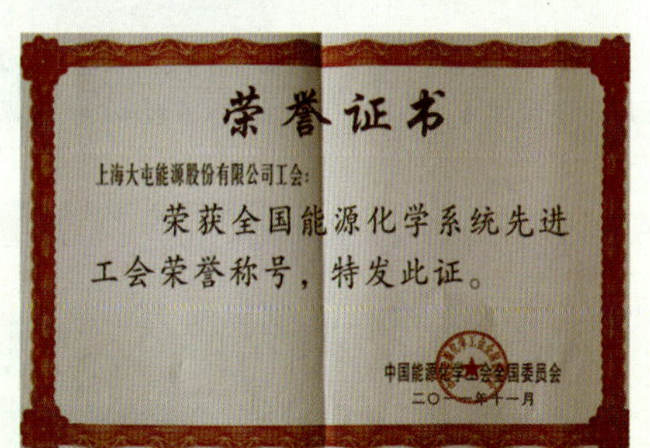
荣誉证书

上海大屯能源股份有限公司工会：

荣获全国能源化学系统先进工会荣誉称号，特发此证。

中国能源化学工会全国委员会

二〇一一年十一月

大屯公司工会获全煤系统先进工会称号

姚桥煤矿女工协管安全员合影

举办第七届技奥会开幕式

推进班组文化建设

表彰群众性经济技术创新先进

举行五一文艺晚会

中国移动上海公司工会

中国移动上海公司工会现有会员9678名，其中派遣制托管会员5247名。2012年，公司工会围绕“和谐聚力”，全力打造“健康援助、困难救助、情操培养、无限沟通、依法维护和素质提升”六项关爱行动。通过开展“树信心、提精神、助力发展作贡献”劳动竞赛，获得员工的积极支持与热情参与，推动技能登高和岗位成才；深化班组建设，“一班一品”、“标杆班组”等三大品牌深入人心，获“上海市职工素质工程先进单位”称号；推进平等协商、签订集体合同和司务公开工作，职工代表巡视检查评估总体满意度超过97%；通过双优评选、岗位达人秀等活动，加强明星员工选树宣传；切实关心关爱员工，组织全员健康体检、心理疏导，成功举办第四届文化艺术节，营造“为员工喝彩、为企业唱歌、为发展加油”的良好氛围；“爱心义卖”活动获得集团“员工关爱优秀实践案例”金奖，移动“女工微博”获市“工会女职工工作优秀品牌”称号。

公司党政工领导慰问一线员工

公司行政、工会每年开展平等协商

每年组织骨干员工短期疗休养

“移动人”携手中国人民解放军军乐团共同表演精彩的文艺节目

公司女工委组织爱心义卖义演活动

市总工会副主席何惠娟慰问公司参加全国女职工岗位创新技能大赛集训的选手

上海市城乡建设和交通工会

上海市城乡建设和交通工会工作委员会围绕市委市政府提出的“创新驱动、转型发展”的新要求，围绕全国总工会“两个普遍”工作方针，主动适应转型要求，坚持党建指导工建、工建服务党建的工作主线；深化“当好科学发展主力军、打好创新转型攻坚战”主题实践活动，以立功竞赛技术比武为载体，更好地发挥工人阶级主力军作用；转变作风，全面开展“面对面、心贴心、实打实服务职工在基层”活动，推动工会重点工作落到实处；深化职工素质工程，唱响“劳动光荣、工人伟大”主旋律，用社会主义核心价值体系凝聚人心赢得发展；贯彻落实《上海市职工代表大会条例》，深化厂务公开民主管理，着力开展和谐劳动关系创建活动；关心一线职工收入，牵头开展“本市建设交通系统提供公共服务一线职工收入状况调查工作”，不断创新群众工作方法，努力提高群众工作能力，推进工会工作民主化、规范化、科学化发展，努力使工会在服务科学发展、服务基层班组、服务职工群众中发挥重要作用。

贯彻落实两个普遍，召开推进工资集体协商工作座谈会

高温季节开展“工地送清凉”活动

召开2010—2011年度先进表彰大会，表彰先进工会工作者

举办第九套广播操比赛

召开市建设交通系统企业民主管理案例征集及研究课题推广会

上海久事公司工会

2012年上海久事公司工会围绕企业“铸就精品、再创辉煌”的总要求，紧紧依靠公司全体职工，着力在打造工会工作“六个品牌”上下功夫，开创久事工会工作新局面。

一是大力开展“永久的事业，求精的品牌”主题实践活动，围绕中心、促进发展，唱响“劳动光荣、创造伟大”的时代主旋律；二是全面贯彻落实《职代会条例》，规范厂务公开民主管理、依法维护职工权益；三是精心培育劳模和首席技师工作室，提升职工素质和服务质量；四是全力推进“安康杯”竞赛活动，保障生产安全和职工安康；五是进一步完善帮困慰问救助体系，关爱员工、惠民生、促和谐；六是组建职工乒乓俱乐部，巩固职工活动阵地、丰富职工业余生活，为促进公司科学持续发展、构建和谐劳动关系作出新贡献。

召开以“铸就精品谋发展、凝心聚力促和谐”为主题的公司工会第七次代表大会

举办坚持中国特色社会主义工会发展道路宣讲报告会

持续深入推进“安康杯”竞赛活动

参加上海市第一届市民运动会

乒乓球比赛活动已成为公司员工强身健体、增进交流、丰富生活的职工文化体育活动品牌项目

“鲜花献给党”——公司女职工插花艺术培训及交流比赛

召开全国示范性劳动竞赛金桥科技创新赛区经验交流会

举行金桥开发区区域性集体合同签约仪式

上海金桥开发区是1990年9月经国务院批准设立的国家级经济技术开发区，经过20多年的发展，形成以电子信息、汽车及零部件、现代家电、生物医药与食品等为主导的四大支柱产业，产业规模、工业产值、综合效益在全国开发区中名列前茅，创造了先进制造业和生产性服务业快速发展的典范。园区内，外资企业云集，跨国公司众多，从业职工达16万人。截至2012年底，金桥工会联合会已建立直属工会组织268家，覆盖企业792家，职工总数69428人，会员总数53238人。

2012年，金桥工会联合会结合区域特点，认真履行工会职责，大力推进工会组建、集体合同签订、劳资矛盾处置、职工科技创新、职工文化活动创建等工作，建立切实有效的工作机制，以“点线辐射带动、分类指导实施、措施考评结合”等办法整体推进“两个普遍”工作。截至年底，金桥工会联合会全面超额完成工会组建、集体合同独立签约和区域性覆盖的工作任务。覆盖企业439家，覆盖职工9976人。2012年11月9日，金桥工会联合会举行金桥开发区区域性集体合同签约仪式，工会联合会主席与区域性覆盖企业推选的行政方代表，正式签订金桥开发区区域性集体合同、区域性工资集体协议、区域性女职工特殊权益保护专项集体合同。

举行金桥开发区首届职工科技节开幕式

举办首届职工文化艺术节

上海金桥开发区工会

大力推进全国示范性劳动竞赛金桥科技创新赛区的创建工作，以高师带徒、技能比武、职工科技创新项目申报等为抓手，举办金桥开发区首届职工科技节，创建高师带徒示范基地13家，高师带徒结对284对；150名职工参加第三届职工技能大比武；金桥开发区职工科技创新项目申报连年翻番，2012年基层申报项目达140项，评选表彰81项优秀项目，遴选59项上报浦东新区。

突出文化活动品牌创建工作，举办第十一届碧云国际社区长跑活动，开展第六届最佳工会合作伙伴和第一届最佳工会之友评选工作，表彰来自美、英、法、日、意大利、瑞士等国家的外籍管理者和人事、行政负责人45人。以“美丽的金桥，我的家”为主题成功举办“金桥开发区首届职工文化艺术节”。艺术节包括书法作品、摄影作品、主题歌词的征集与评选和职工表演艺术活动等四方面内容。金桥工会联合会先后获得“全国五一劳动奖状”、“全国工会职工法律援助等维权服务示范单位”、“2012年度上海市优秀职工体育十佳特色项目”、“浦东新区职工科技创新工作优秀组织奖”，“浦东新区职工科技创新基地”等称号。

基层工会主席送来致谢锦旗

诺基亚西门子通信上海有限公司送来致谢锦旗

举办开发区首届职工科技节铲车技能比赛

科技节期间，职工观看科技创新成果展板

浦东新区教育工会召开2012年度工作总结评估会议

2012年，浦东新区教育(体育)工会在新区教育党工委和上级工会的领导下，坚持以服务学校发展、维护职工权益为宗旨，以提升师德师能为重点，开展“校训指引我成长”主题活动，加强校园职工文化建设，以健康向上的校园文化引领教职工成长和发展；以贯彻落实《市职代会条例》为重点，修订完善《浦东新区基层学校教代会实施意见》和《教代会操作规范》，开展教代会专项监督检查，推动教代会工作的依法有序；大力开展全民健身运动，切实抓好职工医疗补充保险、大病帮困、体检休养工作，保障教职工身心健康；加强基层工会组织建设，修订完善《基层工会主席直接选举工作操作规范》，继续以职工之家创建推动基层工会全面建设，增强基层工会组织活力。浦东新区教育工会获2012年度浦东新区模范职工之家称号。

举办浦东新区以校园文化一景为主题的“华林杯”教职工摄影比赛

举办浦东新区教职工专场才艺展示器乐比赛

浦东新区教育（体育）工会

女教师参加市教育系统海派秧歌展示活动

举办浦东新区第三届“建平杯”篮球赛

举行“校训指引我成长”主题征文演讲决赛

上海徐汇土地发展有限公司工会

公司召开一届四次工代会暨一届六次职代会

定期组织开展班组学习

上海徐汇土地发展有限公司是一家以“土地前期基础性开发”、“基础设施投资与建设”、“航空服务产业培育与发展”为主营业务的区属国有独资公司，现有下属企业8家，工会会员180余人。2012年，公司工会在公司党政领导支持下，以十八大精神为指导，紧紧围绕“打造西岸文化走廊品牌工程，推进徐汇滨江新一轮建设”中心工作，充分履行工会组织维护、参与、建设、教育的职能。积极开展“当好科学发展主力军、打好工程推进攻坚战”立功竞赛和“情系企业、共谋发展”职工献计献策活动，充分调动广大职工立足岗位、奉献智慧、创先争优的积极性。进一步加强职代会建设，建立公司职工代表提案和定期巡视制度，完善职工董事、监事机制，进一步发挥职工代表参政议政的作用。进一步加强和谐企业建设，签订公司新一轮《集体合同》和《女职工专项集体合同》，在保障职工利益、推进和谐企业建设上取得新成绩。进一步开展学习型企业建设，通过内部交流、课题调研、难点攻关等形式，进一步提升职工学习兴趣、综合素质和工作能力。进一步加强企业文化建设，举办公司首届职工运动会开展各类文体兴趣小组活动，不断丰富职工精神文化生活。进一步加强企业凝聚力建设，落实关心慰问职工的各项工作，积极组织开展爱心一日捐、志愿者服务等活动，树立良好的企业形象，为推动公司健康和谐发展发挥工会组织的积极作用。

右一：建设管理部技术人员深入现场，开展立功竞赛活动
右二：规划协调部组织开展团队内部学习交流
右三：开展献计献策活动，表彰先进

左一：公司举办首届职工运动会
左二：职工参加拔河比赛
左三：组织职工参加徐汇区"虹梅杯"职工春季长跑活动
左四：组织党团员和入党积极分子参加交通路口执勤

右一：职工参加疗休养合影
右二：参加"蓝天下的至爱"万人上街募捐
右三：组织职工参加"2012年道德模范故事汇"讲座
右四：积极开展职工读书活动

上汽集团工会

职工代表与企业代表共同签署《上汽集团集体合同》(第五版)

上海汽车集团股份有限公司工会辖企业工会56个。2012年，上汽集团工会以“面对面、心贴心、实打实服务职工在基层”为工作主线，聚焦“建功立业促发展，以人为本筑和谐”的目标任务，各项工作取得成效。

一是围绕中心，服务大局，深化“先锋号在行动”，发挥职工主力军作用。推进以整车企业为龙头、零部件企业和服务贸易企业协同参与，全方位、多层次、广覆盖的劳动竞赛；开展群众性创新活动，全年共有49家单位11.98万名职工提出合理化建议98.49万条，节约资金总金额23.63亿元。全年立项“双百万创新”84项，节约资金3.3亿元，在上海市第24届优秀发明选拔赛中获得5个金奖、9个银奖、21个铜奖。加强劳模典型引领，建成徐小平、周巍2个市级劳模创新工作室。

二是认真依法履职，维护职工合法权益，促进企业和谐劳动关系建设。全面贯彻《上海市职工代表大会条例》，依法维护劳务派遣工、女职工等各类职工群体的合法权益。帮扶困难职工14406人次，发放慰问补助金1123万元。

三是坚持“造车育人”理念，深入开展素质工程，践行上汽核心价值观。通过举办“愿景在我心，责任诚信伴我行”征文等活动，引导广大职工努力践行上汽愿景和核心价值观。开展计算机辅助汽车设计竞赛等各类技能竞赛，提升职工技能等级。广泛开展职工喜闻乐见的文体活动，受到中外员工和社会各界的好评。

徐小平工作室在上海市总工会“劳模创新工作室”上汽推进会上接受10万元创新奖金

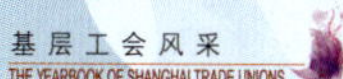

为职工提供医疗咨询服务

举办职工体育健身运动会

举办职工职业技能大赛

职工参加“齐心协力”趣味体育比赛

上海市医药工会

医药工会邀请市总工会领导为员工作中国特色社会主义工会发展道路专题报告

上海医药集团股份有限公司是一家总部位于上海的全国性医药产业集团，是中国唯一一家在医药生产和分销市场方面均居领先地位的垂直一体化医药上市公司，位列中国企业500强。上海市医药工会既是上海医药产业工会，也是上海医药集团股份有限公司及其母公司上海医药（集团）有限公司工会，实行三块牌子一套班子，辖基层工会87个，会员25156余人。

2012年，上海市医药工会在集团党委和上级工会领导下，深入学习实践科学发展观，学习宣传实践中国特色社会主义工会发展道路，精心组织开展“面对面、心贴心、实打实，服务职工在基层”活动，改进作风，提高能力，推动职工之家创建工作不断上等级；以“当好主力军，建功新上药”为主题，围绕集团经济工作目标，积极推进群众性经济技术创新工作；不断完善职代会工作机制和厂务公开民主管理制度建设，加大以工资集体协商为主要内容的平等协商集体合同工作力度；强化源头参与，切实维护职工群众的合法权益，关心困难职工；加强先进职工文化建设，组织健康向上的文体活动，丰富和满足职工群众日益增长的精神文化需求，团结带领广大职工振奋精神，勇于担当，攻坚克难，创新发展，调动了广大员工的工作积极性，圆满实现集团经济发展目标，促进企业劳动关系和谐发展。

召开技能人才培养、选拔和使用专题研讨会

参加运动会比赛

组织离退休劳模到市总工会沙家浜休养院休养

上海第一生化药业有限公司职代会表决通过2012年度工资集体合同，工会与公司行政代表进行签约

上海医药分销控股有限公司开展第六次工资集体协商

上海九星控股（集

九星集团董事长吴恩福在人民大会堂前和上海市劳模集体交流

上海九星控股(集团)有限公司是由原上海九星实业有限公司更名成立的企业集团，注册资金为人民币44288万元。

九星集团坚持科学发展，加快转变经济发展方式，紧紧抓住建设“大虹桥商业中心”的契机，开拓创新，拼搏奋进，涉足“市场管理、财务管理、广告管理、电子商务、小额贷款、融资担保、典当服务、旅游服务、文化收藏、房屋租赁、地产开发”等诸多产业。2012年，集团总收入8.9亿元，上缴税收3.8亿元。

九星集团支柱产业上海九星综合市场，占地面积106万平方米，建筑面积80多万平方米，入驻全国各地商家8000多户，经商务工人员2.5万多人，成功开设五金、灯饰、陶瓷、石材、钢材、电器、地板、家具、茶叶、胶合板、防盗门、不锈钢、菜市场、收藏品、PVC管材、名贵木材、电线电缆、油漆涂料、装饰玻璃、文具礼品、酒店用品等23大类专业商品分布场区，形成充满生机活力的市场集群，集聚大量的人流、物流、资金流和信息流，成为远近闻名的最大商品集散地，是上海市规模最大的综合型市场，被人们誉为申城一站式购物航母。获全国诚信示范市场、全国文明诚信市场、全国AAAA级名牌市场、中国竞争力百强市场等称号。

2009年4月，九星集团被中华全国总工会授予“全国五一劳动奖状”。先后获全国商业和谐企业、AAA级信用企业等诸多称号。

“创新是九星发展的关键，求实是九星腾飞的根本”。九星集团全面推进产业整合、产业优化和品牌战略，将“有形市场做强、无形市场做大、衍生产业做优”，把九星打造成现代化商业服务集聚区，不断推动九星经济持续增长、文化繁荣发展、社会和谐稳定。

团结奋进的九星党政工领导班子

团）有限公司工会

展示九星人的奥运精神

全员参与体育运动

举行太极拳操表演

左一：举行“爱心基金”成立捐款活动
左二：九星人踊跃献爱心
左三：召开精神文明表彰大会暨创建全国文明村总结表彰大会
左四：举行与法同行知识竞赛

上海市城投总公司工会

首批城投“劳模先进创新工作室”授牌成立

城投下属排水公司2011、2012年度获评上海市重点工程实事立功竞赛金杯集体(右一)

2012年，在上海市城市建设投资开发总公司成立20周年之际，城投总公司工会围绕中心、服务大局、以人为本、服务职工，充分发挥工会桥梁纽带作用，团结带领广大职工在企业持续健康和谐发展中发挥主力军作用。

城投总公司工会积极开展“五比五赛”立功竞赛活动和“安康杯”竞赛活动，促进重大项目建设和完成城市运营保障任务。组织开展“践行价值取向、当好主力军、喜迎十八大”主题实践活动，114个基层工会带领近2万名职工参与到“创建学习型组织，争做知识型职工”活动，大力培养知识型、技能型、创新型职工。弘扬劳模先进精神，引领职工文化发展，分别召开三八、五一表彰会等，重点选树命名12个城投“劳模先进创新工作室”。努力搭建职工成才平台，广泛开展岗位培训、拜师学艺、技术比武、技能登高等各种活动。进一步完善班组建设创建体系，研究制定《关于深入开展“五星六型”班组创建活动的通知》，并分期分批组织300余名一线班组长集中培训。积极构建职工关爱长效机制，“多层次、全方位”做好各项帮困送温暖工作。广泛开展群众性文体活动，成功举办总公司第四届职工运动会，圆满完成总公司成立20周年总结大会的演出任务。

举办“金秋助学”演讲比赛

承办“创新驱动 服务民生”
上海城市巨变大型图片展

圆满完成城投成立20周年
总结大会庆贺演出任务

举办第四届职工运动会

上海广播电视台工会

上海广播电视台电视新闻中心自成立以来，已连续三次获得全国文明单位称号,连续四次获得上海市文明单位称号,并获由中共中央国务院颁发的中国2010年上海世博会先进集体，以及全国新闻工作先进集体、全国先进基层党组织、全国工人先锋号、全国军民共建社会主义精神文明先进单位、全民国防教育先进单位等称号。在中心党委的领导下，中心工会紧紧围绕党委的中心工作，充分发挥桥梁纽带作用，不断加强工会“建设、维护、参与、教育”四大职能建设，组织员工积极参与精神文明创建活动，开展丰富多彩的文体娱乐活动；主动关心、帮助困难员工，为中心的两个文明建设做出贡献。2011—2012年获“上海市模范职工小家”称号。

新闻记者深入基层开展“走转改”活动

关心员工生活，开展帮困送温暖活动

积极参加社区公益活动

下社区为居民服务

开展丰富多彩的文体活动

尤妮佳生活用品(中国)有限公司工会

尤妮佳总经理中野健之亮(中)与南东社区总工会副主席黄宪祖(右)、尤妮佳工会主席彭海麟(左)合影

尤妮佳生活用品(中国)有限公司近年进入上海工业企业500强。现有工会会员1067名，其中女会员390名。在上级工会指导和企业党政支持下，尤妮佳工会完善民主管理中的职工代表大会制度、工会换届选举制度，努力维权为员工办实事，发挥桥梁和纽带作用，团结动员全体员工为公司创造效益作出贡献。一是落实“两个普遍”工作要求。规范会员档案管理，规范劳务派遣工入会的渠道和方法，企业职工入会率达100%；坚持协商制度，依法签订《集体合同》、《工资专项集体合同》、《女职工特殊利益集体合同》，提高职工满意度。二是做好保障工作。工会设立职工帮困金补助应急启动流程，当职工发生困难时即“雪中送炭”。工会建立“职工医疗互助保障计划”，在职工医疗补助项目基础上，为所有职工购买医疗保障套餐。为患重病职工募集爱心捐款13万元。三是开展丰富多彩的文体活动。举办职工安全大会和职工运动大会，在女职工中间开展“粉红丝带——美丽在行动”活动等。近年先后获得黄浦区先进职工之家、上海市模范职工之家称号。

召开尤妮佳工会代表大会

召开工会换届选举大会

尤妮佳生活用品(中国)有限公司工会——妮佳粉红丝带，美丽在行动

荣获2011年黄浦区工会“一企一品”入围

优秀项目

黄浦区总工会
二〇一一年七月

申请并入围2011年度黄浦区总工会“一企一品”优秀项目

荣誉证书

尤妮佳生活用品(中国)有限公司工会

荣获2008-2010年黄浦区工会职工之家创建工作

先进集体

黄浦区总工会
二〇一一年五月

获得2010-2011年度上海市黄浦区职工之家创建工作先进集体的称号

获“上海市模范职工之家”称号

捐出半日薪，挽救新生命

储江，男，21岁，尤妮佳第三工厂一名年轻的保全。2012年1月，被查出罹患慢性粒细胞白血病。这对于他本人和其家庭来说，不亦是一个晴天霹雳。但是幸运的是经上海市瑞金医院进行造血干细胞配型，储江在中华骨髓库里找到了能够配对成功的来自台湾的造血干细胞提供者，但是庞大的手术费用，让他和家人坐上了从希望到绝望的过山车。

储江来自安徽大别山区农村的家庭，前期的治疗费用主要用于缓解病情，几个月下来已经花去了11万元之多。而正式的造血干细胞移植手术费用需要四十多万，这还不包括移植手术后的排异治疗费用。全家人为能够挽救其年轻的生命而异常焦急，四处借钱筹款，而且其父亲在筹钱过程中还不幸摔断了大腿，更是雪上加霜，借来的钱还只是杯水车薪，离开那笔庞大的手术费用相差太大了，一家人陷入了痛苦和绝望之中。

于此同时尤妮佳工会知道了储江的情况，立刻伸出了援手，送去了工会最高补助金10000元，这根本是解决不了储江的手术费问题的。但是，我们尤妮佳是一个团结友爱，充满温情的大家庭，储江就是我们的小兄弟，亲人有难，大家来帮，我们决不会，也绝不能够坐看这样一条年轻的生命失去鲜活的光彩。因此通过尤妮佳党支部、尤妮佳工会、公司行政等一起热烈商讨决定，在公司内部号召全体员工为储江“捐出半日薪，挽救新生命”，希望能够动员起所有的党员干部、工会会员以及全部的尤妮佳员工，为我们尤妮佳自己的员工、大家庭里生命需要挽救的小兄弟来献出自己的一份爱心，伸出友爱之手，通过我们大家的实际行动，来给储江一次生的机会。

储江所患上的慢性粒细胞白血病是最有希望治愈的白血病中的一种。每个人的滴爱之举，将是这个年轻人生命的希望，每个人的友爱之心，将是对这个家庭最大的支持。希望通过大家的爱心和行动，能点燃这盏永不熄灭的希望和关爱之灯，希望尤妮佳大家庭的温暖能够传递到每一个人的心灵深处。

捐款即日进行，所有的工会委员将负责对捐款进行汇集，并与党支部和公司行政一起把我们募集的捐款用在对其进行造血干细胞移植的手术费用上，确保大家的每一份爱心、每一分钱都用于储江的治疗。

尤妮佳生活用品（中国）有限公司党支部
尤妮佳生活用品（中国）有限公司工会
2012年[illegible]

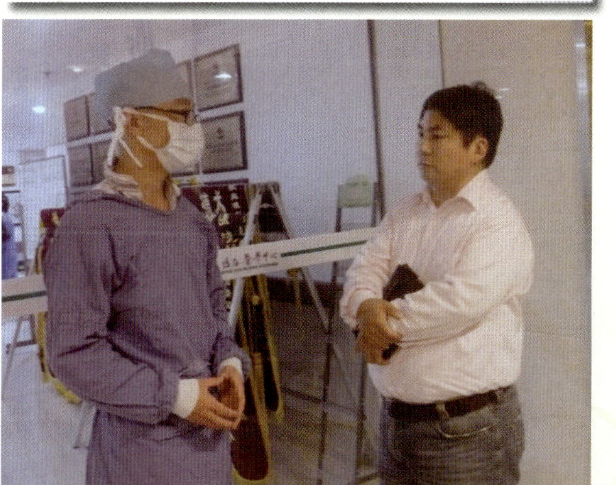

左上：区领导听取尤妮佳公司介绍
左中、左下：尤妮佳工会和党支部、公司行政部门三方一起带着捐款去医院慰问病人、送上帮困救助金
右一：工场参观说明
右二：举办女性健康知识讲座
右三：开展第二届尤妮佳“红丝带活动”
右四：举办一年一度的安全大会和员工运动大会

上海市工商行政管

分局班子领导研究工会工作

2012年，分局工会在上海市工商行政管理局青浦分局党委的关心、帮助下，在上级工会的领导下，紧贴工商行政工作实际，围绕“创新驱动、转型发展”的总方针，深入开展创先争优活动，关心服务干部职工的工作、学习、生活，积极推进职工参加民主管理、民主监督等工作，认真履行工会四项社会职能，特别是在阵地建设、服务保障方面得到显著提升，取得较好成绩，2011年获青浦区总工会“目标考核一等奖”。被区总工会授予“2011年度职工互助保障工作先进集体”、被中华全国总工会授予“全国五一劳动奖状”等称号。

全国五一劳动奖状
中华全国总工会
2012年4月

获2012年全国五一劳动奖状

荣誉证书
HONORARY CREDENTIAL
工商分局工会:
荣获2011年度青浦工会工作目标考核
一等奖
上海市青浦区总工会
二〇一二年九月

获2011年度青浦工会目标考核一等奖

组织开展家访活动

理局青浦分局工会

组织职工参加晨练活动

举办新春歌咏会

参加广播操比赛

组织干部参加区红歌会

参加全市工商系统员工运动会

华东电网有限公司工会

2012年华东电力工委（华东电网公司工会、华东分部工会）认真贯彻落实上级工会组织的会议精神、工作部署和各项工作要求，坚持“开发、包容、服务、和谐”工作理念，积极开展“面心实”、职工文体及劳动竞赛等活动，为推进和谐企业建设作出了应有的贡献。

组织开展华东电网第三轮技术技能竞赛，以训促赛、以赛促学、以学促技；举办优秀班组长培训班，夯实企业软实力；组织开展以“三个提升”为目标的特高压工程建设立功竞赛活动，动员职工建功立业。组织开展劳模、先进等职工疗休养活动。完善帮扶机制，扩大受众面；与医院协作，缓解职工就医难问题；组织开展送温暖、献爱心活动，及时发放慰问金，组织开展“一日捐”活动，并拨出10%捐款为上海市黄浦区外滩街道居民扶贫帮困。组织开展“喜迎十八大、和谐促发展”员工竞速登高活动；积极参加上海市首届市民运动会，获“民生奖金杯”、“民众奖杯”；成功举办华东电网第十届“团结杯”网球赛。

召开江苏公司职工文化建设调研会

开展与贫困地区小学结对帮扶活动

公司办公室文档科获“上海市五一巾帼奖”

公司党政工领导新春慰问一线员工

公司党政工领导到皖电东送工程沪西变电站工地检查慰问

参加喜迎十八大、员工竞速登高大赛

白龙港第一污水输送分公司

上海市城市排水有限公司白龙港第一污水输送分公司主要承担浦东地区防汛排水和污水输送运营管理任务。分公司工会以泵站“6S”管理为抓手，以“安康杯”活动为载体，全面提升员工的基本素质，有效推动企业服务好社会。分公司工会以排水公司首席技师陈吉明工作室和分公司“党员技术交流站”为工作平台，总结推行“新进员工培训法”、“倒逼师傅学习法”等4个培训工作法，并获得2012年度排水公司技术比武3个第一和第二届上海职工素质工程品牌，《主干线管理巡视实时监视系统预报装置》等5个项目获得国家专利，《规范班组安全管理，保障城市安全运行》获得上海市“安康杯”竞赛办公室颁发的优胜奖。

荣誉证书

白龙港第一污水输送分公司

《学习技能“加油站”》荣获

第二届上海职工素质工程品牌

获第二届上海职工素质工程品牌

排水公司董事长、党委书记葛惠华莅临首席技师工作室指导工作

开展安全月签名活动

开展“安全啄木鸟”巡查活动

与青浦监狱二监区结对帮教送锦旗

召开技术比武总结会

上海市建筑科学研究院(集团)有限公司工会

2012年，建科院集团工会认真贯彻落实《上海市职工代表大会条例》，以“面对面、心贴心、实打实服务职工在基层”活动为载体，突出“民心工程”建设，拟建和谐劳动关系，推进“素质工程”，深化职工思想政治工作，丰富职工文化活动，有力地发挥了工会“携手保增长、和谐促发展”的积极作用，激发了广大职工的参与热情。在坚持抓好工会干部和职代会代表民主管理、源头参与、依法维权等工作的同时，努力创新工会建家工作、院务公开工作、职工素质工程建设；切实保障和维护职工权益，切实落实职代会赋予的各项职权；加强工会干部队伍自身建设、实现工会工作新突破，真心实意为职工办实事、做好事、解难事；遵循院党委“以院经济工作为中心，围绕大局，服务大局”的工作要求，组织引导职工积极开展各种形式的劳动竞赛和企业文化活动，为圆满完成院”十二五“规划和年度工作目标，发挥了桥梁纽带作用。

开展职工文体活动

坚持职代会民主管理工作制度

举行建科文化节开幕仪式

大力开展专项劳动竞赛

盛夏高温季节，院领导慰问一线员工

举办职工读书节活动

交通银行上海市分行工会

上海市分行银行卡业务部获“全国金融五一劳动奖状”

交通银行上海市分行工会紧紧围绕“十二五”战略规划和“二次改革”任务目标，以服务大局、依法维权、文化育人、情系员工为重点，团结带领广大干部员工克难奋进、开拓进取，为推动各项业务持续健康发展作出积极的贡献。（1）紧扣分行中心工作，积极开展立功竞赛活动。以“建功立业‘十二五’、改革创新促发展”为主题，通过精心策划、严密部署，最大限度地吸引了广大员工积极参加各类劳动竞赛，为员工搭建岗位建功的平台。（2）把握员工发展需求，深入推进职工素质工程。以“创建学习型组织”为载体，大力弘扬“拼搏进取、责任立业、创新超越”的交行精神，积极引导广大员工结合工作实际，进行多途径、多方式的学习，挖掘自身潜力，增强创新能力，实现个人与企业共发展、共进步。（3）加强维权机制建设，促进建立和谐劳动关系。注重以人为本、规范制度，加强民主管理工作，维护员工权益，通过贯彻职代会制度，深化落实广大员工的知情权、参与权和监督权，进一步调动广大员工参与民主管理、民主监督的积极性和主动性，促进企业和谐、健康发展。（4）围绕构建和谐交行，开展员工关爱活动。秉承“快乐工作、健康生活”的宗旨，采取各种形式搭建文体娱乐平台，活跃员工业余生活，关注员工身心健康。

召开职工代表大会

分行工会主席慰问患病员工

开展营运管理综合知识竞赛

开展职工文艺展演

举行分行七人制足球赛

上海牛奶(集团)有限公司工会

上海牛奶(集团)有限公司是光明食品(集团)有限公司所属一家以畜牧为主业，饲料、食品连锁和畜牧加工机械为副业，房产租赁、物流、贸易等为支撑业的国有专业子公司，也是全国和上海市农业产业化龙头企业和华东地区最大的奶牛饲养专业公司，拥有21个奶牛场，4万多头奶牛规模，现有从业人员4000多人，离退休人员5000多人，2012年公司销售额达50亿元，创利润2亿元。

召开二届四次职代会，会上签订集体合同

近年来，公司工会积极发挥维权作用，组织召开一年一度职工代表大会，签订集体合同、女职工特殊利益保护和工资协商协议，讨论通过企业重大事项；积极开展职工献计献策、科技创新等立功竞赛活动；规范企业用工制度，共同维护公司和职工双方的合法权益；扎实做好职工各类社会互助保险，重点做好困难职工帮困救助及其子女助学结对帮困；组织十佳员工评选，举办职工读书活动沙龙、职工运动会、职工艺术节等活动，不断增强了企业的凝聚力。

举行职工运动会，开展广播操比赛

开展职工技能比武

举办公司达人秀选拔赛

组织职工开展"牛奶好声音"演唱比赛

上海汽轮机厂工会

上海汽轮机厂工会按照厂党委“为中心工作保驾护航、为企业形象增光添彩”的总体要求，以学习贯彻十八大精神为动力，牢牢把握服务大局、服务职工的正确方向，用创新思路推进工会工作新局面，用创新举措实现工会工作新作为，保持积极向上的思想状态、精益求精的工作作风、追求卓越的进取精神，为促进工厂经济建设、繁荣工厂先进文化、提高职工整体素质、维护职工合法权益、提升职工幸福指数、推动工厂和谐持续发展作出积极努力。

举办“上汽达人秀”，展示职工艺术风采

厂领导在厂门口迎接春节后首日上班的职工

左一：举行上海市技能大师工作室和上海电气首席技师工作室揭牌仪式
左二：职工科技创新活动持续开展
左三：举办班组长培训班
左四：普及女职工妇科保健知识

上海建工七建集团有限公司工会

集团荣获上海市重大工程立功竞赛金杯公司

上海建工七建集团有限公司系上海建工集团主要成员，国家建设工程施工总承包特级企业，被上海市人民政府命名为“建设精锐”，连续2年在上海市建筑施工综合考评中名列第一。先后获全国创建和谐劳动关系模范企业、全国模范职工之家、全国厂务公开民主管理先进单位、全国模范劳动关系和谐企业等称号，2012年获上海市重大工程立功竞赛金杯公司。

多年来，集团工会努力营造“和谐为本、追求卓越”的企业发展环境，坚持“三个融入”，“面对面、心贴心、实打实”地做好工会各项工作；以职工需求和满意度作为和谐建家的衡量标准，努力做到企业与职工共同发展；大力倡导先进的企业理念，引导职工形成共同的价值观，显著增强了企业凝聚力；围绕上海迪斯尼、虹桥商务区等重大工程建设，开展形式多样的竞赛活动，为推动企业持续发展发挥积极作用。

集团党政工领导高温慰问农民工

组织开展“庆六一”职工亲子活动

召开职工代表大会

举办第三届职工乒乓球比赛

召开2012年度平等协商会议

东方国际(集团)有限公司

举办职工运动会。

集团领导和总部员工共同参加拔河项目比赛

东方国际（集团）有限公司成立于1994年11月18日，为国有资产授权经营单位，是国家重点企业和中国最大的进出口商之一，是全国120家大型企业集团试点单位和国家重点企业。集团业务涉及对外贸易、对外经济技术合作、物流、商业、房地产、旅游、广告展览和金融、实业投资等多个领域，经营进出口商品5000多个品种，在美洲、欧洲、澳洲、日本和中国香港等世界主要国家（地区）设有海外机构20余家，与世界120多个国家和地区有着广泛的贸易往来。企业的发展目标是成为国内领先、国际知名的综合性、特大型、现代化的贸易服务总集成商。

东方国际集团工会所属基层工会46个，会员4237名。2012年，在市总工会和集团党委的领导下，坚持以科学发展观为指导，始终围绕中心、服务大局，通过职工代表大会、工资集体协商等形式，依法维护职工合法权益；通过“创新杯”劳动竞赛、外销员沙龙活动、企业文化建设、职工运动会等活动，着力提升员工综合素质，不断激发员工工作热情，充分发挥工会组织在企业改革发展稳定工作中的积极作用。

手手相传比赛项目集技巧和体力于一身

女声合唱队参加市老干部局慰问老干部文艺演出

举行企业文化优秀案例展演活动

召开第三次会员代表大会完成换届工作

举办“集团主营业务转型之路”专题论坛

摄影爱好者沙龙吸收会员100余名

上海市房地产交易中心

上海市房地产交易中心是上海市住房保障和房屋管理局所属的事业单位，主要承担全市房地产登记管理、房地产监测和房地产交易合同网上备案等工作，并发挥“信息交流、交易、管理、服务”等功能，已形成房地产在建项目监测、上市销售监管、登记办证全覆盖的综合业务平台。

2012年，上海市房地产交易中心工会在中心党政的关心支持和全体职工的参与配合下，继续围绕中心的重点工作，以工会换届改选为契机，加强队伍建设，夯实基础工作；维护职工权益，关心职工生活；提高职工素质，抓好品牌建设，为创建和谐劳动关系、确保中心各项工作顺利开展，发挥了桥梁和纽带作用。

中心党政工领导上门慰问退休职工

中心工会积极推进民主建设，扎实做好工会换届改选

行业研修班职工资助贫困地区儿童

邀请专家举办健康讲座

组建篮球队，丰富职工业余文化生活

召开集团工会学习贯彻党的十八大精神座谈会

集团党政工领导走访慰问困难职工

举办集团第六届职工体育健身节

组团参加上海市首届市民运动会

上海现代建筑设计(集团)有限公司是一家以建筑设计为主的现代科技型企业，集团旗下拥有华东建筑设计研究院和上海建筑设计研究院等20余家专业公司和机构。2001年至2012年连续十多年被美国《工程新闻记录》(ENR)列入“国际工程设计公司200强”和“全球工程设计公司150强”，2012年位列全球第67位。

召开集团四届二次职代会

上海市闵行区教育工会

参加上海市第七届教工运动会

举办第六届龙舟赛

第六届龙舟赛吸引外国友人参赛

签订集体合同

闵行区教育系统现有基层工会组织249家，会员18419人，员工入会率达98%，其中，民办学校（幼儿园）全部组建工会，公办学校制度外用工入会率近100%，学校工会主席全部实行公推直选。工会紧紧围绕闵行基础教育转型发展的大局，把维护教职工合法权益作为第一要务，以校务公开、民主管理为抓手，充分发挥桥梁和纽带作用，为党政分忧，为职工解难；着力发挥工会组织优势，开展丰富多彩的文体活动，全面提高教职工素质，在推动幸福校园建设中发挥积极作用。

2012年获上海市第七届教工运动会团体总分第一名、上海市第七届教工运动会优秀承办奖、上海市第七届教工运动会优秀组织奖，获“漕河泾开发区杯”上海市第一届市民运动会“990”第九套广播体操大赛总决赛一等奖、最具人气奖，“党工一体化创建优秀教工之家的探索和实践”被评为2012年度闵行区总工会“党工一体化”工作优秀项目，获2011年闵行区工会组建工作先进集体鼓励奖，2012年底被闵行区总工会评为综合考核一等奖、工会组建工作二等奖。

召开四届六次工代会

举办校训演讲会

举办工会主席联欢会

组织女工排舞比赛

上海燃气浦东销售有限公司

召开公司第四次会员代表大会

成立公司职工文体协会

开展一年一度的公司职工技术比武

举办公司法律宣传周

上海燃气浦东销售有限公司隶属于上海申能集团所属上海燃气（集团）有限公司，主要承担原浦东新区、浦江镇、康桥等地区天然气的业务发展、销售服务、输配管理和施工安装等相关工作，现有用户108万户，年直供售气量6.85亿m3，员工700余人。

多年来，公司工会紧紧围绕集团提出的“安全供气、科学管理、优化服务、良性发展”四大目标，立足实际,努力配合行政完成“管理、创新、和谐、发展、安全、降差”六大中心工作；动员广大职工以高度的主人翁精神，贡献智慧和力量，共建和谐浦销，取得了丰硕成果，近两年来，公司获得上海市五一劳动奖状、上海市职工满意企业、上海市模范职工之家、上海市厂务公开民主管理先进单位、全国“安康杯”竞赛（上海赛区）优胜单位等称号。

举行《上海市安全条例》知识竞赛

召开“康健杯”迎新运动会

杨浦区中心医院

2012年杨浦区中心医院在实现医疗管理、科研教学、学科建设、人才培养等方面全面发展的同时，也为工会工作提供了新的发展空间。(1)提高职工素质、促进医院文化建设。建设书香医院，深入开展第六届读书节活动；培育班组文化，创建“六型班组”。(2)规范职代会运行、拓展民主管理新途径。畅通沟通渠道，开展月月谈活动；召开职代会，抓好院务公开。(3)开展职工文体活动。组织职工参加上海市第一届市民运动会、上海市卫生系统第十届职工运动会、第一届区运会，取得了不俗战绩。(4)关心关爱职工。本着以人为本的理念，做好职工体检、职工保险、集体生日聚会、节日慰问等凝聚力工程建设。

召开八届三次职代会

开展月月谈活动

组织员工参加市广播操比赛

组织员工参加市局辩论赛

组织员工参加市局足球比赛

举办50、60岁员工集体生日聚会

上海国际机场股份有限公司工会

2012年，上海国际机场股份有限公司工会在公司党委和集团工会领导下，以构建和谐企业为目标，以全面履行工会参与、维护、建设、教育四项基本职能为主线，以服务企业发展、服务员工成长为抓手，重点加强维权机制建设、帮扶机制建设、职工素质建设、工会自身建设和职工文化建设等五方面工作，进一步提升公司核心竞争力和员工综合素质，较好地发挥了工会的桥梁纽带作用和员工队伍的主力军作用。

一是完善维权工作机制，维护职工合法权益，努力构建企业和谐劳动关系。二是完善帮扶救助机制，畅通职工诉求渠道，保证全体职工共享企业发展成果。三是推进职工素质工程，发挥先进品牌作用，提升机场形象和综合竞争力。四是加强工会自身建设，提高工会干部素质，进一步增强工会组织的凝聚力、影响力和战斗力。五是加强职工文化建设，宣扬公司理念形象，形成有浦东机场特色的职工文化品牌。

全国劳动模范、党的十八大代表朱慧慧召开“翔音组”班前会

召开上海国际机场股份有限公司工会第四次会员代表大会

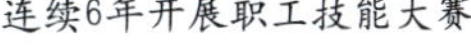
连续6年开展职工技能大赛

组织职工参加“创先争优在身边”小品大赛

上海柴油机股份有限公司工会

命名公司“工人先锋号”班组

上海柴油机股份有限公司工会以“创先争优”为主题，着力服务经济、着力关心职工、着力自身建设，不断深化“先锋号在行动”工作，带领职工“创先锋号、争先锋岗”，不断深化民生保障工作，依法维护职工权益，为推动科学发展、促进企业和谐、帮助共建共享、激发组织活力发挥了积极作用。

2012年，上柴公司工会围绕企业重点工作目标，开展保项目、保进度、保质量“三保”立功竞赛和“五小”攻关、合理化建议活动，激发了职工“创先争优”的工作热情。通过开展“做职工贴心人”活动，凝聚职工力量，开展各类文体活动，满足职工精神文化需求，营造“尊严生活、体面劳动、快乐工作”的工作氛围。

举行帮困“一日捐”

开展做职工贴心人活动

组织职工开展岗位练兵

举行职工广播操比赛

表彰合理化建议活动的优秀员工

南京东路社区（街道）总工会

南京东路社区（街道）总工会围绕工作大局，创新工作举措，强化服务意识，促进社区和谐发展。

社区工会全面推进“两个普遍”工作，非公企业建会数达2387个，区域性工会规范运作初具框架，形成“1+3”协商新模式；援助服务保障多措并举，创建和谐劳动关系咨询室，构建和谐劳动关系；推行立功竞赛“特色项目申报制”，推出服务职工实事项目，搭建“妈咪小屋”、职工书屋，“白领交友”向外区延伸，培育文体特色团队和学习达人、文体达人，打造工会浏览网页平台，传递职工文化正能量。

社区工会不断深化创先争优工作，社区总工会主席陆幸愉获2012年上海市五一劳动奖章，专职副主席黄宪祖在全总第七期“全国示范街镇工会主席培训班”上作深化区域性工会管理专题发言；推出的“专职工会律师提升服务能级”和“‘5Z’模式促劳资双赢”举措，入选《2011年上海工会工作创新案例100》。

在全总基层工会主席培训班上交流发言

形成创建劳动关系和谐企业工作机制

劳模工作室传播劳动模范新风采

世界500强企业管理层与工会协商集体合同

参加南京东路职工马路运动会

上海东鑫电力工程安装有限公司

上海东鑫电力工程安装有限公司于1998年1月成立，是一个党、政、工、团组织健全的民营企业。公司具有房屋建筑工程施工总承包叁级、送变电工程专业承包叁级、市政公用工程施工总承包叁级和华东电监局叁级承装（修、试）电力设施许可证；被上海市电力公司核准承接110KV等变配电维修安装和电缆接头、敷设、排管工程，并承担继电保护与电气试验工作。

公司施工技术力量雄厚，有高、中级工程师和一、二级注册建造师数十人，注册安全工程师2人。历年的“四无双优”（无较大生产安全事故、无较大工程质量事故、无违规行为、无昧心服务不佳投诉；优质工程质量、优质服务质量）活动，保证了合同履约率、单位工程合格品率和报监工程优良率都达到了100%。

公司管理功底扎实，安全与质量并举，于本世纪初通过ISO“质量、环境、职业健康安全管理体系”认证；先后获得“上海市文明单位”、“市设备维修安装企业五十强单位”、“市质量先进集体”、上海市劳动争议预防调解示范单位、上海市新经济组织和新社会组织“五好党组织”、“全国模范职工之家”、全国工人先锋号、“全国守合同重信用单位”、“全国就业与社会保障先进民营企业”、全国“安康杯”竞赛九连冠优胜企业、“上海市五一劳动奖状”等多项称号。

公司董事长：李汉卿

公司获上海市五一劳动奖状称号

东鑫承建的上海世博会城市最佳实践区变电站工程

局(产业)工会概况

Brief Introduction of Bureau(Industrial)Unions

2013

概　况

上海市机电工会

主　席
朱　斌

【概　况】 市机电工会辖工会组织203个。(1)推进职工科技创新。开展“立足岗位我勤奋,再次创业我奉献”系列竞赛、“我为世界级工厂建设添砖加瓦”主题竞赛、重点用能单位“节能减排降本增效”达标竞赛、电站设备海外工程项目建设联合竞赛和科技人员岗位竞赛;组建7个“首席技师创新服务工作室”。(2)推进学习李斌活动。大型多媒体报告剧《知识工人有力量》;组织“李斌调研组”赴企业多角度采访李斌先进事迹,撰写李斌故事计1.7万字;评选年度李斌式职工、标兵和班组、标杆各10名;举办“李斌杯”大赛,共有16个工种、28个技能等级、1200名职工参赛。(3)开展“面心实”服务职工活动。86家企业2.86万名干部、职工参与“一日捐”活动,捐款金额800多万元,元旦春节慰问困难职工家庭1.91万户,慰问金额947.5万元;组织人员赴海外、外地工程现场慰问并帮助建立职工之家。(4)推进和谐劳动关系建设。提出集团增资6-12%最高不超过18%总目标,成为签订新一轮开展工资集体协商的参考,国有及国有控股企业工资集体签订率达100%;合资企业工资集体协议签订率91%;参与33家企业改制方案评审,受理非诉类案件50起,处理来信来访20起,群体性争议5起。(5)加强工会自身建设。23家企业进行换届选举,工会主席全部直选产生;举办“工资集体协商”、“集团经济形势和战略发展”、“新时期工会经审工作”、“新时期心理健康”、“生活保障政策”、“职工代表权利与义务”、“法律政策与法规”、“信息写作”、“财务会计规范化”等专题讲座培训,87名工会干部参加新任工会干部上岗资格培训;举行三八纪念活动,宣传表彰年度市三八红旗集体和个人;举行庆祝党的十八大召开、发展高端装备制造业“我们的力量·发展篇”文艺晚会;组织5100名职工参与第一届市民运动会,91支队伍810名职工运动员参加第一届“上海电气杯”职工乒乓球、羽毛球、篮球赛,举办上海电气职工绘画、书法、摄影作品展。 (冯克华)

上海市仪表电子工会

主　席
田　原

【概　况】 市仪表电子工会辖7个产业集团和直属工会、80个基层工会,职工3.23万人,其中女职工1.21万人、农民工7242人、会员3.18万人、女会员1.18万人、农民工会员6991人。(1)深化职工创新素质工程。开展劳动竞赛。52个单位1.81万人次参加竞赛,技术革新279项,推广39项先进操作法。实施合理化建议1116件,产生效益6125万元。围绕实施仪电控股“三三战略”,贯彻“关于深化职工技术创新活动加强技能人才队伍建设的意见”。通过加强技能培训和技能竞赛、师徒结对,提升技术工人比例,技术工人2380人。(2)深化厂务公开民主管理。开展“劳动关系和谐企业”评审和表彰工作。推进集体协商,签订工资专项集体合同工作,巩固建制率和履约率,提高合同质量。在企业调整重组、股权退出、改制歇业过程中坚持履行职代会民主程序。80家企业全部实行厂务公开。(3)利用工会帮扶平台健全多层次帮困保障体系。3915名困难职工受到帮扶,帮扶金额852.8万元,156名领导干部联系帮扶263户困难职工家庭。(4)加强企业文化建设。举办2012年上海仪电控股(集团)公司文化体育节;宣传劳动模范先进事迹,组织劳模体检疗休养。(5)加强工会自身建设。召开第六次工代会,开展“面对面、心贴心、实打实服务职工在基层”活动,组织班组长培训,举办财务经审业务培训,开展18家企业工会财务规范化检查。 (高正峰)

上海市化学工会

主　席
黄岱列

【概　况】 市化学工会辖(直属)工会26个,基层工会94个,现有职工2.78万人,其中会员2.52万人、女职工5901人、农民工2186人、农民工会员122人。(1)推进形势任务教育。通过宣传媒体、平台阵地、目标解读,在集团发展进程中,发挥工会引领作用。(2)推进主题立功竞赛。开展主题立功竞赛,落实工会劳动保护。(3)推进创建和谐劳动关系。开展企业劳动关系专项调研,注重源头服务、实事服务、文化服务,在和谐华谊建设中,发挥工会组织作用。(4)推进“职工之家”建设。抓好“职工之家”评选、工会干部培训、工会组织和会员信息数据库建设等,探索“走出去”工会管理模式,提升工会组织总体水平。(王有福)

上海市轻工业工会

副主席
姚志贤

【概　况】 市轻工业工会辖7个基

层工会,职工3809人,会员3809人,其中女会员951人;上海轻工业工会联合会辖行业工会16个,会员单位370家。(1)提升职工素质。开展“岗位讲责任、行为讲诚信”活动,评出65名优秀行业工人;组织优秀女职工开展“践行责任巾帼花”观摩交流;承办第七届长三角部分城市轻工业工会主席论坛;参与《劳动最光荣》节目制作,举办“我的班组、我的生活”摄影作品赛,组织开展舞蹈、演唱、乐器演奏、书法、剪纸等才艺展示。(2)贡献转型发展。举办“轻工杯”创意设计大赛,48个作品获奖,获奖作品参加“上海设计双年展”;推广非公企业劳动竞赛成功案例;开展“当好科学发展主力军、打好创新转型攻坚战”主题实践活动。(3)维护职工权益。坚持联席会议制度,与行业协会研究劳动关系状况,推进行业性集体协商机制建设;表彰6家“上海轻工行业劳动关系和谐示范企业”、30家“上海轻工行业劳动关系和谐企业”和17名“上海轻工行业员工之友”;为169名困难职工发放8.75万元慰问金,组织“工人先锋号”、“劳模集体”等先进班组与困难职工子女结对帮困。

(徐俊彦)

上海市纺织工会

主　席
吴光玉

【概　况】　市纺织工会辖子公司工会12个,直管单位工会20个,基层工会100个,职工1.51万人,会员1.49万人,其中女会员5693人、农民工会员2049人;地区纺织行业工会联合会8个,会员近17万人;直属企事业单位6家。(1)开展“创先争优”活动。组织1.2万人次职工开展劳动竞赛,9家生产制造企业总结12项节能减排成果,提出合理化建议1133件、实施563件,技术革新27项,配合承办全国女职工服装设计创新技能大赛,4名选手入全国决赛,其中新联纺选手获大赛提名奖,其他3名获市五一巾帼奖。(2)加强职工思想调研。召开10次座谈会,面对面访谈职工200人,收集职工意见建议100条,形成职工思想动态专题报告3份;建立职工文化活动基地,组建上海纺织爱乐合唱团,举办广播操大赛,组队参加中国上海国际艺术节“天天演”活动,获得优秀节目奖和优秀组织者奖。(3)推动发展和谐劳动关系。为在档600余名特困职工每人赠送1份职工综合保障计划,为1000名外来工每人赠送1份意外伤害保障计划,为1000名困难职工提供免费体检;全年走访慰问困难职工6110人次、困难企业7家,发放慰问金319万元。(4)推进团队能力建设。抓好新建企业、重组企业建会工作,企业建会率达100%,职工入会率98%;深化“面心实”活动,举行大型援助咨询服务,为150多名基层工会和退管会干部、困难职工提供劳动法律心理咨询等服务。

(王慎微)

上海市医药工会

主　席
陈　欣

【概　况】　市医药工会辖基层工会87个,职工2.6万人,会员2.52万人。(1)开展“当好主力军、建功新上药”经济技术创新活动。集团立项劳动竞赛项目14个;开展固体制剂等9个项目技能大赛,359人参赛,219人晋级;开展星级班组评比,63个班组被命名集团三星级班组;推进“安康杯”竞赛活动,32家单位、921个班组、1.26万名员工参赛。(2)开展教育培训和职工文体活动。实务培训82名新任工会干部、74名班组长;组队参加第一届市民运动会,组队参加上海职工文化艺术展、上实集团摄影展;168名个人和59个集体被评为年度上药集团先进工作(生产)者和先进集体。(3)推进劳动关系和谐稳定。加强职代会组建与完善,建制单位86家,占总数97.7%;推进以工资集体协商为主的平等协商集体合同工作,77家基层单位签订工资集体合同,占总数90%;做好帮困送温暖,开展“一日捐”活动,2.15万人捐款,总额114.22万元,支付帮困金127万余元,2106人次困难职工受助。(4)开展职工之家创建活动。开展党工共建、争创“职工之家”工作考核,4家单位被评为市“模范职工之家”,7家单位被评为市“模范职工小家”,3家单位被全国能源化学工会评为先进工会;推进基层工会主席直选和劳务派遣工入会工作,做到全覆盖;开展年度“三八红旗手”、“三八红旗集体”评选。

(赵一鸣)

上海市电力公司工会

主　席
庄毅群

【概　况】　市电力公司工会辖基层工会30个,职工会员1.65万人,其中女职工3009人。(1)推进建功立业活动。开展“立足岗位、创先争优、建功立业”主题劳动竞赛;配合“皖电东送”淮南至上海特高压交流示范工程建设,开展示范工程(上海段)建设立功竞赛;以劳模创新工作室为引领,推动群众性科技创新,一批集体和个人获市总职工创新活动优秀组织者和优秀发明选拔赛金、银、铜奖;组织相关职能部门对符合条件的285个班组进行达标考评,实现每年20%班组达标预期目标,开展班组建设经验典型案例征集活动。(2)依法参与,主动维权。修订完善《上海市电力公司职工代表参与日常民主管理办法》等七项制度;基层单位全建厂务公开领导小组和办事机构,做到“全覆盖不遗漏”;履行公司职代会工作职责,审议通过"三集五大"体系建设方案;收到提案 52 条、立案并督办落实 5 条,聘任 30 名公司第二届总经理联络员,分 6 个巡视组对 12 家单位开展巡视活动。(3) 建章立制,规范职工帮扶。组织"一日捐",开展元旦春节"送慰问到岗位"、"送关怀到家庭"、"送年夜饭到工地"活动。(4) 倡导核心价值观,培育企业文化。举行"阳光舞台——上海电力文艺人才选拔赛决赛暨汇报演出";宣传全国"五一"劳动奖章获得者徐爱蓉优质服务品牌;开展"责任在我心,诚信伴我行"主题活动,举办各类文体活动,获 2012 年"市优秀职工体育十佳品牌项目"。

(余传毅)

上海电力建设有限责任公司工会

主　席
李　苏

【概　况】 电力建设工会辖 9 个基层工会,职工 3219 人,女职工 284 人,会员 3219 人,女会员 284 人。(1) 开展"学习十八大、岗位建新功"活动;进行形势任务教育。(2) 深入开展民主管理。召开"推进项目(分支机构)职代会制度建设"专题会议;落实"两个普遍",规范集体协商程序,建立平等协商平台,建立完善协商沟通和信息反馈机制,协商重点放到落实职工经济和安全权益、完善职工激励机制、职代会提案制度、职工代表听政制度和监督制度。(3) 推进转型发展建功立业。开展新一轮"聚焦亮点、超越昨天"主题立功竞赛,开展劳模先进示范基地创建情况检查评估,检验 3 年创建成果,为 3 家劳模工作室和劳模示范点授牌并下发启动资金;开展职工技术创新发明,组织焊接、起重、电气二次接线及转动机械安装技能竞赛。(4) 深化"安康杯"劳动保护竞赛。参加全国"安康杯"(上海赛区)竞赛活动;开展安全生产技能学习,观看《安全事故警示》教育片,分析安全事故和违章现象,上电一公司、二公司获年度全国"安康杯"竞赛优胜单位称号,上电建筑公司畅电公司安装二班获年度全国"安康杯"(上海赛区)竞赛优秀集体称号。(5) 落实职工保障。建立"一人一档"职工关爱档案和联动机制,开展困难职工帮扶慰问,元旦春节帮扶慰问职工 470 人,金额 22.2 万元;慰问退休职工 1341 人,金额 9.31 万元;组织参加市总互助医疗保障保险、大病重病补充医疗互助保险,178 名困难职工得到公司职工大重病医疗互助基金救助,金额 82.6 万元。(6) 加强工会自身建设。公司工会与基层单位工会签订《年度工会工作目标责任书》;下发《关于开展"凝聚新力量"主题实践活动的实施意见》,举办"最具活力工会工作"成果发布会;上报优秀论文 6 篇。

(季天培)

宝钢集团有限公司工会

主　席
朱义明

【概　况】 宝钢集团有限公司工会辖子公司、直属工会 14 个,基层工会 119 个,职工 7.94 万人,会员 7.94 万人,其中农民工入会 689 人。(1) 开展"进千个班组、访万名职工,服务职工在行动"活动。全集团 2441 位专兼职工会干部联系班组 9271 个,收集班组意见 7745 条,访谈职工 58914 人,收集职工意见 5636 条、问题 4553 条,有 90.96% 班组和职工意见得到解决并反馈。(2) 聚焦市场重点、现场难点开展"振奋精神、迎接挑战、攻坚克难、争创最优"劳动竞赛。实施子公司级竞赛项目 180 项,厂部、车间级竞赛项目 1159 项,全年集团公司降本增效 65.98 亿元,完成全年目标 57.5 亿元的 114.8%。(3) 推进职工岗位创新活动。共提出合理化建议 32 万余条,实施 22 万余条,创效益 26 亿元;岗位创新活动中形成专利申请 1530 件、技术秘密 1822 项,分别增长 30.8% 和 4.1%。(4) 开展最佳实践者活动,推进自主型职工队伍建设。调研制定《关于深入开展最佳实践者活动,推进自主型职工队伍建设的指导意见》,并召开专题推进会。(5) 以全国和上海市厂务公开民主管理工作检查为契机,进一步深化厂务公开民主管理。(6) 开展第七次《宝钢管理者问卷》调查,解决职工"三最"问题。提出并完成《沪内企业单宿区域青年活动中心的实施改造》、《实施职工弹性福利计划项目可行性研究》、《跟踪推进青年过渡惠租房项目试点情况》等公司级"三最"项目;各基层单位确立职工"三最"实事项目 97 项,完成 95 项。(7) 开展帮困救助。落实元旦春节帮困送温暖资金 637 万元;深入基层走访慰问职工 8045 户。(8) 加强退管工作。梳理退管工作职责,制定《关于加强退休人员网块长管理工作的指导意见》,形成有序、高效退管工作体系。(9) 开展"精彩宝钢、活力员工"主题文体活动。并以"文艺创作到基层、文艺作品到基层、文艺知识到基层"为内容,组织"文化之旅"下基层系列活动,举办 70 个各类文体培训班;组队参加第一届市民运动会,取得 10 个一等奖、6 个二等奖、14 个三等奖。(10) 加强工会干部队伍职业化建设。举办工会主席研修、工会保障工作培训、沪外子公司工会工作会议等,提升工会干部素质;开展工运理论研究课题"揭榜"活动,组织申报、开展课题研究 59 个。

(李士伟)

上海宝冶集团有限公司工会

【概　况】 宝冶集团有限公司工辖基层工会 14 个,工会会员 6052 人。(1) 深化立功竞赛活动,激发广大员工主人翁责任感。一是保证竞赛经费,集团公司行政拨给专项资金,加大对立功集体和个人的奖励力度。二是加强组织领导,重新调整集团公司立功竞赛领导小组成员,集团公司董事长、副总经理及相关部门负责人担任领导小组成员。三是扩大竞赛参与面,制订年度竞赛计划,共对2个集体和51名个人记大功,对29个集体和135名个人记功。(2)开展合理化建议活动,激发员工创造活力。组织员工围绕加强管理、技术创新、降本增效,积极开展合理化建议活动,提出合理化建议521条,实施合理化建议348条,实现降本增效1580多万元。(3)加强职代会建设。公司工会分层次、全方位开展学习宣传活动,举办专题讲座;组织两级工会干部、职工代表等共740多人参加《上海市职工代表大会条例》网上知识竞赛活动。(4)开展"安康杯"竞赛,以"员工安康、企业安全"为主题,开展安全演讲比赛、安全生产大讨论、安全生产合理化建议征集和隐患排查整治等活动,提出安全生产合理化建议320多条,查找危险源和安全隐患270多条。(5)创建"工人先锋号",培育优秀团队。开展第二批"工人先锋号"班组创建活动,参与创建班组达200个,占全体班组数50%。(6)开展帮困送温暖活动,两级工会切实当好"第一知情人"、"第一帮助人",开展"一日捐"献爱心活动、为突发困难劳务工募捐活动,共慰问特困职工290多人次,发放慰问金25万余元;为4607名在职职工办理年度住院医疗互助保障续保。(7)加强工会自身建设。开展"一家一品"特色工作创建,选派60名工会主席参加上海工会干部管理学院岗位培训。 (毛一新)

上海高桥石油化工公司工会

主　席
罗新富

【概　况】 公司工会辖基层工会8个,会员7139人;设民管宣教文体部、生产生活保障部和办公室。(1)调动发挥职工生产积极性。完善"师带徒"教育培训模式,开展"师带徒"295人;举行单元仿真技能竞赛,10个单位49位选手参加,153位职工通过业余自学取得大专以上学历,获公司职工素质工程奖励81.87万元。(2)发挥职工代表民主监督作用。完善领导干部与职工代表双向沟通制度,组织公司职工代表、部分班组长和业务骨干约85人,与公司主要领导就"坐稳高桥拓展漕泾"、深化"比学赶帮超"等问题,开展面对面沟通交流;发挥职工参与监督劳动安全卫生工作,改善职工劳动安全卫生条件和环境;审议通过《公积金实施办法》、《工资专项集体合同》、《职业病防治专项集体合同》和《女职工权益保护专项集体合同》;成立公司劳动争议协调委员会和劳动法律监督委员会。(3)做好职工帮扶工作。开通公司局域网帮困快速通道,提高特重病困难职工每月增补500元额度;完善领导干部和困难职工结对帮扶机制,节日慰问982人次、金额34.6万元。

中国石化上海石油化工股份有限公司工会

主　席
高金平

【概　况】 上海石化工会辖基层工会28个,会员1.73万人;设办公室、组织民管部、宣教文体部、生活女工部、经济工作部。(1)开展"创先争优、建功立业"竞赛。推进"六型班组"创建活动,开展"班组优秀工作法、班组安全文化"大联赛;配合组织公司级4项技能竞赛,推行"网上练兵"和"劳模创新工作室"试点工作,开展特色专项竞赛;开展"我为降本增效献一计"、"安康杯"竞赛、"安全生产1000班组"创建、HSE知识竞赛、班组安全建设成果展示等活动;开展石化文化艺术节和双月活动、第四届职工运动会乒乓球赛,举办市第一届职工艺博汇暨上海石化职工文化艺术展。(2)协调劳动关系,推动和谐企业建设。完善职工利益诉求表达和利益协调机制,梳理厂务公开政策信息平台历年信息上传情况,做好职工互动留言回复工作;提高职代会运作水平,形成《上海石化职工代表大会工作规范》、《上海石化集体协商工作细则》,加强职工代表培训,发挥职代会专门委员会作用,强化提案预审、审理、落实环节;开展厂务公开民主管理调研检查,迎接全国厂务公开调研检查第三互检组调研检查。(3)实施送温暖工作。开展职工"一日捐"和市职工保障互助计划;推进"面心实"服务职工在基层"活动,每季度开展一次对口联系,解答职工关注的热点问题,推动有关问题的解决。(4)加强工会工作系统化、规范化、科学化建设。健全工会工作考核评价办法,开展"一会一品"优秀品牌项目评选申报工作,实施基层工会主席考核奖励制;编发《上海石化基层工会主席直接选举工作操作实务(试行)》,开展调查研究,形成《职业病防治工作情况调查与对策分析》,签订第一期《职业病防治专项集体合同》。(施东亮)

上海化学工业区工会

主　席
陈兆麟

【概　况】 工业区工会辖基层工会28个,会员6937人,其中女会员2108人;工会干部168名,其中女工会干部56名。(1)开展"践行价值取向、当好主力军、喜迎十八大"主题教育活动,立足岗位争先创优。(2)以"当好科学发展主力军、打好创新转型攻坚战"为主题,开展富有园区特色、具有行业特点、符合企业实际的劳动竞赛和职工技术创新活动;以创建"工人先锋号"为载体,开展班组创争活动;加强区域文化建设,展现化工区文化建设成果。(3)开展劳动关系和谐企业创建活动，完善劳动关系矛盾调处机制，畅通职工群众利益诉求渠道；贯彻《上海市职工代表大会条例》，推进职代会制度规范化运作；健全完善平等协商和集体合同制度，强化合同履约责任。(4)关心困难职工生活，开展节日帮困送温暖；重视劳动保护和安全生产，开展群众性安全生产监督检查。(5)加强工会自身建设。开展"面对面、心贴心、实打实服务职工在基层"活动，推进"职工之家"创建，提高工会干部服务科学发展、服务职工群众的能力水平。 （张 俊）

国药控股股份有限公司工会

主 席
李智明

【概 况】 国药控股公司工会上海地区辖基层工会13个，会员2927人。(1)加强企业民主管理。扩大职代会建制领域和覆盖面，审议表决涉及职工切身利益的相关事项，充分听取职工代表意见建议，保障职工的知情权、参与权、表达权、监督权。(2)促进建立和谐劳动关系。依法推进和完善劳动合同制度建设，发挥工会在劳动合同签订、履行、变更过程中的指导和监督作用；有序推进公司集体合同、女职工专项合同的签订。(3)关心职工生活。开展结对帮扶和送温暖活动，为物流作业一线员工做好防暑降温等服务，做好困难职工帮扶慰问工作。(4)开展职工文化艺术活动。举办以"跨越成长、感恩奉献"为主题的征文比赛、职工才艺比赛及"活力国药和谐国药"为主题的职工风采摄影比赛，组队参加首届市民运动会，441名职工参赛。(5)推进"两个普遍"，加强工会自身建设。加强工会组建和会员发展工作，运用教育资源，组织上海地区各子公司工会干部参加培训；加强工会经费管理，提高资金使用效率，推进工会财务制度化、规范化建设。 （方晓红）

中铝上海铜业有限公司工会

主 席
张旭东

【概 况】 公司工会辖基层工会8个，会员2011人，其中女会员370人。(1)加强职工思想教育。采取集中学习与个人自学方式，借助宣传栏、班组园地、《中铝上铜报》等载体，将公司全年生产经营目标传达到所有班组，把职工思想和行动、智慧和力量凝聚到公司转型发展的目标任务上来。(2)开展民主管理。召开公司二届四次职代会；召开一届二次工代会和二届五次职代会，选举产生4名职代会代表和3名工代会代表参加中国铝业公司职代会和工代会。(3)开展劳动竞赛。按照全年项、季度项和阶段项3个层次，开展以"技术创新显身手、岗位建功当标兵"为主题的创建"五型班组"劳动竞赛，涌现各具特色的班组劳动竞赛40多项；深化女职工"建功十二五，创新绘蓝图"活动，提高科学文化素质。(4)关心职工生活。元旦春节走访困难职工12人次，补助57人次，发放慰问金16.76万元。(5)开展职工文体活动。以轮办文体活动形式，开展"安康杯"趣味运动会和"科技创新·白铜杯"乒乓球比赛。 （胡 蓉）

鲁中矿业有限公司工会

主 席
沙宝珍

【概 况】 公司工会辖基层工会15个，在岗职工7484人，其中女职工1506人、会员5985人；(1)当好企业发展"助推器"。组织开展"主产品提产"劳动竞赛和"对标挖潜，降本增效"劳动竞赛，深化"安康杯"劳动保护活动，推进"六型"班组创建活动，开展维修电工、钳工、焊工、凿岩爆破工等技术比武，举办弘扬劳模精神演讲比赛，激发职工争先创优积极性，突破矿岩量500万吨、铁矿产品突破200万吨大关。(2)当好协调劳动关系的"稳压器"。召开公司十三届三次、四次职代会，与公司行政举行平等协商，表达职工诉求；做好困难职工帮扶救助，救助职工800余人次，发放帮困金34.3万元，金秋助学81人，发放助学帮困金7.99万元。(3)当好推进企业文化建设的"加速器"。组织元宵节焰火晚会、职工春季长跑比赛、职工拔河比赛、女排及男篮赛、职工及中层管理人员乒羽比赛等文体娱乐活动10余项；举办第五届职工文化艺术节，展出职工书法、美术、摄影、手工艺品、奇石、根雕、盆景、观赏鸟等展品600余件，举办班组才艺展示、歌唱比赛、健身舞展演活动，选送130余件作品参加"五矿广场杯"职工书画、手工艺品展览，组织业余合唱团赴基层慰问演出、参加中国五矿集团公司第二届合唱比赛。(4)当好提升工会形象的"扩大器"。开展工作研讨与交流，编辑出版《探索与实践》论文集；开展"面、心、实"活动，开展工会"建家"工作评先选优；加强工会财务会计及经审工作规范化建设。 （杨庆荣）

上海航天局工会

主 席
吴海中

【概 况】 局工会辖36个基层工会，会员1.81万人，其中女会员5357人。(1)开展群众性经济活动。开展"我为创新提效作贡献"主题竞赛，累计252场,1.34万人参与;技术比武163场,1865人参与;征集合理化建议2264条,产生经济效益5963万元,3家单位项目分获市企业职工创新创效特色工作经验一二三等奖。(2)深化创新型班组建设。开展以《岗位依据目录》编制和“班组质量管理文化提炼”为主要内容的班组建设,形成《试点班组岗位依据目录汇编》和《班组质量管理文化提炼汇编》;选树以国家和市“千人计划”领军人才汤卫平博士领衔的811所锂电池研发班组为代表的专业建设典型班组。(3)推进职代会制度建设。组织局职工代表巡视基层单位;组织局提案委员会对征集的38份提案(草案)进行审查,确定6份立案提案;筹备召开局二届五次职代会;首次开展职代会运行质量评估,满意率达98.85%。(4)推动实事工程建设。调研形成《局实事工程实施方案》;建立集体协商指导员队伍,3家事业单位已签订工资集体协商协议;协调局有关部门成立职工法律咨询团,开展咨询活动;职工统筹体检1.46万人,组织近百名外来女劳务工参加免费妇科检查;帮困321人次,续保1.6万人次。(5)加强职工素质工程建设。推选劳模先进,举办第五届上海航天读书节,发布首期《职工读书活动白皮书》;开展多种形式职工文体活动,征集航天趣味运动项目,组队参加首届市民运动会,局第五届读书节获上海读书节“基层优秀项目”。(6)加强工会组织自身建设。开展“面心实”活动,走访调研23家单位,召开10次职工座谈会,与100多名工会干部面对面交流;加强新上任工会主席培训;完成课题论文3篇,牵头完成市总课题论文1篇。 (沈　悦)

上海船舶工业公司工会

主　席
吴金韻

【概　况】 2012年,船舶工业公司工会进一步深入学习、全面贯彻党的十七届五中、六中全会精神,认真学习宣传贯彻党的十八大精神,进一步增强做好工会工作的责任感和使命感。围绕集团公司改革发展目标,结合实际,准确把握和全面落实工会工作的要求和重点,广泛开展职工经济技术创新活动,引导职工立足岗位,创先争优,为船舶工业转型发展建功立业。充分发挥工会“大学校”作用,努力推进职工素质工程,提高广大职工思想道德、劳动技能和科学文化水平,努力打造高素质的船舶职工队伍。切实加强企业民主管理,发展和谐劳动关系,维护职工合法权益,推动企业民主政治建设和和谐劳动关系建设。切实加强工会自身建设,充分发挥桥梁纽带作用,努力改进工作作风,坚持联系基层,深入调查研究,抓好工会干部学习培训,提高工会干部理论和业务水平,完善工会经费管理。 (曹金梁)

中国商用飞机有限责任公司工会

主　席
刘林宗

【概　况】 公司工会辖基层工会11个,职工7807人,其中女职工1981人、农民工317人、会员7436人、女会员1954人、农民工女会员62人,班组552个。(1)开展“面心实”活动。坚持“两贴近、突出“两服务”、开展“四个一”活动,密切党政、工会与职工群众联系。(2)推进创先争优活动。开展“干线研制我创优,支线交付我争先”主题活动,开展“抓五保、创一流、为民机研制发展作贡献”主题竞赛、“百日攻坚”劳动竞赛、“安康杯”竞赛等;完善“十好”班组建设考核奖励机制,推广“余梦伦班组”建设经验,100余名班组长参加国资委和清华大学联合举办的第四期班组长资格远程培训;评选表彰10个“翱翔号”金牌班组、10个“腾飞号”银牌班组和10个“展翅号”铜牌班组,组织优秀班组长代表赴德国、法国、奥地利等优秀企业交流学习。(3)深化职工素质工程。开辟培训平台和学习交流渠道,打造多门类职工文化活动平台,建立艺术团和文艺社,开展职工书画摄影作品展评、编辑《大飞机歌声飞扬》十大金曲等,举办公司第二届职工运动会,组队参加市首届市民运动会、“华能杯”中央企业乒乓球比赛等。(4)突出温馨服务。开展高温、重要节假日困难劳模、党员、职工慰问;组织文艺小分队深入试飞一线进行“火线”慰问演出,组织第三批10名劳模先进代表疗休养活动;健全完善困难职工动态管理档案,新增帮扶24名职工家庭度过难关。(5)举办中国商飞公司“大飞机爱心日”活动,组织爱心捐款100万元,建立“大飞机爱心基金”,开展公益扶贫助学活动,考察确定10项扶贫助学活动,举办“宁夏固原中小学生走近上海、走近大飞机夏令营”活动。

(季玉进)

上海市烟草工会

主　席
解建伟

【概　况】 烟草工会辖基层工会11个,职工9068人;其中女职工2313人、会员9068人。(1)创建“最佳实践班组”。制定《“最佳实践班组”创建活动实施意见》和《指导意见》,修订完善班组创建“5+2”评价标准,提升班组建设创建水平,涌现一批特色明显、成效显著的班组。(2)深化民主管理,发挥职代会议事功能。制定下发《深入推进办事公开民主管理工作实施意见》,完善“三项业务”、“三重一大”等事项公开工作,完成18个公开项目、70项公开内容的公开发布,建立集团公司办事公开民主管理网站；加强职代会提案有效落实，提案反馈100%；抓实职工代表巡视工作，开展“三地四厂”方针目标工作巡视。(3)凸显劳模群体示范引领和劳动竞赛主题引导。突出“劳模工作室”创建引导，64名先进被列为市(省部)级劳模培育和全国劳模培育对象，4个劳模工作室；制定《深入开展劳动竞赛实施方案》，开展“品牌建设、岗位建功、技能登高”劳动竞赛。(4)拓宽职工素质提升渠道。开通集团图书馆信息系统及数字图书，实施以班组长为主要对象的“一人一卡一关爱”员工心理关爱方案；提供法律援助22起，受理在职死亡职工遗产继承10起，其他法律咨询12起，处置各类信访案5起；规范运作大病救助、住院互助、困难补助、就学资助四项关爱机制，调整完善住院互助、探望慰问及困难补助等三项条款内容；规划员工文体活动计划，丰富员工业余文体生活。(5)加强工会自身建设。开展“职工之家”创建，加强工会干部队伍建设，规范工会干部业务培训等。(沈光辉)

上海汽车集团股份有限公司工会

主　席　李积荣

【概　况】 公司工会辖基层工会51个，设经审会、女职工委员会、工会资产监管委员会，综合管理部、组织民管部、经济工作部、文体宣教部、权益保障部和工会资产监管办。(1)深化“先锋号在行动”。推进以整车企业为龙头、零部件企业和服务贸易企业协同参与的劳动竞赛；开展群众性创新活动，49家单位11.98万名职工提出合理化建议98.49万条，节约资金23.63亿元，84项“双百万创新”项目，节约资金3.3亿元，获市第24届优秀发明选拔赛5个金奖、9个银奖、21个铜奖；加强劳模典型引领，建成徐小平、周巍2个市级劳模创新工作室。(2)维护职工合法权益，促进企业和谐劳动关系建设。定期召开员工座谈，倾听职工问题；帮扶困难职工1.44万人次，发放慰问金1123万元；开展“重建光明”医疗救助活动，累计资助881名患白内障职工，总金额176.2万元。(3)坚持“造车育人”理念，践行上汽核心价值观。开展“弘扬劳模精神，践行上汽愿景”五一老劳模与优秀青年座谈会、“巾帼先锋建功上汽”三八妇女大会、“愿景在我心，责任诚信伴我行”征文活动等；开展计算机辅助汽车设计、安全生产知识竞赛、发动机装调工职业技能、模具工职业技能和上汽服务品牌知识五大竞赛项目；开展职工文体活动，举行第五届职工健身运动会暨第九套广播体操比赛，举办以“人与车·和谐之美”为主题的第十届职工艺术作品展，展出职工摄影、书法、绘画和雕塑作品近1000幅。(范　融)

上海久事公司工会

主　席　顾利慧

【概　况】 公司工会辖基层工会63个，覆盖单位71家，会员近8万名。(1)发挥劳模示范引领作用，劳模和首席技师工作室创建取得新突破。成立“马卫星公交营运服务工作室”、“胡国林劳模服务创新工作室”和“花茂飞首席技师工作室”。(2)开展岗位练兵、技能比武，实现劳动竞赛新拓展。开展“一企一品”和“永久的事业、求精的品牌”主题竞赛、岗位练兵、技能比武、节能降耗和增收增效等专项劳动竞赛；发动职工投身市职工岗位练兵技能比武活动月竞赛，开辟《劳动报》专版宣传。(3)深化“安康杯”竞赛，企业安全生产运营水平取得新提升。深化“安康杯”竞赛，扩大竞赛覆盖面，参赛员工达95%，车辆运营企业实现竞赛全覆盖。(4)贯彻《职代会条例》，深化厂务公开民主管理实现新跨越。开展《条例》实施情况专项检查，注重选树先进典型和查找问题难点相结合，推荐申报2011～2012年度全国厂务公开民主管理先进单位、全国厂务公开民主管理示范单位。(5)加强职工文化建设，提升职工综合素质取得新成效。“久事强生”乒乓俱乐部实现迁址和成功运作；1.4万人次参加市第一届市民运动会，乒乓球、广播操等项目取得优异成绩，久事公司获“民生奖金杯”；推进班组建设，组织600人参加市班组长岗位培训。(6)深化关爱职工行动，构建和谐劳动关系取得新进展。推进“面心实”活动，对5家相对困难企业进行跟踪指导服务，建立健全联系基层、服务职工长效机制，帮困送温暖4.4万人次，帮困金额1810.41万元。(谢　刚)

上海市漕河泾新兴技术开发区发展总公司工会

主　席　陈　克

【概　况】 总公司工会辖6个基层工会，职工1566人，其中女职工712人。(1)开展争先创优评先活动。评选方银儿获“市五一劳动奖章”、俞保海获“市职工信赖的经营管理者”、上海漕河泾开发区经济技术发展有限公司园区管理部获“市工人先锋号”、总公司年度“十佳员工”。(2)深化厂务公开。工资集体协商建制率达100%，覆盖职工数1566人；调整“厂务公开工作领导小组及工作小组人员名单及集体协商(谈判)代表和劳动争议调解委员会名单；对《集体合同》、《女职工专项集体合同》进行履约检查并续签。(3)开展职工文化体育活动。举办“漕河泾开发区杯”首届市民运动会，开展长跑、篮球、广播操、乒乓球、羽毛球、绳键、飞镖等运动;举办"瞩目漕河泾"2012创新文化节体育系列活动,开展篮球、乒乓球、羽毛球赛;开展"园艺杯"牌艺比赛、健身大赛、棋牌、垂钓"趣味运动赛"、军民联谊"篮球赛"等活动;开展"书香漕河泾"职工读书征文、书法等系列活动。(4)开展元旦春节帮困送温暖活动,走访慰问困难职工657人,金额54.8万;开展"一日捐"活动;赴崇明北港村慰问40户困难家庭;做好防暑降温工作,走访慰问34家企业、职工农民工等1590人次,发放防暑降温用品价值36万元。 (汪海燕)

中国能源化学工会华东电力工作委员会

主　任
李永鸣

【概　况】 中国能源化学工会华东电力工作委员会(原中国水利电力工会华东电力工作委员会)直代管工会5家,职工1694人,其中女职工418人、会员1693人。2012年,华东电力工委认真贯彻落实上级工会组织的工作部署和各项工作要求,坚持"开发、包容、服务、和谐"工作理念,积极开展"面、心、实"活动,为推进和谐企业建设作出贡献。(1)开展华东电网第三轮技术技能竞赛。以训促赛、以赛促学、以学促技,举办优秀班组长培训班,开展以"提升城市现代化程度、提升城市文化品位、提升城市环境质量水平"为目标的特高压工程建设立功竞赛。(2)开展劳模、先进等职工疗休养活动。(3)开展送温暖、献爱心活动,及时发放慰问金;开展一日捐活动,捐助黄浦区外滩街道居民扶贫帮困。(4)开展"喜迎十八大、和谐促发展"员工文体活动。参加市首届市民运动会,获"民生奖金杯"、"民众奖杯";成功举办华东电网第十届"团结杯"网球赛。 (施炜伟)

申能(集团)有限公司工会

主　席
谈全龙

【概　况】 公司工会辖基层以上工会6个,基层工会33个,职工1.11万人,会员1.11万人,其中女会员2265人。(1)开展职工岗位建功立业竞赛活动,广泛动员职工建功立业。一是稳步推进创先争优同业务竞赛,召开竞赛动员会,部署工作计划,结合工作调研,推进竞赛开展。二是推进群众性劳动竞赛、"安康杯"竞赛活动;三是开展集团"五一劳模关爱行动",举办劳模座谈会、劳模报告会,开展劳模疗休养,落实劳模"医疗保险、失业保险、养老保险"发放和困难劳模帮困慰问。(2)推进企业民主管理。一是召开集团厂务公开民主管理工作会议,开展厂务公开民主管理工作调研检查和《上海市职工代表大会条例》实施情况专项监督检查;二是普遍开展工资集体协商,先后召开职工(代表)大会,审议通过工资专项集体合同;三是调研系统各单位帮扶工作,形成《关于申能集团系统困难职工帮扶工作的调研报告》;四是落实日常帮扶慰问,全年慰问各类困难职工5687人次,总计金额509.7万元。(3)加强组织思想学习,提高职工职业素质。组织学习十八大精神,学习市总工会十二届六中全会。(4)加强职工文化建设。一是举办职工文化建设展示季启动仪式,充实调整职工文体协会,计1695人参与10个职工文体协会,组织摄影、乒乓、牌类、足球等比赛;二是加强工会班子自身建设,通过实地调研、集中座谈、个别谈心、电话回访等方式,与基层工会加强联系与交流;三是召开第三次女职工代表大会,选举新一届女职工委员会。 (倪　静)

上海华虹(集团)有限公司工会

主　席
陈剑波

【概　况】 公司工会辖基层以上工会1个,基层工会6个,现有职工3245人,会员3186人,其中女会员822人。(1)加强思想引领,提升职工职业道德素质。组织学习十七届六中全会及十八大精神,组织学习市第十次党代会精神,学习市总工会十二届十一次全委会精神,组织系统内各类先进员工远赴江西万年县华虹希望小学开展回访活动,推动企业自觉履行社会责任,树立良好的社会形象。(2)以劳动竞赛和科技创新活动助推企业发展。开展各类岗位竞赛活动102项,吸引参赛职工达2763人次。提出合理化建议102件,取得经济效益1020万元。开展各种形式的职工群众性节能减排活动,累计降低成本达2273万元。向国家知识产权申请"专利"1429件,已受理893件。申报"技术革新项目"23件,"职工自主发明创造项目"2件。(3)深化民主管理。集团两级职代会实现全覆盖,下属6个工会均建立"厂务公开"机制。(4)促进和谐企业建设。开展促进和谐企业建设系列活动,完成3425人次体检。(5)加强工会组织自身建设。完成班组长培训目标,获"全国工人先锋号"、"全国安康杯优胜单位"、"全国安康杯优秀班组"、"上海市工人先锋号"、"上海市巾帼文明岗"等称号。(6)丰富职工文化生活。参加第一届市民运动会、冬季"城建杯"上海职工第九套广播操比赛、"中智杯"慈善健康跑、第九届"张江杯"龙舟赛、2012"东亚体育杯"上海市企业龙舟赛等;组织华虹第一届"定向寻宝";成功举办集团第六届职工运动会。

(汪　芸)

中国铁路工会上海铁路局委员会

主　席
孙曙光

【概　况】 局工会辖苏、浙、皖、沪工会,其中上海30个基层工会,会员3.72万人,女会员4600人;代管中国火车头体育协会上海理事会、局退休职工管理委员会。(1)开展群众性建功立业活动。举行"服务旅客创先争优"春运立功竞赛、建设系统"保质量保安全保稳定保开通"立功竞赛、"遵章守纪按标作业"劳动竞赛等;开展安全知识、安全漫画创作大赛;开展全局8个系统42个工种技能竞赛,征集合理化建议3000条,产生10万元以上经济效益成果140项,完成优秀成果转化14项,创造经济效益3亿元;开展劳模学习宣传、评选推荐活动。(2)落实职工实事项目。推进京沪高铁7个综合保养点全面建成入住,抓好合蚌客专、金山线生活配套设施建设及成皖赣、津浦线及上海通信段等单位357个点的建设改造项目,全年投入1.87亿元。完善常态化帮扶机制,114.26万元用于节日慰问;各类互助保障保险和节日定帮补助418.63万元。(3)丰富职工文体活动。举办第八届职工运动会,完成8个大项、49个小项的竞赛;参加全路第十二届运动会获金牌3枚、2个单项团体一等奖。策划职工才艺大赛,26个单位41个节目入围路局决赛;选拔创编7个节目参加全路职工才艺大赛汇演,举办"职工文化大讲堂",90余名文艺骨干和文艺爱好者参加。加强职工文化管理,制定《路局"五一文化奖"评选章程》、《路局重点文艺创作项目申报办法》,做好重点作品创作的组织协调和服务指导。(4)加强民主管理。筹备路局十届二次职代会;审议通过《路局安全生产规定》3项议案;组织职工代表视察24个基层站段和非运输企业,征集提案119件,立案并办结69件。组织30名一线职工代表与路局领导民主恳谈,按照"六五"普法宣传规划,制定2012年工会法制宣传教育计划,编印《路局劳动争议调解工作文件选编及处理指南》。(5)加强自身建设。指导18个基层单位、7个新筹建单位、9个托管单位召开工代会;开展全局"巾帼绽放美丽"先进女职工访谈和"喜迎十八大女职工才艺展"等活动;开展"服务职工在基层"活动,为一线职工解决实际问题400多个。三是选送15名基层新任工会主席参加铁总培训。

(白　杰)

中国海运(集团)总公司工会

主　席
徐文荣

【概　况】 总公司工会辖基层工会25个。(1)加强民主管理。召开四届三次职代会,处理提案9份,召开集团工会全委会、职工代表联席会,组织职工代表1079人次参加安全检查,提出安全隐患和整改建议2398条,落实整改1158项。(2)开展立功竞赛。开展第十五届"中海杯"劳动竞赛、"同舟共济克时艰,建功立业促发展"主题竞赛,6.89万人次参加,43个集体、21名个人获省部级以上表彰。提出合理化建议523条,创造效益474万元。培育劳模创新工作室。(3)完善机制,突出源头维护。签订《集体合同》和《女职工权益保护专项集体合同》,一级单位实现全覆盖。(4)关心关爱员工。健全帮扶制度,发放退休运输船员帮困金56.4万元,479人次受益;加强对困难劳模、起义、北归船员帮扶,帮扶困难职工8744人次,走访慰问困难职工1624人次,发放节日慰问金561.8万元,发放金秋助学款102万元,慰问一线职工5.4万人次,发放高温慰问品500多万元、高温津贴1233万元;接待职工来信来访604人次,处理516件。开展职工文体活动,为船舶订阅"一报七刊",赠送图书4200册;举办上海地区职工羽毛球、乒乓球、足球、游泳比赛;229名职工参加"中国海运杯"马拉松赛;组织17名劳模、240名退休船员携家属休养;开展"建功'十二五'、巾帼绘蓝图"立功竞赛,参与"女职工关爱行动",落实《女职工劳动保护特别规定》。(5)加强自身建设。召开第二次工代会,选举新一届工会领导班子。

(张　洁)

上海国际港务(集团)股份有限公司工会

主　席
王晓华

【概　况】 公司工会辖基层工会35个,会员3.46万人,其中女会员3412人。(1)发挥职代会主渠道作用。邀请职工代表对职代会议程等进行评价,落实职工代表提案,征集22件提案,立案16件并及时书面答复提案人。(2)举办首届职工文化节。历时7个多月,1.64万人次参加。(3)完成劳动关系调研。深入10家生产单位,向100名外来务工人员发放调查问卷,召开外来务工人员和劳务承包公司座谈会,发放外来务工人员基本情况统计表,形成《关于上港集团新生代外来务工人员现状的调查报告》。(4)推进节能减排和安全生产。征集节能减排优秀合理化建议;开展"安康杯"竞赛活动;开展劳动保护"群防群治"月和"绿十字奖"评选活动。(5)为职工群众办实事。共发放各类帮困金637.5万元,受助1.45万人次;开展第三轮1.58万名职工疗休养,另对4047名职工发放休养卡;推进第十六次"8.15"爱心捐献活动,

1.87万名职工和1.28万名劳务工参加爱心捐献,共募集爱心捐款377.66万元;由集团工会出资,为12家一线职工购置电动按摩椅、按摩垫,帮助职工缓解工作疲劳。(6)强化自身建设。举行"工会组织如何在构建'上港和谐家园'活动中发挥独特作用"专题论文发布会;会同集团教育培训中心、市工会干部管理学院,举办新上岗工会主席培训班,32名工会主席参加。 (张晨琦)

长江轮船公司工会

主　席
高　峰

【概　况】 公司工会辖基层工会14个。(1)开展建功"十二五"劳动竞赛。培育一批示范性竞赛项目;开展以提高素质、岗位成才为主要内容的群众性岗位练兵和技术比武;深化"安康杯"竞赛。(2)构建和谐劳动关系。16个建制单位全部召开职代会,落实提案工作、代表巡查、民主评议、质量评估等;探索劳务派遣工参加用工单位职代会实践,开展工资集体协商,签订工资专项集体合同13份。(3)加大职工帮扶力度。开展"面、心、实"活动,走访慰问结对特困职工家庭、劳模先进、特困(退休)和伤残职工、特困农民工,慰问2700余人,资金28万元;走访结对助学家庭,落实助学款8万元,慰问困难学生56名;组织75人赴庐山休养、10名劳模先进乘邮轮赴日韩观光游览。(4)深化职工素质工程。建立"职工书屋"示范点10个,开通职工电子书屋,开展读书征文活动,7篇征文获奖;举办羽毛球比赛,参加"华东外运杯"羽毛球和乒乓球赛,获乒乓球团体冠军、羽毛球男双混双二项冠军。(5)加强自身建设。培训20余名新当选主席。 (马吉怡)

上海市运输工会

主　席
黄伟建

【概　况】 运输工会辖基层工会58个,会员1.3万人;设办公室、宣教部、保障部、事业部,建女职工委员会和退休职工委员会;事业单位2家。(1)推进建功立业活动。以"平稳较快、平安和谐"为基调,多层次、多角度、全方位参与集团经济建设。(2)推进职工素质工程。落实《集团"十二五"期间职工素质工程计划》,加强知识型、技能型、创新型员工队伍建设,培育一批爱岗敬业、技艺精湛的一线人才。(3)以强化维权机制建设、有效维护职工合法利益为重点,推进建设和谐企业。深化《关于加强职工维权机制建设的意见》,围绕集团核心主业上市发展、辅业资源调整优化,主动依法,科学维护好职工合法权益。(4)推进工会自身建设。开展"面对面、心贴心、实打实服务职工在基层"活动,围绕职工所急所需所盼,深入调查研究,提高工会服务职工的能力与水平。 (王　勤)

中国邮政集团工会上海市委员会

主　席
史金虎

【概　况】 上海邮政工会辖基层工会33个,会员2.81万人、女会员8641人、专兼职干部72人。(1)落实"两个覆盖"、"两个普遍"工作精神。吸引劳务工入会;加强先进"职工之家"建设,创建上海邮政"投递员之家"。(2)维护职工合法权益。宣传《上海邮政员工维权手册》,设立员工维权热线,建立5个员工合理诉求渠道,定期召开员工恳谈会,倾听员工呼声、解决员工诉求;落实《工会职工思想动态信息反馈制度》,实施《上海邮政工会限期处理、解决重大信访问题承诺制》;完善职代会制度,运用局务公开、职工大会等形式,公开企业经营发展和收入分配等情况。(3)开展帮困送温暖。建立健全困难员工档案,对314名困难员工实施定期帮困;开展元旦春节帮困送温暖慰问,深入21个支局(生产科)慰问近3000名高温一线员工;加大员工重病医疗互助保障和员工住院互助保障的力度。(4)举行以"展绿艺风采、创和谐邮政"为主题的第六届员工文化艺术节;参加第一届市民运动会,开展全民健身运动;开展先进劳模进社区为民服务活动,弘扬"劳动光荣、创造伟大"新时代劳模精神;举办"安康杯"知识竞赛,促进安全劳动、安全生产。

(陈千涛　张　莉)

中国移动通信集团工会上海市委员会

主　席
张新康

【概　况】 上海移动公司工会辖基层工会1个,会员9678名,其中派遣制托管会员5247名。(1)开展"树信心、提精神、助力发展作贡献"劳动竞赛,推动员工技能登高和岗位成才;通过双优评选、岗位达人秀等活动,加强明星员工选树宣传。(2)开展"一班一品"、"标杆班组"、"班组论坛"三大品牌班组建设。(3)履行平等协商、集体合同和司务公开工作,职工代表巡视检查评估总体满意度超过97%。

(4)实施“健康援助、困难救助、情操培养、无限沟通、依法维护和素质提升”六项关爱行动;组织全员健康体检、心理疏导;举办以“为员工喝彩、为企业歌唱、为发展加油”为主题的第四届文化艺术节;“爱心义卖”活动获集团“员工关爱优秀实践案例”金奖;移动“女工微博”获市“工会女职工工作优秀品牌”称号。（史　旭）

中国电信集团工会上海市委员会

主　席
顾国忠

【概　况】 上海电信工会辖基层工会65个,涵盖单位72个。(1)开展全员劳动竞赛。参与面广、技能提升快、上下联动好,为企业实现年度发展目标作出贡献。(2)开展“面心实”活动。深入基层16次,与员工座谈6次,送乒乓台、跑步机、图书等到崇明局所属长兴、横沙两岛;补贴基层工会460万元,解决工会经费偏紧问题。提高定补标准,有9位长病假员工得到帮助;为40名困难员工发放节日补助金,共计11.2万元。开展助学帮困活动,对65名符合条件的员工子女发放帮困助学补助金17.25万元。(3)走好创新“三步棋”。推进班组建设,走好夯实创新基础第一步棋;开展技能竞赛;走好鼓励创新实践第二步棋;建立配套机制,走好激发创新活力第三步棋。(4)打好民主管理“三张牌”。打好以职代会为基本形式的民主管理、以工资协商为重要内容的平等协商、以“双月沟通”为主要载体的上下沟通牌。(5)加强工会自身建设。召开中国电信集团工会上海市第三次代表大会,实现换届选举。下发《关于上海电信业务外包企业成立工会组织的指导意见》,指导12家外包公司新建工会,吸收4855名外包员工入会。培训与考核工会干部。举办学习十八大精神、职业道德建设、传统文化与职业道德等专题讲座;培训职工代表,对290名部门工会主席开展述职和测评。开展“巾帼建功”活动,女职工周末学校举办4期女性形象管理课;首次在外包劳务女工中评选20名“巾帼岗位能手”。加强工会企事业管理。全年实现企事业收入4亿元、净利润2300万元。（朱东亚）

中国海员工会交通运输部东海救助局委员会

主　席
金振泰

【概　况】 东海救助局工会辖基层工会12个,会员1126人,其中女会员89人。(1)开展群众性劳动竞赛。结合“当好科学发展主力军、打好创新转型攻坚战”主题竞赛活动,开展“安康杯”、“救捞船舶班组”、“创建工人先锋号”等劳动竞赛,聚焦抢险救助、安全生产、建功立业等工作,竞赛活动取得成果。(2)深化文体活动。搭建职工活动中心平台;组建局羽毛球队,选派职工参加部属单位职工游泳比赛,开展夏季体能竞赛活动,举办广播操、羽毛球、篮球、乒乓、网球、斯诺克等多种竞赛活动;成立局管乐队、小乐队、女职工腰鼓队,鼓励3队自创自演;支持职工兴趣爱好者开展钓鱼、花卉等活动。(3)为职工群众办实事。深入一线调研、开展“面心实”活动,倾听群众诉求意见,协助解决职工切身利益问题。开展困难职工帮扶和金秋助学活动,健全完善医疗互助保障制度,关心保障女职工权益,调动女职工积极性。(4)提升基层工会工作水平。按照民主和法定程序完成局工会主席改选。每季度召开工委会例会,通报季度工会工作情况,筹划下阶段工作,建立健全工会财务管理制度,落实工会经审监督机制,确保基层经费审查工作的有效性。（冯仰威）

中交上海航道局有限公司工会委员会

主　席
包中勇

【概　况】 公司工会辖基层工会11个,会员3885人,其中女会员223人,托管、协管劳务工会员1585余人。(1)开展“抓创新、促转型、提高企业竞争能力;抓管理、保安全、提高项目盈利能力;抓培训、强素质、提高员工适应能力”为主要内容的立功竞赛活动;参加市职工节能减排知识竞赛擂台赛获优胜奖。(2)联合人力资源部制订《中交上海航道局有限公司职工岗位技能培训(3年)规划》,推荐3个技术比武项目参加市职工“技能展示月”活动。开展“我阅读、我快乐、我成长”航道职工读书活动,组织职工参加第一届市民运动会乒乓球、羽毛球、游泳、桥牌及广播操比赛。(3)开展2012年集体合同执行情况自查抽查。逐级建立健全以职工代表大会制度为中心的四级民主管理体系。召开总经理信息发布会;加大提案落实力度,两级职代会收到职工代表提案89份,以座谈的形式做到件件有回复;坚持民主评议工作;坚持重要事项报告制度。中港疏浚公司获全国模范职工之家,航道物流公司获市模范职工之家,达华测绘公司获市劳动关系和谐职工满意企事业单位等。(4)开展“安康杯”知识竞赛,11家单位参加;高温慰问员工3690人次,慰问费70万元。11家单位参加市职工互助会综合补充医疗、意外(工伤)互助保障计划D类;开展“金秋助学”,15名困难职工子女受到资助。(5)举办《中国特色社会主义工会发展道路决议的解读与践行》讲座、学习党的十八大精神辅导报告会。,开展课题调研,召开论文发布会。（杨建平）

中交第三航务工程局有限公司工会

主　席
夏　昕

【概　况】　公司工会辖基层工会11个,职工8222人,会员8222人,农民工会员467人,女会员1063人。(1)开展立功竞赛和文明工地创建。开展"六杯六赛"立功竞赛。下发《三航局工会管理提升活动实施方案》,通过岗位培训、技术比武、评先奖优等,开展"安康杯"竞赛,促进安全生产。(2)落实职代会决议和职工代表提案,坚持一年2次职工代表巡视检查,代表提案落实和基本落实率达100%,开展厂务公开、民主管理工作调研,督促运用会议、文件、简报、专栏、三航报和局域网等,实时公开公司和各基层单位重大事项。(3)承办第十二届"青工杯"足球赛,组队参加市首届市民运动会;开展"送温暖"和扶贫帮困,增强企业凝聚力。(4)健全完善集体协商、集体合同制度,及时表达职工诉求。(5)加强工会干部培训。举办工会主席和工会干部培训班;召开第四届"工会主席论坛",加大女职工委员会工作力度。(黄书展)

中国海员工会中远集装箱运输有限公司工会

主　席
陆俊山

【概　况】　中远集运工会辖直属工会6个,挂靠工会2个;上海地区基层工会21个,会员9324人,女会员1846人;设综合宣教部、组织劳保部。(1)实施创新创效工程。开展"紧盯效益目标,全员掘金行动",653个团体和个人项目参与50多场竞评,涌现出一批优秀团队和个人;结合"船舶、班组安全竞赛"、"安康杯"劳动竞赛、"安全在我身边,降本增效从我做起"和"安全生产月"活动,开展安全主题活动。(2)保障职工权益。召开九届一次职工代表大会,审议通过公司《全心全意依靠职工办企业的规定》、《职工代表大会工作实施细则》,组织职工代表巡视检查,落实职工代表监督权利。(3)实施创先争优活动。搭建职工学技比武阵地和展示成果平台,开展"创建学习型企业,争当知识型职工"活动,推进职工读书活动。(4)实施职工关爱工程。开展"面对面、心贴心、实打实服务职工在基层"活动,推进帮困送温暖、帮困助学活动;做好与崇明县三星镇北桥村的结对帮扶;坚持召开信访例会,掌握职工思想动态,协调解决和反映职工热点问题。(5)加强工会自身建设。加强调查研究,总结推广基层工会鲜活经验;发挥"职工小家"作用;推进学习型工会建设,组织新上岗工会主席参加培训;加强工会经费和审计工作,加大对基层工会经费的监督检查力度,加强对审计整改的落实检查。(钱　华)

中国海员工会中波轮船股份公司委员会

主　席
周万勤

【概　况】　公司工会辖4个基层工会,船岸职工1112人,工会会员1112人。(1)加强职工民主管理。召开十届五次工代会、六届五次职代会,征集职工提案,采纳落实率90%。实施民主评议领导干部制度。(2)开展"创效、创新、创优"劳动竞赛,坚持以身边的先进激励人、以榜样的力量鼓舞人,营造崇尚劳模、学赶先进的企业氛围。(3)加强职工素质工程建设。开展业务技能培训,举办船舶"练兵学技能、比武强素质"活动,全年培训员工824人次。(4)开展"安康杯"、"全国水运系统船舶、班组安全竞赛"等活动,组织优秀船长、政委、轮机长等先进职工和家属疗休养146人次。发挥书画摄影协会、文艺协会、球类协会、钓鱼协会作用,举办"我运动,我快乐,我健康,我幸福"职工健康跑比赛、摄影采风、以及"心在中远、感动你我"职工DV片制作等活动。(5)开展"面对面、心贴心、实打实服务职工在基层"活动。走访调研了解职工思想和工作情况,做好帮困送温暖工作,走访慰问职工180人次,发放慰问款物金额共计17万元。(潘根宝)

中国海员工会上海海事局委员会

主　席
樊卓越

【概　况】　局工会辖基层工会20个,会员2894人,女会员301人。(1)以"一会一品牌、一家一特色",推进"职工之家"、"职工小家"建设。(2)开展劳动竞赛、岗位练兵、技能比武等活动。吴淞海事处工会开展"学习劳模,爱护机器"立功竞赛和船舶驾驶员岗位技术比武活动;兰州路海事处工会开展船舶安检技术比武;董家渡海事处工会开展"水域巡视员船机设备操作、执法取证、AIS设备操作技能比武竞赛";吴泾海事处工会进行"车辆驾驶技能比武培训";洋山港海事处工会开展"船员技能比武";上海航标处工会举办"吴志华"杯航标技术比武;海测大队工会组织开展"当好主力军、建功十二五"立功竞赛活动和技能比武;航海图书印制中心工会开展“当好主力军、建功十二五”创先争优劳动竞赛。(3)培育劳模典型、弘扬劳模精神。建立陈维海事危防监管创新工作室,组织劳模“吴志华先进事迹宣讲团”巡回宣讲。(4)开展文体活动。举办海事职工乒乓球团体友谊赛、普尔八球友谊赛、羽毛球团体友谊赛、篮球友谊赛等,联合筹办“和谐口岸　共守国门”文艺晚会。(5)加强自身建设。推进工会主席直选;选送10余名基层工会主席参加业务培训,组织工会主席实务培训40人次。(6)举办职工健康系列讲座,为20多个基层站点、船艇送去学习书籍、文体器材等;开展“双节”送温暖、“三八”助单亲、“五一”关爱劳模、“金秋”助学等活动,共走访慰问职工达1300人次,探望慰问重病大病住院、80岁以上老职工251人次。

(朱卫平)

上海市锦江航运有限公司工会

主　席
施振兴

【概　况】　公司工会辖基层工会4个,会员749人,其中女会员170人。(1)开展职工劳动竞赛。引导职工围绕“一流管理、一流服务、一流船舶”目标开展争创活动,完成公司攻坚拓展之年各项任务。(2)强化安全文化建设。开展“安康杯”安全生产竞赛活动,发动职工参加隐患排查活动。结合安全生产月、“119”消防日、“5.25交通安全日”等活动,开展一次安全知识竞赛等系列活动。发挥版报宣传栏作用,开辟“对话篇”、“警示篇”、“寄语篇”、“培训篇”、“警句篇”等。(3)创建学习型组织。深化锦江航运“荣誉、命运、利益共同体”的价值理念,积极提倡“公正、包容、责任、诚信”的价值取向。建设船舶流动书屋、职工书屋,为船舶购买书籍,丰富船舶职工书屋藏书数量和书籍种类,开展评选优秀员工活动。(4)加强工会民主管理。坚持职代会民主管理制度,开展集体协商工作,履行民主程序选举职工董事。(5)开展“一日捐”、职工健康体检、职工疗休养活动,为职工购买特种疾病保障计划等。(6)加强工会自身建设。完成直属公司换届选举,对工会干部开展培训教育。

(田　冰)

中国民航工会华东地区管理局委员会

主　席
周正凯

【概　况】　华东地区管理局工会辖华东六省及厦门、青岛、温州航空安全监督管理局9个基层工会和上海地区9个基层工会,并协管民航华东地区29个民用机场(集团)公司工会和中国航空器材华东公司工会,共有职工46680人,其中女职工16608人,上海地区职工3680人,其中女职工1780人,会员3660人,其中女会员1720人。(1)引导职工为民航科学发展作贡献。组织开展2012年度“安康杯”竞赛活动,开展以“弘扬企业安全文化,加强班组安全管理”为主题的民航职工安全卫生知识竞赛。大力弘扬劳模先进奉献精神,引领职工建功立业。组织劳模先进进京参观学习、疗休养,开展慰问帮扶劳模先进活动。(2)构建华东民航和谐劳动关系。深化以职代会、职工听证会或员工大会为载体的职工民主管理工作,在涉及职工切身利益事项的决策过程中,注重听取职工意见,发挥职工参与民主管理的监督职能。构建“规范有序、公正合理、互利共赢、和谐稳定”的劳动关系,推动《劳动合同法》的贯彻落实。打造暖人心和谐工程。坚持“冬送温暖,夏送凉爽”,坚持“互必访”工作制度。(3)培养高素质职工队伍。深入开展班组建设,组织读书主题征文,开展以“读书助我成长”为主题的征文活动,每月定期播放上图文化讲座视频资料,组织华东民航职工乒乓球比赛和民航上海地区青年职工足球赛,推广第九套广播操和养生太极组合课程,举办以弘扬“快乐运动、健康工作、幸福生活”为理念的趣味运动会,组建7个文体协会。(4)着力推进工会系统“创先争优”活动。组织开展“写一篇研究文章、创一个工作品牌、树一个先进典型”活动。

(徐治河)

上海机场(集团)有限公司工会

主　席
蔡　军

【概　况】　集团公司工会辖基层工会31个。(1)加强职代会制度建设。开展《条例》监督检查和厂务公开民主管理调研检查,指导帮助公安分局保安公司、外服汽修公司和公务机公司新建职代会。开展职代会提案工作。(2)完善劳动关系协调制度,构建劳动关系和谐企业。(3)开展劳动竞赛。22家单位参加“安康杯”劳动保护竞赛;开展职业危害防治工作调研,会同有关部门研究起草专项防护协议。规范班组基础管理,开办现场团队管理研修班,58名优秀班组长参加培训;开展文明班组评选,表彰42个文明班组,5个班组获得市、民航先进班组称号。开展“状元你我他”职工技能大赛,举办64项综合类技能竞赛,助航灯光电工技能竞赛前两名选手被授予“全国民航技术能手”称号。(4)加强职工文化建设。开展职工艺术节系列活动,拍摄电影《梦系列》第二季、制作职工自己的音乐CD、编辑出版职工文学集《雨做的云》、举办《美在空港》职工书画摄影展、举办《梦想从这里起航》和《云中飞雨》两场职工音乐会；开展职工欢乐健身节活动，23个大项比赛、3500多名员工参与，组团参加市民运动会和其他各类上级体育赛事，200多名运动员参加15个比赛项目，11个项目获得名次。(5)加强工会自身建设。编写《集团公司工会工作制度汇编》、《集团公司工会交流文集》；修订《职工之家管理办法》，推进职工满意企业评选工作和职工之家创建活动，开展工会各项民主测评，帮助上海波音维修公司组建工会，职工入会率达85%。

(陆敏峰)

上海市城乡建设和交通工会工作委员会

副主任 汪建然

【概　况】 市城乡建设和交通工会辖基层工会88个，职工3.63万人，女职工8730人；会员3.62万人，女会员8668人。(1)深化"当好科学发展主力军、打好创新转型攻坚战"主题实践活动，一是举办市建设交通系统庆祝五一暨叶其懂先进事迹报告会，深化"劳模工作室"创建和劳模管理。二是开展"安康杯"竞赛活动。三是开展建设交通综合赛区立功竞赛。四是组织开展保障性安居工程建设管理立功竞赛。(2)全面开展"面对面、心贴心、实打实服务职工到基层"活动，推动工会重点工作落到实处。一是牵头开展"上海城市运行基础服务职工队伍状况调查"；开展"本市建设交通系统提供社会公共服务一线职工收入状况联合调研"。二是深入基层，加强指导，推动事业单位职代会建制工作。三是推动建立上海海上劳动关系三方协商机制，完成劳动关系三方协议签约仪式。四是推广企业民主管理典型经验。(3)唱响劳动光荣、工人伟大主旋律，用社会主义核心价值体系凝聚人心。一是倡导"公正、包容、责任、诚信"价值取向，加强职业道德建设。二是开展技术练兵技术比武活动。三是重视和加强职工文化建设。(4)贯彻落实《上海市职代会条例》，深化厂务公开民主管理，开展和谐劳动关系创建活动。开展第十次厂务公开工作检查，深入调查研究加大督查力度。指导企业自觉关注职工满意率，解决影响劳动关系和谐稳定的问题。

(钱　蓉)

上海建工集团股份有限公司工会

主　席 张立新

【概　况】 建工工会辖基层工会70个，直属工会27个，涵盖单位453个，职工2.9万人，女职工5203人，会员2.87万人，女会员5188人。(1)开展"践行价值取向、当好主力军、喜迎十八大"主题教育活动。开辟《劳动报》专栏，展示集团一线管理人员和技术工人先进事迹；拍摄先进人物短片、劳模"高师带徒"、"劳模进校园"和召开"建功十二五，巾帼添风采"女职工先进代表座谈会，开展"红色之旅"及"立足岗位创先争优履职格言征集"等活动，引导职工加快企业经济发展。(2)深化立功竞赛活动。在上海中心、虹桥商务区、世博园区、迪斯尼、轨道交通、保障性住房和医疗板块等市重大工程建设中，开展"精品杯"立功竞赛，召开"劳模创新工作室"现场推进会，为"陆凯忠工作室"等11家"劳模创新工作室"授牌并提供创新基金。(3)推进职工培训计划，发挥职工群众在企业文化建设中的主体作用。深化创建学习型组织活动，培训高级技师、技师、高级工、中级工和初级工2000余人，农民工管理人员、班组长1600余人。开展职工技术比武，进行测量技术和信息技术两项比赛。开展文化体育活动，举办羽毛球、游泳和广播操比赛，组队参加市职工体育健身四季大联赛和市民运动会及中国建筑业协会举办的第二届篮球赛。(4)加大和谐企业建设力度。编制《企业职工参与民主管理指引》；会同劳资部门就工资集体协商工作召开专题会议，推进工资集体协商的深入开展，完善多种形式的职工补充保障和帮困送温暖长效机制。(5)深入开展"面心实"活动。成立活动领导小组，制定深入基层调查研究方案，建立集团工会工作人员联系基层工会制度，26次召开座谈会，与300多名基层干部座谈，形成一批调研报告；举办工会干部培训班，编辑《工会干部学习资料选编》，开展工会创新工作成果案例征集评比活动。

(杨钟春)

上海市交通运输和港口管理局工会

主　席 刘　岷

【概　况】 局工会辖基层工会13个，会员1645人，女会员460余人；设组织民管、法律、财务、宣教、女工、经济工作、生活保障、办公(研究)室等部。(1)开创工会组织建设新局面。依托上海邮轮、游船、游艇业行业协会，建立市交通港航工会水上旅游客运行业分会，覆盖市轮渡、三岛水上客运和浦江游览等企业。组织全市海运企业工会建立船运企业工会联席会议机制，协调推进建立上海海上劳动关系三方协调机制、签订《船员劳动合同书》。(2)创建出租汽车行业和谐劳动关系。会同上海出租汽车行业工会和行业协会，推进全市出租汽车企业开展创建和谐劳动关系达标活动。会同崇明县总工会开展崇明驾驶员现状调研，与相关企业协商召开上海出租车行业崇明进城务工人员第六次联席会议，形成《关于改善崇明出租车驾驶员工作生活条件的相关措施》。

(3)落实公交老龄驾驶员相关政策。与市社保局沟通，指导协调公交企业形成公交老龄驾驶员提前退休具体操作方案，为符合条件老龄驾驶员办理提前退休手续。组织2850名在岗55岁以上男驾驶员、48岁以上女驾驶员赴外地疗休养。(4)调研掌握行业职工状况。对轨交运营、市轮渡和三岛客运一线职工工资正常增长机制开展调研，提出措施建议。指导公交、出租车行业企业开展职工状况调查，撰写公交、出租车等行业职工队伍状况调查报告。(5)开展节能减排知识竞赛和读书健身活动。组织职工参加市职工节能减排知识竞赛，举办“交通港航杯”职工健身系列比赛；组队参加市首届市民运动会。(6)为职工帮困送温暖。节日期间慰问行业劳模、外来务工人员、困难职工等特殊群体，夏季高温慰问一线职工；帮助困难职工子女就学。 (陈 健)

上海申通地铁集团有限公司工会

主 席
黄 建

【概 况】 集团工会辖基层工会24个。(1)开展“面心实”活动。一是重点走访3家直属单位，听取职工代表对企业凝聚力建设、班组建设的意见建议；深入施工现场、首席技师工作室、劳模工作室等地，指导推动职工岗位创新；高温季节组织“劳动保护工作专项检查”。二是每季度听取职工思想动态，召开工会条线工作会议，听取一线工人意见建议。三是联合拍摄《劳动最光荣》上海地铁维保职工专场《大爱东方》。(2)抓基础、促管理、保安全，服务企业发展。在一线班组开展“寻找身边风险源，我为安全献一计”专项行动，推进落实“三大二小”五项行动，一线班组共召开主题班会1342次，参与讨论职工达2.18万人次，会同业务部门编订“安全生产管理建议书”；开展“我心中的企业安全核心价值观大讨论”，收集汇总职工安全警句1983条。组织开展“文明班组”劳动竞赛，推进班组长岗位资格培训、“样板班组”建设；建立首席技师工作室，推出上海市级“劳模熊熊3D服务创新工作室”。召开“2012年上海轨道交通建设运营推进暨立功竞赛表彰动员大会”，组队代表上海参加第四届全国职工职业技能竞赛维修电工项目比赛获团体第3名。(3)抓节点、保质量、高效能，扎实推进各项工作。推进工会干部“双亮”；指导磁悬浮完成工会组建；筹办年度风采人物颁奖典礼；联办“劳模风采巡展”；联合《劳动报》邀请画家创作主题漫画，展示地铁职工职业道德；举办“上海申通地铁集团第四届职工艺术节”；举办“上海地铁职工喜迎十八大”职工艺术展；参加第一届市民运动会。 (姜 雪)

上海城市建设投资开发总公司工会

主 席
徐 文

【概 况】 总公司工会辖基层工会155个，会员1.78万人。(1)开展群众性劳动竞赛。以“五比五赛”立功竞赛和安康杯竞赛，促进重大项目质量、安全、进度和成本控制及环卫、供排水、桥隧养护等城市运营保障；命名表彰一批安全生产先进班组，推广班组安全管理经验；重点选树宣传12个城投劳模先进创新工作室。(2)深化职工素质工程。开展“践行价值取向、当好主力军、喜迎十八大”主题活动，114个工会开展“创建学习型组织、争做知识型职工”活动，近2万名职工参与学习培训；开展岗位培训、拜师学艺、技术比武、技能登高等活动，110个基层工会开展岗位练兵，23个基层工会开展技能带头人活动，选树69名首席技师(首席员工)，技能人才(劳模)师徒结对共157对。(3)开展群众性文体活动。举办第四届职工运动会，700名选手参与角逐90个奖项；发动职工参与市民运动会和第九套广播操等赛事。(4)服务关爱职工。开展标准化职工宿舍、休息场地建设，配备乒乓台、电视机、图书等文化活动用品，10个单位职工书屋藏书达1万册以上；以一线职工、劳模先进为重点，开展“面心实”活动，组织8490余名职工参加互助保障计划，五一、高温、中秋慰问50余个工地现场1.5万职工，发放慰问品近200万元；构建困难职工帮扶长效机制，动态疏理困难职工情况，开展“爱心一日捐”、“金秋助学、帮困结对等工作，340名领导干部结对关心440多名困难职工。 (茅瑞吉)

上海海洋石油局工会

主 席
刘振东

【概 况】 局工会辖基层工会8个，会员1402人，女会员227人。(1)推进企业民主管理。召开局、分公司三届三次职代会和局、分公司三届二次联席会议，开展职代会述职述廉述学及企业选人用人和中层干部满意度测评；部署开展集体协商、集体合同制度落实情况检查。开展民主接待日、民主恳谈会，开通职工民主管理信箱。调整局、分公司厂务公开领导小组成员，通过设立厂务公开栏、网上公示、召开局情发布会等形式，畅通民主管理渠道。(2)加强职工素质工程建设。通过举办各类业务培训班、知识讲座、建立“职工书屋”等形式，推进“比学赶帮超”活动，开展“安康杯”、“争创红旗岗”劳动竞赛；开展劳动模范、先进集体评比活动。推进导师带徒、技能登高等活动，开展“我为企业发展献一策”“金点子”活动和“工人先锋号”创建活动;选送50名班组长参加培训,开展社会志愿服务、同事援手帮助、邻里爱心帮扶等多种活动。(3)构建和谐企业。为1345名在职职工和1284名退休人员办理互助保险;开展“夏送清凉、冬送温暖”活动;慰问生产一线职工1600人次、慰问困难职工60多人,为一线重病职工开通“就医绿色通道”,落实先进职工疗休养工作。开展职工体育活动,组织局、分公司职工乒乓球、羽毛球、篮球等比赛;举办迎春联欢会、迎国庆书画摄影展;参与市民运动会和集团乒乓球比赛;开展音乐、舞蹈、书画、摄影、读书协会小型多样活动。(耿卫军)

上海市绿化和市容管理局工会

主　席
徐文发

【概　况】　局工会辖基层工会26个,涵盖基层单位26个,职工1608人,会员1590人,其中女会员581人。(1)发挥职工在行业发展中的主力军作用。召开上海绿化市容行业“当好科学发展主力军、打好创新转型攻坚战”劳动竞赛总结表彰暨建功立业誓师大会;联合制作《劳动最光荣》上海绿化行业职工技能大赛电视片;选树上海绿化市容行业十大读书明星、十佳读书活动优秀团队和一批先进集体和先进个人。以创建六型班组为目标,培训207名班组长。(2)切实维护职工合法权益。签订《上海环卫行业第二次集体协商协议》,与市环卫行业协会联合印发《关于确定2012年上海环卫职工最低工资标准和建立环卫职工工资正常增长机制等相关事项的指导意见》,开展调查研究,撰写《关于贯彻落实市政府办公厅23号文件情况的专报》;推进职代会制度建设,进行专题调研,形成《自查情况的报告》。(3)加强行业文化建设。下发《关于开展“责任在我心、诚信伴我行”上海绿化市容行业职工职业道德和价值取向大讨论的实施意见》,召开市绿化市容行业“责任在我心、诚信伴我行”劳模座谈会;开展职工职业道德和价值取向大讨论。组织职工参加“喜迎十八大、颂歌献给党”中国上海国际艺术节2012上海职工文化展演周上海绿化市容行业专场文艺演出、上海职工文化网上艺术展,参加上海市第一届市民运动会乒乓球、羽毛球、象棋比赛。(4)注重人文关怀。慰问走访局直属单位患大病重病、困难职工207户,慰问金13.55万元;慰问困难一线职工(包括农民工)3.8万人,慰问经费805万元,防暑降温共筹集慰问资金及实物3400万元,慰问班组998家,慰问职工4.5万人次。(5)积极开展女职工工作。召开行业先进女职工代表座谈会,组织行业女劳模、女先进代表16人赴京参观学习;绿化、环卫2000名女农民工参加市总“女职工关爱行动”免费体检。

(宋丽娜)

上海市水务局(上海市海洋局)工会

主　席
徐永康

【概　况】　局工会辖基层工会16个,会员1277人,女会员351人。(1)加强职工思想建设。组织学习市第十次党代会和党的十八大精神,宣传上海水务、海洋“十二五”发展规划;组织劳模和先进代表考察,开展先进评比工作。(2)开展建功立业活动。开展“携手保增长、和谐促发展”劳动竞赛和争创“工人先锋号”活动;抓好重点工程实事立功竞赛活动;在水表强检、泵闸运行、水文勘测等58个班组开展“安康杯”竞赛。(3)深化职工素质工程。举办市水文勘测工技能竞赛,黄平参加第五届全国水文勘测技能大赛获第16名好成绩;50名生产一线班组长参加市总工会班组长培训,推进“建功十二五,创新绘蓝图”主题活动,召开“立足岗位、提升素质”女职工座谈会。(4)创建和谐劳动关系。制定下发《上海市水务局职工代表大会实施细则(试行)》,进一步细化职代会审议建议、审议通过、审查监督、民主选举、民主评议等职权。(5)扎实推进帮扶职工工作。做好“夏送清凉、冬送温暖”和“银发无忧”等保障服务,组织1042位职工参加“一日捐”活动,捐款9.49万元;做好“退休职工住院补充医疗互助保障计划”;深入开展“面心实”活动,对水务系统水闸运行养护、排水、供水3个行业提供社会公共服务从业人员收入情况进行调研。(6)加强工会自身建设。选举产生市水务局(上海市海洋局)工会新一届委员会和经费审查委员会;指导帮助市排水管理处等7家基层工会换届改选;开展职工之家创建活动。(王佐仕)

上海大屯能源股份有限公司工会

主　席
姚惠兴

【概　况】　公司工会辖基层工会17个,职工2.32万人。(1)开展群众性经济技术创新。推进劳动竞赛700多项,创造效益4500多万元,开展节支降耗、回收利用、修旧利废、双增双节1000余项,开展“六小”技术创新2000余项,创效益4700万元。围绕公司“管理提升”活动,开展“金点子”评比,征集合理化建议4000余条,组织实施500余条、创造经济效益1000余万元。(2)推进职工队伍建设。举办第七届职工技能奥林匹克运动会,80个工种1132名优秀选手参加决赛;开展群众性技术比武工种达100多个,参加岗位培训练兵职工1.8万人,参加比武职工9000人。(3)开展群防群治安全生产。群监员汇报各类安全信息4万条,96%得到及时整改,开展职工代表安全视察438次,查出隐患3969条,全部整改;组织200余名采掘一线职工家属参加"走千米巷道、知亲人辛苦"活动,开展"万对夫妻协管安全签约"和送《矿山伤病急救知识》下基层活动。(4)加强班组建设。两次召开班组长座谈会听取意见,下发班组管理考核文件,每季度检查考核1次;编辑出版《班组文化之幽默集锦》1.5万册下发基层班组。(5)加强民主管理。召开3次职工议事会暨代表团组长联席会议;开展厂务公开工作调研检查考核,评选表彰姚桥煤矿等8家先进单位。(6)创建劳动关系和谐企业。举办劳动法律监督员和劳动争议调解员培训班10期,800人参加;举办7期法律讲座500人参加。(7)促进矿区稳定。发挥公司"心灵驿站"作用,举办4期"呵护心灵"辅导讲座;关心女职工身心健康,组织4660名女职工进行乳腺体检,举办"乳腺健康"、"妇科病预防及保健"等主题讲座;开展节日、高温、市级以上劳模、伤病员、特困职工等慰问帮扶工作,共慰问帮扶1万多人400多万元;安排72批次2489人外出休养。(7)加强工会自身建设。确定11个调研课题;建立三个活动督导调研组,两次对各基层工会进行督导;指导龙东矿、发电厂等7家基层工会换届选举;培训工会干部400人,被中国能源化学工会授予"先进工会"称号。　(王安友)

上海现代建筑设计(集团)有限公司工会

主　席
姚延康

【概　况】　集团工会辖基层工会16个,会员4331人,女会员1602人。(1)推动集团转型发展。组织职工在市重点工程实事立功竞赛中创先争优,涌现一批全国和市级先进集体、先进个人。(2)开展工资集体协商。集团所属企业工资集体协商做到全覆盖;召开集团四届二次职代会,审议《集团整体改制上市方案》。(3)重视职工文化建设。指导基层工会建立82个兴趣小组,参与职工1600人,开展集团第六届职工体育健身节系列活动,评选表彰110位集团"科学健身积极分子";参加市首届市民运动会。(4)办好职工实事项目。开展"一日捐"活动募集善款30万元;实施医疗、生活和助学帮困28人,发放帮扶款21.4万元;慰问设计现场、高温作业现场一线职工300人次,安排职工(含退休)疗休养、健康体检、女职工专科体检;继续实施职工医疗互助保障计划。(5)开展庆典专项活动。组织集团成立60华诞庆典标志征集、专场文艺演出、"现代设计,奋进60年"感言征稿等群众性活动。(6)加强和改进工会自身建设。召开学习贯彻党的十八大精神座谈会;落实"企业工会女职工工作"要求,开展创建女工工作品牌专题研讨,推进工会女工工作达标创优。　(谢志群)

中国建筑第八工程局有限公司工会

主　席
于金伟

【概　况】　公司工会辖22个基层工会,职工2.67万人,会员2.65万人,女会员4741人。(1)深化建功立业劳动竞赛。在南京禄口机场、广州番禺万达、青浦、惠南保障房等9处开展示范性劳动竞赛。(2)开展"安康杯"竞赛。征集安全警语580条、安全图片406幅、安全措施302条、安全短文295篇、安全小故事288个,印发《全员安全生产"五个一"活动优秀作品汇编》2000册到各项目部。(3)创新创效活动。举办第三届工程量算技能大赛、第二届商务策划降本增效十大优秀案例评选,征集272个降本增效金点子和392条精细管理语录。(4)加强组织建设。建立各级工会组织916个,项目工会联合会343个,实现工会组织全覆盖。召开第四届会员代表大会,选举产生新一届工会领导班子。(5)深化民主管理。成功召开局四届一次职代会,19个两级单位及40个分公司、事业部、项目部召开职代会或职工大会,243名两级单位领导干部在职代会上述职述廉。(6)开展"面心实"活动。走访调研分公司、事业部及项目部215个,与6254名一线职工面对面交流沟通。(7)走访慰问困难、伤病残职工及离退休职工193人次,省部级以上劳动模范45人次,慰问一线职工及农民工1.8万人次。(8)续签《集体合同》、《女职工权益保护专项集体合同》、《工资专项集体合同》;6个两级单位获省市级"劳动关系和谐职工满意企业"称号。(9)倡导"快乐工作、健康生活"理念,成立读书、摄影、棋牌、球类等文体协会,开展群众性文化活动;《铁军传人》获上海市第五届"五一文化奖"十佳创作节目奖。　(袁丰宝)

百联集团有限公司工会

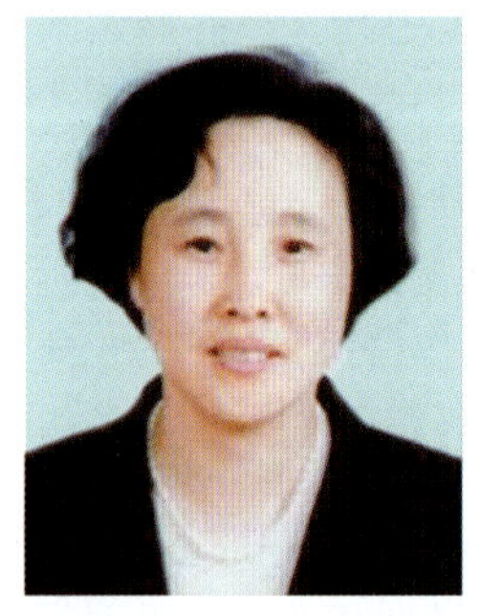

主　席
刘晓敏

【概　况】　公司工会辖基层工会122个,职工5.03万人,会员4.79万人。(1)开展"创先争优促发展,建功立业在百联"立功竞赛。6家企业作为集团重点跟踪单位、7家两级公司和市内外基层门店以发放目标任务书、中途推进会、职工代表检查、典型项目宣传、落实奖励资金等方式全面推进活动。(2)开展职工素质工程。以集团技能协会为平台,开展职工能力比武大赛,6000多职工参与。以集团劳模协会为平台,开展学劳模先进活动,各两级公司工会完善劳模培育机制。(3)维护和发展职工权益。集团系统全部建立职代会,签订集体合同实现全覆盖;开展“面心实”活动,工会加强调研,倾听职工诉求,为职工办实事好事,慰问基层企业23家,慰问职工3555人,慰问金额45万元;加大对一线困难职工和外派企业职工关心力度,共帮困410人次,发放慰问金56.3万元。 (姜 杰)

上海水产(集团)工会

主 席
周 敬

【概 况】 (集团)工会辖基层工会17家,职工4444人,会员4444人,女会员414人,外来务工人员910人。(1)培育先进典型。开创公司开顺轮获全国工人先锋号、周庙群获市五一劳动奖章,营销中心冷藏车间获市五一劳动奖状等。(2)开展建功立业劳动竞赛。开展系统内“安全、高效、创新、优质”为主题的系列竞赛,组织龙门营销中心与东方国际水产中心市场叉车工技能比武,指导开创公司劳模创新工作室立项申报,推进劳模名师带徒活动,新增师徒结对29对、带徒53人;新聘14人为“节能减排、降本增效”义务监督员;500名职工参加全国安全健康知识竞赛。(3)深化民管抓落实。召开四届八次职工代表大会,听取审议集团年度业务招待费、教育经费使用和公积金、养老金、医保金、失业金、生育金、工伤保险金缴纳情况报告;下属两级公司开展集体合同和工资集体协议的协商和签订。(4)实施帮困送温暖。走访慰问困难职工和劳模先进1365人次,慰问金99万余元;对82名大病困难职工发放各类慰问金3.1万元;为劳模发放“三金”,58人次得到帮困,共发放慰问帮困金14.4万元。(5)培训工会干部。开展基层工会主席直选;选送基层工会干部参加举办的集体协商指导员培训;分期分批派送18名基层班组长参加《上海市班组长岗位培训》;宣传贯彻《上海市安全生产条例》和市安全生产监督管理局政策法规,增强工会干部服务意识、提高业务水平。 (韩 毅)

上海兰生(集团)有限公司工会

主 席
徐尚仁

【概 况】 (集团)公司工会辖基层工会12个,会员1521人。(1)开展群众性劳动竞赛。开展增值型、创新型、节约型等凸显效益的各类劳动竞赛;23人被授予优秀员工,11个班组被授予工人先锋号,陈芒被授予上海市五一劳动奖章,黄晓兰被命名为市“三八”红旗手。(2)开展职工文体活动。举办东浩集团、兰生集团联合职工运动会,开展羽毛球、乒乓球、篮球、牌类、广播体操与拔河等比赛。(3)构建和谐劳动关系。举办两期有关政策法规培训,具备工资集体协商企业已全部完成此项工作。(4)抓好职代会条例宣传和贯彻。举办职工代表和工会干部培训,开展《上海市职工代表大会条例》实施情况专题监督检查和自查。(5)为职工做好事、办实事。以三大节日送温暖、金秋助学等帮扶活动为载体,从生活、工作、医疗等方面为困难职工排忧解难;扩大职工互助保障覆盖面;开办劳模“三金”服务卡、困难劳模慰问和关怀工作。(6)加强工会自身建设。依法推进企业普遍建立工会组织,企业职工普遍入会;指导2家企业换届改选、1家企业新成立工会组织;选送工会主席参加培训。 (张 帆)

上海市金融工会

主 任
盛裕若

【概 况】 金融工会辖基层工会150家,会员25.33万人。(1)落实职代会条例。开展《上海市职工代表大会条例》落实情况检查调研;有计划分阶段推进不同类型企业完成集体协商、签订集体合同。(2)开展调查研究。历时4个月,开展全行业职工队伍建设状况调研,37家单位、2500名职工填写调查问卷,召开工会主席等4个座谈会,形成《上海金融行业职工基本状况调研报告》、《坚持以人为本、发展和谐劳动关系调研报告》。(3)组织职工立功竞赛。举行上海金融服务精英赛暨“理财之星”、“融资服务之星”评选和上海保险理赔员“车损定损”职业技能竞赛;建立“劳模创新工作室”,江伟“财富管理中心创新工作室”被命名为市第二批“劳模创新工作室”;24家银行、33家保险机构和301家汽修厂的1.09万人参加项目技能鉴定;召开“深入开展‘为民服务在金融’创先争优活动推进会”,提炼汇编先进特色服务经验《星耀金融—上海金融系统窗口优质服务工作法集萃》;组织十佳“优质服务网点(明星)”代表开展“探寻雷锋足迹、追求服务真谛”主题教育实践活动,(4)开展职工文体活动。举办迎国庆、迎十八大-“金融之声”多媒体音乐会;组队参加市民运动会龙舟、网球、乒乓球、国际象棋等6个项目,组织网球、乒乓球、羽毛球、桥牌赛和《金融添翼》、《情牵南尖岩》青年定向越野赛等活动;举办金融系统社会体育指导员暨第九套广播体操培训班,承办上海职工体育健身四季大联赛、“金融杯”定向越野·牵手交友活动。(5)加强工会自身建设。建立工作例会制度;以外资在沪金融机构、新型业态金融企业工会组建为重点加强工会组建,获市

总工会组建工作一等奖。（霍井轶）

上海市税务工会

主 席
刘新利

【概 况】 市税务工会辖基层工会13个，会员1万多人。（1）加强工会自身建设。强化工会常委会制度建设，增补常委并完善常委会工作制度；组织工会干部赴贵州、重庆学习考察。（2）大力开展文体活动。举办2012年迎春联欢会；开展庆三八专题讲座及联欢活动，举办乒乓球、网球、羽毛球、篮球和"男子太极拳"、"女子排舞"比赛，共1600多名职工参加；组织徐汇等6个区级税务单位120多人参加"市东方明珠元旦登高活动"并作第九套广播体操展演；组团参加市第一届市民运动会，获"民生奖"金杯和"民众奖杯"；开展市税务系统第一届职工运动会，近万人参加大型团体操、《简化24式太极拳》、《第九套广播体操》、排舞《图兰朵》、拔河、足球射门、跳绳等项比赛。（臧 韬）

上海市人力资源和社会保障局工会

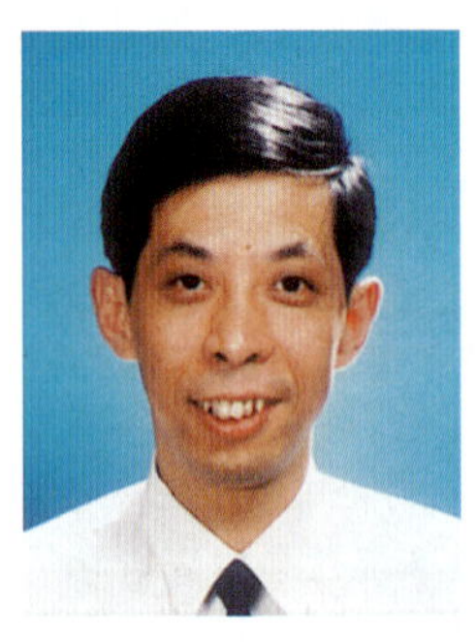

主 席
高延平

【概 况】 局工会辖基层工会17个，职工2544名，女职工1230名，会员2532名。（1）加强工会组织建设。配合局属事业单位调整，指导基层工会撤、建等换届改选，3个单位换届改选。（2）创先争优建功立业。开展为"十二五"规划创先争优建功立业活动和建功"十二五"、巾帼文明岗创建活动。（3）推进企业文化建设。举办"践行局风理念、展现巾帼风采"纪念三八节文艺演出；举办"唱响青春"卡拉OK比赛；举办"丹心绘和谐、喜迎十八大"上海职工文化艺术展；组队参加首届市民运动会，700余人参与游泳、足球、篮球、乒乓球、羽毛球、围棋、桥牌、电子竞技、汽车场地、钓鱼等10个项目选拔（预）赛及广播操比赛。（4）关心职工生活。落实职工互助保障计划；开展帮困送温暖活动；组织171批约4045人次疗休养。（杨征宇）

上海市教育工会

主 席
夏玲英

【概 况】 市教育工会辖基层工会72个，会员6.56万人；设办公室、基层工作部、宣教文体部、生活保障部、女工部。（1）创新工作机制。坚持"整合优势、保持特色、条块结合、以条为主"工作模式，加强各系统之间工作交流，鼓励创新，辐射资源，发展个性品牌，实现共同推进。（2）加强自身建设。加强工会领导班子建设，提高工会干部组织群众、引领群众的能力水平，研究新形势新情况下学校工会工作发展的瓶颈问题、教职工关心的热点难点问题；在维护员工、服务员工上体现热情、高效、科学、有力。（3）推进各项重点工作。一是明确工作目标，把推进建设教职工满意的校园作为工会工作的主旋律。二是推进以教代会和校务公开为主要载体的民主政治建设；以弘扬师德为核心的教师素质建设；以协调劳动关系为重点的法律服务、医保、休养等为主要内容的生活保障建设；以全面提高工会干部履职能力和水平为主要目标的组织建设。（周宝宏）

上海市科技工会

主 席
陈 龙

【概 况】 市科技工会辖基层工会46个，职工2.27万人，其中女职工7475人、会员2.19万人。（1）开展"面心实"活动。（2）开展"建功十二五，科技绘宏图"立功竞赛主题活动。组织部分单位赴武汉701所学习建功立业活动经验。（3）贯彻市职工代表大会条例。规范所务公开工作，调研检查8家单位所务公开民主管理工作现状；开展新当选职工代表培训，有超过三分之二单位完成职工代表培训。（4）促进职工文化建设。利用更多资源和手段深化市科技工作者艺术团内涵，开设科技系统"春韵"京剧社；开展乒乓球团体赛、桥牌双人赛、钓鱼活动等各类文体活动。（5）重视调查研究和理论研究。组织由15家单位参加的重点课题组，完成《关于科技系统职代会制度运作与成效问题的调研》、《关于科研事业单位改革过程中职工思想动态、利益诉求和影响职工队伍稳定因素的调研》、《关于科研单位非在编人员用工状况、维权需求的调研》3项课题。（6）加强工会自身建设。开展模范职工之家、模范职工小家评选；开展工会干部集中培训。（陶 薇）

上海市医务工会

主 席
邬惊雷

【概　况】 市医务工会辖基层工会87个,职工5.85万人,会员5.83万人,其中女职工3.94万人、女会员3.93万人。2012年,医务工会深入开展学习宣传实践中国特色社会主义工会发展道路,以"当好主力军,推进新医改,建功十二五"为主题,各项工作取得新进展。(1)开展"面心实"活动。建立领导小组,落实活动方案,听取职工意见建议,汇总梳理热点难点问题,慰问劳模和困难职工。(2)推进职业道德建设。开展"守护生命—上海市卫生系统劳模专家义诊活动"、"海上女医师、倾情为市民"百名高级女医师义诊活动、"沪宁携手走基层送健康"公益活动、启动第五批医学专家与劳模结对活动;开展以"责任在我心、诚信伴我行""六个一"主题活动。共开展大讨论698场次,参与职工3.44万人次。(3)建设具有卫生特色的行业文化。开展第二期"星光计划"项目评选;举办第十届职工运动会,17个区县50家市级医疗卫生单位5家企业职工医院、民营医院逾6000名职工参与;参加首届市民运动会各项比赛。(4)开展岗位竞赛活动。推动"医工杯"职工岗位竞赛活动,1000余名职工参加卫监、护理、消防、家庭医生技能和住院医师英语演讲等5大岗位竞赛;参加全国卫生监督技能竞赛和女职工岗位创新技能大赛护理技能总决赛。(5)构建和谐劳动关系。加强民主管理,印发《上海市卫生单位职工代表大会工作规范》,开展"优秀职代表"、"优秀提案"评选;关注特殊群体,共慰问各类困难人员289人,发放慰问金44.05万元,加大援藏、援疆、援滇和援外人员的帮扶慰问力度,落实慰问经费60.8万元;开展节前安全生产、劳动保护大检查;举办安全生产、消防和劳动保护培训班;组织市级医疗单位参加"六五"普法知识竞赛。(6)加强工会自身建设。召开市卫生系统推进"企业依法普遍建立工会组织、依法普遍开展工资集体协商"工作交流暨研讨会,推进非公医疗机构工会组建和建立工资集体协商制度;开展新任主席培训班等;开展基层工会年度工作考核;首次试点工会理论研究重点课题招标,确定6项重点课题方案。　(柯　婷)

新闻出版工会

主　席
陆　娜

【概　况】 新闻出版工会辖基层工会64家,职工9064名,会员7855名,女职工3738名,农民工1683名。(1)完善维权机制。推动"三项合同"签订,组织70名基层工会主席、人事干部参加工资集体协商指导员培训班;新增5家单位签订集体合同、工资专项集体合同、女职工专项集体合同,签订总数达37家。(2)开展调研工作。开展农民工、劳务派遣工现状调研;开展行业实施厂务公开落实职代会情况以及职工队伍状况调研。(3)提升职工素质。组织1060人参加的行业技能竞赛,16人晋升技师,525人晋升高级工,116人晋升中级工,授予11名印刷竞赛优胜者为"上海印刷技术能手"称号;深化"创争"活动,举办职工读书交流会;开展"我为美丽而舞动"舞蹈比赛及"手指间的璀璨"—女编辑、女职工手工艺作品展,开展"轻舞飞扬·相约你我"职工大型交友舞会;举办"年度健康·和谐·快乐"—职工运动会,历时5个多月,70家单位、4000多人参加乒乓球等14项比赛。(4)开展"面对面、心贴心、实打实"活动。征集各类意见建议105条,为职工办实事102件,落实职工最需解决的困难问题;开展"献爱心、一日捐"活动,75家单位7000多名职工捐款28.3万元,元旦春节帮困10余万元,向基层工会下拨帮扶款28万元,受助人数560人次;开展"情暖我心,放飞梦想"金秋助学活动。(5)加强工会自身建设。14家基层工会换届改选,3家单位新建工会组织;5位新上岗工会主席参加专题培训。举办由基层工会主席、女职工干部参加的《女职工劳动保护特别规定》培训班。

(陈宏华)

解放日报报业集团工会

主　席
马笑虹

【概　况】 集团工会辖基层工会12个,职工1488人,会员1488人,女职工713,女会员713人。(1)加强工会组织建设。审议通过《集团工会2011年工作总结和2012年工作计划》、《集团职工代表大会制度实施办法(草案)》等;研究确定年度20项主要工作;举行工会干部培训,重点讲解《集团职工代表大会制度实施办法》,60多名工会干部参加培训。(2)为职工办实事解难事。一是为每位在职职工和退休人员发放"春节大礼包";二是举行电影招待会和兴趣开奖活动;三是开展困难职工走访慰问活动,共发放互助互济补助和冬令补助140人计23.38万元,为4名在职职工和9名退休人员核发重病医疗补助和手术材料费共计10.99万元,为1661名在职职工和799名退休人员续办住院补充医疗保险共计27.54万元。(3)履行民主管理职能。举办集团三届五次职代会,审议通过《集团2011年工作报告》,审议通过《集团职工代表大会制度实施办法》,办理完毕25件职工提案,满意率为92%。(4)推进职工文化建设。举办以"向快乐出发"为主题的集团第五届文化艺术节暨职工运动会,1010人次职工参赛。(5)管好用好工会经费。依法收缴工会经费,严格各项经费审批程序,注重提高经费使用绩效,力求经费支出结构科学合理。　(庞　力)

文新集团工会

【概　况】 文新集团工会辖10个基层工会,会员2250人,女会员585人。(1)开展创先争优主题活动。一是强化岗位练兵。开展"创建学习型班组、争做知识型职工”活动。二是以典型引路，弘扬创先争优风气。举办“劳动者之歌五一先进表彰大会暨劳模先进座谈会”。（2）推进基层民主管理。做好职工代表提案落实工作，处理情况书面答复率达100%；推进社务公开，接受市人大常委会和全国第七次厂务公开调研组检查。（3）加强职工文化建设。开展“价值取向大讨论”，《劳动报》专版报道；开展职工午休沙龙培训活动，组织60余名工会干部前往嘉定烈士陵园清明祭扫；组织30余名工会干部赴绍兴文化考察；参与集团与武警政治学院双拥共建签约活动；组织130余名先进职工分3批赴山西平遥古城、五台山、大同和晋祠等地进行文化考察；开展第十二届职工文化艺术节活动，设乒乓球10多项比赛，吸引1000名职工参加。（4）做好服务职工工作。探望、慰问患病困难职工232人次，补助26.34万元，对6位身患重病大病职工补助5.2万元；为1480名职工办理互助保障和住院重病大病女职工特种意外续保，共计保险金额193.15万元。（5）、加强工会自身建设。组织学习党的十八大精神，开展“责任在我心，诚信伴我行”上海职工职业道德和价值取向大讨论。（刘玉平）

上海市体育局工会

主　席
李伟听

【概　况】 2012年，局工会深入开展“面对面、心贴心、实打实服务职工在基层”活动，坚持创新转型，开拓进取，扎实工作，各项工作取得新进展。（1）加强工会自身建设。学习贯彻党的十八大和市十届党代会精神，举办局直属单位工会主席培训班和基层工会干部业务知识培训班，65位基层工会干部参加培训。（2）做好备战伦敦奥运服务工作。做好参与协调伦敦奥运会上海籍参赛选手的表彰奖励，组织奥运会国家队的上海教练员携家属赴杭州体检休养。（3）推进模范职工之家建设。游泳教练潘佳章、羽毛球运动员王仪涵分别获得全国和上海市“五一劳动奖章”，上海体操女队获“上海市五一劳动奖状”，田林体育俱乐部获“上海市工人先锋号”称号。（4）促进帮困工作持续开展。走访慰问46名历届全国劳模、市劳模和36位老教练员、老运动员、患大病的困难职工和伤残运动员，对42位患大病的干部职工发放医疗帮困金。高温季节，把920份防暑降温用品送到坚守岗位的职工手中。（5）开展体育活动。举办职工第九套广播体操展示和第四届职工运动会，设广播操、跳绳、乒乓球、飞镖、龙舟等11个项目；组队参加上海市第九届老年人运动会；举办职工摄影讲座，举办局系统职工摄影展。（6）完成10个直属单位工会财务专项审计。（乐俊平）

光明食品（集团）有限公司工会

主　席
周海鸣

【概　况】 集团工会辖基层工会216个。（1）开展主题劳动竞赛。开展“冲刺900亿我来作贡献”倡议活动；组织劳动竞赛、岗位立功、技术比武和合理化建议活动，164家企业2.93万名员工参加，5711人次参与技能竞赛和技术比武活动，实施技术革新165项，职工发明创造13项，提出合理化建议8590件实施650件，产生效益2.2亿元。（2）实施职工素质工程计划。启动新一轮万名职工素质培训工程，通过送教上门、分批轮训、学考结合等办法，用5年时间培训万名职工，每年培训2000人，实际完成2032人。（3）丰富职工精神生活。开展以“快乐健身、活力光明”为主题的第三届职工运动会，举办钓鱼、拔河等10多项竞赛活动；组队参加市第一届市民运动会、上海职工体育健身四季大联赛和第二届上海农民工健身大赛，举办“光明达人秀”活动，开展以“美好生活，和谐快乐”为主题的首届光明食品集团万名职工摄影大赛。（4）关心服务职工。启动“面心实”活动，制定实施方案，走访26家企业；制订员工增收、帮扶救助、文化生活等民生行动计划；节日走访慰问困难家庭7432户，发放慰问金1023.81万元，5家企业建立首批困难职工家庭子女社会实践基地。（桑树德）

上海良友集团工会

主　席
王淑萍

【概　况】 集团工会辖基层工会29个，职工6328人，合同制人员3806人，派遣制、劳务工等其他从业人员2522人。（1）开展“当好科学发展主力军、打好创新转型攻坚战”劳动竞赛。开展岗位建功、技术创新、技能登高、节能减排、劳动保护、团队创先“6项竞赛”，收到合理化建议723条，采纳126条，33项获集团“节能减排小窍门”活动一、二、三等奖及鼓励奖。（2）深化企业民主管理。推进集体协商制度，深化厂务公开民主管理，配合上级工会开展专项调研。（3）深入开展文体活动。筹备组建集团系统三支文艺队；举行“唱响主旋律、践行价值观、当好主力军——良友职工喜迎国庆、十八大文艺汇演”。（4）深化帮扶送温暖活动。完善帮扶帮困机制，调整患病职工医疗救助基数，扩大受益人群；开展献爱心募捐活动，3431名职工捐款15.5万元。（5）加强工会自身建设。落实基层工会主席公推直选；加强工会班组长培训。（柯　勇）

上海市民政局工会

主　席
周其军

【概　况】 局工会辖两级工会5个、基层工会45个,职工6337人,会员5767人,女职工2986人、女会员2694人。(1)提升职工素质。开展"当好主力军、建功民政十二五"创先争优劳动竞赛,组织26家基层63名班组长参加班组长培训;举行以"最亮窗口展风采,和谐民政促发展"为主题的纪念三八节活动,表彰市五一巾帼奖、市巾帼文明岗和局"女职工最亮服务窗口"先进个人和先进集体。(2)开展职工文艺活动。举行第十一届"民政之花——迎十八大召开"文艺汇演,47家单位500余名干部职工表演73个节目;举行庆五一劳模联欢会;举办第二届"龙华杯"职工乒乓球邀请赛。(3)加强民主管理。开展第十一次厂(院)务公开民主管理工作调研检查。(4)元旦春节帮扶慰问困难职工50万元,为残疾职工定向募捐,筹得60万元。(5)6家基层工会完成组建和换届改选。　(胡积伟)

上海市监狱管理局工会

主　席
李秀英

【概　况】 局工会辖基层工会18个,共有民警、职工7883人,会员7882人,女会员1854人;设组织宣传部和办公室。(1)开展主题实践活动。开展"我心中的上海监狱人民警察"征文比赛;召开"弘扬先进主旋律、践行核心价值观"五一劳动奖状(章)颁奖大会;组织先进民警199人赴广州等地开展疗休养活动,组织76名民警到沙家浜进行短期休整。(2)推进职工文化建设。举办夏季交通安全百日竞赛活动;开展司法文书制作、AB门管理、体能训练、餐饮管理等各类岗位练兵42次;有15家单位建立"职工书屋";召开"读书让我(们)更精彩"读书交流会;开展"蓝盾杯"篮球比赛、第八届乒乓球比赛、第12届"两棋两牌"比赛和第一届排舞比赛;组团147人参加第一届市民运动会9个项目比赛。(3)加强民主管理。对5家局属企业、社区单位开展厂务公开工作调研检查。(4)突出帮困服务。帮困慰问2746人次、172.2万元,帮困助学246人次、26.18万元;续保医疗互助保障计划173.9万元。(5)注重维稳和工会信访工作。每月向局工会上报预警报告,及时反映群众关心的热点和难点问题;受理4起来信来访。(6)加强工会自身建设。加强对基层工会创建"职工之家"工作考核;修订"工会评先评优奖励标准"、"帮困基金实施办法";建立"工会委员会会议制度";组织工会干部参加工会主席培训班和劳动关系协调员职业资格培训班;开展女职工工作目标管理考核;做好两级工会财务和经审。

(江海群)

锦江国际(集团)有限公司工会

主　席
顾晓鸣

【概　况】 公司工会辖基层工会384个,会员6.94万人,女会员2.97万人,农民工会员7189人。(1)开展服务职工在基层活动。一是制定开展活动计划。二是建立"面心实"活动工作责任制。三是加强分类指导,定期开展督促检查,通报活动进展情况,将职工群众满意度等纳入年终考核重要内容。(2)开展技能竞赛。举办"锦江杯"职业技能大赛,征集劳动保护、安全生产和节能减排合理化建议,开展高温劳动保护监督检查。(3)加强工会组织建设。一是推进农民工入会,实现农民工入会率100%。二是实施"班组长岗位培训"计划,选派50名先进班组长参加培训,并建立班组长培养、选拔、任用机制。　(张祥伟)

上海市东湖(集团)公司工会

主　席
陆浩东

【概　况】 (集团)公司辖基层工会组织13个,职工3371人,会员数3363人,女会员1360人。(1)加强职工队伍思想道德建设。开展"践行价值取向、当好主力军、喜迎十八大"主题教育实践活动;组织劳模先进的推荐评选。(2)开展争先创优活动。开展创建"工人先锋号"活动;举办安康杯119消防日竞赛,开展安全生产知识问卷竞赛;举办集团艺术插花技能比赛;举办集团2012食之有道,名菜名点名宴烹饪技艺交流活动。(3)推动和谐劳动关系建设。召开第四次工会代表大会,6家宾馆创建职代会;开展年度员工满意度测评,满意度87.96分;对宾馆员工收入进行调研,形成《集团员工工资年终汇总表》。(4)为职工排忧解难。开展送温暖活动,走访慰问近1167人,帮困救助及发放慰问金163.80万元。员工"一日捐"15.82万元;推动"五项互助保障计划"覆盖全部职工;举办年度员工餐厅交流评比活动—员工餐厅厨艺比赛;开展金秋助学;做好退休职工"冬送温暖、夏送清凉";组织200名女职工到海军411医院妇科健康检查和诊治。　(胡　明)

上海市衡山(集团)公司工会

主 席
王 磊

【概 况】 (集团)公司辖基层工会11个,会员4652人,女会员1578人。(1)开展建功立业活动。牵头组织"集团酒店员工服务技能创新展示赛";聘请专业培训公司对饭店员工培训英语并举办英语竞赛。(2)倡导弘扬先进典型。发挥劳模先进示范引领作用,建设一支高素质职工队伍。(3)开展企业民主管理。拟定《关于全面推进集团所属企业集体协商机制建设的若干意见》;配合人力资源部指导、推进、协调相关工作。(4)做好服务职工工作。推进企业职工生活设施建设;开展帮困送温暖活动;组织10批共计200名员工参加疗休养;推进落实上海职工互助保障计划;开展职工群众文化体育活动。(5)加强工会自身建设。坚持抓好工会干部学习;加强工会基层组织建设;提升工会干部的业务水平和能力;完善工会工作制度。 (王蓓丽)

上海市市级机关工会工作委员会

主 任
陈 鲁

【概 况】 市级机关工会辖基层工会410家,新增5家,涵盖单位418个,职工5.91万人,其中女职工1.84万人,农民工741人,会员5.26万人,女会员1.79万人(1)开展各类劳动竞赛。80个企事业单位开展劳动竞赛,1万多人参加;53个工会开展岗位练兵活动,14个工会开展选树技能带头人活动,选树技能带头人69人;命名"市级机关劳模工作室"13个、"科技创新标兵工作室"4个,结成"高师带徒"对子34对;职工提出合理化建议368件,其中实施52件;总结推广先进操作法4项。(2)开展文化体育活动。20个基层工会设职工俱乐部(活动室),27个单位馆藏图书1万册以上,221个基层工会开展"创建学习型组织、争做知识型职工"活动;举办"责任在我心,诚信伴我行"大讨论;开展以弘扬核心价值观为主题的"感人故事"和"岗位格言"征集活动;举办"市级机关喜迎十八大文艺汇演";参加市民运动会游泳、乒乓球等10多项比赛;举办市级机关第九套广播体操比赛。市级机关工会被国家体育总局授予"全民健身活动先进单位",被第一届市民运动会组委会授予"民生奖"金杯,并被授予第六届上海市"五一文化奖"。 (王强鹰)

上海市经济和信息化工作系统工会

主 任
汪仲华

【概 况】 系统工会辖直属工会78个,基层工会263个,职工5.9万人,会员5.45万人,女职工2.33万人,女会员2.17万人。(1)发挥劳模引领作用。召开庆祝五一座谈会;推动"创建劳模工作室",发挥劳模在创新驱动、转型发展中的示范引领作用。(2)开展"面心实"活动。了解职工所需、所盼、所急,征求职工意见建议,为职工群众办好事、做实事、解难事;组织5个工作组深入基层走访调研,安排13万元为职工办实事、办好事。(3)推进节能减排工作。开展节能减排宣传活动,汇编展示节能减排活动成果;编制《"我为节能减排献一策"节能百计》。(4)开展班组长岗位培训。举办3期班组长岗位培训班,78家单位251名班组长参加培训。(5)推动厂务公开民主管理。配合开展《上海市职工代表大会条例》专项检查,明确中外运华东公司、上海贝岭公司、上海供销合作社等25家单位为重点跟踪督查对象,就签订集体劳动合同进展情况进行督查。(6)加强调研工作。制定调研方案,确定11个调研课题,共收到报告和论文52篇,25篇获奖调研报告汇编成《成果集》。 (王 俭)

上海市社会系统工会

主 任
施南昌

【概 况】 系统工会辖直属工会14个,职工4.25万人,会员4.02万人,其中女职工6714人,女会员6073人。(1)加强工会组织建设。推进应建未建单位组建工会,推进会展行业协会、注册会计师行业协会、资产评估行业协会筹建行业工会;对届满工会组织如建桥集团、明凯集团、大众交通集团等工会帮助做好换届工作。(2)推进企业民主管理。推进《职代会条例》的贯彻落实,归口单位全部建立职代会制度;订立工资专项合同和女职工专项合同;完善以职代会为载体的厂务公开制度。(3)深化非公企业劳动竞赛。召开"携手保增长、和谐促发展"市深化非公企业劳动竞赛黄浦现场推进会;采用项目化方式下拨专项经费,开展不同岗位、不同项目的劳动竞赛。(4)开展职工文艺活动。由大众交通集团工会牵头主办"大众杯"棋牌赛,开展相约金秋大型青年职工牵手活动,开展庆祝三八妇女节活动,学习制作西点、插花艺术、艺术照拍摄。(5)开展服务职工在基层活动。开展"面心实"活动,建立扶贫帮困长效机制,开展经常性的送温暖活动、安全生产和送清凉活动;加强对劳模基本信息摸底调查和核查,建立劳模动态数据库,做好对困难劳模帮扶工作。（徐子安）

上海城建(集团)公司工会

主　席
陆雅娟

【概　况】（集团)公司工会辖直属工会14个,基层工会88个,会员3.53万人,其中农民工会员236万人。(1)带领职工建功立业。开展专项竞赛,抓好项目经理职业化竞赛;推进保障房建设专项竞赛,组织援疆工程专项竞赛;参加轨道交通建设专项竞赛,多块工地被评为市文明标准化工地及市民观摩工地。开展"创争"活动,夯实班组建设基础。培训120名班组长并颁发《上海市班组长岗位资格证书》;开展"团队创先特色班组"创建活动,3家班组获市"团队创先特色班组"。(2)加强职工文化建设。组建职工宣讲团开展形势任务教育,举办第四届职工艺术节,开设"城建杯"歌唱大赛、器乐大赛、舞林大会及魅力家庭秀活动。加强职工健身俱乐部建设,8家职工健身俱乐部开展正常活动,上海城建桥牌俱乐部代表中国青年桥牌队参加第十四届世界青年桥牌锦标赛获团体第三名。承办上海职工体育健身四季大联赛;组队参加首届上海市民运动会第九套广播操比赛获一等奖。(3)营造和谐劳动关系。深化民主管理,督查《上海市职代会条例》贯彻落实情况,指导重组单位及时建立职代会制度;开展安康杯劳动竞赛,组织650余名职工代表巡视67个工地安全生产情况。加大帮困送温暖力度,修订《工会帮扶关爱实施办法》。(4)加强工会自身建设。指导5家子公司工会换届选举;组织工会主席参加上海工会干部管理学院培训。积极开展"面心实"活动,18次到14家子公司面对面恳谈。建立民主议事制度。（耿　伟）

地产集团工会

主　席
郑建令

【概　况】集团工会辖基层工会53个,职工3521人,会员3349人,女会员1402人。(1)开展主题实践活动。深入开展"当好科学发展主力军、打好创新转型攻坚战"主题实践活动,引领广大职工在保障房建设、重大工程项目中开展立功竞赛、创先争优。(2)注重企业文化和职工素质建设。开展"创争"活动和"职工之家"创建活动,推进基层工会"达标创优"。(3)健全完善工资集体协商制度。建立职工工资水平与单位经济效益、经营者绩效考核挂钩的长效机制。(4)推进职代会制度建设。贯彻《上海市职工代表大会条例》,有效运用职代会(职工大会)制度平台,推进厂务公开民主管理。(5)强化职工服务保障工作。"一日捐"募集32.2万元,医疗帮困96人次23.9万元,生活帮困348人次27.7万元,助学14人次3.1万元;推进女职工特殊权益专项保障和职工四项互助医疗保障工作,各项保障计划得到落实。（林青云）

申江集团工会

主　席
王海燕

【概　况】集团工会辖基层工会5个,会员197名,女会员67名。(1)加强工会组织建设。开展基层工会主席直选,完成1家基层工会撤并,完成基层工会委员增补和经审员配备;3家控股公司400余名劳务人员均在派遣单位加入工会组织。(2)推进企业民主管理。建立厂务公开制度和集体合同制度;召开职工大会,审议通过相关议案。(3)强化职工素质教育。实施群众性技能培训,增强职工的学习力、创新力和竞争力。(4)抓好安全生产工作。开展企业安全生产岗位培训和《上海市安全生产条例》知识竞赛;开展"安康杯"竞赛和"安全生产月"活动,组织专业安全管理人员现场安全检查10余处。(5)开展职工文体活动。举办"申江杯"篮球、保龄球、游泳、羽毛球、乒乓球、棋牌等系列比赛,开展三八妇女节和六一儿童节特色活动,举办春节联欢晚会。开展职工周末羽毛球、卡拉OK、摄影等娱乐健身活动。(6)开展职工帮扶工作。建立帮困送温暖制度,形成工会小组长负责的职工困难信息报告制度;全年走访慰问困难、住院职工及家属75人次,帮扶金12.4万元,慰问一线高温作业人员100余名,送去防暑降温用品2万余元。(7)加强工会干部培训。选送工会主席参加业务培训16人次。（李建鹤）

上海联通工会

主　席
赵　乐

【概　况】上海联通工会有合同制员工1702人,专职工会干部5人,兼职工会干部82人。(1)动员广大员工为上海联通跨越式转型发展建功立业。(2)推进企业民主管理,维护员工合法权益。(3)加强班组建设,调动基层活力,发挥基层作用,夯实企业基础。(4)宣传先进典型,增强员工荣誉感和责任感。(5)启动"员工帮助计划”，开展“走基层、访职工——面对面、心贴心、实打实服务职工在基层活动”。(6)丰富员工文化生活，增强企业凝聚力，提升员工心理归属感。(7)加强工会自身建设，提高工作效能。（康 迪）

上海市合作交流系统工会

主 任
曹整国

【概 况】 市合作交流系统工会辖基层工会58个，会员5769人，女会员1571人。(1)学习贯彻党的十八大和市十次党代会精神，开展4场系列报告会；组织先进工作者和基层工会骨干赴古田会议旧址考察。(2)开展争先创优活动。评选表彰各类年度先进个人和先进集体。(3)开展文体活动。举办“我运动、我健康、我快乐”运动会，48个运动队820多人参赛。(4)开展送清凉、送温暖活动。元旦春节集中走访困难家庭29户；高温夏季深入建筑工地、困难企业、农产品市场和办事处招待所，慰问一线职工并赠送慰问品3500多份。（葛 平）

临港产业区工会

主 任
王 跃

【概 况】 临港产业区工会辖基层工会25个。(1)推进“企业依法普遍建立工会组织、依法普遍开展工资集体协商”。对40家未组建工会企业进行调研，新组建基层工会6个，其中两新组织5个。(2)推进职代会制度建设。近50%建立职代会制度，70%建立厂务公开制度；总结推广达标先进职工之家经验。(3)深化创先争优活动。开展以“创新服务、打造品牌”为主题的劳动竞赛，组织培训班8期，培训员工4300人次，征集合理化建议128条、采纳75条；总结汇编了“安全生产十大优势和隐患”资料，组织20多家单位开展食堂食品安全检查。(4)开展调查研究。《坚持创新服务，打造竞赛品牌》入选上海《浦东新区建设全国示范性劳动竞赛工作汇编》、《多方协调互动·创新竞赛机制——上海临港集团劳动竞赛案例》入选《上海浦东新区建设全国示范性劳动竞赛案例集》。(5)构建和谐园区。节日慰问困难职工；夏季慰问一线工人100多人；举办历时5个月的“临港建设者才艺秀”活动，40多家企事业单位、高校职工积极参与；组织2000多人参加首届市民运动会。（陈 浩）

中国电信号百公司工会

主 席
王忠春

【概 况】 号百信息公司总部员工600名。(1)开展建功立业活动。一是开展“面对面、心贴心、实打实——服务职工在基层”活动，二是开展“服务号百发展、服务员工成长”工程。(2)加强职工文化建设。一是搭建文化体育协会平台，以文娱兴趣小组为载体，开展全员健身日活动；二是打造健康向上、奋发有为、多才多艺、具有团队意识和责任意识的员工队伍，诠释“客户为先、责任为重、协同为要、创新为魂”的企业文化理念。号百工会积极打造“知百事，通天下”的企业文化品牌，积极践行“号码百事通，为民服务行”的承诺，发挥重要作用。（沈 匀）

上海市农委系统工会

主 任
陶振华

【概 况】 市农委工会辖基层工会43个，职工3971人，会员3738人。(1)学习党的十八大精神和市十次党代会精神，举办多次报告会，组织班组深入学习。(2)抓好安全管理。开展安全检查95次，巡查39次，查实问题25个，并对查实问题进行整改。(3)开展创先争优活动。以“当好科学发展主力军、打好创新转型攻坚战”活动为抓手，组织职工观看“劳动最光荣”特别节目，开展学习交流；组织1137名职工参加竞赛活动；组织职工参加节能减排知识竞赛活动；开展特色班组活动；大力弘扬劳模精神，搭建劳模学习交流平台，做好先进集体、个人的推荐和宣传工作。全系统共获全国工人先锋号1个，上海市五一劳动奖状(章)1个，上海市工人先锋号2个。(4)推进和完善民主管理工作。贯彻《上海市职工代表大会条例》，开展《条例》学习宣传活动，组织321名干部职工开展《条例》知识竞赛，举行《条例》执行情况自查、抽查；召开民主管理工作专题研讨会。(5)加强文化建设。开展女性形象管理设计咨询和健康管理测试；参加市“金融杯”青年职工交友活动；开展“红五月”、“商农杯”、“科立特杯”、“广播操”等体育比赛。(6)开展“面对面、心贴心、实打实”主题活动。元旦春节帮扶困难职工637人次，帮扶资金54.3万元；高温期间慰问职工1989人次，发放慰问品156.78万元，发放津贴143.03万元。(7)加强工会自身建设。规范工会组织换届选举；做好工会财务经审工作，加强财务考核评比，开展经审干部培训。（陈 赛）

上海国盛(集团)有限公司工会

主　席
沈松龄

【概　况】 国盛工会辖直属工会6个,基层工会59个,会员1.17万人。(1)开展主题实践活动。举行"快乐工作,快乐生活"主题活动;召开"情系国盛,劳动光荣"表彰会,弘扬"尊重劳模、学习劳模、关爱劳模"主旋律;推进"六型"班组建设。(2)推进企业文化建设。开展《国盛之歌》歌词征集活动;举行"我运动,我健康,我快乐"首届职工运动会;组队参加首届市民运动会等;以"安康杯"活动为主线,开展安全生产"金点子"活动,举办《2012年安全知识条例》竞赛,组织开展"国盛集团119消防运动会暨应急预案演练"。(3)维护职工权益。完善企业《集体协商办法》、《集体合同》和《女职工专项集体合同》,推进落实"两个普遍",构建和谐劳动关系。(4)完善职工帮扶体系。通过建立帮困档案,落实"面心实"要求,深入基层走访调研,通过座谈会、问卷调查等形式倾听职工意见、增强工会组织在职工群众中的影响力和凝聚力。（陈　洪）

华能上海分公司工会

主　席
张为民

【概　况】 华能工会辖基层工会7个,职工2695人,会员2695人。(1)加强民主管理。召开一届一次职工代表大会;修订完善职工代表大会制度;推荐年度市厂务公开民主管理先进单位。(2)开展节能减排竞赛活动。实施重点用能单位职工节能减排专项立功竞赛,重点推进节能技术创新和改革。(3)开展技术练兵和技术培训。重点开展继电保护工培训及比赛,共700余人次参加;2次开展班组长全员培训。(4)开展职工群众文艺和企业文化创建活动。参加首届市民运动会,715人参加9项运动角逐;以《大家网》为平台举办网上交流活动,网上建家共计90余户。(5)关心职工生活。慰问探望135户困难职工家庭及劳模;建立帮困基金会7个,筹款27.48万元。（邓振宇）

绿地集团工会

主　席
黄　健

【概　况】 绿地工会辖基层工会12个。(1)动员职工团结一致谋发展。发动员工参加立功竞赛,以《绿地报》、工会专栏、集团党建网、"克难奋进保三争四"简报为载体,广泛宣传和交流,放大立功竞赛效应。(2)组织职工投身保障房建设和援建工作。顺利推进集团承建的大型居住社区江桥基地、经济适用房南翔基地、长兴岛配套商品房项目、嘉定城北站经适房项目。(3)构建和谐企业。举办以"绿动20年·绿地宝宝悦成长"为主题的2012年集团家庭日活动;组织开展踏青、职工素质培训、金秋助学、夏送清凉、冬送温暖等活动。(4)加强工会自身建设。形成《绿地集团基层工会管理办法》、《困难职工帮扶办法》等长效管理制度;开展工会干部培训、年度考评、"优秀党群干部"评选等工作,一批个人和集体获全国五一劳动奖章、市五一劳动奖状、市三八红旗手、市五一巾帼奖等。（王洋洋）

局(产业)工会主席(主任)、副主席(副主任)名录

单位名称	主席(主任)	副主席(副主任)	经审主任
上海市机电工会	朱　斌	谢同伦　袁胜洲　史伟琳　麻秀娟(女)	谢同伦
上海市仪表电子工会	田　原	陶丽娟(女)吴昌明　生　青(女)	林华勇
上海市化学工会	黄岱列	沈德蒂(女)	俞兆钧
上海市轻工业工会(上海轻工业工会联合会)		姚志贤　应蓓卿(女)罗秋燕(女)陈建国	陈建国
上海市纺织工会	吴光玉(女)	李援朝　李　盈(女)张世军	张世军
上海市医药工会	陈　欣(女)	佘　群	赵一鸣
上海市电力公司工会	庄毅群	王　芸(女)	吴　钧
上海电力建设有限公司工会	李　苏(女)	钱晓政	陆秀国
宝钢集团有限公司工会	朱义明	张　帆(女)	张　帆(女)
中冶宝钢技术服务有限公司工会	王　琦(女)	王天临	文　俭

续 表

单位名称	主席(主任)	副主席(副主任)	经审主任
上海宝冶集团有限公司工会		杨　柳	夏　涛
上海高桥石油化工公司工会	罗新富	罗小兰(女)	罗小兰(女)
中国石化上海石油化工股份有限公司工会	高金平	李晓霞(女)朱　华	朱　华
上海航天局工会	吴海中	张爱娣(女)李　昕	张爱娣(女)
上海船舶工业公司工会	吴金韻	方争音(女)	方争音(女)
上海市烟草工会	解建伟	刘晓晴(女)蔡建国(副负责人)	
上海汽车集团股份有限公司工会	李积荣	陈寿龙　马龙英(女)	马龙英(女)
上海市漕河泾新兴技术开发区发展总公司工会	陈　克	王佩萍(女)	张　莎(女)
中国能源化学工会华东电力工作委员会	李永鸣		施炜伟(女)
上海华虹(集团)有限公司工会	陈剑波	陈继旺	龙新洲
中国华源集团有限公司工会	吴泓妹(女)		王文英(女)
上海化学工业区工会	陈兆麟	严国基　李庆红(女)丁贵忠	李庆红(女)
国药控股股份有限公司工会委员会	李智明	张宏余	冯　蓉
中国铁路工会上海铁路局委员会	孙曙光	邹开伟	邹开伟
中国海运(集团)总公司工会	徐文荣	柴淮生　辜忠东　邱国宣	柴淮生
上海国际港务(集团)股份有限公司工会	王晓华	胡庭亮	胡庭亮
中国海员工会上海长江轮船公司委员会	高　峰	邵申祥	赵麒麟
上海市运输工会	黄伟建	顾见华　王　勤(女)	顾见华
中国邮政集团工会上海市委员会	史金虎	徐同庆(女)	罗坚石
中国移动通信集团上海市委员会	张新康	杨忆雯(女)	林以扬
中国电信集团工会上海市委员会	顾国忠	董海燕(女)徐　伟	徐　伟
中国海员工会交通运输部东海救助局委员会	马平原	岑志良	张　铭
中国海员工会交通运输部上海打捞局委员会	陆　伟	张建浩	殷耀南
中交上海航道局有限公司委员会	包中勇	王志远　李忠庆　苗庆良	李　平(女)
中交第三航务工程局有限公司工会	夏　昕		彭陆强
中国海员工会中远集装箱运输有限公司委员会	陆俊山	徐文军(女)	李　莉(女)
中国海员工会中波轮船股份公司委员会	周万勤		黄德龙
中国民航工会华东地区管理局委员会	周正凯	韩平章	郭全晓
中国东方航空集团公司工会委员会	秦亚平	胡际东　童海坤	席　晟
上海机场(集团)有限公司工会	蔡　军	俞国强	俞国强
中国海员工会上海海事局委员会	樊卓越	张伟民	骆建华
上海市城乡建设和交通工会工作委员会		汪建然　张　静	刘方定
上海市建工集团股份有限公司工会	张立新	刘琰紫(女)何连成	何连成
上海市交通运输和港口管理局工会	刘　岷	王仁良　陆金菊(女)	王仁良
上海城市交通行业工会	刘　岷	王仁良　陆金菊(女)袁丽敏(女) 凌春霞(女)臧晓敏　周丽霞(女) 石　红(女)	王仁良
上海市住房保障和房屋管理局工会	魏　庆(女)	金宛平(女)	朱志龙

续 表

单 位 名 称	主席(主任)	副主席(副主任)	经审主任
中国石化集团上海海洋石油局工会	刘振东	钱碧云(女)	赵春波
上海市绿化和市容管理局工会	徐文发	宋丽娜(女)黄 琼(女)	翁铭雄
上海市绿化和市容行业工会	徐文发	刘广登 宗守和 宋丽娜(女) 黄 琼(女)	陈其巍
上海现代建筑设计(集团)有限公司工会	姚延康	薛灵燕(女)	乔琴芳(女)
鲁中矿业有限公司工会	沙宝珍	李秀娥(女)彭树刚	杨庆荣
上海市水务局(上海市海洋局)工会	徐永康	高 伟(女)张海燕(女)	高 伟(女)
中国建筑第八工程局有限公司工会	于金伟	王为兵 李现花(女)	王为兵
上海大屯能源股份有限公司工会	姚惠兴	李成国	王诗合
上海市金融工会工作委员会	盛裕若	卫国强	许耀武
上海市税务工会	刘新利	沈 青(女)	施耀忠
上海市人力资源和社会保障局工会	高延平	陈 忠 邵岭华(女)	周薇君(女)
上海市教育工会	夏玲英(女)	王向群(女)贾金平 赵 玲(女)	张渭明
上海市科技工会	陈 龙	王 震 汪显坤	汪显坤
上海市医务工会	邬惊雷	张 浩 丁 强 戴 谷	顾国青
上海市新闻出版工会	陆 娜(女)		王瑛萍(女)
解放日报报业集团工会	马笑虹(女)	庞 力 张以帆 丁 波 董晋伟	
文汇新民联合报业集团工会	何向莲(女)	严惠芬(女)沈在群 陈荣忠 张 群(女)童 杰	张 群
新华通讯社上海分社工会委员会	朱忠良	陆 斌	陆孺牛
上海文化广播影视管理局工会	王金国		唐恺玲(女)
上海文化广播影视集团工会	翟东升	李培红 王济明	宋俊雄
上海社会科学院工会	徐霖恩	王玉梅(女)何卫东	朱玲妹(女)
上海市体育局工会委员会	李伟听	张黎明(女)吴晓莹(女)许巍敏	张 元
上海市经济和信息化工作系统工会工作委员会	汪仲华	王永涛 郑文才	
上海市信息化行业工会	黄肇达	张静星(女)李 军(女)	王永涛 (秘书长)
上海市民政局工会	周其军	孙晓红(女)	卓 琼(女)
上海市监狱管理局工会	李秀英(女)	侯瑞勤(女)	姚 生
光明食品(集团)有限公司工会	周海鸣	韩新胜 姜 伟(女)桑树德	李 林
锦江国际(集团)有限公司工会	顾晓鸣	贾德麟	贾德麟
上海市东湖(集团)公司工会	陆浩东	胡 明(女)	陈 杰
上海市衡山(集团)公司工会	王 磊	俞化群	陈月华
上海市市级机关工会工作委员会	陈 鲁		斯里德
百联集团有限公司工会	刘晓敏(女)	柳立玮 王逢祥	杨阿国
上海市商业行业工会	刘晓敏(女)	尹协仁 柏 松 姚黄平 林 强	
上海水产(集团)总公司工会	周 敬	徐明华 吴常产 张 蓉(女)	张 蓉

续 表

单位名称	主席(主任)	副主席(副主任)	经审主任
上海申通地铁集团有限公司工会	黄　建	严婵琳(女)	徐宪明
上海久事公司工会	顾利慧	王雯洁(女)	卢　岭
上海市城市建设投资开发总公司工会	徐　文	黄　吉	黄　吉
申能(集团)有限公司工会	谈金龙	周燕飞(女)李松华	王鸿祥
上海电器科学研究所(集团)有限公司工会	陈红洁	龙　黛(女)	何正平
上海良友(集团)有限公司工会	王淑萍(女)	翁美琴(女)马宇新	柯　勇
上海兰生(集团)有限公司工会	徐尚仁		陆建平(女)
东方国际(集团)有限公司工会	王　佳(女)	高国琳	谢子坚
上海市锦江航运有限公司工会委员会	施振兴	章　薇(女)	
上海市社会系统工会工作委员会	施南昌	袁建国	
上海城建(集团)有限公司工会	陆雅娟(女)	曹一玲(女)周翀凯	曹一玲(女)
上海市申江两岸开发建设投资(集团)有限公司工会	王海燕(女)	李建鹤	朱　敏
上海地产(集团)有限公司工会	郑建令	孙美娟(女)	王幸儿(女)
上海东浩国际服务贸易(集团)有限公司工会	严裕民	孙江宁	孙江宁
上海市合作交流系统工会工作委员会	曹整国	蒋传华　王　靖　葛　平(主席助理)	蒋传华
中国联合通信有限公司上海市分公司工会	赵　乐	谢远明　于东平	刘少培
上海市通信管理局工会	郑　敏(女)		范志钢
上海市电力股份有限公司工会	王国良	何志亮	周乐群
中铝上海铜业有限公司工会	张旭东		王　琳 (副主任)
上海市宾馆业工会联合会	黄国忠	王行泽　徐中尼　高耀敏(女)	
中国商用飞机有限责任公司工会	刘林宗	沈　伟(女)	缪根红
中国电信集团工会号百信息服务有限公司委员会		刘德顺	易梅青(女)
民航华东地区空中交通管理局工会委员会	高向东		黄　钧
上海临港产业区工会工作委员会	王　跃	陈　英(女)	吴惠忠
上海市公安局工会	俞　烈	赵杰英(女)　王建幸　傅海鹏	钱洪乔
上海上实(集团)有限公司工会	史瑜倩(女)		徐有利
上海市农业委员会工会工作委员会	陶振华(女)	陈　赛(女)	陈　赛(女)
上海国盛(集团)有限公司工会	沈松龄	胡立强　姚黄平　王凌雨　钟晓慧(女)	林秉华
华能上海分公司工会	张为民		薛志闽
上海绿地(集团)有限公司工会	黄　健(女)		徐跃华(女)
上海申迪(集团)有限公司工会筹备组	马坚泓		
上海世博发展(集团)有限公司工会委员会	沈　权	彭丽君(女)	孙惠宏

说明：1. 任职名单以2012年12月底为准。

2. 上述人员职务以市总工会批复为准。

(市总工会组织部)

直管单位概况

Brief Introduction of Affiliated Units

2013

概　况

上海工会管理职业学院

【概　况】 上海工会管理职业学院是上海市总工会主办的一所全日制普通高等职业院校。2012年，学院坚持“服务工会、服务职工、服务社会”的办学定位，突出工会职能和人才需求，逐步形成岗位培养、技能提升、考证考级“三位一体”的培训格局，学院被正式批准为上海市特色高职院校建设单位。(1)干部培训注重社会效益。根据工会工作的实际需要，在传统工会业务课程基础上，开设能力拓展类课程，形成针对工会干部不同需求的八个课程体系。共举办培训班60期，培训工会干部4658人次，包括新上岗工会主席培训、非公企业工会主席培训、500强企业工会主席专修班、乡镇街道工会干部培训班、喀什工会干部培训班等。(2)推出中国特色社会主义工会发展道路系列课程。开设课程《贯彻落实十八大精神　推动工会工作新的发展》，宣讲十八大精神。教学形式从单一的讲座式，逐步拓展为角色模拟、情景模拟、案例分析、交流研讨和工作坊等多种手段并用。在与相关地区工会共建教育培训基地的基础上，积极探索“导师制”培训方式。聘请富有经验的工会工作专家担任导师，分别对指定其负责的企业工会干部给予直接的工作指导，首批聘任的5名导师已在上海综合保税区工会开展试点工作。学院承担“全国工会干部教育培训网”视频课程——“上海工会工作专家谈工会”的录制工作，由5位工会工作导师承担、干部培训中心5位教师配合完成。通过网络课堂的方式创新服务全国的形式。学院与综合保税区工会共建“上海合一企业劳动关系研究中心”，在深化拓展工运理论研究领域等方面进行了有益探索。(3)强化“服务”职能，积极开展“面心实”服务基层活动。学院开启“服务基层，送教上门”教育培训活动，与市级机关工会联合举办“学习实践中国特色社会主义工会发展道路培训班”；与有关区县局工会合作，积极开展按需开课、送教上门服务。学院与上海外高桥保税区工会、星火工业开发区工会、市安监局、市档案馆和奉贤区人力资源和社会保障局，以及有关区县工会等合作开展职工技能、素养培训，为企业培训生产管理岗位人员、档案管理人员等。（卢　锟）

上海国际海员俱乐部 海鸥饭店

【概　况】 饭店坐落于黄浦江与苏州河交汇处，是浦江两岸景观资源独占的四星级旅游饭店。2012年，饭店面对激烈的市场竞争，克服困难，及时调整经营策略，提升团队接待比例，并依托全球营销网络，拓宽国际市场渠道，确保客房出租率始终维持在同行业中较好水平。与此同时，饭店进一步开发高端宴请和婚宴市场，通过与电子商务网站合作等形式，不断扩大市场影响力，全年共完成营业收入6558万元。2012年，饭店完成会议中心和客房的装修改造工程。在不断提升硬件质量的同时，饭店按照国际酒店的运作标准，进一步优化管理和服务，从管理制度、服务标准和质量督导上找差距，健全整合各类运营制度和服务流程，完善管理体系；并以星级复核工作为契机，抓好员工培训，引导员工与企业形成共同价值观，不断增强对饭店发展的认同感、责任感，同时将“满意加惊喜”的金钥匙服务理念引入到实际工作中，使服务实现细化、优化、精品化和个性化。2012年饭店再度被世界金钥匙酒店联盟授予最佳豪华商务酒店奖。饭店在对能源设备进行改造同时，倡导员工投身开源节流工作，控制运营成本，建设资源节约型酒店。连续多年获“上海市文明单位”称号、A类纳税信用单位、诚信免检企业和“上海市服务诚信先进单位”等称号。（胡文佳）

上海市工人文化宫

【概　况】 市工人文化宫在编职工85人，劳务派遣职工15人，其中中共党员42人。现有的文化项目和门类涉及创作、电视、艺术、培训、会展、文体、职工爱好者联合会等。2012年，市宫以“喜迎十八大　颂歌献给党”为主题，承办上海市五一文艺晚会、春节劳模茶话会、慰问对口支援干部家属和少数民族地区挂职干部中秋联欢会等文艺演出活动。举办上海国际艺术节“职工文化展演周”、市区工人文化宫文艺演出专场、赵国平和他的同事们作品音乐会、交响管乐音乐会、评弹、越剧等专场演出10余场。举办“和风雅韵”第二届长三角职工戏曲巡演。与市音乐家协会联合举办“听话要听党的话——王森歌词作品研讨会”。举办“喜迎十八大，重彩绘生活”市宫油画班学员作品展、“丹青神韵——上海东方书画院‘喜迎十八大’书画作品展”。在党员、干部中开展讲党性、重品行、作表率主题教育活动，以开设微型党课、组织排演《霓虹灯下的哨兵》、召开“青春飞扬　砥砺共进”青年职工座谈会等。6月推出“上海职工艺博汇”公益展览项目，先后为石化、华谊、黄浦、机场、申通、电力、宝钢等举办9场展览展示活动，还承办“丹心绘和谐　喜迎十八大”上海职工文化艺术展、“龙腾四海”书画大联展、“精彩瞬间”上海职工摄影作品展、“金钥匙”国外日用工艺品展、上海交通卡收藏展示交流会等文化展览展示活动。《主人》杂志刊登来自基层一线职工的作品超过60%。茉莉花艺术团继续以“茉莉飘香　情系职工”为主题，在崇明县总工会“五一访基层”活动中，到各乡镇送去多场演出；赴振华港机、申安纺织、晶瑞科技、华东医院等慰问演出10余场。恢复歌曲创作组、交响管乐团等团队活动。第六届上海市“五一文化奖”十佳职工文艺节目，《赵国平和他的同事们作品音乐会》获“五一文化奖”提名奖。拍摄制作电视宣传片《时代楷模》，拍摄制作10部劳模电视宣传片。拍摄《院士风采》和领军人物8位。策划启动以劳模何金娣为原型的电视纪录片《人心》。与杭州影视公司联合投拍的惊悚悬疑电影《魅妆》。开办各类培训班520个，累计培训学员9420人次。策划举办上海职工交友联谊活动、“龙腾虎跃闹元宵——2012年全国职工灯谜大赛”，开展摄影、集邮、书画、收藏、戏曲、桥牌等职工爱好者活动。（刘　骏）

劳动报社

【概　况】 劳动报社是上海市总工

会直属事业单位，除编辑出版《劳动报》之外，还负责《上海工运》的编辑出版，报社开设网站"来博网"（http://51ldb.com）。2012年，报社在突出工会特性的同时关注民生热点，以大型系列报道为载体，狠抓采编质量，提升办报品质，扩大劳动报的社会影响力、增强发展的活力。全年，报社1篇作品获"21届上海新闻奖"二等奖，3篇作品获上海新闻奖三等奖；3篇作品荣获"上海市五一新闻奖"，其中一等奖1篇，二等奖2篇；两次获得市委宣传部专报嘉奖；获得市委宣传部阅评表扬17次，其中"走转改"评点专报表扬10次。报社积极贯彻中宣部"走基层、转作风、改文风"活动精神，坚守新闻真实性的报道底线，将"走转改"报道作为报社的一项常态化工作来做，全年7篇作品获得市委宣传部"走转改"活动各级奖项。在提升报道质量的同时，报社进一步提高管理水平，建立和完善各类规章制度28项。报社成立"新媒体建设工作小组"，负责报社网站、微博等新媒体平台建设、宣传工作。与东方网、腾讯网、搜狐网、新浪网等门户网站签订战略合作协议，加强报社官方微博建设，并开辟报网互动专版。11月1日，报社APP客户端正式上线，表明劳动报进入全媒体建设时期。2012年，报社资产规模1.74亿元；主营业务收入9417.6万元，同比增加226.2万元，增长2.46%。（姚惠福）

上海市总工会洞庭西山休养院

【概　况】 西山休养院通过调整营销思路，不断开拓客源市场，加强内部成本核算和项目预算管理，推行规范服务，使企业的发展更加符合科学发展观的要求。2012年，休养院被全国总工会命名为"全国先进工人疗养院"，是苏州市旅馆行业治安星级（五星）单位。休养院先后组织承办劳模、环卫职工、公交老龄驾驶员、公安干警的休养体检活动。加强与旅行社的合作，通过休养院对旅行社客源市场的不断培育与磨合，休养院已拥有200多家相对比较固定的旅行社，客源市场遍布江浙沪。现已初步形成计划与市场相结合的"两条腿走路"的客源结构态势。通过经常性的开展操作练兵和技能比赛等立功劳动竞赛，同时，通过加强管理，不断完善各项规章制度，堵塞漏洞，降低营运成本，增加经济效益。党支部注重党员队伍建设，开展"创先争优"活动，通过亮诺、践诺和劳动竞赛，发挥党员的先锋模范作用，起到"一名党员是一面旗帜"的引领作用。院工会组织职工赴上海工人疗养院体检。（沈建良）

上海市职工技协服务中心

【概　况】 市职工技协服务中心下设办公室、财务科、技协基层科、三产管理科、创新工作科、经济发展科等部门。（1）开展上海科技周活动。召开企业职工创新创效推进会，交流职工创新工作经验，表彰559项第二十四届上海市优秀发明选拔赛获奖项目和20个2011年度上海市合理化建议优秀成果和职工先进操作法优秀成果；开展发明家沙龙活动，组织工人发明家参观上海电信信息生活体验馆；开展科普教育活动，组织职工科普讲师团成员进企业、学校作16场报告。（2）开展第二十五届市优秀发明选拔赛活动。共收到报名参赛项目1493项，其中职务发明1144项，非职务129项，青少年发明项目220项。（3）开展职工绝技绝活展示活动。组织6名一线职工，在亚太经合组织（APEC）青年技能夏令营闭营式上，展示食品雕刻、汽车修复、龙凤旗袍手工制作等绝技绝活。（4）组织参加第四届全国职工职业技能大赛，获得团体总分第八名的成绩。（5）开展上海市职工科技创新新人奖、优秀团队和示范基地评选活动。（6）开展市科技进步奖项目推荐活动。首次从市优秀发明选拔赛获奖项目和职工优秀技术创新成果中遴选9项由一线职工发明创造的技术成果，推荐参加2012年度上海市科技进步奖"工人农民技术创新组"的项目评审。（7）推荐151项职工发明成果参加第七届中国国际发明展和第七届海峡两岸职工创新成果展，获奖118项。（8）加强区域性经济技术协作。组织医疗和教育两个技协小分队到喀什地区开展技术交流和培训活动；与云南省职工技协签订5年协作协议，组织32名医疗骨干来沪进修。（9）加强科技服务工作。全市技协技术合同认定数超过3000份，合同金额近4亿元。（10）发挥市职工技术创新基金在推动项目协作、促进科技成果转化中的积极作用，先后出资100万元职工创新基金资助"市劳模创新工作室"和职工创新项目。（11）制定下发《关于进一步组建职工技协组织的通知》，开展技协组建工作竞赛，推进基层技协组织恢复和建立330家。（12）印发《上海市总工会关于进一步规范本市职工技协开展"四技"服务活动的通知》，指导18家政府机关技协规范工作，会同市总经审办审计19家技协单位。（13）完善内部绩效考核，制订绩效工资实施方案和绩效工资考核暂行办法。（14）清理下属亏损企业。抓紧清理关闭10家经营亏损公司和有责无利公司。（王小龙）

上海市总工会职工援助服务中心、法律援助中心

【概　况】 6月29日，在原上海市总工会培训中心的基础上正式挂牌成立上海市总工会职工援助服务中心、法律援助中心。（1）建立市区两级工作例会制度。通过建立、健全工作例会制度，使市区两级职工援助服务中心、法律援助中心的层级分工明确，职能清晰，形成整体推进的工作机制和阶段性工作检查的工作流程。（2）启动上海工会职工援助服务体系综合管理软件试点。在原有培训就业软件基础上，开发设计上海工会职工援助服务体系综合管理软件，选取部分区（县）、产业工会和街镇职工援助服务中心先行试点。（3）建立"12351"多体系平台。以短信息的方式免费向全市职工提供各类工会服务信息。（4）加快建立全市职工援助服务三级体系。通过信息化管理模式，创新服务项目，贯彻"面对面、心贴心、实打实服务职工在基层"的工作要求，提升工会组织吸引力。（5）加强全市职工援助服务中心的学习交流。用"请进来、走出去"等交流方式，加强职工援助服务中心与各区县职工援助服务中心的上下联系，推动各区县街镇职工援助中心的建设和横向交流。（6）配合各区县开展就业援助职场。举办下

岗失业人员、农民工、困难职工家庭和高校毕业生等不同求职群体的招聘专场,深化“百企千岗进社区”等就业援助主题活动,为就业困难人员实现就业、再就业牵线搭桥。（李　俊）

上海市公惠医院

【概　况】 公惠医院工会下属部门工会4个,职工221人,非在编职工35人,会员256人。(1)开展“帮困一日捐”活动。237名职工捐款共计8250元;开展元旦、春节、五一,国庆节的帮困送温暖;探望和慰问患病住院、生活有困难、妇女产假的职工;继续办理医疗互助保险,为全院211名在职职工,24名派遣职工办理《在职职工住院补充医疗互助保险》,为全院162名女职工办理《女职工团体医疗互助保险》,有24人次获得门诊大病及住院理赔,2人次获得2万元重病理赔金。(2)每年召开两次职代会。年初召开三届六次职代会,审议通过2011年工作总结和2012年工作计划,公示2011年“一日捐”使用情况及2012年“一日捐”捐款情况,反馈2011年院领导干部民主评议情况和工会民主测评结果;年底召开三届七次职代会,民主评议院党政领导。（郭　红）

上海市职工保障互助会

【概　况】 上海市职工保障互助会(以下简称“市职保会”)(1)做好互助保障计划的发展工作。截至12月,四项医疗互助保障计划有效会员达741.16万人次,其中“在职住院计划”211.19万人、“退休住院计划”315.18万人、“特种重病计划”158.14万人、“女职工特种计划”56.65万人,共给付互助医疗保障金99.66万人、6.62亿元(累计给付868.85万人次、50.85亿元);“意外伤害保障计划”有效会员107.07万人,同比增加8.17万人;“从业人员意外伤残保障计划”有效会员89.01万人,同比增加8.65万人。(2)开展“面对面、心贴心、实打实服务职工在基层”活动。通过召开座谈会、个案访谈、入户走访慰问困难职工等形式,深入一线开展互助保障工作。(3)延续对非公企业职工参加在职住院计划进行补贴。全年累计为9617名非公企业职工提供19.23万元参保补贴。(4)做好“退休住院保障计划”可持续发展对策建议的调研。(5)制定《关于解决退休人员信访参保诉求的操作办法》,切实解决部分无单位、无工会、无退管会组织,或劳动关系隶属劳动服务公司的职工通过信访提出的参保诉求。全年信访总量达150件。(6)4月,调整“退休住院保障计划”团体参保缴费标准为每人每年170元,未参加“在职住院保障计划”单位的团体缴费标准和通过社区个人参保的退休人员按每人每年185元标准调整。全年共有315.18万人参保,同比增加6.72万人。(7)继续在17个区、县的160多个街道(镇)工会服务处(点)集中办理社区参保对象参保手续。全年共为24.81万人次社区参保对象办理参保。(8)推出“工会会员团体基本保障计划”,首先在杨浦区试点。(9)开展“创星级服务岗”活动。加强对互助保障资金的管理和审核。（朱正瑜）

上海海鸥国际酒店投资管理有限公司(千禧海鸥大酒店)

【概　况】 上海海鸥国际酒店投资管理有限公司(千禧海鸥大酒店)是全国工会系统酒店中首家委托国际品牌酒店集团 Millennium Hotels and Resorts 管理的五星级酒店。(1)酒店通过正确市场定位,及时调整经营策略,应对激烈的市场竞争,不断开发新客源,充分依托千禧品牌优势、国际销售网络优势、大虹桥区位优势,保持良好的经营发展势头,实现经济效益稳步增长。2012年营业收入再次超出预算,达到1.43亿元,连续两年获长宁区政府“经济发展贡献奖”。(2)加强酒店管理。落实酒店各项制度,加强员工考核管理,设备设施管理,安全执行管理。强化员工KPI关键业绩系统评估考核;实施酒店硬件维护保养和投入改造;严格食品安全和消防安全。在五星级酒店评定复核工作中,成立专项工作小组,发动员工,迎接检查,顺利通过复核。(3)加强员工队伍和企业文化建设。积极开展“创先争优”系列活动,加强对党员干部教育,积极培养年轻干部,酒店组织开展各类培训7000多人次,参加IBHS组织的中高层管理人员培训,并奖励两位优秀员工赴新加坡进行为期两周的境外培训。设立总经理信箱,建立与员工定期沟通制度,保持畅通信息交流渠道。酒店连续3年被虹桥社区评为“党建联建优秀单位”。（张　启）

上海海鸥控股(集团)有限公司

【概　况】 2012年,集团抓住机遇,直面压力,锐意进取,迎难而上,实现工会企事业资产保值增值和服务职工的目标任务。(1)坚持服务基层、科学指导考核,推进集团稳定协调发展。一是针对变幻莫测的市场环境,着重深入分析和跟踪市场变化,加强市场研判,充分估计面临的困难和挑战,寻找和把握新的市场机遇,实现经营业绩稳中求进。二是做好集团所属事业单位绩效工资改革调研摸底工作,积极研究、应对绩效工资改革对经营管理带来的影响及引发的各类矛盾。三是深化资源整合工作,积极谋划,重点做好劳模、老龄公交驾驶员、环卫工人、平安卫士、监狱狱警、绿化市容行业女职工等1万多人次一线职工疗休养体检跟踪接待服务。(2)加强资产管理,充分发挥工会资产效益。一是加强学习交流,提高工会资产管理能力。二是落实世纪海鸥大楼产证办理工作,明晰工会资产产权。三是完成保障互助会委托集团房屋租赁管理工作。四是督促海鸥商务大厦完成剩余面积的租赁工作,使大厦出租率实现100%。(3)规范推进工程建设。一是以制度建设为抓手,规范工程建设及资金管理。二是抓紧推进屏风山工人疗养院工程建设,实现施工进度有序推进。三是指导督促海鸥饭店、黄山休养院、西山休养院、沙家浜大酒店实施装修改造工程。四是加强沙家浜小岛土地开发的沟通协调。

（姚芸婕）

上海市总工会直管单位法人代表名录

单位名称	职务	姓名
上海工会管理职业学院	院长	傅小龙
上海市工人文化宫	主任	段芬芳(女)
劳动报社	总编	张刚
上海市职工技协服务中心	主任	赵伟
上海市职工科技中心	主任	赵伟(兼)
上海市总工会幼儿园	园长	周稼超(女)
上海市总工会培训中心(上海工会劳动就业服务中心)	主任	高越(女)
上海市公惠医院	院长	赵宗慕(女)
上海市职工保障互助中心	主任	顾学庆
上海市退休职工管理委员会办公室	主任	王京平
上海海鸥控股(集团)有限公司	董事长、总裁	杨伟健
上海海鸥国际酒店投资管理有限公司	总经理	杨伟健
上海职工国际旅行社有限公司	总经理	吴德荣
上海职工对外交流中心	秘书长	施建伟
上海国际海员俱乐部(海鸥饭店)	主任(总经理)	史方
上海市工人疗养院(上海市职工康复医院)	院长	吕泰康
上海市总工会休养度假中心(上海市总工会沙家浜休养院)	主任	姜钟
上海市总工会屏风山工人疗养院	院长	侯伟康
上海市总工会黄山休养院	院长	胡俊道
上海市总工会洞庭西山休养院	院长	侯伟康
上海市总工会东钱湖休养院	副院长	李荣泉

说明：1. 法人代表名录以2012年12月底为准。
2. 上述人员职务以市总工会批复为准。

（市总工会组织部）

保障政策文件选编

关于规范本市劳务派遣用工管理的若干意见(试行)

为进一步维护劳务派遣员工的合法权益，构建和谐稳定的劳动关系，规范劳务派遣市场秩序，根据《中华人民共和国劳动合同法》、《中华人民共和国劳动合同法实施条例》和《上海市劳动合同条例》，现就规范本市劳务派遣用工管理提出如下若干意见：

一、规范劳务派遣单位开展劳务派遣业务

本市劳务派遣单位应当有固定的办公经营场所，建立完善的劳务派遣用工管理制度，并根据劳务派遣业务规模，配备相应的具有职业指导、人力资源管理和劳动关系协调等方面职业资格的专职管理人员。

外省市劳务派遣单位在本市开展劳务派遣业务且派遣员工超过25人的，应当在本市有固定的办公经营场所，建立完善的劳务派遣用工管理制度，并配备相应的专职管理人员。外省市劳务派遣单位在本市符合设立分支机构条件并依法向工商部门办理注册登记的，可以在本市开展劳务派遣的经营活动。

二、依法办理招工备案和用工备案手续

劳务派遣单位应当按照《就业促进法》等有关规定，自招用劳务派遣员工之日起30日内办理招工备案手续。

外省市劳务派遣单位在本市注册设立子公司或者分公司的，其子公司或者分公司具有用人单位主体资格，由其子公司或者分公司依法与劳务派遣员工订立劳动合同，为劳务派遣员工办理招工备案手续。未在本市注册设立子公司或者分公司的，由使用劳务派遣员工的用工单位自实际使用之日起30日内办理用工备案手续。

三、依法履行社会保险登记和缴纳义务

劳务派遣单位和用工单位应当按照《社会保险法》的规定，依法履行社会保险登记和缴纳义务。劳务派遣用工行为发生在本市的，劳务派遣单位和用工单位应当依法为劳务派遣员工办理社会保险登记，并按照本市标准，在本市缴纳社会保险。

外省市劳务派遣单位在本市注册设立子公司或者分公司的，由其子公司或者分公司为本市用工单位使用的劳务派遣员工办理社会保险登记，并按照本市标准，为劳务派遣员工在本市缴纳社会保险。

外省市劳务派遣单位未在本市注册设立子公司或者分公司的，劳务派遣协议双方应当在协议中明确由本市用工单位为劳务派遣员工办理社会保险登记，并按照本市标准，为劳务派遣员工在本市缴纳社会保险。

四、建立劳务派遣单位备案制度和定期自查报告制度

劳务派遣单位在工商部门办理注册登记后，应当向所在地的区县人力资源社会保障部门办理备案。

每年3月31日前，劳务派遣单位应当完成上年度劳务派遣业务经营情况自查并向所在地的区县人力资源社会保障部门递交自查报告。

外省市劳务派遣单位在本市设立子公司或者分公司的，按照上述规定执行。

五、落实连带法律责任

用工单位使用未在本市注册设立子公司或者分公司的外省市劳务派遣单位所派遣的员工，劳务派遣员工在发生纠纷时要求用工单位承担工伤、医疗等社会保险以及劳动报酬等待遇的，用工单位应当按照《劳动合同法》有关规定，先行承担连带责任。

六、加强日常监督管理

劳动保障监察机构依法对劳务派遣单位的备案、招工、社会保险缴纳等情况，用工单位使用劳务派遣员工的用工备案、社会保险缴纳等情况，以及劳务派遣单位和用工单位的劳动标准、劳动条件、劳动报酬等执行情况进行检查。劳务派遣单位和用工单位有违法行为和违反本意见规定行为的，由劳动保障监察机构依法责令其限期改正；逾期不改正的，依法予以处理。

用工单位和外省市劳务派遣单位在本市注册设立的子公司或者分公司未按照本意见规定缴纳社会保险的，由人力资源社会保障部门、社会保险征收机构按照《社会保险法》的规定，责令其限期改正；逾期不改正的，依法予以处理。

本意见自印发之日起施行，有效期至2013年12月31日。

上海市人力资源和社会保障局
上海市总工会
上海市企业联合会/上海市企业家协会
上海市工商业联合会
二〇一二年二月六日

表　彰

Commendation

2013

2012 年上海市工会组建工作一等奖

区县组：
上海市浦东新区总工会
上海市嘉定区总工会
上海市奉贤区总工会
局（产业）组：
上海市金融工会工作委员会
上海市经济和信息化工作系统工会工作委员会
中国电信集团工会上海市委员会

2012 年上海市工会组建工作二等奖

区县组：
上海市金山区总工会
上海市松江区总工会
上海市闵行区总工会
上海市杨浦区总工会
上海市黄浦区总工会
局（产业）组：
上海市城乡建设和交通工会工作委员会
上海市社会系统工会工作委员会
中国东方航空集团公司工会
上海市教育工会
中国建筑第八工程局有限公司工会

2012 年上海市工会组建工作三等奖

区县组：
上海市长宁区总工会
上海市虹口区总工会
上海市普陀区总工会
上海市徐汇区总工会
上海市青浦区总工会
上海市闸北区总工会
上海市宝山区总工会
上海市静安区总工会
上海市崇明县总工会
局（产业）组：
上海市市级机关工会工作委员会
上海上实（集团）有限公司工会
中国邮政集团工会上海市委员会
上海市科技工会
上海申通地铁集团有限公司工会
上海市机电工会
上海船舶工业公司工会

2010—2011 年度上海市劳动关系和谐职工满意企事业单位

上海公元建材发展有限公司
奥林巴斯贸易（上海）有限公司
上海市第八人民医院
上海思普信息技术有限公司
上海大计数据处理公司
长宁区仙霞街道社区卫生服务中心
电装（中国）投资有限公司上海分公司
长宁区少年宫
上海市江宁学校
上海信潮电信系统集成实业有限公司
上海世纪商务大厦物业管理有限公司
上海烟草集团闸北烟草糖酒有限公司
上海格尔汽车金属制品有限公司
上海晶澳太阳能光伏科技有限公司
上海烟草集团虹口烟草糖酒有限公司
上海运泽化工物流发展有限公司
新景程国际物流有限公司
上海新杨浦置业有限公司
上海磊城建设发展有限公司
杨浦区老年医院
上海三阳南货店
上海亚一金店有限公司
上海老凤祥有限公司
上海路吉环境工程发展有限公司
上海三阳盛食品有限公司
静安区第三中心小学
上海东方泵业（集团）有限公司
宝山区仁和医院
宝山区大场经济发展有限公司
上海维凯化学品有限公司
上海鹭发电气（集团）有限公司
上海亚华印刷机械有限公司
上海嘉定公共交通有限公司
上海南亚覆铜箔板有限公司
高屋希克斯电子（上海）有限公司
上海市金山中学
上海民族乐器一厂
上海华峰超纤材料股份有限公司
上海伊都锦时装中心有限公司
上海旭洋绿色食品有限公司
上海天海德坤复合气瓶有限公司
日立电梯（上海）有限公司
紫荆花制漆（上海）有限公司
上海德力西集团有限公司
上海德惠特种风机有限公司
上海双腾电子电器有限公司（冰峰厂）
上海电气阿尔斯通宝山变压器有限公司
上海电气集团资产经营有限公司
上海第一机床厂有限公司
上海华鑫物业管理顾问有限公司
上海造币有限公司
上海新联纺进出口有限公司
上海海昌医用塑胶厂

上海第一生化药业有限公司
宝钢资源有限公司
宝山钢铁股份有限公司炼钢厂
上海宝钢化工有限公司
中国石化上海石油化工股份有限公司烯烃事业部
中国核工业第五建设有限公司
上海申航进出口有限公司
上海烟草集团有限责任公司上海卷烟厂
上海烟草机械有限责任公司
泛亚汽车技术中心有限公司
上海化学工业区物业管理有限公司
上海外轮理货有限公司
上海交运股份有限公司汽车零部件分公司
上海市邮政公司邮区中心局
上海邮电医院
中国电信股份有限公司上海分公司信息网络部
上海达华测绘有限公司
上海远洋运输有限公司海图公司
上海国际机场股份有限公司消防急救保障部
中交第三航务工程勘察设计院有限公司
上海市政养护管理有限公司
上海市建筑科学研究院(集团)有限公司
上海市政工程设计研究总院(集团)有限公司
上海市第一建筑有限公司
上海市交通港航业务受理中心
上海市房地产科学研究院
上海辰山植物园
上海市市容环境卫生水上管理处
上海市水文总站
中国建筑第八工程局有限公司
上海交通大学
上海外国语大学
上海工程技术大学
上海市计划生育科学研究所
上海市科技创业中心
上海交通大学医学院附属第九人民医院
华东疗养院
复旦大学附属华山医院
上海市第六人民医院
上海市信息安全测评认证中心
中国海诚工程科技股份有限公司
中国石化集团上海工程有限公司
上海航空电器有限公司
上海申光高强度螺栓有限公司
上海梅林食品有限公司
上海盾牌筛网滤器合作公司
上海市宝兴殡仪馆
公安部第三研究所
上海外高桥第三发电有限责任公司
上海天然气管网有限公司
上海良友新港储运有限公司
上海交运巴士客运(集团)有限公司
上海巴士二汽公共交通有限公司
上海市锦江航运有限公司
上海市自来水闵行有限公司
上海环境集团有限公司
上海市自来水奉贤有限公司
上海城建投资发展有限公司
上海煤气第一管线工程有限公司
上海东浩国际商务有限公司
上海临港保税港经济发展有限公司
上海实业发展股份有限公司
上海云峰(集团)有限公司
上海绿地(集团)有限公司

2010—2011 年度上海市职工信赖的经营管理者

陆寅中　上海第一开关制造有限公司总经理
金　彪　徕卡显微系统(上海)有限公司总经理
丁建勇　上海东昌企业集团有限公司董事长
倪建达　上海城开(集团)有限公司总裁
柏学礼　上海天祥质量技术服务有限公司总裁
高铭言　上海铭言企业管理有限公司总经理
孟鸿建　上海市长宁区仙霞街道社区卫生服务中心主任
千叶佳顺　电装(中国)投资有限公司上海分公司总经理
张飞镜　长宁区少年宫主任
赵正宽　普陀区城市建设投资有限公司党总支书记、董事长
俞　斌　上海求实经济发展中心总经理
蔡春华　上海金叶包装材料有限公司总经理
胡伟坚　上海烟草集团闸北烟草糖酒有限公司总经理
陆海天　上海格尔汽车金属制品有限公司董事长
靳保芳　上海晶澳太阳能光伏科技有限公司董事长
陶京海　上海苏宁电器有限公司总经理
王阿金　上海中虹(集团)有限公司党委书记、董事长
倪卫国　虹口区广中路街道社区卫生服务中心党支部书记、主任
殷建华　上海新杨浦置业有限公司党委书记、董事长
姚淑元　上海磊城建设发展有限公司总经理
蒯峰梅　上海市第二师范学校附属小学党支部书记、校长
孙　凯　上海三阳南货店经理
石力华　上海老凤祥有限公司总经理
张芸芳　上海豫园商城小商品有限公司总经理
马园根　卢湾区教师进修学院附属中山学校校长
张品一　深圳市中航物业管理有限公司上海分公司总经理
钮建中　静安区曹家渡街道社区卫生服务中心主任
王健秋　上海九百(集团)有限公司党委书记、董事长
孙　敏　上海骏利商务管理有限公司经理
李　刚　旭东压铸(上海)有限公司副董事长、总经理
黄宝明　上海新虹环卫综合服务有限公司总经理
祁和亮　上海太阳机械有限公司总经理
朱新爱　上海徕木电子股份有限公司董事长

刑泉元　上海大众经济城发展中心党总支副书记、总经理
胡志荣　华荣集团有限公司董事长
福保罗(paul voets)　飞利浦灯具(上海)有限公司总经理
潘　浩　上海皓月电气有限公司总经理
黄伟国　上海嘉麟杰纺织品股份有限公司董事长、总经理
余昱暄　上海汉钟精机股份有限公司董事、总经理
胡国忠　上海九晶电子材料股份有限公司董事长
徐秀龙　上海巨龙橡塑制品有限公司总经理
林　琪　上海荣泰健身科技发展有限公司总经理
池学聪　上海熊猫机械(集团)有限公司董事长、总经理
陆飞龙　上海马龙铝业有限公司董事长
沈余良　上海德惠特种风机有限公司总经理
孙宇峰　上海友声衡器有限公司董事长
哈　坎(Hakan KARADOGAN)　上海电气阿尔斯通宝山变压器有限公司总经理
武跃军　上海电气集团资产经营有限公司党委书记、总经理
孙忠飞　上海第一机床厂有限公司党委书记、执行董事
陆龙生　上海飞马进出口有限公司董事长、总经理
陈彬华　上海第一生化药业有限公司总经理
李庆予　宝钢资源有限公司总经理
郑贻裕　宝山钢铁股份有限公司炼钢厂厂长
钱建兴　上海宝钢化工有限公司总经理
施阿小　中国石化上海石油化工股份有限公司烯烃事业部经理
庄火林　中国核工业第五建设有限公司董事长、总经理
张建功　上海申航进出口有限公司执行董事、总经理
王惠敏　中国船舶工业集团公司第十一研究所所长
陆　捷　上海烟草集团有限责任公司上海卷烟厂厂长
胡淼炯　上海烟草机械有限责任公司董事长、总经理
张国光　上海汽车工业开发发展有限公司党委书记、总经理
俞保海　上海漕河泾开发区能通实业有限公司总经理
张社奇　上海交运股份有限公司汽车零部件分公司总经理
潘　鹄　上海市邮政公司松江区邮政局局长
阙　挺　上海邮电医院院长
施　恩　中国电信股份有限公司上海分公司崇明电信局党委书记、局长
鲁金海　上海达华测绘有限公司经理
徐星春　中交三航局兴安基建筑工程有限公司总经理、董事长
王征宇　上海远洋国际贸易有限公司总经理
王　祥　中交第三航务工程勘察设计院有限公司董事长、总经理
张燕平　上海市建筑科学研究院(集团)有限公司院长
薛永申　上海市第一建筑有限公司总经理
刘长民　上海建工材料工程有限公司党委书记、首席执行官
韩竹青　上海市交通港航业务受理中心党委副书记、主任
陈　为　上海市住宅建设发展中心主任
钱　杰　上海市绿化和市容管理信息中心主任
沈烈英　上海市园林科学研究所所长
凌宝忠　上海市水文总站党委书记、主任
韩兴争　中建八局第二建设有限公司董事长
高　文　上海市肺科医院院长
郑　锦　上海中医药大学附属龙华医院院长
周　华　上海中医药大学附属曙光医院院长
刘锦纷　上海交通大学医学院附属上海儿童医学中心院长
严晓俭　中国海诚工程科技股份有限公司党委书记、副董事长、总裁
吴德荣　中国石化集团上海工程有限公司董事长、总经理
胡创界　上海航空电器有限公司党委书记、董事、总经理
张国君　上海冠生园蜂制品有限公司党支部书记、总经理
顾鸣一　上海申光高强度螺栓有限公司总经理
孙　忠　上海市民政第一精神卫生中心院长
冯伟忠　上海外高桥第三发电有限责任公司党委书记、总经理
俞华康　上海大众燃气有限公司党委书记、总经理
濮祖跃　上海粮油仓储有限公司总经理
陈茂华　上海巴士二汽公共交通有限公司党委副书记、总经理
陈　麟　上海宝山巴士公共交通有限公司总经理
张明德　上海市自来水市南有限公司总经理
申一尘　上海城投原水有限公司总经理
戴　婕　上海浦东威立雅自来水有限公司党委副书记、总经理
朱国治　上海市自来水闵行有限公司党委书记、董事长
郑小明　上海市自来水奉贤有限公司党委副书记、总经理
徐　杰　上海煤气第一管线工程有限公司总经理
徐　丰　上海新浩艺手套帽业进出口有限公司总经理
王　跃　上海临港普洛斯国际物流发展有限公司副总经理
陆　申　上海实业发展股份有限公司党委书记、董事长
张玉良　上海绿地(集团)有限公司董事长、总裁

2012年上海职工体育健身四季大联赛先进单位表彰名单

一、特别贡献奖

青浦区总工会
上海城建(集团)公司工会
上海金融工会工作委员会
中智上海公司工会
上海市绿化和市容管理局工会
联通上海公司工会

二、优秀组织奖

浦东新区总工会
徐汇区总工会
普陀区总工会
闸北区总工会
杨浦区总工会
黄浦区总工会

宝山区总工会
闵行区总工会
松江区总工会
青浦区总工会
奉贤区总工会
上海市纺织工会
上海市医药工会
上海汽车工业(集团)总公司工会
上海华虹(集团)有限公司工会
上海国际港务(集团)股份有限公司
中国电信集团工会上海市委员会
上海机场(集团)有限公司工会
上海建工(集团)总公司工会
上海市医务工会
光明食品(集团)有限公司工会
上海申通地铁集团有限公司工会
三、组织奖
虹口区总工会
嘉定区总工会
金山区总工会
崇明县总工会
上海市机电工会
上海市仪表电子工会
宝钢集团有限公司工会
上海航天局工会
上海船舶工业公司工会
中国邮电工会上海市邮政委员会
中国移动通信集团工会上海市委员会
上海市城乡建设和交通工会工作委员会
上海市住房保障和房屋管理局工会
上海市金融工会工作委员会
上海市经济和信息化工作系统工会
上海市市级机关工会工作委员会
上海久事公司工会
上海城建(集团)公司工会
中国联合网络通信有限公司上海市分公司
上海临港产业区工会工作委员会

上海市五一劳动奖状(章)名单

上海市五一劳动奖状名单
上海航天电子技术研究所微组装工艺班组
闵行区法律援助中心
鲁中矿业有限公司动力厂供水车间污水处理综合班
中国建筑第八工程局有限公司技术中心
上海市东方医院护理部
上海市五一劳动奖章名单
冯林音　中国科学院上海药物研究所
马梅艳　上海汇众汽车制造有限公司
杜春娟　上海市公安局经济犯罪侦查总队
周世丽　中冶宝钢技术服务有限公司
胡轶舟　东方国际集团上海利泰进出口有限公司
许连玉　双钱集团股份有限公司双钱载重轮胎分公司
徐　斐　上海理工大学医疗器械与食品学院
任海燕　上海印钞有限公司
钟晓慧　上海国盛(集团)有限公司
欧阳米佳　上海市住宅建设发展中心

上海市五一巾帼奖(集体)名单

上海航天电子技术研究所微组装工艺班组
闵行区法律援助中心
鲁中矿业有限公司动力厂供水车间污水处理综合班
中国建筑第八工程局有限公司技术中心
上海市东方医院护理部
浦东新区总工会女职工委员会
上海大计数据处理公司J2课
长宁区河道管理所综合办公室
普陀区桃浦镇总工会女职工委员会
闸北区绿化和市容管理局工会女职工委员会
上海市继光高级中学工会女职工委员会
上海琴仪会餐饮管理有限公司工会女职工委员会
上海新风城迎宾馆有限公司
老凤祥银楼南京东路“名品阁团队”
上海全国土特产食品有限公司淮海商场酱菜柜
静安区石门二路街道总工会女职工委员会
宝山区医务工会女职工委员会
闵行区总工会女职工委员会
嘉定区图书馆
金山区枫泾镇图书馆
松江区总工会女职工委员会
青浦区劳动保障监察大队监察一科
奉贤区爱贝早期教育指导服务中心
上海纳海针织制衣有限公司检品车间
上海联合滚动轴承有限公司铁路大修车间“木兰”班组
上海元一电子有限公司总装三班
上海造币有限公司造币二部检验组
上海德福伦化纤有限公司技术中心物化小组
上海医药分销控股有限公司运营总部
上海市电力公司市南供电公司客户与业务发展中心营业厅
宝钢工程技术集团有限公司海外事业部成套一部
中冶宝钢技术重型机械分公司设备制造一厂综合班
上海高桥石油化工公司技术质量处质量管理科
上海石油化工股份有限公司质量管理中心分析四站
中船第九设计研究院工程有限公司技术发展部
上海航天局工会女职工委员会
上海船舶工业公司工会女职工委员会
上海飞机客户服务有限公司纪检监察、审计部
上海烟草集团有限责任公司技术中心理化实验室
上海彭浦机器厂有限公司技术中心“吊管机”项目组
华东电网有限公司办公室文档科
上海化学工业区医疗急救中心护理部
上海国大药房连锁有限公司泰康路店

上海铁路局上海电务段信号检修车间继电器Ⅰ工区
中海集团投资有限公司财务管理部
上海浦东国际集装箱码头有限公司中控三班船控组
上海交运沪北物流发展有限公司财务管理部
上海市邮政公司宝山区邮政局友谊路邮政支局营业组
中国移动通信集团上海有限公司客户服务中心10086多语热线班组
中国电信上海公司西区局客户服务保障中心江苏路营业厅
上海中远国际货运有限公司财务部
中国民航上海中等专业学校空乘教研室
东方航空食品投资有限公司浦东餐食制作部摆盘室头等摆盘组
上海国际机场股份有限公司安检护卫保障部候机楼护卫二科“白玉兰”国际岗
中国东方航空集团公司工会女职工委员会
上海浦江桥隧高速公司嘉金分公司G15崧泽收费站
上海建工医院肾内科
上海市交通港航业务受理中心业务受理大厅巾帼岗
上海市住宅建设发展中心配套建设管理科
上海市废弃物管理处生活废弃物管理科
上海现代建筑装饰环境设计研究院有限公司技术管理部
上海市水文总站吴淞水文管理站水化组
上海大屯能源股份有限公司姚桥矿运输科副井信号班
中国农业银行上海黄浦支行
上海浦东发展银行黄浦支行
中国船舶重工集团公司第七二六研究所财务管理处
上海中医药大学方剂学教研室
上海中华商务联合印刷有限公司装订车间手工包装组
解放日报报业集团组织人事处
新民晚报校对科
东方卫视《东方直播室》班组
上海市体操运动中心体操女队
上海市浦东盐业公司
上海市检测中心综合办公室
上海正广和网上购物有限公司商品经营部客户服务中心
上海市第四社会福利院护理二区爱晚亭护理组
上海市监狱总医院感染科
银河宾馆行政楼VIP班组
上海东郊宾馆中餐厅班组
上海市国家安全局“404”工作组
上海古籍出版社校对科
上海第一八佰伴有限公司新世纪商厦总服务台
上海轨道交通技术研究中心机电研究部
上海地铁第四运营有限公司西藏北路站客运四班
上海强生出租汽车有限公司业务调度分公司调度室
上海东飞环境工程服务有限公司虹桥分公司巾帼保洁班
上海燃气市北销售有限公司宝山办事处杨鑫业务组
上海城市快速路监控中心
上海良友金伴便利连锁有限公司淡水店
上海丝绸集团股份有限公司国际贸易一部
上海徐汇大众小额贷款股份有限公司
上海市城市建设设计研究总院布宜诺项目组
上海市住房置业担保有限公司浦东分公司
中国建筑第二工程局有限公司(沪)审计部
上海东浩新贸易有限公司进出口一部
上海临港经济发展(集团)有限公司工会女职工委员会
上海市公安局刑事侦查总队六支队巾帼便衣行动队
上海万安企业总公司化验室分析组
上海绿地集团财务部
中国海运场中路海嫂联络站

上海市五一巾帼奖(个人)名单

冯林音　中国科学院上海药物研究所
马梅艳　上海汇众汽车制造有限公司
杜春娟　上海市公安局经济犯罪侦查总队
周世丽　中冶宝钢技术服务有限公司
胡轶舟　东方国际集团上海利泰进出口有限公司
许连玉　双钱集团股份有限公司双钱载重轮胎分公司
徐　斐　上海理工大学医疗器械与食品学院
任海燕　上海印钞有限公司
钟晓慧　上海国盛(集团)有限公司
欧阳米佳　上海市住宅建设发展中心
申美云　浦东新区教育局
陆韵珊　上海城开(集团)有限公司
沈嘉蓉　新长宁(集团)有限公司
曹艳郊　上海普环实业有限公司
吴新元　上海市闸北区总工会
魏天星　虹口区凉城新村街道社区卫生服务中心
施雪娣　上海市杨浦区总工会
李国红　上海市泰康食品有限公司
何　莉　上海市卢湾中学
蒋玉琴　静安区商务委员会
李　霞　宝山区教育局
黄桂芳　闵行区梅陇镇总工会
丁敏娟　上海嘉定工业区管理委员会
胡喜梅　松江区中心医院
吴正华　上海市钱圩中学
陈伟芬　青浦区教育局
原　静　奉贤区建筑企业管理所
包惠萍　崇明县培林学校
郑丽融　虹口区总工会
赵水芳　宝山区总工会
李国芳　上海电气输配电集团
王慧君　上海廿一世纪电子设备有限公司
李颖君　上海市纺织科学研究院
蒋如逸　上海申达进出口有限公司
何依娜　上海信谊药厂有限公司制药总厂
章叶贤　上海市电力公司嘉定供电公司
顾　莹　上海电力建设有限责任公司
孙珏璐　宝山钢铁股份有限公司科技发展部
林梅花　上海宝冶集团有限公司

徐群莲　中国石化上海高桥分公司产品分析与技术服务中心
陈　枫　中国石化上海石油化工股份有限公司芳烃部
盛良妹　上海空间电源研究所
秦　蓉　沪东中华造船(集团)有限公司
袁　琦　上海飞机制造有限公司
余金贤　上海烟草集团有限责任公司上海卷烟厂
周丽平　上海寰球石油化学工程有限公司
钱小芳　国药控股凌云生物医药(上海)有限公司
荆　盛　上海铁路局上海动车客车段
吴怀宇　中海集装箱运输股份有限公司
葛玉春　上海国际港务(集团)股份有限公司罗泾分公司
贾　茹　长江国际货物运输代理公司
高根娣　上海交运股份有限公司汽车零部件分公司
唐向红　上海市邮政公司浦东新区邮政局世博邮政支局
易东溟　中国移动通信集团上海有限公司南区分公司
朱体蓁　中国电信集团上海公司
李小青　上海航道医院
周惠兰　中交三航局第二工程有限公司
张　备　上海上远酒店管理有限公司
静　涛　中波轮船股份公司
尹　智　民航华东空管局设备维修中心
张玩娣　中国民用航空华东地区管理局
步兰军　中国东方航空股份公司营销委上海营业部
郭　虹　上海机场(集团)有限公司浦东机场华美达大酒店
陈爱华　上海市建筑科学研究院(集团)有限公司工程结构及机械技术事业部
王　萱　上海市机械施工有限公司
杨彩虹　中国石油化工股份公司上海海洋油气分公司
王　瑛　上海市绿化管理指导站
叶红华　上海现代建筑设计集团工程建设咨询有限公司
杨素洁　鲁中矿业有限公司医院
张静芳　上海中建楷昕投资发展有限公司
张　卉　上海大屯能源股份有限公司铝业公司
黄怡慧　上海浦东发展银行徐家汇支行
谢　青　上海交通大学医学院附属瑞金医院
杜联芳　上海市第一人民医院
梁晓雯　上海中润解放传媒有限公司
游晓丽　东方早报
袁文逸　上海广播电视台电视新闻中心
赵蓓文　上海社会科学院世界经济研究所
宋丽娜　上海市绿化和市容管理局
吴晓华　光明食品集团上海东海总公司
许培培　上海市宝兴殡仪馆
陈　瑶　上海市南汇监狱
刘兰峻　上海海仑宾馆
韩　苓　上海大厦
伍为芬　上海静安地产(集团)有限公司
卢　柯　上海市城市规划设计研究院
刘卫红　上海世纪联华超市发展有限公司
张　蓉　上海信融投资有限公司
徐辰珏　上海市地铁第三运营有限公司
王　静　上海巴士新新汽车服务有限公司
邵竹青　上海市城市建设投资开发总公司
康　蕾　上海大众燃气有限公司
何志军　上海科茂粮油食品质量检测有限公司
荣思萍　上海永达通途汽车销售服务有限公司
朱晨红　上海隧道工程股份有限公司
方　宁　上海虹桥经济技术开发区联合发展有限公司
归潇蕾　上海市对外服务有限公司
杨　菁　上海临港经济发展(集团)有限公司
纪晓燕　上海工艺美术职业学院
陆秋贤　上海绿地集团

上海市心系女职工好领导名单

王武文　上海徐汇国有资产投资经营有限公司党委副书记
钱忠明　普陀区长风新村街道办事处主任
傅黄华　虹口区曲阳路街道办事处主任
苏琛如　杨浦区卫生局党委书记
张凤明　上海市工商行政管理局杨浦分局殷行工商所所长
陈惠泉　上海开开(集团)有限公司党委书记、董事长
杨守宝　中国二十冶集团有限公司党群工作部专务部长
商志高　宝山区国有资产监督管理委员会党委副书记
张文龙　松江区新桥镇党委书记
胡国瑜　青浦区卫生局党委副书记
费秀莲　奉贤区水务局党委副书记
沈　恭　上海锅炉厂有限公司董事长
王卫民　上海龙头(集团)股份有限公司总经理、党委副书记
吴　勇　中国石化上海石油化工股份有限公司塑料部党委书记、副经理
潘哲辉　上海航天局卫星总装试验部党委书记
曹碧峙　上海汽车集团股份有限公司乘用车公司党委书记
史美妮　华能上海石洞口第二电厂党委副书记
沈立年　国药控股股份有限公司党委副书记、副总裁
喻辛远　中国移动通信集团上海有限公司客户服务中心党总支副书记、副总经理
徐国平　上海机场(集团)有限公司虹桥国际机场公司场区管理部总经理
沈定亮　上海市建筑建材业市场管理总站党总支书记
招庆洲　中建八局第三建设有限公司党委书记、副经理
王云飞　上海长江对外出版有限公司党委副书记
范奕蓉　上海影城有限公司党总支书记
王逢祥　上海友谊集团股份有限公司党委书记
周震义　上海地铁第四运营有限公司党委副书记
陈艳红　上海三盛宏业投资(集团)有限公司副董事长
张渭良　上海燃气工程设计研究有限公司党委书记
赵杰英　上海市公安局政治部副主任
李曙光　中国人民解放军第四一一医院院长

第二批全国工会职工法律援助维权服务示范单位

市职工法律援助中心
闸北区职工法律援助中心
金山区职工法律援助中心
崇明县职工法律援助中心
虹口区职工法律援助工作站
徐汇区天平社区总工会
奉贤区青村镇总工会
静安区石门二路街道总工会职工法律援助维权服务站
杨浦区控江地区总工会职工法律援助工作站
浦东新区职工法律援助中心综合保税区工会工作委员会分中心
机电工会法律援助服务中心
仪电社保中心工会法律援助中心

保障政策文件选编

进城务工人员随迁子女接受义务教育后在沪参加升学考试工作方案

按照《国务院办公厅转发教育部等部门关于做好进城务工人员随迁子女接受义务教育后在当地参加升学考试工作意见的通知》(国办发〔2012〕46号)要求,结合实际,制订本方案。

一、指导思想

贯彻落实党的十八大关于"积极推动农民工子女平等接受教育"的要求,根据上海城市功能定位、产业结构布局和城市资源承载能力,强化顶层设计和综合改革,稳妥有序做好进城务工人员随迁子女接受义务教育后在沪参加升学考试工作。

二、基本原则

(一)坚持以人为本、促进公平。积极创造条件,逐步构建以常住人口为对象的社会管理体制,努力保障进城务工人员随迁子女受教育权利和升学机会。

(二)坚持系统设计、有序推进。建立健全上海市居住证管理制度,以此为依据,提供有梯度的公共服务,有序推进进城务工人员随迁子女接受义务教育后升学考试工作。

(三)坚持统筹兼顾、稳步实施。充分考虑上海作为特大型城市的人口、资源、环境和各项公共服务的承载能力,积极探索实践,按照"逐渐放宽、分步推进、合理梯度、不断深化"的思路,稳妥解决进城务工人员随迁子女接受义务教育后升学考试问题。

三、主要措施

2014年实施与《上海市居住证管理办法》相衔接的进城务工人员随迁子女接受义务教育后在沪参加升学考试的具体方案,以《上海市居住证管理办法》为依据,有梯度地为进城务工人员随迁子女提供接受义务教育后的公共教育服务(《上海市居住证管理办法》已征求社会公众意见,待与国家居住证管理办法充分衔接后发布实施)。

(一)进城务工人员符合上海市进城务工人员管理制度规定的基本要求并达到一定积分的,其子女可在本市参加高中阶段学校招生考试,接受高中阶段教育(普通高中教育或中等职业教育);其子女在本市参加高中阶段学校招生考试并完成高中阶段完整学习经历后,可在本市参加普通高等学校招生考试。

(二)进城务工人员符合上海市进城务工人员管理制度规定的基本要求的,其子女可在上海参加全日制中等职业学校的自主招生考试,接受全日制中等职业教育(包括"中高职贯通培养模式"的专业教育);其子女在本市参加全日制中等职业学校自主招生并完成全日制中等职业教育完整学习经历后,可在本市参加本市普通 高等职业学校自主招生考试;其子女参加全日制普通高等职业学校自主招生并完成高等职业教育完整学习经历后,可在本市参加普通高等学校专升本招生考试。

(三)对不符合本市普通高等学校招生条件的进城务工人员随迁子女,待教育部出台相关文件规定、经学生户籍所在省份同意后,可在沪参加普通高等学校招生考试借考,由学生户籍所在省份负责录取。

上海市教育委员会
上海市发展和改革委员会
上海市人力资源和社会保障局
上海市公安局
2012年12月26日

统　　计

Statistics

2013

各区县局(产业)工会组织数据一览表(一)

单位名称	基层工会	基层工会涵盖单位	职工	女性	农民工	工会会员	女性	农民工
	个	个	人	人	人	人	人	人
总计	**55762**	**309020**	**9167337**	**3512607**	**3431354**	**8736493**	**3373528**	**3267474**
浦东新区总工会	9955	37087	1214149	517971	413678	1153945	491401	394907
徐汇区总工会	2173	19913	361504	135431	94757	356816	134070	93661
长宁区总工会	2021	13248	287147	118269	118526	285078	117552	118266
普陀区总工会	3150	12076	260392	98227	128938	256302	97338	126558
闸北区总工会	2068	8926	163503	58305	53953	161204	57572	53337
虹口区总工会	2079	9101	181833	67919	42723	176645	66632	40396
杨浦区总工会	2066	11262	209156	76444	104058	203511	75244	101727
黄浦区总工会	3401	14268	343668	131467	67678	335192	128637	65145
静安区总工会	1589	6174	142822	59844	13562	139031	58603	13107
宝山区总工会	2285	16824	412987	155381	114947	380576	145303	103239
闵行区总工会	6274	21145	648325	294668	402893	612833	281448	390735
嘉定区总工会	3430	26429	551112	255563	391431	515102	236171	363760
金山区总工会	1776	23263	396769	179766	219472	386956	177088	217130
松江区总工会	2322	29249	642256	282605	321326	611477	271387	310538
青浦区总工会	2727	30917	486873	210381	327347	453124	198938	309236
奉贤区总工会	2765	20086	482660	133238	171881	430842	129243	163518
崇明县总工会	1056	3623	147916	67698	88356	143492	65953	87540
上海市机电工会	203	203	91426	20187	11581	85463	19010	7698
上海市仪表电子工会	80	80	32273	12087	7242	31829	11849	6991
上海市化学工会	94	95	27816	5901	2186	25206	5633	122
上海市轻工工会	7	7	3809	951		3809	951	
上海市纺织工会	100	100	15129	5737	2071	14924	5693	2049
上海市医药工会	87	88	25989	11560	445	25156	11017	273
上海市电力公司工会	30	30	16477	3138	2	16477	3138	2
上海市电力股份有限公司工会	18	18	6752	932		6729	924	
上海电力建设有限责任公司工会	9	9	3288	287		3288	287	
宝钢集团有限公司工会	119	119	79386	14999	689	79365	14991	689
中冶宝钢技术服务公司工会	12	12	17447	2037	11674	5586	756	
上海宝冶集团有限公司工会	14	14	5639	942	1004	5480	914	949
上海高桥石油化工公司工会	8	8	7139	1973		7139	1973	
中国石化上海石油化工股份有限公司工会	28	28	20358	5639		20358	5639	

续 表

单位名称	基层工会	基层工会涵盖单位	职工	女性	农民工	工会会员	女性	农民工
	个	个	人	人	人	人	人	人
长江计算机(集团)公司工会	15	15	1114	345	66	1063	298	17
中铝上海铜业有限公司工会	8	8	2143	384		2044	366	
上海航天局工会	36	36	18147	5357	646	18147	5357	646
上海船舶工业公司工会	25	25	77599	9667	31121	68609	8175	25295
中国商用飞机有限责任公司工会	11	11	7807	1981	317	7436	1954	62
上海市烟草工会	11	11	9068	2313	166	8899	2219	126
上海汽车集团股份有限公司工会	51	51	115490	21135	37683	112781	20505	35610
上海市漕河泾新兴技术开发区发展总公司工会	6	6	1566	712		1566	712	
中国能源化学工会华东电力工作委员会工会	5	5	1705	414		1705	414	
上海华虹(集团)有限公司工会	6	6	3245	832		3184	822	
中国华源(集团)有限公司工会	13	13	2929	840	461	2104	614	63
华能上海分公司工会	7	7	2690	553		2690	553	
上海化学工业区工会	27	29	7083	2225	608	6939	2209	595
国药控股股份有限公司工会	13	13	2927	1619	9	2927	1619	9
中国铁路工会上海铁路局委员会	30	30	37220	6254	4753	36832	6226	4539
中国海运集团总公司工会	25	25	19504	1893	208	19496	1893	200
上海国际港务(集团)总公司工会	35	35	34934	3440	11978	34632	3412	11695
中国海员工会上海长江轮船公司委员会	14	14	2802	600	193	2743	578	182
上海市运输工会	58	58	16122	2205	4222	13043	1803	1910
中国邮政集团工会上海市委员会	33	33	30085	8690	16732	28172	8140	15067
中国移动通信集团工会上海市委员会	1	1	4448	2216		4448	2216	
中国电信集团工会上海市委员会	65	72	32105	11287		31930	11239	
中国电信集团工会号百信息服务有限公司委员会	3	3	547	216		547	216	
中国海员工会东海救助局委员会	12	12	1126	89		1126	89	
中国海员工会交通部上海打捞局委员会	8	8	1190	78		1190	78	
中交上海航道局有限公司工会	11	11	3292	322	84	3292	322	84
中交第三航务工程局有限公司工会	11	11	3438	465	140	3430	465	138
中国海员工会中远集装箱运输有限公司委员会	21	21	9675	1925	153	9324	1846	42

续 表

单位名称	基层工会	基层工会涵盖单位	职工	女性	农民工	工会会员	女性	农民工
	个	个	人	人	人	人	人	人
中国海员工会中波轮船股份公司委员会	4	4	1112	98	114	1103	98	113
民航华东地区空中交通管理局工会	1	1	1825	486		1825	486	
中国民航工会华东地区管理局委员会	9	9	3596	1774	26	3521	1737	26
中国东方航空集团公司工会	31	31	38749	12280	2997	36360	11867	2697
上海机场(集团)有限公司工会	31	31	21910	6661	1203	21766	6637	1203
中国海员工会上海海事局委员会	20	20	2894	301		2894	301	
上海城乡建设和交通工会工作委员会	48	48	36324	8730		36154	8668	
上海建工集团股份有限公司工会	70	435	113412	5777	84381	113127	5760	84276
上海市交通运输和港口管理局工会	13	13	1645	508		1645	508	
上海市住房保障和房屋管理局工会	17	17	1221	419	52	1213	417	52
上海海洋石油局工会	8	8	1571	227	121	1402	227	
上海市绿化和市容管理局工会	26	26	1608	590	2	1590	581	2
上海现代建筑设计(集团)有限公司工会	16	18	4453	1733		4434	1723	
鲁中矿业有限公司工会	15	15	7502	1527	1495	5985	1507	1357
上海市水务局工会	16	16	1277	351		1277	351	
中国建筑第八工程局有限公司工会	22	172	70021	13490	43323	69857	13467	43323
上海大屯能源股份有限公司工会	17	17	23240	3859		23169	3848	
上海市金融工会工作委员会	150	150	279569	141871	7664	253301	130030	4979
上海市税务工会	13	13	1432	694		1432	694	
上海市人力资源和社会保障局工会	17	17	2544	1230		2532	1221	
上海市农业委员会工会工作委员会	43	43	3971	1303	210	3738	1254	94
上海市科技工会	46	112	22693	7475	611	21869	7214	94
上海市教育工会	72	72	70571	31223	2942	69285	30651	2770
上海市医务工会	57	67	58490	39444	369	58337	39324	356
上海市新闻出版工会	64	64	9064	3738	1683	7855	3161	1373
解放日报报业集团工会	12	12	1844	713	443	1813	713	418
文汇新民联合报业集团工会	10	10	1954	730	10	1924	705	1
新华通讯社上海分社工会委员会	1	1	147	78		147	78	
上海市文化广播影视管理局工会	19	19	1048	477	1	1048	477	1
上海市文化广播影视集团工会	91	93	17035	6801	829	16553	6595	681
上海社会科学院工会	24	24	801	330		801	330	
上海市体育局工会委员会	32	32	4053	1428	36	2807	837	
上海市经济和信息化工作系统工会	263	264	58961	23313	2057	54458	21748	467
光明食品(集团)有限公司工会	216	358	88777	42541	8853	88003	42147	8602

续 表

单位名称	基层工会	基层工会涵盖单位	职 工	女 性	农民工	工会会员	女 性	农民工
	个	个	人	人	人	人	人	人
上海市民政局工会	45	45	6337	2986	221	5767	2694	221
上海市监狱管理局工会	18	18	7883	1854	339	7882	1854	338
锦江国际(集团)有限公司工会	384	384	69351	29731	7189	69351	29731	7189
上海市东湖(集团)有限公司工会	13	13	3371	1190		3263	1101	
上海市衡山(集团)有限公司工会	11	11	4419	999	171	4184	952	163
上海市市级机关工会工作委员会	410	418	59099	18367	741	52642	17870	712
百联集团有限公司工会	122	122	50260	24008	6298	47897	23002	4140
上海水产集团总公司工会	17	17	4444	299	910	4444	299	910
上海申通地铁集团有限公司工会	24	24	25434	6834		23298	5758	
上海久事公司工会	63	71	76924	12007	1804	76732	11923	1612
上海市城市建设投资开发总公司工会	155	166	17873	4812	435	17836	4802	432
申能(集团)有限公司工会	33	33	11106	2255	276	11082	2255	252
上海电器科学研究所(集团)有限公司工会	9	9	1406	424	34	1382	415	29
上海良友(集团)有限公司工会	29	31	5892	1686	71	5760	1630	47
上海兰生(集团)有限公司工会	12	12	1527	596	30	1521	595	27
东方国际(集团)有限公司工会	46	46	4354	1781	179	4237	1692	98
上海市锦江航运有限公司工会	4	4	602	163	19	602	163	19
上海市社会系统工会工作委员会	14	14	42546	6714	2388	40216	6073	2297
上海城建(集团)公司工会	88	93	35281	2158	23609	35281	2158	23609
上海市地产(集团)有限公司工会	63	66	3521	1458	116	3349	1402	99
上海市申江两岸开发建设投资(集团)有限公司工会	5	5	194	65		194	65	
上海世博发展(集团)有限公司工会	26	26	2679	1461	136	2654	1437	112
中国联合网络通信有限公司上海市分公司工会	1	1	1698	679		1698	679	
上海市合作交流系统工会	58	58	5979	1651	26	5769	1571	22
上海市通信管理局工会	2	2	195	60		195	60	
上海上实(集团)有限公司工会	20	28	4776	1561	3100	4601	1466	2925
上海临港产业区工会工作委员会	25	25	2804	551	1138	2727	530	1130
上海市公安局工会	1	1	10497	2436		10497	2436	
上海国盛(集团)有限公司工会	59	59	10945	2412	732	10368	2263	343
绿地控股集团工会	12	12	4171	1380	10	4171	1380	10
上海申迪(集团)有限公司工会	1	1	66	35		66	35	
上海世博发展(集团)有限公司工会	1	1	388	190		368	180	

各区县局(产业)工会组织数据一览表(二)

单位名称	专职工会工作人员	女性	兼职工会工作人员	女性	女职工组织		本级工会女职工工作人员		建立工会经费审查组织
					建立女职工委员会	仅设立女职工委员	专职	兼职	
	人	人	人	人	个	个	人	人	个
总计	**16805**	**6416**	**202882**	**90163**	**28445**	**25705**	**2871**	**91074**	**50484**
浦东新区总工会	5011	1859	24773	10810	5184	4583	859	11537	9592
徐汇区总工会	1183	564	6770	3354	1269	854	104	3749	2173
长宁区总工会	44	19	5452	3002	773	1242	11	2035	2021
普陀区总工会	450	221	9618	4155	1350	1636	82	4023	2141
闸北区总工会	70	33	7668	3670	329	1713	19	3085	2033
虹口区总工会	476	273	5015	3304	1373	628	174	2944	2061
杨浦区总工会	126	59	6381	3334	975	1063	13	4119	2013
黄浦区总工会	257	98	9769	4443	1702	1665	41	4336	3401
静安区总工会	300	106	5374	2972	471	1098	59	2700	1589
宝山区总工会	47	21	21241	7838	1250	974	18	14717	1985
闵行区总工会	709	79	20779	10294	3406	2707	98	10164	6274
嘉定区总工会	110	48	11244	3978	1502	1580	26	3867	2004
金山区总工会	374	120	8143	2933	780	970	43	2118	1612
松江区总工会	148	58	11249	5204	1628	644	25	4033	1293
青浦区总工会	23	8	8559	3424	1922	796	3	2888	2727
奉贤区总工会	1754	507	6611	2893	1397	1169	401	2608	2765
崇明县总工会	272	89	2842	1149	563	464	22	1151	649
上海市机电工会	221	80	1381	597	137	64	40	578	201
上海市仪表电子工会	78	34	436	214	48	32	13	175	75
上海市化学工会	102	46	492	216	53	31	21	191	80
上海市轻工工会	22	9	35	12	5	1	6	27	7
上海市纺织工会	72	33	352	167	46	54	17	177	100
上海市医药工会	54	23	600	347	59	27	9	304	80
上海市电力公司工会	116	43	257	96	26	3	20	127	29
上海电力股份有限公司工会	32	8	115	31	15	3	6	55	17
上海电力建设有限责任公司工会	19	6	98	31	8	1	3	39	9
宝钢集团有限公司工会	358	117	835	314	75	44	77	324	119
中冶宝钢技术服务有限公司工会	6	2	110	21	12		2	54	12
上海宝冶集团有限公司工会	31	10	129	45	12	2	2	61	12

续　表

单位名称	专职工会工作人员	女性	兼职工会工作人员	女性	女职工组织		本级工会女职工工作人员		建立工会经费审查组织
					建立女职工委员会	仅设立女职工委员	专职	兼职	
	人	人	人	人	个	个	人	人	个
上海高桥石油化工公司工会	31	8	59	22	4	3	1	17	8
中国石化上海石油化工股份有限公司工会	80	37	254	90	25	3	20	101	28
长江计算机(集团)工会	15	8	19	10	1	13		14	12
中铝上海铜业有限公司工会	3		28	14	8			13	8
上海航天局工会	78	40	224	106	24	12	30	99	36
上海船舶工业公司工会	96	27	486	157	19	6	7	191	22
中国商用飞机有限责任公司工会	35	17	57	21	5	6	6	25	8
上海市烟草工会	48	32	105	54	11		10	61	11
上海汽车集团股份有限公司工会	190	97	1162	431	51		33	243	51
上海市漕河泾新兴技术开发区发展总公司工会	6	3	58	32	4	2	3	17	6
中国能源化学工会华东电力工作委员会工会	8	2	32	14	3	2	1	12	5
上海华虹(集团)有限公司工会	1		65	29	5	1		23	6
中国华源(集团)有限公司工会	5	2	99	43	3	10		35	8
华能上海分公司工会	7	5	46	14	4	3	4	16	7
上海化学工业区工会	2		173	85	12	15		66	26
国药控股股份有限公司工会			60	36	1	12		20	13
中国铁路工会上海铁路局委员会	38	6	327	90	27	3	2	108	24
中国海运集团总公司工会	39	10	269	88	16	9	3	50	25
上海国际港务(集团)总公司工会	199	55	301	121	25	10	13	96	34
中国海员工会上海长江轮船公司委员会	14		70	23	8	6		22	11
上海市运输工会	110	23	212	66	20	36	12	86	44
中国邮政集团工会上海市委员会	18	11	526	251	29	4	2	104	33
中国移动通信集团工会上海市委员会	32	25	36	16	1			15	1
中国电信集团工会上海市委员会	86	45	633	348	45	18	19	230	63
中国电信集团工会号百信息服务有限公司委员会	5	2	22	12	1	2		7	2
中国海员工会东海救助局委员会	2	1	59	14	2	9	1	14	12
中国海员工会交通部上海打捞局委员会	5		22	6	3	3		7	8
中交上海航道局有限公司工会	15	3	9	1	4	7		11	11

续 表

单位名称	专职工会工作人员	女性	兼职工会工作人员	女性	女职工组织		本级工会女职工工作人员		建立工会经费审查组织
					建立女职工委员会	仅设立女职工委员	专职	兼职	
	人	人	人	人	个	个	人	人	个
中交第三航务工程局有限公司工会	27	11	63	30	9	2	2	16	11
中国海员工会中远集装箱运输有限公司委员会	12	2	261	37	10	9	2	34	21
中国海员工会中波轮船股份公司委员会	1	1	16	6	2		1	3	3
民航华东地区空中交通管理局工会	8	4	45	20	1		1	20	1
中国民航工会华东地区管理局委员会	11	5	109	59	7	2		36	9
中国东方航空集团公司工会	79	44	441	288	27	4	19	107	30
上海机场（集团）有限公司工会	40	12	323	150	25	6	3	99	31
中国海员工会上海海事局委员会	17	5	147	30	20		2	23	20
上海城乡建设和交通工会工作委员会	131	44	1081	317	38	10	8	155	48
上海建工集团股份有限公司工会	165	47	909	222	40	29	13	179	56
上海市交通运输和港口管理局工会	5	3	77	32	8	5	2	25	13
上海市住房保障和房屋管理局工会	5	2	89	46	7	10		31	16
上海海洋石油局工会	4	2	39	13	4	4	2	9	7
上海市绿化和市容管理局工会	28	7	78	38	9	16	7	30	26
上海现代建筑设计（集团）有限公司工会	4	2	125	59	10	6	2	42	11
鲁中矿业有限公司工会	23	8	149	45	13	2	3	44	15
上海市水务局工会	9	3	117	48	2	14	1	15	16
中国建筑第八工程局有限公司工会	77	27	745	115	22		12	114	22
上海大屯能源股份有限公司工会	136	51	350	75	16	1	21	144	17
上海市金融工会工作委员会	126	74	1933	1023	57	83	32	420	146
上海市税务工会	15	6	60	28	3	9	5	21	13
上海市人力资源和社会保障局工会	5	1	65	24	8	9	1	23	16
上海市农业委员会工会工作委员会	44	9	179	75	7	36	5	64	28
上海市科技工会	31	15	406	193	28	18	5	151	45
上海市教育工会	166	83	1143	511	41	31	40	456	68
上海市医务工会	108	60	524	283	51	6	37	266	55
上海市新闻出版工会	22	9	307	151	28	36	4	114	64
解放日报报业集团工会	4	1	99	40	2	10		18	2

续 表

单位名称	专职工会工作人员	女性	兼职工会工作人员	女性	女职工组织		本级工会女职工工作人员		建立工会经费审查组织
					建立女职工委员会	仅设立女职工委员	专职	兼职	
	人	人	人	人	个	个	人	人	个
文汇新民联合报业集团工会	6	3	53	25	4	2	1	10	8
新华通讯社上海分社工会委员会			10	4	1			2	1
上海市文化广播影视管理局工会	3	3	79	42	6	10		27	18
上海市文化广播影视集团工会	24	12	536	257	44	46	3	168	80
上海社会科学院工会			71	32	1	22		35	
上海市体育局工会委员会	3	2	145	62	24	8		52	20
上海市经济和信息化工作系统工会	102	47	1431	710	69	192	24	444	231
光明食品（集团）有限公司工会	174	77	804	409	143	70	33	350	143
上海市民政局工会	11	4	229	135	25	19	2	104	45
上海市监狱管理局工会	44	20	365	119	18		13	70	18
锦江国际（集团）有限公司工会	395	303	1012	471	349	35	10	1051	384
上海市东湖（集团）有限公司工会	1	1	70	24	7		1	8	13
上海市衡山（集团）有限公司工会	4		72	35	7	4		22	8
上海市市级机关工会工作委员会	169	66	2174	928	157	222	37	750	334
百联集团有限公司工会	136	39	643	313	77	44	13	224	121
上海水产集团总公司工会	23	3	52	12	1	10	1	14	17
上海申通地铁集团有限公司工会	30	19	129	59	20	4	9	60	23
上海久事公司工会	148	37	278	118	32	31	16	100	63
上海市城市建设投资开发总公司工会	195	79	646	290	70	85	35	259	155
申能（集团）有限公司工会	58	18	162	68	15	15	6	76	30
上海电器科学研究所（集团）有限公司工会	4	1	79	33	8	1	1	35	9
上海良友（集团）有限公司工会	31	10	97	41	13	16	4	42	29
上海兰生（集团）有限公司工会	10	2	49	19	6	3	2	13	12
东方国际（集团）有限公司工会	48	12	227	111	17	27	5	62	45
上海市锦江航运有限公司工会	2		18	7	4			10	4
上海市社会系统工会工作委员会	17	10	230	103	10	2	5	68	12
上海城建（集团）公司工会	52	14	319	139	27	61	4	130	32
上海市地产（集团）有限公司工会	51	20	169	80	7	44	12	60	35

续 表

单位名称	专职工会工作人员	女性	兼职工会工作人员	女性	女职工组织		本级工会女职工工作人员		建立工会经费审查组织
					建立女职工委员会	仅设立女职工委员	专职	兼职	
	人	人	人	人	个	个	人	人	个
上海市申江两岸开发建设投资(集团)有限公司工会	5		20	11		5		6	5
上海世博发展(集团)有限公司工会	26	4	122	59	10	16	1	40	23
中国联合网络通信有限公司上海市分公司工会	5	2	82	39	1		1	4	1
上海市合作交流系统工会	21	5	368	177	14	28	2	59	43
上海市通信管理局工会	1	1	6	2	1	1	1	2	1
上海上实(集团)有限公司工会			95	37	2	15		25	18
上海临港产业区工会工作委员会	10	5	107	46	5	19	3	34	24
上海市公安局工会	9	2	40	3	1		2	3	1
上海国盛(集团)有限公司工会	42	22	194	94	21	35	11	84	57
绿地控股集团工会	5	2	70	44		12	2	16	12
上海申迪(集团)有限公司工会	2		7	4	1			4	1
上海世博发展(集团)有限公司工会	2	1	1	1	1			3	1

工会组织建设状况(一)

所在行业	基层工会	基层工会涵盖单位	职工	女性	农民工	工会会员	女性	农民工
	个	个	人	人	人	人	人	人
总计	**55762**	**309020**	**9167337**	**3512607**	**3431354**	**8736493**	**3373528**	**3267474**
按国民经济行业分组								
(01)农、林、牧、渔业	619	1345	74023	25352	23690	70627	24453	22742
(02)采矿业	64	67	33886	6236	2573	32417	6219	2570
(03)制造业	18210	57270	3128136	1254146	1536955	2938126	1200689	1443652
(04)电力、燃气及水的生产和供应业	459	561	82136	19458	9107	80884	19132	8516
(05)建筑业	2025	4331	606669	75733	363847	595709	74675	361493
(06)交通运输、仓储及邮政业	1928	3833	542928	116701	91038	525493	112306	83167
(07)信息传输、计算机服务和软件业	1634	3443	167143	59462	30086	162864	58255	29750
(08)批发和零售业	5717	36685	639342	280005	167509	624360	275404	162641

续表

所在行业	基层工会	基层工会涵盖单位	职工	女性	农民工	工会会员	女性	农民工
	个	个	人	人	人	人	人	人
(09)住宿和餐饮业	3201	5931	279770	138384	106435	271085	134904	103450
(10)金融业	571	2744	320692	160372	13521	291458	146995	10763
(11)房地产业	1375	2012	106578	36720	20413	101044	34912	19335
(12)租赁和商务服务业	3642	64336	722399	265342	292056	690388	256894	284247
(13)科学研究、技术服务和地质勘查业	857	1727	117714	38292	11867	114882	37759	11145
(14)水利、环境和公共设施管理业	850	1520	100992	30010	36050	94511	27910	31573
(15)居民服务和其他服务业	6387	76156	1102111	450435	453112	1040182	421083	429486
(16)教育	2744	2953	257252	164694	9085	250097	160008	8339
(17)卫生、社会保障和社会福利业	1169	1769	207145	133698	14216	202757	131084	13593
(18)文化、体育和娱乐业	1014	1441	67283	28003	9808	64974	27020	9267
(19)公共管理和社会组织	3296	40896	611138	229564	239986	584635	223826	231745
按经济类型分组								
(110)国有企业(仅指非公司制企业)	2155	3636	674469	172336	86322	636777	158025	72806
(120)集体企业	2300	8845	317606	124096	125167	297439	114571	116313
(130)股份合作企业	1245	1775	136531	58909	48844	128122	55380	45301
(140)联营企业	66	495	13466	5448	6020	12306	4965	5465
(151)国有独资公司	623	718	233283	55575	33424	224182	53281	27836
(159)其他有限责任公司	3114	8836	536344	178476	145702	513179	171876	133834
(161)股份有限公司中的国有控股公司	763	1014	595383	199158	53015	554773	187978	36516
(169)其他股份有限公司	653	1973	161786	56417	28905	152506	52784	26654
(170)私营企业	28091	229902	3687214	1397580	1885019	3529725	1359663	1832087
(190)其他内资企业	787	3814	146646	26277	101142	145638	25799	100886
(200)港澳台商投资企业	2660	4352	556589	287958	312058	526901	275557	296419
(300)外商投资企业	5765	14408	1143095	510585	458588	1073330	482480	428562
(401)财政拨款的事业单位	4014	4616	459933	241878	45803	451476	236925	44476
(402)其他事业单位	1325	2488	212704	100014	40507	207008	97532	40093
(500)机关	1388	1547	160494	48556	3314	154427	48200	3294
(600)个体经济组织	813	20601	131794	49344	57524	128704	48512	56932

工会组织建设状况（二）

所在行业	专职工会工作人员	女性	专职工会工作人员年龄构成			专职工会工作人员文化程度构成				
			35岁及以下	36-50岁	51岁及以上	研究生	大学本科	大专	高中（中专、中技）	初中及以下
	人	人	人	人	人	人	人	人	人	人
总计	**16805**	**6416**	**3756**	**8328**	**4721**	**530**	**5655**	**6875**	**3217**	**528**
按国民经济行业分组										
(01)农、林、牧、渔业	211	71	30	115	66	8	73	73	49	8
(02)采矿业	159	58	22	113	24	1	53	89	16	
(03)制造业	5777	1765	1450	2876	1451	129	1534	2347	1420	347
(04)电力、燃气及水的生产和供应业	428	169	61	223	144	17	225	135	47	4
(05)建筑业	911	261	185	456	270	27	311	376	176	21
(06)交通运输、仓储及邮政业	1134	341	160	479	495	41	443	448	182	20
(07)信息传输、计算机服务和软件业	406	197	135	216	55	29	207	118	26	26
(08)批发和零售业	976	445	206	458	312	34	273	433	224	12
(09)住宿和餐饮业	853	508	405	309	139	10	98	577	159	9
(10)金融业	251	121	42	143	66	47	138	53	13	
(11)房地产业	397	140	76	172	149	29	188	134	45	1
(12)租赁和商务服务业	780	292	161	404	215	8	189	398	178	7
(13)科学研究、技术服务和地质勘查业	329	119	90	157	82	27	144	98	36	24
(14)水利、环境和公共设施管理业	311	118	79	148	84	10	150	111	36	4
(15)居民服务和其他服务业	1426	715	215	759	452	8	343	742	306	27
(16)教育	753	372	123	459	171	56	525	139	27	6
(17)卫生、社会保障和社会福利业	438	221	72	213	153	11	215	146	59	7
(18)文化、体育和娱乐业	149	60	28	62	59	3	56	72	17	1
(19)公共管理和社会组织	1116	443	216	566	334	35	490	386	201	4
按经济类型分组										
(110)国有企业（仅指非公司制企业）	1900	690	246	904	750	75	792	750	264	19
(120)集体企业	539	183	119	265	155	3	110	251	157	18

续 表

所在行业	专职工会工作人员	女性	专职工会工作人员年龄构成			专职工会工作人员文化程度构成				
			35岁及以下	36–50岁	51岁及以上	研究生	大学本科	大专	高中（中专、中技）	初中及以下
	人	人	人	人	人	人	人	人	人	人
（130）股份合作企业	658	347	406	134	118	5	112	394	114	33
（140）联营企业	29	6	9	10	10		13	10	6	
（151）国有独资公司	677	252	117	282	278	40	309	243	80	5
（159）其他有限责任公司	1223	411	260	536	427	57	484	472	188	22
（161）股份有限公司中的国有控股公司	1335	527	202	626	507	89	626	483	131	6
（169）其他股份有限公司	207	75	38	113	56	19	72	72	39	5
（170）私营企业	5942	2110	1430	3246	1266	39	1012	2810	1698	383
（190）其他内资企业	327	120	77	170	80		111	148	63	5
（200）港澳台商投资企业	412	180	124	185	103	8	164	161	77	2
（300）外商投资企业	1152	526	321	582	249	61	497	418	167	9
（401）财政拨款的事业单位	1217	539	180	702	335	80	747	282	94	14
（402）其他事业单位	498	196	108	236	154	16	234	173	70	5
（500）机关	559	206	98	261	200	38	343	147	29	2
（600）个体经济组织	130	48	21	76	33		29	61	40	

工会组织建设状况（三）

所在行业	兼职工会工作人员	女性	女职工组织		本级工会女职工工作人员	
			建立女职工委员会	仅设立女职工委员	专职	兼职
	人	人	个	个	人	人
总计	**202882**	**90163**	**28445**	**25705**	**2871**	**91074**
按国民经济行业分组						
（01）农、林、牧、渔业	2263	775	277	323	30	1109
（02）采矿业	581	155	43	21	17	166
（03）制造业	59502	23218	9992	7514	1028	23267
（04）电力、燃气及水的生产和供应业	1816	731	278	174	80	797
（05）建筑业	7993	2696	877	1032	119	2452
（06）交通运输、仓储及邮政业	7380	2897	943	922	144	2625

续 表

所在行业	兼职工会工作人员	女性	女职工组织		本级工会女职工工作人员	
			建立女职工委员会	仅设立女职工委员	专职	兼职
	人	人	个	个	人	人
(07)信息传输、计算机服务和软件业	4508	2179	723	869	56	2029
(08)批发和零售业	22718	9416	2009	3563	124	12832
(09)住宿和餐饮业	7857	3908	1870	1260	97	4503
(10)金融业	3443	1797	293	257	51	925
(11)房地产业	4157	1944	585	759	67	1783
(12)租赁和商务服务业	17208	8334	1726	1793	113	9443
(13)科学研究、技术服务和地质勘查业	2889	1264	347	484	54	1236
(14)水利、环境和公共设施管理业	2673	1172	399	435	66	1096
(15)居民服务和其他服务业	23004	11230	3466	2791	294	12507
(16)教育	12490	8045	1833	908	150	5198
(17)卫生、社会保障和社会福利业	4793	2698	688	470	105	2075
(18)文化、体育和娱乐业	3107	1460	417	574	26	1297
(19)公共管理和社会组织	14500	6244	1679	1556	250	5734
按经济类型分组	10479	4602				
(110)国有企业(仅指非公司制企业)	8613	2988	1122	957	334	4077
(120)集体企业	2904	1284	1336	861	125	4078
(130)股份合作企业	209	79	777	422	29	1973
(140)联营企业	3484	1448	34	30	2	85
(151)国有独资公司	13202	5355	315	298	105	1211
(159)其他有限责任公司	7251	3203	1225	1754	173	6836
(161)股份有限公司中的国有控股公司	2408	1168	492	259	200	2055
(169)其他股份有限公司	93875	40647	320	319	37	948
(170)私营企业	2315	1014	14028	13225	1117	45908
(190)其他内资企业	8049	3483	329	453	48	965
(200)港澳台商投资企业	19380	8610	1271	1298	77	3239
(300)外商投资企业	17673	10111	3006	2591	145	7422
(401)财政拨款的事业单位	5555	2917	2450	1526	238	7122
(402)其他事业单位	5215	2288	711	582	121	2216
(500)机关	2270	966	626	729	107	1890
(600)个体经济组织			403	401	13	1049

工 会 保 障 工 作（一）

所 在 行 业	工会所在单位本年度经济性裁员		本年度领导干部联系生活困难职工户活动		工会送温暖工程工作	
	裁员人数	得到经济性补偿	参加活动的领导干部	联系的困难职工家庭	建立了送温暖工程基（资）金	送温暖工程基（资）金结存额
	人	人	人	户	个	元
总计	**9633**	**4092**	**33641**	**44435**	**5418**	**674520963**
按国民经济行业分组						
（01）农、林、牧、渔业	22	17	611	743	81	1468283
（02）采矿业	5	5	144	219	18	2155744
（03）制造业	5056	2786	9412	12964	1139	243737131
（04）电力、燃气及水的生产和供应业	108		589	746	131	29621727
（05）建筑业	377	91	1481	1794	234	20167461
（06）交通运输、仓储及邮政业	154	154	2150	3109	349	72674425
（07）信息传输、计算机服务和软件业	49	43	305	339	132	51871356
（08）批发和零售业	471	128	1747	2336	290	54612280
（09）住宿和餐饮业	180	105	862	1128	181	10330195
（10）金融业	11	3	307	602	69	21660664
（11）房地产业	39	2	821	971	198	14793439
（12）租赁和商务服务业	217	149	1362	1662	201	5869283
（13）科学研究、技术服务和地质勘查业	5		407	486	122	10755381
（14）水利、环境和公共设施管理业	165		925	1151	140	17650341
（15）居民服务和其他服务业	766	448	1716	2346	441	18666662
（16）教育	1213	81	4979	5865	1019	30150546
（17）卫生、社会保障和社会福利业	441	2	1413	1717	272	42512887
（18）文化、体育和娱乐业	187	1	559	535	81	5393112
（19）公共管理和社会组织	167	77	3851	5722	320	20430046
按经济类型分组						
（110）国有企业（仅指非公司制企业）	720	539	4465	6165	678	189398178
（120）集体企业	228	59	1876	2540	239	4504462
（130）股份合作企业	107	106	530	708	59	8130346
（140）联营企业	10	10	38	43	3	14642

续 表

所在行业	工会所在单位本年度经济性裁员		本年度领导干部联系生活困难职工户活动		工会送温暖工程工作	
	裁员人数	得到经济性补偿	参加活动的领导干部	联系的困难职工家庭	建立了送温暖工程基(资)金	送温暖工程基(资)金结存额
	人	人	人	户	个	元
(151)国有独资公司	19	18	2139	2246	193	49800152
(159)其他有限责任公司	994	439	2565	3376	453	64313592
(161)股份有限公司中的国有控股公司	594	265	2457	3334	294	125642553
(169)其他股份有限公司	116	91	307	454	54	6376741
(170)私营企业	2370	1115	5171	8232	1200	45707236
(190)其他内资企业	165	165	212	243	45	1029134
(200)港澳台商投资企业	860	485	874	1128	133	5252700
(300)外商投资企业	1951	749	1774	2300	341	69651697
(401)财政拨款的事业单位	1182	51	6766	7916	1294	44743410
(402)其他事业单位	310		1369	1747	248	41843140
(500)机关	2		2861	3729	168	18077173
(600)个体经济组织	5		237	274	16	35807

工会保障工作(二)

所在行业	工会所在单位参加社会保险的人数						
	养老保险		医疗保险		工伤保险	失业保险	生育保险
	在职	退休	在职	退休			
	人	人	人	人	人	人	人
总计	**8420455**	**2455632**	**8408198**	**2439468**	**6910933**	**6789446**	**5748335**
按国民经济行业分组							
(01)农、林、牧、渔业	66853	72950	66628	72873	55883	52286	46165
(02)采矿业	33787	12761	33700	12529	32224	32553	28657
(03)制造业	2959801	1164601	2939223	1149402	2458280	2372287	1923844
(04)电力、燃气及水的生产和供应业	80215	33978	80594	33978	74888	75002	70138
(05)建筑业	436895	82743	436675	85182	357176	341944	314121
(06)交通运输、仓储及邮政业	500689	183210	502214	183210	466290	463592	440477
(07)信息传输、计算机服务和软件业	163560	11524	163562	11528	139179	145453	128838
(08)批发和零售业	604173	131581	604118	131514	506356	499838	457535

续 表

所在行业	工会所在单位参加社会保险的人数						
	养老保险		医疗保险		工伤保险	失业保险	生育保险
	在职	退休	在职	退休			
	人	人	人	人	人	人	人
(09)住宿和餐饮业	245036	27281	244471	27023	199233	204857	174292
(10)金融业	216031	18609	226730	18478	186657	173124	165283
(11)房地产业	99391	30334	99191	30358	82046	85896	76128
(12)租赁和商务服务业	710059	127651	710124	127134	507028	507549	367741
(13)科学研究、技术服务和地质勘查业	113395	47572	113337	46692	94119	94713	74332
(14)水利、环境和公共设施管理业	95279	33096	95065	33047	75503	71913	63585
(15)居民服务和其他服务业	976690	115947	975844	115776	720411	705101	554818
(16)教育	249701	197654	249422	196695	227480	232043	208051
(17)卫生、社会保障和社会福利业	203606	88385	203611	88365	190074	187974	178145
(18)文化、体育和娱乐业	65170	23245	65159	23143	58753	59857	52698
(19)公共管理和社会组织	600124	52510	598530	52541	479353	483464	423487
按经济类型分组							
(110)国有企业(仅指非公司制企业)	621022	1129775	622724	1118038	583609	566339	549162
(120)集体企业	313546	171643	313183	171467	228905	230948	162841
(130)股份合作企业	110214	26432	110077	26432	80771	72797	64135
(140)联营企业	13408	458	13408	458	10171	11847	9639
(151)国有独资公司	213100	185639	213410	185682	208554	190141	183432
(159)其他有限责任公司	473897	187058	473587	182870	419882	392943	352520
(161)股份有限公司中的国有控股公司	471236	212343	481499	214415	435712	419187	409613
(169)其他股份有限公司	157509	22738	157444	22737	139863	124798	114882
(170)私营企业	3394003	66277	3370346	66206	2678076	2606424	2078823
(190)其他内资企业	60677	2032	60557	2032	54360	55547	50662
(200)港澳台商投资企业	546299	16009	546308	16009	350669	386664	260949
(300)外商投资企业	1106987	37669	1106995	37611	914632	917817	790222
(401)财政拨款的事业单位	452430	270520	452263	268805	414954	421310	380003
(402)其他事业单位	207419	84320	207366	84001	168648	169331	148460
(500)机关	159008	42395	159164	42381	126766	132261	114230
(600)个体经济组织	119700	324	119867	324	95361	91092	78762

工会保障工作（三）

所在行业	工会所在单位离退休人员	工会所在单位参加住房公积金
	人	个
总计	**2472708**	**35500**
按国民经济行业分组		
(01)农、林、牧、渔业	73139	421
(02)采矿业	13119	46
(03)制造业	1170617	7549
(04)电力、燃气及水的生产和供应业	34143	354
(05)建筑业	86133	1288
(06)交通运输、仓储及邮政业	185622	1441
(07)信息传输、计算机服务和软件业	11706	1254
(08)批发和零售业	131723	4502
(09)住宿和餐饮业	27688	2225
(10)金融业	18660	464
(11)房地产业	30782	1178
(12)租赁和商务服务业	127911	2557
(13)科学研究、技术服务和地质勘查业	48283	657
(14)水利、环境和公共设施管理业	33159	723
(15)居民服务和其他服务业	115952	3828
(16)教育	198509	2636
(17)卫生、社会保障和社会福利业	88717	1037
(18)文化、体育和娱乐业	23623	846
(19)公共管理和社会组织	53222	2494
按经济类型分组		
(110)国有企业(仅指非公司制企业)	1132439	2120
(120)集体企业	172008	1511
(130)股份合作企业	26432	915
(140)联营企业	458	50
(151)国有独资公司	185961	618
(159)其他有限责任公司	187160	2890
(161)股份有限公司中的国有控股公司	220779	757
(169)其他股份有限公司	22738	603

续 表

所在行业	工会所在单位离退休人员	工会所在单位参加住房公积金
	人	个
(170)私营企业	66669	13122
(190)其他内资企业	2032	563
(200)港澳台商投资企业	16019	1494
(300)外商投资企业	37673	3917
(401)财政拨款的事业单位	272278	3950
(402)其他事业单位	86497	1300
(500)机关	43241	1363
(600)个体经济组织	324	327

工会劳动合同、集体合同工作

所在行业	工会所在单位签订劳动合同			
	基层工会	涵盖单位	签订劳动合同的职工人数	签订劳动合同的农民工
	个	个	人	人
总计	**52306**	**275141**	**7885536**	**2494735**
按国民经济行业分组				
(01)农、林、牧、渔业	568	1039	66782	21889
(02)采矿业	62	65	31320	1870
(03)制造业	17715	51422	2817210	1162954
(04)电力、燃气及水的生产和供应业	455	557	80606	7499
(05)建筑业	1986	3926	427310	183441
(06)交通运输、仓储及邮政业	1857	3730	465761	51113
(07)信息传输、计算机服务和软件业	1609	3222	164898	23716
(08)批发和零售业	5382	34922	599339	140971
(09)住宿和餐饮业	3083	5052	265746	94270
(10)金融业	542	2715	237575	11038
(11)房地产业	1336	1973	101935	18402
(12)租赁和商务服务业	3582	55184	588935	190173
(13)科学研究、技术服务和地质勘查业	799	1669	109038	8973
(14)水利、环境和公共设施管理业	758	1424	78686	19790
(15)居民服务和其他服务业	5986	66098	977735	351463
(16)教育	2663	2867	232135	5907
(17)卫生、社会保障和社会福利业	1066	1646	189244	9840
(18)文化、体育和娱乐业	903	1245	57417	7817

续 表

所在行业	工会所在单位签订劳动合同			
	基层工会	涵盖单位	签订劳动合同的职工人数	签订劳动合同的农民工
	个	个	人	人
(19)公共管理和社会组织	1954	36385	393864	183609
按经济类型分组				
(110)国有企业(仅指非公司制企业)	2099	3580	596007	44015
(120)集体企业	2242	7529	285656	97219
(130)股份合作企业	1228	1758	133596	43915
(140)联营企业	66	495	13321	5746
(151)国有独资公司	619	714	211356	20430
(159)其他有限责任公司	3058	7950	484718	104885
(161)股份有限公司中的国有控股公司	752	1003	495147	24319
(169)其他股份有限公司	649	1966	138506	23631
(170)私营企业	26907	206428	3270347	1508070
(190)其他内资企业	737	3245	58503	14328
(200)港澳台商投资企业	2622	4314	464584	199614
(300)外商投资企业	5693	14308	1075428	329581
(401)财政拨款的事业单位	3652	4247	380501	23404
(402)其他事业单位	1158	2311	165629	11006
(500)机关	127	127	8432	100
(600)个体经济组织	697	15166	103805	44472

工会签订集体合同情况(一)

类型	签订集体合同总数			单独企业合同			区域性集体合同			行业性集体合同		
	合同	覆盖企业	覆盖职工	合同	覆盖企业	覆盖职工	合同	覆盖企业	覆盖职工	合同	覆盖企业	覆盖职工
	份	个	人	份	个	人	份	个	人	份	个	人
总计(0)	**26292**	**159633**	**5634757**	**20228**	**20228**	**3136067**	**5676**	**128973**	**1837575**	**388**	**10432**	**661115**
国有企业及国有独资公司(1)		4080	1326372		2429	974777		620	48356		1031	303239
集体企业(2)		2890	186331		1389	127010		1394	49502		107	9819
私营企业(3)		128283	2433325		10397	898080		110091	1366878		7795	168367
港澳台、外商投资企业(4)		12305	989751		4050	689718		7994	255357		261	44676
其他(5)		12075	698978		1963	446482		8874	117482		1238	135014

工会签订集体合同情况(二)

类　型	工资专项集体合同总数			单独企业工资合同			区域性工资合同			行业性工资合同		
	合同	覆盖企业	覆盖职工	合同	覆盖企业	覆盖职工	合同	覆盖企业	覆盖职工	合同	覆盖企业	覆盖职工
	份	个	人	份	个	人	份	个	人	份	个	人
总计(0)	**22691**	**146422**	**4251067**	**18935**	**18935**	**2251297**	**3373**	**117378**	**1559062**	**383**	**10109**	**440708**
国有企业及国有独资公司(1)		3231	836352		1965	658789		571	37201		695	140362
集体企业(2)		2917	150345		1240	109292		1574	31526		103	9527
私营企业(3)		118641	2056918		10956	718001		99943	1180508		7742	158409
港澳台、外商投资企业(4)		10184	664903		3164	404998		6789	217968		231	41937
其他(5)		11449	542549		1610	360217		8501	91859		1338	90473

工会签订集体合同情况(三)

类　型	建立集体协商指导员队伍情况											
	集体协商指导员人数	区县局(产业)		街道、乡镇、经济开发区		指导参与签订集体合同	高危行业劳动安全卫生专项集体合同			其他专项集体合同		
		指导员队伍个数	集体协商指导员人数	指导员队伍个数	集体协商指导员人数		合同	覆盖企业	覆盖职工	合同	覆盖企业	覆盖职工
	人	个	人	个	人	次数	份	个	人	份	个	人
总计(0)	**2003**	**201**	**749**	**242**	**1254**	**25625**	**519**	**3577**	**277408**	**1912**	**5955**	**172868**
国有企业及国有独资公司(1)								420	171376		501	72520
集体企业(2)								111	6197		259	17862
私营企业(3)								1656	28619		3879	51150
港澳台、外商投资企业(4)								1000	11882		1146	25066
其他(5)								390	59334		170	6270

女职工权益保护专项集体合同(一)

类　型	女职工权益保护专项集体合同总数			单独企业签订合同				区域性合同				行业性合同			
	合同总数	覆盖企业	覆盖女职工	专项合同	集体合同附件	覆盖企业	覆盖女职工	专项合同	集体合同附件	覆盖企业数	覆盖女职工	专项合同	集体合同附件	覆盖企业数	覆盖女职工
	份	个	人	份	份	个	人	份	份	个	人	份	份	个	人
总计(0)	**24279**	**144973**	**2099752**	**17829**	**973**	**18802**	**998530**	**4932**	**210**	**116659**	**857304**	**306**	**29**	**9512**	**243918**
国有企业及国有独资公司(1)		3269	269786			1782	186415			495	15323			992	68048

续 表

类　　型	女职工权益保护专项集体合同总数			单独企业签订合同				区域性合同				行业性合同			
	合同总数	覆盖企业	覆盖女职工	专项合同	集体合同附件	覆盖企业	覆盖女职工	专项合同	集体合同附件	覆盖企业数	覆盖女职工	专项合同	集体合同附件	覆盖企业数	覆盖女职工
	份	个	人	份	份	个	人	份	份	个	人	份	份	个	人
集体企业(2)		2871	82124			1445	54920			1219	19199			207	8005
私营企业(3)		116084	1059931			10282	344743			98715	633833			7087	81355
港澳台、外商投资企业(4)		11087	420134			3632	269196			7207	127773			248	23165
其他(5)		11662	267777			1661	143256			9023	61176			978	63345

女职工权益保护专项集体合同(二)

类　　型	集体合同中有女职工权益保护专门章节总数			单独企业签订合同			区域性合同			行业性合同		
	专章总数	覆盖企业	覆盖女职工	专章数	覆盖企业	覆盖女职工	专章数	覆盖企业数	覆盖女职工	专章数	覆盖企业数	覆盖女职工
	份	个	人	份	个	人	份	个	人	份	个	人
总计(0)	**2477**	**9937**	**290641**	**2408**	**2408**	**210069**	**53**	**7392**	**66014**	**16**	**137**	**14558**
国有企业及国有独资公司(1)		478	47109		382	38030					96	9079
集体企业(2)		282	14911		268	13468		14	1443			
私营企业(3)		8580	175164		1539	117707		7041	57457			
港澳台、外商投资企业(4)		501	38420		161	31508		322	6400		18	512
其他(5)		96	15037		58	9356		15	714		23	4967

工 会 民 主 管 理 工 作 (一)

所 在 行 业	建立职代会制度情况		本年度召开过职代会(包括职工大会)	职代会职工代表(建立职工大会制单位不填)	女性	工会所在单位实行厂务公开
	建立职代会制度	建立了职工大会制度				
	个	个	个	人	人	个
总计	**16891**	**27851**	**39417**	**631881**	**245340**	**46533**
按国民经济行业分组						
(01)农、林、牧、渔业	225	335	521	8689	2875	580
(02)采矿业	29	24	47	2058	355	53
(03)制造业	6233	9119	13984	245239	93673	15854
(04)电力、燃气及水的生产和供应业	226	199	363	10287	2629	444
(05)建筑业	599	1005	1404	23727	5165	1696
(06)交通运输、仓储及邮政业	742	875	1368	32289	8014	1693

续　表

所在行业	建立职代会制度情况		本年度召开过职代会(包括职工大会)	职代会职工代表(建立职工大会制单位不填)	女性	工会所在单位实行厂务公开
	建立职代会制度	建立了职工大会制度				
	个	个	个	人	人	个
(07)信息传输、计算机服务和软件业	333	996	1117	13199	5067	1400
(08)批发和零售业	1188	3021	3669	37932	14609	4512
(09)住宿和餐饮业	984	1574	1932	22176	9655	2677
(10)金融业	168	287	363	7559	3315	470
(11)房地产业	349	850	1084	11291	3562	1218
(12)租赁和商务服务业	740	2238	2564	29339	11322	3091
(13)科学研究、技术服务和地质勘查业	211	481	554	8798	2854	746
(14)水利、环境和公共设施管理业	269	454	647	8553	2799	750
(15)居民服务和其他服务业	2007	2936	4159	73072	27764	5158
(16)教育	1240	1315	2484	45653	27041	2590
(17)卫生、社会保障和社会福利业	506	477	922	22114	12536	1001
(18)文化、体育和娱乐业	219	607	712	5862	2236	844
(19)公共管理和社会组织	623	1058	1523	24044	9869	1756
按经济类型分组						
(110)国有企业(仅指非公司制企业)	1165	857	1886	48685	13102	2047
(120)集体企业	806	1358	2029	28313	10618	2203
(130)股份合作企业	631	506	745	11858	4704	1157
(140)联营企业	22	36	46	938	362	58
(151)国有独资公司	297	301	531	14066	3767	603
(159)其他有限责任公司	1015	1614	2347	38623	12069	2696
(161)股份有限公司中的国有控股公司	503	216	655	28913	8263	724
(169)其他股份有限公司	223	317	491	10611	3721	591
(170)私营企业	6794	15467	19256	225366	85268	23308
(190)其他内资企业	161	403	510	7168	2570	622
(200)港澳台商投资企业	874	1237	1845	36047	14145	2194
(300)外商投资企业	2001	2635	4016	96330	41795	4884
(401)财政拨款的事业单位	1598	1945	3416	59329	32816	3604
(402)其他事业单位	547	594	1082	19458	9656	1200
(500)机关	3	80	83	69	10	84
(600)个体经济组织	251	285	479	6107	2474	558

工会民主管理工作(二)

所在行业	工会所在单位建立董事会涵盖单位	董事	职工董事	女性	工会主席或副主席进入了董事会	工会所在单位建立监事会涵盖单位	监事	职工监事	女性	工会主席或副主席进入监事会
	个	人	人	人	人	个	人	人	人	个
总计	**5140**	**20488**	**2136**	**705**	**1344**	**3484**	**7117**	**1973**	**701**	**871**
按国民经济行业分组										
(01)农、林、牧、渔业	47	186	20	7	14	30	58	14	4	6
(02)采矿业	6	37	2	1		5	14	3	1	
(03)制造业	1936	7303	596	232	437	1005	2365	581	261	313
(04)电力、燃气及水的生产和供应业	59	309	26	5	14	46	123	33	10	19
(05)建筑业	464	1252	175	31	122	238	540	179	52	67
(06)交通运输、仓储及邮政业	276	1313	89	20	88	189	411	97	20	57
(07)信息传输、计算机服务和软件业	172	1008	63	23	35	120	289	76	26	31
(08)批发和零售业	532	1950	216	55	129	414	699	223	59	99
(09)住宿和餐饮业	152	624	88	17	38	103	224	69	21	32
(10)金融业	114	791	45	8	16	90	309	97	29	19
(11)房地产业	378	1533	180	54	107	324	654	186	57	63
(12)租赁和商务服务业	361	1217	171	49	122	288	529	150	58	61
(13)科学研究、技术服务和地质勘查业	77	375	24	5	21	56	130	28	8	16
(14)水利、环境和公共设施管理业	89	280	38	11	30	50	121	28	6	7
(15)居民服务和其他服务业	235	1010	180	42	102	232	305	104	31	48
(16)教育	144	855	176	134	51	68	153	62	46	18
(17)卫生、社会保障和社会福利业	19	81	11	3	8	11	29	7	1	4
(18)文化、体育和娱乐业	66	311	25	8	5	44	144	30	10	8
(19)公共管理和社会组织	13	53	11		5	171	20	6	1	3
按经济类型分组										
(110)国有企业(仅指非公司制企业)	25	94	54			30	66	39		
(120)集体企业	206	827	120	24	98	168	357	101	34	39
(130)股份合作企业	205	1021	145	50	90	159	341	116	30	61
(140)联营企业	10	49	2		3	4	8			
(151)国有独资公司	271	1116	128	46	70	246	569	159	64	72
(159)其他有限责任公司	1114	4692	425	116	309	905	1811	475	158	219

续 表

所在行业	工会所在单位建立董事会涵盖单位	董事	职工董事	女性	工会主席或副主席进入了董事会	工会所在单位建立监事会涵盖单位	监事	职工监事	女性	工会主席或副主席进入监事会
	个	人	人	人	人	个	人	人	人	个
(161)股份有限公司中的国有控股公司	382	2158	128	35	85	335	987	279	83	133
(169)其他股份有限公司	246	1159	172	98	67	167	433	140	61	55
(170)私营企业	1465	3917	685	228	441	954	1392	468	174	207
(190)其他内资企业	64	413	38	23	16	38	50	11	7	5
(200)港澳台商投资企业	332	1604	71	32	59	178	424	65	34	31
(300)外商投资企业	820	3438	168	53	106	300	679	120	56	49
(401)财政拨款的事业单位										
(402)其他事业单位										
(500)机关										
(600)个体经济组织										

工会劳动保护工作(一)

所在行业	工会建立劳动保护监督检查委员会	工会建立分公司、分厂、车间一级工会劳动保护监督检查委员会	工会小组劳动保护检查员	本年度本级工会劳动保护监督组织受理举报案件	提请劳动安全卫生监督部门处理案件
	个	个	人	件	件
总计	**15786**	**26730**	**78638**	**290**	**75**
按国民经济行业分组					
(01)农、林、牧、渔业	248	307	811		
(02)采矿业	39	209	822		
(03)制造业	7015	10473	35209	174	66
(04)电力、燃气及水的生产和供应业	221	517	3150	2	
(05)建筑业	685	1740	5025	9	2
(06)交通运输、仓储及邮政业	670	1658	8138		
(07)信息传输、计算机服务和软件业	278	234	1583	2	
(08)批发和零售业	1004	4113	5617	10	1
(09)住宿和餐饮业	548	423	1525	6	2
(10)金融业	78	89	132		

续 表

所在行业	工会建立劳动保护监督检查委员会	工会建立分公司、分厂、车间一级工会劳动保护监督检查委员会	工会小组劳动保护检查员	本年度本级工会劳动保护监督组织受理举报案件	提请劳动安全卫生监督部门处理案件
	个	个	人	件	件
(11)房地产业	412	191	862	6	
(12)租赁和商务服务业	780	2844	3846	27	2
(13)科学研究、技术服务和地质勘查业	195	271	985	1	
(14)水利、环境和公共设施管理业	305	287	1034	12	
(15)居民服务和其他服务业	1377	1299	3030	6	
(16)教育	751	431	1581		
(17)卫生、社会保障和社会福利业	455	494	2876	7	2
(18)文化、体育和娱乐业	207	69	355		
(19)公共管理和社会组织	518	1081	2057	28	
按经济类型分组					
(110)国有企业(仅指非公司制企业)	1192	2893	15030	4	
(120)集体企业	899	800	2338	44	2
(130)股份合作企业	322	256	809	11	1
(140)联营企业	27	406	446		
(151)国有独资公司	281	920	6537	4	2
(159)其他有限责任公司	1164	4949	9821	34	3
(161)股份有限公司中的国有控股公司	415	1629	11129		
(169)其他股份有限公司	217	165	1076	1	
(170)私营企业	6862	8358	15942	61	6
(190)其他内资企业	244	63	380	4	2
(200)港澳台商投资企业	835	948	2725	16	4
(300)外商投资企业	1613	3081	5728	101	55
(401)财政拨款的事业单位	1119	850	3846	3	
(402)其他事业单位	424	370	2238	7	
(500)机关					
(600)个体经济组织	172	1042	593		

工会劳动保护工作（二）

所在行业	本年度工会参加安全生产检查	本年度工会参加处理工伤事故	本年度工会参加“三同时”审查验收项目	女职工劳动保护	
				执行禁止安排女职工从事矿山井下及第四级体力劳动强度等有关规定	执行女职工在孕期、产期、哺乳期享有特殊待遇的有关规定
	次	件	项	个	个
总计	**185125**	**2551**	**1911**	**54359**	**54358**
按国民经济行业分组					
（01）农、林、牧、渔业	2758	25	33	610	610
（02）采矿业	333	6	14	64	64
（03）制造业	76829	1458	856	18201	18201
（04）电力、燃气及水的生产和供应业	3151	46	64	459	459
（05）建筑业	7354	70	262	2017	2017
（06）交通运输、仓储及邮政业	11610	290	85	1919	1917
（07）信息传输、计算机服务和软件业	2697	24	13	1633	1633
（08）批发和零售业	11762	86	105	5715	5715
（09）住宿和餐饮业	7608	63	36	3199	3199
（10）金融业	364	1	10	569	569
（11）房地产业	3959	31	46	1361	1361
（12）租赁和商务服务业	11936	21	51	3639	3640
（13）科学研究、技术服务和地质勘查业	1784	20	44	850	850
（14）水利、环境和公共设施管理业	3684	59	56	822	822
（15）居民服务和其他服务业	15136	99	105	6342	6342
（16）教育	10154	93	41	2730	2730
（17）卫生、社会保障和社会福利业	5736	120	68	1133	1133
（18）文化、体育和娱乐业	2033	13	8	988	988
（19）公共管理和社会组织	6237	26	14	2108	2108
按经济类型分组					
（110）国有企业（仅指非公司制企业）	24491	360	313	2142	2142
（120）集体企业	8979	168	53	2300	2300
（130）股份合作企业	3001	69	125	1245	1245
（140）联营企业	337	2	1	66	66

续 表

所在行业	本年度工会参加安全生产检查	本年度工会参加处理工伤事故	本年度工会参加“三同时”审查验收项目	女职工劳动保护	
				执行禁止安排女职工从事矿山井下及第四级体力劳动强度等有关规定	执行女职工在孕期、产期、哺乳期享有特殊待遇的有关规定
	次	件	项	个	个
(151)国有独资公司	9394	162	80	623	623
(159)其他有限责任公司	13710	309	235	3114	3114
(161)股份有限公司中的国有控股公司	8138	190	227	762	762
(169)其他股份有限公司	1688	56	18	653	653
(170)私营企业	62010	377	432	28089	28089
(190)其他内资企业	1074	5	2	786	786
(200)港澳台商投资企业	9202	168	38	2660	2659
(300)外商投资企业	19000	427	159	5765	5765
(401)财政拨款的事业单位	17201	200	149	4012	4012
(402)其他事业单位	3610	58	75	1322	1322
(500)机关				7	7
(600)个体经济组织	3290		4	813	813

工会法律工作(一)

所在行业	建立工会劳动法律监督组织	工会劳动法律监督员	本年度工会劳动法律监督组织受理违法、违规案件	本组织自行处理的案件	工会所在单位建立了劳动争议调解委员会	劳动争议调解委员会委员	劳动争议调解委员会中工会成员(职工代表)
	个	人	件	件	个	人	人
总计	**9384**	**21122**	**265**	**164**	**32121**	**104212**	**51271**
按国民经济行业分组							
(01)农、林、牧、渔业	132	309	3		328	1059	528
(02)采矿业	26	215			45	202	100
(03)制造业	3713	8165	148	100	11698	37453	18217
(04)电力、燃气及水的生产和供应业	83	237			275	1176	670
(05)建筑业	439	1374	2	1	1355	4735	2352
(06)交通运输、仓储及邮政业	396	1393	3	2	916	3550	1873
(07)信息传输、计算机服务和软件业	215	335	4	1	917	2901	1461
(08)批发和零售业	664	1127	17	13	2772	8124	3894

续　表

所在行业	建立工会劳动法律监督组织	工会劳动法律监督员	本年度工会劳动法律监督组织受理违法、违规案件	本组织自行处理的案件	工会所在单位建立了劳动争议调解委员会	劳动争议调解委员会委员	劳动争议调解委员会中工会成员(职工代表)
	个	人	件	件	个	人	人
(09)住宿和餐饮业	355	607	14	10	1800	5358	2550
(10)金融业	77	129	1		249	860	456
(11)房地产业	274	482	1		816	2508	1290
(12)租赁和商务服务业	499	811	18	9	2005	6451	3062
(13)科学研究、技术服务和地质勘查业	132	254	1		418	1514	804
(14)水利、环境和公共设施管理业	165	441	2	1	501	1604	778
(15)居民服务和其他服务业	972	1679	34	25	3809	11543	5518
(16)教育	488	1283	11	2	1691	6559	3380
(17)卫生、社会保障和社会福利业	275	1085	3		748	2986	1695
(18)文化、体育和娱乐业	149	208	1		490	1587	746
(19)公共管理和社会组织	330	988	2		1288	4042	1897
按经济类型分组							
(110)国有企业(仅指非公司制企业)	712	2132	26	11	1416	5667	3125
(120)集体企业	495	929	19	6	1680	5291	2605
(130)股份合作企业	179	545	4	2	535	1672	782
(140)联营企业	18	392			40	146	85
(151)国有独资公司	184	668	6	1	356	1525	834
(159)其他有限责任公司	730	1639	25	21	1579	5466	2786
(161)股份有限公司中的国有控股公司	261	1367			466	2373	1337
(169)其他股份有限公司	100	287			429	1454	714
(170)私营企业	4011	7249	103	68	16354	49312	23171
(190)其他内资企业	67	95			382	1133	529
(200)港澳台商投资企业	496	811	27	23	1721	5614	2800
(300)外商投资企业	974	1665	39	29	3704	11810	5926
(401)财政拨款的事业单位	745	2350	11	2	2201	8347	4370
(402)其他事业单位	300	833	3		728	2776	1478
(500)机关					183	551	240
(600)个体经济组织	112	160	2	1	347	1075	489

工会法律工作（二）

所在行业	本年度劳动争议调解委员会受理劳动争议	集体劳动争议	本年度劳动争议调解委员会调解成功劳动争议	集体劳动争议
	件	件	件	件
总计	**2664**	**60**	**1098**	**43**
按国民经济行业分组				
(01)农、林、牧、渔业	207		7	
(02)采矿业	6		6	
(03)制造业	1204	30	615	27
(04)电力、燃气及水的生产和供应业	4		1	
(05)建筑业	296	5	52	5
(06)交通运输、仓储及邮政业	370	3	107	1
(07)信息传输、计算机服务和软件业	35		15	
(08)批发和零售业	122	1	119	1
(09)住宿和餐饮业	43	12	31	1
(10)金融业	40		18	
(11)房地产业	28			
(12)租赁和商务服务业	65	3	59	3
(13)科学研究、技术服务和地质勘查业	7		1	
(14)水利、环境和公共设施管理业	32	1	2	1
(15)居民服务和其他服务业	54	1	21	1
(16)教育	75		13	
(17)卫生、社会保障和社会福利业	33		9	
(18)文化、体育和娱乐业	3		1	
(19)公共管理和社会组织	40	4	21	3
按经济类型分组				
(110)国有企业(仅指非公司制企业)	163	3	26	3
(120)集体企业	235	5	198	5
(130)股份合作企业	16	5	6	3
(140)联营企业	8			
(151)国有独资公司	127	10	107	10
(159)其他有限责任公司	416	4	132	4

续 表

所在行业	本年度劳动争议调解委员会受理劳动争议	集体劳动争议	本年度劳动争议调解委员会调解成功劳动争议	集体劳动争议
	件	件	件	件
(161)股份有限公司中的国有控股公司	206	1	17	1
(169)其他股份有限公司	245	1	3	
(170)私营企业	820	14	456	12
(190)其他内资企业	3		3	
(200)港澳台商投资企业	99	13	20	1
(300)外商投资企业	198	4	93	4
(401)财政拨款的事业单位	92		13	
(402)其他事业单位	22		14	
(500)机关				
(600)个体经济组织	14		10	

工会法律工作(三)

所在行业	受理的劳动争议案件按引发原因分类									
	变更、解除、终止、续订劳动合同	除名、辞退职工与职工自动离职、辞职	劳动报酬	保险福利	工作时间和休息休假	劳动安全卫生	职业培训	未成年工	女职工特殊保护	其他原因
	件	件	件	件	件	件	件	件	件	件
总计	**1143**	**497**	**401**	**168**	**68**	**40**	**36**	**1**	**2**	**308**
按国民经济行业分组										
(01)农、林、牧、渔业	134	67		1		3				2
(02)采矿业		4	1							1
(03)制造业	337	245	265	86	47	31	4		1	188
(04)电力、燃气及水的生产和供应业	1	2	1							
(05)建筑业	194	53	15	2	4	2	2		1	23
(06)交通运输、仓储及邮政业	243	30	48	42						7
(07)信息传输、计算机服务和软件业	14	16	3							2
(08)批发和零售业	73	20	13	14	1					1

续 表

所在行业	受理的劳动争议案件按引发原因分类									
	变更、解除、终止、续订劳动合同	除名、辞退职工与职工自动离职、辞职	劳动报酬	保险福利	工作时间和休息休假	劳动安全卫生	职业培训	未成年工	女职工特殊保护	其他原因
	件	件	件	件	件	件	件	件	件	件
(09)住宿和餐饮业	9	17	2	2	2					11
(10)金融业	3	5	6	7			16			3
(11)房地产业	19	6	1							2
(12)租赁和商务服务业	6	8	10	1	1	2	1	1		35
(13)科学研究、技术服务和地质勘查业	3	2	1							1
(14)水利、环境和公共设施管理业	30	2								
(15)居民服务和其他服务业	8	4	17	10	8	1	3			3
(16)教育	49	6	6				4			10
(17)卫生、社会保障和社会福利业	8	4	2	2	3	1	6			7
(18)文化、体育和娱乐业	1	1								1
(19)公共管理和社会组织	11	5	10	1	2					11
按经济类型分组										
(110)国有企业(仅指非公司制企业)	107	20	7	3			16			10
(120)集体企业	12	21	124	12	16	6	4	1		39
(130)股份合作企业	5	1	5		1	2				2
(140)联营企业	1	1	3	1	1	1				
(151)国有独资公司	33	41	25	11	3	12				2
(159)其他有限责任公司	245	124	18	12	11					6
(161)股份有限公司中的国有控股公司	145	51	5	1						4
(169)其他股份有限公司	227	7					4			7
(170)私营企业	201	147	161	105	21	13	5		2	165
(190)其他内资企业		1								2
(200)港澳台商投资企业	47	40	5	3						4
(300)外商投资企业	53	29	37	14	14	6	1			44
(401)财政拨款的事业单位	57	11	7		1		6			10
(402)其他事业单位	9	1	4	4						4
(500)机关										
(600)个体经济组织	1	2		2						9

工会经济技术工作(一)

所在行业	开展劳动竞赛的基层工会	本年度参加劳动竞赛职工	本年度职工提出合理化建议	本年度已实施合理化建议	本年度技术革新项目	本年度职工发明创造项目
	个	人次	件	件	项	项
总计	**12200**	**2391598**	**1715347**	**1140152**	**20634**	**10382**
按国民经济行业分组						
(01)农、林、牧、渔业	168	23497	1189	214	37	13
(02)采矿业	34	33225	35247	20125	887	199
(03)制造业	3503	712739	1612276	1098864	17657	8868
(04)电力、燃气及水的生产和供应业	244	58646	5202	1099	246	87
(05)建筑业	543	162228	3754	1856	499	199
(06)交通运输、仓储及邮政业	680	467378	18186	7200	333	70
(07)信息传输、计算机服务和软件业	239	85382	7334	461	128	63
(08)批发和零售业	887	179651	6175	588	20	7
(09)住宿和餐饮业	809	102779	8198	3866	6	
(10)金融业	107	66517	768	360	17	39
(11)房地产业	407	27290	1883	687	11	2
(12)租赁和商务服务业	619	48724	1587	311	7	1
(13)科学研究、技术服务和地质勘查业	153	22848	1907	394	249	435
(14)水利、环境和公共设施管理业	338	46029	1895	633	157	26
(15)居民服务和其他服务业	748	65924	2730	1439	51	
(16)教育	1576	107372	3613	1085	18	67
(17)卫生、社会保障和社会福利业	561	126159	1445	596	297	304
(18)文化、体育和娱乐业	248	23739	1473	115	4	2
(19)公共管理和社会组织	336	31471	485	259	10	
按经济类型分组						
(110)国有企业(仅指非公司制企业)	1289	462104	241439	142399	7789	584
(120)集体企业	549	32465	2060	583	96	23
(130)股份合作企业	570	61729	1453	760	145	35
(140)联营企业	22	5761	142	64	14	3
(151)国有独资公司	364	202230	37952	23238	648	164
(159)其他有限责任公司	988	198909	41642	19583	873	134

续 表

所在行业	开展劳动竞赛的基层工会	本年度参加劳动竞赛职工	本年度职工提出合理化建议	本年度已实施合理化建议	本年度技术革新项目	本年度职工发明创造项目
	个	人次	件	件	项	项
(161)股份有限公司中的国有控股公司	501	447462	113093	67323	7832	7432
(169)其他股份有限公司	183	47214	7650	6154	207	253
(170)私营企业	3279	284134	6913	2606	466	139
(190)其他内资企业	60	3497	190	163	1	1
(200)港澳台商投资企业	499	97706	20164	10567	345	99
(300)外商投资企业	1185	258814	1235954	864605	1427	654
(401)财政拨款的事业单位	2147	203193	5087	1594	291	405
(402)其他事业单位	477	78529	1588	501	500	456
(500)机关	21	105				
(600)个体经济组织	66	7746	20	12		

工会经济技术工作(二)

所在行业	本年度荣获国家专利项目	本年度推广先进操作法项目	聘用职工节能减排义务监督员	建有职工技协组织	技协会员
	项	项	人	个	人
总计	**7755**	**2577**	**5783**	**675**	**76149**
按国民经济行业分组					
(01)农、林、牧、渔业	14	17	16	6	420
(02)采矿业	12	88	25	2	165
(03)制造业	4601	1615	1846	158	10603
(04)电力、燃气及水的生产和供应业	432	67	317	46	9574
(05)建筑业	365	238	371	60	3728
(06)交通运输、仓储及邮政业	97	135	398	71	22465
(07)信息传输、计算机服务和软件业	259	37	205	21	3259
(08)批发和零售业	4	50	578	10	148
(09)住宿和餐饮业		15	200	5	92
(10)金融业	11	63	1	7	849

续　表

所在行业	本年度荣获国家专利项目	本年度推广先进操作法项目	聘用职工节能减排义务监督员	建有职工技协组织	技协会员
	项	项	人	个	人
（11）房地产业	1	26	66	62	2183
（12）租赁和商务服务业	18	1	579	11	262
（13）科学研究、技术服务和地质勘查业	803	8	61	40	6441
（14）水利、环境和公共设施管理业	29	29	70	67	5041
（15）居民服务和其他服务业		24	292	24	988
（16）教育	879	37	273	14	596
（17）卫生、社会保障和社会福利业	223	116	446	50	8656
（18）文化、体育和娱乐业	7	7	19	10	376
（19）公共管理和社会组织		4	20	11	303
按经济类型分组					
（110）国有企业（仅指非公司制企业）	1497	629	965	166	30770
（120）集体企业	34	53	111	10	1003
（130）股份合作企业	61	20	25	11	132
（140）联营企业	3	6	1		
（151）国有独资公司	387	177	667	50	7265
（159）其他有限责任公司	1031	165	320	67	2979
（161）股份有限公司中的国有控股公司	1094	420	694	83	13473
（169）其他股份有限公司	83	42	31	6	92
（170）私营企业	315	164	1009	46	1052
（190）其他内资企业	2	1	1	1	66
（200）港澳台商投资企业	434	397	108	13	389
（300）外商投资企业	941	283	363	30	1202
（401）财政拨款的事业单位	1424	144	540	132	12049
（402）其他事业单位	449	76	429	60	5677
（500）机关					
（600）个体经济组织			519		

职工文化体育工作

所在行业	工会直属文化宫、俱乐部	工会直属体育场(馆)	工会直属图书馆(藏书1万册以上)
	个	个	个
总计	**541**	**240**	**449**
按国民经济行业分组			
(01)农、林、牧、渔业	5	1	10
(02)采矿业	4	7	8
(03)制造业	117	83	112
(04)电力、燃气及水的生产和供应业	25	9	13
(05)建筑业	24	4	18
(06)交通运输、仓储及邮政业	32	11	28
(07)信息传输、计算机服务和软件业	24	2	6
(08)批发和零售业	16		8
(09)住宿和餐饮业	22	3	4
(10)金融业	10	7	8
(11)房地产业	11	4	5
(12)租赁和商务服务业	3	3	9
(13)科学研究、技术服务和地质勘查业	15	5	9
(14)水利、环境和公共设施管理业	19	2	19
(15)居民服务和其他服务业	28	8	29
(16)教育	96	51	67
(17)卫生、社会保障和社会福利业	28	11	26
(18)文化、体育和娱乐业	20	5	16
(19)公共管理和社会组织	42	24	54
按经济类型分组			
(110)国有企业(仅指非公司制企业)	75	23	59
(120)集体企业	6	9	23
(130)股份合作企业	5	3	12
(140)联营企业	1	2	
(151)国有独资公司	31	5	15
(159)其他有限责任公司	32	12	25
(161)股份有限公司中的国有控股公司	31	18	35
(169)其他股份有限公司	5	1	8
(170)私营企业	91	41	39
(190)其他内资企业	5		2

续 表

所 在 行 业	工会直属文化宫、俱乐部	工会直属体育场(馆)	工会直属图书馆(藏书1万册以上)
	个	个	个
(200)港澳台商投资企业	20	15	11
(300)外商投资企业	48	23	34
(401)财政拨款的事业单位	114	55	106
(402)其他事业单位	38	15	36
(500)机关	33	17	42
(600)个体经济组织	6	1	2

工会经审工作

所 在 行 业	建立工会经费审查组织	工会经费审查组织开展本级经费年度预、决算审查
	个	个
总计	**50484**	**34947**
按国民经济行业分组		
(01)农、林、牧、渔业	527	409
(02)采矿业	62	51
(03)制造业	16284	11684
(04)电力、燃气及水的生产和供应业	430	355
(05)建筑业	1813	1159
(06)交通运输、仓储及邮政业	1760	1262
(07)信息传输、计算机服务和软件业	1531	896
(08)批发和零售业	5143	2892
(09)住宿和餐饮业	3033	1957
(10)金融业	554	457
(11)房地产业	1260	974
(12)租赁和商务服务业	3381	2085
(13)科学研究、技术服务和地质勘查业	735	501
(14)水利、环境和公共设施管理业	813	619
(15)居民服务和其他服务业	5804	3653
(16)教育	2706	2530
(17)卫生、社会保障和社会福利业	1102	878
(18)文化、体育和娱乐业	930	669

续 表

所 在 行 业	建立工会经费审查组织	工会经费审查组织开展本级经费年度预、决算审查
	个	个
(19)公共管理和社会组织	2616	1916
按经济类型分组		
(110)国有企业(仅指非公司制企业)	1963	1720
(120)集体企业	1971	1476
(130)股份合作企业	1096	897
(140)联营企业	57	42
(151)国有独资公司	576	518
(159)其他有限责任公司	2857	2236
(161)股份有限公司中的国有控股公司	734	683
(169)其他股份有限公司	628	387
(170)私营企业	25442	16008
(190)其他内资企业	748	377
(200)港澳台商投资企业	2309	1527
(300)外商投资企业	5254	3377
(401)财政拨款的事业单位	3786	3466
(402)其他事业单位	1254	1022
(500)机关	1177	913
(600)个体经济组织	632	298

保障政策文件选编

关于调整本市因工死亡人员供养亲属抚恤金标准的通知

为保障因工死亡人员供养亲属的基本生活,经市政府同意,现对本市2011年12月31日前因工死亡人员供养亲属抚恤金标准进行调整,具体通知如下:

一、因工死亡人员供养亲属抚恤金在目前享受的标准基础上,每人每月增加106元。

二、由工伤保险基金支付抚恤金的供养亲属,其按本通知规定调整后增加的费用,由工伤保险基金支付。

三、原由用人单位支付抚恤金的老工伤人员的供养亲属纳入工伤保险统筹管理后,其按本通知规定增加的费用,由工伤保险基金支付。

四、本通知自2012年4月1日起施行。

上海市人力资源和社会保障局

二〇一二年三月三十日

附　　录

Appendix

2013

全国人民代表大会常务委员会关于修改《中华人民共和国劳动合同法》的决定

2012年12月28日第十一届全国人民代表大会常务委员会第三十次会议通过

第十一届全国人民代表大会常务委员会第三十次会议决定对《中华人民共和国劳动合同法》作如下修改

一、将第五十七条修改为："经营劳务派遣业务应当具备下列条件：

（一）注册资本不得少于人民币二百万元；

（二）有与开展业务相适应的固定的经营场所和设施；

（三）有符合法律、行政法规规定的劳务派遣管理制度；

（四）法律、行政法规规定的其他条件。

"经营劳务派遣业务，应当向劳动行政部门依法申请行政许可；经许可的，依法办理相应的公司登记。未经许可，任何单位和个人不得经营劳务派遣业务。"

二、将第六十三条修改为："被派遣劳动者享有与用工单位的劳动者同工同酬的权利。用工单位应当按照同工同酬原则，对被派遣劳动者与本单位同类岗位的劳动者实行相同的劳动报酬分配办法。用工单位无同类岗位劳动者的，参照用工单位所在地相同或者相近岗位劳动者的劳动报酬确定。

"劳务派遣单位与被派遣劳动者订立的劳动合同和与用工单位订立的劳务派遣协议，载明或者约定的向被派遣劳动者支付的劳动报酬应当符合前款规定。"

三、将第六十六条修改为："劳动合同用工是我国的企业基本用工形式。劳务派遣用工是补充形式，只能在临时性、辅助性或者替代性的工作岗位上实施。

"前款规定的临时性工作岗位是指存续时间不超过六个月的岗位；辅助性工作岗位是指为主营业务岗位提供服务的非主营业务岗位；替代性工作岗位是指用工单位的劳动者因脱产学习、休假等原因无法工作的一定期间内，可以由其他劳动者替代工作的岗位。

"用工单位应当严格控制劳务派遣用工数量，不得超过其用工总量的一定比例，具体比例由国务院劳动行政部门规定。"

四、将第九十二条修改为："违反本法规定，未经许可，擅自经营劳务派遣业务的，由劳动行政部门责令停止违法行为，没收违法所得，并处违法所得一倍以上五倍以下的罚款；没有违法所得的，可以处五万元以下的罚款。

"劳务派遣单位、用工单位违反本法有关劳务派遣规定的，由劳动行政部门责令限期改正；逾期不改正的，以每人五千元以上一万元以下的标准处以罚款，对劳务派遣单位，吊销其劳务派遣业务经营许可证。用工单位给被派遣劳动者造成损害的，劳务派遣单位与用工单位承担连带赔偿责任。"

本决定自2013年7月1日起施行。

本决定公布前已依法订立的劳动合同和劳务派遣协议继续履行至期限届满，但是劳动合同和劳务派遣协议的内容不符合本决定关于按照同工同酬原则实行相同的劳动报酬分配办法的规定的，应当依照本决定进行调整；本决定施行前经营劳务派遣业务的单位，应当在本决定施行之日起一年内依法取得行政许可并办理公司变更登记，方可经营新的劳务派遣业务。具体办法由国务院劳动行政部门会同国务院有关部门规定。

《中华人民共和国劳动合同法》根据本决定作相应修改，重新公布。

最高人民法院关于审理拒不支付劳动报酬刑事案件适用法律若干问题的解释

为依法惩治拒不支付劳动报酬犯罪，维护劳动者的合法权益，根据《中华人民共和国刑法》有关规定，现就办理此类刑事案件适用法律的若干问题解释如下：

第一条　劳动者依照《中华人民共和国劳动法》和《中华人民共和国劳动合同法》等法律的规定应得的劳动报酬，包括工资、奖金、津贴、补贴、延长工作时间的工资报酬及特殊情况下支付的工资等，应当认定为刑法第二百七十六条之一第一款规定的"劳动者的劳动报酬"。

第二条　以逃避支付劳动者的劳动报酬为目的，具有下列情形之一的，应当认定为刑法第二百七十六条之一第一款规定的“以转移财产、逃匿等方法逃避支付劳动者的劳动报酬”：

（一）隐匿财产、恶意清偿、虚构债务、虚假破产、虚假倒闭或者以其他方法转移、处分财产的；

（二）逃跑、藏匿的；

（三）隐匿、销毁或者篡改账目、职工名册、工资支付记录、考勤记录等与劳动报酬相关的材料的；

（四）以其他方法逃避支付劳动报酬的。

第三条　具有下列情形之一的，应当认定为刑法第二百七十六条之一第一款规定的“数额较大”：

（一）拒不支付一名劳动者三个月以上的劳动报酬且数额在五千元至二万元以上的；

（二）拒不支付十名以上劳动者的劳动报酬且数额累计在三万元至十万元以上的。

各省、自治区、直辖市高级人民法院可以根据本地区经济社会发展状况，在前款规定的数额幅度内，研究确定本地区执行的具体数额标准，报最高人民法院备案。

第四条　经人力资源社会保障部门或者政府其他有关部门依法以限期整改指令书、行政处理决定书等文书责令支付劳动者的劳动报酬后，在指定的期限内仍不支付的，应当认定为刑法第二百七十六条之一第一款规定的“经政府有关部门责令支付仍不支付”，但有证据证明行为人有正当理由未知悉责令支付或者未及时支付劳动报酬的除外。

行为人逃匿，无法将责令支付文书送交其本人、同住成年家属或者所在单位负责收件的人的，如果有关部门已通过在行为人的住所地、生产经营场所等地张贴责令支付文书等方式责令支付，并采用拍照、录像等方式记录的，应当视为“经政府有关部门责令支付”。

第五条　拒不支付劳动者的劳动报酬，符合本解释第三条的规定，并具有下列情形之一的，应当认定为刑法第二百七十六条之一第一款规定的“造成严重后果”：

（一）造成劳动者或者其被赡养人、被扶养人、被抚养人的基本生活受到严重影响、重大疾病无法及时医治或者失学的；

（二）对要求支付劳动报酬的劳动者使用暴力或者进行暴力威胁的；

（三）造成其他严重后果的。

第六条　拒不支付劳动者的劳动报酬，尚未造成严重后果，在刑事立案前支付劳动者的劳动报酬，并依法承担相应赔偿责任的，可以认定为情节显著轻微危害不大，不认为是犯罪；在提起公诉前支付劳动者的劳动报酬，并依法承担相应赔偿责任的，可以减轻或者免除刑事处罚；在一审宣判前支付劳动者的劳动报酬，并依法承担相应赔偿责任的，可以从轻处罚。

对于免除刑事处罚的，可以根据案件的不同情况，予以训诫、责令具结悔过或者赔礼道歉。

拒不支付劳动者的劳动报酬，造成严重后果，但在宣判前支付劳动者的劳动报酬，并依法承担相应赔偿责任的，可以酌情从宽处罚。

第七条　不具备用工主体资格的单位或者个人，违法用工且拒不支付劳动者的劳动报酬，数额较大，经政府有关部门责令支付仍不支付的，应当依照刑法第二百七十六条之一的规定，以拒不支付劳动报酬罪追究刑事责任。

第八条　用人单位的实际控制人实施拒不支付劳动报酬行为，构成犯罪的，应当依照刑法第二百七十六条之一的规定追究刑事责任。

第九条　单位拒不支付劳动报酬，构成犯罪的，依照本解释规定的相应个人犯罪的定罪量刑标准，对直接负责的主管人员和其他直接责任人员定罪处罚，并对单位判处罚金。

上海工会推动和谐劳动关系建设行动计划
（2012—2013年）

为认真贯彻全国构建和谐劳动关系先进表彰暨经验交流会和上海市加强和谐劳动关系建设工作会议精神，按照市委和全总有关加强和谐劳动关系建设的要求，结合本市工会工作实际，制定本行动计划。

一、指导思想

以邓小平理论、“三个代表”重要思想和科学发展观为指导，以服务上海经济社会发展大局、切实履行工会维护职能、发挥工会在加强和创新社会管理中的应有作用为职责，以进一步加强协调劳动关系制度建设、努力解决职工“三最”利益问题、推动解决影响劳动关系稳定的突出问题为着力点，以开展劳动关系和谐企业与工业园区创建活动、引导企业关注职工满意度、提高职工对企业的凝聚力和向心力为抓手，立足基层，突出重点，切实发挥工会在构建规范有序、公正合理、互利共赢、和谐稳定的新型劳动关系，加快实现上海创新驱动、转型发展中的积极作用。

二、工作目标

经过两年努力，上海工会要完成下列工作目标：

1. 工会组建力度不断加大，工会合力推进工作的格局进一步加强。力争全市净增企业建会单位7.7万家以上，企业建会率达到93%，女职工组织同步组建；净增工会会员84万人以上，企业职工入会率达88%。区县局（产业）和街道、乡镇工会普遍建立构建和谐劳动关系领导小组，形成各级工会推进重点突出、作用互补、机制联动的工作格局。

2. 基层企事业单位协调劳动关系制度建设良好，工会在劳动关系建立、运行、监督、调处中的作用进一步加强。推动各类企业普遍签订劳动合同。符合协商条件的已建会企业集体协商制度覆盖率达到95%，女职工专项集体合同同步实现全覆盖；工资集体协商制度覆盖率达到80%，推动市政府主管部门备案的重点监控企业职业病防治专项集体合同签约率达到60%以上。国有及其控股的企事业单位厂务公开、职代会实现普遍建制，非公企业厂务公开、职代会建制率达到80%以上；区域性、行业性职代会建制率明显提高。区县和街道乡镇普遍建立工会与政府联席会议制度。80%以上的建会企业、95%百人以上规模企业和集团公司建立劳动争议调解组织；推进中小企业建立劳动争议信息员制度。

3. 职工收入增长和帮扶力度加大，工会服务职工的能力进一步加强。健全一线职工收入增长机制，推动一线职工特别是公共服务行业一线职工的收入水平得到进一步增长，努力实现职工收入随企业经济发展同步增长。帮助20000名下岗失业人员、农民工和困难职工家庭高校毕业生实现就业；为20000名下岗、在岗职工提供技能培训。100%的区县局(产业)工会建立帮困送温暖基金，80%以上建会的规模企业和集团公司建立帮困送温暖基(资)金。社会保障覆盖范围不断扩大，工会帮扶工作常态化、长效化建设成效明显。

4. 职工综合素质不断提高，工会推进职工全面发展的作用进一步加强。"安康杯"竞赛参赛企业7500家，参赛职工220万。督促企业将60%以上的职工教育经费用于一线职工。推动70%以上的企事业单位达到学习型组织创建标准。100%的企事业单位工会每年至少开展一次职工喜闻乐见的文体活动。

5. 创建活动载体不断完善，工会在深化和谐劳动关系建设工作中的作用进一步加强。推动企事业单位普遍开展和谐劳动关系创建活动，指导帮助100家集团公司和大型企业引入职工满意度测评体系开展劳动关系和谐企业创建；树立50家劳动关系和谐工业园区、商务楼宇、村区小区和行业典型示范单位。

三、主要措施

1. 推进工会组建和有效运作

——以世界500强在沪外资企业、台资企业、民营企业以及劳务派遣企业为重点，推进企业普遍建立工会；进一步加强区域性、行业性工会组织建设，扩大对小型非公企业工会组建的覆盖面；进一步提高农民工、劳务派遣工、非在编人员的入会率。

——继续扩大工会主席直选面，推进工会代表大会代表常任制、任期制，加快工会群众化、民主化进程；继续加强社会化、职业化工会工作者队伍建设，扩大工资分级承担试点；开展教育培训、专题研讨等工作，努力提高工会干部协商谈判、民主管理、化解纠纷、思想疏导、应急处置等工作能力。

——进一步深化职工之家创建活动，坚持建会、建家和建制的有机统一，不断激发基层工会的生机和活力。

2. 全面推进集体协商机制建设

——积极推动集体协商制度纳入劳动关系三方考核指标，以社会各方资源合力推进集体协商制度建设；会商政府部门继续将工资集体协商制度覆盖职工数列入区县就业保障工作考核指标，重点加大世界500强在沪企业工资集体协商力度。

——组织开展"集体协商要约行动月"活动，重点推进本市建筑、宾馆等行业和劳动密集型企业相对集中的社区、工业园区等区域开展行业性、区域性集体协商；继续推进劳务派遣工同工同酬权利的落实，探索集体协商机制覆盖劳务派遣工的多种模式。

——加大集体协商专业队伍建设，推进建立千名街镇工会集体协商专兼职指导员队伍，强化专职指导员学习交流、考核评估等管理制度。

3. 深入开展厂务公开民主管理主题活动

——开展《上海市职工代表大会条例》执法检查和职代会专项建制行动，着力发挥工会劳动法律法规监督检查在推进职代会建制中的积极作用，重点推进世界500强在沪外资企业和民营企业建立健全职代会制度。

——继续推进职代会制度规范化运作，强化职代会职权的落实，严格规范企事业单位改革进程中的民主程序，继续推进劳务派遣工参加用工单位职代会，不断完善区域性、行业性职代会制度的推进思路和方法；提高职工董监事制度的建制率，进一步探索推进职代会制度与职工董监事制度的工作联动。

——总结推广基层企事业单位通过厂务公开民主管理融洽党群干群关系、协调利益矛盾、和谐劳动关系建设的经验，加大理论研究，进一步优化推进厂务公开民主管理的社会环境。

4. 依法规范企业劳动用工行为

——协同有关方面加强对企业在劳动合同订立、履行、变更、解除、终止等全过程的监管，指导和督促企业严格履行制定涉及职工切身利益的劳动规章制度、安排加班加点、实施裁员的法定程序。

——继续推进企业合理确定适合劳务派遣"临时性、辅助性、替代性"的岗位范围，逐步降低使用劳务派遣工比例，建立劳务派遣工转为劳动合同工的机制。

——依法开展工会劳动保护监督检查，推进实施劳动保护"五项制度"，探索实践工会参与职业病防治工作模式；以"安康杯"竞赛为载体，以创建"安全生产1000班组"为抓手，广泛深入开展安全生产宣传教育培训、合理化建议、技术革新、隐患排查、民主监督等群众性安全生产活动，切实保障城市运行安全和生产安全，维护职工生命健康权。

5. 强化工会维权维稳工作

——推进企业建立健全劳动争议调解组织，着力发挥基层工会组织在协调企业利益矛盾、维护职工合法权益、促进企业和职工队伍稳定的应有作用。

——推进区县职工法律援助中心建设，规范法律援助接待窗口服务功能，推行窗口咨询接待后调解、法律援助"一门式服务"；逐步延伸街道、社区、工业园区法律援助服务体系，以"有场所、有人员、有经费、有制度、有档案"为标准，推进街镇劳动争议调解组织实体化、规范化。

——切实加强工会维稳工作领导小组和劳动关系预

警机制建设,健全重要信息即时报告和每周综合报告、职工队伍稳定情况定期研判、重大事件跟踪调处三项维稳工作制度;进一步提高工会调处化解突发性、群体性事件的能力,引导职工通过正常渠道、以理性合法的方式表达利益诉求。

6. 加大工会援助帮扶工作力度

——推动落实本市社会保障制度与《社会保险法》的有效衔接,督促企业按时足额缴纳社会保险费和住房公积金,做到应保尽保。

——推动政府根据经济社会发展实际和物价指数水平,适时提高最低工资标准和建立行业最低工资标准,促进公共服务等行业一线职工的收入增长;扩大互助保障计划覆盖面,力争参保率得到进一步提高。

——健全完善四级工会职工援助服务体系;加强工会扶持创业服务平台建设,深化"百企千岗进社区"、"技能培训促就业"、"困难职工家庭高校毕业生阳光就业行动"等活动;继续开展"三定三助"、"元旦春节送温暖"、"金秋助学"、"女职工关爱行动"等帮扶服务品牌项目;提高职工疗休养覆盖面,督促用人单位落实劳模先进和有毒有害、特殊工种岗位等职工群体的疗休养待遇。

7. 有效促进职工全面发展

——深入推进"当好科学发展主力军、打好创新转型攻坚战"主题实践活动,大力弘扬工人阶级伟大品格和劳模精神,全面开展岗位建功、职工创新、技能登高、节能减排、劳动保护和团队创先等"六大行动";广泛开展"携手保增长、和谐促发展"非公企业劳动竞赛,推动经济发展、社会进步、企业增效、职工增收、共建共享、和谐发展;开展班组创先争优劳动竞赛,加强班组文化建设和民主管理,打造高效、创新、和谐班组,不断提高班组的执行力、凝聚力和创造力。

——深化职工素质工程,发挥工会"大学校"作用,广泛开展合理化建议、先进操作法、"五小"创新、技术培训、技能竞赛等活动,大力培养知识型、技能型、创新型职工;督促企业用足用好职工教育专项经费和地方教育附加专项资金,引导职工参与初级工商管理(EBA)等学历型、提高型、拓展型教育培训;广泛开展职工读书活动,推进学习型企事业单位创建。

——深入推进社会主义核心价值体系建设,积极应对改革发展对职工思想和生活的影响,定期研判职工思想动态和网络舆情,注重人文关怀和心理疏导;推进以职工为本的企业文化和职工文化建设,健全完善职工书屋、文体中心等职工文化活动阵地建设,广泛开展职工乐于参与、便于参与的文化活动,精心培育植根职工、服务职工的文化活动载体和文化工作品牌。

8. 深化和谐劳动关系创建活动

——加大与厂务公开工作领导小组和劳动关系三方的协调力度,普遍开展创建劳动关系和谐企业与工业园区活动;推动"基层单位自我评价、职工满意度评价、政府职能部门依法评价、社会各方综合评价"等环节的有机结合,促进本市创建工作的深化。

——开展"上海市劳动关系和谐职工满意企事业单位"和"职工信赖的经营管理者"评选考核工作,适时召开劳动关系和谐暨职工满意企事业单位工作交流会,总结推广工会在推动企事业单位关注职工满意度、深化和谐劳动关系创建的经验成果。

——修改完善职工满意企事业单位考核评价体系;指导基础薄弱的非公有制企业以和谐企业达标为重点,遵守劳动法律法规,保持劳动关系的基本稳定;指导国有企事业单位和基础较好的非公有制企业以争创职工满意企事业单位与劳动关系和谐示范单位为重点,关注职工满意度,实现共建共享,共同发展。探索区域、行业创建活动的标准和方法,推动工业园区、小区、楼宇和餐饮、物业等区域、行业普遍开展创建活动。

四、组织保障

1. 加强组织领导。为加强对推进和谐劳动关系建设工作的领导和协调,市总工会成立上海工会推进和谐劳动关系建设领导小组,组长由市人大常委会副主任、市总工会主席钟燕群担任,副组长由市总党组副书记、副主席肖堃涛、副主席茆荣华、秘书长张立群担任,成员由市总机关相关部门负责人组成;领导小组下设办公室,主任由茆荣华同志兼任,办公室日常工作由民管部承担。领导小组定期研究工作,协调推进和谐劳动关系建设工作。各区县局(产业)工会也要成立由主要领导挂帅的领导小组,明确职能部门,形成工会合力推进的工作格局;要始终坚持党的领导,积极争取政府行政的支持,充分发挥协调劳动关系三方机制的作用,把构建和谐劳动关系纳入经济社会发展目标规划;要整合社会各方资源,加强沟通,主动协调,共同推进本地区、本系统劳动关系的和谐稳定。

2. 强化工作考核。市总工会根据本行动计划的目标任务和工作要求,制定考核办法,就各区县局(产业)工会贯彻实施本行动计划,有效解决职工利益问题进行考核。各区县局(产业)工会要结合各自实际,加强领导,通盘谋划,整体推进;要量化工作指标,突出工作重点,强化分类指导;要对照本行动计划的要求,把推进和谐劳动关系行动计划同"面对面、心贴心、实打实服务职工在基层"活动有机结合;要切实加强工会组织协调劳动关系的能力建设,推动工会组织在构建和谐劳动关系工作中发挥应有的作用。

3. 落实配套措施。市总工会将开展和谐劳动关系建设的工作费用纳入年度经费支出预算,用于工作研究和对区县局(产业)工会的考核;建立季度座谈会制度,设立季度信息沟通专刊,就本市工会推进情况、基层经验及难点热点问题进行宣传报道和专题研究。今后凡是参评劳动模范、五一劳动奖章的企事业单位经营管理者,以及模范集体、五一劳动奖状的企事业单位,原则上应从"上海市劳动关系和谐职工满意企事业单位"中推荐产生;模范职工之家等各类工会参与评比的先进奖项应当与"上海市劳动关系和谐职工满意企事业单位"有机结合。各区县局(产业)工会要充分运用资源,提供财务保障。要研究制订区县局(产业)层面创建活动评选考察标准和开展创建活动,推动更多的基层单位争创劳动关系和谐、职工满意的模范示范单位。

上海市职工代表大会工作规范

为规范本市职工代表大会制度，依据《上海市职工代表大会条例》及相关法律、法规和政策，结合基层企事业单位实际，在原《上海市职工（代表）大会工作规范》和《上海市非公有制企业职工（代表）大会工作规范》的基础上，修改制定《上海市职工代表大会工作规范》。

一、总则

（一）适用范围

本市行政区域内的企业、事业单位以及民办非企业单位等组织（以下统称“企事业单位”）建立和实施职工代表大会制度，适用本规范。

（二）性质

职工代表大会（或者职工大会，下同）是企事业单位实行民主管理的基本形式，是协调劳动关系的重要制度，是职工行使民主管理权力的机构，是厂务公开的主要载体。

（三）形式

1. 职工代表大会制度分为职工代表大会和职工大会两种形式。职工代表大会由职工民主选举产生的职工代表参加，职工大会由全体职工参加。职工大会依照职工代表大会的职权、相关组织制度和议事规则等执行。

2. 企事业单位根据单位规模大小、管理方式等确定职工代表大会制度的形式。

职工人数在一百人以上的企事业单位应当召开职工代表大会；职工人数不足一百人的企事业单位一般召开职工大会，但因工作地点分散、实行特殊工时制等难以召开职工大会的，可以召开职工代表大会。

（四）党组织的职责

企事业单位的党组织应当加强对职工代表大会的领导，切实发挥政治核心作用和统筹协调作用，为职工代表大会制度的运作提供组织保障。

（五）企事业单位的职责

1. 与工会协商制定职工代表大会实施办法，将职工代表大会制度纳入企事业单位的管理制度；

2. 向职工代表大会作相关工作报告；

3. 与工会协商制定提交职工代表大会审议或审议通过事项的方案或草案；

4. 尊重职工代表大会的意见和建议，责成有关部门落实职工代表大会审议通过的事项和决议；

5. 为职工代表大会制度的实施提供人力、物力等保证，并在管理费用中列支职工代表大会的经费。

（六）工会的职责

企事业单位的工会是职工代表大会的工作机构，按照《上海市职工代表大会条例》和相关规定承担日常工作。

（七）多级职代会

集团公司应当建立健全职工代表大会制度，就集团发展规划、经营管理、集体协商、民主评议、民主选举等事项行使相应职权。

企事业单位下属的分公司（厂）、分院（校）应当建立职工代表大会制度，行使与其管理权限相对应的职工民主管理权利。

上级单位职工代表大会形成的决议对下属单位具有指导规范作用，下属单位根据实际制定实施方案，并履行相应的职工代表大会民主程序。

二、职工代表

（八）职工代表的资格

与企事业单位建立劳动关系和聘用关系的职工、劳务派遣人员、上级委派或由董事会聘任的经营管理人员可以当选为职工代表。

劳务派遣人员可以参加用工单位的职工代表大会，也可以参加劳务派遣单位的职工代表大会。用工单位吸纳劳务派遣人员参加职工代表大会的具体办法，由用工单位工会与用工单位协商后确定。用工单位尚未吸纳劳务派遣人员为职工代表的，职工代表大会应当有劳务派遣人员作为列席代表参加。

（九）职工代表的名额

1. 职工人数在一百人至三千人的，职工代表名额以三十名为基数，职工人数每增加一百人，职工代表名额增加不得少于五名；

2. 职工人数在三千人以上的，职工代表名额不得少于一百七十五名；

3. 职工人数不足一百人，实行职工代表大会制度的，职工代表名额不得少于三十名。

（十）职工代表的产生

职工代表由职工民主选举产生，实行常任制，可以连选连任，任期与职工代表大会届期相同。

选举职工代表一般以分公司（厂）、分院（校）、部门、班组、科室等为选区。选举应当有选区全体职工三分之二以上参加，候选人获得选区全体职工半数以上赞成票方可当选。选举结果应当公布。

上级单位职工代表大会的职工代表由下级单位的职工代表大会选举产生。

职工代表大会不设当然代表。从领导班子成员中产生职工代表的名额应当合理分配至有关选区。

（十一）职工代表的构成

职工代表的构成应当以一线职工为主体，且不低于百分之五十。一线职工一般指企事业单位中直接从事生产服务、专业技术等基础性工作的人员。

职工代表的构成中，中、高层管理人员不得超过百分之二十。中、高层管理人员一般指含企事业单位职能部门和分公司(厂)、分院(校)的正、副职在内的中层以上领导人员,跨地区、跨行业的大型集团型企业的比例可以适当提高,但不得超过百分之四十。

女职工代表比例一般与本单位女职工人数所占比例相适应。

教育、科技、文化、卫生等领域的企事业单位,职工代表应当以直接从事专业技术工作的人员为主体。

(十二) 职工代表团(组)

职工代表选举产生后,企事业单位工会应当按照职工代表选区的行政隶属关系组织成立职工代表团(组)。

职工代表团(组)长由本团(组)的职工代表民主推选产生。

(十三) 职工代表的资格审查

职工代表大会应当成立职工代表资格审查小组,对新建和换届时选举产生的,以及经补选产生的职工代表资格等进行审查。

审查的内容包括:

1. 职工代表是否具备当选的资格和条件;

2. 职工代表的产生是否符合民主选举程序;

3. 职工代表结构比例是否符合相应规定。

职工代表资格审查结束后,应当形成职工代表资格审查报告,向职工代表大会报告。

(十四) 列席代表

职工代表大会可以根据需要设置列席代表。列席代表无表决权和选举权。

(十五) 职工代表的撤免

职工代表因无故不履行或者无法履行代表职责需要被撤免的情形包括:

1. 退休、辞职、内退、协保等原因离开本单位或工作岗位的;

2. 因病假、待岗、脱产学习等原因满6个月以上难以履行代表职责的;

3. 严重失职失去选区内职工信任的;

4. 严重违反本单位规章制度或因违法犯罪受到刑事处罚的;

5. 本人提出辞去职工代表的;

6. 因工作变动调离原选区的。

除以上第1、5种情形外,职工代表依照其他情形被撤免的,应当经原选区全体职工半数以上同意。

(十六) 职工代表的补选

职工代表出现缺额时,应当由原选区依照规定的民主程序及时进行补选,并向下一次职工代表大会报告。

补选产生的职工代表应当公布。

三、职权

(十七) 审议建议权

1. 程序

(1) 企事业单位、工会就审议建议事项按各自职责起草报告或方案。对涉及职工切身利益重要事项的方案,企事业单位和工会在充分协商的基础上,共同起草制订;

(2) 企事业单位、工会根据职工代表团(组)的意见和建议修改报告或方案;职工代表对涉及职工切身利益重要事项的方案意见分歧较大的,企事业单位和工会应当协商修改后,再次通过职工代表团(组)听取意见和建议;

(3) 向职工代表大会作报告或对相关方案作情况说明,接受职工代表大会审议。

2. 权限

以知情、参与为目的,对报告或方案提出修改、完善的意见和建议。

(十八) 审议通过权

1. 程序

(1) 企事业单位和工会就审议通过事项在充分协商的基础上,共同起草制订方案或草案;

(2) 企事业单位、工会可以根据需要,就涉及职工切身利益重要事项的方案或草案,组织召开专题会议,向职工代表解释说明;

(3) 企事业单位和工会根据职工代表团(组)的意见和建议协商修改方案或草案。职工代表对涉及职工切身利益重要事项的方案或草案意见分歧较大的,企事业单位和工会应当协商修改后,再次通过职工代表团(组)听取意见和建议;

(4) 向职工代表大会作报告或对相关方案或草案作情况说明;

(5) 将相关方案或草案提交职工代表大会审议通过。

职工代表大会审议通过事项,应当采取无记名投票方式,并须获得全体职工代表半数以上赞成票方可通过。

2. 权限

在组织职工代表对方案或草案进行审议的基础上进行表决,形成同意或不同意的意见。

(十九) 审查监督权

1. 程序

(1) 企事业单位、工会根据各自职责贯彻职工代表大会的决议,并通过组织职工代表巡视或民主管理专门小组(委员会)工作,督查职工代表大会决议和法律法规规定事项的落实情况;

(2) 企事业单位、工会根据贯彻落实情况起草相关工作报告;

(3) 组织职工代表分团(组)讨论,在听取意见和建议并修改完善的基础上,向职工代表大会作报告,接受职工代表大会审议;也可组织职工代表对审查监督事项的落实情况进行质量评估。

2. 权限

以知情、监督为目的,对有关事项的落实情况进行监督和质询。

(二十) 民主选举权

1. 程序

(1) 工会和企事业单位协商确定提交职工代表大会民主选举的原则方案,确定人数和成员构成;

(2) 工会在广泛征求职工代表意见的基础上,提出候选人初步建议名单,听取企事业单位的意见,并协商确定候选人建议名单;

(3) 在职工代表大会上报告候选人建议名单,提交职工代表大会民主选举。

职工代表大会民主选举董事会和监事会中的职工代表,应当采取无记名投票方式,并须获得全体职工代表半数以上赞成票方可当选。

2. 权限

以履行程序为必要条件,有关人员的产生必须履行职工代表大会民主选举程序。

(二十一) 民主评议权

1. 组织领导

(1) 职工代表大会民主评议工作接受企事业单位党组织的领导;

(2) 企事业单位应当将职工代表大会民主评议工作作为领导干部管理考核的组成部分;

(3) 职工代表大会民主评议工作每年进行一次;

(4) 职工代表大会民主评议工作的组织实施由民主评议专门小组(委员会)负责。

2. 评议对象

(1) 董事会和监事会中的职工代表;

(2) 国有、集体及其控股企业的党组织正副书记、正副董事长、内设监事会的正副监事长、正副经理、财务总监、三总师等;事业单位的党政领导班子成员;企事业单位下属的分支机构负责人;

(3) 法律法规规定或者企事业单位与工会协商确定应当接受职工代表大会民主评议的其他人员。

3. 程序

(1) 被评议人员在职工代表大会上作述职、述廉报告,接受职工代表质询;

(2) 组织职工代表无记名投票测评;

(3) 召开职工代表座谈会或进行个别职工访谈听取意见;

(4) 汇总无记名投票测评结果和职工代表对被评议对象的评议意见;

(5) 向被评议对象反馈民主评议结果,并向职工代表大会报告民主评议情况;

(6) 按照干部管理权限将民主评议结果报送干部主管部门和上级工会。

对民主评议测评中称职以上(含)得票率低于60%的领导干部和相关人员,职工代表大会应当向干部主管部门提出撤免建议。

4. 权限

以评议、监督为目的,职工代表大会对领导干部和相关人员的民主评议结果应当纳入领导干部和相关人员管理考核体系。

(二十二) 补正程序和法律效力

法律法规规定应当提交职工代表大会审议的事项,未按照法定程序提交的,企事业单位的工会有权要求纠正,企事业单位应当根据工会的要求予以纠正。

法律法规规定应当提交职工代表大会审议通过的事项,未按照法定程序提交审议通过的,企事业单位就该事项作出的决定对本单位职工不具有约束力。

职工代表大会在其职权范围内审议通过的事项对本单位以及全体职工具有约束力,未经职工代表大会重新审议通过不得变更。

四、会议的召开

(二十三) 基本规则

1. 职工代表大会每年至少召开一次会议。

2. 企事业单位、工会或者三分之一以上职工代表提议,可以召开职工代表大会。企事业单位与工会应当对提议的事项进行审核,对确属职工代表大会职权范围内的事项,依照有关程序组织筹备召开职工代表大会。

3. 职工代表大会须有全体职工代表三分之二以上出席,方可召开。

4. 提交职工代表大会审议和审议表决的书面材料,应当在职工代表大会召开的七日前送交职工代表。

5. 职工代表大会审议通过事项,应当采取无记名投票方式,并须获得全体职工代表半数以上赞成票方可通过。

(二十四) 职工代表大会的筹备

1. 企事业单位和工会协商确定会议议题和议程;

2. 企事业单位和工会协调相关职能部门起草提交大会审议和审议表决的相关材料;

3. 工会组织职工代表的选举、撤换、补选;

4. 做好大会的其他相关事项。

(二十五) 职工代表团(组)讨论

职工代表团(组)应当组织职工代表讨论,由工会及时汇总整理职工代表团(组)的意见和建议。职工代表对涉及职工切身利益的重要事项意见分歧较大的,由企事业单位和工会根据职工代表意见进行协商修改后,提交职工代表大会再次审议。

(二十六) 职工代表大会预备会议

职工代表大会召开前,企事业单位应当召开预备会议。预备会议由企事业单位工会组织召集,主要议程为:

1. 审议职工代表大会筹备工作情况报告;

2. 审议职工代表资格审查情况报告;

3. 审议通过职工代表大会表决办法;

4. 审议通过职工代表大会主席团成员名单;

5. 审议通过职工代表大会议题和议程;

6. 审议或审议通过其他有关事项。

(二十七) 职工代表大会正式会议

职工代表大会正式会议由主席团推选的主持人主持。

职工代表大会的议程一般为:

1. 会议主持人报告本次职工代表大会代表出席情况,确认大会召开有效;

2. 听取需要提交职工代表大会审议或审议通过的有关工作报告,以及涉及职工切身利益事项方案或草案的情况说明;

3. 听取需要接受职工代表大会民主评议人员的述职、述廉报告;

4. 审议讨论有关报告、方案或草案。可采取分组讨论、现场互动等方式。职工代表应当充分表达意愿和诉求,提出意见和建议;

5. 审议通过有关方案或草案;

6. 对有关人员进行民主选举;

7. 对有关人员进行民主测评;

8. 形成决议,大会总结。

（二十八）会后工作

企事业单位应当在职工代表大会闭会后七日内，向全体职工公布大会审议通过的事项和决议。

企事业单位工会应当在职工代表大会闭会后，及时汇总整理相关材料，形成大会文书档案。

五、组织机构

（二十九）职工代表大会的届期

职工代表大会每届任期为三年至五年，一般与工会届期相同。

职工代表大会应当按时换届。因故需要延期换届的，须经企事业单位与工会协商一致，延期时间不得超过一年。企事业单位将延期换届理由和延期时间告知全体职工。企事业单位工会将延期换届情况向上一级工会报告。

（三十）职工代表大会主席团

职工代表大会选举产生的主席团主持会议，处理大会期间有关重大问题。主席团成员应为职工代表，人数不得少于七人，其中一线职工代表的比例不得少于百分之五十。职工代表大会主席团履行下列职责：

1．主持召开大会，领导大会期间的各项活动；

2．听取和综合各职工代表团（组）对各项议题审议的意见；

3．审议大会议题中需要通过和决定的事项，草拟大会决议；

4．处理大会期间有关民主管理的重大问题。

职工人数少于三十人的企事业单位可以选举大会执行主席一人，主持召开职工大会。

（三十一）职工代表大会联席会议

职工代表大会闭会期间，除法律法规规定应当提交职工代表大会审议通过的事项外，对需要及时处理的重要事项，企事业单位可以召开职工代表大会联席会议进行协商处理，处理结果应当向下一次职工代表大会报告。

联席会议由工会负责召集，由职工代表团（组）长、民主管理专门小组（委员会）负责人、主席团成员、董事会和监事会中的职工代表、工会委员会委员参加。

联席会议的程序一般为：

1．企事业单位与工会根据有关规定协商确定联席会议议题；

2．根据议题形成书面议案，并送交相关成员；

3．召开联席会议审议讨论相关事项；

4．形成协商处理的意见；

5．向下一次职工代表大会报告，并予以确认。

职工代表大会联席会议协商处理的事项应当在会议召开后的七个工作日内，通过公开栏、内部报刊、内部网站等形式向全体职工公布。

（三十二）民主管理专门小组（委员会）

职工代表大会可以根据实际需要选择设立集体协商、薪酬福利、劳动用工、劳动安全卫生、提案工作、民主评议等专门小组（委员会）。规模较小的企事业单位职工代表大会也可以设立一个综合性的民主管理专门小组（委员会）。

民主管理专门小组（委员会）在职工代表大会领导下，组织职工代表开展民主管理专项活动，办理职工代表大会交办的有关事项。

专门小组（委员会）负责人由职工代表担任，专门小组（委员会）委员可以聘请熟悉相关业务的非职工代表担任。相关职能部门的负责人一般不能担任相应民主管理专门小组（委员会）的负责人。

六、工作制度

（三十三）提案工作

企事业单位工会应当在职工代表大会召开或闭会期间，组织职工代表围绕生产经营管理、职工切身利益事项等方面开展提案活动，提出意见、建议，并由提案工作专门小组（委员会）负责提案的审查、立案、督查和反馈公布。

（三十四）巡视检查

企事业单位工会应当组织职工代表对职工代表大会决议贯彻落实情况进行巡视检查，将巡视检查情况和整改建议以书面形式向企事业单位反馈，督促整改。

（三十五）质量评估

企事业单位工会应当组织职工代表围绕职工代表大会制度运行的规范性、实效性开展质量评估，并根据质量评估的结果，与企事业单位共同研究制定整改措施。

（三十六）其他民主管理形式

职工代表大会闭会期间，企事业单位和工会应当通过恳谈会、民主共商会、民主议事会等形式听取职工意见和建议，完善本单位的日常民主管理制度。

七、附则

（三十七）企事业单位应当依据《上海市职工代表大会条例》、本工作规范和相关制度文件，结合本单位实际，制定职工代表大会操作办法。

（三十八）本规范由上海市总工会负责解释。

（三十九）本规范自颁布之日起实施，原《上海市职工（代表）大会工作规范》、《上海市非公有制企业职工（代表）大会工作规范》同时废止。

上海市职工法律援助办法

第一条　为规范和加强职工法律援助工作，依法维护职工合法权益，发展和谐劳动关系，促进经济发展和社会稳定，根据《中华人民共和国工会法》、《中华人民共和国劳动法》、《法律援助条例》、《工会法律援助办法》和《上海市法律援助若干规定》，制定本办法。

第二条　本办法所称职工法律援助，是指本市各级工会及职工法律援助机构指派援助人员，为合法权益受到侵害的职工、工会工作者和工会组织提供的无偿法律服务。

职工法律援助是政府法律援助的必要补充。

第三条　市总工会建立市职工法律援助中心，区县总工会和具备条件的局（产业）、集团公司工会设立本级职工法律援助中心，街道、镇、工业园区、商务楼宇工会单独设立或与司法行政、综合治理等相关部门合作设立职工法律援助工作站。区县总工会可与司法行政、法院、劳动争议仲裁部门合作设立职工法律援助工作站。

职工法律援助机构在同级工会领导下开展法律援助工作，接受上级职工法律援助机构指导。市总工会法律工作部指导、协调全市职工法律援助工作。

职工法律援助工作接受司法行政部门的业务指导。

第四条　职工法律援助机构可以单独设立，也可以与职工援助服务中心合署办公。与职工援助服务中心合署办公的，应在对外显著位置上挂牌，内设专门法律援助接待窗口，配备专门法律援助工作人员。法律援助机构负责人及相关管理人员由同级工会委派或聘任。

第五条　职工法律援助工作人员可以从下列人员中聘请：

（一）法律专家、学者、律师等社会法律工作者；

（二）工会公职律师、劳动关系协调员、劳动争议调解员、劳动保障法律监督员等工会法律工作者；

（三）热心于职工法律援助的志愿者。

职工法律援助工作人员接受职工法律援助机构管理和监督，依法承办职工法律援助机构指定的援助事项，遵守执业纪律和职业道德，维护受援人合法权益。

第六条　职工法律援助机构通过与律师事务所、律师签约等形式购买社会服务。签约的律师事务所和律师承担日常咨询接待、参与劳动争议调解和代理仲裁、诉讼等职责。

第七条　职工法律援助范围：

（一）劳动争议案件；

（二）与劳动权益关联的职工人身权、民主权、财产权受到侵犯的案件；

（三）工会工作者因履行职责合法权益受到侵犯的案件；

（四）工会组织合法权益受到侵犯的案件；

（五）各级工会认为需要提供法律援助的重大案件。

第八条　职工法律援助的形式：

（一）普及法律知识；

（二）提供法律咨询；

（三）代写法律文书；

（四）参与协商、调解；

（五）仲裁、诉讼代理；

（六）其他法律援助形式。

第九条　职工符合下列条件之一的，可以向职工法律援助机构申请法律援助：

（一）为保障自身合法权益需要工会提供法律援助，且本人及其家庭经济状况符合政府提供法律援助的经济困难标准（本市城乡低收入家庭人均可支配收入标准）。

（二）未达到政府提供法律援助的经济困难标准，但有证据证明本人合法权益被严重侵害，需要工会提供法律援助。

农民工因请求支付劳动报酬或者工伤赔偿向职工法律援助机构申请法律援助的，不受本条第一款规定的经济困难标准的限制。

第十条　职工申请法律援助应当向劳动合同履行地或者用人单位所在地的职工法律援助机构提出。工会工作者和工会组织申请工会法律援助应当向侵权行为地或者单位所在地的职工法律援助机构提出。

第十一条　职工向职工法律援助机构申请法律援助，应当以书面形式提出，并提交下列材料：

（一）身份证、工作证或者有关身份证明；

（二）所在单位工会或者街道、镇、工业园区等工会出具的申请人经济困难状况的证明；

（三）与法律援助事项相关的材料；

（四）职工法律援助机构认为需要提供的其他材料。

农民工因请求支付劳动报酬或者工伤赔偿而申请法律援助的，不需要提交经济困难状况的证明。

提交书面申请确有困难的，可以口头申请。职工法律援助机构应当当场记录申请人基本情况、申请事项、理由和时间，并经本人签字。

第十二条　工会工作者、工会组织向职工法律援助机构申请法律援助，应当以书面形式提出，并提交下列材料：

（一）工会工作者、工会组织所在单位上级工会出具的情况证明或说明；

（二）与法律援助事项相关的材料；

（三）工会法律援助机构认为需要提供的其他材料。

第十三条　职工法律援助机构自收到申请之日起5个工作日内按规定条件进行审查。符合条件的，由职工法律援助机构负责人签署意见，作出同意提供法律援助的书面决定，指派法律援助工作人员，并通知申请人。不符合条件的，作出不予提供法律援助的决定，以口头或者书面形式通知申请人。

第十四条　职工法律援助机构应当分类建立援助案件台账，载明案件名称、受援助人、案由、受理时间、承办单位及人员、结案报告等基本事项。

第十五条　承办法律援助人员在援助事项结案后，应当在15日内将案件材料交由职工法律援助机构归档保存。归档案卷材料应完整规范。

市总工会法律工作部对全市职工法律援助机构档案管理情况进行指导、检查，对接待咨询、代理文书、代理仲裁和诉讼等情况进行统计备案。

第十六条　法律援助事项结案后，职工法律援助机构向承办法律援助人员支付法律援助办案补贴，补贴标准由市总工会参照政府法律援助民事案件办案补贴标准制订。

第十七条　职工法律援助工作经费来源于本级工会经费预算和上级工会经费补贴，重点列支以下项目：

（一）职工法律援助机构办公费用；

（二）承办法律援助人员的办案补贴；

（三）与律师事务所、律师签约提供职工法律援助服务的费用；

（四）开展法制宣传费用；

（五）法律援助工作人员培训费用；

（六）承办上级工会委托办理的法律援助案件所需费用；

（七）在法律援助中确实需要承担的其他相关费用。

工作经费的管理和使用接受上级和本级工会财务、经审、法律、保障部门的监督检查。

第十八条　对困难职工提供法律援助的办案补贴可从中央财政帮扶专项资金中列支。全市用于列支困难职工法律援助办案补贴的资金，由市总工会统筹安排。资金管理和使用办法遵守《困难职工帮扶中心专项资金管理办法》的有关规定。

各地区职工法律援助机构用于困难职工法律援助的办案补贴费用，由区县总工会在工会工作经费中先行垫付。区县总工会每半年报市总工会按实结算。

第十九条　职工法律援助机构根据本办法制定实施办法，完善档案管理、情况月报等日常管理制度，建立援助人员聘用考核、疑难案件集体讨论等机制，健全法律援助工作经费管理办法。

第二十条　本办法由上海市总工会负责解释。

第二十一条　本办法自发布之日起施行。《上海市职工法律援助暂行办法》（沪工总法〔1997〕193 号）同时废止。

《劳动报》2012 年工会新闻要目

日　期	篇　　目	作　者	版　面
1 月 2 日	新年第一天，关爱的暖流在涌动	徐　晗　李　貌	第四版
1 月 3 日	2012，他们心中的新年“新愿”	张　路　王　枫 徐　晗　陆　烨	第三版
1 月 4 日	劳动者权益又有了新保障	陆　烨	第七版
1 月 4 日	营造家的氛围留住职工的心	陆　烨	第六版
1 月 4 日	以病人为中心给患者带去“光明”	李　貌	第六版
1 月 5 日	“双节”送温暖全市工会明天齐行动	张　路	第十版
1 月 6 日	傲霜斗雪架起坚固通信网	王　枫	第六版
1 月 7 日	冬日的暖流在职工们心头涌动	王业斐　宋长星 李　貌　王　枫 陆　烨　裴龙翔	第六版
1 月 8 日	业务处理要做到“零差错”	王　枫	第六版
1 月 10 日	为阻断人畜共患病把关	徐　晗	第十版
1 月 11 日	打造亚太核心航空枢纽	李　貌	第七版
1 月 12 日	只有岗位之分没有身份差别	王　枫	第七版
1 月 13 日	市纺织工会满足职工多样化帮扶需求	王慎微　王　枫	第九版
1 月 14 日	用“加减乘除”促进企业和谐	宋长星	第七版
1 月 15 日	是家的地方才有梦想的开始	张　路	第六版
1 月 16 日	医院职工关爱“上海好心人”	阚军伟	第十二版
1 月 17 日	“我们在上海等着你们回来”	陆　烨	第五版
1 月 18 日	敲开病人家门打开患者心门	王　枫	第十一版
1 月 19 日	把暖流送进职工的心坎儿	徐　晗	第五版
1 月 20 日	50 余个班组摆“擂台”	沈　恺　王　枫	第六版
1 月 21 日	“劳模之家”成立	裴龙翔　王业斐	第六版
1 月 29 日	转型发展为村民造福	李　貌	第六版

续 表

日 期	篇 目	作 者	版 面
1月30日	城建集团工会建劳模关爱机制	李 貌	第六版
1月31日	同舟共济会战深水港	徐 晗	第七版
2月1日	杨浦区召开工会第五次代表大会	王业斐	第七版
2月2日	永不满足是创新的动力	宋长星	第七版
2月3日	世界级舞台上展示技术创新成果	王 枫	第七版
2月4日	征集最想向工会表达的心声	王 枫	第六版
2月5日	每个员工得到悉心呵护	徐 晗	第六版
2月12日	“没有金刚钻就不揽瓷器活”	宋长星	第六版
2月13日	研究马路学问的“美容师”	王 枫	第五版
2月14日	耕耘在学生思想德育前沿阵地	李 貌	第十一版
2月15日	默默付出为让老人安度晚年	徐 晗	第七版
2月16日	闵行区“重温校训”开启教工文化建设大幕	徐 晗	第十一版
2月17日	确保安全质量全面受控	王 枫 冯 昊	第六版
2月20日	为美好家园添砖加瓦	屈晓刚 李 貌	第七版
2月21日	拾金不昧或成为有偿义举	徐 晗 裴龙翔	第七版
2月22日	用一份真诚换百姓满意	李 貌	第六版
2月23日	欣阳公司岂能漠视起码的尊重	赵竺安 裴龙翔	第七版
2月24日	宝山区总工会周六推出职介专场	李 貌	第六版
2月28日	不为名利所惑的名医	裴龙翔	第七版
2月29日	“平面”+“立体”锁定近两千企业	宋长星	第六版
3月1日	崇明县质监局为困难职工建立档案	陆 烨	第三版
3月2日	小生意也有大服务	王 枫	第七版
3月3日	青浦白鹤镇总工会“走访”重实效	宋长星	第六版
3月4日	117支参赛队1300名女职工踊跃参与	郑 虹 徐文斌	第六版
3月5日	第四届“上海市五一巾帼奖”标兵集体		第九版
3月7日	本市各级工会服务职工直达一线	张 路 王 枫 李 貌 徐 晗 陆 烨	第十一版
3月8日	扬美德 践行责任 爱生活 展风采提素养	王 枫 徐 晗 陆 烨 徐文斌	第六版
3月9日	让“迷途羔羊”重踏回家路	陆 烨	第十版
3月10日	提供高效畅通的通信服务保障	李 貌	第六版
3月11日	新华街道“组团式”服务楼宇企业职工	徐文斌	第六版
3月13日	“上海工会就业援助月”最后一场职介专场明举行	张 路	第十一版
3月14日	“90后”白领脱下外套连起一条“生命线”	王 枫	第十版

续表

日期	篇目	作者	版面
3月15日	我们都是职工志愿者	吴良荣　高利明	第五版
3月16日	上航员工为农民工子弟献爱心	余爱群　李　貌	第七版
3月17日	从拒绝到主动开展集体协商	宋长星	第六版
3月18日	用心服务，把好检测质量关	裴龙翔	第六版
3月19日	白鹤镇建立企业工会三项“必报”制度	宋长星	第七版
3月20日	将温暖送到困难职工心坎上	郑　虹　徐文斌	第七版
3月21日	攻坚克难把保障房建成“称心房”	李　貌	第十三版
3月23日	朱家角镇总工会推进协商机制建设	宋长星	第六版
3月24日	一“卡”在手，工会服务就在你身边	赵竺安	第六版
3月25日	“红烛”精神铸警魂	陆　烨	第六版
3月26日	吸引更多职工加入工会	裴龙翔	第七版
3月27日	青浦区总工会启动女职工“关爱行动”	宋长星	第七版
3月28日	他让“瓜果花鸟”飞上国宴餐桌	王　枫	第七版
3月29日	二工大设立校友劳模工作室	张贤贞	第七版
3月30日	聚焦二次创业实现二次跨越	张　路	第七版
3月31日	松江成立物业行业工会联合会	陆　烨	第六版
4月1日	打浦桥社区工会举办专场招聘会	宋长星	第六版
4月2日	节油源于好习惯、好技术	徐　晗	第六版
4月3日	我们照常上班你们顺利出行	徐　晗　陆　烨 徐文彬	第四版
4月4日	人人都能够创新	李　文　宋长星	第六版
4月5日	“崇明第一村”的推广大使	陆　烨	第七版
4月6日	上海第一高楼上的吊车司机班	吴良荣　李芬芬	第六版
4月7日	测评技能培训　助更多人上岗	裴龙翔	第六版
4月8日	徐汇区职工书屋送书到基层	裴龙翔	第六版
4月9日	所有企业都要实行民主管理	徐　晗	第七版
4月11日	巧手装扮绿色申城	徐　晗	第八版
4月12日	金山区医务工会实打实服务职工	徐　晗	第七版
4月13日	2012年上海市五一劳动奖状(章)候选对象公示		第六版
4月14日	大宁社区总工会推进“十百千”暖心工程	王　枫	第六版
4月15日	黄浦区启动农民工安全生产知识培训	宋长星	第六版
4月16日	为外来务工者构建“温馨家园”	童伟忠　王　枫	第十版
4月18日	神奇刀工王的精彩世界	徐　晗	第七版
4月20日	新闻出版工会举办职工手工艺作品展	陆　烨	第七版
4月21日	20万职工参与保障性安居工程	李轶捷　徐　巍	第六版

续 表

日 期	篇 目	作 者	版 面
4月22日	500名求职者与招聘单位达成意向	裴龙翔	第六版
4月24日	上海市振兴中华读书活动三十年系列表彰名单		第六版
4月25日	与火焰为伴的舞者	徐 晗	第十四版
4月29日	朱恒:攻关成绩突出被称为“智多星”	裴龙翔	第六、七版
4月30日	身边的楷模　时代的先锋	王 枫　徐文斌	第六、七版
5月1日	上海工运史上那些难忘的瞬间		第六、七版
5月2日	我离开工作就不行	宋长星	第六版
5月3日	表彰先进典型弘扬劳模精神	工会新闻部集体采写	第七版
5月4日	“高温费”入法为劳动者撑起“凉爽”权益	王 枫　徐 晗 陆 烨　徐文斌	第七版
5月5日	嘉定菊园新区成立餐饮行业联合工会	裴龙翔	第六版
5月6日	垃圾箱里找回失主万元现金	李 貌	第六版
5月7日	闯进男性世界的女机务	王 枫	第六版
5月8日	年内所有企业开展工资集体协商	李 貌	第四版
5月9日	黄浦区总工会推出系列职工文体活动	宋长星	第六版
5月10日	夯实“路基”,推动企业和谐前进	王 枫	第七版
5月11日	金山朱泾镇总工会“五进五提高”活动创新工作机制	徐 晗	第七版
5月12日	零下25度的深夜,他坚守在一线	王 健　宋长星	第六版
5月13日	宝山区总工会分五路走基层解难事	李 貌	第六版
5月14日	问卷让我们和职工的心贴在了一起	裴龙翔	第六版
5月15日	松江区总工会成立青年文化沙龙	陆 烨	第七版
5月16日	幸福从他们手中流出	徐 晗	第七版
5月17日	弘扬劳模精神　尊重关爱劳模	王 枫	第七版
5月18日	获益退休职工达660多万人次	张 路	第七版
5月22日	劳动保护专项协议覆盖企业近900家	王 枫	第七版
5月23日	嚓嚓声中显“魔发”风采	徐 晗	第六版
5月24日	他们一起走进社区	王 枫	第七版
5月25日	彭浦新村社区总工会成立“劳模服务驿站”	王 枫	第六版
5月26日	松江区召开职工群众性科技创新暨“五小”活动动员会	陆 烨	第六版
5月27日	命名劳模示范窗口携手共创文明城区	裴龙翔	第六版
5月29日	工作成效纳入年终考核	宋长星	第七版
5月30日	沪滇总工会再度加强交流合作	张 路	第六版
5月31日	将劳动关系研究放到前沿阵地	张 路	第十二版
6月1日	研制一颗强大的“中国心”	王 枫	第六版
6月2日	工会关爱送到孩子们的心坎上	张 路　李 貌 胡立伟　宋长星	第六版

续　表

日　期	篇　目	作　者	版　面
6月3日	社保争议凸显高居首位	徐文斌	第六版
6月4日	交运股份连续六年坚持“领导干部接待月”	童伟忠　王　枫	第七版
6月5日	工作先进，还要有家庭责任感	宋长星	第五版
6月6日	小小药匾转出六味地黄丸	王　枫	第六版
6月7日	长江口航道局增强职工生态文明意识	李　貌	第七版
6月8日	展示“中华第一街”的服务魅力	裴龙翔	第六版
6月9日	同为医患关系“会诊把脉”	王　枫	第六版
6月10日	敢于担当真正成为职工“娘家人”	王　枫　徐　晗 陆　烨　裴龙翔	第六版
6月12日	为职工架设成长成才阶梯	张　路	第十二版
6月13日	爱让她快乐生活每一天	李轶捷	第七版
6月14日	四平地区总工会表彰“支持工会工作好领导”	赵竺安	第十二版
6月15日	柔情管教洒下新生的阳光	陆　烨	第六版
6月16日	崇明举办未婚青年职工交友活动	陆　烨	第六版
6月17日	上海航天控技所人人动脑求创新	王　枫	第六版
6月18日	“仁心”比“仁术”更重要	徐文斌	第六版
6月19日	集中智慧和力量攻坚克难	张　路	第十二版
6月20日	“孩子王”不是那么好当的	徐　晗	第六版
6月23日	市监狱管理局工会举办读书活动交流会	陆　烨	第六版
6月24日	走进地下650米的“男人世界”	陆　烨	第六版
6月25日	该不该要求班组长“文武双全”？	徐　晗	第七版
6月26日	奉贤区工会第三次代表大会召开	宋长星	第七版
6月27日	今年IT行业平均加薪预期为10.4%	徐文斌	第七版
6月28日	世界500强集体协商取得积极进展	张　路	第七版
6月29日	凝智聚力推动创新转型发展	张　路	第五版
6月30日	焊出一个精彩的人生	章华平　李　貌	第三版
7月1日	要摘“五星”须过“五关”	谭同政　王　枫	第六版
7月2日	沪上蓝领工人加薪预期高达12.89%	徐文斌	第七版
7月3日	职工技能“奥林匹克运动会”精彩纷呈	陆　烨	第七版
7月4日	赤日炎炎似火烧各级工会慰问忙	王　枫　李　貌 赵竺安　宋长星 陆　烨　徐　晗 裴龙翔　余轶群	第七版
7月5日	八成科研院所坚持所务公开	徐文斌	第十三版
7月6日	航道局职工读书向施工船舶渗透	徐　晗	第六版
7月7日	强生出租乘客满意度名列行业第一	顾元新　赵竺安	第六版

续 表

日 期	篇 目	作 者	版 面
7月8日	在“赛点”中走出创新转型之路	张 路	第六版
7月9日	香花桥街道举办潍柴“三高”试验队报告会	宋长星	第六版
7月10日	“第2视角”沙龙帮助职工开眼界长知识	张 玲 王 枫	第七版
7月11日	美味佳肴一线牵	王 枫	第七版
7月12日	石二街道总工会“001”工程服务职工	张秀娟 谭同政 王 枫	第七版
7月13日	有政治身份企业带头重视工会工作	宋长星	第六版
7月13日	正视“政治身份”发挥政治优势	李 阳	头版
7月13日	是荣誉,更是一份责任	宋长星	第六版
7月13日	落实不力,建议“身份”否决	宋长星	第六版
7月14日	车间里永远的学生	陆 烨	第六版
7月15日	事关民生问题还得多听听民声	裴龙翔	第六版
7月16日	松江区小昆山镇成立职工志愿者服务队	陆 烨	第七版
7月17日	市建设交通工会着力推进工资集体协商	钱 蓉 李 貌	第七版
7月18日	变更劳动合同别让职工“两难选择”	赵竺安 徐文斌	第七版
7月19日	上海出版界职工运动会拉开序幕	陆 烨	第七版
7月20日	切了3万块大排练就“一刀准”	裴龙翔	第六版
7月21日	27年无偿献血近万毫升	裴龙翔	第六版
7月22日	坚持十二年结对助老	王 枫	第六版
7月25日	上海电气李斌技师学院走过10年	张 路	第八版
7月26日	艾杰公司设“绿色通道”为职工降温	冯联清 徐 晗	第七版
7月27日	嘉定区组织优秀外来务工青年演讲活动	裴龙翔	第六版
7月31日	上门服务避免群众往返奔波	宋长星	第十三版
8月1日	浦东力争年内500强企业建制率达9成	李 阳	第五版
8月2日	崇明县卫生局工会开展职工礼仪培训	陆 烨	第十二版
8月3日	下基层接地气服务职工实打实	张 路	第六版
8月4日	“强生汽修”五项安全制度进班组	赵竺安	第七版
8月5日	南西街道总工会为农民工建图书室	王 枫 姒晓芸	第七版
8月7日	“双亮”纳入基层工会规范化建设	李 阳	第六版
8月8日	为千名职工进行“心理按摩”	裴龙翔	第五版
8月10日	暴风骤雨中的关爱	徐 晗 李 貌 王澍洁	第六版
8月13日	“我只是做了应该做的”	郑园园 李 貌	第六版
8月14日	辛苦并快乐着……	赵竺安	第十版

续 表

日　期	篇　　目	作　者	版　面
8月15日	为员工打开职业发展之门	王　枫	第七版
8月16日	巧借职代会平台摆脱“献血难”尴尬	赵竺安	第七版
8月17日	崇明县两镇出租门店联合工会成立	陆　烨	第六版
8月19日	她们每年都要“失踪”2个多月	陆　烨	第六版
8月20日	工会在我身边，就像阳光照着心间	徐　晗　李　阳　李　貌	第十二版
8月21日	党政支持　各方配合形成合力	张　路	第七版
8月22日	上海机场集团深入基层“送清凉”	李　貌	第十二版
8月23日	帮困助成长，扶老送欢笑	徐文斌	第三版
8月24日	葡萄园里演绎浪漫七夕	裴龙翔　王　者	第六版
8月25日	崇明交港局基层职工直选工会主席	陆　烨	第八版
8月26日	金秋助学工会在行动	赵竺安　贺　昉　徐　晗	第六版
8月27日	上海电务电化公司加大女职工保护力度	李　貌　梅松良	第七版
8月28日	自编自演帮助白领疏解压力	徐文斌	第五版
8月29日	暑期里，留守孩子感受父母艰辛	贺　昉　赵竺安	第七版
8月30日	“两个关心”践行社会责任	徐文斌	第五版
8月31日	瑞莱新侨职工会议为企业把准市场脉	裴龙翔	第六版
9月1日	开展特色组织生活争创学习型党组织	徐文斌	第三版
9月2日	小白领变身“地铁女侠”	裴龙翔	第六版
9月3日	十年坚守，为了不掉线的承诺	李　阳	第六版
9月4日	为企业和劳动者排忧解难	陈　珏　王　枫	第五版
9月5日	25位新婚员工收获祝福大礼包	王　枫	第七版
9月6日	嘉定区“双亮”活动年内覆盖逾8成国有、集体企业	裴龙翔	第七版
9月7日	地铁职工迎盛会岗位奉献建新功	王　枫	第六版
9月9日	耀眼灯塔背后的默默守望者	裴龙翔	第六版
9月10日	错误被纠正了他就很快乐	王　枫	第六版
9月11日	青浦区举办班组长培训班	宋长星	第八版
9月12日	神奇“电钻王”生鸡蛋上巧钻孔	徐　晗	第六版
9月13日	做有爱心有责任心的人民教师	徐文斌	第七版
9月14日	践行职业道德　提升行业品质	陆　烨	第十版
9月15日	“安全第一”不应只是标语	李　阳	第七版
9月16日	“斗室”里走出的工人发明家	李　阳	第六版
9月17日	用心服务，营造温馨病房	李　貌	第七版

续 表

日 期	篇 目	作 者	版 面
9月18日	百余优秀教师齐聚一堂话创新	徐文斌	第五版
9月19日	三尺讲台记录师生间的“美味情缘”	裴龙翔	第六版
9月20日	打破职业发展“围墙”	王 枫	第七版
9月21日	中交三航二公司职工食堂亮点多	吴惠娜 张 晔 李 貌	第六版
9月22日	家庭医生临床技能大比拼	裴龙翔 邱晓怡	第六版
9月24日	让职工劳动热情在转型发展中迸发	王 枫	第四版
9月25日	在中国改革潮流中顺势而上	宋长星	第四版
9月27日	展民主管理新风 谱和谐发展之歌	李 阳	第八版
9月28日	3年投入4177万践行“民生承诺”	阙军伟	第六版
9月29日	在历史的十字路口迈出新步伐	宋长星	第四版
10月8日	闵行区区级机关工会举办职业道德大讨论	徐 晗	第三版
10月9日	上海航道局举办青年读书演讲比赛	徐 晗	第十一版
10月10日	用真心实意架起党群“连心桥”	李 貌	第六版
10月11日	工会工作融入了她的血脉	阙军伟	第七版
10月12日	“双向维护”助推工会“转起来”	宋长星	第八版
10月13日	医务职工用镜头记录生活之美	王 枫	第六版
10月14日	宝山退休职工喜看家乡新变化	胡立伟 李 貌	第六版
10月15日	凝智聚力建功虹口新崛起	李 貌	第六版
10月16日	上海外服举行工资集体协商培训讲座	李 阳	第七版
10月17日	杨浦区总大力推进文化事业	赵竺安	第五版
10月18日	长宁区女职工周末学校开班	徐文斌	第六版
10月19日	坚持特色与时俱进 不断增强工会报道影响力	李 阳 陆 烨 徐文斌	第二、三版
10月21日	四年调解成功46件劳动争议案	赵竺安	第六版
10月22日	四大功能“全方位”关爱职工	阙军伟	第七版
10月23日	重阳节发放爱心卡套	赵竺安	第十二版
10月24日	着眼技能人才成长打造医药龙头企业	裴龙翔	第六版
10月25日	创意竞赛培育创新人才	张 路	第六版
10月25日	上海“2+X”模式具普遍推广意义	张 路	第四版
10月27日	“大众 style”一展职工风采	王 枫	第六版
10月28日	我们是一群特殊的“哨兵”	阙军伟	第六版
10月29日	劳动创造幸福劳动实现价值	李 阳	第七版
10月30日	嘉定成立酒类企业工会联合会	裴龙翔	第七版

续 表

日 期	篇 目	作 者	版 面
10 月 31 日	“三管齐下”筑起维权防线	徐 晗	第七版
11 月 1 日	民生会议亮出企业对职工的承诺	阚军伟	第七版
11 月 2 日	钟燕群:自觉履责不负职工重托	张 路	第七版
11 月 3 日	巴士三汽曹杨修理厂落实“五送”措施为职工排忧解难	赵竺安	第六版
11 月 4 日	我们也是城市的美容师	章华平 李 貌	第六版
11 月 5 日	劳动竞赛谋发展 焕发企业新动力	徐文斌	第六版
11 月 6 日	吸引高层次人才进园区提供服务	徐 晗	第七版
11 月 7 日	“板车哥”每日拉货超一吨供女上学	徐 晗	第五版
11 月 8 日	强素质助力现代化滨江新区建设	李 貌	第七版
11 月 9 日	全员践行“三守三人”职业精神	颜劲军 徐 晗	第十四版
11 月 10 日	长宁区白领才艺比拼彰显文化特色	徐文斌	第六版
11 月 11 日	五角场镇总工会依托基层开展技术比武	赵竺安	第六版
11 月 12 日	搭建技能舞台让广大职工秀出真我	王 枫	第六版
11 月 13 日	闵行区总组队参加国际发明展览会	徐 晗	第七版
11 月 14 日	只有你说不出,没有我剪不出	徐 晗	第十一版
11 月 15 日	提高医务人员自我保护防范能力	苗琪娟 李 貌	第七版
11 月 16 日	职工“奥林匹克”掀起技能比武高潮	陆 烨	第十一版
11 月 18 日	在这里就像回到了“屋里厢”	李艳华 王 枫	第六版
11 月 20 日	专家指导正确处理劳资纠纷	李 貌	第七版
11 月 21 日	枫泾镇举办职工消防技能比武	徐 晗	第六版
11 月 22 日	城市规划职工积极践行生态文明	宋长星	第七版
11 月 23 日	践行价值取向 提升综合素质	季誉超 阚军伟	第六版
11 月 24 日	森马职工喜迎文化月	徐 晗 冯联清	第三版
11 月 25 日	构筑人才高地推动创新发展	徐文斌	第六版
11 月 26 日	“法律讲堂”、“道德讲堂”进工地	徐文斌	第七版
11 月 27 日	职工满意度:企业发展原动力	张 路	第七版
11 月 28 日	“当代干将”挥舞宝剑震撼全场	徐 晗	第五版
11 月 30 日	学习十八大精神 立足岗位建功立业	裴龙翔	第六版
12 月 1 日	800 余青年教师丽娃河畔互动忙	徐文斌	第六版
12 月 2 日	服务贸易企业“业务创新、岗位践行、争当明星”	张 路	第七版
12 月 3 日	海博股份为普通职工出书	阚军伟 高利明	第六版
12 月 4 日	用“精神加餐”拴住职工的心	赵竺安	第十一版
12 月 5 日	影楼里的“孩子王”打开逗笑百宝箱	徐 晗	第四版
12 月 6 日	长宁区白领艺术节精彩纷呈	徐文斌	第七版

续 表

日 期	篇 目	作 者	版 面
12 月 8 日	向非公企业职工赠送十八大书籍	赵竺安	第六版
12 月 9 日	浦东新区建筑农民工技能比武	李 阳	第六版
12 月 10 日	广东出台“企业禁罚令”引发热议	王 枫 徐文斌	第十版
12 月 11 日	“凌距离”工程让工会关爱如影随形	裴龙翔	第十一版
12 月 12 日	只要刀功深，土豆丝也能穿过针	徐 晗	第十版
12 月 13 日	让 40 万个“细胞”激发企业活力	张 路	第七版
12 月 14 日	天平社区“三位一体”服务职工	裴龙翔	第五版
12 月 15 日	静安商务系统职工“六比”竞赛展风采	王 枫	第六版
12 月 16 日	宝山区总工会大力开展主题劳动竞赛	李 貌	第六版
12 月 17 日	修车人时刻想到用车人	赵竺安	第六版
12 月 18 日	工会搭台请企业“唱戏”	徐 晗 冯联清	第六版
12 月 19 日	武打设计窍门多“花拳绣腿”也给力	徐 晗	第七版
12 月 20 日	发现身边笑脸传递医务关怀	王 枫	第十版
12 月 21 日	今年成果丰硕明年加速前进	宋长星	第五版
12 月 22 日	楼宇职工品尝工会文化大餐	王 枫	第六版
12 月 23 日	第二次拥抱	谢伟民	第六版
12 月 24 日	十年如一日架爱心助学桥	徐文斌	第六版
12 月 25 日	张江工会搭好白领交友大平台	李 阳	第七版
12 月 26 日	杂技夫妻刚柔相济演绎伉俪情深	徐 晗	第七版
12 月 27 日	工会组建和职工入会率均达 98%	赵竺安	第七版
12 月 28 日	“五进工地”提升职工队伍素质	阙军伟	第五版
12 月 29 日	上海工会同心携手点亮冬日暖阳	工会新闻部集体采写	第三版
12 月 30 日	圆我的大学梦	谢伟民	第六版
12 月 31 日	闸北城管局工会为职工减压	王 枫	第七版

《工会理论研究》2012 年要目

栏 目	期号	页数	题 目	作 者
特稿	3	1	构建和谐劳动关系是企业发展的必然要求	茆荣华
	4	1	当前开展工会理论研究工作应把握的几个方面	周志军
	5	1	构建和谐劳动关系的基础 ——劳动关系与企业民主管理的再认识	郭 军
专家论坛	1	1	树立问题意识和践行建设思维 ——2011 年劳动社会问题的回顾和分析	冯同庆
	2	1	关于我国工资集体协商制度转型的思考	石 云
	2	4	构筑工会平衡劳资利益关系的运行基础	刘素华

续 表

栏　目	期号	页数	题　　目	作　　者
	3	3	工资集体协商的第三方机制探讨	李瑜青　俞建月
	3	6	高校多元化用工的风险控制与优化选择	李凌云
	4	2	对我国劳务派遣制度存废的思考	徐东兴
	5	5	中国劳动关系思想和理论的演进	冯同庆
	5	8	党的群众工作面临的突出问题及其对策	赵刚印
	6	1	当前延迟退休年龄必须考虑的问题	顾　骏
热点透视	1	3	适应时代发展　大力推进职工文化建设	丁　巍
	1	5	推进行业职工文化建设的思考	徐文发
	1	9	浅谈新时期推进职工文化建设的三种意识	青浦区总工会
	1	12	加强金融企业文化建设　构建和谐劳动关系	上海市金融工会
	2	7	社会舆情与城市公共安全	章友德
	2	10	工会对职工舆情的干预机制研究	朱懂理　李　梅
	2	14	职工信息动态管理网络和思想政治工作机制调研报告 ——以上海城建(集团)公司为例	上海城建(集团)公司工会
	2	18	把握信息特征　建立预警机制 ——对上航局劳务派遣员工思想动态的调查与思考	刘昌明
	3	9	以科学精神引领工人阶级先进性发展方向 ——感悟中国特色社会主义工会发展道路的中央精神	吉永华
	3	11	践行中国特色社会主义工会发展道路应理顺的五个关系	石　云
	3	13	劳动法律监督的工会视角 ——关于完善我国社会主义劳动法律体系建设的思考	杨鹏飞
	3	16	发挥枢纽作用　强化服务功能 ——上海综合保税区创新开发区工会工作	王剑明
	4	6	工会“面向生产、面向基层、面向群众”的历史见证 ——1957 年国务院《关于职工生活方面若干问题的指示》出台	高爱娣
	4	9	关于“职工群众工作”的思考	王舟波
	4	12	新时期职工群众工作研究	李友钟
	5	11	突发性劳资矛盾事件预防与调处对策研究 ——立足于浦东新区的调研	刘金祥　张　良
	5	14	以工资集体协商化解劳工危机事件	王向民
	5	18	危机事件中员工心理困境的工会介入策略	郭志巧
	5	21	工会在集体劳动争议事件中协商机制的构建	李　贝
	5	23	“两新”组织中的劳资矛盾处置机制	林培民

续 表

栏 目	期号	页数	题 目	作 者
	6	3	后危机时代我国劳动收入份额的调整 ——工资集体协商与企业职工工资增长	黄任民
	6	7	论集体协商制度中的政府职能	高建东 刘金祥
	6	12	工资集体协商面临的法律问题及思考	邱晨鹤
	6	16	行业工资集体协商新路径——“小纪模式”	王如华 蔡金明
	6	18	论底层设计的可行与路径	施志刚
工运广角	1	14	让桥梁更畅通 让纽带更牢固 ——兼谈工会组织的价值取向	童爱农
	1	17	何孟雄工人教育思想及其现实启迪论析	相清平
	1	20	互联网时代工会职工思想政治工作解析	王更华
	1	23	试论工会在推进企业职工人文关怀工作中的作为	吴晓红
	1	26	浅谈企业工会在构建和谐企业中的作为	张锡吾
	1	29	新生代进城务工者市民化困境分析	王付欣
	2	21	发挥工会维护职能 参与创新社会管理	任 明
	2	23	三方机制视角下和谐劳动关系的构建	朱海燕
	2	26	推进职工代表履职考核的思考	刘卫平
	2	28	试论工会在推进“星级班组”创建中的作用	白玉娟
	2	30	把思想政治工作与维护职工权益相结合 ——探索一条新时期思想政治工作的新路	徐建祺
	3	20	建设新时期“工人的学校和乐园” ——谈工人文化宫在公共文化服务体系中的作用	桂云林
	3	22	关于最佳实践者活动的启示与思考	郭树鸿
	3	25	浅论工会在创建劳动关系和谐企业中的定位与作为	董凤伟
	3	27	浅谈特殊群体稳定工作	汤其鸿
	4	15	中国特色社会主义工会发展道路与工会的角色定位	孙 晋
	4	18	构建企业和谐劳动关系的若干思考	刘 芳
	4	21	浅析新形势下企业劳动竞赛的问题及对策	潘联芳
	4	24	关于建立多层面职工利益诉求表达机制的思考	刘 琼
	4	27	加强工会财务管理工作初探	龚 萍
	5	26	《企业劳动争议协商调解规定》的解读	沈松龄
	5	28	构建和谐企业长效机制的探索与实践	俞志勇
	6	20	青年农民工培训刍议	曾 铁
	6	24	关于构建和谐劳动关系若干问题的思考	叶 毅
	6	26	多学科视角下的网络舆情:现状与争鸣	张 琼 李玉敏

续 表

栏 目	期号	页数	题 目	作 者
	6	28	基于差异协同论的高校人事派遣制度下和谐劳动关系研究	沙 锋 张 伟等
	6	30	滥用劳务派遣规制探析	宋晓波
社会管理创新	1	33	工会组织参与社会救助分析 ——以上海工会为例	陆 娟
	1	36	准确把握工会参与社会管理的角色定位	潘春华
	5	31	工会参与社会管理的路径选择	郭学勤
	5	34	微博问政的局限及完善路径	李 堃
民主管理	3	29	劳务派遣工参与企业民主管理的问题及其应对	王珍宝
	3	32	关于企业民主管理深化及创新的探讨	李 璐
	3	35	职代会民主评议工作调研	王艳君
集体协商	2	32	关于依法推动企业普遍开展工资集体协商工作的调研	上海市纺织工会
	2	35	对工资集体协商前设立听证制度的探索	马琳联
	3	37	关于提高集体协商实效的若干思考 ——从第二次“南海本田”集体协商谈起	周正言
	3	40	集体合同形式主义的原因及对策分析 ——基于职工主体缺位的视角	邹瑞琼
工资集体协商	4	29	外资企业工资集体协商推进中的难点及对策探析	张东成
	4	31	行业工资集体协商的实践与思考	冯贻茂 谭同政
文化建设	6	33	新时期教职工文化建设对促进学校内涵建设作用的实践与探索	郑忆文 凌文惠等
	6	36	以“职工之家”为载体 打造特色工会文化	张克园
	6	39	关于企业文化建设与推进员工素质工程相结合的思考	胡燕萍
社科论苑	1	38	《上海工会年鉴》基层供稿现状分析	陈进修
	1	39	浅谈高校教师的健康与体育锻炼	祝世彬
	2	37	关于加强劳模示范引领作用发挥的思考 ——以铁路企业为例	钱 康
	2	40	“企业春晚”与企业文化建设	刘彦博
	5	37	高校校园网络舆论引导工作探微	胡明辉 蒋红艳
	5	40	职场化教学中校企对接的三重模式	齐 源 李玉敏
思想政治工作	4	33	浅析工会在加强企业职工思想政治工作中的作为	沈松龄
	4	36	工会思想政治工作研究	朱 霞
	4	39	中国传统文化与现代企业人才观	朱长胜
港澳台工运	1	42	澳门工联总会的结构与运行	黄安余

续 表

栏 目	期号	页数	题 目	作 者
	4	42	台湾工会维权及其经验借鉴	黄安余
	5	42	澳门工会对引进外地劳工的政策参与	黄安余
国际工运	2	42	浅析日本灾后重建与工会的对策	李 庆
	3	43	债务危机下欧盟和西班牙的政府措施及工会对策	张国峰
国际视野	6	41	浅析转型期俄罗斯养老保障制度改革 ——我国可借鉴的经验及教训	许艳丽

上海市职保会各区县服务处(点)一览表

单位	电话(办公)	地址	邮编
浦东新区总工会服务处	68639966-7019	丁香路716号C楼	200135
浦兴社区工会服务点	50263779	凌河路69号	200129
金杨社区工会服务点	68501658-141	博山东路699号	200136
洋泾社区工会服务点	58603276	博山路51弄60号	200135
潍坊社区工会服务点	51029075-8015	潍坊路131弄1号	200122
塘桥社区工会服务点	58737200	峨山路488号	200127
南码头社区工会服务点	50905272	南码头路400号	200125
上钢社区工会服务点	51923200-6105	昌里路335号	200126
周家渡社区工会服务点	50788875	南码头路1136弄35号乙	200126
东明社区工会服务点	50842255	上南路4206弄1号	200124
陆家嘴街道工会服务点	68767121-193	福山路55号	200120
沪东社区工会服务点	58505256	蓝城路247号	200129
花木社区工会服务点	50452710-8124	梅花路289号	201204
川沙社区工会服务点	68397955-8002	新川路645号	201200
高桥镇工会服务点	50586511	张扬北路5168号	200137
北蔡镇工会服务点	68926111-1009	沪南路1105号	201204
三林镇工会服务点	68525010	杨新路60-1号	200126
张江镇工会服务点	58956721	张江江东路27号101室	201203
曹路镇工会服务点	50683818	龚丰路85号	201209
唐镇镇工会服务点	58965096-757	唐镇唐兴路495号	201203
合庆镇工会服务点	58973677	合庆镇前哨路112号	201201
金桥镇工会服务点	58545450	佳林路585号1号楼213室	201206
高东镇工会服务点	58486217-1061	光明路718号	200137
高行镇工会服务点	68975015	东靖路1831号	201208

续　表

单位	电话(办公)	地址	邮编
惠南镇工会服务点	68090376	人民西路555号	201300
周浦镇工会服务点	20922217	祝家港路190号	201318
六灶镇工会服务点	58166429	崇溪路90号	201322
宣桥镇工会服务点	58186401	六奉公路128号	201314
康桥镇工会服务点	20913221	沪南公路2532号	201315
航头镇工会服务点	68220135	航头路188号	201316
新场镇工会服务点	68093138	仁义路233号	201314
祝桥镇工会服务点	58109616	川南奉公路5058号	201323
老港镇工会服务点	58053082	鑫盛路6号	201302
大团镇工会服务点	68082756	永春中路56号	201311
万祥镇工会服务点	58041108	万和路188号	201313
芦潮港镇工会服务点	20942113	芦硕路298号	201308
书院镇工会服务点	58190037	新卫路8号	201304
泥城镇工会服务点	58072950	新城路1号	201306
申港社区	68286632	申港大道200号行政中心F楼	201306
徐汇区总工会服务处	54189734	桂林路46号底楼大厅	200233
湖南路街道工会服务点	64377570	淮海中路1788号	200031
天平街道工会服务点	54658110	衡山路17弄1号	200031
斜土街道工会服务点	64045999-2206	茶陵路38号	200032
田林街道工会服务点	64839361	宜山路655弄3号	200033
康健街道工会服务点	54210576-8029	浦北路268号	200233
凌云街道工会服务点	64552736-8018	老沪闵路1039弄48号	200237
长桥街道工会服务点	64771771-137	罗秀路616号	200231
龙华街道工会服务点	54121093	天钥桥南路399号	200232
华泾街道工会服务点	54821212-103	华泾路505号	200231
徐家汇街道工会服务点	64417384	斜土路2431号	200030
枫林街道工会服务点	64416109	中山南二路857号	200032
虹梅街道工会服务点	64062444	虹梅路2017号	201103
漕河泾街道工会服务点	34140991	冠生园路211号	200235
长宁区总工会服务处	62106198	长宁路690弄3号304室	200042
天山街道工会服务点	62598183	天山二村64号乙大厅	200051
北新泾街道工会服务点	52163723	新泾一村144号	200335
华阳街道工会服务点	32201205	长宁路396弄79号	200050
新华路街道工会服务点	62941011-1117	法华镇路521号	200052

续 表

单位	电话(办公)	地址	邮编
江苏街道工会服务点	62256600-126	江苏路 563 弄 8 号	200050
周家桥街道工会服务点	52061155-118	云雾山路 551 弄 48 号	200051
仙霞街道工会服务点	62959244	虹古路 206 号	200336
虹桥街道工会服务点	32231508	中山西路 1030 弄 51 号	200051
程家桥街道工会服务点	62626600-212	虹桥路 2282 号	200336
新泾镇工会服务点	52186596	泉口路 65 号	200335
普陀区总工会服务处	32250855	武宁路 205 号	200063
曹杨新村街道工会服务点	62167000-8101	棠浦路 52 号	200062
甘泉新村街道工会服务点	66250055-134	宜军路 9 号	200065
长寿街道工会服务点	62277887-1153	胶州路 1095 号	200060
真如镇工会服务点	52791214	铜川路 1809 号 103 室	200333
长风街道工会服务点	62430029	枣阳路 100 号 203 室	200062
宜川新村街道工会服务点	66610109	华阴路 298 号底楼	200065
石泉新村街道工会服务点	60837527	宁强路 25 号	200061
桃浦镇工会服务点	66267866	武威路 1168 号	200331
长征镇工会服务点	62063773	清峪路 127 号(社保中心二楼)	200333
闸北区总工会服务处	56309576	西藏北路 770 号	200070
彭浦新村街道工会服务点	56477367	安泽路 78 号	200435
大宁街道工会服务点	56033336	彭江路 188 号	200072
宝山街道工会服务点	56301203-8025	宝昌路 519 号	200071
芷江西街道工会服务点	66583382-123	中山北路 898 号	200070
彭浦镇街道工会服务点	66313084-815	灵石路 725 号丙	200072
临汾街道工会服务点	56796194-8108	临汾路 335 号	200435
共和新街道工会服务点	56332621	平型关路 487 号	200072
北站街道工会服务点	63173396	南星路 40 号	200070
天目西街道工会服务点	66283561-7029	沪太路 150 号	200070
虹口区总工会服务处	65030973	飞虹路 380 号 103 室	200086
凉城街道工会服务点	65287439	凉城路 465 弄 41 号甲	200434
曲阳街道工会服务点	55881931-1204	伊敏河路 88 号	200437
欧阳街道工会服务点	65754922	曲阳路 483 弄 1 号	200081
四川北路街道工会服务点	65873014	溧阳路 1208 弄 18 号	200081
四川北路街道乍浦路工会服务点	63646123	北海宁路 58 弄 20 号	200080
嘉兴街道工会服务点	65794535	三河路 388 号	200082
广中街道工会服务点	51812224	水电路 120 号	200083

续 表

单位	电话(办公)	地址	邮编
提兰桥东余杭路工作点	65352872	东余杭路 1332 号	200082
提兰桥东汉阴路工作点	65888622	东汉阳路 455 号	
江湾镇工会服务点	65812083	奎照路 280 号	200434
杨浦区总工会服务处	65846612	通北路 538 号	200082
四平地区总工会服务点	65139206	鞍山路 158 号	200092
江浦地区总工会服务点	55572352	许昌路 1150 号	200082
长白地区总工会服务点	55832029	延吉东路 107 号	200093
延吉地区总工会服务点	65341133-147	延吉中路 77 号	200093
定海地区总工会服务点	65670011-1024	长阳路 3066 号	200090
平凉地区总工会服务点	65850951-8083	吉林路 18 号	200082
五角场地区总工会服务点	65481769	政通路 100 弄 11 号	200433
控江地区总工会服务点	55803685	周家嘴路 3209 号	200093
大桥地区总工会服务点	65191987	平凉路 1730 号	200090
殷行地区总工会服务点	65881593	国和路 1049 号	200438
五角场镇总工会服务点	65582183	国和路 425 号	200433
新江湾城地区总工会服务点	55095722	政立路 501 号	200438
黄浦区总工会服务处(普育东路)	63080297(带传真)	普育东路 227 号	200011
黄浦区总工会服务处(淡水路)	53832096	淡水路 464 号 103 室	200025
豫园街道工会服务点	63365936	梧桐路 50 号	200010
南东街道工会服务点	33110284	江阴路 101 号	200003
小东门街道工会服务点	63325694	白渡路 252 号	200010
老西门街道工会服务点	63770943	蓬莱路 285 弄 4 号	200010
外滩街道工会服务点	63295370	河南中路 568 号	200002
半淞园路街道工会服务点	63120055-1097	西藏南路 1360 号	200011
五里桥街道工会服务点	53023712	瞿溪路 768 号	200023
淮海街道工会服务点	53831172	马当路 349 号	200021
瑞金二路街道工会服务点	53822091	皋兰路 6 号地下一层	200020
打浦街道工会服务点	63041102-8116	南塘浜路 103 号	200023
静安区总工会服务处	62672387	胶州路 699 号 101 室	200040
南京西路街道工会服务点	62896228	延安中路 955 弄 67 号	200040
江宁街道工会服务点	62668866	常德路 818 号	200040
石门二路街道工会服务点	62561297	武定路 139 号	200041
静安寺街道工会服务点	54038519	常熟路 115 号	200040
曹家渡街道工会服务点	62112892	万航渡路 676 弄 46 号底楼	200042

续 表

单位	电话(办公)	地址	邮编
宝山区总工会服务处	36071834	友谊路50号	201900
张庙工会服务点	56766139	泗塘二村108号	200431
吴淞镇街道工会服务点	56572102	淞青路151号	200940
大场镇工会服务点	61671008	沪太路2518号	200442
月浦镇工会服务点	36303757	德都路111号	200941
淞南镇工会服务点	66186370	长江南路583号	200441
友谊街道工会服务点	56122819	永清路899号	201900
顾村镇服务点	56042969	电台南路7号	201907
庙行镇街道工会服务点	56476890	长江西路2700号	200431
闵行区总工会服务处	64133704	闵行区莘建东路210号	201100
江川路社区(街道)工会服务点	64632352	鹤庆路398号	200240
浦江镇工会服务点	34302496	浦瑞路326号	201112
梅陇镇工会服务点	54289346	上中西路762号	200237
华漕镇工会服务点	33509908-3110	平乐路25号31号	201107
古美街道工会服务点	54163600-623	古龙路1139号	201102
七宝镇工会服务点	54869562	沪松公路62弄42号	201101
吴泾镇工会服务点	64520590	龙吴路5530弄40号1005室	200241
虹桥镇街道工会服务点	64658822-2108	合川路2885号	201103
新虹街道工会服务点	64215151-120	航东路355号	201105
莘庄街道工会服务点	51519930	莘浜路18号	201100
颛桥镇工会服务点	51870877-108	联农路297号	201108
马桥镇工会服务点	64090718-116	马桥西街21号	201111
嘉定区总工会服务处	59523738	嘉戬公路118号2-3总工会窗口	201800
嘉定镇工会服务点	59928107-8005	塔城路360弄8号	201800
新城路街道工会服务点	39980262	新城路155号	201822
真新街道工会服务点	59197619	清峪路985号	201824
菊园新村街道工会服务点	59927637	平城路811号	201800
安亭镇工会服务点	69578879	民丰路988号	201805
南翔镇工会服务点	39120108	古猗园路358号	201802
奉贤区总工会服务处	57106326	南桥镇南桥路188号7楼	201400
奉城镇工会服务点	57522114	奉城镇兰博路2008号	201414
松江区总工会服务处	57727982	人民北路73弄1号	201600
永丰街道工会服务点	57817206	松汇西路1188号永丰街道	201600
中山街道工会服务点	67742315	茸梅路139号	201613

续　表

单位	电话(办公)	地址	邮编
泖港镇工会服务点	57863365	中南路35号	201607
小昆山镇工会服务点	57760068	小昆山镇昆港公路2355号	201616
方松街道工会服务点	37021526	文涵路733号	201620
九亭镇工会服务点	57634303	九新公路219号	201615
泗泾镇工会服务点	57611712-8080	文化路298号	201601
金山区总工会服务处	57320225	朱泾镇健康31弄15号	201500
石化街道工会服务点	57951843	石化临潮二村18号	200540
张堰镇工会服务点	57213173	张堰镇东贤路951号	201514
枫泾镇服务点	57351503	枫泾镇朱枫公路9850号	201501
青浦区总工会服务处	59732688	青浦区青松公路35号	201700
盈浦街道服务点	69223619	胜利路119号	201700
徐泾镇工会服务点	59760990	徐泾镇盈港东路1638号	201702
崇明县总工会服务处	69693900	崇明县城翠竹路1501号	202150
堡镇工会服务点	59426492	堡镇灵山路88号	202157
庙镇工会服务点	59361150	庙镇大街199号	202153

保障政策文件选编

持有《上海市居住证》人员申办本市常住户口办法

第一条(目的和依据)

为了深化本市户籍管理改革,完善居住证制度,吸引人才来沪,根据有关法律、法规以及《上海市居住证暂行规定》,制定本办法。

第二条(指导原则)

按照权利与义务对等的原则,坚持政策公开、标准统一、程序规范、办理方便。

第三条(适用对象)

本办法适用于来沪创业、就业并持有《上海市居住证》的境内人员(以下简称“持证人员”)。

第四条(管理部门)

市人力资源社会保障部门负责持证人员申办本市常住户口的受理和审核工作。市公安部门负责相关落户工作。市发展改革部门负责本办法实施的政策协调工作,根据本市经济社会发展状况,综合平衡确定年度总量,并对政策实施进行监督。住房保障房屋管理、税务、教育、人口计生、工商等部门按照各自职责,做好与本办法相关的管理工作。

第五条(申办条件)

持证人员申办本市常住户口,应当同时符合下列条件:

(一) 持有《上海市居住证》满7年;

(二) 持证期间按照规定参加本市城镇社会保险满7年;

(三) 持证期间依法在本市缴纳所得税;

(四) 在本市被评聘为中级及以上专业技术职务或者具有技师(国家二级以上职业资格证书)以上职业资格,且专业、工种与所聘岗位相对应;

(五) 无违反国家及本市计划生育政策规定行为、治安管理处罚以上违法犯罪记录及其他方面的不良行为记录。

第六条(激励条件)

持证人员符合下列条件之一的,可以优先申办本市常住户口:

（一）在本市作出重大贡献并获得相应奖励，或者在本市被评聘为高级专业技术职务或者高级技师（国家一级职业资格证书）且专业、工种与所聘岗位相对应的，可以不受第五条第（一）、（二）项规定的持证及参保年限的限制；

（二）在本市远郊地区的教育、卫生等岗位工作满5年的，持证及参保年限可以缩短至5年；

（三）最近连续3年在本市缴纳城镇社会保险基数高于本市上年度职工平均工资2倍以上，或者最近连续3年计税薪酬收入高于上年同行业中级技术、技能或者管理岗位年均薪酬收入水平的技术管理和关键岗位人员可以不受第五条第（四）项规定的专业技术职务或者职业资格等级的限制；

（四）按照个人在本市直接投资（或者投资份额）计算，最近连续3个纳税年度累计缴纳总额及每年最低缴纳额达到本市规定标准，或者连续3年聘用本市员工人数达到规定标准的相关投资和创业人才，可以不受本办法第五条第（四）项规定的专业技术职务或者职业资格等级的限制。

前款所称的重大贡献奖项范围、计税薪酬收入标准、技术管理和关键岗位范围、投资纳税数额和用工人数标准，由相关管理部门适时公布。

第七条（申请的提出）

符合第五条、第六条规定的持证人员，申办本市常住户口的，可以到人力资源社会保障部门所属人才服务中心领取并填写《居住证持有人办理本市常住户口申请表》后，交用人单位，同时附有关申请材料，由用人单位负责向人力资源社会保障部门申报。

第八条（申请材料）

申办本市常住户口的申请材料具体包括：

（一）有效身份证明和《居住证持有人办理本市常住户口申请表》；

（二）参加本市城镇社会保险的证明；

（三）本市区、县以上税务机关出具的个人所得税或者企业纳税完税证明；

（四）专业技术职务、职业资格证明及相关聘用（劳动）合同证明；

（五）现居住地计划生育证明及无违法犯罪记录证明；

（六）本人或者同意接受落户的单位、亲属的房屋所有权证或者租用公房凭证；

（七）相关部门要求提供的其他必要的证明材料。

符合第六条规定的持证人员申请优先办理本市常住户口的，还应当提交相应的证明材料。

第九条（受理）

人力资源社会保障部门收到持证人员申办本市常住户口的材料后，对申办材料齐全的，应当受理，并出具受理回执；对申办材料不齐全的，应当告知持证人员补齐相关材料。

第十条（审核）

人力资源社会保障部门按照规定条件，对申办材料进行审核。

对符合规定条件的，应当出具《持有〈上海市居住证〉人员办理本市常住户口通知书》；对不符合规定条件的，应当书面告知持证人员。

第十一条（迁入户口）

持证人员凭《持有〈上海市居住证〉人员办理本市常住户口通知书》和本市公安部门出具的《准予迁入证明》及相关证明，办理迁移落户手续。

第十二条（家属随迁）

持证人员的配偶符合规定条件的，可以同时申请办理本市常住户口；不符合条件的，可以按照现有投靠落户政策办理。未成年子女可以随迁。

第十三条（总量调控）

本市对持证人员申办常住户口实行年度总量调控，符合条件的持证人员按照规定，排队轮候办理。超出当年调控人数总额的，依次转入下一年度办理。

第十四条（法律责任）

行政机关工作人员应当依法履行职责。对在执行本办法过程中徇私舞弊、滥用职权、索贿受贿的，由其所在单位或者监察机关给予行政处分；构成犯罪的，依法追究其刑事责任。

持证人员和单位应当书面承诺所提供证明材料的真实性，严禁弄虚作假或者伪造。一旦发现弄虚作假或者伪造，取消其再申请的资格，并记入社会征信体系。对骗取本市常住户口的，及时注销其本市常住户口；构成犯罪的，依法追究其刑事责任。

第十五条（实施细则）

由市人力资源社会保障局会同市有关部门根据本办法，制定相应的实施细则。

第十六条（施行期限）

本办法自2012年2月12日起施行，有效期至2016年12月31日。

索　　引

Index

2013

A

B

C

D

F

G

H

J

K

L

M

N

P

Q

R

S

T

W

X

Y

Z

上海外高桥第二发电有限责任公司工会

授予

模范职工之家

中华全国总工会
二〇一一年十月

文明单位
Model Unit
上海市人民政府颁发
Issued by
Shanghai Municipality

上海外高桥第二发电有限责任公司位于外高桥能源基地。公司在单机容量、技术水准、运行参数方面都居于国际领先水平。

公司工会以“一切为职工着想、尽力让职工满意”为工作思路，紧紧围绕企业中心工作，建立健全职代会制度，全面深化厂务公开工作，不断推进民主管理，切实履行工会维权职能，全心全意关心和服务广大职工，凝聚全员之心，调动全员之力，共同构建起一个为职工着想、让职工满意、促进企业和职工共同发展的和谐企业。

根据公司生产经营目标，公司工会适时开展各项劳动竞赛和群众性建功立业活动，并广泛开展形式多样的文体活动，努力营造以“责任、感知”为核心的企业文化。公司先后获全国模范职工之家、上海市文明单位、上海市职工最满意企事业单位、上海市厂务公开民主管理工作先进单位、上海市模范集体、上海市模范职工之家等称号。

公司厂貌厂景

举行2012年三届二次职工代表大会

庆贺公司成立12周年举行“欢乐三打一”大赛

公司工会开展岗位培训、技术比武

组织职工“放飞心情”开展旅游活动

上海实业发展股份有限公司工会

吸收劳务工入会

召开职工常任代表大会

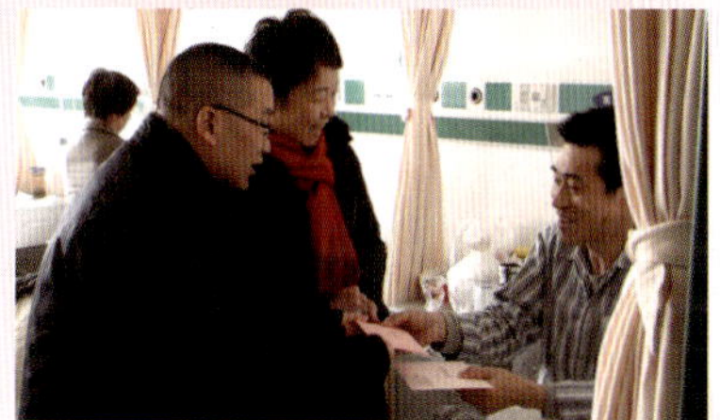

为江西婺源县"江上青"希望小学捐赠学习用品

公司领导看望生病职工

开展素质拓展活动

举行文艺汇演

开设员工大讲台

召开第三届会员代表大会

举办职工运动会

上海实业发展股份有限公司是上海实业（集团）有限公司下属A股上市公司。公司以实现可持续发展为企业存续的愿景和责任，以开发优质住宅产品和品牌物业服务为核心，积极投身中国持续发展的城市化进程。2012年，上实发展工会紧紧围绕服务企业中心工作和维护职工切身利益这一主旋律，扎实推进民主管理，维护员工权益，凝聚员工力量，加强员工教育，引导员工支持企业的改革、发展和稳定。一是加强班子建设，完善以职代会为基本形式的民主管理制度，完成工会换届选举；二是建立和完善劳动关系协调机制，推进集体合同签订与外来务工人员入会工作；三是建立健全职工生活保障机制，大力实施送温暖工程；四是广泛开展安全生产教育活动，提高安全生产意识；五是挖掘员工大讲台等员工教育品牌，创建新型学习型企业；六是开展多种活动，活跃企业文化氛围；七是加强工会规范管理，继续夯实基础。公司连续多年获得上海市文明单位、上海市"五一劳动奖状"、上海市劳动关系和谐职工满意企事业单位、上海市厂务公开民主管理工作先进单位、上海职工素质工程"十佳品牌"、上海市模范职工之家等称号。

徐汇区牙防所工会

春节慰问劳模

首次推行职工代表竞选制

徐汇区牙病防治所现有职工146人，其中105人为在编人员，41人为派遣制人员，分布于牙防所各个科室。近年来，牙防所工会不断推进职工队伍建设，积极探索职工民主管理和同工同酬等重点难点课题，协助行政择优吸纳派遣职工进编制、进职代会、进干部队伍等工作，真正把牙防所打造成每位职工的安居家园、民主家园、创业家园和成才家园，赢得了职工群众的广泛好评。

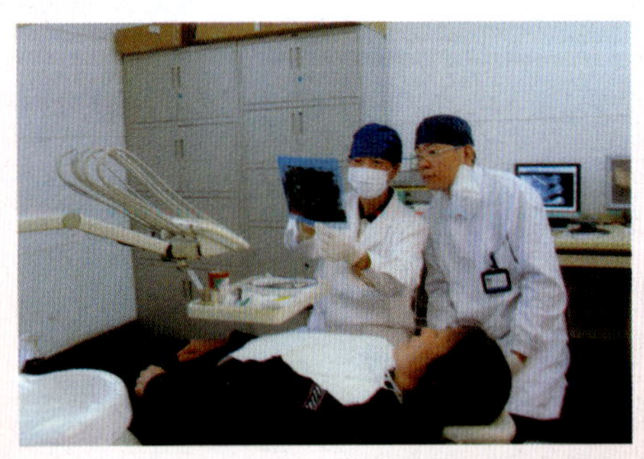

左：举行职工技能比武
右：组织开展助学活动

左：少管所开展共建汇演
右：联合举办职工田径运动会

国药控股股份有限公司工会

国药控股股份有限公司是中国医药集团总公司所属核心企业，于2003年1月成立，2009年9月23日在香港证券交易所上市。作为中国最大的药品、医疗保健产品分销商及领先的供应链服务提供商，国药控股拥有国内最大的药品分销及配送网络、零售连锁、药品制造、化学试剂、医疗机械、医疗健康产业等相关业态，连续名列中国医药商业企业销售额排名第一位。

公司工会紧紧围绕“健康运行，领先发展”的主题，团结动员广大职工为实现公司发展规划和各项经营目标建功立业；加强基层工会组织建设，做到工会组织全覆盖；不断健全和完善职代会制度，深入开展企务公开、民主管理，构建和谐劳动关系，维护企业和谐稳定；深化企业文化建设，开展形式多样的和谐家园创建活动，不断增强工会的凝聚力、创新力、影响力，并于2012年获得中国企业文化研究会颁发的“企业文化建设优秀奖”；开展职工教育培训和劳动竞赛活动，不断提升员工素质；加强工会自身建设，努力提升各级工会组织的领导能力和工会干部的履职能力。

国药控股以及上海地区各子公司工会负责人前往崇明富军村看望特困村民和百岁老人

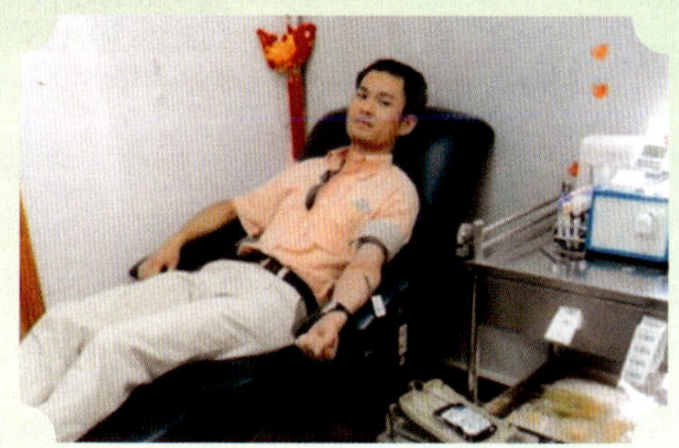

工会发起无偿献血倡议书，70余名职工报名响应

广大党员、团员、工会积极分子开展植树造林活动

上海国大药房在第九届“华氏杯”职工技能大赛上夺得团体冠军

组队参加上海市第一届市民运动会

组织职工参观“城市新印象(2007—2012)大型主题展览”

中国建材国际工程集团有限公司

公司荣获上海市创新性企业

中国建材国际工程集团有限公司
荣获：2011年度全国“安康杯”竞赛
（上海赛区）
优胜单位
上海市总工会
上海市安全生产监督管理局
二〇一二年三月

公司荣获2011年度全国“安康杯”竞赛优胜单位

中国建材国际工程集团有限公司是全国综合性甲级设计科研单位和国际化工程集团公司，是国家重点高新技术企业，是中国建材股份有限公司的工程技术平台，主要从事建筑材料行业、轻纺（日用硅酸盐）、建筑工程、新能源工程、环境污染治理专项工程的设计和工程总承包、工程咨询、工程监理及对外经营，设有联合国工艺组织与中国政府合建的中国玻璃发展中心等7个行业性机构，获批建设浮法玻璃新技术国家重点实验室等14个国家和省部级创新平台，通过了ISO9001：2000质量管理体系认证。

从2003年起，中国建材工程集团连续多年跻身全国勘察设计企业、工程项目管理企业和工程总承包企业50强，跻身美国《ENR》杂志所评定的全球顶级工程设计咨询公司200强，获全国“五一”劳动奖状、中央企业先进集体、全国先进基层党组织、国有企业创建“四好”班子先进集体、上海市实施“走出去”战略先进企业等多项称号。

公司董事长彭寿任国际玻璃协会主席

中国建材工程与意大利水泥集团结成战略合作关系

纪念建团90周年表彰大会暨英语风采大赛

七届六次职代会暨2012年年中工作会议

上海建工集团股份有限公司南方分公司

上海建工集团股份有限公司南方分公司是上海建工集团专注于沪外建筑市场的管理机构，成立于2005年，现有在职职工455人。公司的经营格局以“沿江、沿海”为战略重点，工程项目广布于全国多个经济快速发展城市，公司作为上海建工集团“走出去”战略的先行者，实践“和谐为本、追求卓越”的企业理念，树立了优良的市场品牌和社会形象，先后承建了广州电视塔、青岛大剧院等城市标志性重大工程。

公司工会围绕企业中心工作，紧密依靠公司各级工会干部和全体职工，积极开展立功竞赛，推动工会组织创先争优，结合实际丰富工会特色工作内容，切实有效关心职工健康与成才，大力树立先进典型，培育企业文化；不断推进民主管理，加强自身建设，为职工办实事、办好事，为公司稳定、持续、健康发展起到了工会应有的作用。公司被授予全国工人先锋号、上海市五一劳动奖状、全国示范“职工书屋”等称号。

“面对面、心贴心、实打实”领导下基层了解职工情况

工会编辑出版《风采录》

工会、共青团共同慰问工地附近的军区干休所

授予全国示范“职工书屋”揭牌仪式

参与集团组织的BIM 技术比武

组织职工参加第九套广播操比赛

上海国盛(集团)有限公司

集团党委书记、董事长张立平在“安康杯”知识总决赛上讲话

上海国盛（集团）有限公司工会辖直属工会6家，基层工会54家，现有工会会员11700人。2012年，国盛集团工会以“工会服务在行动”为主线，通过“准定位、求作为、夯基础、抓规范”，坚持服务大局、服务职工，充分发挥桥梁纽带作用，形成维护、协调、服务“三位一体”的工作格局。

一是开展主题实践活动，激发建功立业热情。举行“快乐工作、快乐生活”主题活动，召开“情系国盛、劳动光荣”表彰会，弘扬“尊重劳模、学习劳模、关爱劳模”主旋律，积极推进“六型班组”建设，激发广大职工岗位成才与建功立业积极性，掀起新一轮“比学赶帮超”的热潮。二是推进企业文化建设，提升职工整体素质。开展《国盛之歌》歌词的征集活动，举行“我运动、我健康、我快乐”首届职工运动会，参加上海市第一届市民运动会，极大地丰富了职工精神文化生活；以“安康杯”活动为主线，开展安全生产“金点子”活动，举办《2012年安全知识条例》竞赛活动，组织开展“国盛集团119消防运动会暨应急预案演练”，营造安全生产，人人有责的良好氛围。三是认真维护职工权益，发挥工会基本职能。积极完善以职代会为基本形式的企业民主管理制度，坚持依法从源头参与重大问题和职工切身利益问题的讨论，不断探索勇于维权和善于维权的途径和方法，并通过贯彻《集体协商办法》、签订《集体合同》和《女职工专项集体合同》等，进一步推动民主管理工作跃上新台阶，推进“两个普遍”的落实，构建和谐的劳动关系。四是完善职工帮扶体系，增强企业的凝聚力。通过建立帮困档案，深化特色活动，推进帮扶新模式，温暖职工之心。并结合“面心实”活动，深入基层走访、调研，从关注企业生产经营状况和职工的思想状况着手，通过座谈会、问卷调查等形式倾听职工意见、反映职工诉求、把握职工心声和脉动，进一步增强工会组织在职工群众中的影响力和凝聚力。

总裁池洪深入生产一线高温慰问

“快乐工作 快乐生活”庆祝“三八”国际妇女节

组织首批劳模休养团体养

召开“我运动、我健康、我快乐”首届职工运动会

上海新华联大厦有限公司

公司营业夜景

召开公司职代会

上海新华联大厦有限公司坐落在淮海路商业中心中端，经营场所总面积6.87万平方米，拥有上海驰名的以精品+主题定位的东方商厦（淮海店）及其3.8万平方米租赁面积的甲级涉外办公楼。

公司工会积极开展学习型企业建设，激发广大员工的创新热情，促进企业转型发展，成立大学生智能团，打造“东方花季”营销品牌；培育和宣传先进，推出“陆蕙3D珠宝工作室”服务品牌；开展服务销售排行榜劳动竞赛，调动干部、员工完成指标任务的积极性；开展学习型班组建设，夯实企业基础管理；推行“531”礼仪操练，提升员工素质和服务水平；围绕员工健康，实施一系列保险计划，开展各类文体活动，营造稳定和谐的员工之家氛围。

3D展示礼仪风貌

举行礼仪操演示

举行广场音乐会

开设员工会所

上海安装工程有限公司工会

上海市安装工程有限公司是具有机电安装工程施工总承包一级资质的大型安装企业，是上海建工集团股份有限公司骨干企业之一。公司现有员工2500余人。近年来，公司牢牢抓住难得的市场机遇，团结依靠广大职工，聚精会神建工程，一心一意谋发展，经营生产规模迅速扩大，履约能力大幅度提高，企业凝聚力进一步增强。

召开创建学习型组织推进会

在企业快速发展过程中，公司工会紧密配合党政，坚持“和谐为本、追求卓越、回报社会、惠及员工”的宗旨，积极培育并大力传播公司优秀文化，不断推进职工满意企业建设；坚持围绕企业发展，全力以赴组织重大工程立功竞赛，持续打造“上安”公司金字招牌；坚持服务职工群众，坚持职代会、集体协商等一系列有效制度，充分发挥工会的组织动员、代表维护和桥梁纽带作用；坚持完善职工集体度假、医疗保险等一批惠及员工的福利制度，使广大职工深切感受到和谐“上安”家园建设形成的良好氛围和人文关怀，职工对企业的满意度不断提高，归属感进一步增强。2010年3月，公司获“2008～2009年度上海市职工最满意企(事)业单位”称号，2010年4月，公司第二次获“全国五一劳动奖章”称号。

召开立功竞赛推进会

端午节慰问职工

召开世博会运行保障立功竞赛中途推进会

获市总工会颁发的“五一”劳动奖章

上海市体育运动学校工会

上海市体育运动学校工会现有委员7名，经费审查委员3名，会员222名，工会小组9个。多年来，市体校工会在学校党委和上级工会的领导下，在学校行政和广大教职工的支持下，以邓小平理论、“三个代表”重要思想和党的“十八”大精神为指导，认真贯彻落实科学发展观，围绕学校中心任务，服务学校发展大局，积极履行工会组织各项职能，依法维护教职工合法权益，积极参与学校民主管理，开展丰富多彩的职工文体活动，丰富职工的业余生活，增强职工彼此间的相互了解，营造了和谐、愉快、互助、宽松的工作环境；扎实做好走访慰问、帮困送温暖等工作。为学校的改革、发展和稳定作出了一定的贡献，较好地发挥了党联系职工群众的桥梁和纽带作用，获2011年度上海市“模范职工之家”称号。

参加诗歌朗诵会

参加飞镖赛

举行广播操展示活动

参加钓鱼比赛

举办跳绳健身活动

参加龙舟赛

中交三航局第二工程有限公司工会

公司党政工领导看望困难职工并送上慰问金

公司行政和工会双方签定2012年度集体合同

中交三航局第二工程有限公司工会，以科学发展观重要思想为指导，坚持“服务企业大局、满足职工需求、体现时代要求”的工作思路，全面履行工会各项职能，大力构建和谐企业。一是深化企业民主管理，完善职代会、平等协商、集体合同等制度，建立“规范有序、公正合理、互利双赢、和谐稳定”的企业劳动关系；二是围绕企业经济建设，大力开展重大工程立功竞赛，促进实事工程建设；三是注重文化引领，通过创建职工书屋、开展读书活动、举办演讲比赛等形式，提升企业职工队伍素质。四是以人为本，完善“送温暖”等帮困长效机制，切实打造职工安居乐业的和谐家园。公司在重大工程立功竞赛活动中获二十七连冠“优秀公司”称号，先后十二次获得“金杯公司”称号，并获上海市文明单位、上海市首届“职工最满意企业”、全国模范职工之家、全国交通建设系统工会工作先进集体、全国“五一”劳动奖状、全国劳动关系和谐企业等称号。

全国模范劳动关系和谐企业

中华人民共和国人力资源和社会保障部
中华全国总工会
中国企业联合会/中国企业家协会
中华全国工商业联合会
二〇一一年八月

公司工会主席参加“全国安康杯”竞赛优胜企业评审会

组织职工参加上海市演讲与口语传播协会主办的演讲比赛

参加中交三航局第十二届“青工杯”足球赛

上海华力微电子有限公司

上海华力微电子有限公司成立于2010年1月，是“909”工程升级改造——建设12英寸集成电路芯片生产线项目的承建单位，是上海市“创新驱动、转型发展”的重点产业化项目之一，目标是建设中国第一条自主可控的、生产工艺达到世界先进水平的12英寸集成电路芯片生产线。

上海华力微电子有限公司工会成立于2010年12月31日，成立之初，秉承促进经营生产、促进企业文化建设、维护员工权益的宗旨开展各项工作，重视职代会制度的建立与完善，并于2011年11月30日召开第一届第一次职工代表大会，通过了《上海华力微电子有限公司集体合同》和《上海华力微电子有限公司女职工保护专项集体合同》，选举产生1位职工董事和3位职工监事；开展劳动竞赛，宣传企业文化，推进班组建设，开展“芯翼杯”创新大赛。

召开第一届职代会

举办第二届“芯翼杯”创新大赛总决赛

公司第二届“芯翼杯”创新大赛选手参加总决赛比赛答辩现场

江南造船(集团)有限责任公司工会

创建于1865年的江南造船(集团)有限责任公司是中国船舶工业集团下属的大型现代化造船企业，为支持2010年上海世博会，公司实施向长兴岛整体搬迁。

2012年，公司工会发扬“爱国奉献、求实创新、自强不息、打造一流”的江南精神，紧紧围绕公司中心工作，全面开展具有江南特色的员工职业形象塑造、典型示范、凝心聚力、文化命名等五大工程，推进“不辱使命、建功立业”高新产品试航立功竞赛和“创立新目标、创造新纪录”双创劳动竞赛及合理化建议活动，开展了文明单位、文明窗口、“六自主管理”班组创建、首届“感动江南年度十佳人物和十佳团队”评选，弘扬先进，选树标杆，为职工做好事、办实事、解难事，组织开展丰富多彩的文体活动，为实现中国第一军工造船企业的目标作出了积极贡献。

召开公司职工代表大会

建立劳模工作室

评选表彰先进集体和个人

开展职工技能比赛

举行职工文体比赛

上海印钞有限公司

上海印钞有限公司是隶属于中国印钞造币总公司的一家大型骨干印钞企业，现有职工近2000名，下属16个分工会。

上钞公司工会紧紧围绕企业中心工作，坚持党建带工建，大力加强工会自身建设，充分发挥工会组织的优势和桥梁纽带作用，全面提升公司为央行履行职责服务的能力。积极探索新形势下做好工会工作的新途径、新方法，不断开创工会工作新局面。维护职工合法权益，促进班组建设，提高职工队伍素质。坚持以人为本理念，丰富职工文体活动，营造和谐氛围，确保全面完成公司生产经营管理等各项任务目标。

公司党政工领导迎接党的十八大代表邱开植同志返沪

两位劳模寿星共切生日蛋糕

召开职工代表大会

舞蹈《楼兰风情》参演中国上海国际艺术节天天演

举行女职工"三项创建"先进表彰会暨魅力女性才艺展

上钞公司外景全貌

举办乒乓球团体赛

同济医院工会

召开同济医院七届三次职代会

同济医院工会在院党委和市医务工会领导下，坚持以邓小平理论、“三个代表”重要思想、科学发展观为指导，紧紧围绕医院中心工作，按党政所需、职工所求、工会所能的原则，以建家为目标，科学规范管理，加强自身建设；积极推进院务公开，加强民主管理；加强职工素质工程建设，全面提高职工综合竞争力；关心职工，坚持为职工办实事，突出工会维护职能；以“家庭日”为载体，凝聚员工，建设独特医院文化。通过有效创意、有效载体、有效方法，有效地履行工会的各项职能，积极推进医院两个文明建设，开创了医院工会工作的新局面，近年来多次获上海市模范职工之家称号。

举行国庆升旗仪式

举行同济医院“同舟共济、扬帆远航”家庭日活动

举办同济医院“梦想的春天”迎新春联欢会

参加第三届中国职工艺术节“鄞州杯”戏曲演唱比赛

举行同济医院首届职工运动会广播操比赛

上海医药分销控股有限公司

上海医药分销控股有限公司是上海医药集团股份有限公司直属企业，拥有覆盖全国8000多家医院、零售连锁店的终端分销网络，经营药品多达6000余种，现有会员4200余人，是国内规模居前、实力最强的医药经营企业之一。

2012年，上药控股工会按照上海市总工会“五个注重”的要求，在公司党委和上级工会的领导下，紧紧围绕“全国战略年”中心工作，以完成公司经营预算目标为重点，扎实开展星级班组、劳动竞赛、合理化建议等活动；以推进企业发展、维护职工权益为己任，不断完善厂务公开、职代会、工资集体协商等民主管理制度；以文化墙评比、歌手大赛、帮困送温暖等活动为手段，凝心聚力，不断促进企业和谐发展，相继获得全国能源化学系统先进工会、全国职工安全卫生知识竞赛优秀组织单位、上海市模范职工之家、上海市医药系统“先进职工之家”等称号。

签订工会工作目标责任书

举办主持人、歌手大赛

每年召开三次职工代表大会

举办全国控股公司工会主席论坛

召开“面对面、心贴心、实打实服务职工在基层”活动座谈会

开展班组长户外拓展培训

举行消防安全演练活动

复旦大学附属华山医院

华山医院工会始创于1949年6月，隶属于上海市医务工会管辖。院工会至今历经19届，现下设27个部门工会，共有会员3300余人。在医院党委和上级工会领导下，院工会坚持中国特色社会主义工会发展道路，建立和完善院务公开制度，推进民主管理，建设民主之家；创新开展职工素质教育工程，繁荣医院文化，建设活力之家；坚持“以人为本”的理念，完善职工互助保障体系，增强职工凝聚力，建设和谐之家；加强组织建设，增强工会战斗力，建设职工之家；扎实开展女职工工作，彰显知识女性才智，建设女性之家；深入持续开展“面对面、心贴心、实打实服务职工在基层”活动，医院连续20年获“全国模范职工之家”称号，连续2次获“市劳动关系和谐职工满意企事业单位”，还被评为“全国优秀职工书屋”、“上海市厂务公开民主管理工作十佳单位”、“市创建学习型组织先进单位”、“市工会干部教育培训工作先进集体”、“市卫生系统优秀妇女组织”、“市卫生系统疗休养工作先进单位”、“市医务工会先进职工之家”、“市医务职工十佳文化品牌提名奖”等先进称号，助力医院获“全国文明单位”、“全国五一劳动奖状”、“上海市五一劳动奖状”等荣誉，进而真正起到了“家暖华山人、家聚华山人、家扬华山人、家留华山人”的作用，成为既温馨又有活力的职工家园。

院领导送清凉慰问一线职工

全国教科文卫体工会调研医院工会工作

全总授予“全国优秀职工书屋”称号并赠书

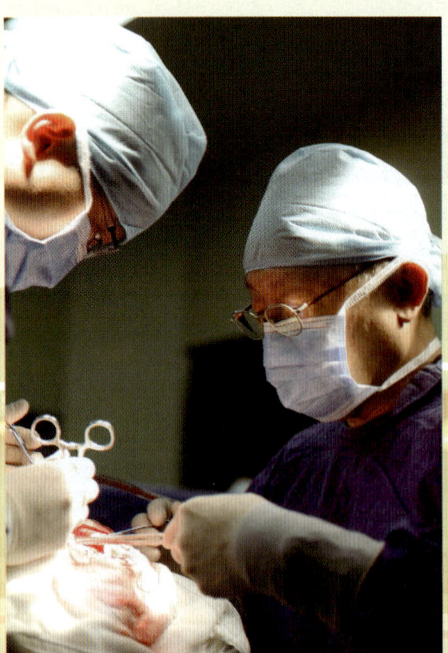
神经外科周良辅院士为病人进行手术治疗

召开工代会选举产生第十九届工会委员会

上海地铁盾构设备工程有限公司

上海地铁盾构设备工程有限公司是国内唯一一家为地铁区间隧道掘进提供盾构设备及其相关服务的专业公司，自成立以来，注重提高管理水平，依托管理、技术、人才优势，开创盾构专业化和集中化管理的“上海模式”。1998—2012年，公司连续14年被评为“上海市重大工程立功竞赛优秀公司”；2008年，公司先后被中华全国总工会、上海市总工会授予“工人先锋号”、“五一劳动奖状”称号。

近年来，公司工会在公司党组织的直接领导和上级工会的热情指导下，扎实推进“职工之家”建设，并在创建“职工之家”过程中，提出“发展是第一要务、科技是第一生产力、人才是第一资源”的口号，组织各部室对“职工之家”创建情况进行互评，以先进激励后进，真正把职工之家建成职工的“满意之家”。

开展“三八”国际妇女节活动

参加上级公司举行的“热爱祖国、奉献世博”歌咏大赛

组织党员职工开展活动

公司工会组织慰问街道孤老

组织员工开展自行车健身运动

上海华谊集团企业发展有限公司

2011年度上海市
模范职工之家
上海市总工会
二〇一一年十二月

获上海市模范职工之家称号

上海市企业文化建设示范基地
Shanghai Business-Culture Model Unit
上海市企业文化促进会
二〇一二年六月

获上海市企业文化建设示范基地称号

上海华谊集团企业发展有限公司成立于2003年8月，系上海华谊（集团）公司的全资子公司，承担集团内房产租赁集中管理、企业调整清理和非在岗人员集中管理的职能。公司先后接纳集团业内14个行业78家企业的离岗职工，完成企业清理235户，处置报废设备150 余项。公司现有在岗职工2117人，离岗职工1349人，离休干部122人，退休职工37230人。公司工会坚持“以未来思考今天”的理念和“真诚服务至永远”的精神，建设以“融、韧、和”为核心的责任文化，紧紧围绕集团发展战略，服务职工，构建和谐，在国企改革发展中发挥积极作用。

从2007年起，公司连续被命名为上海市文明单位、上海市平安单位、上海华谊（集团）公司文明单位；2011年12月，被上海市总工会评为上海市模范职工之家；2012年6月，被命名为上海市企业文化建设示范基地。

慰问退休职工

举办公司庆典

实施司情通报

开展平等协商

举办技能竞赛

举办消防演练

上海市徐汇区教育工会委员会

召开徐汇区教育工会第四届代表大会第四次会议

表彰第八届模范佳侣

徐汇区教育工会在区教育党工委的领导下，紧紧围绕徐汇教育“十二五”规划总目标，坚持“党建带工建、工建服务党建、党工共建、创先争优”，以及“围绕中心、服务大局、突出维护，创建学习型工会组织”的目标，不断深化“校务公开民主管理、职工素质和生活保障”三项工程；努力在服务教工上下功夫，以教工的满意度作为工作的出发点和落脚点，全面开展符合教育工会特点、广大教工愿意参与的各项活动。

召开基层教代会

推进民主管理突出“实”字，注重实地指导、全面检查、纳入绩效考核，使民主管理富于实效性。推进素质工程突出“新”字，注重活动的新颖，各项活动既考虑娱乐性，又考虑适合不同年龄的教师参与。推进生活保障工程突出“真”字，注重真心对待每一位教职工，建立完善体检、休养、医保和帮扶工作制度，真正成为“第一知情人、第一报告人、第一帮扶人”。

开展“看上海 话改革 思教育 结友情”困难学生与优秀女性手拉手活动

开展第九套广播体操比赛

女声合唱团参加全国比赛

举办教职工心理咨询活动

上海市计量测试技术研究院

上海市计量测试技术研究院（SIMT）是国家最早建立的计量检定专业机构之一，是上海地区唯一由国家授权的公益性、综合性国家法定计量检定机构，也是国家计量行政部门批准设立的大区计量测试中心——“华东国家计量测试中心”，国家科技行政部门命名的国家级测试中心——“中国上海测试中心”，迄今已走过80多年的历程。随着上海信息化、工业化和科技创新的不断深化，以及城市综合管理服务能力水平的提高，必然对本市计量和检测技术提出更高更新的要求，在国家和政府的大力支持下，SIMT的装备实力逐步增强，技术能力也不断提升；制订和修订了大量技术规范，完成了诸多科学研究课题，并参与了许多重大工程和重大项目建设，每年量值传递（溯源）的计量器具达80余万台（件），在经济建设与社会发展中发挥了强有力的技术保障作用，被评为上海市文明单位和上海市五一劳动奖状先进集体称号。

研究院业务楼大厅

成立计量测试志愿者总队并积极参加志愿服务活动

研究院职工运用先进设备进行检测

开展丰富多彩的职工文体娱乐活动

研究院电磁兼容实验室

研究院院景全貌

上海大学工会

召开校代会

上海大学工会按各学院(系统)、直属单位设32个分工会、357个工会小组，共有会员5200余人。近年来，校工会在校党委和上级工会的领导下，在校行政的支持下，在广大教职工的积极参与下，坚持以中国特色社会主义理论为指导，坚持全心全意为教职工服务的宗旨，认真贯彻工会维护、教育、参与、建设四项基本职能，围绕中心服务大局，积极引导教职工为建设“国际知名、国内一流综合性研究型大学”建功立业，扎实开展丰富多彩的文体活动，努力为教职工办实事，切实维护教职工合法权益，进一步促进学校民主管理，曾连续四次荣获上海市教育工会“先进教工之家”称号，并被评为“全国教育工会先进集体”和上海市总工会“模范职工之家”。

举行工会理论研究成果表彰交流会

开展“青春接力、建功校园”活动

“校训指引我成长”演讲获奖人员合影

举行上海大学教职工乒乓球团体赛

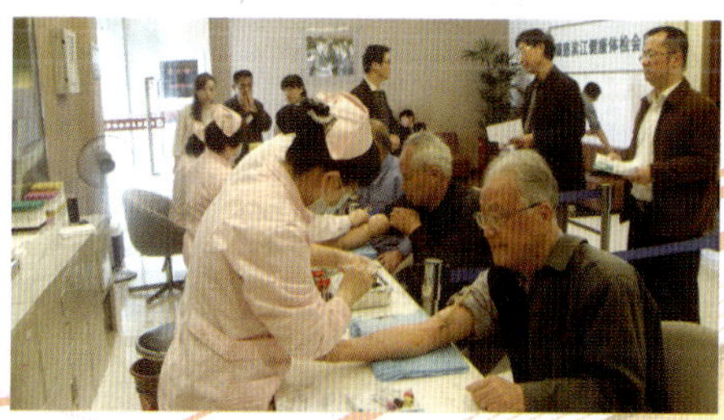
组织校劳模参加健康体检

上海市锦江航运有限公司工会

表彰劳动竞赛先进单位和个人

“锦江之光”轮获上海市五一劳动奖状

上海市锦江航运有限公司成立于1983年，是以国际航运为主、服务于现代物流业的市属企业，拥有“锦江阪神穿梭快航”、“锦江四季快航”、“锦江东海穿梭快航”3条精品航线以及锦江青岛日本穿梭快航、锦江东南亚航线和上海—台湾地区的准点快航。近年来，锦江航运加快现代航运服务业建设，初步形成国际集装箱运输、现代航运物流和航运服务的发展格局。

公司工会主动围绕经济中心，积极开展争创“三个一流”劳动竞赛等活动，大力弘扬劳模先进的榜样力量，深化厂务公开、民主管理，积极构建和谐企业，努力为职工办实事、做好事，注重加强自身建设。

公司先后获“上海市著名商标”、交通运输部海事局和上海海事局颁发的“安全诚信公司”称号，“阪神穿梭快航航线” 获得首届 “上海市五一劳动奖状”，公司还获得“2007-2009年度上海市推动厂务公开民主管理工作先进单位”称号、“2008-2009年度上海市推动和谐企业创建活动先进单位”称号。

职工参加文艺演出

开展船舶安全检查

职代会民主评议领导干部

召开干事创业、岗位成才交流会

上海南亚覆铜箔板有限公司

召开《南亚之韵》总结表彰会

上海南亚覆铜箔板有限公司是嘉定南翔工业开发区的一家民营企业，是国内电子电路行业骨干企业，现有职工700余人。南亚工会成立于2006年6月，工会坚持以职工为本的理念，全面履行工会基本职能，在促进企业发展、维护职工权益、构建和谐劳动关系方面充分发挥不可替代的作用。

近年来，工会坚持职工代表大会制度，推进厂务公开和民主管理，签订和完善“集体合同”、“女职工特殊权益保护合同”，连续五年坚持开展工资集体协商工作；创新成立“上海南亚薪酬委员会”；落实职工家属福利，成立“爱心互助基金”，帮助困难职工解决后顾之忧，切实维护职工合法权益。工会每年举办一届“职工运动会”、 届“南亚之韵”文艺联欢会，丰富职工业余文化生活；开展工人先锋号班组、青年文明号和优秀员工评选等，先后获得上海市模范职工之家，嘉定区劳动关系和谐模范企业，上海市劳动关系和谐职工满意企业，上海市厂务公开民主管理“十佳”单位、上海市五一劳动奖状、全国厂务公开民主管理工作先进单位。连续4年获得全国“安康杯”竞赛—上海赛区优胜单位。

第一届职工代表大会进行举手表决

召开南翔镇劳动关系和谐推进工作会

召开第二届职工代表大会

开展工资集体协商

中国电信上海公司崇明局工会

获“全国文明单位”称号

中国电信上海公司崇明局主要负责崇明三岛的信息通信与信息服务，经营业务包括固话语音、宽带数据以及移动业务等。近年来，局工会以人为本，发挥好企业联系员工的桥梁纽带作用，坚持竞赛育人，发动和组织员工凝心聚力为企业分忧解难；坚持学习育人，努力培育适应企业转型的员工队伍；坚持文化留人，开展形式丰富的文娱活动，培育和谐的企业文化，建立和谐稳定的劳动关系；坚持民主聚人，扩大员工知情、参与的途径，着力解决员工关注的热点难点问题，持续提升员工归属感。近年来，崇明局先后获得“全国文明单位”、“上海市工人先锋号”、“中国电信集团模范职工之家”等称号，并连续四年获得“全国安康杯竞赛（上海赛区）优胜单位”等荣誉。

积极履行社会责任，牵手经济薄弱村，组织全村部分青少年开展暑期夏令营活动

一年一度的新春团拜会，为企业增色，尽现员工活力

连续多年开展全员健身日自行车拉力赛

安康文化丰富多彩，安全意识深入人心

开展统一着装、整齐划一的早间30分晨练活动

上海轨道交通维护保障中心通号公司工会

参加劳动竞赛获得的奖状

职工参加体育比赛获得的奖杯

地铁通号基础设备

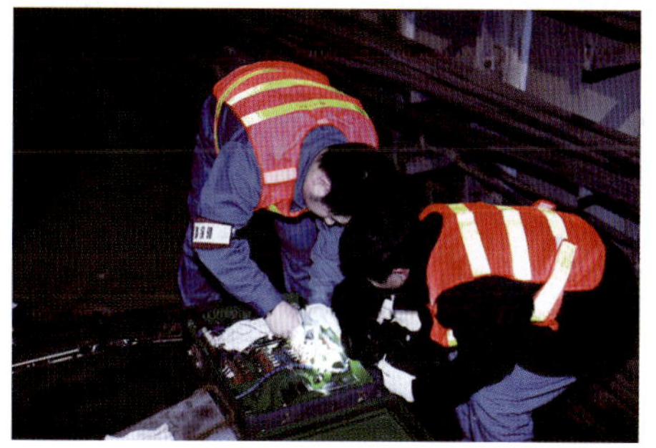
投入暴风雨后的抢险

进行通号设备检测与维护

员工徒手扫雪，确保地铁通畅

公司隶属于上海申通地铁集团，现有职工1700余人，主要负责上海地铁全路网通信和信号系统设备的运营、维护、升级、改造，以及新线路信号系统的设计联络、施工安装、调试和开通等管理工作。公司工会是职工合法权益的代表者、维护者，是党联系群众的桥梁和纽带，坚持将关心职工、丰富职工生活、积极开展体育活动、增加企业凝聚力等作为工作重点，连续多年获全国“安康杯”劳动竞赛(上海赛区)先进单位和上海市模范职工之家等称号。

公司将始终坚持发扬“跨前一步、精细一处、节约一分”的企业文化精神，围绕“社会责任第一、团队协作第一、安全质量第一”的核心价值观，突出重点，积极落实，聚智集力，开拓创新，团结一致，为加快推进上海轨道交通建设与发展作出更大的贡献。

中国海诚股份公司工会

召开一年二度的职代会

中国海诚股份公司成立于1953年，改制于2002年，并于2007年2月15日在深交所上市，成为国内最大的提供工程咨询、设计、监理和采购、施工、培训、开车等工程总承包服务的综合性股份制工程科技上市公司，共有职工4500余人，其中上海总部正式职工800余人。近年来，公司每年以30%—40%的发展速度稳步增长，连年被国家建设部、统计局评为中国勘察设计综合实力百强单位，2010年国务院国资委授予公司“中央企业先进基层党组织”称号，自2004年起连续7年被美国《工程新闻记录》(ENR)与中国《建筑时报》列入“中国勘察设计企业60强”，还荣获2011年“上海市对口支援都江堰市灾后重建工作突出贡献集体”、2011年国务院国资委授予的“上海世博会先进集体”、“2010—2011年度上海市劳动关系和谐职工满意企事业单位”、2012年上海市五一劳动奖状等称号。

公司始终以“维护职工合法权益、提高员工生活水平、促进企业和谐发展”为宗旨，坚持以人为本，扎实构建和谐劳动关系。以发展促进和谐，坚持以创新推动和谐、以公正求得和谐、以稳定保证和谐、以文化孕育和谐，着力打造职工满意的和谐企业，实现了维护职工合法权益和推进企业健康发展的双赢局面。

公司获得上海市2012年五一劳动奖状

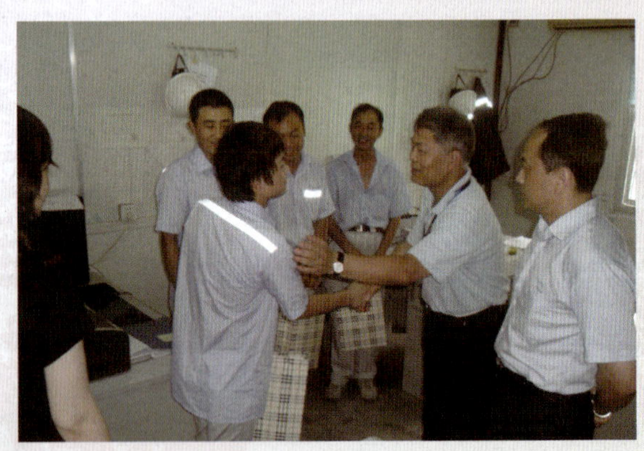

公司副总裁高温慰问一线员工

开展长跑活动

中国联通上海市分公司工会

中国联合网络通信有限公司上海市分公司（简称：上海联通）工会是上海联通各级工会组织的管理机关，接受中国联通集团工会、上海市总工会、上海联通党委领导下的企业工会。

2012年，在上海联通公司党委的领导和行政的支持下，分公司工会认真贯彻市总工会和集团公司工会有关工作要求，紧紧围绕“上规模、促转型、增效益、优服务、强管理”十五字工作方针和年度目标任务，从支撑经营发展、加强民主管理、推动班组建设、树典型学先进、实施员工帮助计划、开展“面对面、心贴心、实打实服务职工在基层”专项活动、加强自身建设等方面入手推进工作，促进企业快速、健康、和谐发展，进一步提升广大职工政治思想和技术业务素质，进一步增强企业凝聚力，扩大工会组织在员工中的影响力。

行政方代表与工会方代表签订《集体合同》和《女职工权益保护专项集体合同》

举行2012年新春茶话会

召开2011年劳动竞赛表彰暨2012年劳动竞赛动员大会

举行六一儿童节庆祝活动

举行上海联通男篮与上海女篮友谊比赛

上海市疾病预防控制中心工会

上海市疾病预防控制中心工会坚持以人为本的理念，充分发挥党联系职工群众的桥梁纽带作用，为维护职工的合法权益、构建和谐环境发挥积极作用，也为中心发展和稳定作出贡献。2012年度，召开两次职代会，积极发挥工会民主管理和民主监督作用；开展一系列培训工作，进一步提高职工的技能水平，积极打造学习型团队；积极开展“面对面、心贴心、实打实”服务职工在基层活动和“责任在我心、诚信伴我行”主题实践活动；积极组队参加上海市卫生系统第十届职工运动会，获团体总分丁组第二名和优秀组织奖，连续多年举行上海市疾控系统乒乓球锦标赛和篮球赛，先后获全国教科文卫体系统先进工会组织、上海市模范职工之家、上海市医务工会先进职工之家等称号。

2011年度上海市
模范职工之家
上海市总工会
二〇一一年十二月

获2011年度上海市模范职工之家称号

全国教科文卫体系统
先进工会组织
中国教科文卫体工会全国委员会
二〇一一年十二月

获全国教科文卫体系统先进工会组织

举行第十二届疾控杯乒乓球锦标赛

召开中心三届三次职工代表大会

中心党政工慰问职工

参加上海市卫生系统第十届职工运动会健身操比赛

上海先进半导体制造股份有限公司工会

召开工会会员代表大会

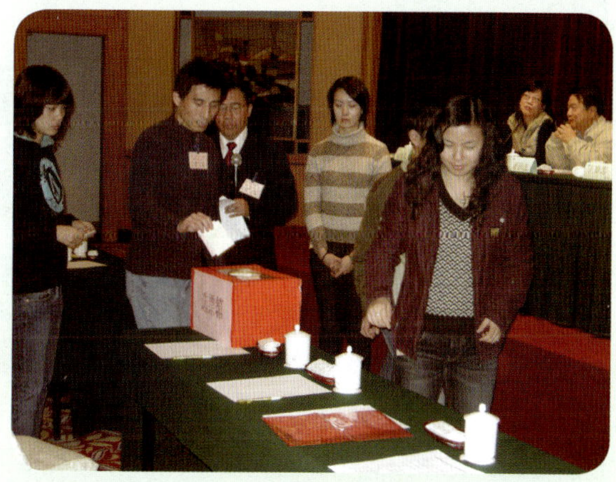

会员代表选举新一届工会委员会及经审委员会

上海先进半导体制造股份有限公司位于漕河泾高新技术开发区，是一家在香港联交所主板市场上市公司，公司拥有5、6、8英寸3座工厂，年产大规模集成电路芯片近80万片,被国家发展改革委员会认定为高新技术企业。

公司工会在上级工会和公司党委的领导下，认真贯彻落实党的十八精神,以邓小平理论、“三个代表”和科学发展观为指导，依据《工会法》，规范工会的组织建设、制度建设,积极开展“职工之家”创建活动，为维护职工群众的合法利益、促进企业发展起到了积极作用。2012年被上海市总工会评为“模范职工之家”。

左一：通过慈善机构向贫困地区捐款
左二：开展慰问家访活动
左三：组织员工疗休养——“井冈山红色之旅”
左四：举行2012年员工快乐运动会
左五：员工参加广播体操比赛

中国建筑第八工程局有限公司

中国建筑第八工程局有限公司是世界百强企业中国建筑的全资子公司，1983年9月由基建工程兵00229部队集体改编组建而成。公司拥有8个全资子公司，3个控股和主要参股公司，9个直营公司，经营区域遍及国内110多个城市和海外10多个国家(地区)，在职员工26698人。

公司工会辖有21个独立基层工会,会员26534名,其中女会员4741人。近年来，公司工会坚持以科学发展观为统领，强化组织建设，深化民主管理，加强文化建设，深化素质工程，搭建竞赛平台，引领创先争优，在促进企业高质量发展、服务职工群众中发挥了积极作用。2012年，公司各级工会共获得全国五一劳动奖状、上海市和谐劳动关系职工满意企业等112项省市级以上集体称号。

为获“五一”奖和巾帼集体奖两项大奖的八局技术中心代表领奖

召开中建八局工会四届一次全委会

第四届会员代表大会投票选举产生第四届工会委员会、经费审查委员会、女职工委员会

举行中建八局创先争优表彰暨玉树援建先进事迹报告会

举行创“双优”暨“三号联创”劳动竞赛启动仪式

召开“面对面、心贴心、实打实服务职工在基层”调研座谈会

第二工业大学工会

校工会获全国教科文卫体系统模范职工之家称号

举行书画家与工会主席交流联谊活动

上海第二工业大学工会在校党委和市教育工会领导下，秉承工作重心服务基层、服务重点广大会员、工作内容围绕中心的理念，在学校搬迁浦东十周年庆、组织开展健康“七个一”活动、主动关心教职工民生需求和举办上海市第七届教工运动会等工作中，发挥了突出的作用。学校获评2011—2012年度上海市厂务公开民主管理工作先进单位，后勤服务公司荣获全国工人先锋号称号，校工会荣获全国教科文卫体系统模范职工之家、上海市教育系统先进教工之家免检单位和上海市第七届教工运动会优秀承办奖及优秀组织奖，近几年教工代表对学校工会工作测评均名列第一。

承办上海教工体育文化风采展

举办歌颂平凡人事迹讲故事大赛

举行2012年退休教师集体欢送会

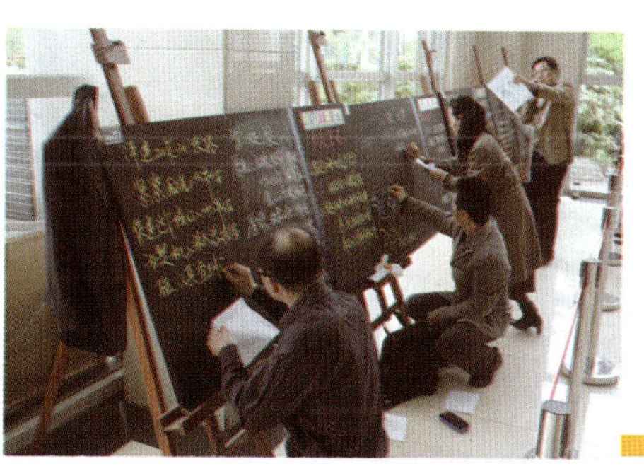
举行第四届教职工板书比赛

联合汽车电子有限公司工会

联合汽车电子有限公司是上汽集团股份有限公司下属的中德合资企业，公司的愿景是“UAES-引领中国汽车驱动科技”，并致力于研究、开发和生产具有世界先进水平、适合中国汽车工业发展需求的汽油发动机管理系统、自动变速箱控制系统、车身电子、混合动力和电力驱动系统及其零部件。

公司工会深入推进企业文化建设，坚持并完善职工代表大会制度，认真落实厂务公开；促进企业和员工共同发展，员工满意度总体指数逐年上升。公司的销售收入逐年增长，技术创新能力不断提升，保证了产品在汽车市场享有盛誉，各项经济技术指标名列同行业前茅，实现了跨越式的发展，2012年获得全国“五一”劳动奖状。

公司援建贫困地区希望小学

组织员工参与技术创新，展示创新成果

匹配试验工程师远赴黑河进行冬季车辆试验

组织员工参加理论和业务知识培训

公司全貌

上海虹口区提篮桥街道社区卫生服务中心工会

提篮桥街道社区卫生服务中心工会下设16个工会小组，会员232人，每年至少召开两次职代会，审议通过中心行政工作报告、财务工作报告、对中心行政领导进行民主评议等；邀请市总工会专业老师对中心工会组长、职工代表进行培训；开展“责任在我心、诚信伴我行”为主题的职业精神大讨论；举办职工文明礼仪培训、征文演讲比赛、摄影比赛；全年慰问职工43人，组织130名女职工进行妇科防癌普查，为232名职工办理各类医疗互助保障；组织202名职工参加“蓝天下的至爱”捐款，220名职工参加“一日捐”活动。中心工会获上海市职工模范之家称号，海门路分中心门诊护理组获上海市巾帼文明岗称号、2012年获上海市孕产期健康教育技能竞赛获三等奖、区卫生系统广播操比赛获二等奖、区卫生系统安全生产汇演获二等奖。

左一：开展职代会民主测评活动
左二：举办创建学习型班组活动
左三：开展责任在我心职业精神大讨论
右上：举办歌咏会
右下：运动会上的拔河比赛

召开二届一次“双代会”

开展“远洋渔业船员家属联谊会”十周年纪念活动

上海开创远洋渔业有限公司

上海开创远洋渔业有限公司，是在具有70多年历史的近海渔业基础上发展起来的远洋渔业企业，现已成为中国最大的金枪鱼、竹荚鱼、南极磷虾原料生产与供应商。

为又好又快发展远洋渔业，建设世界一流远洋渔业跨国企业，公司工会结合实际开展以岗位建功立业为内容的“开创杯”劳动竞赛和远洋渔业船员家属联谊会等特色活动；在活动中，公司工会建立3个劳模工作室和技师工作室，并分别被市总工会、市人力资源和社会保障局命名为钱友林—远洋渔业劳模创新工作室和金卫国—首席技师工作室。近年来，公司工会通过工作创新和不断加强自身建设，进一步增强工会组织影响力，提升企业整体合力，促进远洋渔业事业的持续快速发展。

公司“开裕轮”荣获全国工人先锋号

渔业生产的丰收场景

文明单位
Model Unit
上海市人民政府颁发
Issued by
Shanghai Municipality

工人先锋号
中华全国总工会

钱友林远洋渔业创新工作室
上海市“劳模创新工作室”
上海市总工会
编号:040 2012年5月

全国农林水利系统
模范职工之家
中国农林水利工会全国委员会
二〇一一年十二月

荣誉证书
上海开创远洋渔业有限公司
荣获：2011年度全国“安康杯”竞赛（上海赛区）
优胜单位

公司获得的各种荣誉称号

举办“开创杯”体育竞赛

公司党政工领导慰问困难职工

上海市宝山区仁和医院工会

医院党政工领导走访慰问患病住院职工

复旦大学附属华山医院宝山分院(宝山区仁和医院)是2000年由宝山区政府投资1.4亿元新建的二级综合性公立医院。2006年10月，区委、区政府从医院长远发展出发，立足方便于民、造福于民，决定将仁和医院委托复旦大学附属华山医院管理。经上海市卫生局批准，医院正式冠名为复旦大学附属华山医院宝山分院(宝山区仁和医院)。

医院占地面积25090平方米，建筑面积27406平方米，核定床位360张，现有职工599人，设置行政、党群科室12个，临床科室19个，医技科室5个，护理单元13个。建院以来，医院工会在协助行政抓好医疗护理质量的同时，十分重视民主管理和文化建设，想方设法拓展院务公开途径，多措并举开展文化建设活动。近几年连续三届获上海市文明单位称号，2011年获得上海市劳动关系和谐职工满意单位，院领导班子连续两年获得宝山区卫生系统“五好班子”称号。

召开医院职代会

举办职工读书节

召开午间重大事项通报会

举行院庆十周年文艺晚会

上海强生出租汽车有限公司工会

文明单位
Model Unit
上海市人民政府颁发
Issued by
Shanghai Municipality

公司获上海市文明单位称号

胡国林出租营运服务创新工作室
上海市"劳模创新工作室"
上海市总工会
编号:038 2012年5月

胡国林劳模工作室获市总工会"劳模创新工作室"称号

2011年4月，强生和巴士出租实行资产重组，更名为上海强生出租汽车有限公司，现有出租汽车近1.3万辆，员工2.75万多人，下辖11家市区营运公司及业务调度、票务管理分公司，实行专业化、集约化出租汽车经营管理。2011、2012年行业测评乘客满意度指数成绩连续名列四大出租企业之首，还先后获得全国（上海）用户满意服务企业、上海市文明单位、上海市质量金奖、上海市名牌服务企业等称号。

公司工会坚持维护企业和职工的合法权益。一是坚持企务公开和厂务公开，建立稳定和谐的劳动关系。二是编制首届服务标兵服务经验汇编，作为班组学习教材。三是开展"劳模服务创新工作室"工作，发挥雁阵效应。四是努力创建"六型"班组，着力提升企业服务水平。五是不断完善凝聚力工程建设，扩大帮困覆盖面。

图案
客运出租汽车服务
上海强生出租汽车有限公司
被推荐为 二○一一年度
上海名牌
上海市名牌推荐委员会

公司获2011年度"上海名牌"称号

2012年公司编制《首届服务标兵服务经验汇编》下发班组

举办班组骨干业务培训班

整装待发的公司车队

上海市第一百货商店工会

上海市第一百货商店是上海百联集团有限公司的所属企业。商店诞生于1949年10月，是新中国成立后的第一家大型国有百货零售企业，主要经营百货、针纺织品、黄金饰品、服装鞋帽、钟表相机、家用电器等商品，曾经连续15年获得全国百货零售单位销售之冠，被誉为“新中国第一店”。长期以来，商店在经营理念、营销手段、服务方式、商场布局、管理模式等方面对全国百货零售行业具有主导性和示范性作用。今天，作为“中华老字号”的第一百货，已经发展成为一家多功能、综合性的现代化百货商店，年销售额在全市同行中继续名列前茅。商店全体员工正以饱满的激情，书写着老企业的新篇章。

64年来，以全国劳动模范马桂宁、邵开平、李惠麟等先进人物为代表的全体员工，为来自国内外数以亿计的顾客提供优质、满意的服务。商店坚持“大众为本，放心为魂”的经营理念，成为全国第一家通过ISO9002质量体系认证的商业企业，以质量和信誉赢得了广大消费者的厚爱。

商店被国家商务部评为中华老字号企业，以及全国第一批金鼎百货店，还先后获得全国商业名牌企业、全国用户满意企业、全国诚信单位、全国百货行业优秀企业、上海市文明单位、上海市质量管理金奖等众多称号。商店现有全国劳模2名、上海市劳模1名，多个商场和柜组获得上海市总工会命名的“工人先锋号”、“文明班组”、“红旗班组”等称号。

50年代第一百货商店外景

50年代商店一楼商场设立的顾客服务处

80年代顾客争相购买玻璃器皿

经过修缮和扩建的21世纪第一百货商店外景

老字号百货焕发新面貌、新活力

商店多个商场和柜组获上海市总工会表彰

上海市公共卫生临床中心

召开中心职工代表大会

上海市公共卫生临床中心是三级甲等医院，地处上海市金山区，中心设置床位500张，是上海市人民政府投资建成的集临床医疗、教学、科研及应对突发公共卫生事件于一体的重大工程。

中心现有职工790余名，秉承“团结、奉献、诚信、卓越”的精神，围绕建设具有较强综合医疗救治能力的传染病临床医疗中心发展战略，为建成上海市肝病、艾滋病、感染性疾病诊疗中心和高水平的传染病研究基地，为建设上海市公共卫生的“快速反应部队”和一流公共卫生临床中心的目标而努力奋斗。

中心工会认真履行职责，服务大局，服务职工，充分发挥党联系职工的桥梁纽带作用，组织动员职工为中心的发展建功立业，深入开展民主管理、岗位创新、技术竞赛、文化建设等活动，在市医务工会年度考核中获优秀单位，获上海市先进职工之家、上海市模范职工之家等称号。

中心党政领导与工会全体委员合影

举办单身青年职工联谊会

为职工送温暖

举行青年职工“朝花夕拾”音乐会

举办职工保龄球运动会

上海无线电设备研究所

召开802所领导班子2012年度民主考核测评会

举办女职工读书活动

上海无线设备研究所工会有会员830人,职工入会率达100%，在所党政领导支持与关心下，以强化基础、规范管理为目标，提高自身能力建设；以签订职工集体合同为契机，维护职工合法权益；以信息化管理为手段，提高工作效率；以开展读书活动为抓手，推动职工素质的提升；以宣传先进典型为引领，营造“学先进”的良好氛围；以技能竞赛为载体，提高职工学知识、学技术的积极性；以职工兴趣协会为平台，促进职工身心健康；以关心职工为己任，落实关爱职工的机制。研究所先后获得全国“五一”劳动奖状、全国全民健身先进单位、全国安康杯(上海赛区)优胜单位、上海市模范职工之家、上海市厂务公开先进集体等称号。

开展职工健身活动

青年职工参加马拉松长跑活动

组织献血职工疗养

举办职工集体婚礼

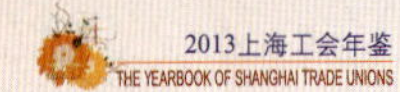

中科院上海药物所

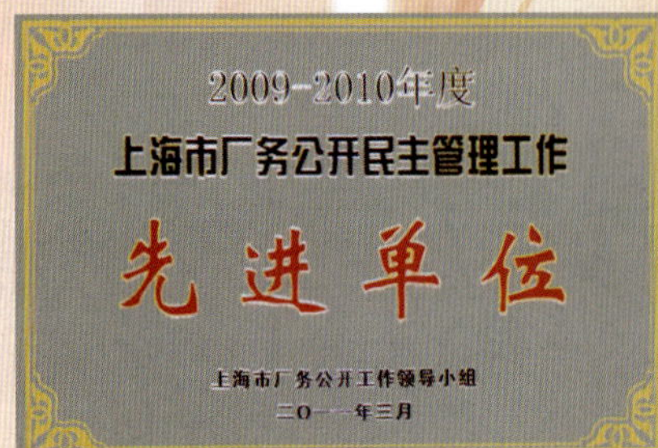
2009-2010年度
上海市厂务公开民主管理工作
先进单位
上海市厂务公开工作领导小组
二〇一一年三月

获上海市厂务公开先进单位

荣誉证书
中国科学院上海药物研究所工会：
荣获“2011年度上海市模范职工之家”称号
二〇一一年十二月

获上海市模范职工之家称号

中科院上海药物所地处浦东张江，现有职工798人。2012年，是药物所面向“创新2020”、全力推进“一三五”战略之年，也是药物所建所80周年。药物所工会坚持以协同党政组织建设高素质职工队伍为目标，以职代会为抓手，组织职工参与民主管理，实现职工自我价值与研究所发展相结合的双赢平台；以“和谐之家”建设为要求，构建关爱职工健康和倡导维权帮扶的良好氛围。以所庆为载体，建设学习型团队，营造有利于创新文化传承和提升研究所科技创新能力的平安和谐环境。2012年度，上海药物所工会获得上海市模范职工之家称号。

组织全所职工开展《上海市职工代表大会条例》知识竞赛

开展职工摄影活动

开展丰富多彩的球类运动会

上海航务管理处工会

举办"3.25"内河安全警示日活动

上海市航务管理处(上海市地方海事局、上海市船舶检验处)隶属于上海市交通运输和港口管理局，属行政执法类事业单位，主要承担上海市水路运输、内河港口、内河航道、通航安全、船舶危防、船员培训考试、船舶检验等行政执法和管理职能，依法管理上海市境内195条内河、2065.91公里航道、1327家内河港口企业、263家水路运输企业、345家水路运输服务企业以及2.3万名内河船员。全处职工根据"创新驱动、转型发展"的总体要求，全面贯彻落实"安全为先、服务为本、管理为重、发展为要"的工作方针，围绕上海国际航运中心建设和加快打造水上高速公路的总体目标，坚持"依法行政、科学管理、创新服务、勤廉高效"的理念，抢抓机遇、乘势而上、通力合作，体现了新时期航务人的光辉形象。

开展文艺汇演

海事执法车出勤执行巡逻执法任务

进行职工消防技术比武

为沿河居民解决生活困难

上海市城市科技学校工会

上海市城市科技学校，位于松江新城，是一所全国重点中等职业学校，是上海市首批六所“全国中等职业教育改革开放示范校”列项学校之一。校工会在学校民主管理、扶贫帮困、校园文化建设等方面颇下功夫，深得全校教职员工的好评，连续多年获得会员代表大会100%的满意度评价，并获上海市总工会“模范职工之家”、上海市教育工会“先进教工之家”、松江区总工会“先进职工之家”、上海市中等职业学校工会工作研究会“先进教工之家”等称号。

学校行政大楼

积极开展社团活动

一年一度的五月歌会

举行新春团拜会

组织教工开展文体活动

参加校外教工篮球比赛

上海铁路局南翔站工会

职代会表彰“十佳”职工

召开保安全先进家属座谈会

上海铁路局南翔站是集编组、货运、客运为一体的综合型特等站，主要承担上海市和浙江省嘉善地区的铁路货物运输、到发列车解体编组和部分客运业务。车站管辖北郊、何家湾、张庙、桃浦、闵行、金山卫、松江、嘉善、安亭等35个车站，营业里程达311公里。2012年，工会在站党委和上级工会的领导下，发扬求真务实、创先争优的精神，认真贯彻落实路局、车站一系列工作部署，以服务职工为主线，全力保障铁路运行的安全稳定；切实加强维权帮扶，着力推进“三线”建设，积极构建企业和谐劳动关系，努力培育职工先进文化，各项工作取得了新的进展。

获全国“安康杯”竞赛优秀组织奖

南翔编组站场景

闵行新货场场景

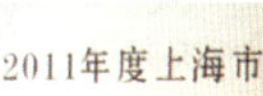

获上海市模范职工之家称号

召开金秋助学座谈会

开展“百日冬锻”活动

获全国铁路体育先进单位荣誉

举办端午书会

举行职工文化艺术节

上海宝冶集团有限公司工业安装分公司工会

上海宝冶集团有限公司工业安装分公司（简称上海宝冶工安分公司）是集建筑、安装为一体的专业分公司，先后承建国家体育场（鸟巢）、上海世博芬兰馆等几十座造型各异、千姿百态的大型体育场馆、会展中心、机场、高层、超高层建筑等钢结构安装工程，以及宝钢一号、二号高炉易地大修工程等十多个冶金项目和上海通用汽车厂、方家山核电站等多个工业厂房项目。

公司始终突出工会的地位，坚持职代会制度，不断推进厂务公开，通过开展立功竞赛、“安康杯”竞赛、凝聚力工程建设、创建“职工小家”、“献爱心，送温暖”等活动，发挥工会组织在促进工程优质、员工优秀、企业和谐方面的独特作用。

公司参建的中融•碧玉蓝天大厦工程荣获“金钢奖”、“钢结构金奖”、“白玉兰”奖、国家优质工程银质奖；南京德基广场二期主楼钢结构工程被评为全国优秀焊接工程；南京德基广场二期工程荣获2011年度建设工程金属结构优质工程 “金钢奖”；中国（太原）煤炭交易中心展览中心钢结构工程获得2010 年度中国钢结构金奖；淮安市体育中心体育场工程荣获2012年度上海市建设工程金属结构“金钢奖”，分公司宝钢项目部工会被上海市总工会授予2011年度“模范职工小家”称号；分公司深圳大运会项目部陈辉滑移测控组获2012年度“全国工人先锋号”称号；压力容器厂王加青制作三组已申报“2012年度全国优胜班组”称号。

召开公司职代会

公司党政工领导现场慰问一线员工

召开立功竞赛活动现场推进会

举办唱响未来卡拉OK比赛

开展骨干层述职会

举行春节团拜会

公司承建的世博芬兰馆

公司承建的南京奥林匹克体育场

上海西部企业(集团)有限公司工会

上海西部企业(集团)有限公司是一家具有国家一级房地产开发资质，以房地产开发为龙头，物业管理为重点，并涉及建筑施工、建材营销、房屋销售和置换、商贸仓储、绿化园艺、房屋征收、技术服务、文化产业投资等领域的综合性企业。集团拥有35个子(分)公司和项目公司，连续19次获上海市重点工程实事立功竞赛优秀公司称号，2003年至今连续五届跻身上海房地产开发企业50强，曾先后被评为档案管理国家一级企业、上海市守合同重信用AAA级企业、诚信明星房地产开发企业、“上海房地产18年”十大国有房地产企业、国家建设系统企业文化建设先进单位、上海市首批企业文化示范基地等。

集团现有在职员工2000余名，163名员工具有中高级技术职称，拥有以全国著名劳动模范、“100位新中国成立以来感动中国人物”当选者徐虎为代表的一批优秀员工。

2010年12月，“徐虎志愿者工作室”挂牌

2006年7月，“徐虎劳模群体”示范基地挂牌

举行2011年员工素质年启动仪式

签定工会工作目标责任书

举办员工“读书节”活动

组织员工参加上海市民运动会

第九城市计算机技术咨询（上海）有限公司

2012年，第九城市计算机技术咨询（上海）有限公司进入全球化竞争态势，实现了从传统PC领域到跨平台、跨终端的转变，在网页、社交游戏方面建立了新范畴；在互动电视领域获得了丰厚成果。

针对九城员工“高学历、高能力、年轻化”这一特点。工会因地制宜开展一系列工作，丰富员工生活，提高企业凝聚力，营造和谐的工作环境和氛围。

九城工会主席被评为全国优秀工会工作者

召开2012年度工会工作总结大会

召开公司四届一次职代会

举行九城年度慈善项目爱心“一日捐”活动

举办九城传统项目员工乒乓球比赛

举行第八届九城员工足球赛

上海隧道工程股份有限公司盾构工程分公司工会

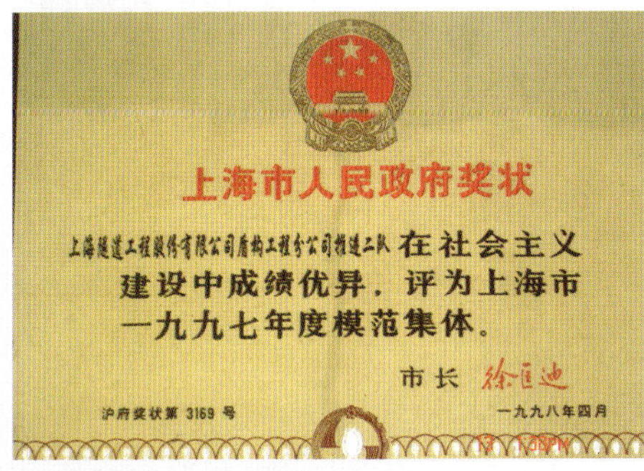

上：获得全国五一劳动奖状
中：获得金杯集体称号
下：获得上海市劳模集体称号

上海隧道工程股份有限公司盾构工程分公司工会成立于1997年。15年来，先后获得上海市政府特色命名“盾构先锋队”、上海市重大工程建设金杯七连冠、上海市劳模集体、全国五一劳动奖状、上海市模范职工小家等称号。

“盾构先锋队”工会在上级工会领导下，紧紧围绕企业中心工作，充分履行工会职责，服务大局，服务职工，进一步发挥了工会组织的桥梁纽带作用，结合自身特点，充分调动职工的聪明才智，开拓进取，与时俱进，注重创新，强化自身建设，突出维权、参与职能，推进企业民主管理、职工素质工程、企业文化建设等重要工作，有力地增强企业凝聚力和战斗力。

多年来，工会依托重大工程建设，大力开展立功竞赛活动，有力促进了工程建设任务的全面完成；始终将维护员工的权益作为首要工作来抓，特设盾构爱心基金，捐助生活有困难的员工，定期组织员工疗养开展丰富多彩的文体活动，确保施工一线拼搏奉献的员工身心得到很好的放松，并充分感受到盾构大家庭的温暖。

包车送民工春节返乡

建立盾构爱心基金

为员工送书到工地

开展员工篮球赛

上海庄臣有限公司工会

工人先锋号

上海市总工会

获市总工会“工人先锋号”称号

美国庄臣父子公司位于美国威斯康辛州的瑞辛市，是一家有着120多年历史的家族企业。自1914年在英国开设第一家海外分公司至今，庄臣公司已在全世界70多个国家和地区建立了分公司，业务遍及100多个国家，是全球家庭清洁、杀虫、空气清新和鞋类护理产品的领先制造商。1987年，美国庄臣父子公司与上海日用化学工业开发公司共同投资的合资企业上海庄臣有限公司成立，1995年公司迁址上海浦东金桥开发区，建立了亚太区设施一流的现代化工厂，在北京、广州设有分公司。

上海庄臣的目标是在维护自然和谐的同时，为消费者带来更舒适和健康的生活环境；同时，一直遵循美国总部“我们的信念”的经营理念，努力为公司所在地区的公益、环保等事业作出积极的贡献。

顺应和面对市场竞争、提升自身能力，2010年在全球推行精益化管理理念，通过开发员工的创造力、学习能力，鼓励员工积极进行生产管理改革，一批年轻的员工迅速成长成为工厂的支柱。2012年5月，上海庄臣金桥工厂水类生产线，被上海市总工会授予“工人先锋号”称号。

支持员工参加社会公益事业

水类生产线员工在进行设备养护

召开女职工座谈会

员工积极参加精益生产培训

上海国际集团有限公司工会

上海国际集团有限公司于2000年4月20日注册成立，注册资本为105.6亿元人民币，是经上海市政府授权的、定位为战略控制型的以金融投资为主业的投资集团，具有投资控股、资本经营和国有资产管理三大功能，资产管理规模逾万亿，业务领域涵盖银行信托、证券基金、金融服务和保险、资产管理、海外业务、实业投资等六大板块。集团通过市场化运作方式，发挥引领、放大、撬动效应，带动各种金融资源、社会资源发挥效益，推动上海金融产业的发展，在建设上海国际金融中心的国家战略和实施上海经济社会发展战略中发挥了重要作用。率领国际投贷基金成功起航、股权托管交易中心投入运营、浦发硅谷银行正式开业等集团系统三大事件入选新华社“2012上海国际金融中心建设十大事件”，彰显了集团在上海国际金融中心建设中的重要地位和突出贡献。

集团工会下属12家二级工会，10家三级工会，在集团党委和市金融工会的领导下，以邓小平理论、“三个代表”重要思想、科学发展观为指导，贯彻“党建带工建”原则，围绕“服务大局、服务职工”的工作思路，认真遵循工会法，履行工会职责；健全职代会制度，完善集体协商机制，深化法人治理结构下的民主管理工作,促进科学决策，依法维护职工合法权益，构建和谐劳动关系；加强工会组织、制度和队伍建设，不断提高为职工服务的能力和水平，推动集团公司各项业务平稳较快发展；广泛团结、动员职工开拓进取，建功立业，开展丰富多彩文体活动，凝心聚力，营造和谐金融企业文化。集团工会积极推进“职工之家”创建活动，所属多家子公司工会获得上海市模范职工之家和金融系统先进职工之家称号。

集团总裁和集团工会主席签订《集体合同》

召开年度集体协商会议

召开三届一次工代会，无记名投票选举第三届工会委员会

召开三届一次职代会

组队参加金融系统运动会

上海市绿化和市容管理局工会

上海市绿化和市容管理局工会现有基层工会26个，涵盖基层单位26个，职工1608人，会员1590人，其中女会员581人。在局党组和市总工会领导下，局工会紧紧围绕局党政的中心工作，以深入开展“面对面、心贴心、实打实服务职工在基层”活动为主线，深化职工劳动竞赛；落实“两个普遍”要求，推进构建和谐劳动关系，加强维权帮扶；建设先进企事业单位文化和职工文化，扎实做好新形势下的职工思想工作，团结和引导广大职工勤奋劳动、诚实劳动、创新劳动，充分发挥广大职工在行业发展中的主力军作用，深入开展“当好科学发展主力军、打好创新转型攻坚战”劳动立功竞赛活动；切实维护职工合法权益，组织开展上海环卫行业第二次集体协商，签订《上海环卫行业第二次集体协商协议》；关心广大职工，组织局系统女职工竞选“上海市三八红旗手”擂台赛，组织绿化、环卫2000名女农民工参加市总工会“女职工关爱行动”免费体检。

举行上海市环卫行业第二次集体协商会议

举行上海市绿化市容行业工会成立揭牌仪式

举行上海绿化市容行业劳动竞赛总结表彰暨建功立业誓师大会

召开纪念“三八”国际劳动妇女节先进女职工座谈会

参加南京路步行街艺术节天天演活动

参加2012年“金融杯”定向越野比赛暨青年职工牵手交友活动

中山医院青浦分院

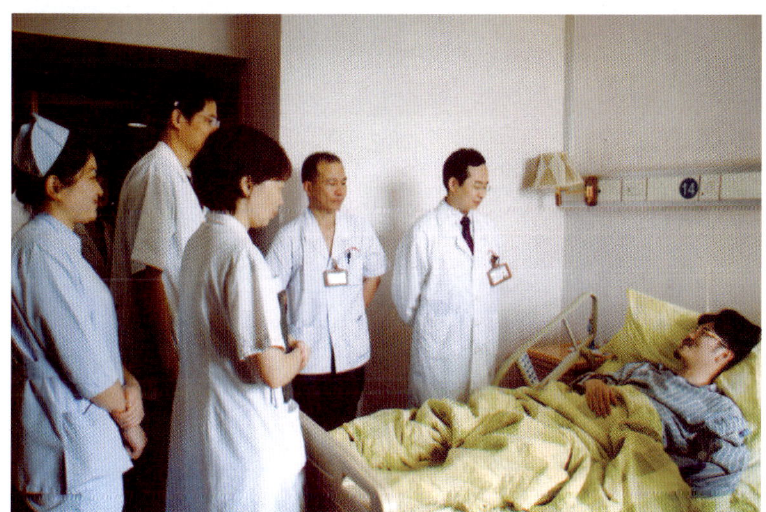
院领导在病房里查房

复旦大学附属中山医院青浦分院（青浦区中心医院）始创于1948年，连续七届被评为上海市文明单位，2012年底圆满完成三级医院等级评审工作。医院现有职工1331人，其中卫技高级职称83人，博士及硕士研究生116名。2012年，医院门急诊量突破135万人次，年出院病人2.8万人次，手术10930台。医院开设27个临床科室、7个医技科室和20个病区，创伤骨科、急诊科和产科为上海市医学重点专科，拥有核磁共振成像系统、血管造影X射线系统（DSA）、64排CT等先进设备。医院在科教研建设上进步显著，现已成为复旦大学上海医学院、蚌埠医学院、南通大学医学院的教学医院。医院将秉承“你我携手、健康共守”的服务理念，开拓创新，积极为保障人民群众的身体健康而不断努力。

中山医院青浦分院门诊部外景

增刊·A版

倡导文明新风 共建温馨家园

增刊·B版

院报刊登2012年医院文明班组及文明职工事迹

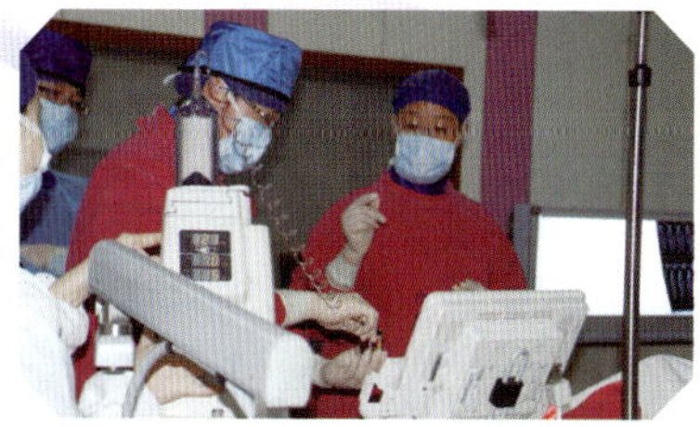
实施下肢静脉栓塞溶栓及加静脉造影术

互动园地架起医患沟通的桥梁

医院医护人员合唱队在排练合唱节目

上海市路政局工会

上海市路政局于2012年4月27日正式成立，现有职能处室14个，职工471名，由原上海市市政工程管理处、上海市公路管理处和上海市道路管线监察办公室整合归并而成，旨在整合管理资源，建立职责明确、运转高效、执法规范、管理科学、保障有力的管理体制，以全面提高道路设施及道路管线的服务管理水平，主要职责包括：指导协调并监督上海市道路、路政、道路管线监察的行政执法工作；参与编制上海市道路专业规划、专项规划及中长期建设规划；负责上海市市管道路的建设、养护、运行和路政管理；负责本市道路运行、维修和养护的行业管理；负责道路管线项目的监督管理、计划的综合平衡，以及突发性事故的处理等。

召开路政局工会干部与行业内生产服务一线包括收费员、监控员、养护工、牵引工等职工座谈会

市总工会领导、市建设交通委领导深入施工现场慰问一线职工

召开上海市路政局一届一次职工(工会)代表大会

上海市篮球协会为路政局加入上海市篮协团体会员进行授牌

上海紫竹高新技术产业开发区工会

召开“双亮、双比、双推”活动推进大会

上海紫竹国家高新区工会秉持高新区“生态、人文、科技”的发展理念，全面贯彻落实上级精神，以创建先进职工之家为载体和纽带，紧密团结，扎实工作，切实维护职工合法权益，积极推进民主建设及工会自身建设。以“公正、包容、责任、诚信”的社会主义核心价值取向为抓手，营造和谐的就业、生活、创新环境。紧紧围绕高新区的主要工作，为打造服务型园区、创新型园区、法制型园区作出贡献。

高新区党委坚持完善党群工作一体化机制。在党委的领导下，形成了党委领导、行政支持、工会结合自身特点依法独立、自主开展工作的良好格局。

高新区工会不断适应新形势下对工会工作的要求，深入开展“面对面、心贴心、实打实服务职工在基层”活动，以求真务实、奋发有为的姿态找准工作切入点，更好地发挥维护职工权益作用，团结和动员广大职工为建设和发展紫竹国家高新区共同努力。

举行拔河比赛

举办羽毛球赛

招聘高层次人才进园区

上海交通大学医学院附属瑞金医院

召开职工代表大会，推进医院民主管理建设

瑞金医院始建于1907年，原名广慈医院，是一所三级甲等大型综合性教学医院，拥有中国科学院院士陈竺，中国工程院院士王振义、陈赛娟等一大批在国内外享有较高知名度的医学专家，医院推行的“温馨、便捷、优质、高效”的医疗服务，赢得了社会和病家的信任及赞誉。

多年来，瑞金医院工会认真贯彻落实科学发展观，努力营造和谐的医院发展环境，大力弘扬“广博慈爱、追求卓越”的百年瑞金精神，深入开展创先争优活动，以先进的医院文化引领广大职工为卫生事业发展建功立业，努力实现医院和职工共同发展的良好局面，进一步推进医院和谐劳动关系的可持续发展。

近年来，瑞金医院先后获得全国文明单位、全国五一劳动奖状、全国创建文明行业先进集体、全国厂务公开民主管理先进单位、全国模范职工之家、全国数字化医院示范医院、全国百佳医院、全国青年文明号等诸多称号。

医院获全国厂务公开民主管理先进单位称号

区域医疗联合体签约

援滇医疗队归来

开展联合消防演练

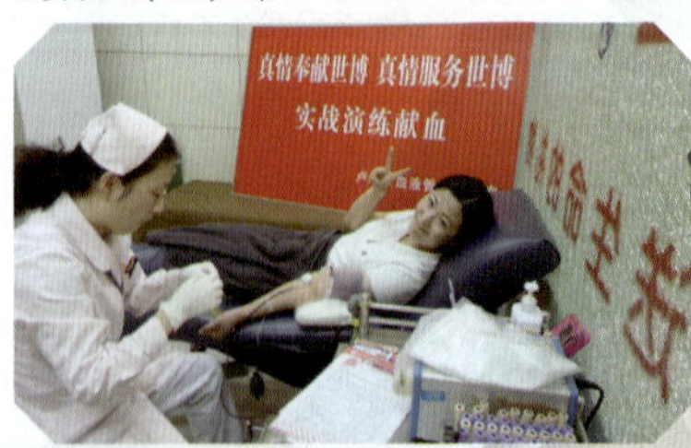

青年医务人员献血

举办绘画大赛

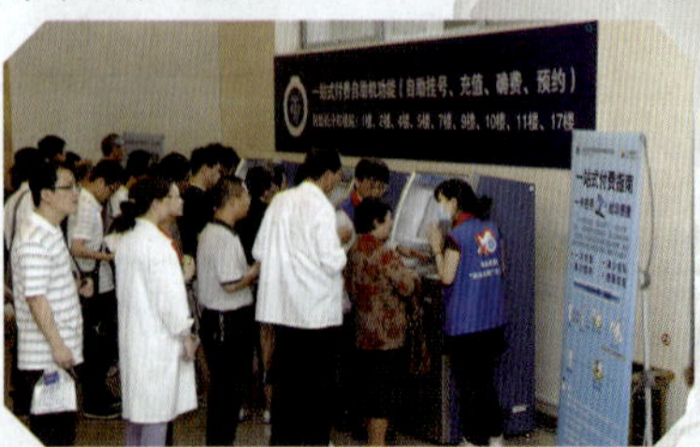
志愿者服务

光明乳业股份有限公司

光明乳业股份有限公司是股份制上市公司，主要从事乳和乳制品的开发、生产和销售，奶牛和公牛的饲养、培育，物流配送，营养保健食品的开发、生产和销售。公司拥有世界一流的乳品研发中心、乳品加工设备以及先进的乳品加工工艺，形成了保鲜奶、酸奶、超高温灭菌奶、奶粉、黄油干酪、果汁饮料等系列产品，是国内最大规模的乳制品生产销售企业之一。

作为国家级农业产业化重点龙头企业，光明乳业长期以来秉承“创新生活、共享健康”的企业使命，始终坚持领先变革的首创精神，锐意进取，不断创新，为打造中国新鲜乳品第一品牌作出了突出贡献。

光明乳业历经50多年，从上海走向全国；经过发展的高峰，经过被超越的低谷；经过金融危机、行业的重创，也正在经历着再次腾飞的机遇。公司工会带领各级工会组织积极融入经济工作，坚持观念创新、工作创新、制度创新，充分发挥自身优势，认真履行维权职责，进一步团结、组织、凝聚全公司员工的力量，团结奋进，锐意创新。2012年，光明乳业累计销售收入达到138亿元。未来，光明乳业将继续前行，实现科技领跑，凸显核心竞争力，致力于跻身世界乳业十强行列。

公司工会为员工发放电扇、毛巾、消暑饮品等物品

全体员工积极参与爱心“一日捐”活动

开展一年一次的员工体检和女职工妇科体检

参加“唱红歌 跟党走”歌咏大赛

公司工会积极推广第九套广播体操

举办第二届员工摄影作品展

上海浦东发展银行第一营业部工会

第一营业部大堂经理主动为前来办理业务的客户取号牌

上海浦东发展银行第一营业部位于外滩金融核心功能区，是浦发银行的旗舰网点。作为浦发银行第一家对外营业的经营机构，自1993年1月成立以来，第一营业部始终牢记自己的历史使命，以建设社会主义核心价值体系为根本，秉承“笃守诚信、创造卓越”的经营理念，坚持全行上下励精图治的发展信心不动摇，突出创优质服务品牌，突出为上海城市发展作贡献，突出走可持续发展的经营之路。多年来，第一营业部以“新思维•心服务”为指引，打造一流服务窗口，争创一流经营业绩，对外提升竞争力、对内增强凝聚力，全行上下团结一心，奋发有为，创先争优，各项工作取得积极成效。2012年一般存款总量突破人民币500亿元、贷款突破人民币200亿元，较好地实现了规模、质量、效益的协调发展。

千淘万漉虽辛苦，吹尽狂沙始到金。近年来第一营业部先后被授予“全国工人先锋号”、“中国银行业文明规范服务百佳示范单位”、“中国银行业文明规范服务千佳示范单位”、上海市文明单位、上海金融系统十佳五星级“优质服务网点”等一系列全国级和上海市级荣誉称号。第一营业部工会将继续带领全体干部员工，紧紧把握上海区域经济转型带来的历史机遇，以浦发银行新五年发展战略为统领，坚持科学发展，积极服务社会，争先创优，扎实工作，再创佳绩。

青年志愿者参加市百家文明单位“黄浦区学雷锋为民服务主题活动”

为境外人士提供热忱服务

坚持实行开门迎宾的服务特色

上海市特种设备监督检验技术研究院

上海市特种设备监督检验技术研究院，是依据国家有关法律、法规、安全技术规范和技术标准，对涉及公众生命安全、危险性较大的特种设备安全性能进行检验并开展检验技术和方法研究的公益性事业单位。院工会紧紧围绕中心工作，认真落实职工代表大会制度，完善职工民主管理，维护职工合法权宜，强化职工在特检院事业发展中的主体地位；积极创建“模范职工之家”，建成集读书阅览、健身活动、文化娱乐等功能为一体的文化设施，开展丰富多彩的文体活动，活跃职工业余文化生活；为职工建立住院补充医疗、特种重病和女职工特种重病等五类互助保障计划，设立帮困基金，增强了职工的凝聚力；开设“特检讲堂”，开展学习型组织建设和多种形式的劳动竞赛，提高职工素质，推动职工岗位建功。院世博保障服务队被授予“全国工人先锋号”称号，院工会被评为2011年度上海市模范职工之家。

召开上海市特检院二届二次职代会

举办上海市特检院首届检验检测技能比武竞赛

参加上海市质监系统第九套广播操比赛获二等奖

组织上海市特检院首届检验检测技能比武竞赛理论考试

参加“华东重机杯”首届全国特种设备检验机构乒乓球比赛

举办首届“特检杯”全国特种设备检验机构羽毛球比赛

中建七局(上海)有限公司工会

文明单位
Model Unit
上海市人民政府颁发
Issued by
Shanghai Municipality

获得上海市文明单位称号

获得上海市模范职工之家称号

中建七局(上海)有限公司隶属于世界500强企业中国建筑股份有限公司，直属于中国建筑第七工程局有限公司，是一家大型国有独资企业，总部位于上海市嘉定区曹安路3055号。公司具有房屋建筑施工总承包壹级、起重设备安装工程专业承包壹级、机电设备安装专业承包壹级、建筑装修装饰工程专业承包贰级等多项资质，年施工能力30亿元。拥有高级工程师、国家注册一级建筑师等各类管理人员800余人。

近几年来，公司工会深入贯彻落实科学发展观，以可持续健康发展为中心，以构建和谐劳动关系为主线，以增强基层工会活力为重点，在深入开展建设职工之家活动过程中，不断加强工会品牌建设， 2008年以来，先后获河南省“模范职工之家”、“安康杯”优胜企业、上海市文明单位、上海市模范职工之家、上海市迎世博教育贡献奖、上海市学习型企事业达标单位，公司机关工会、四川成都都江堰项目被上海市总工会评为“工人先锋号”，公司人力资源部被上海市妇联评为“巾帼文明岗”，安吉新嘉园项目部被评为上海市模范职工小家。

员工在阅览室阅读学习

为员工发放春节物品

举办红歌大赛

举办庆祝建党90周年文艺汇演

上海高桥捷派克石化工程建设有限公司

上海高桥捷派克石化工程建设有限公司是一家集石油化工装置运行维护、检修、工程施工承包、项目管理、设备制造和科研开发等业务于一体的有限责任公司，是上海市高新技术企业、浦东新区高新技术服务企业，2010年公司获“全国模范职工之家”称号，公司拥有5个分公司，员工1850人。

公司党政领导顺应企业发展实际，始终把职工民主管理作为全心全意依靠工人阶级办企业的途径，作为和谐劳资关系、增强企业凝聚力、提高企业经济效益的重要举措。公司经营业绩逐步上升，职工收入和福利也稳步增长，每年纳税逾4000万元。公司工会动员职工开展“创新创效”活动，两年累计创效1445万元，共申报专利申请42项，已获授权实用新型专利21项，发明专利2项，软件著作权1项，获得各类创新成果52项，公司班组建设成果在2012年上海市班组建设经验交流会上作推广交流，公司首席技师朱价平被授予2012年“全国五一劳动奖章”。

获得上海市巾帼文明岗

杨震班组获上海市团队创先特色班组称号

代表公司工会在上海市班组建设经验交流会上发言

召开公司厂务公开管理工作汇报会

讨论集体合同条款

召开公司一届八次职代会

上海新杨浦置业有限公司工会

上海新杨浦置业有限公司系杨浦区属国有房地产开发企业。公司围绕杨浦国家创新型试点城区建设大局，坚持以市场拓展和区域建设为重点，取得了良好的经济和社会效益。公司工会以创建和谐企业为核心，以文化强企为抓手，积极发挥职工在企业发展中的主体作用，坚持职工大会制度，通过职工班组学习、推行企务公开，深化企业民主管理，保障职工的知情权、参与权和监督权；倡导“新杨浦、新挑战、新思路、心奉献”的企业精神，以企业五年发展战略为导向，开展职工素质教育和岗位技能培训；开展各种形式的爱心结对、帮困、助学活动，提升企业公益形象，共享企业发展成果；以“我的企业我的家”文化品牌项目为载体，营造健康、和谐、昂扬的企业发展氛围。公司获上海市文明单位、市劳动关系和谐职工满意企事业单位、市企业文化示范基地、市职工素质工程优秀品牌等称号。

公司党政领导深入一线视察动迁基地

上左：团员青年拓展培训，引领青年职工爱岗敬业、岗位成才
上中：企业文化活动
上右：送温暖、献爱心、弘扬团结互助的传统美德
下左：公司开发的高档别墅区项目
下中：公司建设的高端外资办公楼项目

上海专利商标事务所有限公司工会

上海专利商标事务所有限公司是中国最具规模的知识产权代理机构之一，现有职工250余人。公司工会围绕公司代理工作中心，按照市总工会关于“构建和谐劳动关系”的总体要求，2012年着重抓了四方面工作。(1)以职代会为抓手，积极推进公司民主管理工作，注重提高职代会质量，注重发挥职代会联席会议作用，注重提高职工代表履职能力。(2)以学习型工会建设为抓手，不断提高职工整体素质，组织职工阅读《我的父辈（英烈篇）》一书，加强对职工的社会主义核心价值观教育，按照市科技工会关于“建功十二五、科技绘宏图”立功竞赛的要求，结合职工读书活动，开展“建功立业”优秀团队评比。(3)以职工俱乐部建设为抓手，丰富职工的精神生活，成立了篮球、乒乓球、羽毛球、读书、艺术生活、太极拳、瑜伽、环境美、摄影等13个俱乐部，努力实践“身体要健康、工作要快乐、生活要精彩”的人生理念。(4)以人为本、关爱员工、凝聚员工，多为职工办实事。公司工会被评为“2011年上海市模范职工之家”、“市科技系统先进职工之家”。

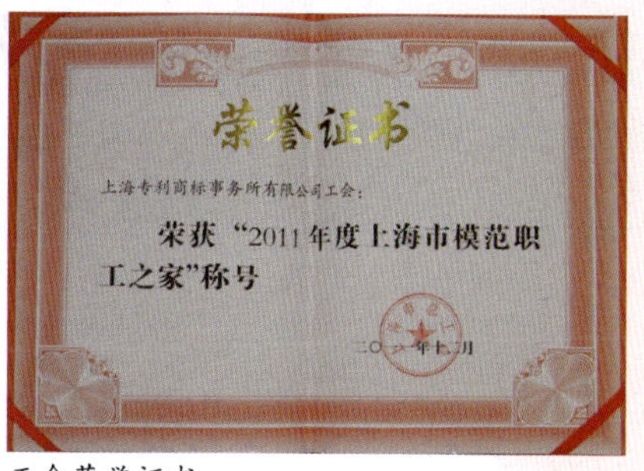
荣誉证书

上海专利商标事务所有限公司工会：

荣获“2011年度上海市模范职工之家”称号

工会荣誉证书

召开公司职代会

全总科教文卫体工会及市总工会领导来公司调研

举行公司第二届羽毛球大赛

开展职工读书交流会

举办职工迎新舞蹈演出

举行公司第二届乒乓球大赛

上海巴士二汽公司工会

上海巴士二汽公共交通有限公司主要承担上海西南区域地面公共交通客运任务，经营线路共76条。2012年，公司工会在上级工会和公司党政的领导和支持下，坚持“管理求进、服务创优”工作原则，实施开展了4项工程：一是加强民主管理工程，切实抓好职代会、企务公开、合理化建议、代表巡视检查等制度的落实；二是促进企业发展工程，坚持文化引领，着力推进劳动竞赛、创先争优、岗位练兵等活动；三是深化凝聚力工程，做实做细关心职工送温暖、健康体检、疗休养、防暑降温、防冻保暖、关爱特殊群体等实事工作；四是突出职工素质工程，注重自身建设、班组建设，开展寓教于乐活动，展示女职工巾帼风采，很好地激发了广大职工的工作热情，有力地助推了公司的良性发展。公司曾荣获上海市模范职工之家、上海市劳动关系和谐职工满意企事业单位、上海市五星级诚信创建企业等称号，下属49路连续5届荣获市劳模集体、连续7届获市文明单位等称号。

上海巴士二汽公司的新型公交车

职工参加各种民主管理活动

开展练功比武竞赛

上海雷允上药业有限公司神象参茸分公司工会

召开神象2013表彰会

再造神象企业文化系列活动启动仪式

“神象”作为上海药材旗下、全国最大的名贵滋补品专营企业之一，多年被评为上海市名牌产品和著名商标。2012年4月，上海雷允上药业有限公司“神象”商标经国家工商行政管理总局商标局认定为中国驰名商标。

神象，作为上药集团健康产业主力品牌之一，更是参茸业的全国知名品牌，依托多年经营的成果，在品牌定位、品牌扩张等方面更加务实和严谨。同时，积极营建企业核心竞争力，并将其作为企业竞争优势的源泉和文化再造的基础。神象参茸分公司将传承参茸滋补，以现代中药为核心，发展现代保健品，力争成为国内领先的中药保健品品牌企业。

神象参茸分公司工会紧紧围绕企业发展目标，强化自身建设，发挥工会的桥梁和纽带作用，赢得了员工的信赖并获得了上海市模范职工小家的称号。

举行女职工座谈会

开展职工安全培训

职工积极参加军棋大赛

职工自编自演的情景剧《东游记》参加年会演出

上海东冠通信建设有限公司工会

上海东冠通信建设有限公司是东冠集团下属专门从事通信系统集成服务的企业，始建于1975年。公司是以通信管道、光(电)缆线路施工、通信设备安装调测、无线覆盖、建筑智能化系统集成、电信机线维护及精密电子设备清洗维护的大型骨干企业，是国家建设部通信工程总承包一级施工企业，并于2007年4月获得工业和信息化部颁发的系统集成甲级资质。

公司党政工领导开展高温慰问

公司工会关注员工的精神需求，开展丰富文化生活和员工活动。组织第五届员工篮球赛、第四届员工乒乓球赛，举办拔河、跳绳、飞镖、趣味保龄球、男女混合趣味接力、乒乓球运球接力赛、乒乓球球拍颠球挑战赛等活动，开展巴城水上公园户外拓展训练，让员工在运动中享受快乐，在活动中找到自信，在交流中增进了解。公司领导带队分赴施工现场，送去清凉和关怀，慰问广大员工，深入一线落实防暑降温和安全文明生产措施。

举办2013年新春团拜会

开展员工拓展训练

举行员工乒乓球赛

举办员工篮球赛

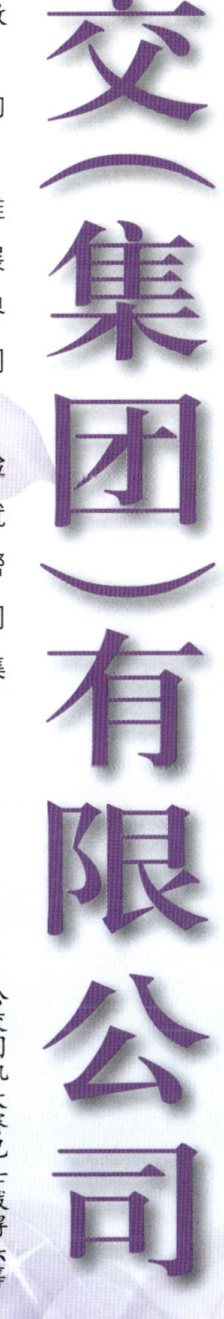

上海巴士公交(集团)有限公司

改善体检条件　关爱员工健康

深入一线慰问　激励爱岗敬业

劳模先进引领　提升巴士形象

培育节能高手　实现降耗增效

上海巴士公交(集团)有限公司拥有职工4.2万多名，经营线路579条，营运车辆9749辆，年客运量约17亿人次，营运里程近5.6亿公里，是上海地面公交龙头企业。

巴士集团着力深化厂务公开，不断完善民主管理，推动形成了参与管理、民主监督，利益协调、维权维稳，人文关怀、提振士气等三大平台。围绕“提高素质、打造精品”的目标，工会配合行政坚持开展“安全节能”绿色竞赛，推动集团创造109天，1.6亿公里无重大事故的奇迹，打破1亿公里无事故的世界记录。广泛开展“六大工种”岗位练兵比武活动，为提高公交职工的服务水准和职业技能打下基础。同时，通过开展各类竞赛提高队伍素质，2012年乘客满意度指数名列公交行业排名第一。

为切实保护职工的安全健康权益，集团工会每年为职工免费健康体检，2010年至今已累计体检12.6万人次，受到了职工及家属的广泛赞誉；同时建立与医保联网的医疗服务网点，使职工足不出场就能求医配药，累计服务职工24.8万人次，配售药品398万元。巴士集团通过 “世纪巴士基金”开展职工帮扶和送温暖工程，3年累计帮困救助9.7万人次，发放慰问金达4226.20万元；结合不同季节特点，关心问候奋战在一线的职工，累计慰问职工3.4万人次，线路、车间106个，发放慰问物品达125.26万元。巴士集团工会被市总工会授予“上海市模范职工之家”的称号。

公交司机大赛巴士拔得头筹

上海宝钢化工有限公司梅山分公司工会

上海宝钢化工有限公司梅山分公司工会成立于1969年，辖有基层工会6个，会员531人。(1)组织职工学习贯彻党的十八大会议精神，引导广大职工自觉参加政治学习，通过分组学习和集中辅导，增强职工的政治素质。(2)开展降本增效劳动竞赛活动，全年立项31项，降本增效4320.39万元。(3)坚持开展合理化建议和群众性技术创新活动，充分激发职工创造性思维，挖掘职工潜能，提出合理化建议1034条，创效1927.624万元。(4)全面深入开展“进班组、访职工、服务职工在行动”活动，实施员工健康补充计划，做好“夏送清凉、冬送温暖”，坚持每月送医到岗。(5)开展形式多样寓教于乐的群众性文体活动，开展登山，游泳、棋牌比赛及“迎新春联欢会”等娱乐活动，凝聚员工力量。(6)做好退管会工作，对每位即将退休职工开展“四个一”工程服务，组织开展敬老节“重阳敬老为民服务”。

获得上海市工人先锋号集体称号

宝钢集团十大工作室之一“艾德跃”创新工作室成员讨论专利创新

青年志愿者于“敬老节”期间开展为民服务活动

优秀员工与家属共植“荣誉林”

开展秋季登紫金山活动

上海大屯能源股份有限公司姚桥煤矿工会

上海大屯能源股份有限公司姚桥煤矿是全国特级安全高效矿井和环境优美化矿井。矿工会全面落实“组织起来、切实维权”工作方针，本着凝聚职工、服务大局、突出重点、抓住焦点、解决难点、打造亮点、扩大闪光点的原则，坚持以职工为本，把牢时代主题，把准工作方向，从加强工会自身建设入手，努力在围绕中心促发展，服务大局增活力上下功夫，千方百计为党政分忧，想方设法为职工解难，全力建设“学习型、安全型、维权型、服务型、温暖型”工会，在促进矿井安全、高效、和谐发展的进程中开创了工会工作的新局面。矿井先后获得全国五一劳动奖章、全国安全文化示范企业、全国文明煤矿、全国群众文化工作先进单位、上海市模范职工之家等100多项称号。

开展好矿嫂“走千米巷道、知亲人辛苦”活动

职工业余文化生活丰富多彩

举行元宵节花灯展

召开第二次矿工会会员代表大会

矿党政工领导走访慰问困难职工家庭

矿工会领导深入基层调研慰问

公司党政工领导观摩技术比武活动

上海海龙工程技术发展有限公司

召开庆祝公司成立20周年暨《员工手册》、《支持性文件》发放仪式座谈会

上海海龙工程技术发展有限公司成立于1992年，是一家以建设监理为主，专业从事造价、招标代理等多项技术咨询的甲级监理公司。

公司成立20年来，依托企业文化的引领，以项目建设为立足点，强化过程精细化管理，为工程建设提供全方位、全过程的优质服务，历年来获得国家及市级等各类奖项数百项，先后被授予“全国先进工程监理企业”、“全国守合同重信用企业”、“全国实施用户满意工程先进单位”等称号。

公司工会积极开展精神文明创建活动，组织工程项目组参加上海市企业职工创新创效竞赛活动，被授予特色工作经验二等奖，并开展示范型项目组创建活动，强化了示范引领作用。公司已连续五届获得“上海市文明单位”称号，并被授予“全国双爱双评先进企业”。

荣誉证书

授予上海海龙工程技术发展有限公司

全国“双爱双评”先进企业

称号

中华全国总工会 中华全国工商业联合会

二〇一一年九月

获得全国双爱双评先进企业

参加上海市企业职工创新创效竞赛

证书

授予：上海海龙工程技术发展有限公司

2011-2012年度中国工程监理行业先进工程监理企业

中国建设监理协会

二〇一二年十月

获得2011—2012年度全国先进监理企业

举办“弘扬五四精神”青年活动

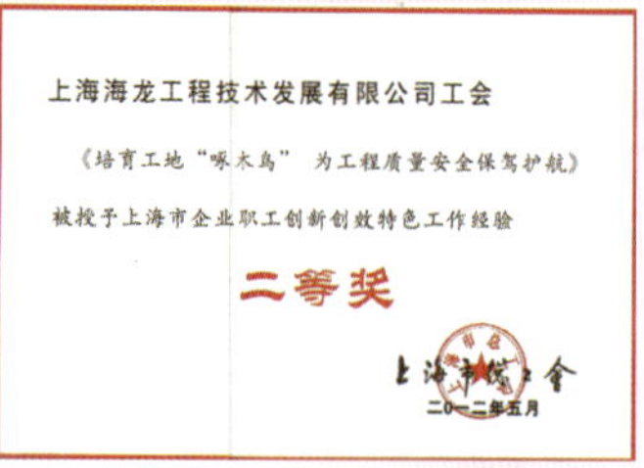
上海海龙工程技术发展有限公司工会

《培育工地“啄木鸟” 为工程质量安全保驾护航》

被授予上海市企业职工创新创效特色工作经验

二等奖

上海市总工会

二〇一二年五月

获得上海市企业职工创新创效特色工作经验二等奖

开展警民联谊活动

开展示范型项目组创建活动

参加“蓝天下的至爱”劝募活动

上海巨龙橡塑制品有限公司

2012年，公司工会紧紧围绕企业发展目标，按照年初制度的各项计划，结合自身特点，充分调动职工的积极性，组织引导职工积极开展“建功在企业、和谐促发展”的活动。

一是加强政治理论学习，提高工会干部及职工的素质。公司通过参加各类培训活动、运用宣传栏、公告栏等学习方式，强化职工的思想工作，增进职工的理论知识，提高职工的技能水平；组织职工参加歌咏比赛、体操比赛等。二是围绕企业经营管理，发挥工会桥梁纽带作用。积极参与企业的经营管理活动，引导职工为企业献计献策；积极开展帮扶救助“送温暖”活动，看望住院、困难职工6人，帮困助学3人，组织全厂职工外出旅游；调查研究与职工利益相关的一系列问题，依法维护职工的合法权益，反映职工呼声和愿望，努力为职工多办实事。三是加强民主管理，推行厂务公开。推进工会工作制度化、规范化发展，充分发挥职工民主管理、民主监督的作用，加强职代会建设，发挥职工的参与、监督作用。

召开职代会

组织歌咏选手旅游

举办体操比赛

组织全公司职工参加旅游

上海国际集团资产管理有限公司

举行一年一度的退休职工重阳节活动

开展三八国际妇女节庆祝活动

上海国际集团资产管理有限公司成立于1987年，是上海国际集团有限公司旗下资产管理平台的主力企业，现有注册资本19.34亿元，管理资产规模市值近200亿元。公司弘扬“诚信、合作、坚韧、创新”的企业文化，先后发起设立“上海金融发展基金”、“国和现代服务业基金”、“民生产业基金”、“瑞力新兴产业基金”等，有效拓展资产管理业务，有力推动上海国际金融中心的建设。公司工会现有会员72人，入会率达100%，注重健全各项工作制度和服务机制，积极发挥民主管理、民主监督作用，关心员工身心健康，切实维护职工权益，定期组织开展长效性的劳动竞赛和群众性的文化活动，提升员工素质，增强公司向心力，做好党的助手、公司发展的助推器和员工群众的贴心人。公司是浦东新区首批社会责任评估达标企业，连续7届获得上海市文明单位称号，2009年获得全国精神文明建设先进单位称号，2010年被命名为首届上海市企业文化建设示范基地，获2011年“上海市模范职工之家”称号，2012年入选金融系统学习型党组织创建示范单位。

“爱心一日 点亮心愿”，全员捐款救助白内障老人

工会干部慰问退休职工

获“上海市模范职工之家”称号

召开先进集体、先进个人表彰会

每月举办员工集体庆祝生日活动

上海动车客车段

召开段工会第一次会员代表大会

上海动车客车段成立于2009年。前身为上海车辆局、上海车辆段，分别成立于清光绪三十年（1904年）、1951年，承担上海铁路局动车组和上海、浙江地区既有客车运用检修任务，成为全国四大动车组检修基地之一，配属动车组296组（折合为8编组），其中CRH1B型 25组、CRH1E型5组、CRH2A型40组、CRH2B型10组、CRH2C型31组、CRH2E型7组、CRH380A型6组、CRH380BL型47组、CRH380AL型11组，是配属动车组数量最多、车种车型最全、高速动车组最多的车辆段，且配属25T、25K、25G、25B等型客车1072辆；主要开行北京、青岛、西安、拉萨、九龙、汉口、龙岩、厦门、福州等线路；下设车间14个，分别是上海南、南翔、杭州、南京、虹桥、南京南动车运用所，动车检修、动车转向架、上海、上海南、杭州、宁波运用、设备、综合车间；固定资产约520亿元；占地面积6000余亩，职工4536人。

段工会以“三个代表”和科学发展观为指导，坚持围绕铁路中心工作，通过形势任务教育、劳动竞赛、合建技改、发挥劳模先进作用等方式引导职工大力开展建功立业活动；同时，注重民生保障，进一步落实帮扶救助和维权机制，2012年，共投入帮扶救助资金139万元，其中助困、助学和助医分别为1248和984人次。

2010年，被中共中央、国务院授予“中国2010年上海世博会先进集体”称号，获全国“安康杯”竞赛上海赛区优胜单位称号、上海市“当好主力军，建功世博会，展示新风采”主题实践活动工会优秀组织奖，2011年获上海市模范职工之家称号，2012年获全国铁路创先争优先进基层党组织、铁道部厂务公开民主管理示范单位称号，2009—2012年连续两届被评为上海市“文明单位”。

参加上海铁路局建党90周年“光辉历程”文艺演出

段领导慰问困难职工

获全路厂务公开民主管理示范单位称号

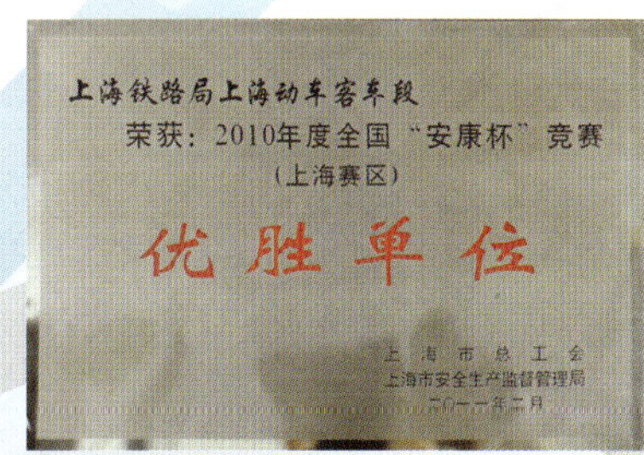

获2010年全国“安康杯”竞赛上海赛区优胜单位称号

获2011年上海市模范职工之家称号

上海城建路桥集团道路工程公司

党政工领导赴工地慰问一线职工

召开立功竞赛推进会

上海城建路桥集团道路工程公司是一家专门从事沥青砼生产、摊铺的施工企业，拥有一支素质优良、技术精湛的施工队伍和一批业务优秀的施工管理人才。近年来，公司承接的上海“F1”赛车道、东海大桥、长江隧桥、虹桥枢纽工程，已成为上海这座国际性大都市的标志性工程。30多年来，公司秉着“成在工程、败在工程”的理念，坚持可持续发展的科学观，以永不言败的精神，创新机制、创新技术，创下了全国首例虹桥国际机场跑道不停航施工、“F1”赛车道摊铺世界最优等记录，还先后获得全国模范职工之家、上海市劳动模范集体、上海市文明单位和金杯集体、中国海员建设工会工人先锋号、上海市工人先锋号等荣誉。

集团职工正在“F1”赛车场修补道路

为共建单位送去高温慰问品

上海市地质调查研究院工会

院领导慰问参加野外测量的一线职工

上海市地质调查研究院承担着上海市公益性、基础性和战略性国土资源调查研究工作，现有职工173人，其中硕士以上学历66人，中高级职称93人。多年来，院工会紧紧围绕院中心工作，积极开展职工素质工程，加强民主管理，维护职工切身利益，深化凝聚力工程建设，大力推进院科技创新和队伍建设，打造以“公益地质”和“志愿服务”为特色的“大地”文化品牌，取得了丰硕的创新成果。近两年来，研究院获得国土资源部科技进步一等奖1项、二等奖2项，上海市科学技术奖三等奖1项，连续三届获“上海市模范职工之家”称号，连续七届被评为上海市文明单位，2012年获全国“安康杯”竞赛优胜单位称号，被国土资源部评为全国模范地勘单位。

右一：与共建学校开展帮困助学活动
右二：大地志愿者队伍在上海市地质陈列馆为学生讲解科普知识
左下：大地志愿者服务队为敬老院老人送清凉

同济大学第二附属中学工会

举办“同济杯”教学论坛

举办以“我心中的好学校”为题的教师节论坛

同济大学第二附属中学是由同济大学和普陀区政府合作创办的一所全日制公办完全中学，在撤并原普陀中学和长寿中学的基础上于2002年6月开始筹建，2003年6月正式挂牌，同时成立同济二附中第一届工会，现有会员126人。学校于2007年被评为普陀区实验性示范性高中。

10年来，同济二附中工会秉承“同舟共济、自强不息”的校园精神，积极营造“尊重、平等、合作、共享”的学校文化；打造“多元文化、相融共生”的工作机制，深入推进“文化校园、民主校园、欢乐校园”建设。学校连续3届获得“上海市文明单位”称号，工会先后获“上海市模范职工之家”、“普陀区先进职工之家”、“普陀区三八红旗集体”、“普陀区教育系统基层工会‘十佳’特色”、“普陀区‘于井子’式先进集体”等60多项市、区荣誉称号。

女教师成为学校里的娘子军

召开第二十八届教师节庆祝会

女教师在舞台上表演节目

举办运动会小组拔河赛

上海普天邮通科技股份有限公司工会

2012年上海普天邮通科技股份有限公司被中华全国总工会授予2012年全国“五一劳动奖状”称号。

上海普天创建于1951年，是中国最早的通信设备制造企业之一。公司股票于1993年在上海证券交易所挂牌上市。近年来，为适应市场需求和国家信息化带动工业化的政策，公司将主营业务由通信行业拓展到电子行业领域，确立了轨道交通、商业自动化、能源集成、通信安防4个产业板块，取得了良好的经济效益和社会效益。

召开四届三次职代会，行政和工会双方签订集体合同

轨道交通产业：上海普天的自动售检票集成系统(AFC)、通信传输系统等成功应用于包括上海、北京、重庆、大连、长春等各大城市的轨道交通领域。

商业自动化产业：上海普天是公安部批准生产第二代身份证阅读器产品的企业之一，公司金融商业税控销售终端、福彩销售终端等，也取得了不小的业绩。

能源集成领域：投资4亿多元注册成立上海普天能源科技有限公司，积极推进合同能源管理业务，承接了上海邮政、东方航空、宝钢以及国内多个城市的能源改造及低碳城市集成项目。承建了深圳大运会60多个纯电动汽车充电场站的系统集成项目。

传输安防领域：巩固了传输通信产品市场，并积极拓展安防监控领域。建立了两个产业园区，其中位于徐汇区的上海普天信息产业园，总占地面积150多亩，建设面积约30万平方米，是集办公、研发、生产和相关配套用房于一体的信息产业集聚的精品科技产业园。

位于奉贤的产业基地

上海普天信息产业园

公司承建的力能加电站

上海大屯能源股份有限公司孔庄煤矿工会

召开工会会员代表大会

举行矿职工代表大会

召开工会工作表彰会

工会领导参加"两堂一舍"巡视

上海大屯能源股份有限公司孔庄煤矿井田地处江苏省沛县和山东省微山县境内，占地约57万亩。1977年7月1日正式投产，设计年生产能力为60万吨；1988年实施二期工程改造，年生产能力增至105万吨；2012年10月，三期矿井改扩建工程完工投产，原煤年产量达到200万吨以上。

矿工会会员3268人，几年来，紧紧围绕矿重点工作加强工会组织和作风建设，开展建家活动，增强工会活力，促进安全生产及和谐稳定；加强安全监督和机制建设，扎实开展群众安全工作；抓好素质工程建设，开展创新工程和降本增效活动，为减少浪费、改善环境、提高效益作贡献；发挥法律监督作用，落实民管机制，职工合法权益和具体利益得到了有效维护；加强扶贫帮困机制建设，切实把"面对面，心贴心，实打实服务职工在基层"工作落到实处；注重企业文化建设，活跃了职工业余文化生活。先后获全国能源化学工会、上海市总工会"模范职工之家"，徐州市、江苏省、上海市总工会"先进经费审查委员会"，全国"安康杯"上海赛区优胜单位，上海市厂务公开先进单位，中国煤矿体协全民健身活动先进单位，上海市"工人先锋号"等称号。

改造后的矿区新貌

中冶宝钢技术服务有限公司

获上海市五一劳动奖状

中冶宝钢技术服务有限公司是国内规模最大、行业最优、综合实力最强的钢铁技术服务专业公司。近几年来，公司坚持经济做强、服务做优、技术做精的企业目标，通过政治保障、文化引导的方式，进一步促使企业政通人和，稳健发展。坚持安全第一要务，在上海市2011年度行业（系统）安全生产工作中，以总分第一名的成绩连续3年获优胜单位称号。坚持创新研发，累计获得国家授权专利197项，发明专利30多项。2012年，公司组织代表队代表上海市参加全国技能大赛焊工比赛取得团体第三名的好成绩。坚持以人为本，构建和谐劳动关系，深入开展“面对面、心贴心、实打实服务职工在基层”活动。公司连续6年获得上海市AAA级“守合同重信用”企业，并获中国诚信企业和上海市三星级诚信创建单位称号。

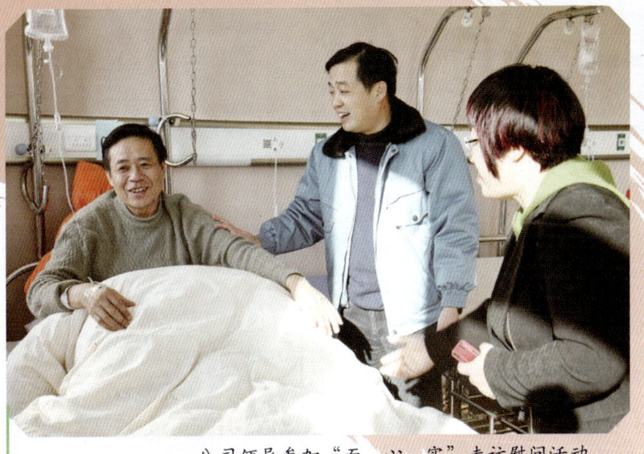

公司领导参加“面、心、实”走访慰问活动

机械液压实验室操作室

铰接式抱罐车

举办第二届职工大型运动会

上海书画出版社

上海书画出版社成立于1960年，是艺术出版领域最具品牌价值的现代化出版机构之一。

几十年来，书画社工会团结动员广大员工秉持专业化和内涵式的发展理念，致力于以中国传统书画为核心的艺术类图书出版，构建起以学术著作为引领，以专业图书和大众普及图书为支撑，以教材、期刊为两翼的出版体系，为国内外读者提供大量精品力作，为传承书画艺术、弘扬传统文化做出重要贡献。书画社多次举行系列性国际学术研讨会，多项图书列入国家重点出版规划项目，并多次获得国家级图书奖和专业内最高奖，在读者中拥有广泛的影响。书画社的《书法》、《书与画》、《艺术当代》、《公共艺术》等专业期刊，依托知识性、学术性和多样化的活动，形成独特的品牌形象，在各自领域中拥有很高知名度。在新形势下，书画社将秉承传统，着眼长远，以文化传播为己任，继续向符合出版规律、可持续性方向发展。

举办元旦羽毛球比赛

召开2012年度总结大会

举办学习《工会法》讲座

组织职工观看“喜迎十八大”展板

组织职工赴云南疗休养，并向丽江中学小学部捐赠学习用品

中国铁路工会上海铁路局委员会

举办上海铁路局第八届运动会，参会运动员3万多人，充分展示路局职工精神风貌

举办“遵章守纪，按标作业”安全知识竞赛总决赛

以现场访谈形式，宣传女职工先进事迹

举行上海铁路局职工文化艺术节开幕式暨中铁文工团慰问演出

2012年上海铁路局工会在路局党委和上级工会的领导下，全面贯彻党的十七大、十八大精神，紧紧围绕实现“两个维护”的基本职能，团结带领广大职工服务大局、主动作为，坚持围绕中心，蓬勃开展群众建功立业活动；坚持心系民生，扎实推进职工实事项目；坚持激发活力，全面活跃职工文化活动；坚持民主参与，持续推进组织民管工作；坚持夯实基础，进一步加强工会自身建设，为促进上海铁路局科学发展作出积极贡献。

参加第十一届全国万人健美操锻炼标准大赛总决赛获职工组一等奖

参加全路第十二届运动会大众健美操比赛获中年组一等奖

参加全路第十二届运动会大众健美操比赛获职业组一等奖

图书在版编目(CIP)数据

上海工会年鉴. 2013 / 上海工会年鉴编纂委员会编.
—上海:上海社会科学院出版社, 2013
ISBN 978-7-5520-0265-2

Ⅰ. ①上... Ⅱ. ①上... Ⅲ. ①地方工会—工会工作—上海市—2013—年鉴 Ⅳ. ①D412.851-54

中国版本图书馆 CIP 数据核字(2013)第 090579 号

上海工会年鉴(2013)

编　　者:《上海工会年鉴》编纂委员会
责任编辑: 赵玉琴　徐祝浩
封面设计: 华　伟
版式设计: 念杭工作室
出版发行: 上海社会科学院出版社
上海淮海中路 622 弄 7 号　电话 63875741　邮编 200020
http://www.sassp.com　E-mail:sassp@sass.org.cn
经　　销: 新华书店
印　　刷: 浙江新华印刷技术有限公司
开　　本: 890×1240 毫米　1/16
印　　张: 37
插　　页: 90
字　　数: 1200 千字
版　　次: 2013 年 5 月第 1 版　2013 年 5 月第 1 次印刷

ISBN 978-7-5520-0265-2/D·246　定价: 260.00 元